CÓDIGO DE TRÂNSITO BRASILEIRO

Constituição Federal • Legislação

2012

Atualização gratuita na internet: **www.juridicorideel.com.br**
As atualizações de 2011 encontram-se destacadas em negrito e itálico

CÓDIGO DE TRÂNSITO BRASILEIRO

Constituição Federal • Legislação

2012

Organização
Arnaldo Luis Theodosio Pazetti
14ª EDIÇÃO

Editora RIDEEL
Quem tem Rideel tem mais.

Expediente

Presidente e Editor	Italo Amadio
Diretora Editorial	Katia F. Amadio
Editora Assistente	Ana Paula Alexandre
Equipe Técnica	Bianca Conforti
	Flavia G. Falcão de Oliveira
	Marcella Pâmela da Costa Silva
Projeto Gráfico	Sergio A. Pereira
Diagramação	Projeto e Imagem
Produção Gráfica	Hélio Ramos
Impressão	RR Donnelley

Dados Internacionais de Catalogação na Publicação (CIP)
(Câmara Brasileira do Livro, SP, Brasil)

Brasil
  [Código de Trânsito Brasileiro]
  Código de Trânsito Brasileiro /Arnaldo Luis Theodosio Pazetti, organização. – 14. ed.– São Paulo : Rideel, 2012. – (Coleção de leis Rideel. Série Compacta)

  Inclui: Constituição Federal e Legislação.
  ISBN 978-85-339-2037-8

  1. Trânsito – Leis e legislação – Brasil I. Pazetti, Arnaldo Luis Theodosio. II. Título. IV. Série.

11-14220   CDU-351.81(81)(094)

Índices para catálogo sistemático:
1. Brasil : Leis : Trânsito : Direito administrativo   351.81(81)(094)
2. Leis : Trânsito : Brasil : Direito administrativo   351.81(81)(094)

Edição Atualizada até 6-1-2012

© Copyright - Todos os direitos reservados à

EDITORA RIDEEL

Av. Casa Verde, 455 – Casa Verde
CEP 02519-000 – São Paulo – SP
e-mail: sac@rideel.com.br
www.editorarideel.com.br
www.juridicorideel.com.br

Proibida qualquer reprodução, mecânica ou eletrônica,
total ou parcial, sem prévia permissão por escrito do editor.

1 3 5 7 9 8 6 4 2
0 1 1 2

Índice Geral da Obra

Apresentação VII

Lista de Abreviaturas IX

Índice Cronológico da Legislação por Tipo de Ato Normativo XI

Constituição Federal

Índice Sistemático da Constituição da República Federativa do Brasil 3
Constituição da República Federativa do Brasil 7
Ato das Disposições Constitucionais Transitórias 102
Índice Alfabético-Remissivo da Constituição da República Federativa do Brasil
e de suas Disposições Transitórias 123

Código de Trânsito Brasileiro

Índice Sistemático do Código de Trânsito Brasileiro 151
Código de Trânsito Brasileiro 153
Índice Alfabético-Remissivo do Código de Trânsito Brasileiro 277

Lei de Introdução às normas do Direito Brasileiro 287

Legislação Complementar 291

Súmulas

Vinculantes do Supremo Tribunal Federal 443
Supremo Tribunal Federal 445
Superior Tribunal de Justiça 445

Índice por Assuntos da Legislação Complementar do Código de Trânsito Brasileiro 447

Apresentação

A Editora Rideel, reconhecida no mercado editorial pela excelência de suas publicações, oferece, em 2012, a nova Série Compacta.

Esta série contém 16 títulos:

- Constituição Federal
- Código Civil
- Código de Processo Civil
- Código Penal
- Código de Processo Penal
- Código Penal Militar e Código de Processo Penal Militar
- Código Comercial (contendo os Livros I a III do Código Civil de 2002)
- Código de Defesa do Consumidor
- Código Tributário Nacional
- Código Eleitoral
- Código de Trânsito Brasileiro
- Consolidação das Leis do Trabalho
- Legislação de Direito Previdenciário
- Legislação de Direito Administrativo
- Legislação de Direito Ambiental
- Legislação de Direito Internacional

Totalmente reformulada e com novo *layout*, a edição 2012 traz seu conteúdo rigorosamente revisto e atualizado, e mantém cada título organizado por conceituados nomes do cenário jurídico, preservando a tradicional qualidade Rideel.

Seu formato e projeto gráfico conjugam praticidade e comodidade e os diversos facilitadores de consulta continuam sendo um diferencial da obra, apreciados pelos profissionais, professores e acadêmicos do Direito, a saber:

- Índice Cronológico Geral, contendo todos os diplomas legais publicados na obra
- Notas remissivas a outros artigos, diplomas legais e súmulas
- Índices Sistemático e Alfabético-Remissivo para cada Código
- Índices por assuntos da legislação extravagante
- Atualizações de 2011 em destaque e apontamento especial para todas as novas normas inseridas no produto
- Tarjas laterais identificativas
- Indicação do número dos artigos no cabeçalho dos Códigos e do número das leis no cabeçalho da legislação

Todos os diplomas legais estão rigorosamente atualizados, e a Rideel oferece, gratuitamente, as atualizações publicadas até 31 de outubro de 2012, em seu *site* **www.juridicorideel.com.br**, disponíveis para *download* até 31 de dezembro de 2012.

Esta Editora, sempre empenhada em oferecer o melhor, continua seguindo seus objetivos de constante aprimoramento e atualização, mantendo-se sempre receptiva às críticas e sugestões pelo *e-mail*: sac@rideel.com.br.

O Editor

Lista de Abreviaturas Utilizadas nas Notas

ABNT	Associação Brasileira de Normas Técnicas	**DOU**	Diário Oficial da União
ACC	Autorização para Conduzir Ciclomotor	**DPVAT**	Seguro Obrigatório de Danos Pessoais Causados por Veículos Automotores de Via Terrestre, ou por sua Carga, a Pessoas Transportadas ou não
ANTP	Associação Nacional de Transportes Públicos		
ANTT	Agência Nacional de Transportes Terrestres	**FUNSET**	Fundo Nacional de Segurança e Educação de Trânsito
APEX	Autorização Provisória Experimental	**IN**	Instrução Normativa
Art.	Artigo	**INMETRO**	Instituto Nacional de Metrologia, Qualidade e Tecnologia (denominação alterada pela Lei nº 12.545, de 14-12-2011)
Arts.	Artigos		
CADE	Conselho Administrativo de Defesa Econômica		
CAT	Certificado de Adequação à Legislação de Trânsito	**IPVA**	Imposto sobre a Propriedade de Veículo Automotor
		ITL	Instituição Técnica Licenciada
CC/2002	Código Civil de 2002	**JARI**	Juntas Administrativas de Recursos de Infrações
CEF	Caixa Econômica Federal		
CETRAN	Conselhos Estaduais de Trânsito	**LADV**	Licença para Aprendizagem de Direção Veicular
CF	Constituição Federal		
CFC	Centro de Formação de Condutores	**LC**	Lei Complementar
CNH	Carteira Nacional de Habilitação	**LICC**	Lei de Introdução ao Código Civil, cuja ementa foi alterada para Lei de Introdução às normas do Direito Brasileiro pela Lei nº 12.376, de 30-12-2010
CNSP	Conselho Nacional de Seguros Privados		
CONAMA	Conselho Nacional do Meio Ambiente		
CONMETRO	Conselho Nacional de Metrologia, Normalização e Qualidade Industrial	**MJ**	Ministério da Justiça
		MP	Medida Provisória
CONTRAN	Conselho Nacional de Trânsito	**Port.**	Portaria
CONTRANDIFE	Conselho de Trânsito do Distrito Federal	**RAC**	Regulamento de Avaliação de Conformidade
CPC	Código de Processo Civil	**RENACH**	Registro Nacional de Condutores Habilitados
CPP	Código de Processo Penal		
CRLV	Certificado de Registro e Licenciamento de Veículo	**RENACOM**	Registro Nacional de Cobrança de Multas
CRV	Certificado de Registro de Veículo	**RENAINF**	Registro Nacional de Infrações de Trânsito
CSV	Certificado de Segurança Veicular		
CTB	Código de Trânsito Brasileiro	**RENAVAN**	Registro Nacional de Veículos Automotores
CTVV	Convenção de Viena sobre Trânsito Viário	**RENFOR**	Rede Nacional de Formação e Habilitação de Condutores
Dec.	Decreto	**Res.**	Resolução
Dec.-lei	Decreto-Lei	**RFB**	Secretaria da Receita Federal do Brasil
Del.	Deliberação		
DENATRAN	Departamento Nacional de Trânsito	**SINET**	Sistema Nacional de Estatísticas de Trânsito
DETRAN	Departamento de Trânsito		
DNER	Departamento Nacional de Estradas de Rodagem	**SNT**	Sistema Nacional e Trânsito
		STF	Supremo Tribunal Federal
DNIT	Departamento Nacional de Infraestrutura de Transporte	**Súm.**	Súmula
		SUSEP	Superintendência de Seguros Privados

Índice Cronológico da Legislação
por Tipo de Ato Normativo

Decreto-Lei
- 4.657, de 4 de setembro de 1942 – Lei de Introdução às normas do Direito Brasileiro 287

Leis
- 6.194, de 19 de dezembro de 1974 – Dispõe sobre Seguro Obrigatório de Danos Pessoais causados por veículos automotores de via terrestre, ou por sua carga, a pessoas transportadas ou não (Excertos).............. 291
- 9.503, de 23 de setembro de 1997 – Institui o Código de Trânsito Brasileiro..
- 11.705, de 19 junho de 2008 – Altera a Lei nº 9.503, de 23 de setembro de 1997, que "institui o Código de Trânsito Brasileiro", e a Lei nº 9.294, de 15 de julho de 1996, que dispõe sobre as restrições ao uso e à propaganda de produtos fumígeros, bebidas alcoólicas, medicamentos, terapias e defensivos agrícolas, nos termos do § 4º do art. 220 da Constituição Federal, para inibir o consumo de bebida alcoólica por condutor de veículo automotor, e dá outras providências 404
- 12.009, de 29 de julho de 2009 – Regulamenta o exercício das atividades dos profissionais em transporte de passageiros, "mototaxista", em entrega de mercadorias e em serviço comunitário de rua, e "motoboy", com o uso de motocicleta, altera a Lei nº 9.503, de 23 de setembro de 1997, para dispor sobre regras de segurança dos serviços de transporte remunerado de mercadorias em motocicletas e motonetas – motofrete –, estabelece regras gerais para a regulação deste serviço e dá outras providências.. 412
- 12.436, de 6 de julho de 2011 – Veda o emprego de práticas que estimulem o aumento de velocidade por motociclistas profissionais 425

Decretos
- 86.714, de 10 de dezembro de 1981 – Promulga a Convenção sobre Trânsito Viário.. 293
- 4.710, de 29 de maio de 2003 – Dispõe sobre a implantação e funcionamento da Câmara Interministerial de Trânsito... 331
- 4.711, de 29 de maio de 2003 – Dispõe sobre a coordenação do Sistema Nacional de Trânsito 331
- 6.488, de 19 de junho de 2008 – Regulamenta os arts. 276 e 306 da Lei nº 9.503, de 23 de setembro de 1997 – Código de Trânsito Brasileiro, disciplinando a margem de tolerância de álcool no sangue e a equivalência entre os distintos testes de alcoolemia para efeitos de crime de trânsito.. 405

Portaria do DENATRAN
- 59, de 25 de outubro de 2007 – Estabelece os campos de informações que deverão constar do Auto de Infração*... 382

Resoluções do CONTRAN
- 4, de 23 de janeiro de 1998 – Dispõe sobre o trânsito de veículos novos nacionais ou importados, antes do registro e licenciamento... 320
- 14, de 6 de fevereiro de 1998 – Estabelece os equipamentos obrigatórios para a frota de veículos em circulação e dá outras providências 322
- 24, de 21 de maio de 1998 – Estabelece o critério de identificação de veículos, a que se refere o art. 114 do Código de Trânsito Brasileiro 324
- 36, de 21 de maio de 1998 – Estabelece a forma de sinalização de advertência para os veículos que, em situação de emergência, estiverem imobilizados no leito viário, conforme o art. 46 do Código de Trânsito Brasileiro 325
- 43, de 21 de maio de 1998 – Complementa a Resolução nº 14/1998, que dispõe sobre equipamentos de uso obrigatório nos veículos automotores 325
- 44, de 21 de maio de 1998 – Dispõe sobre os requisitos técnicos para o encosto de cabeça, de acordo com artigo 105, III do Código de Trânsito Brasileiro 326

---
* Ementa Rideel – texto não oficial.

- 46, de 21 de maio de 1998 – Estabelece os equipamentos de segurança obrigatórios para as bicicletas conforme disciplina o art. 105, VI do Código de Trânsito Brasileiro e art. 5º da Resolução nº 14/1998 326
- 53, de 21 de maio de 1998 – Estabelece critérios em caso de apreensão de veículos e recolhimento aos depósitos, conforme artigo 262 do Código de Trânsito Brasileiro 327
- 108, de 21 de dezembro de 1999 – Dispõe sobre a responsabilidade pelo pagamento de multas 327
- 110, de 24 fevereiro de 2000 – Fixa o calendário para renovação do Licenciamento Anual de Veículos e revoga a Resolução CONTRAN nº 95/1999 328
- 129, de 6 de agosto de 2001 – Estabelece os requisitos de segurança e dispensa a obrigatoriedade do uso de capacete para o condutor e passageiros do triciclo automotor com cabine fechada, quando em circulação somente em vias urbanas 328
- 142, de 26 de março de 2003 – Dispõe sobre o funcionamento do Sistema Nacional de Trânsito – SNT, a participação dos órgãos e entidades de trânsito nas reuniões do sistema e as suas modalidades 329
- 149, de 19 de setembro de 2003 – Dispõe sobre uniformização do procedimento administrativo da lavratura do auto de infração, da expedição da Notificação da Autuação e da Notificação da Penalidade de multa e de advertência por infrações de responsabilidade do proprietário e do condutor do veículo e da identificação do condutor infrator 331
- 151, de 8 de outubro de 2003 – Dispõe sobre a unificação de procedimentos para imposição de penalidade de multa a pessoa jurídica proprietária de veículos por não identificação de condutor infrator 333
- 155, de 28 de janeiro de 2004 – Estabelece as bases para a organização e o funcionamento do Registro Nacional de Infrações de Trânsito – RENAINF e determina outras providências 334
- 165, de 10 de setembro de 2004 – Regulamenta a utilização de sistemas automáticos não metrológicos de fiscalização, nos termos do § 2º do artigo 280 do Código de Trânsito Brasileiro 335
- 168, de 14 de dezembro de 2004 – Estabelece normas e procedimentos para a formação de condutores de veículos automotores e elétricos, a realização dos exames, a expedição de documentos de habilitação, os cursos de formação, especializados, de reciclagem e dá outras providências 337
- 182, de 9 de setembro de 2005 – Dispõe sobre uniformização do procedimento administrativo para imposição das penalidades de suspensão do direito de dirigir e de cassação da Carteira Nacional de Habilitação 360
- 197, de 25 de julho de 2006 – Regulamenta o dispositivo de acoplamento mecânico para reboque (engate) utilizado em veículos com PBT de até 3.500 kg e dá outras providências 362
- 203, de 29 de setembro de 2006 – Disciplina o uso de capacete para condutor e passageiro de motocicleta, motoneta, ciclomotor, triciclo motorizados e quadriciclo motorizado, e dá outras providências 363
- 205, de 20 de outubro de 2006 – Dispõe sobre os documentos de porte obrigatório e dá outras providências... 368
- 206, de 20 de outubro de 2006 – Dispõe sobre os requisitos necessários para constatar o consumo de álcool, substância entorpecente, tóxica ou de efeito análogo no organismo humano, estabelecendo os procedimentos a serem adotados pelas autoridades de trânsito e seus agentes 368
- 216, de 14 de dezembro de 2006 – Fixa exigências sobre condições de segurança e visibilidade dos condutores em para-brisas em veículos automotores, para fins de circulação nas vias públicas 370
- 217, de 14 de dezembro de 2006 – Delega competência ao órgão máximo executivo de trânsito da União para estabelecer os campos de preenchimento das informações que devem constar do Auto de Infração 371
- 218, de 20 de dezembro de 2006 – Aprova o Regimento Interno das Câmaras Temáticas do CONTRAN 371
- 227, de 9 de fevereiro de 2007 – Estabelece requisitos referentes aos sistemas de iluminação e sinalização de veículos 374
- 231, de 15 de março de 2007 – Estabelece o Sistema de Placas de Identificação de Veículos 375
- 244, de 22 de junho de 2007 – Estabelece diretrizes para a elaboração do Regimento Interno dos Conselhos Estaduais de Trânsito – CETRAN e do Conselho de Trânsito do Distrito Federal – CONTRANDIFE 380
- 258, 30 de novembro de 2007 – Regulamenta os artigos 231, X e 323 do Código Trânsito Brasileiro, fixa metodologia de aferição de peso de veículos, estabelece percentuais de tolerância e dá outras providências.... 399
- 268, de 15 de fevereiro de 2008 – Dispõe sobre o uso de luzes intermitentes ou rotativas em veículos, e dá outras providências 401
- 277, de 28 de maio de 2008 – Dispõe sobre o transporte de menores de 10 anos e a utilização do dispositivo de retenção para o transporte de crianças em veículos 402
- 278, de 28 de maio de 2008 – Proíbe a utilização de dispositivos que travem, afrouxem ou modifiquem o funcionamento dos cintos de segurança 404
- 286, de 29 de julho de 2008 – Estabelece placa de identificação e define procedimentos para o registro, emplacamento e licenciamento, pelos órgãos de trânsito em conformidade com o Registro Nacional de Veículos Automotores – RENAVAM, de veículos automotores pertencentes às Missões Diplomáticas e às

Delegações Especiais, aos agentes diplomáticos, às Repartições Consulares de Carreira, aos agentes consulares de carreira, aos Organismos Internacionais e seus funcionários, aos Funcionários Estrangeiros Administrativos e Técnicos das Missões Diplomáticas, de Delegações Especiais e de Repartições Consulares de Carreira e aos Peritos Estrangeiros de Cooperação Internacional.. 405

- 299, de 4 de dezembro de 2008 – Dispõe sobre a padronização dos procedimentos para apresentação de defesa de autuação e recurso, em 1ª e 2ª instâncias, contra a imposição de penalidade de multa de trânsito... 406
- 303, de 18 de dezembro de 2008 – Dispõe sobre as vagas de estacionamento de veículos destinadas exclusivamente às pessoas idosas.. 407
- 304, de 18 de dezembro de 2008 – Dispõe sobre as vagas de estacionamento destinadas exclusivamente a veículos que transportem pessoas portadoras de deficiência e com dificuldade de locomoção........................ 410
- 339, de 25 de fevereiro de 2010 – Permite a anotação dos contratos de comodato e de aluguel ou arrendamento não vinculado ao financiamento do veículo, junto ao Registro Nacional de Veículos Automotores.......................... 412
- 356, de 2 de agosto de 2010 – Estabelece requisitos mínimos de segurança para o transporte remunerado de passageiros (mototáxi) e de cargas (motofrete) em motocicleta e motoneta, e dá outras providências........ 413
- 357, de 2 de agosto de 2010 – Estabelece diretrizes para a elaboração do Regimento Interno das Juntas Administrativas de Recursos de Infrações – JARI.. 419
- 360, de 29 de setembro de 2010 – Dispõe sobre a habilitação do candidato ou condutor estrangeiro para direção de veículos em território nacional.. 420
- 363, de 28 de outubro de 2010 – Dispõe sobre padronização dos procedimentos administrativos na lavratura de auto de infração, na expedição de notificação de autuação e de notificação de penalidade de multa e de advertência, por infração de responsabilidade de proprietário e de condutor de veículo e da identificação de condutor infrator, e dá outras providências.. 421
- 390, de 11 de agosto de 2011 – Dispõe sobre a padronização dos procedimentos administrativos na lavratura de auto de infração, na expedição de notificação de autuação e de notificação de penalidades por infrações de responsabilidade de pessoas físicas ou jurídicas, sem a utilização de veículos, expressamente mencionadas no Código de Trânsito Brasileiro – CTB, e dá outras providências.. 425
- 396, de 13 de dezembro de 2011 – Dispõe sobre requisitos técnicos mínimos para a fiscalização da velocidade de veículos automotores, reboques e semirreboques, conforme o Código de Trânsito Brasileiro...................... 430

Regimento Interno do Conselho Nacional de Trânsito – CONTRAN... 438

Constituição Federal

Índice Sistemático da Constituição da República Federativa do Brasil

PREÂMBULO

TÍTULO I
DOS PRINCÍPIOS FUNDAMENTAIS

Arts. 1º a 4º 7

TÍTULO II
DOS DIREITOS E GARANTIAS FUNDAMENTAIS

Arts. 5º a 17 8
Capítulo I – Dos direitos e deveres individuais e coletivos – art. 5º 8
Capítulo II – Dos direitos sociais – arts. 6º a 11 15
Capítulo III – Da nacionalidade – arts. 12 e 13 18
Capítulo IV – Dos direitos políticos – arts. 14 a 16 19
Capítulo V – Dos partidos políticos – art. 17 20

TÍTULO III
DA ORGANIZAÇÃO DO ESTADO

Arts. 18 a 43 21
Capítulo I – Da organização político-administrativa – arts. 18 e 19 21
Capítulo II – Da União – arts. 20 a 24 21
Capítulo III – Dos Estados federados – arts. 25 a 28 27
Capítulo IV – Dos Municípios – arts. 29 a 31 28
Capítulo V – Do Distrito Federal e dos Territórios – arts. 32 e 33 31
   Seção I – Do Distrito Federal – art. 32 31
   Seção II – Dos Territórios – art. 33 31
Capítulo VI – Da intervenção – arts. 34 a 36 31
Capítulo VII – Da administração pública – arts. 37 a 43 32
   Seção I – Disposições gerais – arts. 37 e 38 32
   Seção II – Dos servidores públicos – arts. 39 a 41 35
   Seção III – Dos Militares dos Estados, do Distrito Federal e dos Territórios – art. 42 38
   Seção IV – Das regiões – art. 43 39

TÍTULO IV
DA ORGANIZAÇÃO DOS PODERES

Arts. 44 a 135 39
Capítulo I – Do Poder Legislativo – arts. 44 a 75 39
   Seção I – Do Congresso Nacional – arts. 44 a 47 39
   Seção II – Das atribuições do Congresso Nacional – arts. 48 a 50 39
   Seção III – Da Câmara dos Deputados – art. 51 40
   Seção IV – Do Senado Federal – art. 52 41
   Seção V – Dos Deputados e dos Senadores – arts. 53 a 56 41
   Seção VI – Das reuniões – art. 57 42
   Seção VII – Das comissões – art. 58 43
   Seção VIII – Do processo legislativo – arts. 59 a 69 43
   Subseção I – Disposição geral – art. 59 43
   Subseção II – Da Emenda à Constituição – art. 60 44
   Subseção III – Das leis – arts. 61 a 69 44
   Seção IX – Da fiscalização contábil, financeira e orçamentária – arts. 70 a 75 46
Capítulo II – Do Poder Executivo – arts. 76 a 91 47
   Seção I – Do Presidente e do Vice-Presidente da República – arts. 76 a 83 47
   Seção II – Das atribuições do Presidente da República – art. 84 48
   Seção III – Da responsabilidade do Presidente da República – arts. 85 e 86 49
   Seção IV – Dos Ministros de Estado – arts. 87 e 88 49
   Seção V – Do Conselho da República e do Conselho de Defesa Nacional – arts. 89 a 91 49

Subseção I –	Do Conselho da República – arts. 89 e 90	49
Subseção II –	Do Conselho de Defesa Nacional – art. 91	50
Capítulo III –	Do Poder Judiciário – arts. 92 a 126.	50
Seção I –	Disposições gerais – arts. 92 a 100	50
Seção II –	Do Supremo Tribunal Federal – arts. 101 a 103-B	54
Seção III –	Do Superior Tribunal de Justiça – arts. 104 e 105	57
Seção IV –	Dos Tribunais Regionais Federais e dos juízes federais – arts. 106 a 110	58
Seção V –	Dos Tribunais e Juízes do Trabalho – arts. 111 a 117	60
Seção VI –	Dos Tribunais e Juízes Eleitorais – arts. 118 a 121	61
Seção VII –	Dos Tribunais e Juízes Militares – arts. 122 a 124	62
Seção VIII –	Dos Tribunais e Juízes dos Estados – arts. 125 e 126	62
Capítulo IV –	Das funções essenciais à justiça – arts. 127 a 135	62
Seção I –	Do Ministério Público – arts. 127 a 130-A	62
Seção II –	Da Advocacia Pública – arts. 131 e 132	65
Seção III –	Da Advocacia e da Defensoria Pública – arts. 133 a 135	65

TÍTULO V
DA DEFESA DO ESTADO E DAS INSTITUIÇÕES DEMOCRÁTICAS

Arts. 136 a 144		65
Capítulo I –	Do estado de defesa e do estado de sítio – arts. 136 a 141	65
Seção I –	Do estado de defesa – art. 136	65
Seção II –	Do estado de sítio – arts. 137 a 139	66
Seção III –	Disposições gerais – arts. 140 e 141	66
Capítulo II –	Das Forças Armadas – arts. 142 e 143	67
Capítulo III –	Da segurança pública – art. 144	67

TÍTULO VI
DA TRIBUTAÇÃO E DO ORÇAMENTO

Arts. 145 a 169		68
Capítulo I –	Do sistema tributário nacional – arts. 145 a 162	68
Seção I –	Dos princípios gerais – arts. 145 a 149-A	68
Seção II –	Das limitações do poder de tributar – arts. 150 a 152	70
Seção III –	Dos impostos da União – arts. 153 e 154	71
Seção IV –	Dos impostos dos Estados e do Distrito Federal – art. 155	72
Seção V –	Dos impostos dos Municípios – art. 156	74
Seção VI –	Da repartição das receitas tributárias – arts. 157 a 162	74
Capítulo II –	Das finanças públicas – arts. 163 a 169	76
Seção I –	Normas gerais – arts. 163 e 164	76
Seção II –	Dos orçamentos – arts. 165 a 169	77

TÍTULO VII
DA ORDEM ECONÔMICA E FINANCEIRA

Arts. 170 a 192		79
Capítulo I –	Dos princípios gerais da atividade econômica – arts. 170 a 181	79
Capítulo II –	Da política urbana – arts. 182 e 183	82
Capítulo III –	Da política agrícola e fundiária e da reforma agrária – arts. 184 a 191	83
Capítulo IV –	Do sistema financeiro nacional – art. 192	84

TÍTULO VIII
DA ORDEM SOCIAL

Arts. 193 a 232		84
Capítulo I –	Disposição geral – art. 193	84
Capítulo II –	Da seguridade social – arts. 194 a 204	84
Seção I –	Disposições gerais – arts. 194 e 195	85
Seção II –	Da saúde – arts. 196 a 200	86
Seção III –	Da previdência social – arts. 201 e 202	88
Seção IV –	Da assistência social – arts. 203 e 204	89
Capítulo III –	Da educação, da cultura e do desporto – arts. 205 a 217	90
Seção I –	Da educação – arts. 205 a 214	90
Seção II –	Da cultura – arts. 215 e 216	93
Seção III –	Do desporto – art. 217	94

Capítulo IV –	Da ciência e tecnologia – arts. 218 e 219	94
Capítulo V –	Da comunicação social – arts. 220 a 224	94
Capítulo VI –	Do meio ambiente – art. 225	96
Capítulo VII –	Da família, da criança, do adolescente, do jovem e do idoso – arts. 226 a 230	97
Capítulo VIII –	Dos índios – arts. 231 e 232	99

TÍTULO IX
DAS DISPOSIÇÕES CONSTITUCIONAIS GERAIS

Arts. 233 a 250 100

ATO DAS DISPOSIÇÕES CONSTITUCIONAIS TRANSITÓRIAS

Arts. 1º a 97 102

CONSTITUIÇÃO DA REPÚBLICA FEDERATIVA DO BRASIL

PREÂMBULO

Nós, representantes do povo brasileiro, reunidos em Assembleia Nacional Constituinte para instituir um Estado Democrático, destinado a assegurar o exercício dos direitos sociais e individuais, a liberdade, a segurança, o bem-estar, o desenvolvimento, a igualdade e a justiça como valores supremos de uma sociedade fraterna, pluralista e sem preconceitos, fundada na harmonia social e comprometida, na ordem interna e internacional, com a solução pacífica das controvérsias, promulgamos, sob a proteção de Deus, a seguinte CONSTITUIÇÃO DA REPÚBLICA FEDERATIVA DO BRASIL.

▶ Publicada no *DOU* nº 191-A, de 5-10-1988.

TÍTULO I – DOS PRINCÍPIOS FUNDAMENTAIS

Art. 1º A República Federativa do Brasil, formada pela união indissolúvel dos Estados e Municípios e do Distrito Federal, constitui-se em Estado Democrático de Direito e tem como fundamentos:

▶ No plebiscito realizado em 21-4-1993, disciplinado na EC nº 2, de 25-8-1992, foram mantidos a república e o presidencialismo, como forma e sistema de governo, respectivamente.
▶ Arts.18, *caput*, e 60, § 4º, I e II, desta Constituição.

I – a soberania;

▶ Arts. 20, VI, 21, I e III, 84, VII, VIII, XIX e XX, desta Constituição.
▶ Arts. 201, 202, 210 e 211 do CPC.
▶ Arts. 780 a 790 do CPP.
▶ Arts. 215 a 229 do RISTF.

II – a cidadania;

▶ Arts. 5º, XXXIV, LIV, LXXI, LXXIII e LXXVII, e 60, § 4º, desta Constituição.
▶ Lei nº 9.265, de 12-2-1996, estabelece a gratuidade dos atos necessários ao exercício da cidadania.
▶ Lei nº 10.835, de 8-1-2004, institui a renda básica da cidadania.

III – a dignidade da pessoa humana;

▶ Arts. 5º, XLII, XLIII, XLVIII, XLIX, L, 34, VII, *b*, 226, § 7º, 227 e 230 desta Constituição.
▶ Art. 8º, III, da Lei nº 11.340, de 7-8-2006 (Lei que Coíbe a Violência Doméstica e Familiar Contra a Mulher).
▶ Súmulas Vinculantes nºs 6, 11 e 14 do STF.

IV – os valores sociais do trabalho e da livre iniciativa;

▶ Arts. 6º a 11 e 170 desta Constituição.

V – o pluralismo político.

▶ Art. 17 desta Constituição.
▶ Lei nº 9.096, de 19-9-1995 (Lei dos Partidos Políticos).

Parágrafo único. Todo o poder emana do povo, que o exerce por meio de representantes eleitos ou diretamente, nos termos desta Constituição.

▶ Arts. 14, 27, § 4º, 29, XIII, 60, § 4º, II, e 61, § 2º, desta Constituição.
▶ Art. 1º da Lei nº 9.709, de 19-11-1998, regulamenta a execução do disposto nos incisos I, II e III do art. 14 desta Constituição.

Art. 2º São Poderes da União, independentes e harmônicos entre si, o Legislativo, o Executivo e o Judiciário.

▶ Art. 60, § 4º, III, desta Constituição.
▶ Súm. nº 649 do STF.

Art. 3º Constituem objetivos fundamentais da República Federativa do Brasil:

I – construir uma sociedade livre, justa e solidária;

▶ Art. 29, 1, *d*, do Dec. nº 99.710, de 21-11-1990, que promulga a convenção sobre os direitos das crianças.
▶ Art. 10, 1, do Dec. nº 591, de 6-7-1992, que promulga o Pacto Internacional Sobre Direitos Econômicos, Sociais e Culturais.

II – garantir o desenvolvimento nacional;

▶ Arts. 23, parágrafo único, e 174, § 1º, desta Constituição.

III – erradicar a pobreza e a marginalização e reduzir as desigualdades sociais e regionais;

▶ Arts. 23, X, e 214 desta Constituição.
▶ Arts. 79 a 81 do ADCT.
▶ LC nº 111, de 6-7-2001, dispõe sobre o Fundo de Combate e Erradicação da Pobreza.

IV – promover o bem de todos, sem preconceitos de origem, raça, sexo, cor, idade e quaisquer outras formas de discriminação.

▶ Art. 4º, VIII, desta Constituição.
▶ Lei nº 7.716, de 5-1-1989 (Lei do Racismo).
▶ Lei nº 8.081, de 21-9-1990, dispõe sobre os crimes e penas aplicáveis aos atos discriminatórios ou de preconceito de raça, cor, religião, etnia ou procedência nacional, praticados pelos meios de comunicação ou por publicação de qualquer natureza.
▶ Lei nº 11.340, de 7-8-2006 (Lei que Coíbe a Violência Doméstica e Familiar Contra a Mulher).
▶ Dec. nº 3.956, de 8-10-2001, promulga a Convenção Interamericana para Eliminação de Todas as Formas de Discriminação contra as Pessoas Portadoras de Deficiência.
▶ Dec. nº 4.377, de 13-9-2002, promulga a Convenção sobre a Eliminação de Todas as Formas de Discriminação contra a Mulher, de 1979.
▶ Dec. nº 4.886, de 20-11-2003, dispõe sobre a Política Nacional de Promoção de Igualdade Racial – PNPIR.
▶ Dec. nº 5.397, de 22-3-2005, dispõe sobre a composição, competência e funcionamento do Conselho Nacional de Combate à Discriminação – CNCD.
▶ O STF, por unanimidade de votos, julgou procedentes a ADPF nº 132 (como ação direta de inconstitucionalidade) e a ADIN nº 4.277, com eficácia *erga omnes* e efeito vinculante, para dar ao art. 1.723 do CC in-

terpretação conforme à CF para dele excluir qualquer significado que impeça o reconhecimento da união contínua, pública e duradoura entre pessoas do mesmo sexo como entidade familiar (*DOU* de 13-5-2011).

Art. 4º A República Federativa do Brasil rege-se nas suas relações internacionais pelos seguintes princípios:
▶ Arts. 21, I, e 84, VII e VIII, desta Constituição.
▶ Art. 39, V, da Lei nº 9.082 de 25-7-1995, que dispõe sobre a intensificação das relações internacionais do Brasil com os seus parceiros comerciais, em função de um maior apoio do Banco do Brasil S.A. ao financiamento dos setores exportador e importador.

I – independência nacional;
▶ Arts. 78, *caput*, e 91, § 1º, III e IV, desta Constituição.
▶ Lei nº 8.183, de 11-4-1991, dispõe sobre a organização e o funcionamento do Conselho de Defesa Nacional, regulamentada pelo Dec. nº 893, de 12-8-1993.

II – prevalência dos direitos humanos;
▶ Dec. nº 678, de 6-11-1992, promulga a Convenção Americana sobre Direitos Humanos – Pacto de São José da Costa Rica.
▶ Dec. nº 4.463, de 8-11-2002, dispõe sobre a declaração de reconhecimento da competência obrigatória da Corte Interamericana em todos os casos relativos à interpretação ou aplicação da Convenção Americana sobre Diretos Humanos.
▶ Dec. nº 6.980, de 13-10-2009, dispõe sobre a estrutura regimental da Secretaria Especial dos Direitos Humanos da Presidência da República, transformada em Secretaria de Direitos Humanos da Presidência da República pelo art. 3º, I, da Lei nº 12.314, de 19-8-2010.

III – autodeterminação dos povos;
IV – não intervenção;
V – igualdade entre os Estados;
VI – defesa da paz;
VII – solução pacífica dos conflitos;
VIII – repúdio ao terrorismo e ao racismo;
▶ Art. 5º, XLII e XLIII, desta Constituição.
▶ Lei nº 7.716, de 5-1-1989 (Lei do Racismo).
▶ Lei nº 8.072, de 25-7-1990 (Lei dos Crimes Hediondos).
▶ Dec. nº 5.639, de 26-12-2005, promulga a Convenção Interamericana contra o Terrorismo.

IX – cooperação entre os povos para o progresso da humanidade;
X – concessão de asilo político.
▶ Lei nº 9.474, de 22-7-1997, define mecanismos para a implementação do Estatuto dos Refugiados de 1951.
▶ Dec. nº 55.929, de 14-4-1965, promulgou a Convenção sobre Asilo Territorial.
▶ Art. 98, II, do Dec. nº 99.244, de 10-5-1990, que dispõe sobre a reorganização e o funcionamento dos órgãos da Presidência da República.

Parágrafo único. A República Federativa do Brasil buscará a integração econômica, política, social e cultural dos povos da América Latina, visando à formação de uma comunidade latino-americana de nações.
▶ Dec. nº 350, de 21-11-1991, promulgou o Tratado de Assunção que estabeleceu o Mercado Comum entre o Brasil, Paraguai, Argentina e Uruguai – MERCOSUL.
▶ Dec. nº 922, de 10-9-1993, promulga o Protocolo para Solução de Controvérsias no âmbito do Mercado Comum do Sul – MERCOSUL.

TÍTULO II – DOS DIREITOS E GARANTIAS FUNDAMENTAIS

Capítulo I

DOS DIREITOS E DEVERES INDIVIDUAIS E COLETIVOS

Art. 5º Todos são iguais perante a lei, sem distinção de qualquer natureza, garantindo-se aos brasileiros e aos estrangeiros residentes no País a inviolabilidade do direito à vida, à liberdade, à igualdade, à segurança e à propriedade, nos termos seguintes:
▶ Arts. 5º, §§ 1º e 2º, 14, *caput*, e 60, § 4º, IV, desta Constituição.
▶ Lei nº 1.542, de 5-1-1952, dispõe sobre o casamento dos funcionários da carreira de diplomata com pessoa de nacionalidade estrangeira.
▶ Lei nº 5.709, de 7-10-1971, regula a aquisição de imóvel rural por estrangeiro residente no país ou pessoa jurídica estrangeira autorizada a funcionar no Brasil.
▶ Lei nº 6.815, de 19-8-1980 (Estatuto do Estrangeiro), regulamentada pelo Dec. nº 86.715, de 10-12-1981.
▶ Arts. 4º e 24 do Pacto de São José da Costa Rica.
▶ Súmulas Vinculantes nºs 6 e 11 do STF.
▶ Súm. nº 683 do STF.

I – homens e mulheres são iguais em direitos e obrigações, nos termos desta Constituição;
▶ Arts. 143, § 2º, e 226, § 5º, desta Constituição.
▶ Art. 372 da CLT.
▶ Art. 4º da Lei nº 8.159, de 8-1-1991, que dispõe sobre a política nacional de arquivos públicos e privados.
▶ Lei nº 9.029, de 13-4-1995, proíbe a exigência de atestado de gravidez e esterilização e outras práticas discriminatórias, para efeitos admissionais ou de permanência da relação jurídica de trabalho.
▶ Lei nº 12.318, de 26-8-2010 (Lei da Alienação Parental).
▶ Dec. nº 86.715, de 10-12-1981, que regulamenta a Lei nº 6.815, de 19-8-1980 (Estatuto do Estrangeiro).
▶ Dec. nº 678, de 6-11-1992, promulga a Convenção Americana sobre Direitos Humanos – Pacto de São José da Costa Rica.
▶ Dec. nº 4.377, de 13-9-2002, promulga a Convenção sobre a Eliminação de todas as Formas de Discriminação contra a Mulher, de 1979.
▶ Port. do MTE nº 1.246, de 28-5-2010, orienta as empresas e os trabalhadores em relação à testagem relacionada ao vírus da imunodeficiência adquirida – HIV.

II – ninguém será obrigado a fazer ou deixar de fazer alguma coisa senão em virtude de lei;
▶ Arts. 14, § 1º, I, e 143 desta Constituição.
▶ Súmulas nºs 636 e 686 do STF.

III – ninguém será submetido à tortura nem a tratamento desumano ou degradante;
▶ Incisos XLIII, XLVII, *e*, XLIX, LXII, LXIII, LXV e LXVI deste artigo.
▶ Art. 4º, *b*, da Lei nº 4.898, de 9-12-1965 (Lei do Abuso de Autoridade).
▶ Arts. 2º e 8º da Lei nº 8.072, de 25-7-1990 (Lei dos Crimes Hediondos).
▶ Lei nº 9.455, de 7-4-1997 (Lei dos Crimes de Tortura).
▶ Dec. nº 40, de 15-2-1991, promulga a Convenção contra a Tortura e Outros Tratamentos ou Penas Cruéis, Desumanos ou Degradantes.
▶ Art. 5º, nº 2º, do Pacto de São José da Costa Rica.
▶ Súm. Vinc. nº 11 do STF.

IV – é livre a manifestação do pensamento, sendo vedado o anonimato;
- Art. 220, § 1º, desta Constituição.
- Art. 6º, XIV, e, da LC nº 75, de 20-5-1993 (Lei Orgânica do Ministério Público da União).
- Art. 1º da Lei nº 7.524 de 17-7-1986, que dispõe sobre a manifestação, por militar inativo, de pensamento e opinião políticos e filosóficos.
- Art. 2º, a, da Lei nº 8.389, de 30-12-1991, que institui o Conselho Nacional de Comunicação Social.
- Art. 13 do Pacto de São José da Costa Rica.

V – é assegurado o direito de resposta, proporcional ao agravo, além da indenização por dano material, moral ou à imagem;
- Art. 220, § 1º, desta Constituição.
- Lei nº 7.524, de 17-7-1986, dispõe sobre a manifestação, por militar inativo, de pensamento e opinião políticos ou filosóficos.
- Art. 6º da Lei nº 8.159, de 8-1-1991, que dispõe sobre a Política Nacional de arquivos públicos e privados.
- Dec. nº 1.171, de 22-6-1994, aprova o código de ética profissional do servidor público civil do Poder Executivo Federal.
- Art. 14 do Pacto de São José da Costa Rica.
- Súmulas nºs 37, 227, 362, 387, 388 e 403 do STJ.

VI – é inviolável a liberdade de consciência e de crença, sendo assegurado o livre exercício dos cultos religiosos e garantida, na forma da lei, a proteção aos locais de culto e a suas liturgias;
- Arts. 208 a 212 do CP.
- Art. 24 da LEP.
- Arts. 16, II, e 124, XIV, do ECA.
- Art. 3º, d, e e, da Lei nº 4.898, de 9-12-1965 (Lei do Abuso de Autoridade).
- Art. 39 da Lei nº 8.313, de 23-12-1991, que restabelece princípios da Lei nº 7.505, de 2-7-1986, institui o Programa Nacional de Apoio a Cultura – PRONAC.
- Arts. 23 a 26 da Lei nº 12.288, de 20-7-2010 (Estatuto da Igualdade Racial).
- Art. 12, 1, do Pacto de São José da Costa Rica.

VII – é assegurada, nos termos da lei, a prestação de assistência religiosa nas entidades civis e militares de internação coletiva;
- Art. 24 da LEP.
- Art. 124, XIV, do ECA.
- Lei nº 6.923, de 29-6-1981, dispõe sobre o serviço de assistência religiosa nas Forças Armadas.
- Lei nº 9.982, de 14-7-2000, dispõe sobre prestação de assistência religiosa nas entidades hospitalares públicas e privadas, bem como nos estabelecimentos prisionais civis e militares.

VIII – ninguém será privado de direitos por motivo de crença religiosa ou de convicção filosófica ou política, salvo se as invocar para eximir-se de obrigação legal a todos imposta e recusar-se a cumprir prestação alternativa, fixada em lei;
- Arts. 15, IV, e 143, §§ 1º e 2º, desta Constituição.
- Lei nº 7.210 de 11-7-1984 (Lei de Execução Penal).
- Lei nº 8.239, de 4-10-1991, dispõe sobre a prestação de serviço alternativo ao serviço militar obrigatório.
- Dec.-lei nº 1.002, de 21-10-1969 (Código de Processo Penal Militar).
- Art. 12 do Pacto de São José da Costa Rica.

IX – é livre a expressão da atividade intelectual, artística, científica e de comunicação, independentemente de censura ou licença;
- Art. 220, § 2º, desta Constituição.
- Art. 5º, d, da LC nº 75, de 20-5-1993 (Lei Orgânica do Ministério Público da União).
- Art. 39 da Lei nº 8.313, de 23-12-1991, que restabelece princípios da Lei nº 7.505, de 2-7-1986, institui o Programa Nacional de Apoio a Cultura – PRONAC.
- Lei nº 9.456, de 25-4-1997, institui a Lei de Proteção de Cultivares.
- Lei nº 9.609, de 19-2-1998, dispõe sobre a proteção da propriedade intelectual de programa de computador e sua comercialização no país.
- Lei nº 9.610, de 19-2-1998 (Lei de Direitos Autorais).

X – são invioláveis a intimidade, a vida privada, a honra e a imagem das pessoas, assegurado o direito à indenização pelo dano material ou moral decorrente de sua violação;
- Art. 37, § 3º, II, desta Constituição.
- Arts. 4º e 6º da Lei nº 8.159, de 8-1-1981, que dispõe sobre a Política Nacional de Arquivos Públicos e Privados.
- Art. 30, V, da Lei nº 8.935, de 18-11-1994 (Lei dos Serviços Notariais e de Registro).
- Art. 101, § 1º, da Lei nº 11.101, de 9-2-2005 (Lei de Recuperação de Empresas e Falências).
- Art. 11, 2, do Pacto de São José da Costa Rica.
- Súm. Vinc. nº 11 do STF.
- Súm. nº 714 do STF.
- Súmulas nºs 227, 387, 388, 403 e 420 do STJ.

XI – a casa é asilo inviolável do indivíduo, ninguém nela podendo penetrar sem consentimento do morador, salvo em caso de flagrante delito ou desastre, ou para prestar socorro, ou, durante o dia, por determinação judicial;
- Arts. 172 a 176 do CPC.
- Art. 150, §§ 1º a 5º, do CP.
- Art. 301 do CPP.
- Art. 266, §§ 1º a 5º, do CPM.
- Art. 11 do Pacto de São José da Costa Rica.

XII – é inviolável o sigilo da correspondência e das comunicações telegráficas, de dados e das comunicações telefônicas, salvo, no último caso, por ordem judicial, nas hipóteses e na forma que a lei estabelecer para fins de investigação criminal ou instrução processual penal;
- Arts.136, § 1º, I, b e c, e 139, III, desta Constituição.
- Arts. 151 a 152 do CP.
- Art. 233 do CPP.
- Art. 227 do CPM.
- Art. 6º, XVIII, a, da LC nº 75, de 20-5-1993 (Lei Orgânica do Ministério Público da União).
- Arts. 55 a 57 da Lei nº 4.117, de 24-8-1962 (Código Brasileiro de Telecomunicações).
- Art. 3º, c, da Lei nº 4.898, de 9-12-1965 (Lei do Abuso de Autoridade).
- Lei nº 6.538, de 22-6-1978, dispõe sobre os serviços postais.
- Lei nº 7º, II, da Lei nº 8.906, de 4-7-1994 (Estatuto da Advocacia e da OAB).
- Lei nº 9.296, de 24-7-1996 (Lei das Interceptações Telefônicas).
- Art. 11 do Pacto de São José da Costa Rica.

► Dec. nº 3.505, de 13-6-2000, institui a Política de Segurança da Informação nos órgãos e entidades da Administração Pública Federal.
► Res. do CNJ nº 59, de 9-9-2008, disciplina e uniformiza as rotinas visando ao aperfeiçoamento do procedimento de interceptação de comunicações telefônicas e de sistemas de informática e telemática nos órgãos jurisdicionais do Poder Judiciário.

XIII – é livre o exercício de qualquer trabalho, ofício ou profissão, atendidas as qualificações profissionais que a lei estabelecer;

► Arts. 170 e 220, § 1º, desta Constituição.
► Art. 6º do Pacto de São José da Costa Rica.

XIV – é assegurado a todos o acesso à informação e resguardado o sigilo da fonte, quando necessário ao exercício profissional;

► Art. 220, § 1º, desta Constituição.
► Art. 154 do CP.
► Art. 8º, § 2º, da LC nº 75, de 20-5-1993 (Lei Orgânica do Ministério Público da União).
► Art. 6º da Lei nº 8.394, de 30-12-1991, que dispõe sobre a preservação, organização e proteção dos acervos documentais privados dos Presidentes da República.

XV – é livre a locomoção no território nacional em tempo de paz, podendo qualquer pessoa, nos termos da lei, nele entrar, permanecer ou dele sair com seus bens;

► Arts. 109, X, e 139 desta Constituição.
► Art. 3º, a, da Lei nº 4.898, de 9-12-1965 (Lei do Abuso de Autoridade).
► Art. 2º, III, da Lei nº 7.685, de 2-12-1988, que dispõe sobre o registro provisório para o estrangeiro em situação ilegal em território nacional.
► Art. 22 do Pacto de São José da Costa Rica.

XVI – todos podem reunir-se pacificamente, sem armas, em locais abertos ao público, independentemente de autorização, desde que não frustrem outra reunião anteriormente convocada para o mesmo local, sendo apenas exigido prévio aviso à autoridade competente;

► Arts. 109, X, 136, § 1º, I, a, e 139, IV, desta Constituição.
► Art. 3º, a, da Lei nº 4.898, de 9-12-1965 (Lei do Abuso de Autoridade).
► Art. 2º, III, da Lei nº 7.685, de 2-12-1988, que dispõe sobre o registro provisório para o estrangeiro em situação ilegal em território nacional.
► Art. 21 do Dec. nº 592, de 6-7-1992, que promulga o Pacto Internacional sobre Direitos Civis e Políticos.
► Art. 15 do Pacto de São José da Costa Rica.

XVII – é plena a liberdade de associação para fins lícitos, vedada a de caráter paramilitar;

► Arts. 8º, 17, § 4º, e 37, VI, desta Constituição.
► Art. 199 do CP.
► Art. 3º, f, da Lei nº 4.898, de 9-12-1965 (Lei do Abuso de Autoridade).
► Art. 117, VII, da Lei nº 8.112, de 11-12-1990 (Estatuto dos Servidores Públicos Civis da União, Autarquias e Fundações Públicas Federais).
► Art. 16 do Pacto de São José da Costa Rica.

XVIII – a criação de associações e, na forma da lei, a de cooperativas independem de autorização, sendo vedada a interferência estatal em seu funcionamento;

► Arts. 8º, I, e 37, VI, desta Constituição.
► Lei nº 5.764, de 16-12-1971 (Lei das Cooperativas).

► Lei nº 9.867, de 10-11-1999, dispõe sobre a criação e o funcionamento de Cooperativas Sociais, visando à integração social dos cidadãos.

XIX – as associações só poderão ser compulsoriamente dissolvidas ou ter suas atividades suspensas por decisão judicial, exigindo-se, no primeiro caso, o trânsito em julgado;

XX – ninguém poderá ser compelido a associar-se ou a permanecer associado;

► Arts. 4º, II, a, e 5º, V, do CDC.
► Art. 117, VII, da Lei nº 8.112, de 11-12-1990 (Estatuto dos Servidores Públicos Civis da União, Autarquias e Fundações Públicas Federais).
► Art. 16 do Pacto de São José da Costa Rica.

XXI – as entidades associativas, quando expressamente autorizadas, têm legitimidade para representar seus filiados judicial ou extrajudicialmente;

► Art. 82, VI, do CDC.
► Art. 210, III, do ECA.
► Art. 5º da Lei nº 7.347, de 24-7-1985 (Lei da Ação Civil Pública).
► Arts. 3º e 5º, I e III, da Lei nº 7.853, de 24-10-1989 (Lei de Apoio às Pessoas Portadoras de Deficiência), regulamentada pelo Dec. nº 3.298, de 20-12-1999.
► Súm. nº 629 do STF.

XXII – é garantido o direito de propriedade;

► Art. 243 desta Constituição.
► Arts. 1.228 a 1.368 do CC.
► Lei nº 4.504, de 30-10-1964 (Estatuto da Terra).
► Arts. 1º, 4º e 15 da Lei nº 8.257, de 26-10-1991, que dispõe sobre a expropriação das glebas nas quais se localizem culturas ilegais de plantas psicotrópicas.

XXIII – a propriedade atenderá a sua função social;

► Arts.156, § 1º, 170, III, 182, § 2º, e 186 desta Constituição.
► Art. 5º da LICC.
► Arts. 2º, 12, 18, a, e 47, I, da Lei nº 4.504, de 30-10-1964 (Estatuto da Terra).
► Art. 2º, I, da Lei nº 8.171, de 17-1-1991 (Lei da Política Agrícola).
► Arts. 2º, § 1º, 5º, § 2º, e 9º, da Lei nº 8.629, de 25-2-1993, que regula os dispositivos constitucionais relativos à reforma agrária.
► Art. 1º da Lei nº 8.884, de 11-6-1994 (Lei Antitruste).
► Arts. 27 a 37 da Lei nº 12.288, de 20-7-2010 (Estatuto da Igualdade Racial).
► Art. 1º da Lei nº 12.529, de 30-11-2011 (Lei do Sistema Brasileiro de Defesa da Concorrência) publicada no *DOU* de 1º-12-2011, para vigorar 180 dias após a data de sua publicação, quando ficarão revogados os arts. 1º a 85 e 88 a 93 da Lei nº 8.884, de 11-6-1994.

XXIV – a lei estabelecerá o procedimento para desapropriação por necessidade ou utilidade pública, ou por interesse social, mediante justa e prévia indenização em dinheiro, ressalvados os casos previstos nesta Constituição;

► Arts. 22, II, 182, § 4º, 184, *caput*, e 185, I e II,desta Constituição.
► Art. 1.275, V, do CC.
► LC nº 76, de 6-7-1993 (Lei de Desapropriação de Imóvel Rural para fins de Reforma Agrária).
► Lei nº 4.132, de 10-9-1962 (Lei da Desapropriação por Interesse Social).

- Arts. 17, a, 18, 19, §§ 1º a 4º, 31, IV, e 35, caput, da Lei nº 4.504, de 30-11-1964 (Estatuto da Terra).
- Lei nº 6.602, de 7-12-1978, altera a redação do art. 5º do Dec.-lei nº 3.365, de 21-6-1941 (Lei das Desapropriações).
- Arts. 28, 29 e 32 da Lei nº 6.662, de 25-6-1979, que dispõe sobre a política nacional de irrigação.
- Arts. 2º, § 1º, 5º, § 2º, e 7º, IV, da Lei nº 8.629, de 25-2-1993, que regula os dispositivos constitucionais relativos à reforma agrária.
- Art. 10 da Lei nº 9.074, de 7-7-1995, que estabelece normas para outorga e prorrogações das concessões e permissões de serviços públicos.
- Art. 34, IV, da Lei nº 9.082, de 25-7-1995, que dispõe sobre as diretrizes para a elaboração da lei orçamentária de 1996.
- Dec.-lei nº 1.075, de 22-1-1970 (Lei da Imissão de Posse).
- Dec.-lei nº 3.365, de 21-6-1941 (Lei das Desapropriações).
- Súmulas nºs 23, 111, 157, 164, 218, 345, 378, 416, 561, 618 e 652 do STF.
- Súmulas nºs 56, 69, 70, 113, 114 e 119 do STJ.

XXV – no caso de iminente perigo público, a autoridade competente poderá usar de propriedade particular, assegurada ao proprietário indenização ulterior, se houver dano;

XXVI – a pequena propriedade rural, assim definida em lei, desde que trabalhada pela família, não será objeto de penhora para pagamento de débitos decorrentes de sua atividade produtiva, dispondo a lei sobre os meios de financiar o seu desenvolvimento;

- Art. 185 desta Constituição.
- Art. 4º, I, da LC nº 76, de 6-7-1993 (Lei de Desapropriação de Imóvel Rural para fins de Reforma Agrária).
- Lei nº 4.504, de 30-11-1964 (Estatuto da Terra).
- Art. 19, IX, da Lei nº 4.595, de 31-12-1964 (Lei do Sistema Financeiro Nacional).
- Art. 4º, § 2º, da Lei nº 8.009, de 29-3-1990 (Lei da Impenhorabilidade do Bem de Família).
- Art. 4º, II, e parágrafo único, da Lei nº 8.629, de 25-2-1993, que regula os dispositivos constitucionais relativos à reforma agrária.
- Súm. nº 364 do STJ.

XXVII – aos autores pertence o direito exclusivo de utilização, publicação ou reprodução de suas obras, transmissível aos herdeiros pelo tempo que a lei fixar;

- Art. 842, § 3º, do CPC.
- Art. 184 do CP.
- Art. 30 da Lei nº 8.977, de 6-1-1995, que dispõe sobre o serviço de TV a cabo, regulamentado pelo Dec. nº 2.206, de 8-4-1997.
- Lei nº 9.456, de 25-4-1997, institui a Lei de Proteção de Cultivares.
- Lei nº 9.609, de 19-2-1998, dispõe sobre a proteção da propriedade intelectual de programa de computador e sua comercialização no país.
- Lei nº 9.610, de 19-2-1998 (Lei de Direitos Autorais).
- Súm. nº 386 do STF.

XXVIII – são assegurados, nos termos da lei:

a) a proteção às participações individuais em obras coletivas e à reprodução da imagem e voz humanas, inclusive nas atividades desportivas;

- Lei nº 6.533 de 24-5-1978, dispõe sobre a regulamentação das profissões de Artista e de Técnico em Espetáculos de Diversões.
- Lei nº 9.610, de 19-2-1998 (Lei de Direitos Autorais).

b) o direito de fiscalização do aproveitamento econômico das obras que criarem ou de que participarem aos criadores, aos intérpretes e às respectivas representações sindicais e associativas;

XXIX – a lei assegurará aos autores de inventos industriais privilégio temporário para sua utilização, bem como proteção às criações industriais, à propriedade das marcas, aos nomes de empresas e a outros signos distintivos, tendo em vista o interesse social e o desenvolvimento tecnológico e econômico do País;

- Art. 4º, VI, do CDC.
- Lei nº 9.279, de 14-5-1996 (Lei da Propriedade Industrial).
- Lei nº 9.456, de 25-4-1997, institui a Lei de Proteção de Cultivares.
- Art. 48, IV, da Lei nº 11.101, de 9-2-2005 (Lei de Recuperação de Empresas e Falências).

XXX – é garantido o direito de herança;

- Arts. 1.784 a 2.027 do CC.
- Arts. 856, § 2º, 1.138 e 1.158 do CPC.
- Lei nº 8.971, de 29-12-1994, regula o direito dos companheiros a alimentos e sucessão.
- Lei nº 9.278, de 10-5-1996 (Lei da União Estável).

XXXI – a sucessão de bens de estrangeiros situados no País será regulada pela lei brasileira em benefício do cônjuge ou dos filhos brasileiros, sempre que não lhes seja mais favorável a lei pessoal do de cujus;

- Art. 10, §§ 1º e 2º, da LICC.

XXXII – o Estado promoverá, na forma da lei, a defesa do consumidor;

- Art. 48 do ADCT.
- Lei nº 8.078, de 11-9-1990 (Código de Defesa do Consumidor).
- Lei nº 8.884, de 11-6-1994 (Lei Antitruste).
- Art. 4º da Lei nº 8.137, de 27-12-1990 (Lei dos Crimes contra a Ordem Tributária, Econômica e contra as Relações de Consumo).
- Lei nº 8.178, de 1º-3-1991, estabelece regras sobre preços e salários.
- Lei nº 8.884, de 11-6-1994 (Lei Antitruste).
- Lei nº 12.529, de 30-11-2011 (Lei do Sistema Brasileiro de Defesa da Concorrência) publicada no DOU de 1º-12-2011, para vigorar 180 dias após a data de sua publicação, quando ficarão revogados os arts. 1º a 85 e 88 a 93 da Lei nº 8.884, de 11-6-1994.

XXXIII – todos têm direito a receber dos órgãos públicos informações de seu interesse particular, ou de interesse coletivo ou geral, que serão prestadas no prazo da lei, sob pena de responsabilidade, ressalvadas aquelas cujo sigilo seja imprescindível à segurança da sociedade e do Estado;

- Arts. 5º, LXXII, e 37, § 3º, II, desta Constituição.
- Lei nº 12.527, de 18-11-2011 (Lei do Acesso à Informação) DOU de 18-11-2011, edição extra, para vigorar 180 dias após a data de sua publicação, quando ficará revogada a Lei nº 11.111, de 5-5-2005.
- Dec. nº 5.301, de 9-12-2004, regulamenta a Lei nº 11.111, de 5-5-2005.
- Súm. Vinc. nº 14 do STF.
- Súm. nº 202 do STJ.

XXXIV – são a todos assegurados, independentemente do pagamento de taxas:

a) o direito de petição aos Poderes Públicos em defesa de direitos ou contra ilegalidade ou abuso de poder;
- Súm. Vinc. nº 21 do STF.
- Súm. nº 373 do STJ.

b) a obtenção de certidões em repartições públicas, para defesa de direitos e esclarecimento de situações de interesse pessoal;
- Art. 6º da LICC.
- Lei nº 9.051, de 18-5-1995, dispõe sobre a expedição de certidões para defesa de direitos e esclarecimentos de situações.
- Lei nº 9.307, de 23-9-1996 (Lei da Arbitragem).
- Art. 40 da Lei nº 11.101, de 9-2-2005 (Lei de Recuperação de Empresas e Falências).

XXXV – a lei não excluirá da apreciação do Poder Judiciário lesão ou ameaça a direito;
- Lei nº 9.307, de 23-9-1996 (Lei da Arbitragem).
- Súm. Vinc. nº 28 do STF.

XXXVI – a lei não prejudicará o direito adquirido, o ato jurídico perfeito e a coisa julgada;
- Art. 6º, caput, da LICC.
- Súmulas Vinculantes nºs 1 e 9 do STF.
- Súmulas nºs 654, 667, 678 e 684 do STF.
- Súm. nº 315 do TST.

XXXVII – não haverá juízo ou tribunal de exceção;
XXXVIII – é reconhecida a instituição do júri, com a organização que lhe der a lei, assegurados:
- Arts. 406 a 432 do CPP.
- Arts. 18 e 19 da Lei nº 11.697, de 13-6-2008 (Lei da Organização Judiciária do Distrito Federal e dos Territórios).

a) a plenitude de defesa;
b) o sigilo das votações;
c) a soberania dos veredictos;
d) a competência para o julgamento dos crimes dolosos contra a vida;
- Arts. 74, § 1º, e 406 a 502 do CPP.
- Súm. nº 721 do STF.

XXXIX – não há crime sem lei anterior que o defina, nem pena sem prévia cominação legal;
- Art. 1º do CP.
- Art. 1º do CPM.
- Art. 9º do Pacto de São José da Costa Rica.

XL – a lei penal não retroagirá, salvo para beneficiar o réu;
- Art. 2º, parágrafo único, do CP.
- Art. 2º, § 1º, do CPM.
- Art. 66, I, da LEP.
- Súmulas Vinculantes nºs 3, 5, 14, 21, 24 e 28 do STF.

XLI – a lei punirá qualquer discriminação atentatória dos direitos e liberdades fundamentais;
- Lei nº 7.716, de 5-1-1989 (Lei do Racismo).
- Lei nº 8.081, de 21-9-1990, estabelece os crimes e as penas aplicáveis aos atos discriminatórios ou de preconceito de raça, cor, religião, etnia ou procedência de qualquer natureza.

- Dec. nº 3.956, de 8-10-2001, promulga a Convenção Interamericana para eliminação de todas as Formas de Discriminação contra as Pessoas Portadoras de Deficiência.
- Dec. nº 4.377, de 13-9-2002, promulga a Convenção Sobre a Eliminação de Todas as Formas de Discriminação Contra a Mulher, de 1979.
- Dec. nº 4.886, de 20-11-2003, institui a Política Nacional de Promoção da Igualdade Racial – PNPIR.
- Dec. nº 5.397, de 22-3-2005, dispõe sobre a composição, competência e funcionamento do Conselho Nacional de Combate à Discriminação – CNCD.

XLII – a prática do racismo constitui crime inafiançável e imprescritível, sujeito à pena de reclusão, nos termos da lei;
- Art. 323, I, do CPP.
- Lei nº 7.716, de 5-1-1989 (Lei do Racismo).
- Lei nº 10.678, de 23-5-2003, cria a Secretaria Especial de Políticas de Promoção da Igualdade Racial, da Presidência da República.
- Lei nº 12.288, de 20-7-2010 (Estatuto da Igualdade Racial).

XLIII – a lei considerará crimes inafiançáveis e insuscetíveis de graça ou anistia a prática da tortura, o tráfico ilícito de entorpecentes e drogas afins, o terrorismo e os definidos como crimes hediondos, por eles respondendo os mandantes, os executores e os que, podendo evitá-los, se omitirem;
- Lei nº 8.072, de 25-7-1990 (Lei dos Crimes Hediondos).
- Lei nº 9.455, de 7-4-1997 (Lei dos Crimes de Tortura).
- Lei nº 11.343, de 23-8-2006 (Lei Antidrogas).
- Dec. nº 5.639, de 29-12-2005, promulga a Convenção Interamericana contra o Terrorismo.

XLIV – constitui crime inafiançável e imprescritível a ação de grupos armados, civis ou militares, contra a ordem constitucional e o Estado Democrático;
- Lei nº 9.034, de 3-5-1995 (Lei do Crime Organizado).

XLV – nenhuma pena passará da pessoa do condenado, podendo a obrigação de reparar o dano e a decretação do perdimento de bens ser, nos termos da lei, estendidas aos sucessores e contra eles executadas, até o limite do valor do patrimônio transferido;
- Arts. 932 e 935 do CC.
- Arts. 32 a 52 do CP.
- Art. 5º, nº 3, do Pacto de São José da Costa Rica.

XLVI – a lei regulará a individualização da pena e adotará, entre outras, as seguintes:
- Arts. 32 a 52 do CP.
- Súm. Vinc. nº 26 do STF.

a) privação ou restrição da liberdade;
- Arts. 33 a 42 do CP.

b) perda de bens;
- Art. 43, II, do CP.

c) multa;
- Art. 49 do CP.

d) prestação social alternativa;
- Arts. 44 e 46 do CP.

e) suspensão ou interdição de direitos;
- Art. 47 do CP.

XLVII – não haverá penas:
- Art. 60, § 4º, IV, desta Constituição.
- Arts. 32 a 52 do CP.
- Súm. Vinc. nº 26 do STF.

a) de morte, salvo em caso de guerra declarada, nos termos do artigo 84, XIX;
- Arts. 55 a 57 do CPM.
- Arts. 707 e 708 do CPPM.
- Art. 4º, nºs 2 a 6, do Pacto de São José da Costa Rica.

b) de caráter perpétuo;
c) de trabalhos forçados;
- Art. 6º, nº 2, do Pacto de São José da Costa Rica.

d) de banimento;
e) cruéis;
- Art. 7º, 7, do Pacto de São José da Costa Rica.
- Súmulas nºs 280, 309 e 419 do STJ.

XLVIII – a pena será cumprida em estabelecimentos distintos, de acordo com a natureza do delito, a idade e o sexo do apenado;
- Arts. 32 a 52 do CP.
- Arts. 82 a 104 da LEP.

XLIX – é assegurado aos presos o respeito à integridade física e moral;
- Art. 5º, III, desta Constituição.
- Art. 38 do CP.
- Art. 40 da LEP.
- Lei nº 8.653, de 10-5-1993, dispõe sobre o transporte de presos.
- Art. 5º, nº 1, do Pacto de São José da Costa Rica.
- Súm. Vinc. nº 11 do STF.

L – às presidiárias serão asseguradas condições para que possam permanecer com seus filhos durante o período de amamentação;
- Art. 89 da LEP.

LI – nenhum brasileiro será extraditado, salvo o naturalizado, em caso de crime comum, praticado antes da naturalização, ou de comprovado envolvimento em tráfico ilícito de entorpecentes e drogas afins, na forma da lei;
- Art. 12, II, desta Constituição.
- Arts. 76 a 94 da Lei nº 6.815, de 19-8-1980 (Estatuto do Estrangeiro).
- Lei nº 11.343, de 23-8-2006 (Lei Antidrogas).
- Art. 110 do Dec. nº 86.715, de 10-12-1981, que regulamenta a Lei nº 6.815, de 19-8-1980 (Estatuto do Estrangeiro).

LII – não será concedida extradição de estrangeiro por crime político ou de opinião;
- Arts. 76 a 94 da Lei nº 6.815, de 19-8-1980 (Estatuto do Estrangeiro).
- Art. 100 do Dec. nº 86.715, de 10-12-1981, que regulamenta a Lei nº 6.815, de 19-8-1980 (Estatuto do Estrangeiro).

LIII – ninguém será processado nem sentenciado senão pela autoridade competente;
- Art. 8º, nº 1, do Pacto de São José da Costa Rica.
- Súm. nº 704 do STF.

LIV – ninguém será privado da liberdade ou de seus bens sem o devido processo legal;
- Súmulas Vinculantes nºs 3 e 14 do STF.
- Súm. nº 704 do STF.
- Súmulas nºs 255 e 347 do STJ.

LV – aos litigantes, em processo judicial ou administrativo, e aos acusados em geral são assegurados o contraditório e ampla defesa, com os meios e recursos a ela inerentes;
- Lei nº 8.112, de 11-12-1990 (Estatuto dos Servidores Públicos Civis da União, Autarquias e Fundações Públicas Federais).
- Lei nº 9.784, de 29-1-1999 (Lei do Processo Administrativo Federal).
- Súmulas Vinculantes nºs 3, 5, 14, 21, 24 e 28 do STF.
- Súmulas nºs 701, 704, 705, 707 e 712 do STF.
- Súmulas nºs 196, 255, 312, 347 e 373 do STJ.

LVI – são inadmissíveis, no processo, as provas obtidas por meios ilícitos;
- Arts. 332 a 443 do CPC.
- Art. 157 do CPP.
- Lei nº 9.296, de 24-7-1996 (Lei das Interceptações Telefônicas).

LVII – ninguém será considerado culpado até o trânsito em julgado de sentença penal condenatória;
- Art. 8º, nº 2, do Pacto de São José da Costa Rica.
- Súm. nº 9 do STJ.

LVIII – o civilmente identificado não será submetido à identificação criminal, salvo nas hipóteses previstas em lei;
- Lei nº 12.037, de 1º-10-2009, regulamenta este inciso.
- Art. 6º, VIII, do CPP.
- Súm. nº 568 do STF.

LIX – será admitida ação privada nos crimes de ação pública, se esta não for intentada no prazo legal;
- Art. 100, § 3º, do CP.
- Art. 29 do CPP.

LX – a lei só poderá restringir a publicidade dos atos processuais quando a defesa da intimidade ou o interesse social o exigirem;
- Art. 93, IX, desta Constituição.
- Arts. 155, caput, I e II, e 444 do CPC.
- Art. 20 do CPP.
- Lei nº 9.800, de 26-5-1999, dispõe sobre sistemas de transmissão de dados para a prática de atos processuais.
- Art. 8º, nº 5, do Pacto de São José da Costa Rica.
- Súm. nº 708 do STF.

LXI – ninguém será preso senão em flagrante delito ou por ordem escrita e fundamentada de autoridade judiciária competente, salvo nos casos de transgressão militar ou crime propriamente militar, definidos em lei;
- Art. 93, IX, desta Constituição.
- Art. 302 do CPP.
- Dec.-lei nº 1.001, de 21-10-1969 (Código Penal Militar).
- Art. 244 do CPPM.
- Lei nº 6.880, de 9-12-1980 (Estatuto dos Militares).
- Art. 7º, nº 2, do Pacto de São José da Costa Rica.
- Súmulas nºs 9 e 280 do STJ.

LXII – a prisão de qualquer pessoa e o local onde se encontre serão comunicados imediatamente ao juiz competente e à família do preso ou à pessoa por ele indicada;
▶ Art. 136, § 3º, IV, desta Constituição.

LXIII – o preso será informado de seus direitos, entre os quais o de permanecer calado, sendo-lhe assegurada a assistência da família e de advogado;
▶ Art. 289-A, § 4º, do CPP.
▶ Art. 8º, nº 2, *g*, do Pacto de São José da Costa Rica.

LXIV – o preso tem direito à identificação dos responsáveis por sua prisão ou por seu interrogatório policial;
▶ Art. 306, § 2º, do CPP.

LXV – a prisão ilegal será imediatamente relaxada pela autoridade judiciária;
▶ Art. 310, I, do CPP.
▶ Art. 224 do CPPM.
▶ Art. 7º, nº 6, do Pacto de São José da Costa Rica.
▶ Súm. nº 697 do STF.

LXVI – ninguém será levado à prisão ou nela mantido, quando a lei admitir a liberdade provisória, com ou sem fiança;
▶ Art. 310, III, do CPP.
▶ Arts. 270 e 271 do CPPM.

LXVII – não haverá prisão civil por dívida, salvo a do responsável pelo inadimplemento voluntário e inescusável de obrigação alimentícia e a do depositário infiel;
▶ Art. 652 do CC.
▶ Art. 733, § 1º, do CPC.
▶ Arts. 466 a 480 do CPPM.
▶ Arts. 19 e 22 da Lei nº 5.478, de 25-7-1968 (Lei da Ação de Alimentos).
▶ Lei nº 8.866, de 11-4-1994 (Lei do Depositário Infiel).
▶ Dec.-lei nº 911, de 1-10-1969 (Lei das Alienações Fiduciárias).
▶ Art. 7º, 7, do Pacto de São José da Costa Rica.
▶ Súm. Vinc. nº 25 do STF.
▶ Súmulas nºs 280, 309 e 419 do STJ.

LXVIII – conceder-se-á *habeas corpus* sempre que alguém sofrer ou se achar ameaçado de sofrer violência ou coação em sua liberdade de locomoção, por ilegalidade ou abuso de poder;
▶ Art. 142, § 2º, desta Constituição.
▶ Arts. 647 a 667 do CPP.
▶ Arts. 466 a 480 do CPPM.
▶ Art. 5º da Lei nº 9.289, de 4-7-1996 (Regimento de Custas da Justiça Federal).
▶ Súmulas nºs 693 a 695 do STF.

LXIX – conceder-se-á mandado de segurança para proteger direito líquido e certo, não amparado por *habeas corpus* ou *habeas data*, quando o responsável pela ilegalidade ou abuso de poder for autoridade pública ou agente de pessoa jurídica no exercício de atribuições do Poder Público;
▶ Lei nº 9.507, de 12-11-1997 (Lei do *Habeas Data*).
▶ Lei nº 12.016, de 7-8-2009 (Lei do Mandado de Segurança Individual e Coletivo).
▶ Súm. nº 632 do STF.

LXX – o mandado de segurança coletivo pode ser impetrado por:
▶ Súm. nº 630 do STF.

a) partido político com representação no Congresso Nacional;
b) organização sindical, entidade de classe ou associação legalmente constituída e em funcionamento há pelo menos um ano, em defesa dos interesses de seus membros ou associados;
▶ Art. 5º da Lei nº 7.347, de 24-7-1985 (Lei da Ação Civil Pública).
▶ Súm. nº 629 do STF.

LXXI – conceder-se-á mandado de injunção sempre que a falta de norma regulamentadora torne inviável o exercício dos direitos e liberdades constitucionais e das prerrogativas inerentes à nacionalidade, à soberania e à cidadania;
▶ Lei nº 9.265, de 12-2-1996, estabelece a gratuidade dos atos necessários ao exercício da cidadania.

LXXII – conceder-se-á *habeas data*:
▶ Art. 5º da Lei nº 9.289, de 4-7-1996 (Regimento de Custas da Justiça Federal).
▶ Lei nº 9.507, de 12-11-1997 (Lei do *Habeas Data*).
▶ Súm. nº 368 do STJ.

a) para assegurar o conhecimento de informações relativas à pessoa do impetrante, constantes de registros ou bancos de dados de entidades governamentais ou de caráter público;
▶ Súm. nº 2 do STJ.

b) para a retificação de dados, quando não se prefira fazê-lo por processo sigiloso, judicial ou administrativo;
▶ Súm. nº 368 do STJ.

LXXIII – qualquer cidadão é parte legítima para propor ação popular que vise a anular ato lesivo ao patrimônio público ou de entidade de que o Estado participe, à moralidade administrativa, ao meio ambiente e ao patrimônio histórico e cultural, ficando o autor, salvo comprovada má-fé, isento de custas judiciais e do ônus da sucumbência;
▶ Lei nº 4.717, de 29-6-1965 (Lei da Ação Popular).
▶ Lei nº 6.938, de 31-8-1981 (Lei da Política Nacional do Meio Ambiente).

LXXIV – o Estado prestará assistência jurídica integral e gratuita aos que comprovarem insuficiência de recursos;
▶ Art. 134 desta Constituição.
▶ LC nº 80, de 12-1-1994 (Lei da Defensoria Pública).
▶ Lei nº 1.060, de 5-2-1950 (Lei de Assistência Judiciária).
▶ Art. 8º, nº 2, *e*, do Pacto de São José da Costa Rica.
▶ Súm. nº 102 do STJ.

LXXV – o Estado indenizará o condenado por erro judiciário, assim como o que ficar preso além do tempo fixado na sentença;
▶ Art. 10 do Pacto de São José da Costa Rica.

LXXVI – são gratuitos para os reconhecidamente pobres, na forma da lei:
▶ Art. 30 da Lei nº 6.015, de 31-12-1973 (Lei dos Registros Públicos).

Constituição Federal – Arts. 6º e 7º

▶ Art. 45 da Lei nº 8.935, de 18-11-1994 (Lei dos Serviços Notariais e de Registro).
▶ Lei nº 9.265, de 12-2-1996, estabelece a gratuidade dos atos necessários ao exercício da cidadania.
▶ Dec. nº 6.190, de 20-8-2007, regulamenta o disposto no art. 1º do Decreto-Lei nº 1.876, de 15-7-1981, para dispor sobre a isenção do pagamento de foros, taxas de ocupação e laudêmios, referentes a imóveis de propriedade da União, para as pessoas consideradas carentes ou de baixa renda.

a) o registro civil de nascimento;

▶ Art. 46 da Lei nº 6.015, de 31-12-1973 (Lei dos Registros Públicos).

b) a certidão de óbito;

▶ Arts. 77 a 88 da Lei nº 6.015, de 31-12-1973 (Lei dos Registros Públicos).

LXXVII – são gratuitas as ações de *habeas corpus* e *habeas data* e, na forma da lei, os atos necessários ao exercício da cidadania;

▶ Lei nº 9.265, de 12-2-1996, estabelece a gratuidade dos atos necessários ao exercício da cidadania.
▶ Lei nº 9.507, de 12-11-1997 (Lei do *Habeas Data*).

LXXVIII – a todos, no âmbito judicial e administrativo, são assegurados a razoável duração do processo e os meios que garantam a celeridade de sua tramitação.

▶ Inciso LXXVIII acrescido pela EC nº 45, de 8-12-2004.
▶ Art. 75, parágrafo único, da Lei nº 11.101, de 9-2-2005 (Lei de Recuperação de Empresas e Falências).
▶ Art. 7º, nº 5º, do Pacto de São José da Costa Rica.

§ 1º As normas definidoras dos direitos e garantias fundamentais têm aplicação imediata.

§ 2º Os direitos e garantias expressos nesta Constituição não excluem outros decorrentes do regime e dos princípios por ela adotados, ou dos tratados internacionais em que a República Federativa do Brasil seja parte.

▶ Súm. Vinc. nº 25 do STF.

§ 3º Os tratados e convenções internacionais sobre direitos humanos que forem aprovados, em cada Casa do Congresso Nacional, em dois turnos, por três quintos dos votos dos respectivos membros, serão equivalentes às emendas constitucionais.

§ 4º O Brasil se submete à jurisdição de Tribunal Penal Internacional a cuja criação tenha manifestado adesão.

▶ §§ 3º e 4º acrescidos pela EC nº 45, de 8-12-2004.
▶ Dec. nº 4.388, de 25-9-2002, promulga o Estatuto de Roma do Tribunal Penal Internacional.

Capítulo II
DOS DIREITOS SOCIAIS

Art. 6º São direitos sociais a educação, a saúde, a alimentação, o trabalho, a moradia, o lazer, a segurança, a previdência social, a proteção à maternidade e à infância, a assistência aos desamparados, na forma desta Constituição.

▶ Artigo com a redação dada pela EC nº 64, de 4-2-2010.
▶ Arts. 208, 212, § 4º, e 227 desta Constituição.
▶ Lei nº 10.689, de 13-6-2003, cria o Programa Nacional de Acesso à Alimentação – PNAA.
▶ Lei nº 10.836, de 9-1-2004, cria o programa "Bolsa-Família", que tem por finalidade a unificação dos procedimentos da gestão e execução das ações de transferência de renda do Governo Federal, incluindo o "Bolsa-Alimentação".
▶ Art. 6º da Lei nº 12.288, de 20-7-2010 (Estatuto da Igualdade Racial).
▶ MP nº 2.206-1, de 6-9-2001, que até o encerramento desta edição não havia sido convertida em Lei, cria o Programa Nacional de Renda Mínima vinculado à saúde: "Bolsa-Alimentação", regulamentada pelo Dec. nº 3.934, de 30-9-2001.
▶ Dec. nº 3.964, de 10-10-2001, dispõe sobre o Fundo Nacional de Saúde.

Art. 7º São direitos dos trabalhadores urbanos e rurais, além de outros que visem à melhoria de sua condição social:

▶ Lei nº 9.799, de 26-5-1999, insere na CLT regras de acesso da mulher ao mercado de trabalho.
▶ Arts. 38 e 39 da Lei nº 12.288, de 20-7-2010 (Estatuto da Igualdade Racial).

I – relação de emprego protegida contra despedida arbitrária ou sem justa causa, nos termos de lei complementar, que preverá indenização compensatória, dentre outros direitos;

▶ Art. 10 do ADCT.

II – seguro-desemprego, em caso de desemprego involuntário;

▶ Art. 201, IV, desta Constituição.
▶ Art. 12 da CLT.
▶ Leis nºs 7.998, de 11-1-1990; 8.019, de 11-4-1990; 8.178, de 1º-3-1991; e 8.900, de 30-6-1994, dispõem sobre seguro-desemprego.
▶ Lei nº 10.779, de 25-11-2003, dispõe sobre a concessão do benefício de seguro-desemprego, durante o período de defeso, ao pescador profissional que exerce a atividade pesqueira de forma artesanal.
▶ Dec. nº 3.361, de 10-2-2000, regulamenta dispositivos da Lei nº 5.859, de 11-12-1972 (Lei do Empregado Doméstico).

III – Fundo de Garantia do Tempo de Serviço;

▶ Arts. 7º, 477, 478 e 492 da CLT.
▶ LC nº 110, de 29-6-2001, institui contribuições sociais, autoriza créditos de complementos de atualização monetária em contas vinculadas do FGTS, regulamentada pelos Decretos nº 3.913, de 11-9-2001, e 3.914, de 11-9-2001.
▶ Lei nº 8.036, de 11-5-1990, Dec. nº 99.684, de 8-11-1990 (Regulamento), e Lei nº 8.844, de 20-1-1994, dispõem sobre o FGTS.
▶ Dec. nº 3.361, de 10-2-2000, regulamenta dispositivos da Lei nº 5.859, de 11-12-1972 (Lei do Empregado Doméstico).
▶ Súm. nº 353 do STJ.

IV – salário mínimo, fixado em lei, nacionalmente unificado, capaz de atender a suas necessidades vitais básicas e às de sua família com moradia, alimentação, educação, saúde, lazer, vestuário, higiene, transporte e previdência social, com reajustes periódicos que lhe preservem o poder aquisitivo, sendo vedada sua vinculação para qualquer fim;

▶ Art. 39, § 3º, desta Constituição.
▶ Lei nº 6.205, de 29-4-1975, estabelece a descaracterização do salário mínimo como fator de correção monetária.
▶ Súmulas Vinculantes nºs 4, 6, 15 e 16 do STF.
▶ Súm. nº 201 do STJ.

V – piso salarial proporcional à extensão e à complexidade do trabalho;

▶ LC nº 103, de 14-7-2000, autoriza os Estados e o Distrito Federal a instituir o piso salarial a que se refere este inciso.
▶ OJ da SBDI-I nº 358 do TST.

VI – irredutibilidade do salário, salvo o disposto em convenção ou acordo coletivo;

▶ Súm. nº 391 do TST.
▶ Orientações Jurisprudenciais da SBDI-I nºs 358 e 396 do TST.

VII – garantia de salário, nunca inferior ao mínimo, para os que percebem remuneração variável;

▶ Art. 39, § 3º, desta Constituição.
▶ Lei nº 8.716, de 11-10-1993, dispõe sobre a garantia do salário mínimo.
▶ Lei nº 9.032, de 28-4-1995, dispõe sobre o valor do salário mínimo.

VIII – décimo terceiro salário com base na remuneração integral ou no valor da aposentadoria;

▶ Arts. 39, § 3º, e 142, § 3º, VIII, desta Constituição.
▶ Leis nºs 4.090, de 13-7-1962; 4.749, de 12-8-1965; Decretos nºs 57.155, de 3-11-1965; e 63.912, de 26-12-1968, dispõem sobre o 13º salário.
▶ OJ da SBDI-I nº 358 do TST.
▶ Súm. nº 349 do STJ.

IX – remuneração do trabalho noturno superior à do diurno;

▶ Art. 39, § 3º, desta Constituição.
▶ Art. 73, §§ 1º a 5º, da CLT.

X – proteção do salário na forma da lei, constituindo crime sua retenção dolosa;

XI – participação nos lucros, ou resultados, desvinculada da remuneração, e, excepcionalmente, participação na gestão da empresa, conforme definido em lei;

▶ Arts. 543 e 621 da CLT.
▶ Lei nº 10.101, de 19-12-2000 (Lei da Participação nos Lucros e Resultados).
▶ OJ da SBDI-I nº 390 do TST.
▶ OJ da SBDI-I Transitória nº 73 do TST.

XII – salário-família pago em razão do dependente do trabalhador de baixa renda nos termos da lei;

▶ Inciso XII com a redação dada pela EC nº 20, de 15-12-1998.
▶ Arts. 39, § 3º, e 142, § 3º, VIII, desta Constituição.
▶ Art. 12 da CLT.
▶ Leis nºs 4.266, de 3-10-1963; 5.559, de 11-12-1968; e Dec. nº 53.153, de 10-12-1963, dispõem sobre salário-família.
▶ Arts. 18, 26, 28, 65 a 70 da Lei nº 8.213, de 24-7-1991 (Lei dos Planos de Benefícios da Previdência Social).
▶ Arts. 5º, 25, 30 a 32, 42, 81 a 92, 173, 217, § 6º, 218, 225 e 255 do Dec. nº 3.048, de 6-5-1999 (Regulamento da Previdência Social).
▶ OJ da SBDI-I nº 358 do TST.

XIII – duração do trabalho normal não superior a oito horas diárias e quarenta e quatro semanais, facultada a compensação de horários e a redução da jornada, mediante acordo ou convenção coletiva de trabalho;

▶ Art. 39, § 3º, desta Constituição.

▶ Arts. 57 a 75 e 224 a 350 da CLT.
▶ OJ da SBDI-I nº 393 do TST.

XIV – jornada de seis horas para o trabalho realizado em turnos ininterruptos de revezamento, salvo negociação coletiva;

▶ Art. 58 da CLT.
▶ Súm. nº 675 do STF.
▶ Súm. nº 360 do TST.
▶ Orientações Jurisprudenciais da SBDI-I nºs 360 e 395 do TST.

XV – repouso semanal remunerado, preferencialmente aos domingos;

▶ Art. 39, §§ 2º e 3º, desta Constituição.
▶ Art. 67 da CLT.
▶ Lei nº 605, de 5-1-1949 (Lei do Repouso Semanal Remunerado).
▶ Dec. nº 27.048, de 12-8-1949, regulamenta a Lei nº 605, de 5-1-1949 (Lei do Repouso Semanal Remunerado).
▶ Orientações Jurisprudenciais nºs 394 e 410 do TST.

XVI – remuneração do serviço extraordinário superior, no mínimo, em cinquenta por cento à do normal;

▶ Art. 39, §§ 2º e 3º, desta Constituição.
▶ Art. 59 da CLT.

XVII – gozo de férias anuais remuneradas com, pelo menos, um terço a mais do que o salário normal;

▶ Art. 39, §§ 2º e 3º, desta Constituição.
▶ Arts. 7º e 129 a 153 da CLT.
▶ Súm. nº 386 do STJ.
▶ Súmulas nºs 171 e 328 do TST.

XVIII – licença à gestante, sem prejuízo do emprego e do salário, com a duração de cento e vinte dias;

▶ O STF, por unanimidade de votos, julgou parcialmente procedente a ADIN nº 1.946-5, para dar, ao art. 14 da EC nº 20, de 15-12-1998, interpretação conforme a CF, excluindo-se sua aplicação ao salário da licença gestante, a que se refere este inciso (DJU de 16-5-2003 e DOU de 3-6-2003).
▶ Art. 39, §§ 2º e 3º, desta Constituição.
▶ Art. 10, II, b, do ADCT.
▶ Arts. 391 e 392 da CLT.
▶ Arts. 71 a 73 da Lei nº 8.213, de 24-7-1991 (Lei dos Planos de Benefícios da Previdência Social).
▶ Lei nº 10.421, de 15-4-2002, estende à mãe adotiva o direito à licença-maternidade e ao salário-maternidade.
▶ Lei nº 11.770, de 9-9-2008 (Lei do Programa Empresa Cidadã), regulamentada pelo Dec. nº 7.052, de 23-12-2009.
▶ Dec. nº 4.377, de 13-9-2002, promulga a Convenção Sobre a Eliminação de Todas as Formas de Discriminação Contra a Mulher, de 1979.

XIX – licença-paternidade, nos termos fixados em lei;

▶ Art. 39, §§ 2º e 3º, desta Constituição.
▶ Art. 10, § 1º, do ADCT.

XX – proteção do mercado de trabalho da mulher, mediante incentivos específicos, nos termos da lei;

▶ Art. 39, §§ 2º e 3º, desta Constituição.
▶ Arts. 372 a 401 da CLT.
▶ Dec. nº 4.377, de 13-9-2002, promulga a Convenção sobre a Eliminação de Todas as Formas de Discriminação contra a Mulher, de 1979.

XXI – aviso prévio proporcional ao tempo de serviço, sendo no mínimo de trinta dias, nos termos da lei;
- Arts. 7º e 487 a 491 da CLT.
- Lei nº 12.506, de 11-10-2011 (Lei do Aviso Prévio).

XXII – redução dos riscos inerentes ao trabalho, por meio de normas de saúde, higiene e segurança;
- Art. 39, §§ 2º e 3º, desta Constituição.
- Arts. 154 a 159 e 192 da CLT.

XXIII – adicional de remuneração para as atividades penosas, insalubres ou perigosas, na forma da lei;
- Art. 39, § 2º, desta Constituição.
- Arts. 189 a 197 da CLT.
- Súm. Vinc. nº 4 do STF.
- Orientações Jurisprudenciais nºs 385 e 406 do TST.

XXIV – aposentadoria;
- Art. 154 da CLT.
- Arts. 42 a 58 da Lei nº 8.213, de 24-7-1991 (Lei dos Planos de Benefícios da Previdência Social).
- Lei nº 9.477, de 24-7-1997, institui o Fundo de Aposentadoria Programa Individual – FAPI e o Plano de Incentivo à Aposentadoria Programa Individual.
- Arts. 25, 29, 30, 43 a 70, 120, 135, 167, 168, 173, 180, 181-A, 181-B, 183, 184, 187, 188, 188-A, 189, parágrafo único, e 202 do Dec. nº 3.048, de 6-5-1999 (Regulamento da Previdência Social).

XXV – assistência gratuita aos filhos e dependentes desde o nascimento até 5 (cinco) anos de idade em creches e pré-escolas;
- Inciso XXV com a redação dada pela EC nº 53, de 19-12-2006.
- Art. 208, IV, desta Constituição.

XXVI – reconhecimento das convenções e acordos coletivos de trabalho;
- Arts. 611 a 625 da CLT.
- Orientações Jurisprudenciais da SBDI-I Transitória nºs 61 e 73 do TST.

XXVII – proteção em face da automação, na forma da lei;

XXVIII – seguro contra acidentes de trabalho, a cargo do empregador, sem excluir a indenização a que este está obrigado, quando incorrer em dolo ou culpa;
- Art. 114, VI, desta Constituição.
- Art. 154 da CLT.
- Lei nº 6.338, de 7-6-1976, inclui as ações de indenização por acidentes do trabalho entre as que têm curso nas férias forenses.
- Lei nº 8.212, de 24-7-1991 (Lei Orgânica da Seguridade Social).
- Lei nº 8.213, de 24-7-1991 (Lei dos Planos de Benefícios da Previdência Social).
- Lei nº 9.307, de 23-9-1996 (Lei da Arbitragem).
- Art. 40 da Lei nº 11.101, de 9-2-2005 (Lei de Recuperação de Empresas e Falências).
- Dec. nº 3.048, de 6-5-1999 (Regulamento da Previdência Social).
- Súm. Vinc. nº 22 do STF.

XXIX – ação, quanto aos créditos resultantes das relações de trabalho, com prazo prescricional de cinco anos para os trabalhadores urbanos e rurais, até o limite de dois anos após a extinção do contrato de trabalho;
- Inciso XXIX com a redação dada pela EC nº 28, de 25-5-2000.
- Art. 11, I e II, da CLT.
- Art. 10 da Lei nº 5.889, de 8-6-1973 (Lei do Trabalho Rural).
- Súmulas nºs 308 e 409 do TST.
- Orientações Jurisprudenciais da SBDI-I nºs 359, 384 e 399 do TST.

a e b) Revogadas. EC nº 28, de 25-5-2000.

XXX – proibição de diferença de salários, de exercício de funções e de critério de admissão por motivo de sexo, idade, cor ou estado civil;
- Art. 39, § 3º, desta Constituição.
- Lei nº 9.029, de 13-4-1995, proíbe a exigência de atestados de gravidez e esterilização, e outras praticas discriminatórias, para efeitos admissionais ou de permanência da relação jurídica de trabalho.
- Dec. nº 4.377, de 13-9-2002, promulga a Convenção sobre a Eliminação de Todas as Formas de Discriminação contra a Mulher, de 1979.
- Port. do MTE nº 1.246, de 28-5-2010, orienta as empresas e os trabalhadores em relação à testagem relacionada ao vírus da imunodeficiência adquirida – HIV.
- Súm. nº 683 do STF.

XXXI – proibição de qualquer discriminação no tocante a salário e critérios de admissão do trabalhador portador de deficiência;
- Dec. nº 3.298, de 20-12-1999, dispõe sobre a Política Nacional para Integração da Pessoa Portadora de Deficiência e consolida as normas de proteção.

XXXII – proibição de distinção entre trabalho manual, técnico e intelectual ou entre os profissionais respectivos;
- Súm. nº 84 do TST.

XXXIII – proibição de trabalho noturno, perigoso ou insalubre a menores de dezoito e de qualquer trabalho a menores de dezesseis anos, salvo na condição de aprendiz, a partir de quatorze anos;
- Inciso XXXIII com a redação dada pela EC nº 20, de 15-12-1998.
- Art. 227 desta Constituição.
- Arts. 192, 402 a 410 e 792 da CLT.
- Arts. 60 a 69 do ECA.
- Arts. 27, V, e 78, XVIII, da Lei nº 8.666, de 21-6-1993 (Lei de Licitações e Contratos Administrativos).
- Art. 13 da Lei nº 11.685, de 2-6-2008 (Estatuto do Garimpeiro).
- Dec. nº 4.134, de 15-2-2002, promulga a Convenção nº 138 e a Recomendação nº 146 da OIT sobre Idade Mínima de Admissão ao Emprego.

XXXIV – igualdade de direitos entre o trabalhador com vínculo empregatício permanente e o trabalhador avulso.

Parágrafo único. São assegurados à categoria dos trabalhadores domésticos os direitos previstos nos incisos IV, VI, VIII, XV, XVII, XVIII, XIX, XXI e XXIV, bem como a sua integração à previdência social.
- Art. 7º da CLT.

► Leis n⁰ˢ 5.859, de 11-12-1972, e 7.195, de 12-6-1984; Decretos n⁰ˢ 71.885, de 9-3-1973, e 1.197, de 14-7-1994, dispõem sobre empregado doméstico.
► Arts. 93 a 103 do Dec. nº 3.048, de 6-5-1999 (Regulamento da Previdência Social).
► Dec. nº 3.361, de 10-2-2000, regulamenta dispositivos da Lei nº 5.859, de 11-12-1972 (Lei do Empregado Doméstico).

Art. 8º É livre a associação profissional ou sindical, observado o seguinte:

► Arts. 511 a 515, 524, 537, 543, 553, 558 e 570 da CLT.
► Súm. nº 4 do STJ.

I – a lei não poderá exigir autorização do Estado para a fundação de sindicato, ressalvado o registro no órgão competente, vedadas ao Poder Público a interferência e a intervenção na organização sindical;

► Súm. nº 677 do STF.

II – é vedada a criação de mais de uma organização sindical, em qualquer grau, representativa de categoria profissional ou econômica, na mesma base territorial, que será definida pelos trabalhadores ou empregadores interessados, não podendo ser inferior à área de um município;

► Súm. nº 677 do STF.

III – ao sindicato cabe a defesa dos direitos e interesses coletivos ou individuais da categoria, inclusive em questões judiciais ou administrativas;

► Orientações Jurisprudenciais da SBDI-I n⁰ˢ 359 e 365 do TST.

IV – a assembleia-geral fixará a contribuição que, em se tratando de categoria profissional, será descontada em folha, para custeio do sistema confederativo da representação sindical respectiva, independentemente da contribuição prevista em lei;

► Súm. nº 666 do STF.
► Súm. nº 396 do STJ.

V – ninguém será obrigado a filiar-se ou manter-se filiado a sindicato;

► Art. 199 do CP.
► OJ da SDC nº 20 do TST.

VI – é obrigatória a participação dos sindicatos nas negociações coletivas de trabalho;
VII – o aposentado filiado tem direito a votar e ser votado nas organizações sindicais;
VIII – é vedada a dispensa do empregado sindicalizado, a partir do registro da candidatura a cargo de direção ou representação sindical e, se eleito, ainda que suplente, até um ano após o final do mandato, salvo se cometer falta grave nos termos da lei.

► Art. 543 da CLT.

Parágrafo único. As disposições deste artigo aplicam-se à organização de sindicatos rurais e de colônias de pescadores, atendidas as condições que a lei estabelecer.

► Lei nº 11.699, de 13-6-2008, dispõe sobre as Colônias, Federações e Confederação Nacional dos Pescadores, regulamentando este parágrafo.

Art. 9º É assegurado o direito de greve, competindo aos trabalhadores decidir sobre a oportunidade de exercê-lo e sobre os interesses que devam por meio dele defender.

► Arts. 37, VII, 114, II, e 142, § 3º, IV, desta Constituição.
► Lei nº 7.783, de 28-6-1989 (Lei de Greve).

§ 1º A lei definirá os serviços ou atividades essenciais e disporá sobre o atendimento das necessidades inadiáveis da comunidade.

§ 2º Os abusos cometidos sujeitam os responsáveis às penas da lei.

Art. 10. É assegurada a participação dos trabalhadores e empregadores nos colegiados dos órgãos públicos em que seus interesses profissionais ou previdenciários sejam objeto de discussão e deliberação.

Art. 11. Nas empresas de mais de duzentos empregados, é assegurada a eleição de um representante destes com a finalidade exclusiva de promover-lhes o entendimento direto com os empregadores.

► Art. 543 da CLT.

CAPÍTULO III

DA NACIONALIDADE

► Art. 5º, LXXI, desta Constituição.
► Dec. nº 4.246, de 22-5-2002, promulga a Convenção sobre o Estatuto dos Apátridas.

Art. 12. São brasileiros:

I – natos:
a) os nascidos na República Federativa do Brasil, ainda que de pais estrangeiros, desde que estes não estejam a serviço de seu país;
b) os nascidos no estrangeiro, de pai brasileiro ou mãe brasileira, desde que qualquer deles esteja a serviço da República Federativa do Brasil;
c) os nascidos no estrangeiro de pai brasileiro ou de mãe brasileira, desde que sejam registrados em repartição brasileira competente ou venham a residir na República Federativa do Brasil e optem, em qualquer tempo, depois de atingida a maioridade, pela nacionalidade brasileira;

► Alínea c com a redação dada pela EC nº 54, de 20-9-2007.
► Art. 95 do ADCT.

II – naturalizados:

► Lei nº 818, de 18-9-1949 (Lei da Nacionalidade Brasileira).
► Arts. 111 a 121 da Lei nº 6.815, de 19-8-1980 (Estatuto do Estrangeiro).
► Arts. 119 a 134 do Dec. nº 86.715, de 10-12-1981, que regulamenta a Lei nº 6.815, de 19-8-1980 (Estatuto do Estrangeiro).
► Dec. nº 3.453, de 9-5-2000, delega competência ao Ministro de Estado da Justiça para declarar a perda e a reaquisição da nacionalidade Brasileira.

a) os que, na forma da lei, adquiram a nacionalidade brasileira, exigidas aos originários de países de língua portuguesa apenas residência por um ano ininterrupto e idoneidade moral;
b) os estrangeiros de qualquer nacionalidade, residentes na República Federativa do Brasil há mais de

quinze anos ininterruptos e sem condenação penal, desde que requeiram a nacionalidade brasileira.

▶ Alínea *b* com a redação dada pela ECR nº 3, de 7-6-1994.

§ 1º Aos portugueses com residência permanente no País, se houver reciprocidade em favor de brasileiros, serão atribuídos os direitos inerentes ao brasileiro, salvo os casos previstos nesta Constituição.

▶ § 1º com a redação dada pela ECR nº 3, de 7-6-1994.

§ 2º A lei não poderá estabelecer distinção entre brasileiros natos e naturalizados, salvo nos casos previstos nesta Constituição.

§ 3º São privativos de brasileiro nato os cargos:

I – de Presidente e Vice-Presidente da República;
II – de Presidente da Câmara dos Deputados;
III – de Presidente do Senado Federal;
IV – de Ministro do Supremo Tribunal Federal;
V – da carreira diplomática;
VI – de oficial das Forças Armadas;

▶ LC nº 97, de 9-6-1999, dispõe sobre as normas gerais para organização, o preparo e o emprego das Forças Armadas.

VII – de Ministro de Estado da Defesa.

▶ Inciso VII acrescido pela EC nº 23, de 2-9-1999.
▶ LC nº 97, de 9-6-1999, dispõe sobre a criação do Ministério de Defesa.

§ 4º Será declarada a perda da nacionalidade do brasileiro que:

I – tiver cancelada sua naturalização, por sentença judicial, em virtude de atividade nociva ao interesse nacional;
II – adquirir outra nacionalidade, salvo nos casos:

a) de reconhecimento de nacionalidade originária pela lei estrangeira;
b) de imposição de naturalização, pela norma estrangeira, ao brasileiro residente em Estado estrangeiro, como condição para permanência em seu território ou para o exercício de direitos civis.

▶ Inciso II, alíneas *a* e *b*, com a redação dada pela ECR nº 3, de 7-6-1994.
▶ Lei nº 818, de 18-9-1949 (Lei da Nacionalidade Brasileira).
▶ Dec. nº 3.453, de 9-5-2000, delega competência ao Ministro de Estado da Justiça para declarar a perda e a reaquisição da nacionalidade brasileira.

Art. 13. A língua portuguesa é o idioma oficial da República Federativa do Brasil.

▶ Dec. nº 5.002, de 3-3-2004, promulga a Declaração Constitutiva e os Estatutos da Comunidade dos Países de Língua Portuguesa.

§ 1º São símbolos da República Federativa do Brasil a bandeira, o hino, as armas e o selo nacionais.

▶ Lei nº 5.700, de 1º-9-1971, dispõe sobre a forma e a apresentação dos Símbolos Nacionais.
▶ Dec. nº 98.068, de 18-8-1989, dispõe sobre o hasteamento da bandeira nacional nas repartições públicas federais e nos estabelecimentos de ensino.

§ 2º Os Estados, o Distrito Federal e os Municípios poderão ter símbolos próprios.

Capítulo IV
DOS DIREITOS POLÍTICOS

▶ Art. 5º, LXXI, desta Constituição.

Art. 14. A soberania popular será exercida pelo sufrágio universal e pelo voto direto e secreto, com valor igual para todos, e, nos termos da lei, mediante:

▶ Lei nº 4.737, de 15-7-1965 (Código Eleitoral).
▶ Lei nº 9.709, de 18-11-1998, regulamenta a execução do disposto nos incisos I, II e III do artigo supratranscrito.

I – plebiscito;

▶ Arts. 18, §§ 3º e 4º, e 49, XV, desta Constituição.
▶ Art. 2º do ADCT.

II – referendo;

▶ Arts. 1º, II, 2º, § 2º, 3º, 6º, 8º e 10 a 12 da Lei nº 9.709, de 18-11-1998, que regulamenta a execução do disposto nos incisos I, II e III deste artigo.

III – iniciativa popular.

▶ Art. 61, § 2º, desta Constituição.
▶ Arts. 1º, III, 13 e 14 da Lei nº 9.709, de 18-11-1998, que regulamenta a execução do disposto nos incisos I, II e III deste artigo.

§ 1º O alistamento eleitoral e o voto são:

▶ Arts. 42 a 81 e 133 a 157 do CE.

I – obrigatórios para os maiores de dezoito anos;

▶ Lei nº 9.274, de 7-5-1996, dispõe sobre anistia relativamente às eleições de 3 de outubro e de 15 de novembro dos anos de 1992 e 1994.

II – facultativos para:

a) os analfabetos;
b) os maiores de setenta anos;
c) os maiores de dezesseis e menores de dezoito anos.

§ 2º Não podem alistar-se como eleitores os estrangeiros e, durante o período do serviço militar obrigatório, os conscritos.

§ 3º São condições de elegibilidade, na forma da lei:

I – a nacionalidade brasileira;
II – o pleno exercício dos direitos políticos;

▶ Art. 47, I, do CP.

III – o alistamento eleitoral;
IV – o domicílio eleitoral na circunscrição;
V – a filiação partidária;

▶ Lei nº 9.096, de 19-9-1995 (Lei dos Partidos Políticos).
▶ Res. do TSE nº 23.282, de 22-6-2010, disciplina a criação, organização, fusão, incorporação e extinção de partidos políticos.

VI – a idade mínima de:

a) trinta e cinco anos para Presidente e Vice-Presidente da República e Senador;
b) trinta anos para Governador e Vice-Governador de Estado e do Distrito Federal;
c) vinte e um anos para Deputado Federal, Deputado Estadual ou Distrital, Prefeito, Vice-Prefeito e juiz de paz;

▶ Dec.-lei nº 201, de 27-2-1967 (Lei de Responsabilidade dos Prefeitos e Vereadores).

d) dezoito anos para Vereador.

▶ Dec.-lei nº 201, de 27-2-1967 (Lei de Responsabilidade dos Prefeitos e Vereadores).

§ 4º São inelegíveis os inalistáveis e os analfabetos.

§ 5º O Presidente da República, os Governadores de Estado e do Distrito Federal, os Prefeitos e quem os houver sucedido ou substituído no curso dos mandatos poderão ser reeleitos para um único período subsequente.

▶ § 5º com a redação dada pela EC nº 16, de 4-6-1997.
▶ Súm. nº 8 do TSE.

§ 6º Para concorrerem a outros cargos, o Presidente da República, os Governadores de Estado e do Distrito Federal e os Prefeitos devem renunciar aos respectivos mandatos até seis meses antes do pleito.

§ 7º São inelegíveis, no território de jurisdição do titular, o cônjuge e os parentes consanguíneos ou afins, até o segundo grau ou por adoção, do Presidente da República, de Governador de Estado ou Território, do Distrito Federal, de Prefeito ou de quem os haja substituído dentro dos seis meses anteriores ao pleito, salvo se já titular de mandato eletivo e candidato à reeleição.

▶ Súm. Vinc. nº 18 do STF.
▶ Súmulas nºs 6 e 12 do TSE.

§ 8º O militar alistável é elegível, atendidas as seguintes condições:

I – se contar menos de dez anos de serviço, deverá afastar-se da atividade;

II – se contar mais de dez anos de serviço, será agregado pela autoridade superior e, se eleito, passará automaticamente, no ato da diplomação, para a inatividade.

▶ Art. 42, § 1º, desta Constituição.

§ 9º Lei complementar estabelecerá outros casos de inelegibilidade e os prazos de sua cessação, a fim de proteger a probidade administrativa, a moralidade para o exercício do mandato, considerada a vida pregressa do candidato, e a normalidade e legitimidade das eleições contra a influência do poder econômico ou o abuso do exercício de função, cargo ou emprego na administração direta ou indireta.

▶ § 9º com a redação dada pela ECR nº 4, de 7-6-1994.
▶ Art. 37, § 4º, desta Constituição.
▶ LC nº 64, de 18-5-1990 (Lei dos Casos de Inelegibilidade).
▶ Súm. nº 13 do TSE.

§ 10. O mandato eletivo poderá ser impugnado ante a Justiça Eleitoral no prazo de quinze dias contados da diplomação, instruída a ação com provas de abuso do poder econômico, corrupção ou fraude.

§ 11. A ação de impugnação de mandato tramitará em segredo de justiça, respondendo o autor, na forma da lei, se temerária ou de manifesta má-fé.

Art. 15. É vedada a cassação de direitos políticos, cuja perda ou suspensão só se dará nos casos de:

▶ Lei nº 9.096, de 19-9-1995 (Lei dos Partidos Políticos).

I – cancelamento da naturalização por sentença transitada em julgado;
II – incapacidade civil absoluta;
III – condenação criminal transitada em julgado, enquanto durarem seus efeitos;

▶ Art. 92, I e parágrafo único, do CP.

▶ Súm. nº 9 do TSE.

IV – recusa de cumprir obrigação a todos imposta ou prestação alternativa, nos termos do artigo 5º, VIII;

▶ Art. 143 desta Constituição.
▶ Lei nº 8.239, de 4-10-1991, dispõe sobre a prestação de serviço alternativo ao Serviço Militar Obrigatório.

V – improbidade administrativa, nos termos do artigo 37, § 4º.

Art. 16. A lei que alterar o processo eleitoral entrará em vigor na data de sua publicação, não se aplicando à eleição que ocorra até um ano da data de sua vigência.

▶ Artigo com a redação dada pela EC nº 4, de 14-9-1993.
▶ Lei nº 9.504, de 30-9-1997 (Lei das Eleições).

Capítulo V
DOS PARTIDOS POLÍTICOS

Art. 17. É livre a criação, fusão, incorporação e extinção de partidos políticos, resguardados a soberania nacional, o regime democrático, o pluripartidarismo, os direitos fundamentais da pessoa humana e observados os seguintes preceitos:

▶ Lei nº 9.096, de 19-9-1995 (Lei dos Partidos Políticos).
▶ Lei nº 9.504, de 30-9-1997 (Lei das Eleições).
▶ Res. do TSE nº 23.282, de 22-6-2010, disciplina a criação, organização, fusão, incorporação e extinção de partidos políticos.

I – caráter nacional;
II – proibição de recebimento de recursos financeiros de entidade ou governo estrangeiros ou de subordinação a estes;
III – prestação de contas à Justiça Eleitoral;

▶ Lei nº 9.096, de 19-9-1995 (Lei dos Partidos Políticos).

IV – funcionamento parlamentar de acordo com a lei.

§ 1º É assegurada aos partidos políticos autonomia para definir sua estrutura interna, organização e funcionamento e para adotar os critérios de escolha e o regime de suas coligações eleitorais, sem obrigatoriedade de vinculação entre as candidaturas em âmbito nacional, estadual, distrital ou municipal, devendo seus estatutos estabelecer normas de disciplina e fidelidade partidária.

▶ § 1º com a redação dada pela EC nº 52, de 8-3-2006.
▶ O STF, por maioria de votos, julgou procedente a ADIN nº 3.685-8, para fixar que este parágrafo, com a redação dada pela EC nº 52, de 8-3-2006, não se aplica às eleições de 2006, remanescendo aplicável a tal eleição a redação original (*DOU* de 31-3-2006 e *DJU* de 10-8-2006).

§ 2º Os partidos políticos, após adquirirem personalidade jurídica, na forma da lei civil, registrarão seus estatutos no Tribunal Superior Eleitoral.

§ 3º Os partidos políticos têm direito a recursos do fundo partidário e acesso gratuito ao rádio e à televisão, na forma da lei.

▶ Art. 241 do CE.

§ 4º É vedada a utilização pelos partidos políticos de organização paramilitar.

TÍTULO III – DA ORGANIZAÇÃO DO ESTADO

Capítulo I
DA ORGANIZAÇÃO POLÍTICO-ADMINISTRATIVA

Art. 18. A organização político-administrativa da República Federativa do Brasil compreende a União, os Estados, o Distrito Federal e os Municípios, todos autônomos, nos termos desta Constituição.

§ 1º Brasília é a Capital Federal.

§ 2º Os Territórios Federais integram a União, e sua criação, transformação em Estado ou reintegração ao Estado de origem serão reguladas em lei complementar.

§ 3º Os Estados podem incorporar-se entre si, subdividir-se ou desmembrar-se para se anexarem a outros, ou formarem novos Estados ou Territórios Federais, mediante aprovação da população diretamente interessada, através de plebiscito, e do Congresso Nacional, por lei complementar.

▶ Arts. 3º e 4º da Lei nº 9.709, de 18-11-1998, que dispõe sobre a convocação do plebiscito e o referendo nas questões de relevância nacional, de competência do Poder Legislativo ou do Poder Executivo.

§ 4º A criação, a incorporação, a fusão e o desmembramento de Municípios, far-se-ão por lei estadual, dentro do período determinado por lei complementar federal, e dependerão de consulta prévia, mediante plebiscito, às populações dos Municípios envolvidos, após divulgação dos Estudos de Viabilidade Municipal, apresentados e publicados na forma da lei.

▶ § 4º com a redação dada pela EC nº 15, de 12-9-1996.
▶ Art. 5º da Lei nº 9.709, de 18-11-1998, que dispõe sobre o plebiscito destinado à criação, à incorporação, à fusão e ao desmembramento de Municípios.
▶ Lei nº 10.521, de 18-7-2002, assegura a instalação de Municípios criados por lei estadual.

Art. 19. É vedado à União, aos Estados, ao Distrito Federal e aos Municípios:

I – estabelecer cultos religiosos ou igrejas, subvencioná-los, embaraçar-lhes o funcionamento ou manter com eles ou seus representantes relações de dependência ou aliança, ressalvada, na forma da lei, a colaboração de interesse público;

II – recusar fé aos documentos públicos;

III – criar distinções entre brasileiros ou preferências entre si.

▶ Art. 325 da CLT.

Capítulo II
DA UNIÃO

Art. 20. São bens da União:

▶ Art. 176, §§ 1º a 4º, desta Constituição.
▶ Art. 99 do CC.
▶ Dec.-lei nº 9.760, de 5-9-1946 (Lei dos Bens Imóveis da União).

I – os que atualmente lhe pertencem e os que lhe vierem a ser atribuídos;

▶ Súm. nº 650 do STF.

II – as terras devolutas indispensáveis à defesa das fronteiras, das fortificações e construções militares, das vias federais de comunicação e à preservação ambiental, definidas em lei;

▶ Lei nº 4.504, de 30-11-1964 (Estatuto da Terra).
▶ Lei nº 6.383, de 7-12-1976 (Lei das Ações Discriminatórias).
▶ Lei nº 6.431, de 11-7-1977, autoriza a doação de porções de terras devolutas a Municípios incluídos na região da Amazônia Legal, para os fins que especifica.
▶ Lei nº 6.634, de 2-5-1979, dispõe sobre a faixa de fronteira.
▶ Lei nº 6.938, de 31-8-1981 (Lei da Política Nacional do Meio Ambiente).
▶ Dec.-lei nº 227, de 28-2-1967 (Código de Mineração).
▶ Dec.-lei nº 1.135, de 3-12-1970, dispõe sobre a organização, a competência e o funcionamento do Conselho de Segurança Nacional.
▶ Dec.-lei nº 1.414, de 18-8-1975, dispõe sobre o processo de ratificação das concessões e alterações de terras devolutas na faixa de fronteiras.
▶ Súm. nº 477 do STF.

III – os lagos, rios e quaisquer correntes de água em terrenos de seu domínio, ou que banhem mais de um Estado, sirvam de limites com outros países, ou se estendam a território estrangeiro ou dele provenham, bem como os terrenos marginais e as praias fluviais;

▶ Dec. nº 1.265, de 11-10-1994, aprova a Política Marítima Nacional – PMN.

IV – as ilhas fluviais e lacustres nas zonas limítrofes com outros países; as praias marítimas; as ilhas oceânicas e as costeiras, excluídas, destas, as que contenham a sede de Municípios, exceto aquelas áreas afetadas ao serviço público e a unidade ambiental federal, e as referidas no art. 26, II;

▶ Inciso IV com a redação dada pela EC nº 46, de 5-5-2005.
▶ Dec. nº 1.265, de 11-10-1994, aprova a Política Marítima Nacional – PMN.

V – os recursos naturais da plataforma continental e da zona econômica exclusiva;

▶ Lei nº 8.617, de 4-1-1993, dispõe sobre o mar territorial, a zona contígua, a zona econômica exclusiva e a plataforma continental brasileiros.
▶ Dec. nº 1.265, de 11-10-1994, aprova a Política Marítima Nacional – PMN.

VI – o mar territorial;

▶ Lei nº 8.617, de 4-1-1993, dispõe sobre o mar territorial, a zona contígua, a zona econômica exclusiva e a plataforma continental brasileira.
▶ Dec. nº 1.265, de 11-10-1994, aprova a Política Marítima Nacional – PMN.

VII – os terrenos de marinha e seus acrescidos;

VIII – os potenciais de energia hidráulica;

IX – os recursos minerais, inclusive os do subsolo;

X – as cavidades naturais subterrâneas e os sítios arqueológicos e pré-históricos;

XI – as terras tradicionalmente ocupadas pelos índios.

▶ Súm. nº 650 do STF.

§ 1º É assegurada, nos termos da lei, aos Estados, ao Distrito Federal e aos Municípios, bem como a órgãos da administração direta da União, participação no resultado da exploração de petróleo ou gás natural, de recursos hídricos para fins de geração de energia elétrica e de outros recursos minerais no respectivo território, plataforma continental, mar territorial ou zona econômica exclusiva, ou compensação financeira por essa exploração.

▶ Art. 177 desta Constituição.
▶ Lei nº 7.990, de 28-12-1989, institui, para os Estados, Distrito Federal e Municípios, compensação financeira pelo resultado da exploração de petróleo ou gás natural, de recursos hídricos para fins de geração de energia elétrica, de recursos minerais em seus respectivos territórios, plataforma continental, mar territorial ou zona econômica exclusiva.
▶ Lei nº 8.001, de 13-3-1990, define os percentuais da distribuição da compensação financeira instituída pela Lei nº 7.990, de 28-12-1989.
▶ Lei nº 9.427, de 26-12-1996, institui a Agência Nacional de Energia Elétrica (ANEEL), e disciplina o regime de concessões de serviços públicos de energia elétrica.
▶ Lei nº 9.478, de 6-8-1997, dispõe sobre a Política Energética Nacional, as atividades relativas a o monopólio do petróleo, institui o Conselho Nacional de Política Energética e a Agência Nacional de Petróleo – ANP.
▶ Lei nº 9.984, de 17-7-2000, dispõe sobre a Agência Nacional de Águas - ANA.
▶ Dec. nº 1, de 11-1-1991, regulamenta o pagamento da compensação financeira instituída pela Lei nº 7.990, de 28-12-1989.

§ 2º A faixa de até cento e cinquenta quilômetros de largura, ao longo das fronteiras terrestres, designada como faixa de fronteira, é considerada fundamental para defesa do território nacional, e sua ocupação e utilização serão reguladas em lei.

▶ Lei nº 6.634, de 2-5-1979, dispõe sobre a faixa de fronteira.
▶ Art. 10, § 3º, da Lei nº 11.284, de 2-3-2006 (Lei de Gestão de Florestas Públicas).
▶ Dec.-lei nº 1.135, de 3-12-1970, dispõe sobre a organização, a competência e o funcionamento do Conselho de Segurança Nacional.

Art. 21. Compete à União:

I – manter relações com Estados estrangeiros e participar de organizações internacionais;
II – declarar a guerra e celebrar a paz;
III – assegurar a defesa nacional;
IV – permitir, nos casos previstos em lei complementar, que forças estrangeiras transitem pelo território nacional ou nele permaneçam temporariamente;

▶ LC nº 90, de 1º-10-1997, regulamenta este inciso e determina os casos em que forças estrangeiras possam transitar pelo território nacional ou nele permanecer temporariamente.
▶ Dec. nº 97.464, de 20-1-1989, estabelece procedimentos para a entrada no Brasil e o sobrevoo de seu território por aeronaves civis estrangeiras, que não estejam em serviço aéreo internacional regular.

V – decretar o estado de sítio, o estado de defesa e a intervenção federal;
VI – autorizar e fiscalizar a produção e o comércio de material bélico;
VII – emitir moeda;
VIII – administrar as reservas cambiais do País e fiscalizar as operações de natureza financeira, especialmente as de crédito, câmbio e capitalização, bem como as de seguros e de previdência privada;

▶ LC nº 108, de 29-5-2001, dispõe sobre a relação entre União, os Estados o Distrito Federal e os Municípios, suas autarquias, fundações, sociedades de economia mista e outras entidades públicas e suas respectivas entidades fechadas de previdência complementar.
▶ LC nº 109, de 29-5-2001 (Lei do Regime de Previdência Complementar).
▶ Lei nº 4.595, de 31-12-1964 (Lei do Sistema Financeiro Nacional).
▶ Lei nº 4.728, de 14-7-1965 (Lei do Mercado de Capitais).
▶ Dec. nº 73, de 21-11-1966, regulamentado pelo Dec. nº 60.459, de 13-3-1967, dispõe sobre o sistema nacional de seguros privados e regula as operações de seguros e resseguros.

IX – elaborar e executar planos nacionais e regionais de ordenação do território e de desenvolvimento econômico e social;

▶ Lei nº 9.491, de 9-9-1997, altera procedimentos relativos ao programa nacional de desestatização.

X – manter o serviço postal e o correio aéreo nacional;

▶ Lei nº 6.538, de 22-6-1978, dispõe sobre os serviços postais.

XI – explorar, diretamente ou mediante autorização, concessão ou permissão, os serviços de telecomunicações, nos termos da lei, que disporá sobre a organização dos serviços, a criação de um órgão regulador e outros aspectos institucionais;

▶ Inciso XI com a redação dada pela EC nº 8, de 15-8-1995.
▶ Art. 246 desta Constituição.
▶ Lei nº 8.987, de 13-2-1995 (Lei da Concessão e Permissão da Prestação de Serviços Públicos).
▶ Lei nº 9.295, de 19-7-1996, dispõe sobre serviços de telecomunicações, organizações e órgão regulador.
▶ Lei nº 9.472, de 16-7-1997, dispõe sobre a organização dos serviços de telecomunicações, a criação e funcionamento de um Órgão Regulador e outros aspectos institucionais.
▶ Lei nº 10.052, de 28-11-2000, institui o Fundo para o Desenvolvimento Tecnológico das Telecomunicações – FUNTTEL.
▶ Dec. nº 3.896, de 23-8-2001, dispõe sobre a regência dos serviços de telecomunicações.

XII – explorar, diretamente ou mediante autorização, concessão ou permissão:

▶ Lei nº 4.117, de 24-8-1962 (Código Brasileiro de Telecomunicações).
▶ Dec. nº 2.196, de 8-4-1997, aprova o Regulamento de Serviços Especiais.
▶ Dec. nº 2.197, de 8-4-1997, aprova o Regulamento de Serviços Limitados.
▶ Dec. nº 2.198, de 8-4-1997, aprova o Regulamento de Serviços Público-Restritos.

a) os serviços de radiodifusão sonora e de sons e imagens;

▶ Alínea a com a redação dada pela EC nº 8, de 15-8-1995.
▶ Art. 246 desta Constituição.
▶ Lei nº 9.472, de 16-7-1997, dispõe sobre a organização dos serviços de telecomunicações, a criação e funcio-

namento de um Órgão Regulador e outros aspectos institucionais.
► Lei nº 10.052, de 28-11-2000, institui o Fundo para o Desenvolvimento Tecnológico das Telecomunicações – FUNTTEL.

b) os serviços e instalações de energia elétrica e o aproveitamento energético dos cursos de água, em articulação com os Estados onde se situam os potenciais hidroenergéticos;

► Lei nº 9.427, de 26-12-1996, institui a Agência Nacional de Energia Elétrica – ANEEL e disciplina o regime de concessão de serviços públicos de energia elétrica.
► Lei nº 9.648, de 27-5-1998, regulamentada pelo Dec. nº 2.655, de 2-7-1998, autoriza o Poder Executivo a promover a reestruturação da Centrais Elétricas Brasileiras – ELETROBRÁS e de suas subsidiárias.
► Lei nº 12.111, de 9-12-2009, dispõe sobre os serviços de energia elétrica nos Sistemas Isolados.

c) a navegação aérea, aeroespacial e a infraestrutura aeroportuária;

► Lei nº 7.565, de 19-12-1986 (Código Brasileiro de Aeronáutica).
► Lei nº 8.630, de 25-2-1993, dispõe sobre o Regime Jurídico da Exploração dos Portos Organizados e das Instalações Portuárias, regulamentado pelos Decretos nºs 1.886, de 29-4-1996, e 4.391, de 26-9-2002.
► Lei nº 9.994, de 24-7-2000, institui o Programa de Desenvolvimento Científico e Tecnológico do Setor Espacial.

d) os serviços de transporte ferroviário e aquaviário entre portos brasileiros e fronteiras nacionais, ou que transponham os limites de Estado ou Território;

► Lei nº 9.277, de 10-5-1996, autoriza a União a delegar aos Municípios, Estados da Federação e ao Distrito Federal a Administração e Exploração de Rodovias e Portos Federais.

e) os serviços de transporte rodoviário interestadual e internacional de passageiros;
f) os portos marítimos, fluviais e lacustres;

► Lei nº 10.233, de 5-6-2001, dispõe sobre a reestruturação dos transportes aquaviário e terrestre, cria o Conselho Nacional de Integração de Políticas de Transporte, a Agência Nacional de Transportes Terrestres, a Agência Nacional de Transportes Aquaviários e o Departamento Nacional de Infraestrutura de Transportes.
► Dec. nº 1.265, de 11-10-1994, aprova a Política Marítima Nacional – PMN.

XIII – organizar e manter o Poder Judiciário, o Ministério Público e a Defensoria Pública do Distrito Federal e dos Territórios;
XIV – organizar e manter a polícia civil, a polícia militar e o corpo de bombeiros militar do Distrito Federal, bem como prestar assistência financeira ao Distrito Federal para a execução de serviços públicos, por meio de fundo próprio;

► Inciso XIV com a redação dada pela EC nº 19, de 4-6-1998.
► Art. 25 da EC nº 19, de 4-6-1998 (Reforma Administrativa).
► Lei nº 10.633, de 27-12-2002, institui o Fundo Constitucional do Distrito Federal – FCDF, para atender o disposto neste inciso.
► Dec. nº 3.169, de 14-9-1999, institui Comissão de Estudo para criação do fundo de que trata este inciso.

► Súm. nº 647 do STF.

XV – organizar e manter os serviços oficiais de estatística, geografia, geologia e cartografia de âmbito nacional;

► Art. 71, § 3º, da Lei nº 11.355, de 19-10-2006, que dispõe sobre plano de carreiras e cargos do Instituto Brasileiro de Geografia e Estatística – IBGE.
► Dec. nº 243, de 28-2-1967, fixa as diretrizes e bases da Cartografia Brasileira.

XVI – exercer a classificação, para efeito indicativo, de diversões públicas e de programas de rádio e televisão;

► Art. 23 do ADCT.

XVII – conceder anistia;
XVIII – planejar e promover a defesa permanente contra as calamidades públicas, especialmente as secas e as inundações;
XIX – instituir sistema nacional de gerenciamento de recursos hídricos e definir critérios de outorga de direitos de seu uso;

► Lei nº 9.433, de 8-1-1997, institui a Política Nacional de Recursos Hídricos, cria o Sistema Nacional de Gerenciamento de Recursos Hídricos e regulamenta o inciso acima transcrito.

XX – instituir diretrizes para o desenvolvimento urbano, inclusive habitação, saneamento básico e transportes urbanos;

► Lei nº 5.318, de 26-9-1967, institui a Política Nacional de Saneamento e cria o Conselho Nacional de Saneamento.
► Lei nº 7.196, de 13-6-1984, institui o Plano Nacional de Moradia – PLAMO.
► Lei nº 10.188, de 12-2-2001, cria o Programa de Arrendamento Residencial e institui o arrendamento residencial com opção de compra.
► Lei nº 10.233, de 5-6-2001, dispõe sobre a reestruturação dos transportes aquaviário e terrestre, cria o Conselho Nacional de Integração de Políticas de Transporte, a Agência Nacional de Transportes Terrestres, a Agência Nacional de Transportes Aquaviários e o Departamento Nacional de Infraestrutura de Transportes.
► Lei nº 11.445, de 5-1-2007, estabelece diretrizes nacionais para o saneamento básico, regulamentada pelo Dec. nº 7.217, de 21-6-2010.

XXI – estabelecer princípios e diretrizes para o sistema nacional de viação;

► Lei nº 10.233, de 5-6-2001, dispõe sobre a reestruturação dos transportes aquaviário e terrestre, cria o Conselho Nacional de Integração de Políticas de Transporte, a Agência Nacional de Transportes Terrestres, a Agência Nacional de Transportes Aquaviários e o Departamento Nacional de Infraestrutura de Transportes.

XXII – executar os serviços de polícia marítima, aeroportuária e de fronteiras;

► Inciso XXII com a redação dada pela EC nº 19, de 4-6-1998.

XXIII – explorar os serviços e instalações nucleares de qualquer natureza e exercer monopólio estatal sobre a pesquisa, a lavra, o enriquecimento e reprocessamento, a industrialização e o comércio de minérios nucleares e seus derivados, atendidos os seguintes princípios e condições;

► Lei nº 10.308, de 20-11-2001, estabelece normas para o destino final dos rejeitos radioativos produzidos em

território nacional, incluídos a seleção de locais, a construção, o licenciamento, a operação, a fiscalização, os custos, a indenização e a responsabilidade civil.
► Dec.-lei nº 1.982, de 28-12-1982, dispõe sobre o exercício das atividades nucleares incluídas no monopólio da União e o controle do desenvolvimento de pesquisas no campo da energia nuclear.

a) toda atividade nuclear em Território Nacional somente será admitida para fins pacíficos e mediante aprovação do Congresso Nacional;
► Dec.-lei nº 1.809, de 7-10-1980, regulamentado pelo Dec. nº 2.210, de 22-4-1997, instituiu o Sistema de Proteção ao Programa Nuclear Brasileiro – SIPRON.

b) sob regime de permissão, são autorizadas a comercialização e a utilização de radioisótopos para a pesquisa e usos médicos, agrícolas e industriais;
c) sob regime de permissão, são autorizadas a produção, comercialização e utilização de radioisótopos de meia-vida igual ou inferior a duas horas;
► Alíneas b e c com a redação dada pela EC nº 49, de 8-2-2006.
► Lei nº 10.308, de 20-11-2001, dispõe sobre a seleção de locais, a construção, o licenciamento, a operação, a fiscalização, os custos, a indenização, a responsabilidade civil e as garantias referentes aos depósitos de rejeitos radioativos.

d) a responsabilidade civil por danos nucleares independe da existência de culpa;
► Alínea d acrescida pela EC nº 49, de 8-2-2006.
► Lei nº 6.453, de 17-10-1977, dispõe sobre a responsabilidade civil por danos nucleares e responsabilidade criminal por atos relacionados a atividades nucleares.
► Lei nº 9.425, de 24-12-1996, dispõe sobre a concessão de pensão especial às vítimas do acidente nuclear ocorrido em Goiânia, Goiás.
► Lei nº 10.308, de 20-11-2001, estabelece normas para o destino final dos rejeitos radioativos produzidos em território nacional, incluídos a seleção de locais, a construção, o licenciamento, a operação, a fiscalização, os custos, a indenização, a responsabilidade civil.

XXIV – organizar, manter e executar a inspeção do trabalho;
► Art. 174 desta Constituição.

XXV – estabelecer as áreas e as condições para o exercício da atividade de garimpagem, em forma associativa.
► Lei nº 7.805, de 18-7-1989, regulamentada pelo Dec. nº 98.812, de 9-1-1990, disciplina o regime de permissão de lavra garimpeira.

Art. 22. Compete privativamente à União legislar sobre:

I – direito civil, comercial, penal, processual, eleitoral, agrário, marítimo, aeronáutico, espacial e do trabalho;
► Lei nº 556, de 25-6-1850 (Código Comercial).
► Lei nº 4.504, de 30-11-1964 (Estatuto da Terra).
► Lei nº 4.737, de 15-7-1965 (Código Eleitoral).
► Lei nº 4.947, de 6-4-1966, fixa normas de direito agrário, dispõe sobre o sistema de organização e funcionamento do Instituto Brasileiro de Reforma Agrária – IBRA.
► Lei nº 5.869, de 11-1-1973 (Código de Processo Civil).
► Lei nº 7.565, de 19-12-1986 (Código Brasileiro de Aeronáutica).
► Lei nº 10.406, de 10-1-2002 (Código Civil).
► Dec.-lei nº 2.848, de 7-12-1940 (Código Penal).
► Dec.-lei nº 3.689, de 3-10-1941 (Código de Processo Penal).
► Dec.-lei nº 5.452, de 1-5-1943 (Consolidação das Leis do Trabalho).
► Dec.-lei nº 1.001, de 21-10-1969 (Código Penal Militar).
► Dec.-lei nº 1.002, de 21-10-1969 (Código de Processo Penal Militar).
► Dec. nº 1.265, de 11-10-1994, aprova a Política Marítima Nacional – PMN.
► Súm. nº 722 do STF.

II – desapropriação;
► Arts. 184 e 185, I e II, desta Constituição.
► Arts. 1.228, § 3º, e 1.275, V, do CC.
► LC nº 76, de 6-7-1993 (Lei de Desapropriação de Imóvel Rural para fins de Reforma Agrária).
► Leis nº 4.132, de 10-9-1962, 8.257, de 26-11-1991, e 8.629, de 25-2-1993, dispõem sobre desapropriação por interesse social.
► Dec.-lei nº 3.365, de 21-6-1941 (Lei das Desapropriações).
► Dec.-lei nº 1.075, de 22-1-1970 (Lei da Imissão de Posse).

III – requisições civis e militares, em caso de iminente perigo e em tempo de guerra;
IV – águas, energia, informática, telecomunicações e radiodifusão;
► Lei nº 4.117, de 24-8-1962 (Código Brasileiro de Telecomunicações).
► Lei nº 9.295, de 19-7-1996, dispõe sobre os serviços de telecomunicações e sua organização e sobre o órgão regulador.
► Lei nº 9.472, de 16-7-1997, dispõe sobre a organização dos serviços de telecomunicações, a criação e funcionamento de um Órgão Regulador e outros aspectos institucionais.
► Lei nº 9.984, de 17-7-2000, dispõe sobre a criação da Agência Nacional de Águas – ANA.
► Dec. nº 2.196, de 8-4-1997, aprova o Regulamento de Serviços Especiais.
► Dec. nº 2.197, de 8-4-1997, aprova o Regulamento de Serviços Limitados.
► Dec. nº 2.198, de 8-4-1997, aprova o regulamento de Serviços Público-Restritos.

V – serviço postal;
► Lei nº 6.538, de 22-6-1978, dispõe sobre serviços postais.

VI – sistema monetário e de medidas, títulos e garantias dos metais;
► Leis nº 9.069, de 26-9-1995, e 10.192, de 14-2-2001, dispõem sobre o Plano Real.

VII – política de crédito, câmbio, seguros e transferência de valores;
VIII – comércio exterior e interestadual;
IX – diretrizes da política nacional de transportes;
► Decretos nºs 4.122, de 13-2-2002, e 4.130, de 13-2-2002, dispõem sobre o Conselho Nacional de Integração de Políticas de Transportes.

X – regime dos portos, navegação lacustre, fluvial, marítima, aérea e aeroespacial;
► Lei nº 8.630, de 25-2-1993, dispõe sobre o Regime Jurídico da Exploração dos Portos Organizados e das Instalações Portuárias, regulamentado pelos Decretos nº 1.886, de 29-4-1996, e 4.391, de 26-9-2002.

► Lei nº 9.277, de 10-5-1996, autoriza a União a delegar aos Municípios, Estados da Federação e ao Distrito Federal a Administração e Exploração de Rodovias e Portos Federais.
► Lei nº 9.994, de 24-7-2000, institui o Programa de Desenvolvimento Científico e Tecnológico do Setor Espacial.

XI – trânsito e transporte;

► Lei nº 9.503, de 23-9-1997 (Código de Trânsito Brasileiro).

XII – jazidas, minas, outros recursos minerais e metalurgia;

► Dec.-lei nº 227, de 28-2-1967 (Código de Mineração).

XIII – nacionalidade, cidadania e naturalização;

► Lei nº 6.815, de 19-8-1980 (Estatuto do Estrangeiro).
► Dec. nº 86.715, de 10-12-1981, cria o Conselho Nacional de Imigração.

XIV – populações indígenas;

► Art. 231 desta Constituição.
► Lei nº 6.001, de 19-12-1973 (Estatuto do Índio).

XV – emigração e imigração, entrada, extradição e expulsão de estrangeiros;

► Lei nº 6.815, de 19-8-1980 (Estatuto do Estrangeiro).
► Dec. nº 840, de 22-6-1993, dispõe sobre a organização e o funcionamento do Conselho Nacional de Imigração.

XVI – organização do sistema nacional de emprego e condições para o exercício de profissões;
XVII – organização judiciária, do Ministério Público e da Defensoria Pública do Distrito Federal e dos Territórios, bem como organização administrativa destes;

► LC nº 75, de 20-5-1993 (Lei Orgânica do Ministério Público da União).
► LC nº 80, de 12-1-1994 (Lei da Defensoria Pública).

XVIII – sistema estatístico, sistema cartográfico e de geologia nacionais;

► Art. 71, § 3º, da Lei nº 11.355, de 19-10-2006, que dispõe sobre plano de carreiras e cargos do Instituto Brasileiro de Geografia e Estatística – IBGE.

XIX – sistemas de poupança, captação e garantia da poupança popular;

► Leis nºs 8.177, de 1º-3-1991, 9.069, de 29-6-1995, e 10.192, de 14-2-2001, dispõem sobre regras para a remuneração das cadernetas de poupança.
► Dec.-lei nº 70, de 21-11-1966 (Lei de Execução de Cédula Hipotecária).

XX – sistemas de consórcios e sorteios;

► Lei nº 5.768, de 20-12-1971, regulamentada pelo Dec. nº 70.951, de 9-8-1972, dispõe sobre a distribuição gratuita de prêmios, mediante sorteio, vale-brinde ou concurso, a título de propaganda, e estabelece normas de proteção à poupança popular.
► Súm. Vinc. nº 2 do STF.

XXI – normas gerais de organização, efetivos, material bélico, garantias, convocação e mobilização das Polícias Militares e Corpos de Bombeiros Militares;
XXII – competência da Polícia Federal e das Polícias Rodoviária e Ferroviária Federais;

► Lei nº 9.654, de 2-6-1998, cria a carreira de Policial Rodoviário Federal.

XXIII – seguridade social;

► Lei nº 8.212, de 24-7-1991 (Lei Orgânica da Seguridade Social).

XXIV – diretrizes e bases da educação nacional;

► Lei nº 9.394, de 20-12-1996 (Lei das Diretrizes e Bases da Educação Nacional).

XXV – registros públicos;

► Lei nº 6.015, de 31-12-1973 (Lei dos Registros Públicos).

XXVI – atividades nucleares de qualquer natureza;

► Lei nº 10.308, de 20-11-2001, dispõe sobre a seleção de locais, a construção, o licenciamento, a operação, a fiscalização, os custos, a indenização, a responsabilidade civil e as garantias referentes aos depósitos de rejeitos radioativos.

XXVII – normas gerais de licitação e contratação, em todas as modalidades, para as administrações públicas diretas, autárquicas e fundacionais da União, Estados, Distrito Federal e Municípios, obedecido o disposto no artigo 37, XXI, e para as empresas públicas e sociedades de economia mista, nos termos do artigo 173, § 1º, III;

► Inciso XXVII com a redação dada pela EC nº 19, de 4-6-1998.
► Art. 37, XXI, desta Constituição.
► Lei nº 8.666, de 21-6-1993 (Lei de Licitações).
► Lei nº 10.520, de 17-7-2002 (Lei do Pregão), regulamentada pelo Dec. nº 3.555, de 8-8-2000.

XXVIII – defesa territorial, defesa aeroespacial, defesa marítima, defesa civil e mobilização nacional;

► Lei nº 12.340, de 1º-12-2010, dispõe sobre o Sistema Nacional de Defesa Civil – SINDEC, sobre as transferências de recursos para ações de socorro, assistência às vítimas, restabelecimento de serviços essenciais e reconstrução nas áreas atingidas por desastre, e sobre o Fundo Especial para Calamidades Públicas.
► Dec. nº 5.376, de 17-2-2005, dispõe sobre o Sistema Nacional de Defesa Civil – SINDEC e o Conselho Nacional de Defesa Civil.
► Dec. nº 7.294, de 6-9-2010, dispõe sobre a Política de Mobilização Nacional.

XXIX – propaganda comercial.

► Lei nº 8.078, de 11-9-1990 (Código de Defesa do Consumidor).

Parágrafo único. Lei complementar poderá autorizar os Estados a legislar sobre questões específicas das matérias relacionadas neste artigo.

► LC nº 103, de 14-7-2000, autoriza os Estados e o Distrito Federal a instituir o piso salarial a que se refere o inciso V do art. 7º desta Constituição.

Art. 23. É competência comum da União, dos Estados, do Distrito Federal e dos Municípios:

I – zelar pela guarda da Constituição, das leis e das instituições democráticas e conservar o patrimônio público;
II – cuidar da saúde e assistência pública, da proteção e garantia das pessoas portadoras de deficiência;

► Art. 203, V, desta Constituição.
► Lei nº 10.436, de 24-4-2002, dispõe sobre a Língua Brasileira de Sinais – LIBRAS.
► Lei nº 12.319, de 1º-9-2010, regulamenta a profissão de Tradutor e Intérprete da Língua Brasileira de Sinais – LIBRAS.

► Dec. nº 3.956, de 8-10-2001, promulga a Convenção Interamericana para eliminação de todas as Formas de Discriminação contra as Pessoas Portadoras de Deficiência.

► Dec. nº 3.964, de 10-10-2001, dispõe sobre o Fundo Nacional de Saúde.

III – proteger os documentos, as obras e outros bens de valor histórico, artístico e cultural, os monumentos, as paisagens naturais notáveis e os sítios arqueológicos;

► LC nº 140, de 8-12-2011, fixa normas, nos termos deste inciso, para a cooperação entre a União, os Estados, o Distrito Federal e os Municípios nas ações administrativas decorrentes do exercício da competência comum relativas à proteção das paisagens naturais notáveis, à proteção do meio ambiente, ao combate à poluição em qualquer de suas formas e à preservação das florestas, da fauna e da flora.

► Dec.-lei nº 25, de 30-11-1937, organiza a Proteção do Patrimônio Histórico e Artístico Nacional.

IV – impedir a evasão, a destruição e a descaracterização de obras de arte e de outros bens de valor histórico, artístico ou cultural;

V – proporcionar os meios de acesso à cultura, à educação e à ciência;

VI – proteger o meio ambiente e combater a poluição em qualquer de suas formas;

► LC nº 140, de 8-12-2011, fixa normas, nos termos deste inciso, para a cooperação entre a União, os Estados, o Distrito Federal e os Municípios nas ações administrativas decorrentes do exercício da competência comum relativas à proteção das paisagens naturais notáveis, à proteção do meio ambiente, ao combate à poluição em qualquer de suas formas e à preservação das florestas, da fauna e da flora.

► Lei nº 6.938, de 31-8-1981 (Lei da Política Nacional do Meio Ambiente).

► Lei nº 9.605, de 12-2-1998 (Lei dos Crimes Ambientais).

► Lei nº 9.966, de 28-4-2000, dispõe sobre a prevenção, o controle e a fiscalização da poluição causada por lançamento de óleo e outras substâncias nocivas ou perigosas em águas sob jurisdição nacional.

► Lei nº 11.284, de 2-3-2006 (Lei de Gestão de Florestas Públicas).

► Lei nº 12.305, de 2-8-2010 (Lei da Política Nacional de Resíduos Sólidos).

► Dec. nº 4.297, de 10-7-2002, regulamenta o inciso II do art. 9º da Lei nº 6.938, de 31-8-1981 (Lei da Política Nacional do Meio Ambiente), estabelecendo critério para o Zoneamento Ecológico-Econômico do Brasil – ZEE.

► Dec. nº 6.514, de 22-7-2008, dispõe sobre as infrações e sanções administrativas ao meio ambiente e estabelece o processo administrativo federal para apuração destas infrações.

VII – preservar as florestas, a fauna e a flora;

► LC nº 140, de 8-12-2011, fixa normas, nos termos deste inciso, para a cooperação entre a União, os Estados, o Distrito Federal e os Municípios nas ações administrativas decorrentes do exercício da competência comum relativas à proteção das paisagens naturais notáveis, à proteção do meio ambiente, ao combate à poluição em qualquer de suas formas e à preservação das florestas, da fauna e da flora.

► Lei nº 4.771, de 15-9-1965 (Código Florestal).

► Lei nº 5.197, de 3-1-1967 (Lei de Proteção à Fauna).

► Lei nº 11.284, de 2-3-2006 (Lei de Gestão de Florestas Públicas).

► Dec.-lei nº 221, de 28-2-1967 (Lei de Proteção e Estímulos à Pesca).

► Dec. nº 3.420, de 20-4-2000, cria o Programa Nacional de Florestas.

VIII – fomentar a produção agropecuária e organizar o abastecimento alimentar;

► Lei nº 10.836, de 9-1-2004, cria o programa "Bolsa-Família", que tem por finalidade a unificação dos procedimentos da gestão e execução das ações de transferência de renda do Governo Federal, incluindo o "Bolsa-Alimentação".

► MP nº 2.206-1, de 6-9-2001, que até o encerramento desta edição não havia sido convertida em Lei, cria o programa Nacional de Renda Mínima vinculado a saúde: "bolsa-alimentação", regulamentada pelo Dec. nº 3.934, de 30-9-2001.

IX – promover programas de construção de moradias e a melhoria das condições habitacionais e de saneamento básico;

► Lei nº 10.188, de 12-2-2001, cria o Programa de Arrendamento Residencial e institui o arrendamento residencial com opção de compra.

► Lei nº 11.445, de 5-1-2007, estabelece diretrizes nacionais para o saneamento básico, regulamentado pelo Dec. nº 7.217, de 21-6-2010.

X – combater as causas da pobreza e os fatores de marginalização, promovendo a integração social dos setores desfavorecidos;

► EC nº 31, de 14-12-2000, altera o ADCT, introduzindo artigos que criam o Fundo de Combate e Erradicação da Pobreza.

► LC nº 111, de 6-7-2001, dispõe sobre o Fundo de Combate e Erradicação da Pobreza, na forma prevista nos arts. 19, 80 e 81 do ADCT.

XI – registrar, acompanhar e fiscalizar as concessões de direitos de pesquisa e exploração de recursos hídricos e minerais em seus territórios;

► Lei nº 9.433, de 8-1-1997, institui a Política Nacional de Recursos Hídricos, e cria o Sistema Nacional de Gerenciamento de Recursos Hídricos.

XII – estabelecer e implantar política de educação para a segurança do trânsito.

Parágrafo único. Leis complementares fixarão normas para a cooperação entre a União e os Estados, o Distrito Federal e os Municípios, tendo em vista o equilíbrio do desenvolvimento e do bem-estar em âmbito nacional.

► Parágrafo único com a redação dada pela EC nº 53, de 19-12-2006.

► LC nº 140, de 8-12-2011, fixa normas, nos termos deste parágrafo único, para a cooperação entre a União, os Estados, o Distrito Federal e os Municípios nas ações administrativas decorrentes do exercício da competência comum relativas à proteção das paisagens naturais notáveis, à proteção do meio ambiente, ao combate à poluição em qualquer de suas formas e à preservação das florestas, da fauna e da flora.

Art. 24. Compete à União, aos Estados e ao Distrito Federal legislar concorrentemente sobre:

I – direito tributário, financeiro, penitenciário, econômico e urbanístico;

► Lei nº 4.320, de 17-3-1964, estatui normas gerais de direito financeiro para elaboração e controle dos orçamentos e balanços da União, dos Estados, dos Municípios e do Distrito Federal.

► Lei nº 5.172, de 25-10-1966 (Código Tributário Nacional).

► Lei nº 7.210, de 11-7-1984 (Lei de Execução Penal).

II – orçamento;
III – juntas comerciais;
- Lei nº 8.934, de 18-11-1994 (Lei do Registro Público de Empresas Mercantis), regulamentada pelo Dec. nº 1.800, de 30-1-1996.

IV – custas dos serviços forenses;
- Lei nº 9.289, de 4-7-1996 (Regimento de Custas da Justiça Federal).
- Súm. nº 178 do STJ.

V – produção e consumo;
VI – florestas, caça, pesca, fauna, conservação da natureza, defesa do solo e dos recursos naturais, proteção do meio ambiente e controle da poluição;
- Lei nº 4.771, de 15-9-1965 (Código Florestal).
- Lei nº 5.197, de 3-1-1967 (Lei de Proteção à Fauna).
- Lei nº 9.605, de 12-2-1998 (Lei dos Crimes Ambientais).
- Lei nº 9.795, de 27-4-1999, dispõe sobre a educação ambiental e institui a Política Nacional de Educação Ambiental.
- Lei nº 9.966, de 24-4-2000, dispõe sobre a prevenção, o controle e a fiscalização da poluição causada por lançamentos de óleo e outras substâncias nocivas ou perigosas em águas sob jurisdição nacional.
- Dec.-lei nº 221, de 28-2-1967 (Lei de Proteção e Estímulos à Pesca).
- Dec. nº 3.420, de 20-4-2000, cria o Programa Nacional de Florestas.
- Dec. nº 6.514, de 22-7-2008, dispõe sobre as infrações e sanções administrativas ao meio ambiente e estabelece o processo administrativo federal para apuração destas infrações.

VII – proteção ao patrimônio histórico, cultural, artístico, turístico e paisagístico;
- Lei nº 4.771, de 15-9-1965 (Código Florestal).
- Lei nº 5.197, de 3-1-1967 (Lei de Proteção à Fauna).
- Dec.-lei nº 221, de 28-2-1967 (Lei de Proteção e Estímulos à Pesca).

VIII – responsabilidade por dano ao meio ambiente, ao consumidor, a bens e direitos de valor artístico, estético, histórico, turístico e paisagístico;
- Arts. 6º, VII, b, e 37, II, da LC nº 75, de 20-5-1993 (Lei Orgânica do Ministério Público da União).
- Lei nº 7.347, de 24-7-1985 (Lei da Ação Civil Pública).
- Art. 25, VI, a, da Lei nº 8.625, de 12-2-1993 (Lei Orgânica Nacional do Ministério Público).
- Lei nº 9.605, de 12-2-1998 (Lei de Crimes Ambientais).
- Dec. nº 1.306, de 9-11-1994, regulamenta o Fundo de Defesa de Direitos Difusos, e seu conselho gestor.
- Dec nº 2.181, de 20-3-1997, dispõe sobre a organização do Sistema Nacional de Defesa do Consumidor – SNDC, e estabelece as normas gerais de aplicação das sanções administrativas previstas no CDC.
- Dec. nº 6.514, de 22-7-2008, dispõe sobre as infrações e sanções administrativas ao meio ambiente, estabelece o processo administrativo federal para apuração destas infrações.

IX – educação, cultura, ensino e desporto;
- Lei nº 9.394, de 20-12-1996 (Lei das Diretrizes e Bases da Educação Nacional).
- Lei nº 9.615, de 24-3-1998, institui normas gerais sobre desporto.

X – criação, funcionamento e processo do juizado de pequenas causas;
- Art. 98, I, desta Constituição.

- Lei nº 9.099, de 26-9-1995 (Lei dos Juizados Especiais).
- Lei nº 10.259, de 12-7-2001 (Lei dos Juizados Especiais Federais).

XI – procedimentos em matéria processual;
- Art. 98, I, desta Constituição.
- Lei nº 9.099, de 26-9-1995 (Lei dos Juizados Especiais).
- Lei nº 10.259, de 12-7-2001 (Lei dos Juizados Especiais Federais).

XII – previdência social, proteção e defesa da saúde;
- Lei nº 8.080, de 19-9-1990, dispõe sobre as condições para a promoção, proteção e recuperação da saúde e a organização e o funcionamento dos serviços correspondentes.
- Lei nº 8.213, de 24-7-1991 (Lei dos Planos de Benefícios da Previdência Social).
- Lei nº 9.273, de 3-5-1996, torna obrigatória a inclusão de dispositivo de segurança que impeça a reutilização das seringas descartáveis.
- Dec. nº 3.048, de 6-5-1999 (Regulamento da Previdência Social).

XIII – assistência jurídica e defensoria pública;
- LC nº 80, de 12-1-1994 (Lei da Defensoria Pública).
- Lei nº 1.060, de 5-2-1950 (Lei de Assistência Judiciária).

XIV – proteção e integração social das pessoas portadoras de deficiência;
- Art. 203, V, desta Constituição.
- Lei nº 7.853, de 24-10-1989 (Lei de Apoio às Pessoas Portadoras de Deficiência), regulamentada pelo Dec. nº 3.298, de 20-12-1999.
- Dec. nº 6.949, de 25-8-2009, promulga a Convenção Internacional sobre os Direitos das Pessoas com Deficiência.

XV – proteção à infância e à juventude;
- Lei nº 8.069, de 13-7-1990 (Estatuto da Criança e do Adolescente).
- Lei nº 10.515, de 11-7-2002, que institui o 12 de agosto como Dia Nacional da Juventude.

XVI – organização, garantias, direitos e deveres das polícias civis.

§ 1º No âmbito da legislação concorrente, a competência da União limitar-se-á a estabelecer normas gerais.

§ 2º A competência da União para legislar sobre normas gerais não exclui a competência suplementar dos Estados.

§ 3º Inexistindo lei federal sobre normas gerais, os Estados exercerão a competência legislativa plena, para atender a suas peculiaridades.

§ 4º A superveniência de lei federal sobre normas gerais suspende a eficácia da lei estadual, no que lhe for contrário.

CAPÍTULO III
DOS ESTADOS FEDERADOS

Art. 25. Os Estados organizam-se e regem-se pelas Constituições e leis que adotarem, observados os princípios desta Constituição.
- Súm. nº 681 do STF.

§ 1º São reservadas aos Estados as competências que não lhes sejam vedadas por esta Constituição.
- Art. 19 desta Constituição.

§ 2º Cabe aos Estados explorar diretamente, ou mediante concessão, os serviços locais de gás canalizado, na forma da lei, vedada a edição de medida provisória para a sua regulamentação.
▶ § 2º com a redação dada pela EC nº 5, de 15-8-1995.
▶ Art. 246 desta Constituição.
▶ Lei nº 9.478, de 6-8-1997, dispõe sobre a Política Nacional, as atividades relativas ao monopólio do petróleo, institui o Conselho Nacional de Política Energética e a Agência Nacional do Petróleo – ANP.

§ 3º Os Estados poderão, mediante lei complementar, instituir regiões metropolitanas, aglomerações urbanas e microrregiões, constituídas por agrupamentos de municípios limítrofes, para integrar a organização, o planejamento e a execução de funções públicas de interesse comum.

Art. 26. Incluem-se entre os bens dos Estados:

I – as águas superficiais ou subterrâneas, fluentes, emergentes e em depósito, ressalvadas, neste caso, na forma da lei, as decorrentes de obras da União;
▶ Lei nº 9.984, de 17-7-2000, dispõe sobre a criação da Agência Nacional de Águas – ANA.
▶ Art. 29 do Dec. nº 24.643, de 10-7-1934 (Código de Águas).

II – as áreas, nas ilhas oceânicas e costeiras, que estiverem no seu domínio, excluídas aquelas sob domínio da União, Municípios ou terceiros;
▶ Art. 20, IV, desta Constituição.

III – as ilhas fluviais e lacustres não pertencentes à União;

IV – as terras devolutas não compreendidas entre as da União.

Art. 27. O número de Deputados à Assembleia Legislativa corresponderá ao triplo da representação do Estado na Câmara dos Deputados e, atingido o número de trinta e seis, será acrescido de tantos quantos forem os Deputados Federais acima de doze.
▶ Art. 32 desta Constituição.

§ 1º Será de quatro anos o mandato dos Deputados Estaduais, aplicando-se-lhes as regras desta Constituição sobre sistema eleitoral, inviolabilidade, imunidades, remuneração, perda de mandato, licença, impedimentos e incorporação às Forças Armadas.

§ 2º O subsídio dos Deputados Estaduais será fixado por lei de iniciativa da Assembleia Legislativa, na razão de, no máximo, setenta e cinco por cento daquele estabelecido, em espécie, para os Deputados Federais, observado o que dispõem os artigos 39, § 4º, 57, § 7º, 150, II, 153, III, e 153, § 2º, I.
▶ § 2º com a redação dada pela EC nº 19, de 4-6-1998.

§ 3º Compete às Assembleias Legislativas dispor sobre seu regimento interno, polícia e serviços administrativos de sua Secretaria, e prover os respectivos cargos.
▶ Art. 6º da Lei nº 9.709, de 18-11-1998, que dispõe sobre a convocação de plebiscitos e referendos pelos Estados, Distrito Federal e Municípios.

§ 4º A lei disporá sobre a iniciativa popular no processo legislativo estadual.
▶ Art. 6º da Lei nº 9.709, de 18-11-1998, regulamenta a execução do disposto nos incisos I, II e III do art. 14 desta Constituição.

Art. 28. A eleição do Governador e do Vice-Governador de Estado, para mandato de quatro anos, realizar-se-á no primeiro domingo de outubro, em primeiro turno, e no último domingo de outubro, em segundo turno, se houver, do ano anterior ao do término do mandato de seus antecessores, e a posse ocorrerá no dia 1º de janeiro do ano subsequente, observado, quanto ao mais, o disposto no artigo 77.
▶ *Caput* com a redação dada pela EC nº 16, de 4-6-1997.
▶ Lei nº 9.504, de 30-9-1997 (Lei das Eleições).

§ 1º Perderá o mandato o Governador que assumir outro cargo ou função na administração pública direta ou indireta, ressalvada a posse em virtude de concurso público e observado o disposto no artigo 38, I, IV e V.
▶ Parágrafo único transformado em § 1º pela EC nº 19, de 4-6-1998.
▶ Art. 29, XIV, desta Constituição.

§ 2º Os subsídios do Governador, do Vice-Governador e dos Secretários de Estado serão fixados por lei de iniciativa da Assembleia Legislativa, observado o que dispõem os artigos 37, XI, 39, § 4º, 150, II, 153, III, e 153, § 2º, I.
▶ § 2º acrescido pela EC nº 19, de 4-6-1998.

Capítulo IV

DOS MUNICÍPIOS

Art. 29. O Município reger-se-á por lei orgânica, votada em dois turnos, com o interstício mínimo de dez dias, e aprovada por dois terços dos membros da Câmara Municipal, que a promulgará, atendidos os princípios estabelecidos nesta Constituição, na Constituição do respectivo Estado e os seguintes preceitos:

I – eleição do Prefeito, do Vice-Prefeito e dos Vereadores, para mandato de quatro anos, mediante pleito direto e simultâneo realizado em todo o País;
▶ Lei nº 9.504, de 30-9-1997 (Lei das Eleições).

II – eleição do Prefeito e do Vice-Prefeito realizada no primeiro domingo de outubro do ano anterior ao término do mandato dos que devam suceder, aplicadas as regras do artigo 77 no caso de Municípios com mais de duzentos mil eleitores;
▶ Inciso II com a redação dada pela EC nº 16, de 4-6-1997.

III – posse do Prefeito e do Vice-Prefeito no dia 1º de janeiro do ano subsequente ao da eleição;

IV – para a composição das Câmaras Municipais, será observado o limite máximo de:
▶ *Caput* do inciso IV com a redação dada pela EC nº 58, de 23-9-2009 (*DOU* de 24-9-2009), produzindo efeitos a partir do processo eleitoral de 2008.
▶ O STF, por maioria de votos, referendou as medidas cautelares concedidas nas Ações Diretas de Inconstitucionalidade nº 4.307 e 4.310, com eficácia *ex tunc*, para sustar os efeitos do art. 3º, I, da EC nº 58, de 23-9-2009, que altera este inciso IV (*DJE* de 8-10-2009).

a) 9 (nove) Vereadores, nos Municípios de até 15.000 (quinze mil) habitantes;

b) 11 (onze) Vereadores, nos Municípios de mais de 15.000 (quinze mil) habitantes e de até 30.000 (trinta mil) habitantes;

c) 13 (treze) Vereadores, nos Municípios com mais de 30.000 (trinta mil) habitantes e de até 50.000 (cinquenta mil) habitantes;

▶ Alíneas *a* a *c* com a redação dada pela EC nº 58, de 23-9-2009 (*DOU* de 24-9-2009), produzindo efeitos a partir do processo eleitoral de 2008.

d) 15 (quinze) Vereadores, nos Municípios de mais de 50.000 (cinquenta mil) habitantes e de até 80.000 (oitenta mil) habitantes;
e) 17 (dezessete) Vereadores, nos Municípios de mais de 80.000 (oitenta mil) habitantes e de até 120.000 (cento e vinte mil) habitantes;
f) 19 (dezenove) Vereadores, nos Municípios de mais de 120.000 (cento e vinte mil) habitantes e de até 160.000 (cento e sessenta mil) habitantes;
g) 21 (vinte e um) Vereadores, nos Municípios de mais de 160.000 (cento e sessenta mil) habitantes e de até 300.000 (trezentos mil) habitantes;
h) 23 (vinte e três) Vereadores, nos Municípios de mais de 300.000 (trezentos mil) habitantes e de até 450.000 (quatrocentos e cinquenta mil) habitantes;
i) 25 (vinte e cinco) Vereadores, nos Municípios de mais de 450.000 (quatrocentos e cinquenta mil) habitantes e de até 600.000 (seiscentos mil) habitantes;
j) 27 (vinte e sete) Vereadores, nos Municípios de mais de 600.000 (seiscentos mil) habitantes e de até 750.000 (setecentos e cinquenta mil) habitantes;
k) 29 (vinte e nove) Vereadores, nos Municípios de mais de 750.000 (setecentos e cinquenta mil) habitantes e de até 900.000 (novecentos mil) habitantes;
l) 31 (trinta e um) Vereadores, nos Municípios de mais de 900.000 (novecentos mil) habitantes e de até 1.050.000 (um milhão e cinquenta mil) habitantes;
m) 33 (trinta e três) Vereadores, nos Municípios de mais de 1.050.000 (um milhão e cinquenta mil) habitantes e de até 1.200.000 (um milhão e duzentos mil) habitantes;
n) 35 (trinta e cinco) Vereadores, nos Municípios de mais de 1.200.000 (um milhão e duzentos mil) habitantes e de até 1.350.000 (um milhão e trezentos e cinquenta mil) habitantes;
o) 37 (trinta e sete) Vereadores, nos Municípios de 1.350.000 (um milhão e trezentos e cinquenta mil) habitantes e de até 1.500.000 (um milhão e quinhentos mil) habitantes;
p) 39 (trinta e nove) Vereadores, nos Municípios de mais de 1.500.000 (um milhão e quinhentos mil) habitantes e de até 1.800.000 (um milhão e oitocentos mil) habitantes;
q) 41 (quarenta e um) Vereadores, nos Municípios de mais de 1.800.000 (um milhão e oitocentos mil) habitantes e de até 2.400.000 (dois milhões e quatrocentos mil) habitantes;
r) 43 (quarenta e três) Vereadores, nos Municípios de mais de 2.400.000 (dois milhões e quatrocentos mil) habitantes e de até 3.000.000 (três milhões) de habitantes;
s) 45 (quarenta e cinco) Vereadores, nos Municípios de mais de 3.000.000 (três milhões) de habitantes e de até 4.000.000 (quatro milhões) de habitantes;
t) 47 (quarenta e sete) Vereadores, nos Municípios de mais de 4.000.000 (quatro milhões) de habitantes e de até 5.000.000 (cinco milhões) de habitantes;
u) 49 (quarenta e nove) Vereadores, nos Municípios de mais de 5.000.000 (cinco milhões) de habitantes e de até 6.000.000 (seis milhões) de habitantes;
v) 51 (cinquenta e um) Vereadores, nos Municípios de mais de 6.000.000 (seis milhões) de habitantes e de até 7.000.000 (sete milhões) de habitantes;
w) 53 (cinquenta e três) Vereadores, nos Municípios de mais de 7.000.000 (sete milhões) de habitantes e de até 8.000.000 (oito milhões) de habitantes; e
x) 55 (cinquenta e cinco) Vereadores, nos Municípios de mais de 8.000.000 (oito milhões) de habitantes;

▶ Alíneas *d* a *x* acrescidas pela EC nº 58, de 23-9-2009 (*DOU* de 24-9-2009), produzindo efeitos a partir do processo eleitoral de 2008.

V – subsídios do Prefeito, do Vice-Prefeito e dos Secretários municipais fixados por lei de iniciativa da Câmara Municipal, observado o que dispõem os artigos 37, XI, 39, § 4º, 150, II, 153, III, e 153, § 2º, I;

▶ Inciso V com a redação dada pela EC nº 19, de 4-6-1998.

VI – o subsídio dos Vereadores será fixado pelas respectivas Câmaras Municipais em cada legislatura para a subsequente, observado o que dispõe esta Constituição, observados os critérios estabelecidos na respectiva Lei Orgânica e os seguintes limites máximos:

a) em Municípios de até dez mil habitantes, o subsídio máximo dos Vereadores corresponderá a vinte por cento do subsídio dos Deputados Estaduais;
b) em Municípios de dez mil e um a cinquenta mil habitantes, o subsídio máximo dos Vereadores corresponderá a trinta por cento do subsídio dos Deputados Estaduais;
c) em Municípios de cinquenta mil e um a cem mil habitantes, o subsídio máximo dos Vereadores corresponderá a quarenta por cento do subsídio dos Deputados Estaduais;
d) em Municípios de cem mil e um a trezentos mil habitantes, o subsídio máximo dos Vereadores corresponderá a cinquenta por cento do subsídio dos Deputados Estaduais;
e) em Municípios de trezentos mil e um a quinhentos mil habitantes, o subsídio máximo dos Vereadores corresponderá a sessenta por cento do subsídio dos Deputados Estaduais;
f) em Municípios de mais de quinhentos mil habitantes, o subsídio máximo dos Vereadores corresponderá a setenta e cinco por cento do subsídio dos Deputados Estaduais;

▶ Inciso VI com a redação dada pela EC nº 25, de 14-2-2000.

VII – o total da despesa com a remuneração dos Vereadores não poderá ultrapassar o montante de cinco por cento da receita do Município;

▶ Inciso VII acrescido pela EC nº 1, de 31-3-1992, renumerando os demais.

VIII – inviolabilidade dos Vereadores por suas opiniões, palavras e votos no exercício do mandato e na circunscrição do Município;

▶ Inciso VIII renumerado pela EC nº 1, de 31-3-1992.

IX – proibições e incompatibilidades, no exercício da vereança, similares, no que couber, ao disposto nesta Constituição para os membros do Congresso Nacional e, na Constituição do respectivo Estado, para os membros da Assembleia Legislativa;

▶ Inciso IX renumerado pela EC nº 1, de 31-3-1992.

X – julgamento do Prefeito perante o Tribunal de Justiça;

▶ Inciso X renumerado pela EC nº 1, de 31-3-1992.
▶ Dec.-lei nº 201, de 27-2-1967 (Lei de Responsabilidade dos Prefeitos e Vereadores).
▶ Súmulas nºs 702 e 703 do STF.
▶ Súm. nº 209 do STJ.

XI – organização das funções legislativas e fiscalizadoras da Câmara Municipal;

▶ Inciso XI renumerado pela EC nº 1, de 31-3-1992.
▶ Lei nº 9.452, de 20-3-1997, determina que as Câmaras Municipais sejam obrigatoriamente notificadas da liberação de recursos federais para os respectivos Municípios.

XII – cooperação das associações representativas no planejamento municipal;

▶ Inciso XII renumerado pela EC nº 1, de 31-3-1992.

XIII – iniciativa popular de projetos de lei de interesse específico do Município, da cidade ou de bairros, através de manifestação de, pelo menos, cinco por cento do eleitorado;

▶ Inciso XIII renumerado pela EC nº 1, de 31-3-1992.

XIV – perda do mandato do Prefeito, nos termos do artigo 28, parágrafo único.

▶ Inciso XIV renumerado pela EC nº 1, de 31-3-1992.

Art. 29-A. O total da despesa do Poder Legislativo Municipal, incluídos os subsídios dos Vereadores e excluídos os gastos com inativos, não poderá ultrapassar os seguintes percentuais, relativos ao somatório da receita tributária e das transferências previstas no § 5º do artigo 153 e nos artigos 158 e 159, efetivamente realizado no exercício anterior:

▶ Artigo acrescido pela EC nº 25, de 14-2-2000.

I – 7% (sete por cento) para Municípios com população de até 100.000 (cem mil) habitantes;
II – 6% (seis por cento) para Municípios com população entre 100.000 (cem mil) e 300.000 (trezentos mil) habitantes;
III – 5% (cinco por cento) para Municípios com população entre 300.001 (trezentos mil e um) e 500.000 (quinhentos mil) habitantes;
IV – 4,5% (quatro inteiros e cinco décimos por cento) para Municípios com população entre 500.001 (quinhentos mil e um) e 3.000.000 (três milhões) de habitantes;

▶ Incisos I a IV com a redação dada pela EC nº 58, de 23-9-2009 (DOU de 24-9-2009), para vigorar na data de sua promulgação, produzindo efeitos a partir de 1º de janeiro do ano subsequente ao da promulgação desta Emenda.

V – 4% (quatro por cento) para Municípios com população entre 3.000.001 (três milhões e um) e 8.000.000 (oito milhões) de habitantes;
VI – 3,5% (três inteiros e cinco décimos por cento) para Municípios com população acima de 8.000.001 (oito milhões e um) habitantes.

▶ Incisos V e VI acrescidos pela EC nº 58, de 23-9-2009 (DOU de 24-9-2009), para vigorar na data de sua promulgação, produzindo efeitos a partir de 1º de janeiro do ano subsequente ao da promulgação desta Emenda.

§ 1º A Câmara Municipal não gastará mais de setenta por cento de sua receita com folha de pagamento, incluído o gasto com o subsídio de seus Vereadores.

§ 2º Constitui crime de responsabilidade do Prefeito Municipal:
I – efetuar repasse que supere os limites definidos neste artigo;
II – não enviar o repasse até o dia vinte de cada mês; ou
III – enviá-lo a menor em relação à proporção fixada na Lei Orçamentária.

§ 3º Constitui crime de responsabilidade do Presidente da Câmara Municipal o desrespeito ao § 1º deste artigo.

▶ §§ 1º a 3º acrescidos pela EC nº 25, de 14-2-2000.

Art. 30. Compete aos Municípios:

I – legislar sobre assuntos de interesse local;

▶ Súm. nº 645 do STF.

II – suplementar a legislação federal e a estadual no que couber;
III – instituir e arrecadar os tributos de sua competência, bem como aplicar suas rendas, sem prejuízo da obrigatoriedade de prestar contas e publicar balancetes nos prazos fixados em lei;

▶ Art. 156 desta Constituição.

IV – criar, organizar e suprimir distritos, observada a legislação estadual;
V – organizar e prestar, diretamente ou sob regime de concessão ou permissão, os serviços públicos de interesse local, incluído o de transporte coletivo, que tem caráter essencial;
VI – manter, com a cooperação técnica e financeira da União e do Estado, programas de educação infantil e de ensino fundamental;

▶ Inciso VI com a redação dada pela EC nº 53, de 19-12-2006.

VII – prestar, com a cooperação técnica e financeira da União e do Estado, serviços de atendimento à saúde da população;

▶ Dec. nº 3.964, de 10-10-2001, dispõe sobre o Fundo Nacional de Saúde.

VIII – promover, no que couber, adequado ordenamento territorial, mediante planejamento e controle do uso, do parcelamento e da ocupação do solo urbano;

▶ Art. 182 desta Constituição.

IX – promover a proteção do patrimônio histórico-cultural local, observada a legislação e a ação fiscalizadora federal e estadual.

Art. 31. A fiscalização do Município será exercida pelo Poder Legislativo Municipal, mediante controle externo, e pelos sistemas de controle interno do Poder Executivo Municipal, na forma da lei.

§ 1º O controle externo da Câmara Municipal será exercido com o auxílio dos Tribunais de Contas dos Estados ou do Município ou dos Conselhos ou Tribunais de Contas dos Municípios, onde houver.

§ 2º O parecer prévio, emitido pelo órgão competente sobre as contas que o Prefeito deve anualmente prestar, só deixará de prevalecer por decisão de dois terços dos membros da Câmara Municipal.

§ 3º As contas dos Municípios ficarão, durante sessenta dias, anualmente, à disposição de qualquer contribuinte, para exame e apreciação, o qual poderá questionar-lhes a legitimidade, nos termos da lei.

§ 4º É vedada a criação de Tribunais, Conselhos ou órgãos de Contas Municipais.

Capítulo V
DO DISTRITO FEDERAL E DOS TERRITÓRIOS

Seção I
DO DISTRITO FEDERAL

Art. 32. O Distrito Federal, vedada sua divisão em Municípios, reger-se-á por lei orgânica, votada em dois turnos com interstício mínimo de dez dias, e aprovada por dois terços da Câmara Legislativa, que a promulgará, atendidos os princípios estabelecidos nesta Constituição.

§ 1º Ao Distrito Federal são atribuídas as competências legislativas reservadas aos Estados e Municípios.

▶ Súm. nº 642 do STF.

§ 2º A eleição do Governador e do Vice-Governador, observadas as regras do artigo 77, e dos Deputados Distritais coincidirá com a dos Governadores e Deputados Estaduais, para mandato de igual duração.

§ 3º Aos Deputados Distritais e à Câmara Legislativa aplica-se o disposto no artigo 27.

§ 4º Lei federal disporá sobre a utilização, pelo Governo do Distrito Federal, das Polícias Civil e Militar e do Corpo de Bombeiros Militar.

▶ Lei nº 6.450, de 14-10-1977, dispõe sobre a organização básica da Polícia Militar do Distrito Federal.
▶ Lei nº 7.289, de 18-12-1984, dispõe sobre o Estatuto dos Policiais Militares da Polícia Militar do Distrito Federal.
▶ Lei nº 7.479, de 2-6-1986, aprova o Estatuto dos Bombeiros Militares do Corpo de Bombeiros do Distrito Federal.
▶ Lei nº 12.086, de 6-11-2009, dispõe sobre os militares da Polícia Militar do Distrito Federal e do Corpo de Bombeiros Militar do Distrito Federal.
▶ Dec.-lei nº 667, de 2-7-1969, reorganiza as Polícias Militares e os Corpos de Bombeiros Militares dos Estados, dos Territórios e do Distrito Federal.

Seção II
DOS TERRITÓRIOS

Art. 33. A lei disporá sobre a organização administrativa e judiciária dos Territórios.

▶ Lei nº 8.185, de 14-5-1991 (Lei de Organização Judiciária do Distrito Federal).

§ 1º Os Territórios poderão ser divididos em Municípios, aos quais se aplicará, no que couber, o disposto no Capítulo IV deste Título.

§ 2º As contas do Governo do Território serão submetidas ao Congresso Nacional, com parecer prévio do Tribunal de Contas da União.

§ 3º Nos Territórios Federais com mais de cem mil habitantes, além do Governador nomeado na forma desta Constituição, haverá órgãos judiciários de primeira e segunda instância, membros do Ministério Público e defensores públicos federais; a lei disporá sobre as eleições para a Câmara Territorial e sua competência deliberativa.

Capítulo VI
DA INTERVENÇÃO

Art. 34. A União não intervirá nos Estados nem no Distrito Federal, exceto para:

I – manter a integridade nacional;

▶ Art. 1º desta Constituição.

II – repelir invasão estrangeira ou de uma Unidade da Federação em outra;

III – pôr termo a grave comprometimento da ordem pública;

IV – garantir o livre exercício de qualquer dos Poderes nas Unidades da Federação;

▶ Art. 36, I, desta Constituição.

V – reorganizar as finanças da Unidade da Federação que:

a) suspender o pagamento da dívida fundada por mais de dois anos consecutivos, salvo motivo de força maior;
b) deixar de entregar aos Municípios receitas tributárias fixadas nesta Constituição, dentro dos prazos estabelecidos em lei;

▶ Art. 10 da LC nº 63, de 11-1-1990, que dispõe sobre critérios e prazos de crédito das parcelas do produto da arrecadação de impostos de competência dos Estados e de transferências por estes recebidas, pertencentes aos Municípios.

VI – prover a execução de lei federal, ordem ou decisão judicial;

▶ Art. 36, § 3º, desta Constituição.
▶ Súm. nº 637 do STF.

VII – assegurar a observância dos seguintes princípios constitucionais:

▶ Art. 36, III e § 3º, desta Constituição.

a) forma republicana, sistema representativo e regime democrático;
b) direitos da pessoa humana;
c) autonomia municipal;
d) prestação de contas da administração pública, direta e indireta;
e) aplicação do mínimo exigido da receita resultante de impostos estaduais, compreendida a proveniente de transferências, na manutenção e desenvolvimento do ensino e nas ações e serviços públicos de saúde.

▶ Alínea e com a redação dada pela EC nº 29, de 13-9-2000.
▶ Art. 212 desta Constituição.

Art. 35. O Estado não intervirá em seus Municípios, nem a União nos Municípios localizados em Território Federal, exceto quando:

I – deixar de ser paga, sem motivo de força maior, por dois anos consecutivos, a dívida fundada;
II – não forem prestadas contas devidas, na forma da lei;
III – não tiver sido aplicado o mínimo exigido da receita municipal na manutenção e desenvolvimento do ensino e nas ações e serviços públicos de saúde;

▶ Inciso III com a redação dada pela EC nº 29, de 13-9-2000.
▶ Art. 212 desta Constituição.

IV – o Tribunal de Justiça der provimento a representação para assegurar a observância de princípios indicados na Constituição Estadual, ou para prover a execução de lei, de ordem ou de decisão judicial.

Art. 36. A decretação da intervenção dependerá:

I – no caso do artigo 34, IV, de solicitação do Poder Legislativo ou do Poder Executivo coacto ou impedido, ou de requisição do Supremo Tribunal Federal, se a coação for exercida contra o Poder Judiciário;

II – no caso de desobediência a ordem ou decisão judiciária, de requisição do Supremo Tribunal Federal, do Superior Tribunal de Justiça ou do Tribunal Superior Eleitoral;

▶ Arts. 19 a 22 da Lei nº 8.038, de 28-5-1990, que institui normas procedimentais para os processos que especifica, perante o STJ e o STF.

III – de provimento, pelo Supremo Tribunal Federal, de representação do Procurador-Geral da República, na hipótese do art. 34, VII, e no caso de recusa à execução de lei federal.

▶ Inciso III com a redação dada pela EC nº 45, de 8-12-2004.
▶ Lei nº 12.562, de 23-12-2011, regulamenta este inciso para dispor sobre o processo e julgamento da representação interventiva perante o STF.

IV – *Revogado*. EC nº 45, de 8-12-2004.

§ 1º O decreto de intervenção, que especificará a amplitude, o prazo e as condições de execução e que, se couber, nomeará o interventor, será submetido à apreciação do Congresso Nacional ou da Assembleia Legislativa do Estado, no prazo de vinte e quatro horas.

§ 2º Se não estiver funcionando o Congresso Nacional ou a Assembleia Legislativa, far-se-á convocação extraordinária, no mesmo prazo de vinte e quatro horas.

§ 3º Nos casos do artigo 34, VI e VII, ou do artigo 35, IV, dispensada a apreciação pelo Congresso Nacional ou pela Assembleia Legislativa, o decreto limitar-se-á a suspender a execução do ato impugnado, se essa medida bastar ao restabelecimento da normalidade.

§ 4º Cessados os motivos da intervenção, as autoridades afastadas de seus cargos a estes voltarão, salvo impedimento legal.

CAPÍTULO VII

DA ADMINISTRAÇÃO PÚBLICA

▶ Lei nº 8.112, de 11-12-1990 (Estatuto dos Servidores Públicos Civis da União, Autarquias e Fundações Públicas Federais).
▶ Lei nº 8.727, de 5-11-1993, estabelece diretrizes para a consolidação e o reescalonamento, pela União, de dívidas internas da administração direta e indireta dos Estados, do Distrito Federal e dos Municípios.
▶ Lei nº 9.784, de 29-1-1999 (Lei do Processo Administrativo Federal).

SEÇÃO I

DISPOSIÇÕES GERAIS

Art. 37. A administração pública direta e indireta de qualquer dos Poderes da União, dos Estados, do Distrito Federal e dos Municípios obedecerá aos princípios de legalidade, impessoalidade, moralidade, publicidade e eficiência e, também, ao seguinte:

▶ *Caput* com a redação dada pela EC nº 19, de 4-6-1998.
▶ Art. 19 do ADCT.
▶ Arts. 3º e 5º, I a VI, §§ 1º e 2º, da Lei nº 8.112, de 11-12-1990 (Estatuto dos Servidores Públicos Civis da União, Autarquias e Fundações Públicas Federais).

▶ Lei nº 8.727, de 5-11-1993, estabelece diretrizes para a consolidação e o reescalonamento, pela União, de dívidas internas das administrações direta e indireta dos Estados, do Distrito Federal e dos Municípios.
▶ Lei nº 8.730, de 10-11-1993, estabelece a obrigatoriedade da declaração de bens e rendas para o exercício de cargos, empregos, e funções nos Poderes Executivo, Legislativo e Judiciário.
▶ Súm. Vinc. nº 13 do STF.

I – os cargos, empregos e funções públicas são acessíveis aos brasileiros que preencham os requisitos estabelecidos em lei, assim como aos estrangeiros, na forma da lei;

▶ Inciso I com a redação dada pela EC nº 19, de 4-6-1998.
▶ Art. 7º da CLT.
▶ Arts. 3º a 5º, I a VI, §§ 1º e 2º, da Lei nº 8.112, de 11-12-1990 (Estatuto dos Servidores Públicos Civis da União, Autarquias e Fundações Públicas Federais).
▶ Lei nº 8.730, de 10-11-1993, estabelece a obrigatoriedade da declaração de bens e rendas para o exercício de cargos, empregos e funções nos Poderes Executivo, Legislativo e Judiciário.
▶ Súm. nº 686 do STF.
▶ Súm. nº 266 do STJ.

II – a investidura em cargo ou emprego público depende de aprovação prévia em concurso público de provas ou de provas e títulos, de acordo com a natureza e a complexidade do cargo ou emprego, na forma prevista em lei, ressalvadas as nomeações para cargo em comissão declarado em lei de livre nomeação e exoneração;

▶ Inciso II com a redação dada pela EC nº 19, de 4-6-1998.
▶ Art. 7º da CLT.
▶ Arts. 11 e 12 da Lei nº 8.112, de 11-12-1990 (Estatuto dos Servidores Públicos Civis da União, Autarquias e Fundações Públicas Federais).
▶ Lei nº 9.962, de 22-2-2000, disciplina o regime de emprego público do pessoal da administração federal direta, autárquica e fundacional.
▶ Dec. nº 7.203, de 4-6-2010, dispõe sobre a vedação do nepotismo no âmbito da administração pública federal.
▶ Súm. nº 685 do STF.
▶ Súmulas nºs 331 e 363 do TST.
▶ OJ da SBDI-I nº 366 do TST.

III – o prazo de validade do concurso público será de até dois anos, prorrogável uma vez, por igual período;

▶ Art. 12 da Lei nº 8.112, de 11-12-1990 (Estatuto dos Servidores Públicos Civis da União, Autarquias e Fundações Públicas Federais).
▶ Lei nº 12.562, de 23-12-2011, regulamenta este inciso para dispor sobre o processo e julgamento da representação interventiva perante o STF.

IV – durante o prazo improrrogável previsto no edital de convocação, aquele aprovado em concurso público de provas ou de provas e títulos será convocado com prioridade sobre novos concursados para assumir cargo ou emprego, na carreira;

▶ Art. 7º da CLT.

V – as funções de confiança, exercidas exclusivamente por servidores ocupantes de cargo efetivo, e os cargos em comissão, a serem preenchidos por servidores de carreira nos casos, condições e percentuais mínimos previstos em lei, destinam-se apenas às atribuições de direção, chefia e assessoramento;

▶ Inciso V com a redação dada pela EC nº 19, de 4-6-1998.

VI – é garantido ao servidor público civil o direito à livre associação sindical;

VII – o direito de greve será exercido nos termos e nos limites definidos em lei específica;

▶ Inciso VII com a redação dada pela EC nº 19, de 4-6-1998.
▶ Dec. nº 1.480, de 3-5-1995, dispõe sobre os procedimentos a serem adotados em casos de paralisações dos serviços públicos federais.

VIII – a lei reservará percentual dos cargos e empregos públicos para as pessoas portadoras de deficiência e definirá os critérios de sua admissão;

▶ Lei nº 7.853, de 24-10-1989 (Lei de Apoio às Pessoas Portadoras de Deficiência), regulamentada pelo Dec. nº 3.298, de 20-12-1999.
▶ Art. 5º, § 2º, da Lei nº 8.112, de 11-12-1990 (Estatuto dos Servidores Públicos Civis da União, Autarquias e Fundações Públicas Federais).
▶ Dec. nº 6.949, de 25-8-2009, promulga a Convenção Internacional sobre os Direitos das Pessoas com Deficiência.
▶ Súm. nº 377 do STJ.

IX – a lei estabelecerá os casos de contratação por tempo determinado para atender a necessidade temporária de excepcional interesse público;

▶ Lei nº 8.745, de 9-12-1993, dispõe sobre a contratação de servidor público por tempo determinado, para atender a necessidade temporária de excepcional interesse público.
▶ Art. 30 da Lei nº 10.871, de 20-5-2004, dispõe sobre a criação de carreiras e organização de cargos efetivos das autarquias especiais denominadas Agências Reguladoras.
▶ MP nº 2.165-36, de 23-8-2001, que até o encerramento desta edição não havia sido convertida em Lei, institui o auxílio-transporte.

X – a remuneração dos servidores públicos e o subsídio de que trata o § 4º do artigo 39 somente poderão ser fixados ou alterados por lei específica, observada a iniciativa privativa em cada caso, assegurada revisão geral anual, sempre na mesma data e sem distinção de índices;

▶ Inciso X com a redação dada pela EC nº 19, de 4-6-1998.
▶ Arts. 39, § 4º, 95, III, e 128, § 5º, I, c, desta Constituição.
▶ Lei nº 7.706, de 21-12-1988, dispõe sobre a revisão dos vencimentos, salários, soldos e proventos dos servidores, civis e militares, da Administração Federal Direta, das Autarquias, dos extintos Territórios Federais e das Fundações Públicas.
▶ Lei nº 10.331, de 18-12-2001, regulamenta este inciso.
▶ Súm. nº 672 do STF.

XI – a remuneração e o subsídio dos ocupantes de cargos, funções e empregos públicos da administração direta, autárquica e fundacional, dos membros de qualquer dos Poderes da União, dos Estados, do Distrito Federal e dos Municípios, dos detentores de mandato eletivo e dos demais agentes políticos e os proventos, pensões ou outra espécie remuneratória, percebidos cumulativamente ou não, incluídas as vantagens pessoais ou de qualquer outra natureza, não poderão exceder o subsídio mensal, em espécie, dos Ministros do Supremo Tribunal Federal, aplicando-se como limite, nos Municípios, o subsídio do Prefeito, e nos Estados e no Distrito Federal, o subsídio mensal do Governador no âmbito do Poder Executivo, o subsídio dos Deputados Estaduais e Distritais no âmbito do Poder Legislativo e o subsídio dos Desembargadores do Tribunal de Justiça, limitado a noventa inteiros e vinte e cinco centésimos por cento do subsídio mensal, em espécie, dos Ministros do Supremo Tribunal Federal, no âmbito do Poder Judiciário, aplicável este limite aos membros do Ministério Público, aos Procuradores e aos Defensores Públicos;

▶ Inciso XI com a redação dada pela EC nº 41, de 19-12-2003.
▶ O STF, por maioria de votos, concedeu a liminar na ADIN nº 3.854-1, para dar interpretação conforme a CF ao art. 37, XI e § 12, o primeiro dispositivo com a redação dada pela EC nº 41, de 19-12-2003, e o segundo introduzido pela EC nº 47, de 5-7-2005, excluindo a submissão dos membros da magistratura estadual ao subteto de remuneração (*DOU* de 8-3-2007).
▶ Arts. 27, § 2º, 28, § 2º, 29, V e VI, 39, §§ 4º e 5º, 49, VII, e VIII, 93, V, 95, III, 128, § 5º, I, c, e 142, § 3º, VIII, desta Constituição.
▶ Art. 3º, § 3º, da EC nº 20, de 15-12-1998 (Reforma Previdenciária).
▶ Arts. 7º e 8º da EC nº 41, de 19-12-2003.
▶ Art. 4º da EC nº 47, de 5-7-2005.
▶ Lei nº 8.112, de 11-12-1990 (Estatuto dos Servidores Públicos Civis da União, Autarquias e Fundações Públicas Federais).
▶ Leis nº 8.448, de 21-7-1992, e 8.852, de 4-2-1994, dispõem sobre este inciso.
▶ Art. 3º da Lei nº 10.887, de 18-6-2004, que dispõe sobre a aplicação de disposições da EC nº 41, de 19-12-2003.
▶ Lei nº 12.042, de 8-10-2009, dispõe sobre a revisão do subsídio do Procurador-Geral da República.
▶ Lei Delegada nº 13, de 27-8-1982, institui Gratificações de Atividade para os servidores civis do Poder Executivo, revê vantagens.

XII – os vencimentos dos cargos do Poder Legislativo e do Poder Judiciário não poderão ser superiores aos pagos pelo Poder Executivo;

▶ Art. 135 desta Constituição.
▶ Art. 42 da Lei nº 8.112, de 11-12-1990 (Estatuto dos Servidores Públicos Civis da União, Autarquias e Fundações Públicas Federais).
▶ Lei nº 8.852, de 4-2-1994, dispõe sobre a aplicação deste inciso.

XIII – é vedada a vinculação ou equiparação de quaisquer espécies remuneratórias para o efeito de remuneração de pessoal do serviço público;

▶ Inciso XIII com a redação dada pela EC nº 19, de 4-6-1998.
▶ Art. 142, § 3º, VIII, desta Constituição.
▶ OJ da SBDI-I nº 353 do TST.

XIV – os acréscimos pecuniários percebidos por servidor público não serão computados nem acumulados para fins de concessão de acréscimos ulteriores;

▶ Inciso XIV com a redação dada pela EC nº 19, de 4-6-1998.
▶ Art. 142, § 3º, VIII, desta Constituição.

XV – o subsídio e os vencimentos dos ocupantes de cargos e empregos públicos são irredutíveis, ressalvado o disposto nos incisos XI e XIV deste artigo e nos artigos 39, § 4º, 150, II, 153, III, e 153, § 2º, I;

▶ Inciso XV com a redação dada pela EC nº 19, de 4-6-1998.
▶ Art. 142, § 3º, VIII, desta Constituição.

XVI – é vedada a acumulação remunerada de cargos públicos, exceto, quando houver compatibilidade de horários, observado em qualquer caso o disposto no inciso XI:

▶ Inciso XVI com a redação dada pela EC nº 19, de 4-6-1998.

a) a de dois cargos de professor;
b) a de um cargo de professor com outro, técnico ou científico;

▶ Alíneas a e b com a redação dada pela EC nº 19, de 4-6-1998.

c) a de dois cargos ou empregos privativos de profissionais de saúde, com profissões regulamentadas;

▶ Alínea c com a redação dada pela EC nº 34, de 13-12-2001.
▶ Arts. 118 a 120 da Lei nº 8.112, de 11-12-1990 (Estatuto dos Servidores Públicos Civis da União, Autarquias e Fundações Públicas Federais).

XVII – a proibição de acumular estende-se a empregos e funções e abrange autarquias, fundações, empresas públicas, sociedades de economia mista, suas subsidiárias, e sociedades controladas, direta ou indiretamente, pelo Poder Público;

▶ Inciso XVII com a redação dada pela EC nº 19, de 4-6-1998.
▶ Art. 118, § 1º, da Lei nº 8.112, de 11-12-1990 (Estatuto dos Servidores Públicos Civis da União, Autarquias e Fundações Públicas Federais).

XVIII – a administração fazendária e seus servidores fiscais terão, dentro de suas áreas de competência e jurisdição, precedência sobre os demais setores administrativos, na forma da lei;
XIX – somente por lei específica poderá ser criada autarquia e autorizada a instituição de empresa pública, de sociedade de economia mista e de fundação, cabendo à lei complementar, neste último caso, definir as áreas de sua atuação;

▶ Inciso XIX com a redação dada pela EC nº 19, de 4-6-1998.

XX – depende de autorização legislativa, em cada caso, a criação de subsidiárias das entidades mencionadas no inciso anterior, assim como a participação de qualquer delas em empresa privada;
XXI – ressalvados os casos especificados na legislação, as obras, serviços, compras e alienações serão contratados mediante processo de licitação pública que assegure igualdade de condições a todos os concorrentes, com cláusulas que estabeleçam obrigações de pagamento, mantidas as condições efetivas da proposta, nos termos da lei, o qual somente permitirá as exigências de qualificação técnica e econômica indispensáveis à garantia do cumprimento das obrigações;

▶ Art. 22, XXVII, desta Constituição.
▶ Lei nº 8.666, de 21-6-1993 (Lei de Licitações e Contratos Administrativos).
▶ Lei nº 10.520, de 17-7-2002 (Lei do Pregão).
▶ Dec. nº 3.555, de 8-8-2000, regulamenta a modalidade de licitação denominada pregão.
▶ Súm. nº 333 do STJ.

XXII – as administrações tributárias da União, dos Estados, do Distrito Federal e dos Municípios, atividades essenciais ao funcionamento do Estado, exercidas por servidores de carreiras específicas, terão recursos prioritários para a realização de suas atividades e atuarão de forma integrada, inclusive com o compartilhamento de cadastros e de informações fiscais, na forma da lei ou convênio.

▶ Inciso XXII acrescido pela EC nº 42, de 19-12-2003.
▶ Art. 137, IV, desta Constituição.

§ 1º A publicidade dos atos, programas, obras, serviços e campanhas dos órgãos públicos deverá ter caráter educativo, informativo ou de orientação social, dela não podendo constar nomes, símbolos ou imagens que caracterizem promoção pessoal de autoridades ou servidores públicos.

▶ Lei nº 8.389, de 30-12-1991, institui o Conselho de Comunicação Social.
▶ Dec. nº 4.799, de 4-8-2003, dispõe sobre a comunicação de Governo do Poder Executivo Federal.

§ 2º A não observância do disposto nos incisos II e III implicará a nulidade do ato e a punição da autoridade responsável, nos termos da lei.

▶ Arts. 116 a 142 da Lei nº 8.112, de 11-12-1990 (Estatuto dos Servidores Públicos Civis da União, Autarquias e Fundações Públicas Federais).
▶ Lei nº 8.429, de 2-6-1992 (Lei da Improbidade Administrativa).
▶ Súm. nº 466 do STJ.
▶ Súm. nº 363 do TST.

§ 3º A lei disciplinará as formas de participação do usuário na administração pública direta e indireta, regulando especialmente:
I – as reclamações relativas à prestação dos serviços públicos em geral, asseguradas a manutenção de serviços de atendimento ao usuário e a avaliação periódica, externa e interna, da qualidade dos serviços;
II – o acesso dos usuários a registros administrativos e a informações sobre atos de governo, observado o disposto no artigo 5º, X e XXXIII;

▶ Lei nº 12.527, de 18-11-2011 (Lei do Acesso à Informação) DOU de 18-11-2011, edição extra, para vigorar 180 dias após a data de sua publicação, quando ficará revogada a Lei nº 11.111, de 5-5-2005.

III – a disciplina da representação contra o exercício negligente ou abusivo de cargo, emprego ou função na administração pública.

▶ § 3º e incisos I a III com a redação dada pela EC nº 19, de 4-6-1998.

§ 4º Os atos de improbidade administrativa importarão a suspensão dos direitos políticos, a perda da função pública, a indisponibilidade dos bens e o ressarcimento ao erário, na forma e gradação previstas em lei, sem prejuízo da ação penal cabível.

▶ Art. 15, V, desta Constituição.
▶ Arts. 312 a 327 do CP.
▶ Lei nº 8.026, de 12-4-1990, dispõe sobre a aplicação de pena de demissão a funcionário publico.
▶ Lei nº 8.027, de 12-4-1990, dispõe sobre normas de conduta dos servidores públicos civis da União, das Autarquias e das Fundações Públicas.
▶ Lei nº 8.112, de 11-12-1990 (Estatuto dos Servidores Públicos Civis da União, Autarquias e Fundações Públicas Federais).

► Art. 3º da Lei nº 8.137, de 27-12-1990 (Lei dos Crimes Contra a Ordem Tributária, Econômica e Contra as Relações de Consumo).
► Lei nº 8.429, de 2-6-1992 (Lei da Improbidade Administrativa).
► Dec.-lei nº 3.240, de 8-5-1941 sujeita a sequestro os bens de pessoas indiciadas por crimes de que resulta prejuízo para a Fazenda Pública.
► Dec. nº 4.410, de 7-10-2002, promulga a Convenção Interamericana contra a Corrupção.

§ 5º A lei estabelecerá os prazos de prescrição para ilícitos praticados por qualquer agente, servidor ou não, que causem prejuízos ao erário, ressalvadas as respectivas ações de ressarcimento.

► Lei nº 8.112, de 11-12-1990 (Estatuto dos Servidores Públicos Civis da União, Autarquias e Fundações Públicas Federais).
► Lei nº 8.429, de 2-6-1992 (Lei da Improbidade Administrativa).

§ 6º As pessoas jurídicas de direito público e as de direito privado prestadoras de serviços públicos responderão pelos danos que seus agentes, nessa qualidade, causarem a terceiros, assegurado o direito de regresso contra o responsável nos casos de dolo ou culpa.

► Art. 43 do CC.
► Lei nº 6.453, de 17-10-1977, dispõe sobre a responsabilidade civil por danos nucleares e a responsabilidade criminal por atos relacionados com atividades nucleares.

§ 7º A lei disporá sobre os requisitos e as restrições ao ocupante de cargo ou emprego da administração direta e indireta que possibilite o acesso a informações privilegiadas.

§ 8º A autonomia gerencial, orçamentária e financeira dos órgãos e entidades da administração direta e indireta poderá ser ampliada mediante contrato, a ser firmado entre seus administradores e o poder público, que tenha por objeto a fixação de metas de desempenho para o órgão ou entidade, cabendo à lei dispor sobre:

I – o prazo de duração do contrato;
II – os controles e critérios de avaliação de desempenho, direitos, obrigações e responsabilidade dos dirigentes;
III – a remuneração do pessoal.

§ 9º O disposto no inciso XI aplica-se às empresas públicas e às sociedades de economia mista, e suas subsidiárias, que receberem recursos da União, dos Estados, do Distrito Federal ou dos Municípios para pagamento de despesas de pessoal ou de custeio em geral.

► §§ 7º a 9º acrescidos pela EC nº 19, de 4-6-1998.

§ 10. É vedada a percepção simultânea de proventos de aposentadoria decorrentes do artigo 40 ou dos artigos 42 e 142 com a remuneração de cargo, emprego ou função pública, ressalvados os cargos acumuláveis na forma desta Constituição, os cargos eletivos e os cargos em comissão declarados em lei de livre nomeação e exoneração.

► § 10 acrescido pela EC nº 20, de 15-12-1998.

§ 11. Não serão computadas, para efeito dos limites remuneratórios de que trata o inciso XI do *caput* deste artigo, as parcelas de caráter indenizatório previstas em lei.

► Art. 4º da EC nº 47, de 5-7-2005.

§ 12. Para os fins do disposto no inciso XI do *caput* deste artigo, fica facultado aos Estados e ao Distrito Federal fixar, em seu âmbito, mediante emenda às respectivas Constituições e Lei Orgânica, como limite único, o subsídio mensal dos Desembargadores do respectivo Tribunal de Justiça, limitado a noventa inteiros e vinte e cinco centésimos por cento do subsídio mensal dos Ministros do Supremo Tribunal Federal, não se aplicando o disposto neste parágrafo aos subsídios dos Deputados Estaduais e Distritais e dos Vereadores.

► §§ 11 e 12 acrescidos pela EC nº 47, de 5-7-2005.
► O STF, por maioria de votos, concedeu a liminar na ADIN nº 3.854-1, para dar interpretação conforme a CF ao art. 37, XI e § 12, o primeiro dispositivo com a redação dada pela EC nº 41, de 19-12-2003, e o segundo introduzido pela EC nº 47, de 5-7-2005, excluindo a submissão dos membros da magistratura estadual ao subteto de remuneração (*DOU* de 8-3-2007).

Art. 38. Ao servidor público da administração direta, autárquica e fundacional, no exercício de mandato eletivo, aplicam-se as seguintes disposições:

► *Caput* com a redação dada pela EC nº 19, de 4-6-1998.
► Art. 28 desta Constituição.
► Lei nº 8.112, de 11-12-1990 (Estatuto dos Servidores Públicos Civis da União, Autarquias e Fundações Públicas Federais).

I – tratando-se de mandato eletivo federal, estadual ou distrital, ficará afastado de seu cargo, emprego ou função;

► Art. 28, § 1º, desta Constituição.

II – investido no mandato de Prefeito será afastado do cargo, emprego ou função, sendo-lhe facultado optar pela sua remuneração;
III – investido no mandato de Vereador, havendo compatibilidade de horários, perceberá as vantagens de seu cargo, emprego ou função, sem prejuízo da remuneração do cargo eletivo, e, não havendo compatibilidade, será aplicada a norma do inciso anterior;
IV – em qualquer caso que exija o afastamento para o exercício de mandato eletivo, seu tempo de serviço será contado para todos os efeitos legais, exceto para promoção por merecimento;

► Art. 28, § 1º, desta Constituição.

V – para efeito de benefício previdenciário, no caso de afastamento, os valores serão determinados como se no exercício estivesse.

► Art. 28, § 1º, desta Constituição.

SEÇÃO II

DOS SERVIDORES PÚBLICOS

► Denominação desta Seção dada pela EC nº 18, de 5-2-1998.
► Lei nº 8.026, de 12-4-1990, dispõe sobre a aplicação de pena de demissão a funcionário público.
► Lei nº 8.027, de 12-4-1990, dispõe sobre normas de conduta dos servidores públicos civis da União, das autarquias e das fundações públicas.
► Lei nº 8.112, de 11-12-1990 (Estatuto dos Servidores Públicos Civis da União, Autarquias e Fundações Públicas Federais).
► Súm. nº 378 do STJ.

Art. 39. A União, os Estados, o Distrito Federal e os Municípios instituirão conselho de política de administração e remuneração de pessoal, integrado por servidores designados pelos respectivos Poderes.

► *Caput* com a redação dada pela EC nº 19, de 4-6-1998.
► O STF, por maioria de votos, deferiu parcialmente a medida cautelar na ADIN nº 2.135-4, para suspender, com efeitos *ex nunc*, a eficácia do *caput* deste artigo, razão pela qual continuará em vigor a redação original: "Art. 39. A União, os Estados, o Distrito Federal e os Municípios instituirão, no âmbito de sua competência, regime jurídico único e planos de carreira para os servidores da administração pública direta, das autarquias e das fundações públicas" (*DOU* de 14-8-2007).
► Art. 24 do ADCT.
► Lei nº 8.026, de 12-4-1990, dispõe sobre a aplicação de pena de demissão a funcionário publico.
► Lei nº 8.027, de 12-4-1990, dispõe sobre normas de conduta dos servidores públicos civis da União, das Autarquias e das Fundações Públicas.
► Lei nº 8.112, de 11-12-1990 (Estatuto dos Servidores Públicos Civis da União, Autarquias e Fundações Públicas Federais).
► Súm. Vinc. nº 4 do STF.
► Súm. nº 97 do STJ.

§ 1º A fixação dos padrões de vencimento e dos demais componentes do sistema remuneratório observará:

I – a natureza, o grau de responsabilidade e a complexidade dos cargos componentes de cada carreira;
II – os requisitos para a investidura;
III – as peculiaridades dos cargos.

► Art. 41, § 4º, da Lei nº 8.112, de 11-12-1990 (Estatuto dos Servidores Públicos Civis da União, Autarquias e Fundações Públicas Federais).
► Lei nº 8.448, de 21-7-1992, regulamenta este parágrafo.
► Lei nº 8.852, de 4-2-1994, dispõe sobre a aplicação deste parágrafo.
► Lei nº 9.367, de 16-12-1996, fixa critérios para a progressiva unificação das tabelas de vencimentos dos servidores.
► Súm. Vinc. nº 4 do STF.

§ 2º A União, os Estados e o Distrito Federal manterão escolas de governo para a formação e o aperfeiçoamento dos servidores públicos, constituindo-se a participação nos cursos um dos requisitos para a promoção na carreira, facultada, para isso, a celebração de convênios ou contratos entre os entes federados.

► §§ 1º e 2º com a redação dada pela EC nº 19, de 4-6-1998.

§ 3º Aplica-se aos servidores ocupantes de cargo público o disposto no artigo 7º, IV, VII, VIII, IX, XII, XIII, XV, XVI, XVII, XVIII, XIX, XX, XXII e XXX, podendo a lei estabelecer requisitos diferenciados de admissão quando a natureza do cargo o exigir.

► Dec.-lei nº 5.452, de 1-5-1943 (Consolidação das Leis do Trabalho).
► Súmulas Vinculantes nºs 4 e 16 do STF.
► Súmulas nºs 683 e 684 do STF.

§ 4º O membro de Poder, o detentor de mandato eletivo, os Ministros de Estado e os Secretários Estaduais e Municipais serão remunerados exclusivamente por subsídio fixado em parcela única, vedado o acréscimo de qualquer gratificação, adicional, abono, prêmio, verba de representação ou outra espécie remuneratória, obedecido, em qualquer caso, o disposto no artigo 37, X e XI.

► Arts. 27, § 2º, 28, § 2º, 29, V, e VI, 37, XV, 48, XV, 49, VII e VIII, 93, V, 95, III, 128, § 5º, I, c, e 135 desta Constituição.
► Lei nº 11.144, de 26-7-2005, dispõe sobre o subsídio do Procurador-Geral da República.
► Lei nº 12.042, de 8-10-2009, dispõe sobre a revisão do subsídio do Procurador-Geral da República.

§ 5º Lei da União, dos Estados, do Distrito Federal e dos Municípios poderá estabelecer a relação entre a maior e a menor remuneração dos servidores públicos, obedecido, em qualquer caso, o disposto no artigo 37, XI.

§ 6º Os Poderes Executivo, Legislativo e Judiciário publicarão anualmente os valores do subsídio e da remuneração dos cargos e empregos públicos.

§ 7º Lei da União, dos Estados, do Distrito Federal e dos Municípios disciplinará a aplicação de recursos orçamentários provenientes da economia com despesas correntes em cada órgão, autarquia e fundação, para aplicação no desenvolvimento de programas de qualidade e produtividade, treinamento e desenvolvimento, modernização, reaparelhamento e racionalização do serviço público, inclusive sob a forma de adicional ou prêmio de produtividade.

§ 8º A remuneração dos servidores públicos organizados em carreira poderá ser fixada nos termos do § 4º.

► §§ 3º a 8º acrescidos pela EC nº 19, de 4-6-1998.

Art. 40. Aos servidores titulares de cargos efetivos da União, dos Estados, do Distrito Federal e dos Municípios, incluídas suas autarquias e fundações, é assegurado regime de previdência de caráter contributivo e solidário, mediante contribuição do respectivo ente público, dos servidores ativos e inativos e dos pensionistas, observados critérios que preservem o equilíbrio financeiro e atuarial e o disposto neste artigo.

► *Caput* com a redação dada pela EC nº 41, de 19-12-2003.
► Arts. 37, § 10, 73, § 3º, e 93, VI, desta Constituição.
► Arts. 4º e 6º da EC nº 41, de 19-12-2003.
► Art. 3º da EC nº 47, de 5-7-2005.

§ 1º Os servidores abrangidos pelo regime de previdência de que trata este artigo serão aposentados, calculados os seus proventos a partir dos valores fixados na forma dos §§ 3º e 17:

► § 1º com a redação dada pela EC nº 41, de 19-12-2003.
► Art. 2º, § 5º, da EC nº 41, de 19-12-2003.
► Súm. nº 726 do STF.

I – por invalidez permanente, sendo os proventos proporcionais ao tempo de contribuição, exceto se decorrente de acidente em serviço, moléstia profissional ou doença grave, contagiosa ou incurável, na forma da lei;

► Inciso I com a redação dada pela EC nº 41, de 19-12-2003.

II – compulsoriamente, aos setenta anos de idade, com proventos proporcionais ao tempo de contribuição;

► Arts. 2º, § 5º, e 3º, § 1º, da EC nº 41, de 19-12-2003.

III – voluntariamente, desde que cumprido tempo mínimo de dez anos de efetivo exercício no serviço público e cinco anos no cargo efetivo em que se dará a aposentadoria, observadas as seguintes condições:

▶ Incisos II e III acrescidos pela EC nº 20, de 15-12-1998.
▶ Art. 2º, § 1º, da EC nº 41, de 19-12-2003.

a) sessenta anos de idade e trinta e cinco de contribuição, se homem, e cinquenta e cinco anos de idade e trinta de contribuição, se mulher;

▶ Art. 3º, III, da EC nº 47, de 5-7-2005.

b) sessenta e cinco anos de idade, se homem, e sessenta anos de idade, se mulher, com proventos proporcionais ao tempo de contribuição.

▶ Alíneas a e b, acrescidas pela EC nº 20, de 15-12-1998.

§ 2º Os proventos de aposentadoria e as pensões, por ocasião de sua concessão, não poderão exceder a remuneração do respectivo servidor, no cargo efetivo em que se deu a aposentadoria ou que serviu de referência para a concessão da pensão.

▶ § 2º com a redação dada pela EC nº 20, de 15-12-1998.

§ 3º Para o cálculo dos proventos de aposentadoria, por ocasião da sua concessão, serão consideradas as remunerações utilizadas como base para as contribuições do servidor aos regimes de previdência de que tratam este artigo e o art. 201, na forma da lei.

▶ § 3º com a redação dada pela EC nº 41, de 19-12-2003.
▶ Art. 2º da EC nº 41, de 19-12-2003.
▶ Art. 1º da Lei nº 10.887, de 18-6-2004, que dispõe sobre a aplicação de disposições da EC nº 41, de 19-12-2003.

§ 4º É vedada a adoção de requisitos e critérios diferenciados para a concessão de aposentadoria aos abrangidos pelo regime de que trata este artigo, ressalvados, nos termos definidos em leis complementares, os casos de servidores:

▶ Caput do § 4º com a redação dada pela EC nº 47, de 5-7-2005.
▶ Súm. nº 680 do STF.

I – portadores de deficiência;
II – que exerçam atividades de risco;
III – cujas atividades sejam exercidas sob condições especiais que prejudiquem a saúde ou integridade física.

▶ Incisos I a III acrescidos pela EC nº 47, de 5-7-2005.

§ 5º Os requisitos de idade e de tempo de contribuição serão reduzidos em cinco anos, em relação ao disposto no § 1º, III, a, para o professor que comprove exclusivamente tempo de efetivo exercício das funções de magistério na educação infantil e no ensino fundamental e médio.

▶ Arts. 2º, § 1º, e 6º, caput, da EC nº 41, de 19-12-2003.
▶ Art. 67, § 2º, da Lei nº 9.394, de 20-12-1996 (Lei das Diretrizes e Bases da Educação Nacional).
▶ Súm. nº 726 do STF.

§ 6º Ressalvadas as aposentadorias decorrentes dos cargos acumuláveis na forma desta Constituição, é vedada a percepção de mais de uma aposentadoria à conta do regime de previdência previsto neste artigo.

▶ §§ 5º e 6º com a redação dada pela EC nº 20, de 15-12-1998.

§ 7º Lei disporá sobre a concessão do benefício de pensão por morte, que será igual:

▶ Art. 42, § 2º, desta Constituição.

I – ao valor da totalidade dos proventos do servidor falecido, até o limite máximo estabelecido para os benefícios do regime geral de previdência social de que trata o art. 201, acrescido de setenta por cento da parcela excedente a este limite, caso aposentado à data do óbito; ou

II – ao valor da totalidade da remuneração do servidor no cargo efetivo em que se deu o falecimento, até o limite máximo estabelecido para os benefícios do regime geral de previdência social de que trata o art. 201, acrescido de setenta por cento da parcela excedente a este limite, caso em atividade na data do óbito.

▶ § 7º com a redação dada pela EC nº 41, de 19-12-2003.

§ 8º É assegurado o reajustamento dos benefícios para preservar-lhes, em caráter permanente, o valor real, conforme critérios estabelecidos em lei.

▶ § 8º com a redação dada pela EC nº 41, de 19-12-2003.
▶ Art. 2º, § 6º, da EC nº 41, de 19-12-2003.
▶ Súm. Vinc. nº 20 do STF.

§ 9º O tempo de contribuição federal, estadual ou municipal será contado para efeito de aposentadoria e o tempo de serviço correspondente para efeito de disponibilidade.

▶ Art. 42, § 1º, desta Constituição.

§ 10. A lei não poderá estabelecer qualquer forma de contagem de tempo de contribuição fictício.

▶ Art. 4º da EC nº 20, de 15-12-1998 (Reforma Previdenciária).

§ 11. Aplica-se o limite fixado no artigo 37, XI, à soma total dos proventos de inatividade, inclusive quando decorrentes da acumulação de cargos ou empregos públicos, bem como de outras atividades sujeitas a contribuição para o regime geral de previdência social, e ao montante resultante da adição de proventos de inatividade com remuneração de cargo acumulável na forma desta Constituição, cargo em comissão declarado em lei de livre nomeação e exoneração, e de cargo eletivo.

§ 12. Além do disposto neste artigo, o regime de previdência dos servidores públicos titulares de cargo efetivo observará, no que couber, os requisitos e critérios fixados para o regime geral de previdência social.

§ 13. Ao servidor ocupante, exclusivamente, de cargo em comissão declarado em lei de livre nomeação e exoneração bem como de outro cargo temporário ou de emprego público, aplica-se o regime geral de previdência social.

▶ Lei nº 9.962, de 22-2-2000, disciplina o regime de emprego público do pessoal da administração federal direta, autárquica e fundacional.

§ 14. A União, os Estados, o Distrito Federal e os Municípios, desde que instituam regime de previdência complementar para os seus respectivos servidores titulares de cargo efetivo, poderão fixar, para o valor das aposentadorias e pensões a serem concedidas pelo regime de que trata este artigo, o limite máximo estabelecido para os benefícios do regime geral de previdência social de que trata o artigo 201.

▶ §§ 9º a 14 acrescidos pela EC nº 20, de 15-12-1998.

► LC nº 108, de 29-5-2001, dispõe sobre a relação entre a União, e os Estados, o Distrito Federal e os Municípios, suas autarquias, fundações, sociedades de economia mista e outras entidades públicas e suas respectivas entidades fechadas de previdência complementar.

§ 15. O regime de previdência complementar de que trata o § 14 será instituído por lei de iniciativa do respectivo Poder Executivo, observado o disposto no art. 202 e seus parágrafos, no que couber, por intermédio de entidades fechadas de previdência complementar, de natureza pública, que oferecerão aos respectivos participantes planos de benefícios somente na modalidade de contribuição definida.

► § 15 com a redação dada pela EC nº 41, de 19-12-2003.

§ 16. Somente mediante sua prévia e expressa opção, o disposto nos §§ 14 e 15 poderá ser aplicado ao servidor que tiver ingressado no serviço público até a data da publicação do ato de instituição do correspondente regime de previdência complementar.

► § 16 acrescido pela EC nº 20, de 15-12-1998.
► Lei nº 9.717, de 27-11-1998, dispõe sobre regras gerais para a organização e o funcionamento dos regimes próprios de previdência social dos servidores públicos da União, dos Estados, do Distrito Federal e dos Municípios, bem como dos militares dos Estados e do Distrito Federal.
► Lei nº 9.783, de 28-1-1999, dispõe sobre contribuição para o custeio da previdência social dos servidores públicos ativos, inativos e pensionistas dos três Poderes da União.

§ 17. Todos os valores de remuneração considerados para o cálculo do benefício previsto no § 3º serão devidamente atualizados, na forma da lei.

► Art. 2º da EC nº 41, de 19-12-2003.

§ 18. Incidirá contribuição sobre os proventos de aposentadorias e pensões concedidas pelo regime de que trata este artigo que superem o limite máximo estabelecido para os benefícios do regime geral de previdência social de que trata o art. 201, com percentual igual ao estabelecido para os servidores titulares de cargos efetivos.

► Art. 4º, I e II, da EC nº 41, de 19-12-2003.

§ 19. O servidor de que trata este artigo que tenha completado as exigências para aposentadoria voluntária estabelecidas no § 1º, III, a, e que opte por permanecer em atividade fará jus a um abono de permanência equivalente ao valor da sua contribuição previdenciária até completar as exigências para aposentadoria compulsória contidas no § 1º, II.

§ 20. Fica vedada a existência de mais de um regime próprio de previdência social para os servidores titulares de cargos efetivos, e de mais de uma unidade gestora do respectivo regime em cada ente estatal, ressalvado o disposto no art. 142, § 3º, X.

► §§ 17 a 20 acrescidos pela EC nº 41, de 19-12-2003.
► Art. 28 da EC nº 19, de 4-6-1998 (Reforma Administrativa).

§ 21. A contribuição prevista no § 18 deste artigo incidirá apenas sobre as parcelas de proventos de aposentadoria e de pensão que superem o dobro do limite máximo estabelecido para os benefícios do regime geral de previdência social de que trata o artigo 201 desta Constituição, quando o beneficiário, na forma da lei, for portador de doença incapacitante.

► § 21 acrescido pela EC nº 47, de 5-7-2005, em vigor na data de sua publicação, com efeitos retroativos à data de vigência da EC nº 41, de 19-12-2003 (DOU de 6-7-2005).

Art. 41. São estáveis após três anos de efetivo exercício os servidores nomeados para cargo de provimento efetivo em virtude de concurso público.

► Súm. nº 390 do TST.

§ 1º O servidor público estável só perderá o cargo:
I – em virtude de sentença judicial transitada em julgado;
II – mediante processo administrativo em que lhe seja assegurada ampla defesa;
III – mediante procedimento de avaliação periódica de desempenho, na forma de lei complementar, assegurada ampla defesa.

► Art. 247 desta Constituição.

§ 2º Invalidada por sentença judicial a demissão do servidor estável, será ele reintegrado, e o eventual ocupante da vaga, se estável, reconduzido ao cargo de origem, sem direito a indenização, aproveitado em outro cargo ou posto em disponibilidade com remuneração proporcional ao tempo de serviço.

§ 3º Extinto o cargo ou declarada a sua desnecessidade, o servidor estável ficará em disponibilidade, com remuneração proporcional ao tempo de serviço, até seu adequado aproveitamento em outro cargo.

§ 4º Como condição para a aquisição da estabilidade, é obrigatória a avaliação especial de desempenho por comissão instituída para essa finalidade.

► Art. 41 com a redação dada pela EC nº 19, de 4-6-1998.
► Art. 28 da EC nº 19, de 4-6-1998 (Reforma Administrativa).

Seção III

DOS MILITARES DOS ESTADOS, DO DISTRITO FEDERAL E DOS TERRITÓRIOS

► Denominação desta Seção dada pela EC nº 18, de 5-2-1998.

Art. 42. Os membros das Polícias Militares e Corpos de Bombeiros Militares, instituições organizadas com base na hierarquia e disciplina, são militares dos Estados, do Distrito Federal e dos Territórios.

► *Caput* com a redação dada pela EC nº 18, de 5-2-1998.
► Art. 37, § 10, desta Constituição.
► Art. 89 do ADCT.

§ 1º Aplicam-se aos militares dos Estados, do Distrito Federal e dos Territórios, além do que vier a ser fixado em lei, as disposições do artigo 14, § 8º; do artigo 40, § 9º; e do artigo 142, §§ 2º e 3º, cabendo a lei estadual específica dispor sobre as matérias do artigo 142, § 3º, X, sendo as patentes dos oficiais conferidas pelos respectivos governadores.

► § 1º com a redação dada pela EC nº 20, de 15-12-1998.
► Súm. Vinc. nº 4 do STF.

§ 2º Aos pensionistas dos militares dos Estados, do Distrito Federal e dos Territórios aplica-se o que for fixado em lei específica do respectivo ente estatal.
▶ § 2º com a redação dada pela EC nº 41, de 19-12-2003.

SEÇÃO IV
DAS REGIÕES

Art. 43. Para efeitos administrativos, a União poderá articular sua ação em um mesmo complexo geoeconômico e social, visando a seu desenvolvimento e à redução das desigualdades regionais.

§ 1º Lei complementar disporá sobre:

I – as condições para integração de regiões em desenvolvimento;
II – a composição dos organismos regionais que executarão, na forma da lei, os planos regionais, integrantes dos planos nacionais de desenvolvimento econômico e social, aprovados juntamente com estes.

▶ LC nº 124, de 3-1-2007, institui a Superintendência do Desenvolvimento da Amazônia – SUDAM.
▶ LC nº 125, de 3-1-2007, institui a Superintendência do Desenvolvimento do Nordeste – SUDENE.
▶ LC nº 134, de 14-1-2010, dispõe sobre a composição do Conselho de Administração da Superintendência da Zona Franca de Manaus – SUFRAMA.

§ 2º Os incentivos regionais compreenderão, além de outros, na forma da lei:

I – igualdade de tarifas, fretes, seguros e outros itens de custos e preços de responsabilidade do Poder Público;
II – juros favorecidos para financiamento de atividades prioritárias;
III – isenções, reduções ou diferimento temporário de tributos federais devidos por pessoas físicas ou jurídicas;
IV – prioridade para o aproveitamento econômico e social dos rios e das massas de água represadas ou represáveis nas regiões de baixa renda, sujeitas a secas periódicas.

§ 3º Nas áreas a que se refere o § 2º, IV, a União incentivará a recuperação de terras áridas e cooperará com os pequenos e médios proprietários rurais para o estabelecimento, em suas glebas, de fontes de água e de pequena irrigação.

TÍTULO IV – DA ORGANIZAÇÃO DOS PODERES

CAPÍTULO I
DO PODER LEGISLATIVO

SEÇÃO I
DO CONGRESSO NACIONAL

Art. 44. O Poder Legislativo é exercido pelo Congresso Nacional, que se compõe da Câmara dos Deputados e do Senado Federal.

Parágrafo único. Cada legislatura terá a duração de quatro anos.

Art. 45. A Câmara dos Deputados compõe-se de representantes do povo, eleitos, pelo sistema proporcional, em cada Estado, em cada Território e no Distrito Federal.

§ 1º O número total de Deputados, bem como a representação por Estado e pelo Distrito Federal, será estabelecido por lei complementar, proporcionalmente à população, procedendo-se aos ajustes necessários, no ano anterior às eleições, para que nenhuma daquelas Unidades da Federação tenha menos de oito ou mais de setenta Deputados.

▶ Arts. 1º a 3º da LC nº 78, de 30-12-1993, que disciplina a fixação do número de Deputados, nos termos deste parágrafo.

§ 2º Cada Território elegerá quatro Deputados.

Art. 46. O Senado Federal compõe-se de representantes dos Estados e do Distrito Federal, eleitos segundo o princípio majoritário.

§ 1º Cada Estado e o Distrito Federal elegerão três Senadores, com mandato de oito anos.

§ 2º A representação de cada Estado e do Distrito Federal será renovada de quatro em quatro anos, alternadamente, por um e dois terços.

§ 3º Cada Senador será eleito com dois suplentes.

Art. 47. Salvo disposição constitucional em contrário, as deliberações de cada Casa e de suas Comissões serão tomadas por maioria dos votos, presente a maioria absoluta de seus membros.

SEÇÃO II
DAS ATRIBUIÇÕES DO CONGRESSO NACIONAL

Art. 48. Cabe ao Congresso Nacional, com a sanção do Presidente da República, não exigida esta para o especificado nos artigos 49, 51 e 52, dispor sobre todas as matérias de competência da União, especialmente sobre:

I – sistema tributário, arrecadação e distribuição de rendas;
II – plano plurianual, diretrizes orçamentárias, orçamento anual, operações de crédito, dívida pública e emissões de curso forçado;
III – fixação e modificação do efetivo das Forças Armadas;
IV – planos e programas nacionais, regionais e setoriais de desenvolvimento;
V – limites do território nacional, espaço aéreo e marítimo e bens do domínio da União;
VI – incorporação, subdivisão ou desmembramento de áreas de Territórios ou Estados, ouvidas as respectivas Assembleias Legislativas;

▶ Art. 4º da Lei nº 9.709, de 18-11-1998, que regulamenta o art. 14 desta Constituição.

VII – transferência temporária da sede do Governo Federal;
VIII – concessão de anistia;

▶ Art. 187 da LEP.

IX – organização administrativa, judiciária, do Ministério Público e da Defensoria Pública da União e dos Territórios e organização judiciária, do Ministério Público e da Defensoria Pública do Distrito Federal;
X – criação, transformação e extinção de cargos, empregos e funções públicas, observado o que estabelece o art. 84, VI, *b*;

XI – criação e extinção de Ministérios e órgãos da administração pública;
▶ Incisos X e XI com a redação dada pela EC nº 32, de 11-9-2001.

XII – telecomunicações e radiodifusão;
▶ Lei nº 9.295, de 19-7-1996, dispõe sobre serviços de telecomunicações, organizações e órgão regulador.
▶ Lei nº 9.472, de 16-7-1997, dispõe sobre a organização dos serviços de telecomunicações, a criação e funcionamento de um órgão regulador e outros aspectos institucionais.
▶ Lei nº 9.612, de 19-2-1998, institui o serviço de radiodifusão comunitária.

XIII – matéria financeira, cambial e monetária, instituições financeiras e suas operações;
XIV – moeda, seus limites de emissão, e montante da dívida mobiliária federal;
XV – fixação do subsídio dos Ministros do Supremo Tribunal Federal, observado o que dispõem os arts. 39, § 4º; 150, II; 153, III; e 153, § 2º, I.
▶ Inciso XV com a redação dada pela EC nº 41, de 19-12-2003.
▶ Lei nº 10.474, de 27-6-2002, dispõe sobre remuneração da Magistratura da União.
▶ Lei nº 11.143, de 26-7-2005, dispõe sobre o subsídio de Ministro do STF.
▶ Lei nº 12.041, de 8-10-2009, dispõe sobre a revisão do subsídio de Ministro do STF.

Art. 49. É da competência exclusiva do Congresso Nacional:
▶ Art. 48 desta Constituição.

I – resolver definitivamente sobre tratados, acordos ou atos internacionais que acarretem encargos ou compromissos gravosos ao patrimônio nacional;
II – autorizar o Presidente da República a declarar guerra, a celebrar a paz, a permitir que forças estrangeiras transitem pelo território nacional ou nele permaneçam temporariamente, ressalvados os casos previstos em lei complementar;
III – autorizar o Presidente e o Vice-Presidente da República a se ausentarem do País, quando a ausência exceder a quinze dias;
IV – aprovar o estado de defesa e a intervenção federal, autorizar o estado de sítio, ou suspender qualquer uma dessas medidas;
V – sustar os atos normativos do Poder Executivo que exorbitem do poder regulamentar ou dos limites de delegação legislativa;
VI – mudar temporariamente sua sede;
VII – fixar idêntico subsídio para os Deputados Federais e os Senadores, observado o que dispõem os artigos 37, XI, 39, § 4º, 150, II, 153, III, e 153, § 2º, I;
VIII – fixar os subsídios do Presidente e do Vice-Presidente da República e dos Ministros de Estado, observado o que dispõem os artigos 37, XI, 39, § 4º, 150, II, 153, III, e 153, § 2º, I;
▶ Incisos VII e VIII com a redação dada pela EC nº 19, de 4-6-1998.

IX – julgar anualmente as contas prestadas pelo Presidente da República e apreciar os relatórios sobre a execução dos planos de governo;

X – fiscalizar e controlar, diretamente, ou por qualquer de suas Casas, os atos do Poder Executivo, incluídos os da administração indireta;
XI – zelar pela preservação de sua competência legislativa em face da atribuição normativa dos outros Poderes;
XII – apreciar os atos de concessão e renovação de concessão de emissoras de rádio e televisão;
XIII – escolher dois terços dos membros do Tribunal de Contas da União;
▶ Dec. Legislativo nº 6, de 22-4-1993, regulamenta a escolha de Ministro do Tribunal de Contas da União pelo Congresso Nacional.

XIV – aprovar iniciativas do Poder Executivo referentes a atividades nucleares;
XV – autorizar referendo e convocar plebiscito;
▶ Arts. 1º a 12 da Lei nº 9.709, de 18-11-1998, que regulamenta o art. 14 desta Constituição.

XVI – autorizar, em terras indígenas, a exploração e o aproveitamento de recursos hídricos e a pesquisa e lavra de riquezas minerais;
XVII – aprovar, previamente, a alienação ou concessão de terras públicas com área superior a dois mil e quinhentos hectares.

Art. 50. A Câmara dos Deputados e o Senado Federal, ou qualquer de suas Comissões, poderão convocar Ministro de Estado ou quaisquer titulares de órgãos diretamente subordinados à Presidência da República para prestarem, pessoalmente, informações sobre assunto previamente determinado, importando em crime de responsabilidade a ausência sem justificação adequada.
▶ Caput com a redação dada pela ECR nº 2, de 7-6-1994.

§ 1º Os Ministros de Estado poderão comparecer ao Senado Federal, à Câmara dos Deputados, ou a qualquer de suas Comissões, por sua iniciativa e mediante entendimentos com a Mesa respectiva, para expor assunto de relevância de seu Ministério.

§ 2º As Mesas da Câmara dos Deputados e do Senado Federal poderão encaminhar pedidos escritos de informação a Ministros de Estado ou a qualquer das pessoas referidas no *caput* deste artigo, importando em crime de responsabilidade a recusa, ou o não atendimento, no prazo de trinta dias, bem como a prestação de informações falsas.
▶ § 2º com a redação dada pela ECR nº 2, de 7-6-1994.

Seção III

DA CÂMARA DOS DEPUTADOS

Art. 51. Compete privativamente à Câmara dos Deputados:
▶ Art. 48 desta Constituição.

I – autorizar, por dois terços de seus membros, a instauração de processo contra o Presidente e o Vice-Presidente da República e os Ministros de Estado;
II – proceder à tomada de contas do Presidente da República, quando não apresentadas ao Congresso Nacional dentro de sessenta dias após a abertura da sessão legislativa;
III – elaborar seu regimento interno;
IV – dispor sobre sua organização, funcionamento, polícia, criação, transformação ou extinção dos cargos, empregos e funções de seus serviços, e a iniciativa de

lei para fixação da respectiva remuneração, observados os parâmetros estabelecidos na lei de diretrizes orçamentárias;

▶ Inciso IV com a redação dada pela EC nº 19, de 4-6-1998.

V – eleger membros do Conselho da República, nos termos do artigo 89, VII.

SEÇÃO IV

DO SENADO FEDERAL
Art. 52. Compete privativamente ao Senado Federal:

▶ Art. 48 desta Constituição.

I – processar e julgar o Presidente e o Vice-Presidente da República nos crimes de responsabilidade, bem como os Ministros de Estado e os Comandantes da Marinha, do Exército e da Aeronáutica nos crimes da mesma natureza conexos com aqueles;

▶ Inciso I com a redação dada pela EC nº 23, de 2-9-1999.
▶ Art. 102, I, c, desta Constituição.
▶ Lei nº 1.079, de 10-4-1950 (Lei dos Crimes de Responsabilidade).

II – processar e julgar os Ministros do Supremo Tribunal Federal, os membros do Conselho Nacional de Justiça e do Conselho Nacional do Ministério Público, o Procurador-Geral da República e o Advogado-Geral da União nos crimes de responsabilidade;

▶ Inciso II com a redação dada pela EC nº 45, de 8-12-2004.
▶ Arts. 103-B, 130-A, 131 e 132 desta Constituição.
▶ Art. 5º da EC nº 45, de 8-12-2004 (Reforma do Judiciário).

III – aprovar previamente, por voto secreto, após arguição pública, a escolha de:
a) magistrados, nos casos estabelecidos nesta Constituição;
b) Ministros do Tribunal de Contas da União indicados pelo Presidente da República;
c) Governador de Território;
d) presidente e diretores do Banco Central;
e) Procurador-Geral da República;
f) titulares de outros cargos que a lei determinar;

IV – aprovar previamente, por voto secreto, após arguição em sessão secreta, a escolha dos chefes de missão diplomática de caráter permanente;
V – autorizar operações externas de natureza financeira, de interesse da União, dos Estados, do Distrito Federal, dos Territórios e dos Municípios;
VI – fixar, por proposta do Presidente da República, limites globais para o montante da dívida consolidada da União, dos Estados, do Distrito Federal e dos Municípios;
VII – dispor sobre limites globais e condições para as operações de crédito externo e interno da União, dos Estados, do Distrito Federal e dos Municípios, de suas autarquias e demais entidades controladas pelo Poder Público Federal;
VIII – dispor sobre limites e condições para a concessão de garantia da União em operações de crédito externo e interno;
IX – estabelecer limites globais e condições para o montante da dívida mobiliária dos Estados, do Distrito Federal e dos Municípios;

X – suspender a execução, no todo ou em parte, de lei declarada inconstitucional por decisão definitiva do Supremo Tribunal Federal;
XI – aprovar, por maioria absoluta e por voto secreto, a exoneração, de ofício, do Procurador-Geral da República antes do término de seu mandato;
XII – elaborar seu regimento interno;
XIII – dispor sobre sua organização, funcionamento, polícia, criação, transformação ou extinção dos cargos, empregos e funções de seus serviços, e a iniciativa de lei para fixação da respectiva remuneração, observados os parâmetros estabelecidos na lei de diretrizes orçamentárias;

▶ Inciso XIII com a redação dada pela EC nº 19, de 4-6-1998.

XIV – eleger membros do Conselho da República, nos termos do artigo 89, VII;
XV – avaliar periodicamente a funcionalidade do Sistema Tributário Nacional, em sua estrutura e seus componentes, e o desempenho das administrações tributárias da União, dos Estados e do Distrito Federal e dos Municípios.

▶ Inciso XV acrescido pela EC nº 42, de 19-12-2003.

Parágrafo único. Nos casos previstos nos incisos I e II, funcionará como Presidente o do Supremo Tribunal Federal, limitando-se a condenação, que somente será proferida por dois terços dos votos do Senado Federal, à perda do cargo, com inabilitação, por oito anos, para o exercício de função pública, sem prejuízo das demais sanções judiciais cabíveis.

SEÇÃO V

DOS DEPUTADOS E DOS SENADORES
▶ Lei nº 9.504, de 30-9-1997 (Lei das Eleições).

Art. 53. Os Deputados e Senadores são invioláveis, civil e penalmente, por quaisquer de suas opiniões, palavras e votos.

▶ Caput com a redação dada pela EC nº 35, de 20-12-2001.

§ 1º Os Deputados e Senadores, desde a expedição do diploma, serão submetidos a julgamento perante o Supremo Tribunal Federal.

▶ Art. 102, I, b, desta Constituição.

§ 2º Desde a expedição do diploma, os membros do Congresso Nacional não poderão ser presos, salvo em flagrante de crime inafiançável. Nesse caso, os autos serão remetidos dentro de vinte e quatro horas à Casa respectiva, para que, pelo voto da maioria de seus membros, resolva sobre a prisão.

▶ Arts. 43, III, e 301 do CPP.

§ 3º Recebida a denúncia contra o Senador ou Deputado, por crime ocorrido após a diplomação, o Supremo Tribunal Federal dará ciência à Casa respectiva, que, por iniciativa de partido político nela representado e pelo voto da maioria de seus membros, poderá, até a decisão final, sustar o andamento da ação.

§ 4º O pedido de sustação será apreciado pela Casa respectiva no prazo improrrogável de quarenta e cinco dias do seu recebimento pela Mesa Diretora.

§ 5º A sustação do processo suspende a prescrição, enquanto durar o mandato.

§ 6º Os Deputados e Senadores não serão obrigados a testemunhar sobre informações recebidas ou prestadas em razão do exercício do mandato, nem sobre as pessoas que lhes confiaram ou deles receberam informações.

§ 7º A incorporação às Forças Armadas de Deputados e Senadores, embora militares e ainda que em tempo de guerra, dependerá de prévia licença da Casa respectiva.

▶ §§ 1º a 7º com a redação dada pela EC nº 35, de 20-12-2001.

§ 8º As imunidades de Deputados ou Senadores subsistirão durante o estado de sítio, só podendo ser suspensas mediante o voto de dois terços dos membros da Casa respectiva, nos casos de atos praticados fora do recinto do Congresso Nacional, que sejam incompatíveis com a execução da medida.

▶ § 8º acrescido pela EC nº 35, de 20-12-2001.
▶ Arts. 137 a 141 desta Constituição.
▶ Arts. 138 a 145 do CP.

Art. 54. Os Deputados e Senadores não poderão:

I – desde a expedição do diploma:

a) firmar ou manter contrato com pessoa jurídica de direito público, autarquia, empresa pública, sociedade de economia mista ou empresa concessionária de serviço público, salvo quando o contrato obedecer a cláusulas uniformes;

b) aceitar ou exercer cargo, função ou emprego remunerado, inclusive os de que sejam demissíveis *ad nutum*, nas entidades constantes da alínea anterior;

II – desde a posse:

a) ser proprietários, controladores ou diretores de empresa que goze de favor decorrente de contrato com pessoa jurídica de direito público, ou nela exercer função remunerada;

b) ocupar cargo ou função de que sejam demissíveis *ad nutum*, nas entidades referidas no inciso I, *a*;

c) patrocinar causa em que seja interessada qualquer das entidades a que se refere o inciso I, *a*;

d) ser titulares de mais de um cargo ou mandato público eletivo.

Art. 55. Perderá o mandato o Deputado ou Senador:

I – que infringir qualquer das proibições estabelecidas no artigo anterior;

▶ Art. 1º do Dec. Legislativo nº 16, de 24-3-1994, que submete à condição suspensiva a renúncia de parlamentar contra o qual pende procedimento fundado nos termos deste inciso.

II – cujo procedimento for declarado incompatível com o decoro parlamentar;

▶ Art. 1º do Dec. Legislativo nº 16, de 24-3-1994, que submete à condição suspensiva a renúncia de parlamentar contra o qual pende procedimento fundado nos termos deste inciso.

III – que deixar de comparecer, em cada sessão legislativa, à terça parte das sessões ordinárias da Casa a que pertencer, salvo licença ou missão por esta autorizada;
IV – que perder ou tiver suspensos os direitos políticos;
V – quando o decretar a Justiça Eleitoral, nos casos previstos nesta Constituição;

VI – que sofrer condenação criminal em sentença transitada em julgado.

▶ Art. 92, I, do CP.

§ 1º É incompatível com o decoro parlamentar, além dos casos definidos no regimento interno, o abuso das prerrogativas asseguradas a membro do Congresso Nacional ou a percepção de vantagens indevidas.

§ 2º Nos casos dos incisos I, II e VI, a perda do mandato será decidida pela Câmara dos Deputados ou pelo Senado Federal, por voto secreto e maioria absoluta, mediante provocação da respectiva Mesa ou de partido político representado no Congresso Nacional, assegurada ampla defesa.

§ 3º Nos casos previstos nos incisos III a V, a perda será declarada pela Mesa da Casa respectiva, de ofício ou mediante provocação de qualquer de seus membros, ou de partido político representado no Congresso Nacional, assegurada ampla defesa.

§ 4º A renúncia de parlamentar submetido a processo que vise ou possa levar à perda do mandato, nos termos deste artigo, terá seus efeitos suspensos até as deliberações finais de que tratam os §§ 2º e 3º.

▶ § 4º acrescido pela ECR nº 6, de 7-6-1994.

Art. 56. Não perderá o mandato o Deputado ou Senador:

I – investido no cargo de Ministro de Estado, Governador de Território, Secretário de Estado, do Distrito Federal, de Território, de Prefeitura de Capital ou chefe de missão diplomática temporária;

II – licenciado pela respectiva Casa por motivo de doença, ou para tratar, sem remuneração, de interesse particular, desde que, neste caso, o afastamento não ultrapasse cento e vinte dias por sessão legislativa.

§ 1º O suplente será convocado nos casos de vaga, de investidura em funções previstas neste artigo ou de licença superior a cento e vinte dias.

§ 2º Ocorrendo vaga e não havendo suplente, far-se-á eleição para preenchê-la se faltarem mais de quinze meses para o término do mandato.

§ 3º Na hipótese do inciso I, o Deputado ou Senador poderá optar pela remuneração do mandato.

Seção VI

DAS REUNIÕES

Art. 57. O Congresso Nacional reunir-se-á, anualmente, na Capital Federal, de 2 de fevereiro a 17 de julho e de 1º de agosto a 22 de dezembro.

▶ *Caput* com a redação dada pela EC nº 50, de 14-2-2006.

§ 1º As reuniões marcadas para essas datas serão transferidas para o primeiro dia útil subsequente, quando recaírem em sábados, domingos ou feriados.

§ 2º A sessão legislativa não será interrompida sem a aprovação do projeto de lei de diretrizes orçamentárias.

§ 3º Além de outros casos previstos nesta Constituição, a Câmara dos Deputados e o Senado Federal reunir-se-ão em sessão conjunta para:

I – inaugurar a sessão legislativa;
II – elaborar o regimento comum e regular a criação de serviços comuns às duas Casas;

III – receber o compromisso do Presidente e do Vice-Presidente da República;
IV – conhecer do veto e sobre ele deliberar.

§ 4º Cada uma das Casas reunir-se-á em sessões preparatórias, a partir de 1º de fevereiro, no primeiro ano da legislatura, para a posse de seus membros e eleição das respectivas Mesas, para mandato de 2 (dois) anos, vedada a recondução para o mesmo cargo na eleição imediatamente subsequente.

▶ § 4º com a redação dada pela EC nº 50, de 14-2-2006.

§ 5º A Mesa do Congresso Nacional será presidida pelo Presidente do Senado Federal, e os demais cargos serão exercidos, alternadamente, pelos ocupantes de cargos equivalentes na Câmara dos Deputados e no Senado Federal.

§ 6º A convocação extraordinária do Congresso Nacional far-se-á:

▶ § 6º com a redação dada pela EC nº 50, de 14-2-2006.

I – pelo Presidente do Senado Federal, em caso de decretação de estado de defesa ou de intervenção federal, de pedido de autorização para a decretação de estado de sítio e para o compromisso e a posse do Presidente e do Vice-Presidente da República;

II – pelo Presidente da República, pelos Presidentes da Câmara dos Deputados e do Senado Federal ou a requerimento da maioria dos membros de ambas as Casas, em caso de urgência ou interesse público relevante, em todas as hipóteses deste inciso com a aprovação da maioria absoluta de cada uma das Casas do Congresso Nacional.

▶ Inciso II com a redação dada pela EC nº 50, de 14-2-2006.

§ 7º Na sessão legislativa extraordinária, o Congresso Nacional somente deliberará sobre a matéria para a qual foi convocado, ressalvada a hipótese do § 8º deste artigo, vedado o pagamento de parcela indenizatória, em razão da convocação.

▶ § 7º com a redação dada pela EC nº 50, de 14-2-2006.

§ 8º Havendo medidas provisórias em vigor na data de convocação extraordinária do Congresso Nacional, serão elas automaticamente incluídas na pauta da convocação.

▶ § 8º acrescido pela EC nº 32, de 11-9-2001.

SEÇÃO VII

DAS COMISSÕES

Art. 58. O Congresso Nacional e suas Casas terão comissões permanentes e temporárias, constituídas na forma e com as atribuições previstas no respectivo regimento ou no ato de que resultar sua criação.

§ 1º Na constituição das Mesas e de cada Comissão, é assegurada, tanto quanto possível, a representação proporcional dos partidos ou dos blocos parlamentares que participam da respectiva Casa.

§ 2º Às comissões, em razão da matéria de sua competência, cabe:

I – discutir e votar projeto de lei que dispensar, na forma do regimento, a competência do Plenário, salvo se houver recurso de um décimo dos membros da Casa;
II – realizar audiências públicas com entidades da sociedade civil;

III – convocar Ministros de Estado para prestar informações sobre assuntos inerentes a suas atribuições;
IV – receber petições, reclamações, representações ou queixas de qualquer pessoa contra atos ou omissões das autoridades ou entidades públicas;
V – solicitar depoimento de qualquer autoridade ou cidadão;
VI – apreciar programas de obras, planos nacionais, regionais e setoriais de desenvolvimento e sobre eles emitir parecer.

§ 3º As comissões parlamentares de inquérito, que terão poderes de investigação próprios das autoridades judiciais, além de outros previstos nos regimentos das respectivas Casas, serão criadas pela Câmara dos Deputados e pelo Senado Federal, em conjunto ou separadamente, mediante requerimento de um terço de seus membros, para a apuração de fato determinado e por prazo certo, sendo suas conclusões, se for o caso, encaminhadas ao Ministério Público, para que promova a responsabilidade civil ou criminal dos infratores.

▶ Lei nº 1.579, de 18-3-1952 (Lei das Comissões Parlamentares de Inquérito).

▶ Lei nº 10.001, de 4-9-2000, dispõe sobre a prioridade nos procedimentos a serem adotados pelo Ministério Publico e por outros órgãos a respeito das conclusões das Comissões Parlamentares de Inquérito.

§ 4º Durante o recesso, haverá uma Comissão Representativa do Congresso Nacional, eleita por suas Casas na última sessão ordinária do período legislativo, com atribuições definidas no regimento comum, cuja composição reproduzirá, quanto possível, a proporcionalidade da representação partidária.

SEÇÃO VIII

DO PROCESSO LEGISLATIVO

SUBSEÇÃO I

DISPOSIÇÃO GERAL

Art. 59. O processo legislativo compreende a elaboração de:

I – emendas à Constituição;
II – leis complementares;
III – leis ordinárias;
IV – leis delegadas;
V – medidas provisórias;

▶ Arts. 70 e 73 do ADCT.

VI – decretos legislativos;

▶ Art. 3º da Lei nº 9.709, de 18-11-1998, que dispõe sobre a convocação do plebiscito e o referendo nas questões de relevância nacional, de competência do Poder Legislativo ou do Poder Executivo.

VII – resoluções.

Parágrafo único. Lei complementar disporá sobre a elaboração, redação, alteração e consolidação das leis.

▶ LC nº 95, de 26-2-1998, trata do disposto neste parágrafo único.

▶ Dec. nº 4.176, de 28-3-2002, estabelece normas e diretrizes para a elaboração, a redação, a alteração, a consolidação e o encaminhamento ao Presidente da República de projetos de atos normativos de competência dos órgãos do Poder Executivo Federal.

SUBSEÇÃO II
DA EMENDA À CONSTITUIÇÃO

Art. 60. A Constituição poderá ser emendada mediante proposta:

I – de um terço, no mínimo, dos membros da Câmara dos Deputados ou do Senado Federal;
II – do Presidente da República;
III – de mais da metade das Assembleias Legislativas das Unidades da Federação, manifestando-se, cada uma delas, pela maioria relativa de seus membros.

§ 1º A Constituição não poderá ser emendada na vigência de intervenção federal, de estado de defesa ou de estado de sítio.

▶ Arts. 34 a 36, e 136 a 141 desta Constituição.

§ 2º A proposta será discutida e votada em cada Casa do Congresso Nacional, em dois turnos, considerando-se aprovada se obtiver, em ambos, três quintos dos votos dos respectivos membros.

§ 3º A emenda à Constituição será promulgada pelas Mesas da Câmara dos Deputados e do Senado Federal, com o respectivo número de ordem.

§ 4º Não será objeto de deliberação a proposta de emenda tendente a abolir:

I – a forma federativa de Estado;
▶ Arts. 1º e 18 desta Constituição.

II – o voto direto, secreto, universal e periódico;
▶ Arts. 1º, 14 e 81, § 1º, desta Constituição.
▶ Lei nº 9.709, de 18-11-1998, regulamenta o art. 14 desta Constituição.

III – a separação dos Poderes;
▶ Art. 2º desta Constituição.

IV – os direitos e garantias individuais.
▶ Art. 5º desta Constituição.

§ 5º A matéria constante de proposta de emenda rejeitada ou havida por prejudicada não pode ser objeto de nova proposta na mesma sessão legislativa.

SUBSEÇÃO III
DAS LEIS

Art. 61. A iniciativa das leis complementares e ordinárias cabe a qualquer membro ou Comissão da Câmara dos Deputados, do Senado Federal ou do Congresso Nacional, ao Presidente da República, ao Supremo Tribunal Federal, aos Tribunais Superiores, ao Procurador-Geral da República e aos cidadãos, na forma e nos casos previstos nesta Constituição.

§ 1º São de iniciativa privativa do Presidente da República as leis que:

I – fixem ou modifiquem os efetivos das Forças Armadas;
II – disponham sobre:
▶ Súmulas nºs 679 e 681 do STF.

a) criação de cargos, funções ou empregos públicos na administração direta e autárquica ou aumento de sua remuneração;
▶ Súm. nº 679 do STF.

b) organização administrativa e judiciária, matéria tributária e orçamentária, serviços públicos e pessoal da administração dos Territórios;
c) servidores públicos da União e Territórios, seu regime jurídico, provimento de cargos, estabilidade e aposentadoria;
▶ Alínea c com a redação dada pela EC nº 18, de 5-2-1998.

d) organização do Ministério Público e da Defensoria Pública da União, bem como normas gerais para a organização do Ministério Público e da Defensoria Pública dos Estados, do Distrito Federal e dos Territórios;
e) criação e extinção de Ministérios e órgãos da administração pública, observado o disposto no artigo 84, VI;
▶ Alínea e com a redação dada pela EC nº 32, de 11-9-2001.

f) militares das Forças Armadas, seu regime jurídico, provimento de cargos, promoções, estabilidade, remuneração, reforma e transferência para a reserva.
▶ Alínea f acrescida pela EC nº 18, de 5-2-1998.

§ 2º A iniciativa popular pode ser exercida pela apresentação à Câmara dos Deputados de projeto de lei subscrito por, no mínimo, um por cento do eleitorado nacional, distribuído pelo menos por cinco Estados, com não menos de três décimos por cento dos eleitores de cada um deles.

▶ Arts.1º, III, 13 e 14 da Lei nº 9.709, de 18-11-1998, que regulamenta o art. 14 desta Constituição.

Art. 62. Em caso de relevância e urgência, o Presidente da República poderá adotar medidas provisórias, com força de lei, devendo submetê-las de imediato ao Congresso Nacional.

▶ Caput com a redação dada pela EC nº 32, de 11-9-2001.
▶ Arts. 167, § 3º, e 246 desta Constituição.
▶ Art. 2º da EC nº 32, de 11-9-2001.
▶ Súm. nº 651 do STF.

§ 1º É vedada a edição de medidas provisórias sobre matéria:

I – relativa a:

a) nacionalidade, cidadania, direitos políticos, partidos políticos e direito eleitoral;
b) direito penal, processual penal e processual civil;
c) organização do Poder Judiciário e do Ministério Público, a carreira e a garantia de seus membros;
d) planos plurianuais, diretrizes orçamentárias, orçamento e créditos adicionais e suplementares, ressalvado o previsto no artigo 167, § 3º;

II – que vise a detenção ou sequestro de bens, de poupança popular ou qualquer outro ativo financeiro;
III – reservada a lei complementar;
IV – já disciplinada em projeto de lei aprovado pelo Congresso Nacional e pendente de sanção ou veto do Presidente da República.

§ 2º Medida provisória que implique instituição ou majoração de impostos, exceto os previstos nos artigos 153, I, II, IV, V, e 154, II, só produzirá efeitos no exercício financeiro seguinte se houver sido convertida em lei até o último dia daquele em que foi editada.

§ 3º As medidas provisórias, ressalvado o disposto nos §§ 11 e 12 perderão eficácia, desde a edição, se não forem convertidas em lei no prazo de sessenta dias, prorrogável, nos termos do § 7º, uma vez por igual período, devendo o Congresso Nacional disciplinar, por decreto legislativo, as relações jurídicas delas decorrentes.

§ 4º O prazo a que se refere o § 3º contar-se-á da publicação da medida provisória, suspendendo-se durante os períodos de recesso do Congresso Nacional.

§ 5º A deliberação de cada uma das Casas do Congresso Nacional sobre o mérito das medidas provisórias dependerá de juízo prévio sobre o atendimento de seus pressupostos constitucionais.

§ 6º Se a medida provisória não for apreciada em até quarenta e cinco dias contados de sua publicação, entrará em regime de urgência, subsequentemente, em cada uma das Casas do Congresso Nacional, ficando sobrestadas, até que se ultime a votação, todas as demais deliberações legislativas da Casa em que estiver tramitando.

§ 7º Prorrogar-se-á uma única vez por igual período a vigência de medida provisória que, no prazo de sessenta dias, contado de sua publicação, não tiver a sua votação encerrada nas duas Casas do Congresso Nacional.

§ 8º As medidas provisórias terão sua votação iniciada na Câmara dos Deputados.

§ 9º Caberá à comissão mista de Deputados e Senadores examinar as medidas provisórias e sobre elas emitir parecer, antes de serem apreciadas, em sessão separada, pelo plenário de cada uma das Casas do Congresso Nacional.

§ 10. É vedada a reedição, na mesma sessão legislativa, de medida provisória que tenha sido rejeitada ou que tenha perdido sua eficácia por decurso de prazo.

§ 11. Não editado o decreto legislativo a que se refere o § 3º até sessenta dias após a rejeição ou perda de eficácia da medida provisória, as relações jurídicas constituídas e decorrentes de atos praticados durante sua vigência conservar-se-ão por ela regidas.

§ 12. Aprovado projeto de lei de conversão alterando o texto original da medida provisória, esta manter-se-á integralmente em vigor até que seja sancionado ou vetado o projeto.

▶ §§ 1º a 12 acrescidos pela EC nº 32, de 11-9-2001.

Art. 63. Não será admitido aumento da despesa prevista:

I – nos projetos de iniciativa exclusiva do Presidente da República, ressalvado o disposto no artigo 166, §§ 3º e 4º;

II – nos projetos sobre organização dos serviços administrativos da Câmara dos Deputados, do Senado Federal, dos Tribunais Federais e do Ministério Público.

Art. 64. A discussão e votação dos projetos de lei de iniciativa do Presidente da República, do Supremo Tribunal Federal e dos Tribunais Superiores terão início na Câmara dos Deputados.

§ 1º O Presidente da República poderá solicitar urgência para apreciação de projetos de sua iniciativa.

§ 2º Se, no caso do § 1º, a Câmara dos Deputados e o Senado Federal não se manifestarem sobre a proposição, cada qual sucessivamente, em até quarenta e cinco dias, sobrestar-se-ão todas as demais deliberações legislativas da respectiva Casa, com exceção das que tenham prazo constitucional determinado, até que se ultime a votação.

▶ § 2º com a redação dada pela EC nº 32, de 11-9-2001.

§ 3º A apreciação das emendas do Senado Federal pela Câmara dos Deputados far-se-á no prazo de dez dias, observado quanto ao mais o disposto no parágrafo anterior.

§ 4º Os prazos do § 2º não correm nos períodos de recesso do Congresso Nacional, nem se aplicam aos projetos de código.

Art. 65. O projeto de lei aprovado por uma Casa será revisto pela outra, em um só turno de discussão e votação, e enviado à sanção ou promulgação, se a Casa revisora o aprovar, ou arquivado, se o rejeitar.

Parágrafo único. Sendo o projeto emendado, voltará à Casa iniciadora.

Art. 66. A Casa na qual tenha sido concluída a votação enviará o projeto de lei ao Presidente da República, que, aquiescendo, o sancionará.

§ 1º Se o Presidente da República considerar o projeto, no todo ou em parte, inconstitucional ou contrário ao interesse público, vetá-lo-á total ou parcialmente, no prazo de quinze dias úteis, contados da data do recebimento, e comunicará, dentro de quarenta e oito horas, ao Presidente do Senado Federal os motivos do veto.

§ 2º O veto parcial somente abrangerá texto integral de artigo, de parágrafo, de inciso ou de alínea.

§ 3º Decorrido o prazo de quinze dias, o silêncio do Presidente da República importará sanção.

§ 4º O veto será apreciado em sessão conjunta, dentro de trinta dias a contar de seu recebimento, só podendo ser rejeitado pelo voto da maioria absoluta dos Deputados e Senadores, em escrutínio secreto.

§ 5º Se o veto não for mantido, será o projeto enviado, para promulgação, ao Presidente da República.

§ 6º Esgotado sem deliberação o prazo estabelecido no § 4º, o veto será colocado na ordem do dia da sessão imediata, sobrestadas as demais proposições, até sua votação final.

▶ § 6º com a redação dada pela EC nº 32, de 11-9-2001.

§ 7º Se a lei não for promulgada dentro de quarenta e oito horas pelo Presidente da República, nos casos dos §§ 3º e 5º, o Presidente do Senado a promulgará, e, se este não o fizer em igual prazo, caberá ao Vice-Presidente do Senado fazê-lo.

Art. 67. A matéria constante de projeto de lei rejeitado somente poderá constituir objeto de novo projeto, na mesma sessão legislativa, mediante proposta da maioria absoluta dos membros de qualquer das Casas do Congresso Nacional.

Art. 68. As leis delegadas serão elaboradas pelo Presidente da República, que deverá solicitar a delegação ao Congresso Nacional.

§ 1º Não serão objeto de delegação os atos de competência exclusiva do Congresso Nacional, os de competência privativa da Câmara dos Deputados ou do Senado Federal, a matéria reservada à lei complementar, nem a legislação sobre:

I – organização do Poder Judiciário e do Ministério Público, a carreira e a garantia de seus membros;
II – nacionalidade, cidadania, direitos individuais, políticos e eleitorais;
III – planos plurianuais, diretrizes orçamentárias e orçamentos.

§ 2º A delegação ao Presidente da República terá a forma de resolução do Congresso Nacional, que especificará seu conteúdo e os termos de seu exercício.

§ 3º Se a resolução determinar a apreciação do projeto pelo Congresso Nacional, este a fará em votação única, vedada qualquer emenda.

Art. 69. As leis complementares serão aprovadas por maioria absoluta.

Seção IX

DA FISCALIZAÇÃO CONTÁBIL, FINANCEIRA E ORÇAMENTÁRIA

▶ Dec. nº 3.590, de 6-9-2000, dispõe sobre o Sistema de Administração Financeira Federal.
▶ Dec. nº 3.591, de 6-9-2000, dispõe sobre o Sistema de Controle Interno do Poder Executivo Federal.
▶ Dec. nº 6.976, de 7-10-2009, dispõe sobre o Sistema de Contabilidade Federal.

Art. 70. A fiscalização contábil, financeira, orçamentária, operacional e patrimonial da União e das entidades da administração direta e indireta, quanto à legalidade, legitimidade, economicidade, aplicação das subvenções e renúncia de receitas, será exercida pelo Congresso Nacional, mediante controle externo, e pelo sistema de controle interno de cada Poder.

Parágrafo único. Prestará contas qualquer pessoa física ou jurídica, pública ou privada, que utilize, arrecade, guarde, gerencie ou administre dinheiros, bens e valores públicos ou pelos quais a União responda, ou que, em nome desta, assuma obrigações de natureza pecuniária.

▶ Parágrafo único com a redação dada pela EC nº 19, de 4-6-1998.

Art. 71. O controle externo, a cargo do Congresso Nacional, será exercido com o auxílio do Tribunal de Contas da União, ao qual compete:

▶ Lei nº 8.443, de 16-7-1992, dispõe sobre a Lei Orgânica do Tribunal de Contas da União – TCU.

I – apreciar as contas prestadas anualmente pelo Presidente da República, mediante parecer prévio que deverá ser elaborado em sessenta dias a contar de seu recebimento;
II – julgar as contas dos administradores e demais responsáveis por dinheiros, bens e valores públicos da administração direta e indireta, incluídas as fundações e sociedades instituídas e mantidas pelo Poder Público federal, e as contas daqueles que derem causa a perda, extravio ou outra irregularidade de que resulte prejuízo ao erário público;
III – apreciar, para fins de registro, a legalidade dos atos de admissão de pessoal, a qualquer título, na administração direta e indireta, incluídas as fundações instituídas e mantidas pelo Poder Público, excetuadas as nomeações para cargo de provimento em comissão, bem como a das concessões de aposentadorias, reformas e pensões, ressalvadas as melhorias posteriores que não alterem o fundamento legal do ato concessório;

▶ Súm. Vinc. nº 3 do STF.

IV – realizar, por iniciativa própria, da Câmara dos Deputados, do Senado Federal, de Comissão técnica ou de inquérito, inspeções e auditorias de natureza contábil, financeira, orçamentária, operacional e patrimonial, nas unidades administrativas dos Poderes Legislativo, Executivo e Judiciário, e demais entidades referidas no inciso II;
V – fiscalizar as contas nacionais das empresas supranacionais de cujo capital social a União participe, de forma direta ou indireta, nos termos do tratado constitutivo;
VI – fiscalizar a aplicação de quaisquer recursos repassados pela União mediante convênio, acordo, ajuste ou outros instrumentos congêneres, a Estado, ao Distrito Federal ou a Município;
VII – prestar as informações solicitadas pelo Congresso Nacional, por qualquer de suas Casas, ou por qualquer das respectivas Comissões, sobre a fiscalização contábil, financeira, orçamentária, operacional e patrimonial e sobre resultados de auditorias e inspeções realizadas;
VIII – aplicar aos responsáveis, em caso de ilegalidade de despesa ou irregularidade de contas, as sanções previstas em lei, que estabelecerá, entre outras cominações, multa proporcional ao dano causado ao erário;
IX – assinar prazo para que o órgão ou entidade adote as providências necessárias ao exato cumprimento da lei, se verificada ilegalidade;
X – sustar, se não atendido, a execução do ato impugnado, comunicando a decisão à Câmara dos Deputados e ao Senado Federal;
XI – representar ao Poder competente sobre irregularidades ou abusos apurados.

§ 1º No caso de contrato, o ato de sustação será adotado diretamente pelo Congresso Nacional, que solicitará, de imediato, ao Poder Executivo as medidas cabíveis.

§ 2º Se o Congresso Nacional ou o Poder Executivo, no prazo de noventa dias, não efetivar as medidas previstas no parágrafo anterior, o Tribunal decidirá a respeito.

§ 3º As decisões do Tribunal de que resulte imputação de débito ou multa terão eficácia de título executivo.

§ 4º O Tribunal encaminhará ao Congresso Nacional, trimestral e anualmente, relatório de suas atividades.

Art. 72. A Comissão mista permanente a que se refere o artigo 166, § 1º, diante de indícios de despesas não autorizadas, ainda que sob a forma de investimentos não programados ou de subsídios não aprovados, poderá solicitar à autoridade governamental responsável que, no prazo de cinco dias, preste os esclarecimentos necessários.

▶ Art. 16, § 2º, do ADCT.

§ 1º Não prestados os esclarecimentos, ou considerados estes insuficientes, a Comissão solicitará ao Tribunal pronunciamento conclusivo sobre a matéria, no prazo de trinta dias.

§ 2º Entendendo o Tribunal irregular a despesa, a Comissão, se julgar que o gasto possa causar dano irreparável ou grave lesão à economia pública, proporá ao Congresso Nacional sua sustação.

Art. 73. O Tribunal de Contas da União, integrado por nove Ministros, tem sede no Distrito Federal, quadro próprio de pessoal e jurisdição em todo o Território Nacional, exercendo, no que couber, as atribuições previstas no artigo 96.

▶ Art. 84, XV, desta Constituição.
▶ Lei nº 8.443, de 16-7-1992, dispõe sobre a Lei Orgânica do Tribunal de Contas da União –TCU.

§ 1º Os Ministros do Tribunal de Contas da União serão nomeados dentre brasileiros que satisfaçam os seguintes requisitos:

I – mais de trinta e cinco e menos de sessenta e cinco anos de idade;
II – idoneidade moral e reputação ilibada;
III – notórios conhecimentos jurídicos, contábeis, econômicos e financeiros ou de administração pública;
IV – mais de dez anos de exercício de função ou de efetiva atividade profissional que exija os conhecimentos mencionados no inciso anterior.

▶ Dec. Legislativo nº 6, de 22-4-1993, dispõe sobre a escolha de Ministro do Tribunal de Contas da União.

§ 2º Os Ministros do Tribunal de Contas da União serão escolhidos:

▶ Súm. nº 653 do STF.

I – um terço pelo Presidente da República, com aprovação do Senado Federal, sendo dois alternadamente dentre auditores e membros do Ministério Público junto ao Tribunal, indicados em lista tríplice pelo Tribunal, segundo os critérios de antiguidade e merecimento;
II – dois terços pelo Congresso Nacional.

▶ Dec. Legislativo nº 6, de 22-4-1993, dispõe sobre a escolha de Ministro do Tribunal de Contas da União.

§ 3º Os Ministros do Tribunal de Contas da União terão as mesmas garantias, prerrogativas, impedimentos, vencimentos e vantagens dos Ministros do Superior Tribunal de Justiça, aplicando-se-lhes, quanto à aposentadoria e pensão, as normas constantes do art. 40.

▶ § 3º com a redação dada pela EC nº 20, de 15-12-1998.

§ 4º O auditor, quando em substituição a Ministro, terá as mesmas garantias e impedimentos do titular e, quando no exercício das demais atribuições da judicatura, as de juiz de Tribunal Regional Federal.

Art. 74. Os Poderes Legislativo, Executivo e Judiciário manterão, de forma integrada, sistema de controle interno com a finalidade de:

I – avaliar o cumprimento das metas previstas no plano plurianual, a execução dos programas de governo e dos orçamentos da União;
II – comprovar a legalidade e avaliar os resultados, quanto à eficácia e eficiência, da gestão orçamentária, financeira e patrimonial nos órgãos e entidades da administração federal, bem como da aplicação de recursos públicos por entidades de direito privado;
III – exercer o controle das operações de crédito, avais e garantias, bem como dos direitos e haveres da União;

IV – apoiar o controle externo no exercício de sua missão institucional.

§ 1º Os responsáveis pelo controle interno, ao tomarem conhecimento de qualquer irregularidade ou ilegalidade, dela darão ciência ao Tribunal de Contas da União, sob pena de responsabilidade solidária.

§ 2º Qualquer cidadão, partido político, associação ou sindicato é parte legítima para, na forma da lei, denunciar irregularidades ou ilegalidades perante o Tribunal de Contas da União.

▶ Arts. 1º, XVI, e 53, da Lei nº 8.443, de 16-7-1992, que dispõe sobre a Lei Orgânica do Tribunal de Contas da União – TCU.

Art. 75. As normas estabelecidas nesta seção aplicam-se, no que couber, à organização, composição e fiscalização dos Tribunais de Contas dos Estados e do Distrito Federal, bem como dos Tribunais e Conselhos de Contas dos Municípios.

▶ Súm. nº 653 do STF.

Parágrafo único. As Constituições estaduais disporão sobre os Tribunais de Contas respectivos, que serão integrados por sete Conselheiros.

CAPÍTULO II

DO PODER EXECUTIVO

SEÇÃO I

DO PRESIDENTE E DO VICE-PRESIDENTE DA REPÚBLICA

▶ Lei nº 10.683, de 28-5-2003, dispõe sobre a organização da Presidência da República e dos Ministérios.

Art. 76. O Poder Executivo é exercido pelo Presidente da República, auxiliado pelos Ministros de Estado.

Art. 77. A eleição do Presidente e do Vice-Presidente da República realizar-se-á, simultaneamente, no primeiro domingo de outubro, em primeiro turno, e no último domingo de outubro, em segundo turno, se houver, do ano anterior ao do término do mandato presidencial vigente.

▶ Caput com a redação dada pela EC nº 16, de 4-6-1997.
▶ Arts. 28, 29, II, 32, § 2º, desta Constituição.
▶ Lei nº 9.504, de 30-9-1997 (Lei das Eleições).

§ 1º A eleição do Presidente da República importará a do Vice-Presidente com ele registrado.

§ 2º Será considerado eleito Presidente o candidato que, registrado por partido político, obtiver a maioria absoluta de votos, não computados os em branco e os nulos.

§ 3º Se nenhum candidato alcançar maioria absoluta na primeira votação, far-se-á nova eleição em até vinte dias após a proclamação do resultado, concorrendo os dois candidatos mais votados e considerando-se eleito aquele que obtiver a maioria dos votos válidos.

§ 4º Se, antes de realizado o segundo turno, ocorrer morte, desistência ou impedimento legal de candidato, convocar-se-á, dentre os remanescentes, o de maior votação.

§ 5º Se, na hipótese dos parágrafos anteriores, remanescer, em segundo lugar, mais de um candidato com a mesma votação, qualificar-se-á o mais idoso.

Art. 78. O Presidente e o Vice-Presidente da República tomarão posse em sessão do Congresso Nacional, prestando o compromisso de manter, defender e cumprir a Constituição, observar as leis, promover o bem geral do povo brasileiro, sustentar a união, a integridade e a independência do Brasil.

Parágrafo único. Se, decorridos dez dias da data fixada para a posse, o Presidente ou o Vice-Presidente, salvo motivo de força maior, não tiver assumido o cargo, este será declarado vago.

Art. 79. Substituirá o Presidente, no caso de impedimento, e suceder-lhe-á, no de vaga, o Vice-Presidente.

Parágrafo único. O Vice-Presidente da República, além de outras atribuições que lhe forem conferidas por lei complementar, auxiliará o Presidente, sempre que por ele convocado para missões especiais.

Art. 80. Em caso de impedimento do Presidente e do Vice-Presidente, ou vacância dos respectivos cargos, serão sucessivamente chamados ao exercício da Presidência o Presidente da Câmara dos Deputados, o do Senado Federal e o do Supremo Tribunal Federal.

Art. 81. Vagando os cargos de Presidente e Vice-Presidente da República, far-se-á eleição noventa dias depois de aberta a última vaga.

§ 1º Ocorrendo a vacância nos últimos dois anos do período presidencial, a eleição para ambos os cargos será feita trinta dias depois da última vaga, pelo Congresso Nacional, na forma da lei.

§ 2º Em qualquer dos casos, os eleitos deverão completar o período de seus antecessores.

Art. 82. O mandato do Presidente da República é de quatro anos e terá início em primeiro de janeiro do ano subsequente ao da sua eleição.

► Artigo com a redação dada pela EC nº 16, de 4-6-1997.

Art. 83. O Presidente e o Vice-Presidente da República não poderão, sem licença do Congresso Nacional, ausentar-se do País por período superior a quinze dias, sob pena de perda do cargo.

Seção II

DAS ATRIBUIÇÕES DO PRESIDENTE DA REPÚBLICA

Art. 84. Compete privativamente ao Presidente da República:

► Arts. 55 a 57 do CPM.
► Arts. 466 a 480 do CPPM.

I – nomear e exonerar os Ministros de Estado;
II – exercer, com o auxílio dos Ministros de Estado, a direção superior da administração federal;
III – iniciar o processo legislativo, na forma e nos casos previstos nesta Constituição;
IV – sancionar, promulgar e fazer publicar as leis, bem como expedir decretos e regulamentos para sua fiel execução;
V – vetar projetos de lei, total ou parcialmente;

► Art. 66, §§ 1º a 7º, desta Constituição.

VI – dispor, mediante decreto, sobre:

► Art. 61, § 1º, II, e, desta Constituição.

a) organização e funcionamento da administração federal, quando não implicar aumento de despesa nem criação ou extinção de órgãos públicos;
b) extinção de funções ou cargos públicos, quando vagos;

► Inciso VI com a redação dada pela EC nº 32, de 11-9-2001.
► Art. 48, X, desta Constituição.

VII – manter relações com Estados estrangeiros e acreditar seus representantes diplomáticos;
VIII – celebrar tratados, convenções e atos internacionais, sujeitos a referendo do Congresso Nacional;
IX – decretar o estado de defesa e o estado de sítio;
X – decretar e executar a intervenção federal;
XI – remeter mensagem e plano de governo ao Congresso Nacional por ocasião da abertura da sessão legislativa, expondo a situação do País e solicitando as providências que julgar necessárias;
XII – conceder indulto e comutar penas, com audiência, se necessário, dos órgãos instituídos em lei;

► Dec. nº 1.860, de 11-4-1996, concede indulto especial e condicional.
► Dec. nº 2.002, de 9-9-1996, concede indulto e comuta penas.

XIII – exercer o comando supremo das Forças Armadas, nomear os Comandantes da Marinha, do Exército e da Aeronáutica, promover seus oficiais-generais e nomeá-los para os cargos que lhes são privativos;

► Inciso XIII com a redação dada pela EC nº 23, de 2-9-1999.
► Art. 49, I, desta Constituição.
► LC nº 97, de 9-6-1999, dispõe sobre as normas gerais para a organização, o preparo e o emprego das Forças Armadas.

XIV – nomear, após aprovação pelo Senado Federal, os Ministros do Supremo Tribunal Federal e dos Tribunais Superiores, os Governadores de Territórios, o Procurador-Geral da República, o presidente e os diretores do Banco Central e outros servidores, quando determinado em lei;
XV – nomear, observado o disposto no artigo 73, os Ministros do Tribunal de Contas da União;
XVI – nomear os magistrados, nos casos previstos nesta Constituição, e o Advogado-Geral da União;

► Arts. 131 e 132 desta Constituição.

XVII – nomear membros do Conselho da República, nos termos do artigo 89, VII;
XVIII – convocar e presidir o Conselho da República e o Conselho de Defesa Nacional;
XIX – declarar guerra, no caso de agressão estrangeira, autorizado pelo Congresso Nacional ou referendado por ele, quando ocorrida no intervalo das sessões legislativas, e, nas mesmas condições, decretar, total ou parcialmente, a mobilização nacional;

► Art. 5º, XLVII, a, desta Constituição.
► Dec. nº 7.294, de 6-9-2010, dispõe sobre a Política de Mobilização Nacional.

XX – celebrar a paz, autorizado ou com o referendo do Congresso Nacional;
XXI – conferir condecorações e distinções honoríficas;

XXII – permitir, nos casos previstos em lei complementar, que forças estrangeiras transitem pelo Território Nacional ou nele permaneçam temporariamente;

▶ LC nº 90, de 1º-10-1997, regulamenta este inciso e determina os casos em que forças estrangeiras possam transitar pelo território nacional ou nele permanecer temporariamente.

XXIII – enviar ao Congresso Nacional o plano plurianual, o projeto de lei de diretrizes orçamentárias e as propostas de orçamento previstos nesta Constituição;
XXIV – prestar anualmente, ao Congresso Nacional, dentro de sessenta dias após a abertura da sessão legislativa, as contas referentes ao exercício anterior;
XXV – prover e extinguir os cargos públicos federais, na forma da lei;
XXVI – editar medidas provisórias com força de lei, nos termos do artigo 62;
XXVII – exercer outras atribuições previstas nesta Constituição.

Parágrafo único. O Presidente da República poderá delegar as atribuições mencionadas nos incisos VI, XII e XXV, primeira parte, aos Ministros de Estado, ao Procurador-Geral da República ou ao Advogado-Geral da União, que observarão os limites traçados nas respectivas delegações.

SEÇÃO III

DA RESPONSABILIDADE DO PRESIDENTE DA REPÚBLICA

Art. 85. São crimes de responsabilidade os atos do Presidente da República que atentem contra a Constituição Federal e, especialmente, contra:

▶ Lei nº 1.079, de 10-4-1950 (Lei dos Crimes de Responsabilidade).
▶ Lei nº 8.429, de 2-6-1992 (Lei da Improbidade Administrativa).

I – a existência da União;
II – o livre exercício do Poder Legislativo, do Poder Judiciário, do Ministério Público e dos Poderes Constitucionais das Unidades da Federação;
III – o exercício dos direitos políticos, individuais e sociais;
IV – a segurança interna do País;

▶ LC nº 90, de 1º-10-1997, determina os casos em que forças estrangeiras possam transitar pelo território nacional ou nele permanecer temporariamente.

V – a probidade na administração;
▶ Art. 37, § 4º, desta Constituição.

VI – a lei orçamentária;
VII – o cumprimento das leis e das decisões judiciais.

Parágrafo único. Estes crimes serão definidos em lei especial, que estabelecerá as normas de processo e julgamento.

▶ Lei nº 1.079, de 10-4-1950 (Lei dos Crimes de Responsabilidade).
▶ Súm. nº 722 do STF.

Art. 86. Admitida a acusação contra o Presidente da República, por dois terços da Câmara dos Deputados, será ele submetido a julgamento perante o Supremo Tribunal Federal, nas infrações penais comuns, ou perante o Senado Federal, nos crimes de responsabilidade.

§ 1º O Presidente ficará suspenso de suas funções:

I – nas infrações penais comuns, se recebida a denúncia ou queixa-crime pelo Supremo Tribunal Federal;
II – nos crimes de responsabilidade, após a instauração do processo pelo Senado Federal.

§ 2º Se, decorrido o prazo de cento e oitenta dias, o julgamento não estiver concluído, cessará o afastamento do Presidente, sem prejuízo do regular prosseguimento do processo.

§ 3º Enquanto não sobrevier sentença condenatória, nas infrações comuns, o Presidente da República não estará sujeito à prisão.

§ 4º O Presidente da República, na vigência de seu mandato, não pode ser responsabilizado por atos estranhos ao exercício de suas funções.

SEÇÃO IV

DOS MINISTROS DE ESTADO

▶ Lei nº 10.683, de 28-5-2003, e Dec. nº 4.118, de 7-2-2002, dispõem sobre a organização da Presidência da República e dos Ministérios.

Art. 87. Os Ministros de Estado serão escolhidos dentre brasileiros maiores de vinte e um anos e no exercício dos direitos políticos.

Parágrafo único. Compete ao Ministro de Estado, além de outras atribuições estabelecidas nesta Constituição e na lei:

I – exercer a orientação, coordenação e supervisão dos órgãos e entidades da administração federal na área de sua competência e referendar os atos e decretos assinados pelo Presidente da República;
II – expedir instruções para a execução das leis, decretos e regulamentos;
III – apresentar ao Presidente da República relatório anual de sua gestão no Ministério;
IV – praticar os atos pertinentes às atribuições que lhe forem outorgadas ou delegadas pelo Presidente da República.

Art. 88. A lei disporá sobre a criação e extinção de Ministérios e órgãos da administração pública.

▶ Artigo com a redação dada pela EC nº 32, de 11-9-2001.

SEÇÃO V

DO CONSELHO DA REPÚBLICA E DO CONSELHO DE DEFESA NACIONAL

SUBSEÇÃO I

DO CONSELHO DA REPÚBLICA

▶ Lei nº 8.041, de 5-6-1990, dispõe sobre a organização e o funcionamento do Conselho da República.
▶ Art. 14 do Dec. nº 4.118, de 7-2-2002, que dispõe sobre a organização da Presidência da República e dos Ministérios.

Art. 89. O Conselho da República é órgão superior de consulta do Presidente da República, e dele participam:

▶ Lei nº 8.041, de 5-6-1990, dispõe sobre a organização e o funcionamento do Conselho da República.

I – o Vice-Presidente da República;
II – o Presidente da Câmara dos Deputados;
III – o Presidente do Senado Federal;

IV – os líderes da maioria e da minoria na Câmara dos Deputados;
V – os líderes da maioria e da minoria no Senado Federal;
VI – o Ministro da Justiça;
VII – seis cidadãos brasileiros natos, com mais de trinta e cinco anos de idade, sendo dois nomeados pelo Presidente da República, dois eleitos pelo Senado Federal e dois eleitos pela Câmara dos Deputados, todos com mandato de três anos, vedada a recondução.

▶ Arts. 51, V, 52, XIV, e 84, XVII, desta Constituição.

Art. 90. Compete ao Conselho da República pronunciar-se sobre:

I – intervenção federal, estado de defesa e estado de sítio;
II – as questões relevantes para a estabilidade das instituições democráticas.

§ 1º O Presidente da República poderá convocar Ministro de Estado para participar da reunião do Conselho, quando constar da pauta questão relacionada com o respectivo Ministério.

§ 2º A lei regulará a organização e o funcionamento do Conselho da República.

▶ Lei nº 8.041, de 5-6-1990, dispõe sobre a organização e o funcionamento do Conselho da República.

SUBSEÇÃO II

DO CONSELHO DE DEFESA NACIONAL

▶ Lei nº 8.183, de 11-4-1991, dispõe sobre a organização e o funcionamento do Conselho de Defesa Nacional.
▶ Dec. nº 893, de 12-8-1993, aprova o regulamento do Conselho de Defesa Nacional.
▶ Art. 15 do Dec. nº 4.118, de 7-2-2002, que dispõe sobre o Conselho de Defesa Nacional.

Art. 91. O Conselho de Defesa Nacional é órgão de consulta do Presidente da República nos assuntos relacionados com a soberania nacional e a defesa do Estado democrático, e dele participam como membros natos:

▶ Lei nº 8.183, de 11-4-1991, dispõe sobre a organização e funcionamento do Conselho de Defesa Nacional.
▶ Dec. nº 893, de 12-8-1993, aprova o regulamento do Conselho de Defesa Nacional.

I – o Vice-Presidente da República;
II – o Presidente da Câmara dos Deputados;
III – o Presidente do Senado Federal;
IV – o Ministro da Justiça;
V – o Ministro de Estado da Defesa;

▶ Inciso V com a redação dada pela EC nº 23, de 2-9-1999.

VI – o Ministro das Relações Exteriores;
VII – o Ministro do Planejamento;
VIII – os Comandantes da Marinha, do Exército e da Aeronáutica.

▶ Inciso VIII acrescido pela EC nº 23, de 2-9-1999.

§ 1º Compete ao Conselho de Defesa Nacional:

I – opinar nas hipóteses de declaração de guerra e de celebração da paz, nos termos desta Constituição;
II – opinar sobre a decretação do estado de defesa, do estado de sítio e da intervenção federal;
III – propor os critérios e condições de utilização de áreas indispensáveis à segurança do território nacional e opinar sobre seu efetivo uso, especialmente na faixa de fronteira e nas relacionadas com a preservação e a exploração dos recursos naturais de qualquer tipo;
IV – estudar, propor e acompanhar o desenvolvimento de iniciativas necessárias a garantir a independência nacional e a defesa do Estado democrático.

§ 2º A lei regulará a organização e o funcionamento do Conselho de Defesa Nacional.

▶ Lei nº 8.183, de 11-4-1991, dispõe sobre a organização e o funcionamento do Conselho de Defesa Nacional.
▶ Dec. nº 893, de 12-8-1993, aprova o Regulamento do Conselho de Defesa Nacional.

CAPÍTULO III

DO PODER JUDICIÁRIO

SEÇÃO I

DISPOSIÇÕES GERAIS

Art. 92. São órgãos do Poder Judiciário:

I – o Supremo Tribunal Federal;
I-A – O Conselho Nacional de Justiça;

▶ Inciso I-A acrescido pela EC nº 45, de 8-12-2004.
▶ Art. 103-B desta Constituição.
▶ Art. 5º da EC nº 45, de 8-12-2004 (Reforma do Judiciário).

II – o Superior Tribunal de Justiça;
III – os Tribunais Regionais Federais e Juízes Federais;
IV – os Tribunais e Juízes do Trabalho;
V – os Tribunais e Juízes Eleitorais;
VI – os Tribunais e Juízes Militares;
VII – os Tribunais e Juízes dos Estados e do Distrito Federal e Territórios.

§ 1º O Supremo Tribunal Federal, o Conselho Nacional de Justiça e os Tribunais Superiores têm sede na Capital Federal.

▶ Art. 103-B desta Constituição.

§ 2º O Supremo Tribunal Federal e os Tribunais Superiores têm jurisdição em todo o território nacional.

▶ §§ 1º e 2º acrescidos pela EC nº 45, de 8-12-2004.

Art. 93. Lei complementar, de iniciativa do Supremo Tribunal Federal, disporá sobre o Estatuto da Magistratura, observados os seguintes princípios:

▶ LC nº 35, de 14-3-1979 (Lei Orgânica da Magistratura Nacional).
▶ Lei nº 5.621, de 4-11-1970, dispõe sobre organização e divisão judiciária.

I – ingresso na carreira, cujo cargo inicial será o de juiz substituto, mediante concurso público de provas e títulos, com a participação da Ordem dos Advogados do Brasil em todas as fases, exigindo-se do bacharel em direito, no mínimo, três anos de atividade jurídica e obedecendo-se, nas nomeações, à ordem de classificação;

▶ Inciso I com a redação dada pela EC nº 45, de 8-12-2004.

II – promoção de entrância para entrância, alternadamente, por antiguidade e merecimento, atendidas as seguintes normas:

a) é obrigatória a promoção do juiz que figure por três vezes consecutivas ou cinco alternadas em lista de merecimento;
b) a promoção por merecimento pressupõe dois anos de exercício na respectiva entrância e integrar o juiz a primeira quinta parte da lista de antiguidade desta, salvo se não houver com tais requisitos quem aceite o lugar vago;
c) aferição do merecimento conforme o desempenho e pelos critérios objetivos de produtividade e presteza no exercício da jurisdição e pela frequência e aproveitamento em cursos oficiais ou reconhecidos de aperfeiçoamento;
d) na apuração de antiguidade, o tribunal somente poderá recusar o juiz mais antigo pelo voto fundamentado de dois terços de seus membros, conforme procedimento próprio, e assegurada ampla defesa, repetindo-se a votação até fixar-se a indicação;

▶ Alíneas c e d com a redação dada pela EC nº 45, de 8-12-2004.

e) não será promovido o juiz que, injustificadamente, retiver autos em seu poder além do prazo legal, não podendo devolvê-los ao cartório sem o devido despacho ou decisão;

▶ Alínea e acrescida pela EC nº 45, de 8-12-2004.

III – o acesso aos tribunais de segundo grau far-se-á por antiguidade e merecimento, alternadamente, apurados na última ou única entrância;
IV – previsão de cursos oficiais de preparação, aperfeiçoamento e promoção de magistrados, constituindo etapa obrigatória do processo de vitaliciamento a participação em curso oficial ou reconhecido por escola nacional de formação e aperfeiçoamento de magistrados;

▶ Incisos III e IV com a redação dada pela EC nº 45, de 8-12-2004.

V – o subsídio dos Ministros dos Tribunais Superiores corresponderá a noventa e cinco por cento do subsídio mensal fixado para os Ministros do Supremo Tribunal Federal e os subsídios dos demais magistrados serão fixados em lei e escalonados, em nível federal e estadual, conforme as respectivas categorias da estrutura judiciária nacional, não podendo a diferença entre uma e outra ser superior a dez por cento ou inferior a cinco por cento, nem exceder a noventa e cinco por cento do subsídio mensal dos Ministros dos Tribunais Superiores, obedecido, em qualquer caso, o disposto nos artigos 37, XI, e 39, § 4º;

▶ Inciso V com a redação dada pela EC nº 19, de 4-6-1998.
▶ Lei nº 9.655, de 2-6-1998, altera o percentual de diferença entre a remuneração dos cargos de Ministros do Superior Tribunal de Justiça e dos Juízes da Justiça Federal de Primeiro e Segundo Graus.

VI – a aposentadoria dos magistrados e a pensão de seus dependentes observarão o disposto no artigo 40;

▶ Inciso VI com a redação dada pela EC nº 20, de 15-12-1998.

VII – o juiz titular residirá na respectiva comarca, salvo autorização do tribunal;
VIII – o ato de remoção, disponibilidade e aposentadoria do magistrado, por interesse público, fundar-se-á em decisão por voto de maioria absoluta do respectivo tribunal ou do Conselho Nacional de Justiça, assegurada ampla defesa;

▶ Incisos VII e VIII com a redação dada pela EC nº 45, de 8-12-2004.
▶ Arts. 95, II, e 103-B desta Constituição.
▶ Art. 5º da EC nº 45, de 8-12-2004 (Reforma do Judiciário).

VIII-A – a remoção a pedido ou a permuta de magistrados de comarca de igual entrância atenderá, no que couber, ao disposto nas alíneas a, b, c e e do inciso II;

▶ Inciso VIII-A acrescido pela EC nº 45, de 8-12-2004.

IX – todos os julgamentos dos órgãos do Poder Judiciário serão públicos, e fundamentadas todas as decisões, sob pena de nulidade, podendo a lei limitar a presença, em determinados atos, às próprias partes e a seus advogados, ou somente a estes, em casos nos quais a preservação do direito à intimidade do interessado no sigilo não prejudique o interesse público à informação;

▶ Súm. nº 123 do STJ.

X – as decisões administrativas dos tribunais serão motivadas e em sessão pública, sendo as disciplinares tomadas pelo voto da maioria absoluta de seus membros;
XI – nos tribunais com número superior a vinte e cinco julgadores, poderá ser constituído órgão especial, com o mínimo de onze e o máximo de vinte e cinco membros, para o exercício das atribuições administrativas e jurisdicionais delegadas da competência do tribunal pleno, provendo-se metade das vagas por antiguidade e a outra metade por eleição pelo tribunal pleno;

▶ Incisos IX a XI com a redação dada pela EC nº 45, de 8-12-2004.

XII – a atividade jurisdicional será ininterrupta, sendo vedado férias coletivas nos juízos e tribunais de segundo grau, funcionando, nos dias em que não houver expediente forense normal, juízes em plantão permanente;
XIII – o número de juízes na unidade jurisdicional será proporcional à efetiva demanda judicial e à respectiva população;
XIV – os servidores receberão delegação para a prática de atos de administração e atos de mero expediente sem caráter decisório;
XV – a distribuição de processos será imediata, em todos os graus de jurisdição.

▶ Incisos XII a XV acrescidos pela EC nº 45, de 8-12-2004.

Art. 94. Um quinto dos lugares dos Tribunais Regionais Federais, dos Tribunais dos Estados, e do Distrito Federal e Territórios será composto de membros, do Ministério Público, com mais de dez anos de carreira, e de advogados de notório saber jurídico e de reputação ilibada, com mais de dez anos de efetiva atividade profissional, indicados em lista sêxtupla pelos órgãos de representação das respectivas classes.

▶ Arts. 104, II, e 115, II, desta Constituição.

Parágrafo único. Recebidas as indicações, o Tribunal formará lista tríplice, enviando-a ao Poder Executivo, que, nos vinte dias subsequentes, escolherá um de seus integrantes para nomeação.

Art. 95. Os juízes gozam das seguintes garantias:

I – vitaliciedade, que, no primeiro grau, só será adquirida após dois anos de exercício, dependendo a perda do cargo, nesse período, de deliberação do Tribunal a que o juiz estiver vinculado, e, nos demais casos, de sentença judicial transitada em julgado;
II – inamovibilidade, salvo por motivo de interesse público, na forma do artigo 93, VIII;
III – irredutibilidade de subsídio, ressalvado o disposto nos artigos 37, X e XI, 39, § 4º, 150, II, 153, III, e 153, § 2º, I.

▶ Inciso III com a redação dada pela EC nº 19, de 4-6-1998.

Parágrafo único. Aos juízes é vedado:

I – exercer, ainda que em disponibilidade, outro cargo ou função, salvo uma de magistério;
II – receber, a qualquer título ou pretexto, custas ou participação em processo;
III – dedicar-se à atividade político-partidária;
IV – receber, a qualquer título ou pretexto, auxílios ou contribuições de pessoas físicas, entidades públicas ou privadas, ressalvadas as exceções previstas em lei;
V – exercer a advocacia no juízo ou tribunal do qual se afastou, antes de decorridos três anos do afastamento do cargo por aposentadoria ou exoneração.

▶ Incisos IV e V acrescidos pela EC nº 45, de 8-12-2004.
▶ Art. 128, § 6º, desta Constituição.

Art. 96. Compete privativamente:

▶ Art. 4º da EC nº 45, de 8-12-2004.

I – aos Tribunais:
a) eleger seus órgãos diretivos e elaborar seus regimentos internos, com observância das normas de processo e das garantias processuais das partes, dispondo sobre a competência e o funcionamento dos respectivos órgãos jurisdicionais e administrativos;
b) organizar suas secretarias e serviços auxiliares e os dos juízos que lhes forem vinculados, velando pelo exercício da atividade correicional respectiva;
c) prover, na forma prevista nesta Constituição, os cargos de juiz de carreira da respectiva jurisdição;
d) propor a criação de novas varas judiciárias;
e) prover, por concurso público de provas, ou de provas e títulos, obedecido o disposto no artigo 169, parágrafo único, os cargos necessários à administração da Justiça, exceto os de confiança assim definidos em lei;

▶ De acordo com a alteração processada pela EC nº 19, de 4-6-1998, a referência passa a ser ao art. 169, § 1º.

f) conceder licença, férias e outros afastamentos a seus membros e aos juízes e servidores que lhes forem imediatamente vinculados;
II – ao Supremo Tribunal Federal, aos Tribunais Superiores e aos Tribunais de Justiça propor ao Poder Legislativo respectivo, observado o disposto no artigo 169:
a) a alteração do número de membros dos Tribunais inferiores;
b) a criação e a extinção de cargos e a remuneração dos seus serviços auxiliares e dos juízos que lhes forem vinculados, bem como a fixação do subsídio de seus membros e dos juízes, inclusive dos tribunais inferiores, onde houver;

▶ Alínea b com a redação dada pela EC nº 41, de 19-12-2003.
▶ Lei nº 10.475 de 27-6-2002, reestrutura as carreiras dos servidores do Poder Judiciário da União.

c) a criação ou extinção dos Tribunais inferiores;
d) a alteração da organização e da divisão judiciárias;

III – aos Tribunais de Justiça julgar os juízes estaduais e do Distrito Federal e Territórios, bem como os membros do Ministério Público, nos crimes comuns e de responsabilidade, ressalvada a competência da Justiça Eleitoral.

Art. 97.
Somente pelo voto da maioria absoluta de seus membros ou dos membros do respectivo órgão especial poderão os Tribunais declarar a inconstitucionalidade de lei ou ato normativo do Poder Público.

▶ Súm. Vinc. nº 10 do STF.

Art. 98.
A União, no Distrito Federal e nos Territórios, e os Estados criarão:

I – juizados especiais, providos por juízes togados, ou togados e leigos, competentes para a conciliação, o julgamento e a execução de causas cíveis de menor complexidade e infrações penais de menor potencial ofensivo, mediante os procedimentos oral e sumaríssimo, permitidos, nas hipóteses previstas em lei, a transação e o julgamento de recursos por turmas de juízes de primeiro grau;

▶ Lei nº 9.099, de 26-9-1995 (Lei dos Juizados Especiais).
▶ Lei nº 10.259, de 12-7-2001 (Lei dos Juizados Especiais Federais).
▶ Lei nº 12.053, de 22-12-2009 (Lei dos Juizados Especiais da Fazenda Pública).
▶ Súm. Vinc. nº 27 do STF.
▶ Súm. nº 376 do STJ.

II – justiça de paz, remunerada, composta de cidadãos eleitos pelo voto direto, universal e secreto, com mandato de quatro anos e competência para, na forma da lei, celebrar casamentos, verificar, de ofício ou em face de impugnação apresentada, o processo de habilitação e exercer atribuições conciliatórias, sem caráter jurisdicional, além de outras previstas na legislação.

▶ Art. 30 do ADCT.

§ 1º Lei federal disporá sobre a criação de juizados especiais no âmbito da Justiça Federal.

▶ Antigo parágrafo único renumerado para § 1º pela EC nº 45, de 8-12-2004.
▶ Lei nº 10.259, de 12-7-2001 (Lei dos Juizados Especiais Federais).
▶ Súm. nº 428 do STJ.

§ 2º As custas e emolumentos serão destinados exclusivamente ao custeio dos serviços afetos às atividades específicas da Justiça.

▶ § 2º acrescido pela EC nº 45, de 8-12-2004.

Art. 99.
Ao Poder Judiciário é assegurada autonomia administrativa e financeira.

§ 1º Os Tribunais elaborarão suas propostas orçamentárias dentro dos limites estipulados conjuntamente com os demais Poderes na lei de diretrizes orçamentárias.

▶ Art. 134, § 2º, desta Constituição.

§ 2º O encaminhamento da proposta, ouvidos os outros Tribunais interessados, compete:

▶ Art. 134, § 2º, desta Constituição.

I – no âmbito da União, aos Presidentes do Supremo Tribunal Federal e dos Tribunais Superiores, com a aprovação dos respectivos Tribunais;
II – no âmbito dos Estados e no do Distrito Federal e Territórios, aos Presidentes dos Tribunais de Justiça, com a aprovação dos respectivos Tribunais.

§ 3º Se os órgãos referidos no § 2º não encaminharem as respectivas propostas orçamentárias dentro do prazo estabelecido na lei de diretrizes orçamentárias, o Poder Executivo considerará, para fins de consolidação da proposta orçamentária anual, os valores aprovados na lei orçamentária vigente, ajustados de acordo com os limites estipulados na forma do § 1º deste artigo.

§ 4º Se as propostas orçamentárias de que trata este artigo forem encaminhadas em desacordo com os limites estipulados na forma do § 1º, o Poder Executivo procederá aos ajustes necessários para fins de consolidação da proposta orçamentária anual.

§ 5º Durante a execução orçamentária do exercício, não poderá haver a realização de despesas ou a assunção de obrigações que extrapolem os limites estabelecidos na lei de diretrizes orçamentárias, exceto se previamente autorizadas, mediante a abertura de créditos suplementares ou especiais.

▶ §§ 3º a 5º acrescidos pela EC nº 45, de 8-12-2004.

Art. 100. Os pagamentos devidos pelas Fazendas Públicas Federal, Estaduais, Distrital e Municipais, em virtude de sentença judiciária, far-se-ão exclusivamente na ordem cronológica de apresentação dos precatórios e à conta dos créditos respectivos, proibida a designação de casos ou de pessoas nas dotações orçamentárias e nos créditos adicionais abertos para este fim.

▶ *Caput* com a redação dada pela EC nº 62, de 9-12-2009.
▶ Arts. 33, 78, 86, 87 e 97 do ADCT.
▶ Art. 4º da EC nº 62, de 9-12-2009.
▶ Art. 6º da Lei nº 9.469, de 10-7-1997, que regula os pagamentos devidos pela Fazenda Pública em virtude de sentença judiciária.
▶ Res. do CNJ nº 92, de 13-10-2009, dispõe sobre a Gestão de Precatórios no âmbito do Poder Judiciário.
▶ Súm. nº 655 do STF.
▶ Súmulas nºs 144 e 339 do STJ.
▶ Orientações Jurisprudenciais do Tribunal Pleno nºs 12 e 13 do TST.

§ 1º Os débitos de natureza alimentícia compreendem aqueles decorrentes de salários, vencimentos, proventos, pensões e suas complementações, benefícios previdenciários e indenizações por morte ou por invalidez, fundadas em responsabilidade civil, em virtude de sentença judicial transitada em julgado, e serão pagos com preferência sobre todos os demais débitos, exceto sobre aqueles referidos no § 2º deste artigo.

§ 2º Os débitos de natureza alimentícia cujos titulares tenham 60 (sessenta) anos de idade ou mais na data de expedição do precatório, ou sejam portadores de doença grave, definidos na forma da lei, serão pagos com preferência sobre todos os demais débitos, até o valor equivalente ao triplo do fixado em lei para os fins do disposto no § 3º deste artigo, admitido o fracionamento para essa finalidade, sendo que o restante será pago na ordem cronológica de apresentação do precatório.

▶ Art. 97, § 17, do ADCT.

§ 3º O disposto no *caput* deste artigo relativamente à expedição de precatórios não se aplica aos pagamentos de obrigações definidas em leis como de pequeno valor que as Fazendas referidas devam fazer em virtude de sentença judicial transitada em julgado.

▶ Art. 87 do ADCT.
▶ Lei nº 10.099, de 19-12-2000, regulamenta este parágrafo.
▶ Art. 17, § 1º, da Lei nº 10.259, de 12-7-2001 (Lei dos Juizados Especiais Federais).
▶ Art. 13 da Lei nº 12.153, de 22-12-2009 (Lei dos Juizados Especiais da Fazenda Pública).

§ 4º Para os fins do disposto no § 3º, poderão ser fixados, por leis próprias, valores distintos às entidades de direito público, segundo as diferentes capacidades econômicas, sendo o mínimo igual ao valor do maior benefício do regime geral de previdência social.

▶ Art. 97, § 12º, do ADCT.

§ 5º É obrigatória a inclusão, no orçamento das entidades de direito público, de verba necessária ao pagamento de seus débitos, oriundos de sentenças transitadas em julgado, constantes de precatórios judiciários apresentados até 1º de julho, fazendo-se o pagamento até o final do exercício seguinte, quando terão seus valores atualizados monetariamente.

▶ Súm. Vinc. nº 17 do STF.

§ 6º As dotações orçamentárias e os créditos abertos serão consignados diretamente ao Poder Judiciário, cabendo ao Presidente do Tribunal que proferir a decisão exequenda determinar o pagamento integral e autorizar, a requerimento do credor e exclusivamente para os casos de preterimento de seu direito de precedência ou de não alocação orçamentária do valor necessário à satisfação do seu débito, o sequestro da quantia respectiva.

▶ §§ 1º a 6º com a redação dada pela EC nº 62, de 9-12-2009.
▶ Súm. nº 733 do STF.

§ 7º O Presidente do Tribunal competente que, por ato comissivo ou omissivo, retardar ou tentar frustrar a liquidação regular de precatórios incorrerá em crime de responsabilidade e responderá, também, perante o Conselho Nacional de Justiça.

▶ Lei nº 1.079, de 10-4-1950 (Lei dos Crimes de Responsabilidade).

§ 8º É vedada a expedição de precatórios complementares ou suplementares de valor pago, bem como o fracionamento, repartição ou quebra do valor da execução para fins de enquadramento de parcela do total ao que dispõe o § 3º deste artigo.

▶ Art. 87 do ADCT.

§ 9º No momento da expedição dos precatórios, independentemente de regulamentação, deles deverá ser abatido, a título de compensação, valor correspondente aos débitos líquidos e certos, inscritos ou não em dívida ativa e constituídos contra o credor original pela Fazenda Pública devedora, incluídas parcelas vincendas de parcelamentos, ressalvados aqueles cuja execução esteja suspensa em virtude de contestação administrativa ou judicial.

▶ Orient. Norm. do CJF nº 4, de 8-6-2010, estabelece regra de transição para os procedimentos de compensação previstos neste inciso.

§ 10. Antes da expedição dos precatórios, o Tribunal solicitará à Fazenda Pública devedora, para resposta em até 30 (trinta) dias, sob pena de perda do direito de abatimento, informação sobre os débitos que preencham as condições estabelecidas no § 9º, para os fins nele previstos.

▶ Orient. Norm. do CJF nº 4, de 8-6-2010, estabelece regra de transição para os procedimentos de compensação previstos neste inciso.

§ 11. É facultada ao credor, conforme estabelecido em lei da entidade federativa devedora, a entrega de créditos em precatórios para compra de imóveis públicos do respectivo ente federado.

§ 12. A partir da promulgação desta Emenda Constitucional, a atualização de valores de requisitórios, após sua expedição, até o efetivo pagamento, independentemente de sua natureza, será feita pelo índice oficial de remuneração básica da caderneta de poupança, e, para fins de compensação da mora, incidirão juros simples no mesmo percentual de juros incidentes sobre a caderneta de poupança, ficando excluída a incidência de juros compensatórios.

§ 13. O credor poderá ceder, total ou parcialmente, seus créditos em precatórios a terceiros, independentemente da concordância do devedor, não se aplicando ao cessionário o disposto nos §§ 2º e 3º.

▶ Art. 5º da EC nº 62, de 9-12-2009, que convalida todas as cessões de precatórios efetuadas antes da sua promulgação, independentemente da concordância da entidade devedora.
▶ Arts. 286 a 298 do CC.

§ 14. A cessão de precatórios somente produzirá efeitos após comunicação, por meio de petição protocolizada, ao tribunal de origem e à entidade devedora.

§ 15. Sem prejuízo do disposto neste artigo, lei complementar a esta Constituição Federal poderá estabelecer regime especial para pagamento de crédito de precatórios de Estados, Distrito Federal e Municípios, dispondo sobre vinculações à receita corrente líquida e forma e prazo de liquidação.

▶ Art. 97, *caput*, do ADCT.

§ 16. A seu critério exclusivo e na forma de lei, a União poderá assumir débitos, oriundos de precatórios, de Estados, Distrito Federal e Municípios, refinanciando-os diretamente.

▶ §§ 7º a 16 acrescidos pela EC nº 62, de 9-12-2009.

SEÇÃO II

DO SUPREMO TRIBUNAL FEDERAL

Art. 101. O Supremo Tribunal Federal compõe-se de onze Ministros, escolhidos dentre cidadãos com mais de trinta e cinco anos e menos de sessenta e cinco anos de idade, de notável saber jurídico e reputação ilibada.

▶ Lei nº 8.038, de 28-5-1990, institui normas procedimentais para os processos que especifica, perante o STJ e o STF.

Parágrafo único. Os Ministros do Supremo Tribunal Federal serão nomeados pelo Presidente da República, depois de aprovada a escolha pela maioria absoluta do Senado Federal.

Art. 102. Compete ao Supremo Tribunal Federal, precipuamente, a guarda da Constituição, cabendo-lhe:

I – processar e julgar, originariamente:

▶ Res. do STF nº 427, de 20-4-2010, regulamenta o processo eletrônico no âmbito do Supremo Tribunal Federal.

a) a ação direta de inconstitucionalidade de lei ou ato normativo federal ou estadual e a ação declaratória de constitucionalidade de lei ou ato normativo federal;

▶ Alínea a com a redação dada pela EC nº 3, de 17-3-1993.
▶ Lei nº 9.868, de 10-11-1999 (Lei da ADIN e da ADECON).
▶ Dec. nº 2.346, de 10-10-1997, consolida as normas de procedimentos a serem observadas pela administração pública federal em razão de decisões judiciais.
▶ Súmulas nºs 642 e 735 do STF.

b) nas infrações penais comuns, o Presidente da República, o Vice-Presidente, os membros do Congresso Nacional, seus próprios Ministros e o Procurador-Geral da República;

c) nas infrações penais comuns e nos crimes de responsabilidade, os Ministros de Estado e os Comandantes da Marinha, do Exército e da Aeronáutica, ressalvado o disposto no artigo 52, I, os membros dos Tribunais Superiores, os do Tribunal de Contas da União e os chefes de missão diplomática de caráter permanente;

▶ Alínea c com a redação dada pela EC nº 23, de 2-9-1999.
▶ Lei nº 1.079, de 10-4-1950 (Lei dos Crimes de Responsabilidade).

d) o *habeas corpus*, sendo paciente qualquer das pessoas referidas nas alíneas anteriores; o mandado de segurança e o *habeas data* contra atos do Presidente da República, das Mesas da Câmara dos Deputados e do Senado Federal, do Tribunal de Contas da União, do Procurador-Geral da República e do próprio Supremo Tribunal Federal;

▶ Lei nº 9.507, de 12-11-1997 (Lei do *Habeas Data*).
▶ Lei nº 12.016, de 7-8-2009 (Lei do Mandado de Segurança Individual e Coletivo).
▶ Súm. nº 624 do STF.

e) o litígio entre Estado estrangeiro ou organismo internacional e a União, o Estado, o Distrito Federal ou o Território;

f) as causas e os conflitos entre a União e os Estados, a União e o Distrito Federal, ou entre uns e outros, inclusive as respectivas entidades da administração indireta;

g) a extradição solicitada por Estado estrangeiro;

h) Revogada. EC nº 45, de 8-12-2004;

i) o *habeas corpus*, quando o coator for Tribunal Superior ou quando o coator ou o paciente for autoridade ou funcionário cujos atos estejam sujeitos diretamente à jurisdição do Supremo Tribunal Federal, ou se trate de crime sujeito à mesma jurisdição em uma única instância;

▶ Alínea *i* com a redação dada pela EC nº 22, de 18-3-1999.
▶ Súmulas nºs 691, 692 e 731 do STF.

j) a revisão criminal e a ação rescisória de seus julgados;

▶ Arts. 485 a 495 do CPC.
▶ Arts. 621 a 631 do CPP.

l) a reclamação para a preservação de sua competência e garantia da autoridade de suas decisões;

▶ Arts. 13 a 18 da Lei nº 8.038, de 28-5-1990, que institui normas procedimentais para os processos que especifica, perante o STJ e o STF.

m) a execução de sentença nas causas de sua competência originária, facultada a delegação de atribuições para a prática de atos processuais;
n) a ação em que todos os membros da magistratura sejam direta ou indiretamente interessados, e aquela em que mais da metade dos membros do Tribunal de origem estejam impedidos ou sejam direta ou indiretamente interessados;

▶ Súmulas nºs 623 e 731 do STF.

o) os conflitos de competência entre o Superior Tribunal de Justiça e quaisquer Tribunais, entre Tribunais Superiores, ou entre estes e qualquer outro Tribunal;

▶ Arts. 105, I, *d*, 108, I, *e*, e 114, V, desta Constituição.

p) o pedido de medida cautelar das ações diretas de inconstitucionalidade;
q) o mandado de injunção, quando a elaboração da norma regulamentadora for atribuição do Presidente da República, do Congresso Nacional, da Câmara dos Deputados, do Senado Federal, das Mesas de uma dessas Casas Legislativas, do Tribunal de Contas da União, de um dos Tribunais Superiores, ou do próprio Supremo Tribunal Federal;
r) as ações contra o Conselho Nacional de Justiça e contra o Conselho Nacional do Ministério Público;

▶ Alínea *r* acrescida pela EC nº 45, de 8-12-2004.
▶ Arts. 103-A e 130-B desta Constituição.

II – julgar, em recurso ordinário:

a) o *habeas corpus*, o mandado de segurança, o *habeas data* e o mandado de injunção decididos em única instância pelos Tribunais Superiores, se denegatória a decisão;

▶ Lei nº 9.507, de 12-11-1997 (Lei do *Habeas Data*).
▶ Lei nº 12.016, de 7-8-2009 (Lei do Mandado de Segurança Individual e Coletivo).

b) o crime político;

III – julgar, mediante recurso extraordinário, as causas decididas em única ou última instância, quando a decisão recorrida:

▶ Lei nº 8.658, de 26-5-1993, dispõe sobre a aplicação, nos Tribunais de Justiça e nos Tribunais Regionais Federais, das normas da Lei nº 8038, de 28-5-1990.
▶ Súm. nº 640 do STF.

a) contrariar dispositivo desta Constituição;

▶ Súmulas nºs 400 e 735 do STF.

b) declarar a inconstitucionalidade de tratado ou lei federal;
c) julgar válida lei ou ato de governo local contestado em face desta Constituição;
d) julgar válida lei local contestada em face de lei federal.

▶ Alínea *d* acrescida pela EC nº 45, de 8-12-2004.

§ 1º A arguição de descumprimento de preceito fundamental decorrente desta Constituição será apreciada pelo Supremo Tribunal Federal, na forma da lei.

▶ Parágrafo único transformado em § 1º pela EC nº 3, de 17-3-1993.
▶ Lei nº 9.882, de 3-12-1999 (Lei da Ação de Descumprimento de Preceito Fundamental).

§ 2º As decisões definitivas de mérito, proferidas pelo Supremo Tribunal Federal, nas ações diretas de inconstitucionalidade e nas ações declaratórias de constitucionalidade, produzirão eficácia contra todos e efeito vinculante, relativamente aos demais órgãos do Poder Judiciário e à administração pública direta e indireta, nas esferas federal, estadual e municipal.

▶ § 2º com a redação dada pela EC nº 45, de 8-12-2004.
▶ Lei nº 9.868, de 10-11-1999 (Lei da ADIN e da ADECON).

§ 3º No recurso extraordinário o recorrente deverá demonstrar a repercussão geral das questões constitucionais discutidas no caso, nos termos da lei, a fim de que o Tribunal examine a admissão do recurso, somente podendo recusá-lo pela manifestação de dois terços de seus membros.

▶ § 3º acrescido pela EC nº 45, de 8-12-2004.
▶ Lei nº 11.418, de 19-12-2006, regulamenta este parágrafo.
▶ Arts. 543-A e 543-B do CPC.

Art. 103. Podem propor a ação direta de inconstitucionalidade e a ação declaratória de constitucionalidade:

▶ *Caput* com a redação dada pela EC nº 45, de 8-12-2004.
▶ Arts. 2º, 12-A e 13 da Lei nº 9.868, de 10-11-1999 (Lei da ADIN e da ADECON).

I – o Presidente da República;
II – a Mesa do Senado Federal;
III – a Mesa da Câmara dos Deputados;
IV – a Mesa de Assembleia Legislativa ou da Câmara Legislativa do Distrito Federal;
V – o Governador de Estado ou do Distrito Federal;

▶ Incisos IV e V com a redação dada pela EC nº 45, de 8-12-2004.

VI – o Procurador-Geral da República;
VII – o Conselho Federal da Ordem dos Advogados do Brasil;
VIII – partido político com representação no Congresso Nacional;
IX – confederação sindical ou entidade de classe de âmbito nacional.

§ 1º O Procurador-Geral da República deverá ser previamente ouvido nas ações de inconstitucionalidade e em todos os processos de competência do Supremo Tribunal Federal.

§ 2º Declarada a inconstitucionalidade por omissão de medida para tornar efetiva norma constitucional, será dada ciência ao Poder competente para a adoção das

providências necessárias e, em se tratando de órgão administrativo, para fazê-lo em trinta dias.
▶ Art. 12-H da Lei nº 9.868, de 10-11-1999 (Lei da ADIN e da ADECON).

§ 3º Quando o Supremo Tribunal Federal apreciar a inconstitucionalidade, em tese, de norma legal ou ato normativo, citará, previamente, o Advogado-Geral da União, que defenderá o ato ou texto impugnado.

§ 4º *Revogado*. EC nº 45, de 8-12-2004.

Art. 103-A. O Supremo Tribunal Federal poderá, de ofício ou por provocação, mediante decisão de dois terços dos seus membros, após reiteradas decisões sobre matéria constitucional, aprovar súmula que, a partir de sua publicação na imprensa oficial, terá efeito vinculante em relação aos demais órgãos do Poder Judiciário e à administração pública direta e indireta, nas esferas federal, estadual e municipal, bem como proceder à sua revisão ou cancelamento, na forma estabelecida em lei.
▶ Art. 8º da EC nº 45, de 8-12-2004 (Reforma do Judiciário).
▶ Lei nº 11.417, de 19-12-2006 (Lei da Súmula Vinculante), regulamenta este artigo.

§ 1º A súmula terá por objetivo a validade, a interpretação e a eficácia de normas determinadas, acerca das quais haja controvérsia atual entre órgãos judiciários ou entre esses e a administração pública que acarrete grave insegurança jurídica e relevante multiplicação de processos sobre questão idêntica.

§ 2º Sem prejuízo do que vier a ser estabelecido em lei, a aprovação, revisão ou cancelamento de súmula poderá ser provocada por aqueles que podem propor a ação direta de inconstitucionalidade.

§ 3º Do ato administrativo ou decisão judicial que contrariar a súmula aplicável ou que indevidamente a aplicar, caberá reclamação ao Supremo Tribunal Federal que, julgando-a procedente, anulará o ato administrativo ou cassará a decisão judicial reclamada, e determinará que outra seja proferida com ou sem a aplicação da súmula, conforme o caso.
▶ Art. 103-A acrescido pela EC nº 45, de 8-12-2004.

Art. 103-B. O Conselho Nacional de Justiça compõe-se de 15 (quinze) membros com mandato de 2 (dois) anos, admitida 1 (uma) recondução, sendo:
▶ *Caput* com a redação dada pela EC nº 61, de 11-11-2009.
▶ Art. 5º da EC nº 45, de 8-12-2004 (Reforma do Judiciário).
▶ Lei nº 11.364, de 26-10-2006, dispõe sobre as atividades de apoio ao Conselho Nacional de Justiça.

I – o Presidente do Supremo Tribunal Federal;
▶ Inciso I com a redação dada pela EC nº 61, de 11-11-2009.

II – um Ministro do Superior Tribunal de Justiça, indicado pelo respectivo tribunal;

III – um Ministro do Tribunal Superior do Trabalho, indicado pelo respectivo tribunal;

IV – um desembargador de Tribunal de Justiça, indicado pelo Supremo Tribunal Federal;

V – um juiz estadual, indicado pelo Supremo Tribunal Federal;

VI – um juiz de Tribunal Regional Federal, indicado pelo Superior Tribunal de Justiça;

VII – um juiz federal, indicado pelo Superior Tribunal de Justiça;

VIII – um juiz de Tribunal Regional do Trabalho, indicado pelo Tribunal Superior do Trabalho;

IX – um juiz do trabalho, indicado pelo Tribunal Superior do Trabalho;

X – um membro do Ministério Público da União, indicado pelo Procurador-Geral da República;

XI – um membro do Ministério Público estadual, escolhido pelo Procurador-Geral da República dentre os nomes indicados pelo órgão competente de cada instituição estadual;

XII – dois advogados, indicados pelo Conselho Federal da Ordem dos Advogados do Brasil;

XIII – dois cidadãos, de notável saber jurídico e reputação ilibada, indicados um pela Câmara dos Deputados e outro pelo Senado Federal.
▶ Incisos II a XIII acrescidos pela EC nº 45, de 8-12-2004.

§ 1º O Conselho será presidido pelo Presidente do Supremo Tribunal Federal e, nas suas ausências e impedimentos, pelo Vice-Presidente do Supremo Tribunal Federal.

§ 2º Os demais membros do Conselho serão nomeados pelo Presidente da República, depois de aprovada a escolha pela maioria absoluta do Senado Federal.
▶ §§ 1º e 2º com a redação dada pela EC nº 61, de 11-11-2009.

§ 3º Não efetuadas, no prazo legal, as indicações previstas neste artigo, caberá a escolha ao Supremo Tribunal Federal.

§ 4º Compete ao Conselho o controle da atuação administrativa e financeira do Poder Judiciário e do cumprimento dos deveres funcionais dos juízes, cabendo-lhe, além de outras atribuições que lhe forem conferidas pelo Estatuto da Magistratura:

I – zelar pela autonomia do Poder Judiciário e pelo cumprimento do Estatuto da Magistratura, podendo expedir atos regulamentares, no âmbito de sua competência, ou recomendar providências;

II – zelar pela observância do art. 37 e apreciar, de ofício ou mediante provocação, a legalidade dos atos administrativos praticados por membros ou órgãos do Poder Judiciário, podendo desconstituí-los, revê-los ou fixar prazo para que se adotem as providências necessárias ao exato cumprimento da lei, sem prejuízo da competência do Tribunal de Contas da União;

III – receber e conhecer das reclamações contra membros ou órgãos do Poder Judiciário, inclusive contra seus serviços auxiliares, serventias e órgãos prestadores de serviços notariais e de registro que atuem por delegação do poder público ou oficializados, sem prejuízo da competência disciplinar e correicional dos tribunais, podendo avocar processos disciplinares em curso e determinar a remoção, a disponibilidade ou a aposentadoria com subsídios ou proventos proporcionais ao tempo de serviço e aplicar outras sanções administrativas, assegurada ampla defesa;

IV – representar ao Ministério Público, no caso de crime contra a administração pública ou de abuso de autoridade;

V – rever, de ofício ou mediante provocação, os processos disciplinares de juízes e membros de tribunais julgados há menos de um ano;
VI – elaborar semestralmente relatório estatístico sobre processos e sentenças prolatadas, por unidade da Federação, nos diferentes órgãos do Poder Judiciário;
VII – elaborar relatório anual, propondo as providências que julgar necessárias, sobre a situação do Poder Judiciário no País e as atividades do Conselho, o qual deve integrar mensagem do Presidente do Supremo Tribunal Federal a ser remetida ao Congresso Nacional, por ocasião da abertura da sessão legislativa.

§ 5º O Ministro do Superior Tribunal de Justiça exercerá a função de Ministro-Corregedor e ficará excluído da distribuição de processos no Tribunal, competindo-lhe, além das atribuições que lhe forem conferidas pelo Estatuto da Magistratura, as seguintes:

I – receber as reclamações e denúncias, de qualquer interessado, relativas aos magistrados e aos serviços judiciários;
II – exercer funções executivas do Conselho, de inspeção e de correição geral;
III – requisitar e designar magistrados, delegando-lhes atribuições, e requisitar servidores de juízos ou tribunais, inclusive nos Estados, Distrito Federal e Territórios.

§ 6º Junto ao Conselho oficiarão o Procurador-Geral da República e o Presidente do Conselho Federal da Ordem dos Advogados do Brasil.

§ 7º A União, inclusive no Distrito Federal e nos Territórios, criará ouvidorias de justiça, competentes para receber reclamações e denúncias de qualquer interessado contra membros ou órgãos do Poder Judiciário, ou contra seus serviços auxiliares, representando diretamente ao Conselho Nacional de Justiça.

▶ §§ 3º a 7º acrescidos pela EC nº 45, de 8-12-2004.
▶ Res. do CNJ nº 103, de 24-2-2010, dispõe sobre as atribuições da Ouvidoria do Conselho Nacional de Justiça e determina a criação de ouvidorias no âmbito dos Tribunais.

SEÇÃO III
DO SUPERIOR TRIBUNAL DE JUSTIÇA

▶ Lei nº 8.038, de 28-5-1990, institui normas procedimentais para os processos que especifica, perante o STJ e o STF.

Art. 104. O Superior Tribunal de Justiça compõe-se de, no mínimo, trinta e três Ministros.

Parágrafo único. Os Ministros do Superior Tribunal de Justiça serão nomeados pelo Presidente da República, dentre brasileiros com mais de trinta e cinco e menos de sessenta e cinco anos, de notável saber jurídico e reputação ilibada, depois de aprovada a escolha pela maioria absoluta do Senado Federal, sendo:

▶ Parágrafo único com a redação dada pela EC nº 45, de 8-12-2004.
▶ Lei nº 8.038, de 28-5-1990, institui normas procedimentais para os processos que especifica, perante o STJ e o STF.

I – um terço dentre juízes dos Tribunais Regionais Federais e um terço dentre desembargadores dos Tribunais de Justiça, indicados em lista tríplice elaborada pelo próprio Tribunal;

II – um terço, em partes iguais, dentre advogados e membros do Ministério Público Federal, Estadual, do Distrito Federal e Territórios, alternadamente, indicados na forma do artigo 94.

Art. 105. Compete ao Superior Tribunal de Justiça:
I – processar e julgar, originariamente:
a) nos crimes comuns, os Governadores dos Estados e do Distrito Federal, e, nestes e nos de responsabilidade, os desembargadores dos Tribunais de Justiça dos Estados e do Distrito Federal, os membros dos Tribunais de Contas dos Estados e do Distrito Federal, os dos Tribunais Regionais Federais, dos Tribunais Regionais Eleitorais e do Trabalho, os membros dos Conselhos ou Tribunais de Contas dos Municípios e os do Ministério Público da União que oficiem perante tribunais;
b) os mandados de segurança e os *habeas data* contra ato de Ministro de Estado, dos Comandantes da Marinha, do Exército e da Aeronáutica ou do próprio Tribunal;

▶ Alínea *b* com a redação dada pela EC nº 23, de 2-9-1999.
▶ Lei nº 9.507, de 12-11-1997 (Lei do *Habeas Data*).
▶ Lei nº 12.016, de 7-8-2009 (Lei do Mandado de Segurança Individual e Coletivo).
▶ Súm. nº 41 do STJ.

c) os *habeas corpus*, quando o coator ou paciente for qualquer das pessoas mencionadas na alínea *a*, ou quando o coator for tribunal sujeito à sua jurisdição, Ministro de Estado ou Comandante da Marinha, do Exército ou da Aeronáutica, ressalvada a competência da Justiça Eleitoral;

▶ Alínea *c* com a redação dada pela EC nº 23, de 2-9-1999.

d) os conflitos de competência entre quaisquer tribunais, ressalvado o disposto no artigo 102, I, o, bem como entre Tribunal e juízes a ele não vinculados e entre juízes vinculados a Tribunais diversos;

▶ Súm. nº 22 do STJ.

e) as revisões criminais e as ações rescisórias de seus julgados;

▶ Arts. 485 a 495 do CPC.
▶ Arts. 621 a 631 do CPP.

f) a reclamação para a preservação de sua competência e garantia da autoridade de suas decisões;

▶ Arts. 13 a 18 da Lei nº 8.038, de 28-5-1990, que institui normas procedimentais para os processos que especifica, perante o STJ e o STF.

g) os conflitos de atribuições entre autoridades administrativas e judiciárias da União, ou entre autoridades judiciárias de um Estado e administrativas de outro ou do Distrito Federal, ou entre as deste e da União;
h) o mandado de injunção, quando a elaboração da norma regulamentadora for atribuição de órgão, entidade ou autoridade federal, da administração direta ou indireta, excetuados os casos de competência do Supremo Tribunal Federal e dos órgãos da Justiça Militar, da Justiça Eleitoral, da Justiça do Trabalho e da Justiça Federal;

▶ Art. 109 desta Constituição.

- Arts. 483 e 484 do CPC.

i) a homologação de sentenças estrangeiras e a concessão de *exequatur* às cartas rogatórias;

- Alínea *i* acrescida pela EC nº 45, de 8-12-2004.
- Art. 109, X, desta Constituição.
- Arts. 483 e 484 do CPC.

II – julgar, em recurso ordinário:

a) os *habeas corpus* decididos em única ou última instância pelos Tribunais Regionais Federais ou pelos Tribunais dos Estados, do Distrito Federal e Territórios, quando a decisão for denegatória;

b) os mandados de segurança decididos em única instância pelos Tribunais Regionais Federais ou pelos Tribunais dos Estados, do Distrito Federal e Territórios, quando denegatória a decisão;

- Lei nº 12.016, de 7-8-2009 (Lei do Mandado de Segurança Individual e Coletivo).

c) as causas em que forem partes Estado estrangeiro ou organismo internacional, de um lado, e, do outro, Município ou pessoa residente ou domiciliada no País;

III – julgar, em recurso especial, as causas decididas, em única ou última instância, pelos Tribunais Regionais Federais ou pelos Tribunais dos Estados, do Distrito Federal e Territórios, quando a decisão recorrida:

- Lei nº 8.658, de 26-5-1993, dispõe sobre a aplicação, nos Tribunais de Justiça e nos Tribunais Federais, das normas da Lei nº 8038, de 28-5-1990.
- Súmulas nºs 5, 7, 86, 95, 203, 207, 320 e 418 do STJ.

a) contrariar tratado ou lei federal, ou negar-lhes vigência;

b) julgar válido ato de governo local contestado em face de lei federal;

- Alínea *b* com a redação dada pela EC nº 45, de 8-12-2004.

c) der a lei federal interpretação divergente da que lhe haja atribuído outro Tribunal.

- Súm. nº 13 do STJ.

Parágrafo único. Funcionarão junto ao Superior Tribunal de Justiça:

- Parágrafo único com a redação dada pela EC nº 45, de 8-12-2004.

I – a escola nacional de formação e aperfeiçoamento de magistrados, cabendo-lhe, dentre outras funções, regulamentar os cursos oficiais para o ingresso e promoção na carreira;

II – o Conselho da Justiça Federal, cabendo-lhe exercer, na forma da lei, a supervisão administrativa e orçamentária da Justiça Federal de primeiro e segundo graus, como órgão central do sistema e com poderes correicionais, cujas decisões terão caráter vinculante.

- Incisos I e II acrescidos pela EC nº 45, de 8-12-2004.

SEÇÃO IV

DOS TRIBUNAIS REGIONAIS FEDERAIS E DOS JUÍZES FEDERAIS

Art. 106. São órgãos da Justiça Federal:

- Lei nº 7.727, de 9-1-1989, dispõe sobre a composição inicial dos Tribunais Regionais Federais e sua instalação, cria os respectivos quadros de pessoal.

I – os Tribunais Regionais Federais;
II – os Juízes Federais.

Art. 107. Os Tribunais Regionais Federais compõem-se de, no mínimo, sete juízes, recrutados, quando possível, na respectiva região e nomeados pelo Presidente da República dentre brasileiros com mais de trinta anos e menos de sessenta e cinco anos, sendo:

I – um quinto dentre advogados com mais de dez anos de efetiva atividade profissional e membros do Ministério Público Federal com mais de dez anos de carreira;
II – os demais, mediante promoção de juízes federais com mais de cinco anos de exercício, por antiguidade e merecimento, alternadamente.

- Art. 27, § 9º, do ADCT.
- Lei nº 9.967, de 10-5-2000, dispõe sobre as reestruturações dos Tribunais Regionais Federais das cinco Regiões.

§ 1º A lei disciplinará a remoção ou a permuta de juízes dos Tribunais Regionais Federais e determinará sua jurisdição e sede.

- Parágrafo único transformado em § 1º pela EC nº 45, de 8-12-2004.
- Art. 1º da Lei nº 9.967, de 10-5-2000, que dispõe sobre as reestruturações dos Tribunais Regionais Federais das cinco regiões.
- Lei nº 9.968, de 10-5-2000, dispõe sobre a reestruturação do Tribunal Regional Federal da 3ª Região.

§ 2º Os Tribunais Regionais Federais instalarão a justiça itinerante, com a realização de audiências e demais funções da atividade jurisdicional, nos limites territoriais da respectiva jurisdição, servindo-se de equipamentos públicos e comunitários.

§ 3º Os Tribunais Regionais Federais poderão funcionar descentralizadamente, constituindo Câmaras regionais, a fim de assegurar o pleno acesso do jurisdicionado à justiça em todas as fases do processo.

- §§ 2º e 3º acrescidos pela EC nº 45, de 8-12-2004.

Art. 108. Compete aos Tribunais Regionais Federais:

I – processar e julgar, originariamente:

a) os juízes federais da área de sua jurisdição, incluídos os da Justiça Militar e da Justiça do Trabalho, nos crimes comuns e de responsabilidade, e os membros do Ministério Público da União, ressalvada a competência da Justiça Eleitoral;

b) as revisões criminais e as ações rescisórias de julgados seus ou dos juízes federais da região;

- Arts. 485 a 495 do CPC.
- Arts. 621 a 631 do CPP.

c) os mandados de segurança e os *habeas data* contra ato do próprio Tribunal ou de juiz federal;

- Lei nº 9.507, de 12-11-1997 (Lei do *Habeas Data*).
- Lei nº 12.016, de 7-8-2009 (Lei do Mandado de Segurança Individual e Coletivo).

d) os *habeas corpus*, quando a autoridade coatora for juiz federal;

e) os conflitos de competência entre juízes federais vinculados ao Tribunal;

- Súmulas nºs 3 e 428 do STJ.

II – julgar, em grau de recurso, as causas decididas pelos juízes federais e pelos juízes estaduais no exercício da competência federal da área de sua jurisdição.
- Súm. nº 55 do STJ.

Art. 109. Aos juízes federais compete processar e julgar:
- Lei nº 7.492, de 16-6-1986 (Lei dos Crimes Contra o Sistema Financeiro Nacional).
- Lei nº 9.469, de 9-7-1997, dispõe sobre a intervenção da União nas causas em que figurarem, como autores ou réus, entes da Administração indireta.
- Lei nº 10.259, de 12-7-2001 (Lei dos Juizados Especiais Federais).
- Art. 70 da Lei nº 11.343, de 23-8-2006 (Lei Antidrogas).
- Súmulas nºs 15, 32, 42, 66, 82, 150, 173, 324, 349 e 365 do STJ.

I – as causas em que a União, entidade autárquica ou empresa pública federal forem interessadas na condição de autoras, rés, assistentes ou oponentes, exceto as de falência, as de acidentes de trabalho e as sujeitas à Justiça Eleitoral e à Justiça do Trabalho;
- Súmulas Vinculantes nºs 22 e 27 do STF.
- Súmulas nºs 15, 32, 42, 66, 82, 150, 173, 324, 365 e 374 do STJ.

II – as causas entre Estado estrangeiro ou organismo internacional e Município ou pessoa domiciliada ou residente no País;

III – as causas fundadas em tratado ou contrato da União com Estado estrangeiro ou organismo internacional;
- Súm. nº 689 do STF.

IV – os crimes políticos e as infrações penais praticadas em detrimento de bens, serviços ou interesse da União ou de suas entidades autárquicas ou empresas públicas, excluídas as contravenções e ressalvada a competência da Justiça Militar e da Justiça Eleitoral;
- Art. 9º do CPM.
- Súmulas nºs 38, 42, 62, 73, 104, 147, 165 e 208 do STJ.

V – os crimes previstos em tratado ou convenção internacional, quando, iniciada a execução no País, o resultado tenha ou devesse ter ocorrido no estrangeiro, ou reciprocamente;

V-A – as causas relativas a direitos humanos a que se refere o § 5º deste artigo;
- Inciso V-A acrescido pela EC nº 45, de 8-12-2004.

VI – os crimes contra a organização do trabalho e, nos casos determinados por lei, contra o sistema financeiro e a ordem econômico-financeira;
- Arts. 197 a 207 do CP.
- Lei nº 7.492, de 16-6-1986 (Lei dos Crimes contra o Sistema Financeiro Nacional).
- Lei nº 8.137, de 27-12-1990 (Lei dos Crimes Contra a Ordem Tributária, Econômica e contra as Relações de Consumo).
- Lei nº 8.176, de 8-2-1991 (Lei dos Crimes contra a Ordem Econômica).

VII – os *habeas corpus*, em matéria criminal de sua competência ou quando o constrangimento provier de autoridade cujos atos não estejam diretamente sujeitos a outra jurisdição;

VIII – os mandados de segurança e os *habeas data* contra ato de autoridade federal, excetuados os casos de competência dos Tribunais federais;
- Lei nº 9.507, de 12-11-1997 (Lei do *Habeas Data*).
- Lei nº 12.016, de 7-8-2009 (Lei do Mandado de Segurança Individual e Coletivo).

IX – os crimes cometidos a bordo de navios ou aeronaves, ressalvada a competência da Justiça Militar;
- Art. 125, § 4º, desta Constituição.
- Art. 9º do CPM.

X – os crimes de ingresso ou permanência irregular de estrangeiro, a execução de carta rogatória, após o *exequatur*, e de sentença estrangeira após a homologação, as causas referentes à nacionalidade, inclusive a respectiva opção, e à naturalização;
- Art. 105, I, *i*, desta Constituição.
- Art. 484 do CPC.

XI – a disputa sobre direitos indígenas.
- Súm. nº 140 do STJ.

§ 1º As causas em que a União for autora serão aforadas na seção judiciária onde tiver domicílio a outra parte.

§ 2º As causas intentadas contra a União poderão ser aforadas na seção judiciária em que for domiciliado o autor, naquela onde houver ocorrido o ato ou fato que deu origem à demanda ou onde esteja situada a coisa, ou, ainda, no Distrito Federal.

§ 3º Serão processadas e julgadas na justiça estadual, no foro do domicílio dos segurados ou beneficiários, as causas em que forem parte instituição de previdência social e segurado, sempre que a comarca não seja sede de vara do juízo federal, e, se verificada essa condição, a lei poderá permitir que outras causas sejam também processadas e julgadas pela justiça estadual.
- Lei nº 5.010, de 30-5-1966 (Lei de Organização da Justiça Federal).
- Súmulas nºs 11, 15 e 32 do STJ.

§ 4º Na hipótese do parágrafo anterior, o recurso cabível será sempre para o Tribunal Regional Federal na área de jurisdição do juiz de primeiro grau.
- Súm. nº 32 do STJ.

§ 5º Nas hipóteses de grave violação de direitos humanos, o Procurador-Geral da República, com a finalidade de assegurar o cumprimento de obrigações decorrentes de tratados internacionais de direitos humanos dos quais o Brasil seja parte, poderá suscitar, perante o Superior Tribunal de Justiça, em qualquer fase do inquérito ou processo, incidente de deslocamento de competência para a Justiça Federal.
- § 5º acrescido pela EC nº 45, de 8-12-2004.

Art. 110. Cada Estado, bem como o Distrito Federal, constituirá uma seção judiciária que terá por sede a respectiva Capital, e varas localizadas segundo o estabelecido em lei.
- Lei nº 5.010, de 30-5-1966 (Lei de Organização da Justiça Federal).

Parágrafo único. Nos Territórios Federais, a jurisdição e as atribuições cometidas aos juízes federais caberão aos juízes da justiça local, na forma da lei.

- Lei nº 9.788, de 19-2-1999, dispõe sobre a reestruturação da Justiça Federal de Primeiro Grau, nas cinco regiões, com a criação de cem Varas Federais.

Seção V
DOS TRIBUNAIS E JUÍZES DO TRABALHO

- Art. 743 e seguintes da CLT.
- Lei nº 9.957, de 12-1-2000, institui o procedimento sumaríssimo no processo trabalhista.
- Lei nº 9.958, de 12-1-2000, criou as Comissões de Conciliação Prévia no âmbito na Justiça do Trabalho.

Art. 111. São órgãos da Justiça do Trabalho:

I – o Tribunal Superior do Trabalho;
II – os Tribunais Regionais do Trabalho;
III – Juízes do Trabalho.

- Inciso III com a redação dada pela EC nº 24, de 9-12-1999.

§§ 1º a 3º *Revogados*. EC nº 45, de 8-12-2004.

Art. 111-A. O Tribunal Superior do Trabalho compor-se-á de vinte e sete Ministros, escolhidos dentre brasileiros com mais de trinta e cinco e menos de sessenta e cinco anos, nomeados pelo Presidente da República após aprovação pela maioria absoluta do Senado Federal, sendo:

I – um quinto dentre advogados com mais de dez anos de efetiva atividade profissional e membros do Ministério Público do Trabalho com mais de dez anos de efetivo exercício, observado o disposto no art. 94;
II – os demais dentre juízes do Trabalho dos Tribunais Regionais do Trabalho, oriundos da magistratura da carreira, indicados pelo próprio Tribunal Superior.

§ 1º A lei disporá sobre a competência do Tribunal Superior do Trabalho.

§ 2º Funcionarão junto ao Tribunal Superior do Trabalho:

I – a Escola Nacional de Formação e Aperfeiçoamento de Magistrados do Trabalho, cabendo-lhe, dentre outras funções, regulamentar os cursos oficiais para o ingresso e promoção na carreira;
II – o Conselho Superior da Justiça do Trabalho, cabendo-lhe exercer, na forma da lei, a supervisão administrativa, orçamentária, financeira e patrimonial da Justiça do Trabalho de primeiro e segundo graus, como órgão central do sistema, cujas decisões terão efeito vinculante.

- Art. 111-A acrescido pela EC nº 45, de 8-12-2004.
- Art. 6º da EC nº 45, de 8-12-2004 (Reforma do Judiciário).

Art. 112. A lei criará varas da Justiça do Trabalho, podendo, nas comarcas não abrangidas por sua jurisdição, atribuí-la aos juízes de direito, com recurso para o respectivo Tribunal Regional do Trabalho.

- Artigo com a redação dada pela EC nº 45, de 8-12-2004.

Art. 113. A lei disporá sobre a constituição, investidura, jurisdição, competência, garantias e condições de exercício dos órgãos da Justiça do Trabalho.

- Artigo com a redação dada pela EC nº 24, de 9-12-1999.
- Arts. 643 a 673 da CLT.
- LC nº 35, de 14-3-1979 (Lei Orgânica da Magistratura Nacional).

Art. 114. Compete à Justiça do Trabalho processar e julgar:

- *Caput* com a redação dada pela EC nº 45, de 8-12-2004.
- Art. 6º, § 2º, da Lei nº 11.101, de 9-2-2005 (Lei de Recuperação de Empresas e Falências).
- Súm. Vinc. nº 22 do STF.
- Súmulas nºˢ 349 e 736 do STF.
- Súmulas nºˢ 57, 97, 137, 180, 222 e 349 do STJ.
- Súm. nº 392 do TST.

I – as ações oriundas da relação de trabalho, abrangidos os entes de direito público externo e da administração pública direta e indireta da União, dos Estados, do Distrito Federal e dos Municípios;

- O STF, por maioria de votos, referendou a liminar concedida na ADIN nº 3.395-6, com efeito *ex tunc*, para dar interpretação conforme a CF a este inciso, com a redação dada pela EC nº 45, de 8-12-2004, suspendendo toda e qualquer interpretação dada a este inciso que inclua, na competência da Justiça do Trabalho, a "(...) apreciação (...) de causas que (...) sejam instauradas entre o Poder Público e seus servidores, a ele vinculados por típica relação de ordem estatutária ou de caráter jurídico-administrativo" (*DJU* de 4-2-2005 e 10-11-2006).

II – as ações que envolvam exercício do direito de greve;

- Art. 9º desta Constituição.
- Lei nº 7.783, de 28-6-1989 (Lei de Greve).
- Súm. Vinc. nº 23 do STF.

III – as ações sobre representação sindical, entre sindicatos, entre sindicatos e trabalhadores, e entre sindicatos e empregadores;

- Lei nº 8.984, de 7-2-1995, estende a competência da Justiça do Trabalho.

IV – os mandados de segurança, *habeas corpus* e *habeas data*, quando o ato questionado envolver matéria sujeita à sua jurisdição;

- Arts. 5º, LXVIII, LXIX, LXXII, 7º, XXVIII, desta Constituição.
- Lei nº 9.507, de 12-11-1997 (Lei do *Habeas Data*).
- Lei nº 12.016, de 7-8-2009 (Lei do Mandado de Segurança Individual e Coletivo).

V – os conflitos de competência entre órgãos com jurisdição trabalhista, ressalvado o disposto no art. 102, I, *o*;
VI – as ações de indenização por dano moral ou patrimonial, decorrentes da relação de trabalho;

- Súmulas nºˢ 362 e 376 do STJ.

VII – as ações relativas às penalidades administrativas impostas aos empregadores pelos órgãos de fiscalização das relações de trabalho;
VIII – a execução, de ofício, das contribuições sociais previstas no art. 195, I, *a*, e II, e seus acréscimos legais, decorrentes das sentenças que proferir;

IX – outras controvérsias decorrentes da relação de trabalho, na forma da lei.

▶ Incisos I a IX acrescidos pela EC nº 45, de 8-12-2004.
▶ O STF, por unanimidade de votos, concedeu a liminar na ADIN nº 3.684-0, com efeito *ex tunc*, para dar interpretação conforme a CF ao art. 114, I, IV e IX, com a redação dada pela EC nº 45, de 8-12-2004, no sentido de que não se atribui à Justiça do Trabalho competência para processar e julgar ações penais (*DJU* de 3-8-2007).
▶ Súm. nº 736 do STF.

§ 1º Frustrada a negociação coletiva, as partes poderão eleger árbitros.

§ 2º Recusando-se qualquer das partes à negociação coletiva ou à arbitragem, é facultado às mesmas, de comum acordo, ajuizar dissídio coletivo de natureza econômica, podendo a Justiça do Trabalho decidir o conflito, respeitadas as disposições mínimas legais de proteção ao trabalho, bem como as convencionadas anteriormente.

§ 3º Em caso de greve em atividade essencial, com possibilidade de lesão do interesse público, o Ministério Público do Trabalho poderá ajuizar dissídio coletivo, competindo à Justiça do Trabalho decidir o conflito.

▶ §§ 2º e 3º com a redação dada pela EC nº 45, de 8-12-2004.
▶ Art. 9º, § 1º, desta Constituição.
▶ Lei nº 7.783, de 28-6-1989 (Lei de Greve).

Art. 115. Os Tribunais Regionais do Trabalho compõem-se de, no mínimo, sete juízes, recrutados, quando possível, na respectiva região, e nomeados pelo Presidente da República dentre brasileiros com mais de trinta e menos de sessenta e cinco anos, sendo:

▶ *Caput* com a redação dada pela EC nº 45, de 8-12-2004.

I – um quinto dentre advogados com mais de dez anos de efetiva atividade profissional e membros do Ministério Público do Trabalho com mais de dez anos de efetivo exercício, observado o disposto no art. 94;
II – os demais, mediante promoção de juízes do trabalho por antiguidade e merecimento, alternadamente.

▶ Incisos I e II acrescidos pela EC nº 45, de 8-12-2004.

§ 1º Os Tribunais Regionais do Trabalho instalarão a justiça itinerante, com a realização de audiências e demais funções de atividade jurisdicional, nos limites territoriais da respectiva jurisdição, servindo-se de equipamentos públicos e comunitários.

§ 2º Os Tribunais Regionais do Trabalho poderão funcionar descentralizadamente, constituindo Câmaras regionais, a fim de assegurar o pleno acesso do jurisdicionado à justiça em todas as fases do processo.

▶ §§ 1º e 2º acrescidos pela EC nº 45, de 8-12-2004.

Art. 116. Nas Varas do Trabalho, a jurisdição será exercida por um juiz singular.

▶ *Caput* com a redação dada pela EC nº 24, de 9-12-1999.

Parágrafo único. *Revogado.* EC nº 24, de 9-12-1999.

Art. 117. *Revogado.* EC nº 24, de 9-12-1999.

SEÇÃO VI
DOS TRIBUNAIS E JUÍZES ELEITORAIS

▶ Arts. 12 a 41 do CE.

Art. 118. São órgãos da Justiça Eleitoral:

I – o Tribunal Superior Eleitoral;
II – os Tribunais Regionais Eleitorais;
III – os Juízes Eleitorais;
IV – as Juntas Eleitorais.

Art. 119. O Tribunal Superior Eleitoral compor-se-á, no mínimo, de sete membros, escolhidos:

I – mediante eleição, pelo voto secreto:

a) três juízes dentre os Ministros do Supremo Tribunal Federal;
b) dois juízes dentre os Ministros do Superior Tribunal de Justiça;

II – por nomeação do Presidente da República, dois juízes dentre seis advogados de notável saber jurídico e idoneidade moral, indicados pelo Supremo Tribunal Federal.

Parágrafo único. O Tribunal Superior Eleitoral elegerá seu Presidente e o Vice-Presidente dentre os Ministros do Supremo Tribunal Federal, e o Corregedor Eleitoral dentre os Ministros do Superior Tribunal de Justiça.

Art. 120. Haverá um Tribunal Regional Eleitoral na Capital de cada Estado e no Distrito Federal.

§ 1º Os Tribunais Regionais Eleitorais compor-se-ão:

I – mediante eleição, pelo voto secreto:

a) de dois juízes dentre os desembargadores do Tribunal de Justiça;
b) de dois juízes, dentre juízes de direito, escolhidos pelo Tribunal de Justiça;

II – de um juiz do Tribunal Regional Federal com sede na Capital do Estado ou no Distrito Federal, ou, não havendo, de juiz federal, escolhido, em qualquer caso, pelo Tribunal Regional Federal respectivo;
III – por nomeação, pelo Presidente da República, de dois juízes dentre seis advogados de notável saber jurídico e idoneidade moral, indicados pelo Tribunal de Justiça.

§ 2º O Tribunal Regional Eleitoral elegerá seu Presidente e o Vice-Presidente dentre os desembargadores.

Art. 121. Lei complementar disporá sobre a organização e competência dos Tribunais, dos juízes de direito e das juntas eleitorais.

▶ Arts. 22, 23, 29, 30, 34, 40 e 41 do CE.
▶ Súm. nº 368 do STJ.

§ 1º Os membros dos Tribunais, os juízes de direito e os integrantes das juntas eleitorais, no exercício de suas funções, e no que lhes for aplicável, gozarão de plenas garantias e serão inamovíveis.

§ 2º Os juízes dos Tribunais eleitorais, salvo motivo justificado, servirão por dois anos, no mínimo, e nunca por mais de dois biênios consecutivos, sendo os substitutos escolhidos na mesma ocasião e pelo mesmo processo, em número igual para cada categoria.

§ 3º São irrecorríveis as decisões do Tribunal Superior Eleitoral, salvo as que contrariarem esta Constituição e as denegatórias de *habeas corpus* ou mandado de segurança.

§ 4º Das decisões dos Tribunais Regionais Eleitorais somente caberá recurso quando:

I – forem proferidas contra disposição expressa desta Constituição ou de lei;

II – ocorrer divergência na interpretação de lei entre dois ou mais Tribunais eleitorais;
III – versarem sobre inelegibilidade ou expedição de diplomas nas eleições federais ou estaduais;
IV – anularem diplomas ou decretarem a perda de mandatos eletivos federais ou estaduais;
V – denegarem *habeas corpus*, mandado de segurança, *habeas data* ou mandado de injunção.

Seção VII
DOS TRIBUNAIS E JUÍZES MILITARES

Art. 122. São órgãos da Justiça Militar:

▶ Lei nº 8.457, de 4-9-1992, organiza a Justiça Militar da União e regula o funcionamento de seus Serviços Auxiliares.
▶ Art. 90-A da Lei nº 9.099, de 26-9-1995 (Lei dos Juizados Especiais).

I – o Superior Tribunal Militar;
II – os Tribunais e Juízes Militares instituídos por lei.

Art. 123. O Superior Tribunal Militar compor-se-á de quinze Ministros vitalícios, nomeados pelo Presidente da República, depois de aprovada a indicação pelo Senado Federal, sendo três dentre oficiais-generais da Marinha, quatro dentre oficiais-generais do Exército, três dentre oficiais-generais da Aeronáutica, todos da ativa e do posto mais elevado da carreira, e cinco dentre civis.

Parágrafo único. Os Ministros civis serão escolhidos pelo Presidente da República dentre brasileiros maiores de trinta e cinco anos, sendo:

I – três dentre advogados de notório saber jurídico e conduta ilibada, com mais de dez anos de efetiva atividade profissional;
II – dois, por escolha paritária, dentre juízes auditores e membros do Ministério Público da Justiça Militar.

Art. 124. À Justiça Militar compete processar e julgar os crimes militares definidos em lei.

▶ Dec.-lei nº 1.002, de 21-10-1969 (Código de Processo Penal Militar).
▶ Art. 90-A da Lei nº 9.099, de 26-9-1995 (Lei dos Juizados Especiais).

Parágrafo único. A lei disporá sobre a organização, o funcionamento e a competência da Justiça Militar.

▶ Lei nº 8.457, de 4-9-1992, organiza a Justiça Militar da União e regula o funcionamento de seus Serviços Auxiliares.

Seção VIII
DOS TRIBUNAIS E JUÍZES DOS ESTADOS

Art. 125. Os Estados organizarão sua Justiça, observados os princípios estabelecidos nesta Constituição.

▶ Art. 70 do ADCT.
▶ Súm. nº 721 do STF.

§ 1º A competência dos Tribunais será definida na Constituição do Estado, sendo a lei de organização judiciária de iniciativa do Tribunal de Justiça.

▶ Súm. nº 721 do STF.
▶ Súm. nº 238 do STJ.

§ 2º Cabe aos Estados a instituição de representação de inconstitucionalidade de leis ou atos normativos estaduais ou municipais em face da Constituição Estadual, vedada a atribuição da legitimação para agir a um único órgão.

§ 3º A lei estadual poderá criar, mediante proposta do Tribunal de Justiça, a Justiça Militar estadual, constituída, em primeiro grau, pelos juízes de direito e pelos Conselhos de Justiça e, em segundo grau, pelo próprio Tribunal de Justiça, ou por Tribunal de Justiça Militar nos Estados em que o efetivo militar seja superior a vinte mil integrantes.

§ 4º Compete à Justiça Militar estadual processar e julgar os militares dos Estados, nos crimes militares definidos em lei e as ações judiciais contra atos disciplinares militares, ressalvada a competência do júri quando a vítima for civil, cabendo ao tribunal competente decidir sobre a perda do posto e da patente dos oficiais e da graduação das praças.

▶ §§ 3º e 4º com a redação dada pela EC nº 45, de 8-12-2004.
▶ Súm. nº 673 do STF.
▶ Súmulas nºs 6, 53 e 90 do STJ.

§ 5º Compete aos juízes de direito do juízo militar processar e julgar, singularmente, os crimes militares cometidos contra civis e as ações judiciais contra atos disciplinares militares, cabendo ao Conselho de Justiça, sob a presidência de juiz de direito, processar e julgar os demais crimes militares.

§ 6º O Tribunal de Justiça poderá funcionar descentralizadamente, constituindo Câmaras regionais, a fim de assegurar o pleno acesso do jurisdicionado à justiça em todas as fases do processo.

§ 7º O Tribunal de Justiça instalará a justiça itinerante, com a realização de audiências e demais funções da atividade jurisdicional, nos limites territoriais da respectiva jurisdição, servindo-se de equipamentos públicos e comunitários.

▶ §§ 5º a 7º acrescidos pela EC nº 45, de 8-12-2004.

Art. 126. Para dirimir conflitos fundiários, o Tribunal de Justiça proporá a criação de varas especializadas, com competência exclusiva para questões agrárias.

▶ *Caput* com a redação dada pela EC nº 45, de 8-12-2004.

Parágrafo único. Sempre que necessário à eficiente prestação jurisdicional, o juiz far-se-á presente no local do litígio.

Capítulo IV
DAS FUNÇÕES ESSENCIAIS À JUSTIÇA

Seção I
DO MINISTÉRIO PÚBLICO

▶ LC nº 75, de 20-5-1993 (Lei Orgânica do Ministério Público da União).
▶ Lei nº 8.625, de 12-2-1993 (Lei Orgânica do Ministério Público).

Art. 127. O Ministério Público é instituição permanente, essencial à função jurisdicional do Estado, incumbindo-lhe a defesa da ordem jurídica, do regime democrático e dos interesses sociais e individuais indisponíveis.

§ 1º São princípios institucionais do Ministério Público a unidade, a indivisibilidade e a independência funcional.

§ 2º Ao Ministério Público é assegurada autonomia funcional e administrativa, podendo, observado o disposto no artigo 169, propor ao Poder Legislativo a criação e extinção de seus cargos e serviços auxiliares, provendo-os por concurso público de provas ou de provas e títulos, a política remuneratória e os planos de carreira; a lei disporá sobre sua organização e funcionamento.

▶ § 2º com a redação dada pela EC nº 19, de 4-6-1998.
▶ Lei nº 11.144, de 26-7-2005, dispõe sobre o subsídio do Procurador-Geral da República.
▶ Lei nº 12.042, de 8-10-2009, dispõe sobre a revisão do subsídio do Procurador-Geral da República.

§ 3º O Ministério Público elaborará sua proposta orçamentária dentro dos limites estabelecidos na lei de diretrizes orçamentárias.

§ 4º Se o Ministério Público não encaminhar a respectiva proposta orçamentária dentro do prazo estabelecido na lei de diretrizes orçamentárias, o Poder Executivo considerará, para fins de consolidação da proposta orçamentária anual, os valores aprovados na lei orçamentária vigente, ajustados de acordo com os limites estipulados na forma do § 3º.

§ 5º Se a proposta orçamentária de que trata este artigo for encaminhada em desacordo com os limites estipulados na forma do § 3º, o Poder Executivo procederá aos ajustes necessários para fins de consolidação da proposta orçamentária anual.

§ 6º Durante a execução orçamentária do exercício, não poderá haver a realização de despesas ou a assunção de obrigações que extrapolem os limites estabelecidos na lei de diretrizes orçamentárias, exceto se previamente autorizadas, mediante a abertura de créditos suplementares ou especiais.

▶ §§ 4º a 6º acrescidos pela EC nº 45, de 8-12-2004.

Art. 128. O Ministério Público abrange:

▶ LC nº 75, de 20-5-1993 (Lei Orgânica do Ministério Público da União).

I – o Ministério Público da União, que compreende:
a) o Ministério Público Federal;
b) o Ministério Público do Trabalho;
c) o Ministério Público Militar;
d) o Ministério Público do Distrito Federal e Territórios;

II – os Ministérios Públicos dos Estados.

§ 1º O Ministério Público da União tem por chefe o Procurador-Geral da República, nomeado pelo Presidente da República dentre integrantes da carreira, maiores de trinta e cinco anos, após a aprovação de seu nome pela maioria absoluta dos membros do Senado Federal, para mandato de dois anos, permitida a recondução.

§ 2º A destituição do Procurador-Geral da República, por iniciativa do Presidente da República, deverá ser precedida de autorização da maioria absoluta do Senado Federal.

§ 3º Os Ministérios Públicos dos Estados e o do Distrito Federal e Territórios formarão lista tríplice dentre integrantes da carreira, na forma da lei respectiva, para escolha de seu Procurador-Geral, que será nomeado pelo Chefe do Poder Executivo, para mandato de dois anos, permitida uma recondução.

§ 4º Os Procuradores-Gerais nos Estados e no Distrito Federal e Territórios poderão ser destituídos por deliberação da maioria absoluta do Poder Legislativo, na forma da lei complementar respectiva.

§ 5º Leis complementares da União e dos Estados, cuja iniciativa é facultada aos respectivos Procuradores-Gerais, estabelecerão a organização, as atribuições e o estatuto de cada Ministério Público, observadas, relativamente a seus membros:

I – as seguintes garantias:

a) vitaliciedade, após dois anos de exercício, não podendo perder o cargo senão por sentença judicial transitada em julgado;
b) inamovibilidade, salvo por motivo de interesse público, mediante decisão do órgão colegiado competente do Ministério Público, pelo voto da maioria absoluta de seus membros, assegurada ampla defesa;

▶ Alínea b com a redação dada pela EC nº 45, de 8-12-2004.

c) irredutibilidade de subsídio, fixado na forma do artigo 39, § 4º, e ressalvado o disposto nos artigos 37, X e XI, 150, II, 153, III, 153, § 2º, I;

▶ Alínea c com a redação dada pela EC nº 19, de 4-6-1998.
▶ Lei nº 11.144, de 26-7-2005, dispõe sobre o subsídio do Procurador-Geral da República.
▶ Lei nº 12.042, de 8-10-2009, dispõe sobre a revisão do subsídio do Procurador-Geral da República.

II – as seguintes vedações:

a) receber, a qualquer título e sob qualquer pretexto, honorários, percentagens ou custas processuais;
b) exercer a advocacia;
c) participar de sociedade comercial, na forma da lei;
d) exercer, ainda que em disponibilidade, qualquer outra função pública, salvo uma de magistério;
e) exercer atividade político-partidária;

▶ Alínea e com a redação dada pela EC nº 45, de 8-12-2004.

f) receber, a qualquer título ou pretexto, auxílios ou contribuições de pessoas físicas, entidades públicas ou privadas, ressalvadas as exceções previstas em lei.

▶ Alínea f acrescida pela EC nº 45, de 8-12-2004.

§ 6º Aplica-se aos membros do Ministério Público o disposto no art. 95, parágrafo único, V.

▶ § 6º acrescido pela EC nº 45, de 8-12-2004.

Art. 129. São funções institucionais do Ministério Público:

I – promover, privativamente, a ação penal pública, na forma da lei;

▶ Art. 100, § 1º, do CP.
▶ Art. 24 do CPP.
▶ Lei nº 8.625, de 12-2-1993 (Lei Orgânica Nacional do Ministério Público).
▶ Súm. nº 234 do STJ.

II – zelar pelo efetivo respeito dos Poderes Públicos e dos serviços de relevância pública aos direitos assegurados nesta Constituição, promovendo as medidas necessárias a sua garantia;

III – promover o inquérito civil e a ação civil pública, para a proteção do patrimônio público e social, do meio ambiente e de outros interesses difusos e coletivos;
▶ Lei nº 7.347, de 24-7-1985 (Lei da Ação Civil Pública).
▶ Súm. nº 643 do STF.
▶ Súm. nº 329 do STJ.

IV – promover a ação de inconstitucionalidade ou representação para fins de intervenção da União e dos Estados, nos casos previstos nesta Constituição;
▶ Arts. 34 a 36 desta Constituição.

V – defender judicialmente os direitos e interesses das populações indígenas;
▶ Art. 231 desta Constituição.

VI – expedir notificações nos procedimentos administrativos de sua competência, requisitando informações e documentos para instruí-los, na forma da lei complementar respectiva;
▶ Súm. nº 234 do STJ.

VII – exercer o controle externo da atividade policial, na forma da lei complementar mencionada no artigo anterior;
▶ LC nº 75, de 20-5-1993 (Lei Orgânica do Ministério Público da União).

VIII – requisitar diligências investigatórias e a instauração de inquérito policial, indicados os fundamentos jurídicos de suas manifestações processuais;
IX – exercer outras funções que lhe forem conferidas, desde que compatíveis com sua finalidade, sendo-lhe vedada a representação judicial e a consultoria jurídica de entidades públicas.

§ 1º A legitimação do Ministério Público para as ações civis previstas neste artigo não impede a de terceiros, nas mesmas hipóteses, segundo o disposto nesta Constituição e na lei.
▶ Lei nº 7.347, de 24-7-1985 (Lei da Ação Civil Pública).

§ 2º As funções do Ministério Público só podem ser exercidas por integrantes da carreira, que deverão residir na comarca da respectiva lotação, salvo autorização do chefe da instituição.

§ 3º O ingresso na carreira do Ministério Público far-se-á mediante concurso público de provas e títulos, assegurada a participação da Ordem dos Advogados do Brasil em sua realização, exigindo-se do bacharel em direito, no mínimo, três anos de atividade jurídica e observando-se, nas nomeações, a ordem de classificação.

§ 4º Aplica-se ao Ministério Público, no que couber, o disposto no art. 93.
▶ §§ 2º a 4º com a redação dada pela EC nº 45, de 8-12-2004.

§ 5º A distribuição de processos no Ministério Público será imediata.
▶ § 5º acrescido pela EC nº 45, de 8-12-2004.

Art. 130. Aos membros do Ministério Público junto aos Tribunais de Contas aplicam-se as disposições desta seção pertinentes a direitos, vedações e forma de investidura.

Art. 130-A. O Conselho Nacional do Ministério Público compõe-se de quatorze membros nomeados pelo Presidente da República, depois de aprovada a escolha pela maioria absoluta do Senado Federal, para um mandato de dois anos, admitida uma recondução, sendo:
▶ Art. 5º da EC nº 45, de 8-12-2004 (Reforma do Judiciário).

I – o Procurador-Geral da República, que o preside;
II – quatro membros do Ministério Público da União, assegurada a representação de cada uma de suas carreiras;
III – três membros do Ministério Público dos Estados;
IV – dois juízes, indicados um pelo Supremo Tribunal Federal e outro pelo Superior Tribunal de Justiça;
V – dois advogados, indicados pelo Conselho Federal da Ordem dos Advogados do Brasil;
VI – dois cidadãos de notável saber jurídico e reputação ilibada, indicados um pela Câmara dos Deputados e outro pelo Senado Federal.

§ 1º Os membros do Conselho oriundos do Ministério Público serão indicados pelos respectivos Ministérios Públicos, na forma da lei.
▶ Lei nº 11.372, de 28-11-2006, regulamenta este parágrafo.

§ 2º Compete ao Conselho Nacional do Ministério Público o controle da atuação administrativa e financeira do Ministério Público e do cumprimento dos deveres funcionais de seus membros, cabendo-lhe:

I – zelar pela autonomia funcional e administrativa do Ministério Público, podendo expedir atos regulamentares, no âmbito de sua competência, ou recomendar providências;
II – zelar pela observância do art. 37 e apreciar, de ofício ou mediante provocação, a legalidade dos atos administrativos praticados por membros ou órgãos do Ministério Público da União e dos Estados, podendo desconstituí-los, revê-los ou fixar prazo para que se adotem as providências necessárias ao exato cumprimento da lei, sem prejuízo da competência dos Tribunais de Contas;
III – receber e conhecer das reclamações contra membros ou órgãos do Ministério Público da União ou dos Estados, inclusive contra seus serviços auxiliares, sem prejuízo da competência disciplinar e correicional da instituição, podendo avocar processos disciplinares em curso, determinar a remoção, a disponibilidade ou a aposentadoria com subsídios ou proventos proporcionais ao tempo de serviço e aplicar outras sanções administrativas, assegurada ampla defesa;
IV – rever, de ofício ou mediante provocação, os processos disciplinares de membros do Ministério Público da União ou dos Estados julgados há menos de um ano;
V – elaborar relatório anual, propondo as providências que julgar necessárias sobre a situação do Ministério Público no País e as atividades do Conselho, o qual deve integrar a mensagem prevista no art. 84, XI.

§ 3º O Conselho escolherá, em votação secreta, um Corregedor nacional, dentre os membros do Ministério Público que o integram, vedada a recondução, competindo-lhe, além das atribuições que lhe forem conferidas pela lei, as seguintes:

I – receber reclamações e denúncias, de qualquer interessado, relativas aos membros do Ministério Público e dos seus serviços auxiliares;

II – exercer funções executivas do Conselho, de inspeção e correição geral;
III – requisitar e designar membros do Ministério Público, delegando-lhes atribuições, e requisitar servidores de órgãos do Ministério Público.

§ 4º O Presidente do Conselho Federal da Ordem dos Advogados do Brasil oficiará junto ao Conselho.

§ 5º Leis da União e dos Estados criarão ouvidorias do Ministério Público, competentes para receber reclamações e denúncias de qualquer interessado contra membros ou órgãos do Ministério Público, inclusive contra seus serviços auxiliares, representando diretamente ao Conselho Nacional do Ministério Público.

▶ Art. 130-A acrescido pela EC nº 45, de 8-12-2004.

Seção II

DA ADVOCACIA PÚBLICA

▶ Denominação da Seção dada pela EC nº 19, de 4-6-1998.
▶ LC nº 73, de 10-2-1993 (Lei Orgânica da Advocacia-Geral da União).
▶ Lei nº 9.028, de 12-4-1995, dispõe sobre o exercício das atribuições institucionais da Advocacia-Geral da União, em caráter emergencial e provisório.
▶ Dec. nº 767, de 5-3-1993, dispõe sobre as atividades de controle interno da Advocacia-Geral da União.

Art. 131. A Advocacia-Geral da União é a instituição que, diretamente ou através de órgão vinculado, representa a União, judicial e extrajudicialmente, cabendo-lhe, nos termos da lei complementar que dispuser sobre sua organização e funcionamento, as atividades de consultoria e assessoramento jurídico do Poder Executivo.

▶ LC nº 73, de 10-2-1993 (Lei Orgânica da Advocacia-Geral da União).
▶ Lei nº 9.028, de 12-4-1995, dispõe sobre o exercício das atribuições institucionais da Advocacia-Geral da União, em caráter emergencial e provisório.
▶ Dec. nº 767, de 5-3-1993, dispõe sobre as atividades de controle interno da Advocacia-Geral da União.
▶ Dec. nº 7.153, de 9-4-2010, dispõe sobre a representação e a defesa extrajudicial dos órgãos e entidades da administração federal junto ao Tribunal de Contas da União, por intermédio da Advocacia-Geral da União.

§ 1º A Advocacia-Geral da União tem por chefe o Advogado-Geral da União, de livre nomeação pelo Presidente da República dentre cidadãos maiores de trinta e cinco anos, de notável saber jurídico e reputação ilibada.

§ 2º O ingresso nas classes iniciais das carreiras da instituição de que trata este artigo far-se-á mediante concurso público de provas e títulos.

§ 3º Na execução da dívida ativa de natureza tributária, a representação da União cabe à Procuradoria-Geral da Fazenda Nacional, observado o disposto em lei.

▶ Súm. nº 139 do STJ.

Art. 132. Os Procuradores dos Estados e do Distrito Federal, organizados em carreira, na qual o ingresso dependerá de concurso público de provas e títulos, com a participação da Ordem dos Advogados do Brasil em todas as suas fases, exercerão a representação judicial e a consultoria jurídica das respectivas unidades federadas.

Parágrafo único. Aos procuradores referidos neste artigo é assegurada estabilidade após três anos de efetivo exercício, mediante avaliação de desempenho perante os órgãos próprios, após relatório circunstanciado das corregedorias.

▶ Art. 132 com a redação dada pela EC nº 19, de 4-6-1998.

Seção III

DA ADVOCACIA E DA DEFENSORIA PÚBLICA

Art. 133. O advogado é indispensável à administração da justiça, sendo inviolável por seus atos e manifestações no exercício da profissão, nos limites da lei.

▶ Lei nº 8.906, de 4-7-1994 (Estatuto da Advocacia e da OAB).
▶ Súm. nº 329 do TST.

Art. 134. A Defensoria Pública é instituição essencial à função jurisdicional do Estado, incumbindo-lhe a orientação jurídica e a defesa, em todos os graus, dos necessitados, na forma do artigo 5º, LXXIV.

▶ LC nº 80, de 12-1-1994 (Lei da Defensoria Pública).

§ 1º Lei complementar organizará a Defensoria Pública da União e do Distrito Federal e dos Territórios e prescreverá normas gerais para sua organização nos Estados, em cargos de carreira, providos, na classe inicial, mediante concurso público de provas e títulos, assegurada a seus integrantes a garantia da inamovibilidade e vedado o exercício da advocacia fora das atribuições institucionais.

▶ Parágrafo único transformado em § 1º pela EC nº 45, de 8-12-2004.
▶ Súm. nº 421 do STJ.

§ 2º Às Defensorias Públicas Estaduais é assegurada autonomia funcional e administrativa, e a iniciativa de sua proposta orçamentária dentro dos limites estabelecidos na lei de diretrizes orçamentárias e subordinação ao disposto no art. 99, § 2º.

▶ § 2º acrescido pela EC nº 45, de 8-12-2004.

Art. 135. Os servidores integrantes das carreiras disciplinadas nas Seções II e III deste Capítulo serão remunerados na forma do artigo 39, § 4º.

▶ Artigo com a redação dada pela EC nº 19, de 4-6-1998.
▶ Art. 132 desta Constituição.

TÍTULO V – DA DEFESA DO ESTADO E DAS INSTITUIÇÕES DEMOCRÁTICAS

Capítulo I

DO ESTADO DE DEFESA E DO ESTADO DE SÍTIO

Seção I

DO ESTADO DE DEFESA

Art. 136. O Presidente da República pode, ouvidos o Conselho da República e o Conselho de Defesa Nacional, decretar estado de defesa para preservar ou prontamente restabelecer, em locais restritos e determinados, a ordem pública ou a paz social ameaçadas por grave e iminente instabilidade institucional ou atingidas por calamidades de grandes proporções na natureza.

► Arts. 89 a 91 desta Constituição.
► Lei nº 8.041, de 5-6-1990, dispõe sobre a organização e o funcionamento do Conselho da República.
► Lei nº 8.183, de 11-4-1991, dispõe sobre a organização e o funcionamento do Conselho de Defesa Nacional.
► Dec. nº 893, de 12-8-1993, aprova o regulamento do Conselho de Defesa Nacional.

§ 1º O decreto que instituir o estado de defesa determinará o tempo de sua duração, especificará as áreas a serem abrangidas e indicará, nos termos e limites da lei, as medidas coercitivas a vigorarem, dentre as seguintes:

I – restrições aos direitos de:
a) reunião, ainda que exercida no seio das associações;
b) sigilo de correspondência;
c) sigilo de comunicação telegráfica e telefônica;

II – ocupação e uso temporário de bens e serviços públicos, na hipótese de calamidade pública, respondendo a União pelos danos e custos decorrentes.

§ 2º O tempo de duração do estado de defesa não será superior a trinta dias, podendo ser prorrogado uma vez, por igual período, se persistirem as razões que justificaram a sua decretação.

§ 3º Na vigência do estado de defesa:

I – a prisão por crime contra o Estado, determinada pelo executor da medida, será por este comunicada imediatamente ao juiz competente, que a relaxará, se não for legal, facultado ao preso requerer exame de corpo de delito à autoridade policial;
II – a comunicação será acompanhada de declaração, pela autoridade, do estado físico e mental do detido no momento de sua autuação;
III – a prisão ou detenção de qualquer pessoa não poderá ser superior a dez dias, salvo quando autorizada pelo Poder Judiciário;
IV – é vedada a incomunicabilidade do preso.

§ 4º Decretado o estado de defesa ou sua prorrogação, o Presidente da República, dentro de vinte e quatro horas, submeterá o ato com a respectiva justificação ao Congresso Nacional, que decidirá por maioria absoluta.

§ 5º Se o Congresso Nacional estiver em recesso, será convocado, extraordinariamente, no prazo de cinco dias.

§ 6º O Congresso Nacional apreciará o decreto dentro de dez dias contados de seu recebimento, devendo continuar funcionando enquanto vigorar o estado de defesa.

§ 7º Rejeitado o decreto, cessa imediatamente o estado de defesa.

Seção II

DO ESTADO DE SÍTIO

Art. 137. O Presidente da República pode, ouvidos o Conselho da República e o Conselho de Defesa Nacional, solicitar ao Congresso Nacional autorização para decretar o estado de sítio nos casos de:

I – comoção grave de repercussão nacional ou ocorrência de fatos que comprovem a ineficácia de medida tomada durante o estado de defesa;

II – declaração de estado de guerra ou resposta a agressão armada estrangeira.

Parágrafo único. O Presidente da República, ao solicitar autorização para decretar o estado de sítio ou sua prorrogação, relatará os motivos determinantes do pedido, devendo o Congresso Nacional decidir por maioria absoluta.

Art. 138. O decreto do estado de sítio indicará sua duração, as normas necessárias a sua execução e as garantias constitucionais que ficarão suspensas, e, depois de publicado, o Presidente da República designará o executor das medidas específicas e as áreas abrangidas.

§ 1º O estado de sítio, no caso do artigo 137, I, não poderá ser decretado por mais de trinta dias, nem prorrogado, de cada vez, por prazo superior; no do inciso II, poderá ser decretado por todo o tempo que perdurar a guerra ou a agressão armada estrangeira.

§ 2º Solicitada autorização para decretar o estado de sítio durante o recesso parlamentar, o Presidente do Senado Federal, de imediato, convocará extraordinariamente o Congresso Nacional para se reunir dentro de cinco dias, a fim de apreciar o ato.

§ 3º O Congresso Nacional permanecerá em funcionamento até o término das medidas coercitivas.

Art. 139. Na vigência do estado de sítio decretado com fundamento no artigo 137, I, só poderão ser tomadas contra as pessoas as seguintes medidas:

I – obrigação de permanência em localidade determinada;
II – detenção em edifício não destinado a acusados ou condenados por crimes comuns;
III – restrições relativas à inviolabilidade da correspondência, ao sigilo das comunicações, à prestação de informações e à liberdade de imprensa, radiodifusão e televisão, na forma da lei;

► Lei nº 9.296, de 24-7-1996 (Lei das Interceptações Telefônicas).

IV – suspensão da liberdade de reunião;

► Lei nº 9.296, de 24-7-1996 (Lei das Interceptações Telefônicas).

V – busca e apreensão em domicílio;
VI – intervenção nas empresas de serviços públicos;
VII – requisição de bens.

Parágrafo único. Não se inclui nas restrições do inciso III a difusão de pronunciamentos de parlamentares efetuados em suas Casas Legislativas, desde que liberada pela respectiva Mesa.

Seção III

DISPOSIÇÕES GERAIS

Art. 140. A Mesa do Congresso Nacional, ouvidos os líderes partidários, designará Comissão composta de cinco de seus membros para acompanhar e fiscalizar a execução das medidas referentes ao estado de defesa e ao estado de sítio.

Art. 141. Cessado o estado de defesa ou o estado de sítio, cessarão também seus efeitos, sem prejuízo da responsabilidade pelos ilícitos cometidos por seus executores ou agentes.

Parágrafo único. Logo que cesse o estado de defesa ou o estado de sítio, as medidas aplicadas em sua vigência serão relatadas pelo Presidente da República, em mensagem ao Congresso Nacional, com especificação e justificação das providências adotadas, com relação nominal dos atingidos, e indicação das restrições aplicadas.

Capítulo II

DAS FORÇAS ARMADAS

▶ Dec. nº 3.897, de 24-8-2001, fixa as diretrizes para o emprego das Forças Armadas na garantia da Lei e da Ordem.

Art. 142. As Forças Armadas, constituídas pela Marinha, pelo Exército e pela Aeronáutica, são instituições nacionais permanentes e regulares, organizadas com base na hierarquia e na disciplina, sob a autoridade suprema do Presidente da República, e destinam-se à defesa da Pátria, à garantia dos poderes constitucionais e, por iniciativa de qualquer destes, da lei e da ordem.

▶ Art. 37, X, desta Constituição.
▶ LC nº 69, de 23-7-1991, dispõe sobre a organização e emprego das Forças Armadas.
▶ Lei nº 8.071, de 17-7-1990, dispõe sobre os efetivos do Exército em tempo de paz.

§ 1º Lei complementar estabelecerá as normas gerais a serem adotadas na organização, no preparo e no emprego das Forças Armadas.

▶ LC nº 97, de 9-6-1999, dispõe sobre as normas gerais para a organização, o preparo e o emprego das Forças Armadas.

§ 2º Não caberá *habeas corpus* em relação a punições disciplinares militares.

▶ Art. 42, § 1º, desta Constituição.
▶ Dec.-lei nº 1.001, de 21-10-1969 (Código Penal Militar).
▶ Dec. nº 76.322, de 22-9-1975 (Regulamento Disciplinar da Aeronáutica).
▶ Dec. nº 88.545, de 26-7-1983 (Regulamento Disciplinar para a Marinha).
▶ Dec. nº 4.346, de 26-8-2002 (Regulamento Disciplinar do Exército).

§ 3º Os membros das Forças Armadas são denominados militares, aplicando-se-lhes, além das que vierem a ser fixadas em lei, as seguintes disposições:

▶ § 3º acrescido pela EC nº 18, de 5-2-1998.
▶ Art. 42, § 1º, desta Constituição.
▶ Lei nº 9.786, de 8-2-1999, dispõe sobre o ensino do Exército Brasileiro.
▶ Dec. nº 3.182, de 23-9-1999, regulamenta a Lei nº 9.786, de 8-2-1999, que dispõe sobre o ensino do Exército Brasileiro.

I – as patentes, com prerrogativas, direitos e deveres a elas inerentes, são conferidas pelo Presidente da República e asseguradas em plenitude aos oficiais da ativa, da reserva ou reformados, sendo-lhes privativos os títulos e postos militares e, juntamente com os demais membros, o uso dos uniformes das Forças Armadas;
II – o militar em atividade que tomar posse em cargo ou emprego público civil permanente será transferido para a reserva, nos termos da lei;
III – o militar da ativa que, de acordo com a lei, tomar posse em cargo, emprego ou função pública civil temporária, não eletiva, ainda que da administração indireta, ficará agregado ao respectivo quadro e somente poderá, enquanto permanecer nessa situação, ser promovido por antiguidade, contando-se-lhe o tempo de serviço apenas para aquela promoção e transferência para a reserva, sendo depois de dois anos de afastamento, contínuos ou não, transferido para a reserva, nos termos da lei;
IV – ao militar são proibidas a sindicalização e a greve;
V – o militar, enquanto em serviço ativo, não pode estar filiado a partidos políticos;
VI – o oficial só perderá o posto e a patente se for julgado indigno do oficialato ou com ele incompatível, por decisão de Tribunal militar de caráter permanente, em tempo de paz, ou de Tribunal especial, em tempo de guerra;
VII – o oficial condenado na justiça comum ou militar a pena privativa de liberdade superior a dois anos, por sentença transitada em julgado, será submetido ao julgamento previsto no inciso anterior;
VIII – aplica-se aos militares o disposto no artigo 7º, VIII, XII, XVII, XVIII, XIX e XXV e no artigo 37, XI, XIII, XIV e XV;

▶ Súm. Vinc. nº 6 do STF.

IX – *Revogado*. EC nº 41, de 19-12-2003;
X – a lei disporá sobre o ingresso nas Forças Armadas, os limites de idade, a estabilidade e outras condições de transferência do militar para a inatividade, os direitos, os deveres, a remuneração, as prerrogativas e outras situações especiais dos militares, consideradas as peculiaridades de suas atividades, inclusive aquelas cumpridas por força de compromissos internacionais e de guerra.

▶ Incisos I a X acrescidos pela EC nº 18, de 5-2-1998.
▶ Arts. 40, § 20, e 42, § 1º, desta Constituição.
▶ Súm. Vinc. nº 4 do STF.

Art. 143. O serviço militar é obrigatório nos termos da lei.

▶ Lei nº 4.375, de 17-8-1964 (Lei do Serviço Militar), regulamentada pelo Dec. nº 57.654, de 20-1-1966.
▶ Dec. nº 3.289, de 15-12-1999, aprova o Plano Geral de Convocação para o Serviço Militar Inicial nas Forças Armadas em 2001.

§ 1º Às Forças Armadas compete, na forma da lei, atribuir serviço alternativo aos que, em tempo de paz, após alistados, alegarem imperativo de consciência, entendendo-se como tal o decorrente de crença religiosa e de convicção filosófica ou política, para se eximirem de atividades de caráter essencialmente militar.

▶ Art. 5º, VIII, desta Constituição.

§ 2º As mulheres e os eclesiásticos ficam isentos do serviço militar obrigatório em tempo de paz, sujeitos, porém, a outros encargos que a lei lhes atribuir.

▶ Lei nº 8.239, de 4-10-1991, regulamenta os §§ 1º e 2º deste artigo.
▶ Súm. Vinc. nº 6 do STF.

Capítulo III

DA SEGURANÇA PÚBLICA

▶ Dec. nº 5.289, de 29-11-2004, disciplina a organização e o funcionamento da administração pública federal, para o desenvolvimento do programa de cooperação federativa denominado Força Nacional de Segurança Pública.

Art. 144. A segurança pública, dever do Estado, direito e responsabilidade de todos, é exercida para a preservação da ordem pública e da incolumidade das pessoas e do patrimônio, através dos seguintes órgãos:

▶ Dec. nº 4.332, de 12-8-2002, estabelece normas para o planejamento, a coordenação e a execução de medidas de segurança a serem implementadas durante as viagens presidenciais em território nacional, ou em eventos na capital federal.

I – polícia federal;
II – polícia rodoviária federal;

▶ Dec. nº 1.655, de 3-10-1995, define a competência da Polícia Rodoviária Federal.

III – polícia ferroviária federal;
IV – polícias civis;
V – polícias militares e corpos de bombeiros militares.

§ 1º A polícia federal, instituída por lei como órgão permanente, organizado e mantido pela União e estruturado em carreira, destina-se a:

▶ § 1º com a redação dada pela EC nº 19, de 4-6-1998.

I – apurar infrações penais contra a ordem política e social ou em detrimento de bens, serviços e interesses da União ou de suas entidades autárquicas e empresas públicas, assim como outras infrações cuja prática tenha repercussão interestadual ou internacional e exija repressão uniforme, segundo se dispuser em lei;

▶ Lei nº 8.137, de 27-12-1990 (Lei dos Crimes contra a Ordem Tributária, Econômica e contra as Relações de Consumo).
▶ Lei nº 10.446, de 8-5-2002, dispõe sobre infrações penais de repercussão interestadual ou internacional que exigem repressão uniforme, para os fins de aplicação do disposto neste inciso.

II – prevenir e reprimir o tráfico ilícito de entorpecentes e drogas afins, o contrabando e o descaminho, sem prejuízo da ação fazendária e de outros órgãos públicos nas respectivas áreas de competência;

▶ Lei nº 11.343, de 23-8-2006 (Lei Antidrogas).
▶ Dec. nº 2.781, de 14-9-1998, institui o Programa Nacional de Combate ao Contrabando e o Descaminho.

III – exercer as funções de polícia marítima, aeroportuária e de fronteiras;

▶ Inciso III com a redação dada pela EC nº 19, de 4-6-1998.

IV – exercer, com exclusividade, as funções de polícia judiciária da União.

§ 2º A polícia rodoviária federal, órgão permanente, organizado e mantido pela União e estruturado em carreira, destina-se, na forma da lei, ao patrulhamento ostensivo das rodovias federais.

▶ Lei nº 9.654, de 2-3-1998, cria a carreira de Policial Rodoviário Federal.

§ 3º A polícia ferroviária federal, órgão permanente, organizado e mantido pela União e estruturado em carreira, destina-se, na forma da lei, ao patrulhamento ostensivo das ferrovias federais.

▶ §§ 2º e 3º com a redação dada pela EC nº 19, de 4-6-1998.

§ 4º Às polícias civis, dirigidas por delegados de polícia de carreira, incumbem, ressalvada a competência da União, as funções de polícia judiciária e a apuração de infrações penais, exceto as Militares.

▶ Art. 9º do CPM.

▶ Art. 7º do CPPM.

§ 5º Às polícias militares cabem a polícia ostensiva e a preservação da ordem pública; aos corpos de bombeiros militares, além das atribuições definidas em lei, incumbe a execução de atividades de defesa civil.

▶ Dec.-lei nº 667, de 2-7-1969, reorganiza as Polícias Militares e os Corpos de Bombeiros Militares dos Estados, dos Territórios e do Distrito Federal.

§ 6º As polícias militares e corpos de bombeiros militares, forças auxiliares e reserva do Exército, subordinam-se, juntamente com as polícias civis, aos Governadores dos Estados, do Distrito Federal e dos Territórios.

§ 7º A lei disciplinará a organização e o funcionamento dos órgãos responsáveis pela segurança pública, de maneira a garantir a eficiência de suas atividades.

▶ Dec. nº 6.950, de 26-8-2009, dispõe sobre o Conselho Nacional de Segurança Pública – CONASP.

§ 8º Os Municípios poderão constituir guardas municipais destinadas à proteção de seus bens, serviços e instalações, conforme dispuser a lei.

§ 9º A remuneração dos servidores policiais integrantes dos órgãos relacionados neste artigo será fixada na forma do § 4º do artigo 39.

▶ § 9º acrescido pela EC nº 19, de 4-6-1998.

TÍTULO VI – DA TRIBUTAÇÃO E DO ORÇAMENTO

▶ Lei nº 5.172, de 27-12-1990 (Código Tributário Nacional).

CAPÍTULO I

DO SISTEMA TRIBUTÁRIO NACIONAL

▶ Lei nº 8.137, de 27-12-1990 (Lei de Crimes contra a Ordem Tributária, Econômica e contra as Relações de Consumo).
▶ Lei nº 8.176, de 8-2-1991, define crimes contra a ordem econômica e cria o sistema de estoque de combustíveis.
▶ Dec. nº 2.730, de 10-8-1998, dispõe sobre o encaminhamento ao Ministério Público da representação fiscal para os crimes contra a ordem tributária.

SEÇÃO I

DOS PRINCÍPIOS GERAIS

Art. 145. A União, os Estados, o Distrito Federal e os Municípios poderão instituir os seguintes tributos:

▶ Arts. 1º a 5º do CTN.
▶ Súm. nº 667 do STF.

I – impostos;

▶ Arts. 16 a 76 do CTN.

II – taxas, em razão do exercício do poder de polícia ou pela utilização, efetiva ou potencial, de serviços públicos específicos e divisíveis, prestados ao contribuinte ou postos a sua disposição;

▶ Arts. 77 a 80 do CTN.
▶ Súm. Vinc. nº 19 do STF.
▶ Súmulas nºs 665 e 670 do STF.

III – contribuição de melhoria, decorrente de obras públicas.

▶ Arts. 81 e 82 do CTN.

▶ Dec.-lei nº 195, de 24-2-1967 (Lei da Contribuição de Melhoria).

§ 1º Sempre que possível, os impostos terão caráter pessoal e serão graduados segundo a capacidade econômica do contribuinte, facultado à administração tributária, especialmente para conferir efetividade a esses objetivos, identificar, respeitados os direitos individuais e nos termos da lei, o patrimônio, os rendimentos e as atividades econômicas do contribuinte.

▶ Lei nº 8.021, de 12-4-1990, dispõe sobre a identificação dos contribuintes para fins fiscais.
▶ Súmulas nºs 656 e 668 do STF.

§ 2º As taxas não poderão ter base de cálculo própria de impostos.

▶ Art. 77, parágrafo único, do CTN.
▶ Súm. Vinc. nº 29 do STF.
▶ Súm. nº 665 do STF.

Art. 146. Cabe à lei complementar:

I – dispor sobre conflitos de competência, em matéria tributária, entre a União, os Estados, o Distrito Federal e os Municípios;

▶ Arts. 6º a 8º do CTN.

II – regular as limitações constitucionais ao poder de tributar;

▶ Arts. 9º a 15 do CTN.

III – estabelecer normas gerais em matéria de legislação tributária, especialmente sobre:

▶ Art. 149 desta Constituição.

a) definição de tributos e de suas espécies, bem como, em relação aos impostos discriminados nesta Constituição, a dos respectivos fatos geradores, bases de cálculo e contribuintes;

b) obrigação, lançamento, crédito, prescrição e decadência tributários;

▶ Súm. Vinc. nº 8 do STF.

c) adequado tratamento tributário ao ato cooperativo praticado pelas sociedades cooperativas;

d) definição de tratamento diferenciado e favorecido para as microempresas e para as empresas de pequeno porte, inclusive regimes especiais ou simplificados no caso do imposto previsto no art. 155, II, das contribuições previstas no art. 195, I e §§ 12 e 13, e da contribuição a que se refere o art. 239.

▶ Alínea *d* acrescida pela EC nº 42, de 19-12-2003.
▶ Art. 94 do ADCT.
▶ LC nº 123, de 14-12-2006 (Estatuto Nacional da Microempresa e da Empresa de Pequeno Porte).

Parágrafo único. A lei complementar de que trata o inciso III, *d*, também poderá instituir um regime único de arrecadação dos impostos e contribuições da União, dos Estados, do Distrito Federal e dos Municípios, observado que:

I – será opcional para o contribuinte;
II – poderão ser estabelecidas condições de enquadramento diferenciadas por Estado;
III – o recolhimento será unificado e centralizado e a distribuição da parcela de recursos pertencentes aos respectivos entes federados será imediata, vedada qualquer retenção ou condicionamento;

IV – a arrecadação, a fiscalização e a cobrança poderão ser compartilhadas pelos entes federados, adotado cadastro nacional único de contribuintes.

▶ Parágrafo único acrescido pela EC nº 42, de 19-12-2003.

Art. 146-A. Lei complementar poderá estabelecer critérios especiais de tributação, com o objetivo de prevenir desequilíbrios da concorrência, sem prejuízo da competência de a União, por lei, estabelecer normas de igual objetivo.

▶ Art. 146-A acrescido pela EC nº 42, de 19-12-2003.

Art. 147. Competem à União, em Território Federal, os impostos estaduais e, se o Território não for dividido em Municípios, cumulativamente, os impostos municipais; ao Distrito Federal cabem os impostos municipais.

Art. 148. A União, mediante lei complementar, poderá instituir empréstimos compulsórios:

I – para atender a despesas extraordinárias, decorrentes de calamidade pública, de guerra externa ou sua iminência;
II – no caso de investimento público de caráter urgente e de relevante interesse nacional, observado o disposto no artigo 150, III, *b*.

▶ Art. 34, § 12, do ADCT.

Parágrafo único. A aplicação dos recursos provenientes de empréstimo compulsório será vinculada à despesa que fundamentou sua instituição.

Art. 149. Compete exclusivamente à União instituir contribuições sociais, de intervenção no domínio econômico e de interesse das categorias profissionais ou econômicas, como instrumento de sua atuação nas respectivas áreas, observado o disposto nos artigos 146, III, e 150, I e III, e sem prejuízo do previsto no artigo 195, § 6º, relativamente às contribuições a que alude o dispositivo.

▶ Lei nº 10.336, de 19-12-2001, institui a Contribuição de Intervenção no Domínio Econômico incidente sobre a importação e a comercialização de petróleo e seus derivados, gás natural e seus derivados e álcool etílico combustível – CIDE a que se refere este artigo.

§ 1º Os Estados, o Distrito Federal e os Municípios instituirão contribuição, cobrada de seus servidores, para o custeio, em benefício destes, do regime previdenciário de que trata o art. 40, cuja alíquota não será inferior à da contribuição dos servidores titulares de cargos efetivos da União.

▶ § 1º com a redação dada pela EC nº 41, de 19-12-2003.

§ 2º As contribuições sociais e de intervenção no domínio econômico de que trata o *caput* deste artigo:

I – não incidirão sobre as receitas decorrentes de exportação;
II – incidirão também sobre a importação de produtos estrangeiros ou serviços;

▶ Inciso II com a redação dada pela EC nº 42, de 19-12-2003.
▶ Lei nº 10.336, de 19-12-2001, institui Contribuição de Intervenção no Domínio Econômico incidente sobre a importação e a comercialização de petróleo e seus derivados, e álcool etílico combustível – CIDE.
▶ Lei nº 10.865, de 30-4-2004, dispõe sobre o PIS/PASEP-Importação e a COFINS-Importação.

III – poderão ter alíquotas:

a) *ad valorem*, tendo por base o faturamento, a receita bruta ou o valor da operação e, no caso de importação, o valor aduaneiro;
b) específica, tendo por base a unidade de medida adotada.

§ 3º A pessoa natural destinatária das operações de importação poderá ser equiparada a pessoa jurídica, na forma da lei.

§ 4º A lei definirá as hipóteses em que as contribuições incidirão uma única vez.

▶ §§ 2º a 4º acrescidos pela EC nº 33, de 11-12-2001.

Art. 149-A. Os Municípios e o Distrito Federal poderão instituir contribuição, na forma das respectivas leis, para o custeio do serviço de iluminação pública, observado o disposto no art. 150, I e III.

Parágrafo único. É facultada a cobrança da contribuição a que se refere o *caput*, na fatura de consumo de energia elétrica.

▶ Art. 149-A acrescido pela EC nº 39, de 19-12-2002.

Seção II
DAS LIMITAÇÕES DO PODER DE TRIBUTAR

Art. 150. Sem prejuízo de outras garantias asseguradas ao contribuinte, é vedado à União, aos Estados, ao Distrito Federal e aos Municípios:

▶ Lei nº 5.172 de 25-10-1966 (Código Tributário Nacional).

I – exigir ou aumentar tributo sem lei que o estabeleça;

▶ Arts. 3º e 97, I e II, do CTN.

II – instituir tratamento desigual entre contribuintes que se encontrem em situação equivalente, proibida qualquer distinção em razão de ocupação profissional ou função por eles exercida, independentemente da denominação jurídica dos rendimentos, títulos ou direitos;

▶ Art. 5º, *caput*, desta Constituição.
▶ Súm. nº 658 do STF.

III – cobrar tributos:

a) em relação a fatos geradores ocorridos antes do início da vigência da lei que os houver instituído ou aumentado;

▶ Art. 9º, II, do CTN.

b) no mesmo exercício financeiro em que haja sido publicada a lei que os instituiu ou aumentou;

▶ Art. 195, § 6º, desta Constituição.

c) antes de decorridos noventa dias da data em que haja sido publicada a lei que os instituiu ou aumentou, observado o disposto na alínea *b*;

▶ Alínea c acrescida pela EC nº 42, de 19-12-2003.

IV – utilizar tributo com efeito de confisco;
V – estabelecer limitações ao tráfego de pessoas ou bens, por meio de tributos interestaduais ou intermunicipais, ressalvada a cobrança de pedágio pela utilização de vias conservadas pelo Poder Público;

▶ Art. 9º, III, do CTN.

VI – instituir impostos sobre:

a) patrimônio, renda ou serviços, uns dos outros;

▶ Art. 9º, IV, *a*, do CTN.

b) templos de qualquer culto;

▶ Art. 9º, IV, *b*, do CTN.

c) patrimônio, renda ou serviços dos partidos políticos, inclusive suas fundações, das entidades sindicais dos trabalhadores, das instituições de educação e de assistência social, sem fins lucrativos, atendidos os requisitos da lei;

▶ Art. 9º, IV, *c*, e 14 do CTN.
▶ Lei nº 3.193, de 4-7-1957, dispõe sobre isenção de impostos em templos de qualquer culto, bens e serviços de partidos políticos e instituições de educação e assistência social.
▶ Súmulas nºs 724 e 730 do STF.

d) livros, jornais, periódicos e o papel destinado à sua impressão.

▶ Lei nº 10.753, de 30-10-2003, institui a Política Internacional do Livro.
▶ Art. 1º, *caput*, I e II, da Lei nº 11.945, de 4-6-2009, que dispõe sobre o Registro Especial na Secretaria da Receita Federal do Brasil.
▶ Súm. nº 657 do STF.

§ 1º A vedação do inciso III, *b*, não se aplica aos tributos previstos nos arts. 148, I, 153, I, II, IV e V; e 154, II; e a vedação do inciso III, *c*, não se aplica aos tributos previstos nos arts. 148, I, 153, I, II, III e V; e 154, II, nem à fixação da base de cálculo dos impostos previstos nos arts. 155, III, e 156, I.

▶ § 1º com a redação dada pela EC nº 42, de 19-12-2003.

§ 2º A vedação do inciso VI, *a*, é extensiva às autarquias e às fundações instituídas e mantidas pelo Poder Público, no que se refere ao patrimônio, à renda e aos serviços, vinculados a suas finalidades essenciais ou às delas decorrentes.

§ 3º As vedações do inciso VI, *a*, e do parágrafo anterior não se aplicam ao patrimônio, à renda e aos serviços, relacionados com exploração de atividades econômicas regidas pelas normas aplicáveis a empreendimentos privados, ou em que haja contraprestação ou pagamento de preços ou tarifas pelo usuário, nem exonera o promitente comprador da obrigação de pagar imposto relativamente ao bem imóvel.

§ 4º As vedações expressas no inciso VI, alíneas *b* e *c*, compreendem somente o patrimônio, a renda e os serviços, relacionados com as finalidades essenciais das entidades nelas mencionadas.

§ 5º A lei determinará medidas para que os consumidores sejam esclarecidos acerca dos impostos que incidam sobre mercadorias e serviços.

§ 6º Qualquer subsídio ou isenção, redução de base de cálculo, concessão de crédito presumido, anistia ou remissão, relativos a impostos, taxas ou contribuições, só poderá ser concedido mediante lei específica, federal, estadual ou municipal, que regule exclusivamente as matérias acima enumeradas ou o correspondente tributo ou contribuição, sem prejuízo do disposto no artigo 155, § 2º, XII, *g*.

§ 7º A lei poderá atribuir a sujeito passivo de obrigação tributária a condição de responsável pelo pagamento de imposto ou contribuição, cujo fato gerador deva ocorrer posteriormente, assegurada a imediata e preferencial restituição da quantia paga, caso não se realize o fato gerador presumido.

▶ §§ 6º e 7º acrescidos pela EC nº 3, de 17-3-1993.

Art. 151. É vedado à União:

I – instituir tributo que não seja uniforme em todo o Território Nacional ou que implique distinção ou preferência em relação a Estado, ao Distrito Federal ou a Município, em detrimento de outro, admitida a concessão de incentivos fiscais destinados a promover o equilíbrio do desenvolvimento socioeconômico entre as diferentes regiões do País;

▶ Art. 10 do CTN.
▶ Lei nº 9.440, de 14-3-1997, estabelece incentivos fiscais para o desenvolvimento regional.
▶ Lei nº 11.508, de 20-7-2007 (Lei das Zonas de Processamento de Exportação).

II – tributar a renda das obrigações da dívida pública dos Estados, do Distrito Federal e dos Municípios, bem como a remuneração e os proventos dos respectivos agentes públicos, em níveis superiores aos que fixar para suas obrigações e para seus agentes;

III – instituir isenções de tributos da competência dos Estados, do Distrito Federal ou dos Municípios.

▶ Súm. nº 185 do STJ.

Art. 152. É vedado aos Estados, ao Distrito Federal e aos Municípios estabelecer diferença tributária entre bens e serviços, de qualquer natureza, em razão de sua procedência ou destino.

▶ Art. 11 do CTN.

Seção III

DOS IMPOSTOS DA UNIÃO

Art. 153. Compete à União instituir impostos sobre:

I – importação de produtos estrangeiros;

▶ Arts. 60, § 2º, e 154, I, desta Constituição.
▶ Lei nº 7.810, de 30-8-1989, dispõe sobre a redução de impostos na importação.
▶ Lei nº 8.032, de 12-4-1990, dispõe sobre a isenção ou redução de imposto de importação.
▶ Lei nº 9.449, de 14-3-1997, reduz o Imposto de Importação para os produtos que especifica.

II – exportação, para o exterior, de produtos nacionais ou nacionalizados;

▶ Art. 60, § 2º, desta Constituição.

III – renda e proventos de qualquer natureza;

▶ Arts. 27, § 2º, 28, § 2º, 29, V e VI, 37, XV, 48, XV, 49, VII e VIII, 95, III, 128, § 5º, I, c, desta Constituição.
▶ Art. 34, § 2º, I, do ADCT.
▶ Lei nº 8.166, de 11-1-1991, dispõe sobre a não incidência do imposto de renda sobre lucros ou dividendos distribuídos a residentes ou domiciliados no exterior, doados a instituições sem fins lucrativos.
▶ Lei nº 9.430, de 27-12-1996, dispõe sobre a legislação tributária federal, as contribuições para a Seguridade Social, o processo administrativo de consulta.
▶ Dec. nº 3.000, de 26-3-1999, regulamenta a tributação, fiscalização, arrecadação e administração do Imposto sobre a Renda e proventos de qualquer natureza.
▶ Súmulas nºs 125, 136 e 386 do STJ.

IV – produtos industrializados;

▶ Art. 60, § 2º, desta Constituição.
▶ Art. 34, § 2º, I, do ADCT.
▶ Lei nº 9.363, de 13-12-1996, dispõe sobre a instituição de crédito presumido do Imposto sobre Produtos Industrializados, para ressarcimento do valor do PIS/PASEP e COFINS nos casos que especifica.
▶ Lei nº 9.493, de 10-9-1997, concede isenção do Imposto sobre Produtos Industrializados – IPI na aquisição de equipamentos, máquinas, aparelhos e instrumentos, dispõe sobre período de apuração e prazo de recolhimento do referido imposto para as microempresas e empresas de pequeno porte, e estabelece suspensão do IPI na saída de bebidas alcoólicas, acondicionadas para venda a granel, dos estabelecimentos produtores e dos estabelecimentos equiparados a industrial.
▶ Dec. nº 7.212, de 15-6-2010, regulamenta a cobrança, fiscalização, arrecadação e administração do Imposto sobre Produtos Industrializados – IPI.

V – operações de crédito, câmbio e seguro, ou relativas a títulos ou valores mobiliários;

▶ Art. 60, § 2º, desta Constituição.
▶ Arts. 63 a 67 do CTN.
▶ Lei nº 8.894, de 21-6-1994, dispõe sobre o Imposto sobre Operações de Crédito, Câmbio e Seguro, ou relativas a Títulos e Valores Mobiliários.
▶ Dec. nº 6.306, de 14-12-2007, regulamenta o imposto sobre Operações de Crédito, Câmbio e Seguro, ou relativas a Títulos e Valores Mobiliários – IOF.
▶ Sum. Vinc. nº 32 do STF.
▶ Súm. nº 664 do STF.

VI – propriedade territorial rural;

▶ Lei nº 8.847, de 28-1-1994, dispõe sobre o Imposto sobre a Propriedade Territorial Rural – ITR.
▶ Lei nº 9.393, de 19-12-1996, dispõe sobre a Propriedade Territorial Rural – ITR, e sobre o pagamento da dívida representada por Títulos da Dívida Agrária – TDA.
▶ Dec. nº 4.382, de 19-9-2002, regulamenta a tributação, fiscalização, arrecadação e administração do Imposto sobre a Propriedade Territorial Rural – ITR.
▶ Súm. nº 139 do STJ.

VII – grandes fortunas, nos termos de lei complementar.

▶ LC nº 111, de 6-7-2001, dispõe sobre o Fundo de Combate e Erradicação da Pobreza, na forma prevista nos arts. 79 a 81 do ADCT.

§ 1º É facultado ao Poder Executivo, atendidas as condições e os limites estabelecidos em lei, alterar as alíquotas dos impostos enumerados nos incisos I, II, IV e V.

▶ Art. 150, § 1º, desta Constituição.
▶ Lei nº 8.088, de 30-10-1990, dispõe sobre a atualização do Bônus do Tesouro Nacional e dos depósitos de poupança.

§ 2º O imposto previsto no inciso III:

I – será informado pelos critérios da generalidade, da universalidade e da progressividade, na forma da lei;

▶ Arts. 27, § 2º, 28, § 2º, 29, V e VI, 37, XV, 48, XV, 49, VII e VIII, 95, III, e 128, § 5º, I, c, desta Constituição.

II – *Revogado.* EC nº 20, de 15-12-1998.

§ 3º O imposto previsto no inciso IV:

I – será seletivo, em função da essencialidade do produto;

II – será não cumulativo, compensando-se o que for devido em cada operação com o montante cobrado nas anteriores;
III – não incidirá sobre produtos industrializados destinados ao exterior;
IV – terá reduzido seu impacto sobre a aquisição de bens de capital pelo contribuinte do imposto, na forma da lei.
▶ Inciso IV acrescido pela EC nº 42, de 19-12-2003.

§ 4º O imposto previsto no inciso VI do *caput*:
▶ *Caput* com a redação dada pela EC nº 42, de 19-12-2003.
▶ Lei nº 8.629, de 25-2-1993, regula os dispositivos constitucionais relativos à reforma agrária.

I – será progressivo e terá suas alíquotas fixadas de forma a desestimular a manutenção de propriedades improdutivas;
II – não incidirá sobre pequenas glebas rurais, definidas em lei, quando as explore o proprietário que não possua outro imóvel;
III – será fiscalizado e cobrado pelos Municípios que assim optarem, na forma da lei, desde que não implique redução do imposto ou qualquer outra forma de renúncia fiscal.
▶ Incisos I a III acrescidos pela EC nº 42, de 19-12-2003.
▶ Lei nº 11.250, de 27-12-2005, regulamenta este inciso.

§ 5º O ouro, quando definido em lei como ativo financeiro ou instrumento cambial, sujeita-se exclusivamente à incidência do imposto de que trata o inciso V do *caput* deste artigo, devido na operação de origem; a alíquota mínima será de um por cento, assegurada a transferência do montante da arrecadação nos seguintes termos:
▶ Art. 74, § 2º, do ADCT.
▶ Lei nº 7.766, de 11-5-1989, dispõe sobre o ouro, ativo financeiro e sobre seu tratamento tributário.

I – trinta por cento para o Estado, o Distrito Federal ou o Território, conforme a origem;
II – setenta por cento para o Município de origem.
▶ Arts. 72, § 3º, 74, § 2º, 75 e 76, § 1º, do ADCT.
▶ Lei nº 7.766, de 11-5-1989, dispõe sobre o ouro, ativo financeiro e sobre seu tratamento tributário.

Art. 154. A União poderá instituir:

I – mediante lei complementar, impostos não previstos no artigo anterior, desde que sejam não cumulativos e não tenham fato gerador ou base de cálculo próprios dos discriminados nesta Constituição;
▶ Art. 195, § 4º, desta Constituição.
▶ Arts. 74, § 2º, e 75 do ADCT.

II – na iminência ou no caso de guerra externa, impostos extraordinários, compreendidos ou não em sua competência tributária, os quais serão suprimidos, gradativamente, cessadas as causas de sua criação.
▶ Arts. 62, § 2º, 150, § 1º, desta Constituição.

SEÇÃO IV

DOS IMPOSTOS DOS ESTADOS E DO DISTRITO FEDERAL

Art. 155. Compete aos Estados e ao Distrito Federal instituir impostos sobre:
▶ *Caput* com a redação dada pela EC nº 3, de 17-3-1993.

I – transmissão *causa mortis* e doação de quaisquer bens ou direitos;
II – operações relativas à circulação de mercadorias e sobre prestações de serviços de transporte interestadual e intermunicipal e de comunicação, ainda que as operações e as prestações se iniciem no exterior;
▶ Art. 60, § 2º, do ADCT.
▶ LC nº 24, de 7-1-1975, dispõe sobre os convênios para a concessão de isenções do imposto sobre operações relativas à circulação de mercadorias.
▶ LC nº 87, de 13-9-1996 (Lei Kandir – ICMS).
▶ Súm. nº 662 do STF.
▶ Súmulas nºs 334 e 457 do STJ.

III – propriedade de veículos automotores;
▶ Incisos I a III acrescidos pela EC nº 3, de 17-3-1993.

§ 1º O imposto previsto no inciso I:
▶ § 1º com a redação dada pela EC nº 3, de 17-3-1993.

I – relativamente a bens imóveis e respectivos direitos, compete ao Estado da situação do bem, ou ao Distrito Federal;
II – relativamente a bens móveis, títulos e créditos, compete ao Estado onde se processar o inventário ou arrolamento, ou tiver domicílio o doador, ou ao Distrito Federal;
III – terá a competência para sua instituição regulada por lei complementar:
a) se o doador tiver domicílio ou residência no exterior;
b) se o *de cujus* possuía bens, era residente ou domiciliado ou teve o seu inventário processado no exterior;
IV – terá suas alíquotas máximas fixadas pelo Senado Federal.

§ 2º O imposto previsto no inciso II atenderá ao seguinte:
▶ *Caput* do § 2º com a redação dada pela EC nº 3, de 17-3-1993.
▶ LC nº 24, de 7-1-1975, dispõe sobre os convênios para a concessão de isenções do imposto sobre operações relativas à circulação de mercadorias.
▶ LC nº 101, de 4-5-2000 (Lei da Responsabilidade Fiscal).
▶ Dec.-lei nº 406, de 31-12-1968, estabelece normas gerais de direito financeiro, aplicáveis aos Impostos sobre Operações relativas à Circulação de Mercadorias e sobre Serviços de Qualquer Natureza.

I – será não cumulativo, compensando-se o que for devido em cada operação relativa à circulação de mercadorias ou prestação de serviços com o montante cobrado nas anteriores pelo mesmo ou outro Estado ou pelo Distrito Federal;
II – a isenção ou não incidência, salvo determinação em contrário da legislação:
▶ LC nº 24, de 7-1-1975, dispõe sobre os convênios para concessão para isenções do Imposto sobre Obrigações Relativas a Circulação de Mercadorias.
▶ LC nº 87, de 13-9-1996 (Lei Kandir – ICMS).
▶ Súm. nº 662 do STF.

a) não implicará crédito para compensação com o montante devido nas operações ou prestações seguintes;

b) acarretará a anulação do crédito relativo às operações anteriores;

III – poderá ser seletivo, em função da essencialidade das mercadorias e dos serviços;

IV – resolução do Senado Federal, de iniciativa do Presidente da República ou de um terço dos Senadores, aprovada pela maioria absoluta de seus membros, estabelecerá as alíquotas aplicáveis às operações e prestações, interestaduais e de exportação;

V – é facultado ao Senado Federal:

a) estabelecer alíquotas mínimas nas operações internas, mediante resolução de iniciativa de um terço e aprovada pela maioria absoluta de seus membros;

b) fixar alíquotas máximas nas mesmas operações para resolver conflito específico que envolva interesse de Estados, mediante resolução de iniciativa da maioria absoluta e aprovada por dois terços de seus membros;

VI – salvo deliberação em contrário dos Estados e do Distrito Federal, nos termos do disposto no inciso XII, g, as alíquotas internas, nas operações relativas à circulação de mercadorias e nas prestações de serviços, não poderão ser inferiores às previstas para as operações interestaduais;

VII – em relação às operações e prestações que destinem bens e serviços a consumidor final localizado em outro Estado, adotar-se-á:

a) a alíquota interestadual, quando o destinatário for contribuinte do imposto;

b) a alíquota interna, quando o destinatário não for contribuinte dele;

VIII – na hipótese da alínea a do inciso anterior, caberá ao Estado da localização do destinatário o imposto correspondente à diferença entre a alíquota interna e a interestadual;

IX – incidirá também:

▶ Súmulas nºs 660 e 661 do STF.
▶ Súm. nº 155 do STJ.

a) sobre a entrada de bem ou mercadoria importados do exterior por pessoa física ou jurídica, ainda que não seja contribuinte habitual do imposto, qualquer que seja a sua finalidade, assim como sobre o serviço prestado no exterior, cabendo o imposto ao Estado onde estiver situado o domicílio ou o estabelecimento do destinatário da mercadoria, bem ou serviço;

▶ Alínea a com a redação dada pela EC nº 33, de 11-12-2001.
▶ Súmulas nºs 660 e 661 do STF.
▶ Súm. nº 198 do STJ.

b) sobre o valor total da operação, quando mercadorias forem fornecidas com serviços não compreendidos na competência tributária dos Municípios;

X – não incidirá:

a) sobre operações que destinem mercadorias para o exterior, nem sobre serviços prestados a destinatários no exterior, assegurada a manutenção e o aproveitamento do montante do imposto cobrado nas operações e prestações anteriores;

▶ Alínea a com a redação dada pela EC nº 42, de 19-12-2003.
▶ Súm. nº 433 do STJ.

b) sobre operações que destinem a outros Estados petróleo, inclusive lubrificantes, combustíveis líquidos e gasosos dele derivados, e energia elétrica;

c) sobre o ouro, nas hipóteses definidas no artigo 153, § 5º;

▶ Lei nº 7.766, de 11-5-1989, dispõe sobre o ouro, ativo financeiro, e sobre seu tratamento tributário.

d) nas prestações de serviço de comunicação nas modalidades de radiodifusão sonora e de sons e imagens de recepção livre e gratuita;

▶ Alínea d acrescida pela EC nº 42, de 19-12-2003.

XI – não compreenderá, em sua base de cálculo, o montante do imposto sobre produtos industrializados, quando a operação, realizada entre contribuintes e relativa a produto destinado à industrialização ou à comercialização, configure fato gerador dos dois impostos;

XII – cabe à lei complementar:

▶ Art. 4º da EC nº 42, de 19-12-2003.

a) definir seus contribuintes;
b) dispor sobre substituição tributária;
c) disciplinar o regime de compensação do imposto;
d) fixar, para efeito de sua cobrança e definição do estabelecimento responsável, o local das operações relativas à circulação de mercadorias e das prestações de serviços;
e) excluir da incidência do imposto, nas exportações para o exterior, serviços e outros produtos além dos mencionados no inciso X, a;
f) prever casos de manutenção de crédito, relativamente à remessa para outro Estado e exportação para o exterior, de serviços e de mercadorias;
g) regular a forma como, mediante deliberação dos Estados e do Distrito Federal, isenções, incentivos e benefícios fiscais serão concedidos e revogados;

▶ Art. 22, parágrafo único, da LC nº 123, de 14-12-2006 (Estatuto Nacional da Microempresa e da Empresa de Pequeno Porte).

h) definir os combustíveis e lubrificantes sobre os quais o imposto incidirá uma única vez, qualquer que seja a sua finalidade, hipótese em que não se aplicará o disposto no inciso X, b;

▶ Alínea h acrescida pela EC nº 33, de 11-12-2001.
▶ Conforme o art. 4º da EC nº 33, de 11-12-2001, enquanto não entrar em vigor a lei complementar de que trata esta alínea, os Estados e o Distrito Federal, mediante convênio celebrado nos termos do § 2º, XII, g, deste artigo, fixarão normas para regular provisoriamente a matéria.

i) fixar a base de cálculo, de modo que o montante do imposto a integre, também na importação do exterior de bem, mercadoria ou serviço.

▶ Alínea i acrescida pela EC nº 33, de 11-12-2001.
▶ Súm. nº 457 do STJ.

§ 3º À exceção dos impostos de que tratam o inciso II do caput deste artigo e o artigo 153, I e II, nenhum outro imposto poderá incidir sobre operações relativas a energia elétrica, serviços de telecomunicações, derivados de petróleo, combustíveis e minerais do País.

▶ § 3º com a redação dada pela EC nº 33, de 11-12-2001.
▶ Súm. nº 659 do STF.

§ 4º Na hipótese do inciso XII, *h*, observar-se-á o seguinte:

I – nas operações com os lubrificantes e combustíveis derivados de petróleo, o imposto caberá ao Estado onde ocorrer o consumo;

II – nas operações interestaduais, entre contribuintes, com gás natural e seus derivados, e lubrificantes e combustíveis não incluídos no inciso I deste parágrafo, o imposto será repartido entre os Estados de origem e de destino, mantendo-se a mesma proporcionalidade que ocorre nas operações com as demais mercadorias;

III – nas operações interestaduais com gás natural e seus derivados, e lubrificantes e combustíveis não incluídos no inciso I deste parágrafo, destinadas a não contribuinte, o imposto caberá ao Estado de origem;

IV – as alíquotas do imposto serão definidas mediante deliberação dos Estados e Distrito Federal, nos termos do § 2º, XII, *g*, observando-se o seguinte:

a) serão uniformes em todo o território nacional, podendo ser diferenciadas por produto;

b) poderão ser específicas, por unidade de medida adotada, ou *ad valorem*, incidindo sobre o valor da operação ou sobre o preço que o produto ou seu similar alcançaria em uma venda em condições de livre concorrência;

c) poderão ser reduzidas e restabelecidas, não se lhes aplicando o disposto no artigo 150, III, *b*.

§ 5º As regras necessárias à aplicação do disposto no § 4º, inclusive as relativas à apuração e à destinação do imposto, serão estabelecidas mediante deliberação dos Estados e do Distrito Federal, nos termos do § 2º, XII, *g*.

▶ §§ 4º e 5º acrescidos pela EC nº 33, de 11-12-2001.

§ 6º O imposto previsto no inciso III:

I – terá alíquotas mínimas fixadas pelo Senado Federal;
II – poderá ter alíquotas diferenciadas em função do tipo e utilização.

▶ § 6º acrescido pela EC nº 42, de 19-12-2003.

Seção V

DOS IMPOSTOS DOS MUNICÍPIOS

Art. 156. Compete aos Municípios instituir impostos sobre:

▶ Art. 167, § 4º, desta Constituição.

I – propriedade predial e territorial urbana;

▶ Arts. 32 a 34 do CTN.
▶ Súm. nº 589 do STF.
▶ Súm. nº 399 do STJ.

II – transmissão *inter vivos*, a qualquer título, por ato oneroso, de bens imóveis, por natureza ou acessão física, e de direitos reais sobre imóveis, exceto os de garantia, bem como cessão de direitos à sua aquisição;

▶ Arts. 34 a 42 do CTN.
▶ Súm. nº 656 do STF.

III – serviços de qualquer natureza, não compreendidos no artigo 155, II, definidos em lei complementar.

▶ Inciso III com a redação dada pela EC nº 3, de 17-3-1993.
▶ LC nº 116, de 31-4-2003 (Lei do ISS).
▶ Súm. Vinc. nº 31 do STF.
▶ Súm. nº 424 do STJ.

IV – *Revogado*. EC nº 3, de 17-3-1993.

§ 1º Sem prejuízo da progressividade no tempo a que se refere o artigo 182, § 4º, inciso II, o imposto previsto no inciso I poderá:

▶ Arts. 182, §§ 2º e 4º, e 186 desta Constituição.
▶ Súm. nº 589 do STF.

I – ser progressivo em razão do valor do imóvel; e
II – ter alíquotas diferentes de acordo com a localização e o uso do imóvel.

▶ § 1º com a redação dada pela EC nº 29, de 13-9-2000.
▶ Lei nº 10.257, de 10-7-2001 (Estatuto da Cidade).

§ 2º O imposto previsto no inciso II:

I – não incide sobre a transmissão de bens ou direitos incorporados ao patrimônio de pessoa jurídica em realização de capital, nem sobre a transmissão de bens ou direitos decorrentes de fusão, incorporação, cisão ou extinção de pessoa jurídica, salvo se, nesses casos, a atividade preponderante do adquirente for a compra e venda desses bens ou direitos, locação de bens imóveis ou arrendamento mercantil;

II – compete ao Município da situação do bem.

§ 3º Em relação ao imposto previsto no inciso III do *caput* deste artigo, cabe à lei complementar:

▶ § 3º com a redação dada pela EC nº 37, de 12-6-2002.

I – fixar as suas alíquotas máximas e mínimas;

▶ Inciso I com a redação dada pela EC nº 37, de 12-6-2002.
▶ Art. 88 do ADCT.

II – excluir da sua incidência exportações de serviços para o exterior;

▶ Inciso II com a redação dada pela EC nº 3, de 17-3-1993.

III – regular a forma e as condições como isenções, incentivos e benefícios fiscais serão concedidos e revogados.

▶ Inciso III acrescido pela EC nº 37, de 12-6-2002.
▶ Art. 88 do ADCT.

§ 4º *Revogado*. EC nº 3, de 17-3-1993.

Seção VI

DA REPARTIÇÃO DAS RECEITAS TRIBUTÁRIAS

Art. 157. Pertencem aos Estados e ao Distrito Federal:

▶ Art. 167, § 4º, desta Constituição.

I – o produto da arrecadação do imposto da União sobre renda e proventos de qualquer natureza, incidente na fonte, sobre rendimentos pagos, a qualquer título, por eles, suas autarquias e pelas fundações que instituírem e mantiverem;

▶ Art. 159, § 1º, desta Constituição.
▶ Art. 76, § 1º, do ADCT.
▶ Dec. nº 3.000, de 26-3-1999, regulamenta a tributação, fiscalização, arrecadação e administração do Imposto sobre a Renda e proventos de qualquer natureza.
▶ Súm. nº 447 do STJ.

II – vinte por cento do produto da arrecadação do imposto que a União instituir no exercício da competência que lhe é atribuída pelo artigo 154, I.

▶ Art. 72, § 3º, do ADCT.

Art. 158. Pertencem aos Municípios:

▶ Art. 167, IV, desta Constituição.
▶ LC nº 63, de 11-1-1990, dispõe sobre critérios e prazos de crédito das parcelas do produto da arrecadação de impostos de competência dos Estados e de transferências por estes recebidas, pertencentes aos Municípios.

I – o produto da arrecadação do imposto da União sobre renda e proventos de qualquer natureza, incidente na fonte, sobre rendimentos pagos, a qualquer título, por eles, suas autarquias e pelas fundações que instituírem e mantiverem;

▶ Art. 159, § 1º, desta Constituição.
▶ Art. 76, § 1º, do ADCT.

II – cinquenta por cento do produto da arrecadação do imposto da União sobre a propriedade territorial rural, relativamente aos imóveis neles situados, cabendo a totalidade na hipótese da opção a que se refere o art. 153, § 4º, III;

▶ Inciso II com a redação dada pela EC nº 42, de 19-12-2003.
▶ Arts. 72, § 4º, e 76, § 1º, do ADCT.
▶ Súm. nº 139 do STJ.

III – cinquenta por cento do produto da arrecadação do imposto do Estado sobre a propriedade de veículos automotores licenciados em seus territórios;

▶ Art. 1º da LC nº 63, de 11-1-1990, que dispõe sobre critérios e prazos de crédito das parcelas do produto da arrecadação de impostos de competência dos Estados e de transferências por estes recebidas, pertencentes aos Municípios.

IV – vinte e cinco por cento do produto da arrecadação do imposto do Estado sobre operações relativas à circulação de mercadorias e sobre prestações de serviços de transporte interestadual e intermunicipal e de comunicação.

▶ Arts. 60, § 2º, e 82, § 1º, do ADCT.
▶ Art. 1º da LC nº 63, de 11-1-1990, que dispõe sobre critérios e prazos de crédito das parcelas do produto da arrecadação de impostos de competência dos Estados e de transferências por estes recebidas, pertencentes aos Municípios.

Parágrafo único. As parcelas de receita pertencentes aos Municípios, mencionadas no inciso IV, serão creditadas conforme os seguintes critérios:

I – três quartos, no mínimo, na proporção do valor adicionado nas operações relativas à circulação de mercadorias e nas prestações de serviços, realizadas em seus territórios;

II – até um quarto, de acordo com o que dispuser lei estadual ou, no caso dos Territórios, lei federal.

Art. 159. A União entregará:

▶ Art. 167, IV, desta Constituição.
▶ Arts. 72, §§ 2º e 4º, e 80, § 1º, do ADCT.
▶ LC nº 62, de 28-12-1989, dispõe sobre normas para cálculo, entrega e controle de liberações de recursos dos Fundos de Participação.

I – do produto da arrecadação dos impostos sobre renda e proventos de qualquer natureza e sobre produtos industrializados quarenta e oito por cento na seguinte forma:

▶ Inciso I com a redação dada pela EC nº 55, de 20-9-2007.
▶ Art. 3º da EC nº 17, de 22-11-1997.
▶ Art. 2º da EC nº 55, de 20-9-2007, que determina que as alterações inseridas neste artigo somente se aplicam sobre a arrecadação dos impostos sobre renda e proventos de qualquer natureza e sobre produtos industrializados realizada a partir de 1º-9-2007.
▶ Art. 60, § 2º, do ADCT.

a) vinte e um inteiros e cinco décimos por cento ao Fundo de Participação dos Estados e do Distrito Federal;

▶ Arts. 34, § 2º, II e 60, § 2º, 76, § 1º, do ADCT.
▶ LC nº 62, de 28-12-1989, estabelece normas sobre o cálculo, a entrega e o controle das liberações dos recursos dos fundos de participação dos Estados, do Distrito Federal e dos Municípios.

b) vinte e dois inteiros e cinco décimos por cento ao Fundo de Participação dos Municípios;

▶ Art. 76, § 1º, do ADCT.
▶ LC nº 62 de, 28-12-1989, estabelece normas sobre o cálculo, a entrega e o controle das liberações dos recursos dos fundos de participação dos Estados, do Distrito Federal e dos Municípios.
▶ LC nº 91, de 22-12-1997, dispõe sobre a fixação dos coeficientes do Fundo de Participação dos Municípios.

c) três por cento, para aplicação em programas de financiamento ao setor produtivo das Regiões Norte, Nordeste e Centro-Oeste, através de suas instituições financeiras de caráter regional, de acordo com os planos regionais de desenvolvimento, ficando assegurada ao semiárido do Nordeste a metade dos recursos destinados à Região, na forma que a lei estabelecer;

▶ Lei nº 7.827, de 22-9-1989, regulamenta esta alínea.

d) um por cento ao Fundo de Participação dos Municípios, que será entregue no primeiro decêndio do mês de dezembro de cada ano;

▶ Alínea d acrescida pela EC nº 55, de 20-9-2007.
▶ Art. 2º da EC nº 55, de 20-9-2007, estabelece que as alterações inseridas neste artigo somente se aplicam sobre a arrecadação dos impostos sobre renda e proventos de qualquer natureza e sobre produtos industrializados realizada a partir de 1º-9-2007.

II – do produto da arrecadação do imposto sobre produtos industrializados, dez por cento aos Estados e ao Distrito Federal, proporcionalmente ao valor das respectivas exportações de produtos industrializados;

▶ Arts. 60, § 2º, e 76, § 1º, do ADCT.
▶ Art. 1º da LC nº 63, de 11-1-1990, que dispõe sobre critérios e prazos de crédito das parcelas do produto da arrecadação de impostos de competência dos Estados e de transferências por estes recebidas, pertencentes aos Municípios.
▶ Lei nº 8.016, de 8-4-1990, dispõe sobre a entrega das quotas de participação dos Estados e do Distrito Federal na arrecadação do Imposto sobre Produtos Industrializados – IPI, a que se refere este inciso.

III – do produto da arrecadação da contribuição de intervenção no domínio econômico prevista no art. 177, § 4º, 29% (vinte e nove por cento) para os Estados e o Distrito Federal, distribuídos na forma da lei, observada

a destinação a que se refere o inciso II, c, do referido parágrafo.
▶ Inciso III com a redação dada pela EC nº 44, de 30-6-2004.
▶ Art. 93 do ADCT.

§ 1º Para efeito de cálculo da entrega a ser efetuada de acordo com o previsto no inciso I, excluir-se-á a parcela da arrecadação do imposto de renda e proventos de qualquer natureza pertencente aos Estados, ao Distrito Federal e aos Municípios, nos termos do disposto nos artigos 157, I, e 158, I.

§ 2º A nenhuma unidade federada poderá ser destinada parcela superior a vinte por cento do montante a que se refere o inciso II, devendo o eventual excedente ser distribuído entre os demais participantes, mantido, em relação a esses, o critério de partilha nele estabelecido.
▶ LC nº 61, de 26-12-1989, dispõe sobre normas para participação dos Estados e do Distrito Federal no produto de arrecadação do Imposto sobre Produtos Industrializados – IPI, relativamente às exportações.

§ 3º Os Estados entregarão aos respectivos Municípios vinte e cinco por cento dos recursos que receberem nos termos do inciso II, observados os critérios estabelecidos no artigo 158, parágrafo único, I e II.
▶ LC nº 63, de 11-1-1990, dispõe sobre critérios e prazos de crédito das parcelas do produto da arrecadação de impostos de competência dos Estados e de transferências por estes recebidas, pertencentes aos Municípios.

§ 4º Do montante de recursos de que trata o inciso III que cabe a cada Estado, vinte e cinco por cento serão destinados aos seus Municípios, na forma da lei a que se refere o mencionado inciso.
▶ § 4º acrescido pela EC nº 42, de 19-12-2003.
▶ Art. 93 do ADCT.

Art. 160. É vedada a retenção ou qualquer restrição à entrega e ao emprego dos recursos atribuídos, nesta seção, aos Estados, ao Distrito Federal e aos Municípios, neles compreendidos adicionais e acréscimos relativos a impostos.
▶ Art. 3º da EC nº 17, de 22-11-1997.

Parágrafo único. A vedação prevista neste artigo não impede a União e os Estados de condicionarem a entrega de recursos:
▶ Caput do parágrafo único com a redação dada pela EC nº 29, de 13-9-2000.

I – ao pagamento de seus créditos, inclusive de suas autarquias;
II – ao cumprimento do disposto no artigo 198, § 2º, incisos II e III.
▶ Incisos I e II acrescidos pela EC nº 29, de 13-9-2000.

Art. 161. Cabe à lei complementar:
I – definir valor adicionado para fins do disposto no artigo 158, parágrafo único, I;
▶ LC nº 63, de 11-1-1990, dispõe sobre critérios e prazos de crédito das parcelas do produto da arrecadação de impostos de competência dos Estados e de transferências por estes recebidas, pertencentes aos Municípios.

II – estabelecer normas sobre a entrega dos recursos de que trata o artigo 159, especialmente sobre os critérios de rateio dos fundos previstos em seu inciso I, objetivando promover o equilíbrio socioeconômico entre Estados e entre Municípios;
▶ Art. 34, § 2º, do ADCT.
▶ LC nº 62, de 28-12-1989, estabelece normas sobre o cálculo, a entrega e o controle das liberações dos recursos dos fundos de participação dos Estados, do Distrito Federal e dos Municípios.

III – dispor sobre o acompanhamento, pelos beneficiários, do cálculo das quotas e da liberação das participações previstas nos artigos 157, 158 e 159.
▶ LC nº 62, de 28-12-1989, estabelece normas sobre o cálculo, a entrega e o controle das liberações dos recursos dos fundos de participação dos Estados, do Distrito Federal e dos Municípios.

Parágrafo único. O Tribunal de Contas da União efetuará o cálculo das quotas referentes aos fundos de participação a que alude o inciso II.

Art. 162. A União, os Estados, o Distrito Federal e os Municípios divulgarão, até o último dia do mês subsequente ao da arrecadação, os montantes de cada um dos tributos arrecadados, os recursos recebidos, os valores de origem tributária entregues e a entregar e a expressão numérica dos critérios de rateio.

Parágrafo único. Os dados divulgados pela União serão discriminados por Estado e por Município; os dos Estados, por Município.

CAPÍTULO II

DAS FINANÇAS PÚBLICAS

SEÇÃO I

NORMAS GERAIS

Art. 163. Lei complementar disporá sobre:
▶ Art. 30 da EC nº 19, de 4-6-1998.
▶ Lei nº 4.320, de 17-3-1964, estatui normas gerais de direito financeiro para elaboração e controle dos orçamentos e balanços da União, dos Estados, dos Municípios e do Distrito Federal.
▶ Lei nº 6.830, de 22-9-1980 (Lei das Execuções Fiscais).

I – finanças públicas;
▶ LC nº 101, de 4-5-2000 (Lei da Responsabilidade Fiscal).

II – dívida pública externa e interna, incluída a das autarquias, fundações e demais entidades controladas pelo Poder Público;
▶ Lei nº 8.388, de 30-12-1991, estabelece diretrizes para que a União possa realizar a consolidação e o reescalonamento de dívidas das administrações direta e indireta dos Estados, do Distrito Federal e dos Municípios.

III – concessão de garantias pelas entidades públicas;
IV – emissão e resgate de títulos da dívida pública;
▶ Art. 34, § 2º, I, do ADCT.

V – fiscalização financeira da administração pública direta e indireta;
▶ Inciso V com a redação dada pela EC nº 40, de 29-5-2003.
▶ Lei nº 4.595, de 31-12-1964 (Lei do Sistema Financeiro Nacional).

VI – operações de câmbio realizadas por órgãos e entidades da União, dos Estados, do Distrito Federal e dos Municípios;

▶ Lei nº 4.131, de 3-9-1962, disciplina a aplicação do capital estrangeiro e as remessas de valores para o exterior.
▶ Dec.-lei nº 9.025, de 27-2-1946, dispõe sobre as operações de cambio e regulamenta o retorno de capitais estrangeiros.
▶ Dec.-lei nº 9.602, de 16-8-1946, e Lei nº 1.807, de 7-1-1953, dispõem sobre operações de câmbio.

VII – compatibilização das funções das instituições oficiais de crédito da União, resguardadas as características e condições operacionais plenas das voltadas ao desenvolvimento regional.

▶ Art. 30 da EC nº 19, de 4-6-1998 (Reforma Administrativa).
▶ LC nº 101, de 4-5-2000 (Lei da Responsabilidade Fiscal).
▶ Lei nº 4.595, de 31-12-1964 (Lei do Sistema Financeiro Nacional).

Art. 164. A competência da União para emitir moeda será exercida exclusivamente pelo Banco Central.

§ 1º É vedado ao Banco Central conceder, direta ou indiretamente, empréstimos ao Tesouro Nacional e a qualquer órgão ou entidade que não seja instituição financeira.

§ 2º O Banco Central poderá comprar e vender títulos de emissão do Tesouro Nacional, com o objetivo de regular a oferta de moeda ou a taxa de juros.

§ 3º As disponibilidades de caixa da União serão depositadas no Banco Central; as dos Estados, do Distrito Federal, dos Municípios e dos órgãos ou entidades do Poder Público e das empresas por ele controladas, em instituições financeiras oficiais, ressalvados os casos previstos em lei.

Seção II

DOS ORÇAMENTOS

Art. 165. Leis de iniciativa do Poder Executivo estabelecerão:

I – o plano plurianual;
II – as diretrizes orçamentárias;
III – os orçamentos anuais.

§ 1º A lei que instituir o plano plurianual estabelecerá, de forma regionalizada, as diretrizes, os objetivos e metas da administração pública federal para as despesas de capital e outras delas decorrentes e para as relativas aos programas de duração continuada.

§ 2º A lei de diretrizes orçamentárias compreenderá as metas e prioridades da administração pública federal, incluindo as despesas de capital para o exercício financeiro subsequente, orientará a elaboração da lei orçamentária anual, disporá sobre as alterações na legislação tributária e estabelecerá a política de aplicação das agências financeiras oficiais de fomento.

▶ Art. 4º da LC nº 101, de 4-5-2000 (Lei da Responsabilidade Fiscal).

§ 3º O Poder Executivo publicará, até trinta dias após o encerramento de cada bimestre, relatório resumido da execução orçamentária.

§ 4º Os planos e programas nacionais, regionais e setoriais previstos nesta Constituição serão elaborados em consonância com o plano plurianual e apreciados pelo Congresso Nacional.

▶ Lei nº 9.491, de 9-9-1997, altera procedimentos relativos ao Programa Nacional de Desestatização.

§ 5º A lei orçamentária anual compreenderá:

I – o orçamento fiscal referente aos Poderes da União, seus fundos, órgãos e entidades da administração direta e indireta, inclusive fundações instituídas e mantidas pelo Poder Público;
II – o orçamento de investimento das empresas em que a União, direta ou indiretamente, detenha a maioria do capital social com direito a voto;
III – o orçamento da seguridade social, abrangendo todas as entidades e órgãos a ela vinculados, da administração direta ou indireta, bem como os fundos e fundações instituídos e mantidos pelo Poder Público.

§ 6º O projeto de lei orçamentária será acompanhado de demonstrativo regionalizado do efeito, sobre as receitas e despesas, decorrente de isenções, anistias, remissões, subsídios e benefícios de natureza financeira, tributária e creditícia.

§ 7º Os orçamentos previstos no § 5º, I e II, deste artigo, compatibilizados com o plano plurianual, terão entre suas funções a de reduzir desigualdades inter-regionais, segundo critério populacional.

▶ Art. 35 do ADCT.

§ 8º A lei orçamentária anual não conterá dispositivo estranho à previsão da receita e à fixação da despesa, não se incluindo na proibição a autorização para abertura de créditos suplementares e contratação de operações de crédito, ainda que por antecipação de receita, nos termos da lei.

▶ Art. 167, IV, desta Constituição.

§ 9º Cabe à lei complementar:

▶ Art. 168 desta Constituição.
▶ Art. 35, § 2º, do ADCT.
▶ Lei nº 4.320, de 17-3-1964, estatui normas gerais de direito financeiro para elaboração e controle dos orçamentos e balanços da União, dos Estados, dos Municípios e do Distrito Federal.
▶ Dec.-lei nº 200, de 25-2-1967, dispõe sobre a organização da Administração Federal, estabelece diretrizes para a Reforma Administrativa.

I – dispor sobre o exercício financeiro, a vigência, os prazos, a elaboração e a organização do plano plurianual, da lei de diretrizes orçamentárias e da lei orçamentária anual;
II – estabelecer normas de gestão financeira e patrimonial da administração direta e indireta, bem como condições para a instituição e funcionamento de fundos.

▶ Arts. 35, § 2º, 71, § 1º, e 81, § 3º, do ADCT.
▶ LC nº 89, de 18-2-1997, institui o Fundo para Aparelhamento e Operacionalização das Atividades-fim da Polícia Federal – FUNAPOL.
▶ LC nº 101, de 4-5-2000 (Lei da Responsabilidade Fiscal).

Art. 166. Os projetos de lei relativos ao plano plurianual, às diretrizes orçamentárias, ao orçamento anual e aos créditos adicionais serão apreciados pelas duas

Casas do Congresso Nacional, na forma do regimento comum.

§ 1º Caberá a uma Comissão mista permanente de Senadores e Deputados:

I – examinar e emitir parecer sobre os projetos referidos neste artigo e sobre as contas apresentadas anualmente pelo Presidente da República;
II – examinar e emitir parecer sobre os planos e programas nacionais, regionais e setoriais previstos nesta Constituição e exercer o acompanhamento e a fiscalização orçamentária, sem prejuízo da atuação das demais comissões do Congresso Nacional e de suas Casas, criadas de acordo com o artigo 58.

§ 2º As emendas serão apresentadas na Comissão mista, que sobre elas emitirá parecer, e apreciadas, na forma regimental, pelo Plenário das duas Casas do Congresso Nacional.

§ 3º As emendas ao projeto de lei do orçamento anual ou aos projetos que o modifiquem somente podem ser aprovadas caso:

I – sejam compatíveis com o plano plurianual e com a lei de diretrizes orçamentárias;
II – indiquem os recursos necessários, admitidos apenas os provenientes de anulação de despesa, excluídas as que incidam sobre:

a) dotações para pessoal e seus encargos;
b) serviço da dívida;
c) transferências tributárias constitucionais para Estados, Municípios e Distrito Federal; ou

III – sejam relacionadas:

a) com a correção de erros ou omissões; ou
b) com os dispositivos do texto do projeto de lei.

§ 4º As emendas ao projeto de lei de diretrizes orçamentárias não poderão ser aprovadas quando incompatíveis com o plano plurianual.

▶ Art. 63, I, desta Constituição.

§ 5º O Presidente da República poderá enviar mensagem ao Congresso Nacional para propor modificação nos projetos a que se refere este artigo enquanto não iniciada a votação, na Comissão mista, da parte cuja alteração é proposta.

§ 6º Os projetos de lei do plano plurianual, das diretrizes orçamentárias e do orçamento anual serão enviados pelo Presidente da República ao Congresso Nacional, nos termos da lei complementar a que se refere o artigo 165, § 9º.

§ 7º Aplicam-se aos projetos mencionados neste artigo, no que não contrariar o disposto nesta seção, as demais normas relativas ao processo legislativo.

§ 8º Os recursos que, em decorrência de veto, emenda ou rejeição do projeto de lei orçamentária anual, ficarem sem despesas correspondentes poderão ser utilizados, conforme o caso, mediante créditos especiais ou suplementares, com prévia e específica autorização legislativa.

Art. 167. São vedados:

I – o início de programas ou projetos não incluídos na lei orçamentária anual;

II – a realização de despesas ou a assunção de obrigações diretas que excedam os créditos orçamentários ou adicionais;
III – a realização de operações de créditos que excedam o montante das despesas de capital, ressalvadas as autorizadas mediante créditos suplementares ou especiais com finalidade precisa, aprovados pelo Poder Legislativo por maioria absoluta;

▶ Art. 37 do ADCT.
▶ Art. 38, § 1º, da LC nº 101, de 4-5-2000 (Lei da Responsabilidade Fiscal).

IV – a vinculação de receita de impostos a órgão, fundo ou despesa, ressalvadas a repartição do produto da arrecadação dos impostos a que se referem os arts. 158 e 159, a destinação de recursos para as ações e serviços públicos de saúde, para manutenção e desenvolvimento do ensino e para realização de atividades da administração tributária, como determinado, respectivamente, pelos arts. 198, § 2º, 212 e 37, XXII, e a prestação de garantias às operações de crédito por antecipação de receita, previstas no art. 165, § 8º, bem como o disposto no § 4º deste artigo;

▶ Inciso IV com a redação dada pela EC nº 42, de 19-12-2003.
▶ Art. 80, § 1º, do ADCT.
▶ Art. 2º, parágrafo único, da LC nº 111, de 6-7-2001, que dispõe sobre o Fundo de Combate e Erradicação da Pobreza, na forma prevista nos arts. 79 a 81 do ADCT.

V – a abertura de crédito suplementar ou especial sem prévia autorização legislativa e sem indicação dos recursos correspondentes;
VI – a transposição, o remanejamento ou a transferência de recursos de uma categoria de programação para outra ou de um órgão para o outro, sem prévia autorização legislativa;
VII – a concessão ou utilização de créditos ilimitados;
VIII – a utilização, sem autorização legislativa específica, de recursos dos orçamentos fiscal e da seguridade social para suprir necessidade ou cobrir déficit de empresas, fundações e fundos, inclusive dos mencionados no artigo 165, § 5º;
IX – a instituição de fundos de qualquer natureza, sem prévia autorização legislativa;
X – a transferência voluntária de recursos e a concessão de empréstimos, inclusive por antecipação de receita, pelos Governos Federal e Estaduais e suas instituições financeiras, para pagamento de despesas com pessoal ativo, inativo e pensionista, dos Estados, do Distrito Federal e dos Municípios;

▶ Inciso X acrescido pela EC nº 19, de 4-6-1998.

XI – a utilização dos recursos provenientes das contribuições sociais de que trata o artigo 195, I, a, e II, para realização de despesas distintas do pagamento de benefícios do regime geral de previdência social de que trata o artigo 201.

▶ Inciso XI acrescido pela EC nº 20, de 15-12-1998.

§ 1º Nenhum investimento cuja execução ultrapasse um exercício financeiro poderá ser iniciado sem prévia inclusão no plano plurianual, ou sem lei que autorize a inclusão, sob pena de crime de responsabilidade.

§ 2º Os créditos especiais e extraordinários terão vigência no exercício financeiro em que forem autorizados, salvo se o ato de autorização for promulgado nos últimos quatro meses daquele exercício, caso em que, reabertos nos limites de seus saldos, serão incorporados ao orçamento do exercício financeiro subsequente.

§ 3º A abertura de crédito extraordinário somente será admitida para atender a despesas imprevisíveis e urgentes, como as decorrentes de guerra, comoção interna ou calamidade pública, observado o disposto no artigo 62.

§ 4º É permitida a vinculação de receitas próprias geradas pelos impostos a que se referem os artigos 155 e 156, e dos recursos de que tratam os artigos 157, 158 e 159, I, *a* e *b*, e II, para a prestação de garantia ou contra garantia à União e para pagamento de débitos para com esta.

▶ § 4º acrescido pela EC nº 3, de 17-3-1993.

Art. 168. Os recursos correspondentes às dotações orçamentárias, compreendidos os créditos suplementares e especiais, destinados aos órgãos dos Poderes Legislativo e Judiciário, do Ministério Público e da Defensoria Pública, ser-lhes-ão entregues até o dia 20 de cada mês, em duodécimos, na forma da lei complementar a que se refere o art. 165, § 9º.

▶ Artigo com a redação dada pela EC nº 45, de 8-12-2004.

Art. 169. A despesa com pessoal ativo e inativo da União, dos Estados, do Distrito Federal e dos Municípios não poderá exceder os limites estabelecidos em lei complementar.

▶ Arts. 96, II, e 127, § 2º, desta Constituição.
▶ Arts. 19 a 23 da LC nº 101, de 4-5-2000 (Lei da Responsabilidade Fiscal).
▶ Lei nº 9.801, de 14-6-1999, dispõe sobre normas gerais para a perda de cargo público por excesso de despesa.

§ 1º A concessão de qualquer vantagem ou aumento de remuneração, a criação de cargos, empregos e funções ou alteração de estrutura de carreiras, bem como a admissão ou contratação de pessoal, a qualquer título, pelos órgãos e entidades da administração direta ou indireta, inclusive fundações instituídas e mantidas pelo poder público, só poderão ser feitas:

▶ Art. 96, I, *e*, desta Constituição.

I – se houver prévia dotação orçamentária suficiente para atender às projeções de despesa de pessoal e aos acréscimos dela decorrentes;
II – se houver autorização específica na lei de diretrizes orçamentárias, ressalvadas as empresas públicas e as sociedades de economia mista.

▶ § 1º com a redação dada pela EC nº 19, de 4-6-1998.

§ 2º Decorrido o prazo estabelecido na lei complementar referida neste artigo para a adaptação aos parâmetros ali previstos, serão imediatamente suspensos todos os repasses de verbas federais ou estaduais aos Estados, ao Distrito Federal e aos Municípios que não observarem os referidos limites.

§ 3º Para o cumprimento dos limites estabelecidos com base neste artigo, durante o prazo fixado na lei complementar referida no *caput*, a União, os Estados, o Distrito Federal e os Municípios adotarão as seguintes providências:

I – redução em pelo menos vinte por cento das despesas com cargos em comissão e funções de confiança;

II – exoneração dos servidores não estáveis.

▶ Art. 33 da EC nº 19, de 4-6-1998 (Reforma Administrativa).

§ 4º Se as medidas adotadas com base no parágrafo anterior não forem suficientes para assegurar o cumprimento da determinação da lei complementar referida neste artigo, o servidor estável poderá perder o cargo, desde que ato normativo motivado de cada um dos Poderes especifique a atividade funcional, o órgão ou unidade administrativa objeto da redução de pessoal.

▶ Art. 198, § 6º, desta Constituição.

§ 5º O servidor que perder o cargo na forma do parágrafo anterior fará jus à indenização correspondente a um mês de remuneração por ano de serviço.

§ 6º O cargo objeto da redução prevista nos parágrafos anteriores será considerado extinto, vedada a criação de cargo, emprego ou função com atribuições iguais ou assemelhadas pelo prazo de quatro anos.

§ 7º Lei federal disporá sobre as normas gerais a serem obedecidas na efetivação do disposto no § 4º.

▶ §§ 2º a 7º acrescidos pela EC nº 19, de 4-6-1998.
▶ Art. 247 desta Constituição.
▶ Lei nº 9.801, de 14-6-1999, dispõe sobre as normas gerais para a perda de cargo público por excesso de despesa.

TÍTULO VII – DA ORDEM ECONÔMICA E FINANCEIRA

CAPÍTULO I

DOS PRINCÍPIOS GERAIS DA ATIVIDADE ECONÔMICA

▶ Lei nº 8.137, de 27-12-1990 (Lei dos Crimes contra a Ordem Tributária, Econômica e contra as Relações de Consumo).
▶ Lei nº 8.176, de 8-2-1991, define crimes contra a ordem econômica e cria o sistema de estoque de combustíveis.
▶ Lei nº 8.884, de 11-6-1994 (Lei Antitruste).
▶ Lei nº 12.529, de 30-11-2011 (Lei do Sistema Brasileiro de Defesa da Concorrência) publicada no *DOU* de 1º-12-2011, para vigorar 180 dias após a data de sua publicação, quando ficarão revogados os arts. 1º a 85 e 88 a 93 da Lei nº 8.884, de 11-6-1994.

Art. 170. A ordem econômica, fundada na valorização do trabalho humano e na livre iniciativa, tem por fim assegurar a todos existência digna, conforme os ditames da justiça social, observados os seguintes princípios:

I – soberania nacional;

▶ Art. 1º, I, desta Constituição.

II – propriedade privada;

▶ Art. 5º, XXII, desta Constituição.
▶ Arts. 1.228 a 1.368 do CC.

III – função social da propriedade;

▶ Lei nº 8.884, de 11-6-1994 (Lei Antitruste).
▶ Lei nº 12.529, de 30-11-2011 (Lei do Sistema Brasileiro de Defesa da Concorrência) publicada no *DOU* de 1º-12-2011, para vigorar 180 dias após a data de sua publicação, quando ficarão revogados os arts. 1º a 85 e 88 a 93 da Lei nº 8.884, de 11-6-1994.

IV – livre concorrência;
- Arts. 1º, caput, 20, I, 21, VIII, 54, caput, da Lei nº 8.884, de 11-6-1994 (Lei Antitruste).
- Lei nº 12.529, de 30-11-2011 (Lei do Sistema Brasileiro de Defesa da Concorrência) publicada no DOU de 1º-12-2011, para vigorar 180 dias após a data de sua publicação, quando ficarão revogados os arts. 1º a 85 e 88 a 93 da Lei nº 8.884, de 11-6-1994.
- Art. 52 do Dec. nº 2.594, de 15-4-1998, que dispõe sobre a defesa da concorrência na desestatização.
- Súm. nº 646 do STF.

V – defesa do consumidor;
- Lei nº 8.078, de 11-9-1990 (Código de Defesa do Consumidor).
- Lei nº 10.504, de 8-7-2002, instituí o Dia Nacional do Consumidor, que é comemorado anualmente, no dia 15 de março.
- Dec. nº 2.181, de 20-3-1997, dispõe sobre a organização do Sistema Nacional de Defesa do Consumidor – SNDC e estabelece normas gerais de aplicação das sanções administrativas previstas no CDC.
- Súm. nº 646 do STF.

VI – defesa do meio ambiente, inclusive mediante tratamento diferenciado conforme o impacto ambiental dos produtos e serviços e de seus processos de elaboração e prestação;
- Inciso VI com a redação dada pela EC nº 42, de 19-12-2003.
- Art. 5º, LXXIII, desta Constituição.
- Lei nº 7.347, de 24-7-1985 (Lei da Ação Civil Pública).
- Lei nº 9.605, de 12-2-1998 (Lei dos Crimes Ambientais).
- Dec. nº 6.514, de 22-7-2008, dispõe sobre as infrações e sanções administrativas ao meio ambiente e estabelece o processo administrativo federal para apuração destas infrações.
- Res. do CONAMA nº 369, de 28-3-2006, dispõe sobre os casos excepcionais, de utilidade pública, interesse social ou baixo impacto ambiental, que possibilitam a intervenção ou supressão de vegetação em Área de Preservação Permanente – APP.

VII – redução das desigualdades regionais e sociais;
- Art. 3º, III, desta Constituição.

VIII – busca do pleno emprego;
- Arts. 6º e 7º desta Constituição.
- Art. 47 da Lei nº 11.101, de 9-2-2005 (Lei de Recuperação de Empresas e Falências).

IX – tratamento favorecido para as empresas de pequeno porte constituídas sob as leis brasileiras e que tenham sua sede e administração no País.
- Inciso IX com a redação dada pela EC nº 6, de 15-8-1995.
- Art. 246 desta Constituição.
- LC nº 123, de 14-12-2006 (Estatuto Nacional da Microempresa e da Empresa de Pequeno Porte).
- Lei nº 6.174, de 1-8-2007, institui e regulamenta o Fórum Permanente das Microempresas de Pequeno Porte.

Parágrafo único. É assegurado a todos o livre exercício de qualquer atividade econômica, independentemente de autorização de órgãos públicos, salvo nos casos previstos em lei.
- Súm. nº 646 do STF.

Art. 171. Revogado. EC nº 6, de 15-8-1995.

Art. 172. A lei disciplinará, com base no interesse nacional, os investimentos de capital estrangeiro, incentivará os reinvestimentos e regulará a remessa de lucros.
- Lei nº 4.131, de 3-9-1962, disciplina a aplicação do capital estrangeiro e as remessas de valores para o exterior.
- Dec.-lei nº 37, de 18-11-1966 (Lei do Imposto de Importação).

Art. 173. Ressalvados os casos previstos nesta Constituição, a exploração direta de atividade econômica pelo Estado só será permitida quando necessária aos imperativos da segurança nacional ou a relevante interesse coletivo, conforme definidos em lei.
- OJ da SBDI-I nº 364 do TST.

§ 1º A lei estabelecerá o estatuto jurídico da empresa pública, da sociedade de economia mista e de suas subsidiárias que explorem atividade econômica de produção ou comercialização de bens ou de prestação de serviços, dispondo sobre:
- § 1º com a redação dada pela EC nº 19, de 4-6-1998.

I – sua função social e formas de fiscalização pelo Estado e pela sociedade;
II – a sujeição ao regime jurídico próprio das empresas privadas, inclusive quanto aos direitos e obrigações civis, comerciais, trabalhistas e tributários;
- OJ da SBDI-I nº 353 do TST.

III – licitação e contratação de obras, serviços, compras e alienações, observados os princípios da administração pública;
- Art. 22, XXVII, desta Constituição.
- Súm. nº 333 do STJ.

IV – a constituição e o funcionamento dos conselhos de administração e fiscal, com a participação de acionistas minoritários;
V – os mandatos, a avaliação de desempenho e a responsabilidade dos administradores.
- Incisos I a V com a redação dada pela EC nº 19, de 4-6-1998.

§ 2º As empresas públicas e as sociedades de economia mista não poderão gozar de privilégios fiscais não extensivos às do setor privado.

§ 3º A lei regulamentará as relações da empresa pública com o Estado e a sociedade.

§ 4º A lei reprimirá o abuso do poder econômico que vise à dominação dos mercados, à eliminação da concorrência e ao aumento arbitrário dos lucros.
- Lei nº 8.137, de 27-12-1990 (Lei dos Crimes Contra a Ordem Tributária, Econômica e Contra as Relações de Consumo).
- Lei nº 8.176, de 8-2-1991 (Lei dos Crimes Contra a Ordem Econômica).
- Lei nº 8.884, de 11-6-1994 (Lei Antitruste).
- Lei nº 9.069, de 29-6-1995, dispõe sobre o Plano Real, o Sistema Monetário Nacional, estabelece as regras e condições de emissão do Real e os critérios para conversão das obrigações para o Real.
- Lei nº 12.529, de 30-11-2011 (Lei do Sistema Brasileiro de Defesa da Concorrência) publicada no DOU de 1º-12-2011, para vigorar 180 dias após a data de sua publicação, quando ficarão revogados os arts. 1º a 85 e 88 a 93 da Lei nº 8.884, de 11-6-1994.
- Súm. nº 646 do STF.

§ 5º A lei, sem prejuízo da responsabilidade individual dos dirigentes da pessoa jurídica, estabelecerá a responsabilidade desta, sujeitando-a às punições compatíveis com sua natureza, nos atos praticados contra a ordem econômica e financeira e contra a economia popular.

▶ Lei Delegada nº 4, de 26-9-1962, dispõe sobre a intervenção no domínio econômico para assegurar a livre distribuição de produtos necessários ao consumo do povo.

Art. 174. Como agente normativo e regulador da atividade econômica, o Estado exercerá, na forma da lei, as funções de fiscalização, incentivo e planejamento, sendo este determinante para o setor público e indicativo para o setor privado.

§ 1º A lei estabelecerá as diretrizes e bases do planejamento do desenvolvimento nacional equilibrado, o qual incorporará e compatibilizará os planos nacionais e regionais de desenvolvimento.

§ 2º A lei apoiará e estimulará o cooperativismo e outras formas de associativismo.

▶ Lei nº 5.764, de 16-12-1971 (Lei das Cooperativas).
▶ Lei nº 9.867, de 10-11-1999, dispõe sobre a criação e o funcionamento de Cooperativas Sociais, visando à integração social dos cidadãos.

§ 3º O Estado favorecerá a organização da atividade garimpeira em cooperativas, levando em conta a proteção do meio ambiente e a promoção econômico-social dos garimpeiros.

▶ Dec.-lei nº 227, de 28-2-1967 (Código de Mineração).

§ 4º As cooperativas a que se refere o parágrafo anterior terão prioridade na autorização ou concessão para pesquisa e lavra dos recursos e jazidas de minerais garimpáveis, nas áreas onde estejam atuando, e naquelas fixadas de acordo com o artigo 21, XXV, na forma da lei.

Art. 175. Incumbe ao Poder Público, na forma da lei, diretamente ou sob regime de concessão ou permissão, sempre através de licitação, a prestação de serviços públicos.

▶ Lei nº 8.987, de 13-2-1995 (Lei da Concessão e Permissão da Prestação de Serviços Públicos).
▶ Lei nº 9.074, de 7-7-1995, estabelece normas para outorga e prorrogações das concessões e permissões de serviços públicos.
▶ Lei nº 9.427, de 26-12-1996, institui a Agência Nacional de Energia Elétrica – ANEEL e disciplina o regime das concessões de serviços públicos de energia elétrica.
▶ Lei nº 9.791, de 24-3-1999, dispõe sobre a obrigatoriedade de as concessionárias de serviços públicos estabelecerem ao consumidor e ao usuário datas opcionais para o vencimento de seus débitos.
▶ Dec. nº 2.196, de 8-4-1997, aprova o Regulamento de Serviços Especiais.

Parágrafo único. A lei disporá sobre:

I – o regime das empresas concessionárias e permissionárias de serviços públicos, o caráter especial de seu contrato e de sua prorrogação, bem como as condições de caducidade, fiscalização e rescisão da concessão ou permissão;
II – os direitos dos usuários;
III – política tarifária;

▶ Súm. nº 407 do STJ.

IV – a obrigação de manter serviço adequado.

Art. 176. As jazidas, em lavra ou não, e demais recursos minerais e os potenciais de energia hidráulica constituem propriedade distinta da do solo, para efeito de exploração ou aproveitamento, e pertencem à União, garantida ao concessionário a propriedade do produto da lavra.

§ 1º A pesquisa e a lavra de recursos minerais e o aproveitamento dos potenciais a que se refere o *caput* deste artigo somente poderão ser efetuados mediante autorização ou concessão da União, no interesse nacional, por brasileiros ou empresa constituída sob as leis brasileiras e que tenha sua sede e administração no País, na forma da lei, que estabelecerá as condições específicas quando essas atividades se desenvolverem em faixa de fronteira ou terras indígenas.

▶ § 1º com a redação dada pela EC nº 6, de 15-8-1995.
▶ Art. 246 desta Constituição.
▶ Dec.-lei nº 227, de 28-2-1967 (Código de Mineração).

§ 2º É assegurada participação ao proprietário do solo nos resultados da lavra, na forma e no valor que dispuser a lei.

▶ Lei nº 8.901, de 30-6-1995, regulamenta este parágrafo.
▶ Dec.-lei nº 227, de 28-2-1967 (Código de Mineração).

§ 3º A autorização de pesquisa será sempre por prazo determinado, e as autorizações e concessões previstas neste artigo não poderão ser cedidas ou transferidas, total ou parcialmente, sem prévia anuência do poder concedente.

§ 4º Não dependerá de autorização ou concessão o aproveitamento do potencial de energia renovável de capacidade reduzida.

Art. 177. Constituem monopólio da União:

▶ Lei nº 9.478, de 6-8-1997, dispõe sobre a política energética nacional, as atividades relativas ao monopólio do petróleo, institui o Conselho Nacional de Política Energética e a Agência Nacional do Petróleo – ANP.

I – a pesquisa e a lavra das jazidas de petróleo e gás natural e outros hidrocarbonetos fluidos;

▶ Lei nº 12.304, de 2-8-2010, autoriza o Poder Executivo a criar a empresa pública denominada Empresa Brasileira de Administração de Petróleo e Gás Natural S.A. – Pré-Sal Petróleo S.A. (PPSA).

II – a refinação do petróleo nacional ou estrangeiro;

▶ Art. 45 do ADCT.

III – a importação e exportação dos produtos e derivados básicos resultantes das atividades previstas nos incisos anteriores;

▶ Lei nº 11.909, de 4-3-2009, dispõe sobre as atividades relativas à importação, exportação, transporte por meio de condutos, tratamento, processamento, estocagem, liquefação, regaseificação e comercialização de gás natural.

IV – o transporte marítimo do petróleo bruto de origem nacional ou de derivados básicos de petróleo produzidos no País, bem assim o transporte, por meio de conduto, de petróleo bruto, seus derivados e gás natural de qualquer origem;

▶ Lei nº 11.909, de 4-3-2009, dispõe sobre as atividades relativas à importação, exportação, transporte por meio de condutos, tratamento, processamento, estocagem, liquefação, regaseificação e comercialização de gás natural.

V – a pesquisa, a lavra, o enriquecimento, o reprocessamento, a industrialização e o comércio de minérios e minerais nucleares e seus derivados, com exceção dos radioisótopos cuja produção, comercialização e utilização poderão ser autorizadas sob regime de permissão, conforme as alíneas *b* e *c* do inciso XXIII do *caput* do art. 21 desta Constituição Federal.

▶ Inciso V com a redação dada pela EC nº 49, de 8-2-2006.

§ 1º A União poderá contratar com empresas estatais ou privadas a realização das atividades previstas nos incisos I a IV deste artigo, observadas as condições estabelecidas em Lei.

▶ § 1º com a redação dada pela EC nº 9, de 9-11-1995.
▶ Lei nº 12.304, de 2-8-2010, autoriza o Poder Executivo a criar a empresa pública denominada Empresa Brasileira de Administração de Petróleo e Gás Natural S.A. – Pré-Sal Petróleo S.A. (PPSA).

§ 2º A lei a que se refere o § 1º disporá sobre:

▶ Lei nº 9.478, de 6-8-1997, dispõe sobre a Política Energética Nacional, as atividades relativas ao monopólio do petróleo, institui o Conselho Nacional de Política Energética e a Agência Nacional de Petróleo – ANP.
▶ Lei nº 9.847, de 26-10-1999, dispõe sobre a fiscalização das atividades relativas ao abastecimento nacional de combustíveis de que trata a Lei nº 9.478, de 6-8-1997, e estabelece sanções administrativas.

I – a garantia do fornecimento dos derivados de petróleo em todo o Território Nacional;
II – as condições de contratação;
III – a estrutura e atribuições do órgão regulador do monopólio da União.

▶ § 2º acrescido pela EC nº 9, de 9-11-1995.
▶ Lei nº 9.478, de 6-8-1997, dispõe sobre a política energética nacional, as atividades relativas ao monopólio do petróleo, que institui o Conselho Nacional de Política Energética e a Agência Nacional de Petróleo – ANP.

§ 3º A lei disporá sobre transporte e a utilização de materiais radioativos no Território Nacional.

▶ Antigo § 2º transformado em § 3º pela EC nº 9, de 9-11-1995.
▶ Art. 3º da EC nº 9, de 9-11-1995.

§ 4º A lei que instituir contribuição de intervenção no domínio econômico relativa às atividades de importação ou comercialização de petróleo e seus derivados, gás natural e seus derivados e álcool combustível deverá atender aos seguintes requisitos:

I – a alíquota da contribuição poderá ser:
a) diferenciada por produto ou uso;
b) reduzida e restabelecida por ato do Poder Executivo, não se lhe aplicando o disposto no artigo 150, III, *b*;

II – os recursos arrecadados serão destinados:
a) ao pagamento de subsídios a preços ou transporte de álcool combustível, gás natural e seus derivados e derivados de petróleo;

▶ Lei nº 10.453, de 13-5-2002, dispõe sobre subvenções ao preço e ao transporte do álcool combustível e subsídios ao preço do gás liquefeito de petróleo – GLP.

b) ao financiamento de projetos ambientais relacionados com a indústria do petróleo e do gás;
c) ao financiamento de programas de infraestrutura de transportes.

▶ § 4º acrescido pela EC nº 33, de 11-12-2001.
▶ O STF, por maioria de votos, julgou parcialmente procedente a ADIN nº 2.925-8, para dar interpretação conforme a CF, no sentido de que a abertura de crédito suplementar deve ser destinada às três finalidades enumeradas nas alíneas *a* a *c*, deste inciso (*DJ* de 4-3-2005).

▶ Lei nº 10.336, de 19-12-2001, instituiu Contribuição de Intervenção no Domínio Econômico incidente sobre a importação e a comercialização de petróleo e seus derivados, gás natural e seus derivados, e álcool etílico combustível – CIDE.
▶ Art. 1º da Lei nº 10.453, de 13-5-2002, que dispõe sobre subvenções ao preço e ao transporte do álcool combustível e subsídios ao preço do gás liquefeito de petróleo – GLP.

Art. 178. A lei disporá sobre a ordenação dos transportes aéreo, aquático e terrestre, devendo, quanto à ordenação do transporte internacional, observar os acordos firmados pela União, atendido o princípio da reciprocidade.

▶ Art. 246 desta Constituição.
▶ Lei nº 7.565, de 19-15-1986, dispõe sobre o Código Brasileiro de Aeronáutica.
▶ Lei nº 11.442, de 5-1-2007, dispõe sobre o transporte rodoviário de cargas por conta de terceiros e mediante remuneração.
▶ Dec.-lei nº 116, de 25-1-1967, dispõe sobre as operações inerentes ao transporte de mercadorias por via d'água nos portos brasileiros, delimitando suas responsabilidades e tratando das faltas e avarias.

Parágrafo único. Na ordenação do transporte aquático, a lei estabelecerá as condições em que o transporte de mercadorias na cabotagem e a navegação interior poderão ser feitos por embarcações estrangeiras.

▶ Art. 178 com a redação dada pela EC nº 7, de 15-8-1995.
▶ Art. 246 desta Constituição.
▶ Lei nº 10.233, de 5-6-2001, dispõe sobre a reestruturação dos transportes aquaviário e terrestre, cria o Conselho Nacional de Integração de Políticas de Transporte, a Agência Nacional de Transportes Terrestres, a Agência Nacional de Transportes Aquaviários e o Departamento Nacional de Infraestrutura de Transportes.
▶ Dec. nº 4.130, de 13-2-2002, aprova o Regulamento e o Quadro Demonstrativo dos Cargos Comissionados e dos Cargos Comissionados Técnicos da Agência Nacional de Transporte Terrestre – ANTT.
▶ Dec. nº 4.244, de 22-5-2002, dispõe sobre o transporte aéreo, no País, de autoridades em aeronave do comando da aeronáutica.

Art. 179. A União, os Estados, o Distrito Federal e os Municípios dispensarão às microempresas e às empresas de pequeno porte, assim definidas em lei, tratamento jurídico diferenciado, visando a incentivá-las pela simplificação de suas obrigações administrativas, tributárias, previdenciárias e creditícias, ou pela eliminação ou redução destas por meio de lei.

▶ Art. 47, § 1º, do ADCT.
▶ LC nº 123, de 14-12-2006 (Estatuto Nacional da Microempresa e da Empresa de Pequeno Porte).

Art. 180. A União, os Estados, o Distrito Federal e os Municípios promoverão e incentivarão o turismo como fator de desenvolvimento social e econômico.

Art. 181. O atendimento de requisição de documento ou informação de natureza comercial, feita por autoridade administrativa ou judiciária estrangeira, a pessoa física ou jurídica residente ou domiciliada no País dependerá de autorização do Poder competente.

CAPÍTULO II

DA POLÍTICA URBANA

▶ Lei nº 10.257, de 10-7-2001 (Estatuto da Cidade).

Art. 182. A política de desenvolvimento urbano, executada pelo Poder Público municipal, conforme diretrizes gerais fixadas em lei, tem por objetivo ordenar o pleno desenvolvimento das funções sociais da cidade e garantir o bem-estar de seus habitantes.

▶ Lei nº 10.257, de 10-7-2001 (Estatuto da Cidade), regulamenta este artigo.

§ 1º O plano diretor, aprovado pela Câmara Municipal, obrigatório para cidades com mais de vinte mil habitantes, é o instrumento básico da política de desenvolvimento e de expansão urbana.

§ 2º A propriedade urbana cumpre sua função social quando atende às exigências fundamentais de ordenação da cidade expressas no plano diretor.

▶ Art. 186 desta Constituição.
▶ Súm. nº 668 do STF.

§ 3º As desapropriações de imóveis urbanos serão feitas com prévia e justa indenização em dinheiro.

▶ Art. 46 da LC nº 101, de 4-5-2000 (Lei da Responsabilidade Fiscal).
▶ Dec.-lei nº 3.365, de 21-6-1941 (Lei das Desapropriações).
▶ Súmulas nºs 113 e 114 do STJ.

§ 4º É facultado ao Poder Público municipal, mediante lei específica para área incluída no plano diretor, exigir, nos termos da lei federal, do proprietário do solo urbano não edificado, subutilizado ou não utilizado, que promova seu adequado aproveitamento, sob pena, sucessivamente, de:

I – parcelamento ou edificação compulsórios;
II – imposto sobre a propriedade predial e territorial urbana progressivo no tempo;

▶ Art. 156, § 1º, desta Constituição.
▶ Súm. nº 668 do STF.

III – desapropriação com pagamento mediante títulos da dívida pública de emissão previamente aprovada pelo Senado Federal, com prazo de resgate de até dez anos, em parcelas anuais, iguais e sucessivas, assegurados o valor real da indenização e os juros legais.

▶ Lei nº 10.257, de 10-7-2001 (Estatuto da Cidade).
▶ Dec.-lei nº 3.365, de 21-6-1941 (Lei das Desapropriações).

Art. 183. Aquele que possuir como sua área urbana de até duzentos e cinquenta metros quadrados, por cinco anos, ininterruptamente e sem oposição, utilizando-a para sua moradia ou de sua família, adquirir-lhe-á o domínio, desde que não seja proprietário de outro imóvel urbano ou rural.

▶ Arts. 1.238 e 1.240 do CC.
▶ Lei nº 10.257, de 10-7-2001 (Estatuto da Cidade), regulamenta este artigo.

§ 1º O título de domínio e a concessão de uso serão conferidos ao homem ou à mulher, ou a ambos, independentemente do estado civil.

▶ MP nº 2.220, de 4-9-2001, que até o encerramento desta edição não havia sido convertida em Lei, dispõe sobre a concessão de uso especial de que trata este parágrafo.

§ 2º Esse direito não será reconhecido ao mesmo possuidor mais de uma vez.

§ 3º Os imóveis públicos não serão adquiridos por usucapião.

▶ Lei nº 10.257, de 10-7-2001 (Estatuto da Cidade), regulamenta este artigo.

Capítulo III
DA POLÍTICA AGRÍCOLA E FUNDIÁRIA E DA REFORMA AGRÁRIA

▶ LC nº 93, de 4-2-1998, cria o Fundo de Terras e da Reforma Agrária – Banco da Terra, e seu Dec. regulamentador nº 2.622, de 9-6-1998.
▶ Lei nº 4.504, de 30-11-1964 (Estatuto da Terra).
▶ Lei nº 8.174, de 30-1-1991, dispõe sobre princípios de política agrícola, estabelecendo atribuições ao Conselho Nacional de Política Agrícola – CNPA, tributação compensatória de produtos agrícolas, amparo ao pequeno produtor e regras de fixação e liberação dos estoques públicos.
▶ Lei nº 8.629, de 25-2-1993, regulamenta os dispositivos constitucionais relativos à reforma agrária.
▶ Lei nº 9.126, de 10-11-1995, dispõe sobre a concessão de subvenção econômica nas operações de crédito rural.
▶ Lei nº 9.138, de 29-11-1995, dispõe sobre o crédito rural.
▶ Lei nº 9.393, de 19-12-1996, dispõe sobre o ITR.

Art. 184. Compete à União desapropriar por interesse social, para fins de reforma agrária, o imóvel rural que não esteja cumprindo sua função social, mediante prévia e justa indenização em títulos da dívida agrária, com cláusula de preservação do valor real, resgatáveis no prazo de até vinte anos, a partir do segundo ano de sua emissão, e cuja utilização será definida em lei.

▶ Lei nº 8.629, de 25-2-1993, regula os dispositivos constitucionais relativos à reforma agrária.

§ 1º As benfeitorias úteis e necessárias serão indenizadas em dinheiro.

§ 2º O decreto que declarar o imóvel como de interesse social, para fins de reforma agrária, autoriza a União a propor a ação de desapropriação.

§ 3º Cabe à lei complementar estabelecer procedimento contraditório especial, de rito sumário, para o processo judicial de desapropriação.

▶ LC nº 76, de 6-7-1993 (Lei de Desapropriação de Imóvel Rural para fins de Reforma Agrária).

§ 4º O orçamento fixará anualmente o volume total de títulos da dívida agrária, assim como o montante de recursos para atender ao programa de reforma agrária no exercício.

§ 5º São isentas de impostos federais, estaduais e municipais as operações de transferência de imóveis desapropriados para fins de reforma agrária.

Art. 185. São insuscetíveis de desapropriação para fins de reforma agrária:

▶ Lei nº 8.629, de 25-2-1993, regula os dispositivos constitucionais relativos à reforma agrária.

I – a pequena e média propriedade rural, assim definida em lei, desde que seu proprietário não possua outra;
II – a propriedade produtiva.

Parágrafo único. A lei garantirá tratamento especial à propriedade produtiva e fixará normas para o cumprimento dos requisitos relativos à sua função social.

Art. 186. A função social é cumprida quando a propriedade rural atende, simultaneamente, segundo critérios e graus de exigência estabelecidos em lei, aos seguintes requisitos:
▶ Lei nº 8.629, de 25-2-1993, regula os dispositivos constitucionais relativos à reforma agrária.

I – aproveitamento racional e adequado;
II – utilização adequada dos recursos naturais disponíveis e preservação do meio ambiente;

▶ Res. do CONAMA nº 369, de 28-3-2006, dispõe sobre os casos excepcionais, de utilidade pública, interesse social ou baixo impacto ambiental, que possibilitam a intervenção ou supressão de vegetação em Área de Preservação Permanente – APP.

III – observância das disposições que regulam as relações de trabalho;
IV – exploração que favoreça o bem-estar dos proprietários e dos trabalhadores.

Art. 187. A política agrícola será planejada e executada na forma da lei, com a participação efetiva do setor de produção, envolvendo produtores e trabalhadores rurais, bem como dos setores de comercialização, de armazenamento e de transportes, levando em conta, especialmente:
▶ Lei nº 8.171, de 17-1-1991 (Lei da Política Agrícola).
▶ Lei nº 8.174, de 30-1-1991, dispõe sobre princípios de política agrícola, estabelecendo atribuições ao Conselho Nacional de Política Agrícola – CNPA, tributação compensatória de produtos agrícolas, amparo ao pequeno produtor e regras de fixação e liberação dos estoques públicos.
▶ Súm. nº 298 do STJ.

I – os instrumentos creditícios e fiscais;
II – os preços compatíveis com os custos de produção e a garantia de comercialização;
III – o incentivo à pesquisa e à tecnologia;
IV – a assistência técnica e extensão rural;
V – o seguro agrícola;
VI – o cooperativismo;
VII – a eletrificação rural e irrigação;
VIII – a habitação para o trabalhador rural.

§ 1º Incluem-se no planejamento agrícola as atividades agroindustriais, agropecuárias, pesqueiras e florestais.

§ 2º Serão compatibilizadas as ações de política agrícola e de reforma agrária.

Art. 188. A destinação de terras públicas e devolutas será compatibilizada com a política agrícola e com o plano nacional de reforma agrária.

§ 1º A alienação ou a concessão, a qualquer título, de terras públicas com área superior a dois mil e quinhentos hectares a pessoa física ou jurídica, ainda que por interposta pessoa, dependerá de prévia aprovação do Congresso Nacional.

§ 2º Excetuam-se do disposto no parágrafo anterior as alienações ou as concessões de terras públicas para fins de reforma agrária.

Art. 189. Os beneficiários da distribuição de imóveis rurais pela reforma agrária receberão títulos de domínio ou de concessão de uso, inegociáveis, pelo prazo de dez anos.
▶ Lei nº 8.629, de 25-2-1993, regula os dispositivos constitucionais relativos à reforma agrária.
▶ Art. 6º, II, da Lei nº 11.284, de 2-3-2006 (Lei de Gestão de Florestas Públicas).

Parágrafo único. O título de domínio e a concessão de uso serão conferidos ao homem ou à mulher, ou a ambos, independentemente do estado civil, nos termos e condições previstos em lei.

Art. 190. A lei regulará e limitará a aquisição ou o arrendamento de propriedade rural por pessoa física ou jurídica estrangeira e estabelecerá os casos que dependerão de autorização do Congresso Nacional.
▶ Lei nº 5.709, de 7-10-1971, regula a aquisição de imóveis rurais por estrangeiro residente no País ou pessoa jurídica estrangeira autorizada a funcionar no Brasil.
▶ Lei nº 8.629, de 25-2-1993, regula os dispositivos constitucionais relativos à reforma agrária.

Art. 191. Aquele que, não sendo proprietário de imóvel rural ou urbano, possua como seu, por cinco anos ininterruptos, sem oposição, área de terra, em zona rural, não superior a cinquenta hectares, tornando-a produtiva por seu trabalho ou de sua família, tendo nela sua moradia, adquirir-lhe-á a propriedade.
▶ Art. 1.239 do CC.
▶ Lei nº 6.969, de 10-12-1981 (Lei do Usucapião Especial).

Parágrafo único. Os imóveis públicos não serão adquiridos por usucapião.

CAPÍTULO IV

DO SISTEMA FINANCEIRO NACIONAL

Art. 192. O sistema financeiro nacional, estruturado de forma a promover o desenvolvimento equilibrado do País e a servir aos interesses da coletividade, em todas as partes que o compõem, abrangendo as cooperativas de crédito, será regulado por leis complementares que disporão, inclusive, sobre a participação do capital estrangeiro nas instituições que o integram.
▶ *Caput* com a redação dada pela EC nº 40, de 29-5-2003.

I a VIII – *Revogados.* EC nº 40, de 29-5-2003.

§§ 1º a 3º *Revogados.* EC nº 40, de 29-5-2003.

TÍTULO VIII – DA ORDEM SOCIAL

CAPÍTULO I

DISPOSIÇÃO GERAL

Art. 193. A ordem social tem como base o primado do trabalho, e como objetivo o bem-estar e a justiça sociais.

CAPÍTULO II

DA SEGURIDADE SOCIAL

▶ Lei nº 8.212, de 24-7-1991 (Lei Orgânica da Seguridade Social).
▶ Lei nº 8.213, de 24-7-1991 (Lei dos Planos de Benefícios da Previdência Social).
▶ Lei nº 8.742, de 7-12-1993 (Lei Orgânica da Assistência Social).
▶ Dec. nº 3.048, de 6-5-1999 (Regulamento da Previdência Social).

SEÇÃO I
DISPOSIÇÕES GERAIS

Art. 194. A seguridade social compreende um conjunto integrado de ações de iniciativa dos Poderes Públicos e da sociedade, destinadas a assegurar os direitos relativos à saúde, à previdência e à assistência social.

▶ Lei nº 8.212, de 24-7-1991 (Lei Orgânica da Seguridade Social).
▶ Lei nº 8.213, de 24-7-1991 (Lei dos Planos de Benefícios da Previdência Social).

Parágrafo único. Compete ao Poder Público, nos termos da lei, organizar a seguridade social, com base nos seguintes objetivos:

I – universalidade da cobertura e do atendimento;
II – uniformidade e equivalência dos benefícios e serviços às populações urbanas e rurais;
III – seletividade e distributividade na prestação dos benefícios e serviços;
IV – irredutibilidade do valor dos benefícios;
V – equidade na forma de participação no custeio;
VI – diversidade da base de financiamento;
VII – caráter democrático e descentralizado da administração, mediante gestão quadripartite, com participação dos trabalhadores, dos empregadores, dos aposentados e do Governo nos órgãos colegiados.

▶ Inciso VII com a redação dada pela EC nº 20, de 15-12-1998.

Art. 195. A seguridade social será financiada por toda a sociedade, de forma direta e indireta, nos termos da lei, mediante recursos provenientes dos orçamentos da União, dos Estados, do Distrito Federal e dos Municípios, e das seguintes contribuições sociais:

▶ Art. 12 da EC nº 20, de 15-12-1998 (Reforma Previdenciária).
▶ LC nº 70, de 30-12-1991, institui contribuição para financiamento da Seguridade Social, eleva a alíquota da contribuição social sobre o lucro das instituições financeiras.
▶ Lei nº 7.689, de 15-12-1988 (Lei da Contribuição Social Sobre o Lucro das Pessoas Jurídicas).
▶ Lei nº 7.894, de 24-11-1989, dispõe sobre as contribuições para o Finsocial e PIS/PASEP.
▶ Lei nº 9.363, de 13-12-1996, dispõe sobre a instituição de crédito presumido do Imposto sobre Produtos Industrializados, para ressarcimento do valor do PIS/PASEP e COFINS nos casos que especifica.
▶ Lei nº 9.477, de 24-7-1997, institui o Fundo de Aposentadoria Programada Individual – FAPI e o plano de incentivo à aposentadoria programada individual.
▶ Súmulas nºs 658, 659 e 688 do STF.
▶ Súm. nº 423 do STJ.

I – do empregador, da empresa e da entidade a ela equiparada na forma da lei, incidentes sobre:

▶ Súm. nº 688 do STF.

a) a folha de salários e demais rendimentos do trabalho pagos ou creditados, a qualquer título, à pessoa física que lhe preste serviço, mesmo sem vínculo empregatício;

▶ Art. 114, VIII, desta Constituição.

b) a receita ou o faturamento;
c) o lucro;

▶ Alíneas a a c acrescidas pela EC nº 20, de 15-12-1998.

▶ Art. 195, § 9º, desta Constituição.
▶ LC nº 70, de 30-12-1991, institui contribuição para o funcionamento da Seguridade Social e eleva alíquota da contribuição social sobre o lucro das instituições financeiras.

II – do trabalhador e dos demais segurados da previdência social, não incidindo contribuição sobre aposentadoria e pensão concedidas pelo regime geral de previdência social de que trata o artigo 201;

▶ Incisos I e II com a redação dada pela EC nº 20, de 15-12-1998.
▶ Arts. 114, VIII, e 167, IX, desta Constituição.
▶ Lei nº 9.477, de 24-7-1997, institui o Fundo de Aposentadoria Programada Individual – FAPI e o Plano de Incentivo à Aposentadoria Programada Individual.

III – sobre a receita de concursos de prognósticos;

▶ Art. 4º da Lei nº 7.856, de 24-10-1989, que dispõe sobre a destinação da renda de concursos de prognósticos.

IV – do importador de bens ou serviços do exterior, ou de quem a lei a ele equiparar.

▶ Inciso IV acrescido pela EC nº 42, de 19-12-2003.
▶ Lei nº 10.865, de 30-4-2004, dispõe sobre o PIS/PASEP-Importação e a COFINS-Importação.

§ 1º As receitas dos Estados, do Distrito Federal e dos Municípios destinadas à seguridade social constarão dos respectivos orçamentos, não integrando o orçamento da União.

§ 2º A proposta de orçamento da seguridade social será elaborada de forma integrada pelos órgãos responsáveis pela saúde, previdência social e assistência social, tendo em vista as metas e prioridades estabelecidas na lei de diretrizes orçamentárias, assegurada a cada área a gestão de seus recursos.

§ 3º A pessoa jurídica em débito com o sistema da seguridade social, como estabelecido em lei, não poderá contratar com o Poder Público nem dele receber benefícios ou incentivos fiscais ou creditícios.

▶ Lei nº 8.212, de 24-7-1991 (Lei Orgânica da Seguridade Social).

§ 4º A lei poderá instituir outras fontes destinadas a garantir a manutenção ou expansão da seguridade social, obedecido o disposto no artigo 154, I.

▶ Lei nº 9.876, de 26-11-1999, dispõe sobre a contribuição previdenciária do contribuinte individual e o cálculo do benefício.

§ 5º Nenhum benefício ou serviço da seguridade social poderá ser criado, majorado ou estendido sem a correspondente fonte de custeio total.

▶ Art. 24 da LC nº 101, de 4-5-2000 (Lei da Responsabilidade Fiscal).

§ 6º As contribuições sociais de que trata este artigo só poderão ser exigidas após decorridos noventa dias da data da publicação da lei que as houver instituído ou modificado, não se lhes aplicando o disposto no artigo 150, III, b.

▶ Art. 74, § 4º, do ADCT.
▶ Súm. nº 669 do STF.

§ 7º São isentas de contribuição para a seguridade social as entidades beneficentes de assistência social que atendam às exigências estabelecidas em lei.
▶ Súm. nº 659 do STF.
▶ Súm. nº 352 do STJ.

§ 8º O produtor, o parceiro, o meeiro e o arrendatário rurais e o pescador artesanal, bem como os respectivos cônjuges, que exerçam suas atividades em regime de economia familiar, sem empregados permanentes, contribuirão para a seguridade social mediante a aplicação de uma alíquota sobre o resultado da comercialização da produção e farão jus aos benefícios nos termos da lei.
▶ § 8º com a redação dada pela EC nº 20, de 15-12-1998.
▶ Súm. nº 272 do STJ.

§ 9º As contribuições sociais previstas no inciso I do *caput* deste artigo poderão ter alíquotas ou bases de cálculo diferenciadas, em razão da atividade econômica, da utilização intensiva de mão de obra, do porte da empresa ou da condição estrutural do mercado de trabalho.
▶ § 9º com a redação dada pela EC nº 47, de 5-7-2005, para vigorar a partir da data de sua publicação, produzindo efeitos retroativos a partir da data de vigência da EC nº 41, de 19-12-2003 (*DOU de* 31-12-2003).

§ 10. A lei definirá os critérios de transferência de recursos para o sistema único de saúde e ações de assistência social da União para os Estados, o Distrito Federal e os Municípios, e dos Estados para os Municípios, observada a respectiva contrapartida de recursos.

§ 11. É vedada a concessão de remissão ou anistia das contribuições sociais de que tratam os incisos I, *a*, e II deste artigo, para débitos em montante superior ao fixado em lei complementar.
▶ §§ 10 e 11 acrescidos pela EC nº 20, de 15-12-1998.

§ 12. A lei definirá os setores de atividade econômica para os quais as contribuições incidentes na forma dos incisos I, *b*; e IV do *caput*, serão não cumulativas.

§ 13. Aplica-se o disposto no § 12 inclusive na hipótese de substituição gradual, total ou parcial, da contribuição incidente na forma do inciso I, *a*, pela incidente sobre a receita ou o faturamento.
▶ §§ 12 e 13 acrescidos pela EC nº 42, de 19-12-2003.

Seção II

DA SAÚDE

▶ Lei nº 8.147, de 28-12-1990, dispõe sobre a alíquota do Finsocial.
▶ Lei nº 9.790, de 23-3-1999, dispõe sobre a qualificação de pessoas jurídicas de direito privado, sem fins lucrativos, como organizações da sociedade civil de interesse público e institui e disciplina o termo de parceria.
▶ Lei nº 9.961, de 28-1-2000, cria a Agência Nacional de Saúde Suplementar – ANS, regulamentada pelo Dec. nº 3.327, de 5-1-2000.
▶ Lei nº 10.216, de 6-4-2001, dispõe sobre a proteção e os direitos das pessoas portadoras de transtornos mentais e redireciona o modelo assistencial em saúde mental.
▶ Dec. nº 3.964, de 10-10-2001, dispõe sobre o Fundo Nacional de Saúde.

Art. 196. A saúde é direito de todos e dever do Estado, garantido mediante políticas sociais e econômicas que visem à redução do risco de doença e de outros agravos e ao acesso universal e igualitário às ações e serviços para sua promoção, proteção e recuperação.
▶ Lei nº 9.273, de 3-5-1996, torna obrigatória a inclusão de dispositivo de segurança que impeça a reutilização das seringas descartáveis.
▶ Lei nº 9.313, de 13-11-1996, dispõe sobre a distribuição gratuita de medicamentos aos portadores do HIV e doentes de AIDS.
▶ Lei nº 9.797, de 5-6-1999, Dispõe sobre a obrigatoriedade da cirurgia plástica reparadora da mama pela rede de unidades integrantes do Sistema Único de Saúde – SUS nos casos de mutilação decorrentes de tratamento de câncer.

Art. 197. São de relevância pública as ações e serviços de saúde, cabendo ao Poder Público dispor, nos termos da lei, sobre sua regulamentação, fiscalização e controle, devendo sua execução ser feita diretamente ou através de terceiros e, também, por pessoa física ou jurídica de direito privado.
▶ Lei nº 8.080, de 19-9-1990, dispõe sobre as condições para a promoção, proteção e recuperação da saúde, a organização e o funcionamento dos serviços correspondentes.
▶ Lei nº 9.273, de 3-5-1996, torna obrigatória a inclusão de dispositivo de segurança que impeça a reutilização das seringas descartáveis.

Art. 198. As ações e serviços públicos de saúde integram uma rede regionalizada e hierarquizada e constituem um sistema único, organizado de acordo com as seguintes diretrizes:

I – descentralização, com direção única em cada esfera de governo;
▶ Lei nº 8.080, de 19-9-1990, dispõe sobre as condições para a promoção, proteção e recuperação da saúde, a organização e o funcionamento dos serviços correspondentes.

II – atendimento integral, com prioridade para as atividades preventivas, sem prejuízo dos serviços assistenciais;
III – participação da comunidade.

§ 1º O sistema único de saúde será financiado, nos termos do artigo 195, com recursos do orçamento da seguridade social, da União, dos Estados, do Distrito Federal e dos Municípios, além de outras fontes.
▶ Parágrafo único transformado em § 1º pela EC nº 29, de 13-9-2000.

§ 2º União, os Estados, o Distrito Federal e os Municípios aplicarão, anualmente, em ações e serviços públicos de saúde recursos mínimos derivados da aplicação de percentuais calculados sobre:
▶ Art. 167, IV, desta Constituição.

I – no caso da União, na forma definida nos termos da lei complementar prevista no § 3º;
II – no caso dos Estados e do Distrito Federal, o produto da arrecadação dos impostos a que se refere o artigo 155 e dos recursos de que tratam os artigos 157 e 159, inciso I, alínea *a* e inciso II, deduzidas as parcelas que forem transferidas aos respectivos Municípios;
III – no caso dos Municípios e do Distrito Federal, o produto da arrecadação dos impostos a que se refere o artigo 156 e dos recursos de que tratam os artigos 158 e 159, inciso I, alínea *b* e § 3º.

§ 3º Lei complementar, que será reavaliada pelo menos a cada cinco anos, estabelecerá:

I – os percentuais de que trata o § 2º;
II – os critérios de rateio dos recursos da União vinculados à saúde destinados aos Estados, ao Distrito Federal e aos Municípios, e dos Estados destinados a seus respectivos Municípios, objetivando a progressiva redução das disparidades regionais;
III – as normas de fiscalização, avaliação e controle das despesas com saúde nas esferas federal, estadual, distrital e municipal;
IV – as normas de cálculo do montante a ser aplicado pela União.

▸ §§ 2º e 3º acrescidos pela EC nº 29, de 13-9-2000.

§ 4º Os gestores locais do sistema único de saúde poderão admitir agentes comunitários de saúde e agentes de combate às endemias por meio de processo seletivo público, de acordo com a natureza e complexidade de suas atribuições e requisitos específicos para sua atuação.

▸ § 4º acrescido pela EC nº 51, de 14-2-2006.
▸ Art. 2º da EC nº 51, de 14-2-2006, que dispõe sobre a contratação dos agentes comunitários de saúde e de combate às endemias.

§ 5º Lei federal disporá sobre o regime jurídico, o piso salarial profissional nacional, as diretrizes para os Planos de Carreira e a regulamentação das atividades de agente comunitário de saúde e agente de combate às endemias, competindo à União, nos termos da lei, prestar assistência financeira complementar aos Estados, ao Distrito Federal e aos Municípios, para o cumprimento do referido piso salarial.

▸ § 5º com a redação dada pela EC nº 63, de 4-2-2010.
▸ Lei nº 11.350, de 5-10-2006, regulamenta este parágrafo.

§ 6º Além das hipóteses previstas no § 1º do art. 41 e no § 4º do art. 169 da Constituição Federal, o servidor que exerça funções equivalentes às de agente comunitário de saúde ou do agente de combate às endemias poderá perder o cargo em caso de descumprimento dos requisitos específicos, fixados em lei, para o seu exercício.

▸ § 6º acrescido pela EC nº 51, de 14-2-2006.

Art. 199. A assistência à saúde é livre à iniciativa privada.

▸ Lei nº 9.656, de 3-6-1998 (Lei dos Planos e Seguros Privados de Saúde).

§ 1º As instituições privadas poderão participar de forma complementar do sistema único de saúde, segundo diretrizes deste, mediante contrato de direito público ou convênio, tendo preferência as entidades filantrópicas e as sem fins lucrativos.

§ 2º É vedada a destinação de recursos públicos para auxílios ou subvenções às instituições privadas com fins lucrativos.

§ 3º É vedada a participação direta ou indireta de empresas ou capitais estrangeiros na assistência à saúde no País, salvo nos casos previstos em lei.

▸ Lei nº 8.080, de 19-9-1990, dispõe sobre as condições para a promoção, proteção e recuperação da saúde, a organização e o funcionamento dos serviços correspondentes.

§ 4º A lei disporá sobre as condições e os requisitos que facilitem a remoção de órgãos, tecidos e substâncias humanas para fins de transplante, pesquisa e tratamento, bem como a coleta, processamento e transfusão de sangue e seus derivados, sendo vedado todo tipo de comercialização.

▸ Lei nº 8.501, de 30-11-1992, dispõe sobre a utilização de cadáver não reclamado, para fins de estudos ou pesquisas científicas.
▸ Lei nº 9.434, de 4-2-1997 (Lei de Remoção de Órgãos e Tecidos), regulamentada pelo Dec. nº 2.268, de 30-6-1997.
▸ Lei nº 10.205, de 21-3-2001, regulamenta este parágrafo, relativo à coleta, processamento, estocagem, distribuição e aplicação do sangue, seus componentes e derivados.
▸ Lei nº 10.972, de 2-12-2004, autoriza o Poder Executivo a criar a empresa pública denominada Empresa Brasileira de Hemoderivados e Biotecnologia – HEMOBRÁS.
▸ Dec. nº 5.402, de 28-5-2005, aprova o Estatuto da Empresa Brasileira de Hemoderivados e Biotecnologia – HEMOBRÁS.

Art. 200. Ao sistema único de saúde compete, além de outras atribuições, nos termos da lei:

▸ Lei nº 8.080, de 19-9-1990, dispõe sobre as condições para a promoção, proteção e recuperação da saúde e a organização e o funcionamento dos serviços correspondentes.
▸ Lei nº 8.142, de 28-12-1990, dispõe sobre a participação da comunidade na gestão do Sistema Único de Saúde – SUS e sobre as transferências intergovernamentais de recursos financeiros na área da saúde.

I – controlar e fiscalizar procedimentos, produtos e substâncias de interesse para a saúde e participar da produção de medicamentos, equipamentos, imunobiológicos, hemoderivados e outros insumos;

▸ Lei nº 9.431, de 6-1-1997, dispõe sobre a obrigatoriedade da manutenção de programa de controle de infecções hospitalares pelos hospitais do País.
▸ Lei nº 9.677, de 2-7-1998, dispõe sobre a obrigatoriedade da cirurgia plástica reparadora da mama pela rede de unidades integrantes do Sistema Único de Saúde – SUS, nos casos de mutilação decorrente do tratamento de câncer.
▸ Lei nº 9.695, de 20-8-1998, incluíram na classificação dos delitos considerados hediondos determinados crimes contra a saúde pública.

II – executar as ações de vigilância sanitária e epidemiológica, bem como as de saúde do trabalhador;
III – ordenar a formação de recursos humanos na área de saúde;
IV – participar da formulação da política e da execução das ações de saneamento básico;
V – incrementar em sua área de atuação o desenvolvimento científico e tecnológico;
VI – fiscalizar e inspecionar alimentos, compreendido o controle de seu teor nutricional, bem como bebidas e águas para consumo humano;
VII – participar do controle e fiscalização da produção, transporte, guarda e utilização de substâncias e produtos psicoativos, tóxicos e radioativos;

▸ Lei nº 7.802, de 11-7-1989, dispõe sobre a pesquisa, a experimentação, a produção, a embalagem e rotulagem, o transporte, o armazenamento, a comercialização, a propaganda comercial, a utilização, a importação, a exportação, o destino final dos resíduos e embalagens, o registro, a classificação, o controle, a inspeção e a fiscalização, de agrotóxicos, seus componentes, e afins.

VIII – colaborar na proteção do meio ambiente, nele compreendido o do trabalho.

SEÇÃO III

DA PREVIDÊNCIA SOCIAL

▶ Lei nº 8.147, de 28-12-1990, dispõe sobre a alíquota do Finsocial.
▶ Lei nº 8.213, de 24-7-1991 (Lei dos Planos de Benefícios da Previdência Social).
▶ Lei nº 9.796, de 5-5-1999, dispõe sobre a compensação financeira entre o Regime Geral de Previdência Social e os Regimes de previdência dos servidores da União, dos Estados, do Distrito Federal e dos Municípios, nos casos de contagem recíproca de tempo de contribuição para efeito de aposentadoria.
▶ Dec. nº 3.048, de 6-5-1999 (Regulamento da Previdência Social).

Art. 201. A previdência social será organizada sob a forma de regime geral, de caráter contributivo e de filiação obrigatória, observados critérios que preservem o equilíbrio financeiro e atuarial, e atenderá, nos termos da lei, a:

▶ Caput com a redação dada pela EC nº 20, de 15-12-1998.
▶ Arts. 40, 167, XI e 195, II, desta Constituição.
▶ Art. 14 da EC nº 20, de 15-12-1998 (Reforma Previdenciária).
▶ Arts. 4º, parágrafo único, I e II, e 5º, da EC nº 41, de 19-12-2003.
▶ Lei nº 8.212, de 24-7-1991 (Lei Orgânica da Seguridade Social).
▶ Lei nº 8.213, de 24-7-1991 (Lei dos Planos de Benefícios da Previdência Social).
▶ Dec. nº 3.048, de 6-5-1999 (Regulamento da Previdência Social).

I – cobertura dos eventos de doença, invalidez, morte e idade avançada;
II – proteção à maternidade, especialmente à gestante;
III – proteção ao trabalhador em situação de desemprego involuntário;

▶ Lei nº 7.998, de 11-1-1990 (Lei do Seguro-Desemprego).
▶ Lei nº 10.779, de 25-11-2003, dispõe sobre a concessão do benefício de seguro-desemprego, durante o período de defeso, ao pescador profissional que exerce a atividade pesqueira de forma artesanal.

IV – salário-família e auxílio-reclusão para os dependentes dos segurados de baixa renda;
V – pensão por morte do segurado, homem ou mulher, ao cônjuge ou companheiro e dependentes, observado o disposto no § 2º.

▶ Incisos I a V com a redação dada pela EC nº 20, de 15-12-1998.

§ 1º É vedada a adoção de requisitos e critérios diferenciados para a concessão de aposentadoria aos beneficiários do regime geral de previdência social, ressalvados os casos de atividades exercidas sob condições especiais que prejudiquem a saúde ou a integridade física e quando se tratar de segurados portadores de deficiência, nos termos definidos em lei complementar.

▶ § 1º com a redação dada pela EC nº 47, de 5-7-2005.
▶ Art. 15 da EC nº 20, de 15-12-1998 (Reforma Previdenciária).

§ 2º Nenhum benefício que substitua o salário de contribuição ou o rendimento do trabalho do segurado terá valor mensal inferior ao salário mínimo.

§ 3º Todos os salários de contribuição considerados para o cálculo de benefício serão devidamente atualizados, na forma da lei.

▶ Súm. nº 456 do STJ.

§ 4º É assegurado o reajustamento dos benefícios para preservar-lhes, em caráter permanente, o valor real, conforme critérios definidos em lei.

§ 5º É vedada a filiação ao regime geral de previdência social, na qualidade de segurado facultativo, de pessoa participante de regime próprio de previdência.

§ 6º A gratificação natalina dos aposentados e pensionistas terá por base o valor dos proventos do mês de dezembro de cada ano.

▶ §§ 2º a 6º com a redação dada pela EC nº 20, de 15-12-1998.
▶ Leis nºs 4.090, de 13-7-1962; 4.749, de 12-8-1965; e Decretos nºs 57.155, de 3-11-1965; e 63.912, de 26-12-1968, dispõem sobre o 13º salário.
▶ Súm. nº 688 do STF.

§ 7º É assegurada aposentadoria no regime geral de previdência social, nos termos da lei, obedecidas as seguintes condições:

▶ Caput com a redação dada pela EC nº 20, de 15-12-1998.

I – trinta e cinco anos de contribuição, se homem, e trinta anos de contribuição, se mulher;
II – sessenta e cinco anos de idade, se homem, e sessenta anos de idade, se mulher, reduzido em cinco anos o limite para os trabalhadores rurais de ambos os sexos e para os que exerçam suas atividades em regime de economia familiar, nestes incluídos o produtor rural, o garimpeiro e o pescador artesanal.

▶ Incisos I e II acrescidos pela EC nº 20, de 15-12-1998.

§ 8º Os requisitos a que se refere o inciso I do parágrafo anterior serão reduzidos em cinco anos, para o professor que comprove exclusivamente tempo de efetivo exercício das funções de magistério na educação infantil e no ensino fundamental e médio.

▶ § 8º com a redação dada pela EC nº 20, de 15-12-1998.
▶ Art. 67, § 2º, da Lei nº 9.394, de 20-12-1996 (Lei das Diretrizes e Bases da Educação Nacional).

§ 9º Para efeito de aposentadoria, é assegurada a contagem recíproca do tempo de contribuição na administração pública e na atividade privada, rural e urbana, hipótese em que os diversos regimes de previdência social se compensarão financeiramente, segundo critérios estabelecidos em lei.

▶ Lei nº 9.796, de 5-5-1999, dispõe sobre a compensação financeira entre o Regime Geral de Previdência Social e os Regimes de Previdência dos Servidores da União, dos Estados, do Distrito Federal e dos Municípios, nos casos de contagem recíproca de tempo de contribuição para efeito de aposentadoria.

► Dec. nº 3.112, de 6-7-1999, regulamenta a Lei nº 9.796, de 5-5-1999.

§ 10. Lei disciplinará a cobertura do risco de acidente do trabalho, a ser atendida concorrentemente pelo regime geral de previdência social e pelo setor privado.

§ 11. Os ganhos habituais do empregado, a qualquer título, serão incorporados ao salário para efeito de contribuição previdenciária e consequente repercussão em benefícios, nos casos e na forma da lei.

► §§ 9º a 11 acrescidos pela EC nº 20, de 15-12-1998.
► Art. 3º da EC nº 20, de 15-12-1998 (Reforma Previdenciária).
► Lei nº 8.213, de 24-7-1991 (Lei dos Planos de Benefícios da Previdência Social).
► Dec. nº 3.048, de 6-5-1999 (Regulamento da Previdência Social).

§ 12. Lei disporá sobre sistema especial de inclusão previdenciária para atender a trabalhadores de baixa renda e àqueles sem renda própria que se dediquem exclusivamente ao trabalho doméstico no âmbito de sua residência, desde que pertencentes a famílias de baixa renda, garantindo-lhes acesso a benefícios de valor igual a um salário mínimo.

► § 12 com a redação dada pela EC nº 47, de 5-7-2005.

§ 13. O sistema especial de inclusão previdenciária de que trata o § 12 deste artigo terá alíquotas e carências inferiores às vigentes para os demais segurados do regime geral de previdência social.

► § 13 acrescido pela EC nº 47, de 5-7-2005.

Art. 202. O regime de previdência privada, de caráter complementar e organizado de forma autônoma em relação ao regime geral de previdência social, será facultativo, baseado na constituição de reservas que garantam o benefício contratado, e regulado por lei complementar.

► *Caput* com a redação dada pela EC nº 20, de 15-12-1998.
► Art. 40, § 15, desta Constituição.
► Art. 7º da EC nº 20, de 15-12-1998 (Reforma Previdenciária).
► LC nº 109, de 29-5-2001 (Lei do Regime de Previdência Complementar), regulamentada pelo Dec. nº 4.206, de 23-4-2002.
► Lei nº 9.656, de 3-6-1998 (Lei dos Planos e Seguros Privados de Saúde).
► Lei nº 10.185, de 12-2-2001, dispõe sobre a especialização das sociedades seguradoras em planos privados de assistência à saúde.
► Dec. nº 3.745, de 5-2-2001, institui o Programa de Interiorização do Trabalho em Saúde.
► Dec. nº 7.123, de 3-3-2010, dispõe sobre o Conselho Nacional de Previdência Complementar – CNPC e sobre a Câmara de Recursos de Previdência Complementar – CRPC.
► Súm. nº 149 do STJ.

§ 1º A lei complementar de que trata este artigo assegurará ao participante de planos de benefícios de entidades de previdência privada o pleno acesso às informações relativas à gestão de seus respectivos planos.

§ 2º As contribuições do empregador, os benefícios e as condições contratuais previstas nos estatutos, regulamentos e planos de benefícios das entidades de previdência privada não integram o contrato de trabalho dos participantes, assim como, à exceção dos benefícios concedidos, não integram a remuneração dos participantes, nos termos da lei.

► §§ 1º e 2º com a redação dada pela EC nº 20, de 15-12-1998.

§ 3º É vedado o aporte de recursos a entidade de previdência privada pela União, Estados, Distrito Federal e Municípios, suas autarquias, fundações, empresas públicas, sociedades de economia mista e outras entidades públicas, salvo na qualidade de patrocinador, situação na qual, em hipótese alguma, sua contribuição normal poderá exceder a do segurado.

► Art. 5º da EC nº 20, de 15-12-1998 (Reforma Previdenciária).
► LC nº 108, de 29-5-2001, regulamenta este parágrafo.

§ 4º Lei complementar disciplinará a relação entre a União, Estados, Distrito Federal ou Municípios, inclusive suas autarquias, fundações, sociedades de economia mista e empresas controladas direta ou indiretamente, enquanto patrocinadoras de entidades fechadas de previdência privada, e suas respectivas entidades fechadas de previdência privada.

► Art. 40, § 14, desta Constituição.
► LC nº 108, de 29-5-2001, regulamenta este parágrafo.

§ 5º A lei complementar de que trata o parágrafo anterior aplicar-se-á, no que couber, às empresas privadas permissionárias ou concessionárias de prestação de serviços públicos, quando patrocinadoras de entidades fechadas de previdência privada.

► LC nº 108, de 29-5-2001, regulamenta este parágrafo.

§ 6º A lei complementar a que se refere o § 4º deste artigo estabelecerá os requisitos para a designação dos membros das diretorias das entidades fechadas de previdência privada e disciplinará a inserção dos participantes nos colegiados e instâncias de decisão em que seus interesses sejam objeto de discussão e deliberação.

► §§ 3º a 6º acrescidos pela EC nº 20, de 15-12-1998.
► LC nº 108, de 29-5-2001, regulamenta este parágrafo.
► LC nº 109, de 29-5-2001 (Lei do Regime de Previdência Complementar).

Seção IV
DA ASSISTÊNCIA SOCIAL

► Lei nº 8.147, de 28-12-1990, dispõe sobre a alíquota do Finsocial.
► Lei nº 8.742, de 7-12-1993 (Lei Orgânica da Assistência Social).
► Lei nº 8.909, de 6-7-1994, dispõe sobre a prestação de serviços por entidades de assistência social, entidades beneficentes de assistência social e entidades de fins filantrópicos e estabelece prazos e procedimentos para o recadastramento de entidades junto ao Conselho Nacional de Assistência Social.
► Lei nº 9.790, de 23-3-1999, dispõe sobre a promoção da assistência social por meio de organizações da sociedade civil de interesse público.

Art. 203. A assistência social será prestada a quem dela necessitar, independentemente de contribuição à seguridade social, e tem por objetivos:

- Lei nº 8.213, de 24-7-1991 (Lei dos Planos de Benefícios da Previdência Social).
- Lei nº 8.742, de 7-12-1993 (Lei Orgânica da Assistência Social).
- Lei nº 8.909, de 6-7-1994, dispõe, em caráter emergencial, sobre a prestação de serviços por entidades de assistência social, entidades beneficentes de assistência social e entidades de fins filantrópicos e estabelece prazos e procedimentos para o recadastramento de entidades junto ao Conselho Nacional de Assistência Social.
- Lei nº 9.429, de 26-12-1996, dispõe sobre prorrogação de prazo para renovação de Certificado de Entidades de Fins Filantrópicos e de recadastramento junto ao Conselho Nacional de Assistência Social – CNAS e anulação de atos emanados do Instituto Nacional do Seguro Social – INSS contra instituições que gozavam de isenção da contribuição social, pela não apresentação do pedido de renovação do certificado em tempo hábil.

I – a proteção à família, à maternidade, à infância, à adolescência e à velhice;
II – o amparo às crianças e adolescentes carentes;
III – a promoção da integração ao mercado de trabalho;
IV – a habilitação e reabilitação das pessoas portadoras de deficiência e a promoção de sua integração à vida comunitária;

- Dec. nº 6.949, de 25-8-2009, promulga a Convenção Internacional sobre os Direitos das Pessoas com Deficiência.

V – a garantia de um salário mínimo de benefício mensal à pessoa portadora de deficiência e ao idoso que comprovem não possuir meios de prover à própria manutenção ou de tê-la provida por sua família, conforme dispuser a lei.

- Lei nº 10.741, de 1º-10-2003 (Estatuto do Idoso).

Art. 204. As ações governamentais na área da assistência social serão realizadas com recursos do orçamento da seguridade social, previstos no artigo 195, além de outras fontes, e organizadas com base nas seguintes diretrizes:

I – descentralização político-administrativa, cabendo a coordenação e as normas gerais à esfera federal e a coordenação e a execução dos respectivos programas às esferas estadual e municipal, bem como a entidades beneficentes e de assistência social;
II – participação da população, por meio de organizações representativas, na formulação das políticas e no controle das ações em todos os níveis.

Parágrafo único. É facultado aos Estados e ao Distrito Federal vincular a programa de apoio à inclusão e promoção social até cinco décimos por cento de sua receita tributária líquida, vedada a aplicação desses recursos no pagamento de:

I – despesas com pessoal e encargos sociais;
II – serviço da dívida;
III – qualquer outra despesa corrente não vinculada diretamente aos investimentos ou ações apoiados.

- Parágrafo único acrescido pela EC nº 42, de 19-12-2003.

Capítulo III
DA EDUCAÇÃO, DA CULTURA E DO DESPORTO
Seção I
DA EDUCAÇÃO

- Lei nº 9.394, de 20-12-1996 (Lei das Diretrizes e Bases da Educação Nacional).
- Lei nº 9.424, de 24-12-1996, dispõe sobre o fundo de manutenção e desenvolvimento e de valorização do magistério.
- Lei nº 9.766, de 18-12-1998, altera a legislação que rege o salário-educação.
- Lei nº 10.219, de 11-4-2001, cria o Programa Nacional de Renda Mínima vinculado à educação – "Bolsa-Escola", regulamentado pelo Dec. nº 4.313, de 24-7-2002.
- Lei nº 10.558, de 13-11-2002, cria o Programa Diversidade na Universidade.
- Art. 27, X, g, da Lei nº 10.683, de 28-5-2003, que dispõe sobre a organização da Presidência da República e dos Ministérios.
- Lei nº 11.096, de 13-1-2005, institui o Programa Universidade para Todos – PROUNI.
- Lei nº 11.274, de 6-2-2006, fixa a idade de seis anos para o início do ensino fundamental obrigatório e altera para nove anos seu período de duração.
- Lei nº 12.089, de 11-11-2009, proíbe que uma mesma pessoa ocupe 2 (duas) vagas simultaneamente em instituições públicas de ensino superior.

Art. 205. A educação, direito de todos e dever do Estado e da família, será promovida e incentivada com a colaboração da sociedade, visando ao pleno desenvolvimento da pessoa, seu preparo para o exercício da cidadania e sua qualificação para o trabalho.

- Lei nº 8.147, de 28-12-1990, dispõe sobre a alíquota do Finsocial.
- Lei nº 9.394, de 20-12-1996 (Lei das Diretrizes e Bases da Educação Nacional).

Art. 206. O ensino será ministrado com base nos seguintes princípios:

I – igualdade de condições para o acesso e permanência na escola;
II – liberdade de aprender, ensinar, pesquisar e divulgar o pensamento, a arte e o saber;
III – pluralismo de ideias e de concepções pedagógicas, e coexistência de instituições públicas e privadas de ensino;
IV – gratuidade do ensino público em estabelecimentos oficiais;

- Art. 242 desta Constituição.
- Súm. Vinc. nº 12 do STF.

V – valorização dos profissionais da educação escolar, garantidos, na forma da lei, planos de carreira, com ingresso exclusivamente por concurso público de provas e títulos, aos das redes públicas.

- Inciso V com a redação dada pela EC nº 53, de 19-12-2006.
- Lei nº 9.424, de 24-12-1996, dispõe sobre o Fundo de Manutenção e Desenvolvimento do Ensino Fundamental e de Valorização do Magistério.

VI – gestão democrática do ensino público, na forma da lei;

- Lei nº 9.394, de 20-12-1996 (Lei das Diretrizes e Bases da Educação Nacional).

VII – garantia de padrão de qualidade;
VIII – piso salarial profissional nacional para os profissionais da educação escolar pública, nos termos de lei federal.
▶ Inciso VIII acrescido pela EC nº 53, de 19-12-2006.

Parágrafo único. A lei disporá sobre as categorias de trabalhadores considerados profissionais da educação básica e sobre a fixação de prazo para a elaboração ou adequação de seus planos de carreira, no âmbito da União, dos Estados, do Distrito Federal e dos Municípios.
▶ Parágrafo único acrescido pela EC nº 53, de 19-12-2006.

Art. 207. As universidades gozam de autonomia didático-científica, administrativa e de gestão financeira e patrimonial, e obedecerão ao princípio de indissociabilidade entre ensino, pesquisa e extensão.

§ 1º É facultado às universidades admitir professores, técnicos e cientistas estrangeiros, na forma da lei.

§ 2º O disposto neste artigo aplica-se às instituições de pesquisa científica e tecnológica.
▶ §§ 1º e 2º acrescidos pela EC nº 11, de 30-4-1996.

Art. 208. O dever do Estado com a educação será efetivado mediante a garantia de:

I – educação básica obrigatória e gratuita dos 4 (quatro) aos 17 (dezessete) anos de idade, assegurada inclusive sua oferta gratuita para todos os que a ela não tiveram acesso na idade própria;
▶ Inciso I com a redação dada pela EC nº 59, de 11-11-2009.
▶ Art. 6º da EC nº 59, de 11-11-2009, determina que o disposto neste inciso deverá ser implementado progressivamente, até 2016, nos termos do Plano Nacional de Educação, com apoio técnico e financeiro da União.

II – progressiva universalização do ensino médio gratuito;
▶ Inciso II com a redação dada pela EC nº 14, de 12-9-1996.
▶ Art. 6º da EC nº 14, de 12-9-1996.

III – atendimento educacional especializado aos portadores de deficiência, preferencialmente na rede regular de ensino;
▶ Lei nº 7.853, de 24-10-1989 (Lei de Apoio às Pessoas Portadoras de Deficiência), regulamentada pelo Dec. nº 3.298, de 20-12-1999.
▶ Lei nº 10.436, de 24-4-2002, dispõe sobre a Língua Brasileira de Sinais – LIBRA.
▶ Lei nº 10.845, de 5-3-2004, institui o Programa de Complementação ao Atendimento Educacional Especializado às Pessoas Portadoras de Deficiência – PAED.
▶ Dec. nº 3.956, de 8-10-2001, promulga a Convenção Interamericana para a Eliminação de todas as Formas de Discriminação contra as Pessoas Portadoras de Deficiências.
▶ Dec. nº 6.949, de 25-8-2009, promulga a Convenção Internacional sobre os Direitos das Pessoas com Deficiência.

IV – educação infantil, em creche e pré-escola, às crianças até 5 (cinco) anos de idade;
▶ Inciso IV com a redação dada pela EC nº 53, de 19-12-2006.

▶ Art. 6º, XXV, desta Constituição.

V – acesso aos níveis mais elevados do ensino, da pesquisa e da criação artística, segundo a capacidade de cada um;
▶ Lei nº 10.260, de 10-7-2001, dispõe sobre o Fundo de Financiamento ao Estudante do Ensino Superior.
▶ Lei nº 12.089, de 11-11-2009, proíbe que uma mesma pessoa ocupe 2 (duas) vagas simultaneamente em instituições públicas de ensino superior.

VI – oferta de ensino noturno regular, adequado às condições do educando;

VII – atendimento ao educando, em todas as etapas da educação básica, por meio de programas suplementares de material didático-escolar, transporte, alimentação e assistência à saúde.
▶ Inciso VII com a redação dada pela EC nº 59, de 11-11-2009.
▶ Arts. 6º e 212, § 4º, desta Constituição.

§ 1º O acesso ao ensino obrigatório e gratuito é direito público subjetivo.

§ 2º O não oferecimento do ensino obrigatório pelo Poder Público, ou sua oferta irregular, importa responsabilidade da autoridade competente.

§ 3º Compete ao Poder Público recensear os educandos no ensino fundamental, fazer-lhes a chamada e zelar, junto aos pais ou responsáveis, pela frequência à escola.

Art. 209. O ensino é livre à iniciativa privada, atendidas as seguintes condições:

I – cumprimento das normas gerais da educação nacional;

II – autorização e avaliação de qualidade pelo Poder Público.

Art. 210. Serão fixados conteúdos mínimos para o ensino fundamental, de maneira a assegurar formação básica comum e respeito aos valores culturais e artísticos, nacionais e regionais.

§ 1º O ensino religioso, de matrícula facultativa, constituirá disciplina dos horários normais das escolas públicas de ensino fundamental.

§ 2º O ensino fundamental regular será ministrado em língua portuguesa, assegurada às comunidades indígenas também a utilização de suas línguas maternas e processos próprios de aprendizagem.

Art. 211. A União, os Estados, o Distrito Federal e os Municípios organizarão em regime de colaboração seus sistemas de ensino.
▶ Art. 60 do ADCT.
▶ Art. 6º da EC nº 14, de 12-9-1996.

§ 1º A União organizará o sistema federal de ensino e o dos Territórios, financiará as instituições de ensino públicas federais e exercerá, em matéria educacional, função redistributiva e supletiva, de forma a garantir equalização de oportunidades educacionais e padrão mínimo de qualidade de ensino mediante assistência técnica e financeira aos Estados, ao Distrito Federal e aos Municípios.

§ 2º Os Municípios atuarão prioritariamente no ensino fundamental e na educação infantil.
▶ §§ 1º e 2º com a redação dada pela EC nº 14, de 12-9-1996.

§ 3º Os Estados e o Distrito Federal atuarão prioritariamente no ensino fundamental e médio.
▶ § 3º acrescido pela EC nº 14, de 12-9-1996.

§ 4º Na organização de seus sistemas de ensino, a União, os Estados, o Distrito Federal e os Municípios definirão formas de colaboração, de modo a assegurar a universalização do ensino obrigatório.
▶ § 4º com a redação dada pela EC nº 59, de 11-11-2009.

§ 5º A educação básica pública atenderá prioritariamente ao ensino regular.
▶ § 5º acrescido pela EC nº 53, de 19-12-2006.

Art. 212. A União aplicará, anualmente, nunca menos de dezoito, e os Estados, o Distrito Federal e os Municípios vinte e cinco por cento, no mínimo, da receita resultante de impostos, compreendida a proveniente de transferências, na manutenção e desenvolvimento do ensino.
▶ Arts. 34, VII, e, 35, III, e 167, IV, desta Constituição.
▶ Arts. 60, caput, § 6º, 72, §§ 2º e 3º, e 76, § 3º, do ADCT.
▶ Lei nº 9.424, de 24-12-1996, dispõe sobre o Fundo de Manutenção e Desenvolvimento do Ensino Fundamental e de Valorização do Magistério.

§ 1º A parcela da arrecadação de impostos transferida pela União aos Estados, ao Distrito Federal e aos Municípios, ou pelos Estados aos respectivos Municípios, não é considerada, para efeito do cálculo previsto neste artigo, receita do governo que a transferir.

§ 2º Para efeito do cumprimento do disposto no caput deste artigo, serão considerados os sistemas de ensino federal, estadual e municipal e os recursos aplicados na forma do artigo 213.

§ 3º A distribuição dos recursos públicos assegurará prioridade ao atendimento das necessidades do ensino obrigatório, no que se refere a universalização, garantia de padrão de qualidade e equidade, nos termos do plano nacional de educação.
▶ § 3º com a redação dada pela EC nº 59, de 11-11-2009.

§ 4º Os programas suplementares de alimentação e assistência à saúde previstos no artigo 208, VII, serão financiados com recursos provenientes de contribuições sociais e outros recursos orçamentários.

§ 5º A educação básica pública terá como fonte adicional de financiamento a contribuição social do salário-educação, recolhida pelas empresas na forma da lei.
▶ § 5º com a redação dada pela EC nº 53, de 19-12-2006.
▶ Art. 76, § 2º, do ADCT.
▶ Lei nº 9.424, de 24-12-1996, dispõe sobre o Fundo de Manutenção e Desenvolvimento do Ensino Fundamental e de Valorização do Magistério.
▶ Lei nº 9.766, de 18-12-1998, dispõe sobre o salário-educação.
▶ Dec. nº 3.142, de 16-8-1999, regulamenta a contribuição social do salário-educação.
▶ Dec. nº 6.003, de 28-12-2006, regulamenta a arrecadação, a fiscalização e a cobrança da contribuição social do salário-educação.
▶ Súm. nº 732 do STF

§ 6º As cotas estaduais e municipais da arrecadação da contribuição social do salário-educação serão distribuídas proporcionalmente ao número de alunos matriculados na educação básica nas respectivas redes públicas de ensino.
▶ § 6º acrescido pela EC nº 53, de 19-12-2006.

Art. 213. Os recursos públicos serão destinados às escolas públicas, podendo ser dirigidos a escolas comunitárias, confessionais ou filantrópicas, definidas em lei, que:
▶ Art. 212 desta Constituição.
▶ Art. 61 do ADCT.
▶ Lei nº 9.394, de 20-12-1996 (Lei das Diretrizes e Bases da Educação Nacional).

I – comprovem finalidade não lucrativa e apliquem seus excedentes financeiros em educação;

II – assegurem a destinação de seu patrimônio à outra escola comunitária, filantrópica ou confessional, ou ao Poder Público, no caso de encerramento de suas atividades.
▶ Art. 61 do ADCT.

§ 1º Os recursos de que trata este artigo poderão ser destinados a bolsas de estudo para o ensino fundamental e médio, na forma da lei, para os que demonstrarem insuficiência de recursos, quando houver falta de vagas e cursos regulares da rede pública na localidade da residência do educando, ficando o Poder Público obrigado a investir prioritariamente na expansão de sua rede na localidade.
▶ Lei nº 9.394, de 20-12-1996 (Lei das Diretrizes e Bases da Educação Nacional).

§ 2º As atividades universitárias de pesquisa e extensão poderão receber apoio financeiro do Poder Público.
▶ Lei nº 8.436, de 25-6-1992, institucionaliza o Programa de Crédito Educativo para estudantes carentes.

Art. 214. A lei estabelecerá o plano nacional de educação, de duração decenal, com o objetivo de articular o sistema nacional de educação em regime de colaboração e definir diretrizes, objetivos, metas e estratégias de implementação para assegurar a manutenção e desenvolvimento do ensino em seus diversos níveis, etapas e modalidades por meio de ações integradas dos poderes públicos das diferentes esferas federativas que conduzam a:
▶ Caput com a redação dada pela EC nº 59, de 11-11-2009.

I – erradicação do analfabetismo;
II – universalização do atendimento escolar;
III – melhoria da qualidade do ensino;
IV – formação para o trabalho;
V – promoção humanística, científica e tecnológica do País;
▶ Lei nº 10.172, de 9-1-2001, aprova o Plano Nacional de Educação.

VI – estabelecimento de meta de aplicação de recursos públicos em educação como proporção do produto interno bruto.

▶ Inciso VI acrescido pela EC nº 59, de 11-11-2009.
▶ Lei nº 9.394, de 20-12-1996 (Lei das Diretrizes e Bases da Educação Nacional).
▶ Lei nº 10.172, de 9-1-2001, aprova o Plano Nacional de Educação.

Seção II

DA CULTURA

Art. 215. O Estado garantirá a todos o pleno exercício dos direitos culturais e acesso às fontes da cultura nacional, e apoiará e incentivará a valorização e a difusão das manifestações culturais.

▶ Lei nº 8.313, de 23-12-1991, institui o Programa Nacional de Apoio à Cultura – PRONAC, regulamentada pelo Dec. nº 5.761, de 27-4-2002.
▶ Lei nº 8.685, de 20-7-1993, cria mecanismos de fomento à atividade audiovisual.
▶ Lei nº 10.454, de 13-5-2002, dispõe sobre remissão da Contribuição para o Desenvolvimento da Indústria Cinematográfica – CONDECINE.
▶ MP nº 2.228-1, de 6-9-2001, que até o encerramento desta edição não havia sido convertida em Lei, cria a Agência Nacional do Cinema – ANCINE.
▶ Dec. nº 2.290, de 4-8-1997, regulamenta o art. 5º, VIII, da Lei nº 8.313, de 23-12-1991.

§ 1º O Estado protegerá as manifestações das culturas populares, indígenas e afro-brasileiras, e das de outros grupos participantes do processo civilizatório nacional.

§ 2º A lei disporá sobre a fixação de datas comemorativas de alta significação para os diferentes segmentos étnicos nacionais.

§ 3º A lei estabelecerá o Plano Nacional de Cultura, de duração plurianual, visando ao desenvolvimento cultural do País e à integração das ações do poder público que conduzem à:

▶ Lei nº 12.343, de 2-12-2010, institui o Plano Nacional de Cultura – PNC e cria o Sistema Nacional de Informações e Indicadores Culturais – SNIIC.

I – defesa e valorização do patrimônio cultural brasileiro;
II – produção, promoção e difusão de bens culturais;
III – formação de pessoal qualificado para a gestão da cultura em suas múltiplas dimensões;
IV – democratização do acesso aos bens de cultura;
V – valorização da diversidade étnica e regional.

▶ § 3º acrescido pela EC nº 48, de 10-8-2005.

Art. 216. Constituem patrimônio cultural brasileiro os bens de natureza material e imaterial, tomados individualmente ou em conjunto, portadores de referência à identidade, à ação, à memória dos diferentes grupos formadores da sociedade brasileira, nos quais se incluem:

I – as formas de expressão;
II – os modos de criar, fazer e viver;
III – as criações científicas, artísticas e tecnológicas;

▶ Lei nº 9.610, de 19-2-1998 (Lei de Direitos Autorais).

IV – as obras, objetos, documentos, edificações e demais espaços destinados às manifestações artístico-culturais;

V – os conjuntos urbanos e sítios de valor histórico, paisagístico, artístico, arqueológico, paleontológico, ecológico e científico.

▶ Lei nº 3.924, de 26-7-1961 (Lei dos Monumentos Arqueológicos e Pré-Históricos).
▶ Arts. 1º, 20, 28, I, II e parágrafo único, da Lei nº 7.542, de 26-9-1986, que dispõe sobre a pesquisa, exploração, remoção e demolição de coisas ou bens afundados, submersos, encalhados e perdidos em águas sob jurisdição nacional, em terreno de marinha e seus acrescidos e em terrenos marginais, em decorrência de sinistro, alijamento ou fortuna do mar.

§ 1º O Poder Público, com a colaboração da comunidade, promoverá e protegerá o patrimônio cultural brasileiro, por meio de inventários, registros, vigilância, tombamento e desapropriação, e de outras formas de acautelamento e preservação.

▶ Lei nº 7.347, de 24-7-1985 (Lei da Ação Civil Pública).
▶ Lei nº 8.394, de 30-12-1991, dispõe sobre a preservação, organização e proteção dos acervos documentais privados dos presidentes da República.
▶ Dec. nº 3.551, de 4-8-2000, institui o registro de bens culturais de natureza imaterial que constituem Patrimônio Cultural Brasileiro e cria o Programa Nacional do Patrimônio Imaterial.

§ 2º Cabem à administração pública, na forma da lei, a gestão da documentação governamental e as providências para franquear sua consulta a quantos dela necessitem.

▶ Lei nº 8.159, de 8-1-1991, dispõe sobre a Política Nacional de arquivos públicos e privados.
▶ Lei nº 12.527, de 18-11-2011 (Lei do Acesso à Informação) DOU de 18-11-2011, edição extra, para vigorar 180 dias após a data de sua publicação, quando ficará revogada a Lei nº 11.111, de 5-5-2005.

§ 3º A lei estabelecerá incentivos para a produção e o conhecimento de bens e valores culturais.

▶ Lei nº 7.505, de 2-7-1986, dispõe sobre benefícios fiscais na área do imposto de renda concedidos a operações de caráter cultural ou artístico.
▶ Lei nº 8.313, de 23-12-1991, dispõe sobre benefícios fiscais concedidos a operações de caráter cultural ou artístico e cria o Programa Nacional de Apoio a Cultura – PRONAC.
▶ Lei nº 8.685, de 20-7-1993, cria mecanismos de fomento à atividade audiovisual.
▶ Lei nº 10.454, de 13-5-2002, dispõe sobre remissão da Contribuição para o Desenvolvimento da Indústria Cinematográfica – CONDECINE.
▶ MP nº 2.228-1, de 6-9-2001, que até o encerramento desta edição não havia sido convertida em Lei, cria a Agência Nacional do Cinema – ANCINE.

§ 4º Os danos e ameaças ao patrimônio cultural serão punidos, na forma da lei.

▶ Lei nº 3.924, de 26-7-1961 (Lei dos Monumentos Arqueológicos e Pré-Históricos).
▶ Lei nº 4.717, de 29-6-1965 (Lei da Ação Popular).
▶ Lei nº 7.347, de 24-7-1985 (Lei da Ação Civil Pública).

§ 5º Ficam tombados todos os documentos e os sítios detentores de reminiscências históricas dos antigos quilombos.

§ 6º É facultado aos Estados e ao Distrito Federal vincular a fundo estadual de fomento à cultura até cinco décimos por cento de sua receita tributária líquida, para o financiamento de programas e projetos culturais, vedada a aplicação desses recursos no pagamento de:

I – despesas com pessoal e encargos sociais;

II – serviço da dívida;
III – qualquer outra despesa corrente não vinculada diretamente aos investimentos ou ações apoiados.
▶ § 6º acrescido pela EC nº 42, de 19-12-2003.

Seção III
DO DESPORTO

▶ Lei nº 9.615, de 24-3-1998, institui normas gerais sobre desportos.
▶ Lei nº 10.891, de 9-7-2004, institui a Bolsa-Atleta.

Art. 217. É dever do Estado fomentar práticas desportivas formais e não formais, como direito de cada um, observados:

I – a autonomia das entidades desportivas dirigentes e associações, quanto a sua organização e funcionamento;
II – a destinação de recursos públicos para a promoção prioritária do desporto educacional e, em casos específicos, para a do desporto de alto rendimento;
III – o tratamento diferenciado para o desporto profissional e o não profissional;
IV – a proteção e o incentivo às manifestações desportivas de criação nacional.

§ 1º O Poder Judiciário só admitirá ações relativas à disciplina e às competições desportivas após esgotarem-se as instâncias da justiça desportiva, regulada em lei.

§ 2º A justiça desportiva terá o prazo máximo de sessenta dias, contados da instauração do processo, para proferir decisão final.

§ 3º O Poder Público incentivará o lazer, como forma de promoção social.

Capítulo IV
DA CIÊNCIA E TECNOLOGIA

▶ Lei nº 9.257, de 9-1-1996, dispõe sobre o Conselho Nacional de Ciência e Tecnologia.
▶ Lei nº 10.168, de 29-12-2000, institui Contribuição de Intervenção de Domínio Econômico destinado a financiar o Programa de Estímulo à Interação Universidade-Empresa para o apoio à inovação.
▶ Lei nº 10.332, de 19-12-2001, institui mecanismo de financiamento para o Programa de Ciência e Tecnologia para o Agronegócio, para o Programa de Fomento à Pesquisa em Saúde, para o Programa Biotecnologia e Recursos Genéticos, para o Programa de Ciência e Tecnologia para o Setor Aeronáutico e para o Programa de Inovação para Competitividade.

Art. 218. O Estado promoverá e incentivará o desenvolvimento científico, a pesquisa e a capacitação tecnológicas.

▶ Lei nº 10.973, de 2-12-2004, estabelece medidas de incentivo à inovação e à pesquisa científica e tecnológica no ambiente produtivo, com vistas à capacitação e ao alcance da autonomia tecnológica e ao desenvolvimento industrial do país, nos termos deste artigo e do art. 219.

§ 1º A pesquisa científica básica receberá tratamento prioritário do Estado, tendo em vista o bem público e o progresso das ciências.

§ 2º A pesquisa tecnológica voltar-se-á preponderantemente para a solução dos problemas brasileiros e para o desenvolvimento do sistema produtivo nacional e regional.

§ 3º O Estado apoiará a formação de recursos humanos nas áreas de ciência, pesquisa e tecnologia, e concederá aos que delas se ocupem meios e condições especiais de trabalho.

§ 4º A lei apoiará e estimulará as empresas que invistam em pesquisa, criação de tecnologia adequada ao País, formação e aperfeiçoamento de seus recursos humanos e que pratiquem sistemas de remuneração que assegurem ao empregado, desvinculada do salário, participação nos ganhos econômicos resultantes da produtividade de seu trabalho.

▶ Lei nº 9.257, de 9-1-1996, dispõe sobre o Conselho Nacional de Ciência e Tecnologia.

§ 5º É facultado aos Estados e ao Distrito Federal vincular parcela de sua receita orçamentária a entidades públicas de fomento ao ensino e à pesquisa científica e tecnológica.

▶ Lei nº 8.248, de 23-10-1991, dispõe sobre a capacitação e competitividade do setor de informática e automação.

Art. 219. O mercado interno integra o patrimônio nacional e será incentivado de modo a viabilizar o desenvolvimento cultural e socioeconômico, o bem-estar da população e a autonomia tecnológica do País, nos termos de lei federal.

▶ Lei nº 10.973, de 2-12-2004, estabelece medidas de incentivo à inovação e à pesquisa científica e tecnológica no ambiente produtivo, com vistas à capacitação e ao alcance da autonomia tecnológica e ao desenvolvimento industrial do país, nos termos deste artigo e do art. 218.

Capítulo V
DA COMUNICAÇÃO SOCIAL

Art. 220. A manifestação do pensamento, a criação, a expressão e a informação, sob qualquer forma, processo ou veículo não sofrerão qualquer restrição, observado o disposto nesta Constituição.

▶ Arts. 1º, III e IV, 3º, III e IV, 4º, II, 5º, IX, XII, XIV, XXVII, XXVIII e XXIX, desta Constituição.
▶ Arts. 36, 37, 43 e 44 do CDC.
▶ Lei nº 4.117, de 24-8-1962 (Código Brasileiro de Telecomunicações).
▶ Art. 1º da Lei nº 7.524, de 17-7-1986, que dispõe sobre a manifestação, por militar inativo, de pensamento e opinião políticos ou filosóficos.
▶ Art. 2º da Lei nº 8.389, de 30-12-1991, que institui o Conselho de Comunicação Social.
▶ Lei nº 9.472, de 16-7-1997, dispõe sobre a organização dos serviços de telecomunicações, a criação e funcionamento de um Órgão Regulador e outros aspectos institucionais.
▶ Art. 7º da Lei nº 9.610, de 19-2-1998 (Lei de Direitos Autorais).

§ 1º Nenhuma lei conterá dispositivo que possa constituir embaraço à plena liberdade de informação jornalística em qualquer veículo de comunicação social, observado o disposto no artigo 5º, IV, V, X, XIII e XIV.

▶ Art. 45 da Lei nº 9.504, de 30-9-1997 (Lei das Eleições).

§ 2º É vedada toda e qualquer censura de natureza política, ideológica e artística.

§ 3º Compete à lei federal:

I – regular as diversões e espetáculos públicos, cabendo ao Poder Público informar sobre a natureza deles,

as faixas etárias a que não se recomendem, locais e horários em que sua apresentação se mostre inadequada;
- Art. 21, XVI, desta Constituição.
- Arts. 74, 80, 247 e 258 do ECA.

II – estabelecer os meios legais que garantam à pessoa e à família a possibilidade de se defenderem de programas ou programações de rádio e televisão que contrariem o disposto no artigo 221, bem como da propaganda de produtos, práticas e serviços que possam ser nocivos à saúde e ao meio ambiente.
- Arts. 9º e 10 do CDC.
- Art. 5º da Lei nº 8.389, de 30-12-1991, que institui o Conselho de Comunicação Social.

§ 4º A propaganda comercial de tabaco, bebidas alcoólicas, agrotóxicos, medicamentos e terapias estará sujeita a restrições legais, nos termos do inciso II do parágrafo anterior, e conterá, sempre que necessário, advertência sobre os malefícios decorrentes de seu uso.
- Lei nº 9.294, de 15-7-1996, dispõe sobre as restrições ao uso e à propaganda de produtos fumígenos, bebidas alcoólicas, medicamentos, terapias e defensivos agrícolas referidos neste parágrafo.
- Lei nº 10.359, de 27-12-2001, dispõe sobre a obrigatoriedade de os novos aparelhos de televisão conterem dispositivo que possibilite o bloqueio temporário da recepção de programação inadequada.

§ 5º Os meios de comunicação social não podem, direta ou indiretamente, ser objeto de monopólio ou oligopólio.
- Art. 20, II e IV, da Lei nº 8.884, de 11-6-1994 (Lei Antitruste).
- Arts. 36 e segs. da Lei nº 12.529, de 30-11-2011 (Lei do Sistema Brasileiro de Defesa da Concorrência) publicada no DOU de 1º-12-2011, para vigorar 180 dias após a data de sua publicação, quando ficarão revogados os arts. 1º a 85 e 88 a 93 da Lei nº 8.884, de 11-6-1994.

§ 6º A publicação de veículo impresso de comunicação independe de licença de autoridade.
- Art. 114, parágrafo único, da Lei nº 6.015, de 31-12-1973 (Lei dos Registros Públicos).

Art. 221. A produção e a programação das emissoras de rádio e televisão atenderão aos seguintes princípios:

I – preferência a finalidades educativas, artísticas, culturais e informativas;
- Dec. nº 4.901, de 26-11-2003, institui o Sistema Brasileiro de Televisão Digital – SBTVD.

II – promoção da cultura nacional e regional e estímulo à produção independente que objetive sua divulgação;
- Art. 2º da MP nº 2.228-1, de 6-9-2001, cria a Agência Nacional do Cinema – ANCINE.
- Lei nº 10.454, de 13-5-2002, dispõe sobre remissão da Contribuição para o Desenvolvimento da Indústria Cinematográfica – CONDECINE.

III – regionalização da produção cultural, artística e jornalística, conforme percentuais estabelecidos em lei;
- Art. 3º, III, desta Constituição.

IV – respeito aos valores éticos e sociais da pessoa e da família.
- Arts. 1º, III, 5º, XLII, XLIII, XLVIII, XLIX, L, 34, VII, b, 225 a 227 e 230 desta Constituição.

- Art. 8º, III, da Lei nº 11.340, de 7-8-2006 (Lei que Coíbe a Violência Doméstica e Familiar Contra a Mulher).

Art. 222. A propriedade de empresa jornalística e de radiodifusão sonora e de sons e imagens é privativa de brasileiros natos ou naturalizados há mais de dez anos, ou de pessoas jurídicas constituídas sob as leis brasileiras e que tenham sede no País.
- Caput com a redação dada pela EC nº 36, de 28-5-2002.

§ 1º Em qualquer caso, pelo menos setenta por cento do capital total e do capital votante das empresas jornalísticas e de radiodifusão sonora e de sons e imagens deverá pertencer, direta ou indiretamente, a brasileiros natos ou naturalizados há mais de dez anos, que exercerão obrigatoriamente a gestão das atividades e estabelecerão o conteúdo da programação.

§ 2º A responsabilidade editorial e as atividades de seleção e direção da programação veiculada são privativas de brasileiros natos ou naturalizados há mais de dez anos, em qualquer meio de comunicação social.
- §§ 1º e 2º com a redação dada pela EC nº 36, de 28-5-2002.

§ 3º Os meios de comunicação social eletrônica, independentemente da tecnologia utilizada para a prestação do serviço, deverão observar os princípios enunciados no art. 221, na forma de lei específica, que também garantirá a prioridade de profissionais brasileiros na execução de produções nacionais.

§ 4º Lei disciplinará a participação de capital estrangeiro nas empresas de que trata o § 1º.
- Lei nº 10.610, de 20-12-2002, dispõe sobre a participação de capital estrangeiro nas empresas jornalísticas e de radiodifusão sonora e de sons e imagens.

§ 5º As alterações de controle societário das empresas de que trata o § 1º serão comunicadas ao Congresso Nacional.
- §§ 3º a 5º acrescidos pela EC nº 36, de 28-5-2002.

Art. 223. Compete ao Poder Executivo outorgar e renovar concessão, permissão e autorização para o serviço de radiodifusão sonora e de sons e imagens, observado o princípio da complementaridade dos sistemas privado, público e estatal.
- Lei nº 9.612, de 19-2-1998, institui o serviço de radiodifusão comunitária.
- Arts. 2º, 10 e 32 do Dec. nº 52.795, de 31-10-1963, que aprova regulamento dos serviços de radiodifusão.

§ 1º O Congresso Nacional apreciará o ato no prazo do artigo 64, §§ 2º e 4º, a contar do recebimento da mensagem.

§ 2º A não renovação da concessão ou permissão dependerá de aprovação de, no mínimo, dois quintos do Congresso Nacional, em votação nominal.

§ 3º O ato de outorga ou renovação somente produzirá efeitos legais após deliberação do Congresso Nacional, na forma dos parágrafos anteriores.

§ 4º O cancelamento da concessão ou permissão, antes de vencido o prazo, depende de decisão judicial.

§ 5º O prazo da concessão ou permissão será de dez anos para as emissoras de rádio e de quinze para as de televisão.

Art. 224. Para os efeitos do disposto neste Capítulo, o Congresso Nacional instituirá, como seu órgão auxiliar, o Conselho de Comunicação Social, na forma da lei.

▶ Lei nº 6.650, de 23-5-1979, dispõe sobre a criação, na Presidência da República, da Secretaria de Comunicação Social.
▶ Lei nº 8.389, de 30-12-1991, institui o Conselho de Comunicação Social.
▶ Dec. nº 4.799, de 4-8-2003, dispõe sobre a comunicação de Governo do Poder Executivo Federal.

CAPÍTULO VI
DO MEIO AMBIENTE

▶ Lei nº 7.802, de 11-7-1989, dispõe sobre a pesquisa, a experimentação, a produção, a embalagem e rotulagem, o transporte, o armazenamento, a comercialização, a propaganda comercial, a utilização, a importação, a exportação, o destino final dos resíduos e embalagens, o registro, a classificação, o controle, a inspeção e a fiscalização, de agrotóxicos, seus componentes, e afins.
▶ Lei nº 9.605, de 12-2-1998 (Lei dos Crimes Ambientais).
▶ Arts. 25, XV, 27, XV, e 29, XV, da Lei nº 10.683, de 28-5-2003, que dispõem sobre a organização do Ministério do Meio Ambiente.
▶ Dec. nº 4.339, de 22-8-2002, institui princípios e diretrizes para a implementação Política Nacional da Biodiversidade.
▶ Dec. nº 4.411, de 7-10-2002, dispõe sobre a atuação das Forças Armadas e da Polícia Federal nas unidades de conservação.

Art. 225. Todos têm direito ao meio ambiente ecologicamente equilibrado, bem de uso comum do povo e essencial à sadia qualidade de vida, impondo-se ao Poder Público e à coletividade o dever de defendê-lo e preservá-lo para as presentes e futuras gerações.

▶ Lei nº 7.735, de 22-2-1989, dispõe sobre a extinção de órgão e de entidade autárquica, cria o Instituto Brasileiro do Meio Ambiente e dos Recursos Naturais Renováveis.
▶ Lei nº 7.797, de 10-7-1989 (Lei do Fundo Nacional de Meio Ambiente).
▶ Lei nº 11.284, de 2-3-2006 (Lei de Gestão de Florestas Públicas).
▶ Dec. nº 4.339, de 22-8-2002, institui princípios e diretrizes para a implementação Política Nacional da Biodiversidade.

§ 1º Para assegurar a efetividade desse direito, incumbe ao Poder Público:

▶ Lei nº 9.985, de 18-7-2000 (Lei do Sistema Nacional de Unidades de Conservação da Natureza).

I – preservar e restaurar os processos ecológicos essenciais e prover o manejo ecológico das espécies e ecossistemas;

▶ Lei nº 9.985, de 18-7-2000 (Lei do Sistema Nacional de Unidades de Conservação da Natureza), regulamentada pelo Dec. nº 4.340, de 22-8-2002.

II – preservar a diversidade e a integridade do patrimônio genético do País e fiscalizar as entidades dedicadas à pesquisa e manipulação de material genético;

▶ Inciso regulamentado pela MP nº 2.186-16, de 23-8-2001, que até o encerramento desta edição não havia sido convertida em Lei.

▶ Lei nº 9.985, de 18-7-2000 (Lei do Sistema Nacional de Unidades de Conservação da Natureza), regulamentada pelo Dec. nº 4.340, de 22-8-2002.
▶ Lei nº 11.105, de 24-3-2005 (Lei de Biossegurança), regulamenta este inciso.
▶ Dec. nº 5.705, de 16-2-2006, promulga o Protocolo de Cartagena sobre Biossegurança da Convenção sobre Diversidade Biológica.

III – definir, em todas as Unidades da Federação, espaços territoriais e seus componentes a serem especialmente protegidos, sendo a alteração e a supressão permitidas somente através de lei, vedada qualquer utilização que comprometa a integridade dos atributos que justifiquem sua proteção;

▶ Lei nº 9.985, de 18-7-2000 (Lei do Sistema Nacional de Unidades de Conservação da Natureza), regulamentada pelo Dec. nº 4.340, de 22-8-2002.
▶ Res. do CONAMA nº 369, de 28-3-2006, dispõe sobre os casos excepcionais, de utilidade pública, interesse social ou baixo impacto ambiental, que possibilitam a intervenção ou supressão de vegetação em Área de Preservação Permanente – APP.

IV – exigir, na forma da lei, para instalação de obra ou atividade potencialmente causadora de significativa degradação do meio ambiente, estudo prévio de impacto ambiental, a que se dará publicidade;

▶ Lei nº 11.105, de 24-3-2005 (Lei de Biossegurança), regulamenta este inciso.

V – controlar a produção, a comercialização e o emprego de técnicas, métodos e substâncias que comportem risco para a vida, a qualidade de vida e o meio ambiente;

▶ Lei nº 7.802, de 11-7-1989, dispõe sobre a pesquisa, a experimentação, a produção, a embalagem e rotulagem, o transporte, o armazenamento, a comercialização, a propaganda comercial, a utilização, a importação, a exportação, o destino final dos resíduos e embalagens, o registro, a classificação, o controle, a inspeção e a fiscalização, de agrotóxicos, seus componentes, e afins.
▶ Lei nº 9.985, de 18-7-2000 (Lei do Sistema Nacional de Unidades de Conservação da Natureza), regulamentada pelo Dec. nº 4.340, de 22-8-2002.
▶ Lei nº 11.105, de 24-3-2005 (Lei de Biossegurança), regulamenta este inciso.

VI – promover a educação ambiental em todos os níveis de ensino e a conscientização pública para a preservação do meio ambiente;

▶ Lei nº 9.795, de 27-4-1999, dispõe sobre a educação ambiental e a instituição da Política Nacional de Educação Ambiental.

VII – proteger a fauna e a flora, vedadas, na forma da lei, as práticas que coloquem em risco sua função ecológica, provoquem a extinção de espécies ou submetam os animais à crueldade.

▶ Lei nº 4.771, de 15-9-1965 (Código Florestal).
▶ Lei nº 5.197, de 3-1-1967 (Lei de Proteção à Fauna).
▶ Lei nº 7.802, de 11-7-1989, dispõe sobre a pesquisa, a experimentação, a produção, a embalagem e rotulagem, o transporte, o armazenamento, a comercialização, a propaganda comercial, a utilização, a importação, a exportação, o destino final dos resíduos e embalagens, o registro, a classificação, o controle, a inspeção e a fiscalização, de agrotóxicos, seus componentes, e afins.

- Lei nº 9.605, de 12-2-1998 (Lei dos Crimes Ambientais).
- Lei nº 9.985, de 18-7-2000 (Lei do Sistema Nacional de Unidades de Conservação da Natureza), regulamentada pelo Dec. nº 4.340, de 22-8-2002.
- Dec.-lei nº 221, de 28-2-1967 (Lei de Proteção e Estímulos à Pesca).
- Lei nº 11.794, de 8-10-2008, regulamenta este inciso, estabelecendo procedimentos para o uso científico de animais.

§ 2º Aquele que explorar recursos minerais fica obrigado a recuperar o meio ambiente degradado, de acordo com solução técnica exigida pelo órgão público competente, na forma da lei.

- Dec.-lei nº 227, de 28-2-1967 (Código de Mineração).

§ 3º As condutas e atividades consideradas lesivas ao meio ambiente sujeitarão os infratores, pessoas físicas ou jurídicas, a sanções penais e administrativas, independentemente da obrigação de reparar os danos causados.

- Art. 3º, *caput*, e parágrafo único, da Lei nº 9.605, de 12-2-1998 (Lei dos Crimes Ambientais).
- Dec. nº 6.514, de 22-7-2008, dispõe sobre as infrações e sanções administrativas ao meio ambiente e estabelece o processo administrativo federal para apuração destas infrações.

§ 4º A Floresta Amazônica brasileira, a Mata Atlântica, a Serra do Mar, o Pantanal Mato-Grossense e a Zona Costeira são patrimônio nacional, e sua utilização far-se-á, na forma da lei, dentro de condições que assegurem a preservação do meio ambiente, inclusive quanto ao uso dos recursos naturais.

- Lei nº 6.902, de 27-4-1981 (Lei das Estações Ecológicas e das Áreas de Proteção Ambiental).
- Lei nº 6.938, de 31-8-1981 (Lei da Política Nacional do Meio Ambiente).
- Lei nº 7.347, de 24-7-1985 (Lei da Ação Civil Pública).
- Dec. nº 4.297, de 10-7-2002, regulamenta o inciso II do art. 9º da Lei nº 6.938, de 31-8-1981 (Lei da Política Nacional do Meio Ambiente), estabelecendo critério para o Zoneamento Ecológico-Econômico do Brasil – ZEE.
- Res. do CONAMA nº 369, de 28-3-2006, dispõe sobre os casos excepcionais, de utilidade pública, interesse social ou baixo impacto ambiental, que possibilitam a intervenção ou supressão de vegetação em Área de Preservação Permanente – APP.

§ 5º São indisponíveis as terras devolutas ou arrecadadas pelos Estados, por ações discriminatórias, necessárias à proteção dos ecossistemas naturais.

- Lei nº 6.383, de 7-12-1976 (Lei das Ações Discriminatórias).
- Dec.-lei nº 9.760, de 5-9-1946 (Lei dos Bens Imóveis da União).
- Dec.-lei nº 1.414, de 18-8-1975, dispõe sobre o processo de ratificação das concessões e alterações de terras devolutas na faixa de fronteiras.
- Arts. 1º, 5º e 164 do Dec. nº 87.620, de 21-9-1982, que dispõe sobre o procedimento administrativo para o reconhecimento da aquisição, por usucapião especial, de imóveis rurais compreendidos em terras devolutas.
- Res. do CONAMA nº 369, de 28-3-2006, dispõe sobre os casos excepcionais, de utilidade pública, interesse social ou baixo impacto ambiental, que possibilitam a intervenção ou supressão de vegetação em Área de Preservação Permanente – APP.

§ 6º As usinas que operem com reator nuclear deverão ter sua localização definida em lei federal, sem o que não poderão ser instaladas.

- Dec.-lei nº 1.809, de 7-10-1980, institui o Sistema de Proteção ao Programa Nuclear Brasileiro – SIPRON.

Capítulo VII
DA FAMÍLIA, DA CRIANÇA, DO ADOLESCENTE, DO JOVEM E DO IDOSO

- Capítulo VII com a denominação dada pela EC nº 65, de 13-7-2010.
- Lei nº 8.069, de 13-7-1990 (Estatuto da Criança e do Adolescente).
- Lei nº 8.842, de 4-1-1994, dispõe sobre a composição, estruturação, competência e funcionamento do Conselho Nacional dos Direitos do Idoso – CNDI.
- Lei nº 10.741, de 1º-10-2003 (Estatuto do Idoso).
- Lei nº 12.010, de 3-8-2009 (Lei da Adoção).

Art. 226. A família, base da sociedade, tem especial proteção do Estado.

- Arts. 1.533 a 1.542 do CC.
- Lei nº 6.015, de 31-12-1973 (Lei dos Registros Públicos).
- Lei nº 8.069, de 13-7-1990 (Estatuto da Criança e do Adolescente).

§ 1º O casamento é civil e gratuita a celebração.

- Arts. 1.511 a 1.570 do CC.
- Arts. 67 a 76 da Lei nº 6.015, de 31-12-1973 (Lei dos Registros Públicos).

§ 2º O casamento religioso tem efeito civil, nos termos da lei.

- Lei nº 1.110, de 23-5-1950, regula o reconhecimento dos efeitos civis ao casamento religioso.
- Arts. 71 a 75 da Lei nº 6.015, de 31-12-1973 (Lei dos Registros Públicos).
- Lei nº 9.278, de 10-5-1996 (Lei da União Estável).
- Art. 5º do Dec.-lei nº 3.200, de 19-4-1941, que dispõe sobre a organização e proteção da família.

§ 3º Para efeito da proteção do Estado, é reconhecida a união estável entre o homem e a mulher como entidade familiar, devendo a lei facilitar sua conversão em casamento.

- Arts. 1.723 a 1.727 do CC.
- Lei nº 8.971, de 29-12-1994, regula o direito dos companheiros a alimentos e sucessão.
- Lei nº 9.278, de 10-5-1996 (Lei da União Estável).
- O STF, por unanimidade de votos, julgou procedentes a ADPF nº 132 (como ação direta de inconstitucionalidade) e a ADIN nº 4.277, com eficácia *erga omnes* e efeito vinculante, para dar ao art. 1.723 do CC interpretação conforme à CF para dele excluir qualquer significado que impeça o reconhecimento da união contínua, pública e duradoura entre pessoas do mesmo sexo como entidade familiar (*DOU* de 13-5-2011).

§ 4º Entende-se, também, como entidade familiar a comunidade formada por qualquer dos pais e seus descendentes.

§ 5º Os direitos e deveres referentes à sociedade conjugal são exercidos igualmente pelo homem e pela mulher.

- Arts. 1.511 a 1.570 do CC.
- Arts. 2º a 8º da Lei nº 6.515, de 26-12-1977 (Lei do Divórcio).

§ 6º O casamento civil pode ser dissolvido pelo divórcio.
▶ § 6º com a redação dada pela EC nº 66, de 13-7-2010.
▶ Lei nº 6.515, de 26-12-1977 (Lei do Divórcio).

§ 7º Fundado nos princípios da dignidade da pessoa humana e da paternidade responsável, o planejamento familiar é livre decisão do casal, competindo ao Estado propiciar recursos educacionais e científicos para o exercício desse direito, vedada qualquer forma coercitiva por parte de instituições oficiais ou privadas.
▶ Lei nº 9.263, de 12-1-1996 (Lei do Planejamento Familiar), regulamenta este parágrafo.

§ 8º O Estado assegurará a assistência à família na pessoa de cada um dos que a integram, criando mecanismos para coibir a violência no âmbito de suas relações.
▶ Lei nº 11.340, de 7-8-2006 (Lei que Coíbe a Violência Doméstica e Familiar Contra a Mulher).

Art. 227. É dever da família, da sociedade e do Estado assegurar à criança, ao adolescente e ao jovem, com absoluta prioridade, o direito à vida, à saúde, à alimentação, à educação, ao lazer, à profissionalização, à cultura, à dignidade, ao respeito, à liberdade e à convivência familiar e comunitária, além de colocá-los a salvo de toda forma de negligência, discriminação, exploração, violência, crueldade e opressão.
▶ *Caput* com a redação dada pela EC nº 65, de 13-7-2010.
▶ Arts. 6º, 208 e 212, § 4º, desta Constituição.
▶ Lei nº 8.069, de 13-7-1990 (Estatuto da Criança e do Adolescente).
▶ Lei nº 12.318, de 26-8-2010 (Lei da Alienação Parental).
▶ Dec. nº 3.413, de 14-4-2000, promulga a Convenção sobre os Aspectos Civis do Sequestro Internacional de Crianças, concluída na cidade de Haia, em 25-10-1980.
▶ Dec. nº 3.597, de 12-9-2000, promulga a Convenção 182 e a Recomendação 190 da Organização Internacional do Trabalho – OIT sobre a proibição das piores formas de trabalho infantil e a ação imediata para sua eliminação, concluídas em Genebra em 17-6-1999.
▶ Dec. nº 3.951, de 4-10-2001, designa a Autoridade Central para dar cumprimento às obrigações impostas pela Convenção sobre os Aspectos Civis do Sequestro Internacional de Crianças, cria o Conselho da Autoridade Central Administrativa Federal Contra o Sequestro Internacional de Crianças e institui o Programa Nacional para Cooperação no Regresso de Crianças e Adolescentes Brasileiros Sequestrados Internacionalmente.
▶ Dec. Legislativo nº 79, de 15-9-1999, aprova o texto da Convenção sobre os Aspectos Civis do Sequestro Internacional de Crianças, concluída na cidade de Haia, em 25-10-1980, com vistas a adesão pelo governo brasileiro.
▶ Res. do CNJ nº 94, de 27-10-2009, determina a criação de Coordenadorias da Infância e da Juventude no âmbito dos Tribunais de Justiça dos Estados e do Distrito Federal.

§ 1º O Estado promoverá programas de assistência integral à saúde da criança, do adolescente e do jovem, admitida a participação de entidades não governamentais, mediante políticas específicas e obedecendo aos seguintes preceitos:
▶ § 1º com a redação dada pela EC nº 65, de 13-7-2010.
▶ Lei nº 8.642, de 31-3-1993, dispõe sobre a instituição do Programa Nacional de Atenção à Criança e ao Adolescente – PRONAICA.

I – aplicação de percentual dos recursos públicos destinados à saúde na assistência materno-infantil;
II – criação de programas de prevenção e atendimento especializado para as pessoas portadoras de deficiência física, sensorial ou mental, bem como de integração social do adolescente e do jovem portador de deficiência, mediante o treinamento para o trabalho e a convivência, e a facilitação do acesso aos bens e serviços coletivos, com a eliminação de obstáculos arquitetônicos e de todas as formas de discriminação.
▶ Inciso II com a redação dada pela EC nº 65, de 13-7-2010.
▶ Lei nº 7.853, de 24-10-1989 (Lei de Apoio às Pessoas Portadoras de Deficiência), regulamentada pelo Dec. nº 3.298, de 20-12-1999.
▶ Lei nº 8.069, de 13-7-1990 (Estatuto da Criança e do Adolescente).
▶ Lei nº 10.216, de 6-4-2001, dispõe sobre a proteção e os direitos das pessoas portadoras de transtornos mentais e redireciona o modelo assistencial em saúde mental.
▶ Dec. nº 3.956, de 8-10-2001, promulga a Convenção Interamericana para Eliminação de Todas as Formas de Discriminação contra as Pessoas Portadoras de Deficiência.
▶ Dec. nº 6.949, de 25-8-2009, promulga a Convenção Internacional sobre os Direitos das Pessoas com Deficiência.

§ 2º A lei disporá sobre normas de construção dos logradouros e dos edifícios de uso público e de fabricação de veículos de transporte coletivo, a fim de garantir acesso adequado às pessoas portadoras de deficiência.
▶ Art. 244 desta Constituição.
▶ Art. 3º da Lei nº 7.853, de 24-10-1989 (Lei de Apoio às Pessoas Portadoras de Deficiência), regulamentada pelo Dec. nº 3.298, de 20-12-1999.
▶ Dec. nº 6.949, de 25-8-2009, promulga a Convenção Internacional sobre os Direitos das Pessoas com Deficiência.

§ 3º O direito a proteção especial abrangerá os seguintes aspectos:

I – idade mínima de quatorze anos para admissão ao trabalho, observado o disposto no artigo 7º, XXXIII;
▶ O art. 7º, XXXIII, desta Constituição, foi alterado pela EC nº 20, de 15-12-1998, e agora fixa em dezesseis anos a idade mínima para admissão ao trabalho.

II – garantia de direitos previdenciários e trabalhistas;
III – garantia de acesso do trabalhador adolescente e jovem à escola;
▶ Inciso III com a redação dada pela EC nº 65, de 13-7-2010.

IV – garantia de pleno e formal conhecimento da atribuição de ato infracional, igualdade na relação processual e defesa técnica por profissional habilitado, segundo dispuser a legislação tutelar específica;
V – obediência aos princípios de brevidade, excepcionalidade e respeito à condição peculiar de pessoa em desenvolvimento, quando da aplicação de qualquer medida privativa da liberdade;
VI – estímulo do Poder Público, através de assistência jurídica, incentivos fiscais e subsídios, nos termos da

lei, ao acolhimento, sob a forma de guarda, de criança ou adolescente órfão ou abandonado;

▶ Arts. 33 a 35 do ECA.

VII – programas de prevenção e atendimento especializado à criança, ao adolescente e ao jovem dependente de entorpecentes e drogas afins.

▶ Inciso VII com a redação dada pela EC nº 65, de 13-7-2010.
▶ Lei nº 11.343, de 23-8-2006 (Lei Antidrogas).

§ 4º A lei punirá severamente o abuso, a violência e a exploração sexual da criança e do adolescente.

▶ Arts. 217-A a 218-B e 224 do CP.
▶ Arts. 225 a 258 do ECA.

§ 5º A adoção será assistida pelo Poder Público, na forma da lei, que estabelecerá casos e condições de sua efetivação por parte de estrangeiros.

▶ Arts. 1.618 e 1.619 do CC.
▶ Arts. 39 a 52 do ECA.
▶ Lei nº 12.010, de 3-8-2009 (Lei da Adoção).
▶ Dec. nº 3.087, de 21-6-1999, promulga a Convenção Relativa a Proteção das Crianças e a Cooperação em Matéria de Adoção Internacional, concluída em Haia, em 29-5-1993.

§ 6º Os filhos, havidos ou não da relação do casamento, ou por adoção, terão os mesmos direitos e qualificações, proibidas quaisquer designações discriminatórias relativas à filiação.

▶ Art. 41, §§ 1º e 2º, do ECA.
▶ Lei nº 8.560, de 29-12-1992 (Lei de Investigação de Paternidade).
▶ Lei nº 10.317, de 6-12-2001, dispõe sobre a gratuidade no exame de DNA nos casos que especifica.
▶ Lei nº 12.010, de 3-8-2009 (Lei da Adoção).

§ 7º No atendimento dos direitos da criança e do adolescente levar-se-á em consideração o disposto no artigo 204.

§ 8º A lei estabelecerá:

I – o estatuto da juventude, destinado a regular os direitos dos jovens;
II – o plano nacional de juventude, de duração decenal, visando à articulação das várias esferas do poder público para a execução de políticas públicas.

▶ § 8º acrescido pela EC nº 65, de 13-7-2010.

Art. 228. São penalmente inimputáveis os menores de dezoito anos, sujeitos às normas da legislação especial.

▶ Art. 27 do CP.
▶ Arts. 101, 104 a 112 do ECA.

Art. 229. Os pais têm o dever de assistir, criar e educar os filhos menores, e os filhos maiores têm o dever de ajudar e amparar os pais na velhice, carência ou enfermidade.

▶ Art. 22 do ECA.

Art. 230. A família, a sociedade e o Estado têm o dever de amparar as pessoas idosas, assegurando sua participação na comunidade, defendendo sua dignidade e bem-estar e garantindo-lhes o direito à vida.

▶ Lei nº 8.842, de 4-1-1994, dispõe sobre a política nacional do idoso.
▶ Lei nº 10.741, de 1º-10-2003 (Estatuto do Idoso).

§ 1º Os programas de amparo aos idosos serão executados preferencialmente em seus lares.

§ 2º Aos maiores de sessenta e cinco anos é garantida a gratuidade dos transportes coletivos urbanos.

Capítulo VIII
DOS ÍNDIOS

Art. 231. São reconhecidos aos índios sua organização social, costumes, línguas, crenças e tradições, e os direitos originários sobre as terras que tradicionalmente ocupam, competindo à União demarcá-las, proteger e fazer respeitar todos os seus bens.

▶ Lei nº 6.001, de 19-12-1973 (Estatuto do Índio).
▶ Dec. nº 26, de 4-2-1991, dispõe sobre a educação indígena no Brasil.
▶ Dec. nº 1.141, de 19-5-1994, dispõe sobre ações de proteção ambiental, saúde e apoio às atividades produtivas para as comunidades indígenas.
▶ Dec. nº 1.775, de 8-1-1996, dispõe sobre o procedimento administrativo de demarcação de terras indígenas.
▶ Dec. nº 3.156, de 7-10-1999, dispõe sobre as condições para a prestação de assistência à saúde dos povos indígenas, no âmbito do Sistema Único de Saúde.
▶ Dec. nº 4.412, de 7-10-2002, dispõe sobre a atuação das Forças Armadas e da Polícia Federal nas terras indígenas.
▶ Dec. nº 6.040, de 7-2-2007, institui a Política Nacional de Desenvolvimento Sustentável dos Povos e Comunidades Tradicionais.

§ 1º São terras tradicionalmente ocupadas pelos índios as por eles habitadas em caráter permanente, as utilizadas para suas atividades produtivas, as imprescindíveis à preservação dos recursos ambientais necessários a seu bem-estar e as necessárias a sua reprodução física e cultural, segundo seus usos, costumes e tradições.

§ 2º As terras tradicionalmente ocupadas pelos índios destinam-se a sua posse permanente, cabendo-lhes o usufruto exclusivo das riquezas do solo, dos rios e dos lagos nelas existentes.

§ 3º O aproveitamento dos recursos hídricos, incluídos os potenciais energéticos, a pesquisa e a lavra das riquezas minerais em terras indígenas só podem ser efetivados com autorização do Congresso Nacional, ouvidas as comunidades afetadas, ficando-lhes assegurada participação nos resultados da lavra, na forma da lei.

§ 4º As terras de que trata este artigo são inalienáveis e indisponíveis, e os direitos sobre elas, imprescritíveis.

§ 5º É vedada a remoção dos grupos indígenas de suas terras, salvo, *ad referendum* do Congresso Nacional, em caso de catástrofe ou epidemia que ponha em risco sua população, ou no interesse da soberania do País, após deliberação do Congresso Nacional, garantindo, em qualquer hipótese, o retorno imediato logo que cesse o risco.

§ 6º São nulos e extintos, não produzindo efeitos jurídicos, os atos que tenham por objeto a ocupação, o domínio e a posse das terras a que se refere este artigo, ou a exploração das riquezas naturais do solo, dos rios e dos lagos nelas existentes, ressalvado relevante interesse público da União, segundo o que dispuser lei complementar, não gerando a nulidade e a extinção direito a indenização ou ações contra a União, salvo, na forma da lei, quanto às benfeitorias derivadas da ocupação de boa-fé.

▶ Art. 62 da Lei nº 6.001, de 19-12-1973 (Estatuto do Índio).

§ 7º Não se aplica às terras indígenas o disposto no artigo 174, §§ 3º e 4º.

Art. 232. Os índios, suas comunidades e organizações são partes legítimas para ingressar em juízo em defesa de seus direitos e interesses, intervindo o Ministério Público em todos os atos do processo.

▶ Lei nº 6.001, de 19-12-1973 (Estatuto do Índio).

TÍTULO IX – DAS DISPOSIÇÕES CONSTITUCIONAIS GERAIS

Art. 233. *Revogado.* EC nº 28, de 25-5-2000.

§§ 1º a 3º *Revogados.* EC nº 28, de 25-5-2000.

Art. 234. É vedado à União, direta ou indiretamente, assumir, em decorrência da criação de Estado, encargos referentes a despesas com pessoal inativo e com encargos e amortizações da dívida interna ou externa da administração pública, inclusive da indireta.

▶ Art. 13, § 6º, do ADCT.

Art. 235. Nos dez primeiros anos da criação de Estado, serão observadas as seguintes normas básicas:

I – a Assembleia Legislativa será composta de dezessete Deputados se a população do Estado for inferior a seiscentos mil habitantes, e de vinte e quatro, se igual ou superior a esse número, até um milhão e quinhentos mil;
II – o Governo terá no máximo dez Secretarias;
III – o Tribunal de Contas terá três membros, nomeados, pelo Governador eleito, dentre brasileiros de comprovada idoneidade e notório saber;
IV – o Tribunal de Justiça terá sete Desembargadores;
V – os primeiros Desembargadores serão nomeados pelo Governador eleito, escolhidos da seguinte forma:
a) cinco dentre os magistrados com mais de trinta e cinco anos de idade, em exercício na área do novo Estado ou do Estado originário;
b) dois dentre promotores, nas mesmas condições, e advogados de comprovada idoneidade e saber jurídico, com dez anos, no mínimo, de exercício profissional, obedecido o procedimento fixado na Constituição;
VI – no caso de Estado proveniente de Território Federal, os cinco primeiros Desembargadores poderão ser escolhidos dentre juízes de direito de qualquer parte do País;
VII – em cada Comarca, o primeiro Juiz de Direito, o primeiro Promotor de Justiça e o primeiro Defensor Público serão nomeados pelo Governador eleito após concurso público de provas e títulos;
VIII – até a promulgação da Constituição Estadual, responderão pela Procuradoria-Geral, pela Advocacia-Geral e pela Defensoria-Geral do Estado advogados de notório saber, com trinta e cinco anos de idade, no mínimo, nomeados pelo Governador eleito e demissíveis *ad nutum*;
IX – se o novo Estado for resultado de transformação de Território Federal, a transferência de encargos financeiros da União para pagamento dos servidores optantes que pertenciam à Administração Federal ocorrerá da seguinte forma:
a) no sexto ano de instalação, o Estado assumirá vinte por cento dos encargos financeiros para fazer face ao pagamento dos servidores públicos, ficando ainda o restante sob a responsabilidade da União;
b) no sétimo ano, os encargos do Estado serão acrescidos de trinta por cento e, no oitavo, dos restantes cinquenta por cento;

X – as nomeações que se seguirem às primeiras, para os cargos mencionados neste artigo, serão disciplinadas na Constituição Estadual;
XI – as despesas orçamentárias com pessoal não poderão ultrapassar cinquenta por cento da receita do Estado.

Art. 236. Os serviços notariais e de registro são exercidos em caráter privado, por delegação do Poder Público.

▶ Art. 32 do ADCT.
▶ Lei nº 8.935, de 18-11-1994 (Lei dos Serviços Notariais e de Registro).

§ 1º Lei regulará as atividades, disciplinará a responsabilidade civil e criminal dos notários, dos oficiais de registro e de seus prepostos, e definirá a fiscalização de seus atos pelo Poder Judiciário.

§ 2º Lei federal estabelecerá normas gerais para fixação de emolumentos relativos aos atos praticados pelos serviços notariais e de registro.

▶ Lei nº 10.169, de 29-12-2000, dispõe sobre normas gerais para a fixação de emolumentos relativos aos atos praticados pelos serviços notariais e de registro.

§ 3º O ingresso na atividade notarial e de registro depende de concurso público de provas e títulos, não se permitindo que qualquer serventia fique vaga, sem abertura de concurso de provimento ou de remoção, por mais de seis meses.

Art. 237. A fiscalização e o controle sobre o comércio exterior, essenciais à defesa dos interesses fazendários nacionais, serão exercidos pelo Ministério da Fazenda.

▶ Dec. nº 2.781, de 14-9-1998, instituiu o Programa Nacional de Combate ao Contrabando e ao Descaminho.
▶ Dec. nº 4.732, de 10-6-2003, dispõe sobre a CAMEX – Câmara de Comércio Exterior, que tem por objetivo a formulação, a doação, implementação e a coordenação das políticas e atividades relativas ao comércio exterior de bens de serviço, incluindo o turismo.

Art. 238. A lei ordenará a venda e revenda de combustíveis de petróleo, álcool carburante e outros combustíveis derivados de matérias-primas renováveis, respeitados os princípios desta Constituição.

▶ Lei nº 9.478, de 6-8-1997, dispõe sobre a Política Energética Nacional, as atividades relativas ao monopólio do petróleo, instituiu o Conselho Nacional de Política Energética e a Agência Nacional de Petróleo – ANP.
▶ Lei nº 9.847, de 26-10-1999, disciplina a fiscalização das atividades relativas ao abastecimento nacional de combustíveis, de que trata a Lei nº 9.478, de 6-8-1997, e estabelece sanções.

Art. 239. A arrecadação decorrente das contribuições para o Programa de Integração Social, criado pela Lei Complementar nº 7, de 7 de setembro de 1970, e para o Programa de Formação do Patrimônio do Servidor Público, criado pela Lei Complementar nº 8, de 3 de dezembro de 1970, passa, a partir da promulgação desta Constituição, a financiar, nos termos que a lei dispuser, o programa do seguro-desemprego e o abono de que trata o § 3º deste artigo.

- Art. 72, §§ 2º e 3º, do ADCT.
- Lei nº 7.998, de 11-1-1990 (Lei do Seguro-Desemprego).
- Lei nº 9.715, de 25-11-1998, dispõe sobre as contribuições para os Programas de Integração Social e de Formação do Patrimônio do Servidor Público – PIS/PASEP.

§ 1º Dos recursos mencionados no *caput* deste artigo, pelo menos quarenta por cento serão destinados a financiar programas de desenvolvimento econômico, através do Banco Nacional do Desenvolvimento Econômico e Social, com critérios de remuneração que lhes preservem o valor.

- Dec. nº 4.418, de 11-10-2002, aprovou novo Estatuto Social da empresa pública Banco Nacional de Desenvolvimento Econômico e Social – BNDES.

§ 2º Os patrimônios acumulados do Programa de Integração Social e do Programa de Formação do Patrimônio do Servidor Público são preservados, mantendo-se os critérios de saque nas situações previstas nas leis específicas, com exceção da retirada por motivo de casamento, ficando vedada a distribuição da arrecadação de que trata o *caput* deste artigo, para depósito nas contas individuais dos participantes.

§ 3º Aos empregados que percebam de empregadores que contribuem para o Programa de Integração Social ou para o Programa de Formação do Patrimônio do Servidor Público, até dois salários mínimos de remuneração mensal, é assegurado o pagamento de um salário mínimo anual, computado neste valor o rendimento das contas individuais, no caso daqueles que já participavam dos referidos programas, até a data da promulgação desta Constituição.

- Lei nº 7.859, de 25-10-1989, regula a concessão e o pagamento de abono previsto neste parágrafo.

§ 4º O financiamento do seguro-desemprego receberá uma contribuição adicional da empresa cujo índice de rotatividade da força de trabalho superar o índice médio da rotatividade do setor, na forma estabelecida por lei.

- Lei nº 7.998, de 11-1-1990 (Lei do Seguro-Desemprego).
- Lei nº 8.352, de 28-12-1991, dispõe sobre as disponibilidades financeiras do Fundo de Amparo ao Trabalhador – FAT.

Art. 240. Ficam ressalvadas do disposto no artigo 195 as atuais contribuições compulsórias dos empregadores sobre a folha de salários, destinadas às entidades privadas de serviço social e de formação profissional vinculadas ao sistema sindical.

- Art. 13, § 3º, da LC nº 123, de 14-12-2006 (Estatuto Nacional da Microempresa e da Empresa de Pequeno Porte).

Art. 241. A União, os Estados, o Distrito Federal e os Municípios disciplinarão por meio de lei os consórcios públicos e os convênios de cooperação entre os entes federados, autorizando a gestão associada de serviços públicos, bem como a transferência total ou parcial de encargos, serviços, pessoal e bens essenciais à continuidade dos serviços transferidos.

- Artigo com a redação dada pela EC nº 19, de 4-6-1998.

- Lei nº 11.107, de 6-4-2005 (Lei de Consórcios Públicos), regulamenta este artigo.

Art. 242. O princípio do artigo 206, IV, não se aplica às instituições educacionais oficiais criadas por lei estadual ou municipal e existentes na data da promulgação desta Constituição, que não sejam total ou preponderantemente mantidas com recursos públicos.

§ 1º O ensino da História do Brasil levará em conta as contribuições das diferentes culturas e etnias para a formação do povo brasileiro.

§ 2º O Colégio Pedro II, localizado na cidade do Rio de Janeiro, será mantido na órbita federal.

Art. 243. As glebas de qualquer região do País onde forem localizadas culturas ilegais de plantas psicotrópicas serão imediatamente expropriadas e especificamente destinadas ao assentamento de colonos, para o cultivo de produtos alimentícios e medicamentosos, sem qualquer indenização ao proprietário e sem prejuízo de outras sanções previstas em lei.

- Lei nº 8.257, de 26-11-1991, dispõe sobre a expropriação das glebas nas quais se localizem culturas ilegais de plantas psicotrópicas, regulamentada pelo Dec. nº 577, de 24-6-1992.

Parágrafo único. Todo e qualquer bem de valor econômico apreendido em decorrência do tráfico ilícito de entorpecentes e drogas afins será confiscado e reverterá em benefício de instituições e pessoal especializados no tratamento e recuperação de viciados e no aparelhamento e custeio de atividades de fiscalização, controle, prevenção e repressão do crime de tráfico dessas substâncias.

- Lei nº 11.343, de 23-8-2006 (Lei Antidrogas).

Art. 244. A lei disporá sobre a adaptação dos logradouros, dos edifícios de uso público e dos veículos de transporte coletivo atualmente existentes a fim de garantir acesso adequado às pessoas portadoras de deficiência, conforme o disposto no art. 227, § 2º.

- Lei nº 7.853, de 24-10-1989 (Lei de Apoio às Pessoas Portadoras de Deficiência), regulamentada pelo Dec. nº 3.298, de 20-12-1999.
- Lei nº 8.899, de 29-6-1994, concede passe livre às pessoas portadoras de deficiência, no sistema de transporte coletivo interestadual.
- Lei nº 10.098, de 19-12-2000, estabelece normas gerais e critérios básicos para a promoção da acessibilidade das pessoas portadoras de deficiência ou com mobilidade reduzida.
- Dec. nº 6.949, de 25-8-2009, promulga a Convenção Internacional sobre os Direitos das Pessoas com Deficiência.

Art. 245. A lei disporá sobre as hipóteses e condições em que o Poder Público dará assistência aos herdeiros e dependentes carentes de pessoas vitimadas por crime doloso, sem prejuízo da responsabilidade civil do autor do ilícito.

- LC nº 79, de 7-1-1994, cria o Fundo Penitenciário Nacional – FUNPEN.

Art. 246. É vedada a adoção de medida provisória na regulamentação de artigo da Constituição cuja redação tenha sido alterada por meio de emenda promulgada entre 1º de janeiro de 1995 até a promulgação desta emenda, inclusive.

▶ Artigo com a redação dada pela EC nº 32, de 11-9-2001.
▶ Art. 62 desta Constituição.

Art. 247. As leis previstas no inciso III do § 1º do artigo 41 e no § 7º do artigo 169 estabelecerão critérios e garantias especiais para a perda do cargo pelo servidor público estável que, em decorrência das atribuições de seu cargo efetivo, desenvolva atividades exclusivas de Estado.

Parágrafo único. Na hipótese de insuficiência de desempenho, a perda do cargo somente ocorrerá mediante processo administrativo em que lhe sejam assegurados o contraditório e a ampla defesa.

▶ Art. 247 acrescido pela EC nº 19, de 4-6-1998.

Art. 248. Os benefícios pagos, a qualquer título, pelo órgão responsável pelo regime geral de previdência social, ainda que à conta do Tesouro Nacional, e os não sujeitos ao limite máximo de valor fixado para os benefícios concedidos por esse regime observarão os limites fixados no artigo 37, XI.

Art. 249. Com o objetivo de assegurar recursos para o pagamento de proventos de aposentadoria e pensões concedidas aos respectivos servidores e seus dependentes, em adição aos recursos dos respectivos tesouros, a União, os Estados, o Distrito Federal e os Municípios poderão constituir fundos integrados pelos recursos provenientes de contribuições e por bens, direitos e ativos de qualquer natureza, mediante lei que disporá sobre a natureza e administração desses fundos.

Art. 250. Com o objetivo de assegurar recursos para o pagamento dos benefícios concedidos pelo regime geral de previdência social, em adição aos recursos de sua arrecadação, a União poderá constituir fundo integrado por bens, direitos e ativos de qualquer natureza, mediante lei que disporá sobre a natureza e administração desse fundo.

▶ Arts. 248 a 250 acrescidos pela EC nº 20, de 15-12-1998.

ATO DAS DISPOSIÇÕES CONSTITUCIONAIS TRANSITÓRIAS

Art. 1º O Presidente da República, o Presidente do Supremo Tribunal Federal e os membros do Congresso Nacional prestarão o compromisso de manter, defender e cumprir a Constituição, no ato e na data de sua promulgação.

Art. 2º No dia 7 de setembro de 1993 o eleitorado definirá, através de plebiscito, a forma (república ou monarquia constitucional) e o sistema de governo (parlamentarismo ou presidencialismo) que devem vigorar no País.

▶ EC nº 2, de 25-8-1992.
▶ Lei nº 8.624, de 4-2-1993, dispõe sobre o plebiscito que definirá a Forma e o Sistema de Governo, regulamentando este artigo.
▶ No plebiscito realizado em 21-4-1993, disciplinado pela EC nº 2, de 25-8-1992, foram mantidos a República e o Presidencialismo, como forma e sistema de Governo, respectivamente.

§ 1º Será assegurada gratuidade na livre divulgação dessas formas e sistemas, através dos meios de comunicação de massa cessionários de serviço público.

§ 2º O Tribunal Superior Eleitoral, promulgada a Constituição, expedirá as normas regulamentadoras deste artigo.

Art. 3º A revisão constitucional será realizada após cinco anos, contados da promulgação da Constituição, pelo voto da maioria absoluta dos membros do Congresso Nacional, em sessão unicameral.

▶ Emendas Constitucionais de Revisão nºs 1 a 6.

Art. 4º O mandato do atual Presidente da República terminará em 15 de março de 1990.

§ 1º A primeira eleição para Presidente da República após a promulgação da Constituição será realizada no dia 15 de novembro de 1989, não se lhe aplicando o disposto no artigo 16 da Constituição.

§ 2º É assegurada a irredutibilidade da atual representação dos Estados e do Distrito Federal na Câmara dos Deputados.

§ 3º Os mandatos dos Governadores e dos Vice-Governadores eleitos em 15 de novembro de 1986 terminarão em 15 de março de 1991.

§ 4º Os mandatos dos atuais Prefeitos, Vice-Prefeitos e Vereadores terminarão no dia 1º de janeiro de 1989, com a posse dos eleitos.

Art. 5º Não se aplicam às eleições previstas para 15 de novembro de 1988 o disposto no artigo 16 e as regras do artigo 77 da Constituição.

§ 1º Para as eleições de 15 de novembro de 1988 será exigido domicílio eleitoral na circunscrição pelo menos durante os quatro meses anteriores ao pleito, podendo os candidatos que preencham este requisito, atendidas as demais exigências da lei, ter seu registro efetivado pela Justiça Eleitoral após a promulgação da Constituição.

§ 2º Na ausência de norma legal específica, caberá ao Tribunal Superior Eleitoral editar as normas necessárias à realização das eleições de 1988, respeitada a legislação vigente.

§ 3º Os atuais parlamentares federais e estaduais eleitos Vice-Prefeitos, se convocados a exercer a função de Prefeito, não perderão o mandato parlamentar.

§ 4º O número de vereadores por município será fixado, para a representação a ser eleita em 1988, pelo respectivo Tribunal Regional Eleitoral, respeitados os limites estipulados no artigo 29, IV, da Constituição.

§ 5º Para as eleições de 15 de novembro de 1988, ressalvados os que já exercem mandato eletivo, são inelegíveis para qualquer cargo, no território de jurisdição do titular, o cônjuge e os parentes por consanguinidade ou afinidade, até o segundo grau, e, por adoção, do Presidente da República, do Governador de Estado, do Governador do Distrito Federal e do Prefeito que tenham exercido mais da metade do mandato.

Art. 6º Nos seis meses posteriores à promulgação da Constituição, parlamentares federais, reunidos em número não inferior a trinta, poderão requerer ao Tribunal Superior Eleitoral o registro de novo partido político, juntando ao requerimento o manifesto, o estatuto e o programa devidamente assinados pelos requerentes.

§ 1º O registro provisório, que será concedido de plano pelo Tribunal Superior Eleitoral, nos termos deste artigo, defere ao novo partido todos os direitos, deveres e prerrogativas dos atuais, entre eles o de participar, sob legenda própria, das eleições que vierem a ser realizadas nos doze meses seguintes à sua formação.

§ 2º O novo partido perderá automaticamente seu registro provisório se, no prazo de vinte e quatro meses, contados de sua formação, não obtiver registro definitivo no Tribunal Superior Eleitoral, na forma que a lei dispuser.

Art. 7º O Brasil propugnará pela formação de um Tribunal Internacional dos Direitos Humanos.

▶ Dec. nº 4.388, de 25-9-2002, promulga o Estatuto de Roma do Tribunal Penal Internacional.
▶ Dec. nº 4.463, de 8-11-2002, promulga a Declaração de Reconhecimento da Competência Obrigatória da Corte Interamericana em todos os casos relativos à interpretação ou aplicação da Convenção Americana sobre Direitos Humanos.

Art. 8º É concedida anistia aos que, no período de 18 de setembro de 1946 até a data da promulgação da Constituição, foram atingidos, em decorrência de motivação exclusivamente política, por atos de exceção, institucionais ou complementares, aos que foram abrangidos pelo Decreto Legislativo nº 18, de 15 de dezembro de 1961, e aos atingidos pelo Decreto-Lei nº 864, de 12 de setembro de 1969, asseguradas as promoções, na inatividade, ao cargo, emprego, posto ou graduação a que teriam direito se estivessem em serviço ativo, obedecidos os prazos de permanência em atividade previstos nas leis e regulamentos vigentes, respeitadas as características e peculiaridades das carreiras dos servidores públicos civis e militares e observados os respectivos regimes jurídicos.

▶ Lei nº 10.559, de 13-11-2002, regulamenta este artigo.
▶ Lei nº 12.528, de 18-11-2011, cria a Comissão Nacional da Verdade no âmbito da Casa Civil da Presidência da República.
▶ Súm. nº 674 do STF.

§ 1º O disposto neste artigo somente gerará efeitos financeiros a partir da promulgação da Constituição, vedada a remuneração de qualquer espécie em caráter retroativo.

§ 2º Ficam assegurados os benefícios estabelecidos neste artigo aos trabalhadores do setor privado, dirigentes e representantes sindicais que, por motivos exclusivamente políticos, tenham sido punidos, demitidos ou compelidos ao afastamento das atividades remuneradas que exercem, bem como aos que foram impedidos de exercer atividades profissionais em virtude de pressões ostensivas ou expedientes oficiais sigilosos.

§ 3º Aos cidadãos que foram impedidos de exercer, na vida civil, atividade profissional específica, em decorrência das Portarias Reservadas do Ministério da Aeronáutica nº S-50-GM5, de 19 de junho de 1964, e nº S-285-GM5 será concedida reparação de natureza econômica, na forma que dispuser lei de iniciativa do Congresso Nacional e a entrar em vigor no prazo de doze meses a contar da promulgação da Constituição.

§ 4º Aos que, por força de atos institucionais, tenham exercido gratuitamente mandato eletivo de vereador serão computados, para efeito de aposentadoria no serviço público e Previdência Social, os respectivos períodos.

§ 5º A anistia concedida nos termos deste artigo aplica-se aos servidores públicos civis e aos empregados em todos os níveis de governo ou em suas fundações, empresas públicas ou empresas mistas sob controle estatal, exceto nos Ministérios militares, que tenham sidos punidos ou demitidos por atividades profissionais interrompidas em virtude de decisão de seus trabalhadores, bem como em decorrência do Decreto-lei nº 1.632, de 4 de agosto de 1978, ou por motivos exclusivamente políticos, assegurada a readmissão dos que foram atingidos a partir de 1979, observado o disposto no § 1º.

▶ O referido Decreto-lei foi revogado pela Lei nº 7.783, de 28-6-1989 (Lei de Greve).

Art. 9º Os que, por motivos exclusivamente políticos, foram cassados ou tiveram seus direitos políticos suspensos no período de 15 de julho a 31 de dezembro de 1969, por ato do então Presidente da República, poderão requerer ao Supremo Tribunal Federal o reconhecimento dos direitos e vantagens interrompidos pelos atos punitivos, desde que comprovem terem sido estes eivados de vício grave.

Parágrafo único. O Supremo Tribunal Federal proferirá a decisão no prazo de cento e vinte dias, a contar do pedido do interessado.

Art. 10. Até que seja promulgada a lei complementar a que se refere o artigo 7º, I, da Constituição:

I – fica limitada a proteção nele referida ao aumento, para quatro vezes, da porcentagem prevista no artigo 6º, *caput* e § 1º, da Lei nº 5.107, de 13 de setembro de 1966;

▶ A referida Lei foi revogada pela Lei nº 7.839, de 12-10-1989, e essa pela Lei nº 8.036, de 11-5-1990.
▶ Art. 18 da Lei nº 8.036, de 11-5-1990 (Lei do FGTS).

II – fica vedada a dispensa arbitrária ou sem justa causa:

a) do empregado eleito para cargo de direção de comissões internas de prevenção de acidentes, desde o registro de sua candidatura até um ano após o final de seu mandato;

▶ Súm. nº 676 do STF.
▶ Súm. nº 339 do TST.

b) da empregada gestante, desde a confirmação da gravidez até cinco meses após o parto.

§ 1º Até que a lei venha a disciplinar o disposto no artigo 7º, XIX, da Constituição, o prazo da licença-paternidade a que se refere o inciso é de cinco dias.

§ 2º Até ulterior disposição legal, a cobrança das contribuições para o custeio das atividades dos sindicatos rurais será feita juntamente com a do imposto territorial rural, pelo mesmo órgão arrecadador.

§ 3º Na primeira comprovação do cumprimento das obrigações trabalhistas pelo empregador rural, na forma do artigo 233, após a promulgação da Constituição, será certificada perante a Justiça do Trabalho a regularidade do contrato e das atualizações das obrigações trabalhistas de todo o período.

▶ O referido art. 233 foi revogado pela EC nº 28, de 25-5-2000.

Art. 11. Cada Assembleia Legislativa, com poderes constituintes, elaborará a Constituição do Estado, no prazo de um ano, contado da promulgação da Constituição Federal, obedecidos os princípios desta.

Parágrafo único. Promulgada a Constituição do Estado, caberá à Câmara Municipal, no prazo de seis meses, votar a Lei Orgânica respectiva, em dois turnos de discussão e votação, respeitado o disposto na Constituição Federal e na Constituição Estadual.

Art. 12. Será criada, dentro de noventa dias da promulgação da Constituição, Comissão de Estudos Territoriais, com dez membros indicados pelo Congresso Nacional e cinco pelo Poder Executivo, com a finalidade de apresentar estudos sobre o território nacional e anteprojetos relativos a novas unidades territoriais, notadamente na Amazônia Legal e em áreas pendentes de solução.

§ 1º No prazo de um ano, a Comissão submeterá ao Congresso Nacional os resultados de seus estudos para, nos termos da Constituição, serem apreciados nos doze meses subsequentes, extinguindo-se logo após.

§ 2º Os Estados e os Municípios deverão, no prazo de três anos, a contar da promulgação da Constituição, promover, mediante acordo ou arbitramento, a demarcação de suas linhas divisórias atualmente litigiosas, podendo para isso fazer alterações e compensações de área que atendam aos acidentes naturais, critérios históricos, conveniências administrativas e comodidade das populações limítrofes.

§ 3º Havendo solicitação dos Estados e Municípios interessados, a União poderá encarregar-se dos trabalhos demarcatórios.

§ 4º Se, decorrido o prazo de três anos, a contar da promulgação da Constituição, os trabalhos demarcatórios não tiverem sido concluídos, caberá à União determinar os limites das áreas litigiosas.

§ 5º Ficam reconhecidos e homologados os atuais limites do Estado do Acre com os Estados do Amazonas e de Rondônia, conforme levantamentos cartográficos e geodésicos realizados pela Comissão Tripartite integrada por representantes dos Estados e dos serviços técnico-especializados do Instituto Brasileiro de Geografia e Estatística.

Art. 13. É criado o Estado do Tocantins, pelo desmembramento da área descrita neste artigo, dando-se sua instalação no quadragésimo sexto dia após a eleição prevista no § 3º, mas não antes de 1º de janeiro de 1989.

§ 1º O Estado do Tocantins integra a Região Norte e limita-se com o Estado de Goiás pelas divisas norte dos Municípios de São Miguel do Araguaia, Porangatu, Formoso, Minaçu, Cavalcante, Monte Alegre de Goiás e Campos Belos, conservando a leste, norte e oeste as divisas atuais de Goiás com os Estados da Bahia, Piauí, Maranhão, Pará e Mato Grosso.

§ 2º O Poder Executivo designará uma das cidades do Estado para sua Capital provisória até a aprovação da sede definitiva do governo pela Assembleia Constituinte.

§ 3º O Governador, o Vice-Governador, os Senadores, os Deputados Federais e os Deputados Estaduais serão eleitos, em um único turno, até setenta e cinco dias após a promulgação da Constituição, mas não antes de 15 de novembro de 1988, a critério do Tribunal Superior Eleitoral, obedecidas, entre outras, as seguintes normas:

I – o prazo de filiação partidária dos candidatos será encerrado setenta e cinco dias antes da data das eleições;

II – as datas das convenções regionais partidárias destinadas a deliberar sobre coligações e escolha de candidatos, de apresentação de requerimento do registro dos candidatos escolhidos e dos demais procedimentos legais serão fixadas em calendário especial, pela Justiça Eleitoral;

III – são inelegíveis os ocupantes de cargos estaduais ou municipais que não se tenham deles afastado, em caráter definitivo, setenta e cinco dias antes da data das eleições previstas neste parágrafo;

IV – ficam mantidos os atuais diretórios regionais dos partidos políticos do Estado de Goiás, cabendo às Comissões Executivas Nacionais designar comissões provisórias no Estado do Tocantins, nos termos e para os fins previstos na lei.

§ 4º Os mandatos do Governador, do Vice-Governador, dos Deputados Federais e Estaduais eleitos na forma do parágrafo anterior extinguir-se-ão concomitantemente aos das demais Unidades da Federação; o mandato do Senador eleito menos votado extinguir-se-á nessa mesma oportunidade, e os dos outros dois, juntamente com os dos Senadores eleitos em 1986 nos demais Estados.

§ 5º A Assembleia Estadual Constituinte será instalada no quadragésimo sexto dia da eleição de seus integrantes, mas não antes de 1º de janeiro de 1989, sob a presidência do Presidente do Tribunal Regional Eleitoral do Estado de Goiás, e dará posse, na mesma data, ao Governador e ao Vice-Governador eleitos.

§ 6º Aplicam-se à criação e instalação do Estado do Tocantins, no que couber, as normas legais disciplinadoras da divisão do Estado de Mato Grosso, observado o disposto no artigo 234 da Constituição.

§ 7º Fica o Estado de Goiás liberado dos débitos e encargos decorrentes de empreendimentos no território do novo Estado, e autorizada a União, a seu critério, a assumir os referidos débitos.

Art. 14. Os Territórios Federais de Roraima e do Amapá são transformados em Estados Federados, mantidos seus atuais limites geográficos.

§ 1º A instalação dos Estados dar-se-á com a posse dos Governadores eleitos em 1990.

§ 2º Aplicam-se à transformação e instalação dos Estados de Roraima e Amapá as normas e critérios seguidos na criação do Estado de Rondônia, respeitado o disposto na Constituição e neste Ato.

§ 3º O Presidente da República, até quarenta e cinco dias após a promulgação da Constituição, encaminhará à apreciação do Senado Federal os nomes dos Governadores dos Estados de Roraima e do Amapá que exercerão o Poder Executivo até a instalação dos novos Estados com a posse dos Governadores eleitos.

§ 4º Enquanto não concretizada a transformação em Estados, nos termos deste artigo, os Territórios Federais de Roraima e do Amapá serão beneficiados pela transferência de recursos prevista nos artigos 159, I, a, da Constituição, e 34, § 2º, II, deste Ato.

Art. 15. Fica extinto o Território Federal de Fernando de Noronha, sendo sua área reincorporada ao Estado de Pernambuco.

Art. 16. Até que se efetive o disposto no artigo 32, § 2º, da Constituição, caberá ao Presidente da República, com a aprovação do Senado Federal, indicar o Governador e o Vice-Governador do Distrito Federal.

§ 1º A competência da Câmara Legislativa do Distrito Federal, até que se instale, será exercida pelo Senado Federal.

§ 2º A fiscalização contábil, financeira, orçamentária, operacional e patrimonial do Distrito Federal, enquanto não for instalada a Câmara Legislativa, será exercida pelo Senado Federal, mediante controle externo, com o auxílio do Tribunal de Contas do Distrito Federal, observado o disposto no artigo 72 da Constituição.

§ 3º Incluem-se entre os bens do Distrito Federal aqueles que lhe vierem a ser atribuídos pela União na forma da lei.

Art. 17. Os vencimentos, a remuneração, as vantagens e os adicionais, bem como os proventos de aposentadoria que estejam sendo percebidos em desacordo com a Constituição serão imediatamente reduzidos aos limites dela decorrentes, não se admitindo, neste caso, invocação de direito adquirido ou percepção de excesso a qualquer título.

▶ Art. 9º da EC nº 41, de 19-12-2003, dispõe sobre a Reforma Previdenciária.

§ 1º É assegurado o exercício cumulativo de dois cargos ou empregos privativos de médico que estejam sendo exercidos por médico militar na administração pública direta ou indireta.

§ 2º É assegurado o exercício cumulativo de dois cargos ou empregos privativos de profissionais de saúde que estejam sendo exercidos na administração pública direta ou indireta.

Art. 18. Ficam extintos os efeitos jurídicos de qualquer ato legislativo ou administrativo, lavrado a partir da instalação da Assembleia Nacional Constituinte, que tenha por objeto a concessão de estabilidade a servidor admitido sem concurso público, da administração direta ou indireta, inclusive das fundações instituídas e mantidas pelo Poder Público.

Art. 19. Os servidores públicos civis da União, dos Estados, do Distrito Federal e dos Municípios, da administração direta, autárquica e das fundações públicas, em exercício na data da promulgação da Constituição, há pelo menos cinco anos continuados, e que não tenham sido admitidos na forma regulada no artigo 37, da Constituição, são considerados estáveis no serviço público.

▶ OJ da SBDI-I nº 364 do TST.

§ 1º O tempo de serviço dos servidores referidos neste artigo será contado como título quando se submeterem a concurso para fins de efetivação, na forma da lei.

§ 2º O disposto neste artigo não se aplica aos ocupantes de cargos, funções e empregos de confiança ou em comissão, nem aos que a lei declare de livre exoneração, cujo tempo de serviço não será computado para os fins do *caput* deste artigo, exceto se se tratar de servidor.

§ 3º O disposto neste artigo não se aplica aos professores de nível superior, nos termos da lei.

Art. 20. Dentro de cento e oitenta dias, proceder-se-á à revisão dos direitos dos servidores públicos inativos e pensionistas e à atualização dos proventos e pensões a eles devidos, a fim de ajustá-los ao disposto na Constituição.

▶ EC nº 41, de 19-12-2003, dispõe sobre a Reforma Previdenciária.

▶ Lei nº 8.112, de 11-12-1990 (Estatuto dos Servidores Públicos Civis da União, Autarquias e Fundações Públicas Federais).

Art. 21. Os juízes togados de investidura limitada no tempo, admitidos mediante concurso público de provas e títulos e que estejam em exercício na data da promulgação da Constituição, adquirem estabilidade, observado o estágio probatório, e passam a compor quadro em extinção, mantidas as competências, prerrogativas e restrições da legislação a que se achavam submetidos, salvo as inerentes à transitoriedade da investidura.

Parágrafo único. A aposentadoria dos juízes de que trata este artigo regular-se-á pelas normas fixadas para os demais juízes estaduais.

Art. 22. É assegurado aos defensores públicos investidos na função até a data de instalação da Assembleia Nacional Constituinte o direito de opção pela carreira, com a observância das garantias e vedações previstas no artigo 134, parágrafo único, da Constituição.

▶ O referido parágrafo único foi renumerado para § 1º, pela EC nº 45, de 8-12-2004.

Art. 23. Até que se edite a regulamentação do artigo 21, XVI, da Constituição, os atuais ocupantes do cargo de Censor Federal continuarão exercendo funções com este compatíveis, no Departamento de Polícia Federal, observadas as disposições constitucionais.

▶ Lei nº 9.688, de 6-7-1998, dispõe sobre a extinção dos cargos de Censor Federal e o enquadramento de seus ocupantes.

Parágrafo único. A lei referida disporá sobre o aproveitamento dos Censores Federais, nos termos deste artigo.

Art. 24. A União, os Estados, o Distrito Federal e os Municípios editarão leis que estabeleçam critérios para a compatibilização de seus quadros de pessoal ao disposto no artigo 39 da Constituição e à reforma administrativa dela decorrente, no prazo de dezoito meses, contados da sua promulgação.

Art. 25. Ficam revogados, a partir de cento e oitenta dias da promulgação da Constituição, sujeito este prazo a prorrogação por lei, todos os dispositivos legais que atribuam ou deleguem a órgão do Poder Executivo competência assinalada pela Constituição ao Congresso Nacional, especialmente no que tange à:

I – ação normativa;

II – alocação ou transferência de recursos de qualquer espécie.

§ 1º Os decretos-leis em tramitação no Congresso Nacional e por este não apreciados até a promulgação da Constituição terão seus efeitos regulados da seguinte forma:

I – se editados até 2 de setembro de 1988, serão apreciados pelo Congresso Nacional no prazo de até cento e oitenta dias a contar da promulgação da Constituição, não computado o recesso parlamentar;

II – decorrido o prazo definido no inciso anterior, e não havendo apreciação, os decretos-leis ali mencionados serão considerados rejeitados;

III – nas hipóteses definidas nos incisos I e II, terão plena validade os atos praticados na vigência dos respectivos decretos-leis, podendo o Congresso Nacional, se necessário, legislar sobre os efeitos deles remanescentes.

§ 2º Os decretos-leis editados entre 3 de setembro de 1988 e a promulgação da Constituição serão convertidos, nesta data, em medidas provisórias, aplicando-se-lhes as regras estabelecidas no artigo 62, parágrafo único.

▶ Art. 62, § 3º, desta Constituição.

Art. 26. No prazo de um ano a contar da promulgação da Constituição, o Congresso Nacional promoverá, através de Comissão Mista, exame analítico e pericial dos atos e fatos geradores do endividamento externo brasileiro.

§ 1º A Comissão terá a força legal de Comissão Parlamentar de Inquérito para os fins de requisição e convocação, e atuará com o auxílio do Tribunal de Contas da União.

§ 2º Apurada irregularidade, o Congresso Nacional proporá ao Poder Executivo a declaração de nulidade do ato e encaminhará o processo ao Ministério Público Federal, que formalizará, no prazo de sessenta dias, a ação cabível.

Art. 27. O Superior Tribunal de Justiça será instalado sob a Presidência do Supremo Tribunal Federal.

§ 1º Até que se instale o Superior Tribunal de Justiça, o Supremo Tribunal Federal exercerá as atribuições e competências definidas na ordem constitucional precedente.

§ 2º A composição inicial do Superior Tribunal de Justiça far-se-á:

I – pelo aproveitamento dos Ministros do Tribunal Federal de Recursos;

II – pela nomeação dos Ministros que sejam necessários para completar o número estabelecido na Constituição.

§ 3º Para os efeitos do disposto na Constituição, os atuais Ministros do Tribunal Federal de Recursos serão considerados pertencentes à classe de que provieram, quando de sua nomeação.

§ 4º Instalado o Tribunal, os Ministros aposentados do Tribunal Federal de Recursos tornar-se-ão, automaticamente, Ministros aposentados do Superior Tribunal de Justiça.

§ 5º Os Ministros a que se refere o § 2º, II, serão indicados em lista tríplice pelo Tribunal Federal de Recursos, observado o disposto no artigo 104, parágrafo único, da Constituição.

§ 6º Ficam criados cinco Tribunais Regionais Federais, a serem instalados no prazo de seis meses a contar da promulgação da Constituição, com a jurisdição e sede que lhes fixar o Tribunal Federal de Recursos, tendo em conta o número de processos e sua localização geográfica.

▶ Lei nº 7.727, de 9-1-1989, dispõe sobre a composição inicial dos Tribunais Regionais Federais e sua instalação, cria os respectivos quadros de pessoal.

§ 7º Até que se instalem os Tribunais Regionais Federais, o Tribunal Federal de Recursos exercerá a competência a eles atribuída em todo o território nacional, cabendo-lhe promover sua instalação e indicar os candidatos a todos os cargos da composição inicial, mediante lista tríplice, podendo desta constar juízes federais de qualquer região, observado o disposto no § 9º.

§ 8º É vedado, a partir da promulgação da Constituição, o provimento de vagas de Ministros do Tribunal Federal de Recursos.

§ 9º Quando não houver juiz federal que conte o tempo mínimo previsto no artigo 107, II, da Constituição, a promoção poderá contemplar juiz com menos de cinco anos no exercício do cargo.

§ 10. Compete à Justiça Federal julgar as ações nela propostas até a data da promulgação da Constituição, e aos Tribunais Regionais Federais bem como ao Superior Tribunal de Justiça julgar as ações rescisórias das decisões até então proferidas pela Justiça Federal, inclusive daquelas cuja matéria tenha passado à competência de outro ramo do Judiciário.

▶ Súmulas nºs 38, 104, 147 e 165 do STJ.

Art. 28. Os juízes federais de que trata o artigo 123, § 2º, da Constituição de 1967, com a redação dada pela Emenda Constitucional nº 7, de 1977, ficam investidos na titularidade das varas na Seção Judiciária para a qual tenham sido nomeados ou designados; na inexistência de vagas, proceder-se-á ao desdobramento das varas existentes.

▶ Dispunha o artigo citado: "A lei poderá atribuir a juízes federais exclusivamente funções de substituição, em uma ou mais seções judiciárias e, ainda, as de auxílio a juízes titulares de Varas, quando não se encontrarem no exercício de substituição".

Parágrafo único. Para efeito de promoção por antiguidade, o tempo de serviço desses juízes será computado a partir do dia de sua posse.

Art. 29. Enquanto não aprovadas as leis complementares relativas ao Ministério Público e à Advocacia-Geral da União, o Ministério Público Federal, a Procuradoria-Geral da Fazenda Nacional, as Consultorias Jurídicas dos Ministérios, as Procuradorias e Departamentos Jurídicos de autarquias federais com representação própria e os membros das Procuradorias das Universidades fundacionais públicas continuarão a exercer suas atividades na área das respectivas atribuições.

▶ LC nº 73, de 10-2-1993 (Lei Orgânica da Advocacia-Geral da União).

▶ LC nº 75, de 20-5-1993 (Lei Orgânica do Ministério Público da União).

► Dec. nº 767, de 5-3-1993, dispõe sobre as atividades de controle interno da Advocacia-Geral da União.

§ 1º O Presidente da República, no prazo de cento e vinte dias, encaminhará ao Congresso Nacional projeto de lei complementar dispondo sobre a organização e o funcionamento da Advocacia-Geral da União.

§ 2º Aos atuais Procuradores da República, nos termos da lei complementar, será facultada a opção, de forma irretratável, entre as carreiras do Ministério Público Federal e da Advocacia-Geral da União.

§ 3º Poderá optar pelo regime anterior, no que respeita às garantias e vantagens, o membro do Ministério Público admitido antes da promulgação da Constituição, observando-se, quanto às vedações, a situação jurídica na data desta.

§ 4º Os atuais integrantes do quadro suplementar dos Ministérios Públicos do Trabalho e Militar que tenham adquirido estabilidade nessas funções passam a integrar o quadro da respectiva carreira.

§ 5º Cabe à atual Procuradoria-Geral da Fazenda Nacional, diretamente ou por delegação, que pode ser ao Ministério Público Estadual, representar judicialmente a União nas causas de natureza fiscal, na área de respectiva competência, até a promulgação das leis complementares previstas neste artigo.

Art. 30. A legislação que criar a Justiça de Paz manterá os atuais juízes de paz até a posse dos novos titulares, assegurando-lhes os direitos e atribuições conferidos a estes, e designará o dia para a eleição prevista no artigo 98, II, da Constituição.

Art. 31. Serão estatizadas as serventias do foro judicial, assim definidas em lei, respeitados os direitos dos atuais titulares.

► Lei nº 8.935, de 18-11-1994 (Lei dos Serviços Notariais e de Registro).

Art. 32. O disposto no artigo 236 não se aplica aos serviços notariais e de registro que já tenham sido oficializados pelo Poder Público, respeitando-se o direito de seus servidores.

Art. 33. Ressalvados os créditos de natureza alimentar, o valor dos precatórios judiciais pendentes de pagamento na data da promulgação da Constituição, incluído o remanescente de juros e correção monetária, poderá ser pago em moeda corrente, com atualização, em prestações anuais, iguais e sucessivas, no prazo máximo de oito anos, a partir de 1º de julho de 1989, por decisão editada pelo Poder Executivo até cento e oitenta dias da promulgação da Constituição.

► Res. do CNJ nº 92, de 13-10-2009, dispõe sobre a Gestão de Precatórios no âmbito do Poder Judiciário.
► Art. 97, § 15, deste Ato.

Parágrafo único. Poderão as entidades devedoras, para o cumprimento do disposto neste artigo, emitir, em cada ano, no exato montante do dispêndio, títulos de dívida pública não computáveis para efeito do limite global de endividamento.

► Súm. nº 144 do STJ.

Art. 34. O sistema tributário nacional entrará em vigor a partir do primeiro dia do quinto mês seguinte ao da promulgação da Constituição, mantido, até então, o da Constituição de 1967, com a redação dada pela Emenda nº 1, de 1969, e pelas posteriores.

§ 1º Entrarão em vigor com a promulgação da Constituição os artigos 148, 149, 150, 154, I, 156, III, e 159, I, c, revogadas as disposições em contrário da Constituição de 1967 e das Emendas que a modificaram, especialmente de seu artigo 25, III.

§ 2º O Fundo de Participação dos Estados e do Distrito Federal e o Fundo de Participação dos Municípios obedecerão às seguintes determinações:

I – a partir da promulgação da Constituição, os percentuais serão, respectivamente, de dezoito por cento e de vinte por cento, calculados sobre o produto da arrecadação dos impostos referidos no artigo 153, III e IV, mantidos os atuais critérios de rateio até a entrada em vigor da lei complementar a que se refere o artigo 161, II;

II – o percentual relativo ao Fundo de Participação dos Estados e do Distrito Federal será acrescido de um ponto percentual no exercício financeiro de 1989 e, a partir de 1990, inclusive, à razão de meio ponto por exercício, até 1992, inclusive, atingindo em 1993 o percentual estabelecido no artigo 159, I, a;

III – o percentual relativo ao Fundo de Participação dos Municípios, a partir de 1989, inclusive, será elevado à razão de meio ponto percentual por exercício financeiro, até atingir o estabelecido no artigo 159, I, b.

§ 3º Promulgada a Constituição, a União, os Estados, o Distrito Federal e os Municípios poderão editar as leis necessárias à aplicação do sistema tributário nacional nela previsto.

§ 4º As leis editadas nos termos do parágrafo anterior produzirão efeitos a partir da entrada em vigor do sistema tributário nacional previsto na Constituição.

§ 5º Vigente o novo sistema tributário nacional, fica assegurada a aplicação da legislação anterior, no que não seja incompatível com ele e com a legislação referida nos §§ 3º e 4º.

► Súm. nº 663 do STF.
► Súm. nº 198 do STJ.

§ 6º Até 31 de dezembro de 1989, o disposto no artigo 150, III, b, não se aplica aos impostos de que tratam os artigos 155, I, a e b, e 156, II e III, que podem ser cobrados trinta dias após a publicação da lei que os tenha instituído ou aumentado.

► Com a alteração determinada pela EC nº 3, de 17-3-1993, a referência ao art. 155, I, b, passou a ser ao art. 155, II.

§ 7º Até que sejam fixadas em lei complementar, as alíquotas máximas do imposto municipal sobre vendas a varejo de combustíveis líquidos e gasosos não excederão a três por cento.

§ 8º Se, no prazo de sessenta dias contados da promulgação da Constituição, não for editada a lei complementar necessária à instituição do imposto de que trata o artigo 155, I, b, os Estados e o Distrito Federal, mediante convênio celebrado nos termos da Lei Complementar nº 24, de 7 de janeiro de 1975, fixarão normas para regular provisoriamente a matéria.

► De acordo com a nova redação dada pela EC nº 3, de 17-3-1993, a referência ao art. 155, I, b passou a ser art. 155, II.

► LC nº 24, de 7-1-1975, dispõe sobre os convênios para a concessão de isenções de imposto sobre operações relativas à circulação de mercadorias.
► LC nº 87, de 13-9-1996 (Lei Kandir – ICMS).
► Súm. nº 198 do STJ.

§ 9º Até que lei complementar disponha sobre a matéria, as empresas distribuidoras de energia elétrica, na condição de contribuintes ou de substitutos tributários, serão as responsáveis, por ocasião da saída do produto de seus estabelecimentos, ainda que destinado a outra Unidade da Federação, pelo pagamento do Imposto sobre Operações Relativas à Circulação de mercadorias incidente sobre energia elétrica, desde a produção ou importação até a última operação, calculado o imposto sobre o preço então praticado na operação final e assegurado seu recolhimento ao Estado ou ao Distrito Federal, conforme o local onde deva ocorrer essa operação.

§ 10. Enquanto não entrar em vigor a lei prevista no artigo 159, I, c, cuja promulgação se fará até 31 de dezembro de 1989, é assegurada a aplicação dos recursos previstos naquele dispositivo da seguinte maneira:

► Lei nº 7.827, de 27-9-1989, regulamenta o art. 159, inciso I, alínea c, desta Constituição, institui o Fundo Constitucional de Financiamento do Norte – FNO, o Fundo Constitucional de Financiamento do Nordeste – FNE e o Fundo Constitucional de Financiamento do Centro-Oeste – FCO.

I – seis décimos por cento na Região Norte, através do Banco da Amazônia S/A;
II – um inteiro e oito décimos por cento na Região Nordeste, através do Banco do Nordeste do Brasil S/A;
III – seis décimos por cento na Região Centro-Oeste, através do Banco do Brasil S/A.

§ 11. Fica criado, nos termos da lei, o Banco de Desenvolvimento do Centro-Oeste, para dar cumprimento, na referida região, ao que determinam os artigos 159, I, c, e 192, § 2º, da Constituição.

► O referido § 2º foi revogado pela EC nº 40, de 29-5-2003.

§ 12. A urgência prevista no artigo 148, II, não prejudica a cobrança do empréstimo compulsório instituído, em benefício das Centrais Elétricas Brasileiras S/A (ELETROBRÁS), pela Lei nº 4.156, de 28 de novembro de 1962, com as alterações posteriores.

Art. 35. O disposto no artigo 165, § 7º, será cumprido de forma progressiva, no prazo de até dez anos, distribuindo-se os recursos entre as regiões macroeconômicas em razão proporcional à população, a partir da situação verificada no biênio 1986/1987.

§ 1º Para aplicação dos critérios de que trata este artigo, excluem-se das despesas totais as relativas:

I – aos projetos considerados prioritários no plano plurianual;
II – à segurança e defesa nacional;
III – à manutenção dos órgãos federais no Distrito Federal;
IV – ao Congresso Nacional, ao Tribunal de Contas da União e ao Poder Judiciário;
V – ao serviço da dívida da administração direta e indireta da União, inclusive fundações instituídas e mantidas pelo Poder Público Federal.

§ 2º Até a entrada em vigor da lei complementar a que se refere o artigo 165, § 9º, I e II, serão obedecidas as seguintes normas:

I – o projeto do plano plurianual, para vigência até o final do primeiro exercício financeiro do mandato presidencial subsequente, será encaminhado até quatro meses antes do encerramento do primeiro exercício financeiro e devolvido para sanção até o encerramento da sessão legislativa;
II – o projeto de lei de diretrizes orçamentárias será encaminhado até oito meses e meio antes do encerramento do exercício financeiro e devolvido para sanção até o encerramento do primeiro período da sessão legislativa;
III – o projeto de lei orçamentária da União será encaminhado até quatro meses antes do encerramento do exercício financeiro e devolvido para sanção até o encerramento da sessão legislativa.

Art. 36. Os fundos existentes na data da promulgação da Constituição, excetuados os resultantes de isenções fiscais que passem a integrar patrimônio privado e os que interessem à defesa nacional, extinguir-se-ão, se não forem ratificados pelo Congresso Nacional no prazo de dois anos.

Art. 37. A adaptação ao que estabelece o artigo 167, III, deverá processar-se no prazo de cinco anos, reduzindo-se o excesso à base de, pelo menos, um quinto por ano.

Art. 38. Até a promulgação da lei complementar referida no artigo 169, a União, os Estados, o Distrito Federal e os Municípios não poderão despender com pessoal mais do que sessenta e cinco por cento do valor das respectivas receitas correntes.

Parágrafo único. A União, os Estados, o Distrito Federal e os Municípios, quando a respectiva despesa de pessoal exceder o limite previsto neste artigo, deverão retornar àquele limite, reduzindo o percentual excedente à razão de um quinto por ano.

Art. 39. Para efeito do cumprimento das disposições constitucionais que impliquem variações de despesas e receitas da União, após a promulgação da Constituição, o Poder Executivo deverá elaborar e o Poder Legislativo apreciar projeto de revisão da lei orçamentária referente ao exercício financeiro de 1989.

Parágrafo único. O Congresso Nacional deverá votar no prazo de doze meses a lei complementar prevista no artigo 161, II.

Art. 40. É mantida a Zona Franca de Manaus, com suas características de área livre de comércio, de exportação e importação, e de incentivos fiscais, pelo prazo de vinte e cinco anos, a partir da promulgação da Constituição.

► Art. 92 deste Ato.
► Dec. nº 205, de 5-9-1991, dispõe sobre a apresentação de guias de importação ou documento de efeito equivalente, na Zona Franca de Manaus e suspende a fixação de limites máximos globais anuais de importação, durante o prazo de que trata este artigo.

Parágrafo único. Somente por lei federal podem ser modificados os critérios que disciplinaram ou venham a disciplinar a aprovação dos projetos na Zona Franca de Manaus.

Art. 41. Os Poderes Executivos da União, dos Estados, do Distrito Federal e dos Municípios reavaliarão todos os incentivos fiscais de natureza setorial ora em vigor, propondo aos Poderes Legislativos respectivos as medidas cabíveis.

▶ Arts. 151, I, 155, XII, *g*, 195, § 3º, e 227, § 3º, VI, desta Constituição.

▶ Lei nº 8.402, de 8-1-1992, restabelece os incentivos fiscais que menciona.

§ 1º Considerar-se-ão revogados após dois anos, a partir da data da promulgação da Constituição, os incentivos que não forem confirmados por lei.

§ 2º A revogação não prejudicará os direitos que já tiverem sido adquiridos, àquela data, em relação a incentivos concedidos sob condição e com prazo certo.

§ 3º Os incentivos concedidos por convênio entre Estados, celebrados nos termos do artigo 23, § 6º, da Constituição de 1967, com a redação da Emenda nº 1, de 17 de outubro de 1969, também deverão ser reavaliados e reconfirmados nos prazos deste artigo.

Art. 42. Durante 25 (vinte e cinco) anos, a União aplicará, dos recursos destinados à irrigação:

▶ *Caput* com a redação dada pela EC nº 43, de 15-4-2004.

I – vinte por cento na Região Centro-Oeste;
II – cinquenta por cento na Região Nordeste, preferencialmente no semiárido.

Art. 43. Na data da promulgação da lei que disciplinar a pesquisa e a lavra de recursos e jazidas minerais, ou no prazo de um ano, a contar da promulgação da Constituição, tornar-se-ão sem efeito as autorizações, concessões e demais títulos atributivos de direitos minerários, caso os trabalhos de pesquisa ou de lavra não hajam sido comprovadamente iniciados nos prazos legais ou estejam inativos.

▶ Lei nº 7.886, de 20-11-1989, regulamenta este artigo.

Art. 44. As atuais empresas brasileiras titulares de autorização de pesquisa, concessão de lavra de recursos minerais e de aproveitamento dos potenciais de energia hidráulica em vigor terão quatro anos, a partir da promulgação da Constituição, para cumprir os requisitos do artigo 176, § 1º.

§ 1º Ressalvadas as disposições de interesse nacional previstas no texto constitucional, as empresas brasileiras ficarão dispensadas do cumprimento do disposto no artigo 176, § 1º, desde que, no prazo de até quatro anos da data da promulgação da Constituição, tenham o produto de sua lavra e beneficiamento destinado a industrialização no território nacional, em seus próprios estabelecimentos ou em empresa industrial controladora ou controlada.

§ 2º Ficarão também dispensadas do cumprimento do disposto no artigo 176, § 1º, as empresas brasileiras titulares de concessão de energia hidráulica para uso em seu processo de industrialização.

§ 3º As empresas brasileiras referidas no § 1º somente poderão ter autorizações de pesquisa e concessões de lavra ou potenciais de energia hidráulica, desde que a energia e o produto da lavra sejam utilizados nos respectivos processos industriais.

Art. 45. Ficam excluídas do monopólio estabelecido pelo artigo 177, II, da Constituição as refinarias em funcionamento no País amparadas pelo artigo 43 e nas condições do artigo 45 da Lei nº 2.004, de 3 de outubro de 1953.

▶ A referida Lei foi revogada pela Lei nº 9.478, de 6-8-1997.

Parágrafo único. Ficam ressalvados da vedação do artigo 177, § 1º, os contratos de risco feitos com a Petróleo Brasileiro S/A (PETROBRAS), para pesquisa de petróleo, que estejam em vigor na data da promulgação da Constituição.

Art. 46. São sujeitos à correção monetária desde o vencimento, até seu efetivo pagamento, sem interrupção ou suspensão, os créditos junto a entidades submetidas aos regimes de intervenção ou liquidação extrajudicial, mesmo quando esses regimes sejam convertidos em falência.

▶ Súm. nº 304 do TST.

Parágrafo único. O disposto neste artigo aplica-se também:

I – às operações realizadas posteriormente à decretação dos regimes referidos no *caput* deste artigo;
II – às operações de empréstimo, financiamento, refinanciamento, assistência financeira de liquidez, cessão ou sub-rogação de créditos ou cédulas hipotecárias, efetivação de garantia de depósitos do público ou de compra de obrigações passivas, inclusive as realizadas com recursos de fundos que tenham essas destinações;
III – aos créditos anteriores à promulgação da Constituição;
IV – aos créditos das entidades da administração pública anteriores à promulgação da Constituição, não liquidados até 1º de janeiro de 1988.

Art. 47. Na liquidação dos débitos, inclusive suas renegociações e composições posteriores, ainda que ajuizados, decorrentes de quaisquer empréstimos concedidos por bancos e por instituições financeiras, não existirá correção monetária desde que o empréstimo tenha sido concedido:

I – aos micro e pequenos empresários ou seus estabelecimentos no período de 28 de fevereiro de 1986 a 28 de fevereiro de 1987;
II – aos mini, pequenos e médios produtores rurais no período de 28 de fevereiro de 1986 a 31 de dezembro de 1987, desde que relativos a crédito rural.

§ 1º Consideram-se, para efeito deste artigo, microempresas as pessoas jurídicas e as firmas individuais com receitas anuais de até dez mil Obrigações do Tesouro Nacional, e pequenas empresas as pessoas jurídicas e as firmas individuais com receita anual de até vinte e cinco mil Obrigações do Tesouro Nacional.

▶ Art. 179 desta Constituição.

§ 2º A classificação de mini, pequeno e médio produtor rural será feita obedecendo-se às normas de crédito rural vigentes à época do contrato.

§ 3º A isenção da correção monetária a que se refere este artigo só será concedida nos seguintes casos:

I – se a liquidação do débito inicial, acrescido de juros legais e taxas judiciais, vier a ser efetivada no prazo de noventa dias, a contar da data da promulgação da Constituição;

II – se a aplicação dos recursos não contrariar a finalidade do financiamento, cabendo o ônus da prova à instituição credora;

III – se não for demonstrado pela instituição credora que o mutuário dispõe de meios para o pagamento de seu débito, excluído desta demonstração seu estabelecimento, a casa de moradia e os instrumentos de trabalho e produção;

IV – se o financiamento inicial não ultrapassar o limite de cinco mil Obrigações do Tesouro Nacional;

V – se o beneficiário não for proprietário de mais de cinco módulos rurais.

§ 4º Os benefícios de que trata este artigo não se estendem aos débitos já quitados e aos devedores que sejam constituintes.

§ 5º No caso de operações com prazos de vencimento posteriores à data-limite de liquidação da dívida, havendo interesse do mutuário, os bancos e as instituições financeiras promoverão, por instrumento próprio, alteração nas condições contratuais originais de forma a ajustá-las ao presente benefício.

§ 6º A concessão do presente benefício por bancos comerciais privados em nenhuma hipótese acarretará ônus para o Poder Público, ainda que através de refinanciamento e repasse de recursos pelo Banco Central.

§ 7º No caso de repasse a agentes financeiros oficiais ou cooperativas de crédito, o ônus recairá sobre a fonte de recursos originária.

Art. 48. O Congresso Nacional, dentro de cento e vinte dias da promulgação da Constituição, elaborará Código de Defesa do Consumidor.

► Lei nº 8.078, de 11-9-1990 (Código de Defesa do Consumidor).

Art. 49. A lei disporá sobre o instituto da enfiteuse em imóveis urbanos, sendo facultada aos foreiros, no caso de sua extinção, a remição dos aforamentos mediante aquisição do domínio direto, na conformidade do que dispuserem os respectivos contratos.

► Dec.-lei nº 9.760, de 5-9-1946 (Lei dos Bens Imóveis da União).

§ 1º Quando não existir cláusula contratual, serão adotados os critérios e bases hoje vigentes na legislação especial dos imóveis da União.

§ 2º Os direitos dos atuais ocupantes inscritos ficam assegurados pela aplicação de outra modalidade de contrato.

► Lei nº 9.636, de 15-5-1998, regulamenta este parágrafo.

§ 3º A enfiteuse continuará sendo aplicada aos terrenos de marinha e seus acrescidos, situados na faixa de segurança, a partir da orla marítima.

► Art. 2.038, § 2º, do CC.
► Dec.-lei nº 9.760, de 5-9-1946 (Lei dos Bens Imóveis da União).

§ 4º Remido o foro, o antigo titular do domínio direto deverá, no prazo de noventa dias, sob pena de responsabilidade, confiar à guarda do registro de imóveis competente toda a documentação a ele relativa.

Art. 50. Lei agrícola a ser promulgada no prazo de um ano disporá, nos termos da Constituição, sobre os objetivos e instrumentos de política agrícola, prioridades, planejamento de safras, comercialização, abastecimento interno, mercado externo e instituição de crédito fundiário.

► Lei nº 8.171, de 17-1-1991 (Lei da Política Agrícola).

Art. 51. Serão revistos pelo Congresso Nacional, através de Comissão Mista, nos três anos a contar da data da promulgação da Constituição, todas as doações, vendas e concessões de terras públicas com área superior a três mil hectares, realizadas no período de 1º de janeiro de 1962 a 31 de dezembro de 1987.

§ 1º No tocante às vendas, a revisão será feita com base exclusivamente no critério de legalidade da operação.

§ 2º No caso de concessões e doações, a revisão obedecerá aos critérios de legalidade e de conveniência do interesse público.

§ 3º Nas hipóteses previstas nos parágrafos anteriores, comprovada a ilegalidade, ou havendo interesse público, as terras reverterão ao patrimônio da União, dos Estados, do Distrito Federal ou dos Municípios.

Art. 52. Até que sejam fixadas as condições do art. 192, são vedados:

► Caput com a redação dada pela EC nº 40, de 29-5-2003.

I – a instalação, no País, de novas agências de instituições financeiras domiciliadas no exterior;

II – o aumento do percentual de participação, no capital de instituições financeiras com sede no País, de pessoas físicas ou jurídicas residentes ou domiciliadas no exterior.

Parágrafo único. A vedação a que se refere este artigo não se aplica às autorizações resultantes de acordos internacionais, de reciprocidade, ou de interesse do Governo brasileiro.

Art. 53. Ao ex-combatente que tenha efetivamente participado de operações bélicas durante a Segunda Guerra Mundial, nos termos da Lei nº 5.315, de 12 de setembro de 1967, serão assegurados os seguintes direitos:

► Lei nº 8.059, de 4-7-1990, dispõe sobre a pensão especial devida aos ex-combatentes da Segunda Guerra Mundial e a seus dependentes.

I – aproveitamento no serviço público, sem a exigência de concurso, com estabilidade;

II – pensão especial correspondente à deixada por segundo-tenente das Forças Armadas, que poderá ser requerida a qualquer tempo, sendo inacumulável com quaisquer rendimentos recebidos dos cofres públicos, exceto os benefícios previdenciários, ressalvado o direito de opção;

III – em caso de morte, pensão à viúva ou companheira ou dependente, de forma proporcional, de valor igual à do inciso anterior;

IV – assistência médica, hospitalar e educacional gratuita, extensiva aos dependentes;

V – aposentadoria com proventos integrais aos vinte e cinco anos de serviço efetivo, em qualquer regime jurídico;

VI – prioridade na aquisição da casa própria, para os que não a possuam ou para suas viúvas ou companheiras.

Parágrafo único. A concessão da pensão especial do inciso II substitui, para todos os efeitos legais, qualquer outra pensão já concedida ao ex-combatente.

Art. 54. Os seringueiros recrutados nos termos do Decreto-Lei nº 5.813, de 14 de setembro de 1943, e amparados pelo Decreto-Lei nº 9.882, de 16 de setembro de 1946, receberão, quando carentes, pensão mensal vitalícia no valor de dois salários mínimos.

▶ Lei nº 7.986, de 28-12-1989, dispõe sobre a concessão do benefício previsto neste artigo.
▶ Lei nº 9.882, de 3-12-1999 (Lei da Ação de Descumprimento de Preceito Fundamental).
▶ Dec.-lei nº 5.813, de 14-9-1943, aprova o acordo relativo ao recrutamento, encaminhamento e colocação de trabalhadores para a Amazônia.

§ 1º O benefício é estendido aos seringueiros que, atendendo a apelo do Governo brasileiro, contribuíram para o esforço de guerra, trabalhando na produção de borracha, na Região Amazônica, durante a Segunda Guerra Mundial.

§ 2º Os benefícios estabelecidos neste artigo são transferíveis aos dependentes reconhecidamente carentes.

§ 3º A concessão do benefício far-se-á conforme lei a ser proposta pelo Poder Executivo dentro de cento e cinquenta dias da promulgação da Constituição.

Art. 55. Até que seja aprovada a lei de diretrizes orçamentárias, trinta por cento, no mínimo, do orçamento da seguridade social, excluído o seguro-desemprego, serão destinados ao setor de saúde.

Art. 56. Até que a lei disponha sobre o artigo 195, I, a arrecadação decorrente de, no mínimo, cinco dos seis décimos percentuais correspondentes à alíquota da contribuição de que trata o Decreto-Lei nº 1.940, de 25 de maio de 1982, alterada pelo Decreto-Lei nº 2.049, de 1º de agosto de 1983, pelo Decreto nº 91.236, de 8 de maio de 1985, e pela Lei nº 7.611, de 8 de julho de 1987, passa a integrar a receita da seguridade social, ressalvados, exclusivamente no exercício de 1988, os compromissos assumidos com programas e projetos em andamento.

▶ LC nº 70, de 30-12-1991, institui contribuição para financiamento da Seguridade Social e eleva alíquota da contribuição social sobre o lucro das instituições financeiras.
▶ Dec.-lei nº 1.940, de 25-5-1982, institui contribuição social para financiamento da Seguridade Social e cria o Fundo de Investimento Social – FINSOCIAL.
▶ Súm. nº 658 do STF.

Art. 57. Os débitos dos Estados e dos Municípios relativos às contribuições previdenciárias até 30 de junho de 1988 serão liquidados, com correção monetária, em cento e vinte parcelas mensais, dispensados os juros e multas sobre eles incidentes, desde que os devedores requeiram o parcelamento e iniciem seu pagamento no prazo de cento e oitenta dias a contar da promulgação da Constituição.

§ 1º O montante a ser pago em cada um dos dois primeiros anos não será inferior a cinco por cento do total do débito consolidado e atualizado, sendo o restante dividido em parcelas mensais de igual valor.

§ 2º A liquidação poderá incluir pagamentos na forma de cessão de bens e prestação de serviços, nos termos da Lei nº 7.578, de 23 de dezembro de 1986.

§ 3º Em garantia do cumprimento do parcelamento, os Estados e os Municípios consignarão, anualmente, nos respectivos orçamentos as dotações necessárias ao pagamento de seus débitos.

§ 4º Descumprida qualquer das condições estabelecidas para concessão do parcelamento, o débito será considerado vencido em sua totalidade, sobre ele incidindo juros de mora; nesta hipótese, parcela dos recursos correspondentes aos Fundos de Participação, destinada aos Estados e Municípios devedores, será bloqueada e repassada à Previdência Social para pagamento de seus débitos.

Art. 58. Os benefícios de prestação continuada, mantidos pela Previdência Social na data da promulgação da Constituição, terão seus valores revistos, a fim de que seja restabelecido o poder aquisitivo, expresso em número de salários mínimos, que tinham na data de sua concessão, obedecendo-se a esse critério de atualização até a implantação do plano de custeio e benefícios referidos no artigo seguinte.

▶ Súm. nº 687 do STF.

Parágrafo único. As prestações mensais dos benefícios atualizadas de acordo com este artigo serão devidas e pagas a partir do sétimo mês a contar da promulgação da Constituição.

Art. 59. Os projetos de lei relativos à organização da seguridade social e aos planos de custeio e de benefício serão apresentados no prazo máximo de seis meses da promulgação da Constituição ao Congresso Nacional, que terá seis meses para apreciá-los.

Parágrafo único. Aprovados pelo Congresso Nacional, os planos serão implantados progressivamente nos dezoito meses seguintes.

▶ Lei nº 8.212, de 24-7-1991 (Lei Orgânica da Seguridade Social).
▶ Lei nº 8.213, de 24-7-1991 (Lei dos Planos de Benefícios da Previdência Social).

Art. 60. Até o 14º (décimo quarto) ano a partir da promulgação desta Emenda Constitucional, os Estados, o Distrito Federal e os Municípios destinarão parte dos recursos a que se refere o caput do art. 212 da Constituição Federal à manutenção e desenvolvimento da educação básica e à remuneração condigna dos trabalhadores da educação, respeitadas as seguintes disposições:

▶ Caput com a redação dada pela EC nº 53, de 19-12-2006.
▶ Lei nº 11.494, de 20-6-2007, regulamenta o Fundo de Manutenção e Desenvolvimento da Educação Básica e de Valorização dos Profissionais da Educação – FUNDEB, regulamentada pelo Dec. nº 6.253, de 13-11-2007.

I – a distribuição dos recursos e de responsabilidades entre o Distrito Federal, os Estados e seus Municípios é assegurada mediante a criação, no âmbito de cada Estado e do Distrito Federal, de um Fundo de Manutenção e Desenvolvimento da Educação Básica e de Valorização dos Profissionais da Educação – FUNDEB, de natureza contábil;

II – os Fundos referidos no inciso I do *caput* deste artigo serão constituídos por 20% (vinte por cento) dos recursos a que se referem os incisos I, II e III do art. 155; o inciso II do *caput* do art. 157; os incisos II, III e IV do *caput* do art. 158; e as alíneas *a* e *b* do inciso I e o inciso II do *caput* do art. 159, todos da Constituição Federal, e distribuídos entre cada Estado e seus Municípios, proporcionalmente ao número de alunos das diversas etapas e modalidades da educação básica presencial, matriculados nas respectivas redes, nos respectivos âmbitos de atuação prioritária estabelecidos nos §§ 2º e 3º do art. 211 da Constituição Federal;
III – observadas as garantias estabelecidas nos incisos I, II, III e IV do *caput* do art. 208 da Constituição Federal e as metas de universalização da educação básica estabelecidas no Plano Nacional de Educação, a lei disporá sobre:

a) a organização dos Fundos, a distribuição proporcional de seus recursos, as diferenças e as ponderações quanto ao valor anual por aluno entre etapas e modalidades da educação básica e tipos de estabelecimento de ensino;
b) a forma de cálculo do valor anual mínimo por aluno;
c) os percentuais máximos de apropriação dos recursos dos Fundos pelas diversas etapas e modalidades da educação básica, observados os arts. 208 e 214 da Constituição Federal, bem como as metas do Plano Nacional de Educação;
d) a fiscalização e o controle dos Fundos;
e) prazo para fixar, em lei específica, piso salarial profissional nacional para os profissionais do magistério público da educação básica;

▶ Lei nº 11.738, de 16-7-2008, regulamenta esta alínea.

IV – os recursos recebidos à conta dos Fundos instituídos nos termos do inciso I do *caput* deste artigo serão aplicados pelos Estados e Municípios exclusivamente nos respectivos âmbitos de atuação prioritária, conforme estabelecido nos §§ 2º e 3º do art. 211 da Constituição Federal;
V – a União complementará os recursos dos Fundos a que se refere o inciso II do *caput* deste artigo sempre que, no Distrito Federal e em cada Estado, o valor por aluno não alcançar o mínimo definido nacionalmente, fixado em observância ao disposto no inciso VII do *caput* deste artigo, vedada a utilização dos recursos a que se refere o § 5º do art. 212 da Constituição Federal;
VI – até 10% (dez por cento) da complementação da União prevista no inciso V do *caput* deste artigo poderá ser distribuída para os Fundos por meio de programas direcionados para a melhoria da qualidade da educação, na forma da lei a que se refere o inciso III do *caput* deste artigo;
VII – a complementação da União de que trata o inciso V do *caput* deste artigo será de, no mínimo:

a) R$ 2.000.000.000,00 (dois bilhões de reais), no primeiro ano de vigência dos Fundos;
b) R$ 3.000.000.000,00 (três bilhões de reais), no segundo ano de vigência dos Fundos;
c) R$ 4.500.000.000,00 (quatro bilhões e quinhentos milhões de reais), no terceiro ano de vigência dos Fundos;
d) 10% (dez por cento) do total dos recursos a que se refere o inciso II do *caput* deste artigo, a partir do quarto ano de vigência dos Fundos;

VIII – a vinculação de recursos à manutenção e desenvolvimento do ensino estabelecida no art. 212 da Constituição Federal suportará, no máximo, 30% (trinta por cento) da complementação da União, considerando-se para os fins deste inciso os valores previstos no inciso VII do *caput* deste artigo;
IX – os valores a que se referem as alíneas *a*, *b*, e *c* do inciso VII do *caput* deste artigo serão atualizados, anualmente, a partir da promulgação desta Emenda Constitucional, de forma a preservar, em caráter permanente, o valor real da complementação da União;
X – aplica-se à complementação da União o disposto no art. 160 da Constituição Federal;
XI – o não cumprimento do disposto nos incisos V e VII do *caput* deste artigo importará crime de responsabilidade da autoridade competente;
XII – proporção não inferior a 60% (sessenta por cento) de cada Fundo referido no inciso I do *caput* deste artigo será destinada ao pagamento dos profissionais do magistério da educação básica em efetivo exercício.

▶ Incisos I a XII acrescidos pela EC nº 53, de 19-12-2006.

§ 1º A União, os Estados, o Distrito Federal e os Municípios deverão assegurar, no financiamento da educação básica, a melhoria da qualidade de ensino, de forma a garantir padrão mínimo definido nacionalmente.

§ 2º O valor por aluno do ensino fundamental, no Fundo de cada Estado e do Distrito Federal, não poderá ser inferior ao praticado no âmbito do Fundo de Manutenção e Desenvolvimento do Ensino Fundamental e de Valorização do Magistério – FUNDEF, no ano anterior à vigência desta Emenda Constitucional.

§ 3º O valor anual mínimo por aluno do ensino fundamental, no âmbito do Fundo de Manutenção e Desenvolvimento da Educação Básica e de Valorização dos Profissionais da Educação – FUNDEB, não poderá ser inferior ao valor mínimo fixado nacionalmente no ano anterior ao da vigência desta Emenda Constitucional.

§ 4º Para efeito de distribuição de recursos dos Fundos a que se refere o inciso I do *caput* deste artigo, levar-se-á em conta a totalidade das matrículas no ensino fundamental e considerar-se-á para a educação infantil, para o ensino médio e para a educação de jovens e adultos 1/3 (um terço) das matrículas no primeiro ano, 2/3 (dois terços) no segundo ano e sua totalidade a partir do terceiro ano.

▶ §§ 1º a 4º com a redação dada pela EC nº 53, de 19-12-2006.

§ 5º A porcentagem dos recursos de constituição dos Fundos, conforme o inciso II do *caput* deste artigo, será alcançada gradativamente nos primeiros 3 (três) anos de vigência dos Fundos, da seguinte forma:

▶ *Caput* do § 5º com a redação dada pela EC nº 53, de 19-12-2006.

I – no caso dos impostos e transferências constantes do inciso II do *caput* do art. 155; do inciso IV do *caput* do art. 158; e das alíneas *a* e *b* do inciso I e do inciso II do *caput* do art. 159 da Constituição Federal:

a) 16,66% (dezesseis inteiros e sessenta e seis centésimos por cento), no primeiro ano;
b) 18,33% (dezoito inteiros e trinta e três centésimos por cento), no segundo ano;
c) 20% (vinte por cento), a partir do terceiro ano;

II – no caso dos impostos e transferências constantes dos incisos I e III do *caput* do art. 155; do inciso II do *caput* do art. 157; e dos incisos II e III do *caput* do art. 158 da Constituição Federal:

a) 6,66% (seis inteiros e sessenta e seis centésimos por cento), no primeiro ano;
b) 13,33% (treze inteiros e trinta e três centésimos por cento), no segundo ano;
c) 20% (vinte por cento), a partir do terceiro ano.

▶ Incisos I e II acrescidos pela EC nº 53, de 19-12-2006.

§§ 6º e 7º *Revogados*. EC nº 53, de 19-12-2006.

Art. 61. As entidades educacionais a que se refere o artigo 213, bem como as fundações de ensino e pesquisa cuja criação tenha sido autorizada por lei, que preencham os requisitos dos incisos I e II do referido artigo e que, nos últimos três anos, tenham recebido recursos públicos, poderão continuar a recebê-los, salvo disposição legal em contrário.

Art. 62. A lei criará o Serviço Nacional de Aprendizagem Rural (SENAR) nos moldes da legislação relativa ao Serviço Nacional de Aprendizagem Industrial (SENAI) e ao Serviço Nacional de Aprendizagem do Comércio (SENAC), sem prejuízo das atribuições dos órgãos públicos que atuam na área.

▶ Lei nº 8.315, de 13-12-1991, dispõe sobre a criação do Serviço Nacional de Aprendizagem Rural – SENAR.

Art. 63. É criada uma Comissão composta de nove membros, sendo três do Poder Legislativo, três do Poder Judiciário e três do Poder Executivo, para promover as comemorações do centenário da proclamação da República e da promulgação da primeira Constituição republicana do País, podendo, a seu critério, desdobrar-se em tantas subcomissões quantas forem necessárias.

Parágrafo único. No desenvolvimento de suas atribuições, a Comissão promoverá estudos, debates e avaliações sobre a evolução política, social, econômica e cultural do País, podendo articular-se com os governos estaduais e municipais e com instituições públicas e privadas que desejem participar dos eventos.

Art. 64. A Imprensa Nacional e demais gráficas da União, dos Estados, do Distrito Federal e dos Municípios, da administração direta ou indireta, inclusive fundações instituídas e mantidas pelo Poder Público, promoverão edição popular do texto integral da Constituição, que será posta à disposição das escolas e dos cartórios, dos sindicatos, dos quartéis, das igrejas e de outras instituições representativas da comunidade, gratuitamente, de modo que cada cidadão brasileiro possa receber do Estado um exemplar da Constituição do Brasil.

Art. 65. O Poder Legislativo regulamentará, no prazo de doze meses, o artigo 220, § 4º.

Art. 66. São mantidas as concessões de serviços públicos de telecomunicações atualmente em vigor, nos termos da lei.

▶ Lei nº 9.472, de 16-7-1997, dispõe sobre a organização dos serviços de telecomunicações, a criação e funcionamento de um Órgão Regulador e outros aspectos institucionais.

Art. 67. A União concluirá a demarcação das terras indígenas no prazo de cinco anos a partir da promulgação da Constituição.

Art. 68. Aos remanescentes das comunidades dos quilombos que estejam ocupando suas terras é reconhecida a propriedade definitiva, devendo o Estado emitir-lhes os títulos respectivos.

▶ Dec. nº 4.887, de 20-11-2003, regulamenta o procedimento para identificação, reconhecimento, delimitação, demarcação e titulação das terras ocupadas por remanescentes das comunidades dos quilombos de que trata este artigo.

▶ Dec. nº 6.040, de 7-2-2007, institui a Política Nacional de Desenvolvimento Sustentável dos Povos e Comunidades Tradicionais.

Art. 69. Será permitido aos Estados manter consultorias jurídicas separadas de suas Procuradorias-Gerais ou Advocacias-Gerais, desde que, na data da promulgação da Constituição, tenham órgãos distintos para as respectivas funções.

Art. 70. Fica mantida a atual competência dos tribunais estaduais até que a mesma seja definida na Constituição do Estado, nos termos do artigo 125, § 1º, da Constituição.

▶ Art. 4º da EC nº 45, de 8-12-2004 (Reforma do Judiciário).

Art. 71. É instituído, nos exercícios financeiros de 1994 e 1995, bem assim nos períodos de 1º de janeiro de 1996 a 30 de junho de 1997 e 1º de julho de 1997 a 31 de dezembro de 1999, o Fundo Social de Emergência, com o objetivo de saneamento financeiro da Fazenda Pública Federal e de estabilização econômica, cujos recursos serão aplicados prioritariamente no custeio das ações dos sistemas de saúde e educação, incluindo a complementação de recursos de que trata o § 3º do artigo 60 do Ato das Disposições Constitucionais Transitórias, benefícios previdenciários e auxílios assistenciais de prestação continuada, inclusive liquidação de passivo previdenciário, e despesas orçamentárias associadas a programas de relevante interesse econômico e social.

▶ *Caput* com a redação dada pela EC nº 17, de 22-11-1997.

§ 1º Ao Fundo criado por este artigo não se aplica o disposto na parte final do inciso II do § 9º do artigo 165 da Constituição.

§ 2º O Fundo criado por este artigo passa a ser denominado Fundo de Estabilização Fiscal a partir do início do exercício financeiro de 1996.

§ 3º O Poder Executivo publicará demonstrativo da execução orçamentária, de periodicidade bimestral, no qual se discriminarão as fontes e usos do Fundo criado por este artigo.

▶ §§ 1º a 3º acrescidos pela EC nº 10, de 4-3-1996.

Art. 72. Integram o Fundo Social de Emergência:

▶ Art. 72 acrescido pela ECR nº 1, de 1º-3-1994.

I – o produto da arrecadação do imposto sobre renda e proventos de qualquer natureza incidente na fonte sobre pagamentos efetuados, a qualquer título, pela União, inclusive suas autarquias e fundações;

II – a parcela do produto da arrecadação do imposto sobre renda e proventos de qualquer natureza e do imposto sobre operações de crédito, câmbio e seguro, ou relativas a títulos e valores mobiliários, decorrente das alterações produzidas pela Lei nº 8.894, de 21 de

junho de 1994, e pelas Leis nᵒˢ 8.849 e 8.848, ambas de 28 de janeiro de 1994, e modificações posteriores;
III – a parcela do produto da arrecadação resultante da elevação da alíquota da contribuição social sobre o lucro dos contribuintes a que se refere o § 1º do artigo 22 da Lei nº 8.212, de 24 de julho de 1991, a qual, nos exercícios financeiros de 1994 e 1995, bem assim no período de 1º de janeiro de 1996 a 30 de junho de 1997, passa a ser de trinta por cento, sujeita a alteração por lei ordinária, mantidas as demais normas da Lei nº 7.689, de 15 de dezembro de 1988;
IV – vinte por cento do produto da arrecadação de todos os impostos e contribuições da União, já instituídos ou a serem criados, excetuado o previsto nos incisos I, II e III, observado o disposto nos §§ 3º e 4º;
► Incisos II a IV com a redação dada pela EC nº 10, de 4-3-1996.

V – a parcela do produto da arrecadação da contribuição de que trata a Lei Complementar nº 7, de 7 de setembro de 1970, devida pelas pessoas jurídicas a que se refere o inciso III deste artigo, a qual será calculada, nos exercícios financeiros de 1994 a 1995, bem assim nos períodos de 1º de janeiro de 1996 a 30 de junho de 1997 e de 1º de julho de 1997 a 31 de dezembro de 1999, mediante a aplicação da alíquota de setenta e cinco centésimos por cento, sujeita a alteração por lei ordinária posterior, sobre a receita bruta operacional, como definida na legislação do imposto sobre renda e proventos de qualquer natureza;
► Inciso V com a redação dada pela EC nº 17, de 22-11-1997.

VI – outras receitas previstas em lei específica.

§ 1º As alíquotas e a base de cálculo previstas nos incisos III e IV aplicar-se-ão a partir do primeiro dia do mês seguinte aos noventa dias posteriores à promulgação desta Emenda.

§ 2º As parcelas de que tratam os incisos I, II, III e V serão previamente deduzidas da base de cálculo de qualquer vinculação ou participação constitucional ou legal, não se lhes aplicando o disposto nos artigos 159, 212 e 239 da Constituição.

§ 3º A parcela de que trata o inciso IV será previamente deduzida da base de cálculo das vinculações ou participações constitucionais previstas nos artigos 153, § 5º, 157, II, 212 e 239 da Constituição.

§ 4º O disposto no parágrafo anterior não se aplica aos recursos previstos nos artigos 158, II, e 159 da Constituição.

§ 5º A parcela dos recursos provenientes do imposto sobre renda e proventos de qualquer natureza, destinada ao Fundo Social de Emergência, nos termos do inciso II deste artigo, não poderá exceder a cinco inteiros e seis décimos por cento do total do produto da sua arrecadação.
► §§ 2º a 5º acrescidos pela EC nº 10, de 4-3-1996.

Art. 73. Na regulação do Fundo Social de Emergência não poderá ser utilizado o instrumento previsto no inciso V do artigo 59 da Constituição.
► Artigo acrescido pela ECR nº 1, de 1º-3-1994.

Art. 74. A União poderá instituir contribuição provisória sobre movimentação ou transmissão de valores e de créditos e direitos de natureza financeira.
► Art. 84 deste Ato.

§ 1º A alíquota da contribuição de que trata este artigo não excederá a vinte e cinco centésimos por cento, facultado ao Poder Executivo reduzi-la ou restabelecê-la, total ou parcialmente, nas condições e limites fixados em lei.
► Alíquota alterada pela EC nº 21, de 18-3-1999.

§ 2º À contribuição de que trata este artigo não se aplica o disposto nos artigos 153, § 5º, e 154, I, da Constituição.

§ 3º O produto da arrecadação da contribuição de que trata este artigo será destinado integralmente ao Fundo Nacional de Saúde, para financiamento das ações e serviços de saúde.

§ 4º A contribuição de que trata este artigo terá sua exigibilidade subordinada ao disposto no artigo 195, § 6º, da Constituição, e não poderá ser cobrada por prazo superior a dois anos.
► Art. 74 acrescido pela EC nº 12, de 15-8-1996.
► Lei nº 9.311 de 24-10-1996, institui a Contribuição Provisória sobre Movimentação ou Transmissão de Valores e de Créditos e Direitos de Natureza Financeira – CPMF.

Art. 75. É prorrogada, por trinta e seis meses, a cobrança da contribuição provisória sobre movimentação ou transmissão de valores e de créditos e direitos de natureza financeira de que trata o artigo 74, instituída pela Lei nº 9.311, de 24 de outubro de 1996, modificada pela Lei nº 9.539, de 12 de dezembro de 1997, cuja vigência é também prorrogada por idêntico prazo.
► Arts. 80, I, e 84 deste Ato.

§ 1º Observado o disposto no § 6º do artigo 195 da Constituição Federal, a alíquota da contribuição será de trinta e oito centésimos por cento, nos primeiros doze meses, e de trinta centésimos, nos meses subsequentes, facultado ao Poder Executivo reduzi-la total ou parcialmente, nos limites aqui definidos.

§ 2º O resultado do aumento da arrecadação, decorrente da alteração da alíquota, nos exercícios financeiros de 1999, 2000 e 2001, será destinado ao custeio da Previdência Social.

§ 3º É a União autorizada a emitir títulos da dívida pública interna, cujos recursos serão destinados ao custeio da saúde e da Previdência Social, em montante equivalente ao produto da arrecadação da contribuição, prevista e não realizada em 1999.
► Art. 75 acrescido pela EC nº 21, de 18-3-1999.
► O STF, por maioria de votos, julgou parcialmente procedente a ADIN nº 2.031-5, para declarar a inconstitucionalidade deste parágrafo, acrescido pela EC nº 21, de 18-3-1999 (*DOU* de 5-11-2003).
► LC nº 111, de 6-7-2001, dispõe sobre o Fundo de Combate e Erradicação da Pobreza, na forma prevista nos arts. 79, 80 e 81 do ADCT.

***Art. 76.** São desvinculados de órgão, fundo ou despesa, até 31 de dezembro de 2015, 20% (vinte por cento) da arrecadação da União de impostos, contribuições sociais e de intervenção no domínio econômico, já instituídos ou que vierem a ser* *criados até a referida data, seus adicionais e respectivos acréscimos legais.*

§ 1º O disposto no caput não reduzirá a base de cálculo das transferências a Estados, Distrito Federal e Municípios, na forma do § 5º do art. 153, do inciso I do art. 157, dos incisos I e II do art. 158 e das alíneas a, b e d do inciso I e do inciso II do art. 159 da Constituição Federal, nem a base de cálculo das destinações a que se refere a alínea c do inciso I do art. 159 da Constituição Federal.

§ 2º Excetua-se da desvinculação de que trata o caput a arrecadação da contribuição social do salário-educação a que se refere o § 5º do art. 212 da Constituição Federal.

§ 3º Para efeito do cálculo dos recursos para manutenção e desenvolvimento do ensino de que trata o art. 212 da Constituição Federal, o percentual referido no caput será nulo.

▶ Art. 76 com a redação dada pela EC nº 68, de 21-12-2011.

Art. 77. Até o exercício financeiro de 2004, os recursos mínimos aplicados nas ações e serviços públicos de saúde serão equivalentes:

I – no caso da União:

a) no ano 2000, o montante empenhado em ações e serviços públicos de saúde no exercício financeiro de 1999 acrescido de, no mínimo, cinco por cento;

b) do ano de 2001 ao ano de 2004, o valor apurado no ano anterior, corrigido pela variação nominal do Produto Interno Bruto – PIB;

II – no caso dos Estados e do Distrito Federal, doze por cento do produto da arrecadação dos impostos a que se refere o artigo 155 e dos recursos de que tratam os artigos 157 e 159, inciso I, alínea a e inciso II, deduzidas as parcelas que forem transferidas aos respectivos Municípios; e

III – no caso dos Municípios e do Distrito Federal, quinze por cento do produto da arrecadação dos impostos a que se refere o artigo 156 e dos recursos de que tratam os artigos 158 e 159, inciso I, alínea b e § 3º.

§ 1º Os Estados, o Distrito Federal e os municípios que apliquem percentuais inferiores aos fixados nos incisos II e III deverão elevá-los gradualmente, até o exercício financeiro de 2004, reduzida a diferença à razão de, pelo menos, um quinto por ano, sendo que, a partir de 2000, a aplicação será de pelo menos sete por cento.

§ 2º Dos recursos da União apurados nos termos deste artigo, quinze por cento, no mínimo, serão aplicados nos Municípios, segundo o critério populacional, em ações e serviços básicos de saúde, na forma da lei.

§ 3º Os recursos dos Estados, do Distrito Federal e dos Municípios destinados às ações e serviços públicos de saúde e os transferidos pela União para a mesma finalidade serão aplicados por meio de Fundo de Saúde que será acompanhado e fiscalizado por Conselho de Saúde, sem prejuízo do disposto no artigo 74 da Constituição Federal.

§ 4º Na ausência da lei complementar a que se refere o artigo 198, § 3º, a partir do exercício financeiro de 2005, aplicar-se-á à União, aos Estados, ao Distrito Federal e aos Municípios o disposto neste artigo.

▶ Art. 77 acrescido pela EC nº 29, de 13-9-2000.

Art. 78. Ressalvados os créditos definidos em lei como de pequeno valor, os de natureza alimentícia, os de que trata o artigo 33 deste Ato das Disposições Constitucionais Transitórias e suas complementações e os que já tiverem os seus respectivos recursos liberados ou depositados em juízo, os precatórios pendentes na data da publicação desta Emenda e os que decorram de ações iniciais ajuizadas até 31 de dezembro de 1999 serão liquidados pelo seu valor real, em moeda corrente, acrescido de juros legais, em prestações anuais, iguais e sucessivas, no prazo máximo de dez anos, permitida a cessão dos créditos.

▶ O STF, por maioria de votos, deferiu as cautelares, nas Ações Diretas de Inconstitucionalidade nºˢ 2.356 e 2.362, para suspender a eficácia do art. 2º da EC nº 30/2000, que introduziu este artigo ao ADCT (*DOU* de 7-12-2010).

▶ Arts. 86, 87 e 97, § 15, do ADCT.

▶ Res. do CNJ nº 92, de 13-10-2009, dispõe sobre a Gestão de Precatórios no âmbito do Poder Judiciário.

§ 1º É permitida a decomposição de parcelas, a critério do credor.

§ 2º As prestações anuais a que se refere o *caput* deste artigo terão, se não liquidadas até o final do exercício a que se referem, poder liberatório do pagamento de tributos da entidade devedora.

▶ Art. 6º da EC nº 62, de 9-12-2009, que convalida todas as compensações de precatórios com tributos vencidos até 31-10-2009 da entidade devedora, efetuadas na forma deste parágrafo, realizadas antes da promulgação desta Emenda Constitucional.

§ 3º O prazo referido no *caput* deste artigo fica reduzido para dois anos, nos casos de precatórios judiciais originários de desapropriação de imóvel residencial do credor, desde que comprovadamente único à época da imissão na posse.

§ 4º O Presidente do Tribunal competente deverá, vencido o prazo ou em caso de omissão no orçamento, ou preterição ao direito de precedência, a requerimento do credor, requisitar ou determinar o sequestro de recursos financeiros da entidade executada, suficientes à satisfação da prestação.

▶ Art. 78 acrescido pela EC nº 30, de 13-12-2000.

Art. 79. É instituído, para vigorar até o ano de 2010, no âmbito do Poder Executivo Federal, o Fundo de Combate e Erradicação da Pobreza, a ser regulado por lei complementar com o objetivo de viabilizar a todos os brasileiros acesso a níveis dignos de subsistência, cujos recursos serão aplicados em ações suplementares de nutrição, habitação, educação, saúde, reforço de renda familiar e outros programas de relevante interesse social voltados para melhoria da qualidade de vida.

▶ Art. 4º da EC nº 42, de 19-12-2003.

▶ EC nº 67, de 22-12-2010, prorroga, por tempo indeterminado, o prazo de vigência do Fundo de Combate e Erradicação da Pobreza.

Parágrafo único. O Fundo previsto neste artigo terá Conselho Consultivo e de Acompanhamento que conte com a participação de representantes da sociedade civil, nos termos da lei.
▶ Art. 79 acrescido pela EC nº 31, de 14-12-2000.
▶ LC nº 111, de 6-7-2001, dispõe sobre o Fundo de Combate e Erradicação da Pobreza, na forma prevista nos arts. 79 a 81 do ADCT.
▶ Dec. nº 3.997, de 1º-11-2001, define o órgão gestor do Fundo de Combate e Erradicação da Pobreza, e regulamenta a composição e o funcionamento do seu Conselho Consultivo e de Acompanhamento.

Art. 80. Compõem o Fundo de Combate e Erradicação da Pobreza:
▶ Art. 31, III, do Dec. nº 6.140, de 3-7-2007, que regulamenta a Contribuição Provisória sobre Movimentação ou Transmissão de Valores e de Créditos e Direitos de Natureza Financeira – CPMF.

I – a parcela do produto da arrecadação correspondente a um adicional de oito centésimos por cento, aplicável de 18 de junho de 2000 a 17 de junho de 2002, na alíquota da contribuição social de que trata o art. 75 do Ato das Disposições Constitucionais Transitórias;
▶ Art. 84 deste Ato.
▶ Art. 4º da EC nº 42, de 19-12-2003.

II – a parcela do produto da arrecadação correspondente a um adicional de cinco pontos percentuais na alíquota do Imposto sobre Produtos Industrializados – IPI, ou do imposto que vier a substituí-lo, incidente sobre produtos supérfluos e aplicável até a extinção do Fundo;
III – o produto da arrecadação do imposto de que trata o artigo 153, inciso VII, da Constituição;
IV – dotações orçamentárias;
V – doações, de qualquer natureza, de pessoas físicas ou jurídicas do País ou do exterior;
VI – outras receitas, a serem definidas na regulamentação do referido Fundo.

§ 1º Aos recursos integrantes do Fundo de que trata este artigo não se aplica o disposto nos artigos 159 e 167, inciso IV, da Constituição, assim como qualquer desvinculação de recursos orçamentários.

§ 2º A arrecadação decorrente do disposto no inciso I deste artigo, no período compreendido entre 18 de junho de 2000 e o início da vigência da lei complementar a que se refere o artigo 79, será integralmente repassada ao Fundo, preservando o seu valor real, em títulos públicos federais, progressivamente resgatáveis após 18 de junho de 2002, na forma da lei.
▶ Art. 80 acrescido pela EC nº 31, de 14-12-2000.
▶ LC nº 111, de 6-7-2001, dispõe sobre o Fundo de Combate e Erradicação da Pobreza, na forma prevista nos arts. 79 a 81 do ADCT.

Art. 81. É instituído Fundo constituído pelos recursos recebidos pela União em decorrência da desestatização de sociedades de economia mista ou empresas públicas por ela controladas, direta ou indiretamente, quando a operação envolver a alienação do respectivo controle acionário a pessoa ou entidade não integrante da Administração Pública, ou de participação societária remanescente após a alienação, cujos rendimentos, gerados a partir de 18 de junho de 2002, reverterão ao Fundo de Combate e Erradicação da Pobreza.
▶ Art. 31, III, do Dec. nº 6.140, de 3-7-2007, que regulamenta a Contribuição Provisória sobre Movimentação ou Transmissão de Valores e de Créditos e Direitos de Natureza Financeira – CPMF.

§ 1º Caso o montante anual previsto nos rendimentos transferidos ao Fundo de Combate e Erradicação da Pobreza, na forma deste artigo, não alcance o valor de quatro bilhões de reais, far-se-á complementação na forma do artigo 80, inciso IV, do Ato das Disposições Constitucionais Transitórias.

§ 2º Sem prejuízo do disposto no § 1º, o Poder Executivo poderá destinar ao Fundo a que se refere este artigo outras receitas decorrentes da alienação de bens da União.

§ 3º A constituição do Fundo a que se refere o *caput*, a transferência de recursos ao Fundo de Combate e Erradicação da Pobreza e as demais disposições referentes ao § 1º deste artigo serão disciplinadas em lei, não se aplicando o disposto no artigo 165, § 9º, inciso II, da Constituição.
▶ Art. 81 acrescido pela EC nº 31, de 13-12-2000.
▶ LC nº 111, de 6-7-2001, dispõe sobre o Fundo de Combate e Erradicação da Pobreza, na forma prevista nos arts. 79 a 81 do ADCT.

Art. 82. Os Estados, o Distrito Federal e os Municípios devem instituir Fundos de Combate à Pobreza, com os recursos de que trata este artigo e outros que vierem a destinar, devendo os referidos Fundos ser geridos por entidades que contém com a participação da sociedade civil.
▶ Art. 4º da EC nº 42, de 19-12-2003.

§ 1º Para o financiamento dos Fundos Estaduais e Distrital, poderá ser criado adicional de até dois pontos percentuais na alíquota do Imposto sobre Circulação de Mercadorias e Serviços – ICMS, sobre os produtos e serviços supérfluos e nas condições definidas na lei complementar de que trata o art. 155, § 2º, XII, da Constituição, não se aplicando, sobre este percentual, o disposto no art. 158, IV, da Constituição.
▶ § 1º com a redação dada pela EC nº 42, de 19-12-2003.

§ 2º Para o financiamento dos Fundos Municipais, poderá ser criado adicional de até meio ponto percentual na alíquota do Imposto sobre serviços ou do imposto que vier a substituí-lo, sobre os serviços supérfluos.
▶ Art. 82 acrescido pela EC nº 31, de 14-12-2000.

Art. 83. Lei federal definirá os produtos e serviços supérfluos a que se referem os arts. 80, II, e 82, § 2º.
▶ Artigo com a redação dada pela EC nº 42, de 19-12-2003.

Art. 84. A contribuição provisória sobre movimentação ou transmissão de valores e de créditos e direitos de natureza financeira, prevista nos arts. 74, 75 e 80, I, deste Ato das Disposições Constitucionais Transitórias, será cobrada até 31 de dezembro de 2004.
▶ Art. 90 deste Ato.
▶ Dec. nº 6.140, de 3-7-2007, regulamenta a Contribuição Provisória sobre Movimentação ou Transmissão de Valores e de Créditos e Direitos de Natureza Financeira – CPMF.

§ 1º Fica prorrogada, até a data referida no *caput* deste artigo, a vigência da Lei nº 9.311, de 24 de outubro de 1996, e suas alterações.

§ 2º Do produto da arrecadação da contribuição social de que trata este artigo será destinada a parcela correspondente à alíquota de:

▶ Art. 31 do Dec. nº 6.140, de 3-7-2007, que regulamenta a Contribuição Provisória sobre Movimentação ou Transmissão de Valores e de Créditos e Direitos de Natureza Financeira – CPMF.

I – vinte centésimos por cento ao Fundo Nacional de Saúde, para financiamento das ações e serviços de saúde;
II – dez centésimos por cento ao custeio da previdência social;
III – oito centésimos por cento ao Fundo de Combate e Erradicação da Pobreza, de que tratam os arts. 80 e 81 deste Ato das Disposições Constitucionais Transitórias.

§ 3º A alíquota da contribuição de que trata este artigo será de:

I – trinta e oito centésimos por cento, nos exercícios financeiros de 2002 e 2003;
II – *Revogado*. EC nº 42, de 19-12-2003.

▶ Art. 84 acrescido pela EC nº 37, de 12-6-2002.

Art. 85. A contribuição a que se refere o art. 84 deste Ato das Disposições Constitucionais Transitórias não incidirá, a partir do trigésimo dia da data de publicação desta Emenda Constitucional, nos lançamentos:

▶ Art. 3º do Dec. nº 6.140, de 3-7-2007, que regulamenta a Contribuição Provisória sobre Movimentação ou Transmissão de Valores e de Créditos e Direitos de Natureza Financeira – CPMF.

I – em contas correntes de depósito especialmente abertas e exclusivamente utilizadas para operações de:

▶ Art. 2º da Lei nº 10.892, de 13-7-2004, que dispõe sobre multas nos casos de utilização diversa da prevista na legislação das contas correntes de depósitos beneficiarias da alíquota 0 (zero), bem como da inobservância de normas baixadas pelo BACEN que resultem na falta de cobrança do CPMF devida.

a) câmaras e prestadoras de serviços de compensação e de liquidação de que trata o parágrafo único do art. 2º da Lei nº 10.214, de 27 de março de 2001;
b) companhias securitizadoras de que trata a Lei nº 9.514, de 20 de novembro de 1997;
c) sociedades anônimas que tenham por objeto exclusivo a aquisição de créditos oriundos de operações praticadas no mercado financeiro;

▶ Art. 2º, § 3º, da Lei nº 10.892, de 13-7-2004, que altera os arts. 8º e 16 da Lei nº 9.311, de 24-10-1996, que institui a Contribuição Provisória sobre Movimentação ou Transmissão de Valores e de Créditos e Direitos de Natureza Financeira – CPMF.

II – em contas correntes de depósito, relativos a:

a) operações de compra e venda de ações, realizadas em recintos ou sistemas de negociação de bolsas de valores e no mercado de balcão organizado;
b) contratos referenciados em ações ou índices de ações, em suas diversas modalidades, negociados em bolsas de valores, de mercadorias e de futuros;

III – em contas de investidores estrangeiros, relativos a entradas no País e a remessas para o exterior de recursos financeiros empregados, exclusivamente, em operações e contratos referidos no inciso II deste artigo.

§ 1º O Poder Executivo disciplinará o disposto neste artigo no prazo de trinta dias da data de publicação desta Emenda Constitucional.

§ 2º O disposto no inciso I deste artigo aplica-se somente às operações relacionadas em ato do Poder Executivo, dentre aquelas que constituam o objeto social das referidas entidades.

§ 3º O disposto no inciso II deste artigo aplica-se somente a operações e contratos efetuados por intermédio de instituições financeiras, sociedades corretoras de títulos e valores mobiliários, sociedades distribuidoras de títulos e valores mobiliários e sociedades corretoras de mercadorias.

▶ Art. 85 acrescido pela EC nº 37, de 12-6-2002.

Art. 86. Serão pagos conforme disposto no art. 100 da Constituição Federal, não se lhes aplicando a regra de parcelamento estabelecida no *caput* do art. 78 deste Ato das Disposições Constitucionais Transitórias, os débitos da Fazenda Federal, Estadual, Distrital ou Municipal oriundos de sentenças transitadas em julgado, que preencham, cumulativamente, as seguintes condições:

I – ter sido objeto de emissão de precatórios judiciários;

▶ Res. do CNJ nº 92, de 13-10-2009, dispõe sobre a Gestão de Precatórios no âmbito do Poder Judiciário.

II – ter sido definidos como de pequeno valor pela lei de que trata o § 3º do art. 100 da Constituição Federal ou pelo art. 87 deste Ato das Disposições Constitucionais Transitórias;
III – estar, total ou parcialmente, pendentes de pagamento na data da publicação desta Emenda Constitucional.

§ 1º Os débitos a que se refere o *caput* deste artigo, ou os respectivos saldos, serão pagos na ordem cronológica de apresentação dos respectivos precatórios, com precedência sobre os de maior valor.

▶ Res. do CNJ nº 92, de 13-10-2009, dispõe sobre a Gestão de Precatórios no âmbito do Poder Judiciário.

§ 2º Os débitos a que se refere o *caput* deste artigo, se ainda não tiverem sido objeto de pagamento parcial, nos termos do art. 78 deste Ato das Disposições Constitucionais Transitórias, poderão ser pagos em duas parcelas anuais, se assim dispuser a lei.

§ 3º Observada a ordem cronológica de sua apresentação, os débitos de natureza alimentícia previstos neste artigo terão precedência para pagamento sobre todos os demais.

▶ Art. 86 acrescido pela EC nº 37, de 12-6-2002.

Art. 87. Para efeito do que dispõem o § 3º do art. 100 da Constituição Federal e o art. 78 deste Ato das Disposições Constitucionais Transitórias serão consideradas de pequeno valor, até que se dê a publicação oficial das respectivas leis definidoras pelos entes da Federação, observado o disposto no § 4º do art. 100 da Constituição Federal, os débitos ou obrigações consignados em precatório judiciário, que tenham valor igual ou inferior a:

I – quarenta salários mínimos, perante a Fazenda dos Estados e do Distrito Federal;

II – trinta salários mínimos, perante a Fazenda dos Municípios.

Parágrafo único. Se o valor da execução ultrapassar o estabelecido neste artigo, o pagamento far-se-á, sempre, por meio de precatório, sendo facultada à parte exequente a renúncia ao crédito do valor excedente, para que possa optar pelo pagamento do saldo sem o precatório, da forma prevista no § 3º do art. 100.

▶ Art. 87 acrescido pela EC nº 37, de 12-6-2002.
▶ Res. do CNJ nº 92, de 13-10-2009, dispõe sobre a Gestão de Precatórios no âmbito do Poder Judiciário.

Art. 88. Enquanto lei complementar não disciplinar o disposto nos incisos I e III do § 3º do art. 156 da Constituição Federal, o imposto a que se refere o inciso III do *caput* do mesmo artigo:

I – terá alíquota mínima de dois por cento, exceto para os serviços a que se referem os itens 32, 33 e 34 da Lista de Serviços anexa ao Decreto-Lei nº 406, de 31 de dezembro de 1968;

II – não será objeto de concessão de isenções, incentivos e benefícios fiscais, que resulte, direta ou indiretamente, na redução da alíquota mínima estabelecida no inciso I.

▶ Art. 88 acrescido pela EC nº 37, de 12-6-2002.

Art. 89. Os integrantes da carreira policial militar e os servidores municipais do ex-Território Federal de Rondônia que, comprovadamente, se encontravam no exercício regular de suas funções prestando serviço àquele ex-Território na data em que foi transformado em Estado, bem como os servidores e os policiais militares alcançados pelo disposto no art. 36 da Lei Complementar nº 41, de 22 de dezembro de 1981, e aqueles admitidos regularmente nos quadros do Estado de Rondônia até a data de posse do primeiro Governador eleito, em 15 de março de 1987, constituirão, mediante opção, quadro em extinção da administração federal, assegurados os direitos e as vantagens a eles inerentes, vedado o pagamento, a qualquer título, de diferenças remuneratórias.

▶ *Caput* com a redação dada pela EC nº 60, de 11-11-2009.
▶ Art. 1º da EC nº 60, de 11-11-2009, que veda o pagamento, a qualquer título, em virtude da alteração pela referida Emenda, de ressarcimentos ou indenizações, de qualquer espécie, referentes a períodos anteriores à data de sua publicação (*DOU* de 12-11-2009).

§ 1º Os membros da Polícia Militar continuarão prestando serviços ao Estado de Rondônia, na condição de cedidos, submetidos às corporações da Polícia Militar, observadas as atribuições de função compatíveis com o grau hierárquico.

§ 2º Os servidores a que se refere o *caput* continuarão prestando serviços ao Estado de Rondônia na condição de cedidos, até seu aproveitamento em órgão ou entidade da administração federal direta, autárquica ou fundacional.

▶ §§ 1º e 2º acrescidos pela EC nº 60, de 11-11-2009.

Art. 90. O prazo previsto no *caput* do art. 84 deste Ato das Disposições Constitucionais Transitórias fica prorrogado até 31 de dezembro de 2007.

§ 1º Fica prorrogada, até a data referida no *caput* deste artigo, a vigência da Lei nº 9.311, de 24 de outubro de 1996, e suas alterações.

§ 2º Até a data referida no *caput* deste artigo, a alíquota da contribuição de que trata o art. 84 deste Ato das Disposições Constitucionais Transitórias será de trinta e oito centésimos por cento.

▶ Art. 90 acrescido pela EC nº 42, de 19-12-2003.

Art. 91. A União entregará aos Estados e ao Distrito Federal o montante definido em lei complementar, de acordo com critérios, prazos e condições nela determinados, podendo considerar as exportações para o exterior de produtos primários e semielaborados, a relação entre as exportações e as importações, os créditos decorrentes de aquisições destinadas ao ativo permanente e a efetiva manutenção e aproveitamento do crédito do imposto a que se refere o art. 155, § 2º, X, *a*.

§ 1º Do montante de recursos que cabe a cada Estado, setenta e cinco por cento pertencem ao próprio Estado, e vinte e cinco por cento, aos seus Municípios, distribuídos segundo os critérios a que se refere o art. 158, parágrafo único, da Constituição.

§ 2º A entrega de recursos prevista neste artigo perdurará, conforme definido em lei complementar, até que o imposto a que se refere o art. 155, II, tenha o produto de sua arrecadação destinado predominantemente, em proporção não inferior a oitenta por cento, ao Estado onde ocorrer o consumo das mercadorias, bens ou serviços.

§ 3º Enquanto não for editada a lei complementar de que trata o *caput*, em substituição ao sistema de entrega de recursos nele previsto, permanecerá vigente o sistema de entrega de recursos previsto no art. 31 e Anexo da Lei Complementar nº 87, de 13 de setembro de 1996, com a redação dada pela Lei Complementar nº 115, de 26 de dezembro de 2002.

§ 4º Os Estados e o Distrito Federal deverão apresentar à União, nos termos das instruções baixadas pelo Ministério da Fazenda, as informações relativas ao imposto de que trata o art. 155, II, declaradas pelos contribuintes que realizarem operações ou prestações com destino ao exterior.

▶ Art. 91 acrescido pela EC nº 42, de 19-12-2003.

Art. 92. São acrescidos dez anos ao prazo fixado no art. 40 deste Ato das Disposições Constitucionais Transitórias.

▶ Artigo acrescido pela EC nº 42, de 19-12-2003.

Art. 93. A vigência do disposto no art. 159, III, e § 4º, iniciará somente após a edição da lei de que trata o referido inciso III.

▶ Artigo acrescido pela EC nº 42, de 19-12-2003.

Art. 94. Os regimes especiais de tributação para microempresas e empresas de pequeno porte próprios da União, dos Estados, do Distrito Federal e dos Municípios cessarão a partir da entrada em vigor do regime previsto no art. 146, III, *d*, da Constituição.

▶ Artigo acrescido pela EC nº 42, de 19-12-2003.

Art. 95. Os nascidos no estrangeiro entre 7 de junho de 1994 e a data da promulgação desta Emenda Constitu-

cional, filhos de pai brasileiro ou mãe brasileira, poderão ser registrados em repartição diplomática ou consular brasileira competente ou em ofício de registro, se vierem a residir na República Federativa do Brasil.
▶ Artigo acrescido pela EC nº 54, de 20-9-2007.
▶ Art. 12 desta Constituição.

Art. 96. Ficam convalidados os atos de criação, fusão, incorporação e desmembramento de Municípios, cuja lei tenha sido publicada até 31 de dezembro de 2006, atendidos os requisitos estabelecidos na legislação do respectivo Estado à época de sua criação.
▶ Artigo acrescido pela EC nº 57, de 18-12-2008.

Art. 97. Até que seja editada a Lei Complementar de que trata o § 15 do art. 100 da Constituição Federal, os Estados, o Distrito Federal e os Municípios que, na data de publicação desta Emenda Constitucional, estejam em mora na quitação de precatórios vencidos, relativos às suas administrações direta e indireta, inclusive os emitidos durante o período de vigência do regime especial instituído por este artigo, farão esses pagamentos de acordo com as normas a seguir estabelecidas, sendo inaplicável o disposto no art. 100 desta Constituição Federal, exceto em seus §§ 2º, 3º, 9º, 10, 11, 12, 13 e 14, e sem prejuízo dos acordos de juízos conciliatórios já formalizados na data de promulgação desta Emenda Constitucional.
▶ Art. 3º da EC nº 62, de 9-12-2009, estabelece que a implantação do regime de pagamento criado por este artigo deverá ocorrer no prazo de até 90 (noventa dias), contados da data de sua publicação (DOU de 10-12-2009).

§ 1º Os Estados, o Distrito Federal e os Municípios sujeitos ao regime especial de que trata este artigo optarão, por meio de ato do Poder Executivo:
▶ Art. 4º da EC nº 62, de 9-12-2009, que estabelece os casos em que a entidade federativa voltará a observar somente o disposto no art. 100 da CF.

I – pelo depósito em conta especial do valor referido pelo § 2º deste artigo; ou
II – pela adoção do regime especial pelo prazo de até 15 (quinze) anos, caso em que o percentual a ser depositado na conta especial a que se refere o § 2º deste artigo corresponderá, anualmente, ao saldo total dos precatórios devidos, acrescido do índice oficial de remuneração básica da caderneta de poupança e de juros simples no mesmo percentual de juros incidentes sobre a caderneta de poupança para fins de compensação da mora, excluída a incidência de juros compensatórios, diminuído das amortizações e dividido pelo número de anos restantes no regime especial de pagamento.

§ 2º Para saldar os precatórios, vencidos e a vencer, pelo regime especial, os Estados, o Distrito Federal e os Municípios devedores depositarão mensalmente, em conta especial criada para tal fim, 1/12 (um doze avos) do valor calculado percentualmente sobre as respectivas receitas correntes líquidas, apuradas no segundo mês anterior ao mês de pagamento, sendo que esse percentual, calculado no momento de opção pelo regime e mantido fixo até o final do prazo a que se refere o § 14 deste artigo, será:

I – para os Estados e para o Distrito Federal:

a) de, no mínimo, 1,5% (um inteiro e cinco décimos por cento), para os Estados das regiões Norte, Nordeste e Centro-Oeste, além do Distrito Federal, ou cujo estoque de precatórios pendentes das suas administrações direta e indireta corresponder a até 35% (trinta e cinco por cento) do total da receita corrente líquida;
b) de, no mínimo, 2% (dois por cento), para os Estados das regiões Sul e Sudeste, cujo estoque de precatórios pendentes das suas administrações direta e indireta corresponder a mais de 35% (trinta e cinco por cento) da receita corrente líquida;

II – para Municípios:
a) de, no mínimo, 1% (um por cento), para Municípios das regiões Norte, Nordeste e Centro-Oeste, ou cujo estoque de precatórios pendentes das suas administrações direta e indireta corresponder a até 35% (trinta e cinco por cento) da receita corrente líquida;
b) de, no mínimo, 1,5% (um inteiro e cinco décimos por cento), para Municípios das regiões Sul e Sudeste, cujo estoque de precatórios pendentes das suas administrações direta e indireta corresponder a mais de 35 % (trinta e cinco por cento) da receita corrente líquida.

§ 3º Entende-se como receita corrente líquida, para os fins de que trata este artigo, o somatório das receitas tributárias, patrimoniais, industriais, agropecuárias, de contribuições e de serviços, transferências correntes e outras receitas correntes, incluindo as oriundas do § 1º do art. 20 da Constituição Federal, verificado no período compreendido pelo mês de referência e os 11 (onze) meses anteriores, excluídas as duplicidades, e deduzidas:
I – nos Estados, as parcelas entregues aos Municípios por determinação constitucional;
II – nos Estados, no Distrito Federal e nos Municípios, a contribuição dos servidores para custeio do seu sistema de previdência e assistência social e as receitas provenientes da compensação financeira referida no § 9º do art. 201 da Constituição Federal.

§ 4º As contas especiais de que tratam os §§ 1º e 2º serão administradas pelo Tribunal de Justiça local, para pagamento de precatórios expedidos pelos tribunais.

§ 5º Os recursos depositados nas contas especiais de que tratam os §§ 1º e 2º deste artigo não poderão retornar para Estados, Distrito Federal e Municípios devedores.

§ 6º Pelo menos 50% (cinquenta por cento) dos recursos de que tratam os §§ 1º e 2º deste artigo serão utilizados para pagamento de precatórios em ordem cronológica de apresentação, respeitadas as preferências definidas no § 1º, para os requisitórios do mesmo ano e no § 2º do art. 100, para requisitórios de todos os anos.

§ 7º Nos casos em que não se possa estabelecer a precedência cronológica entre 2 (dois) precatórios, pagar-se-á primeiramente o precatório de menor valor.

§ 8º A aplicação dos recursos restantes dependerá de opção a ser exercida por Estados, Distrito Federal e Municípios devedores, por ato do Poder Executivo, obedecendo à seguinte forma, que poderá ser aplicada isoladamente ou simultaneamente:

I – destinados ao pagamento dos precatórios por meio do leilão;

II – destinados a pagamento a vista de precatórios não quitados na forma do § 6º e do inciso I, em ordem única e crescente de valor por precatório;

III – destinados a pagamento por acordo direto com os credores, na forma estabelecida por lei própria da entidade devedora, que poderá prever criação e forma de funcionamento de câmara de conciliação.

§ 9º Os leilões de que trata o inciso I do § 8º deste artigo:

I – serão realizados por meio de sistema eletrônico administrado por entidade autorizada pela Comissão de Valores Mobiliários ou pelo Banco Central do Brasil;

II – admitirão a habilitação de precatórios, ou parcela de cada precatório indicada pelo seu detentor, em relação aos quais não esteja pendente, no âmbito do Poder Judiciário, recurso ou impugnação de qualquer natureza, permitida por iniciativa do Poder Executivo a compensação com débitos líquidos e certos, inscritos ou não em dívida ativa e constituídos contra devedor originário pela Fazenda Pública devedora até a data da expedição do precatório, ressalvados aqueles cuja exigibilidade esteja suspensa nos termos da legislação, ou que já tenham sido objeto de abatimento nos termos do § 9º do art. 100 da Constituição Federal;

III – ocorrerão por meio de oferta pública a todos os credores habilitados pelo respectivo ente federativo devedor;

IV – considerarão automaticamente habilitado o credor que satisfaça o que consta no inciso II;

V – serão realizados tantas vezes quanto necessário em função do valor disponível;

VI – a competição por parcela do valor total ocorrerá a critério do credor, com deságio sobre o valor desta;

VII – ocorrerão na modalidade deságio, associado ao maior volume ofertado cumulado ou não com o maior percentual de deságio, pelo maior percentual de deságio, podendo ser fixado valor máximo por credor, ou por outro critério a ser definido em edital;

VIII – o mecanismo de formação de preço constará nos editais publicados para cada leilão;

IX – a quitação parcial dos precatórios será homologada pelo respectivo Tribunal que o expediu.

§ 10. No caso de não liberação tempestiva dos recursos de que tratam o inciso II do § 1º e os §§ 2º e 6º deste artigo:

I – haverá o sequestro de quantia nas contas de Estados, Distrito Federal e Municípios devedores, por ordem do Presidente do Tribunal referido no § 4º, até o limite do valor não liberado;

II – constituir-se-á, alternativamente, por ordem do Presidente do Tribunal requerido, em favor dos credores de precatórios, contra Estados, Distrito Federal e Municípios devedores, direito líquido e certo, autoaplicável e independente de regulamentação, à compensação automática com débitos líquidos lançados por esta contra aqueles, e, havendo saldo em favor do credor, o valor terá automaticamente poder liberatório do pagamento de tributos de Estados, Distrito Federal e Municípios devedores, até onde se compensarem;

III – o chefe do Poder Executivo responderá na forma da legislação de responsabilidade fiscal e de improbidade administrativa;

IV – enquanto perdurar a omissão, a entidade devedora:

a) não poderá contrair empréstimo externo ou interno;

b) ficará impedida de receber transferências voluntárias;

V – a União reterá os repasses relativos ao Fundo de Participação dos Estados e do Distrito Federal e ao Fundo de Participação dos Municípios, e os depositará nas contas especiais referidas no § 1º, devendo sua utilização obedecer ao que prescreve o § 5º, ambos deste artigo.

§ 11. No caso de precatórios relativos a diversos credores, em litisconsórcio, admite-se o desmembramento do valor, realizado pelo Tribunal de origem do precatório, por credor, e, por este, a habilitação do valor total a que tem direito, não se aplicando, neste caso, a regra do § 3º do art. 100 da Constituição Federal.

§ 12. Se a lei a que se refere o § 4º do art. 100 não estiver publicada em até 180 (cento e oitenta) dias, contados da data de publicação desta Emenda Constitucional, será considerado, para os fins referidos, em relação a Estados, Distrito Federal e Municípios devedores, omissos na regulamentação, o valor de:

I – 40 (quarenta) salários mínimos para Estados e para o Distrito Federal;

II – 30 (trinta) salários mínimos para Municípios.

§ 13. Enquanto Estados, Distrito Federal e Municípios devedores estiverem realizando pagamentos de precatórios pelo regime especial, não poderão sofrer sequestro de valores, exceto no caso de não liberação tempestiva dos recursos de que tratam o inciso II do § 1º e o § 2º deste artigo.

§ 14. O regime especial de pagamento de precatório previsto no inciso I do § 1º vigorará enquanto o valor dos precatórios devidos for superior ao valor dos recursos vinculados, nos termos do § 2º, ambos deste artigo, ou pelo prazo fixo de até 15 (quinze) anos, no caso da opção prevista no inciso II do § 1º.

§ 15. Os precatórios parcelados na forma do art. 33 ou do art. 78 deste Ato das Disposições Constitucionais Transitórias e ainda pendentes de pagamento ingressarão no regime especial com o valor atualizado das parcelas não pagas relativas a cada precatório, bem como o saldo dos acordos judiciais e extrajudiciais.

§ 16. A partir da promulgação desta Emenda Constitucional, a atualização de valores de requisitórios, até o efetivo pagamento, independentemente de sua natureza, será feita pelo índice oficial de remuneração básica da caderneta de poupança, e, para fins de compensação da mora, incidirão juros simples no mesmo percentual de juros incidentes sobre a caderneta de poupança, ficando excluída a incidência de juros compensatórios.

§ 17. O valor que exceder o limite previsto no § 2º do art. 100 da Constituição Federal será pago, durante a vigência do regime especial, na forma prevista nos §§ 6º e 7º ou nos incisos I, II e III do § 8º deste artigo, devendo os valores dispendidos para o atendimento do disposto no § 2º do art. 100 da Constituição Federal serem computados para efeito do § 6º deste artigo.

§ 18. Durante a vigência do regime especial a que se refere este artigo, gozarão também da preferência a que se refere o § 6º os titulares originais de precatórios que tenham completado 60 (sessenta) anos de idade até a data da promulgação desta Emenda Constitucional.

▶ Art. 97 acrescido pela EC nº 62, de 9-12-2009.

Brasília, 5 de outubro de 1988.

ULYSSES GUIMARÃES – **Presidente**,
MAURO BENEVIDES – **1º Vice-Presidente**,
JORGE ARBAGE – **2º Vice-Presidente**,
MARCELO CORDEIRO – **1º Secretário**,
MÁRIO MAIA – **2º Secretário**,
ARNALDO FARIA DE SÁ – **3º Secretário**,
BENEDITA DA SILVA – **1º Suplente de Secretário**,
LUIZ SOYER – **2º Suplente de Secretário**,
SOTERO CUNHA – **3º Suplente de Secretário**,
BERNARDO CABRAL – **Relator Geral**,
ADOLFO OLIVEIRA – **Relator Adjunto**,
ANTÔNIO CARLOS KONDER REIS – **Relator Adjunto**,
JOSÉ FOGAÇA – **Relator Adjunto**.

Índice Alfabético-Remissivo da Constituição da República Federativa do Brasil e de suas Disposições Transitórias

A

ABASTECIMENTO ALIMENTAR: art. 23, VIII, CF

ABUSO DE PODER
- concessão de *habeas corpus*: art. 5º, LXVIII, CF; Súms. 693 a 695, STF
- concessão de mandado de segurança: art. 5º, LXIX, CF; Súm. 632, STF
- direito de petição: art. 5º, XXXIV, a, CF; Súm. Vinc. 21, STF; Súm. 373, STJ

ABUSO DE PRERROGATIVAS: art. 55, § 1º, CF

ABUSO DO DIREITO DE GREVE: art. 9º, § 2º, CF

ABUSO DO EXERCÍCIO DE FUNÇÃO: art. 14, § 9º, *in fine*, CF; Súm. 13, TSE

ABUSO DO PODER ECONÔMICO: art. 173, § 4º, CF; Súm. 646, STF

AÇÃO CIVIL PÚBLICA: art. 129, III e § 1º, CF; Súm. 643, STF; Súm. 329, STJ

AÇÃO DE GRUPOS ARMADOS CONTRA O ESTADO: art. 5º, XLIV, CF

AÇÃO DE *HABEAS CORPUS*: art. 5º, LXXVII, CF

AÇÃO DE *HABEAS DATA*: art. 5º, LXXVII, CF

AÇÃO DE IMPUGNAÇÃO DE MANDATO ELETIVO: art. 14, §§ 10 e 11, CF

AÇÃO DECLARATÓRIA DE CONSTITUCIONALIDADE (ADECON)
- eficácia de decisões definitivas de mérito proferidas pelo STF: art. 102, § 2º, CF
- legitimação ativa: art. 103, CF
- processo e julgamento: art. 102, I, a, CF; Súms. 642 e 735, STF

AÇÃO DIRETA DE INCONSTITUCIONALIDADE (ADIN)
- audiência prévia do Procurador-Geral da República: art. 103, § 1º, CF
- citação prévia do Advogado-Geral da União: art. 103, § 3º, CF
- competência do STF: art. 102, I, a, CF; Súms. 642 e 735, STF
- legitimação ativa: arts. 103 e 129, IV, CF
- omissão de medida: art. 103, § 2º, CF
- processo e julgamento I: art. 102, I, a, CF; Súms. 642 e 735, STF
- recurso extraordinário: art. 102, III, CF
- suspensão da execução de lei: art. 52, X, CF

AÇÃO PENAL: art. 37, § 4º, CF

AÇÃO PENAL PRIVADA: art. 5º, LIX, CF

AÇÃO PENAL PÚBLICA: art. 129, I, CF; Súm. 234, STJ

AÇÃO POPULAR: art. 5º, LXXIII, CF

AÇÃO PÚBLICA: art. 5º, LIX, CF

AÇÃO RESCISÓRIA
- competência originária; STF: art. 102, I, j, CF
- competência originária; STJ: art. 105, I, e, CF
- competência originária; TRF: art. 108, I, b, CF
- de decisões anteriores à promulgação da CF: art. 27, § 10, ADCT; Súms. 38, 104, 147 e 165, STJ

ACESSO À CULTURA, À EDUCAÇÃO E À CIÊNCIA: art. 23, V, CF

ACESSO À INFORMAÇÃO: art. 5º, XIV, CF

ACIDENTES DO TRABALHO
- cobertura pela previdência social: art. 201, I e § 10, CF
- seguro: art. 7º, XXVIII, CF; Súm. Vinc. 22, STF

AÇÕES TRABALHISTAS: arts. 7º, XXIX, e 114, CF; Súm. Vinc. 22, STF; Súm. 349, STF; Súms. 308, 392 e 409, TST

ACORDOS COLETIVOS DE TRABALHO: art. 7º, XXVI, CF

ACORDOS INTERNACIONAIS: arts. 49, I, e 84, VIII, CF

ACRE: art. 12, § 5º, ADCT

ADICIONAIS: art. 17, ADCT

ADICIONAL DE REMUNERAÇÃO: art. 7º, XXIII, CF; Súm. Vinc. 4, STF

ADMINISTRAÇÃO PÚBLICA: arts. 37 a 43, CF; Súm. Vinc. 13, STF
- acumulação de cargos públicos: art. 37, XVI e XVII, CF
- aposentadoria de servidor; casos: art. 40, § 1º, CF; Súm. 726, STF
- atos; fiscalização e controle: art. 49, X, CF
- cargo em comissão: art. 37, II, *in fine*, e V, CF; Súm. 685, STF; Súms. 331 e 363, TST
- cômputo de tempo de serviço: art. 40, § 9º, CF
- concurso público: art. 37, II, III e IV, CF; Súm. 685, STF; Súm. 363, TST
- contas: art. 71, CF
- contratação de servidores por prazo determinado: art. 37, IX, CF
- controle interno: art. 74, CF
- despesas com pessoal: art. 169; art. 38, par. ún., ADCT
- empresa pública: art. 37, XIX, CF
- estabilidade de servidores: art. 41, CF; Súm. 390, TST
- extinção de cargo: art. 41, § 3º, CF
- federal: arts. 84, VI, a, 87, par. ún., e 165, §§ 1º e 2º, CF
- função de confiança: art. 37, V e XVII, CF
- gestão da documentação governamental: art. 216, § 2º, CF
- gestão financeira e patrimonial: art. 165, § 9º, CF; art. 35, § 2º, ADCT
- improbidade administrativa: art. 37, § 4º, CF
- incentivos regionais: art. 43, § 2º, CF
- militares: art. 42, CF
- Ministérios e órgãos: arts. 48, XI, 61, § 1º, II, e, CF
- pessoas jurídicas; responsabilidade: art. 37, § 6º, CF
- princípios: art. 37, CF; Súm. Vinc. 13, STF
- profissionais de saúde: art. 17, § 2º, ADCT
- publicidade: art. 37, § 1º, CF
- regiões: art. 43, CF
- reintegração de servidor estável: art. 41, § 2º, CF
- remuneração de servidores: art. 37, X, CF
- servidor público: arts. 38 a 41, CF; Súm. 390, TST
- sindicalização de servidores públicos: art. 37, VI, CF
- tributárias: arts. 37, XXII, 52, XV e 167, IV, CF
- vencimentos: art. 37, XII e XIII, CF

ADOÇÃO: art. 227, §§ 5º e 6º, CF

ADOLESCENTE: art. 227, CF
- assistência social: art. 203, I e II, CF
- imputabilidade penal: art. 228, CF
- proteção: art. 24, XV, CF

ADVOCACIA E DEFENSORIA PÚBLICA: arts. 133 a 135, CF; Súm. 421, STJ; Súms. 219 e 329, TST

ADVOCACIA-GERAL DA UNIÃO
- *vide* ADVOCACIA PÚBLICA
- defesa de ato ou texto impugnado em ação de inconstitucionalidade: art. 103, § 3º, CF
- organização e funcionamento: art. 29, § 1º, ADCT
- Procuradores da República: art. 29, § 2º, ADCT

ADVOCACIA PÚBLICA: arts. 131 e 132, CF
- *vide* ADVOGADO-GERAL DA UNIÃO
- crimes de responsabilidade: art. 52, II, CF
- organização e funcionamento: art. 29, *caput*, e § 1º, ADCT

ADVOGADO
- assistência ao preso: art. 5º, LXIII, CF
- composição STJ: art. 104, par. ún., II, CF
- composição STM: art. 123, par. ún., I, CF

- composição TREs: art. 120, § 1º, III, CF
- composição TRF: arts. 94 e 107, I, CF
- composição Tribunais do DF, dos Estados e dos Territórios: art. 94, CF
- composição TSE: art. 119, II, CF
- composição TST: art. 111-A, I, CF
- inviolabilidade de seus atos e manifestações: art. 133, CF
- necessidade na administração da Justiça: art. 133, CF
- OAB; proposição de ADIN e ADECON: art. 103, VII, CF

ADVOGADO-GERAL DA UNIÃO
- vide ADVOCACIA PÚBLICA
- citação prévia pelo STF: art. 103, § 3º, CF
- crimes de responsabilidade: art. 52, II, CF
- estabilidade: art. 132, par. ún., CF
- ingresso na carreira: art. 131, § 2º, CF
- nomeação: arts. 84, XVI, e 131, § 1º, CF

AEROPORTOS: art. 21, XII, c, CF

AGÊNCIAS FINANCEIRAS OFICIAIS DE FOMENTO: art. 165, § 2º, CF

AGROPECUÁRIA: art. 23, VIII, CF

AGROTÓXICOS: art. 220, § 4º, CF; e art. 65, ADCT

ÁGUAS
- vide RECURSOS HÍDRICOS
- bens dos Estados: art. 26, I a III, CF
- competência privativa da União: art. 22, IV, CF
- fiscalização: art. 200, VI, CF

ÁLCOOL CARBURANTE: art. 238, CF

ALIENAÇÕES: art. 37, XXI, CF

ALIMENTAÇÃO
- vide ALIMENTOS
- abastecimento: art. 23, VIII, CF
- direito social: art. 6º, CF
- fiscalização: art. 200, VI, CF
- programas suplementares: art. 212, § 4º, CF

ALIMENTOS
- pagamento por precatórios: art. 100, caput, e §§ 1º e 2º, CF; Súm. 655, STF; Súm. 144, STJ
- prisão civil: art. 5º, LXVII, CF; Súm. Vinc. 25, STF; Súms. 280 e 419, STJ

ALÍQUOTAS: art. 153, § 1º, CF

ALISTAMENTO ELEITORAL: art. 14, §§ 1º e 2º e 3º, III, CF

AMAMENTAÇÃO: art. 5º, L, CF

AMAPÁ: art. 14, ADCT

AMAZÔNIA LEGAL: art. 12, ADCT

AMEAÇA A DIREITO: art. 5º, XXXV, CF

AMÉRICA LATINA: art. 4º, par. ún., CF

AMPLA DEFESA: art. 5º, LV, CF; Súms. Vincs. 3, 5, 14, 21 e 24, STF; Súms. 701, 704, 705, 707 e 712, STF; Súms. 196, 312 e 373, STJ

ANALFABETISMO: art. 214, I, CF; e art. 60, § 6º, ADCT

ANALFABETO
- alistamento e voto: art. 14, § 1º, II, a, CF
- inelegibilidade: art. 14, § 4º, CF

ANISTIA
- competência da União: art. 21, XVII, CF
- concessão: art. 48, VIII, CF
- fiscal: art. 150, § 6º, CF
- punidos por razões políticas: arts. 8º e 9º, ADCT; Súm. 674, STF

APOSENTADO SINDICALIZADO: art. 8º, VII, CF

APOSENTADORIA
- cálculo do benefício: art. 201, CF
- contagem recíproca do tempo de contribuição: art. 201, § 9º, CF
- direito social: art. 7º, XXIV, CF
- ex-combatente: art. 53, V, ADCT
- homem e da mulher: art. 201, § 7º, CF

- juízes togados; art. 21, par. ún., ADCT
- magistrado: art. 93, VI e VIII, CF
- percepção simultânea de proventos: art. 37, § 10, CF
- professores: arts. 40, § 5º, e 201, § 8º, CF; Súm. 726, STF
- proporcional: arts. 3º e 9º da EC no 20/1998
- proventos em desacordo com a CF: art. 17, ADCT
- requisitos e critérios diferenciados; vedação: art. 40, § 4º, CF; Súm. 680, STF
- servidor público: art. 40, CF
- tempo de contribuição: art. 201, §§ 7º a 9º, CF
- trabalhadores rurais: art. 201, § 7º, II, CF

APRENDIZ: art. 7º, XXXIII, CF

ARGUIÇÃO DE DESCUMPRIMENTO DE PRECEITO FUNDAMENTAL (ADPF): art. 102, § 1º, CF

ASILO POLÍTICO: art. 4º, X, CF

ASSEMBLEIA ESTADUAL CONSTITUINTE
- elaboração da Constituição Estadual: art. 11, ADCT
- Tocantins: art. 13, §§ 2º e 5º, ADCT

ASSEMBLEIAS LEGISLATIVAS
- ADIN: art. 103, IV, CF
- competência: art. 27, § 3º, CF
- composição: arts. 27, caput, e 235, I, CF
- elaboração da Constituição Estadual: art. 11, ADCT
- emendas à CF Federal: art. 60, III, CF
- incorporação de Estados: art. 48, VI, CF
- intervenção estadual: art. 36, §§ 1º a 3º, CF

ASSISTÊNCIA
- desamparados: art. 6º, CF
- filhos e dependentes do trabalhador: art. 7º, XXV, CF
- gratuita dever do Estado: art. 5º, CF
- jurídica: arts. 5º, LXXIV, 24, XIII, e 227, § 3º, VI, CF
- médica; ex-combatente: art. 53, IV, ADCT
- pública: arts. 23, II, e 245, CF
- religiosa: art. 5º, VII, CF
- saúde: art. 212, § 4º, CF
- social: arts. 150, VI, c, 203 e 204, CF

ASSOCIAÇÃO
- apoio e estímulo: art. 174, § 2º, CF
- atividade garimpeira: arts. 21, XXV, e 174, §§ 3º e 4º, CF
- colônias de pescadores: art. 8º, par. ún., CF
- compulsória: art. 5º, XX, CF
- criação: art. 5º, XVIII, CF
- denúncia: art. 74, § 2º, CF
- desportiva: art. 217, I, CF
- dissolução: art. 5º, XIX, CF
- filiados: art. 5º, XXI, CF
- fiscalização: art. 5º, XXVIII, b, CF
- mandado de segurança coletivo: art. 5º, LXX, b, CF; Súm. 629, STF
- paramilitar: art. 5º, XVII, CF
- profissional: art. 8º, CF
- sindicatos rurais: art. 8º, par. ún., CF

ASSOCIAÇÃO PROFISSIONAL OU SINDICAL: art. 8º, CF; Súm. 4, STJ
- filiados: art. 5º, XXI, CF
- sindical de servidor público civil: art. 37, VI, CF
- sindical de servidor público militar: art. 142, § 3º, IV, CF

ATIVIDADE
- desportiva: art. 5º, XXVIII, a, in fine, CF
- econômica: arts. 170 a 181, CF
- essencial: art. 9º, § 1º, CF
- exclusiva do Estado: art. 247, CF
- garimpeira associação: arts. 21, XXV, e 174, §§ 3º e 4º, CF
- insalubre: art. 7º, XXIII, CF
- intelectual: art. 5º, IX, CF
- nociva ao interesse nacional: art. 12, § 4º, I, CF
- notarial e de registro: art. 236, CF
- nuclear: arts. 21, XXIII, 22, XXVI, 49, XIV, 177, V, e 225, § 6º, CF
- penosa: art. 7º, XXIII, CF
- perigosa: art. 7º, XXIII, CF

ATO
- administrativo: art. 103-A, § 3º, CF
- governo local: art. 105, III, *b*, CF
- internacional: arts. 49, I, e 84, VIII, CF
- jurídico perfeito: art. 5º, XXXVI, CF; Súms. Vincs. 1 e 9, STF; Súm. 654, STF
- mero expediente: art. 93, XIV, CF
- normativo: arts. 49, V, e 102, I, *a*, CF
- processual: art. 5º, LX, CF
- remoção: art. 93, VIII e VIII-A, CF

B

BANCO CENTRAL: art. 164, CF
- Presidente e diretores: arts. 52, III, *d*, e 84, XIV, CF

BANDEIRA NACIONAL: art. 13, § 1º, CF

BANIMENTO: art. 5º, XLVII, *d*, CF

BENEFÍCIOS PREVIDENCIÁRIOS
- *vide* PREVIDÊNCIA SOCIAL
- contribuintes: art. 201, CF
- fundos: art. 250, CF
- irredutibilidade de seu valor: art. 194, par. ún., IV, CF
- limites: art. 248, CF

BENS
- competência para legislar sobre responsabilidade por dano: art. 24, VIII, CF
- confisco: art. 243, par. ún., CF
- Distrito Federal: art. 16, § 3º, ADCT
- Estados federados: art. 26, CF
- estrangeiros: art. 5º, XXXI, CF
- indisponibilidade: art. 37, § 4º, CF
- limitações ao tráfego: art. 150, V, CF
- móveis e imóveis: arts. 155, § 1º, I e II, e 156, II e § 2º, CF; Súm. 656, STF
- ocupação e uso temporário: art. 136, § 1º, II, CF
- perda: art. 5º, XLV, e XLVI, *b*, CF
- privação: art. 5º, LIV, CF
- requisição: art. 139, VII, CF
- União: arts. 20, 48, V, e 176, *caput*, CF
- valor artístico: arts. 23, III, IV, e 24, VIII, CF
- valor: art. 24, VIII, CF

BRASILEIRO: art. 12, CF
- adoção por estrangeiros: art. 227, § 5º, CF
- cargos, empregos e funções públicas: art. 37, I, CF; Súm. 686, STF; Súm. 266, STJ
- direitos fundamentais: art. 5º, CF; Súm. 683, STF
- Ministro de Estado: art. 87, CF
- nascidos no estrangeiro: art. 12, I, *b* e *c*, CF
- recursos minerais e energia hidráulica: art. 176, § 1º, CF

BRASILEIRO NATO
- caracterização: art. 12, I, CF
- cargos privativos: art. 12, § 3º, CF
- Conselho da República: art. 89, VII, CF
- distinção: art. 12, § 2º, CF
- perda da nacionalidade: art. 12, § 4º, CF
- propriedade de empresas jornalísticas: art. 222, § 2º, CF

BRASILEIRO NATURALIZADO
- cancelamento de naturalização: art. 15, I, CF
- caracterização: art. 12, II, CF
- distinção: art. 12, § 2º, CF
- extradição: art. 5º, LI, CF
- perda da nacionalidade: art. 12, § 4º, CF
- propriedade de empresa jornalística: art. 222, § 2º, CF

C

CALAMIDADE PÚBLICA
- empréstimo compulsório: art. 148, I, CF
- estado de defesa: art. 136, § 1º, II, CF
- planejamento e promoção da defesa: art. 21, XVIII, CF

CÂMARA DOS DEPUTADOS
- acusação contra o Presidente da República: art. 86, *caput*, CF
- ADECON: art. 103, III, CF
- ADIN: art. 103, III, CF
- cargo privativo de brasileiro nato: art. 12, § 3º, II, CF
- CPI: art. 58, § 3º, CF
- comissões permanentes e temporárias: art. 58, CF
- competência privativa: arts. 51 e 68, § 1º, CF
- composição: art. 45, CF
- Congresso Nacional: art. 44, *caput*, CF
- Conselho da República: art. 89, II, IV e VII, CF
- Conselho de Defesa Nacional: art. 91, II, CF
- despesa: art. 63, II, CF
- emenda constitucional: art. 60, I, CF
- emendas em projetos de lei: art. 64, § 3º, CF
- estado de sítio: art. 53, § 8º, CF
- exercício da Presidência da República: art. 80, CF
- informações a servidores públicos: art. 50, § 2º, CF
- iniciativa de leis: art. 61, CF
- irredutibilidade da representação dos Estados e do DF na: art. 4º, § 2º, ADCT
- legislatura: art. 44, par. ún., CF
- licença prévia a Deputados: art. 53, § 7º, CF
- Mesa; CF: art. 58, § 1º, CF
- Ministros de Estado: art. 50, CF
- projetos de lei: art. 64, CF
- *quorum*: art. 47, CF
- reunião em sessão conjunta com o Senado Federal: art. 57, § 3º, CF

CÂMARA LEGISLATIVA: art. 32, CF; art. 16, §§ 1º e 2º, ADCT

CÂMARA MUNICIPAL
- composição: art. 29, IV, CF
- controle externo: art. 31, §§ 1º e 2º, CF
- despesas: art. 29-A, CF
- funções legislativas e fiscalizadoras: art. 29, XI, CF
- iniciativa de lei: art. 29, V, CF
- lei orgânica: art. 11, par. ún., ADCT
- plano diretor: art. 182, § 1º, CF
- *quorum*: art. 29, *caput*, CF
- subsídios dos Vereadores: art. 29, VI, CF

CAPITAL
- estrangeiro: arts. 172 e 199, § 3º, CF
- social de empresa jornalística ou de radiodifusão: art. 222, §§ 1º, 2º e 4º, CF

CAPITAL FEDERAL: art. 18, § 1º, CF

CARGOS PRIVATIVOS DE BRASILEIROS NATOS: art. 12, § 3º, CF

CARGOS PÚBLICOS
- acesso por concurso: art. 37, I a IV, e § 2º, CF; Súm. 266, STJ; Súm. 363, TST
- acumulação: art. 37, XVI e XVII, CF; art. 17, §§ 1º e 2º, ADCT
- comissão: art. 37, V, CF
- criação, transformação e extinção: arts. 48, X, 61, § 1º, II, *a*, e 96, II, *b*, CF
- deficiência física: art. 37, VIII, CF; Súm. 377, STJ
- estabilidade: art. 41, CF, art. 19, ADCT; Súm. 390, TST
- Estado: art. 235, X, CF
- extinção: art. 41, § 3º, CF
- federais: art. 84, XXV, CF
- perda: arts. 41, § 1º, e 247, CF
- Poder Judiciário: art. 96, I, *c* e *e*, CF
- subsídios: art. 37, X e XI, CF

CARTAS ROGATÓRIAS: arts. 105, I, *i*, e 109, X, CF
- inadmissibilidade: art. 5º, IX, CF
- proibição: art. 220, *caput* e § 2º, CF

CIDADANIA
- atos necessários ao exercício: art. 5º, LXXVII, CF
- competência privativa da União para legislar: arts. 22, XIII, e 68, § 1º, II, CF
- fundamento da República Federativa do Brasil: art. 1º, II, CF
- mandado de injunção: art. 5º, LXXI, CF

CIDADÃO
- direito a um exemplar da CF: art. 64, ADCT

- direito de denúncia: art. 74, § 2º, CF
- iniciativa de leis: art. 61, *caput* e § 2º, CF

COISA JULGADA: art. 5º, XXXVI, CF; Súm. 315, TST

COMANDANTES DA MARINHA, EXÉRCITO E AERONÁUTICA
- Conselho de Defesa Nacional: art. 91, VIII, CF
- crimes comuns e de responsabilidade: art. 102, I, c, CF
- crimes conexos: art. 52, I, CF
- mandados de segurança, *habeas data* e *habeas corpus*: art. 105, I, *b* e c, CF

COMBUSTÍVEIS
- imposto municipal: art. 34, § 7º, ADCT
- tributos: art. 155, XII, *h*, e §§ 3º a 5º, CF; Súm. 659, STF
- venda e revenda: art. 238, CF

COMÉRCIO EXTERIOR
- competência privativa da União: art. 22, VIII, CF
- fiscalização e controle: art. 237, CF

COMÉRCIO INTERESTADUAL: art. 22, VIII, CF

COMISSÃO DE ESTUDOS TERRITORIAIS: art. 12, ADCT

COMISSÃO DO CONGRESSO NACIONAL
- competência: art. 58, § 2º, CF
- constituição: art. 58, *caput* e § 1º, CF
- mistas: arts. 26 e 51, ADCT
- mista permanente orçamentária: arts. 72 e 166, §§ 1º a 5º, CF
- parlamentares de inquérito (CPI): art. 58, § 3º, CF
- representativa durante o recesso: art. 58, § 4º, CF

COMISSÃO ESPECIAL
- mista; instalação pelo Congresso Nacional: art. 7º, da EC nº 45/2004
- mista do Congresso Nacional: art. 72; art. 51, ADCT

COMISSÃO INTERNA DE PREVENÇÃO DE ACIDENTES: art. 10, II, a, ADCT

COMPENSAÇÃO DE HORÁRIOS DE TRABALHO: art. 7º, XIII, CF

COMPETÊNCIA
- comum da União, dos Estados, do DF e dos Municípios: art. 23, CF
- concorrente: art. 24, CF
- Congresso Nacional: arts. 48 e 49, CF
- Conselho da República: art. 90, CF
- Conselho de Defesa Nacional: art. 91, CF
- Conselho Nacional de Justiça: art. 103-B, § 4º, CF
- Conselho Nacional do Ministério Público: art. 130-A, § 2º, CF
- DF: art. 32, § 1º, CF; Súm. 642, STF
- Júri: art. 5º, XXXVIII, *d*, CF; Súm. 721, STF
- juízes federais: art. 109, CF; Súms. 32, 66, 82, 150, 173, 324, 349 e 365, STJ
- Justiça do Trabalho: art. 114, CF; Súm. Vinc. 22, STF; Súms. 349 e 736, STF; Súms. 57, 97, 180, STJ; Súm. 392, TST
- Justiça Federal: art. 27, § 10, ADCT; Súms. 38, 104, 147 e 165, STJ
- Justiça Militar: art. 124, CF
- Justiça Militar estadual: art. 125, § 4º, CF; Súm. 90, STJ
- Municípios: art. 30, CF
- Municípios; interesse local: art. 30, I, CF; Súm. 645, STF
- privativa da Câmara dos Deputados: art. 51, CF
- privativa da União: art. 22, CF
- privativa do Presidente da República: art. 84, CF
- privativa do Senado Federal: art. 52, CF
- privativa dos Tribunais: art. 96, CF
- STJ: art. 105, CF
- STF: art. 102, CF; art. 27, § 10, ADCT
- STF até a instalação do STJ: art. 27, § 1º, ADCT
- TCU: art. 71, CF
- Tribunais Estaduais: art. 125, § 1º, CF; art. 70, ADCT; Súms. 104 e 137, STJ
- Tribunais Federais: art. 27, § 10, ADCT; Súms. 32, 66, 147, 150 e 165, STJ
- TRE: art. 121, CF
- TRF: art. 108, CF
- União: arts. 21 e 184, CF

COMUNICAÇÃO: arts. 220 a 224, CF
- *vide* ORDEM SOCIAL
- impostos sobre prestações de serviços: art. 155, II, e § 2º, CF; Súm. 662, STF; Súm. 334, STJ
- propaganda comercial: art. 220, § 4º, CF, art. 65, ADCT
- serviço de radiodifusão: arts. 49, XII, e 223, CF
- sigilo: arts. 5º, XII, 136, § 1º, I, c, e 139, III, CF

CONCESSÃO DE ASILO POLÍTICO: art. 4º, X, CF

CONCUBINATO
- *vide* UNIÃO ESTÁVEL

CONCURSO PÚBLICO
- ingresso na atividade notarial e de registro: art. 236, § 3º, CF
- ingresso no magistério público: art. 206, V, CF
- ingresso no Poder Judiciário: art. 96, I, e, CF
- investidura em cargo ou emprego público; exigência: art. 37, II, e § 2º, CF; Súm. 685, STF; Súm. 363, TST
- prazo de convocação dos aprovados: art. 37, IV, CF
- prazo de validade: art. 37, III, CF

CONGRESSO NACIONAL: arts. 44 a 50, CF
- apresentação de estudos territoriais: art. 12, § 1º, ADCT
- CDC: art. 48, ADCT
- comissões de estudos territoriais: art. 12, ADCT
- comissões permanentes: art. 58, CF
- competência assinalada pela CF; revogação: art. 25, II, ADCT
- compromisso de seus membros: art. 1º, ADCT
- Conselho de Comunicação Social: art. 224, CF
- convocação extraordinária: arts. 57, § 6º, 136, § 5º, e 138, § 2º, CF
- CPI: art. 58, § 3º, CF
- doações: art. 51, ADCT
- estado de defesa: art. 136, § 5º, e 140, CF
- estado de sítio: art. 138, § 3º e 140, CF
- fiscalização pelo Congresso Nacional: art. 70, CF
- fundos existentes: art. 36, ADCT
- intervenção federal: art. 36, §§ 2º e 3º, CF
- irregularidades; apuração: art. 26, § 2º, ADCT
- membros: art. 102, I, *b* e 1º, ADCT
- posse de seus membros: art. 57, § 4º, CF
- presidência da mesa: art. 57, § 5º, CF
- projetos de lei: art. 59, ADCT
- recesso: art. 58, § 4º, CF
- representação partidária: art. 58, § 1º, CF
- reuniões: art. 57, CF
- revisão constitucional: art. 3º, ADCT
- Senado Federal; convocação de Ministro de estado: art. 50, §§ 1º e 2º, CF
- sessão extraordinária: art. 57, § 7º, CF

CONSELHO DA JUSTIÇA FEDERAL: art. 105, par. ún., CF

CONSELHO DA REPÚBLICA
- convocação e presidência: art. 84, XVIII, CF
- eleição de membros: arts. 51, V, e 52, XIV, CF
- estado de defesa: arts. 90, I, e 136, *caput*, CF
- estado de sítio: arts. 90, I, e 137, *caput*, CF
- intervenção federal: art. 90, I, CF
- membros: arts. 51, V, 89 e 84, XVII, CF

CONSELHO DE DEFESA NACIONAL
- convocação e presidência: art. 84, XVIII, CF
- estado de defesa: art. 91, § 1º, II, CF
- estado de sítio: arts. 91, § 1º, II, e 137, *caput*, CF
- função: art. 91, *caput*, CF
- intervenção federal: art. 91, § 1º, II, CF
- membros: art. 91, CF
- organização e funcionamento: art. 91, § 2º, CF

CONSELHO FEDERAL DA OAB: art. 103, VII, CF

CONSELHO NACIONAL DE JUSTIÇA: art. 103-B, CF
- ação contra: art. 102, I, *r*, CF
- órgãos do Poder Judiciário: art. 92, CF

CONSELHO NACIONAL DO MINISTÉRIO PÚBLICO: art. 130-A, CF

CONSELHO SUPERIOR DA JUSTIÇA DO TRABALHO: art. 111-A, § 2º, II, CF

- prazo de instalação: art. 6º, da EC nº 45/2004

CONSÓRCIOS: art. 22, XX, CF; Súm. Vinc. 2, STF

CONSULTORIA JURÍDICA DOS MINISTÉRIOS: art. 29, ADCT

CONSUMIDOR
- Código de Defesa: art. 5º, XXXII, CF; e art. 48, ADCT
- dano: art. 24, VIII, CF
- defesa da ordem econômica: art. 170, V, CF; Súm. 646, STF

CONTAS DO PRESIDENTE DA REPÚBLICA: art. 49, IX, CF

CONTRABANDO: art. 144, II, CF

CONTRADITÓRIO: art. 5º, LV, CF; Súms. Vincs. 5 e 21, STF; Súms. 701, 704 e 712, STF; Súms. 196, 312 e 373, STJ

CONTRATAÇÃO
- licitação: art. 37, XXI, CF; Súm. 333, STJ
- normas gerais: art. 22, XXVII, CF
- servidores por tempo determinado: art. 37, IX, CF

CONTRIBUIÇÃO
- compulsória: art. 240, CF
- interesse das categorias profissionais ou econômicas: art. 149, CF
- intervenção no domínio econômico: arts. 149, 159, III, e 177, § 4º, CF
- melhoria: art. 145, III, CF
- previdenciária: art. 249, CF
- provisória: art. 75, ADCT
- sindical: art. 8º, IV, CF; Súm. 666, STF; Súm. 396, STJ
- sobre a movimentação ou transmissão de créditos: arts. 74, 75, 80, I, 84 e 85, ADCT
- social: arts. 114, § 3º, 149, 167, XI, 195, CF; art. 34, § 1º, ADCT
- social da União: art. 76, ADCT
- social do salário-educação: art. 212, § 5º, CF; art. 76, § 2º, ADCT; Súm. 732, STF
- subsídio: art. 150, § 6º, CF

CONTRIBUINTE
- capacidade econômica: art. 145, § 1º, CF; Súms. 656 e 668, STF
- definição: art. 155, § 2º, XII, a, CF
- exame das contas do Município: art. 31, § 3º, CF
- tratamento desigual: art. 150, II, CF

CONTROLE EXTERNO
- apoio: art. 74, IV, CF
- competência do Congresso Nacional: art. 71, CF
- Municipal: art. 31, CF

CONTROLE INTERNO
- finalidade: art. 74, CF
- Municipal: art. 31, CF

CONVENÇÕES E ACORDOS COLETIVOS DE TRABALHO: art. 7º, XXVI, CF

CONVENÇÕES INTERNACIONAIS: arts. 49, I, e 84, VIII, CF

CONVÊNIOS DE COOPERAÇÃO: art. 241, CF

CONVICÇÃO FILOSÓFICA OU POLÍTICA: arts. 5º, VIII, e 143, § 1º, CF

COOPERAÇÃO ENTRE OS POVOS: art. 4º, IX, CF

COOPERATIVAS
- atividade garimpeira: arts. 21, XXV, e 174, §§ 3º e 4º, CF
- criação na forma da lei: art. 5º, XVIII, CF
- crédito: art. 192, CF
- estímulo: art. 174, § 2º, CF
- política agrícola: art. 187, VI, CF

CORPO DE BOMBEIROS MILITAR
- competência: arts. 22, XXI, e 144, § 5º, CF
- Distrito Federal: arts. 21, XIV, e 32, § 4º, CF
- organização: art. 42, CF
- órgão da segurança pública: art. 144, V, CF
- subordinação: art. 144, § 6º, CF

CORREÇÃO MONETÁRIA: arts. 46 e 47, ADCT; Súm. 304, TST

CORREIO AÉREO NACIONAL: art. 21, X, CF

CORRESPONDÊNCIA: arts. 5º, XII, 136, § 1º, I, b, e 139, III, CF

CRECHES
- assistência gratuita: art. 7º, XXV, CF
- garantia: art. 208, IV, CF

CRÉDITO(S)
- adicionais: art. 166, caput, CF
- competência privativa da União: art. 22, VII, CF
- controle: art. 74, III, CF
- externo e interno: art. 52, VII e VIII, CF
- extraordinário: art. 167, §§ 2º e 3º, CF
- ilimitados: art. 167, VII, CF
- operações: art. 21, VIII, CF
- pagamentos por precatórios: art. 100, CF; Súm. 655, STF; Súm. 144, STJ
- suplementar ou especial: arts. 165, § 8º, 166, § 8º, 167, III, V, e § 2º, e 168, CF
- União: art. 163, VII, CF
- União e Estados: art. 160, par. ún., I, CF

CRENÇA RELIGIOSA
- liberdade: art. 5º, VI e VII, CF
- restrições de direitos: art. 5º, VIII, CF
- serviço militar: art. 143, § 1º, CF

CRIANÇA: arts. 203, 227 a 229, CF

CRIME(S)
- ação pública: art. 5º, LIX, CF
- cometidos a bordo de navios ou aeronaves: art. 109, IX, CF
- comuns: arts. 86, 105, I, a, 108, I, a, CF
- contra o Estado: art. 136, § 3º, I, CF
- contra o sistema financeiro nacional: art. 109, VI, CF
- dolosos contra a vida: art. 5º, XXXVIII, d, CF; Súm. 721, STF
- hediondos: art. 5º, XLIII, CF
- inafiançável; cometido por Senador ou Deputado: arts. 5º, XLII, XLIV, 53, §§ 2º a 4º, CF
- inexistência de: art. 5º, XXXIX, CF
- ingresso ou permanência irregular de estrangeiro: art. 109, X, CF
- militar: arts. 5º, LXI, 124 e 125, § 4º, CF
- político: arts. 5º, LII, 102, II, b, e 109, IV, CF
- previstos em tratado internacional: art. 109, V, CF
- retenção dolosa de salário: art. 7º, X, CF

CRIME DE RESPONSABILIDADE
- acusação pela Câmara dos Deputados: art. 86, caput e § 1º, II, CF
- competência privativa do Senado Federal: arts. 52, I e par. ún., e 86, CF
- definição em lei especial: art. 85, par. ún., CF; Súm. 722, STF
- desembargadores (TJ/TCE/TRF/TRE/TRT), membros (TCM/MPU): art. 105, I, a, CF
- juízes federais/MPU: art. 108, I, a, CF
- Ministros Estado, Comandantes (Mar./Exérc./Aeron.), membros (Tribunais Superiores/TCU), chefes de missão diplomática: art. 102, I, c, CF
- Ministros Estado: art. 50, CF
- Ministros do STF/PGR/AGU: art. 52, II e par. ún., CF
- Presidente da República: arts. 85 e 86, § 1º, II, CF
- Presidente do Tribunal: art. 100, § 7º, CF
- prisão: art. 86, § 3º, CF

CULTOS RELIGIOSOS
- liberdade de exercício: art. 5º, VI, CF
- limitações constitucionais: art. 19, I, CF

CULTURA(S)
- vide ORDEM SOCIAL
- acesso: art. 23, V, CF
- afro-brasileiras: art. 215, § 1º, CF
- bens de valor cultural: arts. 23, III e IV, e 30, IX, CF
- competência legislativa: art. 24, VII, VIII e IX, CF
- garantia do Estado: art. 215, CF
- ilegais: art. 243, CF
- incentivos: art. 216, § 3º, CF
- indígenas: art. 215, § 1º, CF
- patrimônio cultural: arts. 5º, LXXIII, e 216, CF
- quilombos: art. 216, § 5º, CF

CUSTAS JUDICIAIS
- competência: art. 24, IV, CF

- emolumentos: art. 98, § 2º, CF
- isenção: art. 5º, LXXIII, *in fine*, CF
- vedação: art. 95, par. ún., II, CF

D

DANO
- material, moral ou à imagem: art. 5º, V e X, CF; Súm. Vinc. 11, STF; Súms. 37, 227, 362 e 403, STJ
- meio ambiente: art. 225, § 3º, CF
- moral ou patrimonial: art. 114, VI, CF; Súms. 362 e 376, STJ
- nucleares: art. 21, XXIII, c, CF
- patrimônio cultural: art. 216, § 4º, CF
- reparação: art. 5º, XLV, CF
- responsabilidade: art. 37, § 6º, CF

DATAS COMEMORATIVAS: art. 215, § 2º, CF

DÉBITOS
- Fazenda Federal, Estadual ou Municipal: art. 100, CF; Súm. 655, STF; Súms. 144 e 339, STJ
- natureza alimentícia: art. 100, §§ 1º e 2º, CF
- previdenciários de Estados e Municípios: art. 57, ADCT
- seguridade social: art. 195, § 3º, CF

DÉCIMO TERCEIRO SALÁRIO: arts. 7º, VIII, e 201, § 6º, CF; Súm. 688, STF; Súm. 349, STJ

DECISÃO JUDICIAL: arts. 34, VI, 35, IV, e 36, II, e § 3º, CF; Súm. 637, STF

DECLARAÇÃO DE GUERRA: art. 21, II, CF

DECORO PARLAMENTAR: art. 55, II, e §§ 1º e 2º, CF

DECRETO
- Dec.-leis: art. 25, § 1º, ADCT
- estado de defesa: art. 136, § 1º, CF
- estado de sítio: art. 138, CF
- regulamentadores: art. 84, IV, CF
- legislativo: art. 59, VI, CF

DEFENSORES PÚBLICOS: art. 22, ADCT

DEFENSORIA PÚBLICA: arts. 133 a 135, CF; Súm. 329, TST
- competência: art. 24, XIII, CF
- DF e dos Territórios: arts. 21, XIII, e 22, XVII, CF
- iniciativa de lei: arts. 61, § 1º, II, d, e 134, § 1º, CF; Súm. 421, STJ
- opção pela carreira: art. 22, ADCT
- organização nos Estados: art. 134, § 1º, CF; Súm. 421, STJ
- União e dos Territórios: art. 48, IX, CF

DEFESA
- ampla: art. 5º, LV, CF; Súms. Vincs. 5, 21 e 24, STF; Súms. 701, 704 e 712, STF; Súms. 196, 312 e 373, STJ
- civil: art. 144, § 5º, CF
- consumidor: arts. 5º, XXXII, 170, V, CF; e art. 48, ADCT; Súm. 646, STF
- direitos: art. 5º, XXXIV, CF
- júri: art. 5º, XXXVIII, a, CF
- Ministro de Estado: art. 12, § 3º, VII, CF
- nacional: art. 21, III, CF
- pátria: art. 142, *caput*, CF
- paz: art. 4º, VI, CF
- solo: art. 24, VI, CF
- territorial: art. 22, XXVIII, CF

DEFESA DO ESTADO E DAS INSTITUIÇÕES DEMOCRÁTICAS: arts. 136 a 144, CF

DEFICIENTES
- acesso a edifícios públicos e transportes coletivos: art. 227, § 2º, CF
- adaptação de logradouros e veículos de transporte coletivo: art. 244, CF
- cargos e empregos públicos: art. 37, VIII, CF; Súm. 377, STJ
- criação de programas de prevenção e atendimento: art. 227, § 1º, II, CF
- discriminação: art. 7º, XXXI, CF
- educação: art. 208, III, CF
- habilitação e reabilitação: art. 203, IV e V, CF
- integração social: art. 227, § 1º, II, CF

- proteção e garantia: art. 23, II, CF
- proteção e integração social: art. 24, XIV, CF
- salário mínimo garantido: art. 203, V, CF

DELEGAÇÃO LEGISLATIVA: art. 68, CF

DELEGADOS DE POLÍCIA: art. 144, § 4º, CF

DEMARCAÇÃO DE TERRAS: art. 12 e §§, ADCT

DENÚNCIA DE IRREGULARIDADES: art. 74, § 2º, CF

DEPARTAMENTO DE POLÍCIA FEDERAL: art. 54, § 2º, ADCT

DEPOSITÁRIO INFIEL: art. 5º, LXVII, CF; Súm. Vinc. 25, STF; Súms. 280 e 419, STJ

DEPUTADOS DISTRITAIS
- eleição: art. 32, § 2º, CF
- idade mínima: art. 14, § 3º, VI, c, CF
- número: art. 32, § 3º, CF

DEPUTADOS ESTADUAIS: art. 27, CF
- *vide* ASSEMBLEIAS LEGISLATIVAS
- idade mínima: art. 14, § 3º, VI, c, CF
- servidor público: art. 38, I, CF

DEPUTADOS FEDERAIS
- *vide* CÂMARA DOS DEPUTADOS e CONGRESSO NACIONAL
- decoro parlamentar: art. 55, II, e §§ 1º e 2º, CF
- duração do mandato: art. 44, par. ún., CF
- idade mínima: art. 14, § 3º, VI, c, CF
- imunidades: arts. 53 e 139, par. ún., CF
- incorporação às Forças Armadas: art. 53, § 7º, CF
- inviolabilidade: art. 53, CF
- julgamento perante o STF: arts. 53, § 1º, e 102, I, b, d e q, CF
- perda de mandato: arts. 55 e 56, CF
- prisão: art. 53, § 2º, CF
- restrições: art. 54, CF
- servidor público: art. 38, I, CF
- sistema eleitoral: art. 45, *caput*, CF
- subsídio: art. 49, VII, CF
- suplente: art. 56, § 1º, CF
- sustação do andamento da ação: art. 53, §§ 3º a 5º, CF
- testemunho: art. 53, § 6º, CF
- vacância: art. 56, § 2º, CF

DESAPROPRIAÇÃO
- competência: art. 22, II, CF
- glebas com culturas ilegais de plantas psicotrópicas: art. 243, CF
- imóveis urbanos: arts. 182, §§ 3º e 4º, III, e 183, CF
- interesse social: arts. 184 e 185, CF
- necessidade, utilidade pública ou interesse social: art. 5º, XXIV, CF
- requisitos: art. 5º, XXIV, CF

DESCUMPRIMENTO DE PRECEITO FUNDAMENTAL: art. 102, § 1º, CF

DESENVOLVIMENTO
- científico e tecnológico: arts. 200, V, e 218, CF
- cultural e socioeconômico: art. 219, CF
- econômico e social: art. 21, IX, CF
- equilíbrio: art. 23, par. ún., CF
- nacional: arts. 3º, II, 48, IV, 58, § 2º, VI, e 174, § 1º, CF
- regional: arts. 43 e 151, I, CF
- urbano: arts. 21, XX, e 182, CF

DESIGUALDADES SOCIAIS E REGIONAIS: arts. 3º, III, e 170, VII, CF

DESPEDIDA SEM JUSTA CAUSA
- *vide* DISPENSA SEM JUSTA CAUSA

DESPESAS
- aumento: art. 63, CF
- excedam os créditos orçamentários: art. 167, II, CF
- extraordinárias: art. 148, CF
- ilegalidade: art. 71, VIII, CF
- não autorizadas: art. 72, CF
- pessoal: arts. 167, X, 169, e § 1º, I, CF; e art. 38, ADCT
- Poder Legislativo Municipal: art. 29-A, CF
- União: art. 39, ADCT
- vinculação de receita de impostos: art. 167, IV, CF

DESPORTO
- vide ORDEM SOCIAL
- competência: art. 24, IX, CF
- fomento pelo Estado: art. 217, CF
- imagem e voz humanas: art. 5º, XXVIII, a, CF

DIPLOMATAS
- brasileiro nato: art. 12, § 3º, V, CF
- chefes de missão diplomática: art. 52, IV, CF
- infrações penais: art. 102, I, c, CF

DIREITO
- adquirido: art. 5º, XXXVI, CF; Súms. Vincs. 1 e 9, STF; Súm. 654, STF
- aeronáutico: art. 22, I, CF
- agrário: art. 22, I, CF
- associação: art. 5º, XVII a XXI, CF
- autoral: art. 5º, XXVII e XXVIII, CF; Súm. 386, STF
- civil: art. 22, I, CF
- comercial: art. 22, I, CF
- disposições transitórias: art. 10, ADCT
- econômico: art. 24, I, CF
- eleitoral: arts. 22, I, e 68, § 1º, II, CF
- espacial: art. 22, I, CF
- Estado Democrático de: art. 1º, caput, CF
- financeiro: art. 24, I, CF
- fundamentais: arts. 5º a 17, CF
- greve; arts. 9º e 37, VII, CF
- herança; garantia do direito respectivo: art. 5º, XXX, CF
- humanos: arts. 4º, II, 109, § 5º, CF; art. 7º, ADCT
- igualdade: art. 5º, caput, e I, CF
- lesão ou ameaça: art. 5º, XXXV, CF
- líquido e certo: art. 5º, LXIX, CF
- marítimo: art. 22, I, CF
- penal: art. 22, I, CF
- penitenciário: art. 24, I, CF
- petição: art. 5º, XXXIV, a, CF; Súm. Vinc. 21, STF; Súm. 373, STJ
- políticos: arts. 14 a 16, CF
- políticos; cassação; condenação criminal: art. 15, III, CF; Súm. 9, TSE
- preso: art. 5º, LXII, LXIII e LXIV, CF
- processual: art. 22, I, CF
- propriedade: art. 5º, XXII, CF; e art. 68, ADCT
- resposta: art. 5º, V, CF
- reunião: arts. 5º, XVI, e 136, § 1º, I, a, CF
- servidores públicos inativos: art. 20, ADCT
- sociais: arts. 6º a 11, CF
- suspensão ou interdição: art. 5º, XLVI, e, CF
- trabalhadores urbanos e rurais: art. 7º, CF
- trabalho: art. 22, I, CF
- tributário: art. 24, I, CF
- urbanístico: art. 24, I, CF

DIRETRIZES E BASES DA EDUCAÇÃO NACIONAL: art. 22, XXIV, CF

DIRETRIZES ORÇAMENTÁRIAS
- atribuição ao Congresso Nacional: art. 48, II, CF
- projetos de lei: art. 166, CF
- seguridade social: art. 195, § 2º, CF
- União: art. 35, § 2º, II, ADCT

DISCIPLINA PARTIDÁRIA: art. 17, § 1º, in fine, CF

DISCRIMINAÇÃO
- punição: art. 5º, XLI, CF
- vedação: art. 3º, IV, CF

DISPENSA DE EMPREGADO SINDICALIZADO: art. 8º, VIII, CF

DISPENSA SEM JUSTA CAUSA
- empregada gestante: art. 10, II, b, ADCT
- empregado eleito para cargo de CIPA: art. 10, II, a, ADCT; Súm. 339, TST
- proibição: art. 10, II, ADCT
- proteção contra: art. 7º, I, CF

DISPOSIÇÕES CONSTITUCIONAIS GERAIS: arts. 234 a 250, CF

DISSÍDIOS COLETIVOS E INDIVIDUAIS: art. 114, CF

DISTINÇÕES HONORÍFICAS: art. 84, XXI, CF

DISTRITO FEDERAL: art. 32, CF
- aposentadorias e pensões: art. 249, CF
- autonomia: art. 18, caput, CF
- bens: art. 16, § 3º, ADCT
- Câmara Legislativa: art. 16, § 1º, ADCT
- competência comum: art. 23, CF
- competência legislativa: art. 24, CF
- conflitos com a União: art. 102, I, f, CF
- contribuição: art. 149, § 1º, CF
- Defensoria Pública: arts. 22, XVII, e 48, IX, CF
- Deputados distritais: art. 45, CF
- despesa com pessoal: art. 169, CF; art. 38, ADCT
- disponibilidades de caixa: art. 164, § 3º
- dívida consolidada: art. 52, VI, CF
- dívida mobiliária: art. 52, IX, CF
- eleição: art. 32, § 2º, CF
- empresas de pequeno porte: art. 179, CF
- ensino: arts. 212 e 218, § 5º, CF
- fiscalização: arts. 75, caput, CF; e 16, § 2º, ADCT
- Fundo de Participação: art. 34, § 2º, ADCT
- fundos; aposentadorias e pensões: art. 249, CF
- Governador e Deputados distritais: art. 14, § 3º, VI, b e c, CF
- Governador e Vice-Governador: art. 16, caput, ADCT
- impostos: arts. 147 e 155, CF
- intervenção da União: art. 34, CF
- lei orgânica: art. 32, caput, CF
- limitações: art. 19, CF
- litígio com Estado estrangeiro ou organismo internacional: art. 102, I, e, CF
- microempresas: art. 179, CF
- Ministério Público: arts. 22, XVII, 48, IX, e 128, I, d, CF
- operações de crédito externo e interno: art. 52, VII, CF
- pesquisa científica e tecnológica: art. 218, § 5º, CF
- petróleo ou gás natural: art. 20, § 1º, CF
- Polícias Civil e Militar e Corpo de Bombeiros Militar: art. 32, § 4º, CF
- princípios: art. 37, CF; Súm. Vinc. 13, STF
- receitas tributárias: arts. 153, § 5º, I, e 157 a 162, CF
- representação judicial e consultoria jurídica: art. 132, CF
- representação na Câmara dos Deputados: art. 4º, § 2º, ADCT
- representação no Senado Federal: art. 46, CF
- Senadores distritais: art. 46, § 1º, CF
- símbolos: art. 13, § 2º, CF
- sistema de ensino: art. 211, CF
- sistema tributário nacional: art. 34, § 3º, ADCT
- sistema único de saúde: art. 198, §§ 1º a 3º, CF
- TCU: art. 73, caput, CF
- tributos: arts. 145, 150 e 152, CF
- turismo: art. 180, CF

DIVERSÕES E ESPETÁCULOS PÚBLICOS
- classificação: art. 21, XVI, CF
- lei federal: art. 220, § 3º, I, CF

DÍVIDA AGRÁRIA: art. 184, § 4º, CF

DÍVIDA MOBILIÁRIA
- atribuição ao Congresso Nacional: art. 48, XIV, CF
- limites globais: art. 52, IX, CF

DÍVIDA PÚBLICA
- atribuição ao Congresso Nacional: art. 48, II, CF
- externa e interna: arts. 163, II, e 234, CF
- externa do Brasil: art. 26, ADCT
- limites globais: art. 52, VI, CF
- pagamento: arts. 34, V, a, e 35, I, CF
- títulos: art. 163, IV, CF
- tributação da renda das obrigações da: art. 151, II, CF

DIVÓRCIO: art. 226, § 6º, CF

DOMICÍLIO: art. 6º, CF
- busca e apreensão: art. 139, V, CF
- eleitoral na circunscrição: art. 14, § 3º, IV, CF; art. 5º, § 1º, ADCT

E

ECLESIÁSTICOS: art. 143, § 2º, CF

ECONOMIA POPULAR: art. 173, § 5º, CF

EDUCAÇÃO
- arts. 205 a 214, CF
- *vide* ENSINO e ORDEM SOCIAL
- acesso à: art. 23, V, CF
- alimentação: art. 212, § 4º, CF
- ambiental: art. 225, § 1º, VI, CF
- atividades universitárias: art. 213, § 2º, CF
- autonomia das universidades: art. 207, CF
- bolsas de estudo: art. 213, § 1º, CF
- competência: art. 24, IX, CF
- custeio: art. 71, ADCT
- deficiente: art. 208, III, CF
- dever do Estado: arts. 205, *caput*, e 208, CF
- direito de todos: art. 205, *caput*, CF
- direito social: art. 6º, CF
- ensino obrigatório e gratuito: art. 208, §§ 1º e 2º, CF
- ensino religioso: art. 210, § 1º, CF
- escolas filantrópicas: art. 213, CF; art. 61, ADCT
- escolas públicas: art. 213, CF
- garantia de acesso do trabalhador adolescente e jovem à escola: art. 227, § 3º, III, CF
- garantias: art. 208, CF
- impostos: art. 150, VI, c, e § 4º, CF; Súm. 724, STF
- iniciativa privada: art. 209, CF
- municípios: arts. 30, VI, e 211, § 2º, CF
- nacional: art. 22, XXIV, CF
- plano nacional; distribuição de recursos: arts. 212, § 3º, e 214, CF
- princípios: art. 206, CF
- promoção e incentivo: art. 205, *caput*, CF
- recursos públicos: arts. 212 e 213, CF
- sistemas de ensino: art. 211, CF

ELEIÇÃO
- alistamento eleitoral: art. 14, §§ 1º e 2º, CF
- Câmara Territorial: art. 33, § 3º, CF
- condições de elegibilidade: art. 14, §§ 3º a 8º, CF
- Deputados Federais: art. 45, CF
- exigibilidade: art. 5º, § 1º, ADCT
- Governadores, Vice-Governadores e Deputados Estaduais e Distritais: arts. 28 e 32, § 2º, CF
- inaplicabilidades: art. 5º, ADCT
- inelegibilidade: art. 5º, § 5º, ADCT
- inelegíveis: art. 14, §§ 4º, 7º e 9º, CF; Súm. Vinc. 18, STF; Súm. 13, TSE
- Prefeito; Vice-Prefeito e Vereadores: art. 29, CF
- Presidente da República: art. 4º, § 1º, ADCT
- Presidente e Vice-Presidente da República: art. 77, CF
- processo eleitoral: art. 16, CF
- Senadores: art. 46, CF
- voto direto e secreto: art. 14, *caput*, CF

EMENDAS À CF: arts. 59, I, e 60, CF
- deliberação: art. 60, §§ 4º e 5º, CF
- iniciativa: art. 60, CF
- intervenção federal, estado de defesa ou estado de sítio: art. 60, § 1º, CF
- promulgação: art. 60, § 3º, CF
- rejeição: art. 60, § 5º, CF
- votação e requisito de aprovação: art. 60, § 2º, CF

EMIGRAÇÃO: art. 22, XV, CF

EMPREGADORES
- participação nos colegiados dos órgãos públicos: art. 10, CF
- rurais: art. 10, § 3º, ADCT

EMPREGADOS
- *vide* TRABALHADOR

EMPREGO
- gestante: art. 7º, XVIII, CF; art. 10, II, *b*, ADCT
- pleno: art. 170, VIII, CF
- proteção: art. 7º, I, CF
- sistema nacional de: art. 22, XVI, CF

EMPREGOS PÚBLICOS
- acumulação: art. 37, XVI e XVII, CF; art. 17, §§ 1º e 2º, ADCT
- concurso: art. 37, I a IV, e § 2º, CF; Súm. 266, STJ; Súm. 363, TST
- criação: arts. 48, X, e 61, § 1º, II, *a*, CF
- deficiência física: art. 37, VIII, CF; Súm. 377, STJ
- subsídios: art. 37, X e XI, CF; Súm. 672, STF

EMPRESA(S)
- apoio e estímulo: art. 218, § 4º, CF
- concessionárias e permissionárias: art. 175, par. ún., I, CF
- gestão: art. 7º, XI, CF
- mais de 200 empregados: art. 11, CF
- pequeno porte e microempresas: arts. 146, III, *d*, e par. ún., 170, IX, e 179, CF

EMPRESAS ESTATAIS
- exploração: art. 21, XI, CF
- orçamento de investimento: art. 165, § 5º, II, CF

EMPRESA JORNALÍSTICA E DE RADIODIFUSÃO: art. 222, CF

EMPRESAS PÚBLICAS
- compras e alienações: art. 37, XXI, CF; Súm. 333, STJ
- criação: art. 37, XIX e XX, CF
- disponibilidade de caixa: art. 164, § 3º, CF
- estatuto jurídico: art. 173, § 1º
- federais: art. 109, I, CF
- infrações penais: art. 144, § 1º, I, CF
- licitação: art. 22, XXVII, CF
- licitação e contratação de obras, serviços, compras e alienações: art. 173, § 1º, III, CF; Súm. 333, STJ
- orçamento de investimento: art. 165, § 5º, II, CF
- privilégios fiscais: art. 173, § 2º, CF
- relações com o Estado e a sociedade: art. 173, § 3º, CF
- supranacionais: art. 71, V, CF

EMPRÉSTIMO AO TESOURO NACIONAL: art. 164, § 1º, CF

EMPRÉSTIMO COMPULSÓRIO
- Eletrobrás: art. 34, § 12, ADCT
- instituição e finalidades: art. 148, CF
- vigência imediata: art. 34, § 1º, ADCT

ENERGIA
- competência privativa da União: art. 22, IV, CF
- elétrica; ICMS: art. 155, § 3º, CF; e art. 34, § 9º, ADCT
- elétrica; instalações: art. 21, XII, *b*, CF
- elétrica; participação no resultado da exploração: art. 20, § 1º, CF
- elétrica; terras indígenas: art. 231, § 3º, CF
- hidráulica; bens da União: art. 20, VIII, CF
- hidráulica; exploração: art. 176, CF; e art. 44, ADCT
- nuclear; competência privativa da União: art. 22, XXVI, CF
- nuclear; iniciativas do Poder Executivo: art. 49, XIV, CF
- nuclear; usinas; localização: art. 225, § 6º, CF

ENFITEUSE EM IMÓVEIS URBANOS: art. 49, ADCT

ENSINO
- *vide* EDUCAÇÃO
- acesso: arts. 206, I, 208, V, e § 1º, CF
- competência concorrente: art. 24, IX, CF
- entidades públicas de fomento: art. 218, § 5º, CF
- fundamental público; salário-educação: art. 212, § 5º, CF; Súm. 732, STF
- fundamental; competência dos Municípios: art. 30, VI, CF
- fundamental; conteúdos: art. 210, *caput*, CF
- fundamental; língua portuguesa: art. 210, § 2º, CF
- fundamental; obrigatoriedade e gratuidade: art. 208, I, CF
- fundamental; programas suplementares: arts. 208, VII, e 212, § 4º, CF
- fundamental; recenseamento dos educandos: art. 208, § 3º, CF
- gratuidade; estabelecimentos oficiais: art. 206, IV, CF; Súm. Vinc. 12, STF
- História do Brasil: art. 242, § 1º, CF
- iniciativa privada: art. 209, CF
- médio gratuito: art. 208, II, CF
- Municípios; áreas de atuação: art. 211, § 2º, CF

- noturno: art. 208, VI, CF
- obrigatório e gratuito: art. 208, §§ 1º e 2º, CF
- obrigatório; prioridade no atendimento: art. 212, § 3º, CF
- percentuais aplicados pela União: art. 212, CF
- princípios: art. 206, CF
- qualidade; melhoria: art. 214, III, CF
- religioso: art. 210, § 1º, CF
- sistemas: art. 211, CF
- superior: art. 207, CF

ENTORPECENTES E DROGAS AFINS
- dependente; criança e adolescente: art. 227, § 3º, VII, CF
- extradição: art. 5º, LI, CF
- tráfico; confisco de bens: art. 243, par. ún., CF
- tráfico; crime inafiançável: art. 5º, XLIII, CF
- tráfico; prevenção: art. 144, § 1º, II, CF

ESTADO DE DEFESA
- apreciação; Congresso Nacional: art. 136, §§ 4º a 7º, CF
- aprovação; Congresso Nacional: art. 49, IV, CF
- cabimento: art. 136, caput, CF
- calamidade pública: art. 136, § 1º, II, CF
- cessação dos efeitos: art. 141, CF
- Conselho da República: arts. 90, I, e 136, caput, CF
- Conselho de Defesa Nacional: arts. 91, § 1º, II, e 136, caput, CF
- decretação: arts. 21, V, e 84, IX, CF
- decreto; conteúdo: art. 136, § 1º, CF
- disposições gerais: arts. 140 e 141, CF
- duração e abrangência territorial: art. 136, §§ 1º e 2º, CF
- emendas à CF na vigência de; vedação: art. 60, § 1º, CF
- fiscalização da execução: art. 140, CF
- medidas coercitivas: art. 136, §§ 1º e 3º, CF
- prisão ou detenção: art. 136, § 3º, CF
- pronunciamento: art. 90, I, CF
- suspensão: art. 49, IV, CF

ESTADO DEMOCRÁTICO DE DIREITO: art. 1º, caput, CF

ESTADO DE SÍTIO: arts. 137 a 139, CF
- cabimento: art. 137, CF
- cessação dos efeitos: art. 141, CF
- Congresso Nacional; apreciação: art. 138, §§ 2º e 3º, CF
- Congresso Nacional; aprovação: art. 49, IV, CF
- Congresso Nacional; suspensão: art. 49, IV, CF
- Conselho da República e Conselho de Defesa Nacional: arts. 90, I, 91, § 1º, II, e 137, caput, CF
- decretação: arts. 21, V, 84, IX, e 137, caput, CF
- decreto; conteúdo: art. 138, CF
- disposições gerais: arts. 140 e 141, CF
- duração máxima: art. 138, § 1º, CF
- emendas à CF; vedação: art. 60, § 1º, CF
- fiscalização da execução: art. 140, CF
- imunidades; Deputados e Senadores: art. 53, § 8º, CF
- medidas coercitivas: arts. 138, § 3º, e 139, CF
- pronunciamento de parlamentares: art. 139, par. ún., CF
- prorrogação: arts. 137, par. ún., e 138, § 1º, CF

ESTADO ESTRANGEIRO
- cartas rogatórias: arts. 105, I, i, e 109, X, CF
- extradição: art. 102, I, g, CF
- litígio com os entes federados: art. 102, I, e, CF
- litígio com pessoa residente ou domiciliada no Brasil: arts. 105, II, c, 109, II, CF
- litígio fundado em tratado ou contrato da União: art. 109, III, CF
- relações: arts. 21, I, e 84, VII, CF

ESTADOS FEDERADOS: arts. 25 a 28, CF
- aposentadorias e pensões: art. 249, CF
- autonomia: arts. 18 e 25, CF
- bens: art. 26, CF
- Câmara dos Deputados; representação: art. 4º, § 2º, ADCT
- competência comum: art. 23, CF
- competência legislativa concorrente: art. 24, CF
- competência legislativa plena: art. 24, §§ 3º e 4º, CF
- competência legislativa supletiva: art. 24, § 2º, CF
- competência legislativa; questões específicas: art. 22, par. ún., CF
- competência residual: art. 25, § 1º, CF
- competência; Assembleias Legislativas: art. 27, § 3º, CF
- competência; tribunais: art. 125, § 1º, CF
- conflitos com a União: art. 102, I, f, CF
- conflitos fundiários: art. 126, CF
- consultoria jurídica: art. 132, CF
- contribuição; regime previdenciário: art. 149, § 1º, CF
- criação: arts. 18, § 3º, e 235, CF
- Deputados Estaduais: art. 27, CF
- desmembramento: arts. 18, § 3º, e 48, VI, CF
- despesa; limite: art. 169, CF; art. 38, ADCT
- disponibilidades de caixa: art. 164, § 3º, CF
- dívida consolidada: art. 52, VI, CF
- dívida mobiliária: art. 52, IX, CF
- empresas de pequeno porte: art. 179, CF
- encargos com pessoal inativo: art. 234, CF
- ensino; aplicação de receita: art. 212, CF
- ensino; vinculação de receita orçamentária: art. 218, § 5º, CF
- fiscalização: art. 75, caput, CF
- Fundo de Participação; determinações: art. 34, § 2º, ADCT
- fundos; aposentadorias e pensões: art. 249, CF
- gás canalizado: art. 25, § 2º, CF
- Governador; eleição: art. 28, CF
- Governador; perda do mandato: art. 28, §§ 1º e 2º, CF
- Governador; posse: art. 28, caput, CF
- impostos: arts. 155 e 160, CF
- incentivos fiscais; reavaliação: art. 41, ADCT
- inconstitucionalidade de leis: art. 125, § 2º, CF
- incorporação: arts. 18, § 3º, e 48, VI, CF
- iniciativa popular: art. 27, § 4º, CF
- intervenção da União: art. 34, CF
- intervenção nos Municípios: art. 35, CF
- Juizados Especiais; criação: art. 98, I, CF
- Justiça de Paz; criação: art. 98, II, CF
- Justiça Militar estadual: art. 125, §§ 3º e 4º, CF
- limitações: art. 19, CF
- litígio com Estado estrangeiro ou organismo internacional: art. 102, I, e, CF
- microempresas; tratamento diferenciado: art. 179, CF
- microrregiões: art. 25, § 3º, CF
- Ministério Público: art. 128, II, CF
- normas básicas: art. 235, CF
- operações de crédito externo e interno: art. 52, VII, CF
- organização judiciária: art. 125, CF
- pesquisa científica e tecnológica: art. 218, § 5º, CF
- petróleo ou gás natural; exploração: art. 20, § 1º, CF
- precatórios; pagamento: art. 100, CF; Súm. 655, STF; Súms. 144 e 339, STJ
- princípios; administração pública: art. 37, caput, CF; Súm. Vinc. 13, STF
- receitas tributárias: arts. 153, § 5º, I, 157, 158, III, IV, e par. ún., e 159 a 162, CF
- reforma administrativa: art. 24, ADCT
- regiões metropolitanas: art. 25, § 3º, CF
- Senado Federal; representação: art. 46, CF
- símbolos: art. 13, § 2º, CF
- sistema de ensino: art. 211, CF
- sistema tributário nacional: art. 34, § 3º, ADCT
- sistema único de saúde (SUS): art. 198, §§ 1º a 3º, CF
- subdivisão; requisitos: arts. 18, § 3º, e 48, VI, CF
- terras em litígio: art. 12, § 2º, ADCT
- Território; reintegração: art. 18, § 2º, CF
- tributos: arts. 145, 150 e 152, CF
- turismo: art. 180, CF

ESTADO-MEMBRO
- Acre: art. 12, § 5º, ADCT
- Amapá: art. 14, ADCT
- Goiás: art. 13, § 7º, ADCT
- Roraima: art. 14, ADCT
- Tocantins: art. 13, ADCT

ESTADO; ORGANIZAÇÃO: arts. 18 a 43, CF
- administração pública: arts. 37 a 43, CF
- Distrito Federal: art. 32, CF
- estados federados: arts. 25 a 28, CF
- intervenção estadual: arts. 35 e 36, CF

- intervenção federal: arts. 34 e 36, CF
- militares: art. 42, CF
- municípios: arts. 29 a 31, CF
- organização político-administrativa: arts. 18 e 19, CF
- regiões: art. 43, CF
- servidores públicos: arts. 39 a 41, CF; Súm. Vinc. 4, STF; Súm. 390, TST
- Territórios: art. 33, CF
- União: arts. 20 a 24, CF

ESTATUTO DA MAGISTRATURA: art. 93, CF

ESTRANGEIROS
- adoção de brasileiro: art. 227, § 5º, CF
- alistamento eleitoral: art. 14, § 2º, CF
- crimes de ingresso ou permanência irregular: art. 109, X, CF
- emigração, imigração, entrada, extradição e expulsão: art. 22, XV, CF
- entrada no país: art. 22, XV, CF
- extradição: art. 5º, LII, CF
- naturalização: art. 12, II, CF
- originários de países de língua portuguesa: art. 12, II, a, CF
- propriedade rural; aquisição: art. 190, CF
- residentes no País: art. 5º, caput, CF
- sucessão de bens: art. 5º, XXXI, CF

EXPULSÃO DE ESTRANGEIROS: art. 22, XV, CF

EXTRADIÇÃO
- brasileiro nato; inadmissibilidade: art. 5º, LI, CF
- brasileiro naturalizado: art. 5º, LI, CF
- estrangeiro: art. 5º, LII, CF
- estrangeiro; competência privativa: art. 22, XV, CF
- solicitada por Estado estrangeiro; competência originária do STF: art. 102, I, g, CF

F

FAIXA DE FRONTEIRA
- vide FRONTEIRA

FAMÍLIA: arts. 226 a 230, CF
- adoção: art. 227, § 5º, CF
- assistência pelo Estado: art. 226, § 8º, CF
- caracterização: art. 226, §§ 3º, 4º e 6º, CF
- casamento: art. 226, §§ 1º e 2º, CF
- dever; criança e adolescente: art. 227, CF
- dever; filhos maiores: art. 229, CF
- dever; idosos: art. 230, CF
- dever; pais: art. 229, CF
- entidade familiar: art. 226, § 4º, CF
- planejamento familiar: art. 226, § 7º, CF
- proteção do Estado: art. 226, caput, CF
- proteção; objetivo da assistência social: art. 203, I, CF
- sociedade conjugal: art. 226, § 5º, CF
- união estável: art. 226, § 3º, CF
- violência; coibição: art. 226, § 8º, CF

FAUNA
- legislação; competência concorrente: art. 24, VI, CF
- preservação; competência comum: art. 23, VII, CF
- proteção: art. 225, § 1º, VII, CF

FAZENDA FEDERAL, ESTADUAL OU MUNICIPAL: art. 100, CF; arts. 33 e 78, ADCT; Súm. 339, STJ

FILHO
- adoção: art. 227, § 6º, CF
- havidos fora do casamento: art. 227, § 6º, CF
- maiores: art. 229, CF
- menores: art. 229, CF
- pai ou mãe brasileiros; nascimento no estrangeiro: art. 90, ADCT

FILIAÇÃO PARTIDÁRIA: arts. 14, § 3º, V, e 142, § 3º, V, CF

FINANÇAS PÚBLICAS: arts. 163 a 169, CF

FLORA
- preservação: art. 23, VII, CF
- proteção: art. 225, § 1º, VII, CF

FLORESTA
- legislação; competência concorrente: art. 24, VI, CF
- preservação; competência comum: art. 23, VII, CF

FORÇAS ARMADAS: arts. 142 e 143, CF
- cargo privativo de brasileiro nato: art. 12, § 3º, VI, CF
- comando supremo: arts. 84, XIII, e 142, caput, CF
- conceito: art. 142, CF
- Deputados e Senadores: art. 53, § 7º, CF
- Deputados Estaduais: art. 27, § 1º, CF
- eclesiásticos; isenção: art. 143, § 2º, CF
- efetivo; fixação e modificação: arts. 48, III, e 61, § 1º, I, CF
- mulheres; isenção: art. 143, § 2º, CF
- obrigatório; serviço militar: art. 143, CF
- punições disciplinares: art. 142, § 2º, CF
- serviço alternativo: art. 143, § 1º, CF

FORÇAS ESTRANGEIRAS: arts. 21, IV, 49, II, e 84, XXII, CF

FORMA DE GOVERNO: art. 1º, CF; art. 2º, ADCT

FORMA FEDERATIVA DE ESTADO: arts. 1º e 60, § 4º, I, CF

FRONTEIRA
- faixa; defesa do Território Nacional: arts. 20, § 2º, e 91, § 1º, III, CF
- pesquisa, lavra e aproveitamento de recursos minerais: art. 176, § 1º, CF

FUNÇÃO SOCIAL
- cidade; política urbana: art. 182, CF
- imóvel rural; desapropriação: arts. 184 e 185, CF
- propriedade rural: art. 186, CF
- propriedade urbana: art. 182, § 2º, CF; Súm. 668, STF
- propriedade; atendimento: art. 5º, XXIII, CF

FUNCIONÁRIOS PÚBLICOS
- vide SERVIDOR PÚBLICO

FUNÇÕES ESSENCIAIS À JUSTIÇA: arts. 127 a 135, CF

FUNÇÕES PÚBLICAS
- acesso a todos os brasileiros: art. 37, I, CF
- acumulação: art. 37, XVI e XVII, CF
- confiança: art. 37, V, CF
- criação: arts. 48, X, e 61, § 1º, II, a, CF
- perda; atos de improbidade: art. 37, § 4º, CF
- subsídios: art. 37, X e XI, CF

FUNDAÇÕES
- compras e alienações: art. 37, XXI, CF
- controle externo: art. 71, II, III e IV, CF
- criação: art. 37, XIX e XX, CF
- dívida pública externa e interna: art. 163, II, CF
- educacionais: art. 61, ADCT
- impostos sobre patrimônio; vedação: art. 150, § 2º, CF
- licitação: art. 22, XXVII, CF
- pessoal: art. 169, § 1º, CF
- pública: art. 37, XIX, CF

FUNDO DE COMBATE E ERRADICAÇÃO DA POBREZA: arts. 79 a 83, ADCT

FUNDO DE ESTABILIZAÇÃO FISCAL: art. 71, § 2º, ADCT

FUNDO DE GARANTIA DO TEMPO DE SERVIÇO: art. 7º, III, CF; e art. 3º, da EC nº 45/2004; Súm. 353, STJ

FUNDO DE PARTICIPAÇÃO DOS ESTADOS E DO DISTRITO FEDERAL
- normas: art. 34, § 2º, ADCT
- repartição das receitas tributárias: arts. 159, I, a, e 161, II, III, e par. ún., CF

FUNDO DE PARTICIPAÇÃO DOS MUNICÍPIOS
- normas: art. 34, § 2º, ADCT
- repartição das receitas tributárias: arts. 159, I, b, e 161, II, III, e par. ún., CF

FUNDO INTEGRADO: art. 250, CF

FUNDO NACIONAL DE SAÚDE: art. 74, § 3º, ADCT

FUNDO PARTIDÁRIO: art. 17, § 3º, CF

FUNDO SOCIAL DE EMERGÊNCIA: arts. 71 a 73, ADCT

G

GARANTIAS DA MAGISTRATURA: arts. 95 e 121, § 1º, CF
GARANTIAS FUNDAMENTAIS: art. 5º, § 1º, CF
GARIMPAGEM
- áreas e condições: art. 21, XXV, CF
- organização em cooperativas: art. 174, §§ 3º e 4º, CF

GÁS
- canalizado: art. 25, § 2º, CF
- importação e exportação: art. 177, III, CF
- participação; resultado da exploração: art. 20, § 1º, CF
- pesquisa e lavra: art. 177, I, e § 1º, CF
- transporte: art. 177, IV, CF

GESTANTE
- dispensa sem justa causa; proibição: art. 10, II, *b*, ADCT
- licença; duração: art. 7º, XVIII, CF
- proteção; previdência social: art. 201, II, CF

GOVERNADOR
- *vide* ESTADOS FEDERADOS e VICE-GOVERNADOR DE ESTADO
- ADIN; legitimidade: art. 103, V, CF
- crimes comuns: art. 105, I, *a*, CF
- eleição: art. 28, *caput*, CF
- *habeas corpus*: art. 105, I, *c*, CF
- idade mínima: art. 14, § 3º, VI, *b*, CF
- inelegibilidade; cônjuge e parentes: art. 14, § 7º, CF; art. 5º, § 5º, ADCT; Súm. Vinc. 18, STF
- mandato; duração: art. 28, *caput*, CF
- mandato; perda: art. 28, § 1º, CF
- mandatos; promulgação da CF: art. 4º, § 3º, ADCT
- posse: art. 28, *caput*, CF
- reeleição: art. 14, § 5º, CF
- subsídios: art. 28, § 2º, CF

GOVERNADOR DE TERRITÓRIO
- aprovação: art. 52, III, *c*, CF
- nomeação: art. 84, XIV, CF

GOVERNADOR DO DISTRITO FEDERAL
- eleição: art. 32, § 2º, CF
- idade mínima: art. 14, § 3º, VI, *b*, CF

GRATIFICAÇÃO NATALINA: arts. 7º, VIII, e 201, § 6º, CF

GREVE
- competência para julgar: art. 114, II, CF; Súm. Vinc. 23, STF
- direito e abusos: art. 9º, CF
- serviços ou atividades essenciais: art. 9º, § 1º, CF
- servidor público: art. 37, VII, CF
- servidor público militar: art. 142, § 3º, IV, CF

GUERRA
- Congresso Nacional; autorização: art. 49, II, CF
- Conselho de Defesa Nacional; opinião: art. 91, § 1º, CF
- declaração; competência: arts. 21, II, e 84, XIX, CF
- estado de sítio: art. 137, II, CF
- impostos extraordinários: art. 154, II, CF
- pena de morte: art. 5º, XLVII, *a*, CF
- requisições; tempo de guerra: art. 22, III, CF

H

HABEAS CORPUS
- competência; juízes federais: art. 109, VII, CF
- competência; STF: art. 102, I, *d* e *i*, e II, *a*, CF; Súm. 691, STF
- competência; STJ: art. 105, I, *a*, e II, *a*, CF
- competência; TRF: art. 108, I, *d*, CF
- concessão: art. 5º, LXVIII, CF
- decisão denegatória proferida por TRE: art. 121, § 4º, V, CF
- gratuidade: art. 5º, LXXVII, CF
- inadmissibilidade; militar: art. 142, § 2º, CF

HABEAS DATA
- competência; juízes federais: art. 109, VIII, CF
- competência; STF: art. 102, I, *d*, e II, *a*, CF
- competência; STJ: art. 105, I, *b*, CF
- competência; TRF: art. 108, I, *c*, CF

- concessão: art. 5º, LXXII, CF
- corretivo: art. 5º, LXXII, *b*, CF
- decisão denegatória do TRE: art. 121, § 4º, V, CF
- direito à informação: art. 5º, XXXIII e LXXII, CF; Súm. Vinc. 14, STF
- gratuidade da ação: art. 5º, LXXVII, CF
- preventivo: art. 5º, LXXII, *a*, CF; Súm. 2, STJ

HABITAÇÃO
- competência comum: art. 23, IX, CF
- diretrizes: art. 21, XX, CF

HERANÇA: art. 5º, XXX, CF
HIGIENE E SEGURANÇA DO TRABALHO: art. 7º, XXII, CF
HORA EXTRA: art. 7º, XVI, CF

I

IDADE: art. 3º, IV, CF
IDENTIFICAÇÃO CRIMINAL: art. 5º, LVIII, CF; Súm. 568, STF
IDOSOS
- amparo; filhos: art. 229, CF
- assistência social: art. 203, I, CF
- direitos: art. 230, CF
- salário mínimo: art. 203, V, CF
- transportes coletivos urbanos; gratuidade: art. 230, § 2º, CF

IGUALDADE
- acesso à escola: art. 206, I, CF
- empregado e trabalhador avulso: art. 7º, XXXIV, CF
- Estados; relações internacionais: art. 4º, V, CF
- homens e mulheres: art. 5º, I, CF
- perante a lei: art. 5º, *caput*, CF

ILEGALIDADE OU ABUSO DE PODER: art. 5º, LXVIII, CF

ILHAS
- fluviais e lacustres: arts. 20, IV, e 26, III, CF
- oceânicas e costeiras: arts. 20, IV, e 26, II, CF

IMIGRAÇÃO: art. 22, XV, CF
IMÓVEIS PÚBLICOS: arts. 183, § 3º, e 191, par. ún., CF
IMÓVEIS RURAIS: arts. 184 e 189, CF
IMÓVEIS URBANOS
- desapropriação: art. 182, §§ 3º e 4º, III, CF
- enfiteuse: art. 49, ADCT

IMPOSTO
- anistia ou remissão: art. 150, § 6º, CF
- capacidade contributiva: art. 145, § 1º, CF; Súms. 656 e 668, STF
- caráter pessoal: art. 145, § 1º, CF
- classificação: art. 145, I, CF
- criação; vigência imediata: art. 34, § 1º, CF
- distribuição da arrecadação; regiões Norte, Nordeste e Centro-Oeste: art. 34, § 1º, ADCT
- Estadual e Distrito Federal: arts. 147 e 155, CF
- imunidades: art. 150, IV, CF
- instituição: art. 145, *caput*, CF
- isenção; crédito presumido: art. 150, § 6º, CF
- limitações; poder de tributar: arts. 150 a 152, CF
- mercadorias e serviços: art. 150, § 5º, CF
- Municipais: art. 156, CF; e art. 34, § 1º, ADCT
- reforma agrária: art. 184, § 5º, CF
- repartição das receitas tributárias: arts. 157 a 162, CF
- serviços; alíquota: art. 86, ADCT
- telecomunicações: art. 155, § 3º, CF; Súm. 659, STF
- União: arts. 153 e 154, CF

IMPOSTOS EXTRAORDINÁRIOS: arts. 150, § 1º, e 154, II, CF
IMPOSTO SOBRE COMBUSTÍVEIS LÍQUIDOS E GASOSOS: art. 155, §§ 3º a 5º, CF; Súm. 659, STF
IMPOSTO SOBRE DIREITOS REAIS EM IMÓVEIS: art. 156, II, CF
IMPOSTO SOBRE DOAÇÕES: art. 155, I, e § 1º, CF

IMPOSTO SOBRE EXPORTAÇÃO
- alíquotas: art. 153, § 1º, CF
- competência: art. 153, II, CF
- limitações ao poder de tributar: art. 150, § 1º, CF

IMPOSTO SOBRE GRANDES FORTUNAS: art. 153, VII, CF

IMPOSTO SOBRE IMPORTAÇÃO
- alíquotas: art. 153, § 1º, CF
- competência: art. 153, I, CF
- limitações ao poder de tributar: art. 150, § 1º, CF

IMPOSTO SOBRE LUBRIFICANTES: art. 155, §§ 3º a 5º, CF; Súm. 659, STF

IMPOSTO SOBRE MINERAIS: art. 155, § 3º, CF; Súm. 659, STF

IMPOSTO SOBRE OPERAÇÕES DE CRÉDITO, CÂMBIO E SEGURO, OU RELATIVAS A TÍTULOS OU VALORES MOBILIÁRIOS
- alíquotas: art. 153, § 1º, CF
- competência: art. 153, V, e § 5º, CF
- limitações ao poder de tributar: art. 150, § 1º, CF

IMPOSTO SOBRE OPERAÇÕES RELATIVAS À CIRCULAÇÃO DE MERCADORIAS E SOBRE PRESTAÇÕES DE SERVIÇOS DE TRANSPORTE INTERESTADUAL E INTERMUNICIPAL E DE COMUNICAÇÃO: art. 155, II, e §§ 2º a 5º, CF; Súm. 662, STF; Súms. 334 e 457, STJ

IMPOSTO SOBRE PRESTAÇÃO DE SERVIÇOS: art. 155, II, CF

IMPOSTO SOBRE PRODUTOS INDUSTRIALIZADOS
- alíquotas: art. 153, § 1º, CF
- competência: art. 153, IV, e § 3º, CF
- limitações ao poder de tributar: art. 150, § 1º, CF
- repartição das receitas tributárias: art. 159, CF

IMPOSTO SOBRE PROPRIEDADE DE VEÍCULOS AUTOMOTORES: art. 155, III e § 6º, CF

IMPOSTO SOBRE PROPRIEDADE PREDIAL E TERRITORIAL URBANA: arts. 156, I e § 1º, 182, § 4º, II, CF; Súms. 589 e 668, STF; Súm. 399, STJ

IMPOSTO SOBRE PROPRIEDADE TERRITORIAL RURAL: art. 153, VI, e § 4º, CF; Súm. 139, STJ

IMPOSTO SOBRE RENDA E PROVENTOS DE QUALQUER NATUREZA
- competência: art. 153, III, CF; Súms. 125, 136 e 386, STJ
- critérios: art. 153, § 2º, CF
- limitações: art. 150, VI, a e c, e §§ 2º a 4º, CF; Súm. 730, STF
- repartição das receitas tributárias: arts. 157, I, 158, I, e 159, I, e § 1º, CF; Súm. 447, STJ

IMPOSTO SOBRE SERVIÇOS DE QUALQUER NATUREZA: art. 156, III, § 3º, CF; art. 88, ADCT; Súm. Vinc. 31, STF; Súm. 424, STJ

IMPOSTO SOBRE TRANSMISSÃO *CAUSA MORTIS*: art. 155, I, e § 1º, I a III, CF

IMPOSTO SOBRE TRANSMISSÃO *INTER VIVOS*: art. 156, II, e § 2º, CF; Súm. 656, STF

IMPRENSA NACIONAL: art. 64, ADCT

IMPROBIDADE ADMINISTRATIVA: arts. 15, V, e 37, § 4º, CF

IMUNIDADE: art. 53, CF

INAMOVIBILIDADE
- Defensoria Pública: art. 134, § 1º, CF
- juízes: art. 95, II, CF
- Ministério Público: art. 128, § 5º, I, *b*, CF

INCENTIVOS FISCAIS
- concessão; União: art. 151, I, CF
- Municipais: art. 156, § 3º, III, CF
- reavaliação: art. 41, ADCT
- Zona Franca de Manaus: art. 40, *caput*, ADCT

INCENTIVOS REGIONAIS: art. 43, § 2º, CF

INCONSTITUCIONALIDADE
- ação direta: arts. 102, I, a, e 103, CF; Súm. 642, STF
- declaração pelos Tribunais; *quorum*: art. 97, CF
- legitimação ativa: arts. 103 e 129, IV, CF

- recurso extraordinário: art. 102, III, CF
- representação pelo estado federado: art. 125, § 2º, CF
- suspensão da execução de lei: art. 52, X, CF

INDENIZAÇÃO
- acidente de trabalho: art. 7º, XXVIII, CF; Súm. Vinc. 22, STF
- compensatória do trabalhador: art. 7º, I, CF
- dano material, moral ou à imagem: art. 5º, V e X, CF; Súms. 227, 403 e 420, STJ
- desapropriações: arts. 5º, XXIV, 182, § 3º, 184, *caput* e § 1º, CF; Súms. 378 e 416, STF; Súms. 113, 114 e 119, STJ
- erro judiciário: art. 5º, LXXV, CF
- uso de propriedade particular por autoridade: art. 5º, XXV, CF

INDEPENDÊNCIA NACIONAL: art. 4º, I, CF

ÍNDIOS
- bens; proteção: art. 231, *caput*, CF
- capacidade processual: art. 232, CF
- culturas indígenas: art. 215, § 1º, CF
- direitos e interesses: arts. 129, V, e 231, CF
- disputa; direitos: art. 109, XI, CF; Súm. 140, STJ
- ensino: art. 210, § 2º, CF
- legislação; competência privativa: art. 22, XIV, CF
- ocupação de terras: art. 231, § 6º, CF
- processo; Ministério Público: art. 232, CF
- recursos hídricos: art. 231, § 3º, CF
- remoção: art. 231, § 5º, CF
- terras; bens da União: art. 20, XI, CF; Súm. 650, STF
- terras; especificação: art. 231, § 1º, CF
- terras; inalienabilidade, indisponibilidade e imprescritibilidade: art. 231, § 4º, CF

INDULTO: art. 84, XII, CF

INELEGIBILIDADE
- analfabetos: art. 14, § 4º, CF
- casos; lei complementar: art. 14, § 9º, CF; Súm. 13, TSE
- inalistáveis: art. 14, § 4º, CF
- parentes dos ocupantes de cargos políticos: art. 14, § 7º, CF; Súms. Vincs. 13 e18, STF

INFÂNCIA
- *vide* ADOLESCENTE e CRIANÇA
- direitos sociais: art. 6º, CF
- legislação; competência concorrente: art. 24, XV, CF
- proteção; assistência social: art. 203, I, CF

INICIATIVA POPULAR: art. 61, *caput*, CF
- âmbito federal: art. 61, § 2º, CF
- âmbito municipal: art. 29, XIII, CF
- Estados: art. 27, § 4º, CF

INICIATIVA PRIVADA: arts. 199 e 209, CF

INICIATIVA PRIVATIVA DO PRESIDENTE DA REPÚBLICA: arts. 61, § 1º, 63, I, e 64, CF

INIMPUTABILIDADE PENAL: art. 228, CF

INQUÉRITO: art. 129, III e VIII, CF

INSALUBRIDADE: art. 7º, XXIII, CF

INSPEÇÃO DO TRABALHO: art. 21, XXIV, CF

INSTITUIÇÕES FINANCEIRAS
- aumento no capital: art. 52, II, ADCT
- Congresso Nacional; atribuição: art. 48, XIII, CF
- domiciliadas no exterior: art. 52, I, ADCT
- fiscalização: art. 163, V, CF
- oficiais: art. 164, § 3º, CF
- vedação: art. 52, par. ún., ADCT

INSTITUTO BRASILEIRO DE GEOGRAFIA E ESTATÍSTICA (IBGE): art. 12, § 5º, ADCT

INTEGRAÇÃO
- povos da América Latina: art. 4º, par. ún., CF
- social dos setores desfavorecidos: art. 23, X, CF

INTERVENÇÃO ESTADUAL: arts. 35 e 36, CF

INTERVENÇÃO FEDERAL: arts. 34 a 36, CF
- Congresso Nacional; aprovação: art. 49, IV, CF

- Congresso Nacional; suspensão: art. 49, IV, CF
- Conselho da República; pronunciamento: art. 90, I, CF
- Conselho de Defesa Nacional; opinião: art. 91, § 1º, II, CF
- decretação; competência da União: art. 21, V, CF
- emendas à Constituição: art. 60, § 1º, CF
- execução; competência privativa do Presidente da República: art. 84, X, CF
- motivos: art. 34, CF
- requisitos: art. 36, CF

INTERVENÇÃO INTERNACIONAL: art. 4º, IV, CF

INTERVENÇÃO NO DOMÍNIO ECONÔMICO
- contribuição de: art. 177, § 4º, CF
- pelo Estado: arts. 173 e 174, CF

INTIMIDADE: art. 5º, X, CF

INVALIDEZ: art. 201, I, CF

INVENTOS INDUSTRIAIS: art. 5º, XXIX, CF

INVESTIMENTOS DE CAPITAL ESTRANGEIRO: art. 172, CF

INVIOLABILIDADE
- advogados: art. 133, CF
- casa: art. 5º, XI, CF
- Deputados e Senadores: art. 53, *caput*, CF
- intimidade, vida privada, honra e imagem das pessoas: art. 5º, X, CF; Súms. 227 e 403, STJ
- sigilo da correspondência, comunicações telegráficas, dados e comunicações telefônicas: art. 5º, XII, CF
- Vereadores: art. 29, VIII, CF

ISENÇÕES DE CONTRIBUIÇÕES À SEGURIDADE SOCIAL: art. 195, § 7º, CF; Súm. 659, STF; Súm. 352, STJ

ISENÇÕES FISCAIS
- concessão: art. 150, § 6º, CF
- incentivos regionais: art. 43, § 2º, CF
- limitações de sua concessão pela União: art. 151, III, CF
- Municipais: art. 156, § 3º, III, CF

J

JAZIDAS
- legislação; competência privativa: art. 22, XII, CF
- minerais garimpáveis: art. 174, § 3º, CF
- pesquisa e lavra: art. 44, ADCT
- petróleo e gás natural; monopólio da União: art. 177, I, CF
- propriedade: art. 176, *caput*, CF

JORNADA DE TRABALHO: art. 7º, XIII e XIV, CF; Súm. 675, STF; Súm. 360, TST

JOVEM: art. 227, CF

JUIZ
- recusa pelo Tribunal; casos: art. 93, II, *d*, CF
- substituto; ingresso na carreira; requisitos: art. 93, I, CF
- vedação: art. 95, par. ún., CF

JUIZ DE PAZ: art. 14, § 3º, VI, c, CF

JUIZADO DE PEQUENAS CAUSAS: arts. 24, X, e 98, I, CF; Súm. 376, STJ

JUIZADOS ESPECIAIS: art. 98, I, e § 1º, CF; Súms. 376 e 428, STJ

JUIZ
- acesso aos tribunais: art. 93, III, CF
- aposentadoria: art. 93, VI e VIII, CF
- aprovação; Senado Federal: art. 52, III, *a*, CF
- cursos; preparação e aperfeiçoamento: art. 93, IV, CF
- disponibilidade: art. 93, VIII, CF
- eleitoral: arts. 118 a 121, CF
- estadual: arts. 125 e 126, CF
- federal: arts. 106 a 110, CF
- garantia: arts. 95 e 121, § 1º, CF
- ingresso; carreira: art. 93, I, CF
- justiça militar: art. 108, I, *a*, CF
- militar: arts. 122 a 124, CF
- nomeação: arts. 84, XVI, e 93, I, CF

- pensão: art. 93, VI, CF
- promoção: art. 93, II, CF
- remoção: art. 93, VIII, CF
- subsídio: arts. 93, V, e 95, III, CF
- titular: art. 93, VII, CF
- togado: art. 21, ADCT
- trabalho: arts. 111 a 116, CF
- vedações: art. 95, par. ún., CF

JUÍZO DE EXCEÇÃO: art. 5º, XXXVII, CF

JUNTAS COMERCIAIS: art. 24, III, CF

JÚRI: art. 5º, XXXVIII, *d*, CF; Súm. 721, STF

JURISDIÇÃO: art. 93, XII, CF

JUROS
- favorecidos: art. 43, § 2º, II, CF
- taxa; controle Banco Central: art. 164, § 2º, CF

JUS SANGUINIS: art. 12, I, *b* e *c*, CF

JUS SOLI: art. 12, I, *a*, CF

JUSTIÇA
- desportiva: art. 217, CF
- eleitoral: arts. 118 a 121, CF
- estadual: arts. 125 e 126, CF
- federal: arts. 106 a 110, CF
- itinerante; direito do trabalho: art. 115, § 1º, CF
- itinerante; instalação: art. 107, § 2º, CF
- militar estadual: art. 125, § 3º, CF
- militar: arts. 122 a 124, CF
- paz: art. 98, II, CF
- social: art. 193, CF
- trabalho: arts. 111 a 116, CF

L

LAGOS: art. 20, III, CF

LEI: arts. 61 a 69, CF

LEI AGRÍCOLA: art. 50, ADCT

LEI COMPLEMENTAR
- aprovação; *quorum*: art. 69, CF
- incorporação estados federados: art. 18, § 3º, CF
- matéria reservada: art. 68, § 1º, CF
- matéria tributária: art. 146, III, CF
- normas de cooperação: art. 23, par. ún., CF
- processo legislativo: art. 59, II, CF

LEI DE DIRETRIZES ORÇAMENTÁRIAS: art. 165, II, e § 2º, CF

LEI DELEGADA: art. 68, CF
- processo legislativo: art. 59, IV, CF

LEI ESTADUAL
- ADIN: art. 102, I, *a*, CF; Súm. 642, STF
- suspensão de eficácia: art. 24, §§ 3º e 4º, CF

LEI FEDERAL
- ADECON: art. 102, I, *a*, CF; Súm. 642, STF
- ADIN: art. 102, I, *a*, CF; Súms. 642, STF

LEI INCONSTITUCIONAL: art. 52, X, CF

LEI ORÇAMENTÁRIA: arts. 39 e 165, CF

LEI ORÇAMENTÁRIA ANUAL
- critérios; exclusões: art. 35, § 1º, ADCT
- normas aplicáveis: art. 35, § 2º, ADCT

LEI ORDINÁRIA: art. 59, III, CF

LEI ORGÂNICA DE MUNICÍPIOS: art. 29, CF

LEI ORGÂNICA DO DISTRITO FEDERAL: art. 32, CF

LEI PENAL
- anterioridade: art. 5º, XXXIX, CF
- irretroatividade: art. 5º, XL, CF; Súm. Vinc. 24, STF

LESÃO OU AMEAÇA A DIREITO: art. 5º, XXXV, CF

LESÕES AO MEIO AMBIENTE: art. 225, § 3º, CF

LIBERDADE
- aprender, ensinar: art. 206, II, CF
- associação: arts. 5º, XVII e XX, e 8º, CF
- consciência e crença; inviolabilidade: art. 5º, VI, CF
- direito: art. 5º, *caput*, CF
- exercício de trabalho ou profissão: art. 5º, XIII, CF
- expressão da atividade intelectual: art. 5º, IX, CF
- fundamental: art. 5º, XLI, CF
- informação; proibição de censura: art. 220, CF
- iniciativa: art. 1º, IV, CF
- locomoção: arts. 5º, XV e LXVIII, e 139, I, CF
- manifestação do pensamento: art. 5º, IV, CF
- ofício: art. 5º, XIII, CF
- privação ou restrição: art. 5º, XLVI, *a*, e LIV, CF; Súm. Vinc. 14, STF; Súm. 704, STF; Súm. 347, STJ
- provisória: art. 5º, LXVI, CF
- reunião: arts. 5º, XVI, 136, § 1º, I, *a*, e 139, IV, CF

LICENÇA À GESTANTE: arts. 7º, XVIII, e 39, § 3º, CF

LICENÇA-PATERNIDADE: arts. 7º, XIX, e 39, § 3º, CF; art. 10, § 1º, ADCT

LICITAÇÃO: arts. 22, XXVII, 37, XXI, e 175, CF; Súm. 333, STJ

LIMITAÇÕES AO PODER DE TRIBUTAR
- Estados, DF e Municípios: art. 152, CF
- inaplicabilidade: art. 34, § 6º, ADCT
- União: art. 151, CF
- União, Estados, DF e Municípios: art. 150, CF
- vedações; livros, jornais, periódicos e o papel destinado à sua impressão: art. 150, VI, *d*, CF; Súm. 657, STF
- vigência imediata: art. 34, § 1º, ADCT

LIMITES DO TERRITÓRIO NACIONAL
- Congresso Nacional; atribuição: art. 48, V, CF
- outros países: art. 20, III e IV, CF

LÍNGUA INDÍGENA: art. 210, § 2º, CF

LÍNGUA PORTUGUESA
- emprego; ensino fundamental: art. 210, § 2º, CF
- idioma oficial: art. 13, *caput*, CF

M

MAGISTRADOS
- *vide* JUIZ

MAIORES
- 16 anos; alistamento eleitoral: art. 14, § 1º, II, *c*, CF
- 70 anos; alistamento eleitoral: art. 14, § 1º, II, *b*, CF

MANDADO DE INJUNÇÃO
- competência STF: art. 102, I, *q*, e II, *a*, CF
- competência STJ: art. 105, I, *h*, CF
- concessão: art. 5º, LXXI, CF
- decisão denegatória do TRE: art. 121, § 4º, V, CF

MANDADO DE SEGURANÇA
- competência juízes federais: art. 109, VIII, CF
- competência STF: art. 102, I, *d*, e II, *a*, CF; Súm. 624, STF
- competência STJ: art. 105, I, *b*, e II, *b*, CF; Súms. 41 e 177, STJ
- competência TRF: art. 108, I, *c*, CF
- concessão: art. 5º, LXIX, CF
- decisão denegatória do TRE: art. 121, § 4º, V, CF
- decisão denegatória do TSE: art. 121, § 3º, CF

MANDADO DE SEGURANÇA COLETIVO: art. 5º, LXX, CF; Súm. 630, STF

MANDATO
- Deputado Estadual: art. 27, § 1º, CF
- Deputado Federal: art. 44, par. ún., CF
- Deputado ou Senador; perda: arts. 55 e 56, CF
- eletivo; ação de impugnação: art. 14, §§ 10 e 11, CF
- eletivo; servidor público: art. 38, CF
- Governador e Vice-Governador Estadual: art. 28, CF; art. 4º, § 3º, ADCT
- Governador, Vice-Governador e Deputado Distrital: art. 32, §§ 2º e 3º, CF
- Prefeito e Vice-prefeito: art. 4º, § 4º, ADCT
- Prefeito, Vice-Prefeite e Vereadores: art. 29, I e II, CF
- Prefeito; perda: art. 29, XIV, CF
- Presidente da República: art. 82, CF; e art. 4º, ADCT
- Senador: art. 46, § 1º, CF
- Vereador: art. 4º, § 4º, ADCT

MANIFESTAÇÃO DO PENSAMENTO: arts. 5º, IV, e 220, CF

MARGINALIZAÇÃO
- combate aos fatores: art. 23, X, CF
- erradicação: art. 3º, III, CF

MAR TERRITORIAL: art. 20, VI, CF

MATERIAIS RADIOATIVOS: art. 177, § 3º, CF

MATERIAL BÉLICO
- fiscalização; competência da União: art. 21, VI, CF
- legislação; competência privativa: art. 22, XXI, CF

MATERNIDADE
- proteção; direito social: arts. 6º e 7º, XVIII, CF
- proteção; objetivo da assistência social: art. 203, I, CF
- proteção; previdência social: art. 201, II, CF

MEDICAMENTOS
- produção; SUS: art. 200, I, CF
- propaganda comercial: art. 220, § 4º, CF; e art. 65, ADCT

MEDIDA CAUTELAR: art. 102, I, *p*, CF

MEDIDAS PROVISÓRIAS
- Congresso Nacional; apreciação: art. 62, §§ 5º a 9º, CF
- conversão em lei: art. 62, §§ 3º, 4º e 12, CF
- convocação extraordinária: art. 57, § 8º, CF
- edição; competência privativa: art. 84, XXVI, CF
- impostos; instituição ou majoração: art. 62, § 2º, CF
- perda de eficácia: art. 62, § 3º, CF
- reedição: art. 62, § 10, CF
- rejeitadas: art. 62, §§ 3º e 11, CF
- requisitos: art. 62, *caput*, CF
- vedação: arts. 62, §§ 1º e 10, e 246, CF
- votação: art. 62, § 8º, CF

MEIO AMBIENTE
- ato lesivo; ação popular: art. 5º, LXXIII, CF
- bem de uso comum do povo: art. 225, *caput*, CF
- defesa e preservação: art. 225, *caput*, CF
- defesa; ordem econômica: art. 170, VI, CF
- exploração; responsabilidade: art. 225, § 2º, CF
- Floresta Amazônica, Mata Atlântica, Serra do Mar, Pantanal Mato-Grossense e Zona Costeira; uso: art. 225, § 4º, CF
- legislação; competência concorrente: art. 24, VI, CF
- propaganda nociva: art. 220, § 3º, II, CF
- proteção; colaboração do SUS: art. 200, VIII, CF
- proteção; competência: art. 23, VI e VII, CF
- reparação dos danos: arts. 24, VIII; e 225, § 3º, CF
- sanções penais e administrativas: art. 225, § 3º, CF
- usinas nucleares: art. 225, § 6º, CF

MEIOS DE COMUNICAÇÃO SOCIAL: art. 220, § 5º, CF

MENOR
- direitos previdenciários e trabalhistas: art. 227, § 3º, II, CF
- direitos sociais: art. 227, § 3º, CF
- idade mínima para o trabalho: art. 227, § 3º, I, CF
- inimputabilidade penal: art. 228, CF
- trabalho noturno; proibição: art. 7º, XXXIII, CF
- violência: arts. 226, § 8º, e 227, § 4º, CF

MESAS DO CONGRESSO: art. 57, § 4º, CF

MICROEMPRESAS
- débitos: art. 47, ADCT
- tratamento jurídico diferenciado: arts. 146, III, *d*, e par. ún., e 179, CF

MICRORREGIÕES: art. 25, § 3º, CF

MILITAR(ES)
- ativa: art. 142, § 3º, III, CF
- elegibilidade: arts. 14, § 8º, e 42, § 1º, CF
- estabilidade: arts. 42, § 1º, e 142, § 3º, X, CF
- Estados, do Distrito Federal e dos Territórios: art. 42, CF
- filiação a partido político: art. 142, § 3º, V, CF

- Forças Armadas; disposições aplicáveis: art. 142, § 3º, CF
- Forças Armadas; regime jurídico: art. 61, § 1º, II, f, CF
- *habeas corpus;* não cabimento: art. 142, § 2º, CF
- inatividade: art. 142, § 3º, X, CF
- justiça comum ou militar; julgamento: art. 142, § 3º, VII, CF
- limites de idade: art. 142, § 3º, X, CF
- patentes: arts. 42, § 1º, e 142, § 3º, I e X, CF
- perda do posto e da patente: art. 142, 3º, VI, CF
- prisão; crime propriamente militar: art. 5º, LXI, CF
- prisão; transgressão: art. 5º, LXI, CF
- proventos e pensão: arts. 40, §§ 7º e 8º, e 42, § 2º, CF
- remuneração e subsídios: arts. 39, § 4º, 142, § 3º, X, e 144, § 9º, CF
- reserva: art. 142, § 3º, II e III, CF
- sindicalização e greve; proibição: art. 142, § 3º, IV, CF

MINÉRIOS: art. 23, XI, CF

MINÉRIOS NUCLEARES
- legislação; competência da União: art. 21, XXIII, CF
- monopólio da União: art. 177, V, CF

MINISTÉRIO PÚBLICO: arts. 127 a 130-A, CF
- abrangência: art. 128, CF
- ação civil pública: art. 129, III, CF; Súm. 643, STF; Súm. 329, STJ
- ação penal pública: art. 129, I, CF
- ADIN: art. 129, IV, CF
- atividade policial: art. 129, VII, CF
- aumento da despesa: art. 63, II, CF
- autonomia administrativa e funcional: art. 127, § 2º, CF
- carreira; ingresso: art. 129, § 3º, CF
- consultoria jurídica de entidades públicas: art. 129, IX, CF
- CPI: art. 58, § 3º, CF
- crimes comuns e de responsabilidade: art. 96, III, CF
- diligências investigatórias: art. 129, VIII, CF
- estatuto; princípios: arts. 93, II e VI, e 129, § 4º, CF
- federal; composição dos TRF: art. 107, I, CF
- funções institucionais: art. 129, CF
- funções; exercício: art. 129, § 2º, CF
- garantias: art. 128, § 5º, I, CF
- incumbência: art. 127, CF
- índios: arts. 129, V, e 232, CF
- inquérito civil: art. 129, III, CF
- inquérito policial: art. 129, VIII, CF
- interesses difusos e coletivos; proteção: art. 129, III, CF; Súm. 329, STJ
- intervenção da União e dos Estados: art. 129, IV, CF
- membros; STJ: art. 104, par. ún., II, CF
- membros; Tribunais de Contas: art. 130, CF
- membros; Tribunais: art. 94, CF
- membros; TST: art. 111-A, CF
- notificações: art. 129, VI, CF
- organização, atribuições e estatuto: art. 128, § 5º, CF
- organização; competência da União: art. 21, XIII, CF
- organização; vedação de delegação: art. 68, § 1º, I, CF
- órgãos: art. 128, CF
- princípios institucionais: art. 127, § 1º, CF
- Procurador-Geral da República: art. 128, § 2º, CF
- promoção: art. 129, § 4º, CF
- proposta orçamentária: art. 127, § 3º, CF
- provimento de cargos: art. 127, § 2º, CF
- União: art. 128, § 1º, CF
- vedações: arts. 128, § 5º, II, e 129, IX, CF

MINISTÉRIO PÚBLICO DA UNIÃO
- chefia: art. 128, § 1º, CF
- crimes comuns e responsabilidade: arts. 105, I, a, e 108, I, a, CF
- *habeas corpus:* art. 105, I, c, CF
- organização: arts. 48, IX, e 61, § 1º, II, d, CF
- órgãos: art. 128, I, CF

MINISTÉRIO PÚBLICO DO DISTRITO FEDERAL E TERRITÓRIOS
- organização: arts. 21, XIII, 22, XVII, 48, IX, e 61, § 1º, II, d, CF
- órgão do Ministério Público da União: art. 128, I, d, CF
- Procuradores-Gerais: art. 128, §§ 3º 4º, CF

MINISTÉRIO PÚBLICO DOS ESTADOS: art. 128, II, e §§ 3º e 4º, CF

MINISTÉRIO PÚBLICO DO TRABALHO
- estabilidade: art. 29, § 4º, ADCT
- membros; TRT: art. 115, I e II, CF
- membros; TST: art. 111-A, CF
- organização: art. 61, § 1º, II, d, CF
- órgão do Ministério Público da União: art. 128, I, b, CF

MINISTÉRIO PÚBLICO FEDERAL
- atribuições: art. 29, § 2º, ADCT
- atuais procuradores: art. 29, § 2º, ADCT
- composição dos TRF: art. 107, I, CF
- integrantes dos Ministérios Públicos do Trabalho e Militar: art. 29, § 4º, ADCT
- opção pelo regime anterior: art. 29, § 3º, ADCT
- órgão do Ministério Público da União: art. 128, I, a, CF

MINISTÉRIO PÚBLICO MILITAR
- estabilidade: art. 29, § 4º, ADCT
- membro; Superior Tribunal Militar: art. 123, par. ún., II, CF
- órgão do Ministério Público da União: art. 128, I, c, CF

MINISTÉRIOS
- criação e extinção; disposições em lei: arts. 48, XI, 61, § 1º, II, e, e 88, CF
- Defesa: arts. 52, I, 84, XIII, e 91, I a VIII, CF

MINISTROS
- aposentados; TFR: art. 27, § 4º, ADCT
- Estado: art. 50 e §§ 1º e 2º, CF
- Ministros do TFR para o STJ: art. 27, § 2º, I, ADCT
- STJ; indicação e lista tríplice: art. 27, § 5º, ADCT
- STJ; nomeação: art. 27, § 2º, II, ADCT
- TFR; classe: art. 27, § 3º, ADCT

MINISTRO DA JUSTIÇA: arts. 89, VI, e 91, IV, CF

MINISTRO DE ESTADO: arts. 87 e 88, CF
- atribuições: art. 84, par. ún., CF
- auxílio; Presidente da República: arts. 76 e 84, II, CF
- comparecimento; Senado Federal ou Câmara dos Deputados: art. 50, §§ 1º e 2º, CF
- competência: art. 87, par. ún., CF
- Conselho da República; participação: art. 90, § 1º, CF
- crimes comuns e de responsabilidade: arts. 52, I, e 102, I, b e c, CF
- escolha: art. 87, *caput*, CF
- exoneração: art. 84, I, CF
- *habeas corpus:* art. 102, I, d, CF
- *habeas data:* art. 105, I, b, CF
- nomeação: art. 84, I, CF
- processo contra; autorização: art. 51, I, CF
- requisitos: art. 87, *caput*, CF
- subsídios: art. 49, VIII, CF

MINISTRO DO STF
- brasileiro nato: art. 12, § 3º, VI, CF
- nomeação: art. 84, XIV, CF
- processo e julgamento: art. 52, II, CF

MINISTROS DO TRIBUNAL DE CONTAS DA UNIÃO
- aprovação; Senado Federal: art. 52, III, b, CF
- nomeação: art. 84, XV, CF
- número: art. 73, *caput*, CF
- prerrogativas: art. 73, § 3º, CF
- requisitos: art. 73, §§ 1º e 2º, CF

MISSÃO DIPLOMÁTICA: arts. 52, IV, e 102, I, c, CF

MOEDA
- emissão: arts. 21, VII, e 164, *caput*, CF
- limites: art. 48, XIV, CF

MONUMENTOS: art. 23, III, CF

MORADIAS: art. 23, IX, CF

MULHER
- igualdade em direitos: art. 5º, I, CF
- proteção; mercado de trabalho: art. 7º, XX, CF
- serviço militar obrigatório; isenção: art. 143, § 2º, CF

MUNICÍPIOS: arts. 29 a 31, CF
- aposentadorias e pensões: art. 249, CF
- autonomia: art. 18, *caput*, CF
- competência: arts. 23 e 30, CF
- Conselhos de Contas: art. 31, § 4º, CF
- contas; apreciação pelos contribuintes: art. 31, § 3º, CF
- contribuição: art. 149, § 1º, CF
- controle externo: art. 31, § 1º, CF
- criação: art. 18, § 4º, CF
- desmembramento: art. 18, § 4º, CF
- despesa; limite: art. 169; art. 38, ADCT
- disponibilidades de caixa: art. 164, § 3º, CF
- Distrito Federal: art. 32, *caput*, CF
- dívida consolidada: art. 52, VI, CF
- dívida mobiliária: art. 52, IX, CF
- empresas de pequeno porte: art. 179, CF
- ensino: arts. 211, § 2º, e 212, CF
- fiscalização: arts. 31 e 75, CF
- Fundo de Participação: art. 34, § 2º, ADCT
- fusão: art. 18, § 4º, CF
- guardas municipais: art. 144, § 8º, CF
- impostos: arts. 156, 158 e 160, CF
- incentivos fiscais: art. 41, ADCT
- incorporação: art. 18, § 4º, CF
- iniciativa popular: art. 29, XIII, CF
- intervenção: art. 35, CF
- lei orgânica: art. 29, CF; art. 11, par. ún., ADCT
- limitações: art. 19, CF
- microempresas: art. 179, CF
- operações de crédito externo e interno: art. 52, VII, CF
- pensões: art. 249, CF
- petróleo ou gás natural e outros recursos: art. 20, § 1º, CF
- precatórios: art. 100, CF; Súm. 655, STF; Súm. 144, STJ
- princípios: art. 37, *caput*, CF; Súm. Vinc. 13, STF
- receita; ITR: art. 158, II, CF; Súm. 139, STJ
- reforma administrativa: art. 24, ADCT
- símbolos: art. 13, § 2º, CF
- sistema tributário nacional: art. 34, § 3º, ADCT
- sistema único de saúde: art. 198, §§ 1º a 3º, CF
- sistemas de ensino: art. 211, CF
- terras em litígio; demarcação: art. 12, § 2º, ADCT
- Tribunal de Contas: art. 31, § 4º, CF
- tributos: arts. 145, 150 e 152, CF
- turismo: art. 180, CF

N

NACIONALIDADE: arts. 12 e 13, CF
- brasileiros natos: art. 12, I, CF
- brasileiros naturalizados: art. 12, II, CF
- cargos privativos de brasileiro nato: art. 12, § 3º, CF
- causas referentes à: 109, X, CF
- delegação legislativa; vedação: art. 68, § 1º, II, CF
- distinção entre brasileiros natos e naturalizados: art. 12, § 2º, CF
- legislação; competência privativa: art. 22, XIII, CF
- perda: art. 12, § 4º, CF
- portugueses: art. 12, II, *a*, e § 1º, CF

NASCIMENTO
- estrangeiro: art. 95, ADCT
- registro civil: art. 5º, LXXVI, *a*, CF

NATURALIZAÇÃO
- direitos políticos; cancelamento: art. 15, I, CF
- foro competente: 109, X, CF
- legislação; competência privativa: art. 22, XIII, CF
- perda da nacionalidade: art. 12, § 4º, II, CF
- perda da nacionalidade; cancelamento: art. 12, § 4º, I, CF

NATUREZA
- vide MEIO AMBIENTE

NAVEGAÇÃO
- aérea e aeroespacial: arts. 21, XII, *c*, e 22, X, CF
- cabotagem: art. 178, par. ún., CF
- fluvial: art. 22, X, CF
- lacustre: art. 22, X, CF
- marítima: art. 22, X, CF

NEGOCIAÇÕES COLETIVAS DE TRABALHO: art. 8º, VI, CF

NOTÁRIOS
- atividades: art. 236, § 1º, CF
- carreira: art. 236, § 3º, CF

O

OBRAS
- coletivas: art. 5º, XXVIII, *a*, CF
- direitos autorais: art. 5º, XXVII e XXVIII, CF; Súm. 386, STF
- patrimônio cultural brasileiro: art. 216, IV, CF
- proteção: art. 23, III e IV, CF
- públicas: art. 37, XXI, CF; Súm. 333, STJ

OBRIGAÇÃO ALIMENTÍCIA: art. 5º, LXVII, CF

OFICIAL
- forças armadas: art. 12, § 3º, VI, CF
- general: art. 84, XIII, CF
- registro: art. 236, CF

OLIGOPÓLIO: art. 220, § 5º, CF

OPERAÇÃO DE CRÉDITO
- adaptação: art. 37, ADCT
- Congresso Nacional; atribuição: art. 48, II, CF
- controle: art. 74, III, CF
- externo e interno: art. 52, VII e VIII, CF

OPERAÇÃO FINANCEIRA
- externas: art. 52, V, CF
- fiscalização: art. 21, VIII, CF

ORÇAMENTO: arts. 165 a 169, CF
- anual: art. 48, II, CF
- delegação legislativa; vedação: art. 68, § 1º, III, CF
- diretrizes orçamentárias: art. 165, II, e § 2º, CF
- legislação; competência concorrente: art. 24, II, CF
- lei orçamentária anual; conteúdo: art. 165, § 5º, CF
- plano plurianual: art. 165, I, e § 1º, CF
- projetos de lei; envio, apreciação e tramitação: arts. 84, XXIII, e 166, CF
- vedações: art. 167, CF

ORDEM DOS ADVOGADOS DO BRASIL: art. 103, VII, CF

ORDEM ECONÔMICA E FINANCEIRA: arts. 170 a 192, CF
- política agrícola e fundiária e reforma agrária: arts. 184 a 191, CF
- política urbana: arts. 182 e 183, CF
- princípios gerais da atividade econômica: arts. 170 a 181, CF
- sistema financeiro nacional: art. 192, CF

ORDEM JUDICIAL: art. 5º, XIII, CF

ORDEM SOCIAL arts. 193 a 232, CF
- assistência social: arts. 203 e 204, CF
- ciência e tecnologia: arts. 218 e 219, CF
- comunicação social: arts. 220 a 224, CF
- cultura: arts. 215 e 216, CF
- desporto: art. 217, CF
- educação: arts. 205 a 214, CF
- família, criança, adolescente e idoso: arts. 226 a 230, CF
- idosos: art. 230, CF
- índios: arts. 231 e 232, CF
- meio ambiente: art. 225, CF
- objetivos: art. 193, CF
- previdência social: arts. 201 e 202, CF
- saúde: arts. 196 a 200, CF
- seguridade social: arts. 194 a 204, CF

ORGANISMOS REGIONAIS: art. 43, § 1º, II, CF

ORGANIZAÇÃO JUDICIÁRIA: art. 22, XVII, CF

ORGANIZAÇÃO POLÍTICO-ADMINISTRATIVA DO ESTADO BRASILEIRO: art. 18, CF

ORGANIZAÇÃO SINDICAL
- criação: art. 8º, II, CF
- interferência: art. 8º, I, CF; Súm. 677, STF

- mandado de segurança coletivo: art. 5º, LXX, b, CF; Súm. 629, STF

ORGANIZAÇÕES INTERNACIONAIS: art. 21, I, CF

ÓRGÃOS PÚBLICOS
- disponibilidades de caixa: art. 164, § 3º, CF
- publicidade dos atos: art. 37, § 1º, CF

OURO: art. 153, § 5º, CF

P

PAGAMENTO
- precatórios judiciais: art. 33, CF

PAÍS: art. 230, CF

PARLAMENTARISMO: art. 2º, ADCT

PARTICIPAÇÃO NOS LUCROS: art. 7º, XI, CF

PARTIDOS POLÍTICOS: art. 17, CF
- ADIN; legitimidade: art. 103, VIII, CF

PATRIMÔNIO: art. 150, VI, c, CF; Súms. 724 e 730, STF

PATRIMÔNIO CULTURAL BRASILEIRO: art. 216, CF

PATRIMÔNIO HISTÓRICO, ARTÍSTICO, CULTURAL E ARQUEOLÓGICO: art. 23, III e IV, CF

PATRIMÔNIO HISTÓRICO, CULTURAL, ARTÍSTICO, TURÍSTICO E PAISAGÍSTICO: art. 24, VII e VIII, CF

PATRIMÔNIO HISTÓRICO E CULTURAL: art. 5º, LXXIII, CF

PATRIMÔNIO NACIONAL
- encargos ou compromissos gravosos: art. 49, I, CF
- Floresta Amazônica, Mata Atlântica, Serra do Mar, Pantanal Mato-Grossense e Zona Costeira: art. 225, § 4º, CF
- mercado interno: art. 219, CF

PATRIMÔNIO PÚBLICO: art. 23, I, CF

PAZ
- Congresso Nacional; autorização: art. 49, II, CF
- Conselho de Defesa Nacional; opinião: art. 91, § 1º, I, CF
- defesa; princípio adotado pelo Brasil: art. 4º, VI, CF
- Presidente da República; competência: art. 84, XX, CF
- União; competência: art. 21, II, CF

PENA(S)
- comutação: art. 84, XII, CF
- cruéis: art. 5º, XLVII, e, CF; Súm. 280, STJ
- espécies adotadas: art. 5º, XLVI, CF
- espécies inadmissíveis: art. 5º, XLVII, CF
- estabelecimentos específicos: art. 5º, XLVIII, CF
- individualização: art. 5º, XLV e XLVI, CF; Súm. Vinc. 26, STF
- morte: art. 5º, XLVII, a, CF
- perpétua: art. 5º, XLVII, b, CF
- prévia cominação legal: art. 5º, XXXIX, CF
- reclusão: art. 5º, XLII, CF

PENSÃO
- especial para ex-combatente da 2ª Guerra Mundial: art. 53, ADCT
- gratificação natalina: art. 201, § 6º, CF
- mensal vitalícia; seringueiros: art. 54, § 3º, ADCT
- militares: art. 42, § 2º, CF
- morte do segurado: art. 201, V, CF
- revisão dos direitos: art. 20, CF
- seringueiros que contribuíram durante a 2ª Guerra Mundial: art. 54, § 1º, ADCT
- seringueiros; benefícios transferíveis: art. 54, § 2º, ADCT
- servidor público: art. 40, §§ 2º, 7º, 8º e 14, CF

PETRÓLEO
- exploração e participação nos resultados: art. 20, § 1º, CF
- pesquisa e lavra: art. 177, I, CF
- refinação; monopólio da União: art. 177, II, e § 1º, CF
- transporte marítimo: art. 177, IV, e § 1º, CF
- venda e revenda: art. 238, CF

PETRÓLEO BRASILEIRO S/A – PETROBRAS: art. 45, par. ún., ADCT

PISO SALARIAL: art. 7º, V, CF

PLANEJAMENTO AGRÍCOLA: art. 187, § 1º, CF

PLANEJAMENTO DO DESENVOLVIMENTO NACIONAL: arts. 21, IX, 48, IV, e 174, § 1º, CF

PLANEJAMENTO FAMILIAR: art. 226, § 7º, CF

PLANO DE CUSTEIO E DE BENEFÍCIO: art. 59, CF

PLANO DIRETOR: art. 182, § 1º, CF

PLANO NACIONAL DE EDUCAÇÃO: arts. 212, § 3º, e 214, CF

PLANO PLURIANUAL
- Congresso Nacional; atribuição: art. 48, II, CF
- elaboração e organização: art. 165, § 9º, I, CF
- estabelecimento em lei: art. 165, I, e § 1º, CF
- lei orçamentária: art. 35, § 1º, I, ADCT
- Presidente da República; competência privativa: art. 84, XXIII, CF
- projeto; encaminhamento: art. 35, § 2º, I, ADCT
- projetos de lei: art. 166, CF

PLANOS DA PREVIDÊNCIA SOCIAL: art. 201, CF

PLEBISCITO
- anexação de estados federados: art. 18, § 3º, CF
- Congresso Nacional; competência: art. 49, XV, CF
- criação, incorporação, fusão e desmembramento de municípios: art. 18, § 4º, CF
- escolha da forma e do regime de governo: art. 2º, ADCT
- incorporação, subdivisão ou desmembramento de estados federados: art. 18, § 3º, CF
- instrumento de exercício da soberania popular: art. 14, I, CF

PLURALISMO POLÍTICO: art. 1º, V, CF

PLURIPARTIDARISMO: art. 17, caput, CF

POBREZA
- combate às causas; competência comum: art. 23, X, CF
- erradicação: art. 3º, III, CF
- Fundo de Combate e Erradicação da Pobreza: arts. 79 a 83, ADCT

PODER DE TRIBUTAR: arts. 150 a 152, CF

PODER ECONÔMICO: art. 14, § 9º, CF; Súm. 13, TSE

PODER EXECUTIVO: arts. 76 a 91, CF
- atividades nucleares; aprovação: art. 49, XIV, CF
- atos normativos regulamentares; sustação: art. 49, V, CF
- atos; fiscalização e controle: art. 49, X, CF
- comissão de estudos territoriais; indicação: art. 12, ADCT
- Conselho da República: arts. 89 e 90, CF
- Conselho de Defesa Nacional: art. 91, CF
- controle interno: art. 74, CF
- exercício; Presidente da República: art. 76, CF
- impostos; alteração da alíquota: art. 153, § 1º, CF
- independência e harmonia com os demais poderes: art. 2º, CF
- Ministros de Estado: arts. 87 e 88, CF
- Presidente da República; atribuições: art. 84, CF
- Presidente da República; autorização de ausência: art. 49, III, CF
- Presidente da República; eleição: art. 77, CF
- Presidente da República; responsabilidade: arts. 85 e 86, CF
- radiodifusão; concessão: art. 223, caput, CF
- reavaliação de incentivos fiscais: art. 41, ADCT
- revisão da lei orçamentária de 1989: art. 39, ADCT
- vencimentos dos cargos do: art. 37, XII, CF

PODER JUDICIÁRIO: arts. 92 a 126, CF
- ações desportivas: art. 217, § 1º, CF
- atos notariais: art. 236, § 1º, CF
- autonomia administrativa e financeira: art. 99, CF
- competência privativa dos tribunais: art. 96, CF
- conflitos fundiários: art. 126, CF
- controle interno: art. 74, CF
- Distrito Federal e Territórios: art. 21, XIII, CF
- Estados federados: art. 125, CF
- Estatuto da Magistratura: art. 93, CF
- garantias da magistratura: art. 95, CF
- independência e harmonia com os demais poderes: art. 2º, CF
- juizados especiais; criação: art. 98, I, CF; Súm. 376, STJ

- juízes; proibições: art. 95, par. ún., CF
- julgamentos; publicidade: art. 93, IX, CF
- justiça de paz: art. 98, II, CF
- Justiça Eleitoral: art. 118, CF
- Justiça Militar: arts. 122 a 124, CF
- órgãos que o integram: art. 92, CF
- quinto constitucional: art. 94, CF
- seções judiciárias: art. 110, caput, CF
- STF: arts. 101 a 103-B, CF
- STJ: arts. 104 e 105, CF
- Superior Tribunal Militar; composição: art. 123, CF
- Territórios Federais: art. 110, par. ún., CF
- Tribunais e Juízes do Trabalho: arts. 111 a 116, CF
- Tribunais e Juízes Eleitorais: arts. 118 a 121, CF
- Tribunais e Juízes Estaduais: arts. 125 a 126, CF; Súm. 721, STF
- Tribunais e Juízes Militares: arts. 122 a 124, CF
- Tribunais Regionais e Juízes Federais: arts. 106 a 110, CF
- vencimentos dos cargos do: art. 37, XII, CF

PODER LEGISLATIVO: arts. 44 a 75, CF
- Câmara dos Deputados: arts. 44, 45 e 51, CF
- comissão mista; dívida externa brasileira: art. 26, ADCT
- comissões permanentes e temporárias: art. 58, CF
- competência exclusiva: art. 68, § 1º, CF
- Congresso Nacional: arts. 44, 48 e 49, CF
- controle interno: art. 74, CF
- delegação legislativa: art. 68, CF
- Deputados: arts. 54 a 56, CF
- fiscalização contábil: arts. 70 a 75, CF
- imunidades: art. 53, CF
- incentivos fiscais: art. 41, ADCT
- independência e harmonia com os demais poderes: art. 2º, CF
- legislatura: art. 44, par. ún., CF
- lei orçamentária de 1989: art. 39, ADCT
- processo legislativo: arts. 59 a 69, CF
- propaganda comercial: art. 65, ADCT
- recesso: art. 58, § 4º, CF
- reuniões: art. 57, CF
- sanção presidencial: art. 48, caput, CF
- Senado Federal: arts. 44, 46 e 52, CF
- Senador: arts. 46, 54 a 56, CF
- sessão legislativa: art. 57, CF
- Territórios: art. 45, § 2º, CF
- vencimentos dos cargos: art. 37, XII, CF

POLÍCIA AEROPORTUÁRIA
- exercício da função pela polícia federal: art. 144, § 1º, III, CF
- serviços; competência da União: art. 21, XXII, CF

POLÍCIA DE FRONTEIRA
- exercício da função pela polícia federal: ar. 144, § 1º, III, CF
- serviços; competência da União: art. 21, XXII, CF

POLÍCIA FEDERAL
- funções: art. 144, § 1º, CF
- legislação; competência privativa: art. 22, XXII, CF
- órgão da segurança pública: art. 144, I, CF

POLÍCIA FERROVIÁRIA
- federal; órgão da segurança pública: art. 144, II, e § 3º, CF
- legislação; competência privativa: art. 22, XXII, CF

POLÍCIA MARÍTIMA
- exercício da função pela polícia federal: art. 144, § 1º, III, CF
- serviços; competência da União: art. 21, XXII, CF

POLÍCIA RODOVIÁRIA
- federal; órgão da segurança pública; funções: art. 144, II, e § 2º, CF
- legislação; competência privativa: art. 22, XXII, CF

POLÍCIAS CIVIS
- Distrito Federal: arts. 21, XIV, e 32, § 4º, CF; Súm. 647, STF
- funções: art. 144, § 4º, CF
- legislação; competência concorrente: art. 24, XVI, CF
- órgão da segurança pública: art. 144, IV, CF
- subordinação: art. 144, § 6º, CF

POLÍCIAS MILITARES
- Distrito Federal: arts. 21, XIV, e 32, § 4º, CF; Súm. 647, STF

- funções: art. 144, § 5º, CF
- legislação; competência privativa: art. 22, XXI, CF
- membros: art. 42, CF
- órgão da segurança pública: art. 144, V, CF
- subordinação: art. 144, § 6º, CF

POLÍTICA AGRÍCOLA E FUNDIÁRIA: arts. 184 a 191, CF

POLÍTICA DE DESENVOLVIMENTO URBANO: art. 182, caput, CF

POLÍTICA NACIONAL DE TRANSPORTES: art. 22, IX, CF

POLÍTICA URBANA: arts. 182 e 183, CF

PORTADORES DE DEFICIÊNCIA FÍSICA: art. 37, VIII, CF; Súm. 377, STJ

PORTOS: arts. 21, XII, f, e 22, X, CF

PRAIAS
- fluviais: art. 20, III, CF
- marítimas: art. 20, IV, CF

PRECATÓRIOS
- assumidos pela união; possibilidade: art. 100, § 16, CF
- complementares ou suplementares; expedição: art. 100, § 8º, CF
- natureza alimentícia: art. 100, caput, e §§ 1º e 2º, CF; Súm. 655, STF; Súm. 144, STJ
- pagamento: art. 100, CF; Súm. 655, STF; Súm. 144, STJ
- pagamento; regime especial: art. 97, ADCT
- pendentes de pagamento: arts. 33, 78 e 86, ADCT; Súm. 144, STJ
- pequeno valor: art. 100, §§ 3º e 4º, CF
- produção de efeitos; comunicação por meio de petição protocolizada: art. 100, § 14, CF
- regime especial para pagamento: art. 100, § 15, CF

PRECONCEITOS: art. 3º, IV, CF

PRÉ-ESCOLA
- assistência gratuita: art. 7º, XXV, CF
- crianças de até seis anos de idade: art. 208, IV, CF

PREFEITO MUNICIPAL
- contas; fiscalização: art. 31, § 2º, CF
- crimes de responsabilidade: art. 29-A, § 2º, CF
- eleição: art. 29, I e II, CF
- idade mínima: art. 14, § 3º, VI, c, CF
- inelegibilidade de cônjuge e de parentes até o segundo grau: art. 14, § 7º, CF; Súm. Vinc. 18, STF
- julgamento: art. 29, X, CF; Súms. 702 e 703, STF; Súm. 209, STJ
- perda do mandato: art. 29, XIV, CF
- posse: art. 29, III, CF
- reeleição: art. 14, § 5º, CF
- servidor público: art. 38, II, CF
- subsídios: art. 29, V, CF

PRESIDENCIALISMO: art. 2º, ADCT

PRESIDENTE DA CÂMARA DOS DEPUTADOS: art. 12, § 3º, II, CF

PRESIDENTE DA REPÚBLICA E VICE-PRESIDENTE: arts. 76 a 86, CF
- ADECON e ADIN; legitimidade: art. 103, I, CF
- afastamento; cessação: art. 86, § 2º, CF
- atos estranhos ao exercício de suas funções: art. 86, § 4º, CF
- ausência do País por mais de 15 dias: arts. 49, III, e 83, CF
- cargo privativo de brasileiro nato: art. 12, § 3º, I, CF
- Chefia de Estado: art. 84, VII, VIII, XIX, XX e XXII, CF
- Chefia de Governo: art. 84, I a VI, IX a XVIII, XXI, XXIII a XXVII, CF
- competência privativa: art. 84, CF
- compromisso: art. 1º, ADCT
- Congresso Nacional; convocação extraordinária: art. 57, § 6º, CF
- Conselho da República; órgão de consulta: art. 89, caput, CF
- Conselho de Defesa Nacional; órgão de consulta: art. 91, caput, CF
- contas; apreciação: arts. 49, IX, 51, II, e 71, I, CF
- crimes de responsabilidade: arts. 52, I, e par. ún., 85 e 86, CF
- delegação legislativa: art. 68, CF
- Distrito Federal: art. 16, ADCT
- eleição: art. 77, CF; art. 4º, § 1º, ADCT

- exercício do Poder Executivo: art. 76, CF
- governadores de Roraima e do Amapá; indicação: art. 14, § 3º, ADCT
- *habeas corpus* e *habeas data*: art. 102, I, *d*, CF
- idade mínima: art. 14, § 3º, VI, a, CF
- impedimento: arts. 79, *caput*, e 80, CF
- inelegibilidade de cônjuge e de parentes até o segundo grau: art. 14, § 7º, CF; Súm. Vinc. 18, STF
- infrações penais comuns: arts. 86 e 102, I, *b*, CF
- iniciativa de leis: arts. 60, II, 61, § 1º, 63, I, 64, CF
- leis orçamentárias: art. 165, CF
- mandado de injunção: art. 102, I, *q*, CF
- mandado de segurança: art. 102, I, *d*, CF
- mandato: art. 82; art. 4º, ADCT
- medidas provisórias: arts. 62 e 84, XXVI, CF; Súm. 651, STF
- morte de candidato, antes de realizado o segundo turno: art. 77, § 4º, CF
- Poder Executivo; exercício: art. 76, CF
- posse: art. 78, *caput*, CF
- prisão: art. 86, § 3º, CF
- processo contra; autorização da Câmara dos Deputados: arts. 51, I, e 86, CF
- promulgação de lei: art. 66, §§ 5º e 7º, CF
- reeleição: art. 14, § 5º, CF
- responsabilidade: arts. 85 e 86, CF
- sanção: arts. 48, *caput*, 66, *caput* e § 3º, CF
- subsídios: art. 49, VIII, CF
- substituição: art. 79, CF
- sucessão: art. 79, CF
- suspensão de suas funções: art. 86, § 1º, CF
- tomada de contas: art. 51, II, CF
- vacância do cargo: arts. 78, par. ún., 79, 80 e 81, CF
- veto: art. 66, §§ 1º a 6º, CF

PRESIDENTE DO BANCO CENTRAL: art. 52, III, *d*, CF

PRESIDENTE DO SENADO FEDERAL: art. 12, § 3º, III, CF

PREVIDÊNCIA COMPLEMENTAR: art. 5º, XLVI, *d*, CF

PREVIDÊNCIA PRIVADA
- complementar: art. 202, CF
- fiscalização; competência da União: art. 21, VIII, *in fine*, CF
- planos de benefícios e serviços: art. 6º da EC no 20/1998
- subvenção oficial: art. 202, § 3º; art. 5º da EC no 20/1998

PREVIDÊNCIA SOCIAL: arts. 201 e 202, CF
- aposentadoria: art. 201, §§ 7º a 9º, CF
- aposentadoria; contagem recíproca do tempo de contribuição: art. 201, § 9º, CF
- benefício; limite: art. 248, CF; art. 14 da EC nº 20/1998
- benefício; reajustamento: art. 201, § 4º, CF
- benefício; revisão dos valores: art. 58, ADCT
- benefício; valor mínimo mensal: art. 201, § 2º, CF
- benefício; vinculação da receita ao pagamento: art. 167, XI, CF
- contribuintes: art. 201, CF
- correção monetária; salários de contribuição: art. 201, § 3º, CF; Súm. 456, STJ
- custeio: art. 149, § 1º, CF
- direito social: art. 6º, CF
- fundos: arts. 249 e 250, CF
- ganhos habituais do empregado; incorporação ao salário: art. 201, § 11, CF
- gratificação natalina de aposentados e pensionistas: art. 201, § 6º, CF
- legislação; competência concorrente: art. 24, XII, CF
- prestação continuada; revisão de valores: art. 58, ADCT; Súm. 687, STF
- prestações mensais dos benefícios atualizadas: art. 58, par. ún., ADCT
- princípios: art. 201, CF
- subvenção a entidade de previdência privada: art. 202, § 3º, CF
- trabalhadores de baixa renda; inclusão previdenciária: art. 201, § 12, CF

PRINCÍPIO
- ampla defesa: art. 5º, LV, CF; Súms. Vincs. 5, 21 e 24, STF; Súms. 701, 704 e 712, STF; Súms. 196, 312 e 373, STJ
- contraditório: art. 5º, LV, CF; Súms. Vincs. 5, 21 e 24, STF; Súms. 701, 704 e 712, STF; Súms. 196, 312 e 373, STJ
- eficiência: art. 37, *caput*, CF; Súm. Vinc. 13, STF
- fundamentais: arts. 1º a 4º, CF
- impessoalidade: art. 37, *caput*, CF; Súm. Vinc. 13, STF
- legalidade: arts. 5º, II, e 37, *caput*, CF; Súm. Vinc. 13, STF; Súms. 636 e 686, STF
- livre concorrência: art. 170, IV, CF; Súm. 646, STF
- moralidade: art. 37, *caput*, CF; Súm. Vinc. 13, STF
- publicidade: art. 37, *caput*, CF

PRISÃO
- civil: art. 5º, LXVII, CF; Súm. Vinc. 25, STF; Súms. 280 e 419, STJ
- comunicação ao Judiciário e à família do preso: art. 5º, LXII, CF
- durante o estado de defesa: art. 136, § 3º, III, CF
- flagrante delito: art. 5º, LXI, CF
- ilegal: art. 5º, LXV, CF
- perpétua: art. 5º, XLVII, *b*, CF

PROCESSO
- autoridade competente: art. 5º, LIII, CF
- distribuição imediata: arts. 93, XV, e 129, § 5º, CF
- inadmissibilidade de provas ilícitas: art. 5º, LVI, CF
- judicial ou administrativo: art. 5º, LV, CF; Súms. Vincs. 5 e 21, STF; Súms. 701, 704 e 712, STF; Súms. 196, 312 e 373, STJ
- julgamento de militares do Estado: art. 125, §§ 4º e 5º, CF; Súms. 6, 53 e 90, STJ
- legislação; competência concorrente: art. 24, XI, CF
- necessidade: art. 5º, LIV, CF
- razoável duração: art. 5º, LXXVIII, CF

PROCESSO ELEITORAL: art. 16, CF

PROCESSO LEGISLATIVO: arts. 59 a 69, CF
- diplomas legais: art. 59, CF
- emenda constitucional: art. 60, CF
- iniciativa popular: art. 61, § 2º, CF
- iniciativa popular; estadual: art. 27, § 4º, CF
- iniciativa; leis complementares e ordinárias: art. 61, CF
- iniciativa; Presidente da República: arts. 61, § 1º, e 84, III, CF
- início; Câmara dos Deputados: art. 64, CF
- leis complementares; *quorum*: art. 69, CF
- leis delegadas: art. 68, CF
- medidas provisórias: art. 62, CF; Súm. 651, STF
- projetos de codificação: art. 64, § 4º, CF
- promulgação: arts. 65 e 66, §§ 5º e 7º, CF
- sanção presidencial: art. 66, CF
- veto presidencial: art. 66, CF

PROCURADORES DOS ESTADOS E DO DISTRITO FEDERAL: art. 132, CF

PROCURADOR-GERAL DA REPÚBLICA
- ADIN; legitimidade: art. 103, VI, CF
- audiência prévia: art. 103, § 1º, CF
- crimes de responsabilidade: art. 52, II, CF
- destituição: art. 128, § 2º, CF
- *habeas corpus* e *habeas data*: art. 102, I, *d*, CF
- infrações penais comuns: art. 102, I, *b*, CF
- mandado de segurança: art. 102, I, *d*, CF
- Ministério Público da União; chefe: art. 128, § 1º, CF
- nomeação; requisitos: art. 128, § 1º, CF
- opção: art. 29, § 2º, ADCT
- Presidente da República; atribuições: art. 84, par. ún., CF
- Presidente da República; nomeação: art. 84, XIV, CF
- recondução: art. 128, § 1º, CF
- Senado Federal; aprovação: art. 52, III, e, CF
- Senado Federal; exoneração de ofício: art. 52, XI, CF

PROCURADORIA-GERAL DA FAZENDA NACIONAL
- representação da União; causas fiscais: art. 29, § 5º, ADCT
- representação da União; execuções da dívida: art. 131, § 3º, CF; Súm. 139, STJ

PROGRAMA
- formação do patrimônio do servidor público: art. 239, *caput*, e § 3º, CF
- integração social: art. 239, CF

- nacionais, regionais e setoriais; atribuição do Congresso Nacional: art. 48, IV, CF
- nacionais, regionais e setoriais; elaboração e apreciação: art. 165, § 4º, CF

PROJETO DE LEI
- *vide* PROCESSO LEGISLATIVO

PROPRIEDADE
- direito; garantia: art. 5º, XXII, CF
- função social: arts. 5º, XXIII, e 170, III, CF
- particular: art. 5º, XXV, CF
- predial e territorial urbana; impostos: art. 156, I, CF; Súm. 589, STF; Súm. 399, STJ
- privada: art. 170, II, CF
- produtiva: art. 185, par. ún., CF
- veículos automotores; imposto: art. 155, III, CF

PROPRIEDADE RURAL
- aquisição; pessoa estrangeira: art. 190, CF
- desapropriação para fins de reforma agrária: art. 185, CF
- desapropriação por interesse social: art. 184, CF
- função social: arts. 184 e 186, CF
- média: art. 185, I, CF
- penhora: art. 5º, XXVI, CF
- pequena; definição em lei: art. 5º, XXVI, CF
- pequena; impenhorabilidade: art. 5º, XXVI, CF; Súm. 364, STJ
- usucapião: art. 191, CF

PROPRIEDADE URBANA
- aproveitamento: art. 182, § 4º, CF
- concessão de uso: art. 183, § 1º, CF
- desapropriação: art. 182, §§ 3º e 4º, III, CF; Súms. 113 e 114, STJ
- função social; art. 182, § 2º, CF; Súm. 668, STF
- título de domínio: art. 183, § 1º, CF
- usucapião: art. 183, CF

PUBLICIDADE DE ATOS PROCESSUAIS: art. 5º, LX, CF; Súm. 708, STF

Q

QUILOMBOS
- propriedade de seus remanescentes: art. 68, ADCT
- tombamento: art. 216, § 5º, CF

QUINTO CONSTITUCIONAL: arts. 94, 107, I e 111-A, I, CF

R

RAÇA: art. 3º, IV, CF

RACISMO
- crime inafiançável e imprescritível: art. 5º, XLII, CF
- repúdio: art. 4º, VIII, CF

RÁDIO
- acesso gratuito dos partidos políticos: art. 17, § 3º, CF
- concessão e renovação à emissora: art. 48, XII, CF
- produção e programação: arts. 220, § 3º, II, e 221, CF
- programas; classificação: art. 21, XVI, CF

RADIODIFUSÃO
- dispor; competência do Congresso Nacional: art. 48, XII, CF
- empresa: art. 222, CF
- exploração; competência da União: art. 21, XII, a, CF
- legislação; competência privativa: art. 22, IV, CF
- serviço de: art. 223, CF

RADIOISÓTOPOS
- meia-vida igual ou inferior a duas horas: art. 21, XXIII, b, CF
- utilização; regime de concessão ou permissão: art. 21, XXIII, b, CF

RECEITAS TRIBUTÁRIAS
- Estados e do Distrito Federal: arts. 157, 159, I, a, II, §§ 1º e 2º, CF
- Municípios: arts. 158, 159, I, b, §§ 1º e 3º, CF
- repartição: arts. 157 a 162, CF
- União; exercício 1989: art. 39, ADCT

RECURSO ESPECIAL: art. 105, III, CF

RECURSO EXTRAORDINÁRIO: art. 102, III, CF; Súm. 640, STF

RECURSO ORDINÁRIO
- competência; STJ: art. 105, II, CF
- competência; STF: art. 102, II, CF

RECURSOS HÍDRICOS
- fiscalização; competência comum: art. 23, XI, CF
- participação no resultado da exploração: art. 20, § 1º, CF
- sistema nacional de gerenciamento; competência da União: art. 21, XIX, CF

RECURSOS MINERAIS
- bens da União: art. 20, IX, CF
- exploração: art. 225, § 2º, CF
- fiscalização; competência comum: art. 23, XI, CF
- legislação; competência privativa: art. 22, XII, CF
- participação no resultado da exploração: art. 20, § 1º, CF
- pesquisa e lavra: art. 176, §§ 1º e 3º, CF; art. 43, ADCT
- terras indígenas; exploração: art. 49, XVI, CF

RECURSOS NATURAIS
- bens da União: art. 20, V, CF
- defesa; competência concorrente: art. 24, VI, CF

REELEIÇÃO: art. 14, § 5º, CF

REFERENDO
- autorização; competência do Congresso Nacional: art. 49, XV, CF
- instrumento de exercício da soberania popular: art. 14, I, CF

REFINAÇÃO DE PETRÓLEO: art. 177, II, CF

REFINARIAS: art. 45, ADCT

REFORMA AGRÁRIA
- beneficiários: art. 189, CF
- compatibilização; política agrícola: art. 187, § 2º, CF
- compatibilização; terras públicas: art. 188, CF
- desapropriação: arts. 184 e 185, CF

REGIÕES
- criação; objetivos: art. 43, CF
- metropolitanas: art. 25, § 3º, CF

REGISTRO
- civil de nascimento: art. 5º, LXXVI, a, CF
- filhos nascidos no estrangeiro: art. 90, ADCT
- públicos: art. 22, XXV, CF

RELAÇÕES EXTERIORES: art. 21, I, CF

RELAÇÕES INTERNACIONAIS DO BRASIL: art. 4º, CF

RELAXAMENTO DA PRISÃO ILEGAL: art. 5º, LXV, CF

RELIGIÃO: art. 210, § 1º, CF

RENÚNCIA A CARGOS POLÍTICOS: art. 14, § 6º, CF

REPARAÇÃO DE DANO: art. 5º, XLV, CF

REPARTIÇÃO DAS RECEITAS TRIBUTÁRIAS: arts. 157 a 162, CF

REPOUSO SEMANAL REMUNERADO: art. 7º, XV, CF

REPÚBLICA FEDERATIVA DO BRASIL
- apreciação popular mediante plebiscito: art. 2º, ADCT
- fundamentos: art. 1º, CF
- integração da América Latina: art. 4º, par. ún., CF
- objetivos fundamentais: art. 3º, CF
- organização político-administrativa: art. 18, *caput*, CF
- relações internacionais da; princípios: art. 4º, *caput*, CF

RESERVAS CAMBIAIS DO PAÍS: art. 21, VIII, CF

RETROATIVIDADE DA LEI PENAL: art. 5º, XL, CF

REVISÃO CONSTITUCIONAL: art. 3º, ADCT

REVISÃO CRIMINAL
- competência; STJ: art. 105, I, e, CF
- competência; STF: art. 102, I, j, CF
- competência; TRF: art. 108, I, b, CF

S

SALÁRIO(S)
- décimo terceiro: art. 7º, VIII, CF
- de contribuição: art. 201, § 3º, CF; Súm. 456, STJ

- diferença; proibição: art. 7º, XXX, CF
- discriminação: art. 7º, XXXI, CF
- educação: art. 212, § 5º, CF; Súm. 732, STF
- família: art. 7º, XII, CF
- irredutibilidade: art. 7º, VI, CF
- mínimo anual: art. 239, § 3º, CF
- mínimo; garantia: art. 7º, VII, CF
- mínimo; vinculação: art. 7º, IV, CF: Súms. Vincs. 4, 6 e 15, STF; Súm. 201, STJ
- proteção: art. 7º, X, CF

SANEAMENTO BÁSICO
- ações; competência do SUS: art. 200, IV, CF
- diretrizes; competência da União: art. 21, XX, CF
- promoção; competência comum: art. 23, IX, CF

SANGUE: art. 199, § 4º, CF

SAÚDE: arts. 196 a 200, CF
- aplicação de percentual do orçamento da seguridade social: art. 55, ADCT
- cuidar; competência comum: art. 23, II, CF
- custeio do sistema: art. 71, ADCT
- direito da criança e do adolescente: art. 227, § 1º, CF
- direito de todos e dever do Estado: art. 196, CF
- direito social: art. 6º, CF
- diretrizes dos serviços: art. 198, CF
- execução; Poder Público ou terceiros: art. 197, CF
- iniciativa privada: art. 199, CF
- propaganda de produtos, práticas e serviços nocivos à: art. 220, § 3º, II, CF
- proteção e defesa; competência concorrente: art. 24, XII, CF
- regulamentação, fiscalização e controle: art. 197, CF
- serviços; competência dos Municípios: art. 30, VII, CF
- serviços; relevância pública: art. 197, CF
- sistema único: arts. 198 e 200, CF

SEDE DO GOVERNO FEDERAL: art. 48, VII, CF

SEGREDO DE JUSTIÇA: art. 14, § 11, CF

SEGURANÇA
- direito social: arts. 6º e 7º, XXII, CF
- trabalho: art. 7º, XXII, CF

SEGURANÇA PÚBLICA
- corpos de bombeiros militares: art. 144, §§ 5º e 6º, CF
- dever do Estado: art. 144, caput, CF
- direito e responsabilidade de todos: art. 144, caput, CF
- guardas municipais: art. 144, § 8º, CF
- objetivos: art. 144, caput, CF
- órgãos: art. 144, I a V, e 7º, CF
- polícia civil: art. 144, §§ 5º e 6º, CF
- polícia federal: art. 144, § 1º, CF
- polícia ferroviária federal: art. 144, § 3º, CF
- polícia militar: art. 144, §§ 5º e 6º, CF
- polícia rodoviária federal: art. 144, § 2º, CF

SEGURIDADE SOCIAL: arts. 194 a 204, CF
- arrecadação; integrar a receita: art. 56, ADCT; Súm. 658, STF
- assistência social: arts. 203 e 204, CF
- atividade em regime de economia familiar; alíquota: art. 195, § 8º, CF; Súm. 272, STJ
- benefícios: art. 248, CF
- débito; sanções: art. 195, § 3º, CF
- estrutura: art. 194, CF
- finalidade: art. 194, caput, CF
- financiamento pela sociedade: arts. 195 e 240, CF; Súms. 658 e 659, STF
- isenções de entidades beneficentes: art. 195, § 7º, CF; Súm. 352, STJ
- legislação; competência privativa: art. 22, XXIII, CF
- objetivos: art. 194, par. ún., CF
- orçamento: art. 165, § 5º, III, CF
- orçamento destinado ao serviço de saúde: art. 55, CF
- organização: art. 194, par. ún., CF
- previdência social: arts. 201 e 202, CF
- projeto de lei relativo à organização: art. 59, ADCT
- proposta de orçamento: art. 195, § 2º, CF
- receitas estaduais, municipais e do Distrito Federal: art. 195, § 1º, CF
- saúde: arts. 196 a 200, CF

SEGURO
- contra acidentes do trabalho: art. 7º, XXVIII, CF
- fiscalização; competência da União: art. 21, VIII, CF
- legislação; competência privativa: art. 22, VII, CF
- seguro-desemprego: arts. 7º, II, e 239, caput, e § 4º, CF

SENADO FEDERAL: art. 52, CF
- ADECON; legitimidade: art. 103, § 4º, CF
- Câmara Legislativa do Distrito Federal; competência: art. 16, §§ 1 e 2º, CF
- comissões permanentes e temporárias: art. 58, CF
- competência privativa: art. 52, CF
- competência privativa; vedação de delegação: art. 68, § 1º, CF
- composição: art. 46, CF
- Congresso Nacional; composição: art. 44, caput, CF
- Conselho da República; participação: art. 89, III, V e VII, CF
- Conselho de Defesa Nacional; participação: art. 91, III, CF
- CPI; criação e poderes: art. 58, § 3º, CF
- crimes de responsabilidade; Presidente da República: art. 86, CF
- despesa: art. 63, II, CF
- emenda constitucional; proposta: art. 60, I, CF
- emendas em projetos de lei: art. 64, § 3º, CF
- estado de sítio: art. 53, § 8º, CF
- impostos; alíquotas: art. 155, §§ 1º, IV, e 2º, IV e V, CF
- iniciativa de leis: art. 61, CF
- legislatura: art. 44, par. ún., CF
- licença prévia a Senadores; incorporação às Forças Armadas: art. 53, § 7º, CF
- Mesa: art. 58, § 1º, CF
- Ministros de Estado: art. 50, CF
- Presidente; cargo privativo de brasileiro nato: art. 12, § 3º, III, CF
- Presidente; exercício da Presidência da República: art. 80, CF
- projetos de lei; discussão e votação: art. 64, CF
- promulgação de leis pelo Presidente: art. 66, § 7º, CF
- quorum: art. 47, CF
- reunião; sessão conjunta com a Câmara dos Deputados: art. 57, § 3º, CF

SENADORES
- vide SENADO FEDERAL e CONGRESSO NACIONAL
- decoro parlamentar: arts. 55, II, e §§ 1º e 2º, CF
- duração do mandato: art. 46, § 1º, CF
- Forças Armadas; requisito: art. 53, § 7º, CF
- idade mínima: art. 14, § 3º, VI, a, CF
- impedimentos: art. 54, CF
- imunidades: arts. 53, § 8º, e 139, par. ún., CF
- inviolabilidade: art. 53, CF
- julgamento perante o STF: arts. 53, § 1º, e 102, I, b, d e q, CF
- perda de mandato: arts. 55 e 56, CF
- prisão: art. 53, § 2º, CF
- servidor público; afastamento: art. 38, I, CF
- sistema eleitoral: art. 46, caput, CF
- subsídio: art. 49, VII, CF
- suplente; convocação: arts. 46, § 3º, 56, § 1º, CF
- sustação do andamento da ação: art. 53, §§ 3º a 5º, CF
- testemunho: art. 53, § 6º, CF
- vacância: art. 56, § 2º, CF

SENTENÇA
- estrangeira; homologação: art. 105, I, i, CF
- penal condenatória; trânsito em julgado: art. 5º, LVII, CF
- perda do cargo de servidor público estável: art. 41, §§ 1º, I, e 2º, CF
- proferida pela autoridade competente: art. 5º, LIII, CF

SEPARAÇÃO DE PODERES: art. 60, § 4º, III, CF

SEPARAÇÃO JUDICIAL: art. 226, § 6º, CF

SERINGUEIROS: art. 54, ADCT

SERVENTIAS DO FORO JUDICIAL: art. 31, ADCT

SERVIÇO(S)
- energia elétrica: art. 21, XII, b, CF
- essenciais: arts. 9º, § 1º, e 30, V, CF

- forenses: art. 24, IV, CF
- gás canalizado: art. 25, § 2º, CF
- navegação aérea: art. 21, XII, c, CF
- notariais e de registro: art. 236, CF
- nucleares: art. 21, XXIII, CF
- oficiais de estatística: art. 21, XV, CF
- postal: arts. 21, X, e 22, V, CF
- públicos; de interesse local: art. 30, V, CF
- públicos; dever do Poder Público: art. 175, CF
- públicos; licitação: art. 37, XXI, CF; Súm. 333, STJ
- públicos; prestação; política tarifária: art. 175, par. ún., III, CF; Súm. 407, STJ
- públicos; reclamações: art. 37, § 3º, I, CF
- radiodifusão: arts. 21, XII, a, e 223, CF
- registro: art. 236 e §§ 1º a 3º, CF
- saúde: art. 197, CF
- telecomunicações: art. 21, XI, CF
- transporte ferroviário, aquaviário e rodoviário: art. 21, XII, d e e, CF

SERVIÇO EXTRAORDINÁRIO: art. 7º, XVI, CF

SERVIÇO MILITAR
- imperativo de consciência: art. 143, § 1º, CF
- mulheres e eclesiásticos: art. 143, § 2º, CF; Súm. Vinc. 6, STF
- obrigatoriedade: art. 143, caput, CF
- obrigatório; alistamento eleitoral dos conscritos: art. 14, § 2º, CF

SERVIDOR PÚBLICO: arts. 39 a 41, CF; Súm. Vinc. 4, STF; Súms. 683 e 684, STF; Súms. 97 e 378, STJ; Súm. 390, TST
- acréscimos pecuniários: art. 37, XIV, CF
- acumulação remunerada de cargos: art. 37, XVI e XVII, CF
- adicional noturno: art. 39, § 3º, CF
- adicional por serviço extraordinário: art. 39, § 3º, CF
- administração fazendária: art. 37, XVIII, CF
- anistia: art. 8º, § 5º, ADCT
- aposentadoria: art. 40, CF
- aposentadoria; legislação anterior à EC no 20/98: arts. 3º e 8º da EC nº 20/98
- associação sindical: art. 37, VI, CF
- ato de improbidade administrativa: art. 37, § 4º, CF
- ato ilícito: art. 37, § 5º, CF
- avaliação especial de desempenho: art. 41, § 4º, CF
- benefício; atualização: art. 37, § 17, CF
- benefício; limite máximo: art. 14 da EC no 20/98
- cargo efetivo: art. 37, V, CF
- cargo em comissão: art. 40, § 13, CF
- concorrência; prevenção de desequilíbrio: art. 146-A, CF
- contratação por tempo determinado: art. 37, IX, CF
- décimo terceiro salário: art. 39, § 3º, CF
- desnecessidade de cargo: art. 41, § 3º, CF
- direito: art. 39, § 3º, CF
- direito de greve: art. 37, VII, CF
- discriminação: art. 39, § 3º, CF
- disponibilidade remunerada: art. 41, § 3º, CF
- estabilidade: art. 41, CF; art. 19, ADCT; Súm. 390, TST
- exercício de mandato eletivo: art. 38, CF
- extinção de cargo: art. 41, § 3º, CF
- férias e adicional: art. 39, § 3º, CF
- formação e aperfeiçoamento: art. 39, § 2º, CF
- funções de confiança: art. 37, V, CF
- informações privilegiadas; acesso: art. 37, § 7º, CF
- jornada de trabalho: art. 39, § 3º, CF
- licença à gestante: art. 39, § 3º, CF
- licença-paternidade: art. 39, § 3º, CF
- microempresas: art. 146, III, d, e par. ún., CF
- pensão por morte: art. 40, §§ 7º e 8º, CF
- perda do cargo: arts. 41, § 1º, 169, § 4º, e 247, CF
- recursos orçamentários: art. 39, § 7º, CF
- regime de previdência complementar: art. 40, §§ 14, 15 e 16, CF
- regime de previdência de caráter contributivo: arts. 40 e 249, CF
- reintegração: art. 41, § 2º, CF
- remuneração: art. 37, X a XIII, CF; Súm. 672, STF
- repouso semanal remunerado: art. 39, § 3º, CF
- riscos do trabalho; redução: art. 39, § 3º, CF
- salário-família: art. 39, § 3º, CF
- salário mínimo: art. 39, § 3º, CF

- subsídios e vencimentos: art. 37, XV, CF
- subsídios: art. 37, XI, CF
- tempo de contribuição e de serviço: art. 40, § 9º, CF
- tempo de serviço: art. 4º da EC nº 20/98
- Tribunais; licenças e férias: art. 96, I, f, CF
- União e Territórios: art. 61, § 1º, II, c, CF
- vencimento; peculiaridades dos cargos: art. 39, § 1º, III, CF
- vencimento e sistema remuneratório: arts. 37, XI, XII e XIV, e 39, §§ 1º, 4º, 5º e 8º, CF

SESSÃO LEGISLATIVA DO CONGRESSO NACIONAL: art. 57, CF

SIGILO DA CORRESPONDÊNCIA E DAS COMUNICAÇÕES TELEGRÁFICAS E TELEFÔNICAS
- estado de defesa; restrições: art. 136, § 1º, I, b e c, CF
- estado de sítio; restrições: art. 139, III, CF
- inviolabilidade; ressalva: art. 5º, XII, CF

SIGILO DAS VOTAÇÕES: art. 5º, XXXVIII, b, CF

SÍMBOLOS: art. 13, §§ 1º e 2º, CF

SINDICATOS: art. 8º, CF; Súm. 4, STJ
- denúncia de irregularidades; legitimidade: art. 74, § 2º, CF
- direitos; interesses coletivos ou individuais; defesa: art. 8º, III, CF
- impostos; vedação de instituição: art. 150, VI, c, e § 4º, CF
- liberdade de filiação: art. 8º, V, CF
- rurais; normas aplicáveis: art. 8º, par. ún., CF; art. 10, § 2º, ADCT

SISTEMA CARTOGRÁFICO
- legislação; competência privativa: art. 22, XVIII, CF
- manutenção; competência da União: art. 21, XV, CF

SISTEMA DE GOVERNO: art. 2º, ADCT

SISTEMA DE MEDIDAS: art. 22, VI, CF

SISTEMA ESTATÍSTICO: art. 22, XVIII, CF

SISTEMA FEDERAL DE ENSINO: art. 22, VI, CF

SISTEMA FINANCEIRO NACIONAL: art. 192, CF

SISTEMA MONETÁRIO E DE MEDIDAS: art. 22, VI, CF

SISTEMA NACIONAL DE EMPREGO: art. 22, XVI, CF

SISTEMA NACIONAL DE VIAÇÃO: art. 21, XXI, CF

SISTEMA TRIBUTÁRIO NACIONAL: arts. 145 a 162, CF
- administrações tributárias: art. 37, XXII, CF
- Congresso Nacional; atribuição: art. 48, I, CF
- impostos da União: arts. 153 e 154, CF
- impostos dos Estados federados e do Distrito Federal: art. 155, CF
- impostos municipais: art. 156, CF
- limitações do poder de tributar: arts. 150 a 152, CF
- princípios gerais: arts. 145 a 149, CF
- repartição das receitas tributárias: arts. 157 a 162, CF
- Senado Federal; avaliação: art. 52, XV, CF
- vigência; início: art. 34, ADCT

SISTEMA ÚNICO DE SAÚDE: arts. 198 a 200, CF

SÍTIOS ARQUEOLÓGICOS
- bens da União: art. 20, X, CF
- patrimônio cultural brasileiro: art. 216, V, CF
- proteção; competência comum: art. 23, III, CF

SÍTIOS PRÉ-HISTÓRICOS: art. 20, X, CF

SOBERANIA DOS VEREDICTOS DO JÚRI: art. 5º, XXXVIII, c, CF

SOBERANIA NACIONAL
- fundamento do Estado brasileiro: art. 1º, caput, I, CF
- respeitada pelos partidos políticos: art. 17, caput, CF

SOBERANIA POPULAR: art. 14, CF

SOCIEDADE CONJUGAL: art. 226, § 5º, CF

SOCIEDADE DE ECONOMIA MISTA
- criação; autorização: art. 37, XIX e XX, CF
- privilégios fiscais não admitidos: art. 173, § 2º, CF
- regime jurídico: art. 173, § 1º, CF

SOLO: art. 24, VI, CF

SORTEIOS: art. 22, XX, CF

SUBSÍDIOS
- Deputados Estaduais; fixação: art. 27, § 2º, CF
- fiscal: art. 150, § 6º, CF
- fixação; alteração por lei específica: art. 37, X, CF
- fixação; parcela única: art. 39, § 4º, CF
- Governador, Vice-Governador e Secretários de Estado; fixação: art. 28, § 2º, CF
- irredutibilidade: art. 37, XV, CF
- limite: art. 37, XI, CF
- Ministros do STF; fixação: art. 48, XV, CF
- Ministros dos Tribunais Superiores: art. 93, V, CF
- Prefeito, Vice-Prefeito e Secretários municipais; fixação: art. 29, V, CF
- publicação anual: art. 39, § 6º, CF
- revisão geral anual: art. 37, X, CF; Súm. 672, STF
- Vereadores; fixação: art. 29, VI, CF

SUCESSÃO DE BENS DE ESTRANGEIROS: art. 5º, XXXI, CF

SUCUMBÊNCIA: art. 5º, LXXIII, *in fine*, CF

SUFRÁGIO UNIVERSAL: art. 14, *caput*, CF

SÚMULAS
- efeito vinculante: art. 8º, da EC nº 45/2004
- efeito vinculante; objetivo: art. 103-A, §§ 1º e 2º, CF

SUPERIOR TRIBUNAL DE JUSTIÇA: arts. 104 e 105, CF
- ações rescisórias: art. 105, I, *e*, CF
- competência originária: art. 105, I, CF
- competência privativa: art. 96, I e II, CF
- composição: art. 104, CF; art. 27, § 2º, ADCT
- conflitos de atribuições: art. 105, I, *g*, CF
- conflitos de competência: art. 105, I, *d*, CF
- Conselho da Justiça Federal: art. 105, par. ún., CF
- crimes comuns e de responsabilidade: art. 105, I, *a*, CF
- *exequatur* às cartas rogatórias: art. 105, I, *i*, CF
- *habeas corpus*: art. 105, I, *c*, e II, *a*, CF
- *habeas data*: art. 105, I, *b*, CF
- homologação de sentenças estrangeiras: art. 105, I, *i*, CF
- iniciativa de leis: art. 61, *caput*, CF
- instalação: art. 27, ADCT
- jurisdição: art. 92, § 2º, CF
- lei federal; interpretação divergente: art. 105, III, *c*, CF;
- mandado de injunção: art. 105, I, *h*, CF
- mandado de segurança: art. 105, I, *b*, e II, *b*, CF; Súms. 41 e 177, STJ
- Ministros: arts. 84, XIV, e 104, par. ún., CF
- Ministros; processo e julgamento: art. 102, I, *c*, *d* e *i*, CF
- órgão do Poder Judiciário: art. 92, II, CF
- projetos de lei: art. 64, *caput*, CF
- reclamação: art. 105, I, *f*, CF
- recurso especial: art. 105, III, CF
- recurso ordinário: art. 105, II, CF
- revisões criminais: art. 105, I, *e*, CF
- sede: art. 92, § 1º, CF

SUPERIOR TRIBUNAL MILITAR
- competência privativa: art. 96, I e II, CF
- composição: art. 123, CF
- iniciativa de leis: art. 61, *caput*, CF
- jurisdição: art. 92, § 2º, CF
- Ministros militares e civis: art. 123, CF
- Ministros; nomeação: arts. 84, XIV, e 123, CF
- Ministros; processo e julgamento: art. 102, I, *c*, *d* e *i*, CF
- organização e funcionamento: art. 124, CF
- órgão da Justiça Militar: art. 122, I, CF
- projetos de lei de iniciativa: art. 64, *caput*, CF
- sede: art. 92, § 1º, CF

SUPREMO TRIBUNAL FEDERAL: arts. 101 a 103, CF
- ação rescisória: art. 102, I, *j*, CF
- ADECON: art. 102, I, *a*, e § 2º, CF
- ADIN: arts. 102, I, *a*, 103, CF; Súm. 642, STF
- ADPF: art. 102, § 1º, CF
- atribuições: art. 27, § 1º, ADCT
- causas e conflitos entre a União e os estados federados: art. 102, I, *f*, CF
- competência originária: art. 102, I, CF
- competência privativa: art. 96, I e II, CF
- composição: art. 101, CF
- conflitos de competência: art. 102, I, *o*, CF
- contrariedade à CF: art. 102, III, *a*, CF; Súm. 400, STF
- crime político: art. 102, II, *b*, CF
- crimes de responsabilidade: art. 102, I, *c*, CF
- decisões definitivas de mérito: art. 102, § 2º, CF
- Estatuto da Magistratura: art. 93, CF
- execução de sentença: art. 102, I, *m*, CF
- extradição: art. 102, I, *g*, CF
- *habeas corpus*: art. 102, I, *d* e *i*, e II, *a*, CF; Súm. 691, STF
- *habeas data*: art. 102, I, *d*, e II, *a*, CF
- inconstitucionalidade em tese: art. 103, § 3º, CF
- inconstitucionalidade por omissão: art. 103, § 2º, CF
- infrações penais comuns: art. 102, I, *b* e *c*, CF
- iniciativa de leis: art. 61, *caput*, CF
- jurisdição: art. 92, § 2º, CF
- litígio entre Estado estrangeiro e a União, o Estado, o DF ou Território: art. 102, I, *e*, CF
- mandado de injunção: art. 102, I, *q*, e II, *a*, CF
- mandado de segurança: art. 102, I, *d*, e II, *a*, CF; Súm. 624, STF
- medida cautelar na ADIN: art. 102, I, *p*, CF
- membros da magistratura: art. 102, I, *n*, CF; Súms. 623 e 731, STF
- Ministro; cargo privativo de brasileiro nato: art. 12, § 3º, IV, CF
- Ministros; crimes de responsabilidade: art. 52, II, e par. ún., CF
- Ministro; idade mínima e máxima: art. 101, CF
- Ministro; nomeação: arts. 101, par. ún., e 84, XIV, CF
- órgão do Poder Judiciário: art. 92, I, CF
- Presidente; compromisso; disposições constitucionais transitórias: art. 1º, ADCT
- Presidente; exercício da Presidência da República: art. 80, CF
- projetos de lei de iniciativa: art. 64, *caput*, CF
- reclamações: art. 102, I, *l*, CF
- reconhecimento dos direitos: art. 9º, ADCT
- recurso extraordinário: art. 102, III, CF
- recurso ordinário: art. 102, II, CF
- revisão criminal: art. 102, I, *j*, CF
- sede: art. 92, § 1º, CF
- súmula vinculante: art. 103-A, CF

SUSPENSÃO DE DIREITOS: art. 5º, XLVI, *e*, CF

SUSPENSÃO DE DIREITOS POLÍTICOS: art. 15, CF

T

TABACO
- propaganda comercial; competência: art. 65, ADCT
- propaganda comercial; restrições legais: art. 220, § 4º, CF

TAXAS
- inexigibilidade: art. 5º, XXXIV, *a*, CF
- instituição: art. 145, II, e § 2º, CF; Súm. Vinc. 29, STF; Súms. 665 e 670, STF
- subsídio: art. 150, § 6º, CF

TECNOLOGIA: arts. 218 e 219, CF
- *vide* ORDEM SOCIAL

TELECOMUNICAÇÕES
- atribuição; competência do Congresso Nacional: art. 48, XII, CF
- exploração dos serviços: art. 21, XI e XII, e, CF
- legislação; competência privativa: art. 22, IV, CF
- serviços públicos; concessões mantidas: art. 66, ADCT

TELEVISÃO
- concessão; competência exclusiva do Congresso Nacional: art. 48, XII, CF
- partidos políticos; gratuidade: art. 17, § 3º, CF
- produção e programação: arts. 220, § 3º, II, e 221, CF

TEMPLOS DE QUALQUER CULTO: art. 150, VI, *b*, CF

TERRAS DEVOLUTAS
- bens da União e dos Estados federados: arts. 20, II, e 26, IV, CF; Súm. 477, STF
- destinação: art. 188, CF
- necessárias: art. 225, § 5º, CF

TERRAS INDÍGENAS
- bens da União: art. 20, XI, CF; Súm. 650, STF
- demarcação: art. 231, *caput*, CF; art. 67, ADCT
- exploração; autorização pelo Congresso Nacional: art. 49, XVI, CF
- inalienabilidade, indisponibilidade e imprescritibilidade: art. 231, § 4º, CF
- posse e usufruto: art. 231, §§ 2º e 6º, CF
- recursos hídricos; aproveitamento: art. 231, § 3º, CF
- remoção; grupos indígenas: art. 231, § 5º, CF

TERRAS PÚBLICAS
- alienação ou concessão: art. 188, §§ 1º e 2º, CF
- alienação ou concessão; aprovação pelo Congresso Nacional: art. 49, XVII, CF
- destinação: art. 188, CF
- doações, vendas e concessões: art. 51, ADCT

TERRENOS DE MARINHA
- bens da União: art. 20, VII, CF
- enfiteuse: art. 49, § 3º, ADCT

TERRENOS MARGINAIS: art. 20, III, CF

TERRITÓRIO NACIONAL
- liberdade de locomoção: art. 5º, XV, CF
- limites; atribuição ao Congresso Nacional: art. 48, V, CF
- trânsito ou permanência de forças estrangeiras: art. 49, II, CF

TERRITÓRIOS FEDERAIS: art. 33, CF
- Amapá; transformação em estado federado: art. 14, ADCT
- competência; Câmara Territorial: art. 33, § 3º, *in fine*, CF
- contas; apreciação pelo Congresso Nacional: art. 33, § 2º, CF
- criação; lei complementar: art. 18, § 2º, CF
- defensores públicos federais: art. 33, § 3º, CF
- deputados; número: art. 45, § 2º, CF
- divisão em municípios: art. 33, § 1º, CF
- eleições; Câmara Territorial: art. 33, § 3º, *in fine*, CF
- Fernando de Noronha; extinção: art. 15, ADCT
- Governador; escolha e nomeação: arts. 33, § 3º, 52, III, c, e 84, XIV, CF
- impostos: art. 147, CF
- incorporação; atribuição do Congresso Nacional: art. 48, VI, CF
- integram a União: art. 18, § 2º, CF
- litígio com Estado estrangeiro ou organismo internacional: art. 102, I, e, CF
- Ministério Público: art. 33, § 3º, CF
- organização administrativa e judiciária: arts. 33, *caput*, e 61, § 1º, II, b, CF
- organização administrativa; competência privativa: art. 22, XVII, CF
- órgãos judiciários: art. 33, § 3º, CF
- reintegração ao Estado de origem; lei complementar: art. 18, § 2º, CF
- Roraima: art. 14, ADCT
- sistema de ensino: art. 211, § 1º, CF
- transformação em Estado: art. 18, § 2º, CF

TERRORISMO
- crime inafiançável: art. 5º, XLIII, CF
- repúdio: art. 4º, VIII, CF

TESOURO NACIONAL: art. 164, CF

TÍTULOS
- crédito; impostos: art. 155, § 1º, II, CF
- dívida agrária; indenização; desapropriação para fins de reforma agrária: art. 184, CF
- dívida pública; emissão e resgate: art. 163, IV, CF
- dívida pública; indenização; desapropriação: art. 182, § 4º, III, CF
- domínio ou de concessão de uso: arts. 183, § 1º, e 189, CF
- emitidos pelo Tesouro Nacional: art. 164, § 2º, CF
- impostos; incidência: art. 155, I, e § 1º, II, CF
- legislação; competência privativa: art. 22, VI, CF

TOMBAMENTO: art. 216, § 5º, CF

TORTURA
- crime inafiançável: art. 5º, XLIII, CF
- proibição: art. 5º, III, CF

TRABALHADOR
- ação trabalhista; prescrição: art. 7º, XXIX, CF; Súm. 308, TST
- avulsos: art. 7º, XXXIV, CF
- baixa renda: art. 201, § 12, CF
- direitos sociais: art. 7º, CF
- domésticos: art. 7º, par. ún., CF
- participação nos colegiados de órgãos públicos: art. 10, CF
- sindicalizados: art. 8º, VIII, CF

TRABALHO
- avulso: art. 7º, XXXVI, CF
- direito social: art. 6º, CF
- duração: art. 7º, XIII, CF
- férias; remuneração: art. 7º, XVII, CF; Súm. 386, STJ; Súms. 171 e 328, TST
- forçado: art. 5º, XLVII, c, CF
- inspeção; competência da União: art. 21, XXIV, CF
- intelectual: art. 7º, XXXII, CF
- livre exercício: art. 5º, XIII, CF
- manual: art. 7º XXXII, CF
- noturno, perigoso ou insalubre: art. 7º, XXXIII, CF
- primado; objetivo da ordem social: art. 193, CF
- técnico; distinção proibitiva: art. 7º, XXXII, CF
- turnos ininterruptos de revezamento: art. 7º, XIV, CF; Súm. 675, STF; Súm. 360, TST
- valores sociais: art. 1º, IV, CF

TRÁFICO ILÍCITO DE ENTORPECENTES E DROGAS AFINS
- crime; extradição de brasileiro naturalizado: art. 5º, LI, CF
- crime inafiançável: art. 5º, XLIII, CF
- prevenção e repressão: art. 144, II, CF

TRÂNSITO
- forças estrangeiras no território nacional: art. 21, IV, CF
- legislação; competência privativa: art. 22, XI, CF
- segurança; competência: art. 23, XII, CF

TRANSMISSÃO *CAUSA MORTIS*: art. 155, I, CF

TRANSPORTE
- aéreo, aquático e terrestre: art. 178, CF
- aquaviário e ferroviário: art. 21, XII, d, CF
- coletivo: arts. 30, V, 227, § 2º, e 244, CF
- gás natural, petróleo e derivados; monopólio da União: art. 177, IV, CF
- gratuito aos maiores de 75 anos: art. 230, § 2º, CF
- internacional: art. 178, CF
- legislação; competência privativa: art. 22, IX e XI, CF
- rodoviário interestadual e internacional de passageiros: art. 21, XII, e, CF
- urbano: art. 21, XX, CF

TRATADOS INTERNACIONAIS
- celebração e referendo: arts. 49, I, e 84, VIII, CF
- direitos e garantias constitucionais: art. 5º, § 2º, CF
- equivalente às emendas constitucionais: art. 5º, § 3º, CF

TRATAMENTO DESUMANO OU DEGRADANTE: art. 5º, III, CF

TRIBUNAL DE ALÇADA: art. 4º da EC nº 45/2004

TRIBUNAL DE CONTAS DA UNIÃO
- aplicação; sanções: art. 71, VIII, CF
- auditor substituto de Ministro: art. 73, § 4º, CF
- cálculo de quotas; fundos de participação: art. 161, par. ún., CF
- competência: art. 71, CF
- competência privativa: art. 96, CF
- composição: art. 73, CF
- controle externo: arts. 70 e 71, CF
- débito ou multa; eficácia de título executivo: art. 71, § 3º, CF
- denúncias de irregularidades ou ilegalidades: art. 74, § 2º, CF
- infrações penais comuns e crimes de responsabilidade: art. 102, I, c, CF
- jurisdição: art. 73, CF
- membros; escolha de 2/3 pelo Congresso Nacional: art. 49, XIII, CF
- membros; *habeas corpus*, mandado de segurança, *habeas data* e mandado de injunção: art. 102, I, d e q, CF
- Ministros; escolha: arts. 52, III, b, e 73, § 2º, CF
- Ministros; nomeação: art. 84, XV, CF

- Ministros; número: art. 73, *caput*, CF
- Ministros; prerrogativas: art. 73, § 3º, CF
- Ministros; requisitos: art. 73, § 1º, CF
- parecer prévio: art. 33, § 2º, CF
- prestação de informações: art. 71, VII, CF
- relatório de suas atividades: art. 71, § 4º, CF
- representação: art. 71, XI, CF
- sede: art. 73, CF
- sustação de contrato: art. 71, §§ 1º e 2º, CF

TRIBUNAL DE CONTAS DOS ESTADOS E DO DISTRITO FEDERAL
- crimes comuns e de responsabilidade: art. 105, I, *a*, CF
- organização, composição e fiscalização: art. 75, CF; Súm. 653, STF

TRIBUNAL DE EXCEÇÃO: art. 5º, XXXVII, CF

TRIBUNAL ESTADUAL: arts. 125 e 126, CF; Súm. 721, STF
- competência anterior à CF: art. 70, ADCT
- competência privativa: art. 96, CF
- competência; definição: art. 125, § 1º, CF
- conflitos fundiários: art. 126, CF
- Justiça Militar estadual: art. 125, §§ 3º e 4º, CF; Súm. 673, STF; Súms. 53 e 90, STJ
- órgão do Poder Judiciário: art. 92, VII, CF
- quinto constitucional: art. 94, CF

TRIBUNAL INTERNACIONAL DOS DIREITOS HUMANOS: art. 7º, ADCT

TRIBUNAL MILITAR: arts. 122 a 124, CF

TRIBUNAL PENAL INTERNACIONAL: art. 5º, § 4º, CF

TRIBUNAL REGIONAL DO TRABALHO: arts. 111 a 117, CF
- competência privativa: art. 96, CF
- composição: art. 115, CF
- distribuição pelos Estados e no Distrito Federal: art. 112, CF
- órgãos da Justiça do Trabalho: art. 111, II, CF
- órgãos do Poder Judiciário: art. 92, IV, CF

TRIBUNAL REGIONAL ELEITORAL: arts. 118 a 121, CF
- competência privativa: art. 96, CF
- composição: art. 120, § 1º, CF
- distribuição pelos Estados e o Distrito Federal: art. 120, CF
- garantias de seus membros: art. 121, § 1º, CF
- órgãos da Justiça Eleitoral: art. 118, II, CF
- órgãos do Poder Judiciário: art. 92, V, CF
- prazos: art. 121, § 2º, CF
- recurso; cabimento: art. 121, § 4º, CF

TRIBUNAL REGIONAL FEDERAL: arts. 106 a 108, CF
- competência: art. 108, CF; Súms. 3 e 428, STJ
- competência privativa: art. 96, CF
- composição: art. 107, CF
- conflito de competência: art. 108, I, e, CF
- criação: art. 27, § 6º, ADCT
- órgão do Poder Judiciário: art. 92, III, CF
- órgãos da Justiça Federal: art. 106, I, CF
- quinto constitucional: arts. 94 e 107, I, CF

TRIBUNAIS SUPERIORES
- competência privativa: art. 96, CF
- conflito de competência: art. 102, I, *o*, CF
- *habeas corpus*, mandado de segurança, *habeas data* e mandado de injunção: art. 102, I, *d*, *i* e *q*, e II, *a*, CF; Súms. 691 e 692, STF
- infrações penais comuns e crimes de responsabilidade: art. 102, I, *c*, CF
- jurisdição: art. 92, § 2º, CF
- Ministros; nomeação: art. 84, XIV, CF
- sede: art. 92, § 1º, CF

TRIBUNAL SUPERIOR DO TRABALHO
- competência: art. 111, § 3º, CF
- competência privativa: art. 96, CF
- composição: art. 111, § 1º, CF
- iniciativa de leis: art. 61, *caput*, CF
- jurisdição: art. 92, § 2º, CF
- Ministro; nomeação: arts. 84, XIV, e 111, § 1º, CF
- Ministro; processo e julgamento: art. 102, I, *c*, *d* e *i*, CF

- órgão da Justiça do Trabalho: art. 111, I, CF
- órgão do Poder Judiciário: art. 92, IV, CF
- projetos de lei de iniciativa: art. 64, *caput*, CF
- quinto constitucional: art. 111, § 2º, CF
- sede: art. 92, § 1º, CF

TRIBUNAL SUPERIOR ELEITORAL
- competência privativa: art. 96, CF
- composição: art. 119, CF
- garantias de seus membros: art. 121, § 1º, CF
- iniciativa de leis: art. 61, *caput*, CF
- irrecorribilidade de suas decisões: art. 121, § 3º, CF
- jurisdição: art. 92, § 2º, CF
- Ministro; nomeação: arts. 84, XIV, e 119, CF
- Ministro; processo e julgamento: art. 102, I, *c*, *d* e *i*, CF
- órgão da Justiça Eleitoral: art. 118, I, CF
- órgão do Poder Judiciário: art. 92, V, CF
- pedido de registro de partido político: art. 6º, ADCT
- projetos de lei de iniciativa: art. 64, *caput*, CF
- sede: art. 92, § 1º, CF

TRIBUTAÇÃO E ORÇAMENTO: arts. 145 a 169, CF
- finanças públicas: arts. 163 a 169, CF
- impostos municipais: art. 156, CF
- impostos; Estados e Distrito Federal: art. 155, CF
- impostos; União: arts. 153 e 154, CF
- limitações ao poder de tributar: arts. 150 a 152, CF
- orçamentos: arts. 165 a 169, CF
- repartição das receitas tributárias: arts. 157 a 162, CF
- sistema tributário nacional: arts. 145 a 162, CF

TRIBUTOS
- efeito de confisco: art. 150, IV, CF
- cobrança vedada: art. 150, III, e § 1º, CF
- espécies que podem ser instituídas: art. 145, CF
- exigência ou aumento sem lei; vedação: art. 150, I, CF
- instituição de impostos; vedação: art. 150, VI, CF
- limitação do tráfego de pessoas ou bens: art. 150, V, CF
- limitações: art. 150, CF
- subsídio, isenção: art. 150, § 6º, CF

TURISMO: art. 180, CF

U

UNIÃO: arts. 20 a 24, CF
- AGU: arts. 131 e 132, CF
- aposentadorias e pensões: art. 249, CF
- autonomia: art. 18, CF
- bens: arts. 20 e 176, CF
- causas contra si: art. 109, § 2º, CF
- causas e conflitos com os Estados e DF: art. 102, I, *f*, CF
- causas em que for autora: art. 109, § 1º, CF
- competência: art. 21, CF
- competência comum: art. 23, CF
- competência concorrente: art. 24, CF
- competência privativa: art. 22, CF
- competência; emissão de moeda: art. 164, CF
- competência; instituição de contribuições sociais: art. 149, CF
- competência; proteção de terras indígenas: art. 231, CF
- despesa com pessoal: art. 38, ADCT
- disponibilidades de caixa: art. 164, § 3º, CF
- dívida consolidada: art. 52, VI, CF
- dívida mobiliária: art. 52, IX, CF
- empresas de pequeno porte: art. 179, CF
- empréstimos compulsórios: art. 148, CF
- encargos com pessoal inativo: art. 234, CF
- encargos de novos Estados federados: art. 234, CF
- ensino: arts. 211 e 212, CF
- fiscalização contábil: arts. 70 a 74, CF
- fundos, aposentadorias e pensões: art. 249, CF
- impostos estaduais e municipais dos Territórios: art. 147, CF
- impostos: arts. 153, 154 e 160, CF
- incentivos fiscais: art. 41, ADCT
- intervenção nos Estados e DF: art. 34, CF
- Juizados Especiais e Justiça de Paz: art. 98, CF
- limitações: art. 19, CF

- limitações ao poder de tributar: arts. 150 e 151, CF
- microempresas: art. 179, CF
- Ministério Público: art. 128, I, CF
- monopólio: art. 177, CF
- operações de crédito externo e interno: art. 52, VII, CF
- poderes; independência e harmonia: art. 2º, CF; Súm. 649, STF
- precatórios: art. 100, CF; Súm. 655, STF; Súm. 144, STJ
- princípios: art. 37, caput, CF; Súm. Vinc. 13, STF
- receitas tributárias: arts. 157 a 162, CF
- representação judicial e extrajudicial: art. 131, CF
- sistema tributário nacional: art. 34, § 3º, ADCT
- sistema único de saúde: art. 198, §§ 1º a 3º, CF
- tributos: arts. 145, 150 e 151, CF
- turismo: art. 180, CF

UNIVERSIDADES: art. 207, CF

USINAS NUCLEARES: art. 225, § 6º, CF

USUCAPIÃO
- imóveis públicos: arts. 183, § 3º, e 191, par. ún., CF
- imóvel rural: art. 191, CF
- imóvel urbano: art. 183, CF

V

VARAS DO TRABALHO: art. 116, CF

VEREADOR(ES)
- eleição: art. 29, I, CF
- idade mínima: art. 14, § 3º, VI, d, CF
- inviolabilidade: art. 29, VIII, CF
- mandato por força de atos institucionais: art. 8º, § 4º, ADCT
- mandatos: art. 29, I, CF; e art. 4º, § 4º, ADCT
- número proporcional à população do município: art. 29, IV, CF
- proibições e incompatibilidades: art. 29, IX, CF
- servidor público: art. 38, III, CF
- subsídios: art. 29, VI e VII, CF

VEREDICTOS: art. 5º, XXXVIII, c, CF

VERTICALIZAÇÃO: art. 17, § 1º, CF

VETO
- características: art. 66, §§ 1º a 5º, CF
- competência: art. 84, V, CF
- deliberação pelo Congresso Nacional: art. 57, § 3º, IV, CF

VICE-GOVERNADOR DE ESTADO
- eleição: art. 28, caput, CF

- idade mínima: art. 14, § 3º, VI, b, CF
- mandatos: art. 4º, § 3º, ADCT
- posse: art. 28, caput, CF

VICE-GOVERNADOR DO DISTRITO FEDERAL: art. 32, § 2º, CF

VICE-PREFEITO
- eleição: art. 29, I e II, CF
- idade mínima: art. 14, § 3º, VI, c, CF
- inelegibilidade de cônjuge e parentes até o segundo grau: art. 14, § 7º, CF; Súm. Vinc. 18, STF
- mandatos: art. 4º, § 4º, ADCT
- posse: art. 29, III, CF
- reeleição: art. 14, § 5º, CF
- subsídios: art. 29, V, CF

VICE-PRESIDENTE DA REPÚBLICA
- atribuições: art. 79, par. ún., CF
- ausência do País superior a 15 dias: arts. 49, III, e 83, CF
- cargo privativo de brasileiro nato: art. 12, § 3º, I, CF
- crimes de responsabilidade: art. 52, I, e par. ún., CF
- eleição: art. 77, caput, e § 1º, CF
- idade mínima: art. 14, § 3º, VI, a, CF
- impedimento: art. 80, CF
- inelegibilidade de cônjuge e parentes até o segundo grau: art. 14, § 7º, CF; Súm. Vinc. 18, STF
- infrações penais comuns: art. 102, I, b, CF
- missões especiais: art. 79, par. ún., CF
- posse: art. 78, CF
- processos: art. 51, I, CF
- subsídios: art. 49, VIII, CF
- substituição ou sucessão do Presidente: art. 79, CF
- vacância do cargo: arts. 78, par. ún., 80 e 81, CF

VIDA
- direito: art. 5º, caput, CF
- privada: art. 5º, X, CF

VIGILÂNCIA SANITÁRIA E EPIDEMIOLÓGICA: art. 200, II, CF

VOTO
- direto, secreto, universal e periódico: art. 60, § 4º, II, CF
- facultativo: art. 14, § 1º, II, CF
- obrigatório: art. 14, § 1º, I, CF

Z

ZONA COSTEIRA: art. 225, § 4º, CF

ZONA FRANCA DE MANAUS: art. 40, ADCT

Código de Trânsito Brasileiro

Índice Sistemático do Código de Trânsito Brasileiro

(Lei nº 9.503, de 23-9-1997)

Capítulo I –	Disposições preliminares – arts. 1º a 4º	153
Capítulo II –	Do Sistema Nacional de Trânsito – arts. 5º a 25	153
Seção I –	Disposições gerais – arts. 5º e 6º	153
Seção II –	Da composição e da competência do Sistema Nacional de Trânsito – arts. 7º a 25	153
Capítulo III –	Das normas gerais de circulação e conduta – arts. 26 a 67	160
Capítulo IV –	Dos pedestres e condutores de veículos não motorizados – arts. 68 a 71	164
Capítulo V –	Do cidadão – arts. 72 e 73	165
Capítulo VI –	Da educação para o trânsito – arts. 74 a 79	165
Capítulo VII –	Da sinalização de trânsito – arts. 80 a 90	167
Capítulo VIII –	Da engenharia de tráfego, da operação, da fiscalização e do policiamento ostensivo de trânsito – arts. 91 a 95	168
Capítulo IX –	Dos veículos – arts. 96 a 117	169
Seção I –	Disposições gerais – arts. 96 a 102	169
Seção II –	Da segurança dos veículos – arts. 103 a 113	171
Seção III –	Da identificação do veículo – arts. 114 a 117	174
Capítulo X –	Dos veículos em circulação internacional – arts. 118 e 119	175
Capítulo XI –	Do registro de veículos – arts. 120 a 129	175
Capítulo XII –	Do licenciamento – arts. 130 a 135	177
Capítulo XIII –	Da condução de escolares – arts. 136 a 139	178
Capítulo XIII-A –	Da condução de motofrete – arts. 139-A e 139-B	178
Capítulo XIV –	Da habilitação – arts. 140 a 160	179
Capítulo XV –	Das infrações – arts. 161 a 255	182
Capítulo XVI –	Das penalidades – arts. 256 a 268	200
Capítulo XVII –	Das medidas administrativas – arts. 269 a 279	203
Capítulo XVIII –	Do processo administrativo – arts. 280 a 290	204
Seção I –	Da autuação – art. 280	204
Seção II –	Do julgamento das autuações e penalidades – arts. 281 a 290	204
Capítulo XIX –	Dos crimes de trânsito – arts. 291 a 312	206
Seção I –	Disposições gerais – arts. 291 a 301	206
Seção II –	Dos crimes em espécie – arts. 302 a 312	207
Capítulo XX –	Disposições finais e transitórias – arts. 313 a 341	208
Anexo I –	Dos conceitos e definições	210
Anexo II –	Resolução do CONTRAN nº 160, de 22 de abril de 2004	213

CÓDIGO DE TRÂNSITO BRASILEIRO
LEI Nº 9.503, DE 23 DE SETEMBRO DE 1997

Institui o Código de Trânsito Brasileiro.

▶ Publicada no *DOU* de 24-9-1997 e retificada no *DOU* de 25-9-1997.

O Presidente da República:

Faço saber que o Congresso Nacional decreta e eu sanciono a seguinte Lei:

Capítulo I
DISPOSIÇÕES PRELIMINARES

Art. 1º O trânsito de qualquer natureza nas vias terrestres do território nacional, abertas à circulação, rege-se por este Código.

§ 1º Considera-se trânsito a utilização das vias por pessoas, veículos e animais, isolados ou em grupos, conduzidos ou não, para fins de circulação, parada, estacionamento e operação de carga ou descarga.

§ 2º O trânsito, em condições seguras, é um direito de todos e dever dos órgãos e entidades componentes do Sistema Nacional de Trânsito, a estes cabendo, no âmbito das respectivas competências, adotar as medidas destinadas a assegurar esse direito.

§ 3º Os órgãos e entidades componentes do Sistema Nacional de Trânsito respondem, no âmbito das respectivas competências, objetivamente, por danos causados aos cidadãos em virtude de ação, omissão ou erro na execução e manutenção de programas, projetos e serviços que garantam o exercício do direito do trânsito seguro.

▶ Art. 37, § 6º, da CF.

§ 4º VETADO.

§ 5º Os órgãos e entidades de trânsito pertencentes ao Sistema Nacional de Trânsito darão prioridade em suas ações à defesa da vida, nela incluída a preservação da saúde e do meio ambiente.

Art. 2º São vias terrestres urbanas e rurais as ruas, as avenidas, os logradouros, os caminhos, as passagens, as estradas e as rodovias, que terão seu uso regulamentado pelo órgão ou entidade com circunscrição sobre elas, de acordo com as peculiaridades locais e as circunstâncias especiais.

Parágrafo único. Para os efeitos deste Código, são consideradas vias terrestres as praias abertas à circulação pública e as vias internas pertencentes aos condomínios constituídos por unidades autônomas.

Art. 3º As disposições deste Código são aplicáveis a qualquer veículo, bem como aos proprietários, condutores dos veículos nacionais ou estrangeiros e às pessoas nele expressamente mencionadas.

Art. 4º Os conceitos e definições estabelecidos para os efeitos deste Código são os constantes do Anexo I.

Capítulo II
DO SISTEMA NACIONAL DE TRÂNSITO

Seção I
DISPOSIÇÕES GERAIS

Art. 5º O Sistema Nacional de Trânsito é o conjunto de órgãos e entidades da União, dos Estados, do Distrito Federal e dos Municípios que tem por finalidade o exercício das atividades de planejamento, administração, normatização, pesquisa, registro e licenciamento de veículos, formação, habilitação e reciclagem de condutores, educação, engenharia, operação do sistema viário, policiamento, fiscalização, julgamento de infrações e de recursos e aplicação de penalidades.

▶ Res. do CONTRAN nº 145, de 21-8-2003, dispõe sobre o intercâmbio de informações, entre órgãos e entidades executivos de trânsito dos Estados e do Distrito Federal e os demais órgãos e entidades executivos de trânsito e executivos rodoviários da União, dos Estados, Distrito Federal e dos Municípios que compõem o Sistema Nacional de Trânsito.

▶ Res. do CONTRAN nº 314, de 8-5-2009, estabelece procedimentos para a execução das campanhas educativas de trânsito a serem promovidas pelos órgãos e entidades do Sistema Nacional de Trânsito.

▶ Res. do CONTRAN nº 351, de 14-6-2010, estabelece procedimentos para veiculação de mensagens educativas de trânsito em toda peça publicitária destinada à divulgação ou promoção, nos meios de comunicação social, de produtos oriundos da indústria automobilística ou afins.

Art. 6º São objetivos básicos do Sistema Nacional de Trânsito:

I – estabelecer diretrizes da Política Nacional de Trânsito, com vistas à segurança, à fluidez, ao conforto, à defesa ambiental e à educação para o trânsito, e fiscalizar seu cumprimento;

▶ Res. do CONTRAN nº 166, de 15-9-2004, aprova as diretrizes da Política Nacional de Trânsito.

II – fixar, mediante normas e procedimentos, a padronização de critérios técnicos, financeiros e administrativos para a execução das atividades de trânsito;

III – estabelecer a sistemática de fluxos permanentes de informações entre os seus diversos órgãos e entidades, a fim de facilitar o processo decisório e a integração do Sistema.

▶ Res. do CONTRAN nº 142, de 26-3-2003, dispõe sobre o funcionamento do Sistema Nacional de Trânsito – SNT, a participação dos órgãos e entidades de trânsito nas reuniões do sistema e as suas modalidades.

Seção II
DA COMPOSIÇÃO E DA COMPETÊNCIA DO SISTEMA NACIONAL DE TRÂNSITO

Art. 7º Compõem o Sistema Nacional de Trânsito os seguintes órgãos e entidades:

I – o Conselho Nacional de Trânsito – CONTRAN, coordenador do Sistema e órgão máximo normativo e consultivo;

II – os Conselhos Estaduais de Trânsito – CETRAN e o Conselho de Trânsito do Distrito Federal – CONTRANDIFE, órgãos normativos, consultivos e coordenadores;

▶ Res. do CONTRAN nº 244, de 22-6-2007, estabelece diretrizes para a elaboração do Regimento Interno dos Conselhos Estaduais de Trânsito – CETRAN e do Conselho de Trânsito do Distrito Federal – CONTRANDIFE.

III – os órgãos e entidades executivos de trânsito da União, dos Estados, do Distrito Federal e dos Municípios;
IV – os órgãos e entidades executivos rodoviários da União, dos Estados, do Distrito Federal e dos Municípios;

▶ Lei nº 10.233, de 5-6-2001, dispõe sobre a reestruturação dos transportes aquaviário e terrestre, cria o Conselho Nacional de Integração de Políticas de Transporte, a Agência Nacional de Transportes Terrestres, a Agência Nacional de Transportes Aquaviários e o Departamento Nacional de Infraestrutura de Transportes.

V – a Polícia Rodoviária Federal;
VI – as Polícias Militares dos Estados e do Distrito Federal; e
VII – as Juntas Administrativas de Recursos de Infrações – JARI.

▶ Res. do CONTRAN nº 357, de 2-8-2010, estabelece diretrizes para a elaboração do Regimento Interno das Juntas Administrativas de Recursos de Infrações – JARI.

Art. 7º-A. A autoridade portuária ou a entidade concessionária de porto organizado poderá celebrar convênios com os órgãos previstos no art. 7º, com a interveniência dos Municípios e Estados, juridicamente interessados, para o fim específico de facilitar a autuação por descumprimento da legislação de trânsito.

§ 1º O convênio valerá para toda a área física do porto organizado, inclusive, nas áreas dos terminais alfandegados, nas estações de transbordo, nas instalações portuárias públicas de pequeno porte e nos respectivos estacionamentos ou vias de trânsito internas.

§§ 2º e 3º VETADOS. Lei nº 12.058, de 13-10-2009.

▶ Art. 7º-A acrescido pela Lei nº 12.058, de 13-10-2009.

Art. 8º Os Estados, o Distrito Federal e os Municípios organizarão os respectivos órgãos e entidades executivos de trânsito e executivos rodoviários, estabelecendo os limites circunscricionais de suas atuações.

Art. 9º O Presidente da República designará o ministério ou órgão da Presidência responsável pela coordenação máxima do Sistema Nacional de Trânsito, ao qual estará vinculado o CONTRAN e subordinado o órgão máximo executivo de trânsito da União.

▶ Dec. nº 4.711, de 29-5-2003, dispõe sobre a coordenação do Sistema Nacional de Trânsito.

Art. 10. O Conselho Nacional de Trânsito – CONTRAN, com sede no Distrito Federal e presidido pelo dirigente do órgão máximo executivo de trânsito da União, tem a seguinte composição:

I e II – VETADOS;
III – um representante do Ministério da Ciência e Tecnologia;
IV – um representante do Ministério da Educação e do Desporto;
V – um representante do Ministério do Exército;
VI – um representante do Ministério do Meio Ambiente e da Amazônia Legal;
VII – um representante do Ministério dos Transportes;
VIII a XIX – VETADOS;
XX – um representante do ministério ou órgão coordenador máximo do Sistema Nacional de Trânsito;

▶ Dec. nº 4.711, de 29-5-2003, dispõe sobre a coordenação do Sistema Nacional de Trânsito.

XXI – VETADO;
XXII – um representante do Ministério da Saúde;

▶ Inciso XXII acrescido pela Lei nº 9.602, de 21-1-1998.

XXIII – um representante do Ministério da Justiça.

▶ Inciso XXIII acrescido pela Lei nº 11.705, de 19-6-2008.
▶ Dec. nº 4.710, de 29-5-2003, dispõe sobre a implantação e funcionamento da Câmara Interministerial de Trânsito.

§§ 1º a 3º VETADOS.

Art. 11. VETADO.

Art. 12. Compete ao CONTRAN:

I – estabelecer as normas regulamentares referidas neste Código e as diretrizes da Política Nacional de Trânsito;

▶ Res. do CONTRAN nº 166, de 15-9-2004, aprova as diretrizes da Política Nacional de Trânsito.

II – coordenar os órgãos do Sistema Nacional de Trânsito, objetivando a integração de suas atividades;
III – VETADO;
IV – criar Câmaras Temáticas;

▶ Art. 13 deste Código.
▶ Res. do CONTRAN nº 218, de 20-12-2006, aprova o Regimento Interno das Câmaras Temáticas do CONTRAN.

V – estabelecer seu regimento interno e as diretrizes para o funcionamento dos CETRAN e CONTRANDIFE;

▶ Res. do CONTRAN nº 244, de 22-6-2007, estabelece diretrizes para a elaboração do Regimento Interno dos Conselhos Estaduais de Trânsito – CETRAN, e do Conselho de Trânsito do Distrito Federal – CONTRANDIFE.

VI – estabelecer as diretrizes do regimento das JARI;

▶ Res. do CONTRAN nº 357, de 2-8-2010, estabelece diretrizes para a elaboração do Regimento Interno das Juntas Administrativas de Recursos de Infrações – JARI.

VII – zelar pela uniformidade e cumprimento das normas contidas neste Código e nas resoluções complementares;
VIII – estabelecer e normatizar os procedimentos para a imposição, a arrecadação e a compensação das multas por infrações cometidas em unidade da Federação diferente da do licenciamento do veículo;
IX – responder às consultas que lhe forem formuladas, relativas à aplicação da legislação de trânsito;
X – normatizar os procedimentos sobre a aprendizagem, habilitação, expedição de documentos de condutores, e registro e licenciamento de veículos;
XI – aprovar, complementar ou alterar os dispositivos de sinalização e os dispositivos e equipamentos de trânsito;
XII – apreciar os recursos interpostos contra as decisões das instâncias inferiores, na forma deste Código;
XIII – avocar, para análise e soluções, processos sobre conflitos de competência ou circunscrição, ou, quando necessário, unificar as decisões administrativas; e

XIV – dirimir conflitos sobre circunscrição e competência de trânsito no âmbito da União, dos Estados e do Distrito Federal.

Art. 13. As Câmaras Temáticas, órgãos técnicos vinculados ao CONTRAN, são integradas por especialistas e têm como objetivo estudar e oferecer sugestões e embasamento técnico sobre assuntos específicos para decisões daquele colegiado.

▶ Art. 12, IV, deste Código.
▶ Res. do CONTRAN nº 218, de 20-12-2006, aprova o Regimento Interno das Câmaras Temáticas do CONTRAN.

§ 1º Cada Câmara é constituída por especialistas representantes de órgãos e entidades executivos da União, dos Estados, ou do Distrito Federal e dos Municípios, em igual número, pertencentes ao Sistema Nacional de Trânsito, além de especialistas representantes dos diversos segmentos da sociedade relacionados com o trânsito, todos indicados segundo regimento específico definido pelo CONTRAN e designados pelo ministro ou dirigente coordenador máximo do Sistema Nacional de Trânsito.

§ 2º Os segmentos da sociedade, relacionados no parágrafo anterior, serão representados por pessoa jurídica e devem atender aos requisitos estabelecidos pelo CONTRAN.

§ 3º Os coordenadores das Câmaras Temáticas serão eleitos pelos respectivos membros.

§ 4º VETADO.

I a IV – VETADOS.

Art. 14. Compete aos Conselhos Estaduais de Trânsito – CETRAN e ao Conselho de Trânsito do Distrito Federal – CONTRANDIFE:

I – cumprir e fazer cumprir a legislação e as normas de trânsito, no âmbito das respectivas atribuições;
II – elaborar normas no âmbito das respectivas competências;
III – responder a consultas relativas à aplicação da legislação e dos procedimentos normativos de trânsito;
IV – estimular e orientar a execução de campanhas educativas de trânsito;

▶ Res. do CONTRAN nº 351, de 14-6-2010, estabelece procedimentos para veiculação de mensagens educativas de trânsito em toda peça publicitária destinada à divulgação ou promoção, nos meios de comunicação social, de produtos oriundos da indústria automobilística ou afins.

V – julgar os recursos interpostos contra decisões:
a) das JARI;
b) dos órgãos e entidades executivos estaduais, nos casos de inaptidão permanente constatados nos exames de aptidão física, mental ou psicológica;

VI – indicar um representante para compor a comissão examinadora de candidatos portadores de deficiência física à habilitação para conduzir veículos automotores;
VII – VETADO;
VIII – acompanhar e coordenar as atividades de administração, educação, engenharia, fiscalização, policiamento ostensivo de trânsito, formação de condutores, registro e licenciamento de veículos, articulando os órgãos do Sistema no Estado, reportando-se ao CONTRAN;
IX – dirimir conflitos sobre circunscrição e competência de trânsito no âmbito dos Municípios;

X – informar o CONTRAN sobre o cumprimento das exigências definidas nos §§ 1º e 2º do artigo 333; e
XI – designar, em caso de recursos deferidos e na hipótese de reavaliação dos exames, junta especial de saúde para examinar os candidatos à habilitação para conduzir veículos automotores.

▶ Inciso XI acrescido pela Lei nº 9.602, de 21-1-1998.

Parágrafo único. Dos casos previstos no inciso V, julgados pelo órgão, não cabe recurso na esfera administrativa.

Art. 15. Os presidentes dos CETRAN e do CONTRANDIFE são nomeados pelos Governadores dos Estados e do Distrito Federal, respectivamente, e deverão ter reconhecida experiência em matéria de trânsito.

§ 1º Os membros dos CETRAN e do CONTRANDIFE são nomeados pelos Governadores dos Estados e do Distrito Federal, respectivamente.

§ 2º Os membros do CETRAN e do CONTRANDIFE deverão ser pessoas de reconhecida experiência em trânsito.

§ 3º O mandato dos membros do CETRAN e do CONTRANDIFE é de dois anos, admitida a recondução.

Art. 16. Junto a cada órgão ou entidade executivos de trânsito ou rodoviário funcionarão Juntas Administrativas de Recursos de Infrações – JARIs, órgãos colegiados responsáveis pelo julgamento dos recursos interpostos contra penalidades por eles impostas.

Parágrafo único. As JARIs têm regimento próprio, observado o disposto no inciso VI do artigo 12, e apoio administrativo e financeiro do órgão ou entidade junto ao qual funcionem.

▶ Res. do CONTRAN nº 357, de 2-8-2010, estabelece diretrizes para a elaboração do Regimento Interno das Juntas Administrativas de Recursos de Infrações – JARI.
▶ Port. do MJ nº 123, de 14-2-2011, aprova o Regimento Interno das Juntas Administrativas de Recursos de Infrações e dos Colegiados Especiais do Departamento de Polícia Rodoviária Federal – JARI/DPRF.

Art. 17. Compete às JARIs:

I – julgar os recursos interpostos pelos infratores;

▶ Art. 5º, LV, da CF.

II – solicitar aos órgãos e entidades executivos de trânsito e executivos rodoviários informações complementares relativas aos recursos, objetivando uma melhor análise da situação recorrida;
III – encaminhar aos órgãos e entidades executivos de trânsito e executivos rodoviários informações sobre problemas observados nas autuações e apontados em recursos, e que se repitam sistematicamente.

Art. 18. VETADO.

Art. 19. Compete ao órgão máximo executivo de trânsito da União:

I – cumprir e fazer cumprir a legislação de trânsito e a execução das normas e diretrizes estabelecidas pelo CONTRAN, no âmbito de suas atribuições;
II – proceder à supervisão, à coordenação, à correição dos órgãos delegados, ao controle e à fiscalização da execução da Política Nacional de Trânsito e do Programa Nacional de Trânsito;

▶ Res. do CONTRAN nº 166, de 15-9-2004, aprova as diretrizes da Política Nacional de Trânsito.

III – articular-se com os órgãos dos Sistemas Nacionais de Trânsito, de Transporte e de Segurança Pública, objetivando o combate à violência no trânsito, promovendo, coordenando e executando o controle de ações para a preservação do ordenamento e da segurança do trânsito;
IV – apurar, prevenir e reprimir a prática de atos de improbidade contra a fé pública, o patrimônio, ou a administração pública ou privada, referentes à segurança do trânsito;
V – supervisionar a implantação de projetos e programas relacionados com a engenharia, educação, administração, policiamento e fiscalização do trânsito e outros, visando à uniformidade de procedimento;
VI – estabelecer procedimentos sobre a aprendizagem e habilitação de condutores de veículos, a expedição de documentos de condutores, de registro e licenciamento de veículos;
VII – expedir a Permissão para Dirigir, a Carteira Nacional de Habilitação, os Certificados de Registro e o de Licenciamento Anual mediante delegação aos órgãos executivos dos Estados e do Distrito Federal;
VIII – organizar e manter o Registro Nacional de Carteiras de Habilitação – RENACH;

▶ Res. do CONTRAN nº 19, de 18-2-1998, estabelece a competência para nomeação e homologação dos coordenadores do RENAVAM – Registro Nacional de Veículos Automotores e do RENACH – Registro Nacional de Carteiras de Habilitação.

▶ Res. do CONTRAN nº 276, de 25-4-2008, estabelece procedimentos necessários ao recadastramento dos registros de prontuários de condutores, anteriores ao Registro Nacional de Condutores Habilitados – RENACH, a serem incluídos na Base de Índice Nacional de Condutores – BINCO.

▶ Del. do CONTRAN nº 71, de 22-12-2008, suspende os efeitos da Res. do CONTRAN nº 276, de 25-4-2008, que estabelece procedimentos necessários ao recadastramento dos registros de prontuários de condutores, anteriores ao Registro Nacional de Condutores Habilitados – RENACH, a serem incluídos na Base de Índice Nacional de Condutores – BINCO.

IX – organizar e manter o Registro Nacional de Veículos Automotores – RENAVAM;

▶ Res. do CONTRAN nº 19, de 18-2-1998, estabelece a competência para nomeação e homologação dos coordenadores do RENAVAM – Registro Nacional de Veículos Automotores e do RENACH – Registro Nacional de Carteiras de Habilitação.

▶ Port. do DENATRAN nº 14, de 27-11-2003, dispõe sobre o registro pelos órgãos executivos de trânsito dos Estados junto à base estadual do Registro Nacional de Veículos Automotores – RENAVAM relativamente aos contratos de alienação fiduciária de veículos registrados e licenciados.

▶ Res. do CONTRAN nº 339, de 25-2-2010, permite a anotação dos contratos de comodato e de aluguel ou arrendamento não vinculado ao financiamento do veículo, junto ao Registro Nacional de Veículos Automotores.

X – organizar a estatística geral de trânsito no território nacional, definindo os dados a serem fornecidos pelos demais órgãos e promover sua divulgação;

▶ Res. do CONTRAN nº 208, de 26-10-2006, estabelece as bases para a organização e o funcionamento do Registro Nacional de Acidentes e Estatísticas de Trânsito – RENAEST.

XI – estabelecer modelo padrão de coleta de informações sobre as ocorrências de acidentes de trânsito e as estatísticas do trânsito;
XII – administrar fundo de âmbito nacional destinado à segurança e à educação de trânsito;

▶ Res. do CONTRAN nº 335, de 24-11-2009, estabelece os requisitos necessários à coordenação do sistema de arrecadação de multas de trânsito e a implantação do sistema informatizado de controle de arrecadação dos recursos do Fundo Nacional de Segurança e Educação de Trânsito – FUNSET.

XIII – coordenar a administração de arrecadação de multas por infrações ocorridas em localidade diferente daquela da habilitação do condutor infrator e em unidade da Federação diferente daquela do licenciamento do veículo;

▶ Res. do CONTRAN nº 155, de 28-1-2004, estabelece as bases para a organização e o funcionamento do Registro Nacional de Infrações de Trânsito – RENAINF.

▶ Res. do CONTRAN nº 217, de 14-12-2006, delega competência ao órgão máximo executivo de trânsito da União para estabelecer os campos de preenchimento das informações que devem constar do Auto de Infração.

▶ Port. do DENATRAN nº 59, de 25-10-2007, estabelece os campos de informações que deverão constar do Auto de Infração, os campos facultativos e o preenchimento, para fins de uniformização em todo o território nacional.

XIV – fornecer aos órgãos e entidades do Sistema Nacional de Trânsito informações sobre registros de veículos e de condutores, mantendo o fluxo permanente de informações com os demais órgãos do Sistema;
XV – promover, em conjunto com os órgãos competentes do Ministério da Educação e do Desporto, de acordo com as diretrizes do CONTRAN, a elaboração e a implementação de programas de educação de trânsito nos estabelecimentos de ensino;
XVI – elaborar e distribuir conteúdos programáticos para a educação de trânsito;
XVII – promover a divulgação de trabalhos técnicos sobre o trânsito;
XVIII – elaborar, juntamente com os demais órgãos e entidades do Sistema Nacional de Trânsito, e submeter à aprovação do CONTRAN, a complementação ou alteração da sinalização e dos dispositivos e equipamentos de trânsito;
XIX – organizar, elaborar, complementar e alterar os manuais e normas de projetos de implementação da sinalização, dos dispositivos e equipamentos de trânsito aprovados pelo CONTRAN;
XX – expedir a permissão internacional para conduzir veículo e o certificado de passagem nas alfândegas, mediante delegação aos órgãos executivos dos Estados e do Distrito Federal;
XXI – promover a realização periódica de reuniões regionais e congressos nacionais de trânsito, bem como propor a representação do Brasil em congressos ou reuniões internacionais;

▶ Res. do CONTRAN nº 383, de 14-12-1967, dispõe sobre Congressos Nacionais de Trânsito.

XXII – propor acordos de cooperação com organismos internacionais, com vistas ao aperfeiçoamento das ações inerentes à segurança e educação de trânsito;

XXIII – elaborar projetos e programas de formação, treinamento e especialização do pessoal encarregado da execução das atividades de engenharia, educação, policiamento ostensivo, fiscalização, operação e administração de trânsito, propondo medidas que estimulem a pesquisa científica e o ensino técnico-profissional de interesse do trânsito, e promovendo a sua realização;

XXIV – opinar sobre assuntos relacionados ao trânsito interestadual e internacional;

XXV – elaborar e submeter à aprovação do CONTRAN as normas e requisitos de segurança veicular para fabricação e montagem de veículos, consoante sua destinação;

- Res. do CONTRAN nº 461, de 18-12-1972, estabelece requisitos de segurança para os veículos automotores de fabricação nacional.
- Res. do CONTRAN nº 463, de 21-8-1973, estabelece requisitos de segurança para os veículos automotores de fabricação nacional.
- Res. do CONTRAN nº 636, de 5-9-1984, estabelece requisitos de segurança para componentes de veículos automotores.
- Res. do CONTRAN nº 675, de 9-9-1986, dispõe sobre requisitos aplicáveis aos materiais de revestimento interno do habitáculo de veículos.
- Res. do CONTRAN nº 725, de 31-12-1988, fixa os requisitos de segurança para a circulação de veículos transportadores de contêineres.
- Res. do CONTRAN nº 777, de 23-12-1993, dispõe sobre os procedimentos para avaliação dos sistemas de freios de veículos.
- Res. do CONTRAN nº 784, de 12-7-1994, regulamenta o uso e estabelece requisitos para os vidros de segurança dos veículos.
- Res. do CONTRAN nº 78, de 19-11-1998, trata das normas e requisitos de segurança para a fabricação, montagem e transformação de veículos.
- Res. do CONTRAN nº 316, de 8-5-2009, estabelece os requisitos de segurança para veículos de transporte coletivo de passageiros M2 e M3 (tipos micro-ônibus e ônibus) de fabricação nacional e estrangeira.

XXVI – estabelecer procedimentos para a concessão do código marca-modelo dos veículos para efeito de registro, emplacamento e licenciamento;

- Res. do CONTRAN nº 291, de 29-8-2008, dispõe sobre a concessão de código de marca/modelo/versão para veículos.

XXVII – instruir os recursos interpostos das decisões do CONTRAN, ao ministro ou dirigente coordenador máximo do Sistema Nacional de Trânsito;

XXVIII – estudar os casos omissos na legislação de trânsito e submetê-los, com proposta de solução, ao Ministério ou órgão coordenador máximo do Sistema Nacional de Trânsito;

XXIX – prestar suporte técnico, jurídico, administrativo e financeiro ao CONTRAN.

§ 1º Comprovada, por meio de sindicância, a deficiência técnica ou administrativa ou a prática constante de atos de improbidade contra a fé pública, contra o patrimônio ou contra a administração pública, o órgão executivo de trânsito da União, mediante aprovação do CONTRAN, assumirá diretamente ou por delegação, a execução total ou parcial das atividades do órgão executivo de trânsito estadual que tenha motivado a investigação, até que as irregularidades sejam sanadas.

- Lei nº 8.429, de 2-7-1992, dispõe sobre as sanções aplicáveis aos agentes públicos nos casos de enriquecimento ilícito no exercício de mandato, cargo, emprego ou função na administração pública direta, indireta ou fundacional.

§ 2º O regimento interno do órgão executivo de trânsito da União disporá sobre sua estrutura organizacional e seu funcionamento.

§ 3º Os órgãos e entidades executivos de trânsito e executivos rodoviários da União, dos Estados, do Distrito Federal e dos Municípios fornecerão, obrigatoriamente, mês a mês, os dados estatísticos para os fins previstos no inciso X.

Art. 20. Compete à Polícia Rodoviária Federal, no âmbito das rodovias e estradas federais:

I – cumprir e fazer cumprir a legislação e as normas de trânsito, no âmbito de suas atribuições;

II – realizar o patrulhamento ostensivo, executando operações relacionadas com a segurança pública, com o objetivo de preservar a ordem, incolumidade das pessoas, o patrimônio da União e de terceiros;

III – aplicar e arrecadar as multas impostas por infrações de trânsito, as medidas administrativas decorrentes e os valores provenientes de estada e remoção de veículos, objetos, animais e escolta de veículos de cargas superdimensionadas ou perigosas;

IV – efetuar levantamento dos locais de acidentes de trânsito e dos serviços de atendimento, socorro e salvamento de vítimas;

V – credenciar os serviços de escolta, fiscalizar e adotar medidas de segurança relativas aos serviços de remoção de veículos, escolta e transporte de carga indivisível;

VI – assegurar a livre circulação nas rodovias federais, podendo solicitar ao órgão rodoviário a adoção de medidas emergenciais, e zelar pelo cumprimento das normas legais relativas ao direito de vizinhança, promovendo a interdição de construções e instalações não autorizadas;

VII – coletar dados estatísticos e elaborar estudos sobre acidentes de trânsito e suas causas, adotando ou indicando medidas operacionais preventivas e encaminhando-os ao órgão rodoviário federal;

VIII – implementar as medidas da Política Nacional de Segurança e Educação de Trânsito;

IX – promover e participar de projetos e programas de educação e segurança, de acordo com as diretrizes estabelecidas pelo CONTRAN;

X – integrar-se a outros órgãos e entidades do Sistema Nacional de Trânsito para fins de arrecadação e compensação de multas impostas na área de sua competência, com vistas à unificação do licenciamento, à simplificação e à celeridade das transferências de veículos e de prontuários de condutores de uma para outra unidade da Federação;

- Res. do CONTRAN nº 145, de 21-8-2003, dispõe sobre o intercâmbio de informações, entre órgãos e entidades executivos de trânsito dos Estados e do Distrito Federal e os demais órgãos e entidades executivos de trânsito e executivos rodoviários da União, dos Estados, Distrito Federal e dos Municípios que compõem o Sistema Nacional de Trânsito.

XI – fiscalizar o nível de emissão de poluentes e ruído produzidos pelos veículos automotores ou pela sua carga, de acordo com o estabelecido no artigo 66, além de dar apoio, quando solicitado, às ações específicas dos órgãos ambientais.

▶ Art. 225 da CF.
▶ Lei nº 8.723, de 28-10-1993, dispõe sobre a redução de emissão de poluentes por veículos automotores.
▶ Res. do CONTRAN nº 289, de 29-8-2008, dispõe sobre normas de atuação a serem adotadas pelo Departamento Nacional de Infraestrutura de Transportes – DNIT e o Departamento de Polícia Rodoviária Federal – DPRF na fiscalização do trânsito nas rodovias federais.

Art. 21. Compete aos órgãos e entidades executivos rodoviários da União, dos Estados, do Distrito Federal e dos Municípios, no âmbito de sua circunscrição:

I – cumprir e fazer cumprir a legislação e as normas de trânsito, no âmbito de suas atribuições;
II – planejar, projetar, regulamentar e operar o trânsito de veículos, de pedestres e de animais, e promover o desenvolvimento da circulação e da segurança de ciclistas;
III – implantar, manter e operar o sistema de sinalização, os dispositivos e os equipamentos de controle viário;
IV – coletar dados e elaborar estudos sobre os acidentes de trânsito e suas causas;
V – estabelecer, em conjunto com os órgãos de policiamento ostensivo de trânsito, as respectivas diretrizes para o policiamento ostensivo de trânsito;
VI – executar a fiscalização de trânsito, autuar, aplicar as penalidades de advertência, por escrito, e ainda as multas e medidas administrativas cabíveis, notificando os infratores e arrecadando as multas que aplicar;
VII – arrecadar valores provenientes de estada e remoção de veículos e objetos, e escolta de veículos de cargas superdimensionadas ou perigosas;
VIII – fiscalizar, autuar, aplicar as penalidades e medidas administrativas cabíveis, relativas a infrações por excesso de peso, dimensões e lotação dos veículos, bem como notificar e arrecadar as multas que aplicar;
IX – fiscalizar o cumprimento da norma contida no artigo 95, aplicando as penalidades e arrecadando as multas nele previstas;
X – implementar as medidas da Política Nacional de Trânsito e do Programa Nacional de Trânsito;

▶ Res. do CONTRAN nº 166, de 15-9-2004, aprova as diretrizes da Política Nacional de Trânsito.

XI – promover e participar de projetos e programas de educação e segurança, de acordo com as diretrizes estabelecidas pelo CONTRAN;
XII – integrar-se a outros órgãos e entidades do Sistema Nacional de Trânsito para fins de arrecadação e compensação de multas impostas na área de sua competência, com vistas à unificação do licenciamento, à simplificação e à celeridade das transferências de veículos e de prontuários de condutores de uma para outra unidade da Federação;

▶ Res. do CONTRAN nº 145, de 21-8-2003, dispõe sobre o intercâmbio de informações, entre órgãos e entidades executivos de trânsito dos Estados e do Distrito Federal e os demais órgãos e entidades executivos de trânsito e executivos rodoviários da União, dos Estados, Distrito Federal e dos Municípios que compõem o Sistema Nacional de Trânsito.

XIII – fiscalizar o nível de emissão de poluentes e ruído produzidos pelos veículos automotores ou pela sua carga, de acordo com o estabelecido no artigo 66, além de dar apoio às ações específicas dos órgãos ambientais locais, quando solicitado;

▶ Art. 225 da CF.
▶ Lei nº 8.723, de 28-10-1993, dispõe sobre a redução de emissão de poluentes por veículos automotores.
▶ Res. do CONTRAN nº 289, de 29-8-2008, dispõe sobre normas de atuação a serem adotadas pelo Departamento Nacional de Infraestrutura de Transportes – DNIT e o Departamento de Polícia Rodoviária Federal – DPRF na fiscalização do trânsito nas rodovias federais.

XIV – vistoriar veículos que necessitem de autorização especial para transitar e estabelecer os requisitos técnicos a serem observados para a circulação desses veículos.

Parágrafo único. VETADO.

Art. 22. Compete aos órgãos ou entidades executivos de trânsito dos Estados e do Distrito Federal, no âmbito de sua circunscrição:

I – cumprir e fazer cumprir a legislação e as normas de trânsito, no âmbito das respectivas atribuições;
II – realizar, fiscalizar e controlar o processo de formação, aperfeiçoamento, reciclagem e suspensão de condutores, expedir e cassar Licença de Aprendizagem, Permissão para Dirigir e Carteira Nacional de Habilitação, mediante delegação do órgão federal competente;
III – vistoriar, inspecionar quanto às condições de segurança veicular, registrar, emplacar, selar a placa, e licenciar veículos, expedindo o Certificado de Registro e o Licenciamento Anual, mediante delegação do órgão federal competente;
IV – estabelecer, em conjunto com as Polícias Militares, as diretrizes para o policiamento ostensivo de trânsito;
V – executar a fiscalização de trânsito, autuar e aplicar as medidas administrativas cabíveis pelas infrações previstas neste Código, excetuadas aquelas relacionadas nos incisos VI e VII do artigo 24, no exercício regular do Poder de Polícia de Trânsito;
VI – aplicar as penalidades por infrações previstas neste Código, com exceção daquelas relacionadas nos incisos VII e VIII do artigo 24, notificando os infratores e arrecadando as multas que aplicar;
VII – arrecadar valores provenientes de estada e remoção de veículos e objetos;
VIII – comunicar ao órgão executivo de trânsito da União a suspensão e a cassação do direito de dirigir e o recolhimento da Carteira Nacional de Habilitação;
IX – coletar dados estatísticos e elaborar estudos sobre acidentes de trânsito e suas causas;
X – credenciar órgãos ou entidades para a execução de atividades previstas na legislação de trânsito, na forma estabelecida em norma do CONTRAN;
XI – implementar as medidas da Política Nacional de Trânsito e do Programa Nacional de Trânsito;

▶ Res. do CONTRAN nº 166, de 15-9-2004, aprova as diretrizes da Política Nacional de Trânsito.
▶ Res. do CONTRAN nº 265, de 14-12-2007, dispõe sobre a formação teórico-técnica do processo de habilitação de condutores de veículos automotores elétricos como atividade extracurricular no ensino médio e define

os procedimentos para implementação nas escolas interessadas.

XII – promover e participar de projetos e programas de educação e segurança de trânsito de acordo com as diretrizes estabelecidas pelo CONTRAN;

XIII – integrar-se a outros órgãos e entidades do Sistema Nacional de Trânsito para fins de arrecadação e compensação de multas impostas na área de sua competência, com vistas à unificação do licenciamento, à simplificação e à celeridade das transferências de veículos e de prontuários de condutores de uma para outra unidade da Federação;

▶ Res. do CONTRAN nº 145, de 21-8-2003, dispõe sobre o intercâmbio de informações, entre órgãos e entidades executivos de trânsito dos Estados e do Distrito Federal e os demais órgãos e entidades executivos de trânsito e executivos rodoviários da União, dos Estados, Distrito Federal e dos Municípios que compõem o Sistema Nacional de Trânsito.

XIV – fornecer, aos órgãos e entidades executivos de trânsito e executivos rodoviários municipais, os dados cadastrais dos veículos registrados e dos condutores habilitados, para fins de imposição e notificação de penalidades e de arrecadação de multas nas áreas de suas competências;

▶ Res. do CONTRAN nº 145, de 21-8-2003, dispõe sobre o intercâmbio de informações, entre órgãos e entidades executivos de trânsito dos Estados e do Distrito Federal e os demais órgãos e entidades executivos de trânsito e executivos rodoviários da União, dos Estados, Distrito Federal e dos Municípios que compõem o Sistema Nacional de Trânsito.

XV – fiscalizar o nível de emissão de poluentes e ruído produzidos pelos veículos automotores ou pela sua carga, de acordo com o estabelecido no artigo 66, além de dar apoio, quando solicitado, às ações específicas dos órgãos ambientais locais;

▶ Art. 225 da CF.
▶ Lei nº 8.723, de 28-10-1993, dispõe sobre a redução de emissão de poluentes por veículos automotores.

XVI – articular-se com os demais órgãos do Sistema Nacional de Trânsito no Estado, sob coordenação do respectivo CETRAN.

▶ Res. do CONTRAN nº 379, de 11-10-1967, dispõe sobre a criação de Circunscrições Regionais de Trânsito nos Estados.
▶ Res. do CONTRAN nº 738, de 19-10-1989, estabelece procedimento a ser adotado pelas Circunscrições Regionais de Trânsito.

Art. 23. Compete às Polícias Militares dos Estados e do Distrito Federal:

▶ Art. 144, § 5º, da CF.

I e II – VETADOS;
III – executar a fiscalização de trânsito, quando e conforme convênio firmado, como agente do órgão ou entidade executivos de trânsito ou executivos rodoviários, concomitantemente com os demais agentes credenciados;
IV a VII – VETADOS.

Parágrafo único. VETADO.

Art. 24. Compete aos órgãos e entidades executivos de trânsito dos Municípios, no âmbito de sua circunscrição:

I – cumprir e fazer cumprir a legislação e as normas de trânsito, no âmbito de suas atribuições;
II – planejar, projetar, regulamentar e operar o trânsito de veículos, de pedestres e de animais, e promover o desenvolvimento da circulação e da segurança de ciclistas;
III – implantar, manter e operar o sistema de sinalização, os dispositivos e os equipamentos de controle viário;
IV – coletar dados estatísticos e elaborar estudos sobre os acidentes de trânsito e suas causas;
V – estabelecer, em conjunto com os órgãos de polícia ostensiva de trânsito, as diretrizes para o policiamento ostensivo de trânsito;
VI – executar a fiscalização de trânsito, autuar e aplicar as medidas administrativas cabíveis, por infrações de circulação, estacionamento e parada previstas neste Código, no exercício regular do Poder de Polícia de Trânsito;
VII – aplicar as penalidades de advertência por escrito e multa, por infrações de circulação, estacionamento e parada previstas neste Código, notificando os infratores e arrecadando as multas que aplicar;
VIII – fiscalizar, autuar e aplicar as penalidades e medidas administrativas cabíveis relativas a infrações por excesso de peso, dimensões e lotação dos veículos, bem como notificar e arrecadar as multas que aplicar;
IX – fiscalizar o cumprimento da norma contida no artigo 95, aplicando as penalidades e arrecadando as multas nele previstas;
X – implantar, manter e operar sistema de estacionamento rotativo pago nas vias;
XI – arrecadar valores provenientes de estada e remoção de veículos e objetos, e escolta de veículos de cargas superdimensionadas ou perigosas;
XII – credenciar os serviços de escolta, fiscalizar e adotar medidas de segurança relativas aos serviços de remoção de veículos, escolta e transporte de carga indivisível;
XIII – integrar-se a outros órgãos e entidades do Sistema Nacional de Trânsito para fins de arrecadação e compensação de multas impostas na área de sua competência, com vistas à unificação do licenciamento, à simplificação e à celeridade das transferências de veículos e de prontuários dos condutores de uma para outra unidade da Federação;

▶ Res. do CONTRAN nº 145, de 21-8-2003, dispõe sobre o intercâmbio de informações, entre órgãos e entidades executivos de trânsito dos Estados e do Distrito Federal e os demais órgãos e entidades executivos de trânsito e executivos rodoviários da União, dos Estados, Distrito Federal e dos Municípios que compõem o Sistema Nacional de Trânsito.

XIV – implantar as medidas da Política Nacional de Trânsito e do Programa Nacional de Trânsito;

▶ Res. do CONTRAN nº 166, de 15-9-2004, aprova as diretrizes da Política Nacional de Trânsito.

XV – promover e participar de projetos e programas de educação e segurança de trânsito de acordo com as diretrizes estabelecidas pelo CONTRAN;
XVI – planejar e implantar medidas para redução da circulação de veículos e reorientação do tráfego, com o objetivo de diminuir a emissão global de poluentes;
XVII – registrar e licenciar, na forma da legislação, ciclomotores, veículos de tração e propulsão humana

e de tração animal, fiscalizando, autuando, aplicando penalidades e arrecadando multas decorrentes de infrações;
XVIII – conceder autorização para conduzir veículos de propulsão humana e de tração animal;
XIX – articular-se com os demais órgãos do Sistema Nacional de Trânsito no Estado, sob coordenação do respectivo CETRAN;
XX – fiscalizar o nível de emissão de poluentes e ruído produzidos pelos veículos automotores ou pela sua carga, de acordo com o estabelecido no artigo 66, além de dar apoio às ações específicas de órgão ambiental local, quando solicitado;

▶ Art. 225 da CF.
▶ Lei nº 8.723, de 28-10-1993, dispõe sobre a redução de emissão de poluentes por veículos automotores.

XXI – vistoriar veículos que necessitem de autorização especial para transitar e estabelecer os requisitos técnicos a serem observados para a circulação desses veículos.

§ 1º As competências relativas a órgão ou entidade municipal serão exercidas no Distrito Federal por seu órgão ou entidade executivos de trânsito.

§ 2º Para exercer as competências estabelecidas neste artigo, os Municípios deverão integrar-se ao Sistema Nacional de Trânsito, conforme previsto no artigo 333 deste Código.

▶ Res. do CONTRAN nº 296, de 28-10-2008, dispõe sobre a integração dos órgãos e entidades executivos de trânsito e rodoviários municipais ao Sistema Nacional de Trânsito.

Art. 25. Os órgãos e entidades executivos do Sistema Nacional de Trânsito poderão celebrar convênio delegando as atividades previstas neste Código, com vistas a maior eficiência e à segurança para os usuários da via.

Parágrafo único. Os órgãos e entidades de trânsito poderão prestar serviços de capacitação técnica, assessoria e monitoramento das atividades relativas ao trânsito durante prazo a ser estabelecido entre as partes, com ressarcimento dos custos apropriados.

Capítulo III

DAS NORMAS GERAIS DE CIRCULAÇÃO E CONDUTA

Art. 26. Os usuários das vias terrestres devem:

I – abster-se de todo ato que possa constituir perigo ou obstáculo para o trânsito de veículos, de pessoas ou de animais, ou ainda causar danos a propriedades públicas ou privadas;
II – abster-se de obstruir o trânsito ou torná-lo perigoso, atirando, depositando ou abandonando na via objetos ou substâncias, ou nela criando qualquer outro obstáculo.

▶ Arts. 173 e 245 deste Código.

Art. 27. Antes de colocar o veículo em circulação nas vias públicas, o condutor deverá verificar a existência e as boas condições de funcionamento dos equipamentos de uso obrigatório, bem como assegurar-se da existência de combustível suficiente para chegar ao local de destino.

▶ Arts. 180 e 230, IX, deste Código.

Art. 28. O condutor deverá, a todo momento, ter domínio de seu veículo, dirigindo-o com atenção e cuidados indispensáveis à segurança do trânsito.

▶ Art. 169 deste Código.
▶ Art. 13, § 1º, da CTVV.

Art. 29. O trânsito de veículos nas vias terrestres abertas à circulação obedecerá às seguintes normas:

I – a circulação far-se-á pelo lado direito da via, admitindo-se as exceções devidamente sinalizadas;

▶ Arts. 184, 185 e 186 deste Código.
▶ Art. 10, § 1º, da CTVV.

II – o condutor deverá guardar distância de segurança lateral e frontal entre o seu e os demais veículos, bem como em relação ao bordo da pista, considerando-se, no momento, a velocidade e as condições do local, da circulação, do veículo e as condições climáticas;

▶ Arts. 192 e 201 deste Código.
▶ Art. 13, § 3º, da CTVV.

III – quando veículos, transitando por fluxos que se cruzem, se aproximarem de local não sinalizado, terá preferência de passagem:

a) no caso de apenas um fluxo ser proveniente de rodovia, aquele que estiver circulando por ela;
b) no caso de rotatória, aquele que estiver circulando por ela;
c) nos demais casos, o que vier pela direita do condutor;

▶ Art. 215, I, deste Código.

IV – quando uma pista de rolamento comportar várias faixas de circulação no mesmo sentido, são as da direita destinadas ao deslocamento dos veículos mais lentos e de maior porte, quando não houver faixa especial a eles destinada, e as da esquerda, destinadas à ultrapassagem e ao deslocamento dos veículos de maior velocidade;

▶ Art. 185 deste Código.

V – o trânsito de veículos sobre passeios, calçadas e nos acostamentos, só poderá ocorrer para que se adentre ou se saia dos imóveis ou áreas especiais de estacionamento;

▶ Art. 193 deste Código.

VI – os veículos precedidos de batedores terão prioridade de passagem, respeitadas as demais normas de circulação;

▶ Art. 189 deste Código.

VII – os veículos destinados a socorro de incêndio e salvamento, os de polícia, os de fiscalização e operação de trânsito e as ambulâncias, além de prioridade de trânsito, gozam de livre circulação, estacionamento e parada, quando em serviço de urgência e devidamente identificados por dispositivos regulamentares de alarme sonoro e iluminação vermelha intermitente, observadas as seguintes disposições:

▶ Arts. 189, 190, 222, 230, XII e XIII, deste Código.
▶ Res. do CONTRAN nº 268, de 15-2-2008, dispõe sobre o uso de luzes intermitentes ou rotativas em veículos.

a) quando os dispositivos estiverem acionados, indicando a proximidade dos veículos, todos os condutores deverão deixar livre a passagem pela faixa da esquerda, indo para a direita da via e parando, se necessário;

b) os pedestres, ao ouvir o alarme sonoro, deverão aguardar no passeio, só atravessando a via quando o veículo já tiver passado pelo local;

c) o uso de dispositivos de alarme sonoro e de iluminação vermelha intermitente só poderá ocorrer quando da efetiva prestação de serviço de urgência;

d) a prioridade de passagem na via e no cruzamento deverá se dar com velocidade reduzida e com os devidos cuidados de segurança, obedecidas as demais normas deste Código;

VIII – os veículos prestadores de serviços de utilidade pública, quando em atendimento na via, gozam de livre parada e estacionamento no local da prestação de serviço, desde que devidamente sinalizados, devendo estar identificados na forma estabelecida pelo CONTRAN;

▶ Art. 230, XII e XIII, deste Código.
▶ Res. do CONTRAN nº 268, de 15-2-2008, dispõe sobre o uso de luzes intermitentes ou rotativas em veículos.

IX – a ultrapassagem de outro veículo em movimento deverá ser feita pela esquerda, obedecida a sinalização regulamentar e as demais normas estabelecidas neste Código, exceto quando o veículo a ser ultrapassado estiver sinalizando o propósito de entrar à esquerda;

▶ Art. 199, 200 e 202, I, deste Código.
▶ Art. 11, § 1º, *a* e *b*, da CTVV.

X – todo condutor deverá, antes de efetuar uma ultrapassagem, certificar-se de que:

a) nenhum condutor que venha atrás haja começado uma manobra para ultrapassá-lo;

b) quem o precede na mesma faixa de trânsito não haja indicado o propósito de ultrapassar um terceiro;

c) a faixa de trânsito que vai tomar esteja livre numa extensão suficiente para que sua manobra não ponha em perigo ou obstrua o trânsito que venha em sentido contrário;

▶ Art. 191 deste Código.
▶ Art. 11, § 2º, *a* a *c*, da CTVV.

XI – todo condutor ao efetuar a ultrapassagem deverá:

a) indicar com antecedência a manobra pretendida, acionando a luz indicadora de direção do veículo ou por meio de gesto convencional de braço;

▶ Art. 196 deste Código.

b) afastar-se do usuário ou usuários aos quais ultrapassa, de tal forma que deixe livre uma distância lateral de segurança;

▶ Arts. 192 e 201 deste Código.
▶ Art. 11, § 4º, da CTVV.

c) retomar, após a efetivação da manobra, a faixa de trânsito de origem, acionando a luz indicadora de direção do veículo ou fazendo gesto convencional de braço, adotando os cuidados necessários para não pôr em perigo ou obstruir o trânsito dos veículos que ultrapassou;

XII – os veículos que se deslocam sobre trilhos terão preferência de passagem sobre os demais, respeitadas as normas de circulação.

▶ Art. 212 deste Código.

§ 1º As normas de ultrapassagem previstas nas alíneas *a* e *b* do inciso X e *a* e *b* do inciso XI aplicam-se à transposição de faixas, que pode ser realizada tanto pela faixa da esquerda como pela da direita.

§ 2º Respeitadas as normas de circulação e conduta estabelecidas neste artigo, em ordem decrescente, os veículos de maior porte serão sempre responsáveis pela segurança dos menores, os motorizados pelos não motorizados e, juntos, pela incolumidade dos pedestres.

Art. 30. Todo condutor, ao perceber que outro que o segue tem o propósito de ultrapassá-lo, deverá:

I – se estiver circulando pela faixa da esquerda, deslocar-se para a faixa da direita, sem acelerar a marcha;

II – se estiver circulando pelas demais faixas, manter-se naquela na qual está circulando, sem acelerar a marcha.

▶ Art. 198 deste Código.

Parágrafo único. Os veículos mais lentos, quando em fila, deverão manter distância suficiente entre si para permitir que veículos que os ultrapassem possam se intercalar na fila com segurança.

Art. 31. O condutor que tenha o propósito de ultrapassar um veículo de transporte coletivo que esteja parado, efetuando embarque ou desembarque de passageiros, deverá reduzir a velocidade, dirigindo com atenção redobrada ou parar o veículo com vistas à segurança dos pedestres.

▶ Art. 200 deste Código.

Art. 32. O condutor não poderá ultrapassar veículos em vias com duplo sentido de direção e pista única, nos trechos em curvas e em aclives sem visibilidade suficiente, nas passagens de nível, nas pontes e viadutos e nas travessias de pedestres, exceto quando houver sinalização permitindo a ultrapassagem.

▶ Art. 203 deste Código.

Art. 33. Nas interseções e suas proximidades, o condutor não poderá efetuar ultrapassagem.

▶ Art. 202, II, deste Código.

Art. 34. O condutor que queira executar uma manobra deverá certificar-se de que pode executá-la sem perigo para os demais usuários da via que o seguem, precedem ou vão cruzar com ele, considerando sua posição, sua direção e sua velocidade.

Art. 35. Antes de iniciar qualquer manobra que implique um deslocamento lateral, o condutor deverá indicar seu propósito de forma clara e com a devida antecedência, por meio da luz indicadora de direção de seu veículo, ou fazendo gesto convencional de braço.

▶ Art. 196 deste Código.

Parágrafo único. Entende-se por deslocamento lateral a transposição de faixas, movimentos de conversão à direita, à esquerda e retornos.

Art. 36. O condutor que for ingressar numa via, procedente de um lote lindeiro a essa via, deverá dar preferência aos veículos e pedestres que por ela estejam transitando.

▶ Arts. 214, V, e 216 deste Código.

Art. 37. Nas vias providas de acostamento, a conversão à esquerda e a operação de retorno deverão ser feitas nos locais apropriados e, onde estes não existirem, o condutor deverá aguardar no acostamento, à direita, para cruzar a pista com segurança.

▶ Art. 204 deste Código.

Art. 38. Antes de entrar à direita ou à esquerda, em outra via ou em lotes lindeiros, o condutor deverá:

I – ao sair da via pelo lado direito, aproximar-se o máximo possível do bordo direito da pista e executar sua manobra no menor espaço possível;

II – ao sair da via pelo lado esquerdo, aproximar-se o máximo possível de seu eixo ou da linha divisória da pista, quando houver, caso se trate de uma pista com circulação nos dois sentidos, ou do bordo esquerdo, tratando-se de uma pista de um só sentido.

▶ Art. 197 deste Código.

Parágrafo único. Durante a manobra de mudança de direção, o condutor deverá ceder passagem aos pedestres e ciclistas, aos veículos que transitem em sentido contrário pela pista da via da qual vai sair, respeitadas as normas de preferência de passagem.

Art. 39. Nas vias urbanas, a operação de retorno deverá ser feita nos locais para isto determinados, quer por meio de sinalização, quer pela existência de locais apropriados, ou, ainda, em outros locais que ofereçam condições de segurança e fluidez, observadas as características da via, do veículo, das condições meteorológicas e da movimentação de pedestres e ciclistas.

▶ Art. 206 deste Código.

Art. 40. O uso de luzes em veículo obedecerá às seguintes determinações:

I – o condutor manterá acesos os faróis do veículo, utilizando luz baixa, durante a noite e durante o dia nos túneis providos de iluminação pública;

▶ Art. 250, I, *a* e *b*, deste Código.

II – nas vias não iluminadas o condutor deve usar luz alta, exceto ao cruzar com outro veículo ou ao segui-lo;

▶ Art. 223 deste Código.

III – a troca de luz baixa e alta, de forma intermitente e por curto período de tempo, com o objetivo de advertir outros motoristas, só poderá ser utilizada para indicar a intenção de ultrapassar o veículo que segue à frente ou para indicar a existência de risco à segurança para os veículos que circulam no sentido contrário;

▶ Art. 251, II, deste Código.

IV – o condutor manterá acesas pelo menos as luzes de posição do veículo quando sob chuva forte, neblina ou cerração;

▶ Art. 250, II, deste Código.

V – o condutor utilizará o pisca-alerta nas seguintes situações:

a) em imobilizações ou situações de emergência;
b) quando a regulamentação da via assim o determinar;

▶ Arts. 179 e 251, I, deste Código.

VI – durante a noite, em circulação, o condutor manterá acesa a luz de placa;

▶ Art. 250, III, deste Código.

VII – o condutor manterá acesas, à noite, as luzes de posição quando o veículo estiver parado para fins de embarque ou desembarque de passageiros e carga ou descarga de mercadorias.

▶ Art. 249 deste Código.

Parágrafo único. Os veículos de transporte coletivo regular de passageiros, quando circularem em faixas próprias a eles destinadas, e os ciclos motorizados deverão utilizar-se de farol de luz baixa durante o dia e a noite.

▶ Art. 250, I, *c* e *d*, deste Código.
▶ Res. do CONTRAN nº 18, de 17-2-1998, recomenda o uso, nas rodovias, de farol baixo aceso durante o dia.

Art. 41. O condutor de veículo só poderá fazer uso de buzina, desde que em toque breve, nas seguintes situações:

I – para fazer as advertências necessárias a fim de evitar acidentes;

II – fora das áreas urbanas, quando for conveniente advertir a um condutor que se tem o propósito de ultrapassá-lo.

▶ Art. 227 deste Código.
▶ Res. do CONTRAN nº 35, de 21-5-1998, estabelece método de ensaio para medição de pressão sonora por buzina ou equipamento similar.

Art. 42. Nenhum condutor deverá frear bruscamente seu veículo, salvo por razões de segurança.

▶ Art. 17, § 2º, da CTVV.

Art. 43. Ao regular a velocidade, o condutor deverá observar constantemente as condições físicas da via, do veículo e da carga, as condições meteorológicas e a intensidade do trânsito, obedecendo aos limites máximos de velocidade estabelecidos para a via, além de:

I – não obstruir a marcha normal dos demais veículos em circulação sem causa justificada, transitando a uma velocidade anormalmente reduzida;

II – sempre que quiser diminuir a velocidade de seu veículo deverá antes certificar-se de que pode fazê-lo sem risco nem inconvenientes para os outros condutores, a não ser que haja perigo iminente;

III – indicar, de forma clara, com a antecedência necessária e a sinalização devida, a manobra de redução de velocidade.

Art. 44. Ao aproximar-se de qualquer tipo de cruzamento, o condutor do veículo deve demonstrar prudência especial, transitando em velocidade moderada, de forma que possa deter seu veículo com segurança para dar passagem a pedestre e a veículos que tenham o direito de preferência.

Art. 45. Mesmo que a indicação luminosa do semáforo lhe seja favorável, nenhum condutor pode entrar em uma interseção se houver possibilidade de ser obrigado a imobilizar o veículo na área do cruzamento, obstruindo ou impedindo a passagem do trânsito transversal.

▶ Art. 183 deste Código.

Art. 46. Sempre que for necessária a imobilização temporária de um veículo no leito viário, em situação de emergência, deverá ser providenciada a imediata sinalização de advertência, na forma estabelecida pelo CONTRAN.

▶ Arts. 179, 180, 225, I, e 226 deste Código.
▶ Res. do CONTRAN nº 36, de 22-5-1998, estabelece a forma de sinalização de advertência para os veículos que, em situação de emergência, estiverem imobilizados no leito viário.

Art. 47. Quando proibido o estacionamento na via, a parada deverá restringir-se ao tempo indispensável para embarque ou desembarque de passageiros, desde que não interrompa ou perturbe o fluxo de veículos ou a locomoção de pedestres.

Parágrafo único. A operação de carga ou descarga será regulamentada pelo órgão ou entidade com circunscrição sobre a via e é considerada estacionamento.

Art. 48. Nas paradas, operações de carga ou descarga e nos estacionamentos, o veículo deverá ser posicionado no sentido do fluxo, paralelo ao bordo da pista de rolamento e junto à guia da calçada (meio-fio), admitidas as exceções devidamente sinalizadas.

▶ Arts. 181, IV, e 182, IV, deste Código.

§ 1º Nas vias providas de acostamento, os veículos parados, estacionados ou em operação de carga ou descarga deverão estar situados fora da pista de rolamento.

§ 2º O estacionamento dos veículos motorizados de duas rodas será feito em posição perpendicular à guia da calçada (meio-fio) e junto a ela, salvo quando houver sinalização que determine outra condição.

§ 3º O estacionamento dos veículos sem abandono do condutor poderá ser feito somente nos locais previstos neste Código ou naqueles regulamentados por sinalização específica.

▶ Res. do CONTRAN nº 302, de 18-12-2008, define e regulamenta as áreas de segurança e de estacionamentos específicos de veículos.

Art. 49. O condutor e os passageiros não deverão abrir a porta do veículo, deixá-la aberta ou descer do veículo sem antes se certificarem de que isso não constitui perigo para eles e para outros usuários da via.

▶ Art. 24 da CTVV.

Parágrafo único. O embarque e o desembarque devem ocorrer sempre do lado da calçada, exceto para o condutor.

Art. 50. O uso de faixas laterais de domínio e das áreas adjacentes às estradas e rodovias obedecerá às condições de segurança do trânsito estabelecidas pelo órgão ou entidade com circunscrição sobre a via.

Art. 51. Nas vias internas pertencentes a condomínios constituídos por unidades autônomas, a sinalização de regulamentação da via será implantada e mantida às expensas do condomínio, após aprovação dos projetos pelo órgão ou entidade com circunscrição sobre a via.

▶ Arts. 2º, parágrafo único, 90, § 1º, e 95, § 1º, deste Código.

Art. 52. Os veículos de tração animal serão conduzidos pela direita da pista, junto à guia da calçada (meio-fio) ou acostamento, sempre que não houver faixa especial a eles destinada, devendo seus condutores obedecer, no que couber, às normas de circulação previstas neste Código e às que vierem a ser fixadas pelo órgão ou entidade com circunscrição sobre a via.

Art. 53. Os animais isolados ou em grupos só podem circular nas vias quando conduzidos por um guia, observando o seguinte:

I – para facilitar os deslocamentos, os rebanhos deverão ser divididos em grupos de tamanho moderado e separados uns dos outros por espaços suficientes para não obstruir o trânsito;

II – os animais que circularem pela pista de rolamento deverão ser mantidos junto ao bordo da pista.

▶ Art. 10, § 2º, da CTVV.

Art. 54. Os condutores de motocicletas, motonetas e ciclomotores só poderão circular nas vias:

▶ Res. do CONTRAN nº 315, de 8-5-2009, estabelece a equiparação dos veículos cicloelétricos aos ciclomotores e os equipamentos obrigatórios para condução nas vias públicas abertas à circulação.

I – utilizando capacete de segurança, com viseira ou óculos protetores;

▶ Arts. 230, X, e 244, I, deste Código.
▶ Res. do CONTRAN nº 203, de 29-9-2006, disciplina o uso de capacete para condutor e passageiro de motocicleta, motoneta, ciclomotor, triciclo motorizado e quadriciclo motorizado.

II – segurando o guidom com as duas mãos;

▶ Art. 244, VII, deste Código.

III – usando vestuário de proteção, de acordo com as especificações do CONTRAN.

▶ Art. 244, I, deste Código.

Art. 55. Os passageiros de motocicletas, motonetas e ciclomotores só poderão ser transportados:

I – utilizando capacete de segurança;

▶ Arts. 230, X, e 244, II, deste Código.
▶ Res. do CONTRAN nº 203, de 29-9-2006, disciplina o uso de capacete para condutor e passageiro de motocicleta, motoneta, ciclomotor, triciclo motorizado e quadriciclo motorizado.

II – em carro lateral acoplado aos veículos ou em assento suplementar atrás do condutor;

▶ Art. 244, II, deste Código.

III – usando vestuário de proteção, de acordo com as especificações do CONTRAN.

Art. 56. VETADO.

Art. 57. Os ciclomotores devem ser conduzidos pela direita da pista de rolamento, preferencialmente no centro da faixa mais à direita ou no bordo direito da pista sempre que não houver acostamento ou faixa própria a eles destinada, proibida a sua circulação nas vias de trânsito rápido e sobre as calçadas das vias urbanas.

Parágrafo único. Quando uma via comportar duas ou mais faixas de trânsito e a da direita for destinada ao uso exclusivo de outro tipo de veículo, os ciclomotores deverão circular pela faixa adjacente à da direita.

▶ Arts. 185, I, 193 e 244, § 2º, deste Código.

Art. 58. Nas vias urbanas e nas rurais de pista dupla, a circulação de bicicletas deverá ocorrer, quando não houver ciclovia, ciclofaixa, ou acostamento, ou quando não for possível a utilização destes, nos bordos da pista de rolamento, no mesmo sentido de circulação regulamentado para a via, com preferência sobre os veículos automotores.

Parágrafo único. A autoridade de trânsito com circunscrição sobre a via poderá autorizar a circulação de bicicletas no sentido contrário ao fluxo dos veículos automotores, desde que dotado o trecho com ciclofaixa.

Art. 59. Desde que autorizado e devidamente sinalizado pelo órgão ou entidade com circunscrição sobre a via, será permitida a circulação de bicicletas nos passeios.

▶ Art. 255 deste Código.

Art. 60. As vias abertas à circulação, de acordo com sua utilização, classificam-se em:

I – vias urbanas:
a) via de trânsito rápido;
b) via arterial;
c) via coletora;
d) via local;

II – vias rurais:
a) rodovias;
b) estradas.

Art. 61. A velocidade máxima permitida para a via será indicada por meio de sinalização, obedecidas suas características técnicas e as condições de trânsito.

§ 1º Onde não existir sinalização regulamentadora, a velocidade máxima será de:

I – nas vias urbanas:
a) oitenta quilômetros por hora, nas vias de trânsito rápido;
b) sessenta quilômetros por hora, nas vias arteriais;
c) quarenta quilômetros por hora, nas vias coletoras;
d) trinta quilômetros por hora, nas vias locais;

II – nas vias rurais:
a) nas rodovias;
1 – cento e dez quilômetros por hora para automóveis, camionetas e motocicletas;

▶ Item 1 com a redação dada pela Lei nº 10.830, de 23-12-2003.

2 – noventa quilômetros por hora, para ônibus e micro-ônibus; 3 – oitenta quilômetros por hora, para os demais veículos:
b) nas estradas, sessenta quilômetros por hora.

▶ Art. 218 deste Código.

§ 2º O órgão ou entidade de trânsito ou rodoviário com circunscrição sobre a via poderá regulamentar, por meio de sinalização, velocidades superiores ou inferiores àquelas estabelecidas no parágrafo anterior.

Art. 62. A velocidade mínima não poderá ser inferior à metade da velocidade máxima estabelecida, respeitadas as condições operacionais de trânsito e da via.

▶ Art. 219 deste Código.

Art. 63. VETADO.

Art. 64. As crianças com idade inferior a dez anos devem ser transportadas nos bancos traseiros, salvo exceções regulamentadas pelo CONTRAN.

▶ Art. 168 deste Código.
▶ Res. do CONTRAN nº 277, de 28-5-2008, dispõe sobre o transporte de menores de dez anos e a utilização do dispositivo de retenção para o transporte de crianças em veículos.

Art. 65. É obrigatório o uso do cinto de segurança para condutor e passageiros em todas as vias do território nacional, salvo em situações regulamentadas pelo CONTRAN.

▶ Arts. 167 e 230, IX, deste Código.
▶ Res. do CONTRAN nº 277, de 28-5-2008, dispõe sobre o transporte de menores de dez anos e a utilização do dispositivo de retenção para o transporte de crianças em veículos.
▶ Res. do CONTRAN nº 278, de 28-5-2008, proíbe a utilização de dispositivos que travem, afrouxem ou modifiquem o funcionamento dos cintos de segurança.

Art. 66. VETADO.

Art. 67. As provas ou competições desportivas, inclusive seus ensaios, em via aberta à circulação, só poderão ser realizadas mediante prévia permissão da autoridade de trânsito com circunscrição sobre a via e dependerão de:

I – autorização expressa da respectiva confederação desportiva ou de entidades estaduais a ela filiadas;
II – caução ou fiança para cobrir possíveis danos materiais à via;
III – contrato de seguro contra risco e acidentes em favor de terceiros;
IV – prévio recolhimento do valor correspondente aos custos operacionais em que o órgão ou entidade permissionária incorrerá.

Parágrafo único. A autoridade com circunscrição sobre a via arbitrará os valores mínimos da caução ou fiança e do contrato de seguro.

▶ Arts. 173, 174 e 308 deste Código.

Capítulo IV

DOS PEDESTRES E CONDUTORES DE VEÍCULOS NÃO MOTORIZADOS

Art. 68. É assegurada ao pedestre a utilização dos passeios ou passagens apropriadas das vias urbanas e dos acostamentos das vias rurais para circulação, podendo a autoridade competente permitir a utilização de parte da calçada para outros fins, desde que não seja prejudicial ao fluxo de pedestres.

§ 1º O ciclista desmontado empurrando a bicicleta equipara-se ao pedestre em direitos e deveres.

§ 2º Nas áreas urbanas, quando não houver passeios ou quando não for possível a utilização destes, a circulação de pedestres na pista de rolamento será feita com prioridade sobre os veículos, pelos bordos da pista, em fila única, exceto em locais proibidos pela sinalização e nas situações em que a segurança ficar comprometida.

§ 3º Nas vias rurais, quando não houver acostamento ou quando não for possível a utilização dele, a circulação de pedestres, na pista de rolamento, será feita com prioridade sobre os veículos, pelos bordos da pista, em fila única, em sentido contrário ao deslocamento de veículos, exceto em locais proibidos pela sinalização e nas situações em que a segurança ficar comprometida.

§ 4º VETADO.

§ 5º Nos trechos urbanos de vias rurais e nas obras de arte a serem construídas, deverá ser previsto passeio destinado à circulação dos pedestres, que não deverão, nessas condições, usar o acostamento.

§ 6º Onde houver obstrução da calçada ou da passagem para pedestres, o órgão ou entidade com circunscrição sobre a via deverá assegurar a devida sinalização e proteção para circulação de pedestres.

Art. 69. Para cruzar a pista de rolamento o pedestre tomará precauções de segurança, levando em conta, principalmente, a visibilidade, a distância e a velocidade dos veículos, utilizando sempre as faixas ou passagens a ele destinadas sempre que estas existirem numa distância de até cinquenta metros dele, observadas as seguintes disposições:

► Art. 254, V, deste Código.

I – onde não houver faixa ou passagem, o cruzamento da via deverá ser feito em sentido perpendicular ao de seu eixo;
II – para atravessar uma passagem sinalizada para pedestres ou delimitada por marcas sobre a pista:
a) onde houver foco de pedestres, obedecer às indicações das luzes;
b) onde não houver foco de pedestres, aguardar que o semáforo ou o agente de trânsito interrompa o fluxo de veículos;
III – nas interseções e em suas proximidades, onde não existam faixas de travessia, os pedestres devem atravessar a via na continuação da calçada, observadas as seguintes normas:
a) não deverão adentrar na pista sem antes se certificar de que podem fazê-lo sem obstruir o trânsito de veículos;
b) uma vez iniciada a travessia de uma pista, os pedestres não deverão aumentar o seu percurso, demorar-se ou parar sobre ela sem necessidade.

Art. 70. Os pedestres que estiverem atravessando a via sobre as faixas delimitadas para esse fim terão prioridade de passagem, exceto nos locais com sinalização semafórica, onde deverão ser respeitadas as disposições deste Código.

Parágrafo único. Nos locais em que houver sinalização semafórica de controle de passagem será dada preferência aos pedestres que não tenham concluído a travessia, mesmo em caso de mudança do semáforo liberando a passagem dos veículos.

► Arts. 270 e 214, I e II, deste Código.

Art. 71. O órgão ou entidade com circunscrição sobre a via manterá, obrigatoriamente, as faixas e passagens de pedestres em boas condições de visibilidade, higiene, segurança e sinalização.

Capítulo V
DO CIDADÃO

Art. 72. Todo cidadão ou entidade civil tem o direito de solicitar, por escrito, aos órgãos ou entidades do Sistema Nacional de Trânsito, sinalização, fiscalização e implantação de equipamentos de segurança, bem como sugerir alterações em normas, legislação e outros assuntos pertinentes a este Código.

Art. 73. Os órgãos ou entidades pertencentes ao Sistema Nacional de Trânsito têm o dever de analisar as solicitações e responder, por escrito, dentro de prazos mínimos, sobre a possibilidade ou não de atendimento, esclarecendo ou justificando a análise efetuada, e, se pertinente, informando ao solicitante quando tal evento ocorrerá.

Parágrafo único. As campanhas de trânsito devem esclarecer quais as atribuições dos órgãos e entidades pertencentes ao Sistema Nacional de Trânsito e como proceder a tais solicitações.

Capítulo VI
DA EDUCAÇÃO PARA O TRÂNSITO

Art. 74. A educação para o trânsito é direito de todos e constitui dever prioritário para os componentes do Sistema Nacional de Trânsito.

► Res. do CONTRAN nº 314, de 8-5-2009, estabelece procedimentos para a execução das campanhas educativas de trânsito a serem promovidas pelos órgãos e entidades do Sistema Nacional de Trânsito.

§ 1º É obrigatória a existência de coordenação educacional em cada órgão ou entidade componente do Sistema Nacional de Trânsito.

§ 2º Os órgãos ou entidades executivos de trânsito deverão promover, dentro de sua estrutura organizacional ou mediante convênio, o funcionamento de Escolas Públicas de Trânsito, nos moldes e padrões estabelecidos pelo CONTRAN.

► Res. do CONTRAN nº 207, de 20-10-2006, estabelece critérios de padronização para funcionamento das Escolas Públicas de Trânsito.

► Res. do CONTRAN nº 265, de 14-12-2007, dispõe sobre a formação teórico-técnica do processo de habilitação de condutores de veículos automotores elétricos como atividade extracurricular no ensino médio e define os procedimentos para implementação nas escolas interessadas.

Art. 75. O CONTRAN estabelecerá, anualmente, os temas e os cronogramas das campanhas de âmbito nacional que deverão ser promovidas por todos os órgãos ou entidades do Sistema Nacional de Trânsito, em especial nos períodos referentes às férias escolares, feriados prolongados e à Semana Nacional de Trânsito.

§ 1º Os órgãos ou entidades do Sistema Nacional de Trânsito deverão promover outras campanhas no âmbito de sua circunscrição e de acordo com as peculiaridades locais.

§ 2º As campanhas de que trata este artigo são de caráter permanente, e os serviços de rádio e difusão sonora de sons e imagens explorados pelo poder público são obrigados a difundi-las gratuitamente, com a frequência recomendada pelos órgãos competentes do Sistema Nacional de Trânsito.

► Res. do CONTRAN nº 30, de 22-5-1998, dispõe sobre campanhas permanentes de segurança no trânsito.

► Res. do CONTRAN nº 166, de 15-9-2004, aprova as diretrizes da Política Nacional de Trânsito.

► Res. do CONTRAN nº 314, de 8-5-2009, estabelece procedimentos para a execução das campanhas educativas de trânsito a serem promovidas pelos órgãos e entidades do Sistema Nacional de Trânsito.

Art. 76. A educação para o trânsito será promovida na pré-escola e nas escolas de 1º, 2º e 3º graus, por meio de planejamento e ações coordenadas entre os órgãos e entidades do Sistema Nacional de Trânsito e de Educação, da União, dos Estados, do Distrito Federal e dos Municípios, nas respectivas áreas de atuação.

Parágrafo único. Para a finalidade prevista neste artigo, o Ministério da Educação e do Desporto, mediante proposta do CONTRAN e do Conselho de Reitores das Universidades Brasileiras, diretamente ou mediante convênio, promoverá:

I – a adoção, em todos os níveis de ensino, de um currículo interdisciplinar com conteúdo programático sobre segurança de trânsito;
II – a adoção de conteúdos relativos à educação para o trânsito nas escolas de formação para o magistério e o treinamento de professores e multiplicadores;

► Res. do CONTRAN nº 207, de 20-10-2006, estabelece critérios de padronização para funcionamento das Escolas Públicas de Trânsito.

► Res. do CONTRAN nº 265, de 14-12-2007, dispõe sobre a formação teórico-técnica do processo de habilitação de condutores de veículos automotores elétricos como atividade extracurricular no ensino médio e define os procedimentos para implementação nas escolas interessadas.

III – a criação de corpos técnicos interprofissionais para levantamento e análise de dados estatísticos relativos ao trânsito;
IV – a elaboração de planos de redução de acidentes de trânsito junto aos núcleos interdisciplinares universitários de trânsito, com vistas à integração universidades-sociedade na área de trânsito.

Art. 77. No âmbito da educação para o trânsito caberá ao Ministério da Saúde, mediante proposta do CONTRAN, estabelecer campanha nacional esclarecendo condutas a serem seguidas nos primeiros socorros em caso de acidente de trânsito.

Parágrafo único. As campanhas terão caráter permanente por intermédio do Sistema Único de Saúde – SUS, sendo intensificadas nos períodos e na forma estabelecidos no artigo 76.

Art. 77-A. São assegurados aos órgãos ou entidades componentes do Sistema Nacional de Trânsito os mecanismos instituídos nos arts. 77-B a 77-E para a veiculação de mensagens educativas de trânsito em todo o território nacional, em caráter suplementar às campanhas previstas nos arts. 75 e 77.

Art. 77-B. Toda peça publicitária destinada à divulgação ou promoção, nos meios de comunicação social, de produto oriundo da indústria automobilística ou afim, incluirá, obrigatoriamente, mensagem educativa de trânsito a ser conjuntamente veiculada.

► Res. do CONTRAN nº 351, de 14-6-2010, estabelece procedimentos para veiculação de mensagens educativas de trânsito em toda peça publicitária destinada à divulgação ou promoção, nos meios de comunicação social, de produtos oriundos da indústria automobilística ou afins.

§ 1º Para os efeitos dos arts. 77-A a 77-E, consideram-se produtos oriundos da indústria automobilística ou afins:

I – os veículos rodoviários automotores de qualquer espécie, incluídos os de passageiros e os de carga;
II – os componentes, as peças e os acessórios utilizados nos veículos mencionados no inciso I.

§ 2º O disposto no *caput* deste artigo aplica-se à propaganda de natureza comercial, veiculada por iniciativa do fabricante do produto, em qualquer das seguintes modalidades:

I – rádio;
II – televisão;
III – jornal;
IV – revista;
V – *outdoor*.

§ 3º Para efeito do disposto no § 2º, equiparam-se ao fabricante o montador, o encarroçador, o importador e o revendedor autorizado dos veículos e demais produtos discriminados no § 1º deste artigo.

Art. 77-C. Quando se tratar de publicidade veiculada em *outdoor* instalado à margem de rodovia, dentro ou fora da respectiva faixa de domínio, a obrigação prevista no art. 77-B estende-se à propaganda de qualquer tipo de produto e anunciante, inclusive àquela de caráter institucional ou eleitoral.

► Res. do CONTRAN nº 351, de 14-6-2010, estabelece procedimentos para veiculação de mensagens educativas de trânsito em toda peça publicitária destinada à divulgação ou promoção, nos meios de comunicação social, de produtos oriundos da indústria automobilística ou afins.

Art. 77-D. O Conselho Nacional de Trânsito (CONTRAN) especificará o conteúdo e o padrão de apresentação das mensagens, bem como os procedimentos envolvidos na respectiva veiculação, em conformidade com as diretrizes fixadas para as campanhas educativas de trânsito a que se refere o art. 75.

► Res. do CONTRAN nº 351, de 14-6-2010, estabelece procedimentos para veiculação de mensagens educativas de trânsito em toda peça publicitária destinada à divulgação ou promoção, nos meios de comunicação social, de produtos oriundos da indústria automobilística ou afins.

Art. 77-E. A veiculação de publicidade feita em desacordo com as condições fixadas nos arts. 77-A a 77-D constitui infração punível com as seguintes sanções:

I – advertência por escrito;
II – suspensão, nos veículos de divulgação da publicidade, de qualquer outra propaganda do produto, pelo prazo de até 60 (sessenta) dias;
III – multa de 1.000 (um mil) a 5.000 (cinco mil) vezes o valor da Unidade Fiscal de Referência (UFIR), ou unidade que a substituir, cobrada do dobro até o quíntuplo, em caso de reincidência.

§ 1º As sanções serão aplicadas isolada ou cumulativamente, conforme dispuser o regulamento.

§ 2º Sem prejuízo do disposto no *caput* deste artigo, qualquer infração acarretará a imediata suspensão da veiculação da peça publicitária até que sejam cumpridas as exigências fixadas nos arts. 77-A a 77-D.

▶ Arts. 77-A a 77-E acrescidos pela Lei nº 12.006, de 29-7-2009.
▶ Res. do CONTRAN nº 351, de 14-6-2010, estabelece procedimentos para veiculação de mensagens educativas de trânsito em toda peça publicitária destinada à divulgação ou promoção, nos meios de comunicação social, de produtos oriundos da indústria automobilística ou afins.

Art. 78. Os Ministérios da Saúde, da Educação e do Desporto, do Trabalho, dos Transportes e da Justiça, por intermédio do CONTRAN, desenvolverão e implementarão programas destinados à prevenção de acidentes.

Parágrafo único. O percentual de dez por cento do total dos valores arrecadados destinados à Previdência Social, do Prêmio do Seguro Obrigatório de Danos Pessoais causados por Veículos Automotores de Via Terrestre – DPVAT, de que trata a Lei nº 6.194, de 19 de dezembro de 1974, serão repassados mensalmente ao Coordenador do Sistema Nacional de Trânsito para aplicação exclusiva em programas de que trata este artigo.

▶ Art. 320, parágrafo único, deste Código.
▶ Res. do CONTRAN nº 143, de 31-3-2003, dispõe sobre a utilização de percentual dos recursos do Seguro Obrigatório de Danos Pessoais Causados por Veículos Automotores de Via Terrestre (DPVAT), destinados ao órgão Coordenador de Sistema Nacional de Trânsito.

Art. 79. Os órgãos e entidades executivos de trânsito poderão firmar convênio com os órgãos de educação da União, dos Estados, do Distrito Federal e dos Municípios, objetivando o cumprimento das obrigações estabelecidas neste capítulo.

▶ Res. do CONTRAN nº 265, de 14-12-2007, dispõe sobre a formação teórico-técnica do processo de habilitação de condutores de veículos automotores elétricos como atividade extracurricular no ensino médio e define os procedimentos para implementação nas escolas interessadas.

Capítulo VII
DA SINALIZAÇÃO DE TRÂNSITO

Art. 80. Sempre que necessário, será colocada ao longo da via, sinalização prevista neste Código e em legislação complementar, destinada a condutores e pedestres, vedada a utilização de qualquer outra.

§ 1º A sinalização será colocada em posição e condições que a tornem perfeitamente visível e legível durante o dia e a noite, em distância compatível com a segurança do trânsito, conforme normas e especificações do CONTRAN.

§ 2º O CONTRAN poderá autorizar, em caráter experimental e por período prefixado, a utilização de sinalização não prevista neste Código.

▶ Res. do CONTRAN nº 348, de 17-5-2010, estabelece o procedimento e os requisitos para apreciação dos equipamentos de trânsito e de sinalização não previstos neste Código.

Art. 81. Nas vias públicas e nos imóveis é proibido colocar luzes, publicidade, inscrições, vegetação e mobiliário que possam gerar confusão, interferir na visibilidade da sinalização e comprometer a segurança do trânsito.

Art. 82. É proibido afixar sobre a sinalização de trânsito e respectivos suportes, ou junto a ambos, qualquer tipo de publicidade, inscrições, legendas e símbolos que não se relacionem com a mensagem da sinalização.

Art. 83. A afixação de publicidade ou de quaisquer legendas ou símbolos ao longo das vias condiciona-se à prévia aprovação do órgão ou entidade com circunscrição sobre a via.

Art. 84. O órgão ou entidade de trânsito com circunscrição sobre a via poderá retirar ou determinar a imediata retirada de qualquer elemento que prejudique a visibilidade da sinalização viária e a segurança do trânsito, com ônus para quem o tenha colocado.

Art. 85. Os locais destinados pelo órgão ou entidade de trânsito com circunscrição sobre a via à travessia de pedestres deverão ser sinalizados com faixas pintadas ou demarcadas no leito da via.

Art. 86. Os locais destinados a postos de gasolina, oficinas, estacionamentos ou garagens de uso coletivo deverão ter suas entradas e saídas devidamente identificadas, na forma regulamentada pelo CONTRAN.

▶ Res. do CONTRAN nº 38, de 22-5-1998, regulamenta este artigo, dispondo sobre a identificação das entradas e saídas de postos de gasolina e de abastecimento de combustíveis, oficinas, estacionamentos e/ ou garagens de uso coletivo.

Art. 87. Os sinais de trânsito classificam-se em:

I – verticais;
II – horizontais;
III – dispositivos de sinalização auxiliar;
IV – luminosos;
V – sonoros;
VI – gestos do agente de trânsito e do condutor.

Art. 88. Nenhuma via pavimentada poderá ser entregue após sua construção, ou reabertura ao trânsito após a realização de obras ou de manutenção, enquanto não estiver devidamente sinalizada, vertical e horizontalmente, de forma a garantir as condições adequadas de segurança na circulação.

Parágrafo único. Nas vias ou trechos de vias em obras deverá ser afixada sinalização específica e adequada.

Art. 89. A sinalização terá a seguinte ordem de prevalência:

I – as ordens do agente de trânsito sobre as normas de circulação e outros sinais;

▶ Art. 195 deste Código.
▶ Art. 6º, §§ 2º e 4º, da CTVV.

II – as indicações do semáforo sobre os demais sinais;
III – as indicações dos sinais sobre as demais normas de trânsito.

Art. 90. Não serão aplicadas as sanções previstas neste Código por inobservância à sinalização quando esta for insuficiente ou incorreta.

§ 1º O órgão ou entidade de trânsito com circunscrição sobre a via é responsável pela implantação da sinalização, respondendo pela sua falta, insuficiência ou incorreta colocação.

▶ Art. 51 deste Código.

§ 2º O CONTRAN editará normas complementares no que se refere à interpretação, colocação e uso da sinalização.

▶ Res. do CONTRAN nº 599, de 9-8-1982, dispõe sobre a interpretação, o uso e a colocação da sinalização vertical de trânsito, nas vias públicas.
▶ Res. do CONTRAN nº 666, de 30-1-1986, dispõe sobre a edição de normas complementares de interpretação, colocação e uso de marcas viárias e dispositivos auxiliares à sinalização de trânsito.
▶ Res. do CONTRAN nº 791, de 13-12-1994, acrescenta à sinalização de trânsito, placas de indicação de atrativos turísticos.
▶ Res. do CONTRAN nº 180, de 26-8-2005, aprova o Volume I – Sinalização Vertical de Regulamentação, do Manual Brasileiro de Sinalização de Trânsito.
▶ Res. do CONTRAN nº 236, de 11-5-2007, aprova o Volume IV – Sinalização Horizontal, do Manual Brasileiro de Sinalização de Trânsito.
▶ Res. do CONTRAN nº 243, de 22-6-2007, aprova o Volume II – Sinalização Vertical de Advertência, do Manual Brasileiro de Sinalização de Trânsito.

Capítulo VIII
DA ENGENHARIA DE TRÁFEGO, DA OPERAÇÃO, DA FISCALIZAÇÃO E DO POLICIAMENTO OSTENSIVO DE TRÂNSITO

Art. 91. O CONTRAN estabelecerá as normas e regulamentos a serem adotados em todo o território nacional quando da implementação das soluções adotadas pela Engenharia de Tráfego, assim como padrões a serem praticados por todos os órgãos e entidades do Sistema Nacional de Trânsito.

▶ Art. 333 deste Código.

Art. 92. VETADO.

Art. 93. Nenhum projeto de edificação que possa transformar-se em polo atrativo de trânsito poderá ser aprovado sem prévia anuência do órgão ou entidade com circunscrição sobre a via e sem que do projeto conste área para estacionamento e indicação das vias de acesso adequadas.

▶ Art. 95, § 4º, deste Código.
▶ Res. do CONTRAN nº 302, de 18-12-2008, define e regulamenta as áreas de segurança e de estacionamentos específicos de veículos.
▶ Res. do CONTRAN nº 390, de 11-8-2011, dispõe sobre a padronização dos procedimentos administrativos na lavratura de auto de infração, na expedição de notificação de autuação e de notificação de penalidades por infrações de responsabilidade de pessoas físicas ou jurídicas, sem a utilização de veículos, expressamente mencionadas neste Código.

Art. 94. Qualquer obstáculo à livre circulação e à segurança de veículos e pedestres, tanto na via quanto na calçada, caso não possa ser retirado, deve ser devida e imediatamente sinalizado.

▶ Art. 95, § 4º, deste Código.
▶ Res. do CONTRAN nº 561, de 10-6-1980, dispõe sobre a sinalização complementar de obras nas vias públicas.
▶ Res. do CONTRAN nº 390, de 11-8-2011, dispõe sobre a padronização dos procedimentos administrativos na lavratura de auto de infração, na expedição de notificação de autuação e de notificação de penalidades por infrações de responsabilidade de pessoas físicas ou jurídicas, sem a utilização de veículos, expressamente mencionadas neste Código.

Parágrafo único. É proibida a utilização das ondulações transversais e de sonorizadores como redutores de velocidade, salvo em casos especiais definidos pelo órgão ou entidade competente, nos padrões e critérios estabelecidos pelo CONTRAN.

▶ Art. 334 deste Código.
▶ Res. do CONTRAN nº 39, de 22-5-1998, estabelece os padrões e critérios para a instalação de ondulações transversais e sonorizadores nas vias públicas.
▶ Res. do CONTRAN nº 390, de 11-8-2011, dispõe sobre a padronização dos procedimentos administrativos na lavratura de auto de infração, na expedição de notificação de autuação e de notificação de penalidades por infrações de responsabilidade de pessoas físicas ou jurídicas, sem a utilização de veículos, expressamente mencionadas neste Código.

Art. 95. Nenhuma obra ou evento que possa perturbar ou interromper a livre circulação de veículos e pedestres, ou colocar em risco sua segurança, será iniciada sem permissão prévia do órgão ou entidade de trânsito com circunscrição sobre a via.

▶ Arts. 21, IX, e 24, IX, deste Código.
▶ Res. do CONTRAN nº 371, de 10-12-2010, aprova o Manual Brasileiro de Fiscalização de Trânsito, Volume I – Infrações de competência municipal, incluindo as concorrentes dos órgãos e entidades estaduais de trânsito, e rodoviários.
▶ Res. do CONTRAN nº 390, de 11-8-2011, dispõe sobre a padronização dos procedimentos administrativos na lavratura de auto de infração, na expedição de notificação de autuação e de notificação de penalidades por infrações de responsabilidade de pessoas físicas ou jurídicas, sem a utilização de veículos, expressamente mencionadas neste Código.

§ 1º A obrigação de sinalizar é do responsável pela execução ou manutenção da obra ou do evento.

▶ Res. do CONTRAN nº 390, de 11-8-2011, dispõe sobre a padronização dos procedimentos administrativos na lavratura de auto de infração, na expedição de notificação de autuação e de notificação de penalidades por infrações de responsabilidade de pessoas físicas ou jurídicas, sem a utilização de veículos, expressamente mencionadas neste Código.

§ 2º Salvo em casos de emergência, a autoridade de trânsito com circunscrição sobre a via avisará à comunidade, por intermédio dos meios de comunicação social, com quarenta e oito horas de antecedência, de qualquer interdição da via, indicando-se os caminhos alternativos a serem utilizados.

▶ Res. do CONTRAN nº 390, de 11-8-2011, dispõe sobre a padronização dos procedimentos administrativos na lavratura de auto de infração, na expedição de notificação de autuação e de notificação de penalidades por infrações de responsabilidade de pessoas físicas ou jurídicas, sem a utilização de veículos, expressamente mencionadas neste Código.

§ 3º A inobservância do disposto neste artigo será punida com multa que varia entre cinquenta e trezentas UFIR, independentemente das cominações cíveis e penais cabíveis.

§ 4º Ao servidor público responsável pela inobservância de qualquer das normas previstas neste e nos arts. 93 e 94, a autoridade de trânsito aplicará multa diária na base de cinquenta por cento do dia de vencimento ou remuneração devida enquanto permanecer a irregularidade.

CAPÍTULO IX

DOS VEÍCULOS

SEÇÃO I

DISPOSIÇÕES GERAIS

Art. 96. Os veículos classificam-se em:

I – quanto à tração:

a) automotor;

▶ Res. do CONTRAN nº 538, de 18-10-1978, disciplina o licenciamento do veículo tipo "motor casa" e define a categoria dos seus condutores.

b) elétrico;
c) de propulsão humana;
d) de tração animal;
e) reboque ou semirreboque;

II – quanto à espécie:

a) de passageiros:

1 – bicicleta;
2 – ciclomotor;

▶ Res. do CONTRAN nº 315, de 8-5-2009, estabelece a equiparação dos veículos cicloelétricos aos ciclomotores e os equipamentos obrigatórios para condução nas vias públicas abertas à circulação.

3 – motoneta;
4 – motocicleta;
5 – triciclo;
6 – quadriciclo;

▶ Res. do CONTRAN nº 700, de 13-10-1988, dispõe sobre a classificação dos veículos.

7 – automóvel;
8 – micro-ônibus;
9 – ônibus;
10 – bonde;
11 – reboque ou semirreboque;
12 – charrete;

b) de carga:

1 – motoneta;
2 – motocicleta;
3 – triciclo;
4 – quadriciclo;

▶ Res. do CONTRAN nº 700, de 13-10-1988, dispõe sobre a classificação dos veículos.

5 – caminhonete;
6 – caminhão;
7 – reboque ou semirreboque;
8 – carroça;
9 – carro de mão;

c) misto:

1 – camioneta;
2 – utilitário;
3 – outros;

d) de competição;
e) de tração:

1 – caminhão-trator;
2 – trator de rodas;
3 – trator de esteiras;

4 – trator misto;

f) especial;

▶ Res. do CONTRAN nº 538, de 18-10-1978, disciplina o licenciamento do veículo tipo "motor casa" e define a categoria dos seus condutores.

g) de coleção;

III – quanto à categoria:

a) oficial;
b) de representação diplomática, de repartições consulares de carreira ou organismos internacionais acreditados junto ao Governo brasileiro;
c) particular;
d) de aluguel;
e) de aprendizagem.

Art. 97. As características dos veículos, suas especificações básicas, configuração e condições essenciais para registro, licenciamento e circulação serão estabelecidas pelo CONTRAN, em função de suas aplicações.

▶ Res. do CONTRAN nº 56, de 21-5-1998, disciplina a identificação e emplacamento dos veículos de coleção.

▶ Res. do CONTRAN nº 197, de 25-7-2006, regulamenta o dispositivo de acoplamento mecânico para reboque (engate) utilizado em veículos com PBT de até 3.500kg.

▶ Res. do CONTRAN nº 211, de 13-11-2006, dispõe sobre requisitos necessários à circulação de Combinações de Veículos de Carga – CVC.

▶ Res. do CONTRAN nº 215, de 14-12-2006, regulamenta a fabricação, instalação e uso de dispositivo denominado "quebra-mato" em veículos automotores com peso bruto total de até 3.500 kg.

▶ Res. do CONTRAN nº 341, de 25-2-2010, cria Autorização Específica (AE) para os veículos e/ou combinações de veículos equipados com tanques que apresentem excesso de até 5% (cinco por cento) nos limites de peso bruto total ou peso bruto total combinado, devido à incorporação da tolerância, com base em Resolução do CONTRAN.

▶ Port. do DENATRAN nº 313, de 29-4-2010, estabelece regras especiais e padronizadas para os veículos e combinações de veículos equipados com tanque para transporte de produtos líquidos e gasosos e regulamenta os critérios de comprovação da incorporação da tolerância de 5%, em cumprimento ao art. 3º da Res. do CONTRAN nº 341, de 25-2-2010.

▶ Del. do CONTRAN nº 119, de 19-12-2011, define a cor predominante dos caminhões, caminhões tratores, reboques e semirreboques.

Art. 98. Nenhum proprietário ou responsável poderá, sem prévia autorização da autoridade competente, fazer ou ordenar que sejam feitas no veículo modificações de suas características de fábrica.

Parágrafo único. Os veículos e motores novos ou usados que sofrerem alterações ou conversões são obrigados a atender aos mesmos limites e exigências de emissão de poluentes e ruído previstos pelos órgãos ambientais competentes e pelo CONTRAN, cabendo à entidade executora das modificações e ao proprietário do veículo a responsabilidade pelo cumprimento das exigências.

▶ Art. 230, VII, deste Código.

▶ Res. do CONTRAN nº 533, de 22-6-1978, dispõe sobre a substituição de rodas de veículos automotores.

► Res. do CONTRAN nº 580, de 14-8-1981, disciplina o licenciamento de veículos automotores, adaptados com sistema gasogênio.
► Res. do CONTRAN nº 677, de 18-5-1987, dispõe sobre a fiscalização do uso indevido do gás liquefeito de petróleo – GLP, em veículos automotores.
► Res. do CONTRAN nº 181, de 1-9-2005, disciplina a instalação de múltiplos tanques, tanque suplementar e a alteração da capacidade do tanque original de combustível líquido em veículos, dedicados à sua propulsão ou operação de seus equipamentos especializados.
► Res. do CONTRAN nº 232, de 30-3-2007, estabelece procedimentos para a prestação de serviços por Instituição Técnica Licenciada – ITL e Entidade Técnica Pública ou Paraestatal – ETP, para emissão do Certificado de Segurança Veicular – CSV.
► Res. do CONTRAN nº 291, de 29-8-2008, dispõe sobre a concessão de código de marca/modelo/versão para veículos.
► Res. do CONTRAN nº 292, de 29-8-2008, dispõe sobre as modificações veiculares previstas neste artigo.
► Res. do CONTRAN nº 334, de 6-11-2009, isenta os veículos blindados ao uso dos vidros de segurança exigidos pelo art. 1º da Res. do CONTRAN nº 254, de 26-10-2007.

Art. 99. Somente poderá transitar pelas vias terrestres o veículo cujo peso e dimensões atenderem aos limites estabelecidos pelo CONTRAN.

► Art. 231, IV, deste Código.
► Res. do CONTRAN nº 341, de 25-2-2010, cria Autorização Específica (AE) para os veículos e/ou combinações de veículos equipados com tanques que apresentem excesso de até 5% (cinco por cento) nos limites de peso bruto total ou peso bruto total combinado, devido à incorporação da tolerância, com base em Resolução do CONTRAN.

§ 1º O excesso de peso será aferido por equipamento de pesagem ou pela verificação do documento fiscal, na forma estabelecida pelo CONTRAN.

§ 2º Será tolerado um percentual sobre os limites de peso bruto total e peso bruto transmitido por eixo de veículos à superfície das vias, quando aferido por equipamento, na forma estabelecida pelo CONTRAN.

► Res. do CONTRAN nº 258, de 30-11-2007, fixa metodologia de aferição de peso de veículos e estabelece percentuais de tolerância.

§ 3º Os equipamentos fixos ou móveis utilizados na pesagem de veículos serão aferidos de acordo com a metodologia e na periodicidade estabelecidas pelo CONTRAN, ouvido o órgão ou entidade de metrologia legal.

► Res. do CONTRAN nº 210, de 13-11-2006, estabelece limites de peso e dimensões para veículos transitarem por vias terrestres.
► Res. do CONTRAN nº 211, de 13-11-2006, dispõe sobre requisitos necessários à circulação de Combinações de Veículos de Carga – CVC.

Art. 100. Nenhum veículo ou combinação de veículos poderá transitar com lotação de passageiros, com peso bruto total, ou com peso bruto total combinado com peso por eixo, superior ao fixado pelo fabricante, nem ultrapassar a capacidade máxima de tração da unidade tratora.

► Res. do CONTRAN nº 341, de 25-2-2010, cria Autorização Específica (AE) para os veículos e/ou combinações de veículos equipados com tanques que apresentem excesso de até 5% (cinco por cento) nos limites de peso bruto total ou peso bruto total combinado, devido à incorporação da tolerância, com base em Resolução do CONTRAN.

Parágrafo único. O CONTRAN regulamentará o uso de pneus extralargos, definindo seus limites de peso.

► Art. 231, V, VII e X, deste Código.
► Res. do CONTRAN nº 62, de 21-5-1998, estabelece o uso de pneus extralargos e define seus limites de peso.
► Res. do CONTRAN nº 258, de 30-11-2007, fixa metodologia de aferição de peso de veículos, estabelece percentuais de tolerância.

Art. 101. Ao veículo ou combinação de veículos utilizado no transporte de carga indivisível, que não se enquadre nos limites de peso e dimensões estabelecidos pelo CONTRAN, poderá ser concedida, pela autoridade com circunscrição sobre a via, autorização especial de trânsito, com prazo certo, válida para cada viagem, atendidas as medidas de segurança consideradas necessárias.

► Arts. 231, IV e VI, deste Código.
► Res. do CONTRAN nº 211, de 13-11-2006, dispõe sobre requisitos necessários à circulação de Combinações de Veículos de Carga – CVC.
► Res. do CONTRAN nº 213, de 13-11-2006, fixa requisitos para a circulação de veículos transportadores de contêineres.
► Res. do CONTRAN nº 293, de 29-9-2008, fixa requisitos de segurança para circulação de veículos que transportem produtos siderúrgicos.
► Res. do CONTRAN nº 305, de 6-3-2009, estabelece requisitos de segurança necessários à circulação de Combinações para Transporte de Veículos – CTV e Combinações de Transporte de Veículos e Cargas Paletizadas – CTVP.

§ 1º A autorização será concedida mediante requerimento que especificará as características do veículo ou combinação de veículos e de carga, o percurso, a data e o horário do deslocamento inicial.

§ 2º A autorização não exime o beneficiário da responsabilidade por eventuais danos que o veículo ou a combinação de veículos causar à via ou a terceiros.

§ 3º Aos guindastes autopropelidos ou sobre caminhões poderá ser concedida, pela autoridade com circunscrição sobre a via, autorização especial de trânsito, com prazo de seis meses, atendidas as medidas de segurança consideradas necessárias.

Art. 102. O veículo de carga deverá estar devidamente equipado quando transitar, de modo a evitar o derramamento da carga sobre a via.

► Art. 231, II, a, deste Código.

Parágrafo único. O CONTRAN fixará os requisitos mínimos e a forma de proteção de cargas de que trata este artigo, de acordo com a sua natureza.

► Res. do CONTRAN nº 725, de 31-12-1988, fixa os requisitos de segurança para a circulação de veículos transportadores de contêineres.
► Res. do CONTRAN nº 732, de 3-7-1989, dispõe sobre o transporte de cargas de sólidos a granel nas vias abertas à circulação pública em todo o território nacional.

Código de Trânsito Brasileiro – Arts. 103 a 105

- Res. do CONTRAN nº 196, de 25-7-2006, fixa requisitos técnicos de segurança para o transporte de toras e de madeira bruta por veículo rodoviário de carga.
- Res. do CONTRAN nº 293, de 29-9-2008, fixa requisitos de segurança para circulação de veículos que transportem produtos siderúrgicos.
- Res. do CONTRAN nº 305, de 6-3-2009, estabelece requisitos de segurança necessários à circulação de Combinações para Transporte de Veículos – CTV e Combinações de Transporte de Veículos e Cargas Paletizadas – CTVP.
- Res. do CONTRAN nº 349, de 17-5-2010, dispõe sobre o transporte eventual de cargas ou de bicicletas nos veículos classificados nas espécies automóvel, caminhonete, camioneta e utilitário.
- Res. do CONTRAN nº 354, de 24-6-2010, estabelece requisitos de segurança para o transporte de blocos e chapas serradas de rochas ornamentais (*DOU* de 29-6-2010), para vigorar em 1º-7-2010.

SEÇÃO II
DA SEGURANÇA DOS VEÍCULOS

Art. 103. O veículo só poderá transitar pela via quando atendidos os requisitos e condições de segurança estabelecidos neste Código e em normas do CONTRAN.

- Res. do CONTRAN nº 461, de 18-12-1972, estabelece requisitos de segurança para os veículos automotores de fabricação nacional.
- Res. do CONTRAN nº 463, de 21-8-1973, estabelece requisitos de segurança para os veículos automotores de fabricação nacional.
- Res. do CONTRAN nº 636, de 5-9-1984, estabelece requisitos de segurança para os componentes de veículos automotores.
- Res. do CONTRAN nº 675, de 9-9-1986, dispõe sobre requisitos aplicáveis aos materiais de revestimento interno do habitáculo de veículos.
- Res. do CONTRAN nº 725, de 31-12-1988, fixa os requisitos de segurança para a circulação de veículos transportadores de contêineres.
- Res. do CONTRAN nº 768, de 8-7-1993, declara que são extensivas aos importadores de veículos automotores todas as obrigações e prerrogativas previstas nos atos resolutivos do CONTRAN.
- Res. do CONTRAN nº 777, de 23-12-1993, dispõe sobre os procedimentos para avaliação dos sistemas de freios de veículos.
- Res. do CONTRAN nº 35, de 21-5-1998, estabelece método de ensaio para medição de pressão sonora por buzina ou equipamento similar.
- Res. do CONTRAN nº 158, de 22-4-2004, proíbe o uso de pneus reformados em ciclomotores, motonetas, motocicletas e triciclos, bem como rodas que apresentem quebras, trincas e deformações.
- Res. do CONTRAN nº 220, de 11-1-2007, estabelece requisitos para ensaios de resistência e ancoragem dos bancos e apoios de cabeça nos veículos.
- Res. do CONTRAN nº 221, de 11-1-2007, estabelece requisitos de proteção aos ocupantes e integridade do sistema de combustível decorrente de impacto nos veículos.
- Res. do CONTRAN nº 224, de 9-2-2007, estabelece requisitos de desempenho dos sistemas limpador e lavador do para-brisa para fins de homologação de veículos automotores.
- Res. do CONTRAN nº 225, de 9-2-2007, estabelece requisitos de localização, identificação e iluminação dos controles, indicadores e lâmpadas piloto.
- Res. do CONTRAN nº 242, de 22-6-2007, dispõe sobre a instalação e utilização de equipamentos geradores de imagens nos veículos automotores.
- Res. do CONTRAN nº 291, de 29-8-2008, dispõe sobre a concessão de código de marca/modelo/versão para veículos.
- Res. do CONTRAN nº 316, de 8-5-2009, estabelece os requisitos de segurança para veículos de transporte coletivo de passageiros M2 e M3 (tipos micro-ônibus e ônibus) de fabricação nacional e estrangeira.
- Res. do CONTRAN nº 362, de 15-10-2010, estabelece a classificação de danos em veículos decorrentes de acidentes e os procedimentos para a regularização ou baixa dos veículos envolvidos.

§ 1º Os fabricantes, os importadores, os montadores e os encarroçadores de veículos deverão emitir certificado de segurança, indispensável ao cadastramento no RENAVAM, nas condições estabelecidas pelo CONTRAN.

§ 2º O CONTRAN deverá especificar os procedimentos e a periodicidade para que os fabricantes, os importadores, os montadores e os encarroçadores comprovem o atendimento aos requisitos de segurança veicular, devendo, para isso, manter disponíveis a qualquer tempo os resultados dos testes e ensaios dos sistemas e componentes abrangidos pela legislação de segurança veicular.

Art. 104. Os veículos em circulação terão suas condições de segurança, de controle de emissão de gases poluentes e de ruído avaliadas mediante inspeção, que será obrigatória, na forma e periodicidade estabelecidas pelo CONTRAN para os itens de segurança e pelo CONAMA para emissão de gases poluentes e ruído.

- Art. 230, VIII e XVIII, deste Código.

§§ 1º a 4º VETADOS.

§ 5º Será aplicada a medida administrativa de retenção aos veículos reprovados na inspeção de segurança e na de emissão de gases poluentes e ruído.

- Res. do CONTRAN nº 507, de 22-12-1976, estabelece requisitos de controle de emissão de gases do cárter de motores veiculares, movidos a gasolina.
- Res. do CONTRAN nº 84, de 19-11-1998, estabelece normas referentes à Inspeção Técnica de Veículos – ITV.
- Res. do CONTRAN nº 107, de 21-12-1999, suspende a vigência da Resolução nº 84/1998.
- Res. do CONTRAN nº 280, de 30-5-2008, dispõe sobre a inspeção periódica do Sistema de Gás Natural instalado originalmente de fábrica, em veículo automotor.
- Res. do CONTRAN nº 359, de 29-9-2010, dispõe sobre a atribuição de competência para a realização da inspeção técnica nos veículos utilizados no transporte rodoviário internacional de cargas e passageiros.

Art. 105. São equipamentos obrigatórios dos veículos, entre outros a serem estabelecidos pelo CONTRAN:

I – cinto de segurança, conforme regulamentação específica do CONTRAN, com exceção dos veículos destinados ao transporte de passageiros em percursos em que seja permitido viajar em pé;

- Res. do CONTRAN nº 48, de 21-5-1998, estabelece requisitos de instalação e procedimentos para ensaios de cintos de segurança.

II – para os veículos de transporte e de condução escolar, os de transporte de passageiros com mais de dez lugares e os de carga com peso bruto total superior a quatro mil, quinhentos e trinta e seis quilogramas, equipamento registrador instantâneo inalterável de velocidade e tempo;

- Res. do CONTRAN nº 14, de 6-2-1998, estabelece os equipamentos obrigatórios para a frota de veículos em circulação.
- Res. do CONTRAN nº 92, de 4-5-1999, dispõe sobre requisitos técnicos mínimos do registrador instantâneo e inalterável de velocidade e tempo.

III – encosto de cabeça, para todos os tipos de veículos automotores, segundo normas estabelecidas pelo CONTRAN;

- Res. do CONTRAN nº 44, de 22-5-1998, dispõe sobre os requisitos técnicos para o encosto de cabeça.
- Res. do CONTRAN nº 220, de 11-1-2007, estabelece requisitos para ensaios de resistência e ancoragem dos bancos e apoios de cabeça nos veículos.

IV – VETADO;

V – dispositivo destinado ao controle de emissão de gases poluentes e de ruído, segundo normas estabelecidas pelo CONTRAN;

- Res. do CONTRAN nº 507, de 22-12-1976, estabelece requisitos de controle de emissão de gases do cárter de motores veiculares, movidos a gasolina.

VI – para as bicicletas, a campainha, sinalização noturna dianteira, traseira, lateral e nos pedais, e espelho retrovisor do lado esquerdo;

- Res. do CONTRAN nº 46, de 22-5-1998, estabelece os equipamentos de segurança obrigatórios para as bicicletas.

VII – equipamento suplementar de retenção – *air bag* frontal para o condutor e o passageiro do banco dianteiro.

- Inciso VII acrescido pela Lei nº 11.910, de 18-3-2009.
- Res. do CONTRAN nº 311, de 3-4-2009, dispõe sobre a obrigatoriedade do uso do equipamento suplementar de segurança passiva – *air bag*, na parte frontal dos veículos novos saídos de fábrica, nacionais e importados.

§ 1º O CONTRAN disciplinará o uso dos equipamentos obrigatórios dos veículos e determinará suas especificações técnicas.

§ 2º Nenhum veículo poderá transitar com equipamento ou acessório proibido, sendo o infrator sujeito às penalidades e medidas administrativas previstas neste Código.

- Res. do CONTRAN nº 242, de 22-6-2007, dispõe sobre a instalação e utilização de equipamentos geradores de imagens nos veículos automotores.

§ 3º Os fabricantes, os importadores, os montadores, os encarroçadores de veículos e os revendedores devem comercializar os seus veículos com os equipamentos obrigatórios definidos neste artigo, e com os demais estabelecidos pelo CONTRAN.

§ 4º O CONTRAN estabelecerá o prazo para o atendimento do disposto neste artigo.

§ 5º A exigência estabelecida no inciso VII do *caput* deste artigo será progressivamente incorporada aos novos projetos de automóveis e dos veículos deles derivados, fabricados, importados, montados ou encarroçados, a partir do primeiro ano após a definição pelo CONTRAN das especificações técnicas pertinentes e do respectivo cronograma de implantação e a partir do quinto ano, após esta definição, para os demais automóveis zero quilômetro de modelos ou projetos já existentes e veículos deles derivados.

§ 6º A exigência estabelecida no inciso VII do *caput* deste artigo não se aplica aos veículos destinados à exportação.

- §§ 5º e 6º acrescidos pela Lei nº 11.910, de 18-3-2009.
- Arts. 230, IX e X, deste Código.
- Res. do CONTRAN nº 510, de 3-3-1977, dispõe sobre a circulação e fiscalização de veículos automotores diesel.
- Res. do CONTRAN nº 545, de 15-12-1978, estabelece requisitos de segurança para rodas especiais.
- Res. do CONTRAN nº 558, de 23-4-1980, dispõe sobra a fabricação e reforma de pneumático com indicadores de profundidade.
- Res. do CONTRAN nº 762, de 4-2-1992, dispõe sobre janelas com acionador energizado de veículos automotores.
- Res. do CONTRAN nº 805, de 24-10-1995, estabelece os requisitos técnicos mínimos do para-choque traseiro dos veículos de carga.
- Res. do CONTRAN nº 811, de 27-2-1996, estabelece os requisitos de segurança para veículos de transporte coletivo de passageiros (ônibus e micro-ônibus) de fabricação nacional e estrangeira.
- Res. do CONTRAN nº 827, de 18-12-1996, regulamenta o dispositivo de sinalização refletora de emergência.
- Res. do CONTRAN nº 14, de 6-2-1998, estabelece os equipamentos obrigatórios para a frota de veículos em circulação.
- Res. do CONTRAN nº 28, de 21-5-1998, dispõe sobre a circulação de veículos nas rodovias nos trajetos entre o fabricante de chassi/plataforma, montadora, encarroçadora ou implementador final até o município de destino.
- Res. do CONTRAN nº 129, de 6-8-2001, estabelece requisitos de segurança e dispensa a obrigatoriedade do uso de capacete para o condutor e passageiros do triciclo automotor com cabine fechada, quando em circulação somente em vias urbanas.
- Res. do CONTRAN nº 132, de 2-4-2002, estabelece a obrigatoriedade de utilização de película refletiva para prover melhores condições de visibilidade diurna e noturna em veículos de transporte de carga em circulação.
- Res. do CONTRAN nº 152, de 29-10-2003, estabelece os requisitos técnicos de fabricação e instalação de para-choque traseiro para veículos de carga.
- Res. do CONTRAN nº 157, de 22-4-2004, fixa especificações para os extintores de incêndio, equipamento de uso obrigatório nos veículos automotores, elétricos, reboque e semirreboque.
- Res. do CONTRAN nº 227, de 9-2-2007, estabelece requisitos referentes aos sistemas de iluminação e sinalização de veículos.
- Res. do CONTRAN nº 245, de 27-7-2007, dispõe sobre a instalação de equipamento obrigatório, denominado antifurto, nos veículos novos saídos de fábrica, nacionais e estrangeiros.
- Res. do CONTRAN nº 273, de 4-4-2008, regulamenta a utilização de semirreboques por motocicletas e motonetas, define características, estabelece critérios.
- Res. do CONTRAN nº 311, de 3-4-2009, dispõe sobre a obrigatoriedade do uso do equipamento suplementar de segurança passiva – *air bag*, na parte frontal dos veículos novos saídos de fábrica, nacionais e importados.

- Res. do CONTRAN nº 315, de 8-5-2009, estabelece a equiparação dos veículos cicloelétricos aos ciclomotores e os equipamentos obrigatórios para condução nas vias públicas abertas à circulação.
- Res. do CONTRAN nº 316, de 8-5-2009, estabelece os requisitos de segurança para veículos de transporte coletivo de passageiros M2 e M3 (tipos micro-ônibus e ônibus) de fabricação nacional e estrangeira.
- Res. do CONTRAN nº 317, de 5-6-2009, estabelece o uso de dispositivos retrorrefletivos de segurança nos veículos de transporte de cargas e de transporte coletivo de passageiros em trânsito internacional no território nacional.
- Res. do CONTRAN nº 323, de 17-7-2009, estabelece os requisitos técnicos de fabricação e instalação de protetor lateral para veículos de carga.
- Res. do CONTRAN nº 330, de 14-8-2009, estabelece o cronograma para a instalação do equipamento obrigatório definido na Res. do CONTRAN nº 245, de 27-7-2007, denominado antifurto, nos veículos novos, nacionais e importados.
- Res. do CONTRAN nº 348, de 17-5-2010, estabelece o procedimento e os requisitos para apreciação dos equipamentos de trânsito e de sinalização não previstos neste Código.
- Res. do CONTRAN nº 380, de 28-4-2011, dispõe sobre a obrigatoriedade do uso do sistema antitravamento das rodas – ABS.

Art. 106. No caso de fabricação artesanal ou de modificação de veículo ou, ainda, quando ocorrer substituição de equipamento de segurança especificado pelo fabricante, será exigido, para licenciamento e registro, certificado de segurança expedido por instituição técnica credenciada por órgão ou entidade de metrologia legal, conforme norma elaborada pelo CONTRAN.

- Res. do CONTRAN nº 63, de 21-5-1998, disciplina o registro e licenciamento de veículos de fabricação artesanal.
- Res. do CONTRAN nº 115, de 5-5-2000, proíbe a utilização de chassi de ônibus para transformação em veículos de carga.
- Res. do CONTRAN nº 232, de 30-3-2007, estabelece procedimentos para a prestação de serviços por Instituição Técnica Licenciada – ITL e Entidade Técnica Pública ou Paraestatal – ETP, para emissão do Certificado de Segurança Veicular – CSV.
- Res. do CONTRAN nº 292, de 29-8-2008, dispõe sobre as modificações veiculares previstas neste artigo.
- Res. do CONTRAN nº 362, de 15-10-2010, estabelece a classificação de danos em veículos decorrentes de acidentes e os procedimentos para a regularização ou baixa dos veículos envolvidos.

Art. 107. Os veículos de aluguel, destinados ao transporte individual ou coletivo de passageiros, deverão satisfazer, além das exigências previstas neste Código, às condições técnicas e aos requisitos de segurança, higiene e conforto estabelecidos pelo poder competente para autorizar, permitir ou conceder a exploração dessa atividade.

- Res. do CONTRAN nº 461, de 18-12-1972, estabelece requisitos de segurança para os veículos automotores de fabricação nacional.
- Res. do CONTRAN nº 463, de 21-8-1973, estabelece requisitos de segurança para os veículos automotores de fabricação nacional.
- Res. do CONTRAN nº 636, de 5-9-1984, estabelece requisitos de segurança para os componentes de veículos automotores.
- Res. do CONTRAN nº 777, de 23-12-1993, dispõe sobre os procedimentos para avaliação dos sistemas de freios de veículos.
- Res. do CONTRAN nº 316, de 8-5-2009, estabelece os requisitos de segurança para veículos de transporte coletivo de passageiros M2 e M3 (tipos micro-ônibus e ônibus) de fabricação nacional e estrangeira.

Art. 108. Onde não houver linha regular de ônibus, a autoridade com circunscrição sobre a via poderá autorizar, a título precário, o transporte de passageiros em veículo de carga ou misto, desde que obedecidas as condições de segurança estabelecidas neste Código e pelo CONTRAN.

Parágrafo único. A autorização citada no *caput* não poderá exceder a 12 (doze) meses, prazo a partir do qual a autoridade pública responsável deverá implantar o serviço regular de transporte coletivo de passageiros, em conformidade com a legislação pertinente e com os dispositivos deste Código.

- Parágrafo único acrescido pela Lei nº 9.602, de 21-1-1998.
- Art. 230, II, deste Código.
- Res. do CONTRAN nº 82, de 19-11-1998, dispõe sobre a autorização, a título precário, para o transporte de passageiros em veículos de carga.

Art. 109. O transporte de carga em veículos destinados ao transporte de passageiros só pode ser realizado de acordo com as normas estabelecidas pelo CONTRAN.

- Art. 248 deste Código.
- Res. do CONTRAN nº 26, de 22-5-1998, disciplina o transporte de cargas em veículos destinados ao transporte de passageiros.
- Res. do CONTRAN nº 349, de 17-5-2010, dispõe sobre o transporte eventual de cargas ou de bicicletas nos veículos classificados nas espécies automóvel, caminhonete, camioneta e utilitário.

Art. 110. O veículo que tiver alterada qualquer de suas características para competição ou finalidade análoga só poderá circular nas vias públicas com licença especial da autoridade de trânsito, em itinerário e horário fixados.

Art. 111. É vedado, nas áreas envidraçadas do veículo:

I – VETADO;

II – o uso de cortinas, persianas fechadas ou similares nos veículos em movimento, salvo nos que possuam espelhos retrovisores em ambos os lados;

- Art. 230, XVII, deste Código.

III – aposição de inscrições, películas refletivas ou não, painéis decorativos ou pinturas, quando comprometa a segurança do veículo, na forma de regulamentação do CONTRAN.

- Inciso III acrescido pela Lei nº 9.602, de 21-1-1998.
- Art. 230, XVI, deste Código.
- Res. do CONTRAN nº 253, de 26-10-2007, dispõe sobre o uso de medidores de transmitância luminosa.
- Res. do CONTRAN nº 254, de 26-10-2007, estabelece requisitos para os vidros de segurança e critérios para aplicação de inscrições, pictogramas e películas nas áreas envidraçadas dos veículos automotores.

► Art. 2º da Res. do CONTRAN nº 334, de 6-11-2009, que isenta os veículos blindados ao uso dos vidros de segurança exigidos pelo art. 1º da Res. do CONTRAN nº 254, de 26-10-2007.

Parágrafo único. É proibido o uso de inscrição de caráter publicitário ou qualquer outra que possa desviar a atenção dos condutores em toda a extensão do para-brisa e da traseira dos veículos, salvo se não colocar em risco a segurança do trânsito.

► Art. 230, XV, deste Código.

Art. 112. Revogado. Lei nº 9.792, de 14-4-1999.

Art. 113. Os importadores, as montadoras, as encarroçadoras e fabricantes de veículos e autopeças são responsáveis civil e criminalmente por danos causados aos usuários, a terceiros, e ao meio ambiente, decorrentes de falhas oriundas de projetos e da qualidade dos materiais e equipamentos utilizados na sua fabricação.

► Res. do CONTRAN nº 461, de 18-12-1972, estabelece requisitos de segurança para os veículos automotores de fabricação nacional.
► Res. do CONTRAN nº 463, de 21-8-1973, estabelece requisitos de segurança para os veículos automotores de fabricação nacional.
► Res. do CONTRAN nº 636, de 5-9-1984, estabelece requisitos de segurança para os componentes de veículos automotores.
► Res. do CONTRAN nº 675, de 9-9-1986, dispõe sobre requisitos aplicáveis aos materiais de revestimento interno do habitáculo de veículos.
► Res. do CONTRAN nº 725, de 31-12-1988, fixa os requisitos de segurança para a circulação de veículos transportadores de contêineres.
► Res. do CONTRAN nº 777, de 23-12-1993, dispõe sobre os procedimentos para avaliação dos sistemas de freios de veículos.
► Res. do CONTRAN nº 805, de 24-10-1995, estabelece os requisitos técnicos mínimos do para-choque traseiro dos veículos de carga.
► Res. do CONTRAN nº 152, de 29-10-2003, estabelece os requisitos técnicos de fabricação e instalação de para-choque traseiro para veículos de carga.
► Res. do CONTRAN nº 316, de 8-5-2009, estabelece os requisitos de segurança para veículos de transporte coletivo de passageiros M2 e M3 (tipos micro-ônibus e ônibus) de fabricação nacional e estrangeira.

Seção III

DA IDENTIFICAÇÃO DO VEÍCULO

Art. 114. O veículo será identificado obrigatoriamente por caracteres gravados no chassi ou no monobloco, reproduzidos em outras partes, conforme dispuser o CONTRAN.

► Res. do CONTRAN nº 836, de 26-6-1997, dispõe sobre a gravação, em caráter opcional, dos caracteres alfanuméricos da placa de identificação, nos vidros do veículo.
► Res. do CONTRAN nº 24, de 21-5-1998, estabelece o critério de identificação de veículos.
► Res. do CONTRAN nº 212, de 13-11-2006, dispõe sobre a implantação do Sistema de Identificação Automática de Veículos – SINIAV em todo o território nacional.
► Res. do CONTRAN nº 332, de 28-9-2009, dispõe sobre identificações de veículos importados por detentores de privilégios e imunidades em todo o território nacional.

§ 1º A gravação será realizada pelo fabricante ou montador, de modo a identificar o veículo, seu fabricante e as suas características, além do ano de fabricação, que não poderá ser alterado.

► Res. do CONTRAN nº 281, de 26-6-2008, estabelece critérios para o registro de tratores destinados a puxar ou arrastar maquinaria de qualquer natureza ou a executar trabalhos agrícolas e de construção ou de pavimentação.
► Del. do CONTRAN nº 93, de 26-3-2010, suspende a vigência da Res. do CONTRAN nº 281, de 26-6-2008, que estabelece critérios para o registro de tratores destinados a puxar ou arrastar maquinaria de qualquer natureza ou a executar trabalhos agrícolas e de construção ou pavimentação.

§ 2º As regravações, quando necessárias, dependerão de prévia autorização da autoridade executiva de trânsito e somente serão processadas por estabelecimento por ela credenciado, mediante a comprovação de propriedade do veículo, mantida a mesma identificação anterior, inclusive o ano de fabricação.

§ 3º Nenhum proprietário poderá, sem prévia permissão da autoridade executiva de trânsito, fazer, ou ordenar que se faça, modificações da identificação de seu veículo.

► Art. 311 do CP.

Art. 115. O veículo será identificado externamente por meio de placas dianteira e traseira, sendo esta lacrada em sua estrutura, obedecidas as especificações e modelos estabelecidos pelo CONTRAN.

► Art. 221 deste Código.
► Res. do CONTRAN nº 493, de 15-4-1975, regulamenta o uso da placa de experiência.
► Res. do CONTRAN nº 793, de 13-12-1994, dispõe sobre o uso de placa de "fabricante".
► Res. do CONTRAN nº 88, de 4-5-1999, estabelece modelo de placa para veículos de representação.
► Res. do CONTRAN nº 231, de 15-3-2007, estabelece o Sistema de Placas de Identificação de Veículos.
► Res. do CONTRAN nº 286, de 29-7-2008, estabelece placa de identificação e define procedimentos para o registro, emplacamento e licenciamento, pelos órgãos de trânsito em conformidade com o Registro Nacional de Veículos Automotores – RENAVAM, de veículos automotores pertencentes às Missões Diplomáticas e às Delegações Especiais, aos agentes diplomáticos, às Repartições Consulares de Carreira, aos agentes consulares de carreira, aos Organismos Internacionais e seus funcionários, aos Funcionários Estrangeiros Administrativos e Técnicos das Missões Diplomáticas, de Delegações Especiais e de Repartições Consulares de Carreira e aos Peritos Estrangeiros de Cooperação Internacional.
► Res. do CONTRAN nº 370, de 10-12-2010, dispõe sobre o Dispositivo Auxiliar de Identificação Veicular.
► Del. do CONTRAN nº 116, de 18-10-2011, suspende os efeitos da Res. do CONTRAN nº 370/2010, que dispõe sobre Dispositivo Auxiliar de Identificação Veicular.

§ 1º Os caracteres das placas serão individualizados para cada veículo e o acompanharão até a baixa do registro, sendo vedado seu reaproveitamento.

§ 2º As placas com as cores verde e amarela da Bandeira Nacional serão usadas somente pelos veículos de representação pessoal do Presidente e do Vice-Presidente da República, dos Presidentes do Senado Federal e da Câmara dos Deputados, do Presidente e dos Ministros do Supremo Tribunal Federal, dos Ministros de Estado, do Advogado-Geral da União e do Procurador-Geral da República.

§ 3º Os veículos de representação dos Presidentes dos Tribunais Federais, dos Governadores, Prefeitos, Secretários Estaduais e Municipais, dos Presidentes das Assembleias Legislativas, das Câmaras Municipais, dos Presidentes dos Tribunais Estaduais e do Distrito Federal, e do respectivo chefe do Ministério Público e ainda dos Oficiais Generais das Forças Armadas terão placas especiais, de acordo com os modelos estabelecidos pelo CONTRAN.

▶ Res. do CONTRAN nº 32, de 22-5-1998, estabelece modelos de placas para veículos de representação.
▶ Res. do CONTRAN nº 275, de 25-4-2008, estabelece modelos de placas para veículos de representação, de acordo com o art. 115, § 3º, do CTB.

§ 4º Os aparelhos automotores destinados a puxar ou arrastar maquinaria de qualquer natureza ou a executar trabalhos agrícolas e de construção ou de pavimentação são sujeitos, desde que lhes seja facultado transitar nas vias, ao registro e licenciamento da repartição competente, devendo receber numeração especial.

§ 5º O disposto neste artigo não se aplica aos veículos de uso bélico.

▶ Res. do CONTRAN nº 797, de 16-5-1995, define a abrangência do termo "viatura militar", para o Sistema Nacional de Trânsito.

§ 6º Os veículos de duas ou três rodas são dispensados de placa dianteira.

Art. 116. Os veículos de propriedade da União, dos Estados e do Distrito Federal, devidamente registrados e licenciados, somente quando estritamente usados em serviço reservado de caráter policial, poderão usar placas particulares, obedecidos os critérios e limites estabelecidos pela legislação que regulamenta o uso de veículo oficial.

▶ Res. do CONTRAN nº 275, de 25-4-2008, estabelece modelos de placas para veículos de representação, de acordo com o art. 115, § 3º, do CTB.

Art. 117. Os veículos de transporte de carga e os coletivos de passageiros deverão conter, em local facilmente visível, a inscrição indicativa de sua tara, do peso bruto total (PBT), do peso bruto total combinado (PBTC) ou capacidade máxima de tração (CMT) e de sua lotação, vedado o uso em desacordo com sua classificação.

▶ Art. 230, XXI, deste Código.
▶ Res. do CONTRAN nº 290, de 29-8-2008, disciplina a capacitação em veículos de tração, de carga e de transporte coletivo de passageiros, de acordo com o CTB.

Capítulo X
DOS VEÍCULOS EM CIRCULAÇÃO INTERNACIONAL

Art. 118. A circulação de veículo no território nacional, independentemente de sua origem, em trânsito entre o Brasil e os países com os quais exista acordo ou tratado internacional, reger-se-á pelas disposições deste Código, pelas convenções e acordos internacionais ratificados.

▶ Res. do CONTRAN nº 238, de 25-5-2007, dispõe sobre o porte obrigatório do Certificado de Apólice Única do Seguro de Responsabilidade Civil do proprietário e/ou condutor de automóvel particular ou de aluguel, não registrado no país de ingresso, em viagem internacional.
▶ Res. do CONTRAN nº 317, de 5-6-2009, estabelece o uso obrigatório de dispositivos retrorreflexivos de segurança nos veículos de transporte de cargas e de transporte coletivo de passageiros em trânsito internacional pelo território nacional.
▶ Res. do CONTRAN nº 318, de 5-6-2009, estabelece limites de pesos e dimensões para circulação de veículos de transporte de carga e de transporte coletivo de passageiros em viagem internacional pelo território nacional.

Art. 119. As repartições aduaneiras e os órgãos de controle de fronteira comunicarão diretamente ao RENAVAM a entrada e saída temporária ou definitiva de veículos.

Parágrafo único. Os veículos licenciados no exterior não poderão sair do território nacional sem prévia quitação de débitos de multa por infrações de trânsito e o ressarcimento de danos que tiverem causado a bens do patrimônio público, respeitado o princípio da reciprocidade.

▶ Res. do CONTRAN nº 382, de 2-6-2011, dispõe sobre notificação e cobrança de multa por infração de trânsito praticada com veículo licenciado no exterior em trânsito no território nacional.

Capítulo XI
DO REGISTRO DE VEÍCULOS

Art. 120. Todo veículo automotor, elétrico, articulado, reboque ou semirreboque, deve ser registrado perante o órgão executivo de trânsito do estado ou do Distrito Federal, no Município de domicílio ou residência de seu proprietário, na forma da lei.

▶ Art. 230, V, deste Código.
▶ Res. do CONTRAN nº 714, de 1º-9-1988, dispõe sobre o registro e a alienação de veículos automotores de fabricação nacional, desinternados da Amazônia Ocidental.
▶ Res. do CONTRAN nº 790, de 13-12-1994, dispõe sobre o registro e a alienação de veículos automotores, desinternados das áreas de livre comércio.
▶ Res. do CONTRAN nº 4, de 23-1-1998, dispõe sobre o trânsito de veículos novos nacionais ou importados, antes do registro e licenciamento.
▶ Res. do CONTRAN nº 339, de 25-2-2010, permite a anotação dos contratos de comodato e de aluguel ou arrendamento não vinculado ao financiamento do veículo, junto ao Registro Nacional de Veículos Automotores.

§ 1º Os órgãos executivos de trânsito dos Estados e do Distrito Federal somente registrarão veículos oficiais de propriedade da administração direta, da União, dos Estados, do Distrito Federal e dos Municípios, de qualquer um dos poderes, com indicação expressa, por pintura nas portas, do nome, sigla ou logotipo do órgão ou entidade em cujo nome o veículo será registrado, excetuando-se os veículos de representação e os previstos no artigo 116.

▶ Art. 237 deste Código.

§ 2º O disposto neste artigo não se aplica ao veículo de uso bélico.

▶ Res. do CONTRAN nº 797, de 16-5-1995, define a abrangência do termo "viatura militar", para o Sistema Nacional de Trânsito.

Art. 121. Registrado o veículo, expedir-se-á o Certificado de Registro de Veículo – CRV de acordo com os modelos e especificações estabelecidos pelo CONTRAN, contendo as características e condições de invulnerabilidade à falsificação e à adulteração.

► Art. 311 do CP.
► Res. do CONTRAN nº 664, de 15-1-1986, dispõe sobre os modelos dos documentos de registro e licenciamento de veículos.
► Res. do CONTRAN nº 16, de 6-2-1998, altera os modelos e especificações dos Certificados de Registro – CRV e de Licenciamento de Veículos – CRLV.
► Res. do CONTRAN nº 21, de 17-2-1998, dispõe sobre o controle, guarda e fiscalização dos formulários destinados à documentação de condutores e de veículos.
► Res. do CONTRAN nº 209, de 26-10-2006, cria o código numérico de segurança para o Certificado de Registro de Veículo – CRV e estabelece a sua configuração e utilização.
► Res. do CONTRAN nº 320, de 5-6-2009, estabelece procedimentos para o registro de contratos de financiamento de veículos com cláusula de alienação fiduciária, arrendamento mercantil, reserva de domínio ou penhor, nos órgãos ou entidades executivos de trânsito dos Estados e do Distrito Federal e para lançamento do gravame correspondente no Certificado de Registro de Veículos – CRV.
► Res. do CONTRAN nº 324, de 17-7-2009, dispõe sobre a expedição de Certificado Provisório de Registro e Licenciamento de Veículos.

Art. 122. Para a expedição do Certificado de Registro de Veículo o órgão executivo de trânsito consultará o cadastro do RENAVAM e exigirá do proprietário os seguintes documentos:

I – nota fiscal fornecida pelo fabricante ou revendedor, ou documento equivalente expedido por autoridade competente;

II – documento fornecido pelo Ministério das Relações Exteriores, quando se tratar de veículo importado por membro de missões diplomáticas, de repartições consulares de carreira, de representações de organismos internacionais e de seus integrantes.

Art. 123. Será obrigatória a expedição de novo Certificado de Registro de Veículo quando:

I – for transferida a propriedade;

► Res. do CONTRAN nº 356, de 2-8-2010, estabelece requisitos mínimos de segurança para o transporte remunerado de passageiros (mototáxi) e de cargas (motofrete) em motocicleta e motoneta.
► Res. do CONTRAN nº 362, de 15-10-2010, estabelece a classificação de danos em veículos decorrentes de acidentes e os procedimentos para a regularização ou baixa dos veículos envolvidos.

II – o proprietário mudar o Município de domicílio ou residência;

III – for alterada qualquer característica do veículo;

► Res. do CONTRAN nº 232, de 30-3-2007, estabelece procedimentos para a prestação de serviços por Instituição Técnica Licenciada – ITL e Entidade Técnica Pública ou Paraestatal – ETP, para emissão do Certificado de Segurança Veicular – CSV.
► Res. do CONTRAN nº 362, de 15-10-2010, estabelece a classificação de danos em veículos decorrentes de acidentes e os procedimentos para a regularização ou baixa dos veículos envolvidos.

IV – houver mudança de categoria.

► Art. 233 deste Código.

§ 1º No caso de transferência de propriedade, o prazo para o proprietário adotar as providências necessárias à efetivação da expedição do novo Certificado de Registro de Veículo é de trinta dias; sendo que nos demais casos as providências deverão ser imediatas.

§ 2º No caso de transferência de domicílio ou residência no mesmo Município, o proprietário comunicará o novo endereço num prazo de trinta dias e aguardará o novo licenciamento para alterar o Certificado de Licenciamento Anual.

§ 3º A expedição do novo certificado será comunicada ao órgão executivo de trânsito que expediu o anterior e ao RENAVAM.

► Res. do CONTRAN nº 5, de 23-1-1998, dispõe sobre a vistoria de veículos.

Art. 124. Para a expedição do novo Certificado de Registro de Veículo serão exigidos os seguintes documentos:

I – Certificado de Registro de Veículo anterior;

II – Certificado de Licenciamento Anual;

III – comprovante de transferência de propriedade, quando for o caso, conforme modelo e normas estabelecidas pelo CONTRAN;

IV – Certificado de Segurança Veicular e de emissão de poluentes e ruído, quando houver adaptação ou alteração de características do veículo;

► Res. do CONTRAN nº 232, de 30-3-2007, estabelece procedimentos para a prestação de serviços por Instituição Técnica Licenciada – ITL e Entidade Técnica Pública ou Paraestatal – ETP, para emissão do Certificado de Segurança Veicular – CSV.
► Res. do CONTRAN nº 362, de 15-10-2010, estabelece a classificação de danos em veículos decorrentes de acidentes e os procedimentos para a regularização ou baixa dos veículos envolvidos.

V – comprovante de procedência e justificativa da propriedade dos componentes e agregados adaptados ou montados no veículo, quando houver alteração das características originais de fábrica;

► Res. do CONTRAN nº 282, de 26-6-2008, estabelece critérios para a regularização da numeração de motores dos veículos registrados ou a serem registrados no País.
► Res. do CONTRAN nº 362, de 15-10-2010, estabelece a classificação de danos em veículos decorrentes de acidentes e os procedimentos para a regularização ou baixa dos veículos envolvidos.

VI – autorização do Ministério das Relações Exteriores, no caso de veículo da categoria de missões diplomáticas, de repartições consulares de carreira, de representações de organismos internacionais e de seus integrantes;

VII – certidão negativa de roubo ou furto de veículo, expedida no Município do registro anterior, que poderá ser substituída por informação do RENAVAM;

VIII – comprovante de quitação de débitos relativos a tributos, encargos e multas de trânsito vinculados ao veículo, independentemente da responsabilidade pelas infrações cometidas;

IX – *Revogado*. Lei nº 9.602, de 21-1-1998;

X – comprovante relativo ao cumprimento do disposto no artigo 98, quando houver alteração nas características originais do veículo que afetem a emissão de poluentes e ruído;

▶ Res. do CONTRAN nº 362, de 15-10-2010, estabelece a classificação de danos em veículos decorrentes de acidentes e os procedimentos para a regularização ou baixa dos veículos envolvidos.

XI – comprovante de aprovação de inspeção veicular e de poluentes e ruído, quando for o caso, conforme regulamentações do CONTRAN e do CONAMA.

▶ Res. do CONTRAN nº 22, de 18-2-1998, estabelece, para efeito de fiscalização, forma para comprovação do exame de inspeção veicular.

Art. 125. As informações sobre o chassi, o monobloco, os agregados e as características originais do veículo deverão ser prestadas ao RENAVAM:

I – pelo fabricante ou montadora, antes da comercialização, no caso de veículo nacional;
II – pelo órgão alfandegário, no caso de veículo importado por pessoa física;
III – pelo importador, no caso de veículo importado por pessoa jurídica.

Parágrafo único. As informações recebidas pelo RENAVAM serão repassadas ao órgão executivo de trânsito responsável pelo registro, devendo este comunicar ao RENAVAM, tão logo seja o veículo registrado.

▶ Res. do CONTRAN nº 282, de 26-6-2008, estabelece critérios para a regularização da numeração de motores dos veículos registrados ou a serem registrados no País.

Art. 126. O proprietário de veículo irrecuperável, ou definitivamente desmontado, deverá requerer a baixa do registro, no prazo e forma estabelecidos pelo CONTRAN, sendo vedada a remontagem do veículo sobre o mesmo chassi, de forma a manter o registro anterior.

Parágrafo único. A obrigação de que trata este artigo é da companhia seguradora ou do adquirente do veículo destinado à desmontagem, quando estes sucederem ao proprietário.

▶ Art. 311 do CP.
▶ Res. do CONTRAN nº 11, de 23-1-1998, estabelece critérios para a baixa de registro de veículos a que se refere, bem como os prazos para a sua efetivação.
▶ Res. do CONTRAN nº 362, de 15-10-2010, estabelece a classificação de danos em veículos decorrentes de acidentes e os procedimentos para a regularização ou baixa dos veículos envolvidos.

Art. 127. O órgão executivo de trânsito competente só efetuará a baixa do registro após prévia consulta ao cadastro do RENAVAM.

Parágrafo único. Efetuada a baixa do registro, deverá ser esta comunicada, de imediato, ao RENAVAM.

▶ Res. do CONTRAN nº 11, de 23-1-1998, estabelece critérios para a baixa de registro de veículos a que se refere, bem como os prazos para a sua efetivação.
▶ Res. do CONTRAN nº 362, de 15-10-2010, estabelece a classificação de danos em veículos decorrentes de acidentes e os procedimentos para a regularização ou baixa dos veículos envolvidos.

Art. 128. Não será expedido novo Certificado de Registro de Veículo enquanto houver débitos fiscais e de multas de trânsito e ambientais, vinculadas ao veículo, independentemente da responsabilidade pelas infrações cometidas.

▶ Res. do CONTRAN nº 11, de 23-1-1998, estabelece critérios para a baixa de registro de veículos a que se refere, bem como os prazos para a sua efetivação.

Art. 129. O registro e o licenciamento dos veículos de propulsão humana, dos ciclomotores e dos veículos de tração animal obedecerão à regulamentação estabelecida em legislação municipal do domicílio ou residência de seus proprietários.

CAPÍTULO XII

DO LICENCIAMENTO

Art. 130. Todo veículo automotor, elétrico, articulado, reboque ou semirreboque, para transitar na via, deverá ser licenciado anualmente pelo órgão executivo de trânsito do Estado, ou do Distrito Federal, onde estiver registrado o veículo.

▶ Art. 230, V, deste Código.
▶ Res. do CONTRAN nº 110, de 24-2-2000, fixa o calendário para renovação do Licenciamento Anual de Veículos.
▶ Res. do CONTRAN nº 370, de 10-12-2010, dispõe sobre o Dispositivo Auxiliar de Identificação Veicular.
▶ Del. do CONTRAN nº 116, de 18-10-2011, suspende os efeitos da Res. do CONTRAN nº 370/2010, que dispõe sobre Dispositivo Auxiliar de Identificação Veicular.

§ 1º O disposto neste artigo não se aplica a veículo de uso bélico.

▶ Res. do CONTRAN nº 797, de 16-5-1995, define a abrangência do termo "viatura militar", para o Sistema Nacional de Trânsito.

§ 2º No caso de transferência de residência ou domicílio, é válido, durante o exercício, o licenciamento de origem.

Art. 131. O Certificado de Licenciamento Anual será expedido ao veículo licenciado, vinculado ao Certificado de Registro, no modelo e especificações estabelecidos pelo CONTRAN.

▶ Res. do CONTRAN nº 664, de 15-1-1986, dispõe sobre os modelos dos documentos de registro e licenciamento de veículos.
▶ Res. do CONTRAN nº 16, de 6-2-1998, altera os modelos e especificações dos Certificados de Registro – CRV e de Licenciamento de Veículos – CRLV.
▶ Res. do CONTRAN nº 21, de 17-2-1998, dispõe sobre o controle, guarda e fiscalização dos formulários destinados à documentação de condutores e de veículos.
▶ Res. do CONTRAN nº 61, de 21-5-1998, esclarece os arts. 131 e 133 do CTB que tratam do Certificado de Licenciamento Anual.
▶ Res. do CONTRAN nº 306, de 6-3-2009, cria o código numérico de segurança para o Certificado de Registro e Licenciamento de Veículo – CRLV e estabelece a sua configuração e utilização.
▶ Res. do CONTRAN nº 310, de 6-3-2009, altera os modelos e especificações dos Certificados de Registro de Veículos – CRV e de Licenciamento de Veículos – CRLV.
▶ Res. do CONTRAN nº 324, de 17-7-2009, dispõe sobre a expedição de Certificado Provisório de Registro e Licenciamento de Veículos.

§ 1º O primeiro licenciamento será feito simultaneamente ao registro.

§ 2º O veículo somente será considerado licenciado estando quitados os débitos relativos a tributos, encargos e multas de trânsito e ambientais, vinculados ao veículo, independentemente da responsabilidade pelas infrações cometidas.

▶ Súm. nº 127 do STJ.

§ 3º Ao licenciar o veículo, o proprietário deverá comprovar sua aprovação nas inspeções de segurança veicular e de controle de emissões de gases poluentes e de ruído, conforme disposto no artigo 104.

▶ Res. do CONTRAN nº 22, de 18-2-1998, estabelece, para efeito de fiscalização, forma para comprovação do exame de inspeção veicular.

Art. 132. Os veículos novos não estão sujeitos ao licenciamento e terão sua circulação regulada pelo CONTRAN durante o trajeto entre a fábrica e o Município de destino.

Parágrafo único. O disposto neste artigo aplica-se, igualmente, aos veículos importados, durante o trajeto entre a alfândega ou entreposto alfandegário e o Município de destino.

▶ Res. do CONTRAN nº 4, de 23-1-1998, dispõe sobre o trânsito de veículos novos nacionais ou importados, antes do registro e licenciamento.

Art. 133. É obrigatório o porte do Certificado de Licenciamento Anual.

▶ Art. 232 deste Código.

▶ Res. do CONTRAN nº 61, de 22-5-1998, esclarece que o Certificado de Registro e Licenciamento do Veículo – CRLV, conforme modelo anexo à Res. do CONTRAN nº 16, de 6-2-1998, é o Certificado de Licenciamento Anual de que trata este artigo.

▶ Res. do CONTRAN nº 205, de 20-10-2006, dispõe sobre os documentos de porte obrigatório.

▶ Res. do CONTRAN nº 310, de 6-3-2009, altera os modelos e especificações dos Certificados de Registro de Veículos – CRV e de Licenciamento de Veículos – CRLV.

▶ Res. do CONTRAN nº 324, de 17-7-2009, dispõe sobre a expedição de Certificado Provisório de Registro e Licenciamento de Veículos.

Art. 134. No caso de transferência de propriedade, o proprietário antigo deverá encaminhar ao órgão executivo de trânsito do Estado dentro de um prazo de trinta dias, cópia autenticada do comprovante de transferência de propriedade, devidamente assinado e datado, sob pena de ter que se responsabilizar solidariamente pelas penalidades impostas e suas reincidências até a data da comunicação.

▶ Res. do CONTRAN nº 398, de 13-12-2011, estabelece orientações e procedimentos a serem adotados para a comunicação de venda de veículos, no intuito de organizar e manter o Registro Nacional de Veículos Automotores – RENAVAM, garantindo a atualização e o fluxo permanente de informações entre os órgãos e entidades do Sistema Nacional de Trânsito.

Art. 135. Os veículos de aluguel, destinados ao transporte individual ou coletivo de passageiros de linhas regulares ou empregados em qualquer serviço remunerado, para registro, licenciamento e respectivo emplacamento de característica comercial, deverão estar devidamente autorizados pelo poder público concedente.

▶ Arts. 231, VIII, e 329 deste Código.

Capítulo XIII

DA CONDUÇÃO DE ESCOLARES

Art. 136. Os veículos especialmente destinados à condução coletiva de escolares somente poderão circular nas vias com autorização emitida pelo órgão ou entidade executivos de trânsito dos Estados e do Distrito Federal, exigindo-se, para tanto:

▶ Arts. 230, XX, e 329 deste Código.

I – registro como veículo de passageiros;
II – inspeção semestral para verificação dos equipamentos obrigatórios e de segurança;
III – pintura de faixa horizontal na cor amarela, com quarenta centímetros de largura, à meia altura, em toda a extensão das partes laterais e traseira da carroçaria, com o dístico ESCOLAR, em preto, sendo que, em caso de veículo de carroçaria pintada na cor amarela, as cores aqui indicadas devem ser invertidas;

▶ Art. 237 deste Código.

IV – equipamento registrador instantâneo inalterável de velocidade e tempo;

▶ Res. do CONTRAN nº 92, de 4-5-1999, dispõe sobre requisitos técnicos mínimos do registrador instantâneo e inalterável de velocidade e tempo.

V – lanternas de luz branca, fosca ou amarela dispostas nas extremidades da parte superior dianteira e lanternas de luz vermelha dispostas na extremidade superior da parte traseira;
VI – cintos de segurança em número igual à lotação;
VII – outros requisitos e equipamentos obrigatórios estabelecidos pelo CONTRAN.

Art. 137. A autorização a que se refere o artigo anterior deverá ser afixada na parte interna do veículo, em local visível, com inscrição da lotação permitida, sendo vedada a condução de escolares em número superior à capacidade estabelecida pelo fabricante.

Art. 138. O condutor de veículo destinado à condução de escolares deve satisfazer os seguintes requisitos:

I – ter idade superior a vinte e um anos;
II – ser habilitado na categoria D;
III – VETADO;
IV – não ter cometido nenhuma infração grave ou gravíssima, ou ser reincidente em infrações médias durante os doze últimos meses;
V – ser aprovado em curso especializado, nos termos da regulamentação do CONTRAN.

▶ Res. do CONTRAN nº 168, de 14-12-2004, estabelece Normas e Procedimentos para a formação de condutores de veículos automotores e elétricos, a realização dos exames, a expedição de documentos de habilitação, os cursos de formação, especializados, de reciclagem.

Art. 139. O disposto neste Capítulo não exclui a competência municipal de aplicar as exigências previstas em seus regulamentos, para o transporte de escolares.

Capítulo XIII-A

DA CONDUÇÃO DE MOTOFRETE

▶ Capítulo XIII-A acrescido pela Lei nº 12.009, de 29-7-2009, regulamenta o exercício das atividades de mototaxista, motoboy e motofrete.

Art. 139-A. As motocicletas e motonetas destinadas ao transporte remunerado de mercadorias – motofrete – somente poderão circular nas vias com autorização emitida pelo órgão ou entidade executivo de trânsito dos Estados e do Distrito Federal, exigindo-se, para tanto:

▶ Art. 244, VIII e IX, do CTB.
▶ Art. 6º da Lei nº 12.009, de 29-7-2009, que regulamenta o exercício das atividades de mototaxista, motoboy e motofrete.

I – registro como veículo da categoria de aluguel;
II – instalação de protetor de motor mata-cachorro, fixado no chassi do veículo, destinado a proteger o motor e a perna do condutor em caso de tombamento, nos termos da regulamentação do Conselho Nacional de Trânsito – CONTRAN;
III – instalação de aparador de linha antena corta-pipas, nos termos de regulamentação do CONTRAN;
IV – inspeção semestral para verificação dos equipamentos obrigatórios e de segurança.

§ 1º A instalação ou incorporação de dispositivos para transporte de cargas deve estar de acordo com a regulamentação do CONTRAN.

§ 2º É proibido o transporte de combustíveis, produtos inflamáveis ou tóxicos e de galões nos veículos de que trata este artigo, com exceção do gás de cozinha e de galões contendo água mineral, desde que com o auxílio de *side-car*, nos termos de regulamentação do CONTRAN.

Art. 139-B. O disposto neste Capítulo não exclui a competência municipal ou estadual de aplicar as exigências previstas em seus regulamentos para as atividades de motofrete no âmbito de suas circunscrições.

▶ Arts. 139-A e 139-B acrescidos pela Lei nº 12.009, de 29-7-2009.
▶ Art. 8º da Lei nº 12.009, de 29-7-2009, que regulamenta o exercício das atividades de mototaxista, motoboy e motofrete.

Capítulo XIV
DA HABILITAÇÃO

Art. 140. A habilitação para conduzir veículo automotor e elétrico será apurada por meio de exames que deverão ser realizados junto ao órgão ou entidade executivos do Estado ou do Distrito Federal, do domicílio ou residência do candidato, ou na sede estadual ou distrital do próprio órgão, devendo o condutor preencher os seguintes requisitos:

▶ Res. do CONTRAN nº 265, de 14-12-2007, dispõe sobre a formação teórico-técnica do processo de habilitação de condutores de veículos automotores elétricos como atividade extracurricular no ensino médio.

I – ser penalmente imputável;

▶ Arts. 26 a 28 do CP.

II – saber ler e escrever;
III – possuir Carteira de Identidade ou equivalente.

Parágrafo único. As informações do candidato à habilitação serão cadastradas no RENACH.

▶ Res. do CONTRAN nº 276, de 25-4-2008, estabelece procedimentos necessários ao recadastramento dos registros de prontuários de condutores, anteriores ao Registro Nacional de Condutores Habilitados – RENACH, a serem incluídos na Base de Índice Nacional de Condutores – BINCO.
▶ Res. do CONTRAN nº 287, de 29-7-2008, regulamenta o procedimento de coleta e armazenamento de impressão digital nos processos de habilitação, mudança ou adição de categoria e renovação da Carteira Nacional de Habilitação – CNH.
▶ Del. do CONTRAN nº 71, de 22-12-2008, suspende os efeitos da Res. do CONTRAN nº 276, de 25-4-2008, que estabelece procedimentos necessários ao recadastramento dos registros de prontuários de condutores, anteriores ao Registro Nacional de Condutores Habilitados – RENACH, a serem incluídos na Base de Índice Nacional de Condutores – BINCO.

Art. 141. O processo de habilitação, as normas relativas à aprendizagem para conduzir veículos automotores e elétricos e a autorização para conduzir ciclomotores serão regulamentados pelo CONTRAN.

▶ Res. do CONTRAN nº 168, de 14-12-2004, estabelece Normas e Procedimentos para a formação de condutores de veículos automotores e elétricos, a realização dos exames, a expedição de documentos de habilitação, os cursos de formação, especializados, de reciclagem.
▶ Res. do CONTRAN nº 205, de 20-10-2006, dispõe sobre os documentos de porte obrigatório.
▶ Res. do CONTRAN nº 287, de 29-7-2008, regulamenta o procedimento de coleta e armazenamento de impressão digital nos processos de habilitação, mudança ou adição de categoria e renovação da Carteira Nacional de Habilitação – CNH.
▶ Res. do CONTRAN nº 358, de 13-8-2010, regulamenta o credenciamento de instituições ou entidades públicas ou privadas para o processo de capacitação, qualificação e atualização de profissionais, e de formação, qualificação, atualização e reciclagem de candidatos e condutores.

§ 1º A autorização para conduzir veículos de propulsão humana e de tração animal ficará a cargo dos Municípios.

§ 2º VETADO.

Art. 142. O reconhecimento de habilitação obtida em outro país está subordinado às condições estabelecidas em convenções e acordos internacionais e às normas do CONTRAN.

▶ Res. do CONTRAN nº 360, de 29-9-2010, dispõe sobre a habilitação do candidato ou condutor estrangeiro para direção de veículos em território nacional.

Art. 143. Os candidatos poderão habilitar-se nas categorias de A a E, obedecida a seguinte graduação:

I – Categoria A – condutor de veículo motorizado de duas ou três rodas, com ou sem carro lateral;
II – Categoria B – condutor de veículo motorizado, não abrangido pela categoria A, cujo peso bruto total não exceda a três mil e quinhentos quilogramas e cuja lotação não exceda a oito lugares, excluído o do motorista;
III – Categoria C – condutor de veículo motorizado utilizado em transporte de carga, cujo peso bruto total exceda a três mil e quinhentos quilogramas;
IV – Categoria D – condutor de veículo motorizado utilizado no transporte de passageiros, cuja lotação exceda a oito lugares, excluído o do motorista;
V – Categoria E – condutor de combinação de veículos em que a unidade tratora se enquadre nas categorias B, C ou D e cuja unidade acoplada, reboque, semirreboque, trailer ou articulada tenha 6.000 kg (seis mil quilogramas) ou mais de peso bruto total, ou cuja lotação exceda a 8 (oito) lugares.

▶ Inciso V com a redação dada pela Lei nº 12.452, de 21-7-2011.

§ 1º Para habilitar-se na categoria C, o condutor deverá estar habilitado no mínimo há um ano na categoria B e não ter cometido nenhuma infração grave ou gravíssima, ou ser reincidente em infrações médias, durante os últimos doze meses.

§ 2º São os condutores da categoria B autorizados a conduzir veículo automotor da espécie motor-casa, definida nos termos do Anexo I deste Código, cujo peso não exceda a 6.000 kg (seis mil quilogramas), ou cuja lotação não exceda a 8 (oito) lugares, excluído o do motorista.

▶ § 2º acrescido pela Lei nº 12.452, de 21-7-2011.

§ 3º Aplica-se o disposto no inciso V ao condutor da combinação de veículos com mais de uma unidade tracionada, independentemente da capacidade de tração ou do peso bruto total.

▶ Antigo § 2º renumerado para § 3º pela Lei nº 12.452, de 21-7-2011.
▶ Art. 162, III, deste Código.
▶ Res. do CONTRAN nº 168, de 14-12-2004, estabelece normas e procedimentos para a formação de condutores de veículos automotores e elétricos, a realização dos exames, a expedição de documentos de habilitação, os cursos de formação, especializados, de reciclagem.

Art. 144. O trator de roda, o trator de esteira, o trator misto ou o equipamento automotor destinado à movimentação de cargas ou execução de trabalho agrícola, de terraplenagem, de construção ou de pavimentação só podem ser conduzidos na via pública por condutor habilitado nas categorias C, D ou E.

▶ Res. do CONTRAN nº 168, de 14-12-2004, estabelece Normas e Procedimentos para a formação de condutores de veículos automotores e elétricos, a realização dos exames, a expedição de documentos de habilitação, os cursos de formação, especializados, de reciclagem.

Art. 145. Para habilitar-se nas categorias D e E ou para conduzir veículo de transporte coletivo de passageiros, de escolares, de emergência ou de produto perigoso, o candidato deverá preencher os seguintes requisitos:

I – ser maior de vinte e um anos;
II – estar habilitado:
a) no mínimo há dois anos na categoria B, ou no mínimo há um ano na categoria C, quando pretender habilitar-se na categoria D; e
b) no mínimo há um ano na categoria C, quando pretender habilitar-se na categoria E;

III – não ter cometido nenhuma infração grave ou gravíssima ou ser reincidente em infrações médias durante os últimos doze meses;
IV – ser aprovado em curso especializado e em curso de treinamento de prática veicular em situação de risco, nos termos da normatização do CONTRAN.

▶ Res. do CONTRAN nº 168, de 14-12-2004, estabelece Normas e Procedimentos para a formação de condutores de veículos automotores e elétricos, a realização dos exames, a expedição de documentos de habilitação, os cursos de formação, especializados, de reciclagem.
▶ Res. do CONTRAN nº 205, de 20-10-2006, dispõe sobre os documentos de porte obrigatório.

Art. 146. Para conduzir veículos de outra categoria o condutor deverá realizar exames complementares exigidos para habilitação na categoria pretendida.

Art. 147. O candidato à habilitação deverá submeter-se a exames realizados pelo órgão executivo de trânsito, na seguinte ordem:

I – de aptidão física e mental;

▶ Res. do CONTRAN nº 267, de 15-2-2008, dispõe sobre o exame de aptidão física e mental, a avaliação psicológica e o credenciamento das entidades públicas e privadas de que tratam os arts. 147 e 148 do CTB.

II – VETADO;
III – escrito, sobre legislação de trânsito;
IV – de noções de primeiros socorros, conforme regulamentação do CONTRAN;
V – de direção veicular, realizado na via pública, em veículo da categoria para a qual estiver habilitando-se.

§ 1º Os resultados dos exames e a identificação dos respectivos examinadores serão registrados no RENACH.

▶ Parágrafo único transformado em § 1º pela Lei nº 9.602, de 21-1-1998.

§ 2º O exame de aptidão física e mental será preliminar e renovável a cada 5 (cinco) anos, ou a cada 3 (três) anos para condutores com mais de 65 (sessenta e cinco) anos de idade, no local de residência ou domicílio do examinado.

▶ § 2º acrescido pela Lei nº 9.602, de 21-1-1998.

§ 3º O exame previsto no § 2º incluirá a avaliação psicológica preliminar e complementar sempre que a ele se submeter o condutor que exerce atividade remunerada ao veículo, incluindo-se esta avaliação para os demais candidatos apenas no exame referente à primeira habilitação.

▶ § 3º com a redação dada pela Lei nº 10.350, de 21-12-2001.
▶ Res. do CONTRAN nº 267, de 15-2-2008, dispõe sobre o exame de aptidão física e mental, a avaliação psicológica e o credenciamento das entidades públicas e privadas.

§ 4º Quando houver indícios de deficiência física, mental, ou de progressividade de doença que possa diminuir a capacidade para conduzir o veículo, o prazo previsto no § 2º poderá ser diminuído por proposta do perito examinador.

▶ § 4º acrescido pela Lei nº 9.602, de 21-1-1998.
▶ Res. do CONTRAN nº 267, de 15-2-2008, dispõe sobre o exame de aptidão física e mental, a avaliação psicológica e o credenciamento das entidades públicas e privadas.

§ 5º O condutor que exerce atividade remunerada ao veículo terá essa informação incluída na Carteira Nacional de Habilitação, conforme especificações do Conselho Nacional de Trânsito – CONTRAN.

▶ § 5º acrescido pela Lei nº 10.350, de 21-12-2001.

Art. 148. Os exames de habilitação, exceto os de direção veicular, poderão ser aplicados por entidades públicas ou privadas credenciadas pelo órgão executivo de trânsito dos Estados e do Distrito Federal, de acordo com as normas estabelecidas pelo CONTRAN.

▶ Res. do CONTRAN nº 168, de 14-12-2004, estabelece Normas e Procedimentos para a formação de condutores de veículos automotores e elétricos, a realização dos exames, a expedição de documentos de habilitação, os cursos de formação, especializados, de reciclagem.

▶ Res. do CONTRAN nº 267, de 15-2-2008, dispõe sobre o exame de aptidão física e mental, a avaliação psicológica e o credenciamento das entidades públicas e privadas de que tratam os arts. 147 e 148 do CTB.

§ 1º A formação de condutores deverá incluir, obrigatoriamente, curso de direção defensiva e de conceitos básicos de proteção ao meio ambiente relacionados com o trânsito.

§ 2º Ao candidato aprovado será conferida Permissão para Dirigir, com validade de um ano.

§ 3º A Carteira Nacional de Habilitação será conferida ao condutor no término de um ano, desde que o mesmo não tenha cometido nenhuma infração de natureza grave ou gravíssima, ou seja, reincidente em infração média.

§ 4º A não obtenção da Carteira Nacional de Habilitação, tendo em vista a incapacidade de atendimento do disposto no parágrafo anterior, obriga o candidato a reiniciar todo o processo de habilitação.

§ 5º O Conselho Nacional de Trânsito – CONTRAN poderá dispensar os tripulantes de aeronaves que apresentarem o cartão de saúde expedido pelas Forças Armadas ou pelo Departamento de Aeronáutica Civil, respectivamente, da prestação do exame de aptidão física e mental.

▶ § 5º acrescido pela Lei nº 9.602, de 21-1-1998.
▶ Res. do CONTRAN nº 168, de 14-12-2004, estabelece normas e procedimentos para a formação de condutores de veículos automotores e elétricos, a realização dos exames, a expedição de documentos de habilitação, os cursos de formação, especializados, de reciclagem.

Art. 149. VETADO.

Art. 150. Ao renovar os exames previstos no artigo anterior, o condutor que não tenha curso de direção defensiva e primeiros socorros deverá a eles ser submetido, conforme normatização do CONTRAN.

Parágrafo único. A empresa que utiliza condutores contratados para operar a sua frota de veículos é obrigada a fornecer curso de direção defensiva, primeiros socorros e outros conforme normatização do CONTRAN.

▶ Res. do CONTRAN nº 168, de 14-12-2004, que estabelece normas e procedimentos para a formação de condutores de veículos automotores e elétricos, a realização dos exames, a expedição de documentos de habilitação, os cursos de formação, especializados, de reciclagem.

Art. 151. No caso de reprovação no exame escrito sobre legislação de trânsito ou de direção veicular, o candidato só poderá repetir o exame depois de decorridos quinze dias da divulgação do resultado.

Art. 152. O exame de direção veicular será realizado perante uma comissão integrada por três membros designados pelo dirigente do órgão executivo local de trânsito, para o período de um ano, permitida a recondução por mais um período de igual duração.

§ 1º Na comissão de exame de direção veicular, pelo menos um membro deverá ser habilitado na categoria igual ou superior à pretendida pelo candidato.

§ 2º Os militares das Forças Armadas e Auxiliares que possuírem curso de formação de condutor, ministrado em suas corporações, serão dispensados, para a concessão da Carteira Nacional de Habilitação, dos exames a que se houverem submetido com aprovação naquele curso, desde que neles sejam observadas as normas estabelecidas pelo CONTRAN.

§ 3º O militar interessado instruirá seu requerimento com ofício do Comandante, Chefe ou Diretor da organização militar em que servir, do qual constarão: o número do registro de identificação, naturalidade, nome, filiação, idade e categoria em que se habilitou a conduzir, acompanhado de cópias das atas dos exames prestados.

§ 4º VETADO.

Art. 153. O candidato habilitado terá em seu prontuário a identificação de seus instrutores e examinadores, que serão passíveis de punição conforme regulamentação a ser estabelecida pelo CONTRAN.

Parágrafo único. As penalidades aplicadas aos instrutores e examinadores serão de advertência, suspensão e cancelamento da autorização para o exercício da atividade, conforme a falta cometida.

▶ Art. 8º da Lei nº 12.302, de 2-8-2010, que regulamenta o exercício da profissão de Instrutor de Trânsito.

Art. 154. Os veículos destinados à formação de condutores serão identificados por uma faixa amarela, de vinte centímetros de largura, pintada ao longo da carroçaria, à meia altura, com a inscrição AUTOESCOLA na cor preta.

Parágrafo único. No veículo eventualmente utilizado para aprendizagem, quando autorizado para servir a esse fim, deverá ser afixada ao longo de sua carroçaria, à meia altura, faixa branca removível, de vinte centímetros de largura, com a inscrição AUTOESCOLA na cor preta.

▶ Art. 237 deste Código.

Art. 155. A formação de condutor de veículo automotor e elétrico será realizada por instrutor autorizado pelo órgão executivo de trânsito dos estados ou do Distrito Federal, pertencente ou não à entidade credenciada.

▶ Lei nº 12.302, de 2-8-2010, regulamenta o exercício da profissão de Instrutor de Trânsito.

Parágrafo único. Ao aprendiz será expedida autorização para aprendizagem, de acordo com a regulamentação do CONTRAN, após aprovação nos exames de aptidão física, mental, de primeiros socorros e sobre legislação de trânsito.

▶ Parágrafo único acrescido pela Lei nº 9.602, de 21-1-1998.

Art. 156. O CONTRAN regulamentará o credenciamento para prestação de serviço pelas autoescolas e outras entidades destinadas à formação de condutores e às exigências necessárias para o exercício das atividades de instrutor e examinador.

▶ Res. do CONTRAN nº 321, de 17-7-2009, institui exame obrigatório para avaliação de instrutores e examinadores de trânsito no exercício da função em todo o território nacional.

▶ Res. do CONTRAN nº 358, 13-8-2010, regulamenta o credenciamento de instituições ou entidades públicas ou privadas para o processo de capacitação, qualificação e atualização de profissionais, e de formação, qualificação, atualização e reciclagem de candidatos e condutores.

Art. 157. VETADO.

Art. 158. A aprendizagem só poderá realizar-se:

I – nos termos, horários e locais estabelecidos pelo órgão executivo de trânsito;

II – acompanhado o aprendiz por instrutor autorizado.

§ 1º Além do aprendiz e do instrutor, o veículo utilizado na aprendizagem poderá conduzir apenas mais um acompanhante.

▶ Parágrafo único renumerado para § 1º pela Lei nº 12.217, de 17-3-2010.

▶ Lei nº 12.302, de 2-8-2010, regulamenta o exercício da profissão de Instrutor de Trânsito.

▶ Res. do CONTRAN nº 168, de 14-12-2004, que estabelece normas e procedimentos para a formação de condutores de veículos automotores e elétricos, a realização dos exames, a expedição de documentos de habilitação, os cursos de formação, especializados, de reciclagem.

§ 2º Parte da aprendizagem será obrigatoriamente realizada durante a noite, cabendo ao CONTRAN fixar-lhe a carga horária mínima correspondente.

▶ § 2º acrescido pela Lei nº 12.217, de 17-3-2010.

Art. 159. A Carteira Nacional de Habilitação, expedida em modelo único e de acordo com as especificações do CONTRAN, atendidos os pré-requisitos estabelecidos neste Código, conterá fotografia, identificação e CPF do condutor, terá fé pública e equivalerá a documento de identidade em todo o território nacional.

▶ Art. 234 deste Código.

▶ Res. do CONTRAN nº 21, de 17-2-1998, dispõe sobre o controle, guarda e fiscalização dos formulários destinados à documentação de condutores e de veículos.

▶ Res. do CONTRAN nº 192, de 30-3-2006, regulamenta a expedição do documento único da Carteira Nacional de Habilitação, com novo leiaute e requisitos de segurança.

▶ Res. do CONTRAN nº 205, de 20-10-2006, dispõe sobre os documentos de porte obrigatório.

§ 1º É obrigatório o porte da Permissão para Dirigir ou da Carteira Nacional de Habilitação quando o condutor estiver à direção do veículo.

▶ Art. 232 deste Código.

§ 2º VETADO.

§ 3º A emissão de nova via da Carteira Nacional de Habilitação será regulamentada pelo CONTRAN.

§ 4º VETADO.

§ 5º A Carteira Nacional de Habilitação e a Permissão para Dirigir somente terão validade para a condução de veículo quando apresentada em original.

§ 6º A identificação da Carteira Nacional de Habilitação expedida e a da autoridade expedidora serão registradas no RENACH.

§ 7º A cada condutor corresponderá um único registro no RENACH, agregando-se neste todas as informações.

§ 8º A renovação da validade da Carteira Nacional de Habilitação ou a emissão de uma nova via somente será realizada após quitação de débitos constantes do prontuário do condutor.

§ 9º VETADO.

§ 10. A validade da Carteira Nacional de Habilitação está condicionada ao prazo de vigência do exame de aptidão física e mental.

§ 11. A Carteira Nacional de Habilitação, expedida na vigência do Código anterior, será substituída por ocasião do vencimento do prazo para revalidação do exame de aptidão física e mental, ressalvados os casos especiais previstos nesta Lei.

▶ §§ 10 e 11 acrescidos pela Lei nº 9.602, de 21-1-1998.

Art. 160. O condutor condenado por delito de trânsito deverá ser submetido a novos exames para que possa voltar a dirigir, de acordo com as normas estabelecidas pelo CONTRAN, independentemente do reconhecimento da prescrição, em face da pena concretizada na sentença.

▶ Art. 263, III, deste Código.

▶ Res. do CONTRAN nº 300, de 4-12-2008, estabelece procedimento administrativo para submissão do condutor a novos exames para que possa voltar a dirigir quando condenado por crime de trânsito, ou quando envolvido em acidente grave.

§ 1º Em caso de acidente grave, o condutor nele envolvido poderá ser submetido aos exames exigidos neste artigo, a juízo da autoridade executiva estadual de trânsito, assegurada ampla defesa ao condutor.

▶ Res. do CONTRAN nº 300, de 4-12-2008, estabelece procedimento administrativo para submissão do condutor a novos exames para que possa voltar a dirigir quando condenado por crime de trânsito, ou quando envolvido em acidente grave.

§ 2º No caso do parágrafo anterior, a autoridade executiva estadual de trânsito poderá apreender o documento de habilitação do condutor até a sua aprovação nos exames realizados.

▶ Res. do CONTRAN nº 300, de 4-12-2008, estabelece procedimento administrativo para submissão do condutor a novos exames para que possa voltar a dirigir quando condenado por crime de trânsito, ou quando envolvido em acidente grave.

Capítulo XV

DAS INFRAÇÕES

Art. 161. Constitui infração de trânsito a inobservância de qualquer preceito deste Código, da legislação complementar ou das resoluções do CONTRAN, sendo o infrator sujeito às penalidades e medidas administrativas indicadas em cada artigo, além das punições previstas no Capítulo XIX.

Parágrafo único. As infrações cometidas em relação às resoluções do CONTRAN terão suas penalidades e medidas administrativas definidas nas próprias resoluções.

▶ Res. do CONTRAN nº 217, de 14-12-2006, delega competência ao órgão máximo executivo de trânsito da União para estabelecer os campos de preenchimento das informações que devem constar do Auto de Infração.

▶ Port. do DENATRAN nº 59, de 25-10-2007, estabelece os campos de informações que deverão constar do Auto de Infração, os campos facultativos e o preenchimento, para fins de uniformização em todo o território nacional.

Art. 162. Dirigir veículo:

▶ Art. 164 deste Código.

I – sem possuir Carteira Nacional de Habilitação ou Permissão para Dirigir:

Infração – gravíssima;

Penalidade – multa (três vezes) e apreensão do veículo;

▶ Art. 309 deste Código.

II – com Carteira Nacional de Habilitação ou Permissão para Dirigir cassada ou com suspensão do direito de dirigir:

Infração – gravíssima;

Penalidade – multa (cinco vezes) e apreensão do veículo;

▶ Arts. 263, I, 307 e 309 deste Código.

III – com Carteira Nacional de Habilitação ou Permissão para Dirigir de categoria diferente da do veículo que esteja conduzindo:

Infração – gravíssima;

Penalidade – multa (três vezes) e apreensão do veículo;

Medida administrativa – recolhimento do documento de habilitação;

▶ Arts. 263, II, e 309 deste Código.

IV – VETADO;

V – com validade da Carteira Nacional de Habilitação vencida há mais de trinta dias:

Infração – gravíssima;

Penalidade – multa;

Medida administrativa – recolhimento da Carteira Nacional de Habilitação e retenção do veículo até a apresentação do condutor habilitado;

▶ Res. do CONTRAN nº 168, de 14-12-2004, estabelece normas e procedimentos para a formação de condutores de veículos automotores e elétricos, a realização dos exames, a expedição de documentos de habilitação, os cursos de formação, especializados, de reciclagem.

VI – sem usar lentes corretoras de visão, aparelho auxiliar de audição, de prótese física ou as adaptações do veículo impostas por ocasião da concessão ou da renovação da licença para conduzir:

Infração – gravíssima;

Penalidade – multa;

Medida administrativa – retenção do veículo até o saneamento da irregularidade ou apresentação de condutor habilitado.

Art. 163. Entregar a direção do veículo a pessoa nas condições previstas no artigo anterior:

Infração – as mesmas previstas no artigo anterior;

Penalidade – as mesmas previstas no artigo anterior;

Medida administrativa – a mesma prevista no inciso III do artigo anterior.

▶ Arts. 263, II, e 310 deste Código.

Art. 164. Permitir que pessoa nas condições referidas nos incisos do artigo 162 tome posse do veículo automotor e passe a conduzi-lo na via:

Infração – as mesmas previstas nos incisos do artigo 162;

Penalidade – as mesmas previstas no artigo 162;

Medida administrativa – a mesma prevista no inciso III do artigo 162.

▶ Arts. 263, II, e 310 deste Código.

Art. 165. Dirigir sob a influência de álcool ou de qualquer outra substância psicoativa que determine dependência:

Infração – gravíssima;

Penalidade – multa (cinco vezes) e suspensão do direito de dirigir por 12 (doze) meses;

Medida Administrativa – retenção do veículo até a apresentação de condutor habilitado e recolhimento do documento de habilitação.

▶ *Caput* com a redação dada pela Lei nº 11.705, de 19-6-2008.

Parágrafo único. A embriaguez também poderá ser apurada na forma do artigo 277.

▶ Arts. 263, II, 276, 277 e 306 deste Código.

▶ Res. do CONTRAN nº 206, de 20-10-2006, dispõe sobre os requisitos necessários para constatar o consumo de álcool, substância entorpecente, tóxica ou de efeito análogo no organismo humano, estabelecendo os procedimentos a serem adotados pelas autoridades de trânsito e seus agentes.

Art. 166. Confiar ou entregar a direção de veículo a pessoa que, mesmo habilitada, por seu estado físico ou psíquico, não estiver em condições de dirigi-lo com segurança:

▶ Art. 310 deste Código.

Infração – gravíssima;

Penalidade – multa.

Art. 167. Deixar o condutor ou passageiro de usar cinto de segurança, conforme previsto no artigo 65:

Infração – grave;

Penalidade – multa;

Medida administrativa – retenção do veículo até colocação do cinto pelo infrator.

▶ Res. do CONTRAN nº 278, de 28-5-2008, proíbe a utilização de dispositivos que travem, afrouxem ou modifiquem o funcionamento dos cintos de segurança.

▶ Res. do CONTRAN nº 371, de 10-12-2010, aprova o Manual Brasileiro de Fiscalização de Trânsito, Volume I – Infrações de competência municipal, incluindo as concorrentes dos órgãos e entidades estaduais de trânsito, e rodoviários.

Art. 168. Transportar crianças em veículo automotor sem observância das normas de segurança especiais estabelecidas neste Código:

Infração – gravíssima;

Penalidade – multa;

Medida administrativa – retenção do veículo até que a irregularidade seja sanada.

▶ Art. 64 deste Código.
▶ Res. do CONTRAN nº 277, de 28-5-2008, dispõe sobre o transporte de menores de dez anos e a utilização do dispositivo de retenção para o transporte de crianças em veículos.
▶ Res. do CONTRAN nº 371, de 10-12-2010, aprova o Manual Brasileiro de Fiscalização de Trânsito, Volume I – Infrações de competência municipal, incluindo as concorrentes dos órgãos e entidades estaduais de trânsito, e rodoviários.

Art. 169. Dirigir sem atenção ou sem os cuidados indispensáveis à segurança:

Infração – leve;

Penalidade – multa.

▶ Art. 28 deste Código.
▶ Res. do CONTRAN nº 371, de 10-12-2010, aprova o Manual Brasileiro de Fiscalização de Trânsito, Volume I – Infrações de competência municipal, incluindo as concorrentes dos órgãos e entidades estaduais de trânsito, e rodoviários.

Art. 170. Dirigir ameaçando os pedestres que estejam atravessando a via pública, ou os demais veículos: Infração – gravíssima;

Penalidade – multa e suspensão do direito de dirigir;

Medida administrativa – retenção do veículo e recolhimento do documento de habilitação.

▶ Art. 132 do CP.
▶ Res. do CONTRAN nº 371, de 10-12-2010, aprova o Manual Brasileiro de Fiscalização de Trânsito, Volume I – Infrações de competência municipal, incluindo as concorrentes dos órgãos e entidades estaduais de trânsito, e rodoviários.

Art. 171. Usar o veículo para arremessar, sobre os pedestres ou veículos, água ou detritos:

Infração – média;

Penalidade – multa.

▶ Res. do CONTRAN nº 293, de 29-9-2008, fixa requisitos de segurança para circulação de veículos que transportem produtos siderúrgicos.
▶ Res. do CONTRAN nº 371, de 10-12-2010, aprova o Manual Brasileiro de Fiscalização de Trânsito, Volume I – Infrações de competência municipal, incluindo as concorrentes dos órgãos e entidades estaduais de trânsito, e rodoviários.

Art. 172. Atirar do veículo ou abandonar na via objetos ou substâncias:

Infração – média;

Penalidade – multa.

▶ Art. 26 deste Código.
▶ Res. do CONTRAN nº 371, de 10-12-2010, aprova o Manual Brasileiro de Fiscalização de Trânsito, Volume I – Infrações de competência municipal, incluindo as concorrentes dos órgãos e entidades estaduais de trânsito, e rodoviários.

Art. 173. Disputar corrida por espírito de emulação:

Infração – gravíssima;

Penalidade – multa (três vezes), suspensão do direito de dirigir e apreensão do veículo;

Medida administrativa – recolhimento do documento de habilitação e remoção do veículo.

▶ Arts. 67, 263, II, e 308 deste Código.
▶ Res. do CONTRAN nº 371, de 10-12-2010, aprova o Manual Brasileiro de Fiscalização de Trânsito, Volume I – Infrações de competência municipal, incluindo as concorrentes dos órgãos e entidades estaduais de trânsito, e rodoviários.

Art. 174. Promover, na via, competição esportiva, eventos organizados, exibição e demonstração de perícia em manobra de veículo, ou deles participar, como condutor, sem permissão da autoridade de trânsito com circunscrição sobre a via:

Infração – gravíssima;

Penalidade – multa (cinco vezes), suspensão do direito de dirigir e apreensão do veículo;

Medida administrativa – recolhimento do documento de habilitação e remoção do veículo.

Parágrafo único. As penalidades são aplicáveis aos promotores e aos condutores participantes.

▶ Arts. 67, 263, II, e 308 deste Código.
▶ Res. do CONTRAN nº 371, de 10-12-2010, aprova o Manual Brasileiro de Fiscalização de Trânsito, Volume I – Infrações de competência municipal, incluindo as concorrentes dos órgãos e entidades estaduais de trânsito, e rodoviários.
▶ Res. do CONTRAN nº 390, de 11-8-2011, dispõe sobre a padronização dos procedimentos administrativos na lavratura de auto de infração, na expedição de notificação de autuação e de notificação de penalidades por infrações de responsabilidade de pessoas físicas ou jurídicas, sem a utilização de veículos, expressamente mencionadas neste Código.

Art. 175. Utilizar-se de veículo para, em via pública, demonstrar ou exibir manobra perigosa, arrancada brusca, derrapagem ou frenagem com deslizamento ou arrastamento de pneus:

Infração – gravíssima;

Penalidade – multa, suspensão do direito de dirigir e apreensão do veículo;

Medida administrativa – recolhimento do documento de habilitação e remoção do veículo.

▶ Art. 263, II, deste Código.

Art. 176. Deixar o condutor envolvido em acidente com vítima:

I – de prestar ou providenciar socorro à vítima, podendo fazê-lo:

▶ Art. 304 deste Código.
▶ Art. 31, § 1º, d, da CTVV.

II – de adotar providências, podendo fazê-lo, no sentido de evitar perigo para o trânsito no local;

▶ Art. 31, § 1º, a, da CTVV.

III – de preservar o local, de forma a facilitar os trabalhos da polícia e da perícia;

▶ Art. 31, § 1º, b, da CTVV.

IV – de adotar providências para remover o veículo do local, quando determinadas por policial ou agente da autoridade de trânsito;

V – de identificar-se ao policial e de lhe prestar informações necessárias à confecção do boletim de ocorrência:

Infração – gravíssima;

Penalidade – multa (cinco vezes) e suspensão do direito de dirigir;

Medida administrativa – recolhimento do documento de habilitação.

▶ Art. 31, § 1º, c, da CTVV.

Art. 177. Deixar o condutor de prestar socorro à vítima de acidente de trânsito quando solicitado pela autoridade e seus agentes:

Infração – grave;

Penalidade – multa.

▶ Art. 135 do CP.

▶ Res. do CONTRAN nº 371, de 10-12-2010, aprova o Manual Brasileiro de Fiscalização de Trânsito, Volume I – Infrações de competência municipal, incluindo as concorrentes dos órgãos e entidades estaduais de trânsito, e rodoviários.

Art. 178. Deixar o condutor, envolvido em acidente sem vítima, de adotar providências para remover o veículo do local, quando necessária tal medida para assegurar a segurança e a fluidez do trânsito:

Infração – média;

Penalidade – multa.

▶ Res. do CONTRAN nº 371, de 10-12-2010, aprova o Manual Brasileiro de Fiscalização de Trânsito, Volume I – Infrações de competência municipal, incluindo as concorrentes dos órgãos e entidades estaduais de trânsito, e rodoviários.

Art. 179. Fazer ou deixar que se faça reparo em veículo na via pública, salvo nos casos de impedimento absoluto de sua remoção e em que o veículo esteja devidamente sinalizado:

▶ Arts. 40, V, e 46 deste Código.

▶ Res. do CONTRAN nº 371, de 10-12-2010, aprova o Manual Brasileiro de Fiscalização de Trânsito, Volume I – Infrações de competência municipal, incluindo as concorrentes dos órgãos e entidades estaduais de trânsito, e rodoviários.

I – em pista de rolamento de rodovias e vias de trânsito rápido:

Infração – grave;

Penalidade – multa;

Medida administrativa – remoção do veículo;

II – nas demais vias:

Infração – leve;

Penalidade – multa.

Art. 180. Ter seu veículo imobilizado na via por falta de combustível:

Infração – média;

Penalidade – multa;

Medida administrativa – remoção do veículo.

▶ Arts. 27 e 46 deste Código.

▶ Res. do CONTRAN nº 371, de 10-12-2010, aprova o Manual Brasileiro de Fiscalização de Trânsito, Volume I – Infrações de competência municipal, incluindo as concorrentes dos órgãos e entidades estaduais de trânsito, e rodoviários.

Art. 181. Estacionar o veículo:

▶ Res. do CONTRAN nº 371, de 10-12-2010, aprova o Manual Brasileiro de Fiscalização de Trânsito, Volume I – Infrações de competência municipal, incluindo as concorrentes dos órgãos e entidades estaduais de trânsito, e rodoviários.

I – nas esquinas e a menos de cinco metros do bordo do alinhamento da via transversal:

Infração – média;

Penalidade – multa;

Medida administrativa – remoção do veículo;

II – afastado da guia da calçada (meio-fio) de cinquenta centímetros a um metro:

Infração – leve;

Penalidade – multa;

Medida administrativa – remoção do veículo;

III – afastado da guia da calçada (meio-fio) a mais de um metro:

Infração – grave;

Penalidade – multa;

Medida administrativa – remoção do veículo;

IV – em desacordo com as posições estabelecidas neste Código:

Infração – média;

Penalidade – multa;

Medida administrativa – remoção do veículo;

▶ Art. 48 deste Código.

V – na pista de rolamento das estradas, das rodovias, das vias de trânsito rápido e das vias dotadas de acostamento:

Infração – gravíssima;

Penalidade – multa;

Medida administrativa – remoção do veículo;

VI – junto ou sobre hidrantes de incêndio, registro de água ou tampas de poços de visita de galerias subterrâneas, desde que devidamente identificados, conforme especificação do CONTRAN:

Infração – média;

Penalidade – multa;

Medida administrativa – remoção do veículo;

▶ Res. do CONTRAN nº 31, de 22-5-1998, dispõe sobre a sinalização de identificação para hidrantes, registros de água, tampas de poços de visita de galerias subterrâneas.

VII – nos acostamentos, salvo motivo de força maior:

Infração – leve;

Penalidade – multa;

Medida administrativa – remoção do veículo;

VIII – no passeio ou sobre faixa destinada a pedestre, sobre ciclovia ou ciclofaixa, bem como nas ilhas, refúgios, ao lado ou sobre canteiros centrais, divisores de pista de rolamento, marcas de canalização, gramados ou jardim público:

Infração – grave;

Penalidade – multa;

Medida administrativa – remoção do veículo;

IX – onde houver guia de calçada (meio fio) rebaixada destinada à entrada ou saída de veículos:

Infração – média;

Penalidade – multa;

Medida administrativa – remoção do veículo;

X – impedindo a movimentação de outro veículo:

Infração – média;

Penalidade – multa;

Medida administrativa – remoção do veículo;

XI – ao lado de outro veículo em fila dupla:

Infração – grave;

Penalidade – multa;

Medida administrativa – remoção do veículo;

XII – na área de cruzamento de vias, prejudicando a circulação de veículos e pedestres:

Infração – grave;

Penalidade – multa;

Medida administrativa – remoção do veículo;

XIII – onde houver sinalização horizontal delimitadora de ponto de embarque ou desembarque de passageiros de transporte coletivo ou, na inexistência desta sinalização, no intervalo compreendido entre dez metros antes e depois do marco do ponto:

Infração – média;

Penalidade – multa;

Medida administrativa – remoção do veículo;

XIV – nos viadutos, pontes e túneis:

Infração – grave;

Penalidade – multa;

Medida administrativa – remoção do veículo;

XV – na contramão de direção:

Infração – média;

Penalidade – multa;

XVI – em aclive ou declive, não estando devidamente freado e sem calço de segurança, quando se tratar de veículo com peso bruto total superior a três mil e quinhentos quilogramas:

Infração – grave;

Penalidade – multa;

Medida administrativa – remoção do veículo;

XVII – em desacordo com as condições regulamentadas especificamente pela sinalização (placa – Estacionamento Regulamentado):

Infração – leve;

Penalidade – multa;

Medida administrativa – remoção do veículo;

▶ Res. do CONTRAN nº 302, de 18-12-2008, define e regulamenta as áreas de segurança e de estacionamentos específicos de veículos.

▶ Res. do CONTRAN nº 303, de 18-12-2008, dispõe sobre as vagas de estacionamento de veículos destinadas exclusivamente às pessoas idosas.

▶ Res. do CONTRAN nº 304, de 18-12-2008, dispõe sobre as vagas de estacionamento destinadas exclusivamente a veículos que transportem pessoas portadoras de deficiência e com dificuldade de locomoção.

XVIII – em locais e horários proibidos especificamente pela sinalização (placa – Proibido Estacionar):

Infração – média;

Penalidade – multa;

Medida administrativa – remoção do veículo;

XIX – em locais e horários de estacionamento e parada proibidos pela sinalização (placa – Proibido Parar e Estacionar):

Infração – grave;

Penalidade – multa;

Medida administrativa – remoção do veículo;

§ 1º Nos casos previstos neste artigo, a autoridade de trânsito aplicará a penalidade preferencialmente após a remoção do veículo.

§ 2º No caso previsto no inciso XVI é proibido abandonar o calço de segurança na via.

▶ Art. 172 deste Código.

Art. 182. Parar o veículo:

▶ Res. do CONTRAN nº 371, de 10-12-2010, aprova o Manual Brasileiro de Fiscalização de Trânsito, Volume I – Infrações de competência municipal, incluindo as concorrentes dos órgãos e entidades estaduais de trânsito, e rodoviários.

I – nas esquinas a menos de cinco metros do bordo do alinhamento da via transversal:

Infração – média;

Penalidade – multa;

II – afastado da guia da calçada (meio-fio) de cinquenta centímetros a um metro:

Infração – leve;

Penalidade – multa;

III – afastado da guia da calçada (meio-fio) a mais de um metro:

Infração – média;

Penalidade – multa;

IV – em desacordo com as posições estabelecidas neste Código:

Infração – leve;

Penalidade – multa;

▶ Art. 48 deste Código.

V – na pista de rolamento das estradas, das rodovias, das vias de trânsito rápido e das demais vias dotadas de acostamento:

Infração – grave;

Penalidade – multa;

VI – no passeio ou sobre faixa destinada a pedestres, nas ilhas, refúgios, canteiros centrais e divisores de pista de rolamento e marcas de canalização:

Infração – leve;

Penalidade – multa;

VII – na área de cruzamento de vias, prejudicando a circulação de veículos e pedestres:

Infração – média;

Penalidade – multa;

VIII – nos viadutos, pontes e túneis:

Infração – média;

Penalidade – multa;

IX – na contramão de direção:

Infração – média;

Penalidade – multa;

X – em local e horário proibidos especificamente pela sinalização (placa – Proibido Parar):

Infração – média;

Penalidade – multa.

▶ Res. do CONTRAN nº 302, de 18-12-2008, define e regulamenta as áreas de segurança e de estacionamentos específicos de veículos.

Art. 183. Parar o veículo sobre a faixa de pedestres na mudança de sinal luminoso:

Infração – média;

Penalidade – multa.

▶ Art. 45 deste Código.
▶ Res. do CONTRAN nº 165, de 10-9-2004, regulamenta a utilização de sistemas automáticos não metrológicos de fiscalização.
▶ Res. do CONTRAN nº 371, de 10-12-2010, aprova o Manual Brasileiro de Fiscalização de Trânsito, Volume I – Infrações de competência municipal, incluindo as concorrentes dos órgãos e entidades estaduais de trânsito, e rodoviários.

Art. 184. Transitar com o veículo:

▶ Res. do CONTRAN nº 371, de 10-12-2010, aprova o Manual Brasileiro de Fiscalização de Trânsito, Volume I – Infrações de competência municipal, incluindo as concorrentes dos órgãos e entidades estaduais de trânsito, e rodoviários.

I – na faixa ou pista da direita, regulamentada como de circulação exclusiva para determinado tipo de veículo, exceto para acesso a imóveis lindeiros ou conversões à direita:

Infração – leve;

Penalidade – multa;

II – na faixa ou pista da esquerda regulamentada como de circulação exclusiva para determinado tipo de veículo:

Infração – grave;

Penalidade – multa.

▶ Art. 29, I, deste Código.
▶ Res. do CONTRAN nº 165, de 10-9-2004, regulamenta a utilização de sistemas automáticos não metrológicos de fiscalização.

Art. 185. Quando o veículo estiver em movimento, deixar de conservá-lo:

▶ Res. do CONTRAN nº 371, de 10-12-2010, aprova o Manual Brasileiro de Fiscalização de Trânsito, Volume I – Infrações de competência municipal, incluindo as concorrentes dos órgãos e entidades estaduais de trânsito, e rodoviários.

I – na faixa a ele destinada pela sinalização de regulamentação, exceto em situações de emergência;

II – nas faixas da direita, os veículos lentos e de maior porte:

Infração – média;

Penalidade – multa.

▶ Arts. 29, I e IV, e 57 deste Código.
▶ Res. do CONTRAN nº 165, de 10-9-2004, regulamenta a utilização de sistemas automáticos não metrológicos de fiscalização.

Art. 186. Transitar pela contramão de direção em:

▶ Art. 29, I, deste Código.
▶ Res. do CONTRAN nº 371, de 10-12-2010, aprova o Manual Brasileiro de Fiscalização de Trânsito, Volume I – Infrações de competência municipal, incluindo as concorrentes dos órgãos e entidades estaduais de trânsito, e rodoviários.

I – vias com duplo sentido de circulação, exceto para ultrapassar outro veículo e apenas pelo tempo necessário, respeitada a preferência do veículo que transitar em sentido contrário:

Infração – grave;

Penalidade – multa;

II – vias com sinalização de regulamentação de sentido único de circulação:

Infração – gravíssima;

Penalidade – multa.

Art. 187. Transitar em locais e horários não permitidos pela regulamentação estabelecida pela autoridade competente:

▶ Res. do CONTRAN nº 371, de 10-12-2010, aprova o Manual Brasileiro de Fiscalização de Trânsito, Volume I – Infrações de competência municipal, incluindo as concorrentes dos órgãos e entidades estaduais de trânsito, e rodoviários.

I – para todos os tipos de veículos:

Infração – média;

Penalidade – multa;

II – *Revogado*. Lei nº 9.602, de 21-1-1998.

Art. 188. Transitar ao lado de outro veículo, interrompendo ou perturbando o trânsito:

Infração – média;

Penalidade – multa.

▶ Res. do CONTRAN nº 371, de 10-12-2010, aprova o Manual Brasileiro de Fiscalização de Trânsito, Volume I – Infrações de competência municipal, incluindo as concorrentes dos órgãos e entidades estaduais de trânsito, e rodoviários.

Art. 189. Deixar de dar passagem aos veículos precedidos de batedores, de socorro de incêndio e salvamento, de polícia, de operação e fiscalização de trânsito e às ambulâncias, quando em serviço de urgência e devidamente identificados por dispositivos regulamentados de alarme sonoro e iluminação vermelha intermitentes:

Infração – gravíssima;

Penalidade – multa.

▶ Art. 29, VI e VII, deste Código.
▶ Res. do CONTRAN nº 371, de 10-12-2010, aprova o Manual Brasileiro de Fiscalização de Trânsito, Volume I – Infrações de competência municipal, incluindo as concorrentes dos órgãos e entidades estaduais de trânsito, e rodoviários.

Art. 190. Seguir veículo em serviço de urgência, estando este com prioridade de passagem devidamente identificada por dispositivos regulamentares de alarme sonoro e iluminação vermelha intermitentes:

Infração – grave;

Penalidade – multa.

▶ Art. 29, VII, deste Código.
▶ Res. do CONTRAN nº 371, de 10-12-2010, aprova o Manual Brasileiro de Fiscalização de Trânsito, Volume I – Infrações de competência municipal, incluindo as concorrentes dos órgãos e entidades estaduais de trânsito, e rodoviários.

Art. 191. Forçar passagem entre veículos que, transitando em sentido oposto, estejam na iminência de passar um pelo outro ao realizar operação de ultrapassagem:

Infração – gravíssima;

Penalidade – multa.

▶ Art. 29, X, c, deste Código.
▶ Res. do CONTRAN nº 371, de 10-12-2010, aprova o Manual Brasileiro de Fiscalização de Trânsito, Volume I – Infrações de competência municipal, incluindo as concorrentes dos órgãos e entidades estaduais de trânsito, e rodoviários.

Art. 192. Deixar de guardar distância de segurança lateral e frontal entre o seu veículo e os demais, bem como em relação ao bordo da pista, considerando-se, no momento, a velocidade, as condições climáticas do local da circulação e do veículo:

Infração – grave;

Penalidade – multa.

▶ Art. 29, II, e XI, b, deste Código.
▶ Res. do CONTRAN nº 371, de 10-12-2010, aprova o Manual Brasileiro de Fiscalização de Trânsito, Volume I – Infrações de competência municipal, incluindo as concorrentes dos órgãos e entidades estaduais de trânsito, e rodoviários.

Art. 193. Transitar com o veículo em calçadas, passeios, passarelas, ciclovias, ciclofaixas, ilhas, refúgios, ajardinamentos, canteiros centrais e divisores de pista de rolamento, acostamentos, marcas de canalização, gramados e jardins públicos:

Infração – gravíssima;

Penalidade – multa (três vezes).

▶ Art. 29, V, deste Código.
▶ Res. do CONTRAN nº 371, de 10-12-2010, aprova o Manual Brasileiro de Fiscalização de Trânsito, Volume I – Infrações de competência municipal, incluindo as concorrentes dos órgãos e entidades estaduais de trânsito, e rodoviários.

Art. 194. Transitar em marcha à ré, salvo na distância necessária a pequenas manobras e de forma a não causar riscos à segurança:

Infração – grave;

Penalidade – multa.

▶ Res. do CONTRAN nº 371, de 10-12-2010, aprova o Manual Brasileiro de Fiscalização de Trânsito, Volume I – Infrações de competência municipal, incluindo as concorrentes dos órgãos e entidades estaduais de trânsito, e rodoviários.

Art. 195. Desobedecer às ordens emanadas da autoridade competente de trânsito ou de seus agentes:

Infração – grave;

Penalidade – multa.

▶ Art. 89, I, deste Código.
▶ Res. do CONTRAN nº 371, de 10-12-2010, aprova o Manual Brasileiro de Fiscalização de Trânsito, Volume I – Infrações de competência municipal, incluindo as concorrentes dos órgãos e entidades estaduais de trânsito, e rodoviários.

Art. 196. Deixar de indicar com antecedência, mediante gesto regulamentar de braço ou luz indicadora de direção do veículo, o início da marcha, a realização da manobra de parar o veículo, a mudança de direção ou de faixa de circulação:

Infração – grave;

Penalidade – multa.

▶ Arts. 29, XI, e 35 deste Código.
▶ Res. do CONTRAN nº 371, de 10-12-2010, aprova o Manual Brasileiro de Fiscalização de Trânsito, Volume I – Infrações de competência municipal, incluindo as concorrentes dos órgãos e entidades estaduais de trânsito, e rodoviários.

Art. 197. Deixar de deslocar, com antecedência, o veículo para a faixa mais à esquerda ou mais à direita, dentro da respectiva mão de direção, quando for manobrar para um desses lados:

Infração – média;

Penalidade – multa.

▶ Art. 38 deste Código.
▶ Res. do CONTRAN nº 371, de 10-12-2010, aprova o Manual Brasileiro de Fiscalização de Trânsito, Volume I – Infrações de competência municipal, incluindo as concorrentes dos órgãos e entidades estaduais de trânsito, e rodoviários.

Art. 198. Deixar de dar passagem pela esquerda, quando solicitado:

Infração – média;

Penalidade – multa.

▶ Art. 30 deste Código.
▶ Res. do CONTRAN nº 371, de 10-12-2010, aprova o Manual Brasileiro de Fiscalização de Trânsito, Volume I – Infrações de competência municipal, incluindo as concorrentes dos órgãos e entidades estaduais de trânsito, e rodoviários.

Art. 199. Ultrapassar pela direita, salvo quando o veículo da frente estiver colocado na faixa apropriada e der sinal de que vai entrar à esquerda:

Infração – média;

Penalidade – multa.

▶ Art. 29, IX, deste Código.
▶ Res. do CONTRAN nº 371, de 10-12-2010, aprova o Manual Brasileiro de Fiscalização de Trânsito, Volume I – Infrações de competência municipal, incluindo as concorrentes dos órgãos e entidades estaduais de trânsito, e rodoviários.

Art. 200. Ultrapassar pela direita veículo de transporte coletivo ou de escolares, parado para embarque ou desembarque de passageiros, salvo quando houver refúgio de segurança para o pedestre:

Infração – gravíssima;

Penalidade – multa.

▶ Arts. 29, IX, e 31 deste Código.
▶ Res. do CONTRAN nº 371, de 10-12-2010, aprova o Manual Brasileiro de Fiscalização de Trânsito, Volume I – Infrações de competência municipal, incluindo as concorrentes dos órgãos e entidades estaduais de trânsito, e rodoviários.

Art. 201. Deixar de guardar a distância lateral de um metro e cinquenta centímetros ao passar ou ultrapassar bicicleta:

Infração – média;

Penalidade – multa.

▶ Art. 29, II e XI, b, deste Código.
▶ Res. do CONTRAN nº 371, de 10-12-2010, aprova o Manual Brasileiro de Fiscalização de Trânsito, Volume I – Infrações de competência municipal, incluindo as concorrentes dos órgãos e entidades estaduais de trânsito, e rodoviários.

Art. 202. Ultrapassar outro veículo:

▶ Res. do CONTRAN nº 371, de 10-12-2010, aprova o Manual Brasileiro de Fiscalização de Trânsito, Volume I – Infrações de competência municipal, incluindo as concorrentes dos órgãos e entidades estaduais de trânsito, e rodoviários.

I – pelo acostamento;

▶ Art. 29, IX, deste Código.

II – em interseções e passagens de nível:

Infração – grave;

Penalidade – multa.

▶ Art. 33 deste Código.

Art. 203. Ultrapassar pela contramão outro veículo:

▶ Art. 32 deste Código.
▶ Res. do CONTRAN nº 371, de 10-12-2010, aprova o Manual Brasileiro de Fiscalização de Trânsito, Volume I – Infrações de competência municipal, incluindo as concorrentes dos órgãos e entidades estaduais de trânsito, e rodoviários.

I – nas curvas, aclives e declives, sem visibilidade suficiente;
II – nas faixas de pedestre;
III – nas pontes, viadutos ou túneis;
IV – parado em fila junto a sinais luminosos, porteiras, cancelas, cruzamentos ou qualquer outro impedimento à livre circulação;
V – onde houver marcação viária longitudinal de divisão de fluxos opostos do tipo linha dupla contínua ou simples contínua amarela:

Infração – gravíssima;

Penalidade – multa.

Art. 204. Deixar de parar o veículo no acostamento à direita, para aguardar a oportunidade de cruzar a pista ou entrar à esquerda, onde não houver local apropriado para operação de retorno:

Infração – grave;

Penalidade – multa.

▶ Art. 37 deste Código.
▶ Res. do CONTRAN nº 371, de 10-12-2010, aprova o Manual Brasileiro de Fiscalização de Trânsito, Volume I – Infrações de competência municipal, incluindo as concorrentes dos órgãos e entidades estaduais de trânsito, e rodoviários.

Art. 205. Ultrapassar veículo em movimento que integre cortejo, préstito, desfile e formações militares, salvo com autorização da autoridade de trânsito ou de seus agentes:

Infração – leve;

Penalidade – multa.

▶ Res. do CONTRAN nº 371, de 10-12-2010, aprova o Manual Brasileiro de Fiscalização de Trânsito, Volume I – Infrações de competência municipal, incluindo as concorrentes dos órgãos e entidades estaduais de trânsito, e rodoviários.

Art. 206. Executar operação de retorno:

▶ Art. 39 deste Código.
▶ Res. do CONTRAN nº 371, de 10-12-2010, aprova o Manual Brasileiro de Fiscalização de Trânsito, Volume I – Infrações de competência municipal, incluindo as concorrentes dos órgãos e entidades estaduais de trânsito, e rodoviários.

I – em locais proibidos pela sinalização;
II – nas curvas, aclives, declives, pontes, viadutos e túneis;
III – passando por cima de calçada, passeio, ilhas, ajardinamento ou canteiros de divisões de pista de rolamento, refúgios e faixas de pedestres e nas de veículos não motorizados;
IV – nas interseções, entrando na contramão de direção da via transversal;
V – com prejuízo da livre circulação ou da segurança, ainda que em locais permitidos:

Infração – gravíssima;

Penalidade – multa.

Art. 207. Executar operação de conversão à direita ou à esquerda em locais proibidos pela sinalização:

Infração – grave;

Penalidade – multa.

▶ Res. do CONTRAN nº 371, de 10-12-2010, aprova o Manual Brasileiro de Fiscalização de Trânsito, Volume I – Infrações de competência municipal, incluindo as concorrentes dos órgãos e entidades estaduais de trânsito, e rodoviários.

Art. 208. Avançar o sinal vermelho do semáforo ou o de parada obrigatória:

Infração – gravíssima;

Penalidade – multa.

▶ Res. do CONTRAN nº 165, de 10-9-2004, regulamenta a utilização de sistemas automáticos não metrológicos de fiscalização.

► Res. do CONTRAN nº 371, de 10-12-2010, aprova o Manual Brasileiro de Fiscalização de Trânsito, Volume I – Infrações de competência municipal, incluindo as concorrentes dos órgãos e entidades estaduais de trânsito, e rodoviários.

Art. 209. Transpor, sem autorização, bloqueio viário com ou sem sinalização ou dispositivos auxiliares, deixar de adentrar às áreas destinadas à pesagem de veículos ou evadir-se para não efetuar o pagamento do pedágio:

Infração – grave;

Penalidade – multa.

► Art. 278 deste Código.
► Res. do CONTRAN nº 371, de 10-12-2010, aprova o Manual Brasileiro de Fiscalização de Trânsito, Volume I – Infrações de competência municipal, incluindo as concorrentes dos órgãos e entidades estaduais de trânsito, e rodoviários.

Art. 210. Transpor, sem autorização, bloqueio viário policial:

Infração – gravíssima;

Penalidade – multa, apreensão do veículo e suspensão do direito de dirigir;

Medida administrativa – remoção do veículo e recolhimento do documento de habilitação.

► Art. 278 deste Código.
► Res. do CONTRAN nº 371, de 10-12-2010, aprova o Manual Brasileiro de Fiscalização de Trânsito, Volume I – Infrações de competência municipal, incluindo as concorrentes dos órgãos e entidades estaduais de trânsito, e rodoviários.

Art. 211. Ultrapassar veículos em fila, parados em razão de sinal luminoso, cancela, bloqueio viário parcial ou qualquer outro obstáculo, com exceção dos veículos não motorizados:

Infração – grave;

Penalidade – multa.

► Res. do CONTRAN nº 371, de 10-12-2010, aprova o Manual Brasileiro de Fiscalização de Trânsito, Volume I – Infrações de competência municipal, incluindo as concorrentes dos órgãos e entidades estaduais de trânsito, e rodoviários.

Art. 212. Deixar de parar o veículo antes de transpor linha férrea:

Infração – gravíssima;

Penalidade – multa.

► Art. 29, XII, deste Código.
► Res. do CONTRAN nº 371, de 10-12-2010, aprova o Manual Brasileiro de Fiscalização de Trânsito, Volume I – Infrações de competência municipal, incluindo as concorrentes dos órgãos e entidades estaduais de trânsito, e rodoviários.

Art. 213. Deixar de parar o veículo sempre que a respectiva marcha for interceptada:

► Res. do CONTRAN nº 371, de 10-12-2010, aprova o Manual Brasileiro de Fiscalização de Trânsito, Volume I – Infrações de competência municipal, incluindo as concorrentes dos órgãos e entidades estaduais de trânsito, e rodoviários.

I – por agrupamento de pessoas, como préstitos, passeatas, desfiles e outros:

Infração – gravíssima;

Penalidade – multa.

II – por grupamento de veículos, como cortejos, formações militares e outros:

Infração – grave;

Penalidade – multa.

Art. 214. Deixar de dar preferência de passagem a pedestre e a veículo não motorizado:

► Res. do CONTRAN nº 371, de 10-12-2010, aprova o Manual Brasileiro de Fiscalização de Trânsito, Volume I – Infrações de competência municipal, incluindo as concorrentes dos órgãos e entidades estaduais de trânsito, e rodoviários.

I – que se encontre na faixa a ele destinada;

► Art. 70 deste Código.

II – que não haja concluído a travessia mesmo que ocorra sinal verde para o veículo;

► Art. 70 deste Código.

III – portadores de deficiência física, crianças, idosos e gestantes:

Infração – gravíssima;

Penalidade – multa.

IV – quando houver iniciado a travessia mesmo que não haja sinalização a ele destinada;

V – que esteja atravessando a via transversal para onde se dirige o veículo:

Infração – grave;

Penalidade – multa.

► Art. 36 deste Código.

Art. 215. Deixar de dar preferência de passagem:

► Res. do CONTRAN nº 371, de 10-12-2010, aprova o Manual Brasileiro de Fiscalização de Trânsito, Volume I – Infrações de competência municipal, incluindo as concorrentes dos órgãos e entidades estaduais de trânsito, e rodoviários.

I – em interseção não sinalizada:

a) a veículo que estiver circulando por rodovia ou rotatória;

b) a veículo que vier da direita;

► Art. 29, III, deste Código.

II – nas interseções com sinalização de regulamentação de Dê a Preferência:

Infração – grave;

Penalidade – multa.

Art. 216. Entrar ou sair de áreas lindeiras sem estar adequadamente posicionado para ingresso na via e sem as precauções com a segurança de pedestres e de outros veículos:

Infração – média;

Penalidade – multa.

► Art. 36 deste Código.
► Res. do CONTRAN nº 371, de 10-12-2010, aprova o Manual Brasileiro de Fiscalização de Trânsito, Volume I – Infrações de competência municipal, incluindo as concorrentes dos órgãos e entidades estaduais de trânsito, e rodoviários.

Art. 217. Entrar ou sair de fila de veículos estacionados sem dar preferência de passagem a pedestres e a outros veículos:

Infração – média;

Penalidade – multa.

► Res. do CONTRAN nº 371, de 10-12-2010, aprova o Manual Brasileiro de Fiscalização de Trânsito, Volume I – Infrações de competência municipal, incluindo as concorrentes dos órgãos e entidades estaduais de trânsito, e rodoviários.

Art. 218. Transitar em velocidade superior à máxima permitida para o local, medida por instrumento ou equipamento hábil, em rodovias, vias de trânsito rápido, vias arteriais e demais vias:

► Art. 61 deste Código.
► Res. do CONTRAN nº 371, de 10-12-2010, aprova o Manual Brasileiro de Fiscalização de Trânsito, Volume I – Infrações de competência municipal, incluindo as concorrentes dos órgãos e entidades estaduais de trânsito, e rodoviários.
► Res. do CONTRAN nº 396, de 13-12-2011, dispõe sobre requisitos técnicos mínimos para a fiscalização da velocidade de veículos automotores, reboques e semirreboques.

I – quando a velocidade for superior à máxima em até 20% (vinte por cento):

Infração – média;

Penalidade – multa;

II – quando a velocidade for superior à máxima em mais de 20% (vinte por cento) até 50% (cinquenta por cento):

Infração – grave;

Penalidade – multa;

III – quando a velocidade for superior à máxima em mais de 50% (cinquenta por cento):

Infração – gravíssima;

Penalidade – multa [3 (três) vezes], suspensão imediata do direito de dirigir e apreensão do documento de habilitação.

► Art. 218 com a redação dada pela Lei nº 11.334, de 25-7-2006.

Art. 219. Transitar com o veículo em velocidade inferior à metade da velocidade máxima estabelecida para a via, retardando ou obstruindo o trânsito, a menos que as condições de tráfego e meteorológicas não o permitam, salvo se estiver na faixa da direita:

Infração – média;

Penalidade – multa.

► Art. 62 deste Código.
► Res. do CONTRAN nº 371, de 10-12-2010, aprova o Manual Brasileiro de Fiscalização de Trânsito, Volume I – Infrações de competência municipal, incluindo as concorrentes dos órgãos e entidades estaduais de trânsito, e rodoviários.

Art. 220. Deixar de reduzir a velocidade do veículo de forma compatível com a segurança do trânsito:

► Res. do CONTRAN nº 371, de 10-12-2010, aprova o Manual Brasileiro de Fiscalização de Trânsito, Volume I – Infrações de competência municipal, incluindo as concorrentes dos órgãos e entidades estaduais de trânsito, e rodoviários.

I – quando se aproximar de passeatas, aglomerações, cortejos, préstitos e desfiles:

Infração – gravíssima;

Penalidade – multa;

II – nos locais onde o trânsito esteja sendo controlado pelo agente da autoridade de trânsito, mediante sinais sonoros ou gestos;
III – ao aproximar-se da guia da calçada (meio-fio) ou acostamento;
IV – ao aproximar-se de ou passar por interseção não sinalizada;
V – nas vias rurais cuja faixa de domínio não esteja cercada;
VI – nos trechos em curva de pequeno raio;
VII – ao aproximar-se de locais sinalizados com advertência de obras ou trabalhadores na pista;
VIII – sob chuva, neblina, cerração ou ventos fortes;
IX – quando houver má visibilidade;
X – quando o pavimento se apresentar escorregadio, defeituoso ou avariado;
XI – à aproximação de animais na pista;
XII – em declive;
XIII – ao ultrapassar ciclista:

Infração – grave;

Penalidade – multa;

XIV – nas proximidades de escolas, hospitais, estações de embarque e desembarque de passageiros ou onde haja intensa movimentação de pedestres:

Infração – gravíssima;

Penalidade – multa.

► Art. 311 deste Código.

Art. 221. Portar no veículo placas de identificação em desacordo com as especificações e modelos estabelecidos pelo CONTRAN:

Infração – média;

Penalidade – multa;

Medida administrativa – retenção do veículo para regularização e apreensão das placas irregulares.

Parágrafo único. Incide na mesma penalidade aquele que confecciona, distribui ou coloca, em veículo próprio ou de terceiros, placas de identificação não autorizadas pela regulamentação.

► Art. 115 deste Código.
► Res. do CONTRAN nº 493, de 15-4-1975, regulamenta o uso da placa de experiência.
► Res. do CONTRAN nº 793, de 13-12-1994, dispõe sobre o uso de placa de "fabricante".
► Res. do CONTRAN nº 32, de 22-5-1998, estabelece modelos de placas para veículos de representação.
► Res. do CONTRAN nº 88, de 4-5-1999, estabelece modelo de placa para veículos de representação.
► Res. do CONTRAN nº 231, de 15-3-2007, estabelece o Sistema de Placas de Identificação de Veículos.
► Res. do CONTRAN nº 275, de 25-4-2008, estabelece modelo de placa para veículos de representação.
► Res. do CONTRAN nº 390, de 11-8-2011, dispõe sobre a padronização dos procedimentos administrativos na lavratura de auto de infração, na expedição de noti-

ficação de autuação e de notificação de penalidades por infrações de responsabilidade de pessoas físicas ou jurídicas, sem a utilização de veículos, expressamente mencionadas neste Código.

Art. 222. Deixar de manter ligado, nas situações de atendimento de emergência, o sistema de iluminação vermelha intermitente dos veículos de polícia, de socorro de incêndio e salvamento, de fiscalização de trânsito e das ambulâncias, ainda que parados:

Infração – média;

Penalidade – multa.

▶ Art. 29, VII, deste Código.
▶ Res. do CONTRAN nº 371, de 10-12-2010, aprova o Manual Brasileiro de Fiscalização de Trânsito, Volume I – Infrações de competência municipal, incluindo as concorrentes dos órgãos e entidades estaduais de trânsito, e rodoviárias.

Art. 223. Transitar com o farol desregulado ou com o facho de luz alta de forma a perturbar a visão de outro condutor:

Infração – grave;

Penalidade – multa;

Medida administrativa – retenção do veículo para regularização.

▶ Art. 40, II, deste Código.

Art. 224. Fazer uso do facho de luz alta dos faróis em vias providas de iluminação pública:

Infração – leve;

Penalidade – multa.

▶ Res. do CONTRAN nº 371, de 10-12-2010, aprova o Manual Brasileiro de Fiscalização de Trânsito, Volume I – Infrações de competência municipal, incluindo as concorrentes dos órgãos e entidades estaduais de trânsito, e rodoviárias.

Art. 225. Deixar de sinalizar a via, de forma a prevenir os demais condutores e, à noite, não manter acesas as luzes externas ou omitir-se quanto a providências necessárias para tornar visível o local, quando:

▶ Res. do CONTRAN nº 371, de 10-12-2010, aprova o Manual Brasileiro de Fiscalização de Trânsito, Volume I – Infrações de competência municipal, incluindo as concorrentes dos órgãos e entidades estaduais de trânsito, e rodoviárias.

I – tiver de remover o veículo da pista de rolamento ou permanecer no acostamento;

▶ Art. 46 deste Código.

II – a carga for derramada sobre a via e não puder ser retirada imediatamente:

Infração – grave;

Penalidade – multa.

Art. 226. Deixar de retirar todo e qualquer objeto que tenha sido utilizado para sinalização temporária da via:

Infração – média;

Penalidade – multa.

▶ Art. 46 deste Código.
▶ Res. do CONTRAN nº 371, de 10-12-2010, aprova o Manual Brasileiro de Fiscalização de Trânsito, Volume I – Infrações de competência municipal, incluindo as concorrentes dos órgãos e entidades estaduais de trânsito, e rodoviárias.

Art. 227. Usar buzina:

▶ Art. 41 deste Código.
▶ Res. do CONTRAN nº 371, de 10-12-2010, aprova o Manual Brasileiro de Fiscalização de Trânsito, Volume I – Infrações de competência municipal, incluindo as concorrentes dos órgãos e entidades estaduais de trânsito, e rodoviárias.

I – em situação que não a de simples toque breve como advertência ao pedestre ou a condutores de outros veículos;
II – prolongada e sucessivamente a qualquer pretexto;
III – entre as vinte e duas e as seis horas;
IV – em locais e horários proibidos pela sinalização;
V – em desacordo com os padrões e frequências estabelecidas pelo CONTRAN:

Infração – leve;

Penalidade – multa.

▶ Res. do CONTRAN nº 35, de 22-5-1998, estabelece método de ensaio para medição de pressão sonora por buzina ou equipamento similar.

Art. 228. Usar no veículo equipamento com som em volume ou frequência que não sejam autorizados pelo CONTRAN:

Infração – grave;

Penalidade – multa;

Medida administrativa – retenção do veículo para regularização.

▶ Res. do CONTRAN nº 204, de 20-10-2006, regulamenta o volume e a frequência dos sons produzidos por equipamentos utilizados em veículos e estabelece metodologia para medição a ser adotada pelas autoridades de trânsito e seus agentes.
▶ Res. do CONTRAN nº 371, de 10-12-2010, aprova o Manual Brasileiro de Fiscalização de Trânsito, Volume I – Infrações de competência municipal, incluindo as concorrentes dos órgãos e entidades estaduais de trânsito, e rodoviárias.

Art. 229. Usar indevidamente no veículo aparelho de alarme ou que produza sons e ruído que perturbem o sossego público, em desacordo com normas fixadas pelo CONTRAN:

Infração – média;

Penalidade – multa e apreensão do veículo;

Medida administrativa – remoção do veículo.

▶ Res. do CONTRAN nº 37, de 22-5-1998, fixa normas de utilização de alarmes sonoros e outros acessórios de segurança contra furto ou roubo para veículos automotores.
▶ Res. do CONTRAN nº 268, de 15-2-2008, dispõe sobre o uso de luzes intermitentes ou rotativas em veículos.

Art. 230. Conduzir o veículo:

I – com o lacre, a inscrição do chassi, o selo, a placa ou qualquer outro elemento de identificação do veículo violado ou falsificado;

▶ Art. 311 do CP.
▶ Res. do CONTRAN nº 22, de 18-2-1998, estabelece, para efeito de fiscalização, forma para comprovação do exame de inspeção veicular.

II – transportando passageiros em compartimento de carga, salvo por motivo de força maior, com permissão da autoridade competente e na forma estabelecida pelo CONTRAN;

▶ Art. 108 deste Código.
▶ Res. do CONTRAN nº 82, de 19-11-1998, dispõe sobre a autorização, a título precário, para o transporte de passageiros em veículos de carga.
▶ Res. do CONTRAN nº 371, de 10-12-2010, aprova o Manual Brasileiro de Fiscalização de Trânsito, Volume I – Infrações de competência municipal, incluindo as concorrentes dos órgãos e entidades estaduais de trânsito, e rodoviários.

III – com dispositivo antirradar;
IV – sem qualquer uma das placas de identificação;

▶ Res. do CONTRAN nº 281, de 26-6-2008, estabelece critérios para o registro de tratores destinados a puxar ou arrastar maquinaria de qualquer natureza ou a executar trabalhos agrícolas e de construção ou de pavimentação.
▶ Del. do CONTRAN nº 93, de 26-3-2010, suspende a vigência da Res. do CONTRAN nº 281, de 26-6-2008, que estabelece critérios para o registro de tratores destinados a puxar ou arrastar maquinaria de qualquer natureza ou a executar trabalhos agrícolas e de construção ou pavimentação.
▶ Res. do CONTRAN nº 349, de 17-5-2010, dispõe sobre o transporte eventual de cargas ou de bicicletas nos veículos classificados nas espécies automóvel, caminhonete, camioneta e utilitário.

V – que não esteja registrado e devidamente licenciado;

▶ Art.130 deste Código.
▶ Res. do CONTRAN nº 725, de 31-12-1988, fixa os requisitos de segurança para a circulação de veículos transportadores de contêineres.
▶ Res. do CONTRAN nº 4, de 23-1-1998, dispõe sobre o trânsito de veículos novos nacionais ou importados, antes do registro e licenciamento.
▶ Res. do CONTRAN nº 110, de 24-2-2000, fixa o calendário para renovação do Licenciamento Anual de Veículos.
▶ Res. do CONTRAN nº 356, de 2-8-2010, estabelece requisitos mínimos de segurança para o transporte remunerado de passageiros (mototáxi) e de cargas (motofrete) em motocicleta e motoneta.

VI – com qualquer uma das placas de identificação sem condições de legibilidade e visibilidade:

Infração – gravíssima;

Penalidade – multa e apreensão do veículo;

Medida administrativa – remoção do veículo;

VII – com a cor ou característica alterada;

▶ Art. 98 deste Código.
▶ Res. do CONTRAN nº 533, de 22-6-1978, dispõe sobre a substituição de rodas de veículos automotores.
▶ Res. do CONTRAN nº 580, de 14-8-1981, disciplina o licenciamento de veículos automotores, adaptados com sistema gasogênio.
▶ Res. do CONTRAN nº 677, de 18-5-1987, dispõe sobre a fiscalização do uso indevido do gás liquefeito de petróleo – GLP, em veículos automotores.
▶ Res. do CONTRAN nº 181, de 1º-9-2005, disciplina a instalação de múltiplos tanques, tanque suplementar e a alteração da capacidade do tanque original de combustível líquido em veículos, dedicados à sua propulsão ou operação de seus equipamentos especializados.
▶ Res. do CONTRAN nº 232, de 30-3-2007, estabelece procedimentos para a prestação de serviços por Instituição Técnica Licenciada – ITL e Entidade Técnica Pública ou Paraestatal – ETP, para emissão do Certificado de Segurança Veicular – CSV.
▶ Res. do CONTRAN nº 292, de 29-8-2008, dispõe sobre modificações de veículos.
▶ Del. do CONTRAN nº 119, de 19-12-2011, define a cor predominante dos caminhões, caminhões tratores, reboques e semirreboques.

VIII – sem ter sido submetido à inspeção de segurança veicular, quando obrigatória;

▶ Art. 104 deste Código.
▶ Res. do CONTRAN nº 84, de 19-11-1998, estabelece normas referentes a Inspeção Técnica de Veículos – ITV.
▶ Res. do CONTRAN nº 107, de 21-12-1999, suspende a vigência da Resolução nº 84/1998.
▶ Res. do CONTRAN nº 247, de 27-7-2007, dispõe sobre a extensão do prazo de vigência do Certificado de Inspeção Técnica Veicular quando expirado no país de trânsito ou de destino.
▶ Res. do CONTRAN nº 280, de 30-5-2008, dispõe sobre a inspeção periódica do Sistema de Gás Natural instalado originariamente de fábrica, em veículo automotor.
▶ Res. do CONTRAN nº 362, de 15-10-2010, estabelece a classificação de danos em veículos decorrentes de acidentes e os procedimentos para a regularização ou baixa dos veículos envolvidos.

IX – sem equipamento obrigatório ou estando este ineficiente ou inoperante;

▶ Arts. 27 e 105 deste Código.
▶ Res. do CONTRAN nº 510, de 3-3-1977, dispõe sobre a circulação e fiscalização de veículos automotores diesel.
▶ Res. do CONTRAN nº 725, de 31-12-1988, fixa os requisitos de segurança para a circulação de veículos transportadores de contêineres.
▶ Res. do CONTRAN nº 762, de 4-2-1992, dispõe sobre janelas com acionador energizado de veículos automotores.
▶ Res. do CONTRAN nº 805, de 24-10-1995, estabelece os requisitos técnicos mínimos do para-choque traseiro dos veículos de carga.
▶ Res. do CONTRAN nº 827, de 18-12-1996, regulamenta o dispositivo de sinalização refletora de emergência.
▶ Res. do CONTRAN nº 14, de 6-2-1998, estabelece os equipamentos obrigatórios para a frota de veículos em circulação.
▶ Res. do CONTRAN nº 28, de 21-5-1998, dispõe sobre a circulação de veículos nas rodovias nos trajetos entre o fabricante de chassi/plataforma, montadora, encarroçadora ou implementador final até o município de destino.
▶ Res. do CONTRAN nº 46, de 22-5-1998, estabelece os equipamentos de segurança obrigatórios para as bicicletas.
▶ Res. do CONTRAN nº 92, de 4-5-1999, dispõe sobre requisitos técnicos mínimos do registrador instantâneo e inalterável de velocidade e tempo.
▶ Res. do CONTRAN nº 129, de 6-8-2001, estabelece os requisitos de segurança e dispensa a obrigatoriedade do uso de capacete para o condutor e passageiros do triciclo automotor com cabine fechada, quando em circulação somente em vias urbanas.

- Res. do CONTRAN nº 132, de 2-4-2002, estabelecer a obrigatoriedade de utilização de película refletiva para prover melhores condições de visibilidade diurna e noturna em veículos de transporte de carga em circulação.
- Res. do CONTRAN nº 152, de 29-10-2003, estabelece os requisitos técnicos de fabricação e instalação de para-choque traseiro para veículos de carga.
- Res. do CONTRAN nº 157, de 22-4-2004, fixa especificações para os extintores de incêndio, equipamento de uso obrigatório nos veículos automotores, elétricos, reboque e semirreboque.
- Res. do CONTRAN nº 196, de 25-7-2006, fixa requisitos técnicos de segurança para o transporte de toras e de madeira bruta por veículo rodoviário de carga.
- Res. do CONTRAN nº 225, de 9-2-2007, estabelece requisitos de localização, identificação e iluminação dos controles, indicadores e lâmpadas piloto.
- Res. do CONTRAN nº 245, de 27-7-2007, dispõe sobre a instalação de equipamento obrigatório, denominado antifurto, nos veículos novos saídos de fábrica, nacionais e estrangeiros.
- Res. do CONTRAN nº 273, de 4-4-2008, regulamenta a utilização de semirreboques por motocicletas e motonetas, define características, estabelece critérios.
- Res. do CONTRAN nº 278, de 28-5-2008, proíbe a utilização de dispositivos que travem, afrouxem ou modifiquem o funcionamento dos cintos de segurança.
- Res. do CONTRAN nº 293, de 29-9-2008, fixa requisitos de segurança para circulação de veículos que transportem produtos siderúrgicos.
- Res. do CONTRAN nº 311, de 3-4-2009, dispõe sobre a obrigatoriedade do uso do equipamento suplementar de segurança passiva – air bag, na parte frontal dos veículos novos saídos de fábrica, nacionais e importados.
- Res. do CONTRAN nº 315, de 8-5-2009, estabelece a equiparação dos veículos cicloelétricos aos ciclomotores e os equipamentos obrigatórios para condução nas vias públicas abertas à circulação.
- Res. do CONTRAN nº 316, de 8-5-2009, estabelece os requisitos de segurança para veículos de transporte coletivo de passageiros M2 e M3 (tipos micro-ônibus e ônibus) de fabricação nacional e estrangeira.
- Res. do CONTRAN nº 317, de 5-6-2009, estabelece o uso de dispositivos retrorrefletivos de segurança nos veículos de transporte de cargas e de transporte coletivo de passageiros em trânsito internacional no território nacional.
- Res. do CONTRAN nº 323, de 17-7-2009, estabelece os requisitos técnicos de fabricação e instalação de protetor lateral para veículos de carga.
- Res. do CONTRAN nº 330, de 14-8-2009, estabelece o cronograma para a instalação do equipamento obrigatório definido na Res. do CONTRAN nº 245, de 27-7-2007, denominado antifurto, nos veículos novos, nacionais e importados.
- Res. do CONTRAN nº 354, de 24-6-2010, estabelece requisitos de segurança para o transporte de blocos e chapas serradas de rochas ornamentais.
- Res. do CONTRAN nº 356, de 2-8-2010, estabelece requisitos mínimos de segurança para o transporte remunerado de passageiros (mototáxi) e de cargas (motofrete) em motocicleta e motoneta.
- Res. do CONTRAN nº 380, de 28-4-2011, dispõe sobre a obrigatoriedade do uso do sistema antitravamento das rodas – ABS.

X – com equipamento obrigatório em desacordo com o estabelecido pelo CONTRAN;

- Art. 105 deste Código.
- Res. do CONTRAN nº 558, de 23-4-1980, dispõe sobra a fabricação e reforma de pneumático com indicadores de profundidade.
- Res. do CONTRAN nº 805, de 24-10-1995, estabelece os requisitos técnicos mínimos do para-choque traseiro dos veículos de carga.
- Res. do CONTRAN nº 92, de 4-5-1999, dispõe sobre requisitos técnicos mínimos do registrador instantâneo e inalterável de velocidade e tempo.
- Res. do CONTRAN nº 152, de 29-10-2003, estabelece os requisitos técnicos de fabricação e instalação de para-choque traseiro para veículos de carga.
- Res. do CONTRAN nº 157, de 22-4-2004, fixa especificações para os extintores de incêndio, equipamento de uso obrigatório nos veículos automotores, elétricos, reboque e semirreboque.
- Res. do CONTRAN nº 158, de 22-4-2004, proíbe o uso de pneus reformados em ciclomotores, motonetas, motocicletas e triciclos, bem como rodas que apresentem quebras, trincas e deformações.
- Res. do CONTRAN nº 196, de 25-7-2006, fixa requisitos técnicos de segurança para o transporte de toras e de madeira bruta por veículo rodoviário de carga.
- Res. do CONTRAN nº 226, de 9-2-2007, estabelece requisitos para o desempenho e a fixação de espelhos retrovisores.
- Res. do CONTRAN nº 273, de 4-4-2008, regulamenta a utilização de semirreboques por motocicletas e motonetas, define características, estabelece critérios.
- Res. do CONTRAN nº 293, de 29-9-2008, fixa requisitos de segurança para circulação de veículos que transportem produtos siderúrgicos.
- Res. do CONTRAN nº 316, de 8-5-2009, estabelece os requisitos de segurança para veículos de transporte coletivo de passageiros M2 e M3 (tipos micro-ônibus e ônibus) de fabricação nacional e estrangeira.
- Res. do CONTRAN nº 323, de 17-7-2009, estabelece os requisitos técnicos de fabricação e instalação de protetor lateral para veículo de carga.
- Res. do CONTRAN nº 354, de 24-6-2010, estabelece requisitos de segurança para o transporte de blocos e chapas serradas de rochas ornamentais.
- Res. do CONTRAN nº 356, de 2-8-2010, estabelece requisitos mínimos de segurança para o transporte remunerado de passageiros (mototáxi) e de cargas (motofrete) em motocicleta e motoneta.

XI – com descarga livre ou silenciador de motor de explosão defeituoso, deficiente ou inoperante;
XII – com equipamento ou acessório proibido;

- Art. 105, § 2º, deste Código.
- Res. do CONTRAN nº 545, de 15-12-1978, estabelece requisitos de segurança para rodas especiais.
- Res. do CONTRAN nº 197, de 25-7-2006, regulamenta o dispositivo de acoplamento mecânico para reboque (engate) utilizado em veículos com PBT de até 3.500kg.
- Res. do CONTRAN nº 215, de 14-12-2006, regulamenta a fabricação, instalação e uso de dispositivo denominado "quebra-mato" em veículos automotores com peso bruto total de até 3.500 kg.
- Res. do CONTRAN nº 242, de 22-6-2007, dispõe sobre a instalação e utilização de equipamentos geradores de imagens nos veículos automotores.
- Res. do CONTRAN nº 268, de 15-2-2008, dispõe sobre o uso de luzes intermitentes ou rotativas em veículos.

► Res. do CONTRAN nº 356, de 2-8-2010, estabelece requisitos mínimos de segurança para o transporte remunerado de passageiros (mototáxi) e de cargas (motofrete) em motocicleta e motoneta.

XIII – com o equipamento do sistema de iluminação e de sinalização alterados;

► Res. do CONTRAN nº 227, de 9-2-2007, estabelece requisitos referentes aos sistemas de iluminação e sinalização de veículos.
► Res. do CONTRAN nº 268, de 15-2-2008, dispõe sobre o uso de luzes intermitentes ou rotativas em veículos.

XIV – com registrador instantâneo inalterável de velocidade e tempo viciado ou defeituoso, quando houver exigência desse aparelho;

► Res. do CONTRAN nº 92, de 4-5-1999, dispõe sobre requisitos técnicos mínimos do registrador instantâneo e inalterável de velocidade e tempo.

XV – com inscrições, adesivos, legendas e símbolos de caráter publicitário afixados ou pintados no para-brisa e em toda a extensão da parte traseira do veículo, excetuadas as hipóteses previstas neste Código;

► Art. 111, parágrafo único, deste Código.

XVI – com vidros total ou parcialmente cobertos por películas refletivas ou não, painéis decorativos ou pinturas;

► Art. 111, III, deste Código.
► Res. do CONTRAN nº 253, de 26-10-2007, dispõe sobre o uso de medidores de transmitância luminosa.
► Res. do CONTRAN nº 254, de 26-10-2007, estabelece requisitos para os vidros de segurança e critérios para aplicação de inscrições, pictogramas e películas nas áreas envidraçadas dos veículos automotores.
► Art. 2º da Res. do CONTRAN nº 334, de 6-11-2009, que isenta os veículos blindados ao uso dos vidros de segurança exigidos pelo art. 1º da Res. do CONTRAN nº 254, de 26-10-2007.

XVII – com cortinas ou persianas fechadas, não autorizadas pela legislação;

► Art. 111, II, deste Código.

XVIII – em mau estado de conservação, comprometendo a segurança, ou reprovado na avaliação de inspeção de segurança e de emissão de poluentes e ruído, prevista no artigo 104;

► Res. do CONTRAN nº 558, de 23-4-1980, dispõe sobra a fabricação e reforma de pneumático com indicadores de profundidade.
► Res. do CONTRAN nº 725, de 31-12-1988, fixa os requisitos de segurança para a circulação de veículos transportadores de contêineres.
► Res. do CONTRAN nº 84, de 19-11-1998, estabelece normas referentes a Inspeção Técnica de Veículos – ITV.
► Res. do CONTRAN nº 107, de 21-12-1999, suspende a vigência da Resolução nº 84/1998.
► Res. do CONTRAN nº 216, de 14-12-2006, fixa exigências sobre condições de segurança e visibilidade dos condutores em para-brisas em veículos automotores, para fins de circulação nas vias públicas.
► Res. do CONTRAN nº 354, de 24-6-2010, estabelece requisitos de segurança para o transporte de blocos e chapas serradas de rochas ornamentais.

XIX – sem acionar o limpador de para-brisa sob chuva:

Infração – grave;

Penalidade – multa;

Medida administrativa – retenção do veículo para regularização;

XX – sem portar a autorização para condução de escolares, na forma estabelecida no artigo 136:

Infração – grave;

Penalidade – multa e apreensão do veículo;

XXI – de carga, com falta de inscrição da tara e demais inscrições previstas neste Código;

► Art. 117 deste Código.
► Res. do CONTRAN nº 290, de 29-8-2008, disciplina a capacitação em veículos de tração, de carga e de transporte coletivo de passageiros, de acordo com o CTB.

XXII – com defeito no sistema de iluminação, de sinalização ou com lâmpadas queimadas:

Infração – média;

Penalidade – multa.

Art. 231. Transitar com o veículo:

► Res. do CONTRAN nº 371, de 10-12-2010, aprova o Manual Brasileiro de Fiscalização de Trânsito, Volume I – Infrações de competência municipal, incluindo as concorrentes dos órgãos e entidades estaduais de trânsito, e rodoviários.

I – danificando a via, suas instalações e equipamentos;

II – derramando, lançando ou arrastando sobre a via:

a) carga que esteja transportando;

► Art. 102 deste Código.
► Res. do CONTRAN nº 732, de 3-7-1989, dispõe sobre o transporte de cargas de sólidos a granel nas vias abertas à circulação pública em todo o território nacional.
► Res. do CONTRAN nº 293, de 29-9-2008, fixa requisitos de segurança para circulação de veículos que transportem produtos siderúrgicos.
► Res. do CONTRAN nº 349, de 17-5-2010, dispõe sobre o transporte eventual de cargas ou de bicicletas nos veículos classificados nas espécies automóvel, caminhonete, camioneta e utilitário.

b) combustível ou lubrificante que esteja utilizando;
c) qualquer objeto que possa acarretar risco de acidente:

Infração – gravíssima;

Penalidade – multa;

Medida administrativa – retenção do veículo para regularização;

III – produzindo fumaça, gases ou partículas em níveis superiores aos fixados pelo CONTRAN;

► Res. do CONTRAN nº 510, de 3-3-1977, dispõe sobre a circulação e fiscalização de veículos automotores diesel.

IV – com suas dimensões ou de sua carga superiores aos limites estabelecidos legalmente ou pela sinalização, sem autorização:

► Arts. 99 e 101 deste Código.
► Res. do CONTRAN nº 210, de 13-11-2006, estabelece limites de peso e dimensões para veículos transitarem por vias terrestres.
► Res. do CONTRAN nº 211, de 13-11-2006, dispõe sobre requisitos necessários à circulação de Combinações de Veículos de Carga – CVC.

- Res. do CONTRAN nº 293, de 29-9-2008, fixa requisitos de segurança para circulação de veículos que transportem produtos siderúrgicos.
- Res. do CONTRAN nº 305, de 6-3-2009, estabelece requisitos de segurança necessários à circulação de Combinações para Transporte de Veículos – CTV e Combinações de Transporte de Veículos e Cargas Paletizadas – CTVP.
- Res. do CONTRAN nº 318, de 5-6-2009, estabelece limites de pesos e dimensões para circulação de veículos de transporte de carga e de transporte coletivo de passageiros em viagem internacional pelo território nacional.
- Res. do CONTRAN nº 349, de 17-5-2010, dispõe sobre o transporte eventual de cargas ou de bicicletas nos veículos classificados nas espécies automóvel, caminhonete, camioneta e utilitário.
- Res. do CONTRAN nº 354, de 24-6-2010, estabelece requisitos de segurança para o transporte de blocos e chapas serradas de rochas ornamentais.
- Res. do CONTRAN nº 356, de 2-8-2010, estabelece requisitos mínimos de segurança para o transporte remunerado de passageiros (mototáxi) e de cargas (motofrete) em motocicleta e motoneta.

Infração – grave;

Penalidade – multa;

Medida administrativa – retenção do veículo para regularização;

V – com excesso de peso, admitido percentual de tolerância quando aferido por equipamento, na forma a ser estabelecida pelo CONTRAN:

Infração – média;

Penalidade – multa acrescida a cada duzentos quilogramas ou fração de excesso de peso apurado, constante na seguinte tabela:

a) até seiscentos quilogramas – 5 (cinco) UFIR;
b) de seiscentos e um a oitocentos quilogramas – 10 (dez) UFIR;
c) de oitocentos e um a um mil quilogramas – 20 (vinte) UFIR;
d) de um mil e um a três mil quilogramas – 30 (trinta) UFIR;
e) de três mil e um a cinco mil quilogramas – 40 (quarenta) UFIR;
f) acima de cinco mil e um quilogramas – 50 (cinquenta) UFIR;

Medida administrativa – retenção do veículo e transbordo da carga excedente;

- Art. 100 deste Código.
- Res. do CONTRAN nº 210, de 13-11-2006, estabelece limites de peso e dimensões para veículos transitarem por vias terrestres.
- Res. do CONTRAN nº 258, de 30-11-2007, fixa metodologia de aferição de peso de veículos, estabelece percentuais de tolerância.
- Res. do CONTRAN nº 290, de 29-8-2008, disciplina a capacitação em veículos de tração, de carga e de transporte coletivo de passageiros, de acordo com o CTB.
- Res. do CONTRAN nº 318, de 5-6-2009, estabelece limites de pesos e dimensões para circulação de veículos de transporte de carga e de transporte coletivo de passageiros em viagem internacional pelo território nacional.
- Res. do CONTRAN nº 349, de 17-5-2010, dispõe sobre o transporte eventual de cargas ou de bicicletas nos veículos classificados nas espécies automóvel, caminhonete, camioneta e utilitário.

VI – em desacordo com a autorização especial, expedida pela autoridade competente para transitar com dimensões excedentes, ou quando a mesma estiver vencida:

Infração – grave;

Penalidade – multa e apreensão do veículo;

Medida administrativa – remoção do veículo;

- Art.101 deste Código.
- Res. do CONTRAN nº 210, de 13-11-2006, estabelece limites de peso e dimensões para veículos transitarem por vias terrestres.
- Res. do CONTRAN nº 211, de 13-11-2006, dispõe sobre requisitos necessários à circulação de Combinações de Veículos de Carga – CVC.
- Res. do CONTRAN nº 213, de 13-11-2006, fixa requisitos para a circulação de veículos transportadores de contêineres.
- Res. do CONTRAN nº 293, de 29-9-2008, fixa requisitos de segurança para circulação de veículos que transportem produtos siderúrgicos.

VII – com lotação excedente;

- Art. 100 deste Código.

VIII – efetuando transporte remunerado de pessoas ou bens, quando não for licenciado para esse fim, salvo casos de força maior ou com permissão da autoridade competente:

Infração – média;

Penalidade – multa;

Medida administrativa – retenção do veículo;

- Art. 135 deste Código.
- Res. do CONTRAN nº 356, de 2-8-2010, estabelece requisitos mínimos de segurança para o transporte remunerado de passageiros (mototáxi) e de cargas (motofrete) em motocicleta e motoneta.

IX – desligado ou desengrenado, em declive:

Infração – média;

Penalidade – multa;

Medida administrativa – retenção do veículo;

X – excedendo a capacidade máxima de tração:

Infração – de média a gravíssima, a depender da relação entre o excesso de peso apurado e a capacidade máxima de tração, a ser regulamentada pelo CONTRAN;

Penalidade – multa;

Medida administrativa – retenção do veículo e transbordo de carga excedente.

- Res. do CONTRAN nº 258, de 30-11-2007, fixa metodologia de aferição de peso de veículos, estabelece percentuais de tolerância.
- Res. do CONTRAN nº 290, de 29-8-2008, disciplina a capacitação em veículos de tração, de carga e de transporte coletivo de passageiros, de acordo com o CTB.
- Res. do CONTRAN nº 356, de 2-8-2010, estabelece requisitos mínimos de segurança para o transporte remunerado de passageiros (mototáxi) e de cargas (motofrete) em motocicleta e motoneta.

Parágrafo único. Sem prejuízo das multas previstas nos incisos V e X, o veículo que transitar com excesso de peso ou excedendo à capacidade máxima de tração, não computado o percentual tolerado na forma do disposto na legislação, somente poderá continuar viagem após descarregar o que exceder, segundo critérios estabelecidos na referida legislação complementar.

Art. 232. Conduzir veículo sem os documentos de porte obrigatório referidos neste Código:

Infração – leve;

Penalidade – multa;

Medida administrativa – retenção do veículo até a apresentação do documento.

- Arts. 133 e 159, § 1º, deste Código.
- LC nº 121, de 9-2-2006, cria o Sistema Nacional de Prevenção, Fiscalização e Repressão ao Furto e Roubo de Veículos e Cargas.
- Res. do CONTRAN nº 205, de 20-10-2006, dispõe sobre os documentos de porte obrigatório.
- Res. do CONTRAN nº 238, de 25-5-2007, dispõe sobre o porte obrigatório do Certificado de Apólice Única do Seguro de Responsabilidade Civil do proprietário e/ou condutor de automóvel particular ou de aluguel, não registrado no país de ingresso, em viagem internacional.
- Res. do CONTRAN nº 324, de 17-7-2009, dispõe sobre a expedição de Certificado Provisório de Registro e Licenciamento de Veículos.
- Res. do CONTRAN nº 356, de 2-8-2010, estabelece requisitos mínimos de segurança para o transporte remunerado de passageiros (mototáxi) e de cargas (motofrete) em motocicleta e motoneta.

Art. 233. Deixar de efetuar o registro de veículo no prazo de trinta dias, junto ao órgão executivo de trânsito, ocorridas as hipóteses previstas no artigo 123:

Infração – grave;

Penalidade – multa;

Medida administrativa – retenção do veículo para regularização.

Art. 234. Falsificar ou adulterar documento de habilitação e de identificação do veículo:

Infração – gravíssima;

Penalidade – multa e apreensão do veículo;

Medida administrativa – remoção do veículo.

- Art. 297 do CP.

Art. 235. Conduzir pessoas, animais ou carga nas partes externas do veículo, salvo nos casos devidamente autorizados:

Infração – grave;

Penalidade – multa;

Medida administrativa – retenção do veículo para transbordo.

- Res. do CONTRAN nº 293, de 29-9-2008, fixa requisitos de segurança para circulação de veículos que transportem produtos siderúrgicos.
- Res. do CONTRAN nº 305, de 6-3-2009, estabelece requisitos de segurança necessários à circulação de Combinações para Transporte de Veículos – CTV e Combinações de Transporte de Veículos e Cargas Paletizadas – CTVP.
- Res. do CONTRAN nº 349, de 17-5-2010, dispõe sobre o transporte eventual de cargas ou de bicicletas nos veículos classificados nas espécies automóvel, caminhonete, camioneta e utilitário.
- Res. do CONTRAN nº 371, de 10-12-2010, aprova o Manual Brasileiro de Fiscalização de Trânsito, Volume I – Infrações de competência municipal, incluindo as concorrentes dos órgãos e entidades estaduais de trânsito, e rodoviários.

Art. 236. Rebocar outro veículo com cabo flexível ou corda, salvo em casos de emergência:

Infração – média;

Penalidade – multa.

- Res. do CONTRAN nº 371, de 10-12-2010, aprova o Manual Brasileiro de Fiscalização de Trânsito, Volume I – Infrações de competência municipal, incluindo as concorrentes dos órgãos e entidades estaduais de trânsito, e rodoviários.

Art. 237. Transitar com o veículo em desacordo com as especificações, e com falta de inscrição e simbologia necessárias à sua identificação, quando exigidas pela legislação:

Infração – grave;

Penalidade – multa;

Medida administrativa – retenção do veículo para regularização.

- Arts. 120, § 1º, 136, III, e 154 deste Código.
- Res. do CONTRAN nº 212, de 13-11-2006, dispõe sobre a implantação do Sistema de Identificação Automática de Veículos – SINIAV em todo o território nacional.
- Res. do CONTRAN nº 245, de 27-7-2007, dispõe sobre a instalação de equipamento obrigatório, denominado antifurto, nos veículos novos saídos de fábrica, nacionais e estrangeiros.
- Res. do CONTRAN nº 282, de 26-6-2008, estabelece critérios para a regularização da numeração de motores dos veículos registrados ou a serem registrados no País.
- Res. do CONTRAN nº 330, de 14-8-2009, estabelece o cronograma para a instalação do equipamento obrigatório definido na Res. do CONTRAN nº 245, de 27-7-2007, denominado antifurto, nos veículos novos, nacionais e importados.
- Res. do CONTRAN nº 370, de 10-12-2010, dispõe sobre o Dispositivo Auxiliar de Identificação Veicular.
- Del. do CONTRAN nº 116, de 18-10-2011, suspende os efeitos da Res. do CONTRAN nº 370/2010, que dispõe sobre Dispositivo Auxiliar de Identificação Veicular.

Art. 238. Recusar-se a entregar à autoridade de trânsito ou a seus agentes, mediante recibo, os documentos de habilitação, de registro, de licenciamento de veículo e outros exigidos por lei, para averiguação de sua autenticidade:

Infração – gravíssima;

Penalidade – multa e apreensão do veículo;

Medida administrativa – remoção do veículo.

- Arts. 133 e 159, § 1º, deste Código.
- LC nº 121, de 9-2-2006, cria o Sistema Nacional de Prevenção, Fiscalização e Repressão ao Furto e Roubo de Veículos e Cargas.
- Res. do CONTRAN nº 205, de 20-10-2006, dispõe sobre os documentos de porte obrigatório.

Art. 239. Retirar do local veículo legalmente retido para regularização, sem permissão da autoridade competente ou de seus agentes:

Infração – gravíssima;

Penalidade – multa e apreensão do veículo;

Medida administrativa – remoção do veículo.

▶ Res. do CONTRAN nº 371, de 10-12-2010, aprova o Manual Brasileiro de Fiscalização de Trânsito, Volume I – Infrações de competência municipal, incluindo as concorrentes dos órgãos e entidades estaduais de trânsito, e rodoviários.

Art. 240. Deixar o responsável de promover a baixa do registro de veículo irrecuperável ou definitivamente desmontado:

Infração – grave;

Penalidade – multa;

Medida administrativa – recolhimento do Certificado de Registro e do Certificado de Licenciamento Anual.

▶ Res. do CONTRAN nº 11, de 23-1-1998, estabelece critérios para a baixa de registro de veículos.

▶ Res. do CONTRAN nº 362, de 15-10-2010, estabelece a classificação de danos em veículos decorrentes de acidentes e os procedimentos para a regularização ou baixa dos veículos envolvidos.

Art. 241. Deixar de atualizar o cadastro de registro do veículo ou de habilitação do condutor:

Infração – leve;

Penalidade – multa.

Art. 242. Fazer falsa declaração de domicílio para fins de registro, licenciamento ou habilitação:

Infração – gravíssima;

Penalidade – multa.

▶ Art. 299 do CP.

Art. 243. Deixar a empresa seguradora de comunicar ao órgão executivo de trânsito competente a ocorrência de perda total do veículo e de lhe devolver as respectivas placas e documentos:

Infração – grave;

Penalidade – multa;

Medida administrativa – recolhimento das placas e dos documentos.

▶ Res. do CONTRAN nº 390, de 11-8-2011, dispõe sobre a padronização dos procedimentos administrativos na lavratura de auto de infração, na expedição de notificação de autuação e de notificação de penalidades por infrações de responsabilidade de pessoas físicas ou jurídicas, sem a utilização de veículos, expressamente mencionadas neste Código.

Art. 244. Conduzir motocicleta, motoneta e ciclomotor:

▶ Res. do CONTRAN nº 371, de 10-12-2010, aprova o Manual Brasileiro de Fiscalização de Trânsito, Volume I – Infrações de competência municipal, incluindo as concorrentes dos órgãos e entidades estaduais de trânsito, e rodoviários.

I – sem usar capacete de segurança com viseira ou óculos de proteção e vestuário de acordo com as normas e especificações aprovadas pelo CONTRAN;

▶ Art. 54, I e III, deste Código.

▶ Res. do CONTRAN nº 203, de 29-9-2006, disciplina o uso de capacete para condutor e passageiro de motocicleta, motoneta, ciclomotor, triciclo motorizados e quadriciclo motorizado.

▶ Res. do CONTRAN nº 356, de 2-8-2010, estabelece requisitos mínimos de segurança para o transporte remunerado de passageiros (mototáxi) e de cargas (motofrete) em motocicleta e motoneta.

II – transportando passageiro sem o capacete de segurança, na forma estabelecida no inciso anterior, ou fora do assento suplementar colocado atrás do condutor ou em carro lateral;

▶ Art. 155, I e II, deste Código.

▶ Res. do CONTRAN nº 203, de 29-9-2006, disciplina o uso de capacete para condutor e passageiro de motocicleta, motoneta, ciclomotor, triciclo motorizados e quadriciclo motorizado.

▶ Res. do CONTRAN nº 356, de 2-8-2010, estabelece requisitos mínimos de segurança para o transporte remunerado de passageiros (mototáxi) e de cargas (motofrete) em motocicleta e motoneta.

III – fazendo malabarismo ou equilibrando-se apenas em uma roda;

IV – com os faróis apagados;

V – transportando criança menor de sete anos ou que não tenha, nas circunstâncias, condições de cuidar de sua própria segurança;

Infração – gravíssima;

Penalidade – multa e suspensão do direito de dirigir;

Medida administrativa – recolhimento do documento de habilitação;

VI – rebocando outro veículo;

▶ Art. 244, § 3º, deste Código.

▶ Res. do CONTRAN nº 273, de 4-4-2008, regulamenta a utilização de semirreboques por motocicletas e motonetas, define características, estabelece critérios.

VII – sem segurar o guidom com ambas as mãos, salvo eventualmente para indicação de manobras;

▶ Art. 54, II, deste Código.

VIII – transportando carga incompatível com suas especificações ou em desacordo com o previsto no § 2º do art. 139-A desta Lei;

▶ Inciso VIII com a redação dada pela Lei nº 12.009, de 29-7-2009.

▶ Res. do CONTRAN nº 356, de 2-8-2010, estabelece requisitos mínimos de segurança para o transporte remunerado de passageiros (mototáxi) e de cargas (motofrete) em motocicleta e motoneta.

IX – efetuando transporte remunerado de mercadorias em desacordo com o previsto no art. 139-A desta Lei ou com as normas que regem a atividade profissional dos mototaxistas:

▶ Res. do CONTRAN nº 350, de 14-6-2010, institui curso especializado obrigatório destinado a profissionais em transporte de passageiros (mototaxista) e em entrega de mercadorias (motofretista) que exerçam atividades remuneradas na condução de motocicletas e motonetas.

▶ Res. do CONTRAN nº 356, de 2-8-2010, estabelece requisitos mínimos de segurança para o transporte remunerado de passageiros (mototáxi) e de cargas (motofrete) em motocicleta e motoneta.

Infração – grave;

Penalidade – multa;

Medida administrativa – apreensão do veículo para regularização.

▶ Inciso IX acrescido pela Lei nº 12.009, de 29-7-2009.

§ 1º Para ciclos aplica-se o disposto nos incisos III, VII e VIII, além de:
a) conduzir passageiro fora da garupa ou do assento especial a ele destinado;
b) transitar em vias de trânsito rápido ou rodovias, salvo onde houver acostamento ou faixas de rolamento próprias;
c) transportar crianças que não tenham, nas circunstâncias, condições de cuidar de sua própria segurança.

§ 2º Aplica-se aos ciclomotores o disposto na alínea *b* do parágrafo anterior:

Infração – média;

Penalidade – multa;

▶ Art. 57 deste Código.

§ 3º A restrição imposta pelo inciso VI do *caput* deste artigo não se aplica às motocicletas e motonetas que tracionem semirreboques especialmente projetados para esse fim e devidamente homologados pelo órgão competente.

▶ § 3º acrescido pela Lei nº 10.517, de 11-7-2002.
▶ Res. do CONTRAN nº 273, de 4-4-2008, regulamenta este parágrafo.

Art. 245. Utilizar a via para depósito de mercadorias, materiais ou equipamentos, sem autorização do órgão ou entidade de trânsito com circunscrição sobre a via:

Infração – grave;

Penalidade – multa;

Medida administrativa – remoção da mercadoria ou do material.

Parágrafo único. A penalidade e a medida administrativa incidirão sobre a pessoa física ou jurídica responsável.

▶ Art. 26 deste Código.
▶ Res. do CONTRAN nº 371, de 10-12-2010, aprova o Manual Brasileiro de Fiscalização de Trânsito, Volume I – Infrações de competência municipal, incluindo as concorrentes dos órgãos e entidades estaduais de trânsito, e rodoviários.
▶ Res. do CONTRAN nº 390, de 11-8-2011, dispõe sobre a padronização dos procedimentos administrativos na lavratura de auto de infração, na expedição de notificação de autuação e de notificação de penalidades por infrações de responsabilidade de pessoas físicas ou jurídicas, sem a utilização de veículos, expressamente mencionadas neste Código.

Art. 246. Deixar de sinalizar qualquer obstáculo à livre circulação, à segurança de veículo e pedestres, tanto no leito da via terrestre como na calçada, ou obstacularizar a via indevidamente:

Infração – gravíssima;

Penalidade – multa, agravada em até cinco vezes, a critério da autoridade de trânsito, conforme o risco à segurança.

Parágrafo único. A penalidade será aplicada à pessoa física ou jurídica responsável pela obstrução, devendo a autoridade com circunscrição sobre a via providenciar a sinalização de emergência, às expensas do responsável, ou, se possível, promover a desobstrução.

▶ Res. do CONTRAN nº 371, de 10-12-2010, aprova o Manual Brasileiro de Fiscalização de Trânsito, Volume I – Infrações de competência municipal, incluindo as concorrentes dos órgãos e entidades estaduais de trânsito, e rodoviários.
▶ Res. do CONTRAN nº 390, de 11-8-2011, dispõe sobre a padronização dos procedimentos administrativos na lavratura de auto de infração, na expedição de notificação de autuação e de notificação de penalidades por infrações de responsabilidade de pessoas físicas ou jurídicas, sem a utilização de veículos, expressamente mencionadas neste Código.

Art. 247. Deixar de conduzir pelo bordo da pista de rolamento, em fila única, os veículos de tração ou propulsão humana e os de tração animal, sempre que não houver acostamento ou faixa a eles destinados:

Infração – média;

Penalidade – multa.

▶ Res. do CONTRAN nº 371, de 10-12-2010, aprova o Manual Brasileiro de Fiscalização de Trânsito, Volume I – Infrações de competência municipal, incluindo as concorrentes dos órgãos e entidades estaduais de trânsito, e rodoviários.

Art. 248. Transportar em veículo destinado ao transporte de passageiros carga excedente em desacordo com o estabelecido no artigo 109:

Infração – grave;

Penalidade – multa;

Medida administrativa – retenção para o transbordo.

▶ Res. do CONTRAN nº 26, de 22-5-1998, disciplina o transporte de cargas em veículos destinados ao transporte de passageiros.
▶ Res. do CONTRAN nº 349, de 17-5-2010, dispõe sobre o transporte eventual de cargas ou de bicicletas nos veículos classificados nas espécies automóvel, caminhonete, camioneta e utilitário.

Art. 249. Deixar de manter acesas, à noite, as luzes de posição, quando o veículo estiver parado, para fins de embarque ou desembarque de passageiros e carga ou descarga de mercadorias:

Infração – média;

Penalidade – multa.

▶ Art. 40, VII, deste Código.
▶ Res. do CONTRAN nº 371, de 10-12-2010, aprova o Manual Brasileiro de Fiscalização de Trânsito, Volume I – Infrações de competência municipal, incluindo as concorrentes dos órgãos e entidades estaduais de trânsito, e rodoviários.

Art. 250. Quando o veículo estiver em movimento:

▶ Res. do CONTRAN nº 371, de 10-12-2010, aprova o Manual Brasileiro de Fiscalização de Trânsito, Volume I – Infrações de competência municipal, incluindo as concorrentes dos órgãos e entidades estaduais de trânsito, e rodoviários.

I – deixar de manter acesa a luz baixa:
a) durante a noite;

▶ Art. 40, I, deste Código.

b) de dia, nos túneis providos de iluminação pública;

▶ Art. 40, I, deste Código.

c) de dia e de noite, tratando-se de veículo de transporte coletivo de passageiros, circulando em faixas ou pistas a eles destinadas;
▶ Art. 40, parágrafo único, deste Código.

d) de dia e de noite, tratando-se de ciclo motores;
▶ Art. 40, parágrafo único, deste Código.

II – deixar de manter acesas pelo menos as luzes de posição sob chuva forte, neblina ou cerração;
▶ Art. 40, IV, deste Código.

III – deixar de manter a placa traseira iluminada, à noite:
▶ Art. 40, VI, deste Código.

Infração – média;
Penalidade – multa.

Art. 251. Utilizar as luzes do veículo:
▶ Res. do CONTRAN nº 371, de 10-12-2010, aprova o Manual Brasileiro de Fiscalização de Trânsito, Volume I – Infrações de competência municipal, incluindo as concorrentes dos órgãos e entidades estaduais de trânsito, e rodoviários.

I – o pisca-alerta, exceto em imobilizações ou situações de emergência;
▶ Art. 40, V, deste Código.

II – baixa e alta de forma intermitente, exceto nas seguintes situações:
a) a curtos intervalos, quando for conveniente advertir a outro condutor que se tem o propósito de ultrapassá-lo;
b) em imobilizações ou situação de emergência, como advertência, utilizando pisca-alerta;
c) quando a sinalização de regulamentação da via determinar o uso do pisca-alerta:
▶ Art. 40, III, deste Código.

Infração – média;
Penalidade – multa.

Art. 252. Dirigir o veículo:
▶ Res. do CONTRAN nº 371, de 10-12-2010, aprova o Manual Brasileiro de Fiscalização de Trânsito, Volume I – Infrações de competência municipal, incluindo as concorrentes dos órgãos e entidades estaduais de trânsito, e rodoviários.

I – com o braço do lado de fora;
II – transportando pessoas, animais ou volume à sua esquerda ou entre os braços e pernas;
III – com incapacidade física ou mental temporária que comprometa a segurança do trânsito;
IV – usando calçado que não se firme nos pés ou que comprometa a utilização dos pedais;
V – com apenas uma das mãos, exceto quando deva fazer sinais regulamentares de braço, mudar a marcha do veículo, ou acionar equipamentos e acessórios do veículo;
VI – utilizando-se de fones nos ouvidos conectados a aparelhagem sonora ou de telefone celular:

Infração – média;
Penalidade – multa.

Art. 253. Bloquear a via com veículo:
Infração – gravíssima;
Penalidade – multa e apreensão do veículo;

Medida administrativa – remoção do veículo.
▶ Res. do CONTRAN nº 371, de 10-12-2010, aprova o Manual Brasileiro de Fiscalização de Trânsito, Volume I – Infrações de competência municipal, incluindo as concorrentes dos órgãos e entidades estaduais de trânsito, e rodoviários.

Art. 254. É proibido ao pedestre:
I – permanecer ou andar nas pistas de rolamento, exceto para cruzá-las onde for permitido;
II – cruzar pistas de rolamento nos viadutos, pontes, ou túneis, salvo onde exista permissão;
III – atravessar a via dentro das áreas de cruzamento, salvo quando houver sinalização para esse fim;
IV – utilizar-se da via em agrupamentos capazes de perturbar o trânsito, ou para a prática de qualquer folguedo, esporte, desfiles e similares, salvo em casos especiais e com a devida licença da autoridade competente;
V – andar fora da faixa própria, passarela, passagem aérea ou subterrânea;
▶ Art. 69 deste Código.

VI – desobedecer à sinalização de trânsito específica:
Infração – leve;
Penalidade – multa, em 50% (cinquenta por cento) do valor da infração de natureza leve.

Art. 255. Conduzir bicicleta em passeios onde não seja permitida a circulação desta, ou de forma agressiva, em desacordo com o disposto no parágrafo único do artigo 59:
Infração – média;
Penalidade – multa;
Medida administrativa – remoção da bicicleta, mediante recibo para o pagamento da multa.

Capítulo XVI

DAS PENALIDADES

Art. 256. A autoridade de trânsito, na esfera das competências estabelecidas neste Código e dentro de sua circunscrição, deverá aplicar, às infrações nele previstas, as seguintes penalidades:
I – advertência por escrito;
II – multa;
III – suspensão do direito de dirigir;
IV – apreensão do veículo;
V – cassação da Carteira Nacional de Habilitação;
VI – cassação da Permissão para Dirigir;
VII – frequência obrigatória em curso de reciclagem.

§ 1º A aplicação das penalidades previstas neste Código não elide as punições originárias de ilícitos penais decorrentes de crimes de trânsito, conforme disposições de lei.

§ 2º VETADO.

§ 3º A imposição da penalidade será comunicada aos órgãos ou entidades executivos de trânsito responsáveis pelo licenciamento do veículo e habilitação do condutor.

Art. 257. As penalidades serão impostas ao condutor, ao proprietário do veículo, ao embarcador e ao transportador, salvo os casos de descumprimento de obrigações e deveres impostos a pessoas físicas ou jurídicas expressamente mencionados neste Código.
▶ Res. do CONTRAN nº 299, de 4-12-2008, dispõe sobre a padronização dos procedimentos para apresentação

de defesa de autuação e recurso, em 1ª e 2ª instâncias, contra a imposição de penalidade de multa de trânsito.
- Res. do CONTRAN nº 351, de 14-6-2010, estabelece procedimentos para veiculação de mensagens educativas de trânsito em toda peça publicitária destinada à divulgação ou promoção, nos meios de comunicação social, de produtos oriundos da indústria automobilística ou afins.

§ 1º Aos proprietários e condutores de veículos serão impostas concomitantemente as penalidades de que trata este Código toda vez que houver responsabilidade solidária em infração dos preceitos que lhes couber observar, respondendo cada um de *per si* pela falta em comum que lhes for atribuída.

§ 2º Ao proprietário caberá sempre a responsabilidade pela infração referente à prévia regularização e preenchimento das formalidades e condições exigidas para o trânsito do veículo na via terrestre, conservação e inalterabilidade de suas características, componentes, agregados, habilitação legal e compatível de seus condutores, quando esta for exigida, e outras disposições que deva observar.

§ 3º Ao condutor caberá a responsabilidade pelas infrações decorrentes de atos praticados na direção do veículo.

§ 4º O embarcador é responsável pela infração relativa ao transporte de carga com excesso de peso nos eixos ou no peso bruto total, quando simultaneamente for o único remetente da carga e o peso declarado na nota fiscal, fatura ou manifesto for inferior àquele aferido.
- Res. do CONTRAN nº 299, de 4-12-2008, dispõe sobre a padronização dos procedimentos para apresentação de defesa de autuação e recurso, em 1ª e 2ª instâncias, contra a imposição de penalidade de multa de trânsito.

§ 5º O transportador é o responsável pela infração relativa ao transporte de carga com excesso de peso nos eixos ou quando a carga proveniente de mais de um embarcador ultrapassar o peso bruto total.

§ 6º O transportador e o embarcador são solidariamente responsáveis pela infração relativa ao excesso de peso bruto total, se o peso declarado na nota fiscal, fatura ou manifesto for superior ao limite legal.
- Res. do CONTRAN nº 299, de 4-12-2008, dispõe sobre a padronização dos procedimentos para apresentação de defesa de autuação e recurso, em 1ª e 2ª instâncias, contra a imposição de penalidade de multa de trânsito.

§ 7º Não sendo imediata a identificação do infrator, o proprietário do veículo terá quinze dias de prazo, após a notificação da autuação, para apresentá-lo, na forma em que dispuser o CONTRAN, ao fim do qual, não o fazendo, será considerado responsável pela infração.
- Res. do CONTRAN nº 149, de 19-9-2003, dispõe sobre uniformização do procedimento administrativo da lavratura do auto de infração, da expedição da Notificação da Autuação e da Notificação da Penalidade de multa e de advertência por infrações de responsabilidade do proprietário e do condutor do veículo e da identificação do condutor infrator.
- Res. do CONTRAN nº 363, de 28-10-2010, dispõe sobre padronização dos procedimentos administrativos na lavratura de auto de infração, na expedição de notificação de autuação e de notificação de penalidade de multa e de advertência, por infrações de responsabilidade de proprietário e de condutor de veículo e da identificação de condutor infrator.
- Del. do CONTRAN nº 115, de 28-9-2011, altera o prazo previsto no art. 26 da Res. do CONTRAN nº 363, de 28-10-2010, para vigorar em 1º de julho de 2012, quando ficará revogada a Res. do CONTRAN nº 149, de 19-9-2003.

§ 8º Após o prazo previsto no parágrafo anterior, não havendo identificação do infrator e sendo o veículo de propriedade de pessoa jurídica, será lavrada nova multa ao proprietário do veículo, mantida a originada pela infração, cujo valor é o da multa multiplicada pelo número de infrações iguais cometidas no período de doze meses.
- Res. do CONTRAN nº 151, de 8-10-2003, dispõe sobre a unificação de procedimentos para imposição de penalidade de multa a pessoa jurídica proprietária de veículos por não identificação de condutor infrator.

§ 9º O fato de o infrator ser pessoa jurídica não o exime do disposto no § 3º do artigo 258 e no artigo 259.
- Res. do CONTRAN nº 108, de 21-12-1999, dispõe sobre a responsabilidade pelo pagamento de multas.

Art. 258. As infrações punidas com multa classificam-se, de acordo com sua gravidade, em quatro categorias:

I – infração de natureza gravíssima, punida com multa de valor correspondente a 180 (cento e oitenta) UFIR;
II – infração de natureza grave, punida com multa de valor correspondente a 120 (cento e vinte) UFIR;
III – infração de natureza média, punida com multa de valor correspondente a 80 (oitenta) UFIR;
IV – infração de natureza leve, punida com multa de valor correspondente a 50 (cinquenta) UFIR.

§ 1º Os valores das multas serão corrigidos no primeiro dia útil de cada mês pela variação da UFIR ou outro índice legal de correção dos débitos fiscais.
- Res. do CONTRAN nº 136, de 2-4-2002, dispõe sobre os valores das multas de infração de trânsito.

§ 2º Quando se tratar de multa agravada, o fator multiplicador ou índice adicional específico é o previsto neste Código.

§§ 3º e 4º VETADOS.

Art. 259. A cada infração cometida são computados os seguintes números de pontos:

I – gravíssima – sete pontos;
II – grave – cinco pontos;
III – média – quatro pontos;
IV – leve – três pontos.

§§ 1º e 2º VETADOS.

Art. 260. As multas serão impostas e arrecadadas pelo órgão ou entidade de trânsito com circunscrição sobre a via onde haja ocorrido a infração, de acordo com a competência estabelecida neste Código.

§ 1º As multas decorrentes de infração cometida em unidade da Federação diversa da do licenciamento do veículo serão arrecadadas e compensadas na forma estabelecida pelo CONTRAN.
- Res. do CONTRAN nº 155, de 28-1-2004, estabelece as bases para a organização e o funcionamento do Registro Nacional de Infrações de Trânsito – RENAINF.

§ 2º As multas decorrentes de infração cometida em unidade da Federação diversa daquela do licenciamento do veículo poderão ser comunicadas ao órgão ou entidade responsável pelo seu licenciamento, que providenciará a notificação.

§ 3º *Revogado*. Lei nº 9.602, de 21-1-1998.

§ 4º Quando a infração for cometida com veículo licenciado no exterior, em trânsito no território nacional, a multa respectiva deverá ser paga antes de sua saída do País, respeitado o princípio de reciprocidade.

▶ Res. do CONTRAN nº 382, de 2-6-2011, dispõe sobre notificação e cobrança de multa por infração de trânsito praticada com veículo licenciado no exterior em trânsito no território nacional.

Art. 261. A penalidade de suspensão do direito de dirigir será aplicada, nos casos previstos neste Código, pelo prazo mínimo de um mês até o máximo de um ano e, no caso de reincidência no período de doze meses, pelo prazo mínimo de seis meses até o máximo de dois anos, segundo critérios estabelecidos pelo CONTRAN.

▶ Res. do CONTRAN nº 182, de 9-9-2005, dispõe sobre uniformização do procedimento administrativo para imposição das penalidades de suspensão do direito de dirigir e de cassação da Carteira Nacional de Habilitação.

§ 1º Além dos casos previstos em outros artigos deste Código e excetuados aqueles especificados no art. 263, a suspensão do direito de dirigir será aplicada quando o infrator atingir, no período de 12 (doze) meses, a contagem de 20 (vinte) pontos, conforme pontuação indicada no art. 259.

▶ § 1º com a redação dada pela Lei nº 12.547, de 14-12-2011.

§ 2º Quando ocorrer a suspensão do direito de dirigir, a Carteira Nacional de Habilitação será devolvida a seu titular imediatamente após cumprida a penalidade e o curso de reciclagem.

§ 3º A imposição da penalidade de suspensão do direito de dirigir elimina os 20 (vinte) pontos computados para fins de contagem subsequente.

▶ § 3º acrescido pela Lei nº 12.547, de 14-12-2011.

Art. 262. O veículo apreendido em decorrência de penalidade aplicada será recolhido ao depósito e nele permanecerá sob custódia e responsabilidade do órgão ou entidade apreendedora, com ônus para o seu proprietário, pelo prazo de até trinta dias, conforme critério a ser estabelecido pelo CONTRAN.

▶ Res. do CONTRAN nº 53, de 21-5-1998, estabelece critérios em caso de apreensão de veículos e recolhimento aos depósitos.

§ 1º No caso de infração em que seja aplicável a penalidade de apreensão do veículo, o agente de trânsito deverá, desde logo, adotar a medida administrativa de recolhimento do Certificado de Licenciamento Anual.

§ 2º A restituição dos veículos apreendidos só ocorrerá mediante o prévio pagamento das multas impostas, taxas e despesas com remoção e estada, além de outros encargos previstos na legislação específica.

§ 3º A retirada dos veículos apreendidos é condicionada, ainda, ao reparo de qualquer componente ou equipamento obrigatório que não esteja em perfeito estado de funcionamento.

§ 4º Se o reparo referido no parágrafo anterior demandar providência que não possa ser tomada no depósito, a autoridade responsável pela apreensão liberará o veículo para reparo, mediante autorização, assinando prazo para a sua reapresentação e vistoria.

Art. 263. A cassação do documento de habilitação dar-se-á:

I – quando, suspenso o direito de dirigir, o infrator conduzir qualquer veículo;

II – no caso de reincidência, no prazo de doze meses, das infrações previstas no inciso III do artigo 162 e nos artigos 163, 164, 165, 173, 174 e 175;

III – quando condenado judicialmente por delito de trânsito, observado o disposto no artigo 160.

§ 1º Constatada, em processo administrativo, a irregularidade na expedição do documento de habilitação, a autoridade expedidora promoverá o seu cancelamento.

§ 2º Decorridos dois anos da cassação da Carteira Nacional de Habilitação, o infrator poderá requerer sua reabilitação, submetendo-se a todos os exames necessários à habilitação, na forma estabelecida pelo CONTRAN.

▶ Res. do CONTRAN nº 466, de 8-2-1974, dispõe sobre a reabilitação de quem teve sua Carteira Nacional de Habilitação cassada.

▶ Res. do CONTRAN nº 168, de 14-12-2004, estabelece normas e procedimentos para a formação de condutores de veículos automotores e elétricos, a realização dos exames, a expedição de documentos de habilitação, os cursos de formação, especializados, de reciclagem.

▶ Res. do CONTRAN nº 182, de 9-9-2005, dispõe sobre a uniformização do procedimento administrativo para imposição das penalidades de suspensão do direito de dirigir e de cassação da Carteira Nacional de Habilitação.

Art. 264. VETADO.

Art. 265. As penalidades de suspensão do direito de dirigir e de cassação do documento de habilitação serão aplicadas por decisão fundamentada da autoridade de trânsito competente, em processo administrativo, assegurado ao infrator amplo direito de defesa.

▶ Art. 5º, LV, da CF.

▶ Res. do CONTRAN nº 182, de 9-9-2005, dispõe sobre a uniformização do procedimento administrativo para imposição das penalidades de suspensão do direito de dirigir e de cassação da Carteira Nacional de Habilitação.

Art. 266. Quando o infrator cometer, simultaneamente, duas ou mais infrações, ser-lhe-ão aplicadas, cumulativamente, as respectivas penalidades.

Art. 267. Poderá ser imposta a penalidade de advertência por escrito à infração de natureza leve ou média, passível de ser punida com multa, não sendo reincidente o infrator, na mesma infração, nos últimos doze meses, quando a autoridade, considerando o prontuário do infrator, entender esta providência como mais educativa.

§ 1º A aplicação da advertência por escrito não elide o acréscimo do valor da multa prevista no § 3º do artigo 258, imposta por infração posteriormente cometida.

§ 2º O disposto neste artigo aplica-se igualmente aos pedestres, podendo a multa ser transformada na participação do infrator em cursos de segurança viária, a critério da autoridade de trânsito.

Art. 268. O infrator será submetido a curso de reciclagem, na forma estabelecida pelo CONTRAN:

▶ Res. do CONTRAN nº 168, de 14-12-2004, estabelece normas e procedimentos para a formação de condutores de veículos automotores e elétricos, a realização dos exames, a expedição de documentos de habilitação, os cursos de formação, especializados, de reciclagem.

I – quando, sendo contumaz, for necessário à sua reeducação;

II – quando suspenso do direito de dirigir;
III – quando se envolver em acidente grave para o qual haja contribuído, independentemente de processo judicial;

▶ Res. do CONTRAN nº 300, de 4-12-2008, estabelece procedimento administrativo para submissão do condutor a novos exames para que possa voltar a dirigir quando condenado por crime de trânsito, ou quando envolvido em acidente grave.

IV – quando condenado judicialmente por delito de trânsito;

▶ Res. do CONTRAN nº 300, de 4-12-2008, estabelece procedimento administrativo para submissão do condutor a novos exames para que possa voltar a dirigir quando condenado por crime de trânsito, ou quando envolvido em acidente grave.

V – a qualquer tempo, se for constatado que o condutor está colocando em risco a segurança do trânsito;
VI – em outras situações a serem definidas pelo CONTRAN.

Capítulo XVII
DAS MEDIDAS ADMINISTRATIVAS

Art. 269. A autoridade de trânsito ou seus agentes, na esfera das competências estabelecidas neste Código e dentro de sua circunscrição, deverá adotar as seguintes medidas administrativas:

I – retenção do veículo;
II – remoção do veículo;
III – recolhimento da Carteira Nacional de Habilitação;
IV – recolhimento da Permissão para Dirigir;
V – recolhimento do Certificado de Registro;
VI – recolhimento do Certificado de Licenciamento Anual;
VII – VETADO;
VIII – transbordo do excesso de carga;
IX – realização de teste de dosagem de alcoolemia ou perícia de substância entorpecente ou que determine dependência física ou psíquica;
X – recolhimento de animais que se encontrem soltos nas vias e na faixa de domínio das vias de circulação, restituindo-os aos seus proprietários, após o pagamento de multas e encargos devidos;
XI – realização de exames de aptidão física, mental, de legislação, de prática de primeiros socorros e de direção veicular.

▶ Inciso XI acrescido pela Lei nº 9.602, de 21-1-1998.

§ 1º A ordem, o consentimento, a fiscalização, as medidas administrativas e coercitivas adotadas pelas autoridades de trânsito e seus agentes terão por objetivo prioritário a proteção à vida e à incolumidade física da pessoa.

§ 2º As medidas administrativas previstas neste artigo não elidem a aplicação das penalidades impostas por infrações estabelecidas neste Código, possuindo caráter complementar a estas.

§ 3º São documentos de habilitação a Carteira Nacional de Habilitação e a Permissão para Dirigir.

§ 4º Aplica-se aos animais recolhidos na forma do inciso X o disposto nos artigos 271 e 328, no que couber.

Art. 270. O veículo poderá ser retido nos casos expressos neste Código.

§ 1º Quando a irregularidade puder ser sanada no local da infração, o veículo será liberado tão logo seja regularizada a situação.

§ 2º Não sendo possível sanar a falha no local da infração, o veículo poderá ser retirado por condutor regularmente habilitado, mediante recolhimento do Certificado de Licenciamento Anual, contra recibo, assinalando-se ao condutor prazo para sua regularização, para o que se considerará, desde logo, notificado.

§ 3º O Certificado de Licenciamento Anual será devolvido ao condutor no órgão ou entidade aplicadores das medidas administrativas, tão logo o veículo seja apresentado à autoridade devidamente regularizado.

§ 4º Não se apresentando condutor habilitado no local da infração, o veículo será recolhido ao depósito, aplicando-se neste caso o disposto nos parágrafos do artigo 262.

§ 5º A critério do agente, não se dará a retenção imediata, quando se tratar de veículo de transporte coletivo transportando passageiros ou veículo transportando produto perigoso ou perecível, desde que ofereça condições de segurança para circulação em via pública.

Art. 271. O veículo será removido, nos casos previstos neste Código, para o depósito fixado pelo órgão ou entidade competente, com circunscrição sobre a via.

Parágrafo único. A restituição dos veículos removidos só ocorrerá mediante o pagamento das multas, taxas e despesas com remoção e estada, além de outros encargos previstos na legislação específica.

Art. 272. O recolhimento da Carteira Nacional de Habilitação e da Permissão para Dirigir dar-se-á mediante recibo, além dos casos previstos neste Código, quando houver suspeita de sua inautenticidade ou adulteração.

Art. 273. O recolhimento do Certificado de Registro dar-se-á mediante recibo, além dos casos previstos neste Código, quando:

I – houver suspeita de inautenticidade ou adulteração;

II – se, alienado o veículo, não for transferida sua propriedade no prazo de trinta dias.

Art. 274. O recolhimento do Certificado de Licenciamento Anual dar-se-á mediante recibo, além dos casos previstos neste Código, quando:

I – houver suspeita de inautenticidade ou adulteração;
II – se o prazo de licenciamento estiver vencido;
III – no caso de retenção do veículo, se a irregularidade não puder ser sanada no local.

Art. 275. O transbordo da carga com peso excedente é condição para que o veículo possa prosseguir viagem e será efetuado às expensas do proprietário do veículo, sem prejuízo da multa aplicável.

Parágrafo único. Não sendo possível desde logo atender ao disposto neste artigo, o veículo será recolhido ao depósito, sendo liberado após sanada a irregularidade e pagas as despesas de remoção e estada.

Art. 276. Qualquer concentração de álcool por litro de sangue sujeita o condutor às penalidades previstas no art. 165 deste Código.

Parágrafo único. Órgão do Poder Executivo federal disciplinará as margens de tolerância para casos específicos.

▶ Art. 276 com a redação dada pela Lei nº 11.705, de 19-6-2008.

- Arts. 165 e 306 deste Código.
- Dec. nº 6.488, de 19-6-2008, regulamenta este artigo.
- Res. do CONTRAN nº 206, de 20-10-2006, dispõe sobre os requisitos necessários para constatar o consumo de álcool, substância entorpecente, tóxica ou de efeito análogo no organismo humano, estabelecendo os procedimentos a serem adotados pelas autoridades de trânsito e seus agentes.

Art. 277. Todo condutor de veículo automotor, envolvido em acidente de trânsito ou que for alvo de fiscalização de trânsito, sob suspeita de dirigir sob a influência de álcool será submetido a testes de alcoolemia, exames clínicos, perícia ou outro exame que, por meios técnicos ou científicos, em aparelhos homologados pelo CONTRAN, permitam certificar seu estado.

- *Caput* com a redação dada pela Lei nº 11.275, de 7-2-2006.

§ 1º Medida correspondente aplica-se no caso de suspeita de uso de substância entorpecente, tóxica ou de efeitos análogos.

- § 1º com a redação dada pela Lei nº 11.275, de 7-2-2006.

§ 2º A infração prevista no art. 165 deste Código poderá ser caracterizada pelo agente de trânsito mediante a obtenção de outras provas em direito admitidas, acerca dos notórios sinais de embriaguez, excitação ou torpor apresentados pelo condutor.

- § 2º com a redação dada pela Lei nº 11.705, de 19-6-2008.

§ 3º Serão aplicadas as penalidades e medidas administrativas estabelecidas no art. 165 deste Código ao condutor que se recusar a se submeter a qualquer dos procedimentos previstos no *caput* deste artigo.

- § 3º acrescido pela Lei nº 11.705, de 19-6-2008.
- Art. 165 deste Código.
- Res. do CONTRAN nº 109, de 21-12-1999, trata da homologação dos equipamentos, aparelhos ou dispositivos para exames de alcoolemia (etilômetros, etilotestes ou bafômetros).
- Res. do CONTRAN nº 206, de 20-10-2006, dispõe sobre os requisitos necessários para constatar o consumo de álcool, substância entorpecente, tóxica ou de efeito análogo no organismo humano, estabelecendo os procedimentos a serem adotados pelas autoridades de trânsito e seus agentes.

Art. 278. Ao condutor que se evadir da fiscalização, não submetendo veículo à pesagem obrigatória nos pontos de pesagem, fixos ou móveis, será aplicada a penalidade prevista no artigo 209, além da obrigação de retornar ao ponto de evasão para fim de pesagem obrigatória.

Parágrafo único. No caso de fuga do condutor à ação policial, a apreensão do veículo dar-se-á tão logo seja localizado, aplicando-se, além das penalidades em que incorre, as estabelecidas no artigo 210.

Art. 279. Em caso de acidente com vítima, envolvendo veículo equipado com registrador instantâneo de velocidade e tempo, somente o perito oficial encarregado do levantamento pericial poderá retirar o disco ou unidade armazenadora do registro.

- Res. do CONTRAN nº 92, de 4-5-1999, dispõe sobre requisitos técnicos mínimos do registrador instantâneo e inalterável de velocidade e tempo.

Capítulo **XVIII**

DO PROCESSO ADMINISTRATIVO

Seção I

DA AUTUAÇÃO

Art. 280. Ocorrendo infração prevista na legislação de trânsito, lavrar-se-á auto de infração, do qual constará:

I – tipificação da infração;
II – local, data e hora do cometimento da infração;
III – caracteres da placa de identificação do veículo, sua marca e espécie, e outros elementos julgados necessários à sua identificação;
IV – o prontuário do condutor, sempre que possível;
V – identificação do órgão ou entidade e da autoridade ou agente autuador ou equipamento que comprovar a infração;
VI – assinatura do infrator, sempre que possível, valendo esta como notificação do cometimento da infração.

- Res. do CONTRAN nº 217, de 14-12-2006, delega competência ao órgão máximo executivo de trânsito da União para estabelecer os campos de preenchimento das informações que devem constar do Auto de Infração.
- Port. do DENATRAN nº 59, de 25-10-2007, estabelece os campos de informações que deverão constar do Auto de Infração, os campos facultativos e o preenchimento, para fins de uniformização em todo o território nacional.
- Súmulas nºs 127 e 312 do STJ.

§ 1º VETADO.

§ 2º A infração deverá ser comprovada por declaração da autoridade ou do agente da autoridade de trânsito, por aparelho eletrônico ou por equipamento audiovisual, reações químicas ou qualquer outro meio tecnologicamente disponível, previamente regulamentado pelo CONTRAN.

- Res. do CONTRAN nº 165, de 10-9-2004, regulamenta a utilização de sistemas automáticos não metrológicos de fiscalização.
- Res. do CONTRAN nº 253, de 26-10-2007, dispõe sobre o uso de medidores de transmitância luminosa.
- Res. do CONTRAN nº 396, de 13-12-2011, dispõe sobre requisitos técnicos mínimos para a fiscalização da velocidade de veículos automotores, reboques e semirreboques.

§ 3º Não sendo possível a autuação em flagrante, o agente de trânsito relatará o fato à autoridade no próprio auto de infração, informando os dados a respeito do veículo, além dos constantes nos incisos I, II e III, para o procedimento previsto no artigo seguinte.

§ 4º O agente da autoridade de trânsito competente para lavrar o auto de infração poderá ser servidor civil, estatutário ou celetista ou, ainda, policial militar designado pela autoridade de trânsito com jurisdição sobre a via no âmbito de sua competência.

- Art. 6º, § 1º, da CTVV.

Seção II

DO JULGAMENTO DAS AUTUAÇÕES E PENALIDADES

Art. 281. A autoridade de trânsito, na esfera da competência estabelecida neste Código e dentro de sua circunscrição, julgará a consistência do auto de infração e aplicará a penalidade cabível.

- Art. 316 deste Código.
- Súm. nº 312 do STJ.

Parágrafo único. O auto de infração será arquivado e seu registro julgado insubsistente:

I – se considerado inconsistente ou irregular;

▶ Res. do CONTRAN nº 299, de 4-12-2008, dispõe sobre a padronização dos procedimentos para apresentação de defesa de autuação e recurso, em 1ª e 2ª instâncias, contra a imposição de penalidade de multa de trânsito.

II – se, no prazo máximo de 30 (trinta) dias, não for expedida a notificação da autuação.

▶ Inciso II com a redação dada pela Lei nº 9.602, de 21-1-1998.

Art. 282. Aplicada a penalidade, será expedida notificação ao proprietário do veículo ou ao infrator, por remessa postal ou por qualquer outro meio tecnológico hábil, que assegure a ciência da imposição da penalidade.

▶ Res. do CONTRAN nº 149, de 1º-9-2003, dispõe sobre uniformização do procedimento administrativo da lavratura do auto de infração, da expedição da Notificação da Autuação e da Notificação da Penalidade de multa e de advertência por infrações de responsabilidade do proprietário e do condutor do veículo e da identificação do condutor infrator.

▶ Res. do CONTRAN nº 363, de 28-10-2010, dispõe sobre padronização dos procedimentos administrativos na lavratura de auto de infração, na expedição de notificação de autuação e de notificação de penalidade de multa e de advertência, por infração de responsabilidade de proprietário e de condutor de veículo e da identificação de condutor infrator.

▶ Del. do CONTRAN nº 115, de 28-9-2011, altera o prazo previsto no art. 26 da Res. do CONTRAN nº 363, de 28-10-2010, para vigorar em 1º de julho de 2012, quando ficará revogada a Res. do CONTRAN nº 149, de 19-9-2003.

▶ Súmulas nºs 127 e 312 do STJ.

§ 1º A notificação devolvida por desatualização do endereço do proprietário do veículo será considerada válida para todos os efeitos.

§ 2º A notificação a pessoal de missões diplomáticas, de repartições consulares de carreira e de representações de organismos internacionais e de seus integrantes será remetida ao Ministério das Relações Exteriores para as providências cabíveis e cobrança dos valores, no caso de multa.

§ 3º Sempre que a penalidade de multa for imposta a condutor, à exceção daquela de que trata o § 1º do artigo 259, a notificação será encaminhada ao proprietário do veículo, responsável pelo seu pagamento.

▶ Res. do CONTRAN nº 108, de 21-12-1999, dispõe sobre a responsabilidade pelo pagamento de multas.

§ 4º Da notificação deverá constar a data do término do prazo para apresentação de recurso pelo responsável pela infração, que não será inferior a 30 (trinta) dias contados da data da notificação da penalidade.

§ 5º No caso de penalidade de multa, a data estabelecida no parágrafo anterior será a data para o recolhimento de seu valor.

▶ §§ 4º e 5º acrescidos pela Lei nº 9.602, de 21-1-1998.

Art. 283. VETADO.

Art. 284. O pagamento da multa poderá ser efetuado até a data do vencimento expressa na notificação, por oitenta por cento do seu valor.

Parágrafo único. Não ocorrendo o pagamento da multa no prazo estabelecido, seu valor será atualizado à data do pagamento, pelo mesmo número de UFIR fixado no artigo 258.

Art. 285. O recurso previsto no artigo 283 será interposto perante a autoridade que impôs a penalidade, a qual remetê-lo-á à JARI, que deverá julgá-lo em até trinta dias.

§ 1º O recurso não terá efeito suspensivo.

§ 2º A autoridade que impôs a penalidade remeterá o recurso ao órgão julgador, dentro dos dez dias úteis subsequentes à sua apresentação, e, se o entender intempestivo, assinalará o fato no despacho de encaminhamento.

§ 3º Se, por motivo de força maior, o recurso não for julgado dentro do prazo previsto neste artigo, a autoridade que impôs a penalidade, de ofício, ou por solicitação do recorrente, poderá conceder-lhe efeito suspensivo.

Art. 286. O recurso contra a imposição de multa poderá ser interposto no prazo legal, sem o recolhimento do seu valor.

§ 1º No caso de não provimento do recurso, aplicar-se-á o estabelecido no parágrafo único do artigo 284.

§ 2º Se o infrator recolher o valor da multa e apresentar recurso, se julgada improcedente a penalidade, ser-lhe-á devolvida a importância paga, atualizada em UFIR ou por índice legal de correção dos débitos fiscais.

▶ Súm. nº 434 do STJ.

Art. 287. Se a infração for cometida em localidade diversa daquela do licenciamento do veículo, o recurso poderá ser apresentado junto ao órgão ou entidade de trânsito da residência ou domicílio do infrator.

Parágrafo único. A autoridade de trânsito que receber o recurso deverá remetê-lo, de pronto, à autoridade que impôs a penalidade acompanhado das cópias dos prontuários necessários ao julgamento.

▶ Res. do CONTRAN nº 299, de 4-12-2008, dispõe sobre a padronização dos procedimentos para apresentação de defesa de autuação e recurso, em 1ª e 2ª instâncias, contra a imposição de penalidade de multa de trânsito.

Art. 288. Das decisões da JARI cabe recurso a ser interposto, na forma do artigo seguinte, no prazo de trinta dias contado da publicação ou da notificação da decisão.

▶ Súm. nº 434 do STJ.

§ 1º O recurso será interposto, da decisão do não provimento, pelo responsável pela infração, e da decisão de provimento, pela autoridade que impôs a penalidade.

§ 2º *Revogado*. Lei nº 12.249, de 11-6-2010.

Art. 289. O recurso de que trata o artigo anterior será apreciado no prazo de trinta dias:

I – tratando-se de penalidade imposta pelo órgão ou entidade de trânsito da União:

a) em caso de suspensão do direito de dirigir por mais de seis meses, cassação do documento de habilitação ou penalidade por infrações gravíssimas, pelo CONTRAN;

b) nos demais casos, por colegiado especial integrado pelo Coordenador-Geral da JARI, pelo Presidente da Junta que apreciou o recurso e por mais um Presidente da Junta;

II – tratando-se de penalidade imposta por órgão ou entidade de trânsito estadual, municipal ou do Distrito Federal, pelos CETRAN e CONTRANDIFE, respectivamente.

Parágrafo único. No caso da alínea *b* do inciso I, quando houver apenas uma JARI, o recurso será julgado por seus próprios membros.

Art. 290. A apreciação do recurso previsto no artigo 288 encerra a instância administrativa de julgamento de infrações e penalidades.

Parágrafo único. Esgotados os recursos, as penalidades aplicadas nos termos deste Código serão cadastradas no RENACH.

▶ Art. 14, parágrafo único, deste Código.

CAPÍTULO XIX
DOS CRIMES DE TRÂNSITO

Seção I

DISPOSIÇÕES GERAIS

Art. 291. Aos crimes cometidos na direção de veículos automotores, previstos neste Código, aplicam-se as normas gerais do Código Penal e do Código de Processo Penal, se este Capítulo não dispuser de modo diverso, bem como a Lei nº 9.099, de 26 de setembro de 1995, no que couber.

§ 1º Aplica-se aos crimes de trânsito de lesão corporal culposa o disposto nos arts. 74, 76 e 88 da Lei nº 9.099, de 26 de setembro de 1995, exceto se o agente estiver:

I – sob a influência de álcool ou qualquer outra substância psicoativa que determine dependência;

II – participando, em via pública, de corrida, disputa ou competição automobilística, de exibição ou demonstração de perícia em manobra de veículo automotor, não autorizada pela autoridade competente;

III – transitando em velocidade superior à máxima permitida para a via em 50 km/h (cinquenta quilômetros por hora).

§ 2º Nas hipóteses previstas no § 1º deste artigo, deverá ser instaurado inquérito policial para a investigação da infração penal.

▶ §§ 1º e 2º acrescidos pela Lei nº 11.705, de 19-6-2008.

Art. 292. A suspensão ou a proibição de se obter a permissão ou a habilitação para dirigir veículo automotor pode ser imposta como penalidade principal, isolada ou cumulativamente com outras penalidades.

Art. 293. A penalidade de suspensão ou de proibição de se obter a permissão ou a habilitação, para dirigir veículo automotor, tem a duração de dois meses a cinco anos.

§ 1º Transitada em julgado a sentença condenatória, o réu será intimado a entregar à autoridade judiciária, em quarenta e oito horas, a Permissão para Dirigir ou a Carteira de Habilitação.

▶ Art. 307, parágrafo único, deste Código.

§ 2º A penalidade de suspensão ou de proibição de se obter a permissão ou a habilitação para dirigir veículo automotor não se inicia enquanto o sentenciado, por efeito de condenação penal, estiver recolhido a estabelecimento prisional.

Art. 294. Em qualquer fase da investigação ou da ação penal, havendo necessidade para a garantia da ordem pública, poderá o juiz, como medida cautelar, de ofício, ou a requerimento do Ministério Público ou ainda mediante representação da autoridade policial, decretar, em decisão motivada, a suspensão da permissão ou da habilitação para dirigir veículo automotor, ou a proibição de sua obtenção.

Parágrafo único. Da decisão que decretar a suspensão ou a medida cautelar, ou da que indeferir o requerimento do Ministério Público, caberá recurso em sentido estrito, sem efeito suspensivo.

▶ Art. 581 do CPP.

Art. 295. A suspensão para dirigir veículo automotor ou a proibição de se obter a permissão ou a habilitação será sempre comunicada pela autoridade judiciária ao Conselho Nacional de Trânsito – CONTRAN, e ao órgão de trânsito do Estado em que o indiciado ou réu for domiciliado ou residente.

Art. 296. Se o réu for reincidente na prática de crime previsto neste Código, o juiz aplicará a penalidade de suspensão da permissão ou habilitação para dirigir veículo automotor, sem prejuízo das demais sanções penais cabíveis.

▶ Artigo com a redação dada pela Lei nº 11.705, de 19-6-2008.

Art. 297. A penalidade de multa reparatória consiste no pagamento, mediante depósito judicial em favor da vítima, ou seus sucessores, de quantia calculada com base no disposto no § 1º do artigo 49 do Código Penal, sempre que houver prejuízo material resultante do crime.

▶ Art. 49, § 1º, do CP.

§ 1º A multa reparatória não poderá ser superior ao valor do prejuízo demonstrado no processo.

§ 2º Aplica-se à multa reparatória o disposto nos artigos 50 a 52 do Código Penal.

§ 3º Na indenização civil do dano, o valor da multa reparatória será descontado.

Art. 298. São circunstâncias que sempre agravam as penalidades dos crimes de trânsito ter o condutor do veículo cometido a infração:

I – com dano potencial para duas ou mais pessoas ou com grande risco de grave dano patrimonial a terceiros;

II – utilizando o veículo sem placas, com placas falsas ou adulteradas;

III – sem possuir Permissão para Dirigir ou Carteira de Habilitação;

IV – com Permissão para Dirigir ou Carteira de Habilitação de categoria diferente da do veículo;

V – quando a sua profissão ou atividade exigir cuidados especiais com o transporte de passageiros ou de carga;

VI – utilizando veículo em que tenham sido adulterados equipamentos ou características que afetem a sua segurança ou o seu funcionamento de acordo com os limites de velocidade prescritos nas especificações do fabricante;

VII – sobre faixa de trânsito temporária ou permanentemente destinada a pedestres.

Arts. 299 e 300. VETADOS.

Art. 301. Ao condutor de veículo, nos casos de acidentes de trânsito de que resulte vítima, não se imporá a prisão em flagrante, nem se exigirá fiança, se prestar pronto e integral socorro àquela.

Seção II

DOS CRIMES EM ESPÉCIE

Art. 302. Praticar homicídio culposo na direção do veículo automotor:

▶ Art. 121, § 3º, do CP.

Penas – detenção, de dois a quatro anos, e suspensão ou proibição de se obter a permissão ou a habilitação para dirigir veículo automotor.

Parágrafo único. No homicídio culposo cometido na direção de veículo automotor, a pena é aumentada de um terço à metade, se o agente:

I – não possuir Permissão para Dirigir ou Carteira de Habilitação;
II – praticá-lo em faixa de pedestres ou na calçada;
III – deixar de prestar socorro, quando possível fazê-lo sem risco pessoal, à vítima do acidente;
IV – no exercício de sua profissão ou atividade, estiver conduzindo veículo de transporte de passageiros;
V – *Revogado*. Lei nº 11.705, de 19-6-2008.

▶ Art. 121, § 3º, do CP.

Art. 303. Praticar lesão corporal culposa na direção de veículo automotor:

Penas – detenção, de seis meses a dois anos e suspensão ou proibição de se obter a permissão ou a habilitação para dirigir veículo automotor.

Parágrafo único. Aumenta-se a pena de um terço à metade, se ocorrer qualquer das hipóteses do parágrafo único do artigo anterior.

▶ Art. 129, § 6º, do CP.

Art. 304. Deixar o condutor do veículo, na ocasião do acidente, de prestar imediato socorro à vítima, ou, não podendo fazê-lo diretamente, por justa causa, deixar de solicitar auxílio da autoridade pública:

Penas – detenção, de seis meses a um ano, ou multa, se o fato não constituir elemento de crime mais grave.

Parágrafo único. Incide nas penas previstas neste artigo o condutor do veículo, ainda que a sua omissão seja suprida por terceiros ou que se trate de vítima com morte instantânea ou com ferimentos leves.

▶ Art. 176, I, deste Código.

Art. 305. Afastar-se o condutor do veículo do local do acidente, para fugir à responsabilidade penal ou civil que lhe possa ser atribuída:

Penas – detenção, de seis meses a um ano, ou multa.

Art. 306. Conduzir veículo automotor, na via pública, estando com concentração de álcool por litro de sangue igual ou superior a 6 (seis) decigramas, ou sob a influência de qualquer outra substância psicoativa que determine dependência:

▶ *Caput* com a redação dada pela Lei nº 11.705, de 19-6-2008.

Penas – detenção, de seis meses a três anos, multa e suspensão ou proibição de se obter a permissão ou a habilitação para dirigir veículo automotor.

Parágrafo único. O Poder Executivo federal estipulará a equivalência entre distintos testes de alcoolemia, para efeito de caracterização do crime tipificado neste artigo.

▶ Parágrafo único acrescido pela Lei nº 11.705, de 19-6-2008.
▶ Arts. 165, 276 e 277 deste Código.
▶ Dec. nº 6.488, de 19-6-2008, regulamenta este artigo.
▶ Res. do CONTRAN nº 206, de 20-10-2006, dispõe sobre os requisitos necessários para constatar o consumo de álcool, substância entorpecente, tóxica ou de efeito análogo no organismo humano, estabelecendo os procedimentos a serem adotados pelas autoridades de trânsito e seus agentes.

Art. 307. Violar a suspensão ou a proibição de se obter a permissão ou a habilitação para dirigir veículo automotor imposta com fundamento neste Código:

Penas – detenção, de seis meses a um ano e multa, com nova imposição adicional de idêntico prazo de suspensão ou de proibição.

Parágrafo único. Nas mesmas penas incorre o condenado que deixar de entregar, no prazo estabelecido no § 1º do artigo 293, a Permissão para Dirigir ou a Carteira de Habilitação.

Art. 308. Participar, na direção de veículo automotor, em via pública, de corrida, disputa ou competição automobilística não autorizada pela autoridade competente, desde que resulte dano potencial à incolumidade pública ou privada:

Penas – detenção, de seis meses a dois anos, multa e suspensão ou proibição de se obter a permissão ou a habilitação para dirigir veículo automotor.

▶ Arts. 67, 173, e 174 deste Código.

Art. 309. Dirigir veículo automotor, em via pública, sem a devida Permissão para Dirigir ou Habilitação ou, ainda, se cassado o direito de dirigir, gerando perigo de dano:

Penas – detenção, de seis meses a um ano, ou multa.

▶ Art. 162, I e II, deste Código.
▶ Súm. nº 720 do STF.

Art. 310. Permitir, confiar ou entregar a direção de veículo automotor a pessoa não habilitada, com habilitação cassada ou com o direito de dirigir suspenso, ou, ainda, a quem, por seu estado de saúde, física ou mental, ou por embriaguez, não esteja em condições de conduzi-lo com segurança:

▶ Arts. 163, 164 e 166 deste Código.

Penas – detenção, de seis meses a um ano, ou multa.

Art. 311. Trafegar em velocidade incompatível com a segurança nas proximidades de escolas, hospitais, estações de embarque e desembarque de passageiros, logradouros estreitos, ou onde haja grande movimentação ou concentração de pessoas, gerando perigo de dano:

Penas – detenção, de seis meses a um ano, ou multa.

▶ Art. 220, XIV, deste Código.

Art. 312. Inovar artificiosamente, em caso de acidente automobilístico com vítima, na pendência do respectivo procedimento policial preparatório, inquérito policial ou processo penal, o estado de lugar, de coisa ou de pessoa, a fim de induzir a erro o agente policial, o perito, ou juiz:

Penas – detenção, de seis meses a um ano, ou multa.

Parágrafo único. Aplica-se o disposto neste artigo, ainda que não iniciados, quando da inovação, o procedimento preparatório, o inquérito ou o processo aos quais se refere.

- Art. 176, III, deste Código.
- Art. 347 do CP.

Capítulo XX
DISPOSIÇÕES FINAIS E TRANSITÓRIAS

Art. 313. O Poder Executivo promoverá a nomeação dos membros do CONTRAN no prazo de sessenta dias da publicação deste Código.

Art. 314. O CONTRAN tem o prazo de duzentos e quarenta dias a partir da publicação deste Código para expedir as resoluções necessárias à sua melhor execução, bem como revisar todas as resoluções anteriores à sua publicação, dando prioridade àquelas que visam a diminuir o número de acidentes e a assegurar a proteção de pedestres.

Parágrafo único. As resoluções do CONTRAN, existentes até a data de publicação deste Código, continuam em vigor naquilo em que não conflitem com ele.

Art. 315. O Ministério da Educação e do Desporto, mediante proposta do CONTRAN, deverá, no prazo de duzentos e quarenta dias contado da publicação, estabelecer o currículo com conteúdo programático relativo à segurança e à educação de trânsito, a fim de atender o disposto neste Código.

Art. 316. O prazo de notificação previsto no inciso II do parágrafo único do artigo 281 só entrará em vigor após duzentos e quarenta dias contados da publicação desta Lei.

Art. 317. Os órgãos e entidades de trânsito concederão prazo de até um ano para a adaptação dos veículos de condução de escolares e de aprendizagem às normas do inciso III do artigo 136 e artigo 154, respectivamente.

Art. 318. VETADO.

Art. 319. Enquanto não forem baixadas novas normas pelo CONTRAN, continua em vigor o disposto no artigo 92 do Regulamento do Código Nacional de Trânsito – Decreto nº 62.127, de 16 de janeiro de 1968.

Art. 320. A receita arrecadada com a cobrança das multas de trânsito será aplicada, exclusivamente, em sinalização, engenharia de tráfego, de campo, policiamento, fiscalização e educação de trânsito.

Parágrafo único. O percentual de cinco por cento do valor das multas de trânsito arrecadadas será depositado, mensalmente, na conta de fundo de âmbito nacional destinado à segurança e educação de trânsito.

- Art. 19, XII, deste Código.
- Res. do CONTRAN nº 191, de 16-2-2006, explicita as formas de aplicação da receita arrecadada com a cobrança de multas de trânsito.
- Art. 3º da Res. do CONTRAN nº 289, de 29-8-2008, que dispõe sobre normas de atuação a serem adotadas pelo Departamento Nacional de Infraestrutura de Transportes – DNIT e o Departamento de Polícia Rodoviária Federal – DPRF na fiscalização do trânsito nas rodovias federais.
- Res. do CONTRAN nº 335, de 24-11-2009, estabelece os requisitos necessários à coordenação do sistema de arrecadação de multas de trânsito e a implantação do sistema informatizado de controle de arrecadação dos recursos do Fundo Nacional de Segurança e Educação de Trânsito – FUNSET.

Arts. 321 e 322. VETADOS.

Art. 323. O CONTRAN, em cento e oitenta dias, fixará a metodologia de aferição de peso de veículos, estabelecendo percentuais de tolerância, sendo durante este período suspensa a vigência das penalidades previstas no inciso V do artigo 231, aplicando-se a penalidade de vinte UFIR por duzentos quilogramas ou fração de excesso.

Parágrafo único. Os limites de tolerância a que se refere este artigo, até a sua fixação pelo CONTRAN, são aqueles estabelecidos pela Lei nº 7.408, de 25 de novembro de 1985.

- Res. do CONTRAN nº 258, de 30-11-2007, fixa metodologia de aferição de peso de veículos, estabelece percentuais de tolerância.

Art. 324. VETADO.

Art. 325. As repartições de trânsito conservarão por cinco anos os documentos relativos à habilitação de condutores e ao registro e licenciamento de veículos, podendo ser microfilmados ou armazenados em meio magnético ou óptico para todos os efeitos legais.

Art. 326. A Semana Nacional de Trânsito será comemorada anualmente no período compreendido entre 18 e 25 de setembro.

Art. 327. A partir da publicação deste Código, somente poderão ser fabricados e licenciados veículos que obedeçam aos limites de peso e dimensões fixados na forma desta Lei, ressalvados os que vierem a ser regulamentados pelo CONTRAN.

Parágrafo único. VETADO.

Art. 328. Os veículos apreendidos ou removidos a qualquer título e os animais não reclamados por seus proprietários, dentro do prazo de noventa dias, serão levados à hasta pública, deduzindo-se, do valor arrecadado, o montante da dívida relativa a multas, tributos e encargos legais, e o restante, se houver, depositado à conta do ex-proprietário, na forma da lei.

- Res. do CONTRAN nº 331, de 14-8-2009, dispõe sobre a uniformização do procedimento para realização de hasta pública dos veículos removidos, recolhidos e apreendidos, a qualquer título, por órgãos e entidades componentes do Sistema Nacional de Trânsito.

Art. 329. Os condutores dos veículos de que tratam os artigos 135 e 136, para exercerem suas atividades, deverão apresentar, previamente, certidão negativa do registro de distribuição criminal relativamente aos crimes de homicídio, roubo, estupro e corrupção de menores, renovável a cada cinco anos, junto ao órgão responsável pela respectiva concessão ou autorização.

Art. 330. Os estabelecimentos onde se executem reformas ou recuperação de veículos e os que comprem, vendam ou desmontem veículos, usados ou não, são obrigados a possuir livros de registro de seu movimento de entrada e saída e de uso de placas de experiência, conforme modelos aprovados e rubricados pelos órgãos de trânsito.

- Res. do CONTRAN nº 493, de 15-4-1975, regulamenta o uso da placa de experiência.
- Res. do CONTRAN nº 60, de 21-5-1998, dispõe sobre a permissão de utilização de controle eletrônico para o registro do movimento de entrada e saída e de uso de

placas de experiência pelos estabelecimentos constantes do artigo 330 do CTB.

▶ Res. do CONTRAN nº 390, de 11-8-2011, dispõe sobre a padronização dos procedimentos administrativos na lavratura de auto de infração, na expedição de notificação de autuação e de notificação de penalidades por infrações de responsabilidade de pessoas físicas ou jurídicas, sem a utilização de veículos, expressamente mencionadas neste Código.

§ 1º Os livros indicarão:

I – data de entrada do veículo no estabelecimento;
II – nome, endereço e identidade do proprietário ou vendedor;
III – data da saída ou baixa, nos casos de desmontagem;
IV – nome, endereço e identidade do comprador;
V – características do veículo constantes do seu certificado de registro;
VI – número da placa de experiência.

§ 2º Os livros terão suas páginas numeradas tipograficamente e serão encadernados ou em folhas soltas, sendo que, no primeiro caso, conterão termo de abertura e encerramento lavrados pelo proprietário e rubricados pela repartição de trânsito, enquanto, no segundo, todas as folhas serão autenticadas pela repartição de trânsito.

§ 3º A entrada e a saída de veículos nos estabelecimentos referidos neste artigo registrar-se-ão no mesmo dia em que se verificarem assinaladas, inclusive, as horas a elas correspondentes, podendo os veículos irregulares lá encontrados ou suas sucatas ser apreendidos ou retidos para sua completa regularização.

§ 4º As autoridades de trânsito e as autoridades policiais terão acesso aos livros sempre que o solicitarem, não podendo, entretanto, retirá-los do estabelecimento.

§ 5º A falta de escrituração dos livros, o atraso, a fraude ao realizá-lo e a recusa de sua exibição serão punidas com a multa prevista para as infrações gravíssimas, independente das demais cominações legais cabíveis.

Art. 331. Até a nomeação e posse dos membros que passarão a integrar os colegiados destinados ao julgamento dos recursos administrativos previstos na Seção II do Capítulo XVIII deste Código, o julgamento dos recursos ficará a cargo dos órgãos ora existentes.

Art. 332. Os órgãos e entidades integrantes do Sistema Nacional de Trânsito proporcionarão aos membros do CONTRAN, CETRAN e CONTRANDIFE, em serviço, todas as facilidades para o cumprimento de sua missão, fornecendo-lhes as informações que solicitarem, permitindo-lhes inspecionar a execução de quaisquer serviços e deverão atender prontamente suas requisições.

Art. 333. O CONTRAN estabelecerá, em até cento e vinte dias após a nomeação de seus membros, as disposições previstas nos artigos 91 e 92, que terão de ser atendidas pelos órgãos e entidades executivos de trânsito e executivos rodoviários para exercerem suas competências.

▶ Res. do CONTRAN nº 296, de 28-10-2008, dispõe sobre a integração dos órgãos e entidades executivos de trânsito e rodoviários municipais ao Sistema Nacional de Trânsito.

§ 1º Os órgãos e entidades de trânsito já existentes terão prazo de um ano, após a edição das normas, para se adequarem às novas disposições estabelecidas pelo CONTRAN, conforme disposto neste artigo.

§ 2º Os órgãos e entidades de trânsito a serem criados exercerão as competências previstas neste Código em cumprimento às exigências estabelecidas pelo CONTRAN, conforme disposto neste artigo, acompanhados pelo respectivo CETRAN, se órgão ou entidade municipal, ou CONTRAN, se órgão ou entidade estadual, do Distrito Federal ou da União, passando a integrar o Sistema Nacional de Trânsito.

Art. 334. As ondulações transversais existentes deverão ser homologadas pelo órgão ou entidade competente no prazo de um ano, a partir da publicação deste Código, devendo ser retiradas em caso contrário.

▶ Art. 94, parágrafo único, deste Código.
▶ Res. do CONTRAN nº 39, de 21-5-1998, estabelece os padrões e critérios para a instalação de ondulações transversais e sonorizadores nas vias públicas.

Art. 335. VETADO.

Art. 336. Aplicam-se os sinais de trânsito previstos no Anexo II até a aprovação pelo CONTRAN, no prazo de trezentos e sessenta dias da publicação desta Lei, após a manifestação da Câmara Temática de Engenharia, de Vias e Veículos e obedecidos os padrões internacionais.

▶ Res. do CONTRAN nº 160, de 22-4-2004, aprova o Anexo II do CTB.

Art. 337. Os CETRAN terão suporte técnico e financeiro dos Estados e Municípios que os compõem e, o CONTRANDIFE, do Distrito Federal.

Art. 338. As montadoras, encarroçadoras, os importadores e fabricantes, ao comerciarem veículos automotores de qualquer categoria e ciclos, são obrigados a fornecer, no ato da comercialização do respectivo veículo, manual contendo normas de circulação, infrações, penalidades, direção defensiva, primeiros socorros e Anexos do Código de Trânsito Brasileiro.

Art. 339. Fica o Poder Executivo autorizado a abrir crédito especial no valor de R$ 264.954,00 (duzentos e sessenta e quatro mil, novecentos e cinquenta e quatro reais), em favor do ministério ou órgão a que couber a coordenação máxima do Sistema Nacional de Trânsito, para atender as despesas decorrentes da implantação deste Código.

Art. 340. Este Código entra em vigor cento e vinte dias após a data de sua publicação.

Art. 341. Ficam revogadas as Leis nºs 5.108, de 21 de setembro de 1966, 5.693, de 16 de agosto de 1971, 5.820, de 10 de novembro de 1972, 6.124, de 25 de outubro de 1974, 6.308, de 15 de dezembro de 1975, 6.369, de 27 de outubro de 1976, 6.731, de 4 de dezembro de 1979, 7.031, de 20 de setembro de 1982, 7.052, de 2 de dezembro de 1982, 8.102, de 10 de dezembro de 1990, os artigos 1º a 6º e 11 do Decreto-lei nº 237, de 28 de fevereiro de 1967, e os Decretos-leis nºs 584, de 16 de maio de 1969, 912, de 2 de outubro de 1969, e 2.448, de 21 de julho de 1988.

Brasília, 23 de setembro de 1997;
176º da Independência e
109º da República.

Fernando Henrique Cardoso

ANEXO I

DOS CONCEITOS E DEFINIÇÕES

Para efeito deste Código, adotam-se as seguintes definições:

Acostamento – parte da via diferenciada da pista de rolamento destinada à parada ou estacionamento de veículos, em caso de emergência, e à circulação de pedestres e bicicletas, quando não houver local apropriado para esse fim.

Agente da autoridade de trânsito – pessoa, civil ou policial militar, credenciada pela autoridade de trânsito para o exercício das atividades de fiscalização, operação, policiamento ostensivo de trânsito ou patrulhamento.

Automóvel – veículo automotor destinado ao transporte de passageiros, com capacidade para até oito pessoas, exclusive o condutor.

Autoridade de trânsito – dirigente máximo de órgão ou entidade executivo integrante do Sistema Nacional de Trânsito ou pessoa por ele expressamente credenciada.

Balanço traseiro – distância entre o plano vertical passando pelos centros das rodas traseiras externas e o ponto mais recuado do veículo, considerando-se todos os elementos rigidamente fixados ao mesmo.

Bicicleta – veículo de propulsão humana, dotado de duas rodas, não sendo, para efeito deste Código, similar à motocicleta, motoneta e ciclomotor.

Bicicletário – local, na via ou fora dela, destinado ao estacionamento de bicicletas.

Bonde – veículo de propulsão elétrica que se move sobre trilhos.

Bordo da pista – margem da pista, podendo ser demarcada por linhas longitudinais de bordo que delineiam a parte da via destinada à circulação de veículos.

Calçada – parte da via, normalmente segregada e em nível diferente, não destinada à circulação de veículos, reservada ao trânsito de pedestres e, quando possível, à implantação de mobiliário urbano, sinalização, vegetação e outros fins.

Caminhão-trator – veículo automotor destinado a tracionar ou arrastar outro.

Caminhonete – veículo destinado ao transporte de carga com peso bruto total de até três mil e quinhentos quilogramas.

Camioneta – veículo misto destinado ao transporte de passageiros e carga no mesmo compartimento.

Canteiro central – obstáculo físico construído como separador de duas pistas de rolamento, eventualmente substituído por marcas viárias (canteiro fictício).

Capacidade máxima de tração – máximo peso que a unidade de tração é capaz de tracionar, indicado pelo fabricante, baseado em condições sobre suas limitações de geração e multiplicação de momento de força e resistência dos elementos que compõem a transmissão.

Carreata – deslocamento em fila na via de veículos automotores em sinal de regozijo, de reivindicação, de protesto cívico ou de uma classe.

Carro de mão – veículo de propulsão humana utilizado no transporte de pequenas cargas.

Carroça – veículo de tração animal destinado ao transporte de carga.

Catadióptrico – dispositivo de reflexão e refração da luz utilizado na sinalização de vias e veículos (olho-de-gato).

Charrete – veículo de tração animal destinado ao transporte de pessoas.

Ciclo – veículo de pelo menos duas rodas à propulsão humana.

Ciclofaixa – parte da pista de rolamento destinada à circulação exclusiva de ciclos, delimitada por sinalização específica.

Ciclomotor – veículo de duas ou três rodas, provido de um motor de combustão interna, cuja cilindrada não exceda a cinquenta centímetros cúbicos (3,05 polegadas cúbicas) e cuja velocidade máxima de fabricação não exceda a cinquenta quilômetros por hora.

Ciclovia – pista própria destinada à circulação de ciclos, separada fisicamente do tráfego comum.

Conversão – movimento em ângulo, à esquerda ou à direita, de mudança da direção original do veículo.

Cruzamento – interseção de duas vias em nível.

Dispositivo de segurança – qualquer elemento que tenha a função específica de proporcionar maior segurança ao usuário da via, alertando-o sobre situações de perigo que possam colocar em risco sua integridade física e dos demais usuários da via, ou danificar seriamente o veículo.

Estacionamento – imobilização de veículos por tempo superior ao necessário para embarque ou desembarque de passageiros.

Estrada – via rural não pavimentada.

Faixas de domínio – superfície lindeira às vias rurais, delimitada por lei específica e sob responsabilidade do órgão ou entidade de trânsito competente com circunscrição sobre a via.

Faixas de trânsito – qualquer uma das áreas longitudinais em que a pista pode ser subdividida, sinalizada ou não por marcas viárias longitudinais, que tenham uma largura suficiente para permitir a circulação de veículos automotores.

Fiscalização – ato de controlar o cumprimento das normas estabelecidas na legislação de trânsito, por meio do poder de polícia administrativa de trânsito, no âmbito de circunscrição dos órgãos e entidades executivos de trânsito e de acordo com as competências definidas neste Código.

Focos de pedestres – indicação luminosa de permissão ou impedimento de locomoção na faixa apropriada.

Freio de estacionamento – dispositivo destinado a manter o veículo imóvel na ausência do condutor ou, no caso de um reboque, se este se encontra desengatado.

Freio de segurança ou motor – dispositivo destinado a diminuir a marcha do veículo no caso de falha do freio de serviço.

Freio de serviço – dispositivo destinado a provocar a diminuição da marcha do veículo ou pará-lo.

Gestos de agentes – movimentos convencionais de braço, adotados exclusivamente pelos agentes de autoridades de trânsito nas vias, para orientar, indicar o direito de passagem dos veículos ou pedestres ou emitir ordens, sobrepondo-se ou completando outra sinalização ou norma constante deste Código.

Gestos de condutores – movimentos convencionais de braço, adotados exclusivamente pelos condutores, para orientar ou indicar que vão efetuar uma manobra de mudança de direção, redução brusca de velocidade ou parada.

Ilha – obstáculo físico, colocado na pista de rolamento, destinado à ordenação dos fluxos de trânsito em uma interseção.

Infração – inobservância a qualquer preceito da legislação de trânsito, às normas emanadas do Código de Trânsito, do Conselho Nacional de Trânsito e a regulamentação estabelecida pelo órgão ou entidade executiva do trânsito.

Interseção – todo cruzamento em nível, entroncamento ou bifurcação, incluindo as áreas formadas por tais cruzamentos, entroncamentos ou bifurcações.

Interrupção de marcha – imobilização do veículo para atender circunstância momentânea do trânsito.

Licenciamento – procedimento anual, relativo a obrigações do proprietário de veículo, comprovado por meio de documento específico (Certificado de Licenciamento Anual).

Logradouro público – espaço livre destinado pela municipalidade à circulação, parada ou estacionamento de veículos, ou à circulação de pedestres, tais como calçada, parques, áreas de lazer, calçadões.

Lotação – carga útil máxima, incluindo condutor e passageiros, que o veículo trans-porta, expressa em quilogramas para os veículos de carga, ou número de pessoas, para os veículos de passageiros.

Lote lindeiro – aquele situado ao longo das vias urbanas ou rurais e que com elas se limita.

Luz alta – facho de luz do veículo destinado a iluminar a via até uma grande distância do veículo.

Luz baixa – facho de luz do veículo destinado a iluminar a via diante do veículo, sem ocasionar ofuscamento ou incômodo injustificáveis aos condutores e outros usuários da via que venham em sentido contrário.

Luz de freio – luz do veículo destinada a indicar aos demais usuários da via, que se encontram atrás do veículo, que o condutor está aplicando o freio de serviço.

Luz indicadora de direção (pisca-pisca) – luz do veículo destinada a indicar aos demais usuários da via que o condutor tem o propósito de mudar de direção para a direita ou para a esquerda.

Luz de marcha à ré – luz do veículo destinada a iluminar atrás do veículo e advertir aos demais usuários da via que o veículo está efetuando ou a ponto de efetuar uma mano-bra de marcha à ré.

Luz de neblina – luz do veículo destinada a aumentar a iluminação da via em caso de neblina, chuva forte ou nuvens de pó.

Luz de posição (lanterna) – luz do veículo destinada a indicar a presença e a largura do veículo.

Manobra – movimento executado pelo condutor para alterar a posição em que o veículo está no momento em relação à via.

Marcas viárias – conjunto de sinais constituídos de linhas, marcações, símbolos ou legendas, em tipos e cores diversas, apostos ao pavimento da via.

Micro-ônibus – veículo automotor de transporte coletivo com capacidade para até vinte passageiros.

Motocicleta – veículo automotor de duas rodas, com ou sem side-car, dirigido por condutor em posição montada.

Motoneta – veículo automotor de duas rodas, dirigido por condutor em posição sentada.

Motor-casa (*Motor-home*) – veículo automotor cuja carroçaria seja fechada e destinada a alojamento, escritório, comércio ou finalidades análogas.

Noite – período do dia compreendido entre o pôr do sol e o nascer do sol.

Ônibus – veículo automotor de transporte coletivo com capacidade para mais de vinte passageiros, ainda que, em virtude de adaptações com vista à maior comodidade destes, transporte número menor.

Operação carga e descarga – imobilização do veículo, pelo tempo estritamente necessário ao carregamento ou descarregamento de animais ou carga, na forma disciplinada pelo órgão ou entidade executivo de trânsito competente com circunscrição sobre a via.

Operação de trânsito – monitoramento técnico baseado nos conceitos de Engenharia de Tráfego, das condições de fluidez, de estacionamento e parada na via, de forma a reduzir as interferências tais como veículos quebrados, acidentados, estacionados irregularmente atrapalhando o trânsito, prestando socorros imediatos e informações aos pedestres e condutores.

Parada – imobilização do veículo com a finalidade e pelo tempo estritamente necessário para efetuar embarque ou desembarque de passageiros.

Passagem de nível – todo cruzamento de nível entre uma via e uma linha férrea ou trilho de bonde com pista própria.

Passagem por outro veículo – movimento de passagem à frente de outro veículo que se desloca no mesmo sentido, em menor velocidade, mas em faixas distintas da via.

Passagem subterrânea – obra de arte destinada à transposição de vias, em desnível subterrâneo, e ao uso de pedestres ou veículos.

Passarela – obra de arte destinada à transposição de vias, em desnível aéreo, e ao uso de pedestres.

Passeio – parte da calçada ou da pista de rolamento, neste último caso, separada por pintura ou elemento físico separador, livre de interferências, destinada à circulação exclusiva de pedestres e, excepcionalmente, de ciclistas.

Patrulhamento – função exercida pela Polícia Rodoviária Federal com o objetivo de garantir obediência às normas de trânsito, assegurando a livre circulação e evitando acidentes.

Perímetro urbano – limite entre área urbana e área rural.

Peso bruto total – peso máximo que o veículo transmite ao pavimento, constituído da soma da tara mais a lotação.

Peso bruto total combinado – peso máximo transmitido ao pavimento pela combinação de um caminhão-trator mais seu semirreboque ou do caminhão mais o seu reboque ou reboques.

Pisca-alerta – luz intermitente do veículo, utilizada em caráter de advertência, destinada a indicar aos demais usuários da via que o veículo está imobilizado ou em situação de emergência.

Pista – parte da via normalmente utilizada para a circulação de veículos, identificada por elementos separadores ou por diferença de nível em relação às calçadas, ilhas ou aos canteiros centrais.

Placas – elementos colocados na posição vertical, fixados ao lado ou suspensos sobre a pista, transmitindo mensagens de caráter permanente e, eventualmente, variáveis, mediante símbolo ou legendas pré-reconhecidas e legalmente instituídas como sinais de trânsito.

Policiamento ostensivo de trânsito – função exercida pelas Polícias Militares com o objetivo de prevenir e reprimir atos relacionados com a segurança pública e de garantir obediência às normas relativas à segurança de trânsito, assegurando a livre circulação e evitando acidentes.

Ponte – obra de construção civil destinada a ligar margens opostas de uma superfície líquida qualquer.

Reboque – veículo destinado a ser engatado atrás de um veículo automotor.

Regulamentação da via – implantação de sinalização de regulamentação pelo órgão ou entidade competente com circunscrição sobre a via, definindo, entre outros, sentido de direção, tipo de estacionamento, horários e dias.

Refúgio – parte da via, devidamente sinalizada e protegida, destinada ao uso de pedestres durante a travessia da mesma.

RENACH – Registro Nacional de Condutores Habilitados.

RENAVAM – Registro Nacional de Veículos Automotores.

Retorno – movimento de inversão total de sentido da direção original de veículos.

Rodovia – via rural pavimentada.

Semirreboque – veículo de um ou mais eixos que se apóia na sua unidade tratora ou é a ela ligado por meio de articulação.

Sinais de trânsito – elementos de sinalização viária que se utilizam de placas, marcas viárias, equipamentos de controle luminosos, dispositivos auxiliares, apitos e gestos, destinados exclusivamente a ordenar ou dirigir o trânsito dos veículos e pedestres.

Sinalização – conjunto de sinais de trânsito e dispositivos de segurança colocados na via pública com o objetivo de garantir sua utilização adequada, possibilitando melhor fluidez no trânsito e maior segurança dos veículos e pedestres que nela circulam.

Sons por apito – sinais sonoros, emitidos exclusivamente pelos agentes da autoridade de trânsito nas vias, para orientar ou indicar o direito de passagem dos veículos ou pedestres, sobrepondo-se ou completando sinalização existente no local ou norma estabelecida neste Código.

Tara – peso próprio do veículo, acrescido dos pesos da carroçaria e equipamento, do combustível, das ferramentas e acessórios, da roda sobressalente, do extintor de incêndio e do fluido de arrefecimento, expresso em quilogramas.

Trailler – reboque ou semirreboque tipo casa, com duas, quatro, ou seis rodas, acoplado ou adaptado à traseira de automóvel ou camioneta, utilizado em geral em atividades turísticas como alojamento, ou para atividades comerciais.

Trânsito – movimentação e imobilização de veículos, pessoas e animais nas vias terrestres.

Transposição de faixas – passagem de um veículo de uma faixa demarcada para outra.

Trator – veículo automotor construído para realizar trabalho agrícola, de construção e pavimentação e tracionar outros veículos e equipamentos.

Ultrapassagem – movimento de passar à frente de outro veículo que se desloca no mesmo sentido, em menor velocidade e na mesma faixa de tráfego, necessitando sair e retornar à faixa de origem.

Utilitário – veículo misto caracterizado pela versatilidade do seu uso, inclusive fora de estrada.

Veículo articulado – combinação de veículos acoplados, sendo um deles automotor.

Veículo automotor – todo veículo a motor de propulsão que circule por seus próprios meios, e que serve normalmente para o transporte viário de pessoas e coisas, ou para a tração viária de veículos utilizados para o transporte de pessoas e coisas. O termo compreende os veículos conectados a uma linha elétrica e que não circulam sobre trilhos (ônibus elétrico).

Veículo de carga – veículo destinado ao transporte de carga, podendo transportar dois passageiros, exclusive o motorista.

Veículo de coleção – aquele que, mesmo tendo sido fabricado há mais de trinta anos, conserva suas características originais de fabricação e possui valor histórico próprio.

Veículo conjugado – combinação de veículos, sendo o primeiro um veículo automotor e os demais reboques ou equipamentos de trabalho agrícola, construção, terraplenagem ou pavimentação.

Veículo de grande porte – veículo automotor destinado ao transporte de carga com peso bruto total máximo superior a dez mil quilogramas e de passageiros, superior a vinte passageiros.

Veículo de passageiros – veículo automotor destinado ao transporte de pessoas e suas bagagens.

Veículo misto – veículo automotor destinado ao transporte simultâneo de carga e passageiro.

Via – superfície por onde transitam veículos, pessoas e animais, compreendendo a pista, a calçada, o acostamento, ilha e canteiro central.

Via de trânsito rápido – aquela caracterizada por acessos especiais com trânsito livre, sem interseções em nível, sem acessibilidade direta aos lotes lindeiros e sem travessia de pedestres em nível.

Via arterial – aquela caracterizada por interseções em nível, geralmente controlada por semáforo, com acessibilidade aos lotes lindeiros e às vias secundárias e locais, possibilitando o trânsito entre as regiões da cidade.

Via coletora – aquela destinada a coletar e distribuir o trânsito que tenha necessidade de entrar ou sair das vias de trânsito rápido ou arteriais, possibilitando o trânsito dentro das regiões da cidade.

Via local – aquela caracterizada por interseções em nível não semaforizadas, destinadas apenas ao acesso local ou a áreas restritas.

Via rural – estradas e rodovias.

Via urbana – ruas, avenidas, vielas, ou caminhos e similares abertos à circulação pública, situados na área urbana, caracterizados principalmente por possuírem imóveis edificados ao longo de sua extensão.

Vias e área de pedestres – vias ou conjunto de vias destinadas à circulação prioritária de pedestres.

Viaduto – obra de construção civil destinada a transpor uma depressão de terreno ou servir de passagem superior.

ANEXO II

▶ Anexo II com a redação dada pela Res. do CONTRAN nº 160, de 22-4-2004.
▶ Fonte: www.denatran.gov.br

1. SINALIZAÇÃO VERTICAL

É um subsistema da sinalização viária cujo meio de comunicação está na posição vertical, normalmente em placa, fixado ao lado ou suspenso sobre a pista, transmitindo mensagens de caráter permanente e, eventualmente, variáveis, através de legendas e/ou símbolos pré-reconhecidos e legalmente instituídos.

A sinalização vertical é classificada de acordo com sua função, compreendendo os seguintes tipos:

– Sinalização de Regulamentação;
– Sinalização de Advertência;
– Sinalização de Indicação.

1.1. SINALIZAÇÃO DE REGULAMENTAÇÃO

Tem por finalidade informar aos usuários as condições, proibições, obrigações ou restrições no uso das vias. Suas mensagens são imperativas e o desrespeito a elas constitui infração.

1.1.1. Formas e Cores

A forma padrão do sinal de regulamentação é a circular, e as cores são vermelha, preta e branca:

Características dos Sinais de Regulamentação

Forma		Cor	
OBRIGAÇÃO/RESTRIÇÃO	PROIBIÇÃO	Fundo	Branca
		Símbolo	Preta
		Tarja	Vermelha
		Orla	Vermelha
		Letras	Preta

Constituem exceção, quanto à forma, os sinais R-1 – Parada Obrigatória e R-2 – Dê a Preferência, com as características:

Forma		Cor	
Forma	Código		
(octógono)	R-1	Fundo	Vermelha
		Orla interna	Branca
		Orla externa	Vermelha
(triângulo)	R-2	Letras	Branca
		Fundo	Branca
		Orla	Vermelha

1.1.2. Dimensões Mínimas

Devem ser observadas as dimensões mínimas dos sinais, conforme o ambiente em que são implantados, considerando-se que o aumento no tamanho dos sinais implica em aumento nas dimensões de orlas, tarjas e símbolos.

a) sinais de forma circular

Via	Diâmetro mínimo (m)	Tarja mínima (m)	Orla mínima (m)
Urbana	0,40	0,040	0,040
Rural (estrada)	0,50	0,050	0,050
Rural (rodovia)	0,75	0,075	0,075
Áreas protegidas por legislação especial(*)	0,30	0,030	0,030

(*) relativa a patrimônio histórico, artístico, cultural, arquitetônico, arqueológico e natural

b) sinal de forma octogonal – R-1

Via	Lado mínimo (m)	Orla interna branca mínima (m)	Orla externa vermelha mínima (m)
Urbana	0,25	0,020	0,010
Rural (estrada)	0,35	0,028	0,014
Rural (rodovia)	0,40	0,032	0,016
Áreas protegidas por legislação especial(*)	0,18	0,015	0,008

(*) relativa a patrimônio histórico, artístico, cultural, arquitetônico, arqueológico e natural

c) sinal de forma triangular – R-2

Via	Lado mínimo (m)	Orla mínima (m)
Urbana	0,75	0,10
Rural (estrada)	0,75	0,10
Rural (rodovia)	0,90	0,15
Áreas protegidas por legislação especial(*)	0,40	0,06

(*) relativa a patrimônio histórico, artístico, cultural, arquitetônico, arqueológico e natural

As informações complementares, cujas características são descritas no item 1.1.5, possuem a forma retangular.

1.1.3. Dimensões Recomendadas

a) sinais de forma circular

Via	Diâmetro (m)	Tarja (m)	Orla (m)
Urbana (de trânsito rápido)	0,75	0,075	0,075
Urbana (demais vias)	0,50	0,050	0,050
Rural (estrada)	0,75	0,075	0,075
Rural (rodovia)	1,00	0,100	0,100

b) sinal de forma octogonal – R-1

Via	Lado (m)	Orla interna branca (m)	Orla externa vermelha (m)
Urbana	0,35	0,028	0,014
Rural (estrada)	0,35	0,028	0,014
Rural (rodovia)	0,50	0,040	0,020

c) sinal de forma triangular – R-2

Via	Lado (m)	Tarja (m)
Urbana	0,90	0,15
Rural (estrada)	0,90	0,15
Rural (rodovia)	1,00	0,20

1.1.4. Conjunto de Sinais de Regulamentação

R-1 Parada obrigatória
R-2 Dê a preferência 
R-3 Sentido proibido 
R-4a Proibido virar à esquerda 
R-4b Proibido virar à direita 
R-5a Proibido retornar à esquerda 
R-5b Proibido retornar à direita 
R-6a Proibido estacionar 
R-6b Estacionamento regulamentado 
R-6c Proibido parar e estacionar 
R-7 Proibido ultrapassar 
R-8a Proibido mudar de faixa ou pista de trânsito da esquerda para direita 
R-8b Proibido mudar de faixa ou pista de trânsito da direita para esquerda 
R-9 Proibido trânsito de caminhões 
R-10 Proibido trânsito de veículos automotores 
R-11 Proibido trânsito de veículos de tração animal 
R-12 Proibido trânsito de bicicletas 
R-13 Proibido trânsito de tratores e máquinas de obras 
R-14 Peso bruto total máximo permitido 
R-15 Altura máxima permitida 
R-16 Largura máxima permitida 
R-17 Peso máximo permitido por eixo 
R-18 Comprimento máximo permitido 
R-19 Velocidade máxima permitida

R-20 Proibido acionar buzina ou sinal sonoro
R-21 Alfândega
R-22 Uso obrigatório de correntes
R-23 Conserve-se à direita
R-24a Sentido de circulação da via/pista
R-24b Passagem obrigatória
R-25a Vire à esquerda
R-25b Vire à direita
R-25c Siga em frente ou à esquerda
R-25d Siga em frente ou à direita
R-26 Siga em frente
R-27 Ônibus, caminhões e veículos de grande porte mantenham-se à direita
R-28 Duplo sentido de circulação
R-29 Proibido trânsito de pedestres
R-30 Pedestre, ande pela esquerda
R-31 Pedestre ande pela direita
R-32 Circulação exclusiva de ônibus
R-33 Sentido de circulação na rotatória
R-34 Circulação exclusiva de bicicletas
R-35a Ciclista transite à esquerda
R-35b Ciclista transite à direita
R-36a Ciclistas à esquerda, pedestres à direita
R-36b Pedestres à esquerda, ciclistas à direita
R-37 Proibido trânsito de motocicletas, motonetas e ciclomotores
R-38 Proibido trânsito de ônibus
R-39 Circulação exclusiva de caminhão
R-40 Trânsito proibido de carros de mão

1.1.5. Informações Complementares

Sendo necessário acrescentar informações para complementar os sinais de regulamentação, como período de validade, características e uso do veículo, condições de estacionamento, além de outras, deve ser utilizada uma placa adicional ou incorporada à placa principal, formando um só conjunto, na forma retangular, com as mesmas cores do sinal de regulamentação.

Características das Informações Complementares

Cor	
Fundo	Branca
Orla interna (opcional)	Vermelha
Orla externa	Branca
Tarja	Vermelha
Legenda	Preta

Não se admite acrescentar informação complementar para os sinais R-1 – Parada Obrigatória e R-2 – Dê a Preferência.

Nos casos em que houver símbolos, estes devem ter a forma e cores definidas em legislação específica.

Exemplos:

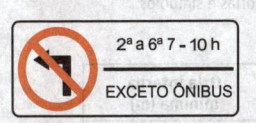

1.2. SINALIZAÇÃO DE ADVERTÊNCIA

Tem por finalidade alertar os usuários da via para condições potencialmente perigosas, indicando sua natureza.

1.2.1. Formas e Cores

A forma padrão dos sinais de advertência é quadrada, devendo uma das diagonais ficar na posição vertical. À sinalização de advertência estão associadas as cores amarela e preta.

Características dos Sinais de Advertência

Forma	Cor	
	Fundo	Amarela
	Símbolo	Preta
	Orla interna	Preta
	Orla externa	Amarela
	Legenda	Preta

Constituem exceções:

• quanto à cor:

- o sinal A-24 – Obras, que possui fundo e orla externa na cor laranja;

- o sinal A-14 – Semáforo à Frente, que possui símbolo nas cores preta, vermelha, amarela e verde;

- todos os sinais que, quando utilizados na sinalização de obras, possuem fundo na cor laranja.

• quanto à forma, os sinais A-26a – Sentido Único, A-26b – Sentido Duplo e A-41 – Cruz de Santo André.

Sinal		Cor	
Forma	Código		
	A-26a A-26b	Fundo	Amarela
		Orla interna	Preta
		Orla externa	Amarela
		Seta	Preta
	A-41	Fundo	Amarela
		Orla interna	Preta
		Orla externa	Amarela

A Sinalização Especial de Advertência e as Informações Complementares, cujas características são descritas nos itens 1.2.4 e 1.2.5, possuem a forma retangular.

1.2.2. Dimensões Mínimas

Devem ser observadas as dimensões mínimas dos sinais, conforme a via em que são implantados, considerando-se que o aumento no tamanho dos sinais implica em aumento nas dimensões de orlas e símbolos.

a) Sinais de forma quadrada

Via	Lado mínimo (m)	Orla externa mínima (m)	Orla interna mínima (m)
Urbana	0,45	0,010	0,020
Rural (estrada)	0,50	0,010	0,020
Rural (rodovia)	0,60	0,010	0,020
Áreas protegidas por legislação especial(*)	0,30	0,006	0,012

(*) relativa a patrimônio histórico, artístico, cultural, arquitetônico, arqueológico e natural

Obs.: Nos casos de placas de advertência desenhadas numa placa adicional, o lado mínimo pode ser de 0,300 m.

b) Sinais de forma retangular

Via	Lado maior mínimo (m)	Lado menor mínimo (m)	Orla externa mínima (m)	Orla interna mínima (m)
Urbana	0,50	0,25	0,010	0,020
Rural (estrada)	0,80	0,40	0,010	0,020
Rural (rodovia)	1,00	0,50	0,010	0,020
Áreas protegidas por legislação especial(*)	0,40	0,20	0,006	0,012

(*) relativa a patrimônio histórico, artístico, cultural, arquitetônico, arqueológico e natural

c) Cruz de Santo André

Parâmetro	Variação
Relação entre dimensões de largura e comprimento dos braços	de 1:6 a 1:10
Ângulos menores formados entre os dois braços	entre 45° e 55°

1.2.3. Conjunto de Sinais de Advertência

A-1a	Curva acentuada à esquerda
A-1b	Curva acentuada à direita
A-2a	Curva à esquerda
A-2b	Curva à direita
A-3a	Pista sinuosa à esquerda
A-3b	Pista sinuosa à direita
A-4a	Curva acentuada em "S" à esquerda
A-4b	Curva acentuada em "S" à direita
A-5a	Curva em "S" à esquerda
A-5b	Curva em "S" à direita
A-6	Cruzamento de vias
A-7a	Via lateral à esquerda
A-7b	Via lateral à direita
A-8	Interseção em "T"
A-9	Bifurcação em "Y"
A-10a	Entroncamento oblíquo à esquerda
A-10b	Entroncamento oblíquo à direita
A-11a	Junções sucessivas contrárias primeira à esquerda
A-11b	Junções sucessivas contrárias primeira à direita
A-12	Interseção em círculo
A-13a	Confluência à esquerda
A-13b	Confluência à direita
A-14	Semáforo à frente (vermelho, amarelo, verde)
A-15	Parada obrigatória à frente (PARE)
A-16	Bonde
A-17	Pista irregular
A-18	Saliência ou lombada
A-19	Depressão
A-20a	Declive acentuado
A-20b	Aclive acentuado
A-21a	Estreitamento de pista ao centro
A-21b	Estreitamento de pista à esquerda
A-21c	Estreitamento de pista à direita
A-21d	Alargamento de pista à esquerda
A-21e	Alargamento de pista à direita
A-22	Ponte estreita
A-23	Ponte móvel
A-24	Obras (laranja)
A-25	Mão dupla adiante
A-26a	Sentido único
A-26b	Sentido duplo
A-27	Área com desmoronamento

A-28	A-29	A-30a	A-30b	A-30c	A-31
Pista escorregadia	Projeção de cascalho	Trânsito de ciclistas	Passagem sinalizada de ciclistas	Trânsito compartilhado por ciclistas e pedestres	Trânsito de tratores ou maquinário agrícola

A-32a	A-32b	A-33a	A-33b	A-34	A-35
Trânsito de pedestres	Passagem sinalizada de pedestres	Área escolar	Passagem sinalizada de escolares	Crianças	Animais

A-36	A-37	A-38	A-39	A-40	A-41
Animais selvagens	Altura limitada	Largura limitada	Passagem de nível sem barreira	Passagem de nível com barreira	Cruz de Santo André

A-42a	A-42b	A-42c	A-43	A-44	A-45
Início de pista dupla	Fim de pista dupla	Pista dividida	Aeroporto	Vento lateral	Rua sem saída

A-46	A-47	A-48
Peso bruto total limitado	Peso limitado por eixo	Comprimento limitado

1.2.4. Sinalização Especial de Advertência

Estes sinais são empregados nas situações em que não é possível a utilização dos sinais apresentados no item 1.2.3.

O formato adotado é retangular, de tamanho variável em função das informações nelas contidas, e suas cores são amarela e preta:

Características da Sinalização Especial de Advertência

Cor	
Fundo	Amarela
Símbolo	Preta
Orla interna	Preta
Orla externa	Amarela
Legenda	Preta
Tarja	Preta

Na sinalização de obras, o fundo e a orla externa devem ser na cor laranja.

Anexo II

Exemplos:

a) Sinalização Especial para Faixas ou Pistas Exclusivas de Ônibus

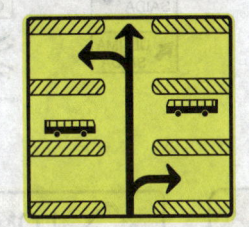

- ÔNIBUS NO CONTRA FLUXO A100 m
- PISTA EXCLUSIVA DE ÔNIBUS A 150 m
- FIM DA FAIXA EXCLUSIVA A 150 m

b) Sinalização Especial para Pedestres

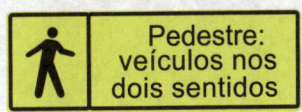

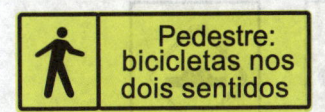

- Pedestre: veículos nos dois sentidos
- Pedestre: bicicletas nos dois sentidos

c) Sinalização Especial de Advertência somente para rodovias, estradas e vias de trânsito rápido

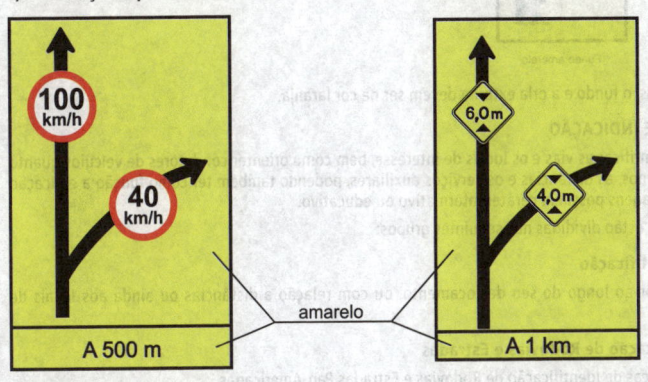

100 km/h
40 km/h
A 500 m

6,0 m
4,0 m
A 1 km

amarelo

1.2.5. Informações Complementares

Havendo necessidade de fornecer informações complementares aos sinais de advertência, estas devem ser inscritas em placa adicional ou incorporada à placa principal formando um só conjunto, na forma retangular, admitida a exceção para a placa adicional contendo o número de linhas férreas que cruzam a pista. As cores da placa adicional devem ser as mesmas dos sinais de advertência.

Características das Informações Complementares

Cor	
Fundo	Amarela
Orla interna	Preta
Orla externa	Amarela
Legenda	Preta
Tarja	Preta

Exemplos:

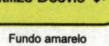

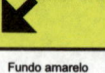

Na sinalização de obras, o fundo e a orla externa devem ser na cor laranja.

1.3. SINALIZAÇÃO DE INDICAÇÃO

Tem por finalidade identificar as vias e os locais de interesse, bem como orientar condutores de veículos quanto aos percursos, os destinos, as distâncias e os serviços auxiliares, podendo também ter como função a educação do usuário. Suas mensagens possuem caráter informativo ou educativo.

As placas de indicação estão divididas nos seguintes grupos:

1.3.1. Placas de Identificação

Posicionam o condutor ao longo do seu deslocamento, ou com relação a distâncias ou ainda aos locais de destino.

a) Placas de Identificação de Rodovias e Estradas

Características das Placas de Identificação de Rodovias e Estradas Pan-Americanas

Forma	Cor	
	Fundo	Branca
	Orla interna	Preta
	Orla externa	Branca
	Legenda	Preta

Dimensões mínimas (m)	
Altura	0,45
Chanfro Inclinado	0,14
Largura Superior	0,44
Largura Inferior	0,41
Orla Interna	0,02
Orla Externa	0,01

Características das Placas de Identificação de Rodovias e Estradas Federais

Forma	Cor	
	Fundo	Branca
	Orla interna	Preta
	Orla externa	Branca
	Tarja	Preta
	Legendas	Preta

Dimensões mínimas (m)	
Largura	0,40
Altura	0,45
Orla interna	0,02
Orla externa	0,01
Tarja	0,02

Exemplos:

MG
BR 116

SP
BR 153

Características das Placas de Identificação de Rodovias e Estradas Estaduais

Forma	Cor	
	Fundo	Branca
	Orla interna	Preta
	Orla externa	Branca
	Legendas	Preta

Dimensões mínimas (m)	
Largura	0,51
Altura	0,45
Orla interna	0,02
Orla externa	0,01

Exemplos:

SP 65

PR 410

b) Placas de Identificação de Municípios

Características das Placas de Identificação de Municípios

Forma	Cor	
Retangular, com lado maior na horizontal	Fundo	Azul
	Orla interna	Branca
	Orla externa	Azul
	Legenda	Branca

Dimensões mínimas (m)	
Altura das letras	0,20 (*)
Orla interna	0,02
Orla externa	0,01

(*) áreas protegidas por legislação especial (patrimônio histórico, arquitetônico, etc.), podem apresentar altura de letra inferior, desde que atenda os critérios de legibilidade

Exemplos:

FLORIANÓPOLIS   GOIÂNIA

c) Placas de Identificação de Regiões de Interesse de Tráfego e Logradouros

A parte de cima da placa deve indicar o bairro ou avenida/rua da cidade. A parte de baixo a região ou zona em que o bairro ou avenida/rua estiver situado. Esta parte da placa é opcional.

Características das Placas de Identificação de Regiões de Interesse de Tráfego e Logradouros

Forma	Cor	
Retangular	Fundo	Azul
	Orla interna	Branca
	Orla externa	Azul
	Tarja	Branca
	Legendas	Branca

Dimensões mínimas (m)	
Altura das letras	0,10
Orla interna	0,02
Orla externa	0,01
Tarja	0,01

Exemplos:

Lapa

Moema
Zona Sul

B. Ouro Preto
Regional Pampulha

Boqueirão

Getúlio Vargas

Av. Navegantes

d) Placas de Identificação Nominal de Pontes, Viadutos, Túneis e Passarelas

Características das Placas de Identificação Nominal de Pontes, Viadutos, Túneis e Passarelas

Forma	Cor	
Retangular, com lado maior na horizontal	Fundo	Azul
	Orla interna	Branca
	Orla externa	Azul
	Tarja	Branca
	Legendas	Branca

Dimensões mínimas (m)	
Altura das letras	0,10
Orla interna	0,02
Orla externa	0,01
Tarja	0,01

Exemplos:

Ponte
Cidade Jardim
Zona Sul

Ponte sobre
Rio São Francisco
Extensão 450 m

e) Placas de Identificação Quilométrica

Características das Placas de Identificação Quilométrica

Forma	Cor	
Retangular, com lado maior na vertical	Fundo	Azul
	Orla interna	Branca
	Orla externa	Azul
	Tarja	Branca
	Legendas	Branca

Dimensões mínimas (m)	
Altura da letra	0,150
Altura da letra (ponto cardeal)	0,125
Altura do algarismo	0,150
Orla interna	0,020
Orla externa	0,010
Tarja(*)	0,010

(*) quando separar a informação adicional do ponto cardeal

Na utilização em vias urbanas as dimensões devem ser determinadas em função do local e do objetivo da sinalização.

Exemplos:

f) Placas de Identificação de Limite de Municípios / Divisa de Estados / Fronteira / Perímetro Urbano

Características das Placas de Identificação de Limite de Municípios / Divisa de Estados / Fronteira / Perímetro Urbano

Forma	Cor	
Retangular, com lado maior na horizontal	Fundo	Azul
	Orla interna	Branca
	Orla externa	Azul
	Tarja	Branca
	Legendas	Branca

Dimensões mínimas (m)	
Altura das letras	0,12
Orla interna	0,02
Orla externa	0,01
Tarja	0,01

Exemplos:

```
LIMITE DE MUNICÍPIOS
Recife
Jaboatão
```

```
DIVISA DE ESTADOS
Minas Gerais
Espírito Santo
```

```
PERÍMETRO URBANO
Pindamonhangaba
```

```
FRONTEIRA
Brasil
Argentina
```

g) Placas de Pedágio
Características das Placas de Pedágio

Forma	Cor	
Retangular, com lado maior na horizontal	Fundo	Azul
	Orla interna	Branca
	Orla externa	Azul
	Tarja	Branca
	Legendas	Branca
	Seta	Branca

Dimensões mínimas (m)	
Altura das letras	0,20
Orla interna	0,02
Orla externa	0,01
Tarja	0,01

Exemplos:

```
PEDÁGIO 1 km
AUTOMÓVEL
UTILITÁRIO
↓
```

```
PEDÁGIO 1 km
ÔNIBUS
CAMINHÃO
↓
```

```
PEDÁGIO 1 km
PASSAGEM
LIVRE
```

1.3.2. Placas de Orientação de Destino

Indicam ao condutor a direção que o mesmo deve seguir para atingir determinados lugares, orientando seu percurso e/ou distâncias.

a) Placas Indicativas de Sentido (Direção)

Características das Placas Indicativas de Sentido

Forma	Mensagens de Localidades		Mensagens de Nomes de Rodovias/Estradas ou Associadas aos seus Símbolos	
	Cor		Cor	
Retangular, com lado maior na horizontal	Fundo	Verde	Fundo	Azul
	Orla interna	Branca	Orla interna	Branca
	Orla externa	Verde	Orla externa	Azul
	Tarja	Branca	Tarja	Branca
	Legendas	Branca	Legendas	Branca
	Setas	Branca	Setas	Branca
	Símbolos	–	De acordo com a rodovia / estrada	

Dimensões mínimas (m)		
Altura das letras	VIA URBANA	0,125(*)
	VIA RURAL	0,150(*)
Orla interna		0,020
Orla externa		0,010
Tarja		0,010

(*) áreas protegidas por legislação especial (patrimônio histórico, arquitetônico, etc.), podem apresentar altura de letra inferior, desde que atenda os critérios de legibilidade

Exemplos:

- CEAGESP ↗ / ↑ Inst. Butantã — fundo verde
- Zona Leste ↗ — fundo verde
- Dutra ↗ — fundo azul
- ← São Luiz / Teresina → — fundo verde
- RETORNO ↗ — fundo verde
- Zona Norte ↓ — fundo verde
- Dutra / Fernão Dias — fundo azul
- Barra → / ↑ R. Vermelho — fundo verde
- ↖ Zona Oeste / ← Centro Zona Norte — fundo verde

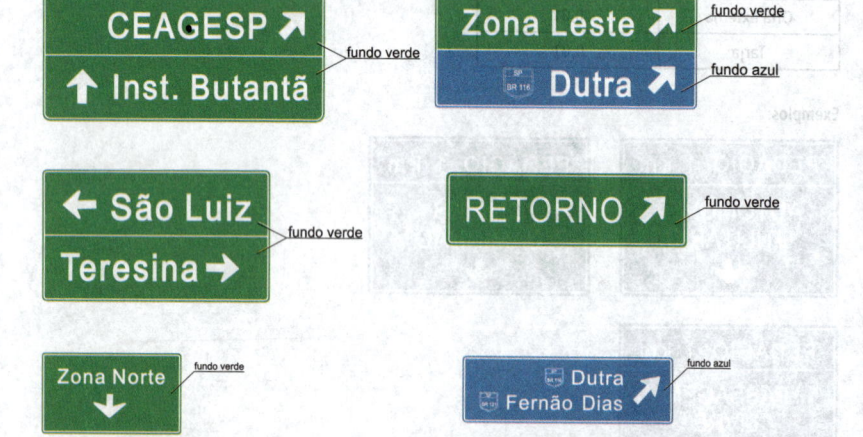

b) Placas Indicativas de Distância

Características das Placas Indicativas de Distância

Forma	Mensagens de Localidades		Mensagens de Nomes de Rodovias/ Estradas ou Associadas aos seus Símbolos	
	Cor		Cor	
Retangular, com lado maior na horizontal	Fundo	Verde	Fundo	Azul
	Orla interna	Branca	Orla interna	Branca
	Orla externa	Verde	Orla externa	Azul
	Tarja	Branca	Tarja	Branca
	Legendas	Branca	Legendas	Branca
	Símbolos	–	De acordo com a rodovia / estrada	

Dimensões mínimas (m)		
Altura das letras	VIA URBANA	0,125(*)
	VIA RURAL	0,150(*)
Orla interna		0,020
Orla externa		0,010
Tarja		0,010

(*) áreas protegidas por legislação especial (patrimônio histórico, arquitetônico, etc.), podem apresentar altura de letra inferior, desde que atenda os critérios de legibilidade

Exemplos:

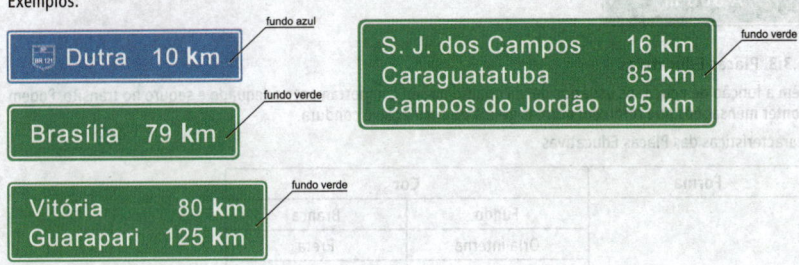

- Dutra 10 km — fundo azul
- Brasília 79 km — fundo verde
- S. J. dos Campos 16 km / Caraguatatuba 85 km / Campos do Jordão 95 km — fundo verde
- Vitória 80 km / Guarapari 125 km — fundo verde

c) Placas Diagramadas

Características das Placas Diagramadas

Forma	Mensagens de Localidades		Mensagens de Nomes de Rodovias/ Estradas ou Associadas aos seus Símbolos	
	Cor		Cor	
Retangular, com lado maior na horizontal	Fundo	Verde	Fundo	Azul
	Orla interna	Branca	Orla interna	Branca
	Orla externa	Verde	Orla externa	Azul
	Tarja	Branca	Tarja	Branca
	Legendas	Branca	Legendas	Branca
	Setas	Branca	Setas	Branca
	Símbolos	–	De acordo com a rodovia / estrada	

Dimensões mínimas (m)		
Altura das letras	VIA URBANA	0,125(*)
	VIA RURAL	0,150(*)
Orla interna		0,020
Orla externa		0,010
Tarja		0,010

(*) áreas protegidas por legislação especial (patrimônio histórico, arquitetônico, etc.), podem apresentar altura de letra inferior, desde que atenda os critérios de legibilidade

Exemplos:

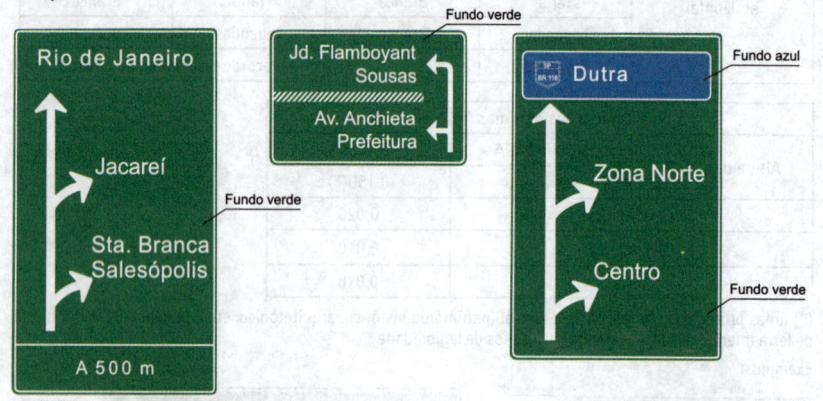

1.3.3. Placas Educativas

Têm a função de educar os usuários da via quanto ao seu comportamento adequado e seguro no trânsito. Podem conter mensagens que reforcem normas gerais de circulação e conduta.

Características das Placas Educativas

Forma	Cor	
Retangular	Fundo	Branca
	Orla interna	Preta
	Orla externa	Branca
	Tarja	Preta
	Legendas	Preta
	Pictograma	Preta

Dimensões mínimas (m)		
Altura da letra (placas para condutores)	VIA URBANA	0,125(*)
	VIA RURAL	0,150(*)
Altura das letras (placas para pedestres)		0,050
Orla interna		0,020
Orla externa		0,010
Tarja		0,010
Pictograma		0,200 x 0,200

(*) áreas protegidas por legislação especial (patrimônio histórico, arquitetônico, etc.), podem apresentar altura de letra inferior, desde que atenda os critérios de legibilidade

Exemplos:

- MOTOCICLISTA USE SEMPRE O CAPACETE
- MOTOCICLISTA TRAFEGUE SOMENTE COM O FAROL ACESO
- USE O CINTO DE SEGURANÇA
- NÃO FECHE O CRUZAMENTO
- Utilize a Passagem Protegida
- Pedestre Use a Passarela
- Pedestre Atravesse na Faixa
- Utilize a Passagem Subterrânea

1.3.4. Placas de Serviços Auxiliares

Indicam aos usuários da via os locais onde os mesmos podem dispor dos serviços indicados, orientando sua direção ou identificando estes serviços.

Quando num mesmo local encontra-se mais de um tipo de serviço, os respectivos símbolos podem ser agrupados numa única placa.

a) Placas para Condutores

Características das Placas de Serviços Auxiliares para Condutores

Forma	Cor	
Placa: retangular Quadro interno: quadrada	Fundo	Azul
	Quadro interno	Branca
	Seta	Branca
	Legenda	Branca
	Pictograma — Fundo	Branca
	Pictograma — Figura	Preta

Constitui exceção a placa indicativa de "Pronto Socorro" onde o Símbolo deve ser vermelho.

	Dimensões mínimas (m)	
Quadro interno	VIA URBANA	0,20 x 0,20
	VIA RURAL	0,40 x 0,40

Exemplos de Pictogramas:

- S-1 Área de estacionamento
- S-2 Serviço telefônico
- S-3 Serviço mecânico
- S-4 Abastecimento
- S-5 Pronto Socorro (vermelho)
- S-6 Terminal rodoviário
- S-7 Restaurante
- S-8 Borracheiro
- S-9 Hotel
- S-10 Área de campismo
- S-11 Aeroporto
- S-12 Transporte sobre água
- S-13 Terminal ferroviário
- S-14 Ponto de parada
- S-15 Informação turística
- S-16 Pedágio

Exemplos de Placas:

Obs.: Os pictogramas podem ser utilizados opcionalmente nas placas de orientação.

b) Placas para Pedestres
Características das Placas de Serviços Auxiliares para Pedestres

Forma	Cor	
Retangular, lado maior na horizontal	Fundo	Azul
	Orla interna	Branca
	Orla externa	Azul
	Tarja	Branca
	Legendas	Branca
	Seta	Branca
	Pictograma Fundo	Branca
	Pictograma Fundo	Preta

Dimensões mínimas (m)	
Altura das letras	0,05
Orla interna	0,02
Orla externa	0,01
Tarja	0,01
Pictograma	0,20 x 0,20

Exemplos:

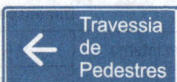

1.3.5. Placas de Atrativos Turísticos
Indicam aos usuários da via os locais onde os mesmos podem dispor dos atrativos turísticos existentes, orientando sobre sua direção ou identificando estes pontos de interesse.
Exemplos de Pictogramas:

Atrativos Turísticos Naturais

TNA-01
Praia

TNA-02
Cachoeira e
Quedas d'água

TNA-03
Patrimônio Natural

TNA-04
Estância
Hidromineral

Atrativos Históricos e Culturais

- THC-01 Templo
- THC-02 Arquitetura Histórica
- THC-03 Museu
- THC-04 Espaço cultural

Área Para Prática de Esportes

- TAD-01 Aeroclube
- TAD-02 Marina
- TAD-03 Área para esportes náuticos

Áreas de Recreação

- TAR-01 Área de descanso
- TAR-02 Barco de passeio
- TAR-03 Parque

Locais para Atividades de Interesse Turístico

- TIT-01 Festas Populares
- TIT-02 Teatro
- TIT-03 Convenções
- TIT-04 Artesanato
- TIT-05 Zoológico
- TIT-06 Planetário
- TIT-07 Feira Típica
- TIT-08 Exposição agropecuária
- TIT-09 Rodeio
- TIT-10 Pavilhão de feiras e exposições

a) Placas de Identificação de Atrativo Turístico

Características das Placas de Identificação de Atrativo Turístico

Forma	Cor		
Retangular		Fundo	Marrom
		Orla interna	Branca
		Orla externa	Marrom
		Legendas	Branca
	Pictograma	Fundo	Branca
		Figura	Preta

Dimensões mínimas (m)	
Altura das letras	0,10
Pictograma	0,40 x 0,40
Orla interna	0,02
Orla externa	0,01

Exemplos de Placas:

b) Placas Indicativas de Sentido de Atrativo Turístico

Características de Placas Indicativas de Sentido

Forma	Cor		
Retangular	Fundo		Marrom
	Orla interna		Branca
	Orla externa		Marrom
	Tarja		Branca
	Legendas		Branca
	Setas		Branca
	Pictograma	Fundo	Branca
		Figura	Preta

Dimensões mínimas (m)		
Altura da letra (placas para condutores)	VIA URBANA	0,125(*)
	VIA RURAL	0,150(*)
Altura da letra (placas para pedestres)		0,050
Pictograma		0,200 x 0,200
Orla interna		0,020
Orla externa		0,010
Tarja		0,010

(*) áreas protegidas por legislação especial (patrimônio histórico, arquitetônico, etc), podem apresentar altura de letra inferior, desde que atenda os critérios de legibilidade

Exemplos:

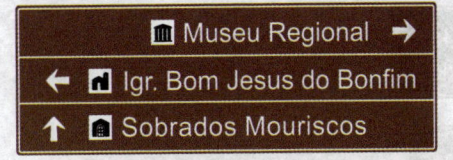

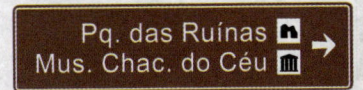

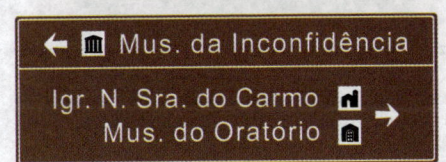

- 🏛 Museu Regional →
- ← 🏛 Igr. Bom Jesus do Bonfim
- ↑ 🏛 Sobrados Mouriscos

Pq. das Ruínas 🏛
Mus. Chac. do Céu 🏛 →

← 🏛 Mus. da Inconfidência
Igr. N. Sra. do Carmo 🏛
Mus. do Oratório 🏛 →

c) Placas Indicativas de Distância de Atrativos Turísticos
Características das Placas Indicativas de Distância de Atrativos Turísticos

Forma	Cor	
Retangular	Fundo	Marrom
	Orla interna	Branca
	Orla externa	Marrom
	Legendas	Branca
	Pictograma — Fundo	Branca
	Pictograma — Figura	Preta

Dimensões mínimas (m)		
Altura da letra (placas para condutores)	VIA URBANA	0,125(*)
	VIA RURAL	0,150(*)
Altura da letra (placas para pedestres)		0,050
Pictograma		0,200 x 0,200
Orla interna		0,020
Orla externa		0,010

(*) áreas protegidas por legislação especial (patrimônio histórico, arquitetônico, etc), podem apresentar altura de letra inferior, desde que atenda os critérios de legibilidade

Exemplos:

```
🏛 Pal.Boa Vista         6 km
🏛 Mus.Felícia Leirner   9 km
```

```
⊵ Taperapuã        2 km
⊵ Rio dos Mangues  4 km
⊵ Ponta Grande     6 km
```

2. SINALIZAÇÃO HORIZONTAL

É um subsistema da sinalização viária que se utiliza de linhas, marcações, símbolos e legendas, pintados ou apostos sobre o pavimento das vias.

Tem como função organizar o fluxo de veículos e pedestres; controlar e orientar os deslocamentos em situações com problemas de geometria, topografia ou frente a obstáculos; complementar os sinais verticais de regulamentação, advertência ou indicação. Em casos específicos, tem poder de regulamentação.

2.1. CARACTERÍSTICAS

A sinalização horizontal mantém alguns padrões cuja mescla e a forma de coloração na via definem os diversos tipos de sinais.

2.1.1. Padrão de Traçado

Seu padrão de traçado pode ser:

- **Contínuo:** são linhas sem interrupção pelo trecho da via onde estão demarcando; podem estar longitudinalmente ou transversalmente apostas à via.

- **Tracejado ou Seccionado:** são linhas interrompidas, com espaçamentos respectivamente de extensão igual ou maior que o traço.

- **Símbolos e Legendas:** são informações escritas ou desenhadas no pavimento, indicando uma situação ou complementando sinalização vertical existente.

2.1.2. Cores

A sinalização horizontal se apresenta em cinco cores:

- **Amarela:** utilizada na regulação de fluxos de sentidos opostos; na delimitação de espaços proibidos para estacionamento e/ou parada e na marcação de obstáculos.

- **Vermelha:** utilizada para proporcionar contraste, quando necessário, entre a marca viária e o pavimento das ciclofaixas e/ou ciclovias, na parte interna destas, associada à linha de bordo branca ou de linha de divisão de fluxo de mesmo sentido e nos símbolos de hospitais e farmácias (cruz).

- **Branca:** utilizada na regulação de fluxos de mesmo sentido; na delimitação de trechos de vias, destinados ao estacionamento regulamentado de veículos em condições especiais; na marcação de faixas de travessias de pedestres, símbolos e legendas.

- **Azul:** utilizada nas pinturas de símbolos de pessoas portadoras de deficiência física, em áreas especiais de estacionamento ou de parada para embarque e desembarque.

- **Preta:** utilizada para proporcionar contraste entre o pavimento e a pintura.

Para identificação da cor, neste documento, é adotada a seguinte convenção:

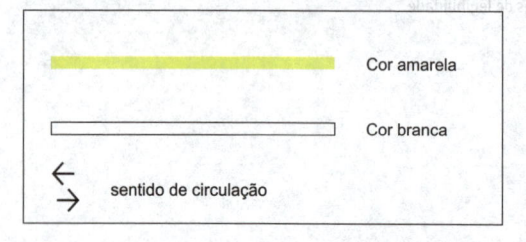

```
━━━━━━━━━━━━━━━━━━━━   Cor amarela

▭▭▭▭▭▭▭▭▭▭▭▭▭▭▭▭▭▭   Cor branca

←
   sentido de circulação
→
```

2.2. CLASSIFICAÇÃO

A sinalização horizontal é classificada em:

- marcas longitudinais;
- marcas transversais;
- marcas de canalização;
- marcas de delimitação e controle de estacionamento e/ou parada;
- inscrições no pavimento.

2.2.1. Marcas Longitudinais

Separam e ordenam as correntes de tráfego, definindo a parte da pista destinada normalmente à circulação de veículos, a sua divisão em faixas, a separação de fluxos opostos, faixas de uso exclusivo de um tipo de veículo, reversíveis, além de estabelecer as regras de ultrapassagem e transposição.

De acordo com a sua função, as marcas longitudinais são subdivididas nos seguintes tipos:

a) Linhas de Divisão de Fluxos Opostos

Separam os movimentos veiculares de sentidos contrários e regulamentam a ultrapassagem e os deslocamentos laterais, exceto para acesso a imóvel lindeiro.

SIMPLES CONTÍNUA

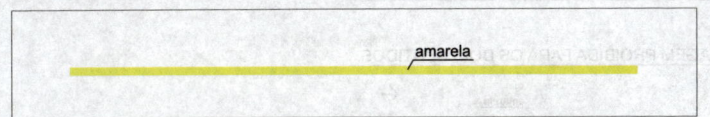

SIMPLES SECCIONADA

DUPLA CONTÍNUA

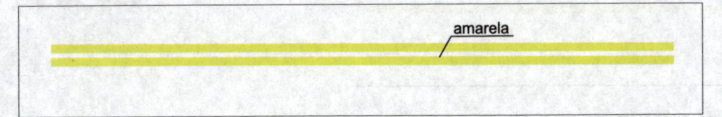

DUPLA CONTÍNUA/SECCIONADA

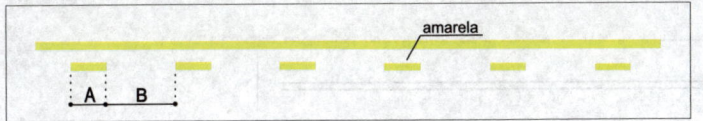

DUPLA SECCIONADA

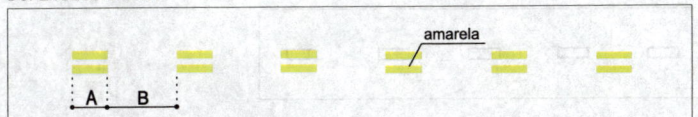

- Largura das linhas:	mínima	0,10 m
	máxima	0,15 m
- Distância entre as linhas:	mínima	0,10 m
	máxima	0,15 m
- Relação entre A e B:	mínima	1:2
	máxima	1:3
- Cor:	amarela	

Exemplos de Aplicação:

ULTRAPASSAGEM PERMITIDA PARA OS DOIS SENTIDOS

ULTRAPASSAGEM PERMITIDA SOMENTE NO SENTIDO B

ULTRAPASSAGEM PROIBIDA PARA OS DOIS SENTIDOS

ULTRAPASSAGEM PROIBIDA PARA OS DOIS SENTIDOS

b) Linhas de Divisão de Fluxo de Mesmo Sentido

Separam os movimentos veiculares de mesmo sentido e regulamentam a ultrapassagem e a transposição.

CONTÍNUA

SECCIONADA

- Largura da linha: mínima 0,10 m
  máxima 0,20 m
- Demarcação de faixa exclusiva no fluxo
- Largura da linha: mínima 0,20 m
  máxima 0,30 m
- Relação entre A e B: mínima 1:2
  máxima 1:3
- Cor: branca

Exemplos de Aplicação:

Proibida a ultrapassagem e a transposição de faixa entre A-B-C
Permitida a ultrapassagem e a transposição de faixa entre D-E-F

c) Linha de Bordo

Delimita a parte da pista destinada ao deslocamento de veículos.

CONTÍNUA

- Largura da linha: mínima   0,10 m
                      máxima   0,30 m
- Cor: branca

Exemplos de Aplicação:

PISTA DUPLA

Canteiro central

PISTA ÚNICA – DUPLO SENTIDO DE CIRCULAÇÃO

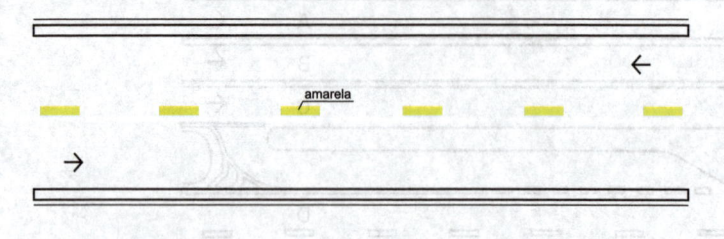

d) Linha de Continuidade

Proporciona continuidade a outras marcações longitudinais, quando há quebra no seu alinhamento visual.

TRACEJADA

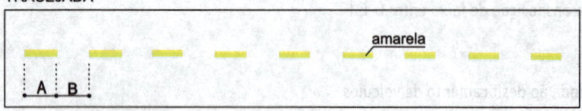

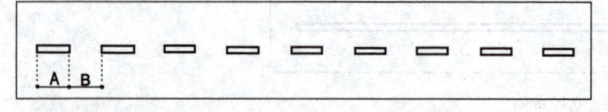

- Largura da linha: a mesma da linha à qual dá continuidade
- Relação entre A e B = 1:1
- Cor branca, quando dá continuidade a linhas brancas; cor amarela, quando dá continuidade a linhas amarelas.

Exemplo de Aplicação:

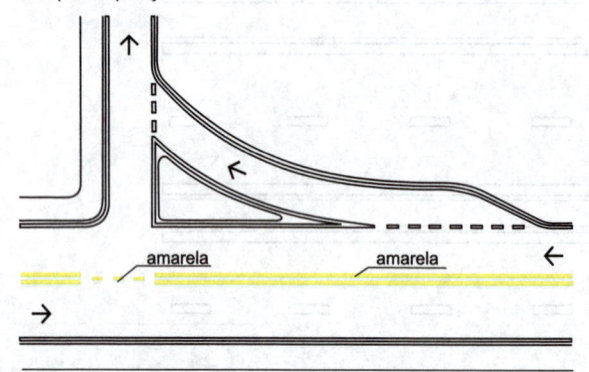

2.2.3. Marcas Transversais

Ordenam os deslocamentos frontais dos veículos e os harmonizam com os deslocamentos de outros veículos e dos pedestres, assim como informam os condutores sobre a necessidade de reduzir a velocidade e indicam travessia de pedestres e posições de parada.

Em casos específicos têm poder de regulamentação.

De acordo com a sua função, as marcas transversais são subdivididas nos seguintes tipos:

a) Linha de Retenção
Indica ao condutor o local limite em que deve parar o veículo.

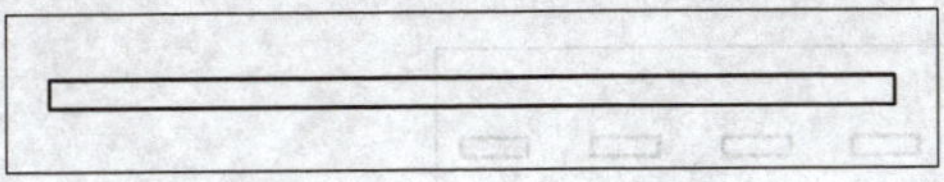

- Largura da linha: mínima 0,30 m
                     máxima 0,60 m
- Cor: branca

Exemplo de Aplicação:

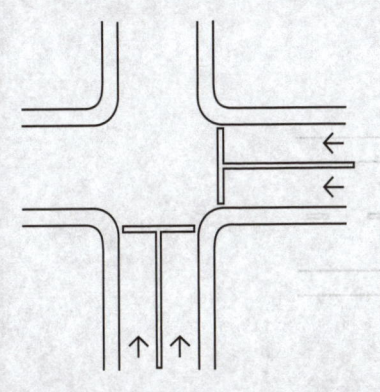

b) Linhas de Estímulo à Redução de Velocidade
Conjunto de linhas paralelas que, pelo efeito visual, induz o condutor a reduzir a velocidade do veículo.

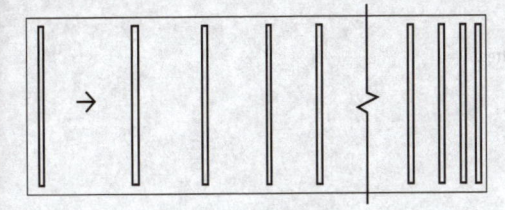

- Largura da linha: mínima 0,20 m
                     máxima 0,40 m
- Cor: branca

Exemplo de Aplicação Antecedendo um Obstáculo Transversal

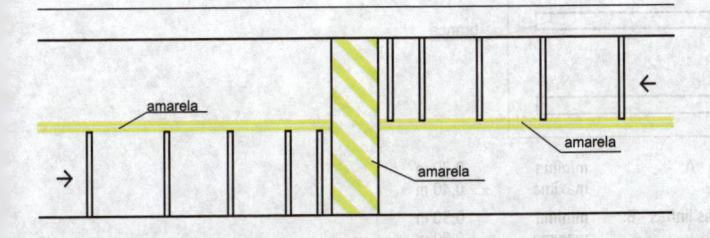

c) Linha de "Dê a Preferência"

Indica ao condutor o local limite em que deve parar o veículo, quando necessário, em locais sinalizados com a placa R-2.

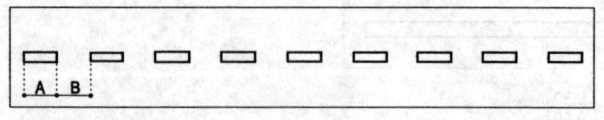

- Largura da linha: mínima 0,20 m
  máxima 0,40 m
- Relação entre A e B: 1:1
- Dimensões recomendadas: A = 0,50 m
  B = 0,50 m
- Cor: branca

Exemplo de Aplicação:

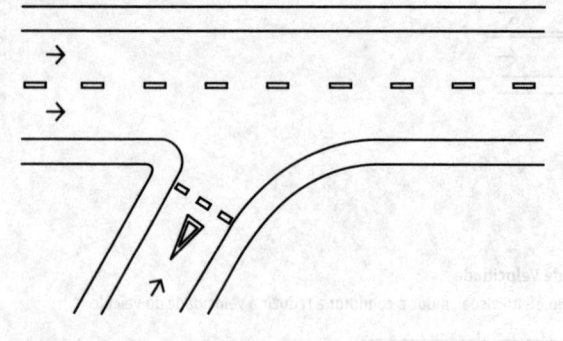

d) Faixas de Travessia de Pedestres

Regulamentam o local de travessia de pedestres.

TIPO ZEBRADA

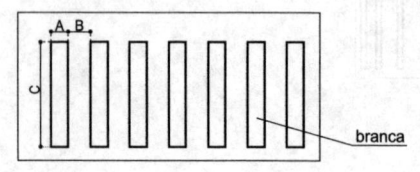

TIPO PARALELA

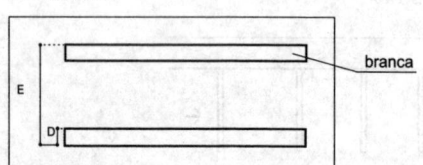

- Largura da linha - A: mínima 0,30 m
  máxima 0,40 m
- Distância entre as linhas - B: mínima 0,30 m
  máxima 0,80 m

- Largura da faixa - C: em função do volume de pedestres e da visibilidade
  mínima 3,00 m
  recomendada 4,00 m
- Largura da linha - D: mínima 0,40 m
  máxima 0,60 m
- Largura da faixa - E: mínima 3,00 m
  recomendada 4,00 m
- Cor: branca

Exemplo de Aplicação:

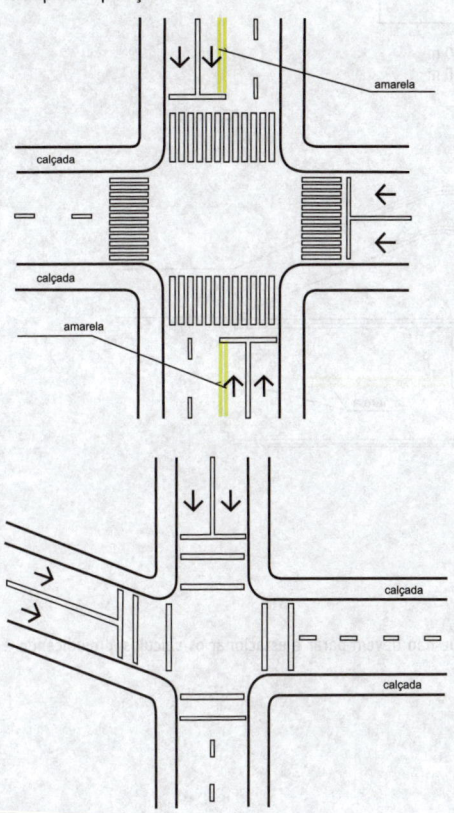

e) Marcação de Cruzamentos Rodocicloviários

Regulamenta o local de travessia de ciclistas.

CRUZAMENTO EM ÂNGULO RETO

CRUZAMENTO OBLÍQUO

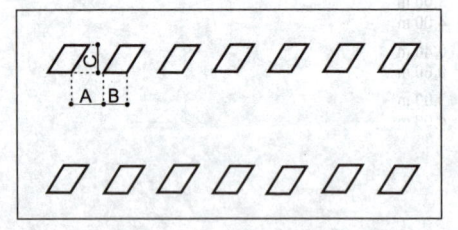

- Lado do quadrado ou losango: mínimo 0,40 m
  máximo 0,60 m
- Relação: A = B = C
- Cor: branca

Exemplo de Aplicação:

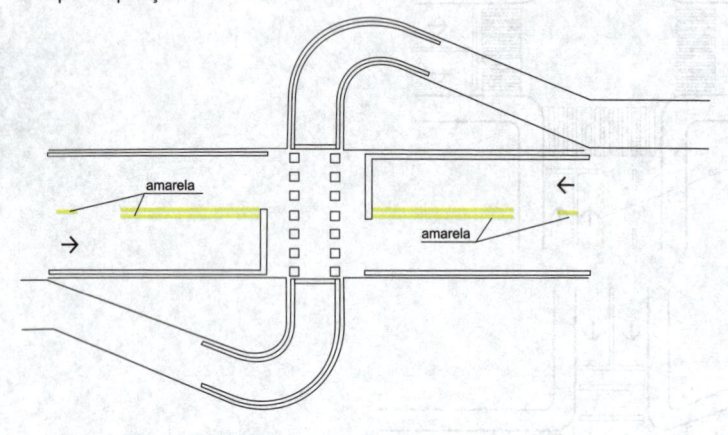

f) Marcação de Área de Conflito

Assinala aos condutores a área da pista em que não devem parar e estacionar os veículos, prejudicando a circulação.

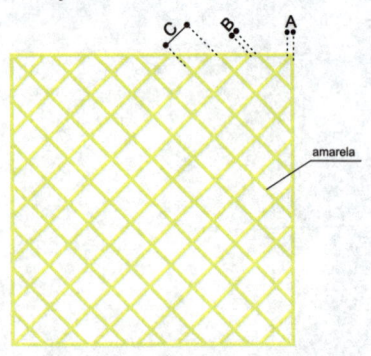

- Largura da linha de borda externa - A: mínima 0,15 m
- Largura das linhas internas - B: mínima 0,10 m
- Espaçamento entre os eixos das linhas internas - C: mínimo 1,00 m
- Cor: amarela

Exemplo de Aplicação:

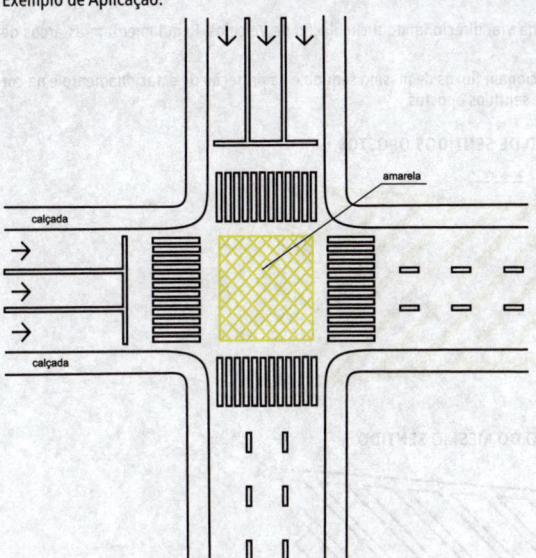

amarela

calçada

calçada

g) Marcação de Área de Cruzamento com Faixa Exclusiva

Indica ao condutor a existência de faixa(s) exclusiva(s).

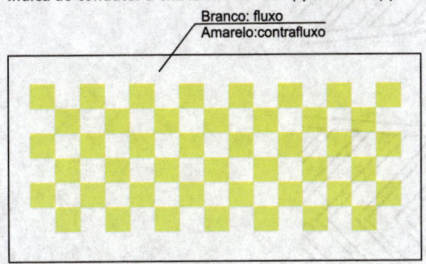

Branco: fluxo
Amarelo: contrafluxo

Lado do quadrado:	mínimo 1,00 m
- Cor:	amarela - para faixas exclusivas no contrafluxo
	branca - para faixas exclusivas no fluxo

Exemplo de Aplicação:

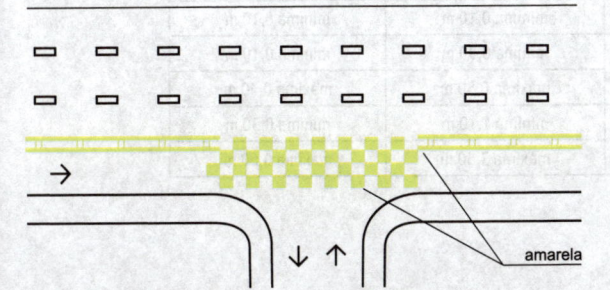

amarela

2.2.4. Marcas de Canalização

Orientam os fluxos de tráfego em uma via, direcionando a circulação de veículos. Regulamentam as áreas de pavimento não utilizáveis.

Devem ser na cor branca quando direcionam fluxos de mesmo sentido e na proteção de estacionamento e na cor amarela quando direcionam fluxos de sentidos opostos.

SEPARAÇÃO DE FLUXO DE TRÁFEGO DE SENTIDOS OPOSTOS

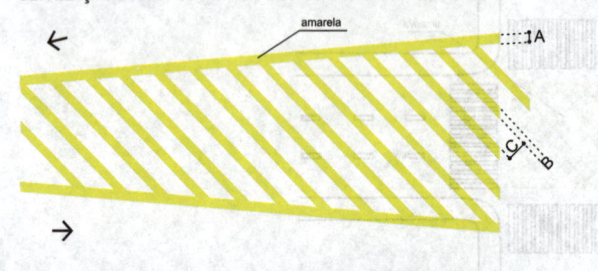

SEPARAÇÃO DE FLUXO DE TRÁFEGO DO MESMO SENTIDO

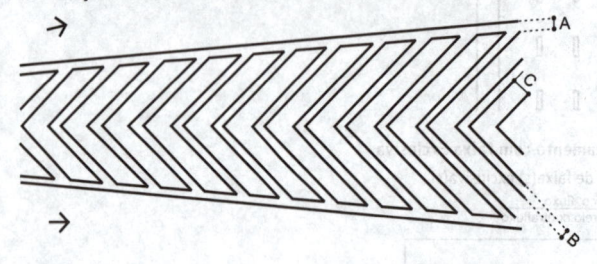

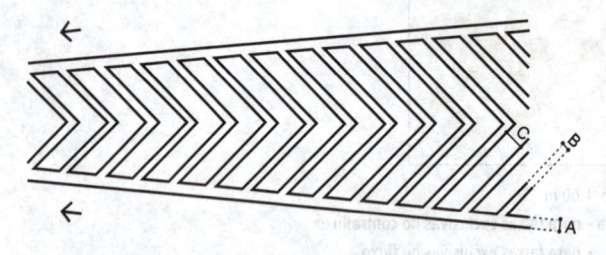

Dimensões	Circulação	Área de proteção de estacionamento
Largura da linha lateral A	mínima 0,10 m	mínima 0,10 m
Largura da linha lateral B	mínima 0,30 m	mínima 0,10 m
	máxima 0,50 m	máxima 0,40 m
Largura da linha lateral C	mínima 1,10 m	mínima 0,30 m
	máxima 3,50 m	máxima 0,60 m

Exemplos de Aplicação:

ORDENAÇÃO DE MOVIMENTOS EM TREVOS COM ALÇAS E FAIXAS DE ACELERAÇÃO/DESACELERAÇÃO

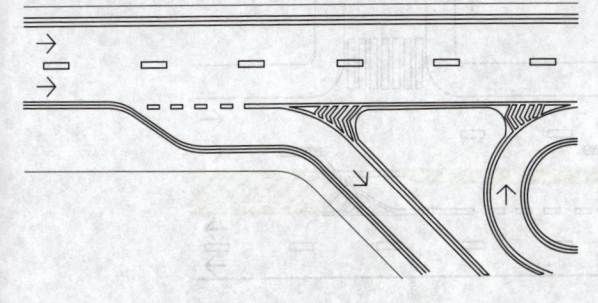

ORDENAÇÃO DE MOVIMENTO EM RETORNOS COM FAIXA ADICIONAL PARA O MOVIMENTO

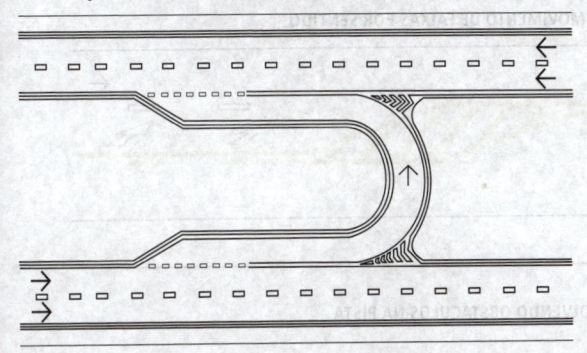

ILHAS DE CANALIZAÇÃO E REFÚGIO PARA PEDESTRES

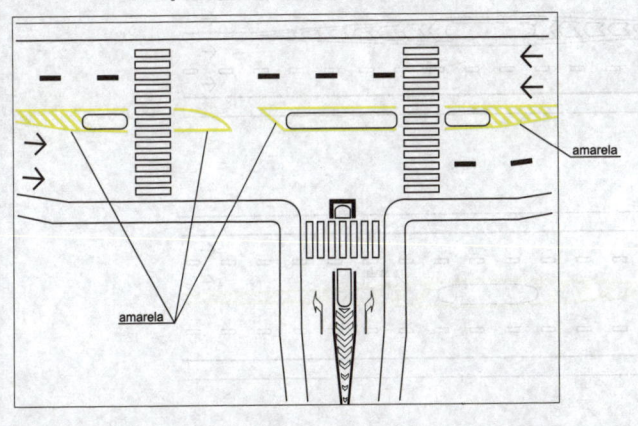

CANTEIRO CENTRAL FORMADO COM MARCAS DE CANALIZAÇÃO COM CONVERSÃO À ESQUERDA

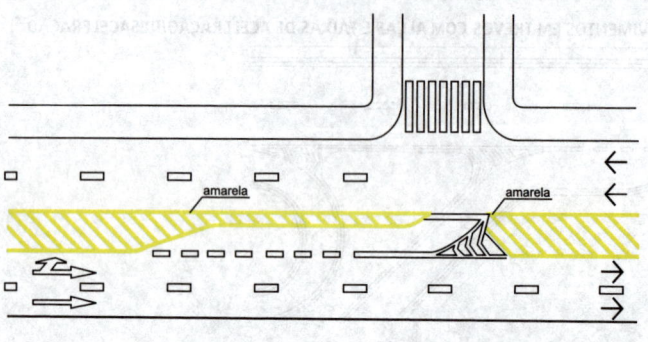

MARCA DE ALTERNÂNCIA DO MOVIMENTO DE FAIXAS POR SENTIDO

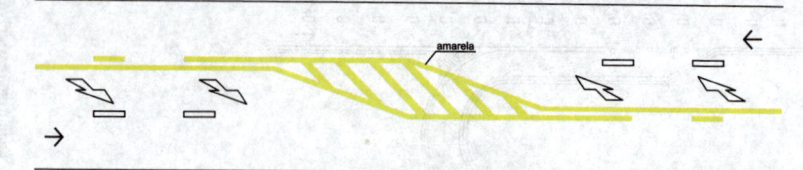

ILHAS DE CANALIZAÇÃO ENVOLVENDO OBSTÁCULOS NA PISTA

SENTIDO ÚNICO

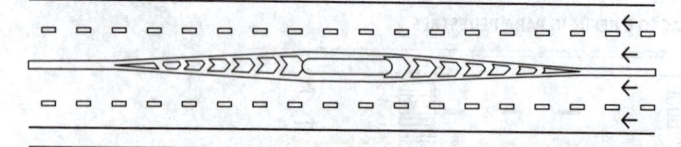

SENTIDO DUPLO

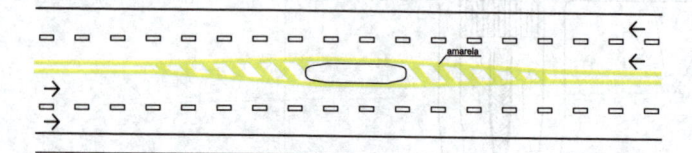

ACOMODAÇÃO PARA INÍCIO DE CANTEIRO CENTRAL

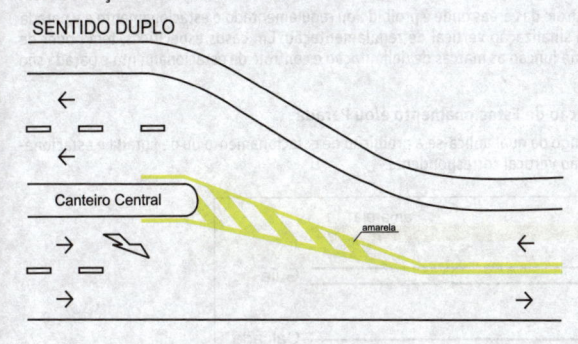

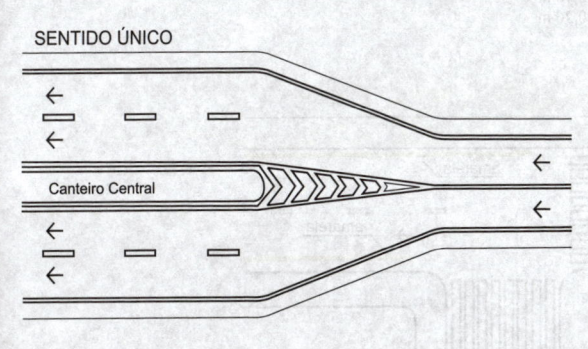

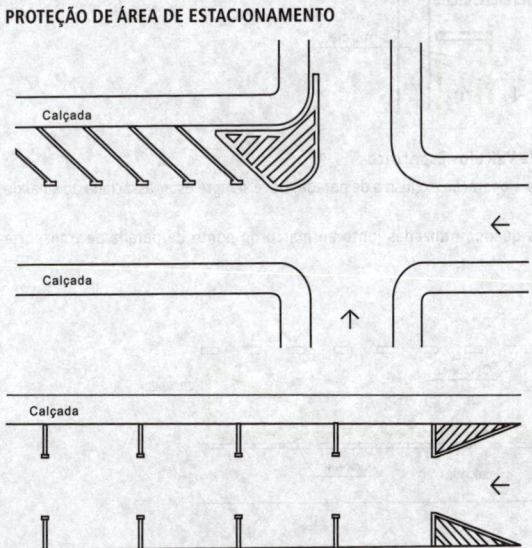

SENTIDO DUPLO

Canteiro Central

amarela

SENTIDO ÚNICO

Canteiro Central

PROTEÇÃO DE ÁREA DE ESTACIONAMENTO

Calçada

Calçada

Calçada

Calçada

2.2.5 Marcas de Delimitação e Controle de Estacionamento e/ou Parada

Delimitam e propiciam melhor controle das áreas onde é proibido ou regulamentado o estacionamento e a parada de veículos, quando associadas à sinalização vertical de regulamentação. Em casos específicos, tem poder de regulamentação. De acordo com sua função as marcas de delimitação e controle de estacionamento e parada são subdivididas nos seguintes tipos:

a) Linha de Indicação de Proibição de Estacionamento e/ou Parada

Delimita a extensão da pista ao longo da qual aplica-se a proibição de estacionamento ou de parada e estacionamento estabelecida pela sinalização vertical correspondente.

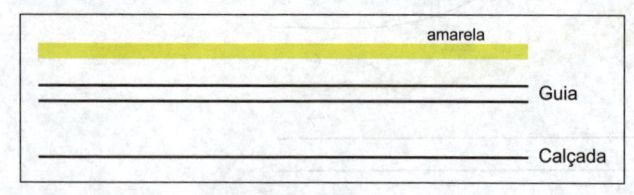

- Largura da linha: mínima 0,10 m
                     máxima 0,20 m
- Cor: amarela

Exemplo de Aplicação:

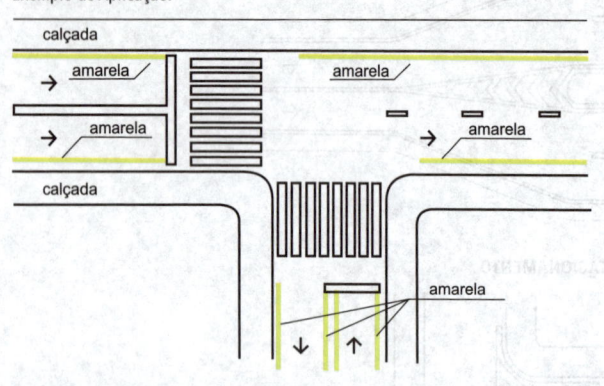

b) Marca Delimitadora de Parada de Veículos Específicos

Delimita a extensão da pista destinada à operação exclusiva de parada. Deve sempre estar associada ao sinal de regulamentação correspondente.

É opcional o uso destas sinalizações quando utilizadas junto ao marco do ponto de parada de transporte coletivo.

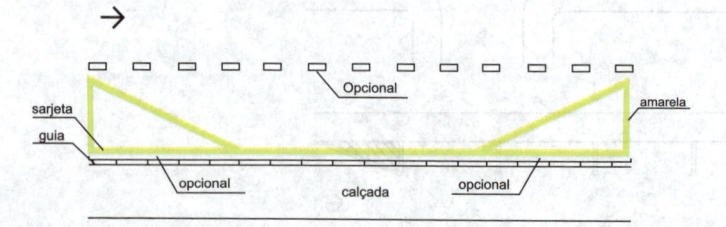

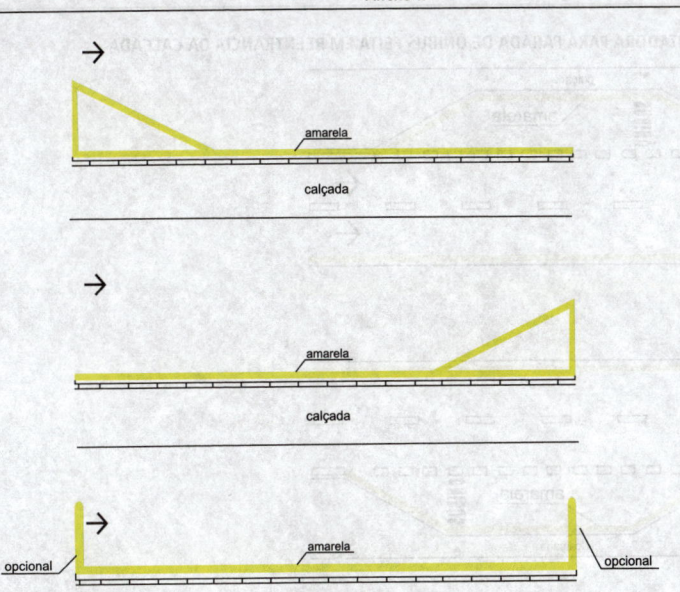

- Largura da linha: mínima 0,10 m
  máxima 0,20 m
- Cor: amarela

Exemplos de Aplicação:

MARCA DELIMITADORA PARA PARADA DE ÔNIBUS EM FAIXA DE TRÂNSITO

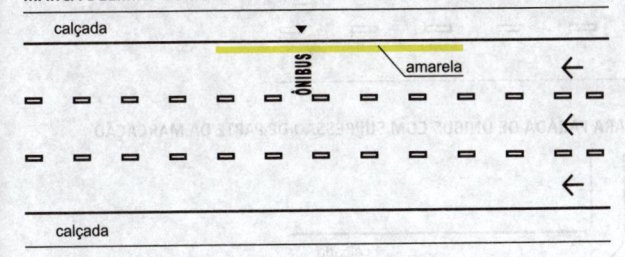

MARCA DELIMITADORA PARA PARADA DE ÔNIBUS EM FAIXA DE ESTACIONAMENTO

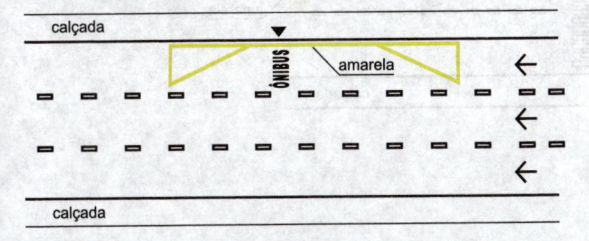

MARCA DELIMITADORA PARA PARADA DE ÔNIBUS FEITA EM REENTRÂNCIA DA CALÇADA

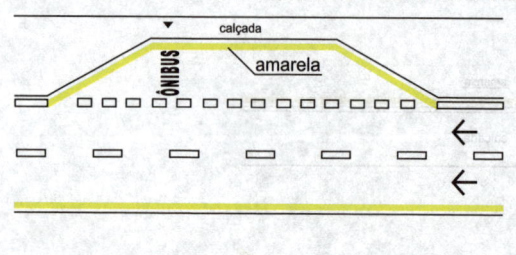

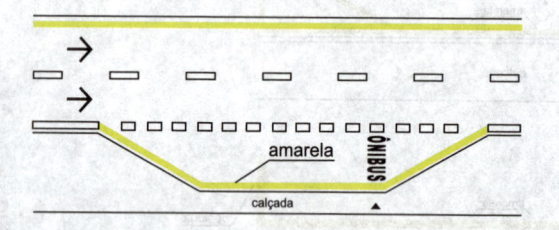

MARCA DELIMITADORA PARA PARADA DE ÔNIBUS EM FAIXA DE TRÂNSITO COM AVANÇO DE CALÇADA NA FAIXA DE ESTACIONAMENTO

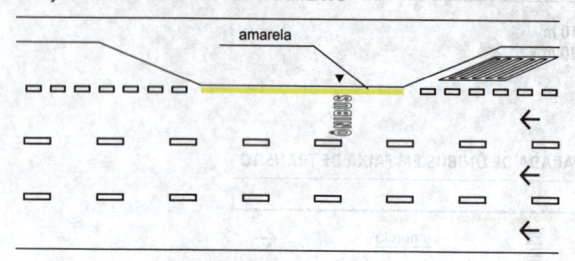

MARCA DELIMITADORA PARA PARADA DE ÔNIBUS COM SUPRESSÃO DE PARTE DA MARCAÇÃO

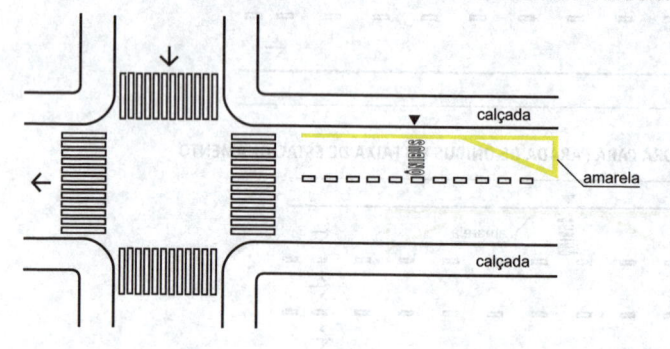

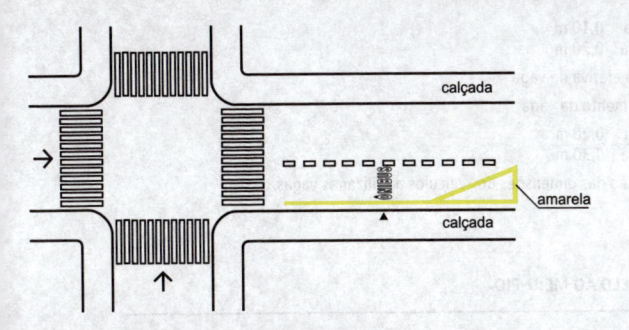

c) Marca Delimitadora de Estacionamento Regulamentado

Delimita o trecho de pista no qual é permitido o estacionamento estabelecido pelas normas gerais de circulação e conduta ou pelo sinal R-6b.

- **Paralelo ao meio-fio:**
- **Linha simples contínua ou tracejada**

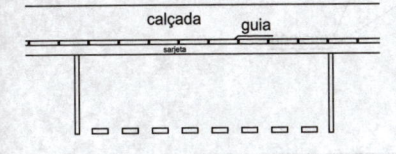

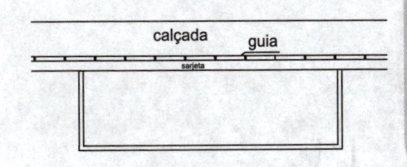

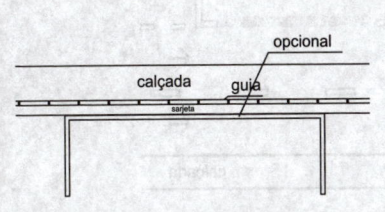

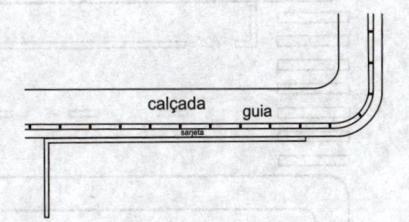

Largura da linha:	mínima	0,10 m
	máxima	0,20 m
- Relação:	1:1	
- Cor:	branca	

- **Em ângulo:**
- **Linha contínua**

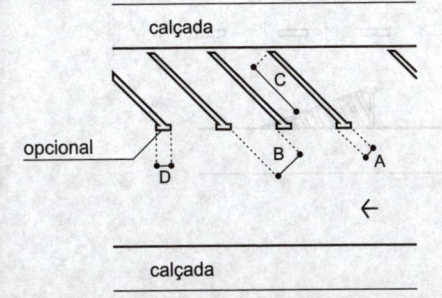

- Dimensões: A = mínima 0,10 m
              máxima 0,20 m
          B = largura efetiva da vaga
          C = comprimento da vaga
          D = mínima 0,20 m
              máxima 0,30 m

B e C, estabelecidas em função das dimensões dos veículos a utilizar as vagas.

- Cor: branca

Exemplos de Aplicação:

ESTACIONAMENTO PARALELO AO MEIO-FIO

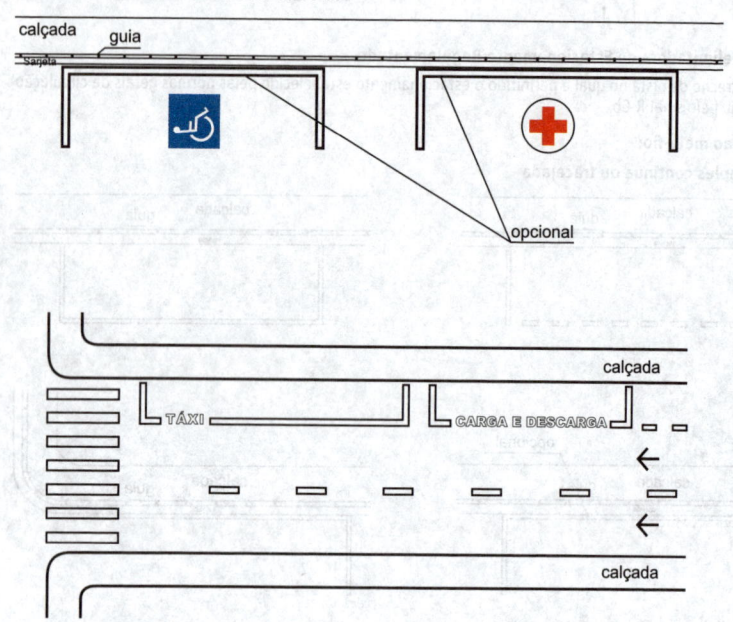

MARCA COM DELIMITAÇÃO DA VAGA

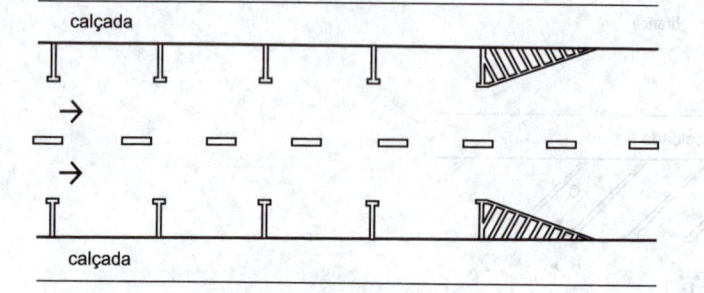

Anexo II 255

MARCA SEM LIMITAÇÃO DA VAGA

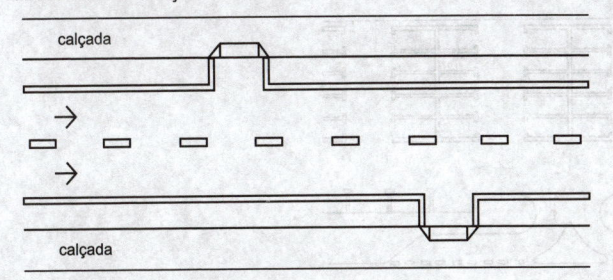

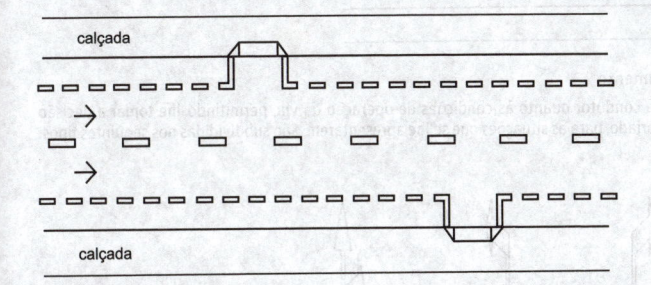

ESTACIONAMENTO EM ÂNGULO

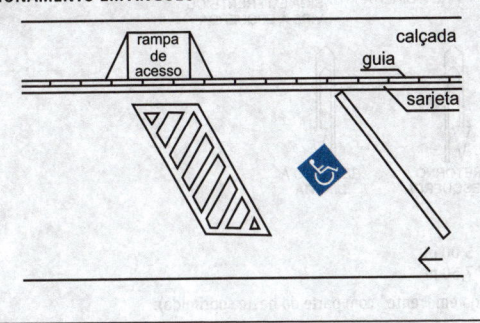

rampa de acesso
calçada
guia
sarjeta

opcional

calçada

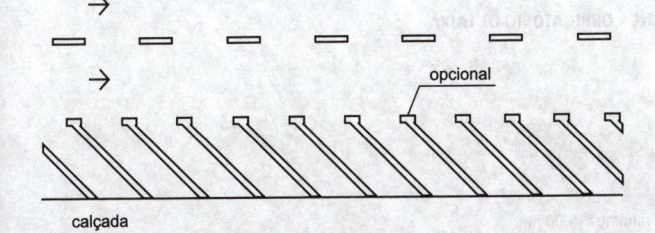

ESTACIONAMENTO EM ÁREAS ISOLADAS

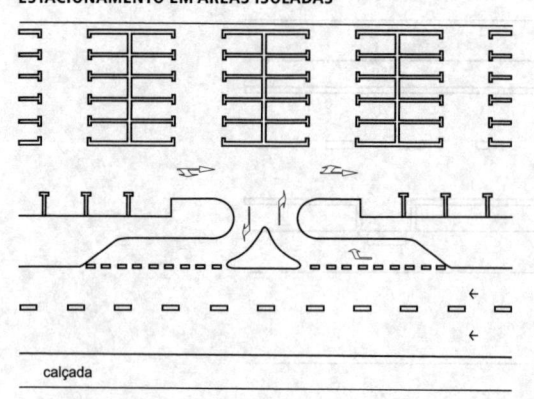

calçada

2.2.6. Inscrições no Pavimento

Melhoram a percepção do condutor quanto às condições de operação da via, permitindo-lhe tomar a decisão adequada, no tempo apropriado, para as situações que se lhe apresentarem. São subdivididas nos seguintes tipos:

a) Setas Direcionais

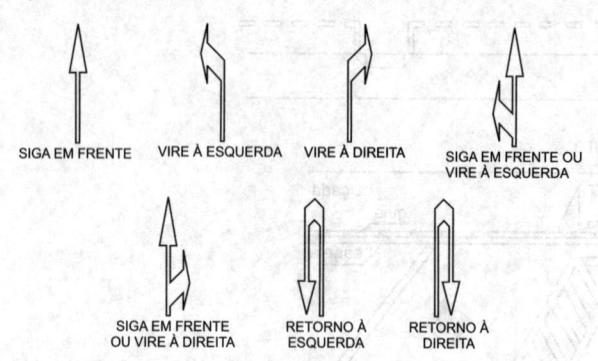

SIGA EM FRENTE   VIRE À ESQUERDA   VIRE À DIREITA   SIGA EM FRENTE OU VIRE À ESQUERDA

SIGA EM FRENTE OU VIRE À DIREITA   RETORNO À ESQUERDA   RETORNO À DIREITA

Comprimento da seta:
    Fluxo veicular: mínimo 5,00 m
                             máximo 7,50 m

    Fluxo pedestre (somente seta "Siga em Frente" com parte da haste suprimida):
                             mínimo 2,00 m
                             máximo 4,00 m

- Cor: branca

• **INDICATIVO DE MUDANÇA OBRIGATÓRIO DE FAIXA**

Comprimento da seta: mínimo 5,00 m
                                máximo 7,50 m
- Cor: branca

• **INDICATIVO DE MOVIMENTO EM CURVA (USO EM SITUAÇÃO DE CURVA ACENTUADA)**

- Comprimento da seta: mínimo 4,50 m
- Cor: branca

Exemplos de Aplicação:

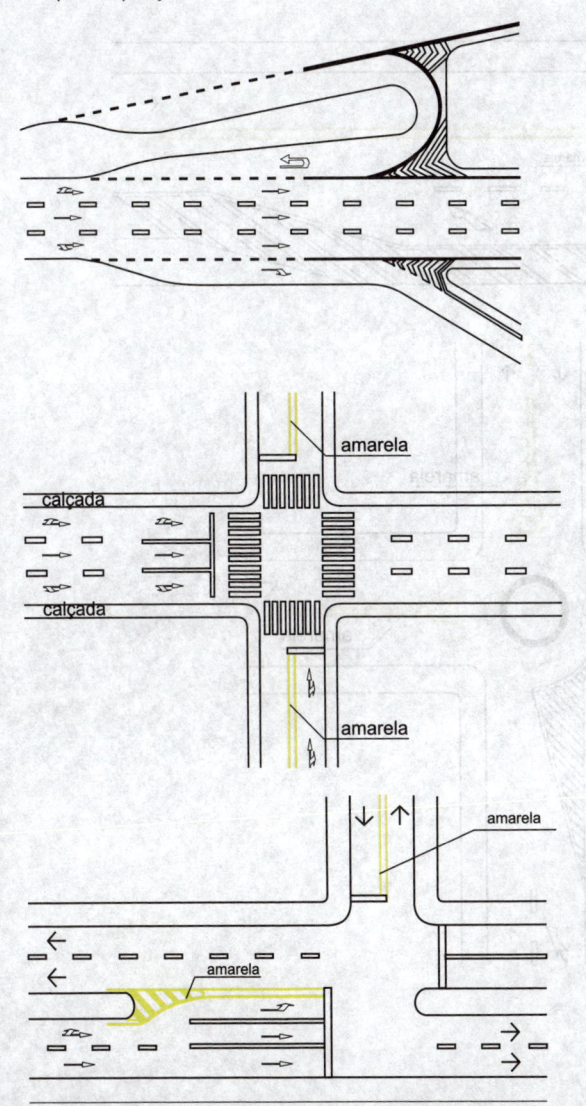

VIA URBANA

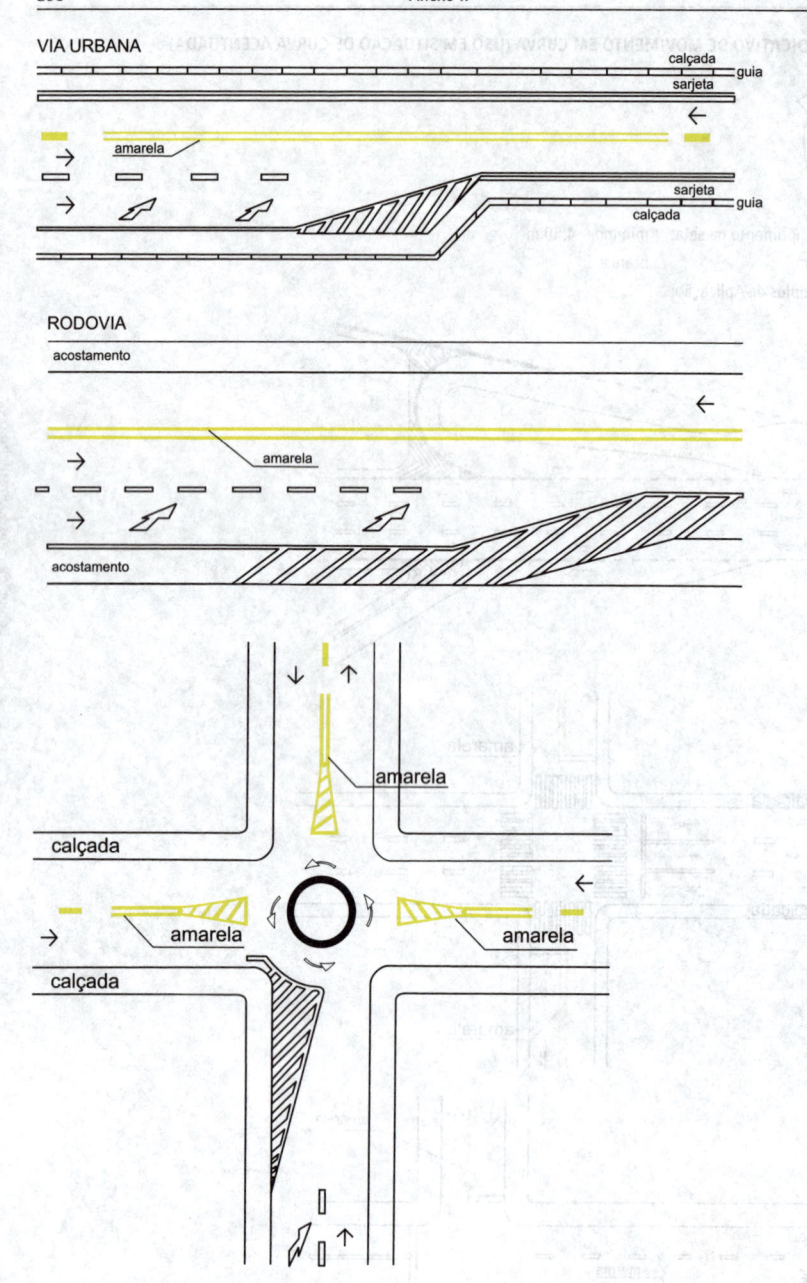

calçada
guia
sarjeta

amarela

sarjeta
calçada — guia

RODOVIA

acostamento

amarela

acostamento

amarela

calçada

amarela — amarela

calçada

b) Símbolos

Indicam e alertam o condutor sobre situações específicas na via.

• "DÊ A PREFERÊNCIA"

INDICATIVO DE INTERSEÇÃO COM VIA QUE TEM PREFERÊNCIA

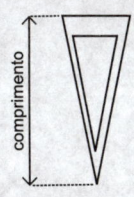

- Dimensões: comprimento mínimo 3,60 m
                            máximo 6,00 m
- Cor: branca

• "CRUZ DE SANTO ANDRÉ"

INDICATIVO DE CRUZAMENTO RODOFERROVIÁRIO

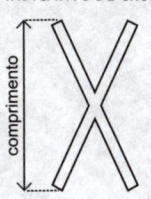

- Comprimento: 6,00 m
- Cor: branca

• "BICICLETA"

INDICATIVO DE VIA, PISTA OU FAIXA DE TRÂNSITO DE USO DE CICLISTAS

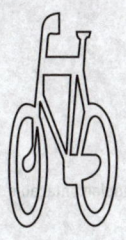

Cor: branca

• "SERVIÇOS DE SAÚDE"

INDICATIVO DE ÁREA OU LOCAL DE SERVIÇOS DE SAÚDE

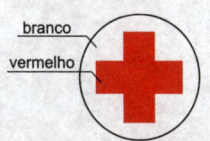

- Dimensão: diâmetro mínimo 1,20 m
- Cor: conforme indicado

• "DEFICIENTE FÍSICO"

(INDICATIVO DE LOCAL DE ESTACIONAMENTO DE VEÍCULOS QUE TRANSPORTAM OU QUE SEJAM CONDUZIDOS POR PESSOAS PORTADORAS DE DEFICIÊNCIAS FÍSICAS)

- Dimensão: lado mínimo 1,20 m
- Cor: conforme indicado

Exemplos de Aplicação:

CRUZAMENTO RODOFERROVIÁRIO

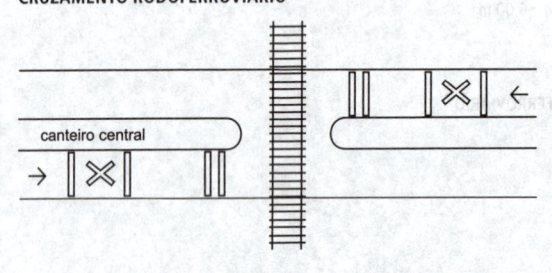

CRUZAMENTO COM VIA PREFERENCIAL

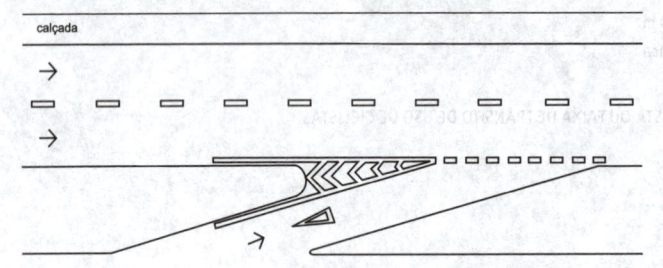

c) Legendas

Advertem acerca de condições particulares de operação da via e complementam os sinais de regulamentação e advertência.

Obs: Para legendas curtas a largura das letras e algarismos pode ser maior.
- Comprimento mínimo:
Para legenda transversal ao fluxo veicular: 1,60 m
Para legenda longitudinal ao fluxo veicular: 0,25 m
- Cor: branca
Exemplos de Legendas:

PARE   DEVAGAR

ÔNIBUS   ESCOLA

⇐ OLHE ⇒

CARGA E DESCARGA

80 km/h   ou   km/h
                        80

3. DISPOSITIVOS AUXILIARES

Dispositivos Auxiliares são elementos aplicados ao pavimento da via, junto a ela, ou nos obstáculos próximos, de forma a tornar mais eficiente e segura a operação da via. São constituídos de materiais, formas e cores diversos, dotados ou não de refletividade, com as funções de:

- incrementar a percepção da sinalização, do alinhamento da via ou de obstáculos à circulação;
- reduzir a velocidade praticada;
- oferecer proteção aos usuários;
- alertar os condutores quanto a situações de perigo potencial ou que requeiram maior atenção.

Os Dispositivos Auxiliares são agrupados, de acordo com suas funções, em:
- Dispositivos Delimitadores;
- Dispositivos de Canalização;
- Dispositivos de Sinalização de Alerta;
- Alterações nas Características do Pavimento;
- Dispositivos de Proteção Contínua;
- Dispositivos Luminosos;
- Dispositivos de Proteção a Áreas de Pedestres e/ou Ciclistas;
- Dispositivos de Uso Temporário.

3.1. DISPOSITIVOS DELIMITADORES

São elementos utilizados para melhorar a percepção do condutor quanto aos limites do espaço destinado ao rolamento e a sua separação em faixas de circulação. São apostos em série no pavimento ou em suportes, reforçando marcas viárias, ou ao longo das áreas adjacentes a elas.

Podem ser mono ou bidirecionais em função de possuírem uma ou duas unidades refletivas. O tipo e a(s) cor(es) das faces refletivas são definidos em função dos sentidos de circulação na via, considerando como referencial um dos sentidos de circulação, ou seja, a face voltada para este sentido.

Tipos de Dispositivos Delimitadores:

• **Balizadores** – unidades refletivas mono ou bidirecionais, afixadas em suporte.

- Cor do elemento refletivo:

branca – para ordenar fluxos de mesmo sentido;

amarela – para ordenar fluxos de sentidos opostos;

vermelha – em vias rurais, de pista simples, duplo sentido de circulação, podem ser utilizadas unidades refletivas na cor vermelha, junto ao bordo da pista ou acostamento do sentido oposto.

Exemplo:

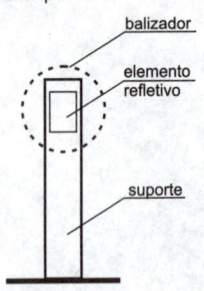

• **Balizadores de Pontes, Viadutos, Túneis, Barreiras e Defensas** – unidades refletivas afixadas ao longo do guarda-corpo e/ou mureta de obras de arte, de barreiras e defensas.

- Cor do elemento refletivo:

branca – para ordenar fluxos de mesmo sentido;

amarela – para ordenar fluxos de sentidos opostos;

vermelha – em vias rurais, de pista simples, duplo sentido de circulação, podem ser utilizadas unidades refletivas na cor vermelha, afixadas no guarda-corpo ou mureta de obras de arte, barreiras e defensas do sentido oposto.

Exemplo:

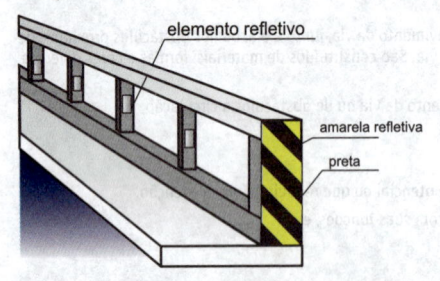

• **Tachas** – elementos contendo unidades refletivas, aplicados diretamente no pavimento.

- Cor do corpo: branca ou amarela, de acordo com a marca viária que complementa.

- Cor do elemento refletivo:

branca – para ordenar fluxos de mesmo sentido;

amarela – para ordenar fluxos de sentidos opostos;

vermelha – em rodovias, de pista simples, duplo sentido de circulação, podem ser utilizadas unidades refletivas na cor vermelha, junto à linha de bordo do sentido oposto.

- Especificação mínima: Norma ABNT.

Exemplos:

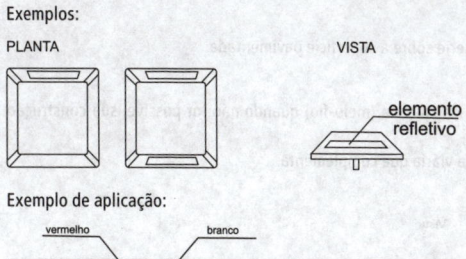

PLANTA　　　　　　　　　　　　　　　VISTA

elemento refletivo

Exemplo de aplicação:

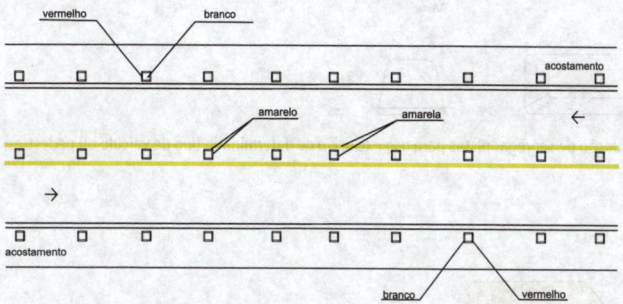

- **Tachões** – elementos contendo unidades refletivas, aplicados diretamente no pavimento.
- Cor do corpo: amarela
- Cor do elemento refletivo:

branca – para ordenar fluxos de mesmo sentido;

amarela – para ordenar fluxos de sentidos opostos;

vermelha – em rodovias, de pista simples, duplo sentido de circulação, podem ser utilizadas unidades refletivas na cor vermelha, junto à linha de bordo do sentido oposto.

- Especificação mínima: Norma ABNT.

Exemplos:

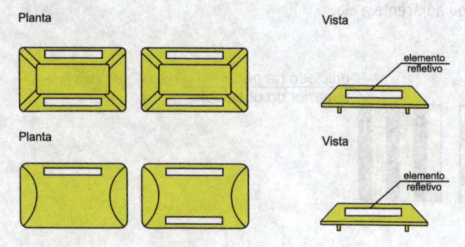

Planta　　　　　　　　　　　　　　Vista

Planta　　　　　　　　　　　　　　Vista

- **Cilindros Delimitadores**

Exemplo:

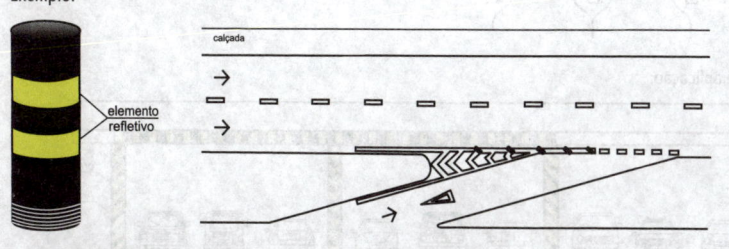

- Cor do Corpo: preta
- Cor do Material Refletivo: amarela.

3.2. DISPOSITIVOS DE CANALIZAÇÃO

Os dispositivos de canalização são apostos em série sobre a superfície pavimentada.

Tipos de Dispositivos de Canalização:

• **Prismas** – têm a função de substituir a guia da calçada (meio-fio) quando não for possível sua construção imediata.
- Cor: branca ou amarela, de acordo com a marca viária que complementa.

Exemplo:

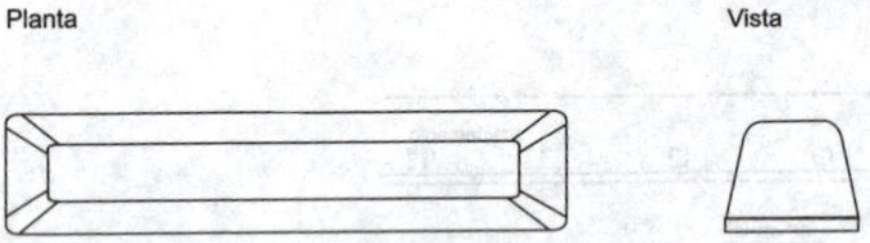

Planta   Vista

• **Segregadores** – têm a função de segregar pistas para uso exclusivo de determinado tipo de veículo ou pedestres.
- Cor: amarela.

Exemplo:

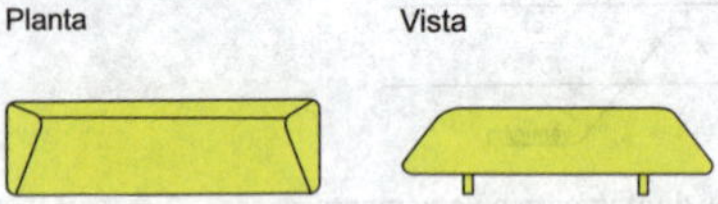

Planta   Vista

3.3. DISPOSITIVOS DE SINALIZAÇÃO DE ALERTA

São elementos que têm a função de melhorar a percepção do condutor quanto aos obstáculos e situações geradoras de perigo potencial à sua circulação, que estejam na via ou adjacentes à mesma, ou quanto a mudanças bruscas no alinhamento horizontal da via.

Possuem as cores amarela e preta quando sinalizam situações permanentes e adquirem cores laranja e branca quando sinalizam situações temporárias, como obras.

Tipos de Dispositivos de Sinalização de Alerta:

• **Marcadores de Obstáculos** – unidades refletivas apostas no próprio obstáculo, destinadas a alertar o condutor quanto à existência de obstáculo disposto na via ou adjacente a ela.

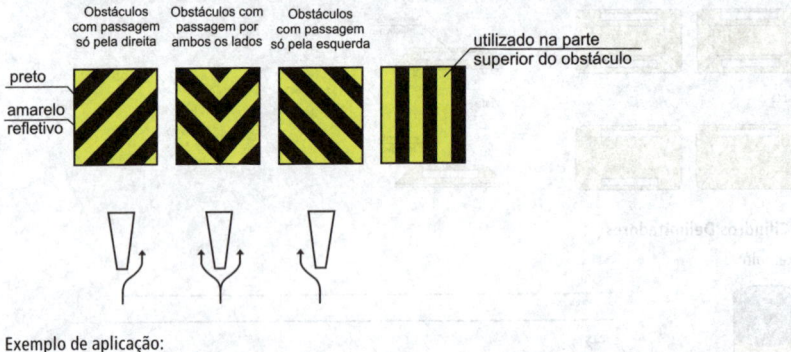

Obstáculos com passagem só pela direita
Obstáculos com passagem por ambos os lados
Obstáculos com passagem só pela esquerda

utilizado na parte superior do obstáculo

preto
amarelo refletivo

Exemplo de aplicação:

preto
Amarelo

• **Marcadores de Perigo** – unidades refletivas fixadas em suporte destinadas a alertar o condutor do veículo quanto a situação potencial de perigo.

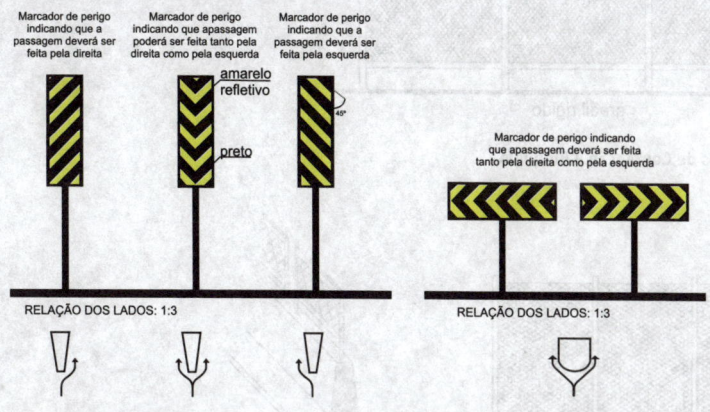

Marcador de perigo indicando que a passagem deverá ser feita pela direita

Marcador de perigo indicando que a passagem poderá ser feita tanto pela direita como pela esquerda

Marcador de perigo indicando que a passagem deverá ser feita pela esquerda

amarelo refletivo

preto

Marcador de perigo indicando que a passagem deverá ser feita tanto pela direita como pela esquerda

RELAÇÃO DOS LADOS: 1:3

RELAÇÃO DOS LADOS: 1:3

• **Marcadores de Alinhamento** – unidades refletivas fixadas em suporte, destinadas a alertar o condutor do veículo quando houver alteração do alinhamento horizontal da via.

amarelo refletivo

Fundo preto fosco

3.4. ALTERAÇÕES NAS CARACTERÍSTICAS DO PAVIMENTO

São recursos que alteram as condições normais da pista de rolamento, quer pela sua elevação com a utilização de dispositivos físicos colocados sobre a mesma, quer pela mudança nítida de características do próprio pavimento. São utilizados para:

- estimular a redução da velocidade;

- aumentar a aderência ou atrito do pavimento;

- alterar a percepção do usuário quanto a alterações de ambiente e uso da via, induzido-o a adotar comportamento cauteloso;

- incrementar a segurança e/ou criar facilidades para a circulação de pedestres e/ou ciclistas.

3.5. DISPOSITIVOS DE PROTEÇÃO CONTÍNUA

São elementos colocados de forma contínua e permanente ao longo da via, confeccionados em material flexível, maleável ou rígido, que têm como objetivo:

- evitar que veículos e/ou pedestres transponham determinado local;

- evitar ou dificultar a interferência de um fluxo de veículos sobre o fluxo oposto.

Tipos de Dispositivos para Fluxo de Pedestres e Ciclistas:

• **Gradis de Canalização e Retenção**

Devem ter altura máxima de 1,20 m e permitir intervisibilidade entre veículos e pedestres.
Exemplos:

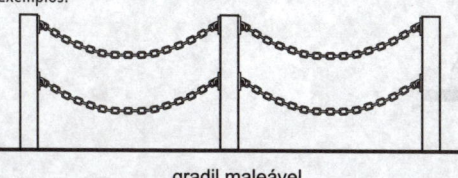

gradil maleável

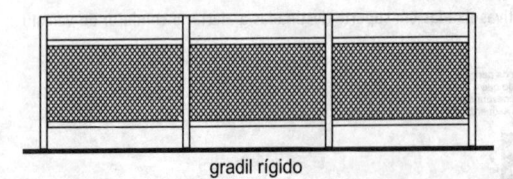

gradil rígido

• **Dispositivos de Contenção e Bloqueio**
Exemplo:

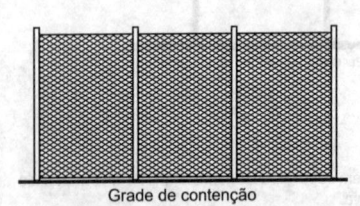

Grade de contenção

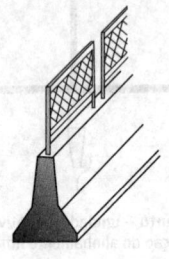

Tipos de Dispositivos para Fluxo Veicular:

• **Defensas Metálicas**
Especificação mínima: Norma ABNT
Exemplos:

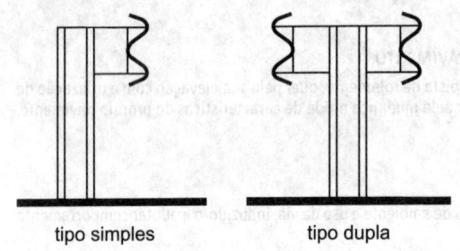

tipo simples   tipo dupla

• **Barreiras de Concreto**
Especificação mínima: Norma ABNT
Exemplos:

simples   dupla

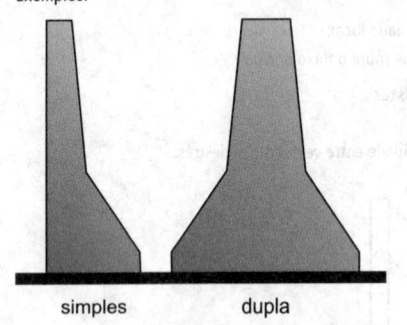

• **Dispositivos Antiofuscamento**
Especificação mínima: Norma ABNT
Exemplo:

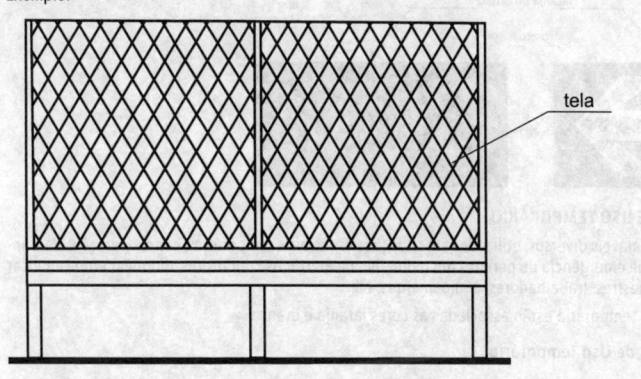

tela

3.6. DISPOSITIVOS LUMINOSOS

São dispositivos que se utilizam de recursos luminosos para proporcionar melhores condições de visualização da sinalização, ou que, conjugados a elementos eletrônicos, permitem a variação da sinalização ou de mensagens, como por exemplo:

- advertência de situação inesperada à frente;
- mensagens educativas visando o comportamento adequado dos usuários da via;
- orientação em praças de pedágio e pátios públicos de estacionamento;
- informação sobre condições operacionais das vias;
- orientação do trânsito para a utilização de vias alternativas;
- regulamentação de uso da via.

Tipos de Dispositivos Luminosos:

• **Painéis Eletrônicos**
Exemplos:

Trânsito lento
km 30 ao km 34,5

Acidente na pista

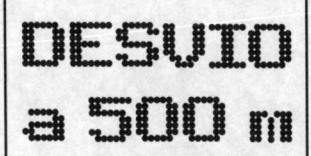

DESVIO
a 500 m

• **Painéis com Setas Luminosas**

Exemplos:

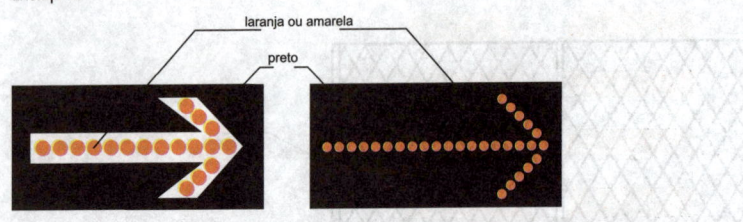

(laranja ou amarela / preto)

3.7. DISPOSITIVOS DE USO TEMPORÁRIO

São elementos fixos ou móveis diversos, utilizados em situações especiais e temporárias, como operações de trânsito, obras e situações de emergência ou perigo, com o objetivo de alertar os condutores, bloquear e/ou canalizar o trânsito, proteger pedestres, trabalhadores, equipamentos, etc.

Aos dispositivos de uso temporário estão associadas as cores laranja e branca.

Tipos de Dispositivos de Uso Temporário:

• **Cones**

Especificação mínima: Norma ABNT

Exemplo:

(branca refletiva / laranja)

• **Cilindro**

Especificação mínima: Norma ABNT

Exemplo:

(branca refletiva / laranja)

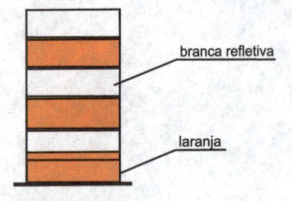

• **Balizador Móvel**

Exemplo:

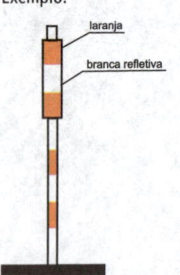

(laranja / branca refletiva)

Anexo II

- **Tambores**

Exemplos:

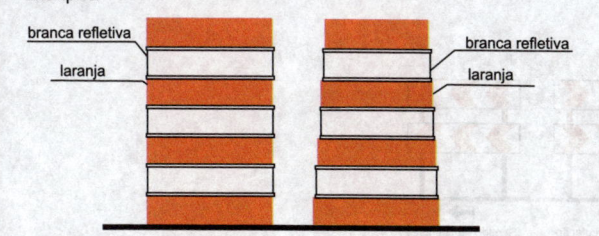

branca refletiva
laranja
branca refletiva
laranja

- **Fita Zebrada**

Exemplo:

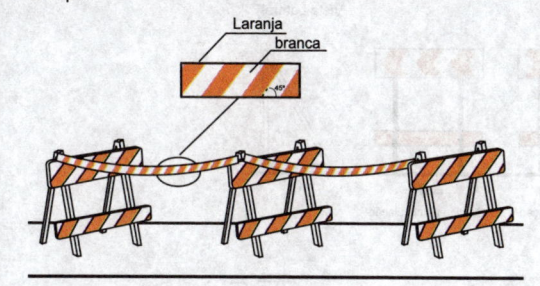

Laranja
branca
45°

- **Cavaletes**

Exemplos:

ARTICULADOS

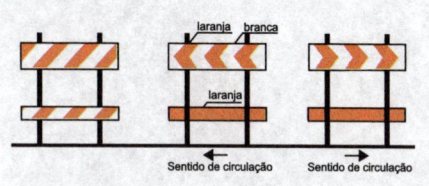

Vista frontal

laranja branca
laranja

Sentido de circulação   Sentido de circulação

Vista lateral

DESMONTÁVEIS

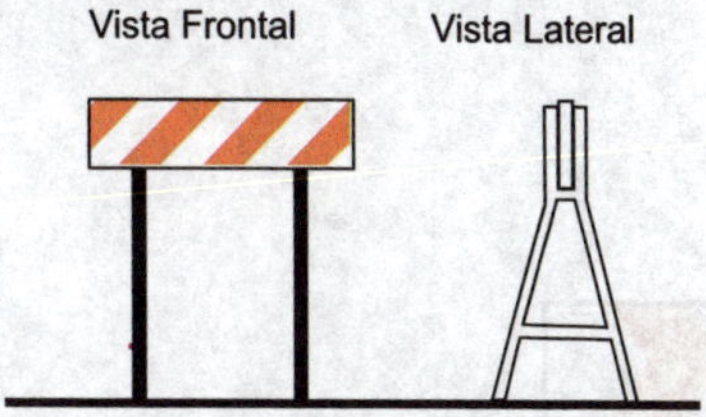

Vista Frontal   Vista Lateral

• Barreiras

Exemplos:

FIXAS

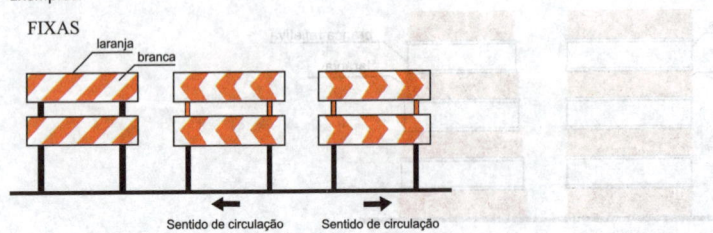

laranja / branca

Sentido de circulação Sentido de circulação

MÓVEIS

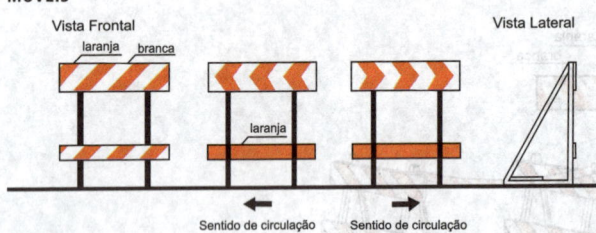

Vista Frontal

laranja / branca

laranja

Vista Lateral

Sentido de circulação Sentido de circulação

CANCELAS

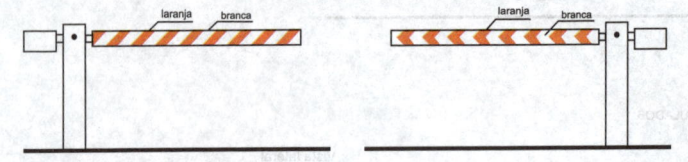

laranja branca

laranja branca

PLÁSTICAS

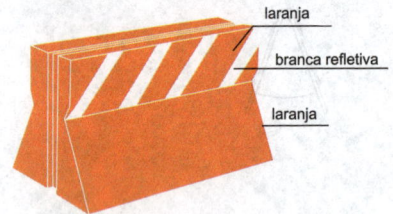

laranja
branca refletiva
laranja

• Tapumes

Exemplos:

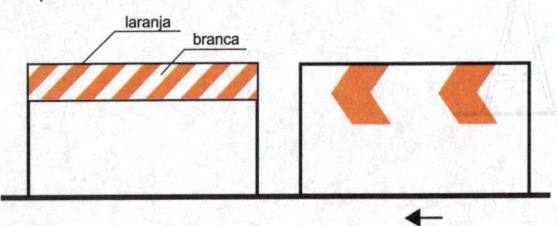

laranja branca

Sentido de circulação

• **Gradis**

Exemplos:

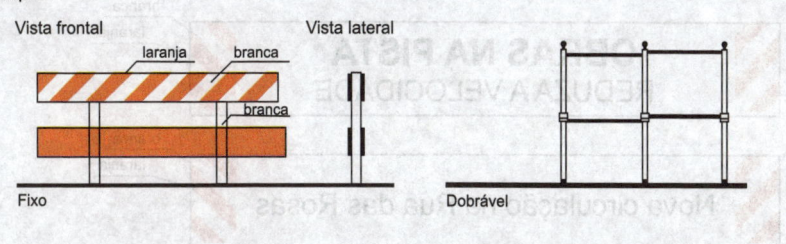

Vista frontal — laranja, branca, branca
Vista lateral
Fixo
Dobrável

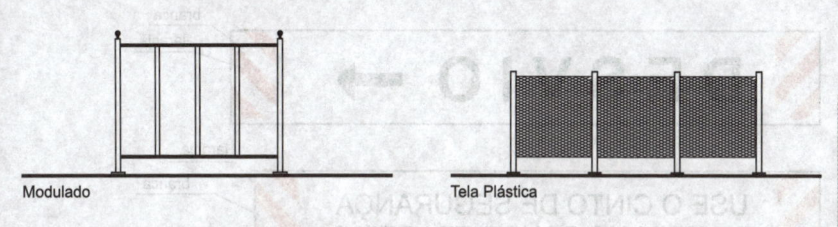

Modulado
Tela Plástica

Elementos Luminosos Complementares

Exemplos:

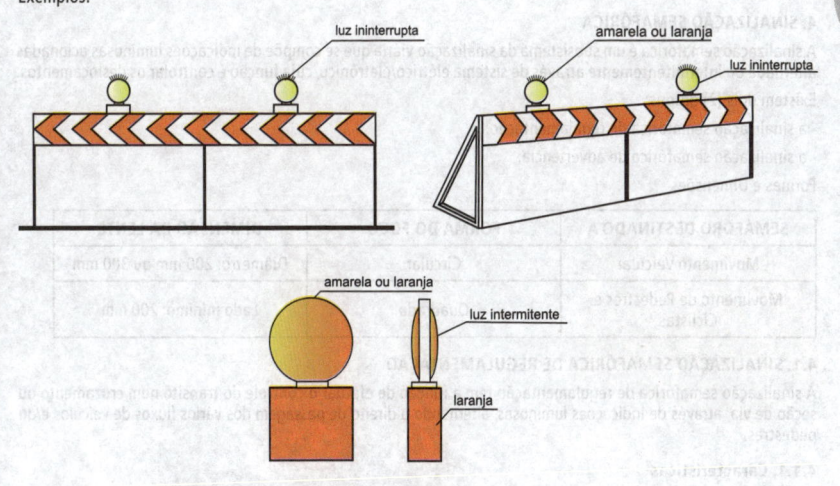

luz ininterrupta
amarela ou laranja
luz ininterrupta

amarela ou laranja
luz intermitente
laranja

• **Bandeiras**

Exemplos:

laranja ou vermelha
laranja ou vermelha

• **Faixas**

Exemplos:

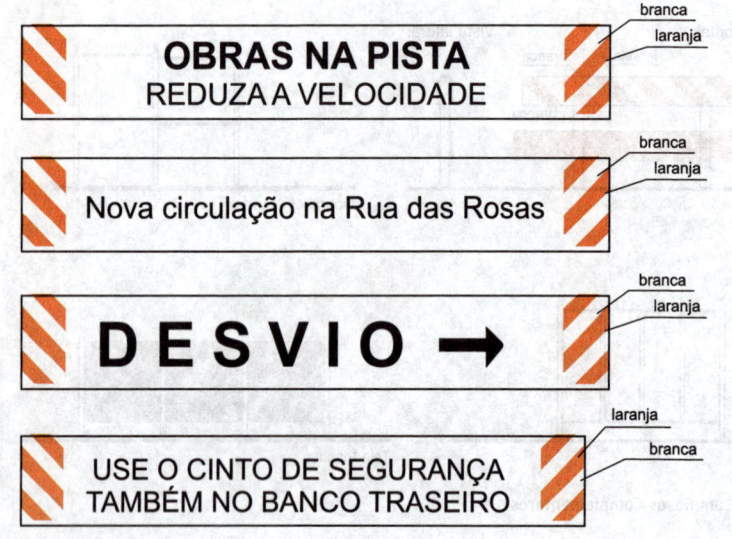

> OBRAS NA PISTA
> REDUZA A VELOCIDADE

branca
laranja

> Nova circulação na Rua das Rosas

branca
laranja

> DESVIO →

branca
laranja

> USE O CINTO DE SEGURANÇA
> TAMBÉM NO BANCO TRASEIRO

laranja
branca

4. SINALIZAÇÃO SEMAFÓRICA

A sinalização semafórica é um subsistema da sinalização viária que se compõe de indicações luminosas acionadas alternada ou intermitentemente através de sistema elétrico/eletrônico, cuja função é controlar os deslocamentos.

Existem dois (2) grupos:

- a sinalização semafórica de regulamentação;
- a sinalização semafórica de advertência.

Formas e Dimensões

SEMÁFORO DESTINADO A	FORMA DO FOCO	DIMENSÃO DA LENTE
Movimento Veicular	Circular	Diâmetro: 200 mm ou 300 mm
Movimento de Pedestres e Ciclistas	Quadrada	Lado mínimo: 200 mm

4.1. SINALIZAÇÃO SEMAFÓRICA DE REGULAMENTAÇÃO

A sinalização semafórica de regulamentação tem a função de efetuar o controle do trânsito num cruzamento ou seção de via, através de indicações luminosas, alternando o direito de passagem dos vários fluxos de veículos e/ou pedestres.

4.1.1. Características

Compõe-se de indicações luminosas de cores preestabelecidas, agrupadas num único conjunto, dispostas verticalmente ao lado da via ou suspensas sobre ela, podendo neste caso ser fixadas horizontalmente.

4.1.2. Cores das Indicações Luminosas

As cores utilizadas são:

a) Para controle de fluxo de pedestres:

- **Vermelha:** indica que os pedestres não podem atravessar.
- **Vermelha Intermitente:** assinala que a fase durante a qual os pedestres podem atravessar está a ponto de terminar. Isto indica que os pedestres não podem começar a cruzar a via e os que tenham iniciado a travessia na fase verde se desloquem o mais breve possível para o local seguro mais próximo.
- **Verde:** assinala que os pedestres podem atravessar.

b) Para controle de fluxo de veículos:
- **Vermelha:** indica obrigatoriedade de parar.
- **Amarela:** indica "atenção", devendo o condutor parar o veículo, salvo se isto resultar em situação de perigo.
- **Verde:** indica permissão de prosseguir na marcha, podendo o condutor efetuar as operações indicadas pelo sinal luminoso, respeitadas as normas gerais de circulação e conduta.

4.1.3. Tipos

a) Para Veículos:

- **Compostos de três indicações luminosas**, dispostas na sequência preestabelecida abaixo:

vermelho

amarelo

verde

vermelho verde

amarelo

O acendimento das indicações luminosas deve ser na sequência verde, amarelo, vermelho, retornando ao verde.

Para efeito de segurança recomenda-se o uso de, no mínimo, dois conjuntos de grupos focais por aproximação, ou a utilização de um conjunto de grupo focal composto de dois focos vermelhos, um amarelo e um verde.

- **Compostos de duas indicações luminosas**, dispostas na sequência preestabelecida abaixo. Para uso exclusivo em controles de acesso específico, tais como praças de pedágio e balsa.

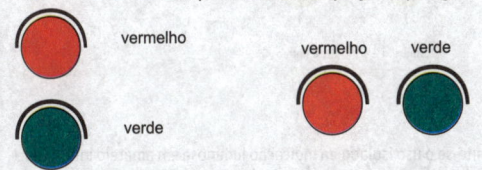

vermelho

verde

vermelho verde

- **Com símbolos**, que podem estar isolados ou integrando um semáforo de três ou duas indicações luminosas.

Exemplos:

DIREÇÃO CONTROLADA

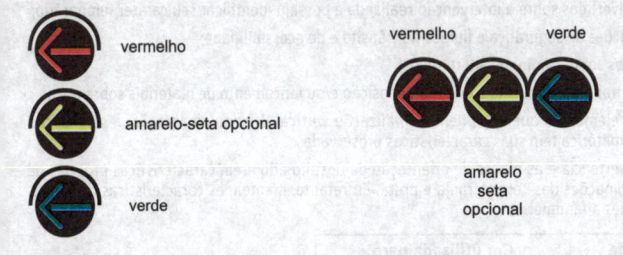

vermelho

amarelo-seta opcional

verde

vermelho verde

amarelo
seta
opcional

CONTROLE OU FAIXA REVERSÍVEL

vermelho

verde

vermelho verde

DIREÇÃO LIVRE

verde (seta para cima)   verde (seta para a direita)

b) Para Pedestres:

vermelho (pedestre parado)   vermelho (mão)

verde (pedestre andando)   verde (pedestre andando)

4.2. SINALIZAÇÃO SEMAFÓRICA DE AVERTÊNCIA

A sinalização semafórica de advertência tem a função de advertir da existência de obstáculo ou situação perigosa, devendo o condutor reduzir a velocidade e adotar as medidas de precaução compatíveis com a segurança para seguir adiante.

4.2.1. Características

Compõe-se de uma ou duas luzes de cor amarela, cujo funcionamento é intermitente ou piscante alternado, no caso de duas indicações luminosas.

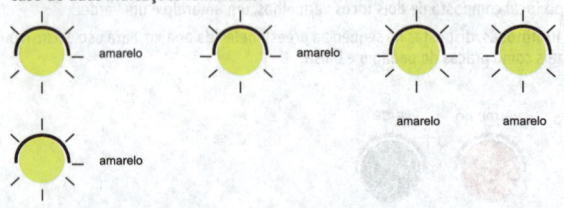

amarelo   amarelo   amarelo amarelo

amarelo

No caso de grupo focal de regulamentação, admite-se o uso isolado da indicação luminosa em amarelo intermitente, em determinados horários e situações específicas. Fica o condutor do veículo obrigado a reduzir a velocidade e respeitar o disposto no Artigo 29, inciso III, alínea c.

5. SINALIZAÇÃO DE OBRAS

A Sinalização de Obras tem como característica a utilização dos sinais e elementos de Sinalização Vertical, Horizontal, Semafórica e de Dispositivos e Sinalização Auxiliares combinados de forma que:

- os usuários da via sejam advertidos sobre a intervenção realizada e possam identificar seu caráter temporário;
- sejam preservadas as condições de segurança e fluidez do trânsito e de acessibilidade;
- os usuários sejam orientados sobre caminhos alternativos;
- sejam isoladas as áreas de trabalho, de forma a evitar a deposição e/ou lançamento de materiais sobre a via.

Na sinalização de obras, os elementos que compõem a sinalização vertical de regulamentação, a sinalização horizontal e a sinalização semafórica têm suas características preservadas.

A sinalização vertical de advertência e as placas de orientação de destino adquirem características próprias de cor, sendo adotadas as combinações das cores laranja e preta. Entretanto, mantém as características de forma, dimensões, símbolos e padrões alfanuméricos:

Sinalização vertical de Advertência ou de Indicação	Cor utilizada para Sinalização de Obras
Fundo	Laranja
Símbolo	Preta
Orla	Preta
Tarjas	Preta
Setas	Preta
Letras	Preta

Os dispositivos auxiliares obedecem as cores estabelecidas no capítulo 3 deste Anexo, mantendo as características de forma, dimensões, símbolos e padrões alfanuméricos.

São exemplos de sinalização de obras:

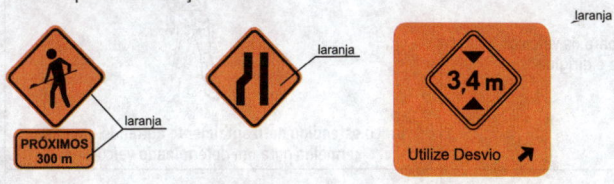

6. GESTOS

a) Gestos de Agentes da Autoridade de Trânsito

As ordens emanadas por gestos de Agentes da Autoridade de Trânsito prevalecem sobre as regras de circulação e as normas definidas por outros sinais de trânsito. Os gestos podem ser:

Significado	Sinal
Ordem de parada obrigatória para todos os veículos. Quando executada em interseções, os veículos que já se encontrem nela não são obrigados a parar.	Braço levantado verticalmente, com a palma da mão para a frente.
Ordem de parada obrigatória para todos os veículos que venham de direções que contem ortogonalmente a direção indicada pelo braço estendido, qualquer que seja o sentido de seu deslocamento.	Braços estendidos horizontalmente, com a palma da mão para frente.
Ordem de parada obrigatória para todos os veículos que venham de direções que contem ortogonalmente a direção indicada pelo braço estendido, qualquer que seja o sentido de seu deslocamento.	Braço estendido horizontalmente, com a palma da mão para fente, do lado do trânsito a que se destina.
Ordem de diminuição de velocidade.	Braço estendido horizontalmente, com a palma da mão para baixo, fazendo movimentos verticais.

Ordem de parada para os veículos aos quais a luz é dirigida.	
	Braço estendido horizontalmente agitando uma luz vermelha para um determinado veículo
Ordem de seguir.	
	Braço levantado, com movimento de antebraço de frente para a retaguarda e a palma da mão voltada para trás.

b) Gestos de Condutores

Significado	Sinal
Dobrar à esquerda	
Dobrar à direita	
Diminuir a marcha ou parar	

Obs.: Válido para todos os tipos de veículos.

7. SINAIS SONOROS

Sinais de apito	Significado	Emprego
um silvo breve	siga	liberar o trânsito em direção / sentido indicado pelo agente.
dois silvos breves	pare	indicar parada obrigatória.
um silvo longo	diminuir a marcha	quando for necessário fazer diminuir a marcha dos veículos.

Os sinais sonoros somente devem ser utilizados em conjunto com os gestos dos agentes.

Índice Alfabético-Remissivo do Código de Trânsito Brasileiro
(Lei nº 9.503, de 23-9-1997)

A

AGENTE DE TRÂNSITO
- competência para aplicação de medidas administrativas: art. 269
- prevalência das ordens, sobre as normas de circulação e sinais de trânsito: art. 89, I

AIR BAG
- obrigatoriedade: art. 105, VII, §§ 5º e 6º

ANIMAIS
- circulação de animais isolados ou em grupos: art. 53
- transporte de animais em veículos: arts. 235 e 252, II

AUTO DE INFRAÇÃO
- comprovação: art. 280, § 2º
- expedição de notificação: art. 282
- lavratura e conteúdo: art. 280

AUTOESCOLAS (CENTRO DE FORMAÇÃO DE CONDUTORES)
- aprendizagem, disposições: art. 158
- expedição para aprendizagem: art. 155, par. ún.
- normas ao seu credenciamento: art. 156

B

BAFÔMETRO (ETILÔMETRO): art. 277
- realização do exame de alcoolemia: arts. 276 e 277

BICICLETAS
- acessórios obrigatórios: art. 105, VI
- ciclista desmontado: art. 68, § 1º
- circulação: arts. 58 e 59
- forma de condução: art. 255

BUZINA
- infrações de trânsito: art. 227
- regras de utilização: art. 41

C

CÂMARAS TEMÁTICAS
- composição: art. 13, §§ 1º a 3º
- funcionamento: art. 8º, V, IX, X e XI

CARTEIRA NACIONAL DE HABILITAÇÃO – CNH
- cassação: art. 263
- categorias de habilitação: art. 146
- concessão: art. 148
- conferida ao condutor: art. 148, § 3º
- conteúdo: art. 159
- disposições gerais: art. 140
- emissão de nova via: art. 159, § 3º
- equivalência a documento de identidade: art. 159
- expedição: art. 19, VII
- falsificação ou adulteração: art. 234
- obrigatoriedade de reinício do processo; reprovação: art. 148, § 4º
- obrigatoriedade de seu porte: art. 159, § 1º
- processo de habilitação: art. 141
- registro da identificação: art. 159, § 6º
- renovação da validade: art. 159, § 8º
- requisitos para habilitação nas categorias D e E: art. 145
- submissão a exames para sua obtenção: art. 147
- substituição pelo novo modelo: art. 159, § 11
- validade para condução: art. 159, § 5º
- validade; prazo: art. 159, § 10

CERTIFICADO DE LICENCIAMENTO ANUAL – CLA
- expedição; competência: art. 19, VII

- expedição; forma: art. 131
- obrigatoriedade de seu porte: art. 133

CERTIFICADO DE REGISTRO DE VEÍCULO – CRV
- expedição; competência: art. 19, VII
- expedição; documentos exigidos: art. 122
- expedição; forma: art. 121
- obrigatoriedade de expedição de novo certificado: arts. 123 e 124
- pendência de débitos fiscais e/ou multas: art. 128
- prazo para requerer: art. 123, §§ 1º e 2º

CICLOMOTOR
- normas para conduzir: arts. 244 e 250, I, d
- uso de capacete pelo condutor e passageiro: arts. 54, I, 55, I, e 244, I e II
- utilização pelo condutor: art. 244

CIDADÃO
- campanhas de trânsito: art. 73, par. ún.
- direito de receber respostas: art. 73
- direito de solicitar sinalização: art. 72

CINTO DE SEGURANÇA: arts. 65 e 167

CIRCULAÇÃO E CONDUTA
- abertura de portas do veículo: art. 49
- animais isolados ou em grupos: art. 53
- bicicletas: arts. 58 e 59
- ciclomotores; normas de condução: art. 57
- cinto de segurança; uso obrigatório: art. 65
- condomínios; sinalização nas vias internas: art. 51
- condutor de motocicletas; normas de: art. 54
- condutor; conversão à esquerda ou retorno; normas: art. 37
- condutor; cuidados nos cruzamentos: art. 44
- condutor; deveres: arts. 27 e 28
- condutor; entrada em outra via ou lotes lindeiros: art. 38, I e II
- condutor; execução de manobras: arts. 34 e 35
- condutor; frear bruscamente: art. 42
- condutor; ingresso em via procedente de lote lindeiro: art. 36
- condutor; manobra de mudança de direção: art. 38, par. ún.
- condutor; regulagem de velocidade: art. 43
- condutor; ultrapassagem: arts. 30 a 33
- cruzamento: art. 45
- imobilização temporária de veículo no leito viário: art. 46
- normas gerais: arts. 26 a 67
- operações de retorno em vias urbanas: art. 39
- paradas, carga e descarga e estacionamentos: art. 48
- proibição de estacionamento na via: art. 47
- realização de provas ou competições: art. 67
- trânsito de veículos: art. 29
- transporte de crianças com idade inferior a 10 anos: art. 64
- transporte de passageiros de motocicletas: art. 55
- uso de buzina: art. 41
- uso de faixas laterais de domínio: art. 50
- uso de luzes em veículo: art. 40
- usuários das vias terrestres; deveres: art. 26
- veículos de carga: arts. 11, 11-A e 12
- veículos de tração animal; normas de circulação: art. 52
- vias; classificação: art. 60
- vias; velocidades máxima e mínima: arts. 61 e 62

CONDUÇÃO DE ESCOLARES
- infrações de trânsito: arts. 230, XX, e 237
- normas de circulação: arts. 136 e 137
- requisitos do condutor: art. 138

CONDUTOR
- aplicabilidade das normas: art. 3º
- aprendiz: art. 155, par. ún.
- bêbado: arts. 165, 276, 277 e 306

- buzina, normas de uso: art. 41
- condenado por delito de trânsito: art. 160
- condução de escolares: art. 138
- crimes: arts. 302 a 312
- cuidados nas manobras: art. 34
- cuidados nas operações de retorno: art. 39
- cuidados nos cruzamentos: art. 44
- deveres: art. 26
- embriagado: arts. 165, 276, 277 e 306
- evasão da fiscalização: art. 278
- formação deverá incluir curso de direção defensiva: art. 148, § 1º
- formação deverá ser realizada por instrutor devidamente autorizado: art. 155, *caput*
- impedimento para dirigir: art. 276
- infrações: arts. 161 a 255
- luzes; determinações ao uso: art. 40
- motocicleta: art. 54
- normas de circulação e conduta: arts. 26 a 67
- normas para conversão: art. 38
- procedente de lote lindeiro a uma via: art. 36
- proibição de frear bruscamente: art. 42
- proibição de ultrapassagem: arts. 32 e 33
- regulagem de velocidade: art. 43
- ultrapassagem: arts. 30 e 31

CONSELHO DE TRÂNSITO DO DISTRITO FEDERAL – CONTRANDIFE
- competência: art. 14
- membros: art. 15

CONSELHO NACIONAL DE TRÂNSITO – CONTRAN
- Câmaras Temáticas; composição: art. 13, §§ 1º a 3º
- competência: art. 12
- composição: art. 10
- normas para implementação das soluções adotadas pela Engenharia de Tráfego: art. 91
- órgão máximo normativo e consultivo; coordenador do Sistema: art. 7º, I
- presidência: art. 10
- vinculação de Câmaras Temáticas: art. 13

CONSELHOS ESTADUAIS DE TRÂNSITO – CETRAN
- competência: art. 14
- membros; mandato: art. 15
- presidência; nomeação: art. 15, *caput*

CRIMES DE TRÂNSITO
- aplicação das normas; CP e CPP: art. 291
- circunstâncias agravantes: art. 298
- competição automobilística não autorizada: art. 308
- confiar a direção do veículo a pessoa não habilitada: art. 310
- dirigir alcoolizado ou sob efeito de substância psicoativa: art. 306
- dirigir sem habilitação ou com habilitação cassada: art. 309
- disposições gerais: arts. 291 a 301
- fuga do local do acidente: art. 305
- homicídio culposo: art. 302
- induzir a erro o agente policial: art. 312
- lesão corporal culposa: art. 303
- omissão de socorro: art. 304
- tipificação: arts. 302 a 312
- trafegar em velocidade incompatível, gerando perigo de dano: art. 311
- violação de suspensão ou proibição para dirigir veículo: art. 307

CRUZAMENTO
- cuidados na aproximação: art. 44
- preferência de passagem em cruzamentos não sinalizados: arts. 29, III, e 215, III

CURSO DE DIREÇÃO DEFENSIVA
- obrigatoriedade de oferecimento pelas empresas: art. 150, par. ún.
- obrigatoriedade na formação de condutores: art. 148, § 1º
- obrigatoriedade na renovação nos exames de habilitação: art. 150

CURSO DE RECICLAGEM: art. 268

D

DOCUMENTOS
- certificado de licenciamento anual – CLA (antigo CRLV): art. 131
- porte obrigatório: art. 133
- validade da CNH, apenas original: art. 159

E

EDUCAÇÃO NO TRÂNSITO
- CONTRAN: art. 75
- direito de todos: art. 74
- prevenção de acidentes: art. 78
- primeiros socorros: art. 77
- promoção na pré-escola e escolas de 1º, 2º e 3º graus: art. 76

EMBRIAGUEZ: arts. 165, 276, 277 e 306

ENGENHARIA DE TRÁFEGO
- aprovação de polo atrativo de trânsito: art. 93
- implementação de soluções: art. 91
- permissão para realização de obra ou evento: art. 95

EQUIPAMENTO
- *air bag*: art. 105, VII, §§ 5º e 6º

ESTACIONAMENTO DE VEÍCULOS: art. 47
- conceito: anexo I
- normas gerais: art. 47
- penalidade: art. 181

EXAME DE APTIDÃO FÍSICA E MENTAL: art. 147, I

EXAME DE DIREÇÃO VEICULAR: art. 152

EXAME ESCRITO: art. 151

F

FISCALIZAÇÃO DE TRÂNSITO
- competências dos órgãos de trânsito: arts. 22, V, e 24 VI, VIII e XII

FUGA DE BLOQUEIO POLICIAL: arts. 210 e 278, par. ún.

H

HABILITAÇÃO
- atividade remunerada: art. 147, § 5º
- candidato aprovado: art. 148, § 2º
- candidato habilitado: art. 153
- cassação do documento: art. 263
- categorias: arts. 143 a 146
- concessão da Carteira Nacional de Habilitação: art. 148, §§ 3º e 4º
- dispensa de exame de capacidade física e mental: art. 148, § 5º
- exame de direção veicular: art. 152
- exames de legislação e direção veicular: art. 151
- exames requeridos: art. 147, §§ 1º a 4º
- exames; renovação: art. 150
- meios de apuração: art. 140
- obtida em outro país: art. 142
- órgãos autorizados a aplicar os respectivos exames e cursos: art. 148
- processo: art. 141
- suspensão do direito de dirigir: arts. 256, III, e 265

HOMICÍDIO CULPOSO: art. 302

I

INFRAÇÕES DE TRÂNSITO
- atirar do veículo ou abandonar na via objetos ou substâncias: art. 172

- avançar o sinal vermelho do semáforo ou de parada obrigatória: art. 208
- bloquear a via com veículo: art. 253
- classificação: art. 258
- cometidas pelo pedestre:
  - andar fora da faixa própria, passarela e assemelhados: art. 254, V
  - atravessar a via dentro das áreas de cruzamento; exceções: art. 254, III
  - cruzar pistas de rolamento nos viadutos, pontes e túneis; exceções: art. 254, II
  - desobedecer à sinalização de trânsito específica: art. 254, VI
  - permanecer ou andar nas pistas de rolamento: art. 254, I
  - utilizar-se das vias em agrupamentos que perturbem o trânsito; exceções: art. 254, IV
- conduzir bicicleta onde não seja permitido ou de forma agressiva: art. 255
- conduzir motocicleta, motoneta ou ciclomotor em condições proibidas pelo CTB: art. 244
- conduzir o veículo em condições consideradas irregulares pelo CTB: art. 230, I a XXII
- conduzir pessoas, animais ou cargas nas partes externas do veículo; exceções: art. 235
- conduzir sob a influência de álcool ou substância psicoativa: art. 165
- conduzir veículo sem os documentos de porte obrigatório: art. 232
- confeccionar, distribuir, colocar ou transitar com veículo com placas de identificação em desacordo com a regulamentação: art. 221
- confiar a direção de veículo à pessoa que não está, física ou psiquicamente, em condições de dirigir: art. 166
- definição: art. 161
- deixar a empresa seguradora de comunicar aos órgãos competentes a ocorrência de perda total do veículo, devolvendo placas e documentos: art. 243
- deixar de atualizar o cadastro de registro do veículo ou de habilitação do condutor: art. 241
- deixar de conduzir pelo bordo da pista de rolamento ou pelo acostamento; veículo de tração animal: art. 247
- deixar de conservar o veículo na faixa a ele destinada, conforme o CTB; exceções: art. 185, I
- deixar de dar passagem a pedestre ou veículo não motorizado, nas condições e locais estabelecidos pelo CTB: art. 214
- deixar de dar passagem ou seguir veículos especiais, devidamente identificados com alarme sonoro e iluminação: arts. 189 e 190
- deixar de dar passagem pela esquerda, quando solicitado: art. 198
- deixar de dar preferência de passagem nas condições e locais estabelecidos pelo CTB: art. 215
- deixar de deslocar o veículo, com antecedência, para faixa adequada, quando for manobrar para um dos lados: art. 197
- deixar de guardar distância lateral de um metro e meio ao ultrapassar bicicleta: art. 201
- deixar de guardar distâncias seguras, lateral e frontal, em relação aos demais veículos e ao bordo da pista; pena: art. 192
- deixar de indicar com antecedência, com gesto de braço ou luz, qualquer alteração de movimento do veículo: art. 196
- deixar de manter acesas, à noite, as luzes de posição, quando estiver parado: art. 249
- deixar de manter ligado, nas situações de atendimento de situações de emergência, o sistema de iluminação vermelha intermitente dos veículos de polícia e assemelhados: art. 222
- deixar de manter, à noite, quando estiver em movimento, as luzes indicadas pelo CTB: art. 250
- deixar de parar o veículo antes de transpor linha férrea: art. 212
- deixar de parar o veículo no acostamento, antes de cruzar a pista: art. 204
- deixar de parar o veículo sempre que a marcha for interceptada por agrupamento de pessoas ou veículos: art. 213
- deixar de prestar socorro à vítima de acidente de trânsito quando solicitado por autoridades: art. 177
- deixar de promover a baixa de registro de veículo irrecuperável ou desmontado; pena: art. 240
- deixar de reduzir velocidade de forma compatível com a segurança, nas condições e locais estabelecidos pelo CTB: art. 220
- deixar de registrar o veículo no prazo legal, nas hipóteses do art. 123 do CTB: art. 233
- deixar de remover o veículo, para segurança e fluidez do trânsito, em caso de acidente sem vítima: art. 178
- deixar de retirar da via objetos utilizados para sua sinalização temporária: art. 226
- deixar de se conduzir conforme indicado no CTB, em caso de acidente com vítima: art. 176
- deixar de sinalizar a via, de forma a prevenir os demais condutores, nos casos estabelecidos pelo CTB: art. 225
- deixar de sinalizar obstáculos à circulação de veículos e pedestres ou obstacularizar a via indevidamente: art. 246
- deixar o condutor ou o passageiro de usar cinto de segurança: art. 167
- desobedecer as ordens da autoridade de trânsito: art. 195
- dirigir ameaçando os pedestres ou os demais veículos: art. 170
- dirigir sem atenção ou sem os cuidados de segurança: art. 169
- dirigir sob a influência de álcool ou de substância entorpecente; apuração: art. 165
- dirigir veículo:
  - com apenas uma das mãos; exceções; pena: art. 252, V
  - com CNH ou permissão para dirigir cassada ou com suspensão do direito de dirigir: art. 162, II
  - com CNH ou permissão para dirigir de categoria diferente da do veículo que esteja conduzindo: art. 162, III
  - com incapacidade física ou mental temporária: art. 252, III
  - com o braço do lado de fora: art. 252, I
  - com pessoas, volumes ou animais à sua esquerda ou entre os braços e pernas: art. 252, II
  - com validade da CNH vencida há mais de trinta dias: art. 162, V
  - disposições gerais: art. 161
  - embriagado: art. 165
  - sem possuir CNH: art. 162, I
  - sem usar lentes corretoras de visão, aparelho auxiliar de audição, prótese física ou adaptações de veículo legalmente impostas: art. 162, VI
  - usando calçados que comprometam a utilização dos pedais: art. 252, IV
  - utilizando fones nos ouvidos: art. 252, VI
- disputar corrida por espírito de emulação: art. 173
- entrar e sair de áreas lindeiras sem as devidas precauções: art. 216
- entrar e sair de fila de veículos estacionados sem dar preferência a pedestres e outros veículos: art. 217
- entregar a direção do veículo a pessoas não habilitadas ou permitir que estas tomem posse do veículo e passem a conduzi-lo: arts. 163 e 164
- estacionar o veículo em condições proibidas pelo CTB: art. 181
- executar operação de retorno em condições e locais proibidos pelo CTB: art. 206
- executar operações de conversão em locais proibidos pela sinalização: art. 207
- falsificar ou adulterar documento de habilitação e de identificação do veículo: art. 234
- falta de uso do cinto de segurança: art. 167
- fazer falsa declaração de domicílio para fins de registro, licenciamento ou habilitação: art. 242
- fazer ou deixar de fazer reparo do veículo em via pública; exceções: art. 179
- fazer uso de facho de luz alta dos faróis em vias providas de iluminação pública: art. 250
- forçar passagem em situação perigosa: art. 191
- número de pontos computados para cada uma: art. 259
- parar o veículo em condições e locais proibidos pelo CTB: art. 182
- parar o veículo sobre a faixa de pedestres: art. 183
- penalidades aplicáveis: arts. 256 e 257
- pontuação: art. 259
- proibições ao pedestre: art. 254

- promover, na via, competição desportiva e assemelhados, sem a competente autorização: art. 174
- rebocar outro veículo com cabo flexível ou corda: art. 136
- recusar-se a entregar à autoridade de trânsito documentos de habilitação e do veículo para averiguação: art. 238
- retirar do local veículo detido para regularização: art. 239
- seguir veículo em serviço de urgência: art. 190
- ter o veículo imobilizado na via, por falta de combustível: art. 180
- transitar ao lado de outro veículo, interrompendo ou perturbando o trânsito: art. 188
- transitar com o farol desregulado ou com o facho de luz alto de forma a perturbar a visão do outro condutor: art. 223
- transitar com o veículo em calçadas, jardins e assemelhados: art. 193
- transitar com o veículo na faixa ou pista de circulação exclusiva de determinado veículo: art. 184
- transitar com o veículo provocando danos especificados no CTB: art. 231
- transitar com o veículo sem inscrição e simbologia exigidas em lei: art. 237
- transitar em locais e horários não permitidos em lei: art. 187
- transitar em marcha à ré; exceções: art. 194
- transitar em velocidade inferior à metade da máxima permitida: art. 219
- transitar em velocidade superior à máxima permitida, em locais e condições estabelecidas pelo CTB: art. 218
- transitar pela contramão de direção nos casos apontados pelo CTB: art. 186
- transpor bloqueio viário, inclusive policial, ou desviar o veículo para evitar pesagem ou pedágio: arts. 209 e 210
- transportar carga excedente e em desacordo com o CTB, em veículos destinados a passageiros: art. 248
- transportar crianças em veículo automotor sem observância das normas legais de segurança: art. 168
- ultrapassar outro veículo pelo acostamento ou interseções ou passagens de nível: art. 202
- ultrapassar outro veículo, pela contramão, nas condições proibidas pelo CTB: art. 203
- ultrapassar pela direita: arts. 199 e 200
- ultrapassar veículos em fila devida a semáforo, cancela, bloqueio ou obstáculo semelhante: art. 211
- ultrapassar veículos que integrem cortejos e assemelhados; exceções: art. 205
- usar a buzina em locais e situações proibidas pelo CTB: art. 227
- usar no veículo aparelho de alarme que perturbe o sossego público: art. 229
- usar no veículo equipamento com som em volume ou frequência não autorizados por lei: art. 228
- usar o veículo para arremessar água ou detritos sobre os pedestres ou demais veículos: art. 171
- utilizar a via para depósito de materiais e assemelhados, sem prévia autorização do órgão competente: art. 245
- utilizar o pisca alerta e as luzes baixa e alta, de forma intermitente, exceto nas situações indicadas pelo CTB: art. 251
- utilizar o veículo para efetuar manobra perigosa e assemelhados, em via pública: art. 175

IMOBILIZAÇÃO DE EMERGÊNCIA: arts. 46, 179, 180 e 225, I

INSPEÇÃO VEICULAR: arts. 104, 131, § 3º, 230, VIII e XVIII

J

JULGAMENTO DAS AUTUAÇÕES
- aplicação das penalidades; procedimentos: arts. 281 a 290
- recursos: arts. 285 a 290

JUNTAS ADMINISTRATIVAS DE RECURSOS DE INFRAÇÕES – JARIS
- competência: art. 17
- organização: art. 16

L

LESÃO CORPORAL CULPOSA: art. 303

LICENCIAMENTO: arts. 130 a 135
- veículo artesanal: art. 106
- veículo de propulsão humana, ciclomotores e veículos de tração animal: arts. 24, XVIII, e 129

LOMBADA (ONDULAÇÃO TRANSVERSAL): art. 94, par. ún.

LUZES DE FAROL
- baixas e altas: art. 251, II
- desreguladas ou ofuscando outro condutor: art. 223
- normas de uso: art. 40
- pisca-alerta: art. 252, I
- posição: art. 249

M

MEDIDAS ADMINISTRATIVAS
- adoção: arts. 269 a 279
- competência para aplicação: art. 269
- recolhimento da Carteira Nacional de Habilitação: art. 272
- recolhimento do Certificado de Licenciamento Anual: art. 274
- recolhimento do Certificado de Registro: art. 273
- remoção do veículo: art. 271
- retenção do veículo: art. 270
- transbordo de carga: art. 275

MOTOCICLETA
- condutor de motocicletas; normas de: art. 54
- transporte de passageiros de motocicletas: art. 55
- uso de capacete pelo condutor e passageiro: arts. 54, I, 55, I, e 244, I e II

MOTONETA
- uso de capacete pelo condutor e passageiro: arts. 54, I, 55, I, e 244, I e II

MOTOBOY
- regulamento: art. 8º da Lei nº 12.009, de 29-7-2009

MOTOFRETE
- autorização: arts. 139-A e 139-B
- regulamento: art. 8º da Lei nº 12.009, de 29-7-2009

MUDANÇA DE SINAL: arts. 45 e 183

MULTAS
- classificação das infrações punidas com multa: art. 258
- correção monetária do valor: art. 258, § 1º
- imposição e arrecadação: art. 260
- notificação e arrecadação: art. 260, §§ 1º, 2º e 4º
- pagamento das: art. 284
- recurso: art. 285
- recurso sem o recolhimento do seu valor: art. 286
- reparatória: art. 297
- valor em caso de infração com agravantes: art. 258, § 2º
- vinculadas ao veículo: art. 128

MULTAS
- aplicação da receita arrecadada: art. 320
- classificação das infrações punidas com multa: art. 258
- correção monetária do valor: art. 258, § 1º
- imposição e arrecadação: art. 260
- notificação e arrecadação: art. 260, §§ 1º, 2º e 4º
- pagamento das: art. 284
- recurso: art. 285
- recurso sem o recolhimento do seu valor: art. 286
- reparatória: art. 297
- responsabilidade pelo pagamento: art. 282
- valor em caso de infração com agravantes: art. 258, § 2º
- vinculadas ao veículo: art. 128

MUNICIPALIZAÇÃO DO TRÂNSITO – INTEGRAÇÃO DOS ÓRGÃOS MUNICIPAIS: art. 24

N

NORMAS GERAIS DE CIRCULAÇÃO E CONDUTA: arts. 26 e 27

NOTIFICAÇÃO
- autuação: art. 281, par. ún., II
- encaminhamento: art. 282, § 3º
- infrações cometidas por veículos de representação diplomática e consulares: art. 282, § 2º
- notificação da autuação: arts. 280, VI, e 281, par. ún., II
- notificação devolvida por desatualização do endereço: art. 282, § 1º
- penalidade: art. 282

O

OBSTRUÇÃO DO TRÂNSITO: arts. 26, II, 172 e 245

OPERAÇÃO DE CARGA E DESCARGA
- conceito: art. 47, par. ún., e anexo I
- posição: art. 48

OMISSÃO DE SOCORRO
- causa de aumento de pena na lesão corporal culposa: art. 303, par. ún. c/c art. 302, par. ún., III
- causa de aumento de pena no homicídio culposo: art. 302, par. ún., III
- condutor envolvido no acidente: art. 176, *i*
- condutor quando solicitado pela autoridade e seus agentes: art. 177
- crime em espécie: art. 304

P

PEDESTRE
- assegurada a utilização dos passeios: art. 68
- circulação; normas: art. 68, §§ 2º a 5º
- circunstância agravante-crime em faixa de pedestre: art. 298, VII
- equiparação ao ciclista desmontado: art. 68, § 1º
- faixas: art. 71
- precauções ao cruzar a pista de rolamento: art. 69
- prioridade de passagem nas travessias: art. 70
- proibições; pena: art. 254
- utilização de passeios e passagens apropriados: art. 68, *caput* e §§ 2º a 6º

PELÍCULA AUTOADESIVA (*INSULFILM*): arts. 111, III, e 230, XVI

PENALIDADES
- advertência por escrito: art. 267
- aplicação cumulativa: art. 266
- aplicação não elide punições originárias de ilícito penal: art. 256, § 1º
- apreensão de veículo: art. 262
- cadastramento no RENACH: art. 290
- cassação do documento de habilitação: art. 263
- competência para aplicação: art. 256, *caput*
- comunicação de sua aplicação aos órgãos responsáveis: art. 256, § 3º
- disposições: arts. 256 a 268
- evasão da fiscalização: art. 278
- expedição de notificação: art. 282
- falta de identificação do infrator: art. 257, §§ 7º e 8º
- infrator; curso de reciclagem: art. 268
- infrator pessoa jurídica: art. 257, § 9º
- multa: arts. 258 e 260
- responsabilidade do condutor: art. 257, § 3º
- responsabilidade do embarcador: art. 257, § 4º
- responsabilidade do proprietário: art. 257, § 2º
- responsabilidade do transportador: art. 257, § 5º
- responsabilidade solidária: art. 257, § 1º

- responsabilidade solidária do transportador e do embarcador: art. 257, § 6º
- sujeito passivo: art. 257
- suspensão do direito de dirigir; reciclagem: art. 261, § 2º
- tipos: art. 256, I a VII

PERMISSÃO PARA DIRIGIR
- competência para expedição: art. 19, VII
- concessão: art. 148, § 2º
- obrigatoriedade de seu porte: art. 159, § 1º

PLACAS DE IDENTIFICAÇÃO
- cores verde e amarela da Bandeira Nacional: art. 115, § 2º
- gravação dos caracteres nos vidros dos veículos: art. 114
- infrações de trânsito: arts. 221 e 230, I, IV e VI
- placa de experiência: art. 330
- regras gerais: arts. 115 e 221
- utilização de placas particulares por veículos oficiais: art. 116
- veículos de representação: art. 115, § 3º

POLÍCIA RODOVIÁRIA FEDERAL: art. 20

POLÍCIAS MILITARES DOS ESTADOS E DO DISTRITO FEDERAL: art. 23, III

PRAIAS – APLICAÇÃO DO CTB: art. 2º, par. ún.

PRODUTOS PERIGOSOS
- curso para transporte de produtos perigosos: art. 145, IV

PROCESSO ADMINISTRATIVO
- autuação: art. 280
- julgamento das autuações: arts. 281 a 290

PROVAS OU COMPETIÇÕES DESPORTIVAS
- aberta à circulação: art. 67
- realização em via: art. 174

PUBLICIDADE
- afixação ao longo das vias: art. 83
- proibição; comprometimento da segurança do trânsito: art. 81
- veiculação; mensagem educativa de trânsito: arts. 77-B a 77-E

R

RECURSOS
- contra decisões da JARI: art. 288
- contra penalidade aplicada: art. 285
- encerramento da instância administrativa: art. 14
- prazo para apreciação em primeira instância: art. 285
- prazo para apreciação em segunda instância: art. 289
- sem o recolhimento do valor da multa: art. 286

REGISTRO DE VEÍCULOS
- Certificado; expedição; competência: art. 19, VII
- Certificado; expedição; documentos exigidos: art. 122
- Certificado; expedição; forma: art. 121
- Certificado; obrigatoriedade de expedição de novo certificado: arts. 123 e 124
- disposições: arts. 120 a 129
- licenciamento; propulsão humana, ciclomotores e de tração animal: art. 129
- trânsito de veículos novos, antes do registro: art. 132

REGISTRO NACIONAL DE CARTEIRAS DE HABILITAÇÃO – RENACH: art. 19, VIII

REGISTRO NACIONAL DE VEÍCULOS AUTOMOTORES – RENAVAM
- comunicação de baixa do registro: art. 127, par. ún.
- encaminhamento de informações sobre as características dos veículos: art. 125
- organização e manutenção: art. 19, IX

RODÍZIO DE VEÍCULOS: art. 187, I

RESOLUÇÕES DO CONTRAN
- infrações cometidas em relação a elas: art. 161, par. ún.
- prazo para expedição de novas e revisão das anteriores ao CTB: art. 314

RODOVIAS E ESTRADAS FEDERAIS: art. 20

S

SEGURADORAS: art. 243

SEGURO
- apólice; bilhete do seguro obrigatório: art. 12, § 3º
- cobertura; danos pessoais: art. 3º
- seguradoras: art. 243

SEMANA NACIONAL DE TRÂNSITO: art. 326

SERVIDOR PÚBLICO: art. 95, § 4º

SINALIZAÇÃO DE TRÂNSITO
- classificação dos sinais de trânsito: art. 87
- disposições: arts. 80 a 90
- hipóteses e condições em que é cabível a sinalização de trânsito: art. 80
- obrigatoriedade em obras ou eventos que perturbem ou interrompam o tráfego: art. 95
- obrigatoriedade em todas as vias pavimentadas abertas ao trânsito: art. 88
- ordem de prevalência: art. 89
- proibição de lhes afixar qualquer tipo de publicidade: art. 82
- sinalização de obstáculos: art. 94

SISTEMA NACIONAL DE TRÂNSITO
- campanhas educativas; obrigatoriedade dos órgãos: art. 75
- composição e competência: arts. 7º a 25
- definição: art. 5º
- designação pelo órgão de coordenação: art. 9º
- dever de análise das solicitações pelos órgãos integrantes do Sistema: art. 73
- direito de todo cidadão de solicitar sinalização: art. 72
- objetivos: art. 6º
- obrigatoriedade da coordenação educacional para o trânsito: art. 74, § 1º
- obrigatoriedade de assegurar o trânsito em condições seguras: art. 1º, § 2º
- organização dos órgãos executivos de trânsito; Estados, Distrito Federal, Municípios: art. 8º
- órgão máximo executivo de trânsito da União: art. 19
- órgãos e entidades integrantes: art. 1º, § 5º
- órgãos executivos de trânsito; Estados e Distrito Federal: art. 22
- órgãos executivos de trânsito; Municípios: art. 24
- órgãos executivos rodoviários; União, Estados, Distrito Federal e Municípios: art. 21
- órgãos executivos; possibilidade de celebração de convênios para delegação de atividades: art. 25
- responsabilidade objetiva dos órgãos integrantes do Sistema: art. 1º, § 3º

T

TRANSFERÊNCIA
- expedição de novo CRV: art. 123, I
- infração; penalidade: art. 233
- propriedade de veículo: art. 134

TRÂNSITO
- campanhas educativas: arts. 75 a 77-B
- definição: art. 1º, § 1º
- disposições finais e transitórias do Código de Trânsito Brasileiro: art. 230, XIII
- disposições preliminares do Código de Trânsito Brasileiro: arts. 313 a 341
- deveres do usuário das vias terrestres: art. 26
- direito à educação para o trânsito: art. 74
- escolas públicas de trânsito: art. 74, § 2º
- garantia de condições seguras: art. 1º, § 2º
- normas aplicáveis ao trânsito de veículos nas vias terrestres: art. 29
- normas gerais de circulação e conduta: arts. 26 e 67
- permitido somente aos veículos que apresentarem requisitos de segurança: art. 103
- qualquer natureza; vias terrestres; abrangência do Código: art. 1º, *caput*
- sinalização; condições em que deve ser colocada: art. 80

TRANSPORTE
- transporte de crianças em automóveis: arts. 64 e 168
- transporte de crianças em motocicletas, motonetas e ciclomotores: art. 244, V
- transporte de escolares: arts. 136 a 139
- transporte de passageiros em veículo de carga: arts. 108 e 230, II

TRATORES
- habilitação dos condutores: art. 144
- identificação: art. 115, § 4º

U

ULTRAPASSAGEM: arts. 29 a 31

V

VEÍCULOS
- acessórios contra roubo: art. 229
- alarme sonoro: art. 229
- alteração de características: arts. 98, 106 e 230, VII
- alteração de características para competição: art. 110
- aluguel; exigências: art. 107
- aplicabilidade das normas: art. 3º
- apreendido em decorrência de penalidade: art. 262
- área envidraçada; proibições: art. 111
- bloqueando a via: art. 253
- circulação internacional: arts. 118 e 119
- classificação: art. 96
- condução com qualquer elemento de identificação violado ou falsificado: art. 230, I
- condução em mau estado de conservação: art. 230, XVIII
- condução sem habilitação ou cassada: arts. 162, I e II, e 309
- condução com habilitação suspensa: arts. 162, II, e 307
- condução sob a influência de álcool ou substância psicoativa: arts. 165 e 306
- controle de emissão de poluentes: art. 104
- destinados à formação de condutores: art. 154
- domínio: art. 28
- equipamentos obrigatórios: art. 105
- excesso de peso; aferição e limites: art. 99, §§ 1º e 2º
- identificação: arts. 114 a 117
- identificação externa (placas): art. 115
- imobilização temporária de emergência: art. 46
- informações sobre chassi: art. 125
- inspeção obrigatória e periódica: art. 104
- irrecuperável ou definitivamente desmontado: arts. 126 e 240
- limitações de uso das áreas envidraçadas: art. 111
- luzes, normas ao seu uso: art. 40
- modificação de características de fábrica: art. 98
- modificação ou fabricação artesanal: art. 106
- normas de circulação: art. 29
- normas de uso da buzina: art. 41
- oficiais em serviço reservado de caráter pessoal: art. 116
- permissão para transitar aos veículos cujo peso e dimensões atenderem ao estabelecido: art. 99
- peso: art. 100
- peso acima do estabelecido; autorização especial: art. 101
- precedidos de batedores; prioridade: art. 29, VI
- preferência de passagem em locais não sinalizados: art. 29, III
- registro de: arts. 120 a 129
- responsabilidade por danos: art. 113
- retenção dos reprovados na inspeção de segurança e emissão de gases: art. 104, § 5º
- segurança: arts. 103 a 113
- tração animal; normas para circulação: art. 52
- transitando com veículo em desacordo com as especificações: art. 237
- transitar com veículo danificando a via: art. 231

- trânsito permitido somente aos que atenderem aos requisitos de segurança: art. 103
- transporte coletivo e de carga; obrigatoriedade de identificação da devida classificação: art. 117
- transporte coletivo; cuidados para a sua ultrapassagem: art. 30
- transporte coletivo; obrigatoriedade do uso de farol: art. 40, par. ún.
- transporte de carga: art. 102
- transporte de crianças no banco traseiro: art. 64
- ultrapassagem: arts. 29, XI, 30, 32 e 33
- uso de luzes: art. 40
- velocidade máxima e mínima: arts. 61, 62, 218 e 219
- velocidade; regulagem: art. 43
- verificação das condições de funcionamento: art. 27

VELOCIDADE
- fiscalização eletrônica: art. 280, § 2º
- Infrações de trânsito: arts. 218 a 220
- limite máximo, em local não sinalizado: art. 61
- limite mínimo: art. 62
- regras para regular a velocidade: art. 43

VIAS
- acostamento; regras para conversão à esquerda: art. 37
- arterial: art. 60, I, b
- bloqueada com o veículo: art. 253
- classificação: art. 60
- coletora: art. 60, I, c
- estradas: art. 60, II, b
- internas: art. 2º, par. ún.
- local: art. 60, I, d
- praias abertas à circulação pública: art. 2º, par. ún.
- pública: arts. 81 e 83
- regras para paradas: arts. 47, par. ún., e 48
- rodovias: art. 60, II, a
- rural: art. 60, II
- terrestre; deveres dos usuários: art. 26
- terrestres abertas à circulação: art. 29
- terrestres; conceito: art. 2º
- trânsito rápido: art. 60, I, a
- urbana tipos: art. 60, I
- usuários: art. 26

Lei de Introdução às normas do Direito Brasileiro

Lei de Introdução às normas do Direito Brasileiro

LEI DE INTRODUÇÃO ÀS NORMAS DO DIREITO BRASILEIRO
DECRETO-LEI Nº 4.657, DE 4 DE SETEMBRO DE 1942

Lei de Introdução às normas do Direito Brasileiro.

▶ Antiga Lei de Introdução ao Código Civil (LICC), cuja ementa foi alterada pela Lei nº 12.376, de 30-12-2010.
▶ Publicado no *DOU* de 9-9-1942, retificado no *DOU* de 8-10-1942 e no *DOU* de 17-6-1943.

O Presidente da República, usando da atribuição que lhe confere o artigo 180 da Constituição, decreta:

Art. 1º Salvo disposição contrária, a lei começa a vigorar em todo o País quarenta e cinco dias depois de oficialmente publicada.

▶ Art. 8º da LC nº 95, de 26-2-1998, que dispõe sobre a elaboração, a redação, a alteração e a consolidação das leis.

§ 1º Nos Estados estrangeiros, a obrigatoriedade da lei brasileira, quando admitida, se inicia três meses depois de oficialmente publicada.

§ 2º *Revogado.* Lei nº 12.036, de 1º-10-2009.

§ 3º Se, antes de entrar a lei em vigor, ocorrer nova publicação de seu texto, destinada a correção, o prazo deste artigo e dos parágrafos anteriores começará a correr da nova publicação.

§ 4º As correções a texto de lei já em vigor consideram-se lei nova.

Art. 2º Não se destinando à vigência temporária, a lei terá vigor até que outra a modifique ou revogue.

§ 1º A lei posterior revoga a anterior quando expressamente o declare, quando seja com ela incompatível ou quando regule inteiramente a matéria de que tratava a lei anterior.

§ 2º A lei nova, que estabeleça disposições gerais ou especiais a par das já existentes, não revoga nem modifica a lei anterior.

§ 3º Salvo disposição em contrário, a lei revogada não se restaura por ter a lei revogadora perdido a vigência.

Art. 3º Ninguém se escusa de cumprir a lei, alegando que não a conhece.

Art. 4º Quando a lei for omissa, o juiz decidirá o caso de acordo com a analogia, os costumes e os princípios gerais de direito.

▶ Arts. 126, 127 e 335 do CPC.

Art. 5º Na aplicação da lei, o juiz atenderá aos fins sociais a que se dirige e às exigências do bem comum.

Art. 6º A Lei em vigor terá efeito imediato e geral, respeitados o ato jurídico perfeito, o direito adquirido e a coisa julgada.

▶ Art. 5º, XXXVI, da CF.
▶ Súm. Vinc. nº 1 do STF.

§ 1º Reputa-se ato jurídico perfeito o já consumado segundo a lei vigente ao tempo em que se efetuou.

§ 2º Consideram-se adquiridos assim os direitos que o seu titular, ou alguém por ele, possa exercer, como aqueles cujo começo do exercício tenha termo prefixo, ou condição preestabelecida inalterável, a arbítrio de outrem.

▶ Arts. 131 e 135 do CC.

§ 3º Chama-se coisa julgada ou caso julgado a decisão judicial de que já não caiba recurso.

▶ Art. 6º com a redação dada pela Lei nº 3.238, de 1º-8-1957.
▶ Art. 467 do CPC.

Art. 7º A lei do país em que for domiciliada a pessoa determina as regras sobre o começo e o fim da personalidade, o nome, a capacidade e os direitos de família.

▶ Arts. 2º, 6º e 8º do CC.
▶ Arts. 31, 42 e segs. da Lei nº 6.815, de 19-8-1980 (Estatuto do Estrangeiro).
▶ Dec. nº 66.605, de 20-5-1970, promulgou a Convenção sobre Consentimento para Casamento.

§ 1º Realizando-se o casamento no Brasil, será aplicada a lei brasileira quanto aos impedimentos dirimentes e às formalidades da celebração.

▶ Art. 1.511 e segs. do CC.

§ 2º O casamento de estrangeiros poderá celebrar-se perante autoridades diplomáticas ou consulares do país de ambos os nubentes.

▶ § 2º com a redação dada pela Lei nº 3.238, de 1º-8-1957.

§ 3º Tendo os nubentes domicílio diverso, regerá os casos de invalidade do matrimônio a lei do primeiro domicílio conjugal.

§ 4º O regime de bens, legal ou convencional, obedece à lei do país em que tiverem os nubentes domicílio, e, se este for diverso, à do primeiro domicílio conjugal.

▶ Arts. 1.658 a 1.666 do CC.

§ 5º O estrangeiro casado, que se naturalizar brasileiro, pode, mediante expressa anuência de seu cônjuge, requerer ao juiz, no ato de entrega do decreto de naturalização, se apostile ao mesmo a adoção do regime de comunhão parcial de bens, respeitados os direitos de terceiros e dada esta adoção ao competente registro.

▶ § 5º com a redação dada pela Lei nº 6.515, de 26-12-1977 (Lei do Divórcio).
▶ Arts. 1.658 a 1.666 do CC.

§ 6º O divórcio realizado no estrangeiro, se um ou ambos os cônjuges forem brasileiros, só será reconhecido no Brasil depois de 1 (um) ano da data da sentença, salvo se houver sido antecedida de separação judicial por igual prazo, caso em que a homologação produzirá efeito imediato, obedecidas as condições estabelecidas para a eficácia das sentenças estrangeiras no país. O Superior Tribunal de Justiça, na forma de seu regimento interno, poderá reexaminar, a requerimento do interessado, decisões já proferidas em pedidos de homologação de sentenças estrangeiras de divórcio de brasileiros, a fim de que passem a produzir todos os efeitos legais.

▶ § 6º com a redação dada pela Lei nº 12.036, de 1º-10-2009.
▶ Art. 226, § 6º, da CF.

§ 7º Salvo o caso de abandono, o domicílio do chefe da família estende-se ao outro cônjuge e aos filhos não emancipados, e o do tutor ou curador aos incapazes sob sua guarda.

§ 8º Quando a pessoa não tiver domicílio, considerar-se-á domiciliada no lugar de sua residência ou naquele em que se encontre.

Art. 8º Para qualificar os bens e regular as relações a eles concernentes, aplicar-se-á a lei do país em que estiverem situados.

§ 1º Aplicar-se-á a lei do país em que for domiciliado o proprietário, quanto aos bens móveis que ele trouxer ou se destinarem a transporte para outros lugares.

§ 2º O penhor regula-se pela lei do domicílio que tiver a pessoa, em cuja posse se encontre a coisa apenhada.

Art. 9º Para qualificar e reger as obrigações, aplicar-se-á a lei do país em que se constituírem.

§ 1º Destinando-se a obrigação a ser executada no Brasil e dependendo de forma essencial, será esta observada, admitidas as peculiaridades da lei estrangeira quanto aos requisitos extrínsecos do ato.

§ 2º A obrigação resultante do contrato reputa-se constituída no lugar em que residir o proponente.

Art. 10. A sucessão por morte ou por ausência obedece à lei do país em que era domiciliado o defunto ou o desaparecido, qualquer que seja a natureza e a situação dos bens.

▶ Arts. 26 a 39, 1.784 e segs. do CC.

§ 1º A sucessão de bens de estrangeiros, situados no País, será regulada pela lei brasileira em benefício do cônjuge ou dos filhos brasileiros, ou de quem os represente, sempre que não lhes seja mais favorável a lei pessoal do *de cujus*.

▶ § 1º com a redação dada pela Lei nº 9.047, de 18-5-1995.
▶ Art. 5º, XXXI, da CF.

§ 2º A lei do domicílio do herdeiro ou legatário regula a capacidade para suceder.

▶ Arts. 1.798 a 1.803 do CC.

Art. 11. As organizações destinadas a fins de interesse coletivo, como as sociedades e as fundações, obedecem à lei do Estado em que se constituírem.

▶ Arts. 40 a 69, 981 e segs. do CC.

§ 1º Não poderão, entretanto, ter no Brasil filiais, agências ou estabelecimentos antes de serem os atos constitutivos aprovados pelo Governo brasileiro, ficando sujeitas à lei brasileira.

§ 2º Os Governos estrangeiros, bem como as organizações de qualquer natureza, que eles tenham constituído, dirijam ou hajam investido de funções públicas, não poderão adquirir no Brasil bens imóveis ou suscetíveis de desapropriação.

§ 3º Os Governos estrangeiros podem adquirir a propriedade dos prédios necessários à sede dos representantes diplomáticos ou dos agentes consulares.

Art. 12. É competente a autoridade judiciária brasileira, quando for o réu domiciliado no Brasil ou aqui tiver de ser cumprida a obrigação.

▶ Arts. 88 a 90 do CPC.

§ 1º Só à autoridade judiciária brasileira compete conhecer das ações relativas a imóveis situados no Brasil.

§ 2º A autoridade judiciária brasileira cumprirá, concedido o *exequatur* e segundo a forma estabelecida pela lei brasileira, as diligências deprecadas por autoridade estrangeira competente, observando a lei desta, quanto ao objeto das diligências.

▶ A concessão de *exequatur* às cartas rogatórias passou a ser da competência do STJ, conforme art. 105, I, *i*, da CF, com a redação dada pela EC nº 45, de 8-12-2004.

Art. 13. A prova dos fatos ocorridos em país estrangeiro rege-se pela lei que nele vigorar, quanto ao ônus e aos meios de produzir-se, não admitindo os tribunais brasileiros provas que a lei brasileira desconheça.

▶ Arts. 333 e 334 do CPC.

Art. 14. Não conhecendo a lei estrangeira, poderá o juiz exigir de quem a invoca prova do texto e da vigência.

Art. 15. Será executada no Brasil a sentença proferida no estrangeiro, que reúna os seguintes requisitos:

a) haver sido proferida por juiz competente;
b) terem sido as partes citadas ou haver-se legalmente verificado à revelia;
c) ter passado em julgado e estar revestida das formalidades necessárias para a execução no lugar em que foi proferida;
d) estar traduzida por intérprete autorizado;
e) ter sido homologada pelo Supremo Tribunal Federal.

▶ A concessão de *exequatur* às cartas rogatórias passou a ser da competência do STJ, conforme art. 105, I, *i*, da CF, com a redação dada pela EC nº 45, de 8-12-2004.

Parágrafo único. *Revogado.* Lei nº 12.036, de 1º-10-2009.

Art. 16. Quando, nos termos dos artigos precedentes, se houver de aplicar a lei estrangeira, ter-se-á em vista a disposição desta, sem considerar-se qualquer remissão por ela feita a outra lei.

Art. 17. As leis, atos e sentenças de outro país, bem como quaisquer declarações de vontade, não terão eficácia no Brasil, quando ofenderem a soberania nacional, a ordem pública e os bons costumes.

Art. 18. Tratando-se de brasileiros, são competentes as autoridades consulares brasileiras para lhes celebrar o casamento e os mais atos de registro civil e de tabelionato, inclusive o registro de nascimento e de óbito dos filhos de brasileiro ou brasileira nascidos no país da sede do consulado.

▶ Artigo com a redação dada pela Lei nº 3.238, de 1º-8-1957.

Art. 19. Reputam-se válidos todos os atos indicados no artigo anterior e celebrados pelos cônsules brasileiros na vigência do Decreto-Lei nº 4.657, de 4 de setembro de 1942, desde que satisfaçam todos os requisitos legais.

Parágrafo único. No caso em que a celebração desses atos tiver sido recusada pelas autoridades consulares, com fundamento no artigo 18 do mesmo Decreto-Lei, ao interessado é facultado renovar o pedido dentro de noventa dias contados da data da publicação desta Lei.

▶ Art. 19 acrescido pela Lei nº 3.238, de 1º-8-1957.

Rio de Janeiro, 4 de setembro de 1942;
121º da Independência e
54º da República.

Getúlio Vargas

Legislação Complementar

LEI Nº 6.194, DE 19 DE DEZEMBRO DE 1974

Dispõe sobre Seguro Obrigatório de Danos Pessoais causados por veículos automotores de via terrestre, ou por sua carga, a pessoas transportadas ou não.

(EXCERTOS)

▶ Publicada no *DOU* de 20-12-1974 e retificada no *DOU* de 31-12-1974.
▶ Súmulas nºs 246, 426 e 470 do STJ.

....

Art. 3º Os danos pessoais cobertos pelo seguro estabelecido no art. 2º desta Lei compreendem as indenizações por morte, por invalidez permanente, total ou parcial, e por despesas de assistência médica e suplementares, nos valores e conforme as regras que se seguem, por pessoa vitimada:

▶ *Caput* com a redação dada pela Lei nº 11.945, de 4-6-2009.
▶ O art. 2º refere-se à obrigatoriedade do seguro por danos pessoais causados por veículos automotores de via terrestre, ou por sua carga, a pessoas transportadas ou não.

a a c) Revogadas. Lei nº 11.482, de 31-5-2007.

I – R$ 13.500,00 (treze mil e quinhentos reais) – no caso de morte;
II – até R$ 13.500,00 (treze mil e quinhentos reais) – no caso de invalidez permanente; e
III – até R$ 2.700,00 (dois mil e setecentos reais) – como reembolso à vítima – no caso de despesas de assistência médica e suplementares devidamente comprovadas.

▶ Incisos I a III acrescidos pela Lei nº 11.482, de 31-5-2007.

§ 1º No caso da cobertura de que trata o inciso II do *caput* deste artigo, deverão ser enquadradas na tabela anexa a esta Lei as lesões diretamente decorrentes de acidente e que não sejam suscetíveis de amenização proporcionada por qualquer medida terapêutica, classificando-se a invalidez permanente como total ou parcial, subdividindo-se a invalidez permanente parcial em completa e incompleta, conforme a extensão das perdas anatômicas ou funcionais, observado o disposto abaixo:

I – quando se tratar de invalidez permanente parcial completa, a perda anatômica ou funcional será diretamente enquadrada em um dos segmentos orgânicos ou corporais previstos na tabela anexa, correspondendo a indenização ao valor resultante da aplicação do percentual ali estabelecido ao valor máximo da cobertura; e
II – quando se tratar de invalidez permanente parcial incompleta, será efetuado o enquadramento da perda anatômica ou funcional na forma prevista no inciso I deste parágrafo, procedendo-se, em seguida, à redução proporcional da indenização que corresponderá a 75% (setenta e cinco por cento) para as perdas de repercussão intensa, 50% (cinquenta por cento) para as de média repercussão, 25% (vinte e cinco por cento) para as de leve repercussão, adotando-se ainda o percentual de 10% (dez por cento), nos casos de sequelas residuais.

§ 2º Assegura-se à vítima o reembolso, no valor de até R$ 2.700,00 (dois mil e setecentos reais), previsto no inciso III do *caput* deste artigo, de despesas médico-hospitalares, desde que devidamente comprovadas, efetuadas pela rede credenciada junto ao Sistema Único de Saúde, quando em caráter privado, vedada a cessão de direitos.

▶ §§ 1º e 2º com a redação dada pela Lei nº 11.945, de 4-6-2009.

§ 3º As despesas de que trata o § 2º deste artigo em nenhuma hipótese poderão ser reembolsadas quando o atendimento for realizado pelo SUS, sob pena de descredenciamento do estabelecimento de saúde do SUS, sem prejuízo das demais penalidades previstas em lei.

▶ § 3º acrescido pela Lei nº 11.945, de 4-6-2009.

Art. 4º A indenização no caso de morte será paga de acordo com o disposto no art. 792 da Lei nº 10.406, de 10 de janeiro de 2002 – Código Civil.

▶ *Caput* com a redação dada pela Lei nº 11.482, de 31-5-2007.

§§ 1º e 2º *Revogados*. Lei nº 11.482, de 31-5-2007.

§ 3º Nos demais casos, o pagamento será feito diretamente à vítima na forma que dispuser o Conselho Nacional de Seguros Privados – CNSP.

▶ § 3º acrescido pela Lei nº 11.482, de 31-5-2007.

Art. 5º O pagamento da indenização será efetuado mediante simples prova do acidente e do dano decorrente, independentemente da existência de culpa, haja ou não resseguro, abolida qualquer franquia de responsabilidade do segurado.

▶ Súm. nº 257 do STJ.

§ 1º A indenização referida neste artigo será paga com base no valor vigente na época da ocorrência do sinistro, em cheque nominal aos beneficiários, descontável no dia e na praça da sucursal que fizer a liquidação, no prazo de 30 (trinta) dias da entrega dos seguintes documentos:

▶ § 1º com a redação dada pela Lei nº 11.482, de 31-5-2007.

a) certidão de óbito, registro da ocorrência no órgão policial competente e a prova de qualidade de beneficiários – no caso de morte;

▶ Alínea a com a redação dada pela Lei nº 8.441, de 13-7-1992.

b) prova das despesas efetuadas pela vítima com o seu atendimento por hospital, ambulatório ou médico assistente e registro da ocorrência no órgão policial competente – no caso de danos pessoais.

§ 2º Os documentos referidos no § 1º serão entregues à Sociedade Seguradora, mediante recibo, que os especificará.

§ 3º Não se concluindo na certidão de óbito o nexo de causa e efeito entre a morte e o acidente, será acrescentada a certidão de auto de necropsia, fornecida diretamente pelo Instituto Médico Legal, independentemente de requisição ou autorização da autoridade policial ou da jurisdição do acidente.

§ 4º Havendo dúvida quanto ao nexo de causa e efeito entre o acidente e as lesões, em caso de despesas médicas suplementares e invalidez permanente, poderá ser acrescentado ao boletim de atendimento hospitalar relatório de internamento ou tratamento, se houver, fornecido pela rede hospitalar e previdenciária, mediante pedido verbal ou escrito, pelos interessados, em formulário próprio da entidade fornecedora.

▶ §§ 3º e 4º acrescidos pela Lei nº 8.441, de 13-7-1992.

§ 5º O Instituto Médico Legal da jurisdição do acidente ou da residência da vítima deverá fornecer, no prazo de até 90 (noventa) dias, laudo à vítima com a verificação da existência e quantificação das lesões permanentes, totais ou parciais.

▶ § 5º com a redação dada pela Lei nº 11.945, de 4-6-2009.

§ 6º O pagamento da indenização também poderá ser realizado por intermédio de depósito ou Transferência Eletrônica de Dados – TED para a conta corrente ou conta de poupança do beneficiário, observada a legislação do Sistema de Pagamentos Brasileiro.

§ 7º Os valores correspondentes às indenizações, na hipótese de não cumprimento do prazo para o pagamento da respectiva obrigação pecuniária, sujeitam-se à correção monetária segundo índice oficial regularmente estabelecido e juros moratórios com base em critérios fixados na regulamentação específica de seguro privado.

▶ §§ 6º e 7º acrescidos pela Lei nº 11.482, de 31-5-2007.

Art. 6º No caso de ocorrência do sinistro do qual participem dois ou mais veículos, a indenização será paga pela Sociedade Seguradora do respectivo veículo em que cada pessoa vitimada era transportada.

§ 1º Resultando do acidente vítimas não transportadas, as indenizações a elas correspondentes serão pagas, em partes iguais, pelas Sociedades Seguradoras dos veículos envolvidos.

§ 2º Havendo veículos não identificados e identificados, a indenização será paga pelas Sociedades Seguradoras destes últimos.

Art. 7º A indenização por pessoa vitimada por veículo não identificado, com seguradora não identificada, seguro não realizado ou vencido, será paga nos mesmos valores, condições e prazos dos demais casos por um consórcio constituído, obrigatoriamente, por todas as sociedades seguradoras que operem no seguro objeto desta lei.

▶ Caput com a redação dada pela Lei nº 8.441, de 13-7-1992.
▶ Súmulas nºs 257 e 405 do STJ.

§ 1º O consórcio de que trata este artigo poderá haver regressivamente do proprietário do veículo os valores que desembolsar, ficando o veículo, desde logo, como garantia da obrigação, ainda que vinculada a contrato de alienação fiduciária, reserva de domínio, *leasing* ou qualquer outro.

▶ § 1º com a redação dada pela Lei nº 8.441, de 13-7-1992.

§ 2º O Conselho Nacional de Seguros Privados (CNSP) estabelecerá normas para atender ao pagamento das indenizações previstas neste artigo, bem como a forma de sua distribuição pelas Seguradoras participantes do Consórcio.

Art. 8º Comprovado o pagamento, a Sociedade Seguradora que houver pago a indenização poderá, mediante ação própria, haver do responsável a importância efetivamente indenizada.

▶ Súm. nº 405 do STJ.

Art. 9º Nos seguros facultativos de responsabilidade civil dos proprietários de veículos automotores de via terrestre, as indenizações por danos materiais causados a terceiros serão pagas independentemente da responsabilidade que for apurada em ação judicial contra o causador do dano, cabendo à Seguradora o direito de regresso contra o responsável.

Art. 10. Observar-se-á o procedimento sumaríssimo do Código de Processo Civil nas causas relativas aos danos pessoais mencionados na presente lei.

Art. 11. A sociedade seguradora que infringir as disposições desta Lei estará sujeita às penalidades previstas no art. 108 do Decreto-Lei nº 73, de 21 de novembro de 1966, de acordo com a gravidade da irregularidade, observado o disposto no art. 118 do referido Decreto-Lei.

▶ Artigo com a redação dada pela Lei nº 11.482, de 31-5-2007.

Art. 12. O Conselho Nacional de Seguros Privados expedirá normas disciplinadoras e tarifas que atendam ao disposto nesta Lei.

§ 1º O Conselho Nacional de Trânsito implantará e fiscalizará as medidas de sua competência, garantidoras do não licenciamento e não circulação de veículos automotores de vias terrestres, em via pública ou fora dela, a descoberta do seguro previsto nesta Lei.

§ 2º Para efeito do parágrafo anterior, o Conselho Nacional de Trânsito expedirá normas para o vencimento do seguro coincidir com o do IPVA, arquivando-se cópia do bilhete ou apólice no prontuário respectivo, bem como fazer constar no registro de ocorrências nome, qualificação, endereço residencial e profissional completos do proprietário do veículo, além do nome da seguradora, número e vencimento do bilhete ou apólice de seguro.

▶ §§ 1º e 2º acrescidos pela Lei nº 8.441, de 13-7-1992.

§ 3º O CNSP estabelecerá anualmente o valor correspondente ao custo da emissão e da cobrança da apólice ou do bilhete do Seguro Obrigatório de Danos Pessoais causados por veículos automotores de vias terrestres.

§ 4º O disposto no parágrafo único do art. 27 da Lei nº 8.212, de 24 de julho de 1991, não se aplica ao produto da arrecadação do ressarcimento do custo descrito no § 3º deste artigo.

▶ §§ 3º e 4º com a redação dada pela Lei nº 11.945, de 4-6-2009.

Art. 13. Esta Lei entrará em vigor na data de sua publicação, revogados o Decreto-Lei nº 814, de 4 de setembro de 1969, e demais disposições em contrário.

Brasília, 19 de dezembro de 1974;
153º da Independência e
86º da República.

Ernesto Geisel

ANEXO
(ART. 3º DA LEI Nº 6.194, DE 19 DE DEZEMBRO DE 1974)

▶ Anexo com a redação dada pela Lei nº 11.945, de 4-6-2009, e retificado no *DOU* de 24-6-2009.

Danos Corporais Totais Repercussão na Íntegra do Patrimônio Físico	Percentual da Perda
Perda anatômica e/ou funcional completa de ambos os membros superiores ou inferiores	100
Perda anatômica e/ou funcional completa de ambas as mãos ou de ambos os pés	
Perda anatômica e/ou funcional completa de um membro superior e de um membro inferior	
Perda completa da visão em ambos os olhos (cegueira bilateral) ou cegueira legal bilateral	
Lesões neurológicas que cursem com: (a) dano cognitivo-comportamental alienante; (b) impedimento do senso de orientação espacial e/ou do livre deslocamento corporal; (c) perda completa do controle esfincteriano; (d) comprometimento de função vital ou autonômica	
Lesões de órgãos e estruturas cranio-faciais, cervicais, torácicos, abdominais, pélvicos ou retroperitoneais cursando com prejuízos funcionais não compensáveis de ordem autonômica, respiratória, cardiovascular, digestiva, excretora ou de qualquer outra espécie, desde que haja comprometimento de função vital	

Danos Corporais Segmentares (Parciais) Repercussões em Partes de Membros Superiores e Inferiores	Percentuais das Perdas
Perda anatômica e/ou funcional completa de um dos membros superiores e/ou de uma das mãos	70
Perda anatômica e/ou funcional completa de um dos membros inferiores	
Perda anatômica e/ou funcional completa de um dos pés	50
Perda completa da mobilidade de um dos ombros, cotovelos, punhos ou dedo polegar	25
Perda completa da mobilidade de um quadril, joelho ou tornozelo	
Perda anatômica e/ou funcional completa de qualquer um dentre os outros dedos da mão	10
Perda anatômica e/ou funcional completa de qualquer um dos dedos do pé	

Danos Corporais Segmentares (Parciais) Outras Repercussões em Órgãos e Estruturas Corporais	Percentuais das Perdas
Perda auditiva total bilateral (surdez completa) ou da fonação (mudez completa) ou da visão de um olho	50
Perda completa da mobilidade de um segmento da coluna vertebral exceto o sacral	25
Perda integral (retirada cirúrgica) do baço	10

DECRETO Nº 86.714, DE 10 DE DEZEMBRO DE 1981

Promulga a Convenção sobre Trânsito Viário.

▶ Publicada no *DOU* de 10-12-1981.

Art. 1º A Convenção sobre Trânsito Viário apensa por cópia ao presente Decreto, será executada e cumprida tão inteiramente como nela se contém, com reserva ao Artigo 20, § 2º, alíneas *a* e *b*, ao Artigo 23, § 2º, alínea *a*, ao Artigo 40, e ao Anexo 5, § 5º, alínea *c* e ainda com reserva parcial ao § 28 do Anexo 5, ao § 39 do Anexo 5, ao § 41 do Anexo 5, ao Artigo 41, § 1º, alíneas *a*, *b* e *c*.

Art. 2º Este Decreto entra em vigor na data de sua publicação, revogadas as disposições em contrário.

Brasília, 10 de dezembro de 1981;
160º da Independência e
98º da República.

João Figueiredo
Presidente da República

CONVENÇÃO SOBRE TRÂNSITO VIÁRIO

As Partes Contratantes, desejosas de facilitar o trânsito viário internacional, e de aumentar a segurança nas rodovias mediante a adoção de regras uniformes de trânsito,

Convieram nas disposições seguintes:

CAPÍTULO I

GENERALIDADES

ARTIGO 1º
Definições

Para a aplicação das disposições da presente Convenção, os termos abaixo terão a significação que lhes é dada o presente Artigo:

a) entende-se por legislação nacional – de uma Parte Contratante – o conjunto de leis e regulamentos nacionais ou locais em vigor no território de uma Parte Contratante;

b) considera-se que um veículo está em circulação internacional em território de um Estado quando:

I – pertence a uma pessoa física ou jurídica que tem sua residência normal fora desse Estado;
II – não se acha registrado nesse Estado; e
III – foi temporariamente importado para esse Estado; ficando, todavia, livre toda a Parte Contratante para negar-se a considerar como em circulação internacional todo veículo que tenha permanecido em seu território durante mais de 1 (um) ano sem interrupção relevante, e cuja duração pode ser fixada por essa Parte Contratante.

Considera-se que um conjunto de veículos está em circulação internacional, quando pelo menos um dos veículos do conjunto se enquadra nesta definição:

c) por "área urbana" (ou povoação) entende-se um espaço que compreende imóveis edificados e cujos acessos e saídas estão especialmente sinalizados como tais ou que está definido de qualquer outro modo na legislação nacional;

d) por "via" entende-se a superfície completa de todo caminho ou rua aberta à circulação pública;

e) por "pista" entende-se a parte da via normalmente utilizada para a circulação de veículos; uma via pode compreender várias pistas separadas entre si por um canteiro central ou diferença de nível;

f) nas pistas em que houver uma ou mais faixas laterais reservadas à circulação de certos veículos, a expressão "bordo da pista" significa, para os demais usuários da via ou estrada, o limite da parte a eles reservada;

g) por "faixa de trânsito" entende-se qualquer uma das áreas longitudinais em que uma pista possa ser subdividida, sinalizadas ou não por marcas viárias longitudinais, que tenham uma largura suficiente para permitir a circulação de uma fila de veículos automotores, que não sejam motocicletas;

h) por "intersecção" entende-se todo o cruzamento ao nível, entroncamento ou bifurcação de vias, incluindo as áreas formadas por tais cruzamentos, entroncamentos, ou bifurcações;

i) por "passagem de nível" entende-se todo o cruzamento de nível entre uma via e uma linha férrea ou trilho de bonde, com pista própria;

j) por "autoestrada" (via de trânsito rápido) entende-se toda uma via especialmente concebida e construída para a circulação de veículos automotores e que não tem acesso às propriedades adjacentes e que:

I – salvo em determinados lugares, ou em caráter temporário, tem pistas distintas para circulação em cada um dos dois sentidos, separadas entre si por uma faixa divisória não destinada à circulação ou, em casos excepcionais, por outros meios;
II – não cruza ao nível com nenhuma via pública, férrea, trilho de bonde, nem caminho de pedestres;
III – está especialmente sinalizada como autoestrada.

k) considera-se que um veículo está:

I – parado, quando está imobilizado durante o tempo necessário para embarque ou desembarque de pessoas, carga ou descarga de coisas;
II – estacionado, quando está imobilizado por uma razão que não seja necessidade de evitar interferência com outro usuário da via ou uma colisão com um obstáculo; ou a de obedecer às regras de trânsito, e sua imobilização não se limita ao tempo necessário para embarcar ou desembarcar e carregar ou descarregar coisas.

▶ Arts. 180 a 183 do CTB.

Entretanto, as Partes Contratantes poderão considerar parado todo veículo imobilizado nas condições definidas no inciso II da presente alínea, se a duração de sua imobilidade não exceder um período fixado pela legislação nacional, e considerar estacionado todo veículo imobilizado nas condições definidas no inciso I da presente alínea, se a duração de sua imobilidade exceder um período fixado pela legislação nacional.

l) por "ciclo" (bicíclo ou triciclo) entende-se todo veículo de menos de 2 (duas) rodas e acionado exclusivamente pelo esforço muscular da pessoa que o ocupa, especialmente mediante pedais ou manivelas;

▶ Arts. 96 e 103 do CTB.

m) por "ciclomotor" entende-se todo veículo de 2 (duas) ou 3 (três) rodas, provido de um motor de combustão interna, cuja cilindrada não exceda a 50 cm³ (3,05 polegadas cúbicas) e cuja velocidade máxima de fabricação não exceda de 50 km (30 milhas) por hora; podendo, não obstante, toda Parte Contratante, em sua legislação nacional, não considerar como ciclomotores os veículos que não tiverem as características dos ciclos no que diz respeito às suas possibilidades de emprego, especialmente a característica de poderem ser movidos a pedais, ou cuja velocidade máxima, por fabricação, ou cujo peso ou que algumas características do motor excedam de certos limites. Nada na presente definição poderá ser interpretado no sentido de impedir as Partes Contratantes de assimilar totalmente os ciclomotores aos ciclos para aplicação de preceitos de sua legislação nacional sobre trânsito viário;

▶ Arts. 96, 103 e Anexo I do CTB.

n) por "motocicletas", entende-se todo veículo de 2 (duas) rodas com ou sem side-car, provido de um motor de propulsão. As Partes Contratantes poderão também, em sua legislação nacional, assimilar às motocicletas os veículos de 3 (três) rodas cuja tara não exceda de 400 kg (900 libras). O termo motocicleta não inclui os ciclomotores, não obstante as Partes Contratantes poderão, sob condição de que façam uma declaração nesse sentido, de conformidade com o disposto no parágrafo 2º, do Artigo 54, da presente Convenção, assimilar os ciclomotores às motocicletas para os efeitos da presente Convenção;

▶ Art. 103 do CTB.

o) por "veículo motorizado" entende-se, com exceção dos ciclomotores no território das Partes Contratantes que não os hajam assimilado às motocicletas e com exceção dos veículos que se desloquem sobre trilhos, todo veículo motor de propulsão e que circule em uma via por seus próprios meios;

p) por "veículo automotor" entende-se todo veículo motorizado que serve normalmente para o transporte viário de pessoas ou de coisas ou para a tração viária de veículos utilizados para o transporte de pessoas ou de coisas. Este termo compreende os ônibus elétricos, isto é, os veículos conectados a uma linha elétrica e que não circulam sobre trilhos, não compreende veículos, como tratores agrícolas, cuja utilização para o transporte viário de pessoa ou de coisas ou tração viária de veículos utilizados para o transporte de pessoas ou de coisas, é apenas acessória (designado também como automotor);

▶ Anexo I do CTB.

q) por "reboque" entende-se todo veículo destinado a ser engatado atrás de um veículo motorizado; este termo engloba os semirreboques;

r) por "semirreboque" entende-se todo reboque destinado a ser acoplado a um veículo automotor, de tal maneira que em parte repouse sobre este e cujo peso e o de sua carga estejam suportados, em grande parte, pelo referido automotor;

s) por "reboque leve" entende-se todo reboque cujo peso máximo autorizado não exceda de 750 kg (1.650 libras);

▶ Anexo I do CTB.

t) por "conjunto de veículo" entende-se um grupo de veículos acoplados que participam no trânsito viário como uma unidade;

u) por "veículo articulado" entende-se o conjunto de veículos constituídos por um veículo automotor e um semirreboque acoplado ao mesmo;

v) por "condutor" entende-se toda pessoa que conduza um veículo automotor ou de outro tipo (incluindo os ciclos), ou que guia por uma via, cabeças de gado isoladas, rebanho, bando, ou manada; ou animais de tiro, carga ou sela;

w) por "peso máximo autorizado" entende-se o peso máximo do veículo carregado, declarado admissível pela autoridade competente do Estado onde o veículo estiver matriculado;

x) por "tara" entende-se o peso do veículo sem pessoal de serviço, passageiro ou carga, mas com a totalidade de seu carburante e as ferramentas que o veículo carrega normalmente;

y) por "peso bruto total" entende-se o peso efetivo do veículo e de sua carga, incluindo o peso do pessoal de serviço e dos passageiros;

z) as expressões "lado de circulação" e "correspondente ao lado da circulação" significam a direita quando, segundo a legislação nacional, o condutor de um veículo deve cruzar com outro veículo, deixando esse a sua esquerda; em caso contrário, estas expressões significam a esquerda (nos países que conduzem na esquerda);

aa) a obrigação do condutor de um veículo dar preferência a outros veículos significa que esse condutor não deve continuar sua marcha ou sua manobra, nem recomeçá-la, se com isso pode obrigar aos condutores de outros veículos a modificar bruscamente a direção ou a velocidade dos mesmos.

Artigo 2º
Anexo da Convenção

Os Anexos da presente Convenção, a saber:

Anexo 1: Exceções à obrigação de admitir em circulação internacional aos automotores e reboques;

Anexo 2: Número de matrícula dos automotores e dos reboques em circulação internacional;

Anexo 3: Signo distintivo dos automotores e dos reboques em circulação internacional;

Anexo 4: Marcas de identificação dos automotores e dos reboques em circulação internacional;

Anexo 5: Condições técnicas relativas aos automotores e reboques;

Anexo 6: Permissão nacional para dirigir; e

Anexo 7: Permissão internacional para dirigir, formam parte integrante da presente Convenção.

Artigo 3º
Obrigações das Partes Contratantes

1.a) As Partes Contratantes adotarão as medidas adequadas para que as regras de trânsito em vigor em seu território se ajustem, em substância, às disposições do Capítulo II da presente Convenção. Com a condição de que as mencionadas normas não sejam em nada incompatíveis com as citadas disposições:

I – essas regras poderão não reproduzir aquelas disposições que se aplicam a situações que não se apresentam no território da Parte Contratante em questão;
II – essas regras poderão conter disposições não previstas no citado Capítulo II.

b) as disposições do presente parágrafo não obrigam as Partes Contratantes a prever sanções penais para toda infração das disposições do Capítulo II que se encontram reproduzidas em suas normas de trânsito.

2.a) As Partes Contratantes adotarão igualmente as medidas adequadas para que as regras, em vigor em seu território, sobre as condições técnicas que devem apresentar os automotores e reboques, se ajustem ao prescrito no anexo 5 da presente Convenção; com a condição de não serem em nada incompatíveis com os princípios de segurança que informam as referidas disposições, essas regras poderão conter disposições não previstas no mencionado Anexo. Adotarão também as medidas adequadas para que os automotores e reboques matriculados em seu território se ajustem às disposições do Anexo 5 da presente Convenção, quando em circulação internacional.

b) As disposições do presente parágrafo não impõem nenhuma obrigação às Partes Contratantes, no que se refere às regras em vigor em seu território com respeito às condições técnicas que devem apresentar os veículos motorizados, não considerados automotores para os efeitos da presente Convenção.

3. Com reservas das exceções previstas no Anexo 1 da presente Convenção, as Partes Contratantes estarão obrigadas a admitir em seu território, em trânsito internacional, os automotores e os reboques que reúnam as condições definidas no Capítulo III da presente Convenção e cujos condutores reúnam os requisitos exigidos no Capítulo IV; estarão também obrigadas a reconhecer os certificados de matrícula expedidos de conformidade com as disposições do Capítulo III como prova, enquanto não se demonstre em contrário, de que os veículos reúnam as condições definidas no referido Capítulo III.

4. As medidas que tenham adotado, ou venham a adotar, as Partes Contratantes, seja unilateralmente, seja em virtude de acordos bilaterais ou multilaterais, para admitir em seu território, em circulação internacional os automotores e os reboques que não reúnam todas as condições estabelecidas no Capítulo III da presente Convenção, e para reconhecer, com exceção dos casos previstos no Capítulo IV, a validez em seu território, das licenças para dirigir, expedidas por outra Parte Contratante, serão consideradas como em conformidade com o objetivo da presente Convenção.

5. As Partes Contratantes estarão obrigadas a admitir como em circulação internacional em seu território os ciclos e os ciclomotores que reúnam condições técnicas definidas no Capítulo V da presente Convenção e cujo condutor tenha sua residência normal em território de outra Parte Contratante. Nenhuma Parte Contratante poderá exigir que os condutores de ciclos e ciclomotores em trânsito internacional sejam portadores de licença para dirigir, entretanto, as Partes Contratantes que, de conformidade com o parágrafo 2º, artigo 54, da presente Convenção, hajam formulado uma declaração assimilado os ciclomotores às motocicletas, poderão exigir a habilitação aos condutores de ciclomotores em circulação internacional.

6. As Partes Contratantes comprometem-se a comunicar a outra Parte Contratante que o solicite, as informações que permitam estabelecer a identidade da pessoa, em cujo nome um automotor ou um reboque acoplado a este acha-se matriculado em seu território, quando a solicitação indicar que esse veículo esteve implicado em um acidente no território da Parte Contratante que solicita a informação.

7. As medidas que hajam adotado ou venham a adotar as Partes Contratantes, seja unilateralmente, seja em virtude de acordos bilaterais ou multilaterais, para facilitar o trânsito viário internacional mediante a simplificação das formalidades aduaneiras, policiais, de saúde pública e demais análogas, assim como as medidas adotadas para harmonizar as atribuições e o horário de trabalho das repartições e dos postos aduaneiros num mesmo e determinado ponto de fronteira, serão considerados em conformidade com o objetivo da presente Convenção.

8. As disposições dos parágrafos 3, 5 e 7 do presente Artigo não limitarão o direito das Partes Contratantes de subordinar a admissão em seu território, em circulação internacional, dos veículos automotores e dos reboques, ciclomotores e ciclos, como também de seus condutores e ocupantes à sua regulamentação sobre transportes comerciais de passageiros e mercadoria, à sua regulamentação em matéria de seguros de responsabilidade civil dos condutores e à sua regulamentação aduaneira e, em geral, às suas regulamentações sobre matérias outras que não o trânsito viário.

Artigo 4º
Sinalização

As Partes Contratantes da presente Convenção que não forem Partes Contratantes na Convenção sobre sinalização viária, aberta à assinatura em Viena, no mesmo dia que a presente Convenção, comprometem-se:

a) a que todos os sinais viários, semáforos e marcas sobre o pavimento, utilizados em seu território, constituam um sistema coerente;
b) a limitar o número dos tipos de sinais e a colocar sinais somente nos lugares em que se julgar útil sua presença;
c) a colocar sinais de advertência de perigo à distância adequada dos obstáculos por eles indicados, a fim de que a advertência aos condutores seja eficaz;
d) que se proíba:

I – figure em um sinal, em seu suporte ou em qualquer outro dispositivo que sirva para regular o trânsito, qualquer coisa não relacionada com o objetivo do sinal ou dispositivo; não obstante, quando as Partes Contratantes ou suas subdivisões autorizarem a uma associação sem fins lucrativos a colocar sinais de indicação, poderão permitir que o emblema da dita associação figure no sinal ou seu suporte sob a condição de que não dificulte a compreensão do dito sinal;

II – se coloquem placas, cartazes, marcas ou dispositivos que possam se confundir com os sinais ou com outros dispositivos destinados a regular o trânsito, reduzir a visibilidade ou a eficácia dos mesmos, ofuscar os usuários da via ou distrair sua atenção de modo perigoso para segurança do trânsito.

Capítulo II

REGRAS APLICÁVEIS AO TRÂNSITO VIÁRIO

Artigo 5º
Valor da Sinalização

1. Os usuários da via deverão, mesmo no caso de que as prescrições de que se trata pareçam em contradição com outras regras de trânsito, obedecer às prescrições indicadas pelos sinais viários, semáforos ou marcas viárias.

2. As prescrições indicadas por semáforos prevalecem sobre as indicadas por sinais viários que regulem a prioridade.

Artigo 6º
Ordens Dadas pelos Agentes Encarregados de Regular o Trânsito

1. Os agentes encarregados de regular o trânsito serão facilmente reconhecidos e visíveis à distância, tanto de noite como de dia.

2. Os usuários da via estarão obrigados a obedecer imediatamente qualquer ordem dos agentes encarregados de regular o trânsito.

▶ Art. 89, I, do CTB.

3. Recomenda-se que as legislações nacionais estabeleçam que se considerem especialmente como ordens dos agentes que regulam o trânsito:

a) o braço levantado verticalmente; este gesto significa atenção, pare para os usuários da via, salvo para os condutores que não possam deter-se em condições de segurança suficiente; além do mais, se esse gesto for efetuado numa intersecção, não obrigará a que se detenham os condutores que já hajam penetrado nela;

b) o braço ou os braços estendidos horizontalmente; este sinal significa "pare" para todos os usuários da via que venham, qualquer que seja o sentido de sua marcha, de direções que cortem a indicada pelo braço ou braços estendidos; depois de haver feito este gesto, o agente encarregado de regular o trânsito poderá baixar o braço ou os braços; para os condutores que se encontrem de frente para o agente ou detrás dele, este gesto significa igualmente "pare";

c) o agitar de uma luz vermelha; este gesto significa "pare" para os usuários da via aos quais a luz é dirigida.

4. As prescrições dos agentes que regulam o trânsito prevalecem sobre as indicadas pelos sinais viários, semáforos ou marcas viárias, como também sobre as regras de trânsito.

▶ Art. 89, I, do CTB.

Artigo 7º
Regras Gerais

1. Os usuários da via deverão abster-se de todo ato que possa constituir perigo ou obstáculo para o trânsito, pôr em perigo pessoas ou causar danos a propriedades públicas ou privadas.

2. Recomenda-se que as legislações nacionais estabeleçam que os usuários da via deverão abster-se de obstruir o trânsito ou torná-lo perigoso atirando, depositando ou abandonando na via objetos ou substâncias, ou criando qualquer outro obstáculo na mesma. Os usuários da via, que não tenham podido evitar a criação de um obstáculo ou perigo, deverão adotar as medidas necessárias para fazê-lo desaparecer o mais breve possível e, se não puderem fazê-lo imediatamente, assinalá-lo aos outros usuários.

Artigo 8º
Condutores

1. Todo veículo em movimento ou todo o conjunto de veículos em movimento deverá ter um condutor.

2. Recomenda-se que as legislações nacionais estabeleçam que os animais de carga, tiro, ou sela e, salvo eventualmente nas zonas especialmente sinalizadas em seus lugares de entrada, as cabeças de gado sozinhas ou em rebanho deverão ter guia.

3. Todo condutor deverá possuir as qualidades físicas e psíquicas necessárias e achar-se em estado físico e mental para dirigir.

4. Todo condutor de um veículo motorizado deverá possuir os conhecimentos e habilidades necessários para a condução de veículo; esta disposição não se opõe, todavia, à aprendizagem de direção de conformidade com a legislação nacional.

5. Todo condutor deverá, a todo momento, ter domínio de seu veículo ou poder guiar os seus animais.

Artigo 9º
Rebanhos

Recomenda-se que as legislações nacionais estabeleçam que, salvo quando se disponha de outras formas para facilitar os deslocamentos, os rebanhos deverão ser divididos em grupos de tamanho moderado, e separados uns dos outros por espaços suficientes para não obstruir o trânsito.

Artigo 10
Posição sobre a pista de Rolamento

1. O lado de circulação deverá ser o mesmo em todas as vias de um Estado, salvo, quando for o caso, das vias que servirem exclusiva ou principalmente para o trânsito entre dois Estados.

▶ Art. 29, I, do CTB.

2. Os animais que circulem pela pista de rolamento deverão, dentro do possível, ser mantidos junto ao bordo da pista correspondente ao lado da circulação.

▶ Art. 53 do CTB.

3. Sem prejuízo das disposições em contrário do parágrafo 1º do Artigo 7, do parágrafo 6º do Artigo 11 e das demais disposições em contrário da presente Convenção, todo condutor deverá manter seu veículo, na medida que o permitam as circunstâncias, junto ao bordo da pista de rolamento correspondente ao lado da circulação. Contudo, as Partes Contratantes ou suas subdivisões poderão estabelecer normas mais precisas no que diz respeito ao lugar, na pista de rolamento dos veículos destinados ao transporte de mercadorias.

4. Quando uma via compreender 2 (duas) ou 3 (três) faixas, nenhum condutor deverá invadir a faixa situada no sentido oposto à de circulação.

5. a) Nas pistas de circulação em dois sentidos e que tenham pelo menos 4 (quatro) faixas, nenhum condutor deverá invadir as faixas situadas inteiramente na metade da pista oposta ao sentido da circulação;

b) Nas pistas de trânsito em dois sentidos e que tenham 3 (três) faixas, nenhum condutor deverá invadir as faixas situadas na borda da pista oposta à correspondente ao sentido da circulação.

Artigo 11
Ultrapassagem e Circulação em Filas

1. a) a ultrapassagem deverá ser feita pelo lado oposto ao correspondente da circulação;

b) todavia, a ultrapassagem deverá efetuar-se pelo lado correspondente à circulação no caso de que o condutor que quer ultrapassar, depois de haver indicado seu propósito de dirigir-se ao lado oposto ao sentido da circulação, tenha levado seu veículo ou seus animais para esse lado da pista, com o objetivo de girar para esse lado para tomar outra via, ou entrar numa propriedade à margem da estrada ou estacionar nesse lado.

▶ Arts. 29 a 33 e Anexo I do CTB.

2. Sem prejuízo da observância das disposições do parágrafo 1º do Artigo 7 e do Artigo 14 da presente

Convenção, todo condutor deverá, antes de efetuar uma ultrapassagem, certificar-se de que:

a) nenhum condutor que venha atrás, haja começado uma manobra para ultrapassá-lo;
b) quem o precede na mesma faixa de trânsito não haja indicado o propósito de ultrapassar um terceiro;
c) a faixa de trânsito que vai tomar, está livre numa extensão suficiente para que, tendo em vista a diferença entre a velocidade de seu veículo durante a manobra e a dos usuários da via aos quais pretende ultrapassar, sua manobra não ponha em perigo ou obstrua o trânsito que venha em sentido contrário;
d) exceto se ao tomar uma faixa de trânsito proibida ao trânsito contrário, puder, sem inconveniente para o usuário ou usuários da via que houver ultrapassado, volver ao lugar prescrito no parágrafo 3º, do Artigo 10, da presente Convenção.

3. De conformidade com o disposto no parágrafo 2º do presente Artigo estará, em particular, proibido nas pistas de circulação com dois sentidos, a ultrapassagem nas curvas e nas proximidades de uma lombada de visibilidade insuficiente, a não ser que haja nesses lugares faixas de trânsito sinalizadas por meio de marcas viárias longitudinais e que a ultrapassagem se efetue sem sair das faixas de trânsito cujos sinais proíbem que as utilize o trânsito em sentido contrário.

4. Todo condutor que efetuar ultrapassagem deverá afastar-se do usuário ou usuários aos quais ultrapasse de tal forma que deixe livre uma distância lateral suficiente.

5. a) nas pistas que tenham pelo menos 2 (duas) faixas de trânsito reservadas à circulação no mesmo sentido, o condutor que se vir obrigado a efetuar uma nova manobra de ultrapassagem imediatamente ou pouco depois de haver voltado ao lugar prescrito no parágrafo 3º, do Artigo 10, da presente Convenção poderá, para efetuar essa ultrapassagem, permanecer na faixa de trânsito utilizada para primeira ultrapassagem, sob a condição de certificar-se de que pode fazê-la sem inconveniência para os condutores de veículos mais rápidos que venham atrás do seu;
b) todavia, as Partes Contratantes ou suas subdivisões poderão dispor que os preceitos do presente parágrafo não sejam aplicados aos condutores de ciclos, ciclomotores, motocicletas e veículos que não sejam considerados como automotores para os efeitos da presente Convenção, bem como aos condutores de automotores cujo peso máximo autorizado seja superior a 3.500 kg (7.700 libras) ou cuja velocidade máxima de fabricação, não possa exceder de 40 km (25 milhas) por hora.

6. Quando as disposições do parágrafo 5º, alínea a, do presente Artigo, forem aplicadas e a densidade do trânsito for tal, que os veículos não somente ocupem toda a largura da pista reservada ao sentido de sua marcha, mas também só possam circular a uma velocidade que dependa da do veículo que os preceda na fila que seguem:

a) sem prejuízo das disposições do parágrafo 9º do presente Artigo, o fato de que os veículos de uma fila circulem mais depressa do que os veículos de outra fila, não será considerado como uma ultrapassagem, para os efeitos do presente Artigo;
b) um condutor que não se encontra na faixa de trânsito mais próxima ao bordo da pista correspondente ao sentido da circulação não deverá mudar de fila senão para preparar-se para girar à direita ou à esquerda, ou para estacionar. Excetuam-se as mudanças de fila que devem realizar os condutores, em cumprimento da legislação nacional resultante da aplicação das disposições do parágrafo 5.b do presente Artigo.

7. Nos casos de circulação em fila, descritos nos parágrafos 5 e 6 do presente Artigo, quando as faixas de trânsito estiverem delimitadas sobre a pista por marcas longitudinais, os condutores não poderão trafegar sobre essas marcas.

8. Sem prejuízo das disposições do parágrafo do presente Artigo e de outras restrições que as Partes Contratantes ou suas subdivisões estabelecerem em matéria de ultrapassagem em intersecções e passagens de nível, nenhum condutor de veículo poderá ultrapassar a um veículo que não seja um bicíclo, um ciclomotor de 2 (duas) rodas, ou uma motocicleta de 2 (duas) rodas sem *side car*:

a) imediatamente antes e durante a passagem de uma intersecção que não seja uma praça de circulação giratória, salvo:

I – no caso previsto no parágrafo 1.b deste Artigo;
II – no caso de que a via, em que a ultrapassagem se efetua, goze de preferência na intersecção;
III – no caso de que o trânsito esteja regulado na intersecção por um agente do trânsito ou por semáforos.

b) imediatamente antes e durante o cruzamento de nível que não tenham barreiras nem meias-barreiras, as Partes Contratantes ou suas subdivisões poderão, sem embargo, permitir essa ultrapassagem nas passagens de nível em que a circulação esteja regulada por semáforos que tenham um sinal positivo que permita a passagem de veículos.

9. Um veículo não deve ultrapassar o outro que se aproxime de uma passagem de pedestres delimitada por marcas sobre a pista ou sinalizadas como tal, ou que se detenha na vertical dessa passagem, salvo que o faça a uma velocidade suficientemente reduzida para poder deter-se imediatamente se encontrar na passagem um pedestre. Nada do disposto no presente parágrafo poderá interpretar-se no sentido de que impeça às Partes Contratantes ou suas subdivisões proibir a ultrapassagem a partir de uma distância determinada antes da faixa de passagem de pedestres, ou impor condições mais restritas ao condutor de um veículo que se proponha a ultrapassar outro veículo parado imediatamente antes da referida faixa.

10. Todo condutor, ao perceber que outro que o segue, tem o propósito de ultrapassá-lo, deverá, salvo nos casos previstos no parágrafo 1.b, do Artigo 16, da presente Convenção, aproximar-se do bordo da pista correspondente ao lado da circulação, sem acelerar a sua marcha. Quando a largura insuficiente da pista, seu perfil ou seu estado não permitirem, tendo em conta a densidade do trânsito contrário, ultrapassar com facilidade e sem perigo a um veículo lento, de grandes dimensões ou que é obrigado a respeitar um limite de

velocidade, o condutor deste último veículo deverá diminuir sua marcha e quando necessário, desviar-se para o lado, quanto antes seja possível, para dar passagem aos veículos que seguem.

11. As Partes Contratantes ou suas subdivisões poderão, nas pistas de 1 (um) só sentido e nas de 2 (dois) sentidos de circulação, quando pelo menos, 2 (duas) faixas, nas áreas urbanas, e 3 (três) fora delas, forem reservadas ao trânsito no mesmo sentido e sinalizadas mediante marcas longitudinais:

I – permitir que os veículos que circulem por uma pista ultrapassem pelo lado correspondente ao da circulação, veículos que transitam noutra faixa;

II – estabelecer que não se apliquem as disposições do parágrafo 3º, do Artigo 10, da presente Convenção:

a) sob a condição de que imponham restrições adequadas à possibilidade de mudar de faixa;
b) no caso da alínea a do presente parágrafo e sem prejuízo do disposto no parágrafo 9º do presente Artigo, esta manobra não será considerada como ultrapassagem para os efeitos da presente Convenção.

▶ Arts. 29 a 33 e Anexo I do CTB.

Artigo 12
Passagem ao Lado do Trânsito de Sentido Oposto

1. Ao passar pelos veículos de direção contrária, todo condutor deverá deixar livre uma distância lateral suficiente e, se for preciso, cingir-se ao bordo da pista correspondente ao lado da circulação. Caso, ao assim proceder seu avanço se encontrar obstruído por um obstáculo ou pela de outros usuários da via, deverá diminuir a marcha e, se preciso for, parar para dar passagem ao usuário ou usuários que venham em sentido contrário.

▶ Arts. 29 a 33 do CTB.

2. Em vias de montanhas e vias de grande declive que tenham características análogas, nas quais seja impossível ou difícil passar ao lado de outro veículo, o condutor do veículo que desce deverá afastar-se para dar passagem para os veículos que sobem, exceto quando a disposição das áreas de parada ao lado da estrada, para permitir que os veículos se afastem, seja tal que, tendo em conta a velocidade e a posição do veículo, o veículo que sobe disponha de uma área de parada diante dele e que um dos veículos se visse obrigado a uma marcha à ré para permitir a passagem, será o condutor do veículo que desce o que deverá fazer essa manobra, a menos que a mesma resulte evidentemente mais fácil para o condutor do veículo que sobe. As Partes Contratantes ou suas subdivisões poderão, todavia, para certos veículos ou certas vias ou trechos de vias, prescrever regras especiais diferentes das do presente parágrafo.

Artigo 13
Velocidade e Distância entre Veículos

1. Todo condutor de veículo deverá ter em todas as circunstâncias o domínio de seu veículo, de maneira que possa acomodar-se às exigências da prudência e estar a todo momento em condições de efetuar todas as manobras necessárias. Ao regular a velocidade de seu veículo, deverá ter constantemente em conta as circunstâncias, em especial a disposição do terreno, o estado da via, o estado e carga de seu veículo, as condições atmosféricas e a intensidade do trânsito, de tal forma que possa deter seu veículo dentro dos limites de seu campo de visibilidade, como também diante de qualquer obstáculo previsível. Deverá diminuir a velocidade e, quando preciso, deter-se tantas vezes quanto as circunstâncias exigirem, especialmente quando a visibilidade não for boa.

▶ Art. 28 do CTB.

2. Nenhum condutor deve obstruir a marcha normal dos demais veículos em circulação, sem causa justificada, a uma velocidade anormalmente reduzida.

3. O condutor de um veículo que circula atrás de outro, deverá deixar livre entre um e outro uma distância de segurança suficiente para poder evitar uma colisão, em caso de diminuição brusca de velocidade ou parada súbita do veículo que o precede.

▶ Art. 29, II, do CTB.

4. A fim de facilitar a ultrapassagem fora das áreas urbanas os condutores de veículos ou de conjunto de veículos de mais de 3.500 kg (7.700 libras) de peso máximo autorizado, ou de mais de 10 m (33 pés) de comprimento total, deverão, salvo quando ultrapassam ou se disponham a ultrapassar, manter-se a uma distância adequada dos veículos motorizados que os precedam, de maneira que os veículos que os ultrapassem possam intercalar-se sem perigo, no espaço que fica livre na frente do veículo ultrapassado. No entanto, esta disposição não será aplicável nem quando o trânsito for muito denso, nem quando for proibida a ultrapassagem.

Além do mais:

a) as autoridades competentes poderão estabelecer que esta disposição não seja aplicada a certos comboios de veículos ou nas vias que tenham 2 (duas) faixas para o sentido de trânsito em questão;
b) as Partes Contratantes ou suas subdivisões poderão fixar cifras diferentes das mencionadas no presente parágrafo, com referência às características dos veículos afetados pela disposição do presente parágrafo.

5. Nenhuma disposição da presente Convenção poderá ser interpretada no sentido que impeça, às Partes Contratantes ou suas subdivisões, prescrever limitações, gerais ou locais, de velocidade para todos os veículos ou para certas categorias de veículo ou para prescrever em certas vias ou em certas categorias de vias velocidades mínimas ou máximas, ou para prescrever distâncias mínimas justificadas pela presença na via de determinadas categorias de veículos que apresentem um perigo especial, sobretudo devido ao seu peso ou à sua carga.

▶ Arts. 26, 27 e 29 do CTB.

Artigo 14
Normas Gerais para Manobras

1. Todo condutor que queira executar uma manobra, tal como sair de uma fila de veículos estacionados ou entrar nela, deslocar-se para a direita ou para a esquerda, da pista, girar à esquerda ou à direita para tomar outra via ou para entrar numa propriedade confiante, não começará a executar essa manobra antes de haver-se certificado de que pode fazê-lo sem perigo para os demais usuários da via que o seguem, precedem ou vão cruzar-se com ele, tendo em conta sua posição, sua direção e sua velocidade.

2. Todo condutor que desejar dar meia-volta marcha à ré, não começará a executar essa manobra antes de haver-se certificado de que pode fazê-lo sem pôr em perigo os usuários da via ou constituir obstáculos para eles.

3. Antes de girar ou efetuar uma manobra, que implique um deslocamento lateral, o condutor deverá indicar seu propósito de forma clara, e com devida antecipação, por meio de indicador ou indicadores de direção de seu veículo ou, no caso de defeito, quando possível, fazendo um sinal apropriado com o braço. O sinal do indicador ou indicadores de direção deverá continuar sendo feito durante todo o tempo que durar a manobra e deverá cessar ao término da mesma.

▶ Art. 38 do CTB.

Artigo 15
Normas Especiais Relativas aos Veículos dos Serviços Regulares de Transportes Coletivos

Recomenda-se que as legislações nacionais estabeleçam que nas áreas urbanas, com finalidade de facilitar a circulação dos veículos dos serviços regulares de transportes coletivos, os condutores dos demais veículos, com ressalva do disposto no parágrafo 1º, do Artigo 17, da presente Convenção, reduzam a velocidade e, se preciso, detenham-se para que aqueles veículos de transporte coletivo possam efetuar a manobra necessária para prosseguir sua marcha nas saídas das paradas sinalizadas como tais. As disposições adotadas nesse sentido pelas Partes Contratantes ou suas subdivisões, não modificam em absoluto a obrigação que têm os condutores de veículos de transportes coletivos de adotar as precauções necessárias para evitar todo risco de acidente, depois de haver anunciado, por meio de seus indicadores de direção, seu propósito de recomeçar a marcha.

Artigo 16
Mudança de Direção

1. Antes de girar à direita ou à esquerda para entrar em outra via ou propriedade confiante, todo condutor, sem prejuízo do disposto no parágrafo 1º do Artigo 7º e no Artigo 14 da presente Convenção, deverá:

a) se quiser sair da via pelo lado correspondente ao da circulação aproximar-se o máximo possível do bordo da pista correspondente, a este sentido, e executar sua manobra no menor espaço possível;

b) se quiser sair da via pelo outro lado, e sem prejuízo de qualquer outra disposição que as Partes Contratantes ou suas subdivisões possam haver ditado para os ciclos e ciclomotores, cingir-se o máximo possível ao eixo da pista, caso se trate de uma pista de circulação nos 2 (dois) sentidos, ou à borda da pista oposta ao correspondente ao sentido de circulação, tratando-se de uma pista de 1 (um) só sentido, e, se quiser entrar em outra via de circulação nos 2 (dois) sentidos, efetuar sua manobra entrando na pista dessa via pelo lado correspondente ao sentido de circulação.

2. Durante sua manobra de mudança de direção, o condutor, sem prejuízo do disposto no Artigo 21 da presente Convenção, pelo que se refere aos pedestres, deverá ceder passagem aos veículos que transitem em sentido contrário pela pista da via em que vai sair e aos ciclos e ciclomotores que transitem pelas faixas para ciclistas que atravessem a pista, na qual vai entrar.

▶ Arts. 37 a 39 do CTB.

Artigo 17
Redução da Marcha

1. Nenhum condutor de veículo deverá frear bruscamente, a menos que razões de segurança o obriguem a tal.

2. Todo condutor, que quiser diminuir consideravelmente a velocidade de seu veículo, deverá antes certificar-se de que pode fazê-lo sem risco nem inconvenientes indevidos para outros condutores, a não ser que essa diminuição de velocidade seja motivada por um perigo iminente. Além do mais, a menos que haja certificado que não o segue nenhum veículo ou que o veículo que o segue se encontrar bastante distanciado, deverá indicar seu propósito de forma clara e com a devida antecipação, fazendo com o braço um sinal apropriado; todavia esta disposição não se aplicará se a indicação de diminuição de velocidade for feita acendendo os faróis de freio de seu veículo, definidas no parágrafo 31, do Anexo 5, da presente Convenção.

▶ Art. 42 do CTB.

Artigo 18
Intersecções e Obrigações de Dar Preferência

1. Todo condutor, ao aproximar-se de uma intersecção deve demonstrar prudência especial, apropriada às condições locais. O condutor do veículo deve, sobretudo, conduzir a uma velocidade que possibilite a parar a fim de dar passagem a veículos que tenham o direito de preferência.

2. Todo condutor que surgir de uma vereda ou de uma estrada de terra para entrar na via que não seja vereda ou estrada de terra é obrigado a dar passagem aos veículos que trafegam nessa via. Para finalidade do presente Artigo, os termos vereda e estrada de terra poderão ser definidos na legislação nacional.

3. Todo condutor que sair de uma propriedade confinante à via, deverá dar preferência aos veículos que trafegarem nessa via.

4. Com essa ressalva do parágrafo 7º do presente Artigo:

a) nos Estados em que a circulação se faz à direita o condutor de um veículo deve dar preferência nas intersecções, que não sejam as especificadas no parágrafo 2º do presente Artigo e no Artigo 25, parágrafos 2º e 4º, desta Convenção, aos veículos que se aproximarem pela direita;

b) as Partes Contratantes ou suas subdivisões, em cujos territórios o trânsito se faz pela esquerda, acham-se livres para regular o direito de preferência nas intersecções, como bem entenderem.

5. Mesmo que os semáforos lhe sejam favoráveis, nenhum condutor, não deve entrar em uma intersecção, se a densidade do trânsito é tal que ele provavelmente seria obrigado a parar na intersecção, obstruindo ou impedindo assim a passagem do trânsito transversal.

6. Todo condutor que haja penetrado numa intersecção, onde o trânsito é controlado por semáforos, pode deixar a intersecção sem aguardar que o trânsito se

abra na direção que vai tomar, contanto que isso não impeça o avanço dos outros usuários da via que se dirigem na direção aberta.

7. Nas intersecções, os condutores de veículos que não se desloquem sobre trilhos terão a obrigação de ceder passagem aos veículos que se desloquem sobre eles.

Artigo 19
Passagem de Nível

Todo usuário da via deverá ter especial prudência nas proximidades das passagens de nível e ao cruzá-las. Em especial:

a) todo condutor de veículo deverá transitar em velocidade moderada;
b) sem prejuízo da obrigação de obedecer às indicações de detenção ante semáforos ou a um sinal acústico, nenhum usuário da via deverá penetrar numa passagem de nível cujas barreiras ou semibarreiras estejam atravessadas na via, estejam em movimento para colocarem-se atravessadas ou cujas meias barreiras estejam se levantando;
c) se uma passagem de nível não estiver provida de barreiras, semibarreiras nem semáforos, nenhum usuário da via deverá penetrar nela sem antes haver-se certificado de que não se aproxima nenhum veículo que circule sobre trilhos;
d) nenhum usuário da via deverá prolongar-se indevidamente na travessia de uma passagem de nível; em caso de imobilização forçosa de um veículo, seu condutor deverá esforçar-se para retirá-lo da via férrea e, se não o conseguir, deverá adotar imediatamente todas as medidas a seu alcance para que os maquinistas dos veículos que circulem sobre trilhos sejam advertidos da existência do perigo com suficiente antecipação.

Artigo 20
Regras Aplicáveis aos Pedestres

1. As Partes Contratantes ou subdivisões poderão estabelecer que as disposições do presente Artigo só sejam aplicáveis àqueles casos em que a circulação de pedestres pela pista seja perigosa para o trânsito de veículos ou o obstrua.

2. Se ao bordo da pista houver passeios ou acostamentos apropriados para pedestres, estes deverão transitar por eles. Todavia, tomando as precauções necessárias:

a) os pedestres que empurram ou que levam objetos volumosos poderão utilizar a pista, se sua circulação pelo passeio ou acostamento vier a ser um estorvo considerável para os demais pedestres;
b) os grupos de pedestres conduzidos por um guia ou que formem um cortejo, poderão circular pela pista.

3. Se não for possível utilizar os passeios ou acostamentos ou se estes não existirem, os pedestres poderão circular pela pista; quando existir uma faixa de trânsito para ciclistas e quando a densidade do trânsito o permitir poderão circular por essa faixa, mas sem obstruir a passagem dos ciclistas e dos motociclistas.

4. Quando circulam pedestres pela pista, em conformidade com os parágrafos 2º e 3º do presente Artigo, deverão fazê-lo o mais próximo possível do bordo da pista.

5. Recomenda-se que as legislações nacionais estabeleçam o seguinte: os pedestres que circulam pela pista deverão transitar pelo lado oposto ao correspondente ao da circulação, se podem fazê-lo com segurança, sem embargo, as pessoas que empurram um ciclo, um ciclomotor ou uma motocicleta, deverão transitar, em todo o caso, pelo lado da pista correspondente ao da circulação; o mesmo devem fazer os grupos de pedestres conduzidos por um guia ou que formem um cortejo.

Salvo no caso em que formem um cortejo, os pedestres que circulam pela pista à noite ou com má visibilidade, ou de dia, se a densidade do trânsito dos veículos o exige, deverão, na medida do possível, ir em uma só fila, um atrás do outro.

6.a) os pedestres não deverão penetrar numa pista para atravessá-la sem tomar as devidas precauções e deverão utilizar as passagens de pedestres quando existir alguma nas imediações;
b) para atravessar uma passagem para pedestres sinalizada como tal ou delimitada por marcas sobre a pista:

I – se a passagem estiver dotada de semáforos de pedestres, estes deverão obedecer às indicações das luzes;
II – se a passagem não estiver dotada de semáforos mas a circulação dos veículos estiver regulada por sinais luminosos ou por um agente de trânsito, enquanto o sinal luminoso ou gesto do agente do trânsito indicar que os veículos podem passar pela pista, os pedestres não deverão penetrar na mesma;
III – nas restantes passagens para pedestres, estes não deverão penetrar na pista da estrada sem levar em conta a distância e a velocidade dos veículos que se aproximam.

c) para atravessar, fora de uma passagem para pedestres, sinalizada como tal ou delimitada por marcas sobre a pista, os pedestres não deverão penetrar na pista sem antes se haverem certificado de que podem fazê-lo sem obstruir o trânsito dos veículos;
d) uma vez indicada a travessia de uma pista, os pedestres não deverão aumentar o seu percurso, demorar-se ou parar sobre ela sem necessidade.

7. Não obstante, as Partes Contratantes ou suas subdivisões poderão ditar normas mais estritas com referência aos pedestres que atravessam a pista da via pública.

▶ Arts. 68 a 71 do CTB.

Artigo 21
Comportamento dos Condutores com Respeito aos Pedestres

1. Sem prejuízo das disposições do parágrafo 1º do Artigo 7, do parágrafo 9º do Artigo 11 e do parágrafo 1º, do Artigo 13, da presente Convenção, quando existir na pista uma passagem para pedestres sinalizada como tal ou delimitada por marcas sobre a pista:

a) se o trânsito de veículos estiver regulado nessa passagem por um semáforo ou por um agente de trânsito, os condutores deverão deter-se, quando lhes estiver proibido passar, antes de penetrar na passagem, e, quando lhes for permitido passar, não deverão obstruir nem estorvar o trânsito dos pedestres que hajam começado a cruzar ou atravessar a passagem nas condições previstas no Artigo 20 da presente Convenção; se os condutores giram para

penetrar em outra via em cuja entrada se encontrar uma passagem para pedestres, só poderão fazê-lo em marcha lenta e deixando passar, detendo-se com essa finalidade, em caso necessário, os pedestres que hajam começado ou começam a cruzar nas condições previstas no parágrafo 6º, do Artigo 20, da presente Convenção;
b) se o trânsito dos veículos não estiver regulado nessa passagem por um semáforo nem por agente de trânsito, os condutores deverão aproximar-se da passagem, moderando a marcha o suficiente para não pôr em perigo os pedestres que entraram ou entram nela, em caso necessário, deverão deter-se para deixá-los passar.

2. Os condutores que tenham o propósito de ultrapassar, pelo lado correspondente ao da circulação, a um veículo de transporte público em uma parada sinalizada como tal, deverão reduzir a velocidade de seus veículos e deter-se, se for preciso, para permitir que os passageiros possam subir ou descer do referido veículo.

3. Nada do disposto no presente Artigo poderá ser interpretado no sentido de que impeça as Partes Contratantes ou suas subdivisões de obrigar o condutor de veículo a deter-se cada vez que um pedestre estiver cruzando ou vá cruzar por uma passagem de pedestres sinalizadas como tal ou delimitada por marcas sobre a pista nas condições previstas no Artigo 20 da presente Convenção; ou proibir o condutor de impedir ou estorvar o trânsito dos pedestres que estejam atravessando a pista numa intersecção, ou muito próximo dela, mesmo que não haja nesse lugar nenhuma passagem para pedestres sinalizada como tal ou delimitada por marcas sobre a pista da via pública.

▶ Art. 70 do CTB.

Artigo 22
Ilhotas na Estrada

Sem prejuízo do disposto no Artigo 10 da presente Convenção, todo condutor poderá deixar à sua direita ou à sua esquerda as ilhotas, balizas e demais dispositivos instalados na estrada pela qual circula, com exceção dos casos seguintes:
a) quando um sinal imposer a passagem por um dos lados da ilhota, da baliza ou do dispositivo;
b) quando a ilhota, a baliza ou dispositivo estiverem instalados no centro de uma pista com circulação nos 2 (dois) sentidos, o condutor deverá deixar a ilhota, a baliza ou o dispositivo, do lado contrário ao correspondente ao da circulação.

Artigo 23
Parada e Estacionamento

1. Fora das áreas urbanas, os veículos e animais parados ou estacionados deverão estar situados, na medida do possível, fora da pista. Não deverão estar situados nas faixas para ciclistas nem, exceto quando assim o permita a legislação nacional pertinente, nos passeios ou acostamentos especialmente preparados para pedestres.

2.a) os animais e veículos parados ou estacionados na pista deverão estar situados o mais próximo possível dos bordos da mesma. Um condutor não deverá parar seu veículo nem estacioná-lo numa pista, senão no lado correspondente ao da circulação; não obstante, estará autorizado a pará-lo ou estacioná-lo no outro lado quando, devido à presença de trilhos, não for possível fazê-lo no lado correspondente ao da circulação. Além do mais, as Partes Contratantes ou suas subdivisões poderão:

I – não proibir a parada e o estacionamento em qualquer lado, sob certas condições, especialmente se houver sinais viários que proíbam a parada no lado da circulação de trânsito;
II – nas pistas de sentido único, autorizar a parada e o estacionamento no lado contrário, simultaneamente, ou não, com a parada e o estacionamento no lado da circulação;
III – autorizar a parada e o estacionamento no centro da pista de rolamento em lugares especialmente indicados;
b) salvo disposições contrárias, previstas pela legislação nacional, nenhum veículo poderá parar nem estacionar em fila dupla na pista, excetuados os biciclos, os ciclomotores de 2 (duas) rodas e motocicletas de 2 (duas) rodas sem *side car*. Os veículos parados ou estacionados deverão situar-se paralelamente à borda da pista, a menos que a disposição do local permita outra colocação.

3.a) estão proibidos toda parada e todo estacionamento de veículos na pista de rolamento:
I – nas passagens para pedestres, nas passagens para ciclistas e nas passagens de nível;
II – nos trilhos de bonde ou de vias férreas, que passam pela via ou tão perto desses trilhos de modo que se impeça a circulação dos bondes ou dos trens, assim como, com ressalva da possibilidade para as Partes Contratantes ou suas subdivisões de prover disposições contrárias, nos passeios e nas faixas para ciclistas;
b) toda parada e todo estacionamento de veículos ficam proibidos em todo lugar em que possam construir perigo, especialmente:
I – sob passagens superiores e nos túneis, salvo, eventualmente, em lugares especialmente indicados;
II – na pista próximo às lombadas e nas curvas quando não houver visibilidade suficiente para que os demais veículos possam ultrapassar sem perigo, tendo em conta a velocidade dos veículos no trecho da via de que se trate;
III – na pista de rolamento na altura de uma marca longitudinal, quando não se aplica o inciso II, da alínea b do presente parágrafo, mas a largura da pista entre a marca e o veículo for inferior a 3 m (10 pés) e essa marca indicar a proibição de ultrapassá-la, para os veículos que cheguem a ela pelo mesmo lado.

c) fica proibido todo estacionamento de veículos na pista:
I – nas imediações das passagens de nível, das intersecções, e das paradas de ônibus, de ônibus elétricos ou de veículos sobre trilhos, nas distâncias que determinar a legislação nacional;
II – diante das entradas para veículos, nas propriedades;
III – em todo lugar onde o veículo estacionado impeça o acesso a outro veículo regularmente estacionado ou a saída de tal veículo;

IV – na pista central das vias de 3 (três) pistas e, fora das áreas urbanas, nas pistas das vias que uma sinalização adequada indique que têm o caráter de vias preferenciais;
V – em lugares tais que o veículo estacionado impeça a visão de sinais viários ou semáforos aos usuários da via.

▶ Arts. 47 e 48 do CTB.

4. Um condutor não deverá abandonar seu veículo ou seus animais sem haver adotado todas as precauções necessárias para evitar qualquer acidente, nem, no caso de um automotor, para impedir seu uso sem autorização.

5. Recomenda-se para que as legislações nacionais estabeleçam que todo veículo motorizado, excetuados os ciclomotores de 2 (duas) rodas e as motocicletas de 2 (duas) rodas sem *side car*, assim como todo reboque, aclopado ou não, que se encontrar imobilizado na pista, fora de povoações, seja assinalado a distância por meio de dispositivo apropriado, colocado no lugar mais indicado para advertir com suficiente antecedência aos demais condutores que se aproximam:

a) quando o veículo estiver imobilizado de noite no leito da via, em condições tais que os condutores que se aproximem não possam dar-se conta do obstáculo que este constitui;
b) quando, em outros casos, o condutor se haja visto obrigado a imobilizar seu veículo em lugar em que seja proibida a parada.

6. Nada no presente Artigo poderá ser interpretado no sentido de que impeça às Partes Contratantes ou a suas subdivisões prescrever novas proibições relativas ao estacionamento e à parada.

Artigo 24
Abertura das Portas

É proibido abrir a porta de um veículo, deixá-la aberta ou descer do veículo, sem antes haver-se certificado de que isso não constitui perigo para outros usuários da via.

▶ Art. 49 do CTB.

Artigo 25
Autoestradas e Vias Similares

1. Nas autoestradas e, se a legislação nacional assim o dispuser, nas vias especiais de acesso e saída das mesmas:

a) fica proibida a circulação de pedestres, animais, ciclos, ciclomotores não assimilados às motocicletas, e de todos os veículos, salvo os automotores e seus reboques, como também dos automotores ou seus reboques que, por construção, não possam desenvolver, no plano uma velocidade fixada pela legislação nacional;
b) fica proibido aos condutores:

I – parar seus veículos ou estacioná-los fora dos lugares de estacionamento sinalizados; no caso de imobilização forçada de um veículo, seu condutor deverá esforçar-se para colocá-lo fora da pista de rolamento e também fora da margem de acostamento; se não o conseguir, deverá assinalar imediatamente a distância a presença do veículo para advertir com suficiente antecipação aos outros condutores que se aproximem;

II – dar meia-volta, marcha à ré ou penetrar na faixa central ou passagens transversais entre as duas pistas da estrada.

2. Os condutores que se incorporam a uma autoestrada deverão:

a) se não existe pista de aceleração no prolongamento da via de acesso, ceder passagem aos veículos que circulam pela autoestrada;
b) se existe faixa de aceleração, utilizá-la e incorporar-se ao trânsito da autoestrada respeitando as disposições dos parágrafos 1º e 3º, do Artigo 14, da presente Convenção.

3. Os condutores que abandonam a autoestrada deverão, com suficiente antecedência, trafegar pela pista situada do mesmo lado que a saída da autoestrada e penetrar o mais rápido possível na pista de diminuição de velocidade, se esta existir.

4. Para os efeitos da aplicação dos parágrafos 1º, 2º, 3º do presente Artigo, assimilam-se às autoestradas as demais vias reservadas à circulação de automotores sinalizadas como tais e as que não tenham acesso às propriedades confinantes.

Artigo 26
Regras Especiais Aplicáveis aos Cortejos e aos Inválidos

1. Fica proibido aos usuários da via cortar as colunas militares, os grupos de escolares que circulem em fila sob a direção de um responsável e outros cortejos.

2. Os inválidos que se deslocam em cadeiras de rodas movidas por eles mesmos ou que circulam à velocidade do passo humano, poderão utilizar os passeios e acostamento transitáveis.

Artigo 27
Regras Especiais Aplicáveis aos Ciclistas e aos Condutores de Ciclomotores e Motocicletas

1. Não obstante o disposto no parágrafo 3º, do Artigo 10, da presente Convenção, as Partes Contratantes ou suas subdivisões poderão não proibir que os ciclistas circulem em filas de dois ou mais.

2. Fica proibido aos ciclistas circular sem segurar o guidom, pelo menos com uma das mãos, ir rebocados por outro veículo ou transportar, arrastar ou empurrar objetos que estorvem a condução ou sejam perigosos para os demais usuários da via.

As mesmas disposições se aplicarão aos condutores de ciclomotores e motocicletas, sendo que, além disso, estes deverão segurar o guidom com as duas mãos, salvo, eventualmente para dar a indicação de manobra descrita no parágrafo 3º, do Artigo 14, da presente Convenção.

3. Fica proibido aos ciclistas e aos condutores de ciclomotores, transportar passageiros em seu veículo, mas as Partes Contratantes ou suas subdivisões poderão não exigir o cumprimento desta disposição, e em particular autorizar o transporte de passageiros no assento ou nos assentos suplementares instalados para essa finalidade no veículo. Só será permitido aos condutores de motocicletas transportar passageiros no *side car*, se houver, e no assento suplementar eventualmente colocado atrás do condutor.

4. Quando existir uma faixa para ciclistas, as Partes Contratantes ou suas subdivisões poderão proibir aos ciclistas que circulem pelo restante da pista. No mesmo caso, poderão autorizar aos condutores de ciclomotores a que circulem pela faixa para ciclistas e, se julgarem conveniente, proibi-los circular pelo restante da estrada.

▶ Arts. 58 e 59 do CTB.

Artigo 28
Emprego de Sinais Acústicos e Óticos

1. Só poderá fazer uso de sinais acústicos:
a) para fazer as advertências necessárias a fim de evitar acidente;
b) fora das áreas urbanas, quando for conveniente advertir a um condutor que se tem o propósito de ultrapassá-lo.

A emissão de sons pelos aparelhos acústicos de advertência não deve durar mais que o necessário.

2. Entre o anoitecer e o amanhecer, os condutores de automotores poderão empregar os sinais óticos definidos no parágrafo 5º, do Artigo 33, da presente Convenção, em lugar dos sinais acústicos. Também poderão utilizá-los de dia, com a finalidade indicada no parágrafo 1.b do presente Artigo, se assim aconselharem as circunstâncias.

3. As Partes Contratantes ou suas subdivisões poderão autorizar também o emprego, nas áreas urbanas, de sinais óticos com a finalidade indicada no parágrafo 1.b do presente Artigo.

Artigo 29
Veículos sobre Trilhos

1. Quando uma linha férrea passar pela via, todo usuário da via deverá, ao aproximar-se um bonde, ou outro veículo que circule sobre trilhos, afastar-se dos trilhos e quando antes possível para dar passagem a este veículo.

2. As Partes Contratantes ou suas subdivisões poderão adotar para a circulação viária de veículos que se desloquem sobre trilhos, assim como para o cruzamento ou ultrapassagem destes veículos, regras especiais distintas das previstas no presente Capítulo. Não obstante, as Partes Contratantes ou suas subdivisões não poderão adotar disposições incompatíveis com as do parágrafo 7º, do Artigo 18, da presente Convenção.

Artigo 30
Carga de Veículos

1. Se fixa para um veículo um peso máximo autorizado, seu peso em carga não deverá nunca exceder do peso máximo autorizado.

2. A carga de um veículo deverá estar acondicionada e, se preciso, amarrada de modo que:
a) não ponha em perigo as pessoas nem cause danos a propriedades públicas ou privadas, e em especial, não se arraste pela via nem caia sobre esta;
b) não atrapalhe a visibilidade do condutor nem comprometa a estabilidade ou a condução do veículo;
c) não provoque ruído, poeira ou outros incômodos que se possam evitar;
d) não oculte as luzes, incluídas as luzes de freio e os indicadores de direção, os dispositivos refletores, os números de matrícula e o signo distintos do Estado de matrícula de que o veículo deve estar provido em virtude da presente Convenção ou da legislação nacional, nem oculte os sinais feitos com o braço, de conformidade com o disposto no parágrafo 3º do Artigo 14 ou no parágrafo 2º, do artigo 17, da presente Convenção.

3. Todos os acessórios, tais como cabos, correntes ou lonas, que sirvam para acondicionar ou proteger a carga, deverão sujeitar bem a mesma e estar solidamente fixados. Todos os acessórios destinados a proteger a carga deverão reunir as condições previstas para a carga no parágrafo 2º do presente Artigo.

4. As cargas que sobressaiam ou se projetem além do veículo, pela frente, por trás, ou lateralmente, deverão estar sinalizadas em forma bem visível, em todos os casos em que seu contorno possa não ser percebido pelos condutores dos demais veículos; de noite, esta sinalização deverá ser feita, para a frente, por meio de uma luz branca e dispositivo refletor de cor branca e, para trás, por meio de uma luz vermelha e um dispositivo refletor de cor vermelha. Em especial, nos veículos motorizados:
a) as cargas que sobressaiam ou se projetem da extremidade do veículo por mais de 1 m (3 pés e 4 polegadas) pela parte de trás ou pela parte da frente, deverão ser sinalizadas em todos os casos;
b) as cargas que sobressaiam lateralmente do gabarito do veículo, de tal maneira que sua extremidade lateral se encontre a mais de 0,40 m (16 polegadas) da borda exterior da luz dianteira de posição do veículo, deverão ser sinalizadas atrás, durante a noite, as cargas cuja extremidade lateral se encontre a mais de 0,40 m (16 polegadas) da borda exterior da luz traseira do veículo.

5. O disposto no parágrafo 4º do presente Artigo não poderá ser interpretado no sentido que impeça às Partes Contratantes ou suas subdivisões proibir, limitar ou submeter a autorização especial os casos em que a carga sobressaia dos limites do veículo a que se faz referência no mencionado parágrafo 4º.

Artigo 31
Comportamento em Caso de Acidente

1. Sem prejuízo do disposto nas legislações nacionais sobre a obrigação de prestar auxílio aos feridos, todo condutor ou qualquer outro usuário da via, implicado em um acidente de trânsito, deverá:
a) deter-se assim que for possível fazê-lo, sem criar um novo perigo para o trânsito;

▶ Art. 176, II, do CTB.

b) esforçar-se para manter a segurança do trânsito no local do acidente e, se houver resultado morta ou gravemente ferida alguma pessoa, evitar, sempre que não se ponha em perigo a segurança do trânsito, a modificação do estado das coisas e que desapareçam as marcas que possam ser úteis para determinar sobre quem recai a responsabilidade;

▶ Art. 176, III, do CTB.

c) se exigido por outras pessoas implicadas no acidente, comunicar-lhes sua identidade;

▶ Art. 176, V, do CTB.

d) se houver resultado ferida ou morta alguma pessoa no acidente, advertir à polícia e permanecer ou voltar ao local do acidente até a chegada desta, a menos que tenha sido autorizado por esta para abandonar o local ou que deva prestar auxílio aos feridos ou que ele próprio socorrido.

▶ Art. 176, I, do CTB.

2. As Partes Contratantes ou suas subdivisões poderão deixar de incluir em sua legislação nacional a prescrição que figura no parágrafo 1.*d* do presente Artigo, quando não haja causado ferimento grave algum e quando nenhuma das pessoas implicadas no acidente exija que se advirta à polícia.

Artigo 32
Iluminação: Regras Gerais

1. Para os efeitos do presente Artigo, o termo "noite" compreende o intervalo entre o anoitecer e o amanhecer, assim como os demais momentos em que não haja suficiente visibilidade devida, por exemplo: a névoa, nevada, chuva forte ou a passagem por um túnel.

2. De noite:
a) todo veículo motorizado, com exceção dos ciclomotores e das motocicletas de 2 (duas) rodas, sem *side car*, que se encontre em uma via, terá acesas na parte dianteira pelo menos 2 (duas) luzes brancas ou de cor amarela seletiva e, na parte traseira, um número par de luzes vermelhas, de conformidade com as disposições aplicáveis aos automotores que figuram nos parágrafos 23 e 24 do Anexo 5; as legislações nacionais poderão, contudo, autorizar o uso de luzes amarelas de posição na parte dianteira. As disposições da presente alínea aplicar-se-ão aos conjuntos formados por um veículo motorizado e um ou vários reboques, devendo então as luzes vermelhas encontrar-se na parte traseira do último reboque; os reboques aos quais se aplicam as disposições do parágrafo 30, do Anexo 5, da presente Convenção levarão na parte dianteira as duas luzes brancas prescritas no dito parágrafo 30;
b) todo veículo ou conjunto de veículos, ao qual não se apliquem as disposições da alínea *a* do presente parágrafo e que se encontre em uma via, terá acesa pelo menos uma luz branca ou de cor amarela seletiva, dirigida para frente e pelo menos uma luz vermelha dirigida para trás; se só houver uma luz na parte dianteira e uma luz na parte traseira, esta luz deverá ser colocada no centro do veículo, ou no lado oposto ao correspondente ao da circulação; se se tratar de veículos de tração animal e de carros de mão, o dispositivo que emita essas luzes poderá ser levado pelo condutor ou um acompanhante que marche ao lado do veículo acima citado.

3. As luzes previstas no parágrafo 2º do presente Artigo deverão ser de tal natureza que assinalem efetivamente o veículo aos demais usuários da via; a luz dianteira e a traseira não poderão ser emitidas pela mesma lâmpada ou pelo mesmo dispositivo a não ser quando as características do veículo e, especialmente, seu pequeno comprimento forem tais que esta prescrição possa cumprir-se nessas condições.

4. *a)* não obstante o previsto no parágrafo 2º do presente Artigo:

I – essas disposições não se aplicarão aos veículos parados ou estacionados em uma via iluminada, de tal maneira que sejam claramente visíveis a uma distância suficiente;
II – os veículos motorizados cujo comprimento e largura não excedam, respectivamente, de 6 m (20 pés) e de 2 m (6 pés e 6 polegadas) e aos quais não esteja acoplado nenhum veículo, poderão, quando se detenham ou estacionem em uma via no interior de uma povoação, levar acesa apenas uma luz colocada no lado do veículo, oposto ao bordo da pista junto à qual se encontre parado ou estacionado; esta luz será branca ou amarela na frente e vermelha ou amarela atrás;
III – as disposições do parágrafo 2.*b* do presente Artigo não se aplicarão nem aos biciclos, nem aos ciclomotores de 2 (duas) rodas, nem às motocicletas de 2 (duas) rodas sem *side car*, não providas de acumuladores, quando se detenham ou estacionem à margem da via, em uma povoação.

b) além do mais, a legislação nacional poderá autorizar exceções às disposições do presente Artigo a respeito:

I – dos veículos parados ou estacionados em áreas especiais, fora da pista de rolamento da estrada;
II – dos veículos parados ou estacionados em ruas residenciais, onde o trânsito é muito escasso.

5. Os veículos não deverão em nenhum caso, levar na parte dianteira luzes, dispositivos refletores ou materiais refletores vermelhos, nem levar na traseira luzes, dispositivos refletores ou materiais refletores brancos ou amarelo seletivo; esta disposição não se aplicará nem ao emprego de luzes brancas ou amarela seletiva de marcha à ré, nem à iluminação dos números e letras de cor clara das placas traseiras de matrícula ou dos signos distintivos ou de outras marcas distintivas que possa exigir a legislação nacional ou do reflexo do fundo claro de tais placas ou signos, nem às luzes vermelhas giratórias ou pisca-piscas de certos veículos que têm preferência de trânsito.

6. As Partes Contratantes ou suas subdivisões poderão, na medida que acharem possível, sem comprometer a segurança do trânsito, autorizar, em sua legislação nacional, exceções às disposições do presente Artigo com respeito aos:

a) veículos de tração animal e carros de mão;
b) veículos de forma ou natureza especial ou empregados com finalidades e em condições especiais.

7. Nenhuma das disposições da presente Convenção poderá ser interpretada no sentido de impedir à legislação nacional impor aos grupos de pedestres conduzidos por um responsável ou que formam cortejo, bem como aos condutores de cabeças de gado, sozinhas ou em rebanho, ou animais de tiro, carga ou sela, que levam, quando circulam pela pista de rolamento da estrada nas circunstâncias definidas no parágrafo 2.*b* do presente Artigo, um dispositivo refletor ou uma luz; a luz refletida ou emitida deverá ser então branca ou de cor amarela seletiva para a frente e vermelha para trás, ou também de cor amarela nas duas direções.

Artigo 33
Iluminação: Normas para o Emprego das Luzes Previstas no Anexo 5

1. O condutor de um veículo provido das luzes altas e luzes baixas, ou luzes de posição definidas no Anexo 5 da presente Convenção, utilizará estas luzes nas condições seguintes, quando, em virtude do Artigo 32 da presente Convenção, o veículo deva levar acesas na frente pelo menos uma ou duas luzes brancas ou de cor amarela seletiva:

a) as luzes altas não deverão ser acesas nas áreas urbanas, quando as vias forem suficientemente iluminadas, nem fora dos povoados quando a pista estiver iluminada de forma contínua e esta iluminação bastar para que o condutor possa ver claramente até uma distância suficiente, nem quando o veículo estiver parado;

b) com a ressalva de que a legislação nacional pertinente autorize a utilização das luzes altas durante as horas do dia em que a visibilidade seja reduzida devido, por exemplo, à névoa, nevada, chuva forte ou passagem de um túnel, as luzes altas não deverão ser acesas ou deverão ser usadas de modo que se evite o ofuscamento:

I – quando o condutor for cruzar com outro veículo; as luzes, quando empregadas, deverão apagar-se, ou ser utilizadas de modo que se evite o ofuscamento, à distância necessária para que o condutor desse outro veículo possa continuar sua marcha sem dificuldade e sem perigo;

II – quando um veículo seguir outro à pequena distância; contudo as luzes de estrada poderão ser acesas, de conformidade com o disposto no parágrafo 5º do presente Artigo, para indicar o propósito de ultrapassar nas condições previstas no Artigo 28 da presente Convenção;

III – em toda circunstância em que for necessário não ofuscar aos demais usuários da via ou aos usuários de uma via aquática ou de uma linha férrea que existir ao largo da via.

c) sem prejuízo do disposto na alínea d do presente parágrafo, as luzes de cruzamento (luz baixa) deverão ser acesas quando, de acordo com o disposto nas alíneas a e b do presente parágrafo, for proibido acender as luzes altas, e poderão ser utilizadas em lugar destas últimas quando iluminarem o suficiente para que o condutor possa ver claramente, a uma distância adequada, e para que outros usuários da via possam distinguir o veículo a uma distância apropriada;

d) as luzes de posição deverão ser utilizadas simultaneamente com as luzes altas, luzes baixas e luzes de neblina. Poderão ser utilizadas sozinhas quando o veículo estiver parado ou estacionado ou quando, em vias que não sejam autoestradas nem as demais vias mencionadas no parágrafo 4º, do Artigo 25, da presente Convenção, houver luz suficiente para que os demais usuários da via possam distinguir o veículo desde uma distância apropriada.

2. Quando um veículo estiver provido das luzes de neblina, definidas no Anexo 5 da presente Convenção, estas luzes só devem ser utilizadas em caso de neblina, nevada ou chuva forte.

Não obstante o disposto na alínea c, do parágrafo 1º, do presente Artigo, as luzes de neblina serão utilizadas então em substituição às luzes baixas; a legislação nacional poderá todavia, autorizar, neste caso, a utilização simultânea das luzes de neblina e das luzes baixas.

3. Não obstante o disposto no parágrafo 2º do presente Artigo, a legislação nacional poderá, mesmo no caso de ausência de névoa, nevada ou chuva forte, autorizar que se faça uso das luzes de neblina em vias estreitas com muita curva.

4. Nenhuma disposição da presente Convenção poderá ser interpretada no sentido que impeça às legislações nacionais impor a obrigação de acenderem-se as luzes baixas nas povoações.

5. Os *sinais óticos* a que se faz referência no parágrafo 2º do artigo 28 consistirão no acender intermitente a curtos intervalos das luzes baixas ou no acender intermitente das luzes altas ou no acender alternado, a curtos intervalos, as luzes baixas e altas.

▶ Art. 40 do CTB.

Artigo 34
Exceções

1. Desde que os dispositivos produtores de sinais especiais óticos e acústicos de um veículo que tenha prioridade de passagem indiquem a proximidade desse veículo, todo usuário da via deverá livre passagem pela via, e deter-se, se necessário.

2. As legislações nacionais poderão estabelecer que os condutores de veículos que tenham prioridade de passagem não ficarão obrigados, quando sua passagem for anunciada pelos dispositivos de sinalização especiais de veículo, e sempre que ponham em perigo os demais usuários da via, a respeitar em sua totalidade ou em partes as disposições do presente Capítulo II com exceção das do parágrafo 2º do Artigo 6.

3. As legislações nacionais poderão determinar em que medida o pessoal que trabalha na construção, reparação ou conservação de vias, com inclusão dos condutores das máquinas empregadas nas obras, não estará obrigado, sempre que observe todas as precauções necessárias, a respeitar durante seu trabalho, as disposições do presente Capítulo II.

4. Para ultrapassar ou cruzar máquinas a que se faz referência no parágrafo 3º do presente Artigo, enquanto participam nos trabalhos que se efetuam na via, os condutores dos demais veículos poderão deixar de observar as disposições dos Artigos 11 e 12 da presente Convenção na medida necessária, e sob a condição de adotar todas as precauções do caso.

Capítulo III

CONDIÇÕES QUE DEVEM REUNIR OS VEÍCULOS AUTOMOTORES E OS REBOQUES PARA SEREM ADMITIDOS EM CIRCULAÇÃO INTERNACIONAL

Artigo 35
Matrícula

1.a) para beneficiar-se das disposições da presente Convenção, todo veículo automotor em circulação internacional e todo reboque que não seja um reboque ligeiro, acoplado a um automotor, deverá estar matriculados por uma Parte Contratante ou por uma de suas subdivisões e o condutor deverá estar provido de um certificado válido emitido para atestar essa matrícula, expedido seja por uma autoridade competente dessa Parte Contratante ou de sua subdivisão, pela associação que esta haja habilitado para este fim. O certificado, denominado certificado de matrícula, conterá pelo menos:

– um número de ordem, chamado número de matrícula, cuja composição se indica no Anexo 2 da presente Convenção;

– a data da primeira matrícula do veículo;

– o nome completo e o domicílio do titular do certificado;

– o nome ou a marca do fabricante do veículo;

– o número de ordem do chassi (número de fabricação ou número de série do fabricante);

– se se trata de um veículo destinado ao transporte de mercadorias, o peso máximo autorizado;

– o prazo de validez, se não for ilimitado.

As indicações registradas no certificado figurão unicamente em caracteres latinos ou em letra cursiva, chamada inglesa, ou aparecerão repetidas dessa forma.

b) as Partes Contratantes ou suas subdivisões poderão, todavia, dispor que os certificados expedidos em seu território indiquem o ano de fabricação em lugar de data da primeira matrícula.

2. Não obstante o disposto no parágrafo 1º do presente Artigo, um veículo articulado, não desacoplado, enquanto estiver em circulação internacional, será beneficiado pelas disposições da presente Convenção, mesmo que só exista para esse veículo uma única matrícula e se haja expedido um só certificado para o trator e o semirreboque que o formam.

3. Nenhuma das disposições da presente Convenção poderá ser interpretada no sentido em que se limite o direito das Partes Contratantes ou suas subdivisões de exigir do condutor, no caso de um veículo em circulação internacional não matriculado no nome de nenhum dos ocupantes do mesmo, que justifique seu direito à posse do veículo.

4. Recomenda-se que as Partes Contratantes, que ainda não o tenham, que estabeleçam um serviço que, em escala nacional ou regional registre os automotores postos em circulação e de manter um registro central dos dados particulares contidos no certificado de matrícula de cada veículo.

Artigo 36
Número de Matrícula

1. Todo automotor em circulação internacional deverá levar seu número de matrícula na parte dianteira e na parte traseira; contudo as motocicletas só deverão levar esse número na parte traseira.

2. Todo reboque matriculado, em circulação internacional, deverá levar na parte traseira, seu número de matrícula. No caso de um automotor que arraste um ou mais reboques, o reboque ou o último dos reboques, se não estiverem matriculados, levarão o número de matrícula do veículo-trator.

3. A composição e a forma em que devem ser colocados o número de matrícula a que se refere o presente Artigo se ajustarão às disposições do Anexo 2 da presente Convenção.

Artigo 37
Signo Distintivo do Estado de Matrícula

1. Todo automotor em circulação internacional deverá levar na parte traseira, além de seu número de matrícula, um signo distintivo do Estado onde haja sido matriculado.

2. Todo reboque engatado a um automotor e que, em virtude do Artigo 36 da presente Convenção, deva levar na parte traseira um número de matrícula deverá também levar na parte traseira o signo distintivo do Estado que haja expedido este número de matrícula.

As disposições do presente parágrafo se aplicarão mesmo no caso de que o reboque esteja matriculado em um Estado que não seja o Estado de matrícula do automotor ao qual esteja engatado; se o reboque não estiver matriculado deverá levar na parte traseira o distintivo do Estado de matrícula do veículo-trator, exceto quando circular nesse Estado.

3. A composição e a forma em que deve ser colocado o distintivo a que se refere o presente Artigo se ajustarão às disposições do Anexo 3 da presente Convenção.

Artigo 38
Marcas de Identificação

Todo automotor e todo reboque em circulação internacional deverão levar as marcas de identificação definidas no Anexo 4 da presente Convenção.

Artigo 39
Disposições Técnicas

Todo veículo, todo reboque e todo conjunto de veículos em circulação internacional deverão cumprir todas as disposições do Anexo 6 da presente Convenção.

Deverão estar, além do mais, em bom estado de funcionamento.

Artigo 40
Disposição Transitória

Durante 10 (dez) anos, a partir da entrada em vigor da presente Convenção, de conformidade com o parágrafo 1º do Artigo 47, os reboques em circulação internacional, qualquer que seja seu peso máximo autorizado, serão beneficiados pelas disposições da presente Convenção, mesmo que não sejam matriculados.

Capítulo IV
CONDUTORES DE VEÍCULOS AUTOMOTORES

Artigo 41
Validez das Habilitações para Dirigir

1. As Partes Contratantes reconhecerão:

a) todo documento de habilitação nacional regido em seu idioma ou em seus idiomas ou, se não estiver redigido em um de tais idiomas, acompanhado de uma tradução certificada;

b) todo documento de habilitação nacional que se ajuste às disposições do Anexo 6 da presente Convenção;

c) ou todo documento de habilitação internacional que se ajuste às disposições do Anexo 7 da presente Convenção, como válida para dirigir em seu território um automotor que pertença às categorias de veículos compreendidas pelo documento de habilitação, com a condição de que o citado documento esteja em vigência e haja sido expedido por outra Parte Contratante ou por uma de suas subdivisões ou por uma associação habilitada, para este efeito, por esta outra Parte Contratante, ou por suas subdivisões. As disposições do presente parágrafo não se aplicam aos documentos que habilitam à aprendizagem.

2. Não obstante o estabelecido no parágrafo anterior:
a) quando a validez do documento de habilitação para dirigir estiver subordinada, por uma menção especial, à condição de que o interessado leve certos aparatos ou a que se introduzam certas modificações no veículo para adaptá-lo à invalidez do condutor, o documento de habilitação não será reconhecido como válido se não forem observadas as condições assim indicadas;
b) as Partes Contratantes poderão negar-se a reconhecer a validez, em seu território, dos documentos de habilitação para dirigir, cujo titular não tiver a idade de 18 (dezoito) anos;
c) as Partes Contratantes poderão negar-se a reconhecer a validez, em seu território, para dirigir automotores ou conjunto de veículos das categorias C, D, E e que se faz referência nos Anexos 6 e 7 da presente Convenção, dos documentos de habilitação para dirigir cujos titulares não hajam atingido a idade de 21 (vinte e um) anos.

3. As Partes Contratantes se comprometem a adotar as medidas necessárias para que os documentos de habilitação nacionais e internacionais para dirigir, aos quais se referem as alíneas a, b, c, do parágrafo 1º, do presente Artigo não sejam expedidos em seu território sem uma garantia adequada quanto às aptidões e às condições físicas do condutor.

4. Para a aplicação do parágrafo 1º e da alínea c, do parágrafo 2º, do presente Artigo:
a) aos automotores da categoria B a que se referem os Anexos 6 e 7 da presente Convenção poderá ser engatado um reboque ligeiro; poder-se-á também engatar neles um reboque cujo peso máximo autorizado exceda de 750 kg (1.650 libras), mas não exceda da tara do automóvel, se o total dos pesos máximos autorizados dos veículos assim acoplados não for superior a 3.500 kg (7.700 libras);
b) aos automotores das categorias C e D a que se referem os Anexos 6 e 7 da presente Convenção poderão ser engatados um reboque ligeiro sem que o conjunto assim formado deixe de pertencer à categoria C ou à categoria D.

5. Só se poderá expedir um documento de habilitação internacional ao titular de um documento de habilitação nacional para cuja expedição tenham sido cumpridos os requisitos mínimos exigidos pela presente Convenção. O documento de habilitação internacional não deverá continuar sendo válido uma vez expirado o prazo do documento nacional correspondente, cujo número deverá figurar naquele.

6. As disposições do presente Artigo não obrigarão às Partes Contratantes reconhecer a validez:
a) dos documentos de habilitação nacionais ou internacionais, que tenham sido expedidos no território de outra Parte Contratante a pessoas que tinham sua residência normal em seu território no momento da referida expedição ou que tenham se mudado para seu território depois dessa expedição;
b) dos documentos de habilitação como os acima mencionados que tenham sido expedidos a condutores que no momento da expedição não tivessem residência normal no território em que foram expedidos ou cuja residência tenha sido mudada para outro território depois dessa expedição.

▶ Arts. 140 a 160 do CTB.

Artigo 42
Suspensão da Validez dos Documentos de Habilitação para Dirigir

▶ Res. do CONTRAN nº 360, de 29-9-2010, dispõe sobre a habilitação do candidato ou condutor estrangeiro para direção de veículos em território nacional.

1. As Partes Contratantes ou suas subdivisões poderão suspender um condutor do direito de fazer uso em seu território da habilitação para dirigir, nacional ou internacional, de que seja titular, se esse condutor cometer, no território dessa Parte Contratante, uma infração que, de acordo com sua legislação, justifique a retirada da habilitação para dirigir. Em tal caso, a autoridade competente da Parte Contratante ou de suas subdivisões que haja suspenso o direito de fazer uso de documento de habilitação poderá:
a) recolher e reter o documento até que expire o prazo de suspensão do direito de fazer uso do mesmo ou até que o condutor saia de seu território, se a saída se proceder antes da expiração do citado prazo;
b) comunicar a suspensão do direito de usar o documento de habilitação à autoridade que o expediu ou em cujo nome foi expedido;
c) se se tratar de um documento de habilitação internacional, indicar, no local previsto para essa finalidade, que o documento já não é mais válido em seu território;
d) no caso de não haver aplicado o procedimento previsto na alínea a do presente parágrafo, completar a comunicação mencionada na alínea b pedindo à autoridade que expediu o documento de habilitação, ou em cujo nome foi expedido, que notifique ao interessado a decisão adotada.

2. As Partes Contratantes disporão o necessário para que se notifique aos interessados as decisões que se tenham sido comunicadas de conformidade com o procedimento previsto na alínea d, do parágrafo 1º, do presente Artigo.

3. Nenhuma das disposições da presente Convenção poderá ser interpretada no sentido de que proíba a uma Parte Contratante ou às suas subdivisões que impeça de dirigir a um condutor titular de um documento de habilitação, nacional ou internacional, se for evidente ou estiver provado que seu estado não lhe permite dirigir com segurança ou se houver sido privado do direito de dirigir no Estado onde tem a sua residência normal.

Artigo 43
Disposição Transitória

Os documentos de habilitação internacionais para dirigir que se ajustem às disposições da Convenção sobre trânsito rodoviário, feita em Genebra em 19 de setembro de 1949, e expedidos durante um período de 5 (cinco) anos a partir da entrada em vigor da presente Convenção, conforme o parágrafo 1º, do Artigo 47, da presente Convenção, serão, para os efeitos dos Artigos 41 e 42 da presente Convenção, assimilados aos documentos internacionais para dirigir previstos na presente Convenção.

Capítulo V
CONDIÇÕES QUE TÊM DE REUNIR OS CICLOS E OS CICLOMOTORES PARA SEREM ADMITIDOS NA CIRCULAÇÃO INTERNACIONAL

Artigo 44

1. Os ciclos sem motor, em circulação internacional deverão:

a) possuir um freio eficaz;
b) estar providos de uma campainha que possa ser ouvida a distância suficiente e não levar nenhum outro aparato produtor de sinais acústicos;
c) estar providos de um dispositivo refletor vermelho na parte traseira e de dispositivos que permitam projetar uma luz branca ou amarela seletiva na parte dianteira e uma luz vermelha na parte traseira.

2. No território das Partes Contratantes que não tenham feito, de conformidade com o parágrafo 2º, do Artigo 54, da presente Convenção, uma declaração assimilando os ciclomotores às motocicletas, os ciclomotores em circulação internacional deverão:

a) ter 2 (dois) freios independentes;
b) estar providos de uma campanhia, ou de outro aparato produtor de sinais acústicos, que possa ser ouvido a distância suficiente;
c) estar providos de um dispositivo de escape silencioso e eficaz;
d) estar providos de dispositivos que permitam projetar uma luz branca ou amarela seletiva na parte dianteira, bem como de uma luz vermelha e um dispositivo refletor vermelho na parte traseira;
e) levar a marca de identificação definida no Anexo 4 da presente Convenção.

3. No território das Partes Contratantes que de conformidade com o parágrafo 2º, do Artigo 54, da presente Convenção, hajam feito uma declaração assimilando os ciclomotores às motocicletas, as condições que deverão reunir os ciclomotores para serem admitidos em circulação internacional são as definidas para as motocicletas no Anexo 5 da presente Convenção.

▶ Arts. 54, 55 e 57 do CTB.

Capítulo VI
DISPOSIÇÕES FINAIS
Artigo 45

1. A presente Convenção estará aberta na Sede das Nações Unidas, em Nova Iorque, até o dia 31 de dezembro de 1969, à assinatura de todos os Estados-Membros das Nações Unidas ou membro de quaisquer dos organismos especializados ou do Organismo Internacional de Energia Atômica, ou que sejam Partes do Estado da Corte Internacional de Justiça, e de qualquer outro Estado convidado pela Assembleia-Geral das Nações Unidas a adquirir a condição de Parte na Convenção.

2. A presente Convenção está sujeita à ratificação. Os instrumentos de ratificação serão depositados em poder do Secretário-Geral das Nações Unidas.

3. A presente Convenção estará aberta à adesão de qualquer um dos Estados a que se refere o parágrafo 1º do presente Artigo. Os instrumentos de adesão serão depositados em poder do Secretário-Geral.

4. Ao firmar a presente Convenção ou ao depositar o instrumento de ratificação ou de adesão, cada Estado notificará ao Secretário-Geral o signo distintivo escolhido para a circulação internacional dos veículos matriculados no dito Estado, de conformidade com o Anexo 3 da presente Convenção. Mediante outra notificação dirigida ao Secretário-Geral, todo Estado poderá mudar um signo distintivo anteriormente escolhido.

Artigo 46

1. Todo Estado poderá, no momento da assinatura, da ratificação ou da adesão, ou em qualquer outro momento ulterior, declarar mediante notificação dirigida ao Secretário-Geral que a Convenção será aplicável a todos ou a qualquer dos territórios por cujas relações internacionais é responsável. A Convenção será aplicável ao território ou aos territórios indicados na notificação 30 (trinta) dias depois da data em que o Secretário-Geral haja recebido dita notificação, ou na data da entrada em vigor da Convenção com respeito ao Estado que faça a notificação, se esta data for posterior à precedente.

2. Todo Estado que haja feito uma declaração de conformidade com o parágrafo 1º do presente Artigo poderá declarar em qualquer momento posterior, mediante notificação dirigida ao Secretário-Geral, que a Convenção deixará de aplicar-se a dito território 1 (um) ano depois da data em que o Secretário-Geral tenha recebido a notificação.

3. Todo Estado que fizer a notificação a que se refere o parágrafo 1º do presente Artigo deverá notificar ao Secretário-Geral o signo ou os signos distintivos escolhidos para a circulação internacional de veículos matriculados no território ou territórios de que se trate, de conformidade com o Anexo 3 da presente Convenção. Mediante outra notificação dirigida ao Secretário-Geral, todo Estado poderá mudar um signo distintivo anteriormente escolhido.

Artigo 47

1. A presente Convenção entrará em vigor 12 (doze) meses após a data de depósito do 15º (décimo quinto) instrumento de ratificação ou de adesão.

2. Com respeito a cada um dos Estados que a ratifiquem ou que a ela adiram depois do depósito do 15º (décimo quinto) instrumento de ratificação ou adesão, a Convenção entrará em vigor 12 (doze) meses após a data de depósito pelo dito Estado de seu instrumento de ratificação ou de adesão.

Artigo 48

Uma vez em vigor, a presente Convenção revogará e substituirá, nas relações entre as Partes Contratantes, a Convenção Internacional relativa à circulação de veículos automotores, firmadas em Paris a 24 de abril de 1926, bem como a Convenção Interamericana sobre a regulamentação do trânsito automotor aberta à assinatura em Washington a 15 de dezembro de 1943 e a Convenção sobre circulação rodoviária aberta à assinatura em Genebra a 19 de setembro de 1949.

Artigo 49

1. Transcorrido 1 (um) ano da entrada em vigor da presente Convenção, toda Parte Contratante poderá propor uma ou mais emendas à mesma. O texto de qualquer emenda que se proponha, acompanhado de uma exposição de motivos, será transmitido ao Secretário-Geral, que a distribuirá a todas as Partes Contratantes. As Partes Contratantes poderão comunicar-lhe num prazo de 12 (doze) meses a partir da data dessa distribuição:

a) se aceitam a emenda;
b) se rejeitam a emenda; ou
c) se desejam que se convoque uma conferência para examinar a emenda.

O Secretário-Geral transmitirá igualmente o texto da emenda proposta a todos os demais Estados a que se refere o parágrafo 1º, do Artigo 45, da presente Convenção.

2.a) toda emenda que se proponha ou se distribua de conformidade com o parágrafo anterior será considerada aceita se, no prazo de 12 (doze) meses mencionado no parágrafo anterior, menos de 1/3 (um terço) das Partes Contratantes comunicarem ao Secretário-Geral que rejeitam a emenda ou que desejam que se convoque uma conferência para examiná-la. O Secretário-Geral notificará a todas as Partes Contratantes toda aceitação ou toda não aceitação da emenda proposta e toda petição de que se convoque uma conferência para examiná-la. Se o número total de não aceitações e petições recebidas durante o prazo especificado de 12 (doze) meses for inferior a 1/3 (um terço) do número total das Partes Contratantes, o Secretário-Geral notificará a todas as Partes Contratantes que a emenda entrará em vigor 6 (meses) depois de haver expirado o prazo de 12 (doze) meses especificado no parágrafo anterior para todas as Partes Contratantes, exceto aquelas que durante o prazo especificado hajam rejeitado a emenda ou hajam solicitado a convocação de uma conferência para examiná-la;

b) toda Parte Contratante que durante o indicado prazo de 12 (doze) meses rejeitar uma emenda que se proponha, ou pedir que se convoque uma conferência para examiná-la, poderá, a qualquer momento depois de transcorrido o indicado prazo, notificar ao Secretário-Geral a aceitação da emenda, e o Secretário-Geral comunicará essa notificação a todas as demais Partes Contratantes. Com respeito à Parte Contratante que tenha feito essa notificação de aceitação, a emenda entrará em vigor 6 (seis) meses após seu recebimento pelo Secretário-Geral.

3. Se a emenda proposta não for aceita de conformidade com o parágrafo 2º do presente Artigo e se, dentro do prazo de 12 (doze) meses especificado no parágrafo 1º do presente Artigo, menos da metade do número total das Partes Contratantes houverem comunicado ao Secretário-Geral que rejeitam a emenda proposta, e se uma terça parte, pelo menos, do número total das Partes Contratantes, mas nunca menos de 10 (dez), houverem comunicado que a aceitam ou que desejam que se convoque uma conferência para examiná-la, o Secretário-Geral convocará uma Conferência para examinar a emenda ou qualquer outra proposta que se apresente de conformidade com o parágrafo 4º do presente Artigo.

4. Se uma conferência é convocada de conformidade com o parágrafo 3º do presente Artigo, o Secretário-Geral convidará para a mesma a todos os Estados que se refere o parágrafo 1º do Artigo 45. O Secretário-Geral pedirá a todos os Estados convidados à Conferência que, com pelo menos 6 (seis) meses de antecedência da data de abertura, lhe sejam enviadas todas as propostas, que desejarem que sejam examinadas pela Conferência além da emenda proposta, e comunicará essas propostas, pelo menos 3 (três) meses antes da data de abertura da Conferência, a todos os Estados convidados à mesma.

5.a) toda emenda à presente Convenção será considerada aceita se for adotada por uma maioria de 2/3 (dois terços) dos Estados representados na Conferência, sempre que essa maioria incluir pelo menos 2/3 (dois terços) do número de Partes Contratantes representadas na Conferência. O Secretário-Geral notificará a todas as Partes Contratantes a adoção de emenda e esta entrará em vigor 12 (doze) meses depois da data de sua notificação com respeito às Partes Contratantes, salvo aquelas que, nesse prazo, hajam notificado ao Secretário-Geral que rejeitam a emenda;

b) toda Parte Contratante que haja rejeitado uma emenda durante esse prazo de 12 (doze) meses poderá, a qualquer momento, notificar ao Secretário-Geral que a aceita, e o Secretário-Geral comunicará essa notificação a todas as demais Partes Contratantes. Com respeito à Parte Contratante que haja notificado sua aceitação, a emenda entrará em vigor 6 (seis) meses depois que o Secretário-Geral haja recebido a notificação ou na data em que expire o mencionado prazo de 12 (doze) meses se esta data for posterior.

6. Se a emenda proposta não for considerada aceita, de conformidade com o parágrafo 2º do presente Artigo e se não forem satisfeitas as condições prescritas no parágrafo 3º do mesmo, para a convocação de uma conferência, a emenda proposta será considerada rejeitada.

Artigo 50

Toda Parte Contratante poderá denunciar a presente Convenção mediante notificação por escrito dirigida ao Secretário-Geral. A denúncia surtirá efeito 1 (um) ano depois da data de recebimento da notificação pelo Secretário-Geral.

Artigo 51

A presente Convenção deixará de vigorar se o número de Partes Contratantes for inferior a 5 (cinco) durante um período de 12 (doze) meses consecutivos.

Artigo 52

Toda controvérsia entre duas ou mais Partes Contratantes, com referência à interpretação ou aplicação da presente Convenção, que as Partes Contratantes não tenham podido resolver por meio de negociações ou de outro modo, poderá ser submetido, por solicitação de qualquer uma das Partes Contratantes interessadas, à Corte Internacional de Justiça para que a resolva.

Artigo 53
Nenhuma das disposições da presente Convenção poderá ser interpretada no sentido que proíba a uma Parte Contratante de tomar medidas, compatíveis com as disposições da Carta das Nações Unidas e limitadas às exigências da situação, que julgar necessárias para sua segurança externa ou interna.

Artigo 54
1. Todo Estado poderá, no momento de firmar a presente Convenção ou de depositar seu instrumento de ratificação ou de adesão, declarar que não se considera obrigado pelo Artigo 52 da presente Convenção. As demais Partes Contratantes não estarão obrigadas pelo Artigo 52 com respeito a qualquer Parte Contratante que tenha feito essa declaração.

2. No momento de depositar seu instrumento de ratificação ou de adesão, todo Estado poderá declarar, mediante notificação dirigida ao Secretário-Geral que, para os efeitos da presente Convenção, assimila os ciclomotores às motocicletas alínea n do Artigo 1. Todo Estado poderá, em qualquer momento, mediante notificação dirigida ao Secretário-Geral, retirar sua declaração.

3. As declarações previstas no parágrafo 2º do presente Artigo surtirão efeito 6 (seis) meses depois da data em que o Secretário-Geral haja recebido sua notificação, ou na data em que entre em vigor a Convenção para o Estado que formule a declaração, se esta data for posterior à primeira.

4. Toda notificação de um signo distintivo anteriormente escolhido que se notifique de conformidade com o disposto no parágrafo 4º do Artigo 45 ou no parágrafo 3º, do Artigo 46, da presente Convenção, surtirá efeito 3 (três) meses depois da data em que o Secretário-Geral haja recebido a notificação.

5. As reservas à presente Convenção e seus Anexos, com exceção da prevista no parágrafo 1º do presente Artigo, estarão autorizadas sob a condição de que sejam formuladas por escrito e, se foram formuladas antes de se haver depositado o instrumento de ratificação ou de adesão, sejam conformadas nesse documento. O Secretário-Geral comunicará essas reservas a todos os Estados a que se refere o parágrafo 1º do Artigo 45.

6. Toda Parte Contratante que haja formulado uma reserva ou feito uma declaração de conformidade com o parágrafo 1º ou 4º do presente Artigo poderá retirá-la a qualquer momento mediante notificação dirigida ao Secretário-Geral.

7. Toda reserva formulada de conformidade com o parágrafo 5º do presente Artigo:
a) modifica, para a Parte Contratante que a fizer, as disposições da Convenção a que a reserva se refere e na medida em que essa reserva afeta essas disposições;
b) modifica essas disposições na mesma medida no que diz respeito às demais Partes Contratantes em suas relações com a Parte Contratante que haja feito a reserva.

Artigo 55
O Secretário-Geral, além das declarações, notificações e comunicações previstas nos Artigos 49 e 54 da presente Convenção, notificará a todos os Estados a que se refere o parágrafo 1º do Artigo 45 o seguinte:
a) as assinaturas, ratificações e adesões de acordo com o disposto no Artigo 45;
b) as notificações e declarações previstas no parágrafo 4º do Artigo 45 e no Artigo 46;
c) as datas de entrada em vigor das emendas à presente Convenção em virtude do Artigo 47;
d) as datas de entrada em vigor das emendas à presente Convenção de conformidade com os parágrafos 2b e 5º do Artigo 49;
e) as denúncias conforme o previsto no Artigo 50;
f) a revogação da presente Convenção de conformidade com o Artigo 51.

Artigo 56
O original da presente Convenção, feito em um só exemplar nas línguas inglesa, chinesa, espanhola, francesa e russa, sendo os 5 (cinco) textos igualmente autênticos, será depositado em poder do Secretário-Geral das Nações Unidas, que transmitirá uma cópia autenticada, conforme o original, a todos os Estados a que se refere o parágrafo 1º, do Artigo 45 da presente Convenção.

Em testemunho do que, os Plenipotenciários abaixo assinados, devidamente autorizados para tal por seus respectivos governos, firmaram a presente Convenção.

Feita em Viena no oitavo dia de novembro do ano de mil novecentos e sessenta e oito.

ANEXO 1
EXCEÇÕES À OBRIGAÇÃO DE ADMITIR EM CIRCULAÇÃO INTERNACIONAL AOS VEÍCULOS AUTOMOTORES E AOS REBOQUES

1. As Partes Contratantes poderão não admitir em seu território, em circulação internacional, automotores, reboques e conjuntos de veículos cujos pesos totais ou peso por eixo, ou cujas dimensões excedam dos limites fixados por sua legislação nacional para os veículos matriculados em seu território. As Partes Contratantes, em cujos territórios ocorra uma circulação internacional de veículos pesados, procurarão realizar acordos regionais que permitam, em circulação internacional, o acesso às vias da região, com exceção das características técnicas limitadas, dos veículos e conjuntos de veículos cujos pesos e dimensões não excedam das cifras fixadas por esses acordos.

2. Para os efeitos do parágrafo 1º do presente Anexo, não se considerará como excedendo da largura máxima autorizada, a projeção que apresenta:
a) os pneumáticos perto de seu ponto de contato com o solo, e as conexões dos indicadores de pressão dos pneumáticos;
b) os dispositivos antiderrapante montados nas rodas;
c) os espelhos retrovisores construídos de forma que com uma pressão moderada, se possa alterar sua posição em ambos os sentidos de tal maneira que já não ultrapassem da largura máxima autorizada;
d) os indicadores de direção laterais e suas luzes de gabarito, sob a condição de que a saliência correspondente não exceda de alguns centímetros;

e) os selos aduaneiros fixados sobre a carga e os dispositivos de segurança e proteção desses selos.

3. As Partes Contratantes poderão não admitir em seu território, em circulação internacional, os seguintes conjuntos de veículos na medida em que sua legislação nacional proíba a circulação de tais conjuntos:

a) motocicletas com reboque;
b) conjuntos constituídos de um automotor e vários reboques;
c) veículos articulados destinados ao transporte de pessoas.

4. As Partes Contratantes poderão não admitir em seu território, em circulação internacional, os automotores e os reboques aos quais se apliquem as exceções previstas no parágrafo 60, do Anexo 5, da presente Convenção.

5. As Partes Contratantes poderão não admitir em seu território, em circulação internacional, os ciclomotores e as motocicletas cujo condutor ou, se for o caso, cujo passageiro não estiver provido de um capacete de proteção.

6. As Partes Contratantes poderão exigir, para a admissão em seu território, em circulação internacional, de todo automotor que, não seja um ciclomotor de 2 (duas) rodas ou uma motocicleta de 2 (duas) rodas sem *side car*, que esse automotor leve a bordo um dispositivo descrito no parágrafo 56, do Anexo 5, da presente Convenção, destinado a em caso de imobilização na pista de rolamento da estrada anunciar o perigo que o veículo constitui.

7. As Partes Contratantes poderão exigir para a admissão em circulação internacional, por certas vias difíceis ou certas regiões de relevo difícil de seu território, de veículos automotores cujo peso máximo autorizado exceda de 3.500 kg (7.700 libras) que esses veículos automotores cumpram as prescrições da legislação nacional para a circulação nessas vias ou regiões aos veículos de mesmo peso máximo autorizado que ela matricule.

8. As Partes Contratantes poderão não admitir em circulação internacional sobre seu território, todo veículo automotor munido de luz baixa com focos assimétricos, se cada um desses focos não estiver regulado para o sentido da circulação em seu território.

9. As Partes Contratantes poderão não admitir em circulação internacional em seu território os veículos automotores ou reboques ligados a um veículo automotor que possua um sinal distintivo diferente daquele que esteja previsto para tais veículos no Artigo 37 da presente Convenção.

ANEXO 2
NÚMERO DE MATRÍCULA DOS AUTOMOTORES E DOS REBOQUES EM CIRCULAÇÃO INTERNACIONAL

1. O número de matrículas a que se referem os Artigos 35 e 36 da presente Convenção deverá estar composto de algarismos ou de algarismos e letras. Os algarismos deverão ser arábicos e as letras deverão ser maiúsculas de caracteres, mas em tal caso o número de matrícula deverá repetir-se em algarismos arábicos e letras maiúsculas de caracteres latinos.

2. O número de matrícula deverá estar composto e colocado de modo que seja legível de dia e com tempo claro desde uma distância mínima de 40 m (130 pés) por um observador situado na direção do eixo do veículo e estando este parado; não obstante, cada Parte Contratante para os veículos que matricule, poderá reduzir esta distância mínima de legibilidade, no caso das motocicletas e outras categorias especiais de automotores nas quais seja difícil dar aos números de matrícula dimensões suficientes para que sejam legíveis, a 40 m (130 pés).

3. Quando o número de matrícula estiver inscrito numa placa especial, esta deverá ser plana e fixar-se em posição vertical ou quase vertical, perpendicular ao plano longitudinal médio do veículo. Quando o número for afixado ou pintado sobre o veículo, deverá ficar em uma superfície plana e vertical ou quase plano e vertical, perpendicular ao plano longitudinal médio do veículo.

4. Sem prejuízo do disposto no parágrafo 5º do Artigo 32, a placa ou a superfície, sobre a qual se fixe ou se pinte o número de matrícula, seja de material refletor.

ANEXO 3
SIGNO DISTINTIVO DOS AUTOMOTORES E DOS REBOQUES EM CIRCULAÇÃO INTERNACIONAL

1. O signo distintivo a que se refere o Artigo 37 da presente Convenção deverá estar composto de 1(um) a 3 (três) letras maiúsculas em caracteres latinos. As letras terão uma altura mínima de 0,08 m (3,1 polegadas) e a largura mínima de seus traços será de 0,01 (0,4 polegadas). As letras deverão estar pintadas no negro sobre um fundo branco de forma elítica com o eixo maior em posição horizontal.

2. Quando o signo distintivo consistir de somente uma letra, o eixo maior da elipse poderá estar em posição vertical.

3. O signo distintivo de nacionalidade não deverá ir unido ao número de matrícula nem deverá estar colocado de tal maneira que possa confundir-se com este último ou prejudicar sua legibilidade.

4. Nas motocicletas e seus reboques as dimensões mínimas dos eixos da elipse serão 0,175 m (6,9 polegadas) e 0,115m (4,5 polegadas). Nos demais automotores e seus reboques, as dimensões mínimas dos eixos da elipse serão:

a) 0,24 m (9,4 polegadas) e 0,145 m (5,7 polegadas) se o signo distintivo constar de 3 (três) letras;
b) 0,175 m (6,9 polegadas) e 0,115 m (4,5 polegadas) se o signo distintivo constar de menos de 3 (três) letras.

5. As disposições do parágrafo 3º do Anexo 2 se aplicarão à colocação do signo distintivo nos veículos.

ANEXO 4
MARCAS DE IDENTIFICAÇÃO DOS AUTOMOTORES E SEUS REBOQUES EM CIRCULAÇÃO INTERNACIONAL

1. As marcas de identificação compreenderão:

a) para os automotores:

I – o nome ou a marca do produtor do veículo;
II – no chassi ou, na falta de chassi, na carroçaria, o número de fabricação ou número de série da produção;

III – no motor, o número de fabricação do motor, se o produtor nele o colocar:

b) para os reboques, as indicações mencionadas nos incisos I e II *supra*;
c) para os ciclomotores, a indicação da cilindrada e as siglas CM.

2. As marcas mencionadas no parágrafo 1º do presente Anexo deverão estar em lugares acessíveis e ser facilmente legíveis; além do mais, deverão ser de difícil modificação ou supressão. As letras e os números incluídos nas marcas figurarão unicamente em caracteres latinos ou em letra cursiva chamada inglesa, e em algarismos arábicos, ou aparecerão repetidos dessa maneira.

ANEXO 5
CONDIÇÕES TÉCNICAS RELATIVAS AOS AUTOMOTORES E AOS REBOQUES

1. As Partes Contratantes que, de conformidade com o Artigo 1, alínea *n*, da presente Convenção, hajam declarado que desejam assimilar às motocicletas os veículos de 3 (três) rodas cuja tara não exceda de 400 kg (900 libras) deverão submeter estes últimos às disposições do presente Anexo relativas tanto às motocicletas como aos automotores.

2. Para os efeitos do presente Anexo, o termo "reboque" se aplica unicamente aos reboques destinados a ser engatados a um automotor.

3. Sem prejuízo do disposto na alínea *a*, do parágrafo 2º, do Artigo 3, da presente Convenção, toda Parte Contratante poderá impor prescrições que completam as disposições do presente Anexo, ou sejam mais restritas, para os automotores que matricule e para os reboques que admita em circulação, de conformidade com a sua legislação nacional.

CAPÍTULO I

FREIOS

4. Para os efeitos do presente Artigo:

a) por *rodas de um eixo* entende-se as rodas simétricas ou quase simétricas, com relação ao plano longitudinal médio do veículo, mesmo que não estejam situadas no mesmo eixo (o eixo em tandem equivalente a 2 (dois) eixos);
b) por *freio de serviço* entende-se o que se utiliza normalmente para diminuir a marcha do veículo e pará-lo;
c) por *freio de estacionamento* entende-se o que se utiliza para manter o veículo imóvel na ausência do condutor ou, no caso de um reboque, quando este se encontra desengatado;
d) por *freio de segurança* entende-se o dispositivo destinado a diminuir a marcha do veículo e pará-lo no caso de falta do freio de serviço.

a. Freio dos automotores, com exceção das motocicletas:

5. Todo automotor, com exceção da motocicleta, deverá estar provido de freios que possam ser facilmente acionados pelo condutor, desde seu assentamento. Tais freios devem poder efetuar as 3 (três) seguintes funções de frenagem:

a) freio de serviço, que permita diminuir a marcha do veículo e pará-lo de modo seguro, rápido e eficaz, quaisquer que sejam as condições de carga e o declive ou aclive da pista por onde circule;
b) freio estacionamento, que permite manter imóvel o veículo, quaisquer que sejam as condições de carga, num declive ou aclive de 16% (dezesseis por cento), ficando as superfícies ativas do freio em posição de frear mediante um dispositivo de ação puramente mecânica;
c) freio de segurança, que permita diminuir a marcha do veículo e pará-lo quaisquer que sejam as condições de carga, dentro de uma distância razoável, inclusive no caso em que falhe o freio de serviço.

6. Sem prejuízo do disposto no parágrafo 5º do presente Anexo, os dispositivos que assegurem as 3 (três) funções de freio (freio de serviço, freio de segurança e freio de estacionamento) poderão ter partes comuns; as combinações dos controles se permitirão unicamente no caso de existirem, pelo menos, dois controles distintos.

7. O freio de serviço deverá atuar sobre todas as rodas do veículo; não obstante, nos veículos que tenham mais de 2 (dois) eixos, as rodas de um deles poderá não possuir freios.

8. O freio de segurança deverá poder atuar pelo menos sobre uma roda de cada lado do plano longitudinal médio do veículo: a mesma disposição se aplicará ao freio de estacionamento.

9. O freio de serviço e o freio de estacionamento deverão atuar sobre superfícies de fricção unidas às rodas de modo permanente, por meio de peças suficientemente sólidas.

10. Nenhuma superfície de fricção poderá ficar desacoplada das rodas. Contudo, tal desacoplamento se admitirá para certas superfícies de fricção, sob a condição de que:

a) seja apenas momentâneo, por exemplo, durante uma mudança de marchas;
b) não for possível sem a ação do condutor, quando se trata de freio de estacionamento; e
c) continue sendo possível exercer a ação de freio com a eficácia prescrita, de acordo com as disposições do parágrafo 5º do presente Anexo, quando se trata de freio de serviço ou de freio de segurança.

b. Freio dos reboques:

11. Sem prejuízo do disposto na alínea c, do parágrafo 17, do presente Anexo, todo reboque, com exceção dos reboques ligeiros, deverão estar providos dos freios seguintes:

a) um freio de serviço que permita diminuir a marcha do veículo e pará-lo de modo seguro, rápido e eficaz, quaisquer que sejam as condições de carga e o declive ou aclive da pista por onde circule;
b) um freio de estacionamento que permita manter o veículo imóvel quaisquer que sejam as condições de carga num declive ou aclive de 16% (dezesseis por cento), ficando as superfícies ativas do freio em posição de frear mediante um dispositivo de ação puramente mecânica. Não se aplicará a presente disposição aos reboques que não possam ser desengatados do veículo-trator, sem ajuda de ferramentas, sempre que o conjunto de veículos cumpra as condições relativas ao freio de estacionamento.

12. Os dispositivos que assegurem as duas funções de freio (serviço e estacionamento) poderão ter partes comuns.

13. O freio de serviço deverá atuar sobre todas as rodas do reboque.

14. O freio de serviço deverá poder ser acionado pelo controle de freio de serviço do veículo-trator; não obstante, se o peso máximo autorizado do reboque não exceder de 3.500 kg (7.700 libras), o freio poderá ser tal que possa ser aplicado simplesmente, durante a marcha, pela aproximação do reboque ao veículo-trator (freio por inércia).

15. O freio de serviço e o freio de estacionamento deverão atuar sobre superfície de fricção unidas às rodas de modo permanente por meio de peças suficientemente sólidas.

16. Os dispositivos de freio deverão ser tais que o reboque se detenha automaticamente em caso de ruptura do dispositivo de acoplamento durante a marcha. Contudo, estas disposições não se aplicarão aos reboques de um só eixo ou de 2 (dois) eixos que distem um do outro menos de 1 m (40 polegadas) com a condição de que seu peso máximo autorizado não exceda de 1.500 kg (3.300 libras) e, com exceção dos semirreboques, e de que sejam providos além do dispositivo de acoplamento, do engate secundário previsto no parágrafo 58 do presente Anexo.

c. Freios dos conjuntos de veículos:

17. Além das disposições das partes A e B do presente Capítulo relativas aos veículos em separado (automotores e reboques), serão aplicadas aos conjuntos formados por tais veículos as seguintes normas:
a) os dispositivos de freio de cada um dos veículos que formam o conjunto deverão ser compatíveis entre si;
b) a ação do freio de serviço, convenientemente sincronizada, se distribuirá de forma adequada entre os veículos acoplados;
c) o peso máximo autorizado de um reboque não provido de freio de serviço não poderá ser maior do que a metade da soma da tara do veículo-trator e do peso do condutor.

d. Freios das motocicletas:

18. a) as motocicletas deverão estar providas de 2 (dois) dispositivos de freio, um dos quais deverá atuar, pelo menos, sobre a roda ou as rodas dianteiras; se um *side car* for acoplado à motocicleta, não será obrigado a ter freio na roda do *side car*. Estes dispositivos do freio deverão permitir diminuir a marcha da motocicleta e pará-la de modo seguro, rápido e eficaz, quaisquer que sejam as condições de carga e o declive ou aclive da via que circule;
b) além dos dispositivos previstos na alínea *a* do presente parágrafo as motocicletas que tenham 3 (três) rodas simétricas com relação ao plano longitudinal médio do veículo, deverão estar providas de um freio de estacionamento que reúna condições especificadas na alínea *b*, do parágrafo 5º, do presente Anexo.

▶ Res. do CONTRAN nº 14, de 6-2-1998, estabelece os equipamentos obrigatórios para a frota de veículos em circulação.

Capítulo II

LUZES E DISPOSITIVOS REFLETORES

19. Para os efeitos do presente Capítulo:

– por *luz alta* (ou luz de estrada) entende-se a luz do veículo destinada a iluminar a via até uma grande distância diante do veículo;

– por *luz baixa* (luz de cruzamento) entende-se a luz do veículo destinada a iluminar a via diante do veículo, sem ocasionar ofuscamento ou incômodos injustificáveis aos condutores e outros usuários da via que venham em sentido contrário;

– por *luz de posição dianteira* entende-se a luz do veículo destinada a indicar a presença e a largura do veículo visto de frente;

– por *luz de posição traseira* entende-se a luz do veículo destinada a indicar a presença e a largura do veículo visto por trás;

– por *luz de freio* entende-se a luz do veículo destinada a indicar aos demais usuários da via, que se encontrem atrás do veículo, que o condutor está aplicando o freio de serviço;

– por *luz de neblina* entende-se a luz do veículo destinada a aumentar a iluminação da via em caso de neblina, neve, chuva forte, ou nuvens de pó;

– por *luz de marcha* à ré entende-se a luz do veículo destinada a iluminar a via atrás do veículo e advertir aos demais usuários da via que o veículo está efetuando, ou a ponto de efetuar, uma manobra de marcha à ré;

– por *luz indicadora de direção* entende-se a luz do veículo destinada a indicar aos demais usuários da via que o condutor tem propósito de mudar de direção para a direita ou para a esquerda;

– por *dispositivo refletor* entende-se o dispositivo destinado a indicar a presença de um veículo pelo reflexo da luz emanada de uma fonte iluminadora alheia ao citado veículo, quando o observador se encontre perto da mesma fonte iluminadora;

– por *superfície iluminadora* entende-se, no que respeita às luzes, a superfície visível desde a qual se emite a luz e, no que diz respeito aos dispositivos refletores, a superfície visível desde a qual se reflete a luz.

20. As cores das lâmpadas mencionadas no presente Capítulo deverão, na medida do possível, ajustar-se às definições que figuram no apêndice do presente Anexo.

21. Todo automotor, com exceção da motocicleta capaz de atingir no plano uma velocidade superior a 40 km (25 milhas) por hora, deverá estar provido de, pelo menos, um número par de luzes altas brancas ou de cor amarela seletiva fixadas na parte dianteira e que possam iluminar com eficácia a via de noite e com tempo claro, até uma distância de, no mínimo, 100 m (325 pés) à frente do veículo.

As bordas exteriores da superfície iluminadora das luzes altas (ou da estrada) não poderão estar, em nenhum caso, mais próximas das bordas externas do veículo do que as bordas externas das superfícies iluminadoras das luzes baixas (ou de cruzamento).

22. Todo automotor, com exceção das motocicletas, capazes de atingir no plano uma velocidade superior a 10 km (6 milhas) por hora deverá estar provido de 2 (duas) luzes baixas brancas, ou de cor amarela seletiva, fixadas na parte dianteira e que possam iluminar com eficácia a via de noite e com tempo claro, até uma distância de pelo menos 40 m (130 pés) à frente do veículo. A cada lado, o ponto da superfície iluminadora mais distanciado do plano longitudinal médio do veículo, não deverá achar-se a mais de 0,40 m (16 polegadas) da borda externa do veículo. Um automotor não estará provido de mais de 2 (duas) luzes baixas, que deverão estar reguladas de forma que se ajustem à definição do parágrafo 19 do presente Anexo.

23. Todo automotor, com exceção das motocicletas de 2 (duas) rodas sem *side car* estará provido de 2 (duas) luzes de posição brancas, fixadas na parte dianteira; contudo, o amarelo seletivo poderá ser utilizado para as luzes baixas que emitam raios de luz amarela seletiva. Estas luzes de posição dianteiras, quando forem as únicas luzes acesas na parte dianteira do veículo, deverão ser visíveis de noite e com o tempo claro, desde uma distância de pelo menos 300 m (1.000 pés) sem ofuscar ou causar incômodos injustificáveis aos demais usuários da via.

A cada lado, o ponto da superfície iluminadora mais distanciado do plano longitudinal médio do veículo não deverá encontrar-se a mais de 0,40 m (16 polegadas) das bordas externas do veículo.

24. a) todo automotor, com exceção das motocicletas de 2 (duas) rodas sem *side car*, estará provido em sua parte traseira de um número par de luzes vermelhas, de posição, visíveis, de noite e com tempo claro, a uma distância mínima de 300 m (1.000 pés) sem ofuscar nem causar incômodos aos demais usuários da via. A cada lado, o ponto da superfície iluminadora mais distanciado do plano longitudinal médio do veículo não se encontrará mais de 0,40 m (16 polegadas) das bordas externas do veículo;

b) todo reboque deverá estar munido, em sua parte traseira, de um número par de luzes de posição vermelhas visíveis, de noite e com tempo claro, a uma distância mínima de 300 m (1.000 pés) sem ofuscar ou causar inconvenientes injustificáveis aos demais usuários da via. A cada lado, o ponto de superfície iluminadora mais distanciado do plano longitudinal médio do veículo não se encontrará a mais de 0,40 m (16 polegadas) das bordas externas do reboque. Não obstante, os reboques cuja largura total não exceda de 0,80 m (32 polegadas) poderão estar providos apenas de uma dessas luzes, sempre que sejam engatados a uma motocicleta de 2 (duas) rodas sem *side car*.

25. Todo automotor ou reboque, que na parte traseira levar um número de matrícula, estará provido de um dispositivo de iluminação desse número de modo que este, quando iluminado pelo dispositivo, seja legível, de noite e em condições normais, estando o veículo parado a uma distância mínima de 20 m (65 pés) atrás do veículo. Não obstante, toda Parte Contratante poderá reduzir esta distância mínima de legibilidade de noite, na mesma proporção e com referência aos mesmos veículos para os quais se haja reduzido a distância mínima de legibilidade de dia pela aplicação do parágrafo 2º, do Anexo 2, da presente Convenção.

26. Em todo automotor, incluídas as motocicletas, e em todo conjunto constituído por um veículo automotor e um ou vários reboques, as conexões elétricas deverão estar dispostas de modo que as luzes altas, as luzes baixas, as luzes de neblina, as luzes de posição dianteiras do automotor e o dispositivo de iluminação mencionado no parágrafo 25 do presente Anexo não possam acender-se a menos que se acendam as luzes traseiras de posição do extremo posterior do veículo ou conjunto de veículos.

Contudo, esta disposição não se aplicará às luzes altas ou baixas, quando estas forem utilizadas para a produção de sinal ótico mencionado no parágrafo 5º, do Artigo 33, da presente Convenção. Além do mais, as conexões elétricas estarão dispostas de modo que as luzes de posição dianteiras do automotor estejam sempre acesas quando também estiverem as luzes altas, as luzes baixas ou as luzes de neblina.

27. Todo automotor, com exceção das motocicletas de 2 (duas) rodas sem *side car* estará provido de, pelo menos, 2 (dois) dispositivos refletores vermelhos de forma não triangular fixados na parte traseira. A cada lado, o ponto da superfície iluminadora mais distante do plano longitudinal médio do veículo não deverá encontrar-se a mais de 0,40 m (16 polegadas) da borda externa do veículo.

Os dispositivos refletores deverão ser visíveis, à noite e com tempo claro, para o condutor de um veículo desde a distância mínima de 150 m (550 pés) quando iluminados pela luz alta do citado veículo.

28. Todo reboque estará provido de, pelo menos, 2 (dois) dispositivos refletores vermelhos, situados na parte traseira. Estes dispositivos terão a forma de um triângulo equilátero com vértice dirigido para cima e um dos lados horizontal, e cujos lados tenham 0,15 m (6 polegadas), como mínimo, e 0,20 m (8 polegadas) como máximo; no interior do triângulo não haverá nenhuma luz de sinalização. Estes dispositivos refletores cumprirão as condições de visibilidade fixadas no parágrafo 27 do presente Anexo. De cada lado, o ponto da superfície iluminadora mais distante do plano longitudinal médio do reboque não deverá encontrar-se com mais de 0,40 m (16 polegadas) das bordas externas do reboque. Não obstante, os reboques cuja largura total não exceda de 0,80 m (32 polegadas) poderão estar providos de apenas um dispositivo refletor, se estiverem engatados a uma motocicleta de 2 (duas) rodas sem *side car*.

29. Todo reboque estará provido em sua parte dianteira de 2 (dois) dispositivos refletores de cor branca, de forma não triangular; estes dispositivos reunirão as condições de posição e de visibilidade fixadas no parágrafo 27 do presente Anexo.

30. Um reboque estará provido, em sua parte dianteira, de 2 (duas) luzes de posição de cor branca quando sua largura exceder de 1,60 m (5 pés e 4 polegadas). Essas luzes de posição dianteiras deverão estar situadas o mais próximo possível das bordas externas do reboque e, em qualquer caso, de tal maneira que o ponto das superfícies iluminadoras mais distantes do plano longi-

tudinal médio, do reboque estejam, no máximo, a 0,15 m (6 polegadas) das bordas externas.

31. Com exceção das motocicletas de 2 (duas) rodas com ou sem *side car*, todo automotor capaz de atingir no plano uma velocidade superior a 25 km (15 milhas) por hora deverá estar provido, na parte posterior, de 2 (duas) luzes de freio, de cor vermelha, cuja intensidade seja consideravelmente superior à das luzes de posição traseiras. A mesma disposição será aplicada a todo reboque colocado ao final de um conjunto de veículos; não obstante, a luz de freio não será obrigatória nos pequenos reboques cujas dimensões sejam tais que não impeçam que sejam vistas as luzes de freio do veículo-trator.

32. Com ressalva da possibilidade de que as Partes Contratantes que, de conformidade com o disposto no parágrafo 2º, do Artigo 54, da Convenção, hajam feito uma declaração assimilando os ciclomotores às motocicletas, poderão dispensar os ciclomotores de todas ou de parte das obrigações, a seguir mencionadas:
a) toda motocicleta de 2 (duas) rodas com ou sem *side car* estará provida de uma luz baixa que satisfaça as condições de cor e de visibilidade fixadas no parágrafo 22 do presente Anexo;
b) toda motocicleta de 2 (duas) rodas com ou sem *side car*, capaz de exceder, no plano, uma velocidade de 40 km (25 milhas) por hora estará provida de, além de uma luz baixa, de pelo menos uma luz alta que satisfaça as condições de cor e visibilidade fixadas no parágrafo 21 do presente Anexo. Se uma motocicleta estiver provida de mais de uma luz alta, estas luzes guardarão entre si a distância mais curta possível;
c) uma motocicleta de 2 (duas) rodas com ou sem *side car* não levará mais de uma luz baixa, nem mais de 2 (duas) luzes altas.

33. Toda motocicleta de 2 (duas) rodas sem *side car* poderá estar provida em sua parte dianteira, de 1 (uma) ou 2 (duas) luzes de posição que satisfaçam as condições de cor e de visibilidade fixadas no parágrafo 23 do presente Anexo. Se esta motocicleta levar 2 (duas) luzes de posição dianteiras, estas estarão o mais próximo possível uma da outra. Uma motocicleta de 2 (duas) rodas sem *side car* não deverá levar mais de 2 (duas) luzes de posição dianteiras.

34. Toda motocicleta de 2 (duas) rodas sem *side car* deverá estar provida, em sua parte traseira, de uma luz de posição que satisfaça as condições de cor e visibilidade fixadas na alínea a, do parágrafo 24, do presente Anexo.

35. Toda motocicleta de 2 (duas) rodas sem *side car* deverá estar provida, em sua parte traseira, de um dispositivo refletor que satisfaça as condições de cor e de visibilidade fixadas no parágrafo 27 do presente Anexo.

36. Com ressalva de que as Partes Contratantes que, de conformidade com o parágrafo 2º, do Artigo 54, da presente Convenção, hajam feito de uma declaração assimilando os ciclomotores às motocicletas, possam dispensar destas obrigações os ciclomotores de 2 (duas) rodas, com ou sem *side car* toda motocicleta de 2 (duas) rodas com ou sem *side car* deverá estar

provida de uma luz de freio que satisfaça as condições fixadas no parágrafo 31 do presente Anexo.

37. Sem prejuízo das disposições relativas às luzes e dispositivos exigidos para as motocicletas de 2 (duas) rodas sem *side car* todo *side car* engatado a uma motocicleta de 2 (duas) rodas, deverá estar provido, na parte dianteira, de uma luz de posição que satisfaça as condições de cor e de visibilidade fixadas no parágrafo 23 do presente Anexo e, em sua parte traseira, de uma luz de posição que satisfaça as condições de cor e visibilidade fixadas no parágrafo 27 do presente Anexo. As conexões elétricas deverão estar dispostas de modo que a luz de posição dianteira e a luz de posição traseira da motocicleta. Em qualquer caso, o *side car* não estará provido de luzes altas nem de luzes baixas.

▶ Texto reproduzido conforme publicação original.

38. Os automotores de 3 (três) rodas simétricas com relação ao plano longitudinal médio do veículo, assimilados às motocicletas conforme o Artigo 1, alínea n, da Convenção, estarão providos dos dispositivos prescritos nos parágrafos 21, 22, 23, 24.a, 27 e 31 do presente Anexo. No obstante, a largura desses veículos não exceder de 1,30 m (4 pés e 3 polegadas), uma só luz alta e uma só luz baixa serão suficientes. As disposições relativas a distância da superfície iluminadora em relação com as bordas externas do veículo não serão aplicáveis neste caso.

39. Todo veículo automotor, com exceção daqueles cujo condutor possa indicar com o braço as mudanças de direção em forma visível, de qualquer ângulo, aos demais usuários da via, deverá estar provido de luzes indicadoras de direção de cor amarela, fixas e intermitentes, colocadas por pares no veículo e visível, de dia e de noite, pelos usuários da via aos quais interesse o movimento do veículo. As luzes intermitentes deverão ter uma frequência de 90 (noventa) cintilações por minuto, com uma tolerância de + ou - 30.

40. Quando um veículo automotor que não for uma motocicleta de 2 (duas) rodas, com ou sem *side car*, estiver provido de luzes de neblina, estas deverão ser brancas ou de cor amarela seletiva, deverão ser 2 (duas) e deverão estar colocadas de modo que nenhum ponto de sua superfície iluminadora se encontre acima do ponto mais alto da superfície iluminadora das luzes baixas, e, que, de cada lado, o ponto da superfície iluminadora mais distante do plano longitudinal médio do veículo não se encontre a mais de 0,40 m (16 polegadas) das bordas externas do veículo.

41. Nenhuma luz de marcha à ré deverá ofuscar ou incomodar outros usuários da via pública. Quando um veículo automotor estiver provido de uma luz desta natureza, esta deverá ser de cor branca, amarela, ou amarela seletiva, o comando de ligação dessa luz deverá ser de tal maneira que a luz não se possa acender, senão quando o dispositivo de marcha à ré estiver engatado.

42. Nenhuma luz, com exceção das luzes indicadoras de direção instalada em um veículo automotor ou em um reboque, deverá ser intermitente, salvo as que se usem de conformidade com a legislação nacional das Partes Contratantes para assinalar os veículos ou conjunto de veículos que não estejam obrigados a respeitar as regras gerais de trânsito ou cuja presença na via imponha precauções especiais aos demais usuários,

especialmente os veículos prioritários, os comboios, os veículos de dimensões excepcionais e os veículos ou máquinas de construção ou de conservação das vias públicas. Não obstante, as Partes Contratantes poderão autorizar ou dispor que algumas luzes de cor diferente do vermelho sejam acesas em sua totalidade ou em parte, em forma intermitente para indicar perigo particular que momentaneamente o veículo possa construir.

43. Para a aplicação dos dispositivos do presente Anexo:

a) toda combinação de 2 (duas) ou mais luzes, idênticas ou não, mas que tenham a mesma função e a mesma cor, se considerará como uma só luz, quando as projeções das superfícies iluminadoras sobre um plano vertical perpendicular ao plano longitudinal médio do veículo ocuparem pelo menos 50%, da superfície do menor retângulo circunscrito às projeções das referidas superfícies iluminadoras;

b) uma só superfície iluminadora, que tenha forma de faixa, será considerada como 2 (duas), ou como um número par de luzes, sempre que estiver situada simetricamente com relação ao plano longitudinal médio do veículo e que se estenda pelo menos até uma distância de 0,40 m (16 polegadas) da borda exterior do veículo e que tenha um comprimento mínimo de 0,80 m (32 polegadas). A iluminação da citada superfície deverá ser assegurada por, pelo menos, duas fontes luminosas situadas o mais próximo possível de suas bordas extremas. A superfície iluminadora poderá consistir de certos números de elementos dispostos de modo que as projeções de superfície iluminadoras dos distintos elementos sobre um plano vertical perpendicular ao plano longitudinal médio do veículo ocupem pelo menos 50% (cinquenta por cento) da superfície do menor retângulo circunscrito às projeções das citadas superfícies iluminadoras dos elementos.

44. Em um só veículo, as luzes que tenham a mesma função e estejam orientadas na mesma direção, deverão ser da mesma cor. As luzes e os dispositivos refletores cujo número seja par deverão estar situados simetricamente com relação ao plano longitudinal médio do veículo, exceto nos veículos cuja forma externa seja assimétrica. As luzes de cada par deverão ter basicamente a mesma intensidade.

45. Poder-se-á agrupar ou incorporar em um mesmo dispositivo luzes de natureza diferente e, obedecendo ao disposto em outros parágrafos do presente Capítulo, luzes e dispositivos refletores, sempre que cada uma dessas luzes e desses dispositivos refletores se ajustem às disposições pertinentes do presente Anexo.

CAPÍTULO III

OUTRAS DISPOSIÇÕES
MECANISMO DE DIREÇÃO

46. Todo veículo automotor deverá estar provido de um mecanismo de direção resistente que permita ao condutor mudar a direção de seu veículo com facilidade, rapidez e segurança.

Espelho Retrovisor

47. Todo veículo automotor, com exceção das motocicletas de 2 (duas) rodas com ou sem *side car*, deverá estar provido de 1 (um) ou vários espelhos retrovisores; o número, dimensões e disposição desses espelhos retrovisores deverão ser tais que permitam ver a circulação atrás de seu veículo.

Sinais Acústicos

48. Todo veículo automotor deverá estar provido de, pelo menos, um aparato para produzir sinais acústicos de suficiente intensidade. O som emitido pelo aparato deverá ser contínuo, uniforme e não estridente. Os veículos prioritários e os veículos de serviço público para o transporte de pessoas poderão levar aparatos suplementares para produzir sinais acústicos, não sujeitos a estas exigências.

Limpador de Para-Brisa

49. Todo veículo automotor que tenha para-brisa de dimensões e forma tais que o condutor não possa ver normalmente a via adiante, estando em seu assento, a não ser através dos elementos transparentes dos para-brisas, deverá estar provido de, pelo menos, 1 (um) limpador de para-brisa eficaz e resistente, colocado em posição adequada, cujo funcionamento não requeira a intervenção constante do condutor.

Lavador do Para-Brisa

50. Todo veículo automotor que estiver provido de pelo menos 1 (um) limpador de para-brisa deverá levar igualmente um lavador de para-brisa.

Para-Brisa e Vidros

51. Em todo automotor e reboque:

a) as substâncias transparentes que constituam elementos de parede exterior do veículo, incluindo o para-brisa, ou de parede interior de separação, deverão ser tais que, em caso de ruptura, o perigo de lesões corporais fique reduzido ao mínimo possível;

b) os vidros do para-brisa deverão ser feitos de uma substância cuja transparência não se altere e deverão ser fabricados de tal maneira que não deformem sensivelmente os objetos vistos através deles e que, em caso de ruptura, o condutor possa continuar vendo a via com suficiente clareza.

Dispositivos de Marcha à Ré

52. Todo veículo automotor deverá estar provido de um dispositivo de marcha à ré manobrável desde o lugar que ocupe o condutor. Não obstante, este dispositivo só será obrigatório para as motocicletas e para os automotores de 3 (três) rodas simétricas, com relação ao plano longitudinal médio do veículo, se seu peso máximo autorizado exceder de 400 kg (900 libras).

Silenciador

53. Todo motor térmico de propulsão de um veículo automotor, deverá estar provido de um eficaz dispositivo silenciador do escape; este dispositivo deverá ser tal, que não possa ser desconectado pelo condutor, desde seu assento.

Pneumáticos

54. As rodas de todos os veículos automotores e de seus reboques deverão estar providas de pneumáticos e o estado dos mesmos deverá ser tal que a segurança fique garantida, incluída a aderência, sobre pavimentação molhada. Não obstante, a presente disposição não poderá impedir que as Partes Contratantes

autorizem a utilização de dispositivos que apresentem resultados pelo menos equivalentes aos obtidos com os pneumáticos.

Velocímetro

55. Todo veículo automotor capaz de desenvolver no plano uma velocidade superior a 40 km (25 milhas) por hora, deverá estar provido de um velocímetro. Não obstante, qualquer Parte Contratante poderá dispensar dessa obrigação a certas categorias de motocicletas e outros veículos leves.

Dispositivos de Sinalização a Bordo dos Veículos Automotores

56. O dispositivo a que se refere o parágrafo 5º do Artigo 23 e o parágrafo 6º, do Anexo 1, da presente Convenção, consistirá:

a) de uma placa em forma de triângulo equilátero de 0,40 m (16 polegadas) de lado, como medidas mínimas, com bordas vermelhas de 0,05 m (2 polegadas) de largura, pelo menos, e fundo vazado ou de cor clara; as bordas vermelhas deverão estar iluminadas por transparência ou estar providas de uma faixa refletora; a placa deverá ser tal que possa colocar-se em posição vertical estável;
b) de qualquer outro dispositivo de igual eficácia, previsto pela legislação do Estado onde o veículo for matriculado.

Dispositivo Contra Roubo

57. Todo veículo automotor deverá estar provido de um dispositivo contra roubo que permita, a partir do momento em que se deixa estacionado o veículo, bloquear ou impedir o funcionamento de uma parte essencial do próprio veículo.

Dispositivos de Engate dos Reboques Ligeiros

58. Com exceção dos semirreboques, os reboques que não forem providos de freio automático, a que se refere o parágrafo 16 do presente Anexo, deverão estar providos, além de um dispositivo de acoplamento, de um engate auxiliar (corrente, cabo etc.) que, em caso de ruptura daquele limite o deslocamento lateral do reboque, e possa impedir a barra de engate de tocar o solo.

Disposições Gerais

59. a) na medida do possível, as partes mecânicas e a equipagem do veículo automotor não deverão oferecer riscos de incêndio ou de explosão; tampouco deverão produzir gases nocivos, fumaças negras, odores nem ruídos excessivos;
b) na medida do possível, o dispositivo de ignição de alta tensão de um veículo automotor não deverá causar grandes incômodos pela emissão excessiva de radiointerferência;
c) todo veículo automotor deverá ser construído de tal maneira que, para a frente, para a direita e para a esquerda, o campo de visibilidade do condutor seja suficiente para que possa dirigir com segurança;
d) na medida do possível, os automotores e os reboques deverão estar construídos e equipados de maneira que se reduza, para seus ocupantes e para os demais usuários da via, o perigo em caso de acidente. Em particular, não deverá ter, nem no interior nem no exterior, nenhum adorno ou outro objeto com arestas ou saliências desnecessárias, que possa construir perigo para os ocupantes e para os demais usuários da via.

▶ Res. do CONTRAN nº 14, de 6-2-1998, estabelece os equipamentos obrigatórios para a frota de veículos em circulação.

Capítulo IV

EXCEÇÕES

60. No plano nacional toda Parte Contratante poderá não aplicar as disposições do presente Anexo com referência:

a) aos automotores e aos reboques que por construção não possam desenvolver no plano uma velocidade superior a 25 km (15 milhas) por hora ou para aqueles aos quais a legislação nacional limite a velocidade a 25 km por hora;
b) aos veículos de inválidos, isto é, os pequenos automotores especialmente projetados e construídos – e não apenas adaptados para o uso de pessoas que padeçam de algum defeito ou incapacidade física e que só são normalmente utilizados por essas pessoas;
c) aos veículos destinados à experiência, que tenham por objeto acompanhar os progressos técnicos e aumentar a segurança;
d) aos veículos de forma e tipo peculiares, ou que sejam utilizados para fins especiais em condições particulares.

61. Além do mais, toda Parte Contratante poderá não aplicar as disposições do presente Anexo aos veículos que matricule e possam transitar em circulação internacional:

a) autorizando a cor amarelo-âmbar para as luzes de posição a que se referem os parágrafos 23 e 30 do presente Anexo e para os dispositivos refletores mencionados no parágrafo 29 do presente Anexo;
b) autorizando a cor vermelha para as luzes indicadoras de direção, mencionadas no parágrafo 39 do presente Anexo, situadas na parte traseira do veículo;
c) autorizando a cor vermelha para as luzes, mencionadas na última frase do parágrafo 42 do presente Anexo, situadas na parte traseira do veículo;
d) no que se refere à posição das luzes, nos veículos de uso especializado cuja forma exterior não permita aplicar as presentes disposições, sem recorrer a sistemas de fixação que possam ser facilmente danificados ou arrancados;
e) autorizando o emprego de um número ímpar, superior a 2 (dois), de luzes altas, nos automotores que matricule; e
f) para os reboques que sirvam para o transporte de coisas cujo comprimento exceda do espaço destinado às cargas (troncos de árvores, tubos, etc.) e que, em marcha, não estejam engatados ao veículo-trator mas somente unidos a ele pela carga.

Capítulo V

DISPOSIÇÕES TRANSITÓRIAS

62. Os veículos automotores matriculados pela primeira vez e os reboques postos em circulação no território de uma Parte Contratante, antes da entrada em vigor da presente Convenção, ou dentro dos 2 (dois) anos seguintes à entrada em vigor, não estarão submetidos

às disposições do presente Anexo, sempre que satisfizerem os requisitos das Partes I, II, III, do Anexo 6, da Convenção de 1949, sobre a circulação rodoviária.

ANEXO 6
HABILITAÇÃO NACIONAL PARA DIRIGIR

1. O documento nacional da habilitação para dirigir será constituído de uma folha de formato A-7 (74 x 105 mm - 2,91 x 4,13 polegadas) ou por uma folha de formato duplo (148 x 105 mm - 5,82 x 4,13 polegadas) ou tríplice (222 x 105 mm - 8,78 x 4,13 polegadas) que possa ajustar-se ao formato A-7. Será de cor rosa.

2. O documento de habilitação deverá estar impresso no idioma ou idiomas prescritos pela autoridade que o expeça, ou que autorize sua expedição; não obstante, levará em francês o título — *Permis de conduire*, acompanhado ou não do título em outros idiomas.

3. As indicações que apareçam no documento de habilitação, manuscritas ou mecanografadas, figurarão em caracteres latinos ou em cursiva chamada inglesa, unicamente, ou aparecerão repetidas dessa maneira.

4. Duas das páginas do documento de habilitação se ajustarão às páginas modelos nos 1 e 2 que figuram mais adiante. Com a condição de que não se modifique a definição das categorias A, B, C, D e E, tendo em mente o parágrafo 4º, do Artigo 41, da presente Convenção, nem suas letras de referência nem o essencial das menções relativas à identidade do titular do documento de habilitação, considerar-se-á atendida esta disposição mesmo que hajam sido introduzidas, em comparação com esses modelos, algumas modificações de detalhe: em especial, considerar-se-á que atendem às disposições do presente Anexo os documentos de habilitação nacionais para dirigir, que se ajustem ao modelo do Anexo 8 da Convenção sobre circulação rodoviária, feita em Genebra a 19 de setembro de 1949.

5. Corresponderá à legislação nacional determinar se a página modelo nº 3 deve ou não formar parte do documento de habilitação e se este deve ou não conter indicações suplementares; caso haja um espaço para anotar as mudanças de domicílio, estará situado na parte superior do verso da página 3 do documento de habilitação, salvo quando este se ajuste ao modelo do Anexo 9 da Convenção de 1949.

ANEXO 7
HABILITAÇÃO INTERNACIONAL PARA DIRIGIR

1. A carteira de habilitação será um livreto formato A-6 (148 x 105 mm — 5,82 x 4,13 polegadas). Sua capa será cinza, suas páginas interiores serão brancas.

2. O anverso e o reverso da primeira folha da capa ajustar-se-ão, respectivamente, às páginas modelos nos 1 e 2 abaixo; estarão impressas no idioma nacional, ou pelo menos em um idioma nacional do Estado de expedição. No final das páginas interiores haverá duas páginas justapostas, que se ajustarão ao modelo nº 3 seguinte e estarão impressas em francês. As páginas interiores que precedem a estas duas páginas reproduzirão em vários idiomas, entre eles obrigatoriamente o espanhol, o inglês e o russo, a primeira dessas duas páginas.

3. As indicações que apareçam no documento, manuscritas ou mecanografadas, serão em caracteres latinos ou em cursiva chamada inglesa.

4. As Partes Contratantes que expedirem ou autorizarem a expedição das carteiras de habilitação internacionais para dirigir, cuja capa esteja impressa em um idioma que não seja espanhol, o francês, o inglês nem o russo, comunicarão ao Secretário-Geral das Nações Unidas a tradução nesse idioma do texto do modelo n. seguinte.

ANEXO
RELAÇÃO DAS RESERVAS PROPOSTAS PELO CONTRAN À CONVENÇÃO SOBRE TRÂNSITO VIÁRIO

1 – Artigo 20, § 2º, alíneas *a* e *b*

Justificativa – Entende-se ser conveniente que os pedestres usem sempre os passeios, mesmo quando carregando objetos volumosos. Somente será admitido o trânsito de pedestres junto à guia de calçada (meio-fio) onde não houver passeio a eles destinado.

2 – Artigo 23, § 2º, alínea *a*

Justificativa – Não é aceitável a última parte da alínea do presente parágrafo que diz: "Não obstante, estará autorizado a pará-lo ou estacioná-lo no outro lado quando, devido à presença de trilhos, não seja possível fazer no lado correspondente ao da circulação"; a parada e o estacionamento dos veículos deve ser sempre no lado correspondente ao da circulação, por razões de segurança.

3 – Artigo 40

Justificativa – Não se deve permitir aos reboques não matriculados entrarem em circulação internacional, ainda que pelo prazo de 10 (dez) anos.

4 – Anexo 5, § 5º, alínea *c*

Justificativa – O dispositivo exige freio de segurança para todos os veículos automotores, o qual é indispensável apenas em reboques.

5 – Anexo 5, § 28

Justificativa – É inconveniente a forma triangular dos refletores traseiros dos reboques, sendo esta reservada para os dispositivos de sinalização de emergência, que visam advertir aos usuários de algum perigo na via.

6 – Anexo 5, § 39

Justificativa – Reserva apenas quanto à cor do dispositivo traseiro indicador de mudança de direção, por ser conveniente a adoção da cor vermelha, unicamente para as luzes traseiras dos veículos.

7 – Anexo 5, § 41

Justificativa – Conveniência de ser exigir que todos os veículos tenham a luz de marcha à ré, exclusivamente, de cor branca.

8 – Anexo 5, § 42

Justificativa – A reserva é apenas quanto à cor das luzes intermitentes, de advertência, destinadas a indicar perigo que momentaneamente o veículo possa constituir, por ser conveniente a adoção, unicamente, da cor vermelha para as luzes traseiras dos veículos.

APÊNDICE
DEFINIÇÃO DOS FILTROS DE COR: OBTENÇÃO DAS CORES MENCIONADAS NO PRESENTE ANEXO (COORDENADAS TRICROMÁTICAS)

Vermelho	{limite com amarelo	$y<ou= 0,335$
	{limite com púrpura (1)	$z<ou= 0,008$
	{limite com azul	$x>ou= 0,310$
	{limite com amarelo	$x<ou= 0,500$
Branco	{limite com verde	$y<ou= 0,150 + 0,640\,x$
	{limite com verde	$y<ou= 0,440$
	{limite com púrpura	$y>ou= 0,050 + 0,750\,x$
	{limite com vermelho	$y>ou= 0,382$
	{limite com amarelo (1)	$y<ou= 0,492$
Amarelo (2)	{limite com vermelho (1)	$y>ou= 0,398$
	{limite com branco (1)	$z<ou= 0,007$
	{limite com vermelho (1)	$y>ou= 0,138 + 0,580\,x$
Amarelo Seletivo (3)	{limite com verde (1)	$y<ou= 1,29\,x - 0,100$
	{limite com branco (1)	$y>ou= -x + 0,996$
	{limite com valor espectral (1)	$y<ou= -x + 0,992$

Para comprovar as características colorimétricas destes filtros deve-se empregar uma fonte de luz branca com uma temperatura de 2.854º K – correspondente ao iluminador A da Comissão Internacional de Iluminação (CIE).

(1) Nestes casos foram adotados limites diferentes dos recomendados pela CIE, porque a voltagem de alimentação nos terminais das lâmpadas de que vão providas as luzes varia consideravelmente.

(2) Aplica-se à cor dos sinais de automotores chamadas normalmente antes de laranja ou amarelo-laranja. Correspondente a uma parte específica da zona do amarelo do triângulo de cores da CIE.

(3) Aplicável somente às luzes de cruzamento. No caso particular de luzes de neblina. Considera-se satisfatória a seletividade da cor quando o valor de pureza seja equivalente pelo menos a 0,820 e o limite com o branco. $Y>ou= -X + 0,966$, sendo então $Y>ou= -X + 0,940$ e $Y = 0,440$.

RESOLUÇÃO DO CONTRAN Nº 4, DE 23 DE JANEIRO DE 1998

Dispõe sobre o trânsito de veículos novos nacionais ou importados, antes do registro e licenciamento.

▶ Publicada no *DOU* de 26-1-1998.

O Conselho Nacional de Trânsito – CONTRAN, usando da competência que lhe confere o artigo 12 da Lei nº 9.503, de 23 de setembro de 1997, que instituiu o Código de Trânsito Brasileiro – CTB, e conforme Decreto nº 2.327, de 23 de setembro de 1997, que dispõe sobre a coordenação do Sistema Nacional de Trânsito;

Considerando que o veículo novo terá que ser registrado e licenciado no Município de domicílio ou residência do adquirente;

Considerando que o concessionário ou revendedor autorizado pela indústria fabricante do veículo, poderá ser o primeiro adquirente;

Considerando a conveniência de ordem econômica para o adquirente nos deslocamentos do veículo; resolve:

Art. 1º Permitir o transporte de cargas e pessoas em veículos novos, antes do registro e licenciamento, adquiridos por pessoas físicas e jurídicas, por entidades públicas e privadas e os destinados aos concessionários para comercialização, desde que portem a "autorização especial" segundo o modelo constante do anexo I.

§ 1º A permissão estende-se aos veículos inacabados (chassis), do pátio do fabricante ou do concessionário até o local da indústria encarroçadora.

§ 2º A "autorização especial" válida apenas para o deslocamento para o município de destino, será expedida para o veículo que portar os Equipamentos Obrigatórios previstos pelo CONTRAN (adequado ao tipo de veículo), com base na Nota Fiscal de Compra e Venda; com validade de 15 (quinze) dias transcorridos da data da emissão, prorrogável por igual período por motivo de força maior.

§ 3º A autorização especial será impressa em 3 (três) vias, das quais, a primeira e a segunda serão coladas respectivamente, no vidro dianteiro (para-brisa), e no vidro traseiro, e a terceira arquivada na repartição de trânsito expedidora.

Art. 2º Os veículos adquiridos por autônomos e por empresas que prestam transportes de cargas e de passageiros, poderão efetuar serviços remunerados para os quais estão autorizados, atendida a legislação específica, as exigências dos poderes concedentes e das autoridades com jurisdição sobre as vias públicas.

Art. 3º Os veículos consignados aos concessionários, para comercialização, e os veículos adquiridos por pessoas físicas, entidades privadas e públicas, a serem licenciados nas categorias "PARTICULAR e OFICIAL", somente poderão transportar suas cargas e pessoas que tenham vínculo empregatício com os mesmos.

Art. 4º Antes do registro e licenciamento, o veículo novo, nacional ou importado que portar a nota fiscal de compra e venda ou documento alfandegário poderá transitar:

I – do pátio da fábrica, da indústria encarroçadora ou concessionária e do Posto Alfandegário, ao órgão de trânsito do município de destino, nos quinze dias consecutivos à data do carimbo de saída do veículo, constante da nota fiscal ou documento alfandegário correspondente;

▶ Inciso I com a redação dada pela Res. do CONTRAN nº 269, de 15-2-2008.

II – do pátio da fábrica, da indústria encarroçadora ou concessionária, ao local onde vai ser embarcado como carga, por qualquer meio de transporte;
III – do local de descarga às concessionárias ou indústrias encarroçadoras;
IV – de um a outro estabelecimento da mesma montadora, encarroçadora ou concessionária ou pessoa jurídica interligada.

Art. 5º Pela inobservância desta Resolução, fica o condutor sujeito à penalidade constante do artigo 230, inciso V, do Código de Trânsito Brasileiro.

Art. 6º Esta Resolução entra em vigor na data de sua publicação, revogada a Resolução 612/83.

Iris Rezende
Ministério da Justiça;

Eliseu Padilha
Ministério dos Transportes;

José Israel Vargas
Ministério da Ciência e Tecnologia;

Zenildo Gonzaga Zoroastro de Lucena
Ministério do Exército;

Paulo Renato de Souza
Ministério da Educação e do Desporto;

Gustavo Krause
Ministério do Meio Ambiente, dos Recursos Hídricos e da Amazônia Legal;

Carlos César Silva de Albuquerque
Ministério da Saúde

ANEXO I

RESOLUÇÃO DO CONTRAN Nº 14, DE 6 DE FEVEREIRO DE 1998

Estabelece os equipamentos obrigatórios para a frota de veículos em circulação e dá outras providências.

▶ Publicada no *DOU* de 12-2-1998.

▶ Res. do CONTRAN nº 311, de 3-4-2009, dispõe sobre a obrigatoriedade do uso de equipamento suplementar de segurança passiva – *air bag*, na parte frontal dos veículos novos saídos de fábrica, nacionais e importados.

▶ Res. do CONTRAN nº 312, de 3-4-2009, dispõe sobre a obrigatoriedade do uso do sistema de antitravamento das rodas – ABS nos veículos novos saídos de fábrica, nacionais e importados.

▶ Res. do CONTRAN nº 380, de 28-4-2011, dispõe sobre a obrigatoriedade do uso do sistema antitravamento das rodas – ABS.

O Conselho Nacional de Trânsito – CONTRAN, usando da competência que lhe confere o inciso I do art. 12 da Lei nº 9.503, de 23 de setembro de 1997, que instituiu o Código de Trânsito Brasileiro – CTB e conforme o Decreto nº 2.327, de 23 de setembro de 1997, que trata da coordenação do Sistema Nacional de Trânsito;

Considerando o artigo 105 do Código de Trânsito Brasileiro;

Considerando a necessidade de proporcionar às autoridades fiscalizadoras as condições precisas para o exercício do ato de fiscalização;

Considerando que os veículos automotores, em circulação no território nacional, pertencem a diferentes épocas de produção, necessitando, portanto, de prazos para a completa adequação aos requisitos de segurança exigidos pela legislação, resolve:

Art. 1º Para circular em vias públicas, os veículos deverão estar dotados dos equipamentos obrigatórios relacionados abaixo, a serem constados pela fiscalização e em condições de funcionamento:

I – nos veículos automotores e ônibus elétricos:

1) para-choques, dianteiro e traseiro;
2) protetores das rodas traseiras dos caminhões;
3) espelhos retrovisores, interno e externo;
4) limpador de para-brisa;
5) lavador de para-brisa;
6) pala interna de proteção contra o sol (para-sol) para o condutor;
7) faróis principais dianteiros de cor branca ou amarela;
8) luzes de posição dianteiras (faroletes) de cor branca ou amarela;
9) lanternas de posição traseiras de cor vermelha;
10) lanternas de freio de cor vermelha;
11) lanternas indicadoras de direção dianteiras de cor âmbar e traseiras de cor âmbar ou vermelha;
12) lanterna de marcha à ré, de cor branca;
13) retrorefletores (catadióptrico) traseiros, de cor vermelha;
14) lanterna de iluminação da placa traseira, de cor branca;
15) velocímetro;
16) buzina;
17) freios de estacionamento e de serviço, com comandos independentes;
18) pneus que ofereçam condições mínimas de segurança;
19) dispositivo de sinalização luminosa ou refletora de emergência, independente do sistema de iluminação do veículo;
20) extintor de incêndio;
21) registrador instantâneo e inalterável de velocidade e tempo, nos veículos de transporte e condução de escolares, nos de transporte de passageiros com mais de dez lugares e nos de carga com capacidade máxima de tração superior a 19t;
22) cinto de segurança para todos os ocupantes do veículo;
23) dispositivo destinado ao controle de ruído do motor, naqueles dotados de motor à combustão;
24) roda sobressalente, compreendendo o aro e o pneu, com ou sem câmara de ar, conforme o caso;
25) macaco, compatível com o peso e carga do veículo;
26) chave de roda;
27) chave de fenda ou outra ferramenta apropriada para a remoção de calotas;
28) lanternas delimitadoras e lanternas laterais nos veículos de carga, quando suas dimensões assim o exigirem;
29) cinto de segurança para a árvore de transmissão em veículos de transporte coletivo e carga;

II – para os reboques e semirreboques:

1) para-choque traseiro;
2) protetores das rodas traseiras;
3) lanternas de posição traseiras, de cor vermelha;
4) freios de estacionamento e de serviço, com comandos independentes, para veículos com capacidade superior a 750 kg e produzidos a partir de 1997;
5) lanternas de freio, de cor vermelha;
6) iluminação de placa traseira;
7) lanternas indicadoras de direção traseiras, de cor âmbar ou vermelha;
8) pneus que ofereçam condições mínimas de segurança;
9) lanternas delimitadoras e lanternas laterais, quando suas dimensões assim o exigirem;

III – para os ciclomotores:

1) espelhos retrovisores, de ambos os lados;
2) farol dianteiro, de cor branca ou amarela;
3) lanterna, de cor vermelha, na parte traseira;
4) velocímetro;
5) buzina;
6) pneus que ofereçam condições mínimas de segurança;
7) dispositivo destinado ao controle de ruído do motor;

IV – para as motonetas, motocicletas e triciclos:

1) espelhos retrovisores, de ambos os lados;
2) farol dianteiro, de cor branca ou amarela;
3) lanterna, de cor vermelha, na parte traseira;
4) lanterna de freio, de cor vermelha;
5) iluminação da placa traseira;
6) indicadores luminosos de mudança de direção dianteiro e traseiro;
7) velocímetro;
8) buzina;
9) pneus que ofereçam condições mínimas de segurança;

10) dispositivo destinado ao controle de ruído do motor, dimensionado para manter a temperatura de sua superfície externa em nível térmico adequado ao uso seguro do veículo pelos ocupantes sob condições normais de utilização e com uso de vestimentas e acessórios indicados no manual do usuário fornecido pelo fabricante, devendo ser complementado por redutores de temperatura nos pontos críticos de calor, a critério do fabricante, conforme exemplificado no Anexo desta Resolução;

▶ Item 10 com a redação dada pela Res. do CONTRAN nº 228, de 2-3-2007.
▶ Res. do CONTRAN nº 228, de 2-3-2007, com produção de efeitos a partir de 1º-1-2009.

V – para os quadriciclos:

1) espelhos retrovisores, de ambos os lados;
2) farol dianteiro, de cor branca ou amarela;
3) lanterna, de cor vermelha, na parte traseira;
4) lanterna de freio, de cor vermelha;
5) indicadores luminosos de mudança de direção, dianteiros e traseiros;
6) iluminação da placa traseira;
7) velocímetro;
8) buzina;
9) pneus que ofereçam condições mínimas de segurança;
10) dispositivo destinado ao controle de ruído do motor;
11) protetor das rodas traseiras;

VI – nos tratores de rodas e mistos:

1) faróis dianteiros, de luz branca ou amarela;
2) lanternas de posição traseiras, de cor vermelha;
3) lanternas de freio, de cor vermelha;
4) indicadores luminosos de mudança de direção dianteiros e traseiros;
5) pneus que ofereçam condições mínimas de segurança;
6) dispositivo destinado ao controle de ruído do motor;

VII – nos tratores de esteiras:

1) faróis dianteiros, de luz branca ou amarela;
2) lanternas de posição traseiras, de cor vermelha;
3) lanternas de freio, de cor vermelha;
4) indicadores luminosos de mudança de direção, dianteiros e traseiros;
5) dispositivo destinado ao controle de ruído do motor.

Parágrafo único. Quando a visibilidade interna não permitir, utilizar-se-ão os espelhos retrovisores laterais.

Art. 2º Dos equipamentos relacionados no artigo anterior, não se exigirá:

I – lavador de para-brisa:

a) em automóveis e camionetas derivadas de veículos produzidos antes de 1º de janeiro de 1974;
b) utilitários, veículos de carga, ônibus e micro-ônibus produzidos até 1º de janeiro de 1999;

II – lanterna de marcha à ré e retrorefletores, nos veículos fabricados antes de 1º de janeiro de 1990;

III – registrador instantâneo e inalterável de velocidade e tempo:

▶ Inciso III com a redação pela Res. do CONTRAN nº 87, de 4-5-1999.

a) para os veículos de carga com capacidade máxima de tração inferior a 19t, fabricados até 31 de dezembro de 1990;

▶ Alínea a com a redação dada pela Res. do CONTRAN nº 87, de 4-5-1999.

b) nos veículos de transporte de passageiros ou de uso misto, registrados na categoria particular e que não realizem transporte remunerado de pessoas;
c) até 30 de setembro de 1999, para os veículos de carga com capacidade máxima de tração inferior a 19t, fabricados a partir de 1º de janeiro de 1991;
d) até 30 de setembro de 1999, para os veículos de carga com capacidade máxima de tração igual ou superior a 19t, fabricados até 31 de dezembro de 1990;

▶ Alíneas c e d acrescidas pela Res. do CONTRAN nº 87, de 4-5-1999.

IV – cinto de segurança:

a) para os passageiros, nos ônibus e micro-ônibus produzidos até 1º de janeiro de 1999;
b) até 1º de janeiro de 1999, para o condutor e tripulantes, nos ônibus e micro-ônibus;
c) para os veículos destinados ao transporte de passageiros, em percurso que seja permitido viajar em pé;
d) para os veículos de uso bélico.

▶ Alínea d acrescida pela Res. do CONTRAN nº 279, de 28-5-2008.

V – pneu e aro sobressalente, macaco e chave de roda:

a) nos veículos equipados com pneus capazes de trafegar sem ar, ou aqueles equipados com dispositivo automático de enchimento emergencial;
b) nos ônibus e micro-ônibus que integram o sistema de transporte urbano de passageiros, nos municípios, regiões e microrregiões metropolitanas ou conglomerados urbanos;
c) nos caminhões dotados de características específicas para transporte de lixo e de concreto;
d) nos veículos de carroçaria blindada para transporte de valores;
e) para automóveis, camionetas, caminhonetes e utilitários, com peso bruto total – PBT, de até 3,5 toneladas, a dispensa poderá ser reconhecida pelo órgão máximo executivo de trânsito da União, por ocasião do requerimento do código específico de marca/modelo/versão, pelo fabricante ou importador, quando comprovada que tal característica é inerente ao projeto do veículo, e desde que este seja dotado de alternativas para o uso do pneu e aro sobressalentes, macaco e chave de roda.

▶ Alínea e acrescida pela Res. do CONTRAN nº 259, de 30-11-2007.

VI – velocímetro, naqueles dotados de registrador instantâneo e inalterável de velocidade e tempo, integrado.

Parágrafo único. Para os veículos relacionados nas alíneas b, c, e d, do inciso V, será reconhecida a excepcionalidade somente quando pertencerem ou estiverem na posse de firmas individuais, empresas ou organizações que possuam equipes próprias, especializadas em troca de pneus ou aros danificados.

Art. 3º Os equipamentos obrigatórios dos veículos destinados ao transporte de produtos perigosos, bem como os equipamentos para situações de emergência serão aqueles indicados na legislação pertinente.

Art. 4º Os veículos destinados à condução de escolares ou outros transportes especializados terão seus equipamentos obrigatórios previstos em legislação específica.

Art. 5º A exigência dos equipamentos obrigatórios para a circulação de bicicletas, prevista no inciso VI do artigo 105 do Código de Trânsito Brasileiro, terá um prazo de cento e oitenta dias para sua adequação, contados da data de sua Regulamentação pelo CONTRAN.

Art. 6º Os veículos automotores produzidos a partir de 1º de janeiro de 1999, deverão ser dotados dos seguintes equipamentos obrigatórios:

I – espelhos retrovisores externos, em ambos os lados;
II – registrador instantâneo e inalterável de velocidade e tempo, para os veículos de carga, com peso bruto total superior a 4.536 kg;
III – encosto de cabeça, em todos os assentos dos automóveis, exceto nos assentos centrais;
IV – cinto de segurança graduável e de três pontos em todos os assentos dos automóveis. Nos assentos centrais, o cinto poderá ser do tipo subabdominal.

Parágrafo único. Os ônibus e micro-ônibus poderão utilizar cinto subabdominal para os passageiros.

Art. 7º Aos veículos registrados e licenciados em outro país, em circulação no território nacional, aplicam-se as regras do art. 118 e seguintes do Código de Trânsito Brasileiro.

Art. 8º Ficam revogadas as Resoluções nºs 657/1985, 767/1993, 2/1998 e o artigo 65 da Resolução nº 734/1989.

Art. 9º Respeitadas as exceções e situações particulares previstas nesta Resolução, os proprietários ou condutores, cujos veículos circularem nas vias públicas desprovidos dos requisitos estabelecidos, ficam sujeitos às penalidades constantes do art. 230 do Código de Trânsito Brasileiro, no que couber.

Art. 10. Esta Resolução entra em vigor na data de sua publicação.

Iris Rezende
Ministério da Justiça;

Eliseu Padilha
Ministério dos Transportes;

Lindolpho Carvalho Dias
Ministério da Ciência e Tecnologia – Suplente;

Gen. Gleuber Vieira
representante Ministério do Exército;

Luciano Oliva Patrício
Ministério da Educação e do Desporto – Suplente;

Júlio Sérgio Maya Pedrosa
Ministério do Meio Ambiente, dos Recursos Hídricos e da Amazônia Legal – Suplente;

Carlos César de Albuquerque
Ministério da Saúde

▶ Optamos por não publicar o anexo acrescido pela Res. do CONTRAN nº 228, de 2-3-2007, nesta edição.

RESOLUÇÃO DO CONTRAN Nº 24, DE 21 DE MAIO DE 1998

Estabelece o critério de identificação de veículos, a que se refere o art. 114 do Código de Trânsito Brasileiro.

▶ Publicada no *DOU* de 22-5-1998.
▶ Res. do CONTRAN nº 332, de 28-9-2009, dispõe sobre identificações de veículos importados por detentores de privilégios e imunidades em todo o território nacional.

O Conselho Nacional de Trânsito – CONTRAN, usando da competência que lhe confere o art. 12, inciso I, da Lei nº 9.503, de 23 de setembro de 1997, que instituiu o Código de Trânsito Brasileiro e, conforme o Decreto nº 2.327, de 23 de setembro de 1997, que dispõe sobre a coordenação do Sistema Nacional de Trânsito, resolve:

Art. 1º Os veículos produzidos ou importados a partir de 1º de janeiro de 1999, para obter registro e licenciamento, deverão estar identificados na forma desta Resolução.

Parágrafo único. Excetuam-se do disposto neste artigo os tratores, os veículos protótipos utilizados exclusivamente para competições esportivas e as viaturas militares operacionais das Forças Armadas.

Art. 2º A gravação do número de identificação veicular (VIN) no chassi ou monobloco, deverá ser feita, no mínimo, em um ponto de localização, de acordo com as especificações vigentes e formatos estabelecidos pela NBR 3 nº 6066 da Associação Brasileira de Normas Técnicas – ABNT, em profundidade mínima de 0,2 mm.

§ 1º Além da gravação no chassi ou monobloco, os veículos serão identificados, no mínimo, com os caracteres VIS (número sequencial de produção) previsto na NBR 3 nº 6066, podendo ser, a critério do fabricante, por gravação, na profundidade mínima de 0,2 mm, quando em chapas ou plaqueta colada, soldada ou rebitada, destrutível quando de sua remoção, ou ainda por etiqueta autocolante e também destrutível no caso de tentativa de sua remoção, nos seguintes compartimentos e componentes:

I – na coluna da porta dianteira lateral direita;
II – no compartimento do motor;
III – em um dos para-brisas e em um dos vidros traseiros, quando existentes;
IV – em pelo menos dois vidros de cada lado do veículo, quando existentes, excetuados os quebra-ventos.

§ 2º As identificações previstas nos incisos III e IV do parágrafo anterior, serão gravadas de forma indelével, sem especificação de profundidade e, se adulteradas, devem acusar sinais de alteração.

§ 3º Os veículos inacabados (sem cabina, com cabina incompleta, tais como os chassis para ônibus), terão as identificações previstas no § 1º, implantadas pelo fabricante que complementar o veículo com a respectiva carroçaria.

§ 4º As identificações, referidas no § 2º, poderão ser feitas na fábrica do veículo ou em outro local, sob a responsabilidade do fabricante, antes de sua venda ao consumidor.

§ 5º No caso de chassi ou monobloco não metálico, a numeração deverá ser gravada em placa metálica incorporada ou a ser moldada no material do chassi ou monobloco, durante sua fabricação.

§ 6º Para fins do previsto no *caput* deste artigo, o décimo dígito do VIN, previsto na NBR 3 nº 6066, será obrigatoriamente o da identificação do modelo do veículo.

Art. 3º Será obrigatória a gravação do ano de fabricação do veículo no chassi ou monobloco ou em plaqueta destrutível quando de sua remoção, conforme estabelece o § 1º do art. 114 do Código de Trânsito Brasileiro.

Art. 4º Nos veículos reboques e semirreboques, as gravações serão feitas, no mínimo, em dois pontos do chassi.

Art. 5º Para fins de controle reservado e apoio das vistorias periciais procedidas pelos órgãos integrantes do Sistema Nacional de Trânsito e por órgãos policiais, por ocasião do pedido de código do RENAVAM, os fabricantes depositarão junto ao órgão máximo executivo de trânsito da União as identificações e localização das gravações, segundo os modelos básicos.

Parágrafo único. Todas as vezes que houver alteração dos modelos básicos dos veículos, os fabricantes encaminharão, com antecedência de 30 (trinta) dias, as localizações de identificação veicular.

Art. 6º As regravações e as eventuais substituições ou reposições de etiquetas e plaquetas, quando necessárias, dependerão de prévia autorização da autoridade de trânsito competente, mediante comprovação da propriedade do veículo, e só serão processadas por empresas credenciadas pelo órgão executivo de trânsito dos Estados ou do Distrito Federal.

§ 1º As etiquetas ou plaquetas referidas no *caput* deste artigo deverão ser fornecidas pelo fabricante do veículo.

§ 2º O previsto no *caput* deste artigo não se aplica às identificações constantes dos incisos III e IV do § 1º do art. 2º desta Resolução.

Art. 7º Os órgãos executivos de trânsito dos Estados e do Distrito Federal não poderão registrar, emplacar e licenciar veículos que estiverem em desacordo com o estabelecido nesta Resolução.

Art. 8º Fica revogada a Resolução nº 659/1989 do CONTRAN.

Art. 9º Esta Resolução entra em vigor na data de sua publicação.

Renan Calheiros
Ministério da Justiça;

Eliseu Padilha
Ministério dos Transportes;

Lindolpho Carvalho Dias
Ministério da Ciência e Tecnologia – Suplente;

Zenildo Gonzaga Zoroastro de Lucena
Ministério do Exército;

Luciano Oliva Patricio
Suplente Ministério da Educação e do Desporto;

Gustavo Krause
Ministério do Meio Ambiente, Recursos Hídricos e da Amazônia Legal;

Barjas Negri
Suplente Ministério da Saúde

RESOLUÇÃO DO CONTRAN Nº 36, DE 21 DE MAIO DE 1998

Estabelece a forma de sinalização de advertência para os veículos que, em situação de emergência, estiverem imobilizados no leito viário, conforme o art. 46 do Código de Trânsito Brasileiro.

▶ Publicada no *DOU* de 22-5-1998.

O Conselho Nacional de Trânsito – CONTRAN, usando da competência que lhe confere o art. 12, inciso I, da Lei nº 9.503, de 23 de setembro de 1997, que instituiu o Código de Trânsito Brasileiro – CTB; e conforme Decreto nº 2.327, de 23 de setembro de 1997, que trata da coordenação do Sistema Nacional de Trânsito, resolve:

Art. 1º O condutor deverá acionar de imediato as luzes de advertência (pisca-alerta) providenciando a colocação do triângulo de sinalização ou equipamento similar à distância mínima de 30 metros da parte traseira do veículo.

Parágrafo único. O equipamento de sinalização de emergência deverá ser instalado perpendicularmente ao eixo da via, e em condição de boa visibilidade.

Art. 2º Esta Resolução entra em vigor na data de sua publicação.

Renan Calheiros
Ministério da Justiça;

Eliseu Padilha
Ministério dos Transportes;

Lindolpho Carvalho Dias
Ministério da Ciência e Tecnologia – Suplente;

Zenildo Gonzaga Zoroastro de Lucena
Ministério do Exército;

Luciano Oliva Patricio
Suplente Ministério da Educação e do Desporto;

Gustavo Krause
Ministério do Meio Ambiente, Recursos Hídricos e da Amazônia Legal;

Barjas Negri
Suplente Ministério da Saúde

RESOLUÇÃO DO CONTRAN Nº 43, DE 21 DE MAIO DE 1998

Complementa a Resolução nº 14/1998, que dispõe sobre equipamentos de uso obrigatório nos veículos automotores.

▶ Publicada no *DOU* de 22-5-1998.

O Conselho Nacional de Trânsito – CONTRAN, usando da competência que lhe confere o artigo 12, inciso I, da Lei nº 9.503, de 23 de setembro de 1997, que instituiu o Código de Trânsito Brasileiro – CTB; e conforme o Decreto nº 2.327, de 23 de setembro de 1997, que trata de coordenação do Sistema Nacional de Trânsito, resolve:

Art. 1º Tornar facultativo o uso em caminhões, ônibus e em micro-ônibus de espelho retrovisor interno, quando portarem espelhos retrovisores externos esquerdo e direito.

Art. 2º Esta Resolução entra em vigor na data de sua publicação.

Renan Calheiros
Ministério da Justiça;

Eliseu Padilha
Ministério dos Transportes;

Lindolpho Carvalho Dias
Ministério da Ciência e Tecnologia – Suplente;

Zenildo Gonzaga Zoroastro de Lucena
Ministério do Exército;

Luciano Oliva Patricio
Suplente Ministério da Educação e do Desporto;

Gustavo Krause
Ministério do Meio Ambiente,
Recursos Hídricos e da Amazônia Legal;

Barjas Negri
Suplente Ministério da Saúde

RESOLUÇÃO DO CONTRAN Nº 44, DE 21 DE MAIO DE 1998

Dispõe sobre os requisitos técnicos para o encosto de cabeça, de acordo com artigo 105, III do Código de Trânsito Brasileiro.

▶ Publicada no *DOU* de 22-5-1998.

O Conselho Nacional de Trânsito – CONTRAN, usando da competência que lhe confere o artigo 12, inciso I, da Lei nº 9.503, de 23 de setembro de 1997, que instituiu o Código de Trânsito Brasileiro – CTB; e conforme o Decreto nº 2.327, de 23 de setembro de 1997, que trata da coordenação do Sistema Nacional de Trânsito, resolve:

Art. 1º Os automóveis nacionais ou importados deverão ser dotados, obrigatoriamente, de encosto de cabeça nos assentos dianteiros próximos às portas, e nos traseiros laterais, quando voltados para frente do veículo.

§ 1º A aplicação do encosto de cabeça nos assentos centrais é facultativa.

§ 2º Nos automóveis esportivos do tipo dois mais dois ou nos modelos conversíveis, é facultado o uso do encosto de cabeça nos bancos traseiros.

Art. 2º Os automóveis, nacionais ou importados, produzidos a partir de 1º de janeiro de 1999, com código marca/modelo deferido pelo órgão máximo executivo de trânsito da União até 31 de dezembro de 1998, deverão ser dotados, obrigatoriamente, de encosto de cabeça nos assentos dianteiros próximos às portas, sendo facultada sua instalação nos demais assentos.

Art. 3º O disposto no artigo 1º aplica-se ao desenvolvimento de novos projetos, a partir de 1º de janeiro de 1999.

Parágrafo único. Não se considera como projeto novo a derivação de um mesmo modelo básico de veículo.

Art. 4º Para efeito de aplicação do encosto de cabeça, serão aceitos os resultados de ensaios emitidos por órgãos credenciados pela Comunidade Europeia ou Estados Unidos da América, de conformidade com os procedimentos oficiais lá adotados, na falta de padronização nacional, bem como os testes feitos no Brasil por órgãos oficiais competentes ou outros por eles credenciados, de acordo com os procedimentos europeus ou americanos.

Art. 5º Esta Resolução entra em vigor na data de sua publicação.

Renan Calheiros
Ministério da Justiça;

Eliseu Padilha
Ministério dos Transportes;

Lindolpho Carvalho Dias
Ministério da Ciência e Tecnologia – Suplente;

Zenildo Gonzaga Zoroastro de Lucena
Ministério do Exército;

Luciano Oliva Patricio
Suplente Ministério da Educação e do Desporto;

Gustavo Krause
Ministério do Meio Ambiente,
Recursos Hídricos e da Amazônia Legal;

Barjas Negri
Suplente Ministério da Saúde

RESOLUÇÃO DO CONTRAN Nº 46, DE 21 DE MAIO DE 1998

Estabelece os equipamentos de segurança obrigatórios para as bicicletas conforme disciplina o art. 105, VI do Código de Trânsito Brasileiro e art. 5º da Resolução nº 14/1998.

▶ Publicada no *DOU* de 22-5-1998.

O Conselho Nacional de Trânsito – CONTRAN, usando da competência que lhe confere o art. 12, inciso I, da Lei nº 9.503, de 23 de setembro de 1997, que instituiu o Código de Trânsito Brasileiro – CTB, e conforme o Decreto nº 2.327, de 23 de setembro de 1997, que trata da coordenação do Sistema Nacional de Trânsito, resolve:

Art. 1º As bicicletas com aro superior a vinte deverão ser dotadas dos seguintes equipamentos obrigatórios:

I – espelho retrovisor do lado esquerdo, acoplado ao guidom e sem haste de sustentação;
II – campainha, entendido como tal o dispositivo sonoro mecânico, eletromecânico, elétrico, ou pneumático, capaz de identificar uma bicicleta em movimento;
III – sinalização noturna, composta de retrorefletores, com alcance mínimo de visibilidade de trinta metros, com a parte prismática protegida contra a ação das intempéries, nos seguintes locais:

a) na dianteira, nas cores branca ou amarela;
b) na traseira na cor vermelha;
c) nas laterais e nos pedais de qualquer cor.

Art. 2º Estão dispensadas do espelho retrovisor e da campainha as bicicletas destinadas à prática de esportes, quando em competição dos seguintes tipos:

I – *mountain bike* (ciclismo de montanha);

II – *down hill* (descida de montanha);
III – *free style* (competição estilo livre);
IV – competição olímpica e pan-americana;
V – competição em avenida, estrada e velódromo;
VI – outros.

Art. 3º Esses equipamentos obrigatórios serão exigidos a partir de 1º de janeiro de 2000.

Art. 4º Esta Resolução entra em vigor na data de sua publicação.

Renan Calheiros
Ministério da Justiça;

Eliseu Padilha
Ministério dos Transportes;

Lindolpho Carvalho Dias
Ministério da Ciência e Tecnologia – Suplente;

Zenildo Gonzaga Zoroastro de Lucena
Ministério do Exército;

Luciano Oliva Patricio
Suplente Ministério da Educação e do Desporto;

Gustavo Krause
Ministério do Meio Ambiente,
Recursos Hídricos e da Amazônia Legal;

Barjas Negri
Suplente Ministério da Saúde

RESOLUÇÃO DO CONTRAN Nº 53, DE 21 DE MAIO DE 1998

Estabelece critérios em caso de apreensão de veículos e recolhimento aos depósitos, conforme artigo 262 do Código de Trânsito Brasileiro.

▶ Publicada no *DOU* de 22-5-1998.

O Conselho Nacional de Trânsito – CONTRAN, usando da competência que lhe confere o artigo 12, inciso I, da Lei nº 9.503, de 23 de setembro de 1997, que instituiu o Código de Trânsito Brasileiro – CTB, e conforme Decreto nº 2.327, de 23 de setembro de 1997, que trata da coordenação do Sistema Nacional de Trânsito, resolve:

Art. 1º Os procedimentos e os prazos de custódia dos veículos apreendidos em razão de penalidade aplicada, obedecerão ao disposto nesta Resolução.

Art. 2º Caberá ao agente de trânsito responsável pela apreensão do veículo emitir Termo de Apreensão de Veículo, que discriminará:

I – os objetos que se encontrem no veículo;
II – os equipamentos obrigatórios ausentes;
III – o estado geral da lataria e da pintura;
IV – os danos causados por acidente se for o caso;
V – identificação do proprietário e do condutor, quando possível;
VI – dados que permitam a precisa identificação do veículo.

§ 1º O Termo de Apreensão de Veículo será preenchido em três vias, sendo a primeira destinada ao proprietário ou condutor do veículo apreendido, a segunda ao órgão ou entidade responsável pela custódia do veículo; e a terceira ao agente de trânsito responsável pela apreensão.

§ 2º Estando presente o proprietário ou o condutor no momento da apreensão, o Termo de Apreensão de Veículo será apresentado para sua assinatura, sendo-lhe entregue a primeira via, havendo recusa da assinatura, o agente fará constar tal circunstância no Termo, antes de sua entrega.

§ 3º O agente de trânsito recolherá o Certificado de Registro e Licenciamento de Veículo (CRLV), contra entrega de recibo ao proprietário ou condutor, ou informará, no Termo de Apreensão, o motivo pelo qual não foi recolhido.

Art. 3º O órgão ou entidade responsável pela apreensão do veículo fixará o prazo de custódia, tendo em vista as circunstâncias da infração e obedecidos os critérios abaixo:

I – de 01 (um) a 10 (dez) dias, para penalidade aplicada em razão de infração para a qual não seja prevista multa agravada;
II – de 11 (onze) a 20 (vinte) dias, para penalidade aplicada em razão de infração para a qual seja prevista multa agravada com fator multiplicador de três vezes;
III – de 21 (vinte e um) a 30 (trinta) dias, para penalidade aplicada em razão de infração para a qual seja prevista multa agravada com fator multiplicador de cinco vezes.

Art. 4º Em caso de veículo transportando carga perigosa ou perecível e de transporte coletivo de passageiros, aplicar-se-á o disposto no § 5º do artigo 270 do Código de Trânsito Brasileiro.

Art. 5º Esta Resolução entra em vigor na data de sua publicação.

Renan Calheiros
Ministério da Justiça;

Eliseu Padilha
Ministério dos Transportes;

Lindolpho Carvalho Dias
Ministério da Ciência e Tecnologia – Suplente;

Zenildo Gonzaga Zoroastro de Lucena
Ministério do Exército;

Luciano Oliva Patricio
Suplente Ministério da Educação e do Desporto;

Gustavo Krause
Ministério do Meio Ambiente,
Recursos Hídricos e da Amazônia Legal;

Barjas Negri
Suplente Ministério da Saúde

RESOLUÇÃO DO CONTRAN Nº 108, DE 21 DE DEZEMBRO DE 1999

Dispõe sobre a responsabilidade pelo pagamento de multas.

▶ Publicada no *DOU* de 6-1-2000.

O Conselho Nacional de Trânsito – CONTRAN, usando da competência que lhe confere o art. 12, inciso I, da Lei nº 9.503, de 23 de setembro de 1997, que instituiu o Código de Trânsito Brasileiro – CTB, e conforme o Decreto nº 2.327, de 23 de setembro de 1997, que trata da Coordenação do Sistema Nacional de Trânsito, considerando a decisão tomada na reunião em 31/8/1919, e tendo em vista a Deliberação nº 13 *ad referendum* do Presidente do Conselho Nacional de Trânsito – CONTRAN, publicada no Diário Oficial da União de 8 de novembro de 1999, resolve:

Art. 1º Fica estabelecido que o proprietário do veículo será sempre responsável pelo pagamento da penalidade de multa, independente da infração cometida, até mesmo quando o condutor for indicado como condutor-infrator nos termos da lei, não devendo ser registrado ou licenciado o veículo sem que o seu proprietário efetue o pagamento do débito de multas, excetuando-se as infrações resultantes de excesso de peso que obedecem ao determinado no art. 257 e parágrafos do Código de Trânsito Brasileiro.

Art. 2º Esta Resolução entra em vigor na data de sua publicação.

José Carlos Dias
Presidente

RESOLUÇÃO DO CONTRAN Nº 110, DE 24 FEVEREIRO DE 2000

Fixa o calendário para renovação do Licenciamento Anual de Veículos e revoga a Resolução CONTRAN nº 95/1999.

► Publicada no *DOU* de 10-3-2000.

O Conselho Nacional de Trânsito – CONTRAN, usando da competência que lhe confere o art. 12 da Lei nº 9.503, de 23 de setembro de 1997, que instituiu o Código de Trânsito Brasileiro – CTB, e conforme o Decreto nº 2.327, de 23 de setembro de 1997, que trata da Coordenação do Sistema Nacional de Trânsito, e

Considerando que a Resolução CONTRAN nº 95/1999, apresenta incompatibilidade com os prazos estipulados por alguns Estados para recolhimento do IPVA;

Considerando que essa incompatibilidade obrigaria os órgãos executivos dos Estados e do Distrito Federal a licenciar veículos cujos proprietários ainda não tivessem recolhido o IPVA; e

Considerando que a alteração nos prazos fixados na Resolução CONTRAN nº 95/1999 não provoca prejuízos ao Registro Nacional de Veículos Automotores – RENAVAM, nem à fiscalização da regularidade documental dos veículos, resolve:

Art. 1º Os órgãos executivos de trânsito dos Estados e do Distrito Federal estabelecerão prazos para renovação do Licenciamento Anual dos Veículos registrados sob sua circunscrição, de acordo com o algarismo final da placa de identificação, respeitados os limites fixados na tabela a seguir:

Algarismo final da placa	Prazo final para renovação
1 e 2	Até setembro
3, 4 e 5	Até outubro
6, 7 e 8	Até novembro
9 e 0	Até dezembro

Art. 2º As autoridades, órgãos, instituições e agentes de fiscalização de trânsito e rodoviário em todo o território nacional, para efeito de autuação e aplicação de penalidades, quando o veículo se encontrar fora da unidade da federação em que estiver registrado, deverão adotar os prazos estabelecidos nesta Resolução.

Art. 3º Esta Resolução entra em vigor na data de sua publicação, ficando revogada a Resolução CONTRAN nº 95/1999.

Antonio Augusto Junho Anastasia
Ministério da Justiça – Suplente;

Carlos Américo Pacheco
Ministério da Ciência e Tecnologia – Suplente;

Luciano Oliva Patrício
Ministério da Educação – Suplente;

José Carlos Carvalho
Ministério do Meio Ambiente – Suplente;

Otávio Azevedo Mercadante
Ministério da Saúde – Representante;

João Brígido Bezerra de Lima
Ministério da Defesa – Representante;

Raimundo Dantas
Ministério dos Transportes – Representante

RESOLUÇÃO DO CONTRAN Nº 129, DE 6 DE AGOSTO DE 2001

Estabelece os requisitos de segurança e dispensa a obrigatoriedade do uso de capacete para o condutor e passageiros do triciclo automotor com cabine fechada, quando em circulação somente em vias urbanas.

► Publicada no *DOU* de 3-9-2001.

O Conselho Nacional de Trânsito – CONTRAN, usando da competência que lhe confere o inciso I do art. 12 da Lei nº 9.503, de 23 de setembro de 1997, que instituiu o Código de Trânsito Brasileiro – CTB, e conforme o Decreto nº 2.327, de 23 de setembro de 1977, que dispõe sobre a coordenação do Sistema Nacional de Trânsito, e

Considerando que triciclo, definido como veículo de propulsão humana ou automotor dotado de 3 (três) rodas, pode ser fabricado nas versões com cabine aberta ou fechada;

Considerando que a Câmara Temática de Assuntos Veiculares emitiu parecer favorável visando a dispensa do uso obrigatório do capacete de segurança pelo condutor e passageiros do triciclo automotor, dotado de cabine fechada e equipado com dispositivos de segurança complementares, quando em circulação nas vias urbanas, conforme consta na Ata da 12ª Reunião Ordinária realizada em 06 de abril de 2001;

Considerando que para circular nas vias urbanas, sem a obrigatoriedade do uso de capacete de segurança pelo condutor e passageiros, o triciclo automotor com cabine fechada deverá atender requisitos de segurança complementares aos exigidos no inciso IV do art. 1º, da Resolução nº 14/98 – CONTRAN, resolve:

Art. 1º A circulação do triciclo automotor de cabine fechada está restrita às vias urbanas, sendo proibida sua circulação em rodovias federais, estaduais e do Distrito Federal.

Art. 2º Para circular nas áreas urbanas, sem a obrigatoriedade do uso de capacete de segurança pelo condutor e passageiros, o triciclo automotor com cabine fechada deverá estar dotado dos seguintes equipamentos obrigatórios:

1 – espelhos retrovisores, de ambos os lados;
2 – farol dianteiro, de cor branca ou amarela;
3 – lanterna, de cor vermelha, na parte traseira;
4 – lanterna de freio de cor vermelha;
5 – iluminação da placa traseira;
6 – indicadores luminosos de mudança de direção, dianteiro e traseiro;
7 – velocímetro;
8 – buzina;
9 – pneus em condições mínimas de segurança;
10 – dispositivo destinado ao controle de ruído do motor;
11 – para-choque traseiro;
12 – para-brisa confeccionado em vidro laminado;
13 – limpador de para-brisa;
14 – luzes de posição na parte dianteira (faroletes) de cor branca ou amarela;
15 – retrorrefletores (catadiópticos) na parte traseira;
16 – freios de estacionamento e de serviço, com comandos independentes;
17 – dispositivo de sinalização luminosa ou refletora de emergência, independentemente do sistema de iluminação do veículo;
18 – extintor de incêndio;
19 – cinto de segurança;
20 – roda sobressalente, compreendendo o aro e o pneu;
21 – macaco, compatível com o peso e a carga do veículo;
22 – chave de roda.

§ 1º A relação de que trata este artigo contempla e inclui os equipamentos obrigatórios exigidos no inciso IV, do artigo 1º da Resolução nº 14/1998 – CONTRAN.

Art. 3º Esta Resolução entra em vigor na data da sua publicação.

José Gregori
Ministério da Justiça – Titular;

Carlos Alberto F. dos Santos
Ministério do Meio Ambiente – Representante;

Luciano Oliva Patrício
Ministério da Educação – Suplente;

José Augusto Varanda
Ministério da Defesa – Suplente;

Carlos Américo Pacheco
Mistério da Ciência e Tecnologia – Suplente;

Otávio Azevedo Mercadante
Ministério da Saúde – Representante;

Raimundo Dantas dos Santos
Ministério dos Transportes – Representante

RESOLUÇÃO DO CONTRAN Nº 142, DE 26 DE MARÇO DE 2003

Dispõe sobre o funcionamento do Sistema Nacional de Trânsito – SNT, a participação dos órgãos e entidades de trânsito nas reuniões do sistema e as suas modalidades.

► Publicada no *DOU* de 31-3-2003 e republicada no *DOU* de 17-4-2003.

O Conselho Nacional de Trânsito – CONTRAN, no uso das atribuições que lhe confere o art. 12, da Lei nº 9.503, de 23 de setembro de 1997, que institui o Código de Trânsito Brasileiro – CTB;

Considerando que o grande número de integrantes do Sistema Nacional de Trânsito – SNT, inviabiliza reuniões de trabalho com a totalidade dos componentes;

Considerando o entendimento dos componentes do Sistema Nacional de Trânsito que cada natureza de órgãos e entidades deve estar representada nas reuniões de trabalho;

Considerando que os componentes do Sistema Nacional de Trânsito entendem que a representação também deve obedecer a critérios regionais e populacionais;

Considerando que as diferenças operacionais entre os órgãos e entidades das diversas naturezas que compõem o Sistema Nacional de Trânsito demandaram a necessidade de, em alguns casos, subdividir as regiões geográficas do país, resolve:

Art. 1º Criar o Fórum Consultivo formado por representantes de órgãos e entidades integrantes do Sistema Nacional de Trânsito – SNT, com a finalidade de assessorar o CONTRAN em suas decisões e buscando atender ao disposto no art. 6º do Código de Trânsito Brasileiro.

Art. 2º O Fórum Consultivo é composto pelos titulares dos seguintes órgãos e entidades:

I – órgão máximo executivo de trânsito da União – Departamento Nacional de Trânsito – DENATRAN;
II – órgão executivo rodoviário da União – Departamento Nacional de Infraestrutura de Transportes – DNIT;
III – Polícia Rodoviária Federal – PRF;
IV – órgãos ou entidades executivos de trânsito dos Estados e do Distrito Federal, sendo:

a) representação regional:

1. 01 (uma) da região N1, que compreende os Estados de: Amapá, Pará e Roraima;
2. 01 (uma) da região N2, que compreende os Estados de: Acre, Amazonas, Rondônia e Tocantins;
3. 01 (uma) da região NE1, que compreende os Estados de: Ceará, Maranhão, Paraíba, Piauí e Rio Grande do Norte;
4. 01 (uma) da região NE2, que compreende os Estados de: Alagoas, Bahia, Pernambuco e Sergipe;
5. 01 (uma) da região CO, que compreende o Distrito Federal e os Estados de: Goiás, Mato Grosso e Mato Grosso do Sul;

6. 01 (uma) da região SE, que compreende os Estados de: Espírito Santo, Minas Gerais, Rio de Janeiro e São Paulo;
7. 01 (uma) da região S, que compreende os Estados de: Paraná, Rio Grande do Sul e Santa Catarina.

b) representação por população: dos 2 (dois) Estados com as maiores populações.

V – órgãos ou entidades executivos rodoviários dos Estados e do Distrito Federal, sendo:

a) 01 (um) da região Norte, que compreende os Estados de: Acre, Amapá, Amazonas, Pará, Rondônia, Roraima e Tocantins;
b) 01 (um) da região Nordeste, que compreende os Estados de: Alagoas, Bahia, Ceará, Maranhão, Paraíba, Pernambuco, Piauí, Rio Grande do Norte e Sergipe;
c) 01 (um) da região Centro-Oeste, que compreende o Distrito Federal e os Estados de: Goiás, Mato Grosso e Mato Grosso do Sul;
d) 01 (um) da região Sudeste, que compreende os Estados de: Espírito Santo, Minas Gerais, Rio de Janeiro e São Paulo;
e) 01 (um) da região Sul, que compreende os Estados de: Paraná, Rio Grande do Sul e Santa Catarina.

VI – Conselhos Estaduais de Trânsito – CETRAN, sendo:

a) 01 (um) da região Norte, que compreende os Estados de: Acre, Amapá, Amazonas, Pará, Rondônia, Roraima e Tocantins;
b) 01 (um) da região Nordeste, que compreende os Estados de: Alagoas, Bahia, Ceará, Maranhão, Paraíba, Pernambuco, Piauí, Rio Grande do Norte e Sergipe;
c) 01 (um) da região Centro-Oeste, que compreende o Distrito Federal e os Estados de: Goiás, Mato Grosso e Mato Grosso do Sul;
d) 01 (um) da região Sudeste, que compreende os Estados de: Espírito Santo, Minas Gerais, Rio de Janeiro e São Paulo;
e) 01 (um) da região Sul, que compreende os Estados de: Paraná, Rio Grande do Sul e Santa Catarina.

VII – Polícias Militares – PM, sendo:

a) 01 (um) da região Norte, que compreende os Estados de: Acre, Amapá, Amazonas, Pará, Rondônia, Roraima e Tocantins;
b) 01 (um) da região Nordeste, que compreende os Estados de: Alagoas, Bahia, Ceará, Maranhão, Paraíba, Pernambuco, Piauí, Rio Grande do Norte e Sergipe;
c) 01 (um) da região Centro-Oeste, que compreende o Distrito Federal e os Estados de: Goiás, Mato Grosso e Mato Grosso do Sul;
d) 01 (um) da região Sudeste, que compreende os Estados de: Espírito Santo, Minas Gerais, Rio de Janeiro e São Paulo;
e) 01 (um) da região Sul, que compreende os Estados de: Paraná, Rio Grande do Sul e Santa Catarina.

VII – órgãos e entidades executivos municipais, sendo:

a) representação regional:

1. 03 (três) da região Norte, que compreende os Estados de: Acre, Amapá, Amazonas, Pará, Rondônia, Roraima e Tocantins;
2. 03 (três) da região NE1 que compreende os Estados de: Ceará, Maranhão, Paraíba, Piauí, Rio Grande do Norte;
3. 03 (três) da região NE2 que compreende os Estados de: Alagoas, Bahia, Pernambuco e Sergipe;
4. 03 (três) da região CO que compreende o Distrito Federal e os Estados de: Goiás, Mato Grosso e Mato Grosso do Sul;
5. 03 (três) da região SE que compreende os Estados de: Espírito Santo, Minas Gerais, Rio de Janeiro e São Paulo;
6. 03 (três) da região S que compreende os Estados de: Paraná, Rio Grande do Sul e Santa Catarina.

b) representação por população: dos 6 (seis) municípios com as maiores populações.

VII – presidentes das Juntas Administrativas de Recursos de Infrações – JARI, sendo:

a) 1 (uma) de órgão ou entidade executiva rodoviária estadual;
b) 1 (uma) de órgão ou entidade executiva estadual;
c) 1 (uma) de órgão ou entidade executiva municipal.

Art. 3º O membro titular do Fórum Consultivo indicará seu suplente dentre os servidores de seu órgão ou entidade, que em sua ausência terá poder de voto.

Art. 4º O mandato da representação dos órgãos e entidades que se revezam é de um ano.

Art. 5º Os órgãos e entidades que se revezam serão escolhidos dentre aqueles que demonstrarem interesse em participar, mediante inscrição prévia.

Art. 6º As reuniões ordinárias do Fórum Consultivo serão bimestrais e sempre que necessário serão convocadas reuniões extraordinárias.

Art. 7º O Fórum Consultivo será presidido pelo titular do Departamento Nacional de Trânsito – DENATRAN.

Art. 8º O órgão ou entidade do Fórum Consultivo cuja representação estiver ausente por duas reuniões consecutivas ou três intercaladas será substituído por órgão ou entidade da mesma natureza nos termos do art. 5º desta Resolução.

Art. 9º Esta Resolução entrará em vigor na data de sua publicação.

Olivio De Oliveira Dutra
P/Ministério das Cidades;

Wanderlei de Souza
P/Ministério da Ciência e Tecnologia;

Antonio Carlos Ayrosa Rosiére
P/Ministério da Defesa;

Rubem Fonseca Filho
P/Ministério da Educação;

Claudio Langone
P/Ministério do Meio Ambiente;

Gastão Wagner De Sousa Campos
P/Ministério da Saúde;

Keiji Kanashiro
P/Ministério dos Transportes

DECRETO Nº 4.710, DE 29 DE MAIO DE 2003

Dispõe sobre a implantação e funcionamento da Câmara Interministerial de Trânsito.

▶ Publicado no *DOU* de 30-5-2003.

Art. 1º Fica criada a Câmara Interministerial de Trânsito, composta pelos titulares dos seguintes Ministérios:

I – das Cidades, que a presidirá;
II – da Ciência e Tecnologia;
III – da Defesa;
IV – da Educação;
V – da Justiça;
VI – do Meio Ambiente;
VII – do Planejamento, Orçamento e Gestão;
VIII – da Saúde;
IX – do Trabalho, e
X – dos Transportes.

Parágrafo único. Os Secretários-Executivos dos Ministérios de que trata este artigo são suplentes de seus respectivos Ministros.

Art. 2º À Câmara Interministerial de Trânsito compete harmonizar e compatibilizar políticas e orçamentos que interfiram ou repercutam na Política Nacional de Trânsito.

Art. 3º As reuniões da Câmara Interministerial de Trânsito realizar-se-ão anualmente na sede do Ministério das Cidades.

Parágrafo único. Os integrantes da referida Câmara poderão requerer, extraordinariamente, a realização de reuniões.

Art. 4º A Câmara Interministerial de Trânsito estabelecerá diretrizes complementares ao seu funcionamento.

Art. 5º Este Decreto entra em vigor na data de sua publicação.

Brasília, 29 de maio de 2003;
182º da Independência e
115º da República.

Luiz Inácio Lula da Silva

DECRETO Nº 4.711, DE 29 DE MAIO DE 2003

Dispõe sobre a coordenação do Sistema Nacional de Trânsito.

▶ Publicado no *DOU* de 30-5-2003.

Art. 1º Compete ao Ministério das Cidades a coordenação máxima do Sistema Nacional de Trânsito.

Art. 2º O Conselho Nacional de Trânsito – CONTRAN, órgão integrante do Sistema Nacional de Trânsito, presidido pelo dirigente do Departamento Nacional de Trânsito – DENATRAN, órgão máximo executivo de trânsito da União, é composto por um representante de cada um dos seguintes Ministérios:

I – da Ciência e Tecnologia;
II – da Educação;
III – da Defesa;
IV – do Meio Ambiente;
V – dos Transportes;
VI – das Cidades; e
VII – da Saúde.

Parágrafo único. Cada membro terá um suplente.

Art. 3º Os representantes e seus suplentes serão indicados pelos titulares dos órgãos representados e designados pelo Ministro de Estado das Cidades.

Art. 4º O CONTRAN regulamentará o seu funcionamento em regimento interno.

Art. 5º Este Decreto entra em vigor na data de sua publicação.

Art. 6º Fica revogado o Decreto nº 2.327, de 23 de setembro de 1997.

Brasília, 29 de maio de 2003;
182º da Independência e
115º da República.

Luiz Inácio Lula da Silva

RESOLUÇÃO DO CONTRAN Nº 149, DE 19 DE SETEMBRO DE 2003

Dispõe sobre uniformização do procedimento administrativo da lavratura do auto de infração, da expedição da Notificação da Autuação e da Notificação da Penalidade de multa e de advertência por infrações de responsabilidade do proprietário e do condutor do veículo e da identificação do condutor infrator.

▶ Publicada no *DOU* de 13-10-2003 e republicada no *DOU* de 16-10-2003.

▶ Res. do CONTRAN nº 363, de 28-10-2010, dispõe sobre padronização dos procedimentos administrativos na lavratura de auto de infração, na expedição de notificação de autuação e de notificação de penalidade de multa e de advertência, por infração de responsabilidade de proprietário e de condutor de veículo e da identificação de condutor infrator.

▶ Del. do CONTRAN nº 115, de 28-9-2011, altera o prazo previsto no art. 26 da Res. do CONTRAN nº 363, de 28-10-2010, para vigorar em 1º de julho de 2012, quando esta Resolução ficará revogada.

O Conselho Nacional de Trânsito – CONTRAN, no uso das atribuições que lhe são conferidas pelo art. 12, da Lei nº 9.503, de 23 de setembro de 1997, que institui o Código de Trânsito Brasileiro – CTB, e conforme o Decreto nº 4.711, de 29 de maio de 2003, que trata da Coordenação do Sistema Nacional de Transito – SNT,

Considerando a necessidade de adoção de normas complementares de uniformização do procedimento administrativo utilizado pelos órgãos e entidades de trânsito de um sistema integrado;

Considerando a necessidade de uniformizar o procedimento relativo à expedição da Notificação da Autuação e da Notificação da Penalidade de multa e de advertência por infrações de responsabilidade do proprietário e do condutor do veículo, resolve:

I – DISPOSIÇÕES PRELIMINARES

Art. 1º Estabelecer procedimento para a expedição da Notificação da Autuação e da Notificação da Penalidade de advertência e de multa pelo cometimento de infrações de responsabilidade do proprietário e do condutor de veículo registrado em território nacional.

Art. 2º Constatada infração pela autoridade de trânsito ou por seus agentes, ou ainda comprovada sua ocorrência por equipamento audiovisual, aparelho eletrônico ou por meio hábil regulamentado pelo CONTRAN, será lavrado o Auto de Infração de Trânsito que deverá conter os dados mínimos definidos pelo art. 280 do CTB e em regulamentação específica.

§ 1º O Auto de Infração de que trata o *caput* deste artigo poderá ser lavrado pela autoridade de trânsito ou por seu agente:

I – por anotação em documento próprio;
II – por registro em talão eletrônico isolado ou acoplado a equipamento de detecção de infração regulamentado pelo CONTRAN, atendido o procedimento que será definido pelo órgão máximo executivo de trânsito da União;
III – por registro em sistema eletrônico de processamento de dados quando a infração for comprovada por equipamento de detecção provido de registrador de imagem, regulamentado pelo CONTRAN.

§ 2º O órgão ou entidade de trânsito não necessita imprimir o Auto de Infração elaborado nas formas previstas nos incisos II e III do parágrafo anterior para que seja aplicada a penalidade, porém, quando impresso, deverá conter os dados mínimos definidos no art. 280 do CTB e em regulamentação específica.

§ 3º A comprovação da infração referida no inciso III do § 1º deverá ter a sua análise referendada por agente da autoridade de trânsito que será responsável pela autuação e fará constar o seu número de identificação no Auto de Infração.

§ 4º Sempre que possível o condutor será identificado no ato da autuação.

§ 5º O Auto de Infração valerá como notificação da autuação quando colhida a assinatura do condutor e:

I – a infração for de responsabilidade do condutor;
II – a infração for de responsabilidade do proprietário e este estiver conduzindo o veículo.

II – DA NOTIFICAÇÃO DA AUTUAÇÃO

Art. 3º À exceção do disposto no § 5º do artigo anterior, após a verificação da regularidade do Auto de Infração, a autoridade de trânsito expedirá, no prazo máximo de 30 (trinta) dias contados da data do cometimento da infração, a Notificação da Autuação dirigida ao proprietário do veículo, na qual deverão constar, no mínimo, os dados definidos no art. 280 do CTB e em regulamentação específica.

§ 1º Quando utilizada a remessa postal, a expedição se caracterizará pela entrega da Notificação da Autuação pelo órgão ou entidade de trânsito à empresa responsável por seu envio.

§ 2º Da Notificação da Autuação constará a data do término do prazo para a apresentação da Defesa da Autuação pelo proprietário do veículo ou pelo condutor infrator devidamente identificado, que não será inferior a 15 (quinze) dias, contados a partir da data da notificação da autuação.

§ 3º A notificação da autuação, nos termos do § 4º do artigo anterior, não exime o órgão ou entidade de trânsito da expedição de aviso informando ao proprietário do veículo os dados da autuação e do condutor identificado.

§ 4º Nos casos dos veículos registrados em nome de missões diplomáticas, repartições consulares de carreira ou representações de organismos internacionais e de seus integrantes, a Notificação da Autuação deverá ser remetida ao Ministério das Relações Exteriores, para as providências cabíveis, passando a correr os prazos a partir do seu conhecimento pelo proprietário do veículo.

Art. 4º Quando o veículo estiver registrado em nome de sociedade de arrendamento mercantil, o órgão ou entidade de trânsito deverá encaminhar a Notificação da Autuação diretamente ao arrendatário, que para os fins desta Resolução, equipara-se ao proprietário do veículo, cabendo-lhe a identificação do condutor infrator, quando não for o responsável pela infração.

Parágrafo único. A arrendadora deverá fornecer ao órgão ou entidade executivo de trânsito responsável pelo registro do veículo, todos os dados necessários à identificação do arrendatário, quando da celebração do respectivo contrato de arrendamento mercantil, sob pena de arcar com a responsabilidade pelo cometimento da infração, além da multa prevista no § 8º do art. 257 do CTB.

III – DO FORMULÁRIO DE IDENTIFICAÇÃO DO CONDUTOR INFRATOR

Art. 5º Sendo a infração de responsabilidade do condutor, quando este não for identificado no ato do cometimento da infração, deverá fazer parte da Notificação da Autuação o Formulário de Identificação do Condutor Infrator contendo, no mínimo:

I – identificação do órgão ou entidade de trânsito responsável pela autuação;
II – campos para o preenchimento da identificação do condutor infrator: nome, números do registro do documento de habilitação, de identificação e do CPF;
III – campo para preenchimento da data da identificação do condutor infrator;
IV – campo para a assinatura do proprietário do veículo;
V – campo para a assinatura do condutor infrator;
VI – placa do veículo e número do Auto de Infração;
VII – data do término do prazo para a identificação do condutor infrator;
VIII – esclarecimento das consequências da não identificação do condutor infrator;

IX – instrução para que o Formulário de Identificação do Condutor Infrator seja acompanhado de cópia reprográfica legível do documento de habilitação, além de documento que comprove a assinatura do condutor infrator, quando esta não constar do referido documento;
X – esclarecimento de que a identificação do condutor infrator só surtirá efeito se estiver corretamente preenchida, assinada e acompanhada de cópia legível dos documentos relacionados no inciso IX;
XI – endereço para onde o proprietário deve encaminhar o Formulário de Identificação do Condutor Infrator;
XII – esclarecimento sobre a responsabilidade nas esferas cível, administrativa e penal, pela veracidade das informações e dos documentos fornecidos.

Art. 6º O Formulário de Identificação do Condutor Infrator só produzirá os efeitos legais se estiver corretamente preenchido, assinado e acompanhado de cópia legível dos documentos relacionados no artigo anterior.

Parágrafo único. Na impossibilidade da coleta da assinatura do condutor infrator, por ocasião da identificação, o proprietário deverá anexar ao Formulário de Identificação do Condutor Infrator, cópia de documento onde conste cláusula de responsabilidade por quaisquer infrações cometidas na condução do veículo, bem como pela pontuação delas decorrentes.

IV – DA RESPONSABILIDADE DO PROPRIETÁRIO

Art. 7º Não havendo a identificação do condutor infrator até o término do prazo fixado na Notificação da Autuação, o proprietário do veículo será considerado responsável pela infração cometida.

Art. 8º Ocorrendo a hipótese prevista no artigo anterior e sendo o proprietário do veículo pessoa jurídica, será imposta multa, nos termos do § 8º do art. 257 do CTB, expedindo-se a notificação desta ao proprietário do veículo.

V – DO JULGAMENTO DA AUTUAÇÃO E APLICAÇÃO DA PENALIDADE

Art. 9º Interposta a Defesa da Autuação, nos termos do § 2º do art. 3º desta Resolução, caberá à autoridade de trânsito apreciá-la.

§ 1º Acolhida a Defesa da Autuação, o Auto de Infração será cancelado, seu registro será arquivado e a autoridade de trânsito comunicará o fato ao proprietário do veículo.

§ 2º Em caso do não acolhimento da Defesa da Autuação ou de seu não exercício no prazo previsto, a autoridade de trânsito aplicará a penalidade, expedindo a Notificação da Penalidade, da qual deverão constar, no mínimo, os dados definidos no art. 280 do CTB, o previsto em regulamentação específica e a comunicação do não acolhimento da defesa, quando for o caso.

§ 3º A Notificação de Penalidade de multa deverá conter um campo para a autenticação eletrônica a ser regulamentado pelo órgão máximo executivo da União.

§ 4º A Notificação de Penalidade de multa imposta a condutor será encaminhada ao proprietário do veículo, responsável pelo seu pagamento, como estabelece o § 3º do art. 282 do CTB.

Art. 10. A autoridade de trânsito poderá socorrer-se de meios tecnológicos para julgar a consistência do auto e aplicar a penalidade cabível.

Art. 11. Não incidirá qualquer restrição, inclusive para fins de licenciamento e transferência, nos arquivos do órgão ou entidade executivo de trânsito responsável pelo registro do veículo, até que a penalidade seja aplicada.

VI – DOS RECURSOS ADMINISTRATIVOS CONTRA A IMPOSIÇÃO DE PENALIDADE

Art. 12. Da imposição da penalidade caberá, ainda, recurso em 1ª e 2ª Instâncias na forma dos art. 285 e seguintes do CTB.

Parágrafo único. Esgotados os recursos, as penalidades aplicadas nos termos deste Código serão cadastradas no RENACH.

VII – DAS DISPOSIÇÕES FINAIS E TRANSITÓRIAS

Art. 13. Até que o órgão máximo executivo da União defina o procedimento do uso e o prazo para a adequação do talão eletrônico a que se refere o inciso II do § 1º do art. 2º desta Resolução, ficam convalidados os autos de infração já lavrados com esse equipamento e validados os que serão lavrados até o término do prazo fixado na regulamentação específica.

Art.14. Os órgãos e entidades executivos de trânsito e rodoviários terão o prazo de até 180 (cento e oitenta) dias, contados da publicação desta Resolução, para adequarem seus procedimentos.

Art. 15. Esta Resolução entrará em vigor na data de sua publicação, revogadas as disposições em contrário, em especial as Resoluções CONTRAN nºs 17/1998, 59/1998 e 72/1998.

Ailton Brasiliense Pires
Presidente

RESOLUÇÃO DO CONTRAN Nº 151, DE 8 DE OUTUBRO DE 2003

Dispõe sobre a unificação de procedimentos para imposição de penalidade de multa a pessoa jurídica proprietária de veículos por não identificação de condutor infrator.

▶ Publicada no *DOU* de 10-12-2003 e republicada em 16-12-2003.

O Conselho Nacional de Trânsito – CONTRAN, no uso das atribuições que lhe são conferidas pelo art. 12, da Lei nº 9.503, de 23 de setembro de 1997, que instituiu o Código de Trânsito Brasileiro – CTB, e conforme o Decreto nº 4.711, de 29 de maio de 2003, que trata da Coordenação do Sistema Nacional de Trânsito – SNT,

Considerando o disposto no § 8º do artigo 257 do CTB, que atribui penalidade de multa à pessoa jurídica proprietária de veículo por não identificação de condutor infrator;

Considerando a necessidade de regulamentar as disposições do referido diploma legal, objetivando unificar procedimentos para a aplicação da penalidade de multa à pessoa jurídica, pelos órgãos e entidades executivos de trânsito e rodoviários da União, Estados, Distrito Federal e Municípios;

Considerando que a omissão da pessoa jurídica, além de descumprir dispositivo expresso no CTB, contribui para o aumento da impunidade, descaracterizando a finalidade primordial do Código de Trânsito Brasileiro, que é a de garantir ao cidadão o direito a um trânsito seguro, resolve:

Art. 1º A penalidade de multa por não identificação do infrator na condução de veículo de propriedade de pessoa jurídica, prevista no § 8º do artigo 257 do CTB, será aplicada ao proprietário do veículo pela autoridade de trânsito com competência e circunscrição pela fiscalização da infração autuada que não teve o condutor identificado.

Parágrafo único. O cancelamento da multa decorrente da infração autuada que não teve o condutor identificado deverá anular a penalidade de multa de que trata o *caput* deste artigo.

Art. 2º O valor da penalidade de multa de que trata o artigo anterior será obtido multiplicando-se o valor previsto para a multa originária pelo número de infrações iguais cometidas no período de doze meses.

▶ *Caput* com a redação dada pela Res. do CONTRAN nº 393, de 25-10-2011.

§ 1º Infrações iguais são aquelas que utilizam o mesmo "código de infração" previsto em regulamentação específica do órgão máximo executivo de trânsito da União.

§ 2º O número de infrações iguais a que se refere o *caput* deste artigo será calculado considerando-se, apenas, aquelas vinculadas ao veículo com o qual foi cometida a infração autuada.

§ 3º Para efeito da multiplicação prevista no *caput*, não serão consideradas as multas por infrações cometidas por condutor infrator identificado.

Art. 3º A multa por não identificação do condutor infrator imposta à pessoa jurídica:

I – deverá utilizar o "código de infração" da infração que a originou associado ao código de "Multa por Não Identificação do Condutor Infrator Imposta a Pessoa Jurídica", que será definido pelo órgão máximo executivo de trânsito da União;
II – poderá ser paga por 80% (oitenta por cento) do seu valor até a data do vencimento expresso na Notificação da Penalidade.

Parágrafo único. A receita arrecadada com as multas de que trata esta Resolução será aplicada na forma do art. 320 do CTB.

Art. 4º Na Notificação da Penalidade de "Multa por Não Identificação do Condutor Infrator Imposta a Pessoa Jurídica" deverá constar, no mínimo:

I – identificação do órgão ou entidade executivo de trânsito ou rodoviário que aplicou a penalidade;
II – nome da pessoa jurídica proprietária do veículo;
III – dados mínimos definidos no art. 280 do CTB da infração que não teve o condutor infrator identificado;
IV – tipificação da penalidade e sua previsão legal;
V – data de sua emissão;
VI – valor da multa integral e com 20% (vinte por cento) de desconto, em moeda nacional;
VII – data do término do prazo para a apresentação de recurso e pagamento com desconto de 20% (vinte por cento);
VIII – campo para autenticação eletrônica a ser regulamentado pelo órgão máximo executivo da União.

Art. 5º A falta de pagamento da multa de que trata esta Resolução impedirá a transferência de propriedade e o licenciamento do veículo, nos termos do inciso VIII do art. 124 combinado com o art. 128 e § 2º do art. 131, todos do CTB.

Art. 6º Da imposição da penalidade de multa por não identificação do condutor infrator caberá Recurso de 1ª e 2ª Instâncias na forma dos art. 285 e seguintes do CTB.

Art. 7º A alteração, pelo cancelamento de multa, do fator multiplicador regulamentado no art. 2º desta Resolução implicará no recálculo das multas aplicadas com base em seu valor.

Parágrafo único. Constatada diferença de valor, em face do disposto no *caput* deste artigo, esta será devolvida na forma da lei.

Art. 8º Os órgãos e entidades executivos de trânsito e rodoviários terão o prazo de 180 (cento e oitenta) dias, contados da publicação desta Resolução, para adequarem seus procedimentos.

▶ Res. do CONTRAN nº 162, de 26-5-2004, prorroga até o dia 15-8-2004 o prazo previsto neste artigo.

Art. 9º Esta Resolução entrará em vigor na data de sua publicação, revogadas as disposições em contrário.

Ailton Brasiliense Pires
Presidente

RESOLUÇÃO DO CONTRAN Nº 155, DE 28 DE JANEIRO DE 2004

Estabelece as bases para a organização e o funcionamento do Registro Nacional de Infrações de Trânsito – RENAINF e determina outras providências.

▶ Publicada no *DOU* de 26-12-2003.
▶ Port. do DENATRAN nº 3, de 11-3-2004, dá instruções complementares para a operacionalização do Registro Nacional de Infrações de Trânsito – RENAIF, conforme arts. 6º e 7º desta Resolução.

O Conselho Nacional do Trânsito – CONTRAN, usando da competência que lhe confere o art. 12, inciso VIII, da Lei nº 9.503, de 23 de setembro de 1997, que instituiu o Código de Trânsito Brasileiro – CTB e conforme Decreto nº 4.711, de 29 de maio de 2003, que dispõe sobre a coordenação do Sistema Nacional de Trânsito – SNT,

Considerando a necessidade de implantação de uma base nacional de infrações de trânsito, que contemple uma sistemática para comunicação, registro, controle, consulta e acompanhamento das infrações de trânsito cometidas em Unidade da Federação diferente da do licenciamento do veículo, de suas respectivas penalidades e arrecadação, bem como viabilize a pontuação delas decorrentes;

Considerando o que dispõe o inciso XIII do art. 19, e o parágrafo 1º, do art. 260, do Código de Trânsito Brasileiro, resolve:

Art. 1º Fica instituído o Registro Nacional de Infrações de Trânsito – RENAINF, sob a coordenação do Departamento Nacional de Trânsito – DENATRAN, integrado pelos Órgãos e Entidades do Sistema Nacional de Trânsito – SNT.

§ 1º O RENAINF é um sistema de gerenciamento e controle de infrações de trânsito, integrado ao sistema de Registro Nacional de Veículos Automotores – RENAVAM e ao Registro Nacional de Condutores Habilitados – RENACH.

§ 2º O RENAINF tem por finalidade criar a base nacional de infrações de trânsito e proporcionar condições operacionais para o registro das mesmas, viabilizando o processamento dos autos de infrações, das ocorrências e o intercâmbio de informações.

Art. 2º As infrações de trânsito cometidas em unidades da Federação diferentes da de licenciamento do veículo deverão ser registradas no RENAINF para fins de arrecadação.

Parágrafo único. As penalidades decorrentes das infrações de que trata o *caput* deste artigo somente poderão ser inseridas no RENAVAM e no RENACH se registradas no RENAINF na forma desta Resolução.

Art. 3º Os órgãos e entidades executivos de trânsito dos Estados e do Distrito Federal deverão integrar-se ao RENAINF, para fins de fornecimento dos dados de veículos e de condutores, para registro das infrações de trânsito cometidas em Unidade da Federação diferente da do licenciamento do veículo, das suas respectivas penalidades e arrecadação, bem como da pontuação delas decorrentes.

Art. 4º Os órgãos e entidades executivos de trânsito e rodoviários dos Municípios, os órgãos executivos rodoviários dos Estados e do Distrito Federal, o órgão executivo rodoviário da União e a Polícia Rodoviária Federal deverão integrar-se ao RENAINF através do órgão ou entidade executiva de trânsito da unidade da Federação de sua circunscrição ou diretamente ao RENAINF, nos casos em que o DENATRAN julgar técnica e operacionalmente conveniente.

Art. 5º Os órgãos e entidades executivos de trânsito responsáveis pelo registro de veículos deverão considerar a restrição por infração de trânsito, inclusive para fins de licenciamento ou transferência, a partir da notificação da penalidade.

Art. 6º Do valor da multa de que trata esta Resolução, arrecadado pelo órgão ou entidade executivo de trânsito do Estado ou do Distrito Federal, aplicada pelos demais órgãos ou entidades componentes do Sistema Nacional de Trânsito, serão deduzidos os custos operacionais dos participantes do processo, na forma estabelecida pelas instruções complementares emitidas pelo DENATRAN.

▶ Port. do DENATRAN nº 3, de 11-3-2004, dá instruções complementares para a operacionalização do Registro Nacional de Infrações de Trânsito – RENAINF.

Art. 7º Compete ao DENATRAN:

I – organizar e manter o RENAINF;
II – desenvolver e padronizar os procedimentos operacionais do sistema;
III – assegurar correta gestão do RENAINF;
IV – definir as atribuições operacionais dos órgãos e entidades integradas;
V – cumprir e fazer cumprir esta Resolução e as instruções complementares;
VI – arbitrar conflitos entre os participantes.

▶ Port. do DENATRAN nº 3, de 11-3-2004, dá instruções complementares para a operacionalização do Registro Nacional de Infrações de Trânsito – RENAINF.

Parágrafo único. O DENATRAN emitirá instruções complementares no prazo máximo de trinta dias, a contar da publicação desta Resolução.

Art. 8º Os órgãos e entidades executivos de trânsito dos Estados e do Distrito Federal terão um prazo máximo de duzentos e dez dias, a contar da publicação desta Resolução, para integrar-se ao sistema RENAINF.

Parágrafo único. Os demais órgãos e entidades de trânsito componentes do SNT terão um prazo de noventa dias, após a integração do órgão ou entidade executivo de trânsito da unidade da Federação de sua circunscrição, para registrar no RENAINF, nos termos do art. 4º desta Resolução, as infrações de trânsito cometidas em unidade da Federação diferente da do licenciamento do veículo, as penalidades e a pontuação delas decorrentes.

Art. 9º Esta Resolução entra em vigor na data de sua publicação.

Ailton Brasiliense Pires
Presidente

RESOLUÇÃO DO CONTRAN Nº 165, DE 10 DE SETEMBRO DE 2004

Regulamenta a utilização de sistemas automáticos não metrológicos de fiscalização, nos termos do § 2º do artigo 280 do Código de Trânsito Brasileiro.

▶ Publicada no *DOU* de 23-9-2004.

O Conselho Nacional de Trânsito – CONTRAN, no uso da atribuição que lhe confere o art. 12, da Lei nº 9.507, de 23 de setembro de 1997, que instituiu o Código de Trânsito Brasileiro, e conforme Decreto nº 4.711, de 29 de maio de 2003, que dispõe sobre a coordenação do Sistema Nacional de Trânsito,

Considerando a necessidade de promover a melhoria da educação, circulação e segurança no trânsito dos usuários da via;

Considerando a diversidade de infrações possíveis de serem detectadas por sistemas automáticos não metrológicos de fiscalização;

Considerando a necessidade de evitar a ocorrência de elevação dos atuais números de mortos e feridos em acidentes de trânsito, coibindo o cometimento de infrações de trânsito, resolve:

Art. 1º A utilização de sistemas automáticos não metrológicos de fiscalização pelos órgãos e entidades integrantes do Sistema Nacional de Trânsito – SNT, nos termos do § 2º do art. 280 do Código de Trânsito Brasileiro – CTB, deve atender ao disposto nesta resolução.

Art. 2º O sistema automático não metrológico de fiscalização deve:

I – ter a conformidade de seu modelo avaliada pelo Instituto Nacional de Metrologia, Normalização e Qualidade Industrial – INMETRO, ou entidade por ele acreditada;

▶ Inciso I com a redação dada pela Res. do CONTRAN nº 174, de 23-6-2005.

II – atender aos requisitos específicos mínimos para cada infração a ser detectada, estabelecidos pelo órgão máximo executivo de trânsito da União.

Art. 3º O INMETRO disporá sobre a fiscalização do funcionamento do sistema automático não metrológico de fiscalização no local de sua instalação.

Art. 4º A imagem detectada pelo sistema automático não metrológico de fiscalização deve permitir a identificação do veículo e, no mínimo:

I – Registrar:

a) Placa do veículo;
b) Dia e horário da infração;

II – Conter:

a) Local da infração identificado de forma descritiva ou codificado;
b) Identificação do sistema automático não metrológico de fiscalização utilizado, mediante numeração estabelecida pelo órgão ou entidade de trânsito com circunscrição sobre a via.

Parágrafo único. A autoridade de trânsito deve dar publicidade à relação de códigos de que trata a alínea *a* e à numeração de que trata a alínea *b*, ambas do inciso II deste artigo.

Art. 5º Compete à autoridade de trânsito com circunscrição sobre a via dispor sobre a localização, instalação e operação do sistema automático não metrológico de fiscalização.

§ 1º Quando utilizado o sistema automático não metrológico de fiscalização, não é obrigatória:

▶ Parágrafo único renumerado para § 1º pela Res. do CONTRAN nº 174, de 23-6-2005.

I – a utilização de sinalização vertical de indicação educativa prevista no anexo II do CTB;

II – a presença da autoridade ou do agente da autoridade de trânsito no local da infração, quando fixo ou estático.

▶ Inciso II com a redação dada pela Res. do CONTRAN nº 174, de 23-6-2005.

§ 2º Quando utilizado o sistema automático não metrológico de fiscalização móvel é obrigatória a identificação eletrônica do local da infração ou a presença da autoridade ou do agente da autoridade de trânsito no local da infração.

▶ § 2º acrescido pela Res. do CONTRAN nº 174, de 23-6-2005.

Art. 6º As notificações da autuação e da penalidade elaboradas a partir de registro efetuado por sistema de que trata esta Resolução, deve conter, além do disposto CTB e na legislação complementar, a informação de que a infração foi comprovada por sistema automático não metrológico de fiscalização.

Art. 7º Antes de efetivar o uso do sistema para a fiscalização de infrações decorrentes da inobservância de sinalização, a autoridade de trânsito com circunscrição sobre a via deverá verificar se a sinalização de regulamentação de trânsito exigida pela legislação está em conformidade com a mesma.

Art. 8º Os sistemas automáticos não metrológicos de fiscalização poderão ser utilizados até a data que será estabelecida no Regulamento de Avaliação de Conformidade – RAC do INMETRO, quando de sua expedição, desde que seu modelo tenha seu desempenho verificado pelo INMETRO, ou entidade por ele acreditada, ou por entidade autônoma com capacitação técnica e atenda aos requisitos especificados pelo órgão ou entidade de trânsito com circunscrição sobre a via.

Art. 9º Ficam convalidados os registros por infração prevista no CTB efetuados com sistemas automáticos não metrológicos de fiscalização desde que o modelo destes sistemas tenham tido seu desempenho verificado pelo INMETRO ou entidade por ele acreditada, ou por entidade autônoma com capacitação técnica, quanto ao atendimento dos requisitos especificados pelo órgão ou entidade de trânsito com circunscrição sobre a via.

▶ Arts. 8º e 9º com a redação dada pela Res. do CONTRAN nº 174, de 23-6-2005.

Art. 10. Fica revogado o art. 6º da Resolução nº 146 e demais dispositivos em contrário.

▶ Res. do CONTRAN nº 396, de 13-12-2011, revogou a Res. do CONTRAN nº 146, de 27-8-2003.

Art. 11. Esta Resolução entrará em vigor na data de sua publicação.

Ailton Brasiliense Pires
Presidente

RESOLUÇÃO DO CONTRAN Nº 168, DE 14 DE DEZEMBRO DE 2004

Estabelece normas e procedimentos para a formação de condutores de veículos automotores e elétricos, a realização dos exames, a expedição de documentos de habilitação, os cursos de formação, especializados, de reciclagem e dá outras providências.

► Publicada no *DOU* de 22-12-2004 e republicada no *DOU* de 22-3-2005.

► Lei nº 12.302, de 2-8-2010, regulamenta o exercício da profissão de Instrutor de Trânsito.

O Conselho Nacional de Trânsito – CONTRAN usando da competência que lhe confere o art. 12, inciso I e art. 141, da Lei nº 9.503, de 23 de setembro de 1997, que instituiu o Código de Trânsito Brasileiro – CTB e, conforme o Decreto nº 4.711, de 29 de maio de 2003, que trata da coordenação do Sistema Nacional de Trânsito, resolve:

Art. 1º As normas regulamentares para o processo de formação, especialização e habilitação do condutor de veículo automotor e elétrico, os procedimentos dos exames, cursos e avaliações para a habilitação, renovação, adição e mudança de categoria, emissão de documentos de habilitação, bem como do reconhecimento do documento de habilitação obtido em país estrangeiro são estabelecidas nesta Resolução.

DO PROCESSO DE HABILITAÇÃO DO CONDUTOR

Art. 2º O candidato à obtenção da Autorização para Conduzir Ciclomotor – ACC, da Carteira Nacional de Habilitação – CNH, solicitará ao órgão ou entidade executivo de trânsito do Estado ou do Distrito Federal, do seu domicílio ou residência, ou na sede estadual ou distrital do próprio órgão ou entidade, a abertura do processo de habilitação para o qual deverá preencher os seguintes requisitos:

I – ser penalmente imputável;
II – saber ler e escrever;
III – possuir documento de identidade;
IV – possuir Cadastro de Pessoa Física – CPF.

§ 1º O processo de habilitação do condutor de que trata o caput deste artigo, após o devido cadastramento dos dados informativos do candidato no Registro Nacional de Condutores Habilitados – RENACH, deverá realizar Avaliação Psicológica, Exame de Aptidão Física e Mental, Curso Teórico-técnico, Exame Teórico-técnico, Curso de Prática de Direção Veicular e Exame de Pratica de Direção Veicular, nesta ordem.

§ 2º O candidato poderá requerer simultaneamente a ACC e habilitação na categoria "B", bem como requerer habilitação em "A" e "B" submetendo-se a um único Exame de Aptidão Física e Mental e Avaliação Psicológica, desde que considerado apto para ambas.

§ 3º O processo do candidato à habilitação ficará ativo no órgão ou entidade executivo de trânsito do Estado ou do Distrito Federal, pelo prazo de doze meses, contados da data do requerimento do candidato.

§ 4º A obtenção da ACC obedecerá aos termos e condições estabelecidos para a CNH nas categorias "A", "B" e, "A" e "B".

Art. 3º Para a obtenção da ACC e da CNH o candidato devera submeter-se a realização de:

I – Avaliação Psicológica;
II – Exame de Aptidão Física e Mental;
III – Exame escrito, sobre a integralidade do conteúdo programático, desenvolvido em Curso de Formação para Condutor;
IV – Exame de Direção Veicular, realizado na via pública, em veículo da categoria para a qual esteja se habilitando.

Art. 4º O Exame de Aptidão Física e Mental será preliminar e renovável a cada cinco anos, ou a cada três anos para condutores com mais de sessenta e cinco anos de idade, no local de residência ou domicílio do examinado.

§ 1º O condutor que exerce atividade de transporte remunerado de pessoas ou bens terá que se submeter ao Exame de Aptidão Física e Mental e a Avaliação Psicológica de acordo com os §§ 2º e 3º do art. 147 do Código de Trânsito Brasileiro.

§ 2º Quando houver indícios de deficiência física, mental ou de progressividade de doença que possa diminuir a capacidade para conduzir veículo, o prazo de validade do exame poderá ser diminuído a critério do perito examinador.

§ 3º O condutor que, por qualquer motivo, adquira algum tipo de deficiência física para a condução de veículo automotor, deverá apresentar-se ao órgão ou entidade executivo de trânsito do Estado ou do Distrito Federal para submeter-se aos exames necessários.

Art. 5º Os tripulantes de aeronaves titulares de cartão de saúde, devidamente atualizado, expedido pelas Forças Armadas ou pelo Departamento de Aviação Civil – DAC, ficam dispensados do exame de aptidão física e mental necessário à obtenção ou à renovação periódica da habilitação para conduzir veículo automotor, ressalvados os casos previstos no § 4º do art. 147 e art. 160 do CTB.

Parágrafo único. O prazo de validade da habilitação, com base na regulamentação constante no caput deste artigo, contará da data da obtenção ou renovação da CNH, pelo prazo previsto no § 2º do art. 147 do CTB.

Art. 6º O Exame de Aptidão Física e Mental será exigido quando da:

I – obtenção da ACC e da CNH;
II – renovação da ACC e das categorias da CNH;
III – adição e mudança de categoria;
IV – substituição do documento de habilitação obtido em país estrangeiro.

§ 1º Por ocasião da renovação da CNH o condutor que ainda não tenha frequentado o curso de Direção Defensiva e de Primeiros Socorros, deverá cumprir o previsto no item 4 do anexo II desta Resolução.

§ 2º A Avaliação Psicológica será exigida quando da:

a) obtenção da ACC e da CNH;
b) renovação caso o condutor exercer serviço remunerado de transporte de pessoas ou bens;

c) substituição do documento de habilitação obtido em país estrangeiro;
d) por solicitação do perito examinador.

§ 3º O condutor, com Exame de Aptidão Física e Mental vencido há mais de cinco anos, contados a partir da data de validade, deverá submeter-se ao Curso de Atualização para a Renovação da CNH.

DA FORMAÇÃO DO CONDUTOR

Art. 7º A formação de condutor de veículo automotor e elétrico compreende a realização de Curso Teórico-técnico e de Prática de Direção Veicular, cuja estrutura curricular, carga horária e especificações estão definidas no anexo II.

Art. 8º Para a Prática de Direção Veicular, o candidato deverá estar acompanhado por um Instrutor de Prática de Direção Veicular e portar a Licença para Aprendizagem de Direção Veicular – LADV expedida pelo órgão ou entidade executivo de trânsito do Estado ou do Distrito Federal, contendo no mínimo, as seguintes informações:

▶ Art. 4º da Lei nº 12.302, de 2-8-2010, que regulamenta o exercício da profissão de Instrutor de Trânsito.

I – identificação do órgão ou entidade executivo de trânsito expedidor;
II – nome completo, número do documento de identidade, do Cadastro de Pessoa Física – CPF e do formulário RENACH do candidato;
III – categoria pretendida;
IV – nome do Centro de Formação de Condutores – CFC responsável pela instrução;
V – prazo de validade.

§ 1º A LADV será expedida em nome do candidato com a identificação do CFC responsável e/ou do Instrutor, depois de aprovado nos exames previstos na legislação, com prazo de validade que permita que o processo esteja concluído de acordo com o previsto no § 3º, do art 2º, desta Resolução.

§ 2º A LADV será expedida mediante a solicitação do candidato ou do CFC ao qual o mesmo esteja vinculado para a formação de prática de direção veicular e somente produzirá os seus efeitos legais quando apresentada no original, acompanhada de um documento de identidade e na Unidade da Federação em que tenha sido expedida.

§ 3º Quando o candidato optar pela mudança de CFC será expedida nova LADV, considerando-se as aulas já ministradas.

§ 4º O candidato que for encontrado conduzindo em desacordo com o disposto nesta resolução terá a LADV suspensa pelo prazo de seis meses.

Art. 9º A instrução de Prática de Direção Veicular será realizada na forma do disposto no art. 158 do CTB.

Parágrafo único. Quando da mudança ou adição de categoria o condutor deverá cumprir as instruções previstas nos itens 2 ou 3 do Anexo II desta Resolução.

DOS EXAMES

Art. 10. O Exame de Aptidão Física e Mental e a Avaliação Psicológica, estabelecidos no art. 147 do CTB, seus procedimentos, e critérios de credenciamento dos profissionais das áreas médica e psicológica, obedecerão ao disposto em Resolução específica.

Art. 11. O candidato à obtenção da ACC ou da CNH, após a conclusão do curso de formação, será submetido a Exame Teórico-técnico, constituído de prova convencional ou eletrônica de no mínimo trinta questões, incluindo todo o conteúdo programático, proporcional à carga horária de cada disciplina, organizado de forma individual, única e sigilosa, devendo obter aproveitamento de, no mínimo, setenta por cento de acertos para aprovação.

Parágrafo único. O exame referido neste artigo será aplicado pelo órgão ou entidade executivo de trânsito do Estado ou do Distrito Federal, ou por entidade pública ou privada por ele credenciada.

Art. 12. O Exame de Direção Veicular previsto no art. 3º desta Resolução será realizado pelo órgão ou entidade executivo de trânsito do Estado ou do Distrito Federal e aplicado pelos examinadores titulados no curso previsto em regulamentação específica e devidamente designados.

▶ *Caput* com a redação dada pela Res. do CONTRAN nº 169, de 17-3-2005.

Parágrafo único. Os examinadores responderão pelos atos decorrentes, no limite de suas responsabilidades.

▶ Parágrafo único acrescido pela Res. do CONTRAN nº 169, de 17-3-2005.

Art. 13. O candidato à obtenção da ACC, da CNH, adição ou mudança de categoria, somente poderá prestar exame de Prática de Direção Veicular depois de cumprida a seguinte carga horária de aulas práticas:

▶ *Caput* com a redação dada pela Res. do CONTRAN nº 347, de 29-4-2010.

I – obtenção da ACC: mínimo de 20 (vinte) horas/aula;
II – obtenção da CNH: mínimo de 20 (vinte) horas/aula por categoria pretendida;
III – adição de categoria: mínimo de 15 (quinze) horas/aula em veículo da categoria na qual esteja sendo adicionada;
IV – mudança de categoria: mínimo de 15 (quinze) horas/aula em veículo da categoria para a qual esteja mudando.

▶ Incisos I a IV com a redação dada pela Res. do CONTRAN nº 347, de 29-4-2010.

Parágrafo único. Deverão ser observados, em todos os casos, 20% (vinte por cento) da carga horária cursada para a prática de direção veicular no período noturno.

▶ Parágrafo único acrescido pela Res. do CONTRAN nº 347, de 29-4-2010.

Art. 14. O Exame de Direção Veicular será realizado perante uma comissão formada por três membros, designados pelo dirigente do órgão ou entidade executivo de trânsito do Estado ou do Distrito Federal.

§ 1º A comissão de que trata o caput deste artigo poderá ser volante para atender às especificidades de cada Estado ou do Distrito Federal, a critério do respectivo órgão ou entidade executivo de trânsito.

§ 2º No Exame de Direção Veicular, o candidato deverá estar acompanhado, durante toda a prova, por no mínimo, dois membros da comissão, sendo pelo menos um deles habilitado na categoria igual ou superior à pretendida pelo candidato.

§ 3º O Exame de Direção Veicular para os candidatos à ACC e à categoria "A" deverá ser realizado em área especialmente destinada a este fim, que apresente os obstáculos e as dificuldades da via pública, de forma que o examinado possa ser observado pelos examinadores durante todas as etapas do exame, sendo que pelo menos um dos membros deverá estar habilitado na categoria "A".

Art. 15. Para veículo de quatro ou mais rodas, o Exame de Direção Veicular deverá ser realizado:

I – em locais e horários estabelecidos pelo órgão ou entidade executivo de trânsito do Estado ou do Distrito Federal, em acordo com a autoridade responsável pela via;
II – com veículo da categoria pretendida, com transmissão mecânica e duplo comando de freios;
III – com veículo identificado como "aprendiz em exame" quando não for veículo destinado à formação de condutores.

Parágrafo único. Ao veículo adaptado para portador de deficiência física, a critério médico não se aplica o inciso II.

▶ Art. 15 com a redação dada pela Res. do CONTRAN nº 169, de 17-3-2005.

Art. 16. O Exame de Direção Veicular, para veículo de quatro ou mais rodas, é composto de duas etapas:

I – estacionar em vaga delimitada por balizas removíveis;
II – conduzir o veículo em via pública, urbana ou rural.

§ 1º A delimitação da vaga balizada para o Exame Prático de Direção Veicular, em veículo de quatro ou mais rodas, deverá atender as seguintes especificações, por tipo de veículo utilizado:
a) Comprimento total do veículo, acrescido de mais quarenta por cento;
b) Largura total do veículo, acrescida de mais quarenta por cento.

§ 2º Caberá à autoridade de trânsito do órgão ou entidade executivo de trânsito do Estado e do Distrito Federal definir o tempo máximo para o estacionamento de veículos em espaço delimitado por balizas, para três tentativas, considerando as condições da via e respeitados os seguintes intervalos:
a) para a categoria "B": de dois a cinco minutos;
b) para as categorias "C" e "D": de três a seis minutos;
c) para a categoria "E": de cinco a nove minutos.

▶ § 2º com a redação dada pela Res. do CONTRAN nº 169, de 17-3-2005.

Art. 17. O Exame de Direção Veicular, para veículo de duas rodas, será realizado em área especialmente destinada para tal fim em pista com largura de 2m, e que deverá apresentar no mínimo os seguintes obstáculos:

I – ziguezague (*slalow*) com no mínimo quatro cones alinhados com distância entre eles de 3,5m (três e meio metros);

II – prancha ou elevação com no mínimo oito metros de comprimento, com 30 cm de largura e três centímetros de altura com entrada chanfrada;
III – sonorizadores com réguas de largura e espaçamento de 0,08m e altura de 0,025m, na largura da pista e com 2,5m de comprimento;
IV – duas curvas sequenciais de 90° em "L" (ele);
V – duas rotatórias circulares que permitam manobra em formato de "8" (oito).

Art. 18. O candidato será avaliado, no Exame de Direção Veicular, em função da pontuação negativa por faltas cometidas durante todas as etapas do exame, atribuindo-se a seguinte pontuação:

I – uma falta eliminatória: reprovação;
II – uma falta grave: três pontos negativos;
III – uma falta média: dois pontos negativos;
IV – uma falta leve: um ponto negativo.

Parágrafo único. Será considerado reprovado na prova prática de direção veicular o candidato que cometer falta eliminatória ou cuja soma dos pontos negativos ultrapasse a três.

Art. 19. Constituem faltas no Exame de Direção Veicular, para veículos das categorias "B", "C", "D" e "E":

I – Faltas Eliminatórias:

a) desobedecer à sinalização semafórica e de parada obrigatória;
b) avançar sobre o meio fio;
c) não colocar o veículo na área balizada, em no máximo três tentativas, no tempo estabelecido;
d) avançar sobre o balizamento demarcado quando do estacionamento do veículo na vaga;
e) transitar em contramão de direção;
f) não completar a realização de todas as etapas do exame;
g) avançar a via preferencial;
h) provocar acidente durante a realização do exame;
i) exceder a velocidade regulamentada para a via;
j) cometer qualquer outra infração de trânsito de natureza gravíssima.

II – Faltas Graves:

a) desobedecer à sinalização da via, ou ao agente da autoridade de trânsito;
b) não observar as regras de ultrapassagem ou de mudança de direção;
c) não dar preferência de passagem ao pedestre que estiver atravessando a via transversal para onde se dirige o veículo, ou ainda quando o pedestre não haja concluído a travessia, mesmo que ocorra sinal verde para o veículo;
d) manter a porta do veículo aberta ou semiaberta durante o percurso da prova ou parte dele;
e) não sinalizar com antecedência a manobra pretendida ou sinalizá-la incorretamente;
f) não usar devidamente o cinto de segurança;
g) perder o controle da direção do veículo em movimento;
h) cometer qualquer outra infração de trânsito de natureza grave.

III – Faltas Médias:

a) executar o percurso da prova, no todo ou parte dele, sem estar o freio de mão inteiramente livre;

b) trafegar em velocidade inadequada para as condições adversas do local, da circulação, do veículo e do clima;
c) interromper o funcionamento do motor, sem justa razão, após o início da prova;
d) fazer conversão incorretamente;
e) usar buzina sem necessidade ou em local proibido;
f) desengrenar o veículo nos declives;
g) colocar o veículo em movimento, sem observar as cautelas necessárias;
h) usar o pedal da embreagem, antes de usar o pedal de freio nas frenagens;
i) entrar nas curvas com a engrenagem de tração do veículo em ponto neutro;
j) engrenar ou utilizar as marchas de maneira incorreta, durante o percurso;
k) cometer qualquer outra infração de trânsito de natureza média.

IV – Faltas Leves:
a) provocar movimentos irregulares no veículo, sem motivo justificado;
b) ajustar incorretamente o banco de veículo destinado ao condutor;
c) não ajustar devidamente os espelhos retrovisores;
d) apoiar o pé no pedal da embreagem com o veículo engrenado e em movimento;
e) utilizar ou Interpretar incorretamente os instrumentos do painel do veículo;
f) dar partida ao veículo com a engrenagem de tração ligada;
g) tentar movimentar o veículo com a engrenagem de tração em ponto neutro;
h) cometer qualquer outra infração de natureza leve.

Art. 20. Constituem faltas, no Exame de Direção Veicular, para obtenção da ACC ou para veículos da categoria "A":

I – Faltas Eliminatórias:
a) iniciar a prova sem estar com o capacete devidamente ajustado à cabeça ou sem viseira ou óculos de proteção;
b) descumprir o percurso preestabelecido;
c) abalroar um ou mais cones de balizamento;
d) cair do veículo, durante a prova;
e) não manter equilíbrio na prancha, saindo lateralmente da mesma;
f) avançar sobre o meio fio ou parada obrigatória;
g) colocar o(s) pé(s) no chão, com o veículo em movimento;
h) provocar acidente durante a realização do exame;
i) cometer qualquer outra infração de trânsito de natureza gravíssima.

▶ Alínea i acrescida pela Res. do CONTRAN nº 169, de 17-3-2005.

II – Faltas Graves:
a) deixar de colocar um pé no chão e o outro no freio ao parar o veículo;
b) invadir qualquer faixa durante o percurso;
c) fazer incorretamente a sinalização ou deixar de fazê-la;
d) fazer o percurso com o farol apagado;
e) cometer qualquer outra infração de trânsito de natureza grave.

▶ Alínea e com a redação dada pela Res. do CONTRAN nº 169, de 17-3-2005.

III – Faltas Médias:
a) utilizar incorretamente os equipamentos;
b) engrenar ou utilizar marchas inadequadas durante o percurso;
c) não recolher o pedal de partida ou o suporte do veículo, antes de iniciar o percurso;
d) interromper o funcionamento do motor sem justa razão, após o início da prova;
e) conduzir o veículo durante o exame sem segurar o guidom com ambas as mãos, salvo eventualmente para indicação de manobras;
f) cometer qualquer outra infração de trânsito de natureza média.

IV – Faltas Leves:
a) colocar o motor em funcionamento, quando já engrenado;
b) conduzir o veículo provocando movimento irregular no mesmo sem motivo justificado;
c) regular os espelhos retrovisores durante o percurso do exame;
d) cometer qualquer outra infração de trânsito de natureza leve.

Art. 21. O Exame de Direção Veicular para candidato portador de deficiência física será considerado prova especializada e deverá ser avaliado por uma comissão especial, integrada por, no mínimo um examinador de trânsito, um médico perito examinador e um membro indicado pelo Conselho Estadual de Trânsito – CETRAN ou Conselho de Trânsito do Distrito Federal – CONTRADIFE, conforme dispõe o inciso VI do art. 14 do CTB.

Parágrafo único. O veículo destinado à instrução e ao exame de candidato portador de deficiência física deverá estar perfeitamente adaptado segundo a indicação da Junta Médica Examinadora podendo ser feito, inclusive, em veículo disponibilizado pelo candidato.

Art. 22. No caso de reprovação no Exame Teórico-técnico ou Exame de Direção Veicular, o candidato só poderá repetir o exame depois de decorridos quinze dias da divulgação do resultado, sendo dispensado do exame no qual tenha sido aprovado.

Art. 23. Na Instrução e no Exame de Direção Veicular para candidatos às categorias "B", "C", "D" e "E", deverão ser atendidos os seguintes requisitos:

I – Categoria "B" – veículo motorizado de quatro rodas, excetuando-se o quadriciclo;
II – Categoria "C" – veículo motorizado utilizado no transporte de carga, registrado com Peso Bruto Total (PBT) de, no mínimo, 6.000 kg;
III – Categoria "D" – veículo motorizado utilizado no transporte de passageiros, registrado com capacidade mínima de vinte lugares;
IV – Categoria "E" – combinação de veículos, cujo caminhão trator deverá ser acoplado a um reboque ou semirreboque, registrado com Peso Bruto Total (PBT) de, no mínimo, 6.000kg ou veículo articulado cuja lotação exceda a vinte lugares.

▶ Art. 23 com a redação dada pela Res. do CONTRAN nº 169, de 17-3-2005.

Art. 24. Quando se tratar de candidato à categoria "A", o Exame de Direção Veicular deverá ser realizado em veículo de duas rodas com cilindrada acima de 120 (cento e vinte) centímetros cúbicos.

▶ Artigo com a redação dada pela Res. do CONTRAN nº 169, de 17-3-2005.

Art. 25. A aprendizagem e o Exame de Direção Veicular, para a obtenção da ACC, deverão ser realizados em qualquer veículo de duas rodas classificado como ciclomotor.

Art. 26. Os condutores de veículos automotores habilitados na categoria "B", "C", "D" ou "E", que pretenderem obter a categoria "A" e a ACC, deverão se submeter aos Exames de Aptidão Física e Mental e de Prática de Direção Veicular, comprovando a realização de, no mínimo, 15 (quinze) horas/aula de prática de direção veicular em veículo classificado como ciclomotor.

Art. 27. Os examinadores, para o exercício de suas atividades, deverão ser designados pelo dirigente do órgão ou entidade executivo de trânsito do Estado ou do Distrito Federal para o período de, no máximo, um ano, permitida a recondução por um período de igual duração, devendo comprovar na data da sua designação e da recondução:

▶ Res. do CONTRAN nº 321, de 17-7-2009, institui o exame obrigatório para avaliação de instrutores e examinadores de trânsito no exercício da função em todo o território nacional.

I – possuir CNH no mínimo há dois anos;
II – possuir certificado do curso específico, registrado junto ao órgão ou entidade executivo de trânsito do Estado ou do Distrito Federal;
III – não ter cometido nenhuma infração de trânsito de natureza gravíssima nos últimos doze meses;
IV – não estar cumprindo pena de suspensão do direito de dirigir e, quando cumprida, ter decorrido doze meses;
V – não estar cumprindo pena de cassação do direito de dirigir e, quando cumprida, ter decorrido vinte e quatro meses de sua reabilitação.

§ 1º São consideradas infrações do examinador, puníveis pelo dirigente do órgão ou entidade executivo de trânsito dos Estados ou do Distrito Federal:

a) induzir o candidato a erro quanto às regras de circulação e conduta;
b) faltar com o devido respeito ao candidato;
c) praticar atos de improbidade contra a fé pública, contra o patrimônio ou contra a administração pública ou privada.

§ 2º As infrações constantes do § 1º serão apuradas em procedimentos administrativos, sendo assegurado o direito constitucional da ampla defesa e do contraditório que determinarão em função da sua gravidade e independentemente da ordem sequencial, as seguintes penalidades:

a) advertência por escrito;
b) suspensão das atividades por até 30 (trinta) dias;
c) revogação da designação.

▶ Art. 27 com a redação dada pela Res. do CONTRAN nº 169, de 17-3-2005.

Art. 28. O candidato a ACC e a CNH, cadastrado no RENACH, que transferir seu domicílio ou residência para outra Unidade da Federação, terá assegurado o seu direito de continuar o processo de habilitação na Unidade da Federação do seu novo domicílio ou residência, sem prejuízo dos exames nos quais tenha sido aprovado.

Parágrafo único. O disposto no caput deste artigo aplica-se também, aos condutores que estiverem em processo de adição ou mudança de categoria.

DO CANDIDATO OU CONDUTOR ESTRANGEIRO

Arts. 29 a 32. Revogados. Res. do CONTRAN nº 193, de 26-5-2006.

▶ A Res. do CONTRAN nº 193, de 26-5-2006, foi revogada pela Res. do CONTRAN nº 360, de 29-9-2010, que dispõe sobre a habilitação do candidato ou condutor estrangeiro para direção de veículos em território nacional, e também revoga os arts. 29 a 32.

DOS CURSOS ESPECIALIZADOS

Art. 33. Os Cursos especializados serão destinados a condutores habilitados que pretendam conduzir veículo de transporte coletivo de passageiros, de escolares, de produtos perigosos ou de emergência.

§ 1º Os cursos especializados serão ministrados:

a) pelos órgão ou entidade executivo de trânsito do Estados e do Distrito Federal;
b) por instituições vinculadas ao Sistema Nacional de Formação de Mão de Obra.

§ 2º As instituições em funcionamento, vinculadas ao Sistema Nacional de Formação de Mão de Obra credenciadas pelo órgão ou entidade executivo de trânsito do Estado ou do Distrito Federal deverão ser recadastradas em até cento e oitenta dias da data da publicação desta Resolução, com posterior renovação a cada dois anos.

§ 3º Os conteúdos e regulamentação dos cursos especializados constam dos anexos desta resolução.

§ 4º O órgão ou entidade executivo de trânsito do Estado ou do Distrito Federal registrará no RENACH, em campo específico da CNH, a aprovação nos cursos especializados, conforme codificação a ser definida pelo órgão máximo executivo de trânsito da União.

§ 5º As entidades que, quando da publicação da Resolução nº 168/04, se encontravam credenciadas para ministrar exclusivamente cursos especializados, para continuidade do exercício de suas atividades, deverão efetuar recadastramento, renovando-o a cada dois anos.

▶ § 5º com a redação dada pela Res. do CONTRAN nº 222, de 11-1-2007.

DA EXPEDIÇÃO DA CARTEIRA NACIONAL DE HABILITAÇÃO E DA PERMISSÃO INTERNACIONAL PARA DIRIGIR VEÍCULO

Art. 34. A ACC e a CNH serão expedidas pelo órgão ou entidade executivo de trânsito do Estado ou do Distrito Federal, em nome do órgão máximo executivo de trânsito da União, ao condutor considerado apto nos termos desta resolução.

§ 1º Ao candidato considerado apto nas categorias "A", "B" ou "A" e "B", será conferida Permissão para Dirigir com validade de um ano e ao término desta, o condutor poderá solicitar a CNH definitiva, que lhe será concedida desde que tenha cumprido o disposto no § 3º do art. 148 do CTB.

§ 2º Ao candidato considerado apto para conduzir ciclomotores será conferida ACC provisória com validade de um ano e, ao término desta, o condutor poderá solicitar a Autorização definitiva, que lhe será concedida desde que tenha cumprido o disposto no § 3º do art. 148 do CTB.

§ 3º A CNH conterá as condições e especializações de cada condutor e terá validade em todo o Território Nacional, equivalendo ao documento de identidade, produzindo seus efeitos quando apresentada no original e dentro do prazo de validade.

§ 4º Quando o condutor possuir CNH, a ACC será inserida em campo específico da mesma, utilizando-se para ambas, um único registro conforme dispõe o § 7º do art. 159 do CTB.

§ 5º Para efeito de fiscalização, fica concedido ao condutor portador de Permissão para Dirigir, prazo idêntico ao estabelecido no art. 162, inciso V, do CTB, aplicando-se a mesma penalidade e medida administrativa, caso este prazo seja excedido.

▶ Art. 34 com a redação dada pela Res. do CONTRAN nº 169, de 17-3-2005.

Art. 35. O documento de Habilitação terá dois números de identificação nacional e um número de identificação estadual, que são:

I – o primeiro número de identificação nacional – Registro Nacional, será gerado pelo sistema informatizado da Base Índice Nacional de Condutores – BINCO, composto de nove caracteres mais dois dígitos verificadores de segurança, sendo único para cada condutor e o acompanhará durante toda a sua existência como condutor não sendo permitida a sua reutilização para outro condutor;

II – o segundo número de identificação nacional – Número do Espelho da CNH) será formado por oito caracteres mais um dígito verificador de segurança, autorizado e controlado pelo órgão máximo executivo de trânsito da União, e identificará cada espelho de CNH expedida;

III – o número de identificação estadual será o número do formulário RENACH, documento de coleta de dados do candidato/condutor gerado a cada serviço, composto, obrigatoriamente, por onze caracteres, sendo as duas primeiras posições formadas pela sigla da Unidade de Federação expedidora, facultada a utilização da última posição como dígito verificador de segurança.

§ 1º O número do formulário RENACH identificará a Unidade da Federação onde o condutor foi habilitado ou realizou alterações de dados no seu prontuário pela última vez.

§ 2º O Formulário RENACH que dá origem às informações na BINCO e autorização para a impressão da CNH, deverá ficar arquivado em segurança, no órgão ou entidade executivo de trânsito do Estado ou do Distrito Federal.

Art. 36. A expedição do documento único de habilitação dar-se-á:

I – na autorização para conduzir ciclomotores (ACC);
II – na primeira habilitação nas categorias "A", "B" e "A" e "B";
III – após o cumprimento do período permissionário, atendendo ao disposto no § 3º do art. 148 do CTB;
IV – na adição ou alteração de categoria;
V – em caso de perda, dano ou extravio;
VI – na renovação dos exames, atendendo ao disposto no art. 150 do CTB;
VII – na aprovação dos exames do processo de reabilitação;
VIII – na alteração de dados do condutor, exceto mudança de endereço;
IX – no reconhecimento da Carteira de Habilitação estrangeira.

Parágrafo único. Nos processos de adição, mudança de categoria ou renovação, estando ainda válida a CNH do condutor, o órgão ou entidade executivo de trânsito do Estado ou do Distrito Federal, deverá entregar a nova CNH, mediante devolução da anterior para inutilização.

▶ Parágrafo único acrescido pela Res. do CONTRAN nº 169, de 17-3-2005.

Arts. 37 e 38. *Revogados.* Res. do CONTRAN nº 169, de 17-3-2005.

Art. 39. Compete ao órgão máximo executivo de trânsito da União e ao órgão ou entidade executivo de trânsito do Estado ou do Distrito Federal, inspecionar o local de emissão da CNH.

Art. 40. A Permissão Internacional para Dirigir será expedida pelo órgão ou entidade executivo de trânsito do Estado ou Distrito Federal detentor do registro do condutor, conforme modelo definido no Anexo VII da Convenção de Viena, promulgada pelo Decreto nº 86.714, de 10 de dezembro de 1981, contendo os dados cadastrais do RENACH.

Parágrafo único. A expedição do documento referido neste artigo dar-se-á após o cumprimento dos requisitos mínimos exigidos em normas específicas, com prazo de validade igual ao do documento nacional.

Art. 40-A. O CONTRAN definirá, no prazo máximo de noventa dias da data publicação desta resolução, regulamentação especificando modelo único do documento de ACC, Permissão para Dirigir e CNH.

▶ Artigo acrescido pela Res. do CONTRAN nº 169, de 17-3-2005.

DAS DISPOSIÇÕES GERAIS

Art. 41. A Base Índice Nacional de Condutores – BINCO conterá um arquivo de dados onde será registrada toda e qualquer restrição ao direito de dirigir e de obtenção da ACC e da CNH, que será atualizado pelo órgão ou entidade executivo de trânsito do Estado e do Distrito Federal.

§ 1º O condutor, que for penalizado com a suspensão ou cassação do direito de dirigir, terá o seu registro bloqueado pelo mesmo prazo da penalidade.

§ 2º O Registro Nacional do condutor de que trata o art. 35, que teve cassado o direito de dirigir, será desbloqueado e mantido, quando da sua reabilitação.

§ 3º A suspensão do direito de dirigir ou a proibição de se obter a habilitação, imputada pelo Poder Judiciário, será registrada na BINCO.

Art. 41-A. Para efeito desta resolução, os dados requeridos para o processo de habilitação e os constantes do RENACH são de propriedade do órgão máximo executivo de trânsito da União.

▶ Artigo acrescido pela Res. do CONTRAN nº 169, de 17-3-2005.

Art. 42. O condutor que tiver a CNH cassada poderá requerer sua reabilitação, após decorrido o prazo de dois anos da cassação.

▶ *Caput* com a redação dada pela Res. do CONTRAN nº 169, de 17-3-2005.

Parágrafo único. Para abertura do processo de reabilitação será necessário que o órgão ou entidade executivo de trânsito do Estado ou do Distrito Federal certifique-se de que todos os débitos registrados tenham sido efetivamente quitados.

Art. 42-A. A reabilitação de que trata o artigo anterior dar-se-á após o condutor ser aprovado no curso de reciclagem e nos exames necessários à obtenção de CNH da categoria que possuía, ou de categoria inferior, preservada a data da primeira habilitação.

▶ Artigo acrescido pela Res. do CONTRAN nº 169, de 17-3-2005.

Art. 43. Os candidatos poderão habilitar-se nas categorias de "A" à "E", obedecida a gradação prevista no art. 143 do CTB e a no Anexo I desta resolução, bem como para a ACC.

Art. 43-A. O processo de habilitação de candidato que procedeu ao requerimento de sua abertura anterior à vigência desta norma, permanecerá ativo no órgão ou entidade executivo de trânsito do Estado ou Distrito Federal, pelo prazo de doze meses a partir da data de publicação desta resolução.

▶ Artigo acrescido pela Res. do CONTRAN nº 169, de 17-3-2005.

Art. 43-B. Fica o órgão máximo executivo de trânsito da União autorizado a baixar as instruções necessárias para o pleno funcionamento do disposto nesta resolução, objetivando sempre a praticidade e a agilidade das operações, em benefício do cidadão.

▶ Artigo acrescido pela Res. do CONTRAN nº 169, de 17-3-2005.

Art. 44. Revogam-se as Resoluções nºs 412, de 21 de janeiro de 1969; 491, de 19 de março de 1975; 520 de 19 de julho de 1977; 605, de 25 de novembro de 1982; 789, de 13 de novembro de 1994; 800, de 27 de junho de 1995; 804, de 25 de setembro de 1995; 7 de 23 de janeiro de 1998; 50, de 21 de maio de 1998; 55, de 21 de maio de 1998; 57, 21 de maio de 1998; 58 de 21 de maio de 1998; 67, de 23 de setembro de 1998; 85, de 4 de maio de 1999; 90, de 4 de maio de 1999; 91, de 4 de maio de 1999; 93, de 4 de maio de 1999; 98, de 14 de julho de 1999 e 161, de 26 de maio de 2004 e art. 3º da Resolução nº 700, de 4 de outubro de 1988 e incisos VIII, IX, X, XI, XII do art. 12 e art. 13 da Resolução nº 74, de 19 de novembro de 1998.

▶ A Res. do CONTRAN nº 74, de 19-11-1998, foi revogada pela Res. do CONTRAN nº 358, de 13-8-2010, que regulamenta o credenciamento de instituições ou entidades públicas ou privadas para o processo de capacitação, qualificação e atualização de profissionais, e de formação, qualificação, atualização e reciclagem de candidatos e condutores.

Art. 45. Esta Resolução entrará em vigor noventa dias após a data de sua publicação.

Ailton Brasiliense Pires
Presidente

ANEXO I
TABELA DE CORRESPONDÊNCIA E PREVALÊNCIA DAS CATEGORIAS

CATEGORIA	ESPECIFICAÇÃO
"A"	Todos os veículos automotores e elétricos, de duas ou três rodas, com ou sem carro lateral.
"B"	Veículos automotores e elétricos, de quatro rodas cujo peso bruto total não exceda a três mil e quinhentos quilogramas e cuja lotação não exceda a 08 (oito) lugares, excluído o do motorista, contemplando a combinação de unidade acoplada, reboque, semirreboque ou articulada, desde que atenda a lotação e capacidade de peso para a categoria.
"C"	Todos os veículos automotores e elétricos utilizados em transporte de carga, cujo peso bruto total exceda a três mil e quinhentos quilogramas; tratores, máquinas agrícolas e de movimentação de cargas, motor-casa, combinação de veículos em que a unidade acoplada, reboque, semirreboque ou articulada, não exceda a 6.000 kg de PBT e, todos os veículos abrangidos pela categoria "B".
"D"	Veículos automotores e elétricos utilizados no transporte de passageiros, cuja lotação exceda a 08 (oito) lugares e, todos os veículos abrangidos nas categorias "B" e "C".
"E"	Combinação de veículos automotores e elétricos, em que a unidade tratora se enquadre nas categorias "B", "C" ou "D"; cuja unidade acoplada, reboque, semirreboque, articulada, ou ainda com mais de uma unidade tracionada, tenha seis mil quilogramas ou mais, de peso bruto total, ou cuja lotação exceda a oito lugares, enquadrados na categoria trailer, e, todos os veículos abrangidos pelas categorias "B", "C" e "D".

ANEXO II
ESTRUTURA CURRICULAR BÁSICA, ABORDAGEM DIDÁTICO-PEDAGÓGICA E DISPOSIÇÕES GERAIS DOS CURSOS

► Anexo II com a redação dada pela Res. do CONTRAN nº 285, de 29-7-2008.

1. Curso de formação para habilitação de condutores de veículos automotores;
2. Curso para mudança de categoria;
3. Curso para adição de categoria;
4. Curso de atualização para renovação da CNH;
5. Curso de reciclagem para condutores infratores;
6. Cursos especializados para condutores de veículos;
7. Atualização dos cursos especializados para condutores de veículos.

1. CURSOS DE FORMAÇÃO PARA HABILITAÇÃO DE CONDUTORES DE VEÍCULOS AUTOMOTORES

1.1 CURSO TEÓRICO-TÉCNICO

1.1.1 Carga Horária Total: 45 (quarenta e cinco) horas/aula.

1.1.2 Estrutura curricular

1.1.2.1 Legislação de Trânsito: 18 (dezoito) horas/aula:

Determinações do CTB quanto a veículos de duas ou mais rodas:
- Formação do condutor;
- Exigências para categorias de habilitação em relação ao veículo conduzido;
- Documentos do condutor e do veículo: apresentação e validade;
- Sinalização viária;
- Penalidades e crimes de trânsito;
- Direitos e deveres do cidadão;
- Normas de circulação e conduta.
- Infrações e penalidades para veículos de duas ou mais rodas referentes à:
- Documentação do condutor e do veículo;
- Estacionamento, parada e circulação;
- Segurança e atitudes do condutor, passageiro, pedestre e demais atores do processo de circulação;
- Meio ambiente.

1.1.2.2 Direção defensiva para veículos de duas ou mais rodas: 16 (dezesseis) horas/aula.

- Conceito de direção defensiva;
- Conduzindo em condições adversas;
- Conduzindo em situações de risco;
 * Ultrapassagens
 * Derrapagem
 * Ondulações e buracos
 * Cruzamentos e curvas
 * Frenagem normal e de emergência
 * Como evitar acidentes em veículos de duas ou mais rodas;
- Abordagem teórica da condução de motocicletas com passageiro e ou cargas;
- Cuidados com os demais usuários da via;
- Respeito mútuo entre condutores;
- Equipamentos de segurança do condutor motociclista;
- Estado físico e mental do condutor, consequências da ingestão e consumo de bebida alcoólica e substâncias psicoativas;
- Situações de risco.

1.1.2.3 Noções de Primeiros Socorros: 4 (quatro) horas/aula.

- Sinalização do local do acidente;
- Acionamento de recursos: bombeiros, polícia, ambulância, concessionária da via e outros;
- Verificação das condições gerais da vítima;
- Cuidados com a vítima (o que não fazer);
- Cuidados especiais com a vítima motociclista.

1.1.2.4 Noções de Proteção e Respeito ao Meio Ambiente e de Convívio Social no Trânsito: 4 (quatro) horas/aula.

- O veículo como agente poluidor do meio ambiente;
- Regulamentação do CONAMA sobre poluição ambiental causada por veículos;
- Emissão de gases;
- Emissão de partículas (fumaça);
- Emissão sonora;
- Manutenção preventiva do automóvel e da motocicleta para preservação do meio ambiente;
- O indivíduo, o grupo e a sociedade;
- Diferenças individuais;
- Relacionamento interpessoal;
- O respeito mútuo entre condutores;
- O indivíduo como cidadão.

1.1.2.5 Noções sobre Funcionamento do Veículo de duas ou mais rodas: 3 (três) horas/aula.
- Equipamentos de uso obrigatório do veículo, sua utilização e cuidados que se deve ter com eles;
- Noções de manuseio e do uso do extintor de incêndio;
- Responsabilidade com a manutenção do veículo;
- Alternativas de solução para eventualidades mais comuns;
- Condução econômica e inspeção mecânica (pequenos reparos);
- Verificação diária dos itens básicos: água, óleo, calibragem dos pneus, dentre outros;
- Cuidados e revisões necessárias anteriores a viagens.

1.2 CURSO DE PRÁTICA DE DIREÇÃO VEICULAR

1.2.1 Carga Horária Mínima: 20 (vinte) horas/aula, sendo que 20% (vinte por cento) destas deverão ser ministradas no período noturno.

► Itens 1.2 e 1.2.1 com a redação dada pela Res. do CONTRAN nº 347, de 29-4-2010.

1.2.2 Estrutura curricular

1.2.2.1. Para veículos de quatro ou mais rodas:
- O veículo: funcionamento, equipamentos obrigatórios e sistemas;

- Prática na via pública, urbana e rural: direção defensiva, normas de circulação e conduta, parada e estacionamento, observância da sinalização e comunicação;
- Os pedestres, os ciclistas e demais atores do processo de circulação;
- Os cuidados com o condutor motociclista.

1.2.2.2 Para veículos de duas rodas:
- Normas e cuidados antes do funcionamento do veículo;
- O veículo: funcionamento, equipamentos obrigatórios e sistemas;
- Prática de pilotagem defensiva, normas de circulação e conduta, parada e estacionamento, observância da sinalização e comunicação:
  a) em área de treinamento específico, até o pleno domínio do veículo;
  b) em via pública, urbana e rural, em prática monitorada.
- Os pedestres, os ciclistas e demais atores do processo de circulação;
- Cuidados na condução de passageiro e cargas;
- Situações de risco: ultrapassagem, derrapagem, obstáculos na pista, cruzamentos e curvas, frenagem normal e de emergência.

1.3 DISPOSIÇÕES GERAIS
- Considera-se hora/aula o período igual a 50 (cinquenta) minutos.
- O candidato deverá realizar a prática de direção veicular, mesmo em condições climáticas adversas tais como: chuva, frio, nevoeiro, noite, dentre outras, que constam do conteúdo programático do curso.

1.4 ABORDAGEM DIDÁTICO-PEDAGÓGICA
- A abordagem dos conteúdos deve contemplar obrigatoriamente a condução responsável de automóveis ou motocicletas, utilizando técnicas que oportunizem a participação dos candidatos, devendo o instrutor, por meio de aulas dinâmicas, fazer sempre a relação com o contexto do trânsito a fim de proporcionar a reflexão, o controle das emoções e o desenvolvimento de valores de solidariedade e de respeito ao outro, ao ambiente e à vida.
- Nas aulas de prática de direção veicular, o instrutor deve realizar acompanhamento e avaliação direta, corrigindo possíveis desvios, salientando a responsabilidade do condutor na segurança do trânsito.
- A monitoração da prática de pilotagem de motocicleta em via pública poderá ser executada pelo instrutor em outro veículo.

2. CURSO PARA MUDANÇA DE CATEGORIA

2.1 CURSO DE PRÁTICA DE DIREÇÃO VEICULAR

2.1.1 Carga Horária Mínima: 15 (quinze) horas/aula, sendo que 20% (vinte por cento) destas deverão ser ministradas no período noturno.

▶ Itens 2, 2.1 e 2.1.1 com a redação dada pela Res. do CONTRAN nº 347, de 29-4-2010.

2.1.2 Estrutura curricular
- O veículo em que está se habilitando: funcionamento e equipamentos obrigatórios e sistemas;
- Prática na via pública, urbana e rural: direção defensiva, normas de circulação e conduta, parada e estacionamento, observação da sinalização;
- No caso de prática de direção / para veículos de 2 rodas, a instrução deve ser preliminarmente em circuito fechado de treinamento específico até o pleno domínio do veículo.

2.2 DISPOSIÇÕES GERAIS
- Considera-se hora/aula o período igual a 50 (cinquenta) minutos.

2.3 ABORDAGEM DIDÁTICO-PEDAGÓGICA
- Os conteúdos devem ser relacionados à realidade do trânsito, procurando desenvolver valores de respeito ao outro, ao ambiente e à vida, de solidariedade e de controle das emoções.
- Nas aulas de prática de direção veicular, o instrutor deve realizar acompanhamento e avaliação direta, corrigindo possíveis desvios, salientando a responsabilidade do condutor na segurança do trânsito.

3. CURSO PARA ADIÇÃO DE CATEGORIA

3.1 CURSO DE PRÁTICA DE DIREÇÃO VEICULAR

3.1.1 Carga Horária Mínima: 15 (quinze) horas/aula, sendo que 20% (vinte por cento) destas deverão ser ministradas no período noturno.

▶ Itens 3, 3.1 e 3.1.1 com a redação dada pela Res. do CONTRAN nº 347, de 29-4-2010.

3.1.2 Estrutura curricular
- O veículo que está sendo aditado: funcionamento, equipamentos obrigatórios e sistemas;
- Prática na via pública, urbana e rural: direção defensiva, normas de circulação e conduta, parada e estacionamento, observação da sinalização;
- No caso de prática de direção / para veículos de duas rodas, a instrução deve ser preliminarmente em circuito fechado de treinamento específico até o pleno domínio do veículo.

3.2 DISPOSIÇÕES GERAIS
- Considera-se hora/aula o período igual a 50(cinquenta) minutos.

3.3 ABORDAGEM DIDÁTICO-PEDAGÓGICA
- Os conteúdos devem ser relacionados à realidade do trânsito, procurando desenvolver valores de respeito ao outro, ao ambiente e à vida, de solidariedade e de controle das emoções.
- Nas aulas de prática de direção veicular, o instrutor deve realizar acompanhamento e avaliação direta, corrigindo possíveis desvios, salientando a responsabilidade do condutor na segurança do trânsito.

4. CURSO DE ATUALIZAÇÃO PARA RENOVAÇÃO DA CNH

4.1 CURSO TEÓRICO

4.1.1 Carga Horária Total: 15 (quinze) horas/aula.

4.1.2 Estrutura curricular

4.1.2.1 Direção Defensiva
- Abordagens do CTB para veículos de duas ou mais rodas
- 10 (dez) horas/aula
- Conceito
- Condições adversas;
- Situações de risco nas ultrapassagens, derrapagem, ondulações e buracos, cruzamentos e curvas, frenagem normal e de emergência;
- Abordagem teórica da condução do veículo com passageiros e ou cargas;
- Como evitar acidentes;
- Cuidados na direção e manutenção de veículos;
- Cuidados com os demais usuários da via;
- Estado físico e mental do condutor, consequências da ingestão e consumo de bebida alcoólica e substâncias psicoativas;
- Normas gerais de circulação e conduta;
- Equipamentos de segurança do condutor;
- Infrações e penalidades;
- Noções de respeito ao meio ambiente e de convívio social no trânsito;
- Relacionamento interpessoal, diferenças individuais e respeito mútuo entre condutores;

4.1.2.2 Noções de Primeiros Socorros – 5 (cinco) horas/aula.
- Sinalização do local do acidente;
- Acionamento de recursos: bombeiros, polícia, ambulância, concessionária da via, e outros
- Verificação das condições gerais da vítima;
- Cuidados com a vítima (o que não fazer);
- Cuidados especiais com a vítima motociclista.

4.2 DISPOSIÇÕES GERAIS

4.2.1 Devem participar deste curso os condutores que em sua formação, em situação anterior, na forma do art. 150 do CTB, não tenham recebido instrução de direção defensiva e primeiros socorros;

4.2.2 Este curso poderá ser realizado nas seguintes modalidades:

4.2.2.1 Em curso presencial com carga horária de 15 horas/aula, que poderá ser realizado de forma intensiva, com carga horária diária máxima de 10 horas/aula, ministrado pelo órgão ou entidade executivo de trânsito do Estado ou do Distrito Federal, ou instituição/entidade por ele credenciada, com frequência integral comprovada, dispensada a aplicação de prova;

4.2.2.2 Em curso realizado à distância, validado por prova de 30 questões de múltipla escolha, com aproveitamento mínimo de 70%, efetuado pelo órgão ou entidade executivo de trânsito do Estado ou do Distrito Federal ou instituição/entidade por ele credenciada de forma que atenda aos requisitos mínimos estabelecidos no anexo IV desta resolução;

4.2.2.3 Em estudos realizados pelo condutor de forma autodidata, submetendo-se a prova de 30 questões de múltipla escolha, com aproveitamento mínimo de 70%, efetuada pelo órgão ou entidade executivo de trânsito do Estado ou do Distrito Federal ou instituição/entidade por ele credenciada; em caso de reprovação, o condutor só poderá repeti-la decorridos cinco dias da divulgação oficial do resultado. Persistindo a reprovação deverá frequentar obrigatoriamente o curso presencial para a renovação da CNH;

4.2.2.4 Poderá ser feito o aproveitamento de cursos com conteúdos de primeiros socorros e de direção defensiva, dos quais o candidato apresente documentação comprobatória de ter realizado tais cursos, em órgão ou instituição oficialmente reconhecido;

4.2.2.5 O certificado de realização do curso será conferido ao condutor que:
- Frequentar o curso de 15 horas/aula na sua totalidade. Neste caso o processo de avaliação, sem caráter eliminatório ou classificatório, deve ocorrer durante o curso;
- Tiver aprovação em curso à distância ou estudos autodidata, através de aproveitamento mínimo de 70% de acertos em prova teórica de 30 questões de múltipla escolha;
- Apresentar documentação ao DETRAN, e este a validar como aproveitamento de cursos realizados em órgão ou instituição oficialmente reconhecido;

4.2.2.6 O certificado de realização do curso terá validade em todo o território nacional, devendo ser registrado no RENACH pelo órgão ou entidade executivo de trânsito do Estado ou do Distrito Federal;

4.2.2.7 Considera-se hora/aula o período igual a 50 (cinquenta) minutos.

4.3 ABORDAGEM DIDÁTICO-PEDAGÓGICA

4.3.1 Os conteúdos devem ser tratados de forma dinâmica, participativa, buscando análise e reflexão sobre a responsabilidade de cada um para um trânsito seguro;

4.3.2 Todos os conteúdos devem ser desenvolvidos em aulas dinâmicas, utilizando-se técnicas que oportunizem a participação dos condutores procurando, o instrutor fazer sempre a relação com o contexto do trânsito, oportunizando a reflexão e o desenvolvimento de valores de respeito ao outro, ao ambiente e à vida, de solidariedade e de controle das emoções;

4.3.3 A ênfase, nestas aulas, deve ser de atualização dos conhecimentos e análise do contexto atual do trânsito local e brasileiro.

5. CURSO DE RECICLAGEM PARA CONDUTORES INFRATORES

5.1 CURSO TEÓRICO

5.1.1 Carga Horária Total: 30 (trinta) horas/aula.

5.1.2 Estrutura curricular

5.1.2.1 Legislação de Trânsito: 12 (doze) horas/aula.

Determinações do CTB quanto a:
- Formação do condutor;

- Exigências para categorias de habilitação em relação a veículo conduzido;
- Documentos do condutor e do veículo: apresentação e validade;
- Sinalização viária;
- Penalidades e crimes de trânsito;
- Direitos e deveres do cidadão;
- Normas de circulação e conduta.

Infrações e penalidades referentes a:
- Documentação do condutor e do veículo;
- Estacionamento, parada e circulação;
- Segurança e atitudes do condutor, passageiro, pedestre e demais atores do processo de circulação;
- Meio ambiente.

5.1.2.2 Direção defensiva: 8 (oito) horas/aula.
- Conceito de direção defensiva – veículos de 2, 4 ou mais rodas;
- Condições adversas;
- Como evitar acidentes;
- Cuidados com os demais usuários da via;
- Estado físico e mental do condutor, consequências da ingestão e consumo de bebida alcoólica e substâncias psicoativas;
- Situações de risco.

5.1.2.3 Noções de Primeiros Socorros: 4 (quatro) horas/aula.
- Sinalização do local do acidente;
- Acionamento de recursos: bombeiros, polícia, ambulância, concessionária da via e outros;
- Verificação das condições gerais da vítima;
- Cuidados com a vítima (o que não fazer).

5.1.2.4 Relacionamento Interpessoal: 6 (seis) horas/aula
- Comportamento solidário no trânsito;
- O indivíduo, o grupo e a sociedade;
- Responsabilidade do condutor em relação aos demais atores do processo de circulação;
- Respeito às normas estabelecidas para segurança no trânsito;
- Papel dos agentes de fiscalização de trânsito.

5.2 DISPOSIÇÕES GERAIS
- O curso será ministrado pelo órgão ou entidade executivo de trânsito do Estado ou do Distrito Federal ou instituição/entidade por ele credenciada, para condutores penalizados nos termos do art. 261, § 2º, e art. 268 do CTB;
- Este curso poderá ser realizado em duas modalidades:
- Em curso presencial com carga horária de 30 horas/aula, que poderá ser realizado de forma intensiva, com carga horária diária máxima de 10 horas/aula, ministrado pelo órgão ou entidade executivo de trânsito do Estado ou do Distrito Federal, ou instituição/entidade por ele credenciado, com frequência integral comprovada, dispensada a aplicação de prova;

▶ Item retificado pela Res. do CONTRAN nº 285, de 29-7-2008, *DOU* de 29-9-2008.

- Em curso/estudo realizado à distância, validado por prova teórica de 30 questões de múltipla escolha, com aproveitamento mínimo de 70%, efetuado pelo órgão ou entidade executivo de trânsito do Estado ou do Distrito Federal ou instituição/entidade por ele credenciada de forma que atenda os requisitos mínimos estabelecidos no anexo III desta resolução;
- Os candidatos ao final do curso, serão submetidos a uma avaliação pelo órgão ou entidade executivo de trânsito do Estado ou do Distrito Federal ou instituição/entidade por ele credenciada, através de uma prova com um mínimo de 30 questões sobre os conteúdos ministrados;
- A aprovação se dará quando o condutor acertar no mínimo 70% das questões;
- O condutor aluno reprovado uma primeira vez poderá realizar nova avaliação após 5 (cinco) dias e, se reprovado pela 2ª. vez poderá matricular-se para um novo curso, frequentando-o integralmente. Caso ainda não consiga resultado satisfatório, deverá receber atendimento individualizado a fim de superar suas dificuldades;
- O certificado de realização do curso terá validade em todo o território nacional, devendo ser registrado no RENACH pelo órgão ou entidade executivo de trânsito do Estado ou do Distrito Federal;
- Considera-se hora/aula o período igual a 50 (cinquenta) minutos.

5.3 ABORDAGEM DIDÁTICO-PEDAGÓGICA
- Por se tratar de condutores, que estão cumprindo penalidade por infrações de trânsito, os conteúdos devem ser tratados de forma dinâmica, participativa, buscando análise e reflexão sobre a responsabilidade de cada um para um trânsito seguro;
- Todos os conteúdos devem ser desenvolvidos em aulas dinâmicas, procurando o instrutor fazer sempre a relação com o contexto do trânsito, oportunizando a reflexão e o desenvolvimento de valores de respeito ao outro, ao ambiente e à vida, de solidariedade e de controle das emoções;
- A ênfase deve ser de revisão de conhecimentos e atitudes, valorizando a obediência à Lei, a necessidade de atenção e o desenvolvimento de habilidades.

6. CURSOS ESPECIALIZADOS PARA CONDUTORES DE VEÍCULOS

I – DOS FINS

Estes cursos têm a finalidade de aperfeiçoar, instruir, qualificar e atualizar condutores, habilitando-os à condução de veículos de:

a) transporte coletivo de passageiros;
b) transporte de escolares;
c) transporte de produtos perigosos;
d) emergência;
e) transporte de carga indivisível e outras, objeto de regulamentação específica pelo CONTRAN.

Para atingir seus fins, estes cursos devem dar condições ao condutor de:

- Permanecer atento ao que acontece dentro do veículo e fora dele;
- Agir de forma adequada e correta no caso de eventualidades, sabendo tomar iniciativas quando necessário;
- Relacionar-se harmoniosamente com usuários por ele transportados, pedestres e outros condutores;
- Proporcionar segurança aos usuários e a si próprio;
- Conhecer e aplicar preceitos de segurança e comportamentos preventivos, em conformidade com o tipo de transporte e/ou veículo;
- Conhecer, observar e aplicar disposições contidas no CTB, na legislação de trânsito e legislação específica sobre o transporte especializado para o qual está se habilitando;
- Realizar o transporte com segurança de maneira a preservar a integridade física do passageiro, do condutor, da carga, do veículo e do meio ambiente.
- Conhecer e aplicar os preceitos de segurança adquiridos durante os cursos ou atualização fazendo uso de comportamentos preventivos e procedimentos em casos de emergência, desenvolvidos para cada tipo de transporte, e para cada uma das classes de produtos ou cargas perigosos.

II – DA ORGANIZAÇÃO
- A organização administrativo-pedagógica dos cursos para condutores especializados será estabelecida em consonância com a presente Resolução, pelas Instituições listadas no parágrafo 1º do art. 33, desta Resolução, cadastrados pelo órgão ou entidade executivo de Trânsito do Estado ou do Distrito Federal.

III – DA REGÊNCIA
- As disciplinas dos cursos para condutores especializados serão ministradas por pessoas habilitadas em cursos de instrutores de trânsito, realizados por órgão ou entidade executivo de trânsito do Estado ou do Distrito Federal, ou instituição por ele credenciada e que tenham realizado, com aprovação, os cursos especiais que vierem a ministrar;
- A qualificação de professor para formação de instrutor de curso especializado será feita por disciplina e será regulamentada em portaria do DENATRAN – órgão máximo executivo de trânsito da União, devendo ser profissional de nível superior tendo comprovada experiência a respeito da disciplina.

IV – DO REGIME DE FUNCIONAMENTO
- Cada curso especializado será constituído de 50 (cinquenta) horas/aula;
- O curso poderá desenvolver-se na modalidade de ensino à distância, através de apostilas atualizadas e outros recursos tecnológicos, não podendo exceder a 20% do total da carga horária prevista para cada curso;
- A carga horária presencial diária será organizada de forma a atender as peculiaridades e necessidades da clientela, não podendo exceder, em regime intensivo, 10 horas/aula por dia;
- O número máximo de alunos, por turma, deverá ser de 25 alunos;
- Considera-se hora/aula o período igual a 50 (cinquenta) minutos.

V – DO APROVEITAMENTO DE ESTUDOS
- Poderá ser feito o aproveitamento de estudos de conteúdos que o condutor tiver realizado em outro curso especializado, devendo para tal, a Instituição oferecer um módulo, de no mínimo 15 (quinze) horas/aula, de adequação da abordagem dos conteúdos para a especificidade do novo curso pretendido.

VI – DA AVALIAÇÃO
- Ao final de cada módulo, será realizada, pelas instituições que ministram os cursos uma prova com 20 questões de múltipla escolha sobre os assuntos trabalhados;
- Será considerado aprovado no curso, o condutor que acertar, no mínimo, 70% das questões da prova de cada módulo;
- O condutor reprovado ao final do módulo deverá realizar nova prova a qualquer momento, sem prejuízo da continuidade do curso. Caso ainda não consiga resultado satisfatório deverá receber atendimento individualizado a fim de superar suas dificuldades;
- Nos cursos de atualização, a avaliação será feita através de observação direta e constante do desempenho dos condutores, demonstrando durante as aulas, devendo o instrutor interagir com os mesmos reforçando e/ou corrigindo respostas e colocações;
- As instituições que ministrarem cursos especializados deverão manter em arquivo, durante 5 (cinco) anos, os registros dos alunos com o resultado do seu desempenho.

VII – DA CERTIFICAÇÃO
- Os condutores aprovados no curso especializado e os que realizarem a atualização exigida terão os dados correspondentes registrados em seu cadastro pelo órgão ou entidade executivo de trânsito do Estado ou do Distrito Federal, informando-os no campo "observações" da CNH;
- Os certificados deverão conter no mínimo os seguintes dados:
- Nome completo do condutor;
- Número do registro RENACH e categoria de habilitação do condutor;
- Validade e data de conclusão do curso;
- Assinatura do diretor da entidade ou instituição, e validação do DETRAN quando for o caso;
- No verso deverão constar as disciplinas, a carga horária, o instrutor e o aproveitamento do condutor;
- O modelo dos certificados será elaborado e divulgado em portaria pelo órgão máximo executivo de trânsito da União.

VIII – DA VALIDADE

- Os cursos especializados têm validade de 5 (cinco) anos, quando os condutores deverão realizar a atualização dos respectivos cursos, devendo os mesmos coincidir com a validade do exame de sanidade física e mental do condutor constantes de sua CNH;
- A fim de se compatibilizar os prazos dos atuais cursos e exames de sanidade física e mental, sem que haja ônus para o cidadão os cursos já realizados, antes da publicação desta resolução, terão sua validade estendida até a data limite da segunda renovação da CNH;
- Na renovação do exame de sanidade física e mental, o condutor especializado deverá apresentar comprovante de que realizou o curso de atualização no qual está habilitado, registrando os dados no órgão ou entidade executivo de trânsito do Estado ou do Distrito Federal;
- O condutor que não apresentar comprovante de que realizou o curso de atualização no qual está habilitado quando da renovação da CNH, terá automaticamente suprimida a informação correspondente;
- Os cursos de atualização terão uma carga horária mínima de 15 (quinze) horas/aula, sobre as disciplinas dos cursos especializados, abordando preferencialmente, as atualizações na legislação, a evolução tecnológica e estudos de casos, dos módulos específicos de cada curso.

IX – DISPOSIÇÕES GERAIS

- Considera-se hora/aula o período de 50 (cinquenta) minutos.

6.1 CURSO PARA CONDUTORES DE VEÍCULO DE TRANSPORTE COLETIVO DE PASSAGEIROS

6.1.1 Carga horária: 50 (cinquenta) horas/aula.

6.1.2 Requisitos para matrícula
- Ser maior de 21 anos;
- Estar habilitado, no mínimo, na categoria "D";
- Não ter cometido nenhuma infração grave ou gravíssima ou ser reincidente em infrações médias durante os últimos 12 (doze) meses;
- Não estar cumprindo pena de suspensão do direito de dirigir, cassação da CNH, pena decorrente de crime de trânsito, bem como estar impedido judicialmente de exercer seus direitos.

6.1.3 Estrutura Curricular

6.1.3.1 Módulo I – Legislação de trânsito – 10 (dez) horas/aula.

Determinações do CTB quanto a:
- Categoria de habilitação e relação com veículos conduzidos;
- Documentação exigida para condutor e veículo;
- Sinalização viária;
- Infrações, crimes de trânsito e penalidades;
- Regras gerais de estacionamento, parada, conduta e circulação.

Legislação específica sobre transporte de passageiros
- Responsabilidades do condutor do veículo de transporte coletivo de passageiros.

6.1.3.2 Módulo II – Direção Defensiva – 15 (quinze) horas/aula.
- Acidente evitável ou não evitável;
- Como ultrapassar e ser ultrapassado;
- O acidente de difícil identificação da causa;
- Como evitar acidentes com outros veículos;
- Como evitar acidentes com pedestres e outros integrantes do trânsito (motociclista, ciclista, carroceiro, skatista);
- A importância de ver e ser visto;
- A importância do comportamento seguro na condução de veículos especializados;
- Comportamento seguro e comportamento de risco – diferença que pode poupar vidas;
- Estado físico e mental do condutor, consequências da ingestão e consumo de bebida alcoólica e substâncias psicoativas.

6.1.3.3 Módulo III – Noções de Primeiros Socorros, Respeito ao Meio Ambiente e Convívio Social – 10 (dez) horas/aula.

Primeiras providências quanto à vítima de acidente, ou passageiro com mal súbito:
- Sinalização do local do acidente;
- Acionamento de recursos: bombeiros, polícia, ambulância, concessionária da via o outros;
- Verificação das condições gerais de vítima de acidente, ou passageiro com mal súbito;
- Cuidados com a vítima (o que não fazer).

O veículo como agente poluidor do meio ambiente:
- Regulamentação do CONAMA sobre poluição ambiental causada por veículos;
- Emissão de gases;
- Emissão de partículas (fumaça);
- Emissão sonora;
- Manutenção preventiva do veículo para preservação do meio ambiente;
- O indivíduo, o grupo e a sociedade;
- Relacionamento interpessoal;
- O indivíduo como cidadão;
- A responsabilidade civil e criminal do condutor e o CTB.

6.1.3.4 Módulo IV – Relacionamento Interpessoal – 15 (quinze) horas/aula.
- Aspectos do comportamento e de segurança no transporte de passageiros;
- Comportamento solidário no trânsito;
- Responsabilidade do condutor em relação aos demais atores do processo de circulação;
- Respeito às normas estabelecidas para segurança no trânsito;
- Papel dos agentes de fiscalização de trânsito;
- Atendimento às diferenças e especificidades dos usuários (pessoas portadoras de necessidades especiais, faixas etárias diversas, outras condições);
- Características das faixas etárias dos usuários mais comuns de transporte coletivo de passageiros.

6.2 CURSO PARA CONDUTORES DE VEÍCULOS DE TRANSPORTE ESCOLAR

6.2.1 Carga horária: 50 (cinquenta) horas/aula.

6.2.2 Requisitos para Matrícula:
- Ser maior de 21 anos;
- Estar habilitado, no mínimo, na categoria D;
- Não ter cometido nenhuma infração grave ou gravíssima ou ser reincidente em infrações médias durante os últimos doze meses;
- Não estar cumprindo pena de suspensão do direito de dirigir, cassação da carteira nacional de habilitação – CNH, pena decorrente de crime de trânsito, bem como não estar impedido judicialmente de exercer seus direitos.

6.2.3 Estrutura Curricular

6.2.3.1 Módulo I – Legislação de Trânsito – 10 (dez) horas/aula.

Determinações do CTB quanto a:
- Categoria de habilitação e relação com veículos conduzidos;
- Documentação exigida para condutor e veículo;
- Sinalização viária;
- Infrações, crimes de trânsito e penalidades;
- Regras gerais de estacionamento, parada e circulação.

Legislação específica sobre transporte de escolares:
- Normatização local para condução de veículos de transporte de escolares;
- Responsabilidades do condutor do veículo de transporte de escolares.

6.2.3.2 Módulo II – Direção Defensiva – 15 (quinze) horas/aula.

- Acidente evitável ou não evitável;
- Como ultrapassar e ser ultrapassado;
- O acidente de difícil identificação da causa;
- Como evitar acidentes com outros veículos;
- Como evitar acidentes com pedestres e outros integrantes do trânsito (motociclista, ciclista, carroceiro, skatista);
- A importância de ver e ser visto;
- A importância do comportamento seguro na condução de veículos especializados;
- Comportamento seguro e comportamento de risco – diferença que pode poupar vidas;
- Estado físico e mental do condutor, consequências da ingestão e consumo de bebida alcoólica e substâncias psicoativas.

6.2.3.3 Módulo III – Noções de Primeiros Socorros, Respeito ao Meio Ambiente e Convívio Social – 10 (dez) horas/aula.

Primeiras providências quanto a vítimas de acidente, ou passageiro com mal súbito:
- Sinalização do local de acidente;
- Acionamento de recursos: bombeiros, polícia, ambulância, concessionária da via e outros;
- Verificação das condições gerais de vítima de acidente, ou passageiro com mal súbito;
- Cuidados com a vítima, (o que não fazer);
- O veículo como agente poluidor do meio ambiente;
- Regulamentação do CONAMA sobre poluição ambiental causada por veículos;
- Emissão de gases;
- Emissão de partículas (fumaça);
- Emissão sonora;
- Manutenção preventiva do veículo para preservação do meio ambiente;
- O indivíduo, o grupo e a sociedade;
- Relacionamento interpessoal;
- O indivíduo como cidadão;
- A responsabilidade civil e criminal do condutor e o CTB.

6.2.3.4 Módulo IV – Relacionamento Interpessoal – 15 (quinze) horas/aula.

- Aspectos do comportamento e de segurança no transporte de escolares;
- Comportamento solidário no trânsito;
- Responsabilidade do condutor em relação aos demais atores do processo de circulação;
- Respeito às normas estabelecidas para segurança no trânsito;
- Papel dos agentes de fiscalização de trânsito;
- Atendimento às diferenças e especificidades dos usuários (pessoa portadora deficiências física, faixas etárias, outras condições);
- Características das faixas etárias dos usuários de transporte de escolares;
- Cuidados especiais e atenção que devem ser dispensados aos escolares e seus responsáveis, quando for o caso.

6.3 CURSO PARA CONDUTORES DE VEÍCULOS DE TRANSPORTE DE PRODUTOS PERIGOSOS

6.3.1 Carga horária: 50 (cinquenta) horas/aula.

6.3.2 Requisitos para matrícula:
- Ser maior de 21 anos;
- Estar habilitado em uma das categorias "B", "C", "D" e "E";
- Não ter cometido nenhuma infração grave ou gravíssima ou ser reincidente em infrações médias durante os últimos doze meses;
- Não estar cumprindo pena de suspensão do direito de dirigir, cassação da Carteira Nacional de Habilitação – CNH, pena decorrente de crime de trânsito, bem como não estar impedido judicialmente de exercer seus direitos.

6.3.3 Estrutura Curricular

6.3.3.1 Módulo I – Legislação de trânsito – 10 (dez) horas/aula.

Determinações do CTB quanto a:
- Categoria de habilitação e relação com veículos conduzidos;
- Documentação exigida para condutor e veículo;
- Sinalização viária;
- Infrações, crimes de trânsito e penalidades;
- Regras gerais de estacionamento, parada conduta e circulação.

LEGISLAÇÃO ESPECÍFICA E NORMAS SOBRE TRANSPORTE DE PRODUTOS PERIGOSOS
- Cargas de produtos perigosos;

- Conceitos, considerações e exemplos;
- Acondicionamento: verificação da integridade do acondicionamento (se há vazamentos ou contaminação externa); verificação dos instrumentos de tanques (manômetros, e outros);
- Proibição do transporte de animais, produtos para uso humano ou animal (alimentos, medicamentos e embalagens afins), juntamente com produtos perigosos;
- Utilização do veículo que transporta produtos perigosos para outros fins; descontaminação quando permitido.

RESPONSABILIDADE DO CONDUTOR DURANTE O TRANSPORTE
- Fatores de interrupção da viagem;
- Participação do condutor no carregamento e descarregamento do veículo;
- Trajes e equipamentos de proteção individual.

DOCUMENTAÇÃO E SIMBOLOGIA
- Documentos fiscais e de trânsito;
- Documentos e símbolos relativos aos produtos transportados:
- Certificados de capacitação;
- Ficha de emergência;
- Envelope para o transporte;
- Marcação e rótulos nas embalagens;
- Rótulos de risco principal e subsidiário;
- Painel de segurança;
- Sinalização em veículos.
- REGISTRADOR INSTANTÂNEO E INALTERÁVEL DE VELOCIDADE E TEMPO:
- Definição;
- Funcionamento;
- Importância e obrigatoriedade do seu uso.

DAS INFRAÇÕES E PENALIDADES (CTB e legislação específica)
- Tipificações, multas e medidas administrativas.

6.3.3.2 Módulo II – Direção Defensiva – 15 (quinze) horas/aula.

- Acidente evitável ou não evitável;
- Como ultrapassar e ser ultrapassado;
- O acidente de difícil identificação da causa;
- Como evitar acidentes com outros veículos;
- Como evitar acidentes com pedestres e outros integrantes do trânsito (motociclista, ciclista, carroceiro, skatista);
- A importância de ver e ser visto;
- A importância do comportamento seguro na condução de veículos especializados;
- Comportamento seguro e comportamento de risco – diferença que pode poupar vidas;
- Comportamento pós-acidente;
- Estado físico e mental do condutor, consequências da ingestão e consumo de bebida alcoólica e substâncias psicoativas.

6.3.3.3 Módulo III – Noções de Primeiros Socorros, Respeito ao meio Ambiente e Prevenção de Incêndio – 10 (dez) horas/aula.

PRIMEIROS SOCORROS
Primeiras providências quanto a acidente de trânsito:

- Sinalização do local de acidente;
- Acionamento de recursos: bombeiros, polícia, ambulância, concessionária da via e outros;
- Verificação das condições gerais de vítima de acidente de trânsito;
- Cuidados com a vítima de acidente, ou contaminação (o que não fazer) em conformidade com a periculosidade da carga, e/ou produto transportado.

MEIO AMBIENTE
- O veículo como agente poluidor do meio ambiente;
- Regulamentação do CONAMA sobre poluição ambiental causada por veículos;
- Emissão de gases;
- Emissão de partículas (fumaça);
- Emissão de ruídos;
- Manutenção preventiva do veículo;
- O indivíduo, o grupo e a sociedade;
- Relacionamento interpessoal;
- O indivíduo como cidadão;
- A responsabilidade civil e criminal do condutor e o CTB;
- Conceitos de poluição: causas e consequências.

PREVENÇÃO DE INCÊNDIO
- Conceito de fogo;
- Triângulo de fogo;
- Fontes de ignição;
- Classificação de incêndios;
- Tipos de aparelhos extintores;
- Agentes extintores;
- Escolha, manuseio e aplicação dos agentes extintores.

6.3.3.4 Módulo IV – Movimentação de Produtos Perigosos – 15 horas/aula.

PRODUTOS PERIGOSOS
- Classificação dos produtos perigosos;
- Simbologia;
- Reações químicas (conceituações);
- Efeito de cada classe sobre o meio ambiente.

EXPLOSIVOS
- Conceituação;
- Divisão da classe;
- Regulamentação específica do Ministério da Defesa;
- Comportamento preventivo do condutor;
- Procedimentos em casos de emergência.

GASES
- Inflamáveis, não inflamáveis, tóxicos e não tóxicos;
- Comprimidos;
- Liquefeitos;
- Mistura de gases;
- Refrigerados;
- Em solução;
- Comportamento preventivo do condutor;
- Procedimentos em casos de emergência.

LÍQUIDOS INFLAMÁVEIS E PRODUTOS TRANSPORTADOS A TEMPERATURAS ELEVADAS
- Ponto de fulgor;
- Comportamento preventivo do condutor;
- Procedimentos em casos de emergência.

SÓLIDOS INFLAMÁVEIS; SUBSTÂNCIAS SUJEITAS A COMBUSTÃO ESPONTÂNEA; SUBSTÂNCIAS QUE, EM CONTATO COM A ÁGUA, EMITEM GASES INFLAMÁVEIS
- Comportamento preventivo do condutor;
- Procedimentos em casos de emergência;
- Produtos que necessitam de controle de temperatura.

SUBSTÂNCIAS OXIDANTES E PERÓXIDOS ORGÂNICOS
- Comportamento preventivo do condutor;
- Procedimentos em casos de emergência;
- Produtos que necessitam de controle de temperatura.

SUBSTÂNCIAS TÓXICAS E SUBSTÂNCIAS INFECTANTES
- Comportamento preventivo do condutor;
- Procedimentos em casos de emergência.

SUBSTÂNCIAS RADIOATIVAS
- Legislação específica pertinente;
- Comportamento preventivo do condutor;
- Procedimentos em casos de emergência.

CORROSIVOS
- Comportamento preventivo do condutor;
- Procedimentos em casos de emergência.

SUBSTÂNCIAS PERIGOSAS DIVERSAS
- Comportamento preventivo do condutor;
- Procedimentos em casos de emergência.

RISCOS MÚLTIPLOS
- Comportamento preventivo do condutor;
- Procedimentos em casos de emergência.

RESÍDUOS
- Legislação específica pertinente;
- Comportamento preventivo do condutor;
- Procedimentos em casos de emergência.

6.4 CURSO PARA CONDUTORES DE VEÍCULOS DE EMERGÊNCIA

6.4.1 Carga horária: 50 (cinquenta) horas/aula.

6.4.2 Requisitos para matrícula
- Ser maior de 21 anos;
- Estar habilitado em uma das categorias "A", "B", "C", "D" ou "E";
- Não ter cometido nenhuma infração grave ou gravíssima ou ser reincidente em infrações médias durante os últimos 12 (doze) meses;
- Não estar cumprindo pena de suspensão do direito de dirigir, cassação da CNH, pena decorrente de crime de trânsito, bem como não estar impedido judicialmente de exercer seus direitos.

6.4.3 Estrutura Curricular

6.4.3.1 Módulo I – Legislação de Trânsito – 10 (dez) horas/aula.

Determinações do CTB quanto a:
- Categoria de habilitação e relação com veículos conduzidos;
- Documentação exigida para condutor e veículo;
- Sinalização viária;
- Infrações, crimes de trânsito e penalidades;
- Regras gerais de estacionamento, parada e circulação;

Legislação específica para veículos de emergência:
- Responsabilidades do condutor de veículo de emergência.

6.4.3.2 Módulo II – Direção Defensiva – 15 (quinze) horas/aula.
- Acidente evitável ou não evitável;
- Como ultrapassar e ser ultrapassado;
- O acidente de difícil identificação da causa;
- Como evitar acidentes com outros veículos;
- Como evitar acidentes com pedestres e outros integrantes do trânsito (motociclista, ciclista, carroceiro, skatista);
- A importância de ver e ser visto;
- A importância do comportamento seguro na condução de veículos especializados;
- Comportamento seguro e comportamento de risco – diferença que pode poupar vidas;
- Estado físico e mental do condutor, consequências da ingestão e consumo de bebida alcoólica e substâncias psicoativas.

6.4.3.3 Módulo III – Noções de Primeiros Socorros, Respeito ao Meio Ambiente e Convívio Social – 10 (dez) horas/aula.

Primeiras providências quanto à vítima de acidente, ou passageiro enfermo:
- Sinalização do local de acidente;
- Acionamento de recursos: bombeiros, polícia, ambulância, concessionária da via e outros;
- Verificação das condições gerais de vítima de acidente ou enfermo;
- Cuidados com a vítima ou enfermo (o que não fazer).

O veículo como agente poluidor do meio ambiente:
- Regulamentação do CONAMA sobre poluição ambiental causada por veículos;
- Emissão de gases;
- Emissão de partículas (fumaça);
- Emissão sonora;
- Manutenção preventiva do veículo para preservação do meio ambiente.

O indivíduo, o grupo e a sociedade:
- Relacionamento interpessoal;
- O indivíduo como cidadão;
- A responsabilidade civil e criminal do condutor e o CTB.

6.4.3.4 Módulo IV – Relacionamento Interpessoal – 15 (quinze) horas/aula.
- Aspectos do comportamento e de segurança na condução de veículos de emergência;
- Comportamento solidário no trânsito;
- Responsabilidade do condutor em relação aos demais atores do processo de circulação;
- Respeito às normas estabelecidas para segurança no trânsito;
- Papel dos agentes de fiscalização de trânsito;
- Atendimento às diferenças e especificidades dos usuários (pessoas portadoras de necessi-

dades especiais, faixas etárias, outras condições);
- Características dos usuários de veículos de emergência;
- Cuidados especiais e atenção que devem ser dispensados aos passageiros e aos outros atores do trânsito, na condução de veículos de emergência.

6.5 CURSO PARA CONDUTORES DE VEÍCULOS DE TRANSPORTE DE CARGA INDIVISÍVEL E OUTRAS OBJETO DE REGULAMENTAÇÃO ESPECÍFICA PELO CONTRAN

6.5.1 Carga horária: 50 (cinquenta) horas/aula.

6.5.2 Requisitos para matrícula
- Ser maior de 21 anos;
- Estar habilitado na categoria "C" ou "E";
- Não ter cometido nenhuma infração grave ou gravíssima ou ser reincidente em infrações médias durante os últimos doze meses;
- Não estar cumprindo pena de suspensão do direito de dirigir, cassação da Carteira Nacional de Habilitação – CNH, pena decorrente de crime de trânsito, bem como não estar impedido judicialmente de exercer seus direitos.

6.5.3 Estrutura Curricular

6.5.3.1 Módulo I – Legislação de trânsito – 10 (dez) horas/aula.

DETERMINAÇÕES DO CTB QUANTO A:
- Categoria de habilitação e relação com veículos conduzidos;
- Documentação exigida para condutor e veículo;
- Sinalização viária;
- Infrações, crimes de trânsito e penalidades;
- Regras gerais de estacionamento, parada conduta e circulação.

LEGISLAÇÃO ESPECÍFICA SOBRE TRANSPORTE DE CARGA
- Carga indivisível;
- Conceitos, considerações e exemplos;
- Acondicionamento: verificação da integridade do acondicionamento (ancoragem e amarração da carga);

RESPONSABILIDADE DO CONDUTOR DURANTE O TRANSPORTE
- Fatores de interrupção da viagem;
- Participação do condutor no carregamento e descarregamento do veículo.

DOCUMENTAÇÃO E SIMBOLOGIA
- Documentos fiscais e de trânsito;
- Documentos e símbolos relativos aos produtos transportados:
- Certificados de capacitação;
- Sinalização no veículo.

REGISTRADOR INSTANTÂNEO E INALTERÁVEL DE VELOCIDADE E TEMPO
- Definição;
- Funcionamento;
- Importância e obrigatoriedade do seu uso.

DAS INFRAÇÕES E PENALIDADES (CTB e legislação específica)

- Tipificações, multas e medidas administrativas.

6.5.3.2 Módulo II – Direção Defensiva – 15 (quinze) horas/aula.
- Acidente evitável ou não evitável;
- Como ultrapassar e ser ultrapassado;
- O acidente de difícil identificação da causa;
- Como evitar acidentes com outros veículos;
- Como evitar acidentes com pedestres e outros integrantes do trânsito (motociclista, ciclista, carroceiro, skatista);
- A importância de ver e ser visto;
- A importância do comportamento seguro na condução de veículos especializados;
- Comportamento seguro e comportamento de risco – diferença que pode poupar vidas;
- Comportamento pós-acidente;
- Estado físico e mental do condutor, consequências da ingestão e consumo de bebida alcoólica e substâncias psicoativas.

6.5.3.3 Módulo III – Noções de Primeiros Socorros, Respeito ao meio Ambiente e Prevenção de Incêndio – 10 (dez) horas/aula

PRIMEIROS SOCORROS
Primeiras providências quanto a acidente de trânsito:
- Sinalização do local de acidente;
- Acionamento de recursos: bombeiros, polícia, ambulância, concessionária da via e outros;
- Verificação das condições gerais de vítima de acidente de trânsito;
- Cuidados com a vítima de acidente (o que não fazer) em conformidade com a periculosidade da carga, e/ou produto transportado.

MEIO AMBIENTE
- O veículo como agente poluidor do meio ambiente;
- Regulamentação do CONAMA sobre poluição ambiental causada por veículos;
- Emissão de gases;
- Emissão de partículas (fumaça);
- Emissão de ruídos;
- Manutenção preventiva do veículo;
- O indivíduo, o grupo e a sociedade;
- Relacionamento interpessoal;
- O indivíduo como cidadão;
- A responsabilidade civil e criminal do condutor e o CTB;
- Conceitos de poluição: causas e consequências.

PREVENÇÃO DE INCÊNDIO
- Conceito de fogo;
- Triângulo de fogo;
- Fontes de ignição;
- Classificação de incêndios;
- Tipos de aparelhos extintores;
- Agentes extintores;
- Escolha, manuseio e aplicação dos agentes extintores.

6.5.3.4 Módulo IV – Movimentação de Carga – 15 horas/aula.

CARGA INDIVISÍVEL
- Definição de carga perigosa ou indivisível;

- Efeito ou consequências no tráfego urbano ou rural de carga perigosa ou indivisível;
- Autorização Especial de Trânsito (AET).

BLOCOS DE ROCHAS
- Conceituação;
- Classes de rochas e dimensões usuais/permitidas dos blocos;
- Regulamentação específica;
- Comportamento preventivo do condutor;
- Procedimentos em casos de emergência.

MÁQUINAS OU EQUIPAMENTOS DE GRANDES DIMENSÕES E INDIVISÍVEIS
- Conceituação;
- Dimensões usuais/permitidas; comprimento, altura e largura da carga;
- Comportamento preventivo do condutor;
- Procedimentos em casos de emergência.

TORAS, TUBOS E OUTRAS CARGAS
- Classes e conceituações;
- Dimensões usuais/permitidas; comprimento, altura e largura da carga;
- Comportamento preventivo do condutor;
- Procedimentos em casos de emergência.

OUTRAS CARGAS CUJO TRANSPORTE SEJA REGULAMENTADAS PELO CONTRAN
- Comportamento preventivo do condutor;
- Procedimentos em casos de emergência.

RISCOS MÚLTIPLOS E RESÍDUOS
- Comportamento preventivo do condutor;
- Procedimentos em casos de emergência;
- Legislação específica.

7 ATUALIZAÇÃO DOS CURSOS ESPECIALIZADOS PARA CONDUTORES DE VEÍCULOS

7.1 CURSO DE ATUALIZAÇÃO PARA CONDUTORES DE VEÍCULO DE TRANSPORTE COLETIVO DE PASSAGEIROS

7.1.1 Carga Horária: 16 (dezesseis) horas/aula.

7.1.2 Estrutura Curricular

7.1.2.1 Módulo I – Legislação de trânsito – 3 (três) horas/aula.
- Retomada dos conteúdos do curso de especialização;
- Atualização sobre resoluções, leis e outros documentos legais promulgados recentemente.

7.1.2.2 Módulo II – Direção defensiva – 5 (cinco) horas/aula.
- A direção defensiva como meio importante para a segurança do condutor, passageiros, pedestres e demais usuários do trânsito;
- A responsabilidade do condutor de veículos especializados de dirigir defensivamente;
- Atualização dos conteúdos trabalhados durante o curso relacionando teoria e prática;
- Estado físico e mental do condutor, consequências da ingestão e consumo de bebida alcoólica e substâncias psicoativas.

7.1.2.3 Módulo III – Noções de Primeiros Socorros, Respeito ao Meio Ambiente e Convívio Social – 3 (três) horas/aula.

- Retomada dos conteúdos trabalhados no curso de especialização, estabelecendo a relação com a prática vivenciada pelos condutores no exercício da profissão;
- Atualização de conhecimentos.

7.1.2.4 Módulo IV – Relacionamento Interpessoal – 5 (cinco) horas/aula.
- Atualização dos conhecimentos desenvolvidos no curso;
- Retomada de conceitos;
- Relacionamento da teoria e da prática;
- Principais dificuldades vivenciadas e alternativas de solução.

7.2 CURSO DE ATUALIZAÇÃO PARA CONDUTORES DE VEÍCULO DE TRANSPORTE DE ESCOLARES

7.2.1 Carga Horária: 16 (dezesseis) horas/aula.

7.2.2 Estrutura Curricular

7.2.2.1 Módulo I – Legislação de trânsito – 3 (três) horas/aula.
- Retomada dos conteúdos de no curso de especialização;
- Atualização sobre resoluções, leis e outros documentos legais promulgados recentemente.

7.2.2.2 Módulo II – Direção defensiva – 5 (cinco) horas/aula.
- A direção defensiva como meio importantíssimo para a segurança do condutor, passageiros, pedestres e demais usuários do trânsito;
- A responsabilidade do condutor de veículos especializados de dirigir defensivamente;
- Atualização dos conteúdos trabalhados durante o curso relacionado teoria e prática;
- Estado físico e mental do condutor, consequências da ingestão e consumo de bebida alcoólica e substâncias psicoativas.

7.2.2.3 Módulo III – Noções de Primeiros Socorros, Respeito ao Meio Ambiente e Convívio Social – 3 (três) horas/aula.
- Retomada dos conteúdos trabalhados no curso de especialização, estabelecendo a relação com a prática vivenciada pelos condutores no exercício da profissão;
- Atualização de conhecimentos.

7.2.2.4 Módulo IV – Relacionamento Interpessoal – 5 (cinco) horas/aula.
- Atualização dos conhecimentos desenvolvidos no curso;
- Retomada de conceitos;
- Relação da teoria e da prática;
- Principais dificuldades vivenciadas e alternativas de solução.

7.3 CURSO DE ATUALIZAÇÃO PARA CONDUTORES DE VEÍCULO DE TRANSPORTE DE CARGAS DE PRODUTOS PERIGOSOS

7.3.1 Carga Horária: 16 (dezesseis) horas/aula.

7.3.2 Estrutura Curricular

7.3.2.1 Módulo I – Legislação de trânsito – 3 (três) horas/aula.

- Retomada dos conteúdos do curso de especialização;
- Atualização sobre resoluções, leis e outros documentos legais promulgados recentemente.

7.3.2.2 Módulo II – Direção defensiva – 5 (cinco) horas/aula.

- A direção defensiva como meio importante para a segurança do condutor, passageiros, pedestres e demais usuários do trânsito;
- A responsabilidade do condutor de veículos especializados de dirigir defensivamente;
- Atualização dos conteúdos trabalhados durante o curso relacionando teoria e prática;
- Estado físico e mental do condutor, consequências da ingestão e consumo de bebida alcoólica e substâncias psicoativas.

7.3.2.3 Módulo III – Noções de Primeiros Socorros, Respeito ao Meio Ambiente e Convívio Social – 3 (três) horas/aula.

- Retomada dos conteúdos trabalhados no curso de especialização, estabelecendo a relação com a prática vivenciada pelos condutores no exercício da profissão;
- Atualização de conhecimentos.

7.3.2.4 Módulo IV – Prevenção de Incêndio, Movimentação de Produtos Perigosos – 5 (cinco) horas/aula.

- Retomada dos conteúdos trabalhados no curso de especialização, estabelecendo a relação com a prática vivenciada pelos condutores no exercício da profissão;
- Atualização de conhecimentos sobre novas tecnologias e procedimentos que tenham surgido no manejo e transporte de cargas perigosas.

7.4 CURSO DE ATUALIZAÇÃO PARA CONDUTORES DE VEÍCULO DE TRANSPORTE DE EMERGÊNCIA

7.4.1 Carga Horária: 16 (dezesseis) horas/aula.

7.4.2 Estrutura Curricular

7.4.2.1 Módulo I – Legislação de trânsito – 3 (três) horas/aula.

- Retomada dos conteúdos do curso de especialização;
- Atualização sobre resoluções, leis e outros documentos legais promulgados recentemente.

7.4.2.2 Módulo II – Direção defensiva – 5 (cinco) horas/aula.

- A direção defensiva como meio importante para a segurança do condutor, passageiros, pedestres e demais usuários do trânsito;
- A responsabilidade do condutor de veículos especializados de dirigir defensivamente;
- Atualização dos conteúdos trabalhados durante o curso relacionando teoria e prática;
- Estado físico e mental do condutor, consequências da ingestão e consumo de bebida alcoólica e substâncias psicoativas.

7.4.2.3 Módulo III – Noções de Primeiros Socorros, Respeito ao meio ambiente e Convívio Social – 3 (três) horas/aula.

- Retomada dos conteúdos trabalhados no curso de especialização, estabelecendo a relação com a prática vivenciada pelos condutores no exercício da profissão;
- Atualização de conhecimentos.

7.4.2.4 Módulo IV – Relacionamento Interpessoal – 5 (cinco) horas/aula.

- Atualização dos conhecimentos desenvolvidos no curso;
- Retomada de conceitos;
- Relacionamento da teoria e da prática;
- Principais dificuldades vivenciadas e alternativas de solução.

7.5 CURSO DE ATUALIZAÇÃO PARA CONDUTORES DE VEÍCULOS DE CARGAS COM BLOCOS DE ROCHA ORNAMENTAIS E OUTRAS CUJO TRANSPORTE SEJA OBJETO DE REGULAMENTAÇÃO ESPECÍFICA PELO CONTRAN

7.5.1 Carga Horária: 16 (dezesseis) horas/aula.

7.5.2 Estrutura Curricular

7.5.2.1 Módulo I – Legislação de trânsito – 3 (três) horas/aula.

- Retomada dos conteúdos do curso de especialização;
- Atualização sobre resoluções, leis e outros documentos legais promulgados recentemente.

7.5.2.2 Módulo II – Direção defensiva – 5 (cinco) horas/aula.

- A direção defensiva como meio importante para a segurança do condutor, passageiros, pedestres e demais usuários do trânsito;
- A responsabilidade do condutor de veículos especializados de dirigir defensivamente;
- Atualização dos conteúdos trabalhados durante o curso relacionando teoria e prática;
- Estado físico e mental do condutor, consequências da ingestão e consumo de bebida alcoólica e substâncias psicoativas.

7.5.2.3 Módulo III – Noções de Primeiros Socorros, Respeito ao Meio Ambiente e Convívio Social – 3 (três) horas/aula.

- Retomada dos conteúdos trabalhados no curso de especialização, estabelecendo a relação com a prática vivenciada pelos condutores no exercício da profissão;
- Atualização de conhecimentos.

7.5.2.4 Módulo IV – Movimentação de Cargas: 5 (cinco) horas/aula.

- Retomada dos conteúdos trabalhados no curso de especialização, estabelecendo a relação com a prática vivenciada pelos condutores no exercício da profissão;
- Atualização de conhecimentos sobre novas tecnologias e procedimentos que tenham surgido no manejo e transporte de cargas.

ANEXO III

DOCUMENTAÇÃO PARA HOMOLOGAÇÃO DE CURSO A DISTÂNCIA PARA RECICLAGEM DE CONDUTORES INFRATORES, JUNTO AO ÓRGÃO MÁXIMO EXECUTIVO DE TRÂNSITO DA UNIÃO

A solicitação de homologação para a oferta de curso a distância para reciclagem de condutores infratores deve ser feita por meio de ofício próprio que disponha, em papel timbrado da entidade requerente, a razão social, endereço fiscal e eletrônico, CNPJ e o respectivo projeto. A estes elementos deve-se, ainda, anexar a documentação comprobatória pertinente.

A requisição de homologação para a reciclagem de infratores do Código de Trânsito Brasileiro através da modalidade de ensino a distância (EAD) está sujeita à avaliação de elementos obrigatórios [EO] e de elementos desejáveis [ED] facultativos que são acrescidos de pontuação específica e representam pontos de enriquecimento para o credenciamento do projeto apresentado. Este, ainda, deve estar em conformidade com as orientações desta resolução, para a reciclagem de infratores do Código de Trânsito Brasileiro.

Durante o processo de homologação, a entidade requerente deve disponibilizar uma apresentação do curso concluído.

PROJETO			
	EO	ED	Pontuação Máxima
1. Proposta Pedagógica	✓		
1.1 Compreensão da Problemática e Fundamentação Teórica	✓		
1.2 Objetivos	✓		
1.3 Conteúdos	✓		
1.4 Definição de Estrutura Modular do Curso	✓		
1.5 Detalhamento da Análise de Tarefas		✓	30
1.6 Competências e Habilidades Auferidas		✓	25
1.7 Metodologia	✓		
1.8 Justificativa das Mídias e Tecnologias Utilizadas	✓		
1.9 Formas de Interação e de Interatividade	✓		
1.10 Formas de Autoavaliação (Simulados)		✓	25
1.11 Estrutura de Navegabilidade		✓	20
1.12 Suporte Pedagógico (Tutoria *On-line*)	✓		
2. Equipe Multidisciplinar (Capacitação dos profissionais envolvidos e descrição das experiências que contribuem para o projeto)	✓		
2.1 Pedagogo	✓		
2.1.1 Título de Especialista ou Mestre		✓	10
2.1.2 Título de Doutor		✓	15
2.1.3 Experiência em EAD		✓	25
2.1.4 Atividade de Docência e Pesquisa e IES (Instituição de Ensino Superior)		✓	20
2.2 Engenheiro	✓		
2.2.1 Título de Especialista ou Mestre		✓	10
2.2.2 Experiência Comprovada em Engenharia de Trânsito		✓	25
2.3 Médico	✓		
2.3.1 Título de Especialista ou Mestre		✓	10
2.3.2 Experiência Comprovada em Primeiros-Socorros Relacionados a Questões decorrentes de Acidentes de Trânsito		✓	25
2.4 Advogado	✓		
2.4.1 Título de Especialista ou Mestre		✓	10
2.4.2 Experiência Comprovada na Área de Legislação de Trânsito		✓	25
2.5 Psicólogo		✓	5
2.5.1 Título de Especialista ou Mestre		✓	10
2.5.2 Experiência Comprovada em Relação a Situações de *Stress* em Grandes Cidades e Aspectos Comportamentais de Condutores de veículos		✓	25
3. Propriedade Intelectual	✓		
3.1 Texto Base Utilizado para a Confecção do Curso é reconhecido pelo órgão máximo executivo de trânsito da União		✓	25
4. Requisitos Técnicos e Tecnológicos	✓		
4.1 Domínio Internet Registrado e Ativo	✓		

PROJETO			
	EO	ED	Pontuação Máxima
4.2 Servidor dedicado com gerenciamento exclusivo para transmissão de troca de informações com o banco de dados do respectivo órgão ou entidade executivo de trânsito do Estado ou do Distrito Federal	✓		
4.3 Infraestrutura e Banda IP	✓		
4.4 *Firewall*	✓		
4.5 Estrutura de Recuperação de Desastre	✓		
4.6 Escalabilidade	✓		
4.7 Monitoração 7x24x365	✓		
4.8 Atestado de Capacitação Técnica em Soluções de Internet e Desenvolvimento de Aplicações	✓		
4.9 Comprovação de certificação do corpo técnico nas plataformas escolhidas		✓	10
4.10 Desenho técnico da estrutura	✓		
4.11 Criptografia para sigilo das senhas e dados dos usuários	✓		
4.12 Infraestrutura de Suporte Técnico		✓	15
4.13 Ferramentas para identificação biométrica do condutor infrator para captura da foto e assinatura digitais	✓		
5. *Website* do Curso	✓		
5.1 Informações sobre o Curso de Reciclagem	✓		
5.2 Caracterização das ferramentas e equipamentos necessários para a realização do curso		✓	15
5.3 Descrição das Aplicações e Ferramentas disponibilizadas		✓	15
5.4 Disponibilização de formas de contato com os Tutores do Curso e horários de Plantão de Atendimento	✓		
5.5 Ferramentas disponibilizadas para interação entre Tutores e Alunos	✓		
5.6 Informação dos locais das provas eletrônicas presenciais	✓		
5.7 Compatibilidade com os Navegadores mais utilizados (IE, Netscape, Mozilla, etc.)		✓	15
5.8 Apresentação de estudo de navegabilidade, usabilidade e ergonomia		✓	20
5.9 Guia de Orientação com informações sobre as características da EAD, Orientações para Estudo nesta Modalidade		✓	20
5.10 Detalhamento dos objetivos, competências e habilidades a serem alcançadas em cada um dos módulos previstos e sistemáticas de autoavaliação e tempo		✓	20
6. Aplicação de prova eletrônica (teórica)	✓		
6.1 Identificação positiva do condutor infrator por meio de ferramentas biométricas 1:N e 1:1	✓		
6.2 Utilização de um banco de questões fornecido pelo respectivo órgão ou entidade executivo de trânsito do Estado ou do Distrito Federal para geração aleatória das questões da prova, apenas no momento em que o condutor infrator (aluno) é identificado	✓		
6.3 *Tracking* para acompanhamento da performance do condutor infrator (aluno)		✓	15
6.4 Realização de avaliações modulares		✓	15
6.5 Sistema de gerenciamento do tempo da prova	✓		
6.6 Sistema de correção automática da prova e apresentação do respectivo resultado ao condutor infrator (aluno) imediatamente final da prova	✓		
6.7 Geração aleatória da posição das alternativas de respostas da questão, bem como da posição da questão na prova	✓		
6.8 Interface única através de *Browser* para cadastro de imagem e de impressão digital do condutor infrator (aluno)	✓		
Total de Pontos Possível para Elementos Facultativos Desejáveis			500

[1] No caso específico dos integrantes da equipe multidisciplinar é necessário anexar currículos e documentos pertinentes que comprovem a qualificação dos profissionais responsáveis pela concepção, desenvolvimento, implementação, acompanhamento e avaliação do curso, bem como a comprovação do tipo de vínculo contratual da equipe com a entidade requerente.

ANEXO IV
DOCUMENTAÇÃO PARA HOMOLOGAÇÃO DE CURSO A DISTÂNCIA DE ATUALIZAÇÃO PARA RENOVAÇÃO DE CNH, JUNTO AO ÓRGÃO MÁXIMO EXECUTIVO DE TRÂNSITO DA UNIÃO

A solicitação de homologação para a oferta de curso a distância de atualização para renovação de CNH deve ser feita por meio de ofício próprio que disponha, em papel timbrado da entidade requerente, a razão social, endereço fiscal e eletrônico, CNPJ e o respectivo projeto. A estes elementos deve-se, ainda, anexar a documentação comprobatória pertinente.

A requisição de homologação de curso para a atualização para a renovação de CNH através da modalidade de ensino a distância (EAD) está sujeita à avaliação de elementos obrigatórios [EO] e de elementos desejáveis [ED] facultativos que são acrescidos de pontuação específica e representam pontos de enriquecimento para o credenciamento do projeto apresentado. Este, ainda, deve estar em conformidade com as orientações específicas desta resolução, para o curso de atualização para renovação de CNH.

Durante o processo de homologação, a entidade requerente deve disponibilizar uma apresentação do curso concluído.

PROJETO			
	EO	ED	Pontuação Máxima
1. Proposta Pedagógica	✓		
1.1 Compreensão da Problemática e Fundamentação Teórica	✓		
1.2 Objetivos	✓		
1.3 Conteúdos	✓		
1.4 Definição de Estrutura Modular do Curso	✓		
1.5 Detalhamento da Análise de Tarefas		✓	30
1.6 Competências e Habilidades Auferidas		✓	25
1.7 Metodologia	✓		
1.8 Justificativa das Mídias e Tecnologias Utilizadas	✓		
1.9 Formas de Interação e de Interatividade	✓		
1.10 Formas de Autoavaliação (Simulados)		✓	25
1.11 Estrutura de Navegabilidade		✓	20
1.12 Suporte Pedagógico (Tutoria On-line)	✓		
2. Equipe Multidisciplinar (Capacitação dos profissionais envolvidos e descrição das experiências que contribuem para o projeto)	✓		
2.1 Pedagogo	✓		
2.1.1 Título de Especialista ou Mestre		✓	10
2.1.2 Título de Doutor		✓	15
2.1.3 Experiência em EAD		✓	25
2.1.4 Atividade de Docência e Pesquisa e IES (Instituição de Ensino Superior)		✓	20
2.2 Engenheiro	✓		
2.2.1 Título de Especialista ou Mestre		✓	10
2.2.2 Experiência Comprovada em Engenharia de Trânsito		✓	25
2.3 Médico	✓		
2.3.1 Título de Especialista ou Mestre		✓	10
2.3.2 Experiência Comprovada em Primeiros-Socorros Relacionados a Questões decorrentes de Acidentes de Trânsito		✓	25
2.4 Advogado	✓		
2.4.1 Título de Especialista ou Mestre		✓	10
2.4.2 Experiência Comprovada na área de Legislação de Trânsito		✓	25
2.5 Psicólogo		✓	5
2.5.1 Título de Especialista ou Mestre		✓	10
2.5.2 Experiência Comprovada em Relação a Situações de *Stress* em Grandes Cidades e Aspectos Comportamentais de Condutores de Veículos		✓	25
3. Propriedade Intelectual	✓		
3.1 Texto Base Utilizado para a Confecção do Curso é reconhecido pelo órgão máximo executivo de trânsito da União		✓	25

PROJETO			
	EO	ED	Pontuação Máxima
4. Requisitos Técnicos e Tecnológicos	✓		
4.1 Domínio Internet Registrado e Ativo	✓		
4.2 Servidor dedicado com gerenciamento exclusivo para transmissão de troca de informações com o banco de dados do respectivo órgão ou entidade executivo de trânsito do Estado ou do Distrito Federal	✓		
4.3 Infraestrutura e Banda IP	✓		
4.4 *Firewall*	✓		
4.5 Estrutura de Recuperação de Desastre	✓		
4.6 Escalabilidade	✓		
4.7 Monitoração 7x24x365	✓		
4.8 Atestado de Capacitação Técnica em Soluções de Internet e Desenvolvimento de Aplicações	✓		
4.9 Comprovação de certificação do corpo técnico nas plataformas escolhidas		✓	10
4.10 Desenho técnico da estrutura	✓		
4.11 Criptografia para sigilo das senhas e dados dos usuários	✓		
4.12 Infraestrutura de Suporte Técnico		✓	15
4.13 Ferramentas para identificação biométrica do condutor para captura da foto e assinatura digitais	✓		
5. *Website* do Curso	✓		
5.1 Informações sobre o Curso de Atualização	✓		
5.2 Caracterização das ferramentas e equipamentos necessários para a realização do curso		✓	15
5.3 Descrição das Aplicações e Ferramentas Disponibilizadas		✓	15
5.4 Disponibilização de Formas de Contato com os Tutores do Curso e Horários de Plantão de Atendimento	✓		
5.5 Ferramentas disponibilizadas para interação entre Tutores e Alunos	✓		
5.6 Informação dos locais das provas eletrônicas presenciais	✓		
5.7 Compatibilidade com os Navegadores mais Utilizados (IE, Netscape, Mozilla, etc.)		✓	15
5.8 Apresentação de estudo de navegabilidade, usabilidade e ergonomia		✓	20
5.9 Guia de Orientação com Informações sobre as Características da EAD, Orientações para Estudo nesta Modalidade		✓	20
5.10 Detalhamento dos objetivos, competências e habilidades a serem alcançadas em cada um dos módulos previstos e sistemáticas de autoavaliação e tempo		✓	20
6. Aplicação de prova eletrônica (teórica)	✓		
6.1 Identificação positiva do condutor por meio de ferramentas biométricas.	✓		
6.2 Utilização de um banco de questões fornecido pelo respectivo órgão ou entidade executivo de trânsito do Estado ou do Distrito Federal para geração aleatória das questões da prova, apenas no momento em que o condutor (aluno) é identificado	✓		
6.3 *Tracking* para acompanhamento da performance do condutor (aluno)		✓	15
6.4 Realização de avaliações modulares		✓	15
6.5 Sistema de gerenciamento do tempo da prova	✓		
6.6 Sistema de correção automática da prova e apresentação do respectivo resultado ao condutor (aluno) imediatamente ao final da prova	✓		
6.7 Geração aleatória da posição das alternativas de respostas da questão, bem como da posição da questão na prova	✓		
6.8 Interface única através de *Browser* para cadastro de imagem e de impressão digital do condutor (aluno)	✓		
Total de Pontos Possível para Elementos Facultativos Desejáveis			500

[2] No caso específico dos integrantes da equipe multidisciplinar é necessário anexar currículos e documentos pertinentes que comprovem a qualificação dos profissionais responsáveis pela concepção, desenvolvimento, implementação, acompanhamento e avaliação do curso, bem como a comprovação do tipo de vínculo contratual da equipe com a entidade requerente.

RESOLUÇÃO DO CONTRAN Nº 182, DE 9 DE SETEMBRO DE 2005

Dispõe sobre uniformização do procedimento administrativo para imposição das penalidades de suspensão do direito de dirigir e de cassação da Carteira Nacional de Habilitação.

▶ Publicada no *DOU* de 24-10-2005 e retificada no *DOU* de 22-12-2005.

O Conselho Nacional de Trânsito – CONTRAN, no uso das atribuições que lhe são conferidas pelo art. 12, da Lei nº 9.503, de 23 de setembro de 1997, que instituiu o Código de Trânsito Brasileiro – CTB, e conforme Decreto nº 4.711, de 29 de maio de 2003, que trata da Coordenação do Sistema Nacional de Trânsito – SNT,

Considerando a necessidade de adoção de normas complementares de uniformização do procedimento administrativo adotado pelos órgãos e entidades de trânsito de um sistema integrado;

Considerando a necessidade de uniformizar o procedimento relativo à imposição das penalidades de suspensão e de cassação da Carteira Nacional de Habilitação na forma do disposto nos arts. 261 e 263 do CTB, resolve:

I – DISPOSIÇÕES PRELIMINARES

Art. 1º Estabelecer o procedimento administrativo para aplicação das penalidades de suspensão do direito de dirigir e cassação da Carteira Nacional de Habilitação – CNH.

Parágrafo único. Esta Resolução não se aplica à Permissão para Dirigir de que trata os §§ 3º e 4º do art. 148 do CTB.

Art. 2º As penalidades de que trata esta Resolução serão aplicadas pela autoridade de trânsito do órgão de registro da habilitação, em processo administrativo, assegurada a ampla defesa.

Parágrafo único. Os órgãos e entidades do Sistema Nacional de Trânsito – SNT que aplicam penalidades deverão prover os órgãos de trânsito de registro da habilitação das informações necessárias ao cumprimento desta Resolução.

Art. 3º A penalidade de suspensão do direito de dirigir será imposta nos seguintes casos:

I – sempre que o infrator atingir a contagem de vinte pontos, no período de doze meses;
II – por transgressão às normas estabelecidas no CTB, cujas infrações preveem, de forma específica, a penalidade de suspensão do direito de dirigir.

Art. 4º Esta Resolução regulamenta o procedimento administrativo para a aplicação da penalidade de cassação da Carteira Nacional de Habilitação para os casos previstos nos incisos I e II do artigo 263 do CTB.

Parágrafo único. A regra estabelecida no inciso III do art. 263 só será aplicada após regulamentação específica do CONTRAN.

II – DA SUSPENSÃO DO DIREITO DE DIRIGIR

Seção I

POR PONTUAÇÃO

Art. 5º Para fins de cumprimento do disposto no inciso I do art. 3º desta Resolução, a data do cometimento da infração deverá ser considerada para estabelecer o período de doze meses.

Art. 6º Esgotados todos os meios de defesa da infração na esfera administrativa, os pontos serão considerados para fins de instauração de processo administrativo para aplicação da penalidade de suspensão do direito de dirigir.

§ 1º Os órgãos e entidades do SNT que aplicam penalidades deverão comunicar aos órgãos de registro da habilitação o momento em que os pontos provenientes das multas por eles aplicadas poderão ser computados nos prontuários dos infratores.

§ 2º Se a infração cometida for objeto de recurso em tramitação na esfera administrativa ou de apreciação judicial, os pontos correspondentes ficarão suspensos até o julgamento e, sendo mantida a penalidade, os mesmos serão computados, observado o período de doze meses, considerada a data da infração.

Art. 7º Será instaurado processo administrativo para aplicação da penalidade de suspensão do direito de dirigir quando a soma dos pontos relativos às infrações cometidas atingir, no período de doze meses, vinte pontos.

§ 1º Será instaurado um único processo administrativo para aplicação da penalidade de suspensão do direito de dirigir mesmo que a soma dos pontos referida no *caput* deste artigo ultrapasse vinte no período de doze meses.

§ 2º Os pontos relativos às infrações que preveem, de forma específica, a aplicação da penalidade de suspensão do direito de dirigir não serão computados para fins da aplicação da mesma penalidade na forma prevista no inciso I do artigo 3º desta Resolução.

Seção II

POR INFRAÇÃO

Art. 8º Para fins de cumprimento do disposto no inciso II do art. 3º desta Resolução será instaurado processo administrativo para aplicação da penalidade de suspensão do direito de dirigir quando esgotados todos os meios de defesa da infração na esfera administrativa.

III – DO PROCESSO ADMINISTRATIVO

Art. 9º O ato instaurador do processo administrativo conterá o nome, qualificação do infrator, a infração com descrição sucinta do fato e indicação dos dispositivos legais pertinentes.

Parágrafo único. Instaurado o processo, far-se-á a respectiva anotação no prontuário do infrator, a qual não constituirá qualquer impedimento ao exercício dos seus direitos.

Art. 10. A autoridade de trânsito competente para impor as penalidades de que trata esta Resolução deverá expedir notificação ao infrator, contendo, no mínimo, os seguintes dados:

I – a identificação do infrator e do órgão de registro da habilitação;

II – a finalidade da notificação:

a) dar ciência da instauração do processo administrativo;
b) estabelecer data do término do prazo para apresentação da defesa;

III – os fatos e fundamentos legais pertinentes da infração ou das infrações que ensejaram a abertura do processo administrativo, informando sobre cada infração:

a) nº do auto;
b) órgão ou entidade que aplicou a penalidade de multa;
c) placa do veículo;
d) tipificação;
e) data, local, hora;
f) número de pontos;

IV – somatória dos pontos, quando for o caso.

§ 1º A notificação será expedida ao infrator por remessa postal, por meio tecnológico hábil ou por outros meios que assegurem a sua ciência;

§ 2º Esgotados todos os meios previstos para notificar o infrator, a notificação dar-se-á por edital, na forma da lei;

§ 3º A ciência da instauração do processo e da data do término do prazo para apresentação da defesa também poderá se dar no próprio órgão ou entidade de trânsito, responsável pelo processo.

§ 4º Da notificação constará a data do término do prazo para a apresentação da defesa, que não será inferior a quinze dias contados a partir da data da notificação da instauração do processo administrativo.

§ 5º A notificação devolvida por desatualização do endereço do infrator no RENACH, será considerada válida para todos os efeitos legais.

§ 6º A notificação a pessoal de missões diplomáticas, de repartições consulares de carreira e de representações de organismos internacionais e de seus integrantes será remetida ao Ministério das Relações Exteriores para as providências cabíveis, passando a correr os prazos a partir do seu conhecimento pelo infrator.

IV – DA DEFESA

Art. 11. A defesa deverá ser interposta por escrito, no prazo estabelecido, contendo, no mínimo, os seguintes dados:

I – nome do órgão de registro da habilitação a que se dirige;
II – qualificação do infrator;
III – exposição dos fatos, fundamentação legal do pedido, documentos que comprovem a alegação;
IV – data e assinatura do requerente ou de seu representante legal.

§ 1º A defesa deverá ser acompanhada de cópia de identificação civil que comprove a assinatura do infrator.

§ 2º O infrator poderá ser representado por procurador legalmente habilitado mediante apresentação de procuração, na forma da lei, sob pena de não conhecimento da defesa.

Art. 12. Recebida a defesa, a instrução do processo far-se-á através de adoção das medidas julgadas pertinentes, requeridas ou de ofício, inclusive quanto à requisição de informações a demais órgãos ou entidades de trânsito.

Parágrafo único. Os órgãos e entidades do Sistema Nacional de Trânsito, quando solicitados, deverão disponibilizar, em até trinta dias contados do recebimento da solicitação, os documentos e informações necessários à instrução do processo administrativo.

V – DO JULGAMENTO

Art. 13. Concluída a análise do processo administrativo, a autoridade do órgão de registro da habilitação proferirá decisão motivada e fundamentada.

Art. 14. Acolhida as razões de defesa, o processo será arquivado, dando-se ciência ao interessado.

Art. 15. Em caso de não acolhimento da defesa ou do seu não exercício no prazo legal, a autoridade de trânsito aplicará a penalidade.

VI – DA APLICAÇÃO DA PENALIDADE

Art. 16. Na aplicação da penalidade de suspensão do direito de dirigir a autoridade levará em conta a gravidade da infração, as circunstâncias em que foi cometida e os antecedentes do infrator para estabelecer o período da suspensão, na forma do art. 261 do CTB, observados os seguintes critérios:

I – Para infratores não reincidentes na penalidade de suspensão do direito de dirigir no período de doze meses:

a) de um a três meses, para penalidades de suspensão do direito de dirigir aplicadas em razão de infrações para as quais não sejam previstas multas agravadas;
b) de dois a sete meses, para penalidades de suspensão do direito de dirigir aplicadas em razão de infrações para as quais sejam previstas multas agravadas com fator multiplicador de três vezes;
c) de quatro a doze meses, para penalidades de suspensão do direito de dirigir aplicadas em razão de infrações para as quais sejam previstas multas agravadas com fator multiplicador de cinco vezes.

II – Para infratores reincidentes na penalidade de suspensão do direito de dirigir no período de doze meses:

a) de seis a dez meses, para penalidades de suspensão do direito de dirigir aplicadas em razão de infrações para as quais não sejam previstas multas agravadas;
b) de oito a dezesseis meses, para penalidades de suspensão do direito de dirigir aplicadas em razão de infrações para as quais sejam previstas multas agravadas com fator multiplicador de três vezes;
c) de doze a vinte e quatro meses, para penalidades de suspensão do direito de dirigir aplicadas em razão de infrações para as quais sejam previstas multas agravadas com fator multiplicador de cinco vezes.

Art. 17. Aplicada a penalidade, a autoridade notificará o infrator utilizando o mesmo procedimento dos §§ 1º e 2º do art. 10 desta Resolução, para interpor recurso ou entregar sua CNH no órgão de registro da habilitação, até a data do término do prazo constante na notificação, que não será inferior a trinta dias contados a partir da data da notificação da aplicação da penalidade.

Art. 18. Da notificação da aplicação da penalidade constarão, no mínimo, os seguintes dados:

I – identificação do órgão de registro da habilitação, responsável pela aplicação da penalidade;
II – identificação do infrator e número do registro da CNH;
III – número do processo administrativo;
IV – a penalidade aplicada e sua fundamentação legal;
V – data do término do prazo para interpor recurso junto à JARI.

VII – DO CUMPRIMENTO DA PENALIDADE

Art. 19. Mantida a penalidade pelos órgãos recursais ou não havendo interposição de recurso, a autoridade de trânsito notificará o infrator, utilizando o mesmo procedimento dos §§ 1º e 2º do art. 10 desta Resolução, para entregar sua CNH até a data do término do prazo constante na notificação, que não será inferior a quarenta e oito horas contadas a partir da notificação, sob as penas da lei.

§ 1º Encerrado o prazo previsto no *caput* deste artigo, a imposição da penalidade será inscrita no RENACH.

§ 2º Será anotada no RENACH a data do início do efetivo cumprimento da penalidade.

§ 3º Sendo o infrator flagrado conduzindo veículo, encerrado o prazo para a entrega da CNH, será instaurado processo administrativo de cassação do direito de dirigir, nos termos do inciso I do artigo 263 do CTB.

Art. 20. A CNH ficará apreendida e acostada aos autos e será devolvida ao infrator depois de cumprido o prazo de suspensão do direito de dirigir e comprovada a realização do curso de reciclagem.

Art. 21. Decorridos dois anos da cassação da CNH, o infrator poderá requerer a sua reabilitação, submetendo-se a todos os exames necessários à habilitação, na forma estabelecida no § 2º do artigo 263 do CTB.

VIII – DA PRESCRIÇÃO

Art. 22. A pretensão punitiva das penalidades de suspensão do direito de dirigir e cassação de CNH prescreverá em cinco anos, contados a partir da data do cometimento da infração que ensejar a instauração do processo administrativo.

Parágrafo único. O prazo prescricional será interrompido com a notificação estabelecida na forma do artigo 10 desta Resolução.

Art. 23. A pretensão executória das penalidades de suspensão do direito de dirigir e cassação da CNH prescreve em cinco anos contados a partir da data da notificação para a entrega da CNH, prevista no art. 19 desta Resolução.

IX – DAS DISPOSIÇÕES FINAIS

Art. 24. No curso do processo administrativo de que trata esta Resolução não incidirá nenhuma restrição no prontuário do infrator, inclusive para fins de mudança de categoria da CNH, renovação e transferência para outra unidade da Federação, até a notificação para a entrega da CNH, de que trata o art. 19.

§ 1º O processo administrativo deverá ser concluído no órgão executivo estadual de trânsito que o instaurou, mesmo que haja transferência do prontuário para outra unidade da Federação.

§ 2º O órgão executivo estadual de trânsito que instaurou o processo e aplicou a penalidade de suspensão do direito de dirigir ou cassação da CNH, deverá comunicá-la ao órgão executivo estadual de trânsito para onde foi transferido o prontuário, para fins de seu efetivo cumprimento.

Art. 25. As defesas e os recursos não serão conhecidos quando interpostos:

I – fora do prazo;
II – por quem não seja parte legítima.

Parágrafo único. O não conhecimento do recurso não impede a autoridade de trânsito e as instâncias recursais de reverem de ofício ato ilegal, desde que não ocorrida a preclusão administrativa.

Art. 26. Na contagem dos prazos, excluir-se-á o dia do início e incluir-se-á o do vencimento, e considerar-se-ão os dias consecutivos.

Art. 27. A autenticação das cópias dos documentos exigidos poderá ser feita por servidor do órgão de trânsito, à vista dos originais.

Art. 28. Fica o órgão máximo executivo de trânsito da União autorizado a expedir instruções necessárias para o pleno funcionamento do disposto nesta Resolução, objetivando sempre a praticidade e a agilidade das operações, em benefício do cidadão usuário dos serviços.

Art. 29. Os órgãos executivos de trânsito dos Estados e do Distrito Federal terão até o dia 1º de março de 2006 para adequarem seus procedimentos aos termos da presente Resolução.

Art. 30. Esta Resolução entrará em vigor na data de sua publicação, revogadas às disposições em contrário, em especial a Resolução nº 54/1998.

Ailton Brasiliense Pires
Presidente

RESOLUÇÃO DO CONTRAN Nº 197, DE 25 DE JULHO DE 2006

Regulamenta o dispositivo de acoplamento mecânico para reboque (engate) utilizado em veículos com PBT de até 3.500 kg e dá outras providências.

▶ Publicada no *DOU* de 31-7-2006.

O Conselho Nacional de Trânsito – CONTRAN, usando da competência que lhe confere o artigo 12 da Lei nº 9.503, de 23 de setembro de 1997, que instituiu o Código de Trânsito Brasileiro – CTB, e conforme o Decreto nº 4.711, de 29 de maio de 2003, que dispõe sobre a coordenação do Sistema Nacional de Trânsito; e,

Considerando que o artigo 97 do Código de Trânsito Brasileiro atribui ao CONTRAN a responsabilidade pela aprovação das exigências que permitam o registro, licenciamento e circulação de veículos nas vias públicas;

Considerando o disposto no artigo 16 e no parágrafo 58 do Anexo 5 da Convenção de Viena Sobre Trânsito Viário, promulgada pelo Decreto nº 86.714, de 10 de dezembro de 1981;

Considerando a necessidade de corrigir desvio de finalidade na utilização do dispositivo de acoplamento mecânico para reboque, a seguir denominado engate, em veículos com até 3.500 kg de Peso Bruto Total – PBT;

Considerando que para tracionar reboques os veículos tratores deverão possuir capacidade máxima de tração declarada pelo fabricante ou importador, conforme disposição do Código de Trânsito Brasileiro;

Considerando a necessidade de disciplinar o emprego e a fabricação dos engates aplicados em veículos com até 3.500 kg de PBT;

Resolve:

Art. 1º Esta resolução aplica-se aos veículos de até 3.500 kg de PBT, que possuam capacidade de tracionar reboques declarada pelo fabricante ou importador, e que não possuam engate de reboque como equipamento original de fábrica.

Art. 2º Os engates utilizados em veículos automotores com até 3.500 kg de peso bruto total deverão ser produzidos por empresas registradas junto ao Instituto Nacional de Metrologia, Normalização e Qualidade Industrial – INMETRO.

Parágrafo único. A aprovação do produto fica condicionada ao cumprimento de requisitos estabelecidos em regulamento do INMETRO, que deverá prever, no mínimo, a apresentação pela empresa fabricante de engate, de relatório de ensaio, realizado em um protótipo de cada modelo de dispositivo de acoplamento mecânico, proveniente de laboratório independente, comprobatório de atendimento dos requisitos estabelecidos na Norma NBR ISO 3853, NBR ISO 1103, NBR ISO 9187.

Art. 3º Os fabricantes e os importadores dos veículos de que trata esta Resolução deverão informar ao órgão máximo executivo de trânsito da União os modelos de veículos que possuem capacidade para tracionar reboques, além de fazer constar no manual do proprietário as seguintes informações:

I – especificação dos pontos de fixação do engate traseiro;

II – indicação da capacidade máxima de tração – CMT.

Art. 4º Para rastreabilidade do engate deverá ser fixada em sua estrutura, em local visível, uma plaqueta inviolável com as seguintes informações:

I – nome empresarial do fabricante, CNPJ e identificação do registro concedido pelo INMETRO;

II – modelo do veículo ao qual se destina;

III – capacidade máxima de tração do veículo ao qual se destina;

IV – referência a esta Resolução.

Art. 5º O instalador deverá cumprir o procedimento de instalação aprovado no INMETRO pelo fabricante do engate, bem como indicar na nota de venda do produto os dados de identificação do veículo.

Art. 6º Os veículos em circulação na data da vigência desta resolução, poderão continuar a utilizar os engates que portarem, desde que cumpridos os seguintes requisitos:

I – qualquer modelo de engate, desde que o equipamento seja original de fábrica;

II – quando instalado como acessório, o engate deverá apresentar as seguintes características:

a) esfera maciça apropriada ao tracionamento de reboque ou *trailler*;

b) tomada e instalação apropriada para conexão ao veículo rebocado;

c) dispositivo para fixação da corrente de segurança do reboque;

d) ausência de superfícies cortantes ou cantos vivos na haste de fixação da esfera;

e) ausência de dispositivo de iluminação.

▶ Incisos I e II com a redação dada pela Res. do CONTRAN nº 234, de 11-5-2007.

Art. 7º Os veículos que portarem engate em desacordo com as disposições desta Resolução, incorrem na infração prevista no artigo 230, inciso XII do Código de Trânsito Brasileiro.

Art. 8º Esta resolução entra em vigor na data de sua publicação, produzindo efeito nos seguintes prazos:

I – em até 180 dias:

a) para estabelecimento das regras para registro dos fabricantes de engate e das normas complementares;

b) para retirada ou regularização dos dispositivos instalados nos veículos em desconformidade com o disposto no artigo 6º, alínea *b*;

II – em até 365 dias, para atendimento pelos fabricantes e importadores do disposto nos incisos I e II do artigo 3º;

III – em até 730 dias para atendimento pelos fabricantes de engates e pelos instaladores, das disposições contidas nos artigos 1º e 4º.

Alfredo Peres da Silva
Presidente

RESOLUÇÃO DO CONTRAN Nº 203, DE 29 DE SETEMBRO DE 2006

Disciplina o uso de capacete para condutor e passageiro de motocicleta, motoneta, ciclomotor, triciclo motorizados e quadriciclo motorizado, e dá outras providências.

▶ Publicada no *DOU* de 10-11-2006.

▶ Res. do CONTRAN nº 230, de 2-3-2007, prorroga até o dia 6-8-2007, o prazo de entrada em vigor desta Resolução.

▶ Res. do CONTRAN nº 257, de 30-11-2007, disciplina o uso de capacete para condutor e passageiro de motocicleta, motoneta, ciclomotor, triciclo e quadriciclo motorizados.

▶ Res. do CONTRAN nº 356, de 2-8-2010, estabelece requisitos mínimos de segurança para o transporte remunerado de passageiros (mototáxi) e de cargas (motofrete) em motocicleta e motoneta.

O Conselho Nacional de Trânsito – CONTRAN, no uso da atribuição que lhe confere o art.12 da Lei nº 9.503, de 23 de setembro de 1997, que institui o Código de Trânsito Brasileiro, e conforme o Decreto nº 4.711, de 29 de maio de 2003, que dispõe sobre a coordenação do Sistema Nacional de Trânsito,

Considerando o disposto no inciso I dos artigos 54 e 55 e os incisos I e II do artigo 244 do Código de Trânsito Brasileiro,

Resolve:

Art. 1º É obrigatório, para circular na vias públicas, o uso de capacete pelo condutor e passageiro de motocicleta, motoneta, ciclomotor, triciclo motorizado e quadriciclo motorizado.

§ 1º O capacete tem de estar devidamente afixado à cabeça pelo conjunto formado pela cinta jugular e engate, por debaixo do maxilar inferior.

§ 2º O capacete tem de estar certificado por organismo acreditado pelo Instituto Nacional de Metrologia, Normalização e Qualidade Industrial – INMETRO, de acordo com regulamento de avaliação da conformidade por ele aprovado.

Art. 2º Para fiscalização do cumprimento desta Resolução, as autoridades de trânsito ou seus agentes devem observar a aposição de dispositivo refletivo de segurança nas partes laterais e traseira do capacete, a existência do selo de identificação da conformidade do INMETRO, ou etiqueta interna com a logomarca do INMETRO, podendo esta ser afixada no sistema de retenção, sendo exigíveis apenas para os capacetes fabricados a partir de 1º de agosto de 2007, nos termos do § 2º do art. 1º e do Anexo desta Resolução.

Parágrafo único. A fiscalização de que trata o *caput* deste artigo, será implementada a partir de 1º de junho de 2008.

▶ Art. 2º com a redação dada pela Res. do CONTRAN nº 270, de 15-2-2008.

Art. 3º O condutor e o passageiro de motocicleta, motoneta, ciclomotor, triciclo motorizado e quadriciclo motorizado, para circular na via pública, deverão utilizar capacete com viseira, ou na ausência desta, óculos de proteção.

§ 1º Entende-se por óculos de proteção, aquele que permite ao usuário a utilização simultânea de óculos corretivos ou de sol.

§ 2º Fica proibido o uso de óculos de sol, óculos corretivos ou de segurança do trabalho (EPI) de forma singular, em substituição aos óculos de proteção de que trata este artigo.

§ 3º Quando o veículo estiver em circulação, a viseira ou óculos de proteção deverão estar posicionados de forma a dar proteção total aos olhos.

§ 4º No período noturno, é obrigatório o uso de viseira no padrão cristal.

§ 5º É proibida a aposição de película na viseira do capacete e nos óculos de proteção.

Art. 4º Dirigir ou conduzir passageiro sem o uso do capacete implicará nas sanções previstas nos incisos I e II do art. 244, do Código de Trânsito Brasileiro.

Parágrafo único. Dirigir ou conduzir passageiro com o capacete fora das especificações contidas no artigo 2º desta Resolução, incidirá o condutor nas penalidades do inciso X do art. 230 do Código de Trânsito Brasileiro.

▶ Art. 4º com a redação dada pela Res. do CONTRAN nº 257, de 30-11-2007.

Art. 5º Esta Resolução entra em vigor no dia 1º de janeiro de 2008, revogando os artigos 1º, 2º e 4º da Resolução nº 20, de 17 de fevereiro de 1998.

▶ Artigo com a redação dada pela Res. do CONTRAN nº 257, de 30-11-2007.

Alfredo Peres da Silva
Presidente

ANEXO

I – DISPOSITIVO RETRORREFLETIVO DE SEGURANÇA

O capacete deve contribuir para a sinalização do usuário diuturnamente, em todas as direções, através de elementos retrorreflexivos, aplicados na parte externa do casco.

O elemento retrorreflexivo deve ter uma superfície de pelo menos 18 cm² (dezoito centímetros quadrados) e assegurar a sinalização em cada lado do capacete: frente, atrás, direita e esquerda. Em cada superfície de 18 cm², deve ser possível traçar um círculo de 4,0 cm de diâmetro ou um retângulo de superfície de, no mínimo, 12,5 cm² com uma largura mínima de 2,0 cm.

Cada uma destas superfícies deve estar situada o mais próximo possível do ponto de tangência do casco com um plano vertical paralelo ao plano vertical longitudinal de simetria, à direita e à esquerda, e do plano de tangência do casco com um plano vertical perpendicular ao plano longitudinal de simetria, à frente e para trás.

A cor do material iluminado pela fonte padrão A da CIE deve estar dentro da zona de coloração definida pelo CIE para branco retrorreflexivo.

O CONTRAN definirá em resolução própria, as cores e as especificações técnicas dos retrorreflexivos a serem utilizados no transporte remunerado.

Especificação do coeficiente mínimo de retrorefletividade em candelas por Lux por metro quadrado (orientação 0 e 90°):

Os coeficientes de retrorefletividade não deverão ser inferiores aos valores mínimos especificados. As medições serão feitas de acordo com o método ASTME-810. Todos os ângulos de entrada deverão ser medidos nos ângulos de observação de 0,2° e 0,5°. A orientação 90° é definida com a fonte de luz girando na mesma direção em que o dispositivo será afixado no capacete.

II – DEFINIÇÕES

DEFINIÇÃO DE UM CAPACETE MOTOCICLÍSTICO

Tem a finalidade de proteger a calota craniana, o qual deve ser calçado e fixado na cabeça do usuário, de forma que fique firme, com o tamanho adequado, encontrados nos tamanhos, desde o 50 até o 64.

DEFINIÇÃO DE UM CAPACETE CERTIFICADO

Capacete que possui aplicado as marcações (selo de certificação holográfico/etiqueta interna), com a marca do Sistema Brasileiro de Avaliação da Conformidade – SBAC, comercializado, após o controle do processo de fabricação e ensaios específicos, de maneira a garantir que os requisitos técnicos, definidos na norma técnica, foram atendidos. Os modelos de capacetes certificados estão descritos abaixo nos desenhos legendados de 01 a 07:

Figura 01 – Capacete integral (fechado) com viseira

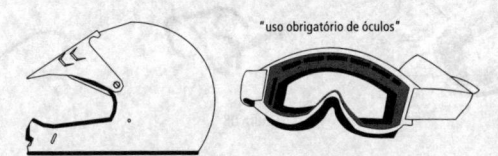

Figura 02 – Capacete integral sem viseira e com pala

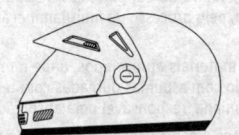

Figura 03 – Capacete integral com viseira e pala

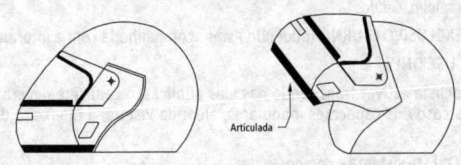

Figura 04 – Capacete modular

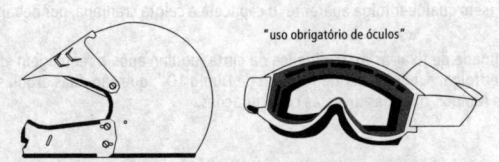

Figura 05 – Capacete misto com queixeira removível com pala e sem viseira

Figura 06 – Capacete aberto (jet) sem viseira (com ou sem pala)

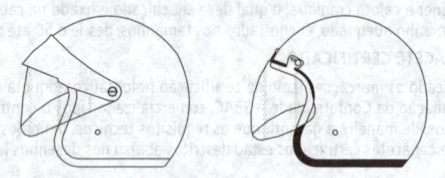

Figura 07 – Capacete aberto (jet) com viseira (com ou sem pala)

DEFINIÇÃO DE ÓCULOS DE PROTEÇÃO MOTOCICLÍSTICA

São óculos que permitem aos usuários a utilização simultânea de óculos corretivos ou de sol, cujo uso é obrigatório para os capacetes que não possuem viseiras, casos específicos das figuras 02, 05 e 06. É proibida a utilização de óculos de sol, ou de segurança do trabalho (EPI) de forma singular, nas vias públicas em substituição aos óculos de proteção motociclística.

Figura 08

DEFINIÇÕES DOS PRINCIPAIS COMPONENTES DE UM CAPACETE CERTIFICADO

CASCO EXTERNO: O casco pode ser construído em plásticos de engenharia, como o ABS e o Policarbonato (PC), através do processo de injeção, ou, pelo processo de multilaminação de fibras (vidro, aramídicas, carbono e polietileno), com resinas termofixas.

CASCO INTERNO: Confeccionado em materiais apropriados, onde o mais conhecido é poliestireno expansível (isopor), devido a sua resiliência, forrado com espumas dubladas com tecido, item que em conjunto com o casco externo, fornece a proteção à calota craniana, responsável pela absorção dos impactos.

VISEIRA: Destinada à proteção dos olhos e das mucosas, é construída em plásticos de engenharia, com transparência, fabricadas nos padrões, cristal, fumê *light*, fumê e metalizadas. Para o uso noturno, somente a viseira cristal é permitida, as demais, são para o uso exclusivo diurno, com a aplicação desta orientação na superfície da viseira, em alto ou baixo relevo, sendo:

Idioma português: USO EXCLUSIVO DIURNO (podendo estar acompanhada com a informação em outro idioma)

Idioma Inglês: DAY TIME USE ONLY

NOTA: Quando o motociclista estiver transitando nas vias públicas, o capacete deverá estar com a viseira totalmente abaixada, e no caso dos capacetes modulares, além da viseira, a queixeira deverá estar totalmente abaixada e travada.

SISTEMA DE RETENÇÃO: Este sistema é composto de:

CINTA JUGULAR: Confeccionada em materiais sintéticos, fixadas ao casco de forma apropriada, cuja finalidade é a de fixar firmemente (sem qualquer folga aparente) o capacete à calota craniana, por debaixo do maxilar inferior do usuário, e;

ENGATES: Tem a finalidade de fixar as extremidades da cinta jugular, após a regulagem efetuada pelo usuário, não deixando qualquer folga, e, podem ser no formato de Duplo "D", que são duas argolas estampadas em aço ou através de engates rápidos, nas suas diversas configurações.

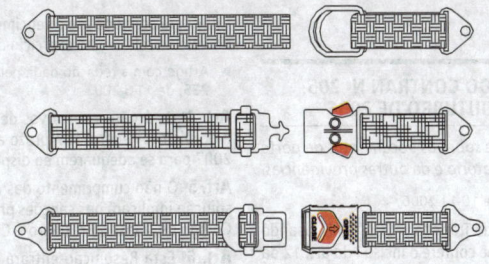

Figura 09 – Sistema de retenção jugular

ACESSÓRIOS: São componentes que podem, ou não, fazer parte integrante de um capacete certificado, como palas, queixeiras removíveis, sobreviseiras e máscaras.

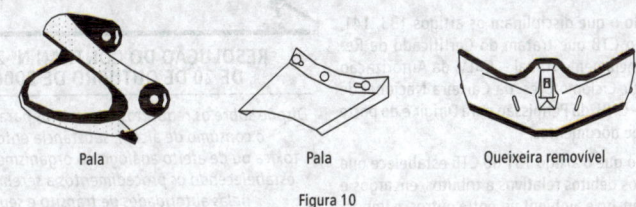

Pala Pala Queixeira removível

Figura 10

CAPACETES INDEVIDOS

Uso terminantemente proibido, nas vias públicas, por não cumprirem com os requisitos estabelecidos na norma técnica.

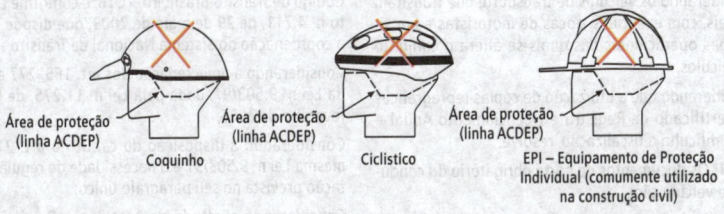

Área de proteção (linha ACDEP)
Coquinho

Área de proteção (linha ACDEP)
Ciclístico

Área de proteção (linha ACDEP)
EPI – Equipamento de Proteção Individual (comumente utilizado na construção civil)

Figura 11

FISCALIZAÇÃO EM VIAS PÚBLICAS

A autoridade de trânsito e seus agentes, ao abordar um motociclista trafegando em via pública, deve verificar:

1) Se o condutor e o passageiro estejam utilizando capacete(s) motociclístico(s), certificados pelo INMETRO;

2) Se o capacete ostenta afixado na parte de traz do casco, o selo holográfico do INMETRO, conforme definição;

3) Na ausência do selo holográfico do INMETRO, examinar existência da logomarca do INMETRO, na etiqueta interna do capacete, especificada na norma NBR7471;

4) O estado geral do capacete, buscando avarias ou danos que identifiquem a sua inadequação para o uso;

5) A existência de dispositivo retrorrefletivo de segurança como especificado nesta Resolução.

A relação dos capacetes certificados pelo INMETRO, com a descrição do fabricante ou importador, do modelo, dos tamanhos, da data da certificação, estão disponibilizados no site do INMETRO: www.inmetro.gov.br.

RESOLUÇÃO DO CONTRAN Nº 205, DE 20 DE OUTUBRO DE 2006

Dispõe sobre os documentos de porte obrigatório e dá outras providências.

▶ Publicada no *DOU* de 10-11-2006.

O Conselho Nacional de Trânsito – CONTRAN, usando da competência que lhe confere o inciso I do art. 12 da Lei nº 9.503, de 23 de setembro de 1997, que instituiu o Código de Trânsito Brasileiro – CTB, e conforme o Decreto nº 4.711, de 29 de maio de 2003, que dispõe sobre a coordenação do Sistema Nacional de Trânsito – SNT, e

Considerando o que disciplinam os artigos 133, 141, 159 e 232 do CTB que tratam do Certificado de Registro e Licenciamento Anual – CRLV, da Autorização para Conduzir Ciclomotores, da Carteira Nacional de Habilitação – CNH, da Permissão para Dirigir e do porte obrigatório de documentos;

Considerando que o artigo 131 do CTB estabelece que a quitação dos débitos relativos a tributos, encargos e multas de trânsito e ambientais, entre outros, o Imposto sobre Propriedade de Veículos Automotores – IPVA e do Seguro Obrigatório de Danos Pessoais causados por Veículos Automotores de Vias Terrestres – DPVAT, é condição para o licenciamento anual do veículo;

Considerando os veículos de transporte que transitam no país, com eventuais trocas de motoristas e em situações operacionais nas quais se altera o conjunto de veículos;

Considerando que a utilização de cópias reprográficas do Certificado de Registro e Licenciamento Anual – CRLV dificulta a fiscalização, resolve:

Art. 1º Os documentos de porte obrigatório do condutor do veículo são:

I – Autorização para Conduzir Ciclomotor – ACC, Permissão para Dirigir ou Carteira Nacional de Habilitação – CNH, no original;

II – Certificado de Registro e Licenciamento Anual – CRLV, no original.

§ 1º Os órgãos executivos de trânsito dos Estados e do Distrito Federal deverão expedir vias originais do Certificado de Registro e Licenciamento Anual – CRLV, desde que solicitadas pelo proprietário do veículo.

§ 2º Da via mencionada no parágrafo anterior deverá constar o seu número de ordem, respeitada a cronologia de sua expedição.

Art. 2º Sempre que for obrigatória a aprovação em curso especializado, o condutor deverá portar sua comprovação até que essa informação seja registrada no RENACH e incluída, em campo específico da CNH, nos termos do § 4º do art. 33 da Resolução do CONTRAN nº 168/2005.

Art. 3º Cópia autenticada pela repartição de trânsito do Certificado de Registro e Licenciamento Anual – CRLV será admitida até o vencimento do licenciamento do veículo relativo ao exercício de 2006.

▶ Artigo com a redação dada pela Res. do CONTRAN nº 235, de 11-5-2007.

Art. 4º Os órgãos executivos de trânsito dos Estados e do Distrito Federal têm prazo até 15 de fevereiro de 2007 para se adequarem ao disposto nesta Resolução.

Art. 5º O não cumprimento das disposições desta Resolução implicará nas sanções previstas no art. 232 do Código de Trânsito Brasileiro – CTB.

Art. 6º Esta Resolução entrará em vigor na data de sua publicação, revogada a Resolução do CONTRAN nº 13/98, respeitados os prazos previstos nos artigos 3º e 4º.

Alfredo Peres da Silva
Presidente

RESOLUÇÃO DO CONTRAN Nº 206, DE 20 DE OUTUBRO DE 2006

Dispõe sobre os requisitos necessários para constatar o consumo de álcool, substância entorpecente, tóxica ou de efeito análogo no organismo humano, estabelecendo os procedimentos a serem adotados pelas autoridades de trânsito e seus agentes.

▶ Publicada no *DOU* de 10-11-2006.

O Conselho Nacional de Trânsito – CONTRAN, no uso da competência que lhe confere o art. 12, inciso I, da Lei nº 9.503, de 23 de setembro de 1997, que instituiu o Código de Trânsito Brasileiro – CTB, e conforme Decreto nº 4.711, de 29 de maio de 2003, que dispõe sobre a coordenação do Sistema Nacional de Trânsito – SNT;

Considerando a nova redação dos art. 165, 277 e 302, da Lei nº 9.503/97, dada pela Lei nº 11.275, de 07 de fevereiro de 2006;

Considerando a disposição do *caput* do art. 276 da mesma Lei nº 9.503/97 e a necessidade de regulamentação prevista no seu parágrafo único;

Considerando o estudo da Associação Brasileira de Medicina de Tráfego – ABRAMET, acerca dos procedimentos médicos para fiscalização de embriaguez de condutores, resolve:

Art. 1º A confirmação de que o condutor se encontra dirigindo sob a influência de álcool ou de qualquer substância entorpecente ou que determine dependência física ou psíquica, se dará por, pelo menos, um dos seguintes procedimentos:

I – teste de alcoolemia com a concentração de álcool igual ou superior a seis decigramos de álcool por litro de sangue;

II – teste em aparelho de ar alveolar pulmonar (etilômetro) que resulte na concentração de álcool igual ou superior a 0,3mg por litro de ar expelido dos pulmões;

III – exame clínico com laudo conclusivo e firmado pelo médico examinador da Polícia Judiciária;

IV – exames realizados por laboratórios especializados, indicados pelo órgão ou entidade de trânsito competente ou pela Polícia Judiciária, em caso de uso de substância entorpecente, tóxica ou de efeitos análogos.

Art. 2º No caso de recusa do condutor à realização dos testes, dos exames e da perícia, previstos no artigo 1º, a infração poderá ser caracterizada mediante a obtenção, pelo agente da autoridade de trânsito, de outras provas em direito admitidas acerca dos notórios sinais resultantes do consumo de álcool ou de qualquer substância entorpecente apresentados pelo condutor, conforme Anexo desta Resolução.

§ 1º Os sinais de que trata o *caput* deste artigo, que levaram o agente da Autoridade de Trânsito à constatação do estado do condutor e à caracterização da infração prevista no artigo 165 da Lei nº 9.503/1997, deverão ser por ele descritos na ocorrência ou em termo específico que contenham as informações mínimas indicadas no Anexo desta Resolução.

§ 2º O documento citado no § 1º deste artigo deverá ser preenchido e firmado pelo agente da Autoridade de Trânsito, que confirmará a recusa do condutor em se submeter aos exames previstos pelo artigo 277 da Lei nº 9.503/1997.

Art. 3º É obrigatória a realização do exame de alcoolemia para as vítimas fatais de acidentes de trânsito.

Art. 4º Quando a infração for constatada por medidor de alcoolemia – etilômetro as notificações da autuação e da penalidade, além do disposto no Código de Trânsito Brasileiro e na legislação complementar, devem conter a alcoolemia medida pelo aparelho e a considerada para efeito da aplicação da penalidade.

§ 1º A alcoolemia considerada para efeito de aplicação de penalidade é a diferença entre a medida e o valor correspondente ao seu erro máximo admitido, todos expressos em mg/L (miligrama de álcool por litro de ar expirado).

§ 2º O erro máximo admitido deve respeitar a legislação metrológica em vigor.

Art. 5º Após a devida constatação da condução de veículo sob efeito de álcool, substâncias entorpecentes, tóxicas ou de efeitos análogos, será lavrado o Auto de Infração de Trânsito e adotadas as providências e medidas administrativas previstas nos artigos 165, 276 e 277 da Lei nº 9.503/1997.

Art. 6º O medidor de alcoolemia – etilômetro – deve observar os seguintes requisitos:

I – ter seu modelo aprovado pelo Instituto Nacional de Metrologia, Normalização e Qualidade Industrial – INMETRO, atendendo à legislação metrológica em vigor e aos requisitos estabelecidos nesta Resolução;
II – ser aprovado na verificação metrológica inicial realizada pelo INMETRO ou órgão da Rede Brasileira de Metrologia Legal e Qualidade – RBMLQ;
III – ser aprovado na verificação periódica anual realizada pelo INMETRO ou RBMLQ;
IV – ser aprovado em inspeção em serviço ou eventual, conforme determina a legislação metrológica vigente.

Art. 7º As condições de utilização do medidor de alcoolemia – etilômetro – devem obedecer a esta Resolução e à legislação metrológica em vigor.

Art. 8º Os órgão e entidades executivos de trânsito e rodoviários terão o prazo de até 60 (sessenta) dias, contados da publicação desta Resolução, para adequarem seus procedimentos.

Art. 9º Esta Resolução entrará em vigor na data da sua publicação, revogadas as disposições em contrário, em especial a Resolução nº 81/1998 do CONTRAN.

Alfredo Peres da Silva
Presidente

ANEXO

Informações mínimas que deverão constar no documento mencionado no artigo 2º desta Resolução, acerca do condutor e do fato:

I – Quanto ao condutor:
a) Nome;
b) Número do Prontuário da CNH ou do documento de identificação;
c) Endereço, sempre que possível.

II – Quanto ao veículo:
a) Placa/UF;
b) Marca.

III – Quanto ao fato:
a) Data;
b) Hora;
c) Local;
d) Número do auto de infração.

IV – Relato:
a) O condutor:
  i. Envolveu-se em acidente de trânsito;
  ii. Declara ter ingerido bebida alcoólica;
Em caso positivo, quando:
  iii. Declara ter feito uso de substância tóxica, entorpecente ou de efeito análogo.
Em caso positivo, quando:
  iv. Nega ter ingerido bebida alcoólica;
  v. Nega ter feito uso de substância tóxica, entorpecente ou de efeito análogo.
b) Quanto à aparência, se o condutor apresenta:
  i. Sonolência;
  ii. Olhos vermelhos;
  iii. Vômito;
  iv. Soluços;
  v. Desordem nas vestes;
  vi. Odor de álcool no hálito.
c) Quanto à atitude, se o condutor apresenta:
  i. Agressividade;
  ii. Arrogância;
  iii. Exaltação;
  iv. Ironia;
  v. Falante;
  vi. Dispersão.
d) Quanto à orientação, se o condutor:
  i. sabe onde está;
  ii. sabe a data e a hora.
e) Quanto à memória, se o condutor:
  i. sabe seu endereço;
  ii. lembra dos atos cometidos.

f) Quanto à capacidade motora e verbal, se o condutor apresenta:
   i. Dificuldade no equilíbrio;
   ii. Fala alterada.

V – Afirmação expressa de que:

De acordo com as características acima descritas, constatei que o condutor [nome do condutor] do veículo de placa [placa do veículo], [está/não está] sob a influência de álcool, substância tóxica, entorpecente ou de efeitos análogos e se recusou a submeter-se aos testes, exames ou perícia que permitiriam certificar o seu estado.

VI – Dados do Policial ou do Agente da Autoridade de Trânsito:

a) Nome;
b) Matrícula;
c) Assinatura.

RESOLUÇÃO DO CONTRAN Nº 216, DE 14 DE DEZEMBRO DE 2006

Fixa exigências sobre condições de segurança e visibilidade dos condutores em para-brisas em veículos automotores, para fins de circulação nas vias públicas.

▶ Publicada no *DOU* de 27-12-2006.

O Conselho Nacional de Trânsito – CONTRAN, usando a competência que lhe confere o inciso I do artigo 12 da Lei nº 9.503 de 23 de setembro de 1997, que instituiu o Código de Trânsito Brasileiro – CTB e conforme o Decreto nº 4.711, de 29 de maio de 2003, que trata da Coordenação do Sistema Nacional de Trânsito, e

Considerando que a regulamentação da matéria contribuirá para a unificação de entendimento no âmbito dos órgãos e entidades componentes do Sistema Nacional de Trânsito – SNT, para fins de inspeção e fiscalização;

Considerando que os requisitos estabelecidos nas Normas Brasileiras da ABNT objetivam fixar condições de segurança e requisitos mínimos para vidros de segurança instalados em veículos automotores, reduzir os riscos de lesões aos seus ocupantes e assegurar visibilidade condutores de veículos, resolve:

Art. 1º Fixar requisitos técnicos e estabelecer exigências sobre as condições de segurança dos para-brisas de veículos automotores e de visibilidade do condutor para fins de circulação nas vias públicas.

Art. 2º Para efeito desta Resolução, as trincas e fraturas de configuração circular são consideradas dano ao para-brisa.

Art. 3º Na área crítica de visão do condutor e em uma faixa periférica de 2,5 centímetros de largura das bordas externas do para-brisa não devem existir trincas e fraturas de configuração circular, e não podem ser recuperadas.

Art. 4º Nos para-brisas dos ônibus, micro-ônibus e caminhões, a área crítica de visão do condutor conforme figura ilustrativa do anexo desta Resolução é aquela situada a esquerda do veículo determinada por um retângulo de 50 centímetros de altura por 40 centímetros de largura, cujo eixo de simetria vertical é demarcado pela projeção da linha de centro do volante de direção, paralela à linha de centro do veículo, cuja base coincide com a linha tangente do ponto mais alto do volante.

Parágrafo único. Nos para-brisas dos veículos de que trata o caput deste artigo, são permitidos no máximo três danos, nas regiões definidas no art. 3º, respeitando os seguintes limites:

I – trinca não superior a 20 centímetros de comprimento;

II – fratura de configuração circular não superior a 4 centímetros de diâmetro.

Art. 5º Nos demais veículos automotores, a área crítica de visão do condutor é a metade esquerda da região de varredura das palhetas do limpador de para-brisa.

Parágrafo único. Nos para-brisas dos veículos de que trata o caput deste artigo, são permitidos no máximo dois danos, exceto nas regiões definidas no art. 3º, respeitando os seguintes limites:

I – trinca não superior a 10 centímetros de comprimento;

II – fratura de configuração circular não superior a 4 centímetros de diâmetro.

Art. 6º O descumprimento do disposto nesta Resolução sujeita o infrator às sanções previstas no artigo 230, inciso XVIII c/c o artigo 270, § 2º, do Código de Trânsito Brasileiro.

Art. 7º Esta Resolução entra em vigor na data de sua publicação, revogadas as disposições em contrário.

Alfredo Peres Da Silva
Presidente do Conselho

ANEXO
ÁREA CRÍTICA DE VISÃO DO CONDUTOR

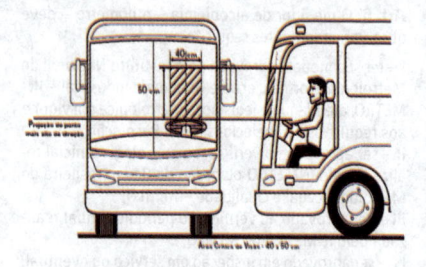

Nota – Para a identificação do retângulo de 40 x 50 cm o Agente poderá valer-se de um gabarito com as referidas dimensões, feito em papel, plástico, madeira ou metal, com uma indicação em sua parte central, a qual posicionada no nível superior do volante da direção, na posição central, possibilitará a identificação precisa da área crítica de visão do condutor.

RESOLUÇÃO DO CONTRAN Nº 217, DE 14 DE DEZEMBRO DE 2006

Delega competência ao órgão máximo executivo de trânsito da União para estabelecer os campos de preenchimento das informações que devem constar do Auto de Infração.

► Publicada no *DOU* de 27-12-2006.

O Conselho Nacional de Trânsito – CONTRAN, no uso das atribuições que lhe são conferidas pelo artigo 12, da Lei nº 9.503, de 23 de setembro de 1997, que institui o Código de Trânsito Brasileiro e conforme o Decreto Federal nº 4.711, de 29 de maio de 2003, que trata da Coordenação do Sistema Nacional de Trânsito, e

Considerando a necessidade de uniformizar, para todo o território Nacional, os campos e informações mínimas que deverão compor o Auto de Infração de Trânsito, na forma do disposto no artigo 280 do Código de Trânsito Brasileiro, e regulamentação complementar, resolve:

Art. 1º Delegar competência ao órgão máximo executivo de trânsito da União para estabelecer os campos das informações mínimas que devem constar do Auto de Infração.

Art. 2º Incumbir para fins de preenchimento em sistema informatizado, o órgão máximo executivo de trânsito da União da definição:

I – do tipo e número de caracteres de cada campo para fins de processamento dos dados;
II – dos códigos que deverão ser utilizados;
III – dos campos que deverão ser de preenchimento opcional;
IV – dos campos obrigatórios para infrações específicas, nos termos estabelecidos em normas complementares.

Art. 3º Permitir que os órgãos e entidades de trânsito implementem o modelo do Auto de Infração que utilizarão no âmbito de suas respectivas competências e circunscrições, respeitados os campos das informações mínimas e de preenchimento obrigatório estabelecidos pelo órgão máximo executivo de trânsito da União.

Art. 4º Os órgãos e entidades do Sistema Nacional de Trânsito terão 180 dias, após a publicação da Portaria a ser baixada pelo órgão máximo executivo de trânsito da União, para se adequarem às novas disposições, data em que ficará revogada a Resolução nº 1/1998 – CONTRAN.

Art. 5º Esta Resolução entra em vigor na data de sua publicação.

Alfredo Peres da Silva
Presidente do Conselho

RESOLUÇÃO DO CONTRAN Nº 218, DE 20 DE DEZEMBRO DE 2006

Aprova o Regimento Interno das Câmaras Temáticas do CONTRAN.

► Publicada no *DOU* de 27-12-2006.

O Conselho Nacional de Trânsito – CONTRAN, usando da competência que lhe confere o inciso I do art. 12 da Lei nº 9.503, de 23 de setembro de 1997, que instituiu o Código de Trânsito Brasileiro – CTB, e à vista do disposto no Decreto nº 4.711, de 29 de maio de 2003, que dispõe sobre a coordenação do Sistema Nacional de Trânsito – SNT, resolve:

Art. 1º Aprovar o Regimento Interno das Câmaras Temáticas do CONTRAN, na forma do anexo desta Resolução.

Art. 2º Até a nomeação da nova composição de cada Câmara Temática, os membros do mandato findo poderão continuar a prestar seus serviços, quando convocados pelo Presidente do CONTRAN.

► Art. 2º com a redação dada pela Res. do CONTRAN nº 313, de 8-5-2009.

Art. 3º Esta Resolução entra em vigor a partir de 1º de janeiro de 2007, data em que ficam revogadas as Resoluções nºs 144/2003, 172/2005, 183/2005 e 186/2006 do CONTRAN.

Alfredo Peres da Silva
Presidente

ANEXO

CAPÍTULO I

DA NATUREZA, COMPOSIÇÃO E ORGANIZAÇÃO

Art. 1º As Câmaras Temáticas, órgãos técnicos vinculados ao Conselho Nacional de Trânsito – CONTRAN têm como objetivo estudar e oferecer sugestões e embasamento técnico sobre assuntos específicos para decisões do Conselho, nos termos do art. 13 do Código de Trânsito Brasileiro.

Art. 2º As Câmaras Temáticas são:

I – de Assuntos Veiculares;
II – de Educação para o Trânsito e Cidadania;
III – de Engenharia de Tráfego, da Sinalização e da Via;
IV – Esforço Legal: infrações, penalidades, crimes de trânsito, policiamento e fiscalização de trânsito;
V – de Formação e Habilitação de Condutores;
VI – de Saúde e Meio Ambiente no Trânsito.

Art. 3º Cada Câmara Temática é composta por pessoas representantes de órgãos e entidades de trânsito da União, dos Estados ou do Distrito Federal e dos Municípios, em igual número, pertencentes ao Sistema Nacional de Trânsito, além de especialistas, representantes de diversos segmentos da sociedade relacionados com o trânsito.

Parágrafo único. As indicações para composição das Câmaras Temáticas deverão ser acompanhadas de currículos.

Art. 4º Cada Câmara será composta por dezoito titulares e respectivos suplentes, selecionados pelo Diretor do DENATRAN e nomeados pelo Ministro das Cidades:

I – um representante do órgão máximo executivo de trânsito da União, que será o Secretário Executivo da Câmara Temática;
II – um representante do órgão ou entidade executivo rodoviário da União;
III – um representante da Polícia Rodoviária Federal;
IV – três representantes dos órgãos ou entidades executivos de trânsito, ou rodoviário, ou de policiamento e fiscalização dos Estados ou do Distrito Federal;
V – três representantes dos órgãos ou entidades executivos de trânsito e rodoviários dos Municípios;
VI – quatro especialistas representantes de segmentos organizados da sociedade relacionados com trânsito e a temática da respectiva Câmara;
VII – cinco especialistas de notório saber na temática da respectiva Câmara.

§ 1º Os membros das Câmaras Temáticas, titulares e suplentes, deverão ser representantes da mesma pessoa jurídica.

§ 2º No caso do representante do Órgão Máximo Executivo de Trânsito da União ser eleito o Coordenador da Câmara Temática, o Secretário Executivo será o seu suplente, sem direito a voto enquanto presente à reunião o titular.

Art. 5º O mandato dos membros da Câmara terá duração de dois anos, admitidas reconduções.

§ 1º Comprovada a prática de ato de improbidade o CONTRAN determinará a imediata substituição do membro da Câmara.

§ 2º Ocorrendo, por qualquer motivo, a vacância do titular da representação, seu suplente passará à condição de titular até que seja providenciada, na forma do artigo 4º deste Regimento Interno, a nomeação de um novo membro para complementação do respectivo mandato.

Art. 6º O Órgão Máximo Executivo de Trânsito da União dará suporte técnico e administrativo às Câmaras Temáticas, promovendo as atividades necessárias, por meio do Secretário Executivo.

CAPÍTULO II

DA COMPETÊNCIA E DAS ATRIBUIÇÕES

SEÇÃO I

DA CÂMARA TEMÁTICA

Art. 7º Compete à Câmara Temática na função de assessoramento do CONTRAN:

I – desenvolver estudos, opinar e sugerir sobre matérias na área de suas atribuições, obedecidas às prioridades estabelecidas por aquele Colegiado;

II – propor ao Órgão Máximo Executivo de Trânsito da União a criação de Grupo Técnico (GT), bem como de Grupo Técnico Inter-Câmaras (GTI), para fornecer subsídios aos estudos da Câmara.

SEÇÃO II

DO SECRETÁRIO EXECUTIVO

Art. 8º Compete ao Secretário executivo da Câmara Temática:

I – recepcionar a documentação dirigida à Câmara Temática, distribuindo-a e controlando sua tramitação;
II – assegurar o apoio logístico necessário ao pleno funcionamento da Câmara Temática, encaminhando ao órgão máximo executivo de trânsito da União, por intermédio da Assessoria Técnica – ATEC, termo de referência para cada reunião, com antecedência mínima de 30 (trinta) dias;

► Inciso II com a redação dada pela Res. do CONTRAN nº 313, de 8-5-2009.

III – encaminhar aos respectivos destinatários, os expedientes e documentos enviados pelo Coordenador da Câmara Temática;
IV – manter a guarda e gestão dos arquivos, registros e documentos de interesse da Câmara Temática;
V – estabelecer em conjunto com o Coordenador da Câmara Temática, a pauta das reuniões, com antecedência mínima de 10 (dez) dias, enviando-a aos membros;

► Inciso V com a redação dada pela Res. do CONTRAN nº 313, de 8-5-2009.

VI – encaminhar aos membros da Câmara Temática a convocação e respectiva pauta das reuniões, bem como suas súmulas;
VII – decidir em conjunto com o Coordenador da Câmara Temática a participação de convidados para as reuniões;
VIII – encaminhar à Câmara Temática as demandas estabelecidas pelo CONTRAN para a realização de estudos, registrando e acompanhando a sua tramitação;
IX – providenciar a entrega do original da súmula de cada reunião da Câmara Temática ao órgão máximo executivo de trânsito da União, por intermédio da Assessoria Técnica – ATEC, em até 5 (cinco) dias após a reunião, assim como os originais de notas técnicas, pareceres, relatórios e outros documentos que tenham sido produzidos ou aprovados com registro naquela súmula;
X – propor ao órgão máximo executivo de trânsito da União, ou opinar, sobre o estabelecimento do calendário de reuniões da Câmara Temática, em conjunto com o Coordenador da Câmara;
XI – organizar a lista de presença de cada reunião, colhendo a assinatura dos participantes, por período.

► Incisos IX a XI acrescidos pela Res. do CONTRAN nº 313, de 8-5-2009.

SEÇÃO III

DO COORDENADOR

Art. 9º Compete ao Coordenador da Câmara Temática:

I – abrir, encerrar e coordenar as reuniões da Câmara, observadas as disposições deste Regimento;
II – solicitar e conceder vistas dos assuntos constantes da pauta;
III – assinar as súmulas das reuniões e o encaminhamento dos expedientes e pareceres;
IV – designar relator para expedientes e processos;

V – autorizar a manifestação de convidado a respeito de determinado assunto;

VI – convocar, de comum acordo com o Secretário Executivo, reunião extraordinária.

Parágrafo único. Não estando presente, o Coordenador será substituído pelo Secretário Executivo.

Seção IV

DOS MEMBROS INTEGRANTES DA CÂMARA

Art. 10. Compete aos membros da Câmara Temática:

I – participar das reuniões e deliberar sobre os assuntos tratados;

II – propor e requerer esclarecimentos que lhes forem úteis à melhor apreciação das matérias tratadas;

III – eleger, o Coordenador, dentre os membros da Câmara;

IV – compor comissões especiais ou grupos técnicos da Câmara (GT), ou inter-câmaras (GTI);

V – relatar processos e elaborar pareceres ou nota técnica, quando designado pelo Coordenador;

VI – solicitar vistas aos expedientes e processos constantes da pauta.

Capítulo III

DO FUNCIONAMENTO

Seção I

DAS REUNIÕES

Art. 11. A Câmara Temática reunir-se-á de acordo com calendário previamente aprovado ou quando convocada extraordinariamente.

§ 1º A reunião da Câmara Temática só será instalada com presença mínima de metade mais um de seus membros.

§ 2º Não alcançando número necessário para a instalação, o fato será registrado na súmula, constando da mesma os nomes dos membros que tiverem comparecido.

§ 3º Será atribuída falta aos membros que não comparecerem, mesmo que a reunião não se realize por falta de *quorum*.

§ 4º Na ausência do titular, a representação se dará pelo suplente.

§ 5º A presença será verificada a cada dia de reunião, sendo considerada:

I – falta de dia, a ausência em um dos dias da reunião;
II – falta de reunião, a ausência em todos os dias de duração da reunião.

§ 6º Perderá o mandato e será substituída a representação que tiver:

I – três faltas de dia, em três reuniões consecutivas;
II – quatro faltas de dia, em quatro reuniões intercaladas;
III – duas faltas de reunião, em reuniões consecutivas;
IV – três faltas de reunião, em reuniões intercaladas.

Art. 12. A ordem dos trabalhos nas reuniões da Câmara Temática será:

I – abertura da reunião;

II – leitura da súmula da reunião anterior, realizando retificações se necessário;

▶ Inciso II com a redação dada pela Res. do CONTRAN nº 313, de 8-5-2009.

III – apreciação dos assuntos constantes da pauta e sua distribuição para relatoria;

IV – apresentação, discussão e conclusão de pareceres de processos e expedientes constantes da pauta.

Art. 13. As reuniões serão registradas em súmulas, assinadas pelo Coordenador e pelo Secretário Executivo, acompanhadas das listas de presença devidamente assinadas pelos participantes, que serão encaminhadas ao órgão máximo executivo de trânsito da União, por intermédio da Assessoria Técnica – ATEC.

▶ *Caput* com a redação dada pela Res. do CONTRAN nº 313, de 8-5-2009.

Art. 14. A convocação do suplente, no caso de impedimento do titular, deverá ser realizada pelo titular.

Seção II

DA RELATORIA E DO PEDIDO DE VISTAS

Art. 15. O relator designado pelo Coordenador deverá apresentar seu parecer na reunião seguinte, permitida prorrogação por mais uma reunião, desde que devidamente justificada.

Parágrafo único. O parecer deverá ser encaminhado ao Órgão Máximo Executivo de Trânsito da União, em meio digital, 5 (cinco) dias úteis antes da reunião.

Art. 16. Após a apresentação do parecer do relator, será facultado o pedido de vistas, com devolução na reunião seguinte.

§ 1º Após devolução do primeiro pedido de vistas, havendo interesse de algum membro em solicitar novo pedido, o mesmo será concedido simultaneamente a todos os demais membros da Câmara para conclusão na reunião seguinte.

§ 2º Havendo parecer no pedido de vistas, o mesmo deverá ser encaminhado ao Órgão Máximo Executivo de Trânsito da União, em meio digital, 5 (cinco) dias úteis antes da reunião.

Seção III

DAS VOTAÇÕES E CONCLUSÕES

Art. 17. As conclusões dos estudos técnicos das Câmaras Temáticas serão tomadas pela votação de seus membros, conforme § 1º do artigo 10 deste Regimento Interno, e enviadas ao Órgão Máximo Executivo de Trânsito da União.

Art. 18. O voto vencido será consignado na súmula e o membro da Câmara Temática que o tiver proferido poderá justificá-lo resumidamente para tomada a termo, ou juntar, antes da aprovação da súmula da respectiva reunião, as suas razões, passando a fazer parte dela como se transcritas estivessem.

Art. 19. O Coordenador da Câmara terá direito a voto nominal e de qualidade.

Capítulo IV
DAS DISPOSIÇÕES FINAIS

Art. 20. Os serviços prestados às Câmaras Temáticas serão considerados, para todos os efeitos, como de interesse público e relevante valor social.

Art. 21. As despesas dos membros participantes das Câmaras serão suportadas pelos órgãos, entidades ou instituições a que representam.

Parágrafo único. O Órgão Máximo Executivo de Trânsito da União poderá suportar as despesas mencionadas no *caput* deste artigo, atendidas as exigências legais.

Art. 22. Os casos de divergência, omissões e dúvidas surgidas na aplicação do presente Regimento Interno serão solucionados pelo Presidente do CONTRAN.

RESOLUÇÃO DO CONTRAN Nº 227, DE 9 DE FEVEREIRO DE 2007

Estabelece requisitos referentes aos sistemas de iluminação e sinalização de veículos.

▶ Publicado no *DOU* de 12-3-2007.

O Conselho Nacional do Trânsito – CONTRAN, usando da competência que lhe confere o inciso I do art. 12 da Lei nº 9503, de 23 de setembro de 1997, que institui o Código de Trânsito Brasileiro – CTB, e conforme o Decreto nº 4711, de 29 de maio de 2003, que dispõe sobre a coordenação do Sistema Nacional do Trânsito, e

Considerando que nenhum veículo poderá transitar nas vias terrestres abertas à circulação pública sem que ofereça as condições mínimas de segurança;

Considerando que a normalização dos sistemas de iluminação e sinalização é de vital importância na manutenção da segurança do Trânsito;

Considerando a necessidade de aperfeiçoar e atualizar os requisitos de segurança para os veículos nacionais e importados, resolve:

Art. 1º Os automóveis, camionetas, utilitários, caminhonetes, caminhões, caminhão trator, ônibus, micro-ônibus, reboques e semirreboques novos saídos de fábrica, nacionais e importados a partir de 1º-1-2009, deverão estar equipados com sistema de iluminação veicular, de acordo com as exigências estabelecidas por esta Resolução e seus Anexos.

§ 1º Os dispositivos componentes dos sistemas de iluminação e de sinalização veicular devem atender ao estabelecido nos Anexos que fazem parte dessa Resolução:

Anexo 1 – Instalação de dispositivos de iluminação e sinalização luminosa.
Anexo 2 – Faróis principais emitindo fachos assimétricos e equipados com lâmpadas de filamento.
Anexo 3 – Faróis de neblina dianteiros.
Anexo 4 – Lanternas de marcha-a-ré.
Anexo 5 – Lanternas indicadores de direção.
Anexo 6 – Lanternas de posição dianteiras e traseiras, lanternas de freio e lanternas delimitadoras traseiras.
Anexo 7 – Lanterna de iluminação da placa traseira.
Anexo 8 – Lanternas de neblina traseiras.
Anexo 9 – Lanternas de estacionamento.
Anexo 10 – Faróis principais equipados com fonte de luz de descarga de gás.
Anexo 11 – Fonte de luz para uso em farol de descarga de gás.
Anexo 12 – Retrorrefletores.
Anexo 13 – Lanterna de posição lateral.
Anexo 14 – Farol de rodagem diurna.

§ 2º Os veículos inacabados (chassi de caminhão com cabina e sem carroçaria com destino ao concessionário, encarroçador ou, ainda, a serem complementados por terceiros), não estão sujeitos à aplicação dos dispositivos relacionados abaixo:

a) lanternas delimitadoras traseiras;
b) lanternas laterais traseiras e intermediárias;
c) retrorrefletores laterais traseiros e intermediários.

§ 3º Os dispositivos mencionados no parágrafo anterior devem ser aplicados, conforme o caso, quando da complementação do veículo.

§ 4º Os veículos inacabados (chassi de caminhão com cabina incompleta ou sem cabina, chassi e plataforma para ônibus ou micro-ônibus) com destino ao concessionário, encarroçador ou, ainda, a serem complementados por terceiros, não estão sujeitos à aplicação dos dispositivos relacionados abaixo:

a) lanternas delimitadoras dianteiras e traseiras;
b) lanternas laterais e dianteiras, traseiras e intermediárias;
c) retrorrefletores laterais e dianteiros, traseiros e intermediários;
d) lanternas de iluminação da placa traseira; e
e) lanterna de marcha-a-ré.

§ 5º Os dispositivos mencionados no parágrafo anterior devem ser aplicados, conforme o caso, quando da complementação do veículo.

§ 6º Os veículos inacabados (chassi de caminhão com cabina incompleta ou sem cabina, chassi e plataforma para ônibus ou micro-ônibus, com destino ao concessionário, encarroçador ou, ainda, a serem complementados por terceiros) não estão sujeitos ao cumprimento dos requisitos de iluminação e sinalização, quanto à posição de montagem e prescrições fotométricas estabelecidas na presente Resolução, para aqueles dispositivos luminosos a serem substituídos ou modificados quando da sua complementação.

§ 7º Ficam limitados a instalação e o funcionamento simultâneo de no máximo 8 (oito) faróis, independentemente de suas finalidades.

▶ § 7º com a redação dada pela Res. do CONTRAN nº 383, de 2-6-2011.

§ 8º A identificação, localização e forma correta de utilização dos dispositivos luminosos deverão constar no manual do veículo.

▶ § 8º acrescido pela Res. do CONTRAN nº 294, de 17-10-2008.

§ 9º É proibida a colocação de adesivos, pinturas, películas ou qualquer outro material nos dispositivos dos sistemas de iluminação ou sinalização de veículos.

▶ § 9º acrescido pela Res. do CONTRAN nº 383, de 2-6-2011.

Art. 2º Serão aceitas inovações tecnológicas ainda que não contempladas nos requisitos estabelecidos nos Anexos, mas que comprovadamente assegurem a sua eficácia e segurança dos veículos, desde que devidamente avaliadas e aprovadas pelo órgão máximo executivo de trânsito da União.

Art. 3º Para fins de conformidade com o disposto nos Anexos da presente Resolução, serão aceitos os resultados de ensaios emitidos por órgão acreditado pelo INMETRO – Instituto Nacional de Metrologia, Normalização e Qualidade Industrial.

Art. 4º Fica a critério do órgão máximo executivo de trânsito da União admitir, para efeito de comprovação do atendimento das exigências desta Resolução, os resultados de testes e ensaios obtidos por procedimentos similares de mesma eficácia, realizados no exterior.

Art. 5º Fica a critério do órgão máximo executivo de trânsito da União homologar veículos que cumpram com os sistemas de iluminação que atendam integralmente à norma Norte Americana FMVSS 108.

Art. 6º Os Anexos desta Resolução encontram-se disponíveis no sitio eletrônico www.denatran.gov.br.

***Art. 6º-A.** O não atendimento ao disposto nesta Resolução sujeita o infrator à aplicação das penalidades e medidas administrativas previstas no artigo 230, incisos IX, XII, XIII e XXII do CTB, conforme infração a ser apurada.*

▶ Artigo acrescido pela Res. do CONTRAN nº 383, de 2-6-2011.

Art. 7º Esta Resolução entra em vigor na data de sua publicação, produzindo seus efeitos a partir de 1º-1-2009, quando ficarão revogadas as Resoluções 680/1987 e 692/1988 do CONTRAN.

Art. 8º Até a efetiva adequação das exigências estabelecidas nesta Resolução, os veículos mencionados deverão estar em conformidade com o disposto nas Resoluções nºs 680/1987 e 692/1988 – CONTRAN.

▶ Artigo acrescido pela Res. do CONTRAN nº 294, de 17-10-2008.

Alfredo Peres da Silva
Presidente

▶ Optamos por não publicar os anexos nesta edição.

RESOLUÇÃO DO CONTRAN Nº 231, DE 15 DE MARÇO DE 2007

Estabelece o Sistema de Placas de Identificação de Veículos.

▶ Publicada no *DOU* de 21-3-2007 e republicada no *DOU* de 2-4-2007.

O Conselho Nacional de Trânsito – CONTRAN, no uso da competência que lhe confere o artigo 12, inciso I, da Lei nº 9.503, de 23 de setembro de 1997, que instituiu o Código de Trânsito Brasileiro e nos termos do disposto no Decreto nº 4.711, de 29 de maio de 2003, que trata da Coordenação do Sistema Nacional de Trânsito.

Considerando o disposto nos Artigos 115, 221 e 230 nos incisos I, IV e VI do Código de Trânsito Brasileiro – CTB que estabelece que o CONTRAN definirá os modelos e especificações das placas de identificação dos veículos;

Considerando a necessidade de melhor identificação dos veículos e tendo em vista o que consta dos Processos 80001.016227/2006-08, 80001.027803/2006-34; resolve:

Art. 1º Após o registro no órgão de trânsito, cada veículo será identificado por placas dianteira e traseira, afixadas em primeiro plano e integrante do mesmo, contendo 7 (sete) caracteres alfanuméricos individualizados sendo o primeiro grupo composto por 3 (três), resultante do arranjo, com repetição de 26 (vinte e seis) letras, tomadas três a três, e o segundo grupo composto por 4 (quatro), resultante do arranjo, com repetição, de 10 (dez) algarismos, tomados quatro a quatro.

§ 1º Além dos caracteres previstos neste artigo, as placas dianteira e traseira deverão conter, gravados em tarjetas removíveis a elas afixadas, a sigla identificadora da Unidade da Federação e o nome do Município de registro do veículo, exceção feita às placas dos veículos oficiais, de representação, aos pertencentes a missões diplomáticas, às repartições consulares, aos organismos internacionais, aos funcionários estrangeiros administrativos de carreira e aos peritos estrangeiros de cooperação internacional.

§ 2º As placas excepcionalizadas no § anterior, deverão conter, gravados nas tarjetas ou, em espaço correspondente, na própria placa, os seguintes caracteres:

I – veículos oficiais da União: B R A S I L;
II – veículos oficiais das Unidades da Federação: nome da Unidade da Federação;
III – veículos oficiais dos Municípios: sigla da Unidade da Federação e nome do Município;
IV – As placas dos veículos automotores pertencentes às Missões Diplomáticas, às Repartições Consulares, aos Organismos Internacionais, aos Funcionários Estrangeiros Administrativos de Carreira e aos Peritos Estrangeiros de Cooperação Internacional deverão conter as seguintes gravações estampadas na parte central superior da placa (tarjeta), substituindo-se a identificação do Município:

a) CMD, para os veículos de uso dos Chefes de Missão Diplomática;
b) CD, para os veículos pertencentes ao Corpo Diplomático;
c) CC, para os veículos pertencentes ao Corpo Consular;
d) OI, para os veículos pertencentes a Organismos Internacionais;
e) ADM, para os veículos pertencentes a funcionários administrativos de carreira estrangeiros de Missões Diplomáticas, Repartições Consulares e Representações de Organismos Internacionais;
f) CI, para os veículos pertencentes a peritos estrangeiros sem residência permanente que venham ao Brasil no âmbito de Acordo de Cooperação Internacional.

§ 3º A placa traseira será obrigatoriamente lacrada à estrutura do veículo, juntamente com a tarjeta, em local de visualização integral.

§ 4º Os caracteres das placas de identificação serão gravados em alto relevo.

Art. 2º As dimensões, cores e demais características das placas obedecerão às especificações constantes do Anexo da presente Resolução.

Art. 3º No caso de mudança de categoria de veículos, as placas deverão ser alteradas para as de cor da nova categoria, permanecendo entretanto a mesma identificação alfanumérica.

Art. 4º O Órgão Maximo Executivo de Transito da União estabelecerá normas técnicas para a distribuição e controle das séries alfanuméricas.

Art. 5º As placas serão confeccionadas por fabricantes credenciados pelos órgãos executivo de trânsito dos Estados ou do Distrito Federal, obedecendo às formalidades legais vigentes.

§ 1º Será obrigatória a gravação do registro do fabricante em superfície plana da placa e da tarjeta, de modo a não ser obstruída sua visão quando afixadas nos veículos, obedecidas as especificações contidas no Anexo da presente Resolução.

§ 2º Aos órgãos executivos de trânsito dos Estados ou do Distrito Federal, caberá credenciar o fabricante de placas e tarjetas, bem como a fiscalização do disposto neste artigo.

§ 3º O fabricante de placas e tarjetas que deixar de observar as especificações constantes da presente Resolução e dos demais dispositivos legais que regulamentam o sistema de placas de identificação de veículos, terá seu credenciamento cancelado pelo órgão executivo de trânsito dos Estados ou do Distrito Federal.

§ 4º Os órgãos executivos de trânsito dos Estados ou do Distrito Federal, estabelecerão as abreviaturas, quando necessárias, dos nomes dos municípios de sua Unidade de Federação, a serem gravados nas tarjetas.

Art. 6º Os veículos de duas ou três rodas do tipo motocicleta, motoneta, ciclomotor e triciclo ficam obrigados a utilizar placa traseira de identificação com película refletiva conforme especificado no Anexo desta Resolução e obedecer aos seguintes prazos:

I – Na categoria aluguel, para todos os veículos, a partir de 1º de janeiro de 2008;
II – Nas demais categorias, os veículos registrados a partir de 1º de janeiro de 2008 e os transferidos de município.

▶ Incisos I e II com a redação dada pela Res. do CONTRAN nº 241, de 22-6-2007.

Parágrafo único: Os demais veículos, fabricados a partir de 1º de abril de 2012, deverão utilizar obrigatoriamente placas e tarjetas confeccionadas com películas refletivas, atendidas as especificações do Anexo desta Resolução.

▶ Parágrafo único com a redação dada pela Del. do CONTRAN nº 122, de 27-12-2011.

Art. 7º Os veículos com placa de identificação em desacordo com as especificações de dimensão, película refletiva, cor e tipologia deverão adequar-se quando da mudança de município.

▶ Artigo com a redação dada pela Res. do CONTRAN nº 372, de 18-3-2011 (*DOU* de 23-3-2011 e retificada no *DOU* de 2-8-2011).

Art. 8º Será obrigatório o uso de segunda placa traseira de identificação nos veículos em que a aplicação do dispositivo de engate para reboques resultar no encobrimento, total ou parcial, da placa traseira localizada no centro geométrico do veículo.

Parágrafo único. Não será exigida a segunda placa traseira para os veículos em que a aplicação do dispositivo de engate de reboques não cause prejuízo para visibilidade da placa de identificação traseira.

Art. 9º A segunda placa de identificação será aposta em local visível, ao lado direito da traseira do veículo, podendo ser instalada no para-choque ou na carroceria, admitida a utilização de suportes adaptadores.

Parágrafo único. A segunda placa de identificação será lacrada na parte estrutural do veículo em que estiver instalada (para-choque ou carroceria).

Art. 10. O não cumprimento do disposto nesta Resolução implicará na aplicação das penalidades previstas nos artigos 221 e 230 Incisos I, IV e VI do Código de Trânsito Brasileiro.

Art. 11. Esta Resolução entrará em vigor a partir de 1º de janeiro de 2008, revogando as Resoluções nºs 783/94 e 45/98, do CONTRAN, e demais disposições em contrário.

▶ Art. 11 com a redação dada pela Res. do CONTRAN nº 241, de 22-6-2007.

Alfredo Peres da Silva
Presidente

ANEXO

▶ Anexo com a redação dada pela Res. do CONTRAN nº 241, de 22-7-2007.

ESPECIFICAÇÕES TÉCNICAS PARA AS PLACAS DE IDENTIFICAÇÃO DE VEÍCULOS

1 – Veículos particulares, de aluguel, oficial, de experiência, de aprendizagem e de fabricante serão identificados na forma e dimensões em milímetros das placas traseiras e dianteira, conforme figura nº 1 nas dimensões:

a) Altura (h) = 130
b) Comprimento (c) = 400
c) Quando a placa não couber no receptáculo a ela destinado no veículo o DENATRAN poderá autorizar, desde que devidamente justificado pelo seu fabricante ou importador, redução de até 15% (quinze por cento) no seu comprimento, mantida a altura dos caracteres alfanuméricos e os espaços a eles destinados.

▶ Item 1 com a redação dada pela Res. do CONTRAN nº 309, de 6-3-2009.

2 – Altura do corpo dos caracteres da placa em mm: h= 63

3 – motocicleta, motoneta, ciclomotor e triciclos motorizados serão identificados nas formas e dimensões da figura nº 2 deste Anexo.

a) dimensões da placa em milímetros: h = 136; c= 187
b) Altura do corpo dos caracteres da placa em milímetros: h = 42

3.1 – *Motocicleta, motoneta, ciclomotor e triciclos motorizados, fabricados ou quando da mudança de município, a partir de 1º de abril de 2012, serão identificados nas formas e dimensões da figura nº 2 deste Anexo.*

a) *dimensões da placa em milímetros: h = 170; C = 200;*
b) *Altura do corpo dos caracteres da placa em milímetros: h = 53.*

▶ Item 3.1 com a redação dada pela Del. do CONTRAN nº 122, de 27-12-2011.

4 – A Tipologia dos caracteres das placas e tarjetas devem seguir o modelo abaixo especificado na fonte: Mandatory

1234567890
ABCDEFGHIJKLM
NOPQRSTUVWXYZ

5 – Especificações das Cores e do Sistema da Pintura

5.1 – Cores

CATEGORIA DO VEÍCULO	COR	
	PLACA E TARJETA	
	FUNDO	CARACTERES
Particular	Cinza	Preto
Aluguel	Vermelho	Branco
Experiência/Fabricante	Verde	Branco
Aprendizagem	Branco	Vermelho
Coleção	Preto	Cinza
Oficial	Branco	Preto
Missão Diplomática	Azul	Branco
Corpo Consular	Azul	Branco
Organismo Internacional	Azul	Branco
Corpo Diplomático	Azul	Branco
Organismo Consular/Internacional	Azul	Branco
Acordo Cooperação Internacional	Azul	Branco
Representação	Preto	Dourado

5.2 – Sistema de Pintura:

Utilização de tinta exclusivamente na cobertura dos caracteres alfanuméricos das placas e tarjetas veiculares, podendo ser substituída por produtos adesivos com aplicação por calor para a mesma finalidade.

▶ Item 5.2 com a redação dada pela Res. do CONTRAN nº 372, de 18-3-2011 (*DOU* de 23-3-2011 e retificada no *DOU* de 2-8-2011).

6 – Altura do corpo dos caracteres das tarjetas em milímetros:

Para veículos especificados no Item 1 - h=14

Para veículos especificados no Item 3 – h=12

7 – O código de cadastramento do fabricante da placa e tarjeta será composto por um número de três algarismos, seguida da sigla da Unidade da Federação e dos dois últimos algarismos do ano de fabricação, gravado em alto ou baixo relevo, em cor igual a do fundo da placa e cujo conjunto de caracteres deverá medir em milímetros:

a) placa: h = 8; c = 30
b) tarjeta: h = 3; c = 15

8 – Lacre: Os veículos após identificados deverão ter suas placas lacradas à estrutura, com lacres de uso exclusivo, em material sintético virgem (polietileno, polipropileno ou policarbonato), ou metálico (chumbo). Estes deverão possuir características de inviolabilidade e identificado o órgão executivo de trânsito dos estados e do Distrito Federal em sua face externa, permitindo a passagem do arame por seu interior. Todas as especificações serão objeto de regulamentação pelo órgão máximo executivo de trânsito da União.

– dimensões mínimas: 15 x 15 x 4 mm

9 – Arame: O arame galvanizado utilizado para a lacração da placa deverá ser trançado.

– dimensões: 3 X BWG 22 (têmpera mole).

10 – Material:

I – O material utilizado na confecção das placas de identificação de veículos automotores poderá ser chapa de ferro laminado a frio, bitola 22, SAE I 008, ou em alumínio (não galvanizado) bitola 1 mm.

II – O material utilizado na confecção das tarjetas, dianteiras e traseiras, poderá ser em chapa de ferro, bitola 26, SAE 1008, ou em alumínio bitola 0,8.

III – Uso de películas

A película refletiva deverá cobrir a superfície da placa, excluindo a sua borda, sendo flexível com adesivo sensível à pressão, conformável para suportar elongação necessária no processo produtivo de placas estampadas. Os valores mínimos de refletividade da película, conforme norma ASTM E-810, devem estar de acordo com a tabela abaixo e não poderão exceder o limite máximo de refletividade de 150 cd/lux/m² no ângulo de observação de 1,5°, para os ângulos de entrada de –5° e +5°, –30° e +30°, –45° e +45°:

► Subitem III com a redação dada pela Res. do CONTRAN nº 372, de 18-3-2011 (DOU de 23-3-2011 e retificada no DOU de 2-8-2011).

Ângulo Observação	Ângulo de Entrada	Vermelho	Cinza	Verde	Branca	Azul
0,2°	–4°	65	343	50	360	30
0,2°	30°	30	162	25	170	14
0,5°	–4°	27	127	21	150	13
0,5°	30°	13	62	10	72	6

Tabela 1 – Valores mínimos de retrorrefletividade, medido em cd/lux/m².

A referência de cor é estipulada na Tabela 2 abaixo, onde os quatro pares de coordenadas de cromaticidade deverão determinar a cor aceitável nos termos do Sistema Colorimétrico padrão CIE 1931, com iluminante D65 e Método ASTM E–1164 com valores determinados em um equipamento Espectrocolorimetro HUNTER LAB LABS-CAN II 0/45, com opção CMR559, avaliação esta realizada de acordo com a norma E-308.

Especificação do coeficiente mínimo de retrorrefletividade em candelas por Lux por metro quadrado (orientação 0 e 90°).

Os coeficientes de retrorrefletividade não deverão ser inferiores aos valores mínimos especificados. As medições serão feitas de acordo com o método ASTME-810. Todos os ângulos de entrada, deverão ser medidos nos ângulos de observação de 0,2° e 0,5°. A orientação 90° é definida com a fonte de luz girando na mesma direção em que o dispositivo será afixado no veículo.

	1		2		3		4	Luminância (Y%)	
	x	y	x	y	x	y	x	y	Min	Max
Vermelha	0,648	0,351	0,735	0,265	0,629	0,281	0,565	0,346	3,0	15
Cinza	0.297	0.295	0.368	0.366	0.340	0.393	0.274	0.329	1,0	20
Verde	0,026	0,399	0,166	0,364	0,286	0,446	0,207	0,771	3	12
Branca	0,303	0,300	0,368	0,366	0,340	0,393	0,274	0,329	40	–
Azul	0,140	0,035	0,244	0,210	0,190	0,255	0,065	0,216	1	10

Tabela 2 – Pares de coordenadas de cromaticidade e luminância.

O adesivo da película refletiva deverá atender às exigências do ensaio de adesão conforme Norma ASTM D 4956.

A película refletiva deverá ser homologada pelo DENATRAN e ter suas características atestadas por entidade reconhecida por este órgão e deverá exibir em sua construção uma marca de segurança comprobatória desse laudo com a gravação das palavras APROVADO DENATRAN, com 3mm (três milímetros) de altura e 50 mm (cinquenta milímetros) de comprimento, ser legível em todos os ângulos, indelével, incorporada na construção da película, não podendo ser impressa. A marca de segurança deverá aparecer, no mínimo, duas vezes em cada placa, conforme figuras ilustrativas abaixo. As marcas de segurança incorporadas nas películas não poderão interferir na legibilidade dos caracteres das placas.

Figura 1

Figura 2

▶ Figura 2 alterada pela Res. do CONTRAN nº 372, de 18-3-2011 (*DOU* de 23-3-2011 e retificada no *DOU* de 2-8-2011).

11 – Codificação das cores dos caracteres alfanuméricos:

COR	CÓDIGO RAL
BRANCA	9010
PRETA	9011

▶ Item 11 com a redação dada pela Res. do CONTRAN nº 372, de 18-3-2011 (*DOU* de 23-3-2011 e retificada no *DOU* de 2-8-2011).

12 – O ilhós ou rebites utilizados para a fixação das tarjetas deverá ser em alumínio.

FIGURA I
QUATRO FUROS EM LINHA HORIZONTAL DESTINADOS
AO LACRE SOMENTE NA PLACA TRASEIRA

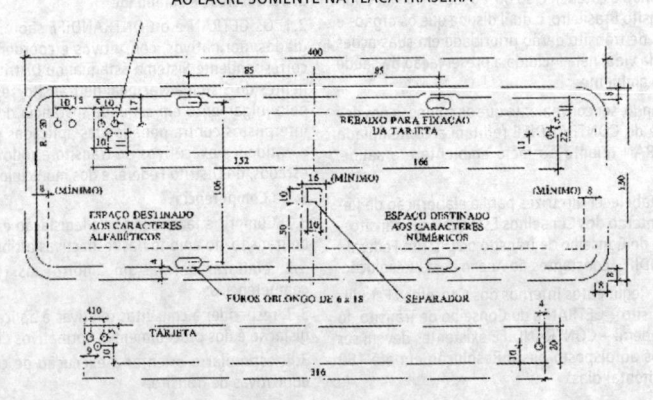

FIGURA II

– Dimensões e cotas das placas de identificação de biciclos, triciclos e similares motorizados.

QUATRO FUROS EM LINHA VERTICAL DESTINADOS AO LACRE DA PLACA

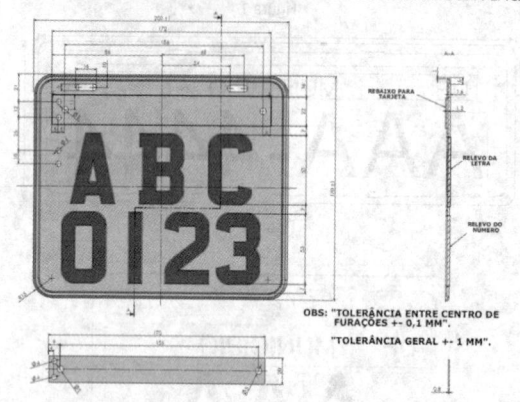

OBS: "TOLERÂNCIA ENTRE CENTRO DE FURAÇÕES +- 0,1 MM".
"TOLERÂNCIA GERAL +- 1 MM".

▶ Figura II alterada pela Res. do CONTRAN nº 372, de 18-3-2011 (*DOU* de 23-3-2011 e retificada no *DOU* de 2-8-2011).

RESOLUÇÃO DO CONTRAN Nº 244, DE 22 DE JUNHO DE 2007

Estabelece diretrizes para a elaboração do Regimento Interno dos Conselhos Estaduais de Trânsito – CETRAN e do Conselho de Trânsito do Distrito Federal – CONTRANDIFE.

▶ Publicada no *DOU* de 4-7-2007.

O Conselho Nacional de Trânsito – CONTRAN, no uso das atribuições que lhe confere o art. 12, da Lei nº 9.503, de 23 de setembro de 1997, que instituiu o Código de Trânsito Brasileiro, e conforme o Decreto nº 4.711, de 29 de maio de 2003, que trata da Coordenação do Sistema Nacional de Transito – SNT e,

Considerando o que consta no Processo nº 80001.012451/2007-01;

Considerando o estabelecido no § 5º do art. 1º do Código de Trânsito Brasileiro, o qual dispõe que os órgãos e entidades de trânsito darão prioridade em suas ações à defesa da vida, nela incluída a preservação da saúde e do meio ambiente;

Considerando, ser conveniente que as composições dos CETRAN e do CONTRANDIFE reflitam a contemplada no CONTRAN quanto ao meio ambiente e à saúde, resolve:

Art. 1º Estabelecer diretrizes para a elaboração do Regimento Interno dos Conselhos Estaduais de Trânsito – CETRAN e do Conselho de Trânsito do Distrito Federal - CONTRANDIFE, constantes do Anexo desta Resolução.

Art. 2º Os Regimentos Internos dos Conselhos Estaduais de Trânsito – CETRAN e do Conselho de Trânsito do Distrito Federal – CONTRANDIFE existentes devem ser adequados ao disposto nesta Resolução em até 180 (cento e oitenta) dias.

Art. 3º Fica revogada a Resolução nº 150, de 8 de outubro de 2003, do CONTRAN.

Art. 4º Esta Resolução entra em vigor na data de sua publicação.

Alfredo Peres Da Silva
Presidente

ANEXO

Diretrizes para o Estabelecimento do Regimento Interno dos Conselhos Estaduais de Trânsito – CETRAN e Conselho de Trânsito do Distrito Federal – CONTRANDIFE

1. Introdução

De acordo com a competência que lhe atribui o inciso V do art. 12 da Lei nº 9.503, de 23 de setembro de 1997, o Conselho Nacional de Trânsito – CONTRAN, estabelece as diretrizes que devem orientar a formulação do Regimento Interno dos Conselhos Estaduais de Trânsito – CETRAN e do Conselho de Trânsito do Distrito Federal – CONTRANDIFE.

2. Da Natureza e Finalidade

2.1. Os CETRAN e o CONTRANDIFE são órgãos colegiados, normativos, consultivos e coordenadores do correspondente Sistema Estadual ou Distrital, componentes do Sistema Nacional de Trânsito, responsáveis pelo julgamento em segunda Instância dos recursos interpostos contra penalidades aplicadas por órgãos e entidades executivos de trânsito e rodoviários dos estados, do Distrito Federal e dos municípios.

3. Da Competência

3.1. Cumprir e fazer cumprir a legislação e as normas de trânsito, no âmbito das respectivas atribuições;

3.2. elaborar normas no âmbito das respectivas competências;

3.3. responder a consultas relativas à aplicação da legislação e dos procedimentos normativos de trânsito;

3.4. estimular e orientar a execução de campanhas educativas de trânsito;

3.5. julgar os recursos interpostos contra decisões:

3.5.a. das JARI;

3.5.b. dos órgãos e entidades executivos estaduais, nos casos de inaptidão permanente, constatadas nos exames de aptidão física, mental ou psicológica;

3.6. indicar um representante para compor a comissão examinadora de candidatos portadores de deficiência física à habilitação para conduzir veículos automotores;

3.7. acompanhar e coordenar as atividades de administração, educação, engenharia, fiscalização, policiamento ostensivo de trânsito, formação de condutores, registro e licenciamento de veículos, articulando os órgãos do Sistema no Estado, reportando-se ao CONTRAN;

3.8. dirimir conflitos sobre circunscrição e competência de trânsito no âmbito dos Municípios;

3.9. informar ao CONTRAN sobre o cumprimento das exigências definidas nos §§ 1º e 2º do art. 333 do Código de Trânsito Brasileiro;

3.10. designar em casos de recursos deferidos e na hipótese de reavaliação dos exames, junta especial de saúde para examinar os candidatos à habilitação para conduzir veículos automotores.

4. Da Composição

4.1. Os Conselhos Estaduais de Trânsito – CETRAN serão compostos por no mínimo um presidente e de treze membros, sendo:

4.1.a. Facultada a suplência;

4.1.b. Obrigatória a representação, em igual número, de representantes da esfera do poder executivo estadual, dos órgãos ou entidades executivos e rodoviários municipais integrados ao Sistema Nacional de Trânsito e de entidades representativas da sociedade ligadas à área de trânsito;

4.1.c. Além dos representantes previstos no item anterior, um integrante com notório saber na área de trânsito, com nível superior, e três membros, um de cada área específica, medicina, psicologia e meio ambiente, com conhecimento na área de trânsito;

4.1.d. Os representantes da esfera do poder executivo estadual devem pertencer aos seguintes órgãos e entidades:

4.1.d.1. órgão ou entidade executivo de trânsito;

4.1.d.2. órgão ou entidade executivo rodoviário;

4.1.d.3. de policiamento ostensivo de trânsito.

4.1.e. Os representantes dos órgãos ou entidades executivos e rodoviários municipais devem ser:

4.1.e.1. da capital do estado;

4.1.e.2. do município com a maior população, exceto se já contemplado no item anterior;

4.1.e.3. do município com população acima de 500 mil habitantes, exceto se já contemplado nos itens anteriores;

4.1.e.4. do município com população entre 100 mil e 500 mil habitantes, exceto se já contemplado nos itens anteriores;

4.1.e.5. do município com população entre 30 mil e 100 mil habitantes, exceto se já contemplado nos itens anteriores, e assim sucessivamente quando existirem mais de 3 representantes.

4.1.f. Os representantes de entidades representativas da sociedade ligadas à área de trânsito devem ser de:

4.1.f.1. sindicato patronal;

4.1.f.2. sindicato dos trabalhadores;

4.1.f.3. entidades não governamentais ligadas à área de trânsito.

4.1.g. O integrante do Conselho Estadual de Trânsito – CETRAN não poderá compor JARI.

4.2. O Conselho de Trânsito do Distrito Federal – CONTRANDIFE será composto por no mínimo um presidente e treze membros, sendo:

4.2.a. Facultada a suplência;

4.2.b. Obrigatória a representação, em igual número, de representantes da esfera do poder executivo distrital e de entidades representativas da sociedade ligadas à área de trânsito;

4.2.c. Além dos representantes previstos no item anterior, um integrante com notório saber na área de trânsito, com nível superior, e três membros, um de cada área específica, medicina, psicologia e meio ambiente, com conhecimento na área de trânsito;

4.2.d. Os representantes da esfera do poder executivo distrital devem pertencer aos seguintes órgãos e entidades:

4.2.d.1. órgão ou entidade executivo de trânsito;

4.2.d.2. órgão ou entidade executivo rodoviário;

4.2.d.3. de policiamento ostensivo de trânsito.

4.2.e. Os representantes de entidades representativas da sociedade ligadas à área de trânsito devem ser de:

4.2.e.1. sindicato patronal;

4.2.e.2. sindicato dos trabalhadores;

4.2.e.3. entidades não governamentais ligadas à área de trânsito.

4.2.f. O integrante do Conselho de Trânsito do Distrito Federal não poderá compor JARI.

5. Dos Impedimentos

5.1. O Regimento Interno do Conselho poderá prever impedimentos para indicados que pretendam integrá-los, dentre outros, os relacionados:

5.1.a. à idoneidade;

5.1.b. à pontuação, caso seja condutor;

5.1.c. ao exercício da fiscalização do trânsito.

6. Da Nomeação dos Integrantes

6.1. A nomeação será realizada pelo Governador do Estado ou do Distrito Federal.

7. Do Mandato dos Integrantes

7.1. O mandato será de dois anos;

7.2. O Regimento Interno poderá prever a recondução dos integrantes dos Conselhos.

8. Dos deveres

8.1. O funcionamento dos Conselhos obedecerá ao seu Regimento Interno;

8.2. O Conselho somente poderá deliberar com, no mínimo, seis integrantes, observada a paridade de representação;

8.3. As decisões do Conselho deverão ser fundamentadas e aprovadas por maioria de votos, cabendo ao presidente o voto de qualidade, em caso de empate;

8.4. Os Conselhos deverão encaminhar seu Regimento Interno ao DENATRAN para conhecimento e cadastro.

9. Dos deveres dos órgãos e entidades de trânsito que compõem o Conselho

9.1. Caberá aos órgãos ou entidades de trânsito dos estados, município e do Distrito Federal que compõem o Conselho prestar suporte técnico, financeiro de forma a garantir seu pleno funcionamento.

PORTARIA DO DENATRAN Nº 59, DE 25 DE OUTUBRO DE 2007

Estabelece os campos de informações que deverão constar do Auto de Infração. *

▶ Publicada no *DOU* de 26-10-2007.

O Diretor do Departamento Nacional de Trânsito – DENATRAN, no uso da atribuição que lhe foi conferida pela Resolução nº 217, de 14 de dezembro de 2006, do Conselho Nacional de Trânsito – CONTRAN, resolve:

Art. 1º Estabelecer os campos de informações que deverão constar do Auto de Infração, os campos facultativos e o preenchimento, para fins de uniformização em todo o território nacional, conforme estabelecido nos anexos I, II, IV, V e VI desta portaria.

Art. 2º Os órgãos e entidades de trânsito poderão confeccionar e utilizar modelos de Autos de Infração que atendam suas peculiaridades organizacionais e as características específicas das infrações que fiscalizam, criando, inclusive, campos e espaços para informações adicionais.

§ 1º O Auto de Infração poderá ter dimensão, programação visual, diagramação, organização gráfica e a sequência de blocos e campos estabelecidas pelo órgão ou entidade de trânsito.

§ 2º Poderão ser inseridas nos Autos de Infração quadrículas sintetizando ou reproduzindo informações para que o agente assinale as opções de preenchimento do campo.

Art. 3º As informações contidas no anexo III desta portaria deverão ser consideradas somente para fins de processamento de dados em sistema informatizado.

Art. 4º Os órgãos e entidades de trânsito terão até o dia 30 de junho de 2008 para se adequarem às disposições desta Portaria.

▶ Art. 4º com a redação dada pela Port. do DENATRAN nº 18, de 11-3-2008.

Art. 5º Ficam revogadas as Portarias nº 68/2006 e 28/2007 do DENATRAN.

Art. 6º Esta Portaria entra em vigor na data de sua publicação.

Alfredo Peres da Silva
Presidente

ANEXO I
CAMPOS DO AUTO DE INFRAÇÃO
BLOCO 1 – IDENTIFICAÇÃO DA AUTUAÇÃO
CAMPO 1 – 'CÓDIGO DO ÓRGÃO AUTUADOR'

* Ementa Rideel – texto não oficial.

Campo obrigatório.

CAMPO 2 – 'IDENTIFICAÇÃO DO AUTO DE INFRAÇÃO' – campo que será utilizado para identificação exclusiva de cada autuação.

Campo obrigatório.

BLOCO 2 – IDENTIFICAÇÃO DO VEÍCULO

CAMPO 1 – 'PLACA'

Campo obrigatório.

CAMPO 2 – 'MARCA'

Campo obrigatório.

CAMPO 3 – 'ESPÉCIE'

Campo obrigatório.

CAMPO 4 – 'PAÍS'

Campo facultativo.

BLOCO 3 – IDENTIFICAÇÃO DO CONDUTOR

CAMPO 1 – 'NOME' – campo para registrar o nome do condutor do veículo.

Campo facultativo para infrações registradas por sistemas automáticos metrológicos e não metrológicos.

CAMPO 2 – 'Nº DO REGISTRO DA CARTEIRA DE HABILITAÇÃO OU DA PERMISSÃO PARA DIRIGIR' – campo para registrar o nº da CNH ou da Permissão para Dirigir do condutor do veículo.

Campo facultativo para infrações registradas por sistemas automáticos metrológicos e não metrológicos.

CAMPO 3 – 'UF' – campo para registrar a sigla da UF onde o condutor está registrado.

Campo facultativo para infrações registradas por sistemas automáticos metrológicos e não metrológicos.

CAMPO 4 – 'CPF' – campo para registrar o nº do CPF do condutor do veículo.

Campo facultativo para infrações registradas por sistemas automáticos metrológicos e não metrológicos.

BLOCO 4 – IDENTIFICAÇÃO DO LOCAL, DATA E HORA DO COMETIMENTO DA INFRAÇÃO

CAMPO 1 – 'LOCAL DA INFRAÇÃO' – campo para registrar o local onde foi constatada a infração (nome do logradouro ou da via, número ou marco quilométrico ou, ainda, anotações que indiquem pontos de referência).

Campo obrigatório.

CAMPO 2 – 'DATA' – campo para registrar o dia, mês e ano da ocorrência.

Campo obrigatório.

CAMPO 3 – 'HORA' – campo para registrar as horas e minutos da ocorrência.

Campo obrigatório.

CAMPO 4 – 'CÓDIGO DO MUNICÍPIO' – campo para registrar o código de identificação do município onde o veículo foi autuado. Utilizar a tabela de órgãos e municípios (**TOM**), administrada pela Receita Federal – MF.

Campo obrigatório, exceto para o Distrito Federal.

CAMPO 5 – 'NOME DO MUNICÍPIO' – campo para registrar o nome do Município onde foi constatada a infração.

Campo obrigatório, exceto para o Distrito Federal.

CAMPO 6 – 'UF' – campo para registrar a sigla da UF onde foi constatada a infração.

Campo obrigatório.

BLOCO 5 – TIPIFICAÇÃO DA INFRAÇÃO

CAMPO 1 – 'CÓDIGO DA INFRAÇÃO' – campo para registrar o código da infração cometida.

Campo obrigatório.

CAMPO 2 – 'DESDOBRAMENTO DO CÓDIGO DE INFRAÇÃO' – campo para registrar os desdobramentos da infração.

Campo obrigatório.

CAMPO 3 – 'DESCRIÇÃO DA INFRAÇÃO' – campo para descrever de forma clara a infração cometida.

Campo obrigatório.

CAMPO 4 – 'EQUIPAMENTO/INSTRUMENTO DE AFERIÇÃO UTILIZADO' – campo para registrar o equipamento ou instrumento de medição utilizado, indicando o número, o modelo e a marca.

Campo obrigatório para infrações verificadas por equipamentos de fiscalização.

CAMPO 5 – 'MEDIÇÃO REALIZADA' – campo para registrar a medição realizada (velocidade, carga, alcoolemia, emissão de poluentes, etc).

Campo obrigatório para infrações verificadas por equipamentos de fiscalização.

CAMPO 6 – 'LIMITE REGULAMENTADO' – campo para registrar o limite permitido.

Campo obrigatório para infrações verificadas por equipamentos de fiscalização.

CAMPO 7 – 'VALOR CONSIDERADO' – campo para registrar o valor considerado para autuação.

Campo obrigatório para infrações verificadas por equipamentos de fiscalização.

CAMPO 8 – 'OBSERVAÇÕES' – campo destinado ao registro de informações complementares relacionadas à infração.

Campo obrigatório.

BLOCO 6 – IDENTIFICAÇÃO DA AUTORIDADE OU AGENTE AUTUADOR

CAMPO 1 – 'NÚMERO DE IDENTIFICAÇÃO' – campo para identificar a autoridade ou agente autuador (registro, matrícula, outros).

Campo obrigatório.

CAMPO 2 – 'ASSINATURA DA AUTORIDADE OU AGENTE AUTUADOR'

Campo facultativo para infrações registradas por sistemas automáticos metrológicos e não metrológicos.

BLOCO 7 – IDENTIFICAÇÃO DO EMBARCADOR OU EXPEDIDOR

CAMPO 1 – 'NOME' – campo para registrar o nome do embarcador ou expedidor infrator.

Campo facultativo.

CAMPO 2 – 'CPF' ou 'CNPJ'

Campo facultativo.

BLOCO 8 – IDENTIFICAÇÃO DO TRANSPORTADOR

CAMPO 1 – 'NOME' – campo para registrar o nome do transportador infrator.

Campo facultativo.

CAMPO 2 – 'CPF' ou 'CNPJ'

Campo facultativo.

BLOCO 9 – ASSINATURA DO INFRATOR OU CONDUTOR

CAMPO 1 – 'ASSINATURA' – campo para assinatura do infrator ou condutor.

Campo facultativo para infrações registradas por sistemas automáticos metrológicos e não metrológicos.

ANEXO II
PREENCHIMENTO DOS CAMPOS DO AUTO DE INFRAÇÃO

BLOCO 1 – IDENTIFICAÇÃO DA AUTUAÇÃO

CAMPO 1 – 'CÓDIGO DO ÓRGÃO AUTUADOR'

Preenchimento obrigatório ou pré-impresso – conforme tabela do ANEXO V administrada pelo DENATRAN.

CAMPO 2 – 'IDENTIFICAÇÃO DO AUTO DE INFRAÇÃO'

Obrigatoriamente pré-impresso.

BLOCO 2 – IDENTIFICAÇÃO DO VEÍCULO

CAMPO 1 – 'PLACA'

Preenchimento obrigatório.

CAMPO 2 – 'MARCA'

Preenchimento obrigatório.

CAMPO 3 – 'ESPÉCIE'

Preenchimento obrigatório.

CAMPO 4 – 'PAÍS'

Preenchimento obrigatório para veículos estrangeiros – conforme tabela do ANEXO VI administrada pelo DENATRAN.

BLOCO 3 – IDENTIFICAÇÃO DO CONDUTOR

CAMPO 1 – 'NOME'

Preenchimento obrigatório quando houver a identificação do condutor do veículo.

CAMPO 2 – 'Nº DO REGISTRO DA CARTEIRA DE HABILITAÇÃO OU DA PERMISSÃO PARA DIRIGIR'

Preenchimento obrigatório quando houver a identificação do condutor habilitado.

CAMPO 3 – 'UF'

Preenchimento obrigatório quando houver a identificação do condutor habilitado.

No caso de condutor estrangeiro, este campo deverá ser preenchido com 2 caracteres, conforme tabela de países do ANEXO VI.

CAMPO 4 – 'CPF'

Preenchimento não obrigatório.

BLOCO 4 – IDENTIFICAÇÃO DO LOCAL, DATA E HORA DO COMETIMENTO DA INFRAÇÃO

CAMPO 1 – 'LOCAL DA INFRAÇÃO'

Preenchimento obrigatório.

CAMPO 2 – 'DATA'

Preenchimento obrigatório.

CAMPO 3 – 'HORA'

Preenchimento obrigatório.

CAMPO 4 – 'CÓDIGO DO MUNICÍPIO'
Preenchimento não obrigatório.

CAMPO 5 – 'NOME DO MUNICÍPIO'
Preenchimento não obrigatório para infrações constatadas em estradas e rodovias.

CAMPO 6 – 'UF'
Preenchimento obrigatório.

BLOCO 5 – TIPIFICAÇÃO DA INFRAÇÃO

CAMPO 1 – 'CÓDIGO DA INFRAÇÃO'
Preenchimento obrigatório. Utilizar a tabela de códigos apresentada no ANEXO IV.

CAMPO 2 – 'DESDOBRAMENTO DO CÓDIGO DE INFRAÇÃO'
Preenchimento obrigatório. Utilizar a coluna de desdobramentos dos códigos de infrações apresentada no ANEXO IV.

CAMPO 3 – 'DESCRIÇÃO DA INFRAÇÃO'
Preenchimento obrigatório, devendo a conduta infracional estar descrita de forma clara, não necessariamente usando os mesmos termos da tabela de códigos apresentada no ANEXO IV.

CAMPO 4 – 'EQUIPAMENTO/INSTRUMENTO DE AFERIÇÃO UTILIZADO'
Preenchimento obrigatório para infrações verificadas por equipamentos de fiscalização.

CAMPO 5 – 'MEDIÇÃO REALIZADA'
Preenchimento obrigatório para infrações verificadas por equipamentos de fiscalização ou nota fiscal.

CAMPO 6 – 'LIMITE REGULAMENTADO'
Preenchimento obrigatório para infrações verificadas por equipamentos de fiscalização ou nota fiscal.

CAMPO 7 – 'VALOR CONSIDERADO'
Preenchimento obrigatório para infrações verificadas por equipamentos de fiscalização ou nota fiscal.

CAMPO 8 – 'OBSERVAÇÕES'
Preenchimento não obrigatório.

BLOCO 6 – IDENTIFICAÇÃO DA AUTORIDADE OU AGENTE AUTUADOR

CAMPO 1 – 'NÚMERO DE IDENTIFICAÇÃO'
Preenchimento obrigatório.

CAMPO 2 – 'ASSINATURA DA AUTORIDADE OU AGENTE AUTUADOR'
Preenchimento obrigatório exceto para infrações registradas por sistemas automáticos metrológicos e não metrológicos.

BLOCO 7 – IDENTIFICAÇÃO DO EMBARCADOR OU EXPEDIDOR

CAMPO 1 – 'NOME'
Preenchimento obrigatório para infrações de excesso de peso nos casos previstos no art. 257 do CTB ou infrações relacionadas ao transporte de produtos perigosos.

CAMPO 2 – 'CPF' ou 'CNPJ'
Preenchimento obrigatório para infrações de excesso de peso nos casos previstos no art. 257 do CTB ou infrações relacionadas ao transporte de produtos perigosos.

BLOCO 8 – IDENTIFICAÇÃO DO TRANSPORTADOR

CAMPO 1 – 'NOME'
Preenchimento obrigatório para infrações de excesso de peso nos casos previstos no art. 257 do CTB ou infrações relacionadas ao transporte de produtos perigosos.

CAMPO 2 – 'CPF' ou 'CNPJ'
Preenchimento obrigatório para infrações de excesso de peso nos casos previstos no art. 257 do CTB ou infrações relacionadas ao transporte de produtos perigosos.

BLOCO 9 – 'ASSINATURA DO INFRATOR OU CONDUTOR'
Preenchimento sempre que possível.

ANEXO IV
TABELA DE ENQUADRAMENTOS
Tabela de Codificação de Multas

Código da Infração	Desdob	Descrição da Infração	Amparo Legal (CTB)	Infrator	Gravidade	Órgão Competente
500-2	0	Multa, por não identificação do condutor infrator, imposta à pessoa jurídica	257 § 8º	Proprietário	—	EST/MUNIC/RODOV
501-0	0	Dirigir veículo sem possuir CNH ou Permissão para Dirigir	162 * I	Condutor	7 - Gravíss 3X	ESTADUAL/RODOV
502-9	1	Dirigir veículo com CNH cassada	162 * II	Condutor	7 - Gravíss 5X	ESTADUAL/RODOV
502-9	2	Dirigir veículo com Permissão para Dirigir cassada	162 * II	Condutor	7 - Gravíss 5X	ESTADUAL/RODOV
502-9	3	Dirigir veículo com CNH ou PPD com suspensão do direito de dirigir	162 * II	Condutor	7 - Gravíss 5X	ESTADUAL/RODOV
503-7	1	Dirigir veículo com CNH de categoria diferente da do veículo	162 * III	Condutor	7 - Gravíss 3X	ESTADUAL/RODOV
503-7	2	Dirigir veículo com PPD de categoria diferente da do veículo	162 * III	Condutor	7 - Gravíss 3X	ESTADUAL/RODOV

Portaria do DENATRAN nº 59/2007

Código da Infração	Desdob	Descrição da Infração	Amparo Legal (CTB)	Infrator	Gravidade	Órgão Competente
504-5	0	Dirigir veículo com validade da CNH ou PPD vencida há mais de 30 dias	162 * V	Condutor	7 - Gravíss	ESTADUAL/ RODOV
505-3	1	Dirigir veículo sem usar lentes corretoras de visão	162 * VI	Condutor	7 - Gravíss	ESTADUAL/ RODOV
505-3	2	Dirigir veículo sem usar aparelho auxiliar de audição	162 * VI	Condutor	7 - Gravíss	ESTADUAL/ RODOV
505-3	3	Dirigir veículo sem usar aparelho auxiliar de prótese física	162 * VI	Condutor	7 - Gravíss	ESTADUAL/ RODOV
505-3	4	Dirigir veículo s/ adaptações impostas na concessão/renovação licença conduzir	162 * VI	Condutor	7 - Gravíss	ESTADUAL/ RODOV
506-1	0	Entregar veículo a pessoa sem CNH ou Permissão para Dirigir	163 c/c 162 * I	Proprietário	7 - Gravíss 3X	ESTADUAL/ RODOV
507-0	1	Entregar veículo a pessoa com CNH cassada	163 c/c 162 * II	Proprietário	7 - Gravíss 5X	ESTADUAL/ RODOV
507-0	2	Entregar veículo a pessoa com Permissão para Dirigir cassada	163 c/c 162 * II	Proprietário	7 - Gravíss 5X	ESTADUAL/ RODOV
507-0	3	Entregar veículo a pessoa com CNH ou PPD com suspensão do direito de dirigir	163 c/c 162 * II	Proprietário	7 - Gravíss 5X	ESTADUAL/ RODOV
508-8	1	Entregar veículo a pessoa com CNH de categoria diferente da do veículo	163 c/c 162 * III	Proprietário	7 - Gravíss 3X	ESTADUAL/ RODOV
508-8	2	Entregar veículo a pessoa com PPD de categoria diferente da do veículo	163 c/c 162 * III	Proprietário	7 - Gravíss 3X	ESTADUAL/ RODOV
509-6	0	Entregar veículo a pessoa com CNH vencida há mais de 30 dias	163 c/c 162 * V	Proprietário	7 - Gravíss	ESTADUAL/ RODOV
510-0	1	Entregar o veículo a pessoa sem usar lentes corretoras de visão	163 c/c 162 * VI	Proprietário	7 - Gravíss	ESTADUAL/ RODOV
510-0	2	Entregar o veículo a pessoa sem usar aparelho auxiliar de audição	163 c/c 162 * VI	Proprietário	7 - Gravíss	ESTADUAL/ RODOV
510-0	3	Entregar o veículo a pessoa sem aparelho de prótese física	163 c/c 162 * VI	Proprietário	7 - Gravíss	ESTADUAL/ RODOV
510-0	4	Entregar veíc pessoa s/ adaptações impostas concessão/renovação licença conduzir	163 c/c 162 * VI	Proprietário	7 - Gravíss	ESTADUAL/ RODOV
511-8	0	Permitir posse/condução do veículo a pessoa sem CNH ou PPD	164 c/c 162 * I	Proprietário	7 - Gravíss 3X	ESTADUAL/ RODOV
512-6	1	Permitir posse/condução do veículo a pessoa com CNH cassada	164 c/c 162 * II	Proprietário	7 - Gravíss 5X	ESTADUAL/ RODOV
512-6	2	Permitir posse/condução do veículo a pessoa com PPD cassada	164 c/c 162 * II	Proprietário	7 - Gravíss 5X	ESTADUAL/ RODOV
512-6	3	Permitir posse/condução veíc pessoa com CNH/PPD c/ suspensão direito de dirigir	164 c/c 162 * II	Proprietário	7 - Gravíss 5X	ESTADUAL/ RODOV
513-4	1	Permitir posse/condução veíc a pessoa com CNH categoria diferente da do veículo	164 c/c 162 * III	Proprietário	7 - Gravíss 3X	ESTADUAL/ RODOV
513-4	2	Permitir posse/condução veíc a pessoa com PPD categoria diferente da do veículo	164 c/c 162 * III	Proprietário	7 - Gravíss 3X	ESTADUAL/ RODOV
514-2	0	Permitir posse/condução do veículo a pessoa com CNH vencida há mais de 30 dias	164 c/c 162 * V	Proprietário	7 - Gravíss	ESTADUAL/ RODOV
515-0	1	Permitir posse/condução do veículo a pessoa sem usar lentes corretoras de visão	164 c/c 162 * VI	Proprietário	7 - Gravíss	ESTADUAL/ RODOV
515-0	2	Permitir posse/condução do veículo a pessoa s/ usar aparelho auxiliar de audição	164 c/c 162 * VI	Proprietário	7 - Gravíss	ESTADUAL/ RODOV
515-0	3	Permitir posse/condução do veículo a pessoa sem usar aparelho de prótese física	164 c/c 162 * VI	Proprietário	7 - Gravíss	ESTADUAL/ RODOV
515-0	4	Permitir posse/cond veíc s/ adaptações impostas concessão/renovação licença cond	164 c/c 162 * VI	Proprietário	7 - Gravíss	ESTADUAL/ RODOV
516-9	1	Dirigir sob a influência de álcool	165	Condutor	7 - Gravíss 5X	ESTADUAL/ RODOV
516-9	2	Dirigir sob influência subst entorpecente ou q determine depend física/psíquica	165	Condutor	7 - Gravíss 5X	ESTADUAL/ RODOV
517-7	0	Confiar/entregar veíc pess c/ estado físico/psíquico s/ condições dirigir segur	166	Proprietário	7 - Gravíss	ESTADUAL/ RODOV
518-5	1	Deixar o condutor de usar o cinto segurança	167	Condutor	5 - Grave	EST/MUNIC/ RODOV
518-5	2	Deixar o passageiro de usar o cinto segurança	167	Condutor	5 - Grave	EST/MUNIC/ RODOV

Código da Infração	Des dob	Descrição da Infração	Amparo Legal (CTB)	Infrator	Gravidade	Órgão Competente
519-3	0	Transportar criança sem observância das normas de segurança estabelecidas p/ CTB	168	Condutor	7 - Graviss	EST/MUNIC/ RODOV
520-7	0	Dirigir sem atenção ou sem os cuidados indispensáveis à segurança	169	Condutor	3 - Leve	EST/MUNIC/ RODOV
521-5	1	Dirigir ameaçando os pedestres que estejam atravessando a via pública	170	Condutor	7 - Graviss	EST/MUNIC/ RODOV
521-5	2	Dirigir ameaçando os demais veículos	170	Condutor	7 - Graviss	EST/MUNIC/ RODOV
522-3	1	Usar veículo para arremessar sobre os pedestres água ou detritos	171	Condutor	4 - Média	MUNICIPAL/ RODOV
522-3	2	Usar veículo para arremessar sobre os veículos água ou detritos	171	Condutor	4 - Média	MUNICIPAL/ RODOV
523-1	1	Atirar do veículo objetos ou substâncias	172	Condutor	4 - Média	MUNICIPAL/ RODOV
523-1	2	Abandonar na via objetos ou substâncias	172	Condutor	4 - Média	MUNICIPAL/ RODOV
524-0	0	Disputar corrida por espírito de emulação	173	Condutor	7 - Gravíss 3X	EST/MUNIC/ RODOV
525-8	1	Promover na via competição esportiva sem permissão	174	PF ou JUR	7 - Gravíss 5X	MUNICIPAL/ RODOV
525-8	2	Promover na via eventos organizados sem permissão	174	PF ou JUR	7 - Gravíss 5X	MUNICIPAL/ RODOV
525-8	3	Promover na via exibição e demonstração de perícia em manobra de veículo	174	PF ou JUR	7 - Gravíss 5X	MUNICIPAL/ RODOV
526-6	1	Participar na via como condutor em competição esportiva, sem permissão	174	Condutor	7 - Gravíss 5X	MUNICIPAL/ RODOV
526-6	2	Participar na via como condutor em evento organizado, sem permissão	174	Condutor	7 - Gravíss 5X	MUNICIPAL/ RODOV
526-6	3	Participar como condutor exib/demonst perícia em manobra de veic, s/ permissão	174	Condutor	7 - Gravíss 5X	MUNICIPAL/ RODOV
527-4	1	Utilizar-se de veículo para demonstrar ou exibir manobra perigosa	175	Condutor	7 - Graviss	ESTADUAL/ RODOV
527-4	2	Utilizar-se de veículo para demonstrar ou exibir arrancada brusca	175	Condutor	7 - Gravíss	ESTADUAL/ RODOV
527-4	3	Utilizar-se de veículo para demonstrar ou exibir derrapagem ou frenagem	175	Condutor	7 - Gravíss	ESTADUAL/ RODOV
528-2	0	Deixar o cond envolvido em acidente, de prestar ou providenciar socorro a vítima	176 * I	Condutor	7 - Gravíss 5X	ESTADUAL/ RODOV
529-0	0	Deixar o cond envolvido em acid, de adotar provid p/ evitar perigo p/o trânsito	176 * II	Condutor	7 - Gravíss 5X	ESTADUAL/ RODOV
530-4	0	Deixar o cond envolvido em acidente, de preservar local p/ trab polícia/perícia	176 * III	Condutor	7 - Gravíss 5X	ESTADUAL/ RODOV
531-2	0	Deixar o cond envolvido em acid, de remover o veíc local qdo determ polic/agente	176 * IV	Condutor	7 - Gravíss 5X	ESTADUAL/ RODOV
532-0	0	Deixar o cond envolvido em acid, de identificar-se policial e prestar inf p/o BO	176 * V	Condutor	7 - Gravíss 5X	ESTADUAL/ RODOV
533-9	0	Deixar o cond de prestar socorro vítima acid de trânsito, qdo solicit p/ agente	177	Condutor	5 - Grave	EST/MUNIC/ RODOV
534-7	0	Deixar o condutor envolvido em acidente s/ vítima, de remover o veículo do local	178	Condutor	4 - Média	MUNICIPAL/ RODOV
535-5	0	Fazer ou deixar que se faça reparo em veíc, em rodovia e via de trânsito rápido	179 * I	Condutor	5 - Grave	MUNICIPAL/ RODOV
536-3	0	Fazer/deixar que se faça reparo em veíc nas vias (q não rodovia/trânsito rápido)	179 * II	Condutor	3 - Leve	MUNICIPAL/ RODOV
537-1	0	Ter seu veículo imobilizado na via por falta de combustível	180	Condutor	4 - Média	MUNICIPAL/ RODOV
538-0	0	Estacionar nas esquinas e a menos de 5m do alinhamento da via transversal	181 * I	Condutor	4 - Média	MUNICIPAL/ RODOV
539-8	0	Estacionar afastado da guia da calçada (meio-fio) de 50cm a 1m	181 * II	Condutor	3 - Leve	MUNICIPAL/ RODOV
540-1	0	Estacionar afastado da guia da calçada (meio-fio) a mais de 1m	181 * III	Condutor	5 - Grave	MUNICIPAL/ RODOV
541-0	0	Estacionar em desacordo com as posições estabelecidas no CTB	181 * IV	Condutor	4 - Média	MUNICIPAL/ RODOV

Código da Infração	Des dob	Descrição da Infração	Amparo Legal (CTB)	Infrator	Gravidade	Órgão Competente
542-8	1	Estacionar na pista de rolamento das estradas	181 * V	Condutor	7 - Gravíss	MUNICIPAL/ RODOV
542-8	2	Estacionar na pista de rolamento das rodovias	181 * V	Condutor	7 - Gravíss	MUNICIPAL/ RODOV
542-8	3	Estacionar na pista de rolamento das vias de trânsito rápido	181 * V	Condutor	7 - Gravíss	MUNICIPAL/ RODOV
542-8	4	Estacionar na pista de rolamento das vias dotadas de acostamento	181 * V	Condutor	7 - Gravíss	MUNICIPAL/ RODOV
543-6	0	Estacionar junto/sobre hidr de incêndio, reg de água/tampa de poço visit gal sub	181 * VI	Condutor	4 - Média	MUNICIPAL/ RODOV
544-4	0	Estacionar nos acostamentos	181 * VII	Condutor	3 - Leve	MUNICIPAL/ RODOV
545-2	1	Estacionar no passeio	181 * VIII	Condutor	5 - Grave	MUNICIPAL/ RODOV
545-2	2	Estacionar sobre faixa destinada a pedestre	181 * VIII	Condutor	5 - Grave	MUNICIPAL/ RODOV
545-2	3	Estacionar sobre ciclovia ou ciclofaixa	181 * VIII	Condutor	5 - Grave	MUNICIPAL/ RODOV
545-2	4	Estacionar nas ilhas ou refúgios	181 * VIII	Condutor	5 - Grave	MUNICIPAL/ RODOV
545-2	5	Estacionar ao lado ou sobre canteiro central	181 * VIII	Condutor	5 - Grave	MUNICIPAL/ RODOV
545-2	6	Estacionar ao lado/sobre divisores de pista de rolamento/marcas de canalização	181 * VIII	Condutor	5 - Grave	MUNICIPAL/ RODOV
545-2	7	Estacionar ao lado ou sobre gramado ou jardim público	181 * VIII	Condutor	5 - Grave	MUNICIPAL/ RODOV
546-0	0	Estacionar em guia de calçada rebaixada destinada à entrada/saída de veículos	181 * IX	Condutor	4 - Média	MUNICIPAL/ RODOV
547-9	0	Estacionar impedindo a movimentação de outro veículo	181 * X	Condutor	4 - Média	MUNICIPAL/ RODOV
548-7	0	Estacionar ao lado de outro veículo em fila dupla	181 * XI	Condutor	5 - Grave	MUNICIPAL/ RODOV
549-5	0	Estacionar na área de cruzamento de vias	181 * XII	Condutor	5 - Grave	MUNICIPAL/ RODOV
550-9	0	Estacionar no ponto de embarque/desembarque de passageiros transporte coletivo	181 * XIII	Condutor	4 - Média	MUNICIPAL/ RODOV
551-7	1	Estacionar nos viadutos	181 * XIV	Condutor	5 - Grave	MUNICIPAL/ RODOV
551-7	2	Estacionar nas pontes	181 * XIV	Condutor	5 - Grave	MUNICIPAL/ RODOV
551-7	3	Estacionar nos túneis	181 * XIV	Condutor	5 - Grave	MUNICIPAL/ RODOV
552-5	0	Estacionar na contramão de direção	181 * XV	Condutor	4 - Média	MUNICIPAL/ RODOV
553-3	0	Estacionar aclive/declive ñ freado e sem calço segurança, PBT superior a 3500kg	181 * XVI	Condutor	5 - Grave	MUNICIPAL/ RODOV
554-1	1	Estacionar em desacordo com a regulamentação especificada pela sinalização	181 * XVII	Condutor	3 - Leve	MUNICIPAL/ RODOV
554-1	2	Estacionar em desacordo com a regulamentação - estacionamento rotativo	181 * XVII	Condutor	3 - Leve	MUNICIPAL/ RODOV
554-1	3	Estacionar em desacordo com a regulamentação - ponto ou vaga de táxi	181 * XVII	Condutor	3 - Leve	MUNICIPAL/ RODOV
554-1	4	Estacionar em desacordo com a regulamentação - vaga de carga/descarga	181 * XVII	Condutor	3 - Leve	MUNICIPAL/ RODOV
554-1	5	Estacionar em desacordo com a regulamentação - vaga portador necessid especiais	181 * XVII	Condutor	3 - Leve	MUNICIPAL/ RODOV
554-1	6	Estacionar em desacordo com a regulamentação - vaga idoso	181 * XVII	Condutor	3 - Leve	MUNICIPAL/ RODOV
555-0	0	Estacionar em local/horário proibido especificamente pela sinalização	181 * XVIII	Condutor	4 - Média	MUNICIPAL/ RODOV
556-8	0	Estacionar local/horário de estacionamento e parada proibidos pela sinalização	181 * XIX	Condutor	5 - Grave	MUNICIPAL/ RODOV
557-6	0	Parar nas esquinas e a menos 5m do bordo do alinhamento da via transversal	182 * I	Condutor	4 - Média	MUNICIPAL/ RODOV

Código da Infração	Desdob	Descrição da Infração	Amparo Legal (CTB)	Infrator	Gravidade	Órgão Competente
558-4	0	Parar afastado da guia da calçada (meio-fio) de 50cm a 1m	182 * II	Condutor	3 - Leve	MUNICIPAL/ RODOV
559-2	0	Parar afastado da guia da calçada (meio-fio) a mais de 1m	182 * III	Condutor	4 - Média	MUNICIPAL/ RODOV
560-6	0	Parar em desacordo com as posições estabelecidas no CTB	182 * IV	Condutor	3 - Leve	MUNICIPAL/ RODOV
561-4	1	Parar na pista de rolamento das estradas	182 * V	Condutor	5 - Grave	MUNICIPAL/ RODOV
561-4	2	Parar na pista de rolamento das rodovias	182 * V	Condutor	5 - Grave	MUNICIPAL/ RODOV
561-4	3	Parar na pista de rolamento das vias de trânsito rápido	182 * V	Condutor	5 - Grave	MUNICIPAL/ RODOV
561-4	4	Parar na pista de rolamento das demais vias dotadas acostamento	182 * V	Condutor	5 - Grave	MUNICIPAL/ RODOV
562-2	1	Parar no passeio/calçada	182 * VI	Condutor	3 - Leve	MUNICIPAL/ RODOV
562-2	2	Parar sobre faixa destinada a pedestres	182 * VI	Condutor	3 - Leve	MUNICIPAL/ RODOV
562-2	3	Parar nas ilhas ou refúgios	182 * VI	Condutor	3 - Leve	MUNICIPAL/ RODOV
562-2	4	Parar nos canteiros centrais	182 * VI	Condutor	3 - Leve	MUNICIPAL/ RODOV
562-2	5	Parar nos divisores de pista de rolamento e marcas de canalização	182 * VI	Condutor	3 - Leve	MUNICIPAL/ RODOV
563-0	0	Parar na área de cruzamento de vias	182 * VII	Condutor	4 - Média	MUNICIPAL/ RODOV
564-9	1	Parar nos viadutos	182 * VIII	Condutor	4 - Média	MUNICIPAL/ RODOV
564-9	2	Parar nas pontes	182 * VIII	Condutor	4 - Média	MUNICIPAL/ RODOV
564-9	3	Parar nos túneis	182 * VIII	Condutor	4 - Média	MUNICIPAL/ RODOV
565-7	0	Parar na contramão de direção	182 * IX	Condutor	4 - Média	MUNICIPAL/ RODOV
566-5	0	Parar em local/horário proibidos especificamente pela sinalização	182 * X	Condutor	4 - Média	MUNICIPAL/ RODOV
567-3	1	Parar sobre faixa de pedestres na mudança de sinal luminoso	183	Condutor	4 - Média	MUNICIPAL/ RODOV
567-3	2	Parar sobre faixa de pedestres na mudança de sinal luminoso (fisc eletrônica)	183	Condutor	4 - Média	MUNICIPAL/ RODOV
568-1	0	Transitar na faixa/pista da direita regul circulação exclusiva determ veículo	184 * I	Condutor	3 - Leve	MUNICIPAL/ RODOV
569-0	0	Transitar na faixa/pista da esquerda regul circulação exclusiva determ veículo	184 * II	Condutor	5 - Grave	MUNICIPAL/ RODOV
570-3	0	Deixar de conservar o veículo na faixa a ele destinada pela sinalização de regul	185 * I	Condutor	4 - Média	MUNICIPAL/ RODOV
571-1	0	Deixar de conservar nas faixas da direita o veículo lento e de maior porte	185 * II	Condutor	4 - Média	MUNICIPAL/ RODOV
572-0	0	Transitar pela contramão de direção em via com duplo sentido de circulação	186 * I	Condutor	5 - Grave	MUNICIPAL/ RODOV
573-8	0	Transitar pela contramão de direção em via c/ sinalização de regul sentido único	186 * II	Condutor	7 - Gravíss	MUNICIPAL/ RODOV
574-6	1	Transitar em local/horário não permitido pela regul estabelecida pela autoridade	187 * I	Condutor	4 - Média	MUNICIPAL/ RODOV
574-6	2	Transitar em local/horário não permitido pela regulamentação - rodízio	187 * I	Condutor	4 - Média	MUNICIPAL/ RODOV
574-6	3	Transitar em local/horário não permitido pela regulamentação - veículo de carga	187 * I	Condutor	4 - Média	MUNICIPAL/ RODOV
576-2	0	Transitar ao lado de outro veículo, interrompendo ou perturbando o trânsito	188	Condutor	4 - Média	MUNICIPAL/ RODOV
577-0	1	Deixar de dar passagem a veíc precedido de batedores devidamente identificados	189	Condutor	7 - Gravíss	EST/MUNIC/ RODOV
577-0	2	Deixar de dar passagem a veíc socorro de incêndio em serv urgência devid identif	189	Condutor	7 - Gravíss	EST/MUNIC/ RODOV

Código da Infração	Des dob	Descrição da Infração	Amparo Legal (CTB)	Infrator	Gravidade	Órgão Competente
577-0	3	Deixar de dar passagem a veíc de polícia em serviço de urgência devid identif	189	Condutor	7 - Gravíss	EST/MUNIC/ RODOV
577-0	4	Deixar de dar passagem a veíc de operação e fiscalização de trânsito devid ident	189	Condutor	7 - Gravíss	EST/MUNIC/ RODOV
577-0	5	Deixar de dar passagem a ambulância em serviço de urgência devid identificada	189	Condutor	7 - Gravíss	EST/MUNIC/ RODOV
578-9	0	Seguir veículo em serv urgência devid identific p/ alarme sonoro/ilum vermelha	190	Condutor	5 - Grave	MUNICIPAL/ RODOV
579-7	0	Forçar passagem entre veícs trans sent opostos na iminência realiz ultrapassagem	191	Condutor	7 - Gravíss	MUNICIPAL/ RODOV
580-0	0	Deixar guardar dist segurança lat/front entre seu veíc e demais e ao bordo pista	192	Condutor	5 - Grave	MUNICIPAL/ RODOV
581-9	1	Transitar com o veículo em calçadas, passeios	193	Condutor	7 - Gravíss 3X	MUNICIPAL/ RODOV
581-9	2	Transitar com o veículo em ciclovias, ciclofaixas	193	Condutor	7 - Gravíss 3X	MUNICIPAL/ RODOV
581-9	3	Transitar com o veículo em ajardinamentos, gramados, jardins públicos	193	Condutor	7 - Gravíss 3X	MUNICIPAL/ RODOV
581-9	4	Transitar com o veículo em canteiros centrais	193	Condutor	7 - Gravíss 3X	MUNICIPAL/ RODOV
581-9	5	Transitar com o veículo em ilhas, refúgios	193	Condutor	7 - Gravíss 3X	MUNICIPAL/ RODOV
581-9	6	Transitar com o veículo em divisores de pista de rolamento, marcas de canaliz.	193	Condutor	7 - Gravíss 3X	MUNICIPAL/ RODOV
581-9	7	Transitar com o veículo em acostamentos	193	Condutor	7 - Gravíss 3X	MUNICIPAL/ RODOV
581-9	8	Transitar com o veículo em passarelas	193	Condutor	7 - Gravíss 3X	MUNICIPAL/ RODOV
582-7	0	Transitar em marcha ré, salvo na distância necessária a pequenas manobras	194	Condutor	5 - Grave	MUNICIPAL/ RODOV
583-5	0	Desobedecer às ordens emanadas da autorid compet de trânsito ou de seus agentes	195	Condutor	5 - Grave	EST/MUNIC/ RODOV
584-3	1	Deixar de indicar c/ antec, med gesto de braço/luz indicadora, início da marcha	196	Condutor	5 - Grave	EST/MUNIC/ RODOV
584-3	2	Deixar de indicar c/ antec, med gesto de braço/luz indicadora, manobra de parar	196	Condutor	5 - Grave	EST/MUNIC/ RODOV
584-3	3	Deixar de indicar c/ antec, med gesto de braço/luz indicadora, mudança direção	196	Condutor	5 - Grave	EST/MUNIC/ RODOV
584-3	4	Deixar de indicar c/ antec, med gesto de braço/luz indicadora, mudança de faixa	196	Condutor	5 - Grave	EST/MUNIC/ RODOV
585-1	1	Deixar de deslocar c/antecedência veíc p/ faixa mais à esquerda qdo for manobrar	197	Condutor	4 - Média	MUNICIPAL/ RODOV
585-1	2	Deixar de deslocar c/antecedência veíc p/ faixa mais à direita qdo for manobrar	197	Condutor	4 - Média	MUNICIPAL/ RODOV
586-0	0	Deixar de dar passagem pela esquerda quando solicitado	198	Condutor	4 - Média	MUNICIPAL/ RODOV
587-8	0	Ultrapassar pela direita, salvo qdo veíc da frente der sinal p/ entrar esquerda	199	Condutor	4 - Média	MUNICIPAL/ RODOV
588-6	0	Ultrap pela direita veíc de transp coletivo parado para emb/desemb passageiros	200	Condutor	7 - Gravíss	MUNICIPAL/ RODOV
589-4	0	Deixar de guardar a distância lateral de 1,50m ao passar/ultrapassar bicicleta	201	Condutor	4 - Média	MUNICIPAL/ RODOV
590-8	0	Ultrapassar pelo acostamento	202 * I	Condutor	5 - Grave	MUNICIPAL/ RODOV
591-6	1	Ultrapassar em interseções	202 * II	Condutor	5 - Grave	MUNICIPAL/ RODOV
591-6	2	Ultrapassar em passagem de nível	202 * II	Condutor	5 - Grave	MUNICIPAL/ RODOV
592-4	1	Ultrapassar pela contramão nas curvas sem visibilidade suficiente	203 * I	Condutor	7 - Gravíss	MUNICIPAL/ RODOV
592-4	2	Ultrapassar pela contramão nos aclives ou declives, sem visibilidade suficiente	203 * I	Condutor	7 - Gravíss	MUNICIPAL/ RODOV
593-2	0	Ultrapassar pela contramão nas faixas de pedestre	203 * II	Condutor	7 - Gravíss	MUNICIPAL/ RODOV

Código da Infração	Des dob	Descrição da Infração	Amparo Legal (CTB)	Infrator	Gravidade	Órgão Competente
594-0	1	Ultrapassar pela contramão nas pontes	203 * III	Condutor	7 - Graviss	MUNICIPAL/ RODOV
594-0	2	Ultrapassar pela contramão nos viadutos	203 * III	Condutor	7 - Graviss	MUNICIPAL/ RODOV
594-0	3	Ultrapassar pela contramão nos túneis	203 * III	Condutor	7 - Graviss	MUNICIPAL/ RODOV
595-9	1	Ultrapassar pela contramão veículo parado em fila junto sinal luminoso	203 * IV	Condutor	7 - Graviss	MUNICIPAL/ RODOV
595-9	2	Ultrapassar pela contramão veículo parado em fila junto a cancela/porteira	203 * IV	Condutor	7 - Graviss	MUNICIPAL/ RODOV
595-9	3	Ultrapassar pela contramão veículo parado em fila junto a cruzamento	203 * IV	Condutor	7 - Graviss	MUNICIPAL/ RODOV
595-9	4	Ultrapassar pela contramão veíc parado em fila junto qq impedimento à circulação	203 * IV	Condutor	7 - Graviss	MUNICIPAL/ RODOV
596-7	0	Ultrapassar pela contramão linha de divisão de fluxos opostos, contínua amarela	203 * V	Condutor	7 - Graviss	MUNICIPAL/ RODOV
597-5	0	Deixar de parar no acostamento à direita, p/ cruzar pista ou entrar à esquerda	204	Condutor	5 - Grave	MUNICIPAL/ RODOV
598-3	0	Ultrapassar veículo em movimento que integre cortejo/desfile/formação militar	205	Condutor	3 - Leve	MUNICIPAL/ RODOV
599-1	0	Executar operação de retorno em locais proibidos pela sinalização	206 * I	Condutor	7 - Graviss	MUNICIPAL/ RODOV
600-9	1	Executar operação de retorno nas curvas	206 * II	Condutor	7 - Graviss	MUNICIPAL/ RODOV
600-9	2	Executar operação de retorno nos aclives ou declives	206 * II	Condutor	7 - Graviss	MUNICIPAL/ RODOV
600-9	3	Executar operação de retorno nas pontes	206 * II	Condutor	7 - Graviss	MUNICIPAL/ RODOV
600-9	4	Executar operação de retorno nos viadutos	206 * II	Condutor	7 - Graviss	MUNICIPAL/ RODOV
600-9	5	Executar operação de retorno nos túneis	206 * II	Condutor	7 - Graviss	MUNICIPAL/ RODOV
601-7	1	Executar operação de retorno passando por cima de calçada, passeio	206 * III	Condutor	7 - Graviss	MUNICIPAL/ RODOV
601-7	2	Executar operação de retorno passando por cima de ilha, refúgio	206 * III	Condutor	7 - Graviss	MUNICIPAL/ RODOV
601-7	3	Executar operação de retorno passando por cima de ajardinamento	206 * III	Condutor	7 - Graviss	MUNICIPAL/ RODOV
601-7	4	Executar operação de retorno passando por cima de canteiro de divisor de pista	206 * III	Condutor	7 - Graviss	MUNICIPAL/ RODOV
601-7	5	Executar operação de retorno passando por cima de faixa de pedestres	206 * III	Condutor	7 - Graviss	MUNICIPAL/ RODOV
601-7	6	Executar operação de retorno passando por cima de faixa de veíc não motorizados	206 * III	Condutor	7 - Graviss	MUNICIPAL/ RODOV
602-5	0	Executar retorno nas interseções, entrando na contramão da via transversal	206 * IV	Condutor	7 - Graviss	MUNICIPAL/ RODOV
603-3	0	Executar retorno c/prejuízo da circulação/segurança ainda que em local permitido	206 * V	Condutor	7 - Graviss	MUNICIPAL/ RODOV
604-1	1	Executar operação de conversão à direita em local proibido pela sinalização	207	Condutor	5 - Grave	MUNICIPAL/ RODOV
604-1	2	Executar operação de conversão à esquerda em local proibido pela sinalização	207	Condutor	5 - Grave	MUNICIPAL/ RODOV
605-0	1	Avançar o sinal vermelho do semáforo	208	Condutor	7 - Graviss	MUNICIPAL/ RODOV
605-0	2	Avançar o sinal de parada obrigatória	208	Condutor	7 - Graviss	MUNICIPAL/ RODOV
605-0	3	Avançar o sinal vermelho do semáforo - fiscalização eletrônica	208	Condutor	7 - Graviss	MUNICIPAL/ RODOV
606-8	1	Transpor bloqueio viário com ou sem sinalização ou dispositivos auxiliares	209	Condutor	5 - Grave	EST/MUNIC/ RODOV
606-8	2	Deixar de adentrar as áreas destinadas à pesagem de veículos	209	Condutor	5 - Grave	EST/MUNIC/ RODOV
606-8	3	Evadir-se para não efetuar o pagamento do pedágio	209	Condutor	5 - Grave	EST/MUNIC/ RODOV

Código da Infração	Desdob	Descrição da Infração	Amparo Legal (CTB)	Infrator	Gravidade	Órgão Competente
607-6	0	Transpor bloqueio viário policial	210	Condutor	7 - Graviss	EST/MUNIC/ RODOV
608-4	1	Ultrapassar veículos motorizados em fila, parados em razão de sinal luminoso	211	Condutor	5 - Grave	EST/MUNIC/ RODOV
608-4	2	Ultrapassar veículos motorizados em fila, parados em razão de cancela	211	Condutor	5 - Grave	EST/MUNIC/ RODOV
608-4	3	Ultrapassar veíc motorizados em fila parados em razão de bloqueio viário parcial	211	Condutor	5 - Grave	EST/MUNIC/ RODOV
608-4	4	Ultrapassar veículos motorizados em fila, parados em razão de qualquer obstáculo	211	Condutor	5 - Grave	EST/MUNIC/ RODOV
609-2	0	Deixar de parar o veículo antes de transpor linha férrea	212	Condutor	7 - Graviss	MUNICIPAL/ RODOV
610-6	0	Deixar de parar sempre que a marcha for interceptada por agrupamento de pessoas	213 * I	Condutor	7 - Graviss	MUNICIPAL/ RODOV
611-4	0	Deixar de parar sempre que a marcha for interceptada por agrupamento de veículos	213 * II	Condutor	5 - Grave	MUNICIPAL/ RODOV
612-2	0	Deixar de dar preferência a pedestre/veic ñ motorizado na faixa a ele destinada	214 * I	Condutor	7 - Graviss	MUNICIPAL/ RODOV
613-0	0	Deixar de dar preferência a pedestre/veic ñ mot que ñ haja concluído a travessia	214 * II	Condutor	7 - Graviss	MUNICIPAL/ RODOV
614-9	0	Deixar de dar preferência a pedestre port deficiência fís/criança/idoso/gestante	214 * III	Condutor	7 - Graviss	MUNICIPAL/ RODOV
615-7	0	Deixar de dar preferência a pedestre/veic ñ mot qdo iniciada travessia s/sinaliz	214 * IV	Condutor	5 - Grave	MUNICIPAL/ RODOV
616-5	0	Deixar de dar preferência a pedestre/veic não mot atravessando a via transversal	214 * V	Condutor	5 - Grave	MUNICIPAL/ RODOV
617-3	1	Deixar de dar preferência em interseção ñ sinaliz, a veíc circulando por rodovia	215 * I * a	Condutor	5 - Grave	MUNICIPAL/ RODOV
617-3	2	Deixar de dar preferência em interseção ñ sinaliz, veíc circulando por rotatória	215 * I * a	Condutor	5 - Grave	MUNICIPAL/ RODOV
617-3	3	Deixar de dar prefer em interseção não sinalizada, a veículo que vier da direita	215 * I * b	Condutor	5 - Grave	MUNICIPAL/ RODOV
618-1	0	Deixar de dar preferência nas interseções com sinalização de Dê a Preferência	215 * II	Condutor	5 - Grave	MUNICIPAL/ RODOV
619-0	0	Entrar/sair área lindeira sem precaução com a segurança de pedestres e veículos	216	Condutor	4 - Média	MUNICIPAL/ RODOV
620-3	0	Entrar/sair de fila de veículos estacionados sem dar pref a pedestres/veículos	217	Condutor	4 - Média	MUNICIPAL/ RODOV
*621-1	0	Transitar em velocidade super máx permitida em até 20% - infrações até 25-72006	218 * I * a	Condutor	5 - Grave	MUNICIPAL/ RODOV
*622-0	0	Transitar em veloc super à máx permitida em mais de 20% - infrações até 25-7-2006	218 * I * b	Condutor	7 - Graviss 3X	MUNICIPAL/ RODOV
*623-8	0	Transitar em veloc super à máx permitida em até de 50% -infrações até 25-7-2006	218 * II * a	Condutor	5 - Grave	MUNICIPAL/ RODOV
*624-6	0	Transitar em veloc super à máx permitida em mais de 50% - infrações até 25-7-2006	218 * II * b	Condutor	7 - Graviss 3X	MUNICIPAL/ RODOV
625-4	0	Transitar em velocidade inferior à metade da máxima da via, salvo faixa direita	219	Condutor	4 - Média	MUNICIPAL/ RODOV
626-2	0	Deixar de reduzir a veloc qdo se aproximar de passeata/aglomeração/desfile/etc	220 * I	Condutor	7 - Graviss	MUNICIPAL/ RODOV
627-0	0	Deixar de reduzir a veloc onde o trânsito esteja sendo controlado pelo agente	220 * II	Condutor	5 - Grave	MUNICIPAL/ RODOV
628-9	1	Deixar de reduzir a velocidade do veículo ao aproximar-se da guia da calçada	220 * III	Condutor	5 - Grave	MUNICIPAL/ RODOV
628-9	2	Deixar de reduzir a velocidade do veículo ao aproximar-se do acostamento	220 * III	Condutor	5 - Grave	MUNICIPAL/ RODOV
629-7	0	Deixar de reduzir velocidade do veículo ao aproximar-se interseção ñ sinalizada	220 * IV	Condutor	5 -Grave	MUNICIPAL/ RODOV
630-0	0	Deixar reduzir velocidade nas vias rurais cuja faixa domínio não esteja cercada	220 * V	Condutor	5 - Grave	MUNICIPAL/ RODOV
631-9	0	Deixar de reduzir a velocidade nos trechos em curva de pequeno raio	220 * VI	Condutor	5 - Grave	MUNICIPAL/ RODOV
632-7	0	Deixar de reduzir veloc ao aproximar local sinaliz advert de obras/trabalhadores	220 * VII	Condutor	5 - Grave	MUNICIPAL/ RODOV

Código da Infração	Desdob	Descrição da Infração	Amparo Legal (CTB)	Infrator	Gravidade	Órgão Competente
633-5	0	Deixar de reduzir a velocidade sob chuva/neblina/cerração/ventos fortes	220 * VIII	Condutor	5 - Grave	MUNICIPAL/RODOV
634-3	0	Deixar de reduzir a velocidade quando houver má visibilidade	220 * IX	Condutor	5 - Grave	MUNICIPAL/RODOV
635-1	0	Deixar de reduzir veloc qdo pavimento se apresentar escorreg/defeituoso/avariado	220 * X	Condutor	5 - Grave	MUNICIPAL/RODOV
636-0	0	Deixar de reduzir a velocidade à aproximação de animais na pista	220 * XI	Condutor	5 - Grave	MUNICIPAL/RODOV
637-8	0	Deixar de reduzir a velocidade de forma compatível com a segurança, em declive	220 * XII	Condutor	5 - Grave	MUNICIPAL/RODOV
638-6	0	Deixar de reduzir veloc de forma compatível c/ segurança ao ultrapassar ciclista	220 * XIII	Condutor	5 - Grave	MUNICIPAL/RODOV
639-4	1	Deixar de reduzir a velocidade nas proximidades de escolas	220 * XIV	Condutor	7 - Gravíss	MUNICIPAL/RODOV
639-4	2	Deixar de reduzir a velocidade nas proximidades de hospitais	220 * XIV	Condutor	7 - Gravíss	MUNICIPAL/RODOV
639-4	3	Deixar de reduzir veloc na proxim estação embarque/desembarque passageiros	220 * XIV	Condutor	7 - Gravíss	MUNICIPAL/RODOV
639-4	4	Deixar de reduzir veloc onde haja intensa movimentação de pedestres	220 * XIV	Condutor	7 - Gravíss	MUNICIPAL/RODOV
640-8	0	Portar no veículo placas de identificação em desacordo c/ especif/modelo Contran	221	Proprietário	4 - Média	ESTADUAL/RODOV
641-6	0	Confec/distribuir/colocar veíc próprio/terceiro placa identif desacordo Contran	221 § Único	PF ou JUR	4 - Média	ESTADUAL/RODOV
642-4	0	Deixar de manter ligado em emerg sist ilum vermelha intermitente ainda q parado	222	Condutor	4 - Média	MUNICIPAL/RODOV
643-2	1	Transitar com farol desregulado perturbando visão outro condutor	223	Condutor	5 - Grave	ESTADUAL/RODOV
643-2	2	Transitar com o facho de luz alta perturbando visão outro condutor	223	Condutor	5 - Grave	ESTADUAL/RODOV
644-0	0	Fazer uso do facho de luz alta dos faróis em vias providas de iluminação pública	224	Condutor	3 - Leve	MUNICIPAL/RODOV
645-9	1	Deixar de sinalizar via p/ tornar visível local qdo tiver remover veíc da pista	225 * I	Condutor	5 - Grave	MUNICIPAL/RODOV
645-9	2	Deixar de sinalizar a via p/ tornar visível o local qdo permanecer acostamento	225 * I	Condutor	5 - Grave	MUNICIPAL/RODOV
646-7	0	Deixar de sinalizar a via p/ tornar visível o local qdo a carga for derramada	225 * II	Condutor	5 - Grave	MUNICIPAL/RODOV
647-5	0	Deixar de retirar qualquer objeto utilizado para sinalização temporária da via	226	Condutor	4 - Média	MUNICIPAL/RODOV
648-3	0	Usar buzina que não a de toque breve como advertência a pedestre ou condutores	227 * I	Condutor	3 - Leve	MUNICIPAL/RODOV
649-1	0	Usar buzina prolongada e sucessivamente a qualquer pretexto	227 * II	Condutor	3 - Leve	MUNICIPAL/RODOV
650-5	0	Usar buzina entre as vinte e duas e as seis horas	227 * III	Condutor	3 - Leve	MUNICIPAL/RODOV
651-3	0	Usar buzina em locais e horários proibidos pela sinalização	227 * IV	Condutor	3 - Leve	MUNICIPAL/RODOV
652-1	0	Usar buzina em desacordo c/ os padrões e frequências estabelecidas pelo Contran	227 * V	Proprietário	3 - Leve	MUNICIPAL/RODOV
653-0	0	Usar no veículo equip c/ som em volume/frequência não autorizados pelo Contran	228	Proprietário	5 - Grave	MUNICIPAL/RODOV
654-8	1	Usar no veíc alarme q perturbe o sossego público, em desacordo normas do Contran	229	Proprietário	4 - Média	ESTADUAL/RODOV
654-8	2	Usar no veíc aparelho produza som/ruído perturbe sossego públic desac c/ Contran	229	Proprietário	4 - Média	ESTADUAL/RODOV
655-6	1	Conduzir o veículo com o lacre de identificação violado/falsificado	230 * I	Proprietário	7 - Gravíss	ESTADUAL/RODOV
655-6	2	Conduzir o veículo com a inscrição do chassi violada/falsificada	230 * I	Proprietário	7 - Gravíss	ESTADUAL/RODOV
655-6	3	Conduzir o veículo com o selo violado/falsificado	230 * I	Proprietário	7 - Gravíss	ESTADUAL/RODOV
655-6	4	Conduzir o veículo com a placa violada/falsificada	230 * I	Proprietário	7 - Gravíss	ESTADUAL/RODOV

Código da Infração	Des dob	Descrição da Infração	Amparo Legal (CTB)	Infrator	Gravidade	Órgão Competente
655-6	5	Conduzir o veículo com qualquer outro elem de identificação violado/falsificado	230 * I	Proprietário	7 - Gravíss	ESTADUAL/ RODOV
656-4	0	Conduzir o veículo transportando passageiros em compartimento de carga	230 * II	Condutor	7 - Gravíss	MUNICIPAL/ RODOV
657-2	0	Conduzir o veículo com dispositivo antirradar	230 * III	Proprietário	7 - Gravíss	ESTADUAL/ RODOV
658-0	0	Conduzir o veículo sem qualquer uma das placas de identificação	230 * IV	Proprietário	7 - Gravíss	ESTADUAL/ RODOV
659-9	1	Conduzir o veículo que não esteja registrado	230 * V	Proprietário	7 - Gravíss	ESTADUAL/ RODOV
659-9	2	Conduzir o veículo registrado que não esteja devidamente licenciado	230 * V	Proprietário	7 - Gravíss	ESTADUAL/ RODOV
660-2	0	Conduzir o veículo com qualquer uma das placas sem legibilidade e visibilidade	230 * VI	Proprietário	7 - Gravíss	ESTADUAL/ RODOV
661-0	1	Conduzir o veículo com a cor alterada	230 * VII	Proprietário	5 - Grave	ESTADUAL/ RODOV
661-0	2	Conduzir o veículo com característica alterada	230 * VII	Proprietário	5 - Grave	ESTADUAL/ RODOV
662-9	0	Conduzir veículo s/ ter sido submetido à inspeção seg veicular, qdo obrigatória	230 * VIII	Proprietário	5 - Grave	ESTADUAL/ RODOV
663-7	1	Conduzir o veículo sem equipamento obrigatório	230 * IX	Proprietário	5 - Grave	ESTADUAL/ RODOV
663-7	2	Conduzir o veículo com equipamento obrigatório ineficiente/inoperante	230 * IX	Proprietário	5 - Grave	ESTADUAL/ RODOV
664-5	0	Conduzir o veículo com equip obrigatório em desacordo com o estab pelo Contran	230 * X	Proprietário	5 - Grave	ESTADUAL/ RODOV
665-3	1	Conduzir o veículo com descarga livre	230 * XI	Proprietário	5 - Grave	ESTADUAL/ RODOV
665-3	2	Conduzir o veículo com silenciador de motor defeituoso/deficiente/inoperante	230 * XI	Proprietário	5 - Grave	ESTADUAL/ RODOV
666-1	0	Conduzir o veículo com equipamento ou acessório proibido	230 * XII	Proprietário	5 - Grave	ESTADUAL/ RODOV
667-0	0	Conduzir o veículo c/ equip do sistema de iluminação e de sinalização alterados	230 * XIII	Proprietário	5 - Grave	ESTADUAL/ RODOV
668-8	0	Conduzir veíc c/ registrador instan inalt de velocidade/tempo viciado/defeituoso	230 * XIV	Proprietário	5 - Grave	ESTADUAL/ RODOV
669-6	1	Conduzir c/ inscr/adesivo/legenda/símbolo afixado para-brisa e extensão traseira	230 * XV	Proprietário	5 - Grave	ESTADUAL/ RODOV
669-6	2	Conduzir c/ inscr/adesivo/legenda/símbolo pintado para-brisa e extensão traseira	230 * XV	Proprietário	5 - Grave	ESTADUAL/ RODOV
670-0	1	Conduzir o veículo com vidros totalmente cobertos por película, painéis/pintura	230 * XVI	Proprietário	5 - Grave	ESTADUAL/ RODOV
670-0	2	Conduzir o veículo c/ vidros parcialmente cobertos por película, painéis/pintura	230 * XVI	Proprietário	5 - Grave	ESTADUAL/ RODOV
671-8	0	Conduzir o veículo com cortinas ou persianas fechadas	230 * XVII	Proprietário	5 - Grave	ESTADUAL/ RODOV
672-6	1	Conduzir veículo em mau estado de conservação	230 * XVIII	Proprietário	5 - Grave	ESTADUAL/ RODOV
672-6	2	Conduzir o veículo reprovado na avaliação de inspeção de segurança	230 * XVIII	Proprietário	5 - Grave	ESTADUAL/ RODOV
672-6	3	Conduzir o veículo reprovado na avaliação de emissão de poluentes e ruído	230 * XVIII	Proprietário	5 - Grave	ESTADUAL/ RODOV
673-4	0	Conduzir o veículo sem acionar o limpador de para-brisa sob chuva	230 * XIX	Condutor	5 - Grave	ESTADUAL/ RODOV
674-2	0	Conduzir o veículo sem portar a autorização para condução de escolares	230 * XX	Proprietário	5 - Grave	ESTADUAL/ RODOV
675-0	0	Conduzir o veíc de carga c/ falta inscrição da tara e demais previstas no CTB	230 * XXI	Proprietário	4 - Média	ESTADUAL/ RODOV
676-9	1	Conduzir o veículo com defeito no sistema de iluminação	230 * XXII	Proprietário	4 - Média	ESTADUAL/ RODOV
676-9	2	Conduzir o veículo com defeito no sistema de sinalização	230 * XXII	Proprietário	4 - Média	ESTADUAL/ RODOV
676-9	3	Conduzir o veículo com lâmpadas queimadas	230 * XXII	Proprietário	4 - Média	ESTADUAL/ RODOV

Código da Infração	Desdob	Descrição da Infração	Amparo Legal (CTB)	Infrator	Gravidade	Órgão Competente
677-7	0	Transitar com o veículo danificando a via, suas instalações e equipamentos	231 * I	Condutor	7 - Gravíss	MUNICIPAL/ RODOV
678-5	1	Transitar com veículo derramando a carga que esteja transportando	231 * II * a	Condutor	7 - Gravíss	MUNICIPAL/ RODOV
678-5	2	Transitar com veículo lançando a carga que esteja transportando	231 * II * a	Condutor	7 - Gravíss	MUNICIPAL/ RODOV
678-5	3	Transitar com veículo arrastando a carga que esteja transportando	231 * II * a	Condutor	7 - Gravíss	MUNICIPAL/ RODOV
679-3	0	Transitar com veíc derramando/lançando combustível/lubrif que esteja utilizando	231 * II * b	Condutor	7 - Gravíss	MUNICIPAL/ RODOV
680-7	0	Transitar c/ veíc derramando/lançando/arrastando qq objeto com risco de acidente	231 * II * c	Condutor	7 - Gravíss	MUNICIPAL/ RODOV
681-5	0	Transitar com veículo produzindo fumaça, gases ou partículas em desac c/ Contran	231 * III	Proprietário	5 - Grave	MUNICIPAL/ RODOV
682-3	1	Transitar c/ veíc e/ou carga c/ dimensões superiores limite legal s/ autorização	231 * IV	Proprietário	5 - Grave	MUNICIPAL/ RODOV
682-3	2	Transitar c/ veíc e/ou carga c/ dimensões superiores est p/sinalização s/autoriz	231 * IV	Condutor	5 - Grave	MUNICIPAL/ RODOV
683-1	0	Transitar com o veículo com excesso de peso	231 * V	Emb/ Transp	4 - Média	MUNICIPAL/ RODOV
684-0	1	Transitar em desacordo c/ autorização expedida p/veículo c/ dimensões excedentes	231 * VI	Proprietário	5 - Grave	MUNICIPAL/ RODOV
684-0	2	Transitar com autorização vencida, expedida p/ veículo c/ dimensões excedentes	231 * VI	Proprietário	5 - Grave	MUNICIPAL/ RODOV
685-8	0	Transitar com o veículo com lotação excedente	231 * VII	Condutor	4 - Média	EST/MUNIC/ RODOV
686-6	1	Transitar efetuando transporte remunerado de pessoas qdo ñ licenciado p/esse fim	231 * VIII	Proprietário	4 - Média	MUNICIPAL/ RODOV
686-6	2	Transitar efetuando transporte remunerado de bens qdo não licenciado p/ esse fim	231 * VIII	Proprietário	4 - Média	MUNICIPAL/ RODOV
687-4	1	Transitar com o veículo desligado em declive	231 * IX	Condutor	4 - Média	MUNICIPAL/ RODOV
687-4	2	Transitar com o veículo desengrenado em declive	231 * IX	Condutor	4 - Média	MUNICIPAL/ RODOV
688-2	0	Transitar com o veículo excedendo a capacidade máxima de tração - média	231 * X	Proprietário	4 - Média	MUNICIPAL/ RODOV
689-0	0	Transitar com o veículo excedendo a capacidade máxima de tração - grave	231 * X	Proprietário	5 - Grave	MUNICIPAL/ RODOV
690-4	0	Transitar com o veículo excedendo a capacidade máxima de tração - gravíssima	231 * X	Proprietário	7 - Gravíss	MUNICIPAL/ RODOV
691-2	0	Conduzir veículo sem os documentos de porte obrigatório referidos no CTB	232	Condutor	3 - Leve	ESTADUAL/ RODOV
692-0	0	Deixar de efetuar registro de veículo no prazo de trinta dias	233	Proprietário	5 - Grave	ESTADUAL
693-9	1	Falsificar documento de habilitação	234	Condutor	7 - Gravíss	ESTADUAL/ RODOV
693-9	2	Adulterar documento de habilitação	234	Condutor	7 - Gravíss	ESTADUAL/ RODOV
693-9	3	Falsificar documento de identificação do veículo	234	Proprietário	7 - Gravíss	ESTADUAL/ RODOV
693-9	4	Adulterar documento de identificação do veículo	234	Proprietário	7 - Gravíss	ESTADUAL/ RODOV
694-7	1	Conduzir pessoas nas partes externas do veículo	235	Condutor	5 - Grave	MUNICIPAL/ RODOV
694-7	2	Conduzir animais nas partes externas do veículo	235	Condutor	5 - Grave	MUNICIPAL/ RODOV
694-7	3	Conduzir carga nas partes externas do veículo	235	Condutor	5 - Grave	MUNICIPAL/ RODOV
695-5	0	Rebocar outro veículo com cabo flexível ou corda	236	Condutor	4 - Média	MUNICIPAL/ RODOV
696-3	1	Transitar c/ veíc em desacordo c/ especificações necessárias a sua identificação	237	Proprietário	5 - Grave	ESTADUAL/ RODOV
696-3	2	Transitar com veículo com falta de inscrição necessária a sua identificação	237	Proprietário	5 - Grave	ESTADUAL/ RODOV

Portaria do DENATRAN nº 59/2007

Código da Infração	Desdob	Descrição da Infração	Amparo Legal (CTB)	Infrator	Gravidade	Órgão Competente
696-3	3	Transitar com veículo com falta de simbologia necessária a sua identificação	237	Proprietário	5 - Grave	ESTADUAL/ RODOV
697-1	0	Recusar-se a entregar CNH/CRV/CRLV/ outros documentos	238	Condutor	7 - Graviss	ESTADUAL/ RODOV
698-0	0	Retirar do local veículo legalmente retido para regularização, sem permissão	239	Condutor	7 - Graviss	EST/MUNIC/ RODOV
699-8	0	Deixar responsável de promover baixa registro de veíc irrecuperável/desmontado	240	Proprietário	5 - Grave	ESTADUAL
700-5	1	Deixar de atualizar o cadastro de registro do veículo	241	Proprietário	3 - Leve	ESTADUAL
700-5	2	Deixar de atualizar o cadastro de habilitação do condutor	241	Condutor	3 - Leve	ESTADUAL
701-3	1	Fazer falsa declaração de domicílio para fins de registro/licenciamento	242	Proprietário	7 - Graviss	ESTADUAL
701-3	2	Fazer falsa declaração de domicílio para fins de habilitação	242	Condutor	7 - Graviss	ESTADUAL
702-1	0	Deixar seguradora de comunicar ocorrência perda total veíc e devolver placas/doc	243	P Jurídica	5 - Grave	ESTADUAL
703-0	1	Conduzir motocicleta, motoneta e ciclomotor sem capacete de segurança	244 * I	Condutor	7 - Graviss	EST/MUNIC/ RODOV
703-0	2	Conduzir motocicleta/motoneta/ciclomotor c/ capacete s/ viseira/óculos proteção	244 * I	Condutor	7 - Graviss	EST/MUNIC/ RODOV
703-0	3	Conduzir motocicleta, motoneta e ciclomotor sem vestuário aprovado pelo Contran	244 * I	Condutor	7 - Graviss	EST/MUNIC/ RODOV
704-8	1	Conduzir motocicleta, motoneta e ciclomotor transportando passageiro s/ capacete	244 * II	Condutor	7 - Graviss	MUNICIPAL/ RODOV
704-8	2	Conduzir motocicleta/ motoneta/ciclomotor transp.passag s/viseira/óculos proteção	244 * II	Condutor	7 - Graviss	MUNICIPAL/ RODOV
704-8	3	Conduzir motocicleta/motoneta/ciclomotor transportando pas. fora do assento	244 * II	Condutor	7 - Graviss	MUNICIPAL/ RODOV
705-6	1	Conduzir motoc/moton/ciclomotor fazendo malabarismo/equilibrando-se em uma roda	244 * III	Condutor	7 - Graviss	MUNICIPAL/ RODOV
705-6	2	Conduzir ciclo fazendo malabarismo ou equilibrando-se em uma roda	244 * III c/c § 1º	Condutor	4 - Média	MUNICIPAL/ RODOV
706-4	0	Conduzir motocicleta, motoneta e ciclomotor com os faróis apagados	244 * IV	Condutor	7 - Graviss	MUNICIPAL/ RODOV
707-2	1	Conduzir motocicleta/motoneta/ciclomotor transportando criança menor de 7 anos	244 * V	Condutor	7 - Graviss	MUNICIPAL/ RODOV
707-2	2	Conduzir motoc/moton/ciclom transp criança s/ condição cuidar própria segurança	244 * V	Condutor	7 - Graviss	MUNICIPAL/ RODOV
708-0	0	Conduzir motocicleta, motoneta e ciclomotor rebocando outro veículo	244 * VI	Condutor	4 - Média	MUNICIPAL/ RODOV
709-9	1	Conduzir motocicleta/motoneta/ciclomotor sem segurar o guidom com ambas as mãos	244 * VII	Condutor	4 - Média	MUNICIPAL/ RODOV
709-9	2	Conduzir ciclo sem segurar o guidom com ambas as mãos	244 * VII c/c § 1º	Condutor	4 - Média	MUNICIPAL/ RODOV
710-2	1	Conduzir motocicleta, motoneta e ciclomotor transportando carga incompatível	244 * VIII	Condutor	4 - Média	MUNICIPAL/ RODOV
710-2	2	Conduzir ciclo transportando carga incompatível	244 * VIII c/c § 1º	Condutor	4 - Média	MUNICIPAL/ RODOV
711-0	0	Conduzir ciclo transportando passageiro fora da garupa/assento a ele destinado	244 * § 1º * a	Condutor	4 - Média	MUNICIPAL/ RODOV
712-9	1	Conduzir ciclo em via de trânsito rápido/rodovia sem acostamento/faixa própria	244 * § 1º * b	Condutor	4 - Média	MUNICIPAL/ RODOV
712-9	2	Conduzir ciclomotor via de trânsito rápido/rodovia s/ acostamento/faixa própria	244 * § 1º * b c/c § 2º	Condutor	4 - Média	MUNICIPAL/ RODOV
713-7	0	Conduzir ciclo transportando criança s/ condição de cuidar própria segurança	244 * § 1º * c	Condutor	4 - Média	MUNICIPAL/ RODOV
714-5	0	Utilizar a via para depósito de mercadorias, materiais ou equipamentos	245	PF ou JUR	5 - Grave	MUNICIPAL/ RODOV
715-3	1	Deixar de sinalizar obstáculo à circulação/segurança calçada/pista-s/agravamento	246	PF ou JUR	7 - Graviss	MUNICIPAL/ RODOV
715-3	2	Obstacularizar a via indevidamente-s/agravamento	246	PF ou JUR	7 - Graviss	MUNICIPAL/ RODOV

Código da Infração	Des dob	Descrição da Infração	Amparo Legal (CTB)	Infrator	Gravidade	Órgão Competente
716-0	1	Deixar de sinalizar obstáculo circulação/segurança calçada/pista-agravamento 2X	246	PF ou JUR	7 - Graviss 2X	MUNICIPAL/ RODOV
716-0	2	Obstaculizar a via indevidamente-agravamento 2X	246	PF ou JUR	7 - Graviss 2X	MUNICIPAL/ RODOV
717-0	1	Deixar de sinalizar obstáculo circulação/segurança calçada/pista-agravamento 3X	246	PF ou JUR	7 - Graviss 3X	MUNICIPAL/ RODOV
717-0	2	Obstaculizar a via indevidamente-agravamento 3X	246	PF ou JUR	7 - Graviss 3X	MUNICIPAL/ RODOV
718-8	1	Deixar de sinalizar obstáculo circulação/segurança calçada/pista-agravamento 4X	246	PF ou JUR	7 - Graviss 4X	MUNICIPAL/ RODOV
718-8	2	Obstaculizar a via indevidamente-agravamento 4X	246	PF ou JUR	7 - Graviss 4X	MUNICIPAL/ RODOV
719-6	1	Deixar de sinalizar obstáculo circulação/segurança calçada/pista-agravamento 5X	246	PF ou JUR	7 - Graviss 5X	MUNICIPAL/ RODOV
719-6	2	Obstaculizar a via indevidamente-agravamento 5X	246	PF ou JUR	7 - Graviss 5X	MUNICIPAL/ RODOV
720-0	1	Deixar de conduzir pelo bordo pista em fila única veíc tração/propulsão humana	247	Condutor	4 - Média	MUNICIPAL/ RODOV
720-0	2	Deixar de conduzir pelo bordo da pista em fila única veículo de tração animal	247	Condutor	4 - Média	MUNICIPAL/ RODOV
721-8	0	Transportar em veíc destinado transp passageiros carga excedente desac art.109	248	Proprietário	5 - Grave	ESTADUAL/ RODOV
722-6	1	Deixar de manter acesas à noite as luzes posição qdo o veículo estiver parado	249	Condutor	4 - Média	MUNICIPAL/ RODOV
722-6	2	Deixar de manter acesas à noite as luzes de posição veic fazendo carga/descarga	249	Condutor	4 - Média	MUNICIPAL/ RODOV
723-4	0	Em movimento, deixar de manter acesa a luz baixa durante à noite	250 * I * a	Condutor	4 - Média	MUNICIPAL/ RODOV
724-2	0	Em movimento de dia, deixar de manter acesa luz baixa túnel com iluminação públ	250 * I * b	Condutor	4 - Média	MUNICIPAL/ RODOV
725-0	0	Em mov, deixar de manter acesa luz baixa veíc transp coletivo faixa/pista excl	250 * I * c	Condutor	4 - Média	MUNICIPAL/ RODOV
726-9	0	Em movimento, deixar de manter acesa luz baixa do ciclomotor	250 * I * d	Condutor	4 - Média	MUNICIPAL/ RODOV
727-7	0	Em mov deixar de manter acesas luzes de posição sob chuva forte/neblina/cerração	250 * II	Condutor	4 - Média	MUNICIPAL/ RODOV
728-5	0	Em movimento, deixar de manter a placa traseira iluminada à noite	250 * III	Condutor	4 - Média	ESTADUAL/ RODOV
729-3	0	Utilizar o pisca-alerta, exceto em imobilizações ou situações de emergência	251 * I	Condutor	4 - Média	MUNICIPAL/ RODOV
730-7	0	Utilizar luz alta e baixa intermitente, exceto quando permitido pelo CTB	251 * II	Condutor	4 - Média	MUNICIPAL/ RODOV
731-5	0	Dirigir o veículo com o braço do lado de fora	252 * I	Condutor	4 - Média	MUNICIPAL/ RODOV
732-3	1	Dirigir o veículo transport pessoas à sua esquerda ou entre os braços e pernas	252 * II	Condutor	4 - Média	ESTADUAL/ RODOV
732-3	2	Dirigir o veículo transport animais à sua esquerda ou entre os braços e pernas	252 * II	Condutor	4 - Média	ESTADUAL/ RODOV
732-3	3	Dirigir o veículo transport volume à sua esquerda ou entre os braços e pernas	252 * II	Condutor	4 - Média	ESTADUAL/ RODOV
733-1	0	Dirigir o veículo com incapacidade física ou mental temporária	252 * III	Condutor	4 - Média	ESTADUAL/ RODOV
734-0	0	Dirigir o veíc usando calçado que ñ se firme nos pés/comprometa utiliz pedais	252 * IV	Condutor	4 - Média	ESTADUAL/ RODOV
735-8	0	Dirigir o veículo com apenas uma das mãos, exceto quando permitido pelo CTB	252 * V	Condutor	4 - Média	ESTADUAL/ RODOV
736-6	1	Dirigir o veículo utilizando-se de fones nos ouvidos conec a aparelhagem sonora	252 * VI	Condutor	4 - Média	EST/MUNIC/ RODOV
736-6	2	Dirigir veículo utilizando-se de telefone celular	252 * VI	Condutor	4 - Média	EST/MUNIC/ RODOV
737-4	0	Bloquear a via com veículo	253	Condutor	7 - Graviss	MUNICIPAL/ RODOV
738-2	0	É proib ao pedestre permanecer/andar pista, exceto p/ cruzá-las onde permitido	254 * I	Pedestre	3 - Leve 50%	MUNICIPAL/ RODOV

Código da Infração	Des dob	Descrição da Infração	Amparo Legal (CTB)	Infrator	Gravi- dade	Órgão Competente
739-0	1	É proibido ao pedestre cruzar pista de rolamento de viaduto exc onde permitido	254 * II	Pedestre	3 - Leve 50%	MUNICIPAL/ RODOV
739-0	2	É proibido ao pedestre cruzar pista de rolamento de ponte exceto onde permitido	254 * II	Pedestre	3 - Leve 50%	MUNICIPAL/ RODOV
739-0	3	É proibido ao pedestre cruzar pista de rolamento de túneis exceto onde permitido	254 * II	Pedestre	3 - Leve 50%	MUNICIPAL/ RODOV
740-4	0	É proib ao pedestre atravessar via área cruzamen- to exc onde permitido p/ sinaliz	254 * III	Pedestre	3 - Leve 50%	MUNICIPAL/ RODOV
741-2	0	É proib pedestre utilizar via em agrupam que per- turbe trâns/prát esporte/desfile	254 * IV	Pedestre	3 - Leve 50%	MUNICIPAL/ RODOV
742-0	1	É proibido ao pedestre andar fora da faixa própria	254 * V	Pedestre	3 - Leve 50%	MUNICIPAL/ RODOV
742-0	2	É proibido ao pedestre andar fora da passarela	254 * V	Pedestre	3 - Leve 50%	MUNICIPAL/ RODOV
742-0	3	É proibido ao pedestre andar fora da passagem aérea	254 * V	Pedestre	3 - Leve 50%	MUNICIPAL/ RODOV
742-0	4	É proibido ao pedestre andar fora da passagem subterrânea	254 * V	Pedestre	3 - Leve 50%	MUNICIPAL/ RODOV
743-9	0	É proibido ao pedestre desobedecer a sinalização de trânsito específica	254 * VI	Pedestre	3 - Leve 50%	MUNICIPAL/ RODOV
744-7	1	Conduzir bicicleta em passeios onde não seja permitida a circulação desta	255	Condutor	4 - Média	MUNICIPAL/ RODOV
744-7	2	Conduzir bicicleta de forma agressiva	255	Condutor	4 - Média	MUNICIPAL/ RODOV
745-5	0	Transitar em velocidade superior à máxima per- mitida em até 20%	218 * I	Condutor	4 - Média	MUNICIPAL/ RODOV
746-3	0	Transitar em velocidade superior à máxima permi- tida em mais de 20% até 50%	218 * II	Condutor	5 - Grave	MUNICIPAL/ RODOV
747-1	0	Transitar em velocidade superior à máxima permi- tida em mais de 50%	218 * III	Condutor	7 - Gravíss	MUNICIPAL/ RODOV
748-0	1	Aprovar proj edificação polo atrativo trânsito s/ anuência órgão/entid trânsito	93 c/c 95 *§ 4º	Serv público	—	MUNICIPAL/ RODOV
748-0	2	Aprovar proj edificação polo atrativo trâns s/ es- tacion/indicação vias de acesso	93 c/c 95*§ 4º	Serv público	—	MUNICIPAL/ RODOV
749-8	0	Ñ sinalizar devida/imed obstáculo à circul/segu- rança veíc/pedestre pista/calçada	94	Serv público	—	MUNICIPAL/ RODOV
750-1	0	Utilizar ondulação transversal/sonorizador fora padrão/critério estab p/ Contran	94 * § Único	Serv público	—	MUNICIPAL/ RODOV
751-0	1	Iniciar obra perturbe/interrompa circulação/segu- rança veíc/pedestres s/permissão	95	PF ou JUR	—	MUNICIPAL/ RODOV
751-0	2	Iniciar evento perturbe/interrompa circulaç/segu- rança veíc/pedestres s/permissão	95	PF ou JUR	—	MUNICIPAL/ RODOV
752-8	1	Não sinalizar a execução ou manutenção da obra	95 * § 1º	PF ou JUR	—	MUNICIPAL/ RODOV
752-8	2	Não sinalizar a execução ou manutenção do evento	95 * § 1º	PF ou JUR	—	MUNICIPAL/ RODOV
753-6	0	Não avisar comunidade c/ 48h antec interdição via indicando caminho alternativo	95 * § 2º	Serv público	—	MUNICIPAL/ RODOV
754-4	1	Falta de escrituração livro registro entrada/saída e de uso placa de experiência	330 * § 5º	PF ou JUR	Gravís- sima	ESTADUAL
754-4	2	Atraso escrituração livro registro entrada/saída e de uso placa de experiência	330 * § 5º	PF ou JUR	Gravís- sima	ESTADUAL
754-4	3	Fraude escrituração livro registro entrada/saída e de uso placa de experiência	330 * § 5º	PF ou JUR	Gravís- sima	ESTADUAL
754-4	4	Recusa da exibição do livro registro entrada/saída e de uso placa de experiência	330 * § 5º	PF ou JUR	Gravís- sima	ESTADUAL
901-6	0	Transportar produto cujo desloc. rodov. seja proi- bido pelo Ministério do Transp.	45 I a	Transport	—	MUNICIPAL/ RODOV
902-4	0	Transportar produto perigoso a granel que não conste do certific. de capacitação	45 I b	Transport	—	MUNICIPAL/ RODOV
903-2	0	Transportar produto perigoso a granel desprov. de certificado de capacit. válido	45 I c	Transport	—	MUNICIPAL/ RODOV
904-0	1	Transportar junto c/ produto perigoso, pessoas/ embalagens destin. a estes bens	45 I d	Transport	—	MUNICIPAL/ RODOV

Código da Infração	Des dob	Descrição da Infração	Amparo Legal (CTB)	Infrator	Gravidade	Órgão Competente
904-0	2	Transportar junto c/ produto perigoso, animais/ embalagens destin. a estes bens	45 I d	Transport	—	MUNICIPAL/ RODOV
904-0	3	Transportar junto c/ produto perigoso, alimentos dest. ao consumo humano/animal	45 I d	Transport	—	MUNICIPAL/ RODOV
904-0	4	Transportar junto c/ produto perigoso, medicam. dest. ao consumo humano/animal	45 I d	Transport	—	MUNICIPAL/ RODOV
905-9	0	Transportar produtos incompatíveis entre si, apesar de advertido pelo expedidor	45 I e	Transport	—	MUNICIPAL/ RODOV
906-7	1	Não dar manutenção ao veículo	45 II a	Transport	—	MUNICIPAL/ RODOV
906-7	2	Não dar manutenção ao equipamento	45 II a	Transport	—	MUNICIPAL/ RODOV
907-5	1	Estacionar com inobservância ao artigo 14	45 II b	Transport	—	MUNICIPAL/ RODOV
907-5	2	Parar com inobservância ao artigo 14	45 II b	Transport	—	MUNICIPAL/ RODOV
908-3	0	Transportar produtos cujas as embalagens se encontrem em más condições	45 II c	Transport	—	MUNICIPAL/ RODOV
909-1	1	Não adotar em acidente providências constantes da ficha de emergência/envelope	45 II d	Transport	—	MUNICIPAL/ RODOV
909-1	2	Não adotar em avaria as providências constantes da ficha de emergência/envelope	45 II d	Transport	—	MUNICIPAL/ RODOV
910-5	1	Transportar produto a granel sem utilizar o tacógrafo	45 II e	Transport	—	MUNICIPAL/ RODOV
910-5	2	Transportar produto a granel e não apresentar disco a autoridade competente	45 II e	Transport	—	MUNICIPAL/ RODOV
911-3	0	Transportar carga mal estivada	45 III a	Transport	—	MUNICIPAL/ RODOV
912-1	1	Transportar produto perigoso em veículo desprovido de equipamento p/ emergência	45 III b	Transport	—	MUNICIPAL/ RODOV
912-1	2	Transportar produto perigoso em veículo desprovido de equip. de proteção indiv.	45 III b	Transport	—	MUNICIPAL/ RODOV
913-0	0	Transportar prod. perig. desacomp. de certific. de capac. p/ transporte a granel	45 III c	Transport	—	MUNICIPAL/ RODOV
914-8	0	Transportar prod. perig. desacomp. de declaração de responsabilidade do expedid.	45 III d	Transport	—	MUNICIPAL/ RODOV
915-6	1	Transportar produto perigoso desacompanhado de ficha de emergência	45 III e	Transport	—	MUNICIPAL/ RODOV
915-6	2	Transportar produto perigoso desacompanhado de envelope para o transporte	45 III e	Transport	—	MUNICIPAL/ RODOV
916-4	1	Transportar produto perigoso s/ utilizar nas embalagens rótulos e painéis	45 III f	Transport	—	MUNICIPAL/ RODOV
916-4	2	Transportar produto perigoso s/ utilizar no veículo rótulos e painéis de segur.	45 III f	Transport	—	MUNICIPAL/ RODOV
917-2	0	Circular s/ permissão em vias públicas transportando produto perigoso	45 III g	Transport	—	MUNICIPAL/ RODOV
918-0	1	Não dar imediata ciência da imobilização do veículo em caso de emergência	45 III h	Transport	—	MUNICIPAL/ RODOV
918-0	2	Não dar imediata ciência da imobilização do veículo em caso de acidente	45 III h	Transport	—	MUNICIPAL/ RODOV
918-0	3	Não dar imediata ciência da imobilização do veículo em caso de avaria	45 III h	Transport	—	MUNICIPAL/ RODOV
919-9	0	Embarcar no veículo produtos incompatíveis entre si	46 I a	Expedidor	—	MUNICIPAL/ RODOV
920-2	1	Embarcar produto perigoso não cte. do certificado de capacitação do veículo	46 I b	Expedidor	—	MUNICIPAL/ RODOV
920-2	2	Embarcar produto perigoso não cte. do certificado de capacitação do equipamento	46 I b	Expedidor	—	MUNICIPAL/ RODOV
921-0	0	Não lançar no documento fiscal, as informações de que trata o item II do art. 22	46 I c	Expedidor	—	MUNICIPAL/ RODOV
922-9	1	Expedir produto perigoso mal acondicionado	46 I d	Expedidor	—	MUNICIPAL/ RODOV
922-9	2	Expedir produto perigoso com a embalagem em más condições	46 I d	Expedidor	—	MUNICIPAL/ RODOV

Código da Infração	Des dob	Descrição da Infração	Amparo Legal (CTB)	Infrator	Gravidade	Órgão Competente
923-7	0	Não comparecer ao local do acidente quando expres. convocado pela autorid. comp.	46 I e	Expedidor	—	MUNICIPAL/ RODOV
924-5	1	Embarcar produto perigoso em veículo que não disponha de equipam. de emergência	46 II a	Expedidor	—	MUNICIPAL/ RODOV
924-5	2	Embarcar produto perigoso em veículo que não disponha de equipam. de prot. ind.	46 II a	Expedidor	—	MUNICIPAL/ RODOV
925-3	1	Não fornecer ao Transport a ficha de emergência	46 II b	Expedidor	—	MUNICIPAL/ RODOV
925-3	2	Não fornecer ao Transport o envelope para o transporte	46 II b	Expedidor	—	MUNICIPAL/ RODOV
926-1	0	Embarcar produto perigoso em veíc. que não esteja utilizando rótulos e painéis	46 II c	Expedidor	—	MUNICIPAL/ RODOV
927-0	0	Expedir carga fracionada c/ embalagem externa desprovida dos rótulos de risco	46 II d	Expedidor	—	MUNICIPAL/ RODOV
928-8	0	Embarcar produto perigoso em veículo ou equipamento s/ condições de manutenção	46 II e	Expedidor	—	MUNICIPAL/ RODOV
929-6	1	Não prestar os necessários esclarecimentos técnicos em situação de emergência	46 II f	Expedidor	—	MUNICIPAL/ RODOV
929-6	2	Não prestar os necessários esclarecimentos técnicos em situação de acidente	46 II f	Expedidor	—	MUNICIPAL/ RODOV

▶ Optamos por não publicar os Anexos III, V e VI nesta edição.

RESOLUÇÃO DO CONTRAN Nº 258, 30 DE NOVEMBRO DE 2007

Regulamenta os artigos 231, X e 323 do Código Trânsito Brasileiro, fixa metodologia de aferição de peso de veículos, estabelece percentuais de tolerância e dá outras providências.

▶ Publicada no *DOU* de 6-12-2007.

O Conselho Nacional de Trânsito – CONTRAN, no uso das atribuições que lhe confere o art. 12, inciso I, da Lei nº 9.503, de 23 de setembro de 1997, que institui o Código de Trânsito Brasileiro, e conforme o Decreto nº 4.711, de 29 de maio de 2003, que dispõe sobre a coordenação do Sistema Nacional de Trânsito;

Considerando a necessidade de regulamentar o inciso X do artigo 231 e o artigo 323 do Código de Trânsito Brasileiro;

Considerando o disposto nos artigos 99, 100 e o inciso V do artigo 231 do Código de Trânsito Brasileiro;

Considerando os limites de peso e dimensões para veículos estabelecidos pelo CONTRAN, resolve:

Art. 1º Para efeito desta Resolução e classificação do veículo, o comprimento total é aquele medido do ponto mais avançado da sua extremidade dianteira ao ponto mais avançado da sua extremidade traseira, inclusos todos os acessórios para os quais não esteja prevista uma exceção.

I – Na medição do comprimento dos veículos não serão tomados em consideração os seguintes dispositivos:

a) limpador de para-brisas e dispositivos de lavagem do para-brisas;
b) placas dianteiras e traseiras;
c) dispositivos e olhais de fixação e amarração da carga, lonas e encerados;
d) luzes;
e) espelhos retrovisores ou outros dispositivos similares;
f) tubos de admissão de ar;
g) batentes;
h) degraus e estribos de acesso;
i) borrachas;
j) plataformas elevatórias, rampas de acesso, e outros equipamentos semelhantes, em ordem de marcha, desde que não constituam saliência superior a 200 mm;
k) dispositivos de engate do veículo a motor.

Parágrafo único. A medição do comprimento dos veículos do tipo guindaste deverá tomar como base, a ponta da lança e o suporte dos contrapesos.

Art. 2º Os instrumentos ou equipamentos utilizados para a medição de comprimento de veículos devem ter seu modelo aprovado pelo Instituto Nacional de Metrologia, Normalização e Qualidade Industrial – INMETRO, de acordo com a legislação metrológica em vigor.

Art. 3º Nenhum veículo ou combinação de veículos poderá transitar com peso bruto total (PBT) ou com peso bruto total combinado (PBTC) com peso por eixo, superior ao fixado pelo fabricante, nem ultrapassar a capacidade máxima de tração (CMT) da unidade tratora.

Art. 4º A fiscalização de peso dos veículos deve ser feita por equipamento de pesagem (balança rodoviária) ou, na impossibilidade, pela verificação de documento fiscal.

Art. 5º Na fiscalização de peso dos veículos por balança rodoviária será admitida à tolerância máxima de 5% (cinco por cento) sobre os limites de pesos regulamentares, para suprir a incerteza de medição do equipamento, conforme legislação metrológica.

Parágrafo único. No carregamento dos veículos, a tolerância máxima prevista neste artigo não deve ser incorporada aos limites de peso previstos em regulamentação fixada pelo CONTRAN.

Art. 6º Quando o peso verificado for igual ou inferior ao PBT ou PBTC estabelecido para o veículo, acrescido da tolerância de 5% (cinco por cento), mas ocorrer excesso de peso em algum dos eixos ou conjunto de eixos aplicar-se-á multa somente sobre a parcela que exceder essa tolerância.

§ 1º A carga deverá ser remanejada ou ser efetuado transbordo, de modo a que os excessos por eixo sejam eliminados.

§ 2º O veículo somente poderá prosseguir viagem depois de sanar a irregularidade, respeitado o disposto no artigo 9º desta Resolução sem prejuízo da multa aplicada.

Art. 7º Quando o peso verificado estiver acima do PBT ou PBTC estabelecido para o veículo, acrescido da tolerância de 5% (cinco por cento), aplicar-se-á a multa somente sobre a parcela que exceder essa tolerância.

Parágrafo único. O veículo somente poderá prosseguir viagem depois de efetuar o transbordo, respeitado o disposto no artigo 9º desta Resolução.

Art. 8º O veículo só poderá prosseguir viagem após sanadas as irregularidades, observadas as condições de segurança.

§ 1º Nos casos em que não for dispensado o remanejamento ou transbordo da carga o veículo deverá ser recolhido ao depósito, sendo liberado somente após sanada a irregularidade e pagas todas as despesas de remoção e estada.

§ 2º A critério do agente, observadas as condições de segurança, poderá ser dispensado o remanejamento ou transbordo de produtos perigosos, produtos perecíveis, cargas vivas e passageiros.

Art. 9º Independentemente da natureza da sua carga, o veículo poderá prosseguir viagem sem remanejamento ou transbordo, desde que os excessos aferidos sejam simultaneamente inferiores a 5% (cinco por cento) do limite para cada tipo de eixo, ou seja:

I – 300 kg no eixo direcional;
II – 500 kg no eixo isolado;
III – 850 kg por conjuntos de eixos em tandem duplo, e;
IV – 1.275 kg no conjunto de eixos em tandem triplo.

Art. 10. Os equipamentos fixos ou portáteis utilizados na pesagem de veículos devem ter seu modelo aprovado pelo INMETRO, de acordo com a legislação metrológica em vigor.

Art. 11. A fiscalização dos limites de peso dos veículos, por meio do peso declarado na Nota Fiscal, Conhecimento ou Manifesto de carga poderá ser feita em qualquer tempo ou local, não sendo admitido qualquer tolerância sobre o peso declarado.

Art. 12. Para fins dos §§ 4º e 6º do artigo 257 do CTB, considera-se embarcador o remetente ou expedidor da carga, mesmo se o frete for a pagar.

Art. 13. Para o cálculo do valor da multa estabelecida no inciso V do art. 231 do CTB serão aplicados os valores em Reais, para cada duzentos quilogramas ou fração, conforme Resolução nº 136/2002 do CONTRAN ou outra que vier substituí-la.

Infração – média = R$ 85,13 (oitenta e cinco reais e treze centavos);

Penalidade – multa acrescida a cada duzentos quilogramas ou fração de excesso de peso apurado, na seguinte forma:

a) até seiscentos quilogramas = R$ 5,32 (cinco reais e trinta e dois centavos);
b) de seiscentos e um a oitocentos quilogramas = R$ 10,64 (dez reais e sessenta e quatro centavos);
c) de oitocentos e um a um mil quilogramas = R$ 21,28 (vinte e um reais e vinte e oito centavos);
d) de um mil e um a três mil quilogramas = R$ 31,92 (trinta e um reais e noventa e dois centavos);
e) de três mil e um a cinco mil quilogramas = R$ 42,56 (quarenta e dois reais e cinquenta e seis centavos);
f) acima de cinco mil e um quilogramas = R$ 53,20 (cinquenta e três reais e vinte centavos).

Medida Administrativa – Retenção do veículo e transbordo da carga excedente.

§ 1º Mesmo que haja excessos simultâneos nos pesos por eixo ou conjunto de eixos e no PBT ou PBTC, a multa de R$ 85,13 (oitenta e cinco reais e treze centavos) prevista no inciso V do artigo 231 do CTB será aplicada uma única vez.

§ 2º Quando houver excessos tanto no peso por eixo quanto no PBT ou PBTC, os valores dos acréscimos à multa serão calculados isoladamente e somados entre si, sendo adicionado ao resultado o valor inicial de R$ 85,13 (oitenta e cinco reais e treze centavos).

§ 3º O valor do acréscimo à multa será calculado da seguinte maneira:

a) enquadrar o excesso total na tabela progressiva prevista no *caput* deste artigo;
b) dividir o excesso total por 200 kg, arredondando-se o valor para o inteiro superior, resultando na quantidade de frações, e;
c) multiplicar o resultado de frações pelo valor previsto para a faixa do excesso na tabela estabelecida no *caput* deste artigo.

Art. 14. As infrações por exceder a Capacidade Máxima de Tração de que trata o inciso X do artigo 231 do CTB serão aplicadas a depender da relação entre o excesso de peso apurado e a CMT, da seguinte forma:

a) até 600 kg:

Infração: média = R$ 85,13 (oitenta e cinco reais e treze centavos);

b) entre 601 kg e 1.000 kg:

Infração: grave = R$ 127,69 (cento e vinte e sete reais e sessenta e nove centavos);

c) acima de 1.000 kg:

Infração: gravíssima = 191,54 (cento e noventa e um reais e cinquenta e quatro centavos), aplicados a cada 500 kg ou fração de excesso de peso apurado.

Penalidade – Multa.

Medida Administrativa – Retenção do veículo para transbordo da carga.

Art. 15. Cabe à autoridade com circunscrição sobre a via disciplinar sobre a localização, a instalação e a operação dos instrumentos ou equipamentos de aferição de peso de veículos assegurado o acesso à documentação comprobatória de atendimento a legislação metrológica.

Art. 16. É obrigatória à presença da autoridade ou do agente da autoridade no local da aferição de peso dos veículos, na forma prevista do § 4º do artigo 280 do CTB.

Art. 17. Fica permitida até 31 de maio de 2012 a tolerância máxima de 7,5% (sete e meio por cento) sobre os limites de peso bruto transmitido por eixo de veículo à superfície das vias públicas.

▶ Artigo com a redação dada pela Del. do CONTRAN nº 117, de 19-12-2011.

Art. 18. Ficam revogadas as Resoluções do CONTRAN nº 102, de 31 de agosto de 1999, nº 104, de 21 de dezembro de 1999, e nº 114, de 5 de maio de 2000.

Art. 19. Esta Resolução entra em vigor na data de sua publicação.

Alfredo Peres da Silva
Presidente

RESOLUÇÃO DO CONTRAN Nº 268, DE 15 DE FEVEREIRO DE 2008

Dispõe sobre o uso de luzes intermitentes ou rotativas em veículos, e dá outras providências.

▶ Publicada no *DOU* de 25-2-2008.

O Conselho Nacional de Trânsito – CONTRAN, no uso da atribuição que lhe confere o art. 12, inciso I, da Lei nº 9.503, de 23 de setembro de 1997, que instituiu o Código de Trânsito Brasileiro, e tendo em vista o disposto no Decreto nº 4.711, de 29 de maio de 2003, que dispõe sobre a coordenação do Sistema Nacional de Trânsito – SNT;

Considerando o disposto nos incisos VII e VIII do art. 29 do Código de Trânsito Brasileiro e no Decreto nº 5.098, de 03 de junho de 2004, quanto a resposta rápida a acidentes ambientais com produtos químicos perigosos;

Considerando o constante nos Processos nº 80001. 013383/2007-90, nº 80001. 001437/2005-11 e nº 80001. 011749/2004-43; resolve:

Art. 1º Somente os veículos mencionados no inciso VII do art. 29 do Código de Trânsito Brasileiro poderão utilizar luz vermelha intermitente e dispositivo de alarme sonoro.

§ 1º A condução dos veículos referidos no *caput*, somente se dará sob circunstâncias que permitam o uso das prerrogativas de prioridade de trânsito e de livre circulação, estacionamento e parada, quando em efetiva prestação de serviço de urgência que os caracterizem como veículos de emergência, estando neles acionados o sistema de iluminação vermelha intermitente e alarme sonoro.

§ 2º Entende-se por prestação de serviço de urgência os deslocamentos realizados pelos veículos de emergência, em circunstâncias que necessitem de brevidade para o atendimento, sem a qual haverá grande prejuízo à incolumidade pública.

§ 3º Entende-se por veículos de emergência aqueles já tipificados no inciso VII do art. 29 do Código de Trânsito Brasileiro, inclusive os de salvamento difuso "destinados a serviços de emergência decorrentes de acidentes ambientais".

Art. 2º Considera-se veículo destinado a socorro de salvamento difuso aquele empregado em serviço de urgência relativo a acidentes ambientais.

Art. 3º Os veículos prestadores de serviços de utilidade pública, referidos no inciso VIII do art. 29 do Código de Trânsito Brasileiro, identificam-se pela instalação de dispositivo, não removível, de iluminação intermitente ou rotativa, e somente com luz amarelo-âmbar.

§ 1º Para os efeitos deste artigo, são considerados veículos prestadores de serviço de utilidade pública:

I – os destinados à manutenção e reparo de redes de energia elétrica, de água e esgotos, de gás combustível canalizado e de comunicações;

II – os que se destinam à conservação, manutenção e sinalização viária, quando a serviço de órgão executivo de trânsito ou executivo rodoviário;

III – os destinados ao socorro mecânico de emergência nas vias abertas à circulação pública;

IV – os veículos especiais destinados ao transporte de valores;

V – os veículos destinados ao serviço de escolta, quando registrados em órgão rodoviário para tal finalidade;

VI – os veículos especiais destinados ao recolhimento de lixo a serviço da Administração Pública.

§ 2º A instalação do dispositivo referido no *caput* deste artigo, dependerá de prévia autorização do órgão executivo de trânsito do Estado ou do Distrito Federal onde o veículo estiver registrado, que fará constar no Certificado de Licenciamento Anual, no campo "observações", código abreviado na forma estabelecida pelo órgão máximo executivo de trânsito da União.

Art. 4º Os veículos de que trata o artigo anterior gozarão de livre parada e estacionamento, independentemente de proibições ou restrições estabelecidas na legislação de trânsito ou através de sinalização regulamentar, quando se encontrarem:

I – em efetiva operação no local de prestação dos serviços a que se destinarem;

II – devidamente identificados pela energização ou acionamento do dispositivo luminoso e utilizando dispositivo de sinalização auxiliar que permita aos outros usuários da via enxergarem em tempo hábil o veículo prestador de serviço de utilidade pública.

Parágrafo único. Fica proibido o acionamento ou energização do dispositivo luminoso durante o deslocamento do veículo, exceto nos casos previstos nos incisos III, V e VI do § 1º do artigo anterior.

Art. 5º Pela inobservância dos dispositivos desta Resolução será aplicada a multa prevista nos incisos XII ou XIII do art. 230 do Código de Trânsito Brasileiro.

Art. 6º Esta Resolução entra em vigor na data de sua publicação, produzindo seus efeitos em cento e oitenta (180) dias, quando ficarão revogadas a Resolução nº 679/1987 do CONTRAN e a Decisão nº 08/1993 do

Presidente do CONTRAN, e demais disposições em contrário.

Alfredo Peres da Silva
Presidente

RESOLUÇÃO DO CONTRAN Nº 277, DE 28 DE MAIO DE 2008

Dispõe sobre o transporte de menores de 10 anos e a utilização do dispositivo de retenção para o transporte de crianças em veículos.

▶ Publicada no *DOU* de 9-6-2008.

O Conselho Nacional de Trânsito – CONTRAN, no uso das atribuições legais que lhe confere o art. 12, inciso I, da Lei nº 9.503, de 23 de setembro de 1997 que instituiu o Código de Trânsito Brasileiro, e conforme o Decreto nº 4.711 de 29 de maio de 2003, que trata da coordenação do Sistema Nacional de Trânsito, e

Considerando a necessidade de aperfeiçoar a regulamentação dos artigos 64 e 65, do Código de Trânsito Brasileiro;

Considerando ser necessário estabelecer as condições mínimas de segurança para o transporte de passageiros com idade inferior a dez anos em veículos, resolve:

Art. 1º Para transitar em veículos automotores, os menores de dez anos deverão ser transportados nos bancos traseiros usando individualmente cinto de segurança ou sistema de retenção equivalente, na forma prevista no Anexo desta Resolução.

§ 1º Dispositivo de retenção para crianças é o conjunto de elementos que contém uma combinação de tiras com fechos de travamento, dispositivo de ajuste, partes de fixação e, em certos casos, dispositivos como: um berço portátil porta-bebê, uma cadeirinha auxiliar ou uma proteção antichoque que devem ser fixados ao veículo, mediante a utilização dos cintos de segurança ou outro equipamento apropriado instalado pelo fabricante do veículo com tal finalidade.

§ 2º Os dispositivos mencionados no parágrafo anterior são projetados para reduzir o risco ao usuário em casos de colisão ou de desaceleração repentina do veículo, limitando o deslocamento do corpo da criança com idade até sete anos e meio.

§ 3º As exigências relativas ao sistema de retenção, no transporte de crianças com até sete anos e meio de idade, não se aplicam aos veículos de transporte coletivo, aos de aluguel, aos de transporte autônomo de passageiro (táxi), aos veículos escolares e aos demais veículos com peso bruto total superior a 3,5 t.

Art. 2º *O transporte de criança com idade inferior a dez anos poderá ser realizado no banco dianteiro do veículo, com o uso do dispositivo de retenção adequado ao seu peso e altura, nas seguintes situações:*

I – quando o veículo for dotado exclusivamente deste banco;
II – quando a quantidade de crianças com esta idade exceder a lotação do banco traseiro;
III – quando o veículo for dotado originalmente (fabricado) de cintos de segurança subabdominais (dois pontos) nos bancos traseiros.

Parágrafo único. Excepcionalmente, as crianças com idade superior a quatro anos e inferior a sete anos e meio poderão ser transportadas utilizando cinto de segurança de dois pontos sem o dispositivo denominado "assento de elevação", nos bancos traseiros, quando o veículo for dotado originalmente destes cintos.

▶ Art. 2º com a redação dada pela Res. do CONTRAN nº 391, de 30-8-2011.

Art. 3º Nos veículos equipados com dispositivo suplementar de retenção (*air bag*), para o passageiro do banco dianteiro, o transporte de crianças com até dez anos de idade neste banco, conforme disposto no artigo 2º e seu parágrafo, poderá ser realizado desde que utilizado o dispositivo de retenção adequado ao seu peso e altura e observados os seguintes requisitos:

I – é vedado o transporte de crianças com até sete anos e meio de idade, em dispositivo de retenção posicionado em sentido contrário ao da marcha do veículo;
II – é permitido o transporte de crianças com até sete anos e meio de idade, em dispositivo de retenção posicionado no sentido de marcha do veículo, desde que não possua bandeja, ou acessório equivalente, incorporado ao dispositivo de retenção;
III – salvo instruções específicas do fabricante do veículo, o banco do passageiro dotado de *air bag* deverá ser ajustado em sua última posição de recuo, quando ocorrer o transporte de crianças neste banco.

Art. 4º Com a finalidade de ampliar a segurança dos ocupantes, adicionalmente às prescrições desta Resolução, o fabricante e/ou montador e/ou importador do veículo poderá estabelecer condições e/ou restrições específicas para o uso do dispositivo de retenção para crianças com até sete anos e meio de idade em seus veículos, sendo que tais prescrições deverão constar do manual do proprietário.

Parágrafo único. Na ocorrência da hipótese prevista no *caput* deste artigo, o fabricante ou importador deverá comunicar a restrição ao DENATRAN no requerimento de concessão da marca/modelo/versão ou na atualização do Certificado de Adequação à Legislação de Trânsito (CAT).

Art. 5º Os manuais dos veículos automotores, em geral, deverão conter informações a respeito dos cuidados no transporte de crianças, da necessidade de dispositivos de retenção e da importância de seu uso na forma do artigo 338 do CTB.

Art. 6º O transporte de crianças em desatendimento ao disposto nesta Resolução sujeitará os infratores às sanções do artigo 168, do Código de Trânsito Brasileiro.

Art. 7º Esta Resolução entra em vigor na data de sua publicação, produzindo efeito nos seguintes prazos:

I – a partir da data da publicação desta Resolução as autoridades de trânsito e seus agentes deverão adotar medidas de caráter educativo para esclarecimento dos usuários dos veículos quanto à necessidade do atendimento das prescrições relativas ao transporte de crianças;

II – a partir de 360 (trezentos e sessenta) dias após a publicação desta Resolução, os órgãos e entidades componentes do Sistema Nacional de Trânsito deverão iniciar campanhas educativas para esclarecimento dos condutores dos veículos no tocante aos requisitos obrigatórios relativos ao transporte de crianças;

III – A partir de 1º de setembro de 2010, os órgãos e entidades componentes do Sistema Nacional de Trânsito fiscalizarão o uso obrigatório do sistema de retenção para o transporte de crianças ou equivalente.

▶ Inciso III com a redação dada pela Res. do CONTRAN nº 352, de 14-6-2010.

Art. 8º Transcorrido um ano da data da vigência plena desta Resolução, os órgãos executivos de trânsito dos Estados e do Distrito Federal, bem como as entidades que acompanharem a execução da presente Resolução, deverão remeter ao órgão executivo de trânsito da União, informações e estatísticas sobre a aplicação desta Resolução, seus benefícios, bem como sugestões para aperfeiçoamento das medidas ora adotadas.

Art. 9º O não cumprimento do disposto nesta Resolução sujeitará os infratores às penalidades prevista no art. 168 do CTB.

Art. 10. Fica revogada a Resolução nº 15, de 6 de janeiro de 1998, do CONTRAN.

Alfredo Peres da Silva
Presidente do Conselho

ANEXO
DISPOSITIVO DE RETENÇÃO PARA TRANSPORTE DE CRIANÇAS EM VEÍCULOS AUTOMOTORES PARTICULARES

OBJETIVO: estabelecer condições mínimas de segurança de forma a reduzir o risco ao usuário em casos de colisão ou de desaceleração repentina do veículo, limitando o deslocamento do corpo da criança.

1 – As crianças com até um ano de idade deverão utilizar, obrigatoriamente, o dispositivo de retenção denominado "bebê conforto ou conversível" (figura 1).

2 – As crianças com idade superior a um ano e inferior ou igual a quatro anos deverão utilizar, obrigatoriamente, o dispositivo de retenção denominado "cadeirinha" (figura 2).

3 – As crianças com idade superior a quatro anos e inferior ou igual a sete anos e meio deverão utilizar o dispositivo de retenção denominado "assento de elevação".

4 – As crianças com idade superior a sete anos e meio e inferior ou igual a dez anos deverão utilizar o cinto de segurança do veículo (figura 4).

RESOLUÇÃO DO CONTRAN Nº 278, DE 28 DE MAIO DE 2008

Proíbe a utilização de dispositivos que travem, afrouxem ou modifiquem o funcionamento dos cintos de segurança.

► Publicada no *DOU* de 9-6-2008.

O Conselho Nacional de trânsito – CONTRAN, no uso das atribuições que lhe confere o artigo 12, inciso I, da Lei nº 9.503, de 23 de setembro de 1997, que institui o Código de Trânsito Brasileiro e conforme o Decreto nº 4.711, de 29 de maio de 2003, que trata da coordenação do Sistema Nacional de Trânsito, e

Considerando o disposto no artigo 65 do Código de Trânsito Brasileiro, que torna obrigatório o uso do cinto de segurança para o condutor e passageiro dos veículos em todas as vias do território nacional;

Considerando a necessidade de garantir a eficácia do funcionamento do cinto de segurança dos veículos; resolve:

Art. 1º Fica proibida a utilização de dispositivos no cinto de segurança que travem, afrouxem ou modifiquem o seu funcionamento normal.

Parágrafo único. Não constitui violação do disposto no *caput* a utilização do cinto de segurança para a instalação de dispositivo de retenção para transporte de crianças, observadas as prescrições dos fabricantes desses equipamentos infantis.

Art. 2º O descumprimento do disposto nesta Resolução acarretará as sanções previstas no inciso IX, do artigo 230 do Código de Trânsito Brasileiro.

Art. 3º Esta Resolução entre em vigor na data de sua publicação.

Alfredo Peres da Silva
Presidente do Conselho

LEI Nº 11.705, DE 19 JUNHO DE 2008

Altera a Lei nº 9.503, de 23 de setembro de 1997, que "institui o Código de Trânsito Brasileiro", e a Lei nº 9.294, de 15 de julho de 1996, que dispõe sobre as restrições ao uso e à propaganda de produtos fumígeros, bebidas alcoólicas, medicamentos, terapias e defensivos agrícolas, nos termos do § 4º do art. 220 da Constituição Federal, para inibir o consumo de bebida alcoólica por condutor de veículo automotor, e dá outras providências.

► Publicada no *DOU* de 20-6-2008.
► Dec. nº 6.489, de 19-6-2008, regulamenta esta Lei.

Art. 1º Esta Lei altera dispositivos da Lei nº 9.503, de 23 de setembro de 1997, que institui o Código de Trânsito Brasileiro, com a finalidade de estabelecer alcoolemia 0 (zero) e de impor penalidades mais severas para o condutor que dirigir sob a influência do álcool, e da Lei nº 9.294, de 15 de julho de 1996, que dispõe sobre as restrições ao uso e à propaganda de produtos fumígeros, bebidas alcoólicas, medicamentos, terapias e defensivos agrícolas, nos termos do § 4º do art. 220 da Constituição Federal, para obrigar os estabelecimentos comerciais em que se vendem ou oferecem bebidas alcoólicas a estampar, no recinto, aviso de que constitui crime dirigir sob a influência de álcool.

Art. 2º São vedados, na faixa de domínio de rodovia federal ou em terrenos contíguos à faixa de domínio com acesso direto à rodovia, a venda varejista ou o oferecimento de bebidas alcoólicas para consumo no local.

§ 1º A violação do disposto no *caput* deste artigo implica multa de R$ 1.500,00 (um mil e quinhentos reais).

§ 2º Em caso de reincidência, dentro do prazo de 12 (doze) meses, a multa será aplicada em dobro, e suspensa a autorização de acesso à rodovia, pelo prazo de até 1 (um) ano.

§ 3º Não se aplica o disposto neste artigo em área urbana, de acordo com a delimitação dada pela legislação de cada município ou do Distrito Federal.

Art. 3º Ressalvado o disposto no § 3º do art. 2º desta Lei, o estabelecimento comercial situado na faixa de domínio de rodovia federal ou em terreno contíguo à faixa de domínio com acesso direto à rodovia, que inclua entre suas atividades a venda varejista ou o fornecimento de bebidas ou alimentos, deverá afixar, em local de ampla visibilidade, aviso da vedação de que trata o art. 2º desta Lei.

Parágrafo único. O descumprimento do disposto no *caput* deste artigo implica multa de R$ 300,00 (trezentos reais).

Art. 4º Competem à Polícia Rodoviária Federal a fiscalização e a aplicação das multas previstas nos arts. 2º e 3º desta Lei.

§ 1º A União poderá firmar convênios com Estados, Municípios e com o Distrito Federal, a fim de que estes também possam exercer a fiscalização e aplicar as multas de que tratam os arts. 2º e 3º desta Lei.

§ 2º Configurada a reincidência, a Polícia Rodoviária Federal ou ente conveniado comunicará o fato ao Departamento Nacional de Infraestrutura de Transportes – DNIT ou, quando se tratar de rodovia concedida, à Agência Nacional de Transportes Terrestres – ANTT, para a aplicação da penalidade de suspensão da autorização de acesso à rodovia.

Art. 5º A Lei nº 9.503, de 23 de setembro de 1997, passa a vigorar com as seguintes modificações:

► Alterações inseridas no texto da referida Lei.

Art. 6º Consideram-se bebidas alcoólicas, para efeitos desta Lei, as bebidas potáveis que contenham álcool em sua composição, com grau de concentração igual ou superior a meio grau Gay-Lussac.

Art. 7º A Lei nº 9.294, de 15 de julho de 1996, passa a vigorar acrescida do seguinte art. 4º-A:

"Art. 4º-A. Na parte interna dos locais em que se vende bebida alcoólica, deverá ser afixado advertên-

escrita de forma legível e ostensiva de que é crime dirigir sob a influência de álcool, punível com detenção." Art. 8º Esta Lei entra em vigor na data de sua publicação."

Art. 8º Esta Lei entra em vigor na data de sua publicação.

Art. 9º Fica revogado o inciso V do parágrafo único do art. 302 da Lei nº 9.503, de 23 de setembro de 1997.

Brasília, 16 de junho de 2008;
187º da Independência e
120º da República.

Luiz Inácio Lula da Silva

**DECRETO Nº 6.488,
DE 19 DE JUNHO DE 2008**

Regulamenta os arts. 276 e 306 da Lei nº 9.503, de 23 de setembro de 1997 – Código de Trânsito Brasileiro, disciplinando a margem de tolerância de álcool no sangue e a equivalência entre os distintos testes de alcoolemia para efeitos de crime de trânsito.

▶ Publicado no *DOU* de 20-6-2008.

Art. 1º Qualquer concentração de álcool por litro de sangue sujeita o condutor às penalidades administrativas do art. 165 da Lei nº 9.503, de 23 de setembro de 1997 – Código de Trânsito Brasileiro, por dirigir sob a influência de álcool.

§ 1º As margens de tolerância de álcool no sangue para casos específicos serão definidas em resolução do Conselho Nacional de Trânsito – CONTRAN, nos termos de proposta formulada pelo Ministro de Estado da Saúde.

§ 2º Enquanto não editado o ato de que trata o § 1º, a margem de tolerância será de duas decigramas por litro de sangue para todos os casos.

§ 3º Na hipótese do § 2º, caso a aferição da quantidade de álcool no sangue seja feito por meio de teste em aparelho de ar alveolar pulmonar (etilômetro), a margem de tolerância será de um décimo de miligrama por litro de ar expelido dos pulmões.

Art. 2º Para os fins criminais de que trata o art. 306 da Lei nº 9.503, de 1997 – Código de Trânsito Brasileiro, a equivalência entre os distintos testes de alcoolemia é a seguinte:

I – exame de sangue: concentração igual ou superior a seis decigramas de álcool por litro de sangue; ou

II – teste em aparelho de ar alveolar pulmonar (etilômetro): concentração de álcool igual ou superior a três décimos de miligrama por litro de ar expelido dos pulmões.

Art. 3º Este Decreto entra em vigor na data de sua publicação.

Brasília, 19 de junho de 2008;
187º da Independência e
120º da República.

Luiz Inácio Lula da Silva

**RESOLUÇÃO DO CONTRAN Nº 286,
DE 29 DE JULHO DE 2008**

Estabelece placa de identificação e define procedimentos para o registro, emplacamento e licenciamento, pelos órgãos de trânsito em conformidade com o Registro Nacional de Veículos Automotores – RENAVAM, de veículos automotores pertencentes às Missões Diplomáticas e às Delegações Especiais, aos agentes diplomáticos, às Repartições Consulares de Carreira, aos agentes consulares de carreira, aos Organismos Internacionais e seus funcionários, aos Funcionários Estrangeiros Administrativos e Técnicos das Missões Diplomáticas, de Delegações Especiais e de Repartições Consulares de Carreira e aos Peritos Estrangeiros de Cooperação Internacional.

▶ Publicada no *DOU* de 22-8-2008.
▶ Res. do CONTRAN nº 332, de 28-9-2009, dispõe sobre identificações de veículos importados por detentores de privilégios e imunidades em todo o território nacional.

O Conselho Nacional de Trânsito – CONTRAN, usando da competência que lhe confere o art. 12, inciso I, da Lei nº 9.503 de 23 de setembro de 1997, que instituiu o Código de Trânsito Brasileiro, e conforme o Decreto nº 4.711, de 29 de maio de 2003, que dispõe sobre a coordenação do Sistema Nacional de Trânsito, e;

Considerando as proposições apresentadas pelo Ministério das Relações Exteriores e a necessidade do registro e licenciamento dos veículos automotores pertencentes às Missões Diplomáticas, Delegações Especiais, Repartições Consulares de Carreira e de Representações de Organismos Internacionais;

Considerando o que consta no processo nºs 80001.024239/2006-06, resolve:

Art. 1º Os veículos automotores pertencentes às Missões Diplomáticas e às Delegações Especiais, aos agentes diplomáticos, às Repartições Consulares de Carreira, aos agentes consulares de carreira, aos Organismos Internacionais e seus funcionários, aos Funcionários Estrangeiros Administrativos e Técnicos das Missões Diplomáticas, de Delegações Especiais e de Repartições Consulares de Carreira e aos Peritos Estrangeiros de Cooperação Internacional, serão registrados, emplacados e licenciados pelos órgãos de trânsito em conformidade com o Registro Nacional de Veículos Automotores – RENAVAM.

§ 1º Os documentos de registro e de licenciamento dos veículos a que se refere o *caput* do artigo são os previstos na legislação pertinente.

§ 2º As placas de identificação dos veículos de que trata esta Resolução são as previstas na Resolução do CONTRAN nº 231/2007, alterada pela Resolução nº 241/2007, terão o fundo na cor azul e os caracteres na cor branca e as combinações alfanuméricas obedecerão a faixas específicas do RENAVAM distribuídas para cada unidade de federação, e deverão conter as seguintes gravações estampadas na parte central superior da placa (tarjeta), substituindo-se a identificação do Município:

I – CMD, para os veículos de uso de Chefes de Missão Diplomática e de Delegações Especiais;

II – CD, para os veículos pertencentes a Missão Diplomática, a Delegações Especiais e a agentes diplomáticos;

III – CC, para os veículos pertencentes a Repartições Consulares de Carreira e a agentes consulares de carreira;

IV – OI, para os veículos pertencentes às Representações de Organismos Internacionais, aos Organismos Internacionais com sede no Brasil e a seus representantes;

V – ADM, para os veículos pertencentes a funcionários administrativos e técnicos estrangeiros de Missões Diplomáticas, Delegações Especiais, Repartições Consulares de Carreira, Representações de Organismos Internacionais e Organismos Internacionais com sede no Brasil;

VI – CI, para os veículos pertencentes a peritos estrangeiros, sem residência permanente, que venham ao Brasil no âmbito de Acordo de Cooperação Internacional.

Art. 2º O registro do veículo, a expedição do Certificado de Registro e a designação da combinação alfanumérica da placa de identificação serão realizadas pelos órgãos executivos de trânsito dos Estados e do Distrito Federal mediante a apresentação de autorização expedida pelo Cerimonial do Ministério das Relações Exteriores.

§ 1º Além da expedição da autorização de que trata o *caput* deste artigo, o Cerimonial do Ministério das Relações Exteriores providenciará o pré-cadastro do veículo no RENAVAM com as informações necessárias para o registro do veículo nas repartições de trânsito.

§ 2º Os veículos de que trata esta Resolução serão registrados conforme a categoria indicada na letra *b* do inciso III do art. 96 do Código de Trânsito Brasileiro.

Art. 3º Todo ato translativo de propriedade e a mudança de categoria dos veículos de que trata esta Resolução serão procedidos pelos órgãos executivos de trânsito dos Estados e do Distrito Federal com as seguintes exigências:

I – autorização expedida pelo Cerimonial do Ministério das Relações Exteriores;

II – indicação da liberação da transação no RENAVAM, que deverá ser procedida pelo Cerimonial do Ministério das Relações Exteriores;

III – o veículo deverá estar adequado à legislação de trânsito vigente.

Art. 4º Os veículos registrados e emplacados conforme dispõe esta Resolução deverão ser licenciados anualmente, observando-se os casos de imunidade e isenções previstos na legislação e nos atos internacionais em vigor, devidamente declarados por intermédio do Cerimonial do Ministério das Relações Exteriores.

Parágrafo único. O licenciamento anual somente será efetivado quando não houver restrição por parte do Cerimonial do Ministério das Relações Exteriores.

Art. 5º O Departamento Nacional de Trânsito – DENATRAN deverá providenciar até 31 de dezembro de 2008, todos os aplicativos necessários no RENAVAM para o seu funcionamento adequado ao disposto nesta Resolução e para viabilizar o acesso do Cerimonial do Ministério das Relações Exteriores.

Art. 6º Os veículos de que trata esta Resolução, já em circulação, deverão estar registrados, licenciados e emplacados pelos órgãos de trânsito nos termos desta Resolução até o dia 31 de janeiro de 2010.

▶ Artigo com a redação dada pela Res. do CONTRAN nº 342, de 5-3-2010.

Art. 7º Esta Resolução entra em vigor a partir de 1º de janeiro de 2009, revogando a Resolução nº 835/1997.

Alfredo Peres da Silva
Presidente do Conselho

RESOLUÇÃO DO CONTRAN Nº 299, DE 4 DE DEZEMBRO DE 2008

Dispõe sobre a padronização dos procedimentos para apresentação de defesa de autuação e recurso, em 1ª e 2ª instâncias, contra a imposição de penalidade de multa de trânsito.

▶ Publicada no *DOU* de 22-12-2008.

O Conselho Nacional de Trânsito – CONTRAN usando da competência que lhe confere o art. 12, inciso I, da Lei nº 9.503, de 23 de setembro de 1997, que instituiu o Código de Trânsito Brasileiro – CTB, e conforme Decreto nº 4.711, de 29 de maio de 2003, que dispõe sobre a coordenação do Sistema Nacional de Trânsito – SNT, resolve:

Art. 1º Estabelecer os procedimentos para apresentação de defesa de autuação ou recurso em 1ª e 2ª instâncias contra a imposição de penalidade de multa de trânsito.

Art. 2º É parte legítima para apresentar defesa de autuação ou recurso em 1ª e 2ª instâncias contra a imposição de penalidade de multa a pessoa física ou jurídica proprietária do veículo, o condutor, devidamente identificado, o embarcador e o transportador, responsável pela infração.

§ 1º Para fins dos parágrafos 4º e 6º do artigo 257 do CTB, considera-se embarcador o remetente ou expedidor da carga, mesmo se o frete for a pagar.

§ 2º O notificado para apresentação de defesa ou recurso poderá ser representado por procurador legalmente habilitado ou por instrumento de procuração, na forma da lei, sob pena do não conhecimento da defesa ou do recurso.

Art. 3º O requerimento de defesa ou recurso deverá ser apresentado por escrito de forma legível, no prazo estabelecido, contendo no mínimo os seguintes dados:

I – nome do órgão ou entidade de trânsito responsável pela autuação ou pela aplicação da penalidade de multa;

II – nome, endereço completo com CEP, número de telefone, número do documento de identificação, CPF/CNPJ do requerente;

III – placa do veículo e número do auto de infração de trânsito;

IV – exposição dos fatos, fundamentos legais e/ou documentos que comprovem a alegação;
V – data e assinatura do requerente ou de seu representante legal.

Parágrafo único. A defesa ou recurso deverá ter somente um auto de infração como objeto.

Art. 4º A defesa ou recurso não será conhecido quando:

I – for apresentado fora do prazo legal;
II – não for comprovada a legitimidade;
III – não houver a assinatura do recorrente ou seu representante legal;
IV – não houver o pedido, ou este for incompatível com a situação fática;
V – não comprovado o pagamento do valor da multa, nos termos do § 2º do art. 288 do CTB.

Art. 5º A defesa ou recurso deverá ser apresentado com os seguintes documentos:

I – requerimento de defesa ou recurso;
II – cópia da notificação de autuação, notificação da penalidade quando for o caso ou auto de infração ou documento que conste placa e o número do auto de infração de trânsito;
III – cópia da CNH ou outro documento de identificação que comprove a assinatura do requerente e, quando pessoa jurídica, documento comprovando a representação;
IV – cópia do CRLV;
V – procuração, quando for o caso.

Art. 6º A defesa ou o recurso deverá ser protocolado no órgão ou entidade de trânsito autuador ou enviado, via postal, para o seu endereço, respeitado o disposto no artigo 287 do CTB.

Art. 7º Os processos de defesa e de recurso, depois de julgados e juntamente com o resultado de sua apreciação deverão permanecer com o órgão autuador ou a sua JARI.

Art. 8º A defesa ou recurso referente a veículo registrado em outro órgão executivo de trânsito deverá permanecer arquivado junto ao órgão ou entidade de trânsito autuador ou a sua JARI.

Art. 9º O órgão ou entidade de trânsito e os órgãos recursais poderão solicitar ao requerente que apresente documentos ou outras provas admitidas em direito, definindo prazo para sua apresentação.

Parágrafo único. Caso não seja atendida a solicitação citada no caput deste artigo será a defesa ou recurso analisado e julgado no estado que se encontra.

Art. 10. O órgão ou entidade de trânsito ou os órgãos recursais deverão suprir eventual ausência de informação ou documento, quando disponível.

Art. 11. O requerente até a realização do julgamento poderá desistir, por escrito, da defesa ou recurso apresentado.

Art. 12. Esta resolução entra em vigor em 30 de junho de 2009 quando ficará revogada a Resolução nº 239/2007.

Alfredo Peres da Silva
Presidente do Conselho

RESOLUÇÃO DO CONTRAN Nº 303, DE 18 DE DEZEMBRO DE 2008

Dispõe sobre as vagas de estacionamento de veículos destinadas exclusivamente às pessoas idosas.

▶ Publicada no DOU de 22-12-2008 e republicada no DOU de 23-12-2008.

O Conselho Nacional de Trânsito – CONTRAN, usando da competência que lhe confere o artigo 12, inciso I da Lei nº 9.503, de 23 de setembro de 1997, que instituiu o Código de Trânsito Brasileiro – CTB e conforme Decreto nº 4.711 de 29 de maio de 2003, que dispõe sobre a Coordenação do Sistema Nacional de Trânsito;

Considerando a necessidade de uniformizar, em âmbito nacional, os procedimentos para sinalização e fiscalização do uso de vagas regulamentadas para estacionamento exclusivo de veículos utilizados por idosos;

Considerando a Lei Federal nº 10.741, de 1º de outubro de 2003, que dispõe sobre o Estatuto do Idoso, que em seu art. 41 estabelece a obrigatoriedade de se destinar 5% (cinco por cento) das vagas em estacionamento regulamentado de uso público para serem utilizadas exclusivamente por idosos, resolve:

Art. 1º As vagas reservadas para os idosos serão sinalizadas pelo órgão ou entidade de trânsito com circunscrição sobre a via utilizando o sinal de regulamentação R-6b "Estacionamento regulamentado" com informação complementar e a legenda "IDOSO", conforme Anexo I desta Resolução e os padrões e critérios estabelecidos pelo CONTRAN.

Art. 2º Para uniformizar os procedimentos de fiscalização deverá ser adotado o modelo da credencial previsto no Anexo II desta Resolução.

§ 1º A credencial confeccionada no modelo definido por esta Resolução terá validade em todo o território nacional.

§ 2º A credencial prevista neste artigo será emitida pelo órgão ou entidade executiva de trânsito do Município de domicílio da pessoa idosa a ser credenciada.

§ 3º Caso o Município ainda não esteja integrado ao Sistema Nacional de Trânsito, a credencial será expedida pelo órgão ou entidade executiva de trânsito do Estado.

Art. 3º Os veículos estacionados nas vagas reservadas de que trata esta Resolução deverão exibir a credencial a que se refere o art. 2º sobre o painel do veículo, com a frente voltada para cima.

Art. 4º O uso de vagas destinadas às pessoas idosas em desacordo com o disposto nesta Resolução caracteriza infração prevista no art. 181, inciso XVII do CTB.

Art. 5º A autorização poderá ser suspensa ou cassada, a qualquer tempo, a critério do órgão emissor, se verificada quaisquer das seguintes irregularidades na credencial:

I – uso de cópia efetuada por qualquer processo;
II – rasurada ou falsificada;

III – em desacordo com as disposições contidas nesta Resolução, especialmente se constatada que a vaga especial não foi utilizada por idoso.

Art. 6º Os órgãos ou entidades com circunscrição sobre a via têm o prazo de até 360 (trezentos e sessenta) dias, a partir da data de publicação desta Resolução, para adequar as áreas de estacionamento específicos existentes ao disposto nesta Resolução.

Art. 7º Esta Resolução entra em vigor na data de sua publicação, revogadas as disposições em contrário.

Alfredo Peres da Silva
Presidente do Conselho

ANEXO I
MODELO DE SINALIZAÇÃO DE VAGAS REGULAMENTADAS PARA ESTACIONAMENTO EXCLUSIVO DE VEÍCULOS UTILIZADOS POR IDOSO

Sinalização Vertical de Regulamentação

Sinalização horizontal – legenda "IDOSO"

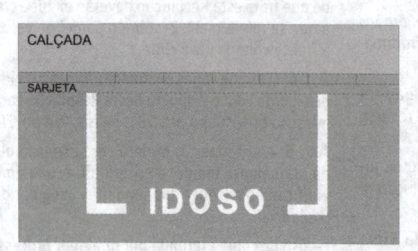

Vaga paralela ao meio-fio

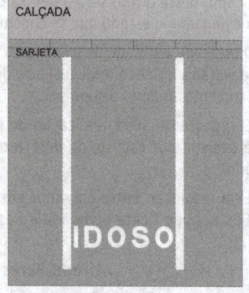

Vaga perpendicular ao meio-fio

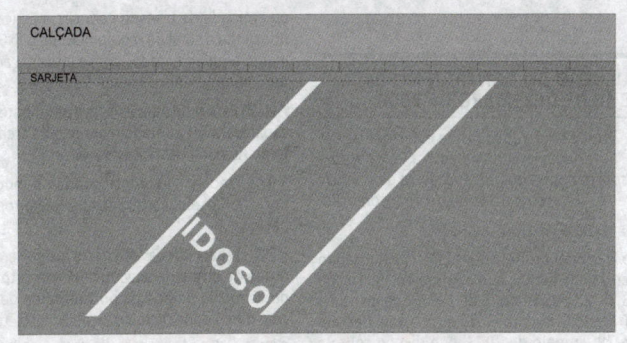

Vagas em ângulo

ANEXO II
MODELO DE CREDENCIAL

Frente da Credencial

ESTACIONAMENTO

REPÚBLICA FEDERATIVA DO BRASIL
CONSELHO NACIONAL DE TRÂNSITO

SÍMBOLO DO ÓRGÃO EXPEDIDOR

ESTACIONAMENTO VAGA ESPECIAL
CONFORME RESOLUÇÃO Nº XXX/XX DO CONTRAN

Nº DO REGISTRO: 00000000 / 00

DATA DE EMISSÃO 00/00/0000

UNIDADE DA FEDERAÇÃO: AAAAAAAAAAAAAA

MUNICÍPIO: BBBBBBBBBBBBBB

ÓRGÃO EXPEDIDOR: CCCCCCCCCCCCCCCCCCCCCCCCCC
CCCCCCCCCCCCCCCCCCCCCCCCCCCC

Verso da Credencial

NOME DO BENEFICIÁRIO: (Escrever o nome do beneficiário neste espaço)

REGRAS DE UTILIZAÇÃO

1. A autorização concedida por meio deste cartão somente terá validade se o mesmo for apresentado no original e preencher as seguintes condições:
   1.1. Estiver colocado sobre o painel do veículo, com frente voltada para cima;
   1.2. For apresentado à autoridade de trânsito ou aos seus agentes, sempre que solicitado.
2. Este cartão de autorização poderá ser recolhido e o ato da autorização suspenso ou cassado, a qualquer tempo, a critério do órgão de trânsito, especialmente se verificada irregularidade em sua utilização, considerando-se como tal, dentre outros:
   2.1. O empréstimo do cartão a terceiros;
   2.2. O uso de cópia do cartão, efetuada por qualquer processo;
   2.3. O porte do cartão com rasuras ou falsificado;
   2.4. O uso do cartão em desacordo com as disposições nele contidas ou na legislação pertinente, especialmente se constatado pelo agente que o veículo por ocasião da utilização da vaga especial, não serviu para o transporte do idoso;
   2.5. O uso do cartão com a validade vencida.
3. A presente autorização somente é válida para estacionar nas vagas devidamente sinalizadas com a legenda idoso.
4. Esta autorização também permite o uso em vagas de Estacionamento Rotativo Regulamentado, gratuito ou pago, sendo obrigatória a utilização conjunta do Cartão do Estacionamento, bem como a obediência às suas normas de utilização.
5. O desrespeito ao disposto neste cartão de autorização, bem como às demais regras de trânsito e a sinalização local, sujeitará o infrator as medidas administrativas, penalidades e pontuações previstas em lei.

RESOLUÇÃO DO CONTRAN Nº 304, DE 18 DE DEZEMBRO DE 2008

Dispõe sobre as vagas de estacionamento destinadas exclusivamente a veículos que transportem pessoas portadoras de deficiência e com dificuldade de locomoção.

▶ Publicada no *DOU* de 22-12-2008.

O Conselho Nacional de Trânsito – CONTRAN, usando da competência que lhe confere o artigo 12, inciso I da Lei nº 9.503, de 23 de setembro de 1997, que institui o Código de Trânsito Brasileiro – CTB e conforme Decreto nº 4.711 de 29 de maio de 2003, que dispõe sobre a Coordenação do Sistema Nacional de Trânsito;

Considerando a necessidade de uniformizar, em âmbito nacional, os procedimentos para sinalização e fiscalização do uso de vagas regulamentadas para estacionamento exclusivo de veículos utilizados no transporte de pessoas portadoras de deficiência e com dificuldade de locomoção;

Considerando a Lei Federal nº 10.098, de 19 de dezembro de 2000, que dispõe sobre normas gerais e critérios básicos para a promoção da acessibilidade das pessoas portadoras de deficiência e com dificuldade de locomoção, que, em seu art. 7º, estabelece a obrigatoriedade de reservar 2 % (dois por cento) das vagas em estacionamento regulamentado de uso público para serem utilizadas exclusivamente por veículos que transportem pessoas portadoras de deficiência ou com dificuldade de locomoção;

Considerando o disposto no Decreto nº 5.296, de 2 de dezembro de 2004, que regulamenta a Lei nº 10.098/2000, para, no art. 25, determinar a reserva de 2 % (dois por cento) do total de vagas regulamentadas de estacionamento para veículos que transportem pessoas portadoras de deficiência física ou visual, desde que devidamente identificados, resolve:

Art. 1º As vagas reservadas para veículos que transportem pessoas portadoras de deficiência e com dificuldade de locomoção serão sinalizadas pelo órgão ou entidade de trânsito com circunscrição sobre a via utilizando o sinal de regulamentação R-6b "Estacionamento regulamentado" com a informação complementar conforme Anexo I desta Resolução.

Art. 2º Para uniformizar os procedimentos de fiscalização deverá ser adotado o modelo da credencial previsto no Anexo II desta Resolução.

§ 1º A credencial confeccionada no modelo proposto por esta Resolução terá validade em todo o território nacional.

§ 2º A credencial prevista neste artigo será emitida pelo órgão ou entidade executiva de trânsito do município de domicílio da pessoa portadora de deficiência e/ou com dificuldade de locomoção a ser credenciada.

§ 3º A validade da credencial prevista neste artigo será definida segundo critérios definidos pelo órgão ou entidade executiva do município de domicílio da pessoa portadora de deficiência e/ou com dificuldade de locomoção a ser credenciada.

§ 4º Caso o município ainda não esteja integrado ao Sistema Nacional de Trânsito, a credencial será expedida pelo órgão ou entidade executiva de trânsito do Estado.

Art. 3º Os veículos estacionados nas vagas reservadas de que trata esta Resolução deverão exibir a credencial que trata o art. 2º sobre o painel do veículo, ou em local visível para efeito de fiscalização.

Art. 4º O uso de vagas destinadas às pessoas portadoras de deficiência e com dificuldade de locomoção em desacordo com o disposto nesta Resolução caracteriza infração prevista no art. 181, inciso XVII do CTB.

Art. 5º Os órgãos ou entidades com circunscrição sobre a via têm o prazo de até 360 (trezentos e sessenta) dias, a partir da data de publicação desta Resolução, para adequar as áreas de estacionamento específicos existentes ao disposto nesta Resolução.

Art. 6º Esta Resolução entra em vigor na data de sua publicação, revogadas as disposições em contrário.

Alfredo Peres da Silva
Presidente do Conselho

ANEXO I
MODELO DE SINALIZAÇÃO VERTICAL DE REGULAMENTAÇÃO DE VAGAS DE ESTACIONAMENTO DE VEÍCULOS DESTINADAS EXCLUSIVAMENTE A VEÍCULOS QUE TRANSPORTEM PESSOAS PORTADORAS DE DEFICIÊNCIA E COM DIFICULDADE DE LOCOMOÇÃO

ANEXO II
MODELO DE CREDENCIAL
Frente da Credencial

REPÚBLICA FEDERATIVA DO BRASIL
CONSELHO NACIONAL DE TRÂNSITO

SÍMBOLO DO ÓRGÃO EXPEDIDOR

ESTACIONAMENTO VAGA ESPECIAL
CONFORME LEI FEDERAL Nº 9.503 (RESOLUÇÃO Nº 123456/07)

Nº DO REGISTRO: 0000000/07

VALIDADE: 00/00/2011

UNIDADE DA FEDERAÇÃO: AAAAAAA
MUNICÍPIO: BBBBBBBB

ÓRGÃO EXPEDIDOR: CCCCCCCC CCCCCCC CCCCCCC CCCCCCC CCCCCCC CCCCCC CCCCC CCCCCCCC CCCCCCC CCCCC

Verso da Credencial

NOME DO BENEFICIÁRIO: (Escrever o nome do beneficiário neste espaço)

REGRAS DE UTILIZAÇÃO

1. A autorização concedida por meio deste cartão somente terá validade se o mesmo for apresentado no original e preencher as seguintes condições:
   1.1. Estiver colocado sobre o painel do veículo, com frente voltada para cima;
   1.2. For apresentado à autoridade de trânsito ou aos seus agentes, sempre que solicitado.
2. Este cartão de autorização poderá ser recolhido e o ato da autorização suspenso ou cassado, a qualquer tempo, a critério do órgão de trânsito, especialmente se verificada irregularidade em sua utilização, considerando-se como tal, dentre outros:
   2.1. O empréstimo do cartão a terceiros;
   2.2. O uso de cópia do cartão, efetuada por qualquer processo;
   2.3. O porte do cartão com rasuras ou falsificado;
   2.4. O uso do cartão em desacordo com as disposições nele contidas ou na legislação pertinente, especialmente se constatado pelo agente que o veículo por ocasião da utilização da vaga especial, não serviu para o transporte do deficiente físico;
   2.5. O uso do cartão com a validade vencida.
3. A presente autorização somente é válida para estacionar nas vagas devidamente sinalizadas com o Símbolo Internacional de Acesso, especialmente criadas pelo órgão de trânsito para esse fim.
4. Esta autorização também permite o uso em vagas de Estacionamento Rotativo Regulamentado, gratuito ou pago, sinalizadas com o Símbolo Internacional de Acesso, sendo obrigatória a utilização conjunta do Cartão do Estacionamento, bem como a obediência às suas normas de utilização.
5. O desrespeito ao disposto neste cartão de autorização, bem como às demais regras de trânsito e a sinalização local, sujeitará o infrator as medidas administrativas, penalidades e pontuações previstas em lei.

LEI Nº 12.009, DE 29 DE JULHO DE 2009

Regulamenta o exercício das atividades dos profissionais em transporte de passageiros, "mototaxista", em entrega de mercadorias e em serviço comunitário de rua, e "motoboy", com o uso de motocicleta, altera a Lei nº 9.503, de 23 de setembro de 1997, para dispor sobre regras de segurança dos serviços de transporte remunerado de mercadorias em motocicletas e motonetas – motofrete –, estabelece regras gerais para a regulação deste serviço e dá outras providências.

▶ Publicada no DOU de 30-7-2009.
▶ Lei nº 12.436, de 6-7-2011, veda o emprego de práticas que estimulem o aumento de velocidade por motociclistas profissionais.
▶ Res. do CONTRAN nº 356, de 2-8-2010, estabelece requisitos mínimos de segurança para o transporte remunerado de passageiros (mototáxi) e de cargas (motofrete) em motocicleta e motoneta.

Art. 1º Esta Lei regulamenta o exercício das atividades dos profissionais em transportes de passageiros, "mototaxista", em entrega de mercadorias e em serviço comunitário de rua, e "motoboy", com o uso de motocicleta, dispõe sobre regras de segurança dos serviços de transporte remunerado de mercadorias em motocicletas e motonetas – motofrete –, estabelece regras gerais para a regulação deste serviço e dá outras providências.

Art. 2º Para o exercício das atividades previstas no art. 1º, é necessário:

I – ter completado 21 (vinte e um) anos;
II – possuir habilitação, por pelo menos 2 (dois) anos, na categoria;
III – ser aprovado em curso especializado, nos termos da regulamentação do CONTRAN;

▶ Res. do CONTRAN nº 350, de 14-6-2010, institui curso especializado obrigatório destinado a profissionais em transporte de passageiros (mototaxista) e em entrega de mercadorias (motofretista) que exerçam atividades remuneradas na condução de motocicletas e motonetas.

IV – estar vestido com colete de segurança dotado de dispositivos retrorrefletivos, nos termos da regulamentação do CONTRAN.

Parágrafo único. Do profissional de serviço comunitário de rua serão exigidos ainda os seguintes documentos:

I – carteira de identidade;
II – título de eleitor;
III – cédula de identificação do contribuinte – CIC;
IV – atestado de residência;
V – certidões negativas das varas criminais;
VI – identificação da motocicleta utilizada em serviço.

Art. 3º São atividades específicas dos profissionais de que trata o art. 1º:

I – transporte de mercadorias de volume compatível com a capacidade do veículo;
II – transporte de passageiros.

Parágrafo único. VETADO.

Art. 4º A Lei nº 9.503, de 23 de setembro de 1997, passa a vigorar acrescida do seguinte Capítulo XIII-A:

▶ Alterações inseridas no texto da referida Lei.

Art. 5º O art. 244 da Lei nº 9.503, de 23 de setembro de 1997, passa a vigorar com a seguinte redação:

▶ Alteração inserida no texto da referida Lei.

Art. 6º A pessoa natural ou jurídica que empregar ou firmar contrato de prestação continuada de serviço com condutor de motofrete é responsável solidária por danos cíveis advindos do descumprimento das normas relativas ao exercício da atividade, previstas no art. 139-A da Lei nº 9.503, de 23 de setembro de 1997, e ao exercício da profissão, previstas no art. 2º desta Lei.

Art. 7º Constitui infração a esta Lei:

I – empregar ou manter contrato de prestação continuada de serviço com condutor de motofrete inabilitado legalmente;
II – fornecer ou admitir o uso de motocicleta ou motoneta para o transporte remunerado de mercadorias, que esteja em desconformidade com as exigências legais.

Parágrafo único. Responde pelas infrações previstas neste artigo o empregador ou aquele que contrata serviço continuado de motofrete, sujeitando-se à sanção relativa à segurança do trabalho prevista no art. 201 da Consolidação das Leis do Trabalho – CLT, aprovada pelo Decreto-Lei nº 5.452, de 1º de maio de 1943.

Art. 8º Os condutores que atuam na prestação do serviço de motofrete, assim como os veículos empregados nessa atividade, deverão estar adequados às exigências previstas nesta Lei no prazo de até 365 (trezentos e sessenta e cinco) dias, contado da regulamentação pelo CONTRAN dos dispositivos previstos no art. 139-A da Lei nº 9.503, de 23 de setembro de 1997, e no art. 2º desta Lei.

Art. 9º Esta Lei entra em vigor na data de sua publicação.

Brasília, 29 de julho de 2009;
188º da Independência e
121º da República.

Luiz Inácio Lula da Silva

RESOLUÇÃO DO CONTRAN Nº 339, DE 25 DE FEVEREIRO DE 2010

Permite a anotação dos contratos de comodato e de aluguel ou arrendamento não vinculado ao financiamento do veículo, junto ao Registro Nacional de Veículos Automotores.

▶ Publicada no DOU de 1º-3-2010.
▶ Arts. 19, IX, 120 e 123, I, do CTB.

O Conselho Nacional de Trânsito – CONTRAN, usando da competência que lhe confere o art. 12, inciso X, da Lei nº 9.503, de 23 de setembro de 1997, que instituiu o Código de Trânsito Brasileiro – CTB e conforme Decreto nº 4.711, de 29 de maio de 2003, que dispõe sobre a coordenação do Sistema Nacional de Trânsito – SNT, e

Considerando o disposto nos arts. 565 e 579 da Lei nº 10.406, de 10 de janeiro de 2002;

Considerando o disposto no art. 2º, §§ 1º, I, 2º, II, e 3º, da Lei nº 11.442, de 5 de janeiro de 2007;

Considerando a necessidade de se possibilitar e formalizar, perante os órgãos executivos de trânsito, o exercício de direitos estabelecidos em contratos de comodato e de aluguel ou arrendamento não vinculado ao financiamento de veículo, resolve:

Art. 1º Permitir a anotação dos contratos de comodato e de aluguel ou arrendamento não vinculado ao financiamento do veículo, junto ao Registro Nacional de Veículos Automotores.

Parágrafo único. Considera-se possuidor todo aquele que tem o exercício, pleno ou não, de algum dos poderes inerentes à propriedade do veículo, estabelecido por meio dos contratos previstos no *caput*, e anotado no respectivo órgão executivo de trânsito dos Estados ou do Distrito Federal.

Art. 2º A anotação do contrato será feita após a apresentação do documento, pelo proprietário ou pelo possuidor, junto ao órgão executivo de trânsito de registro do veículo.

§ 1º A anotação do contrato fará constar dos Certificados de Registro e Licenciamento de Veículos CRLV, além do nome do proprietário, a expressão "Possuidor" seguida do CPF ou CNPJ de quem terá a posse do veículo e a data de término do contrato, se houver.

§ 2º O órgão executivo de trânsito registrará os demais dados do possuidor junto ao RENAVAM do veículo.

Art. 3º A baixa da anotação deverá ser requerida pelo proprietário ou pelo possuidor mediante apresentação do instrumento de distrato, ou documento equivalente, junto ao órgão executivo de trânsito de registro do veículo, que emitirá um novo CRLV.

§ 1º Nos contratos por prazo determinado a baixa se dará automaticamente na data de seu término, sem prejuízo da necessidade da emissão de um novo CRLV.

§ 2º Até a apresentação do requerimento de baixa a anotação continuará produzindo os devidos efeitos para fins de aplicação da legislação de trânsito.

Art. 4º Somente será possível a anotação de um dos contratos previstos no art. 1º desta Resolução por vez, devendo ser promovida a baixa da anterior para a inclusão de nova.

Parágrafo único. A existência de gravame decorrente de garantia real não impede a anotação dos contratos previstos no art. 1º.

Art. 5º Fica o Departamento Nacional de Trânsito autorizado a baixar, dentro de cento e vinte dias, as instruções necessárias para o pleno funcionamento do disposto nesta Resolução.

Art. 6º Esta Resolução entra em vigor na data de sua publicação.

Alfredo Peres da Silva
Presidente do Conselho

RESOLUÇÃO DO CONTRAN Nº 356, DE 2 DE AGOSTO DE 2010

Estabelece requisitos mínimos de segurança para o transporte remunerado de passageiros (mototáxi) e de cargas (motofrete) em motocicleta e motoneta, e dá outras providências.

▶ Publicada no *DOU* de 4-8-2010.
▶ Arts. 139-A e 139-B do CTB.
▶ Lei nº 12.009, de 29-7-2009, regulamenta o exercício das atividades dos profissionais em transporte de passageiros, "mototaxista", em entrega de mercadorias e em serviço comunitário de rua, e "motoboy", com o uso de motocicleta.

O Conselho Nacional de Trânsito – CONTRAN, no uso da competência que lhe confere o artigo 12, inciso I, da Lei nº 9.503, de 23 de setembro de 1997, que instituiu o Código de Trânsito Brasileiro e nos termos do disposto no Decreto nº 4.711, de 29 de maio de 2003, que trata da Coordenação do Sistema Nacional de Trânsito,

Considerando a necessidade de fixar requisitos mínimos de segurança para o transporte remunerado de passageiros e de cargas em motocicleta e motoneta, na categoria aluguel, para preservar a segurança do trânsito, dos condutores e dos passageiros desses veículos;

Considerando a necessidade de regulamentar a Lei nº 12.009, de 29 de julho de 2009;

Considerando a necessidade de estabelecer requisitos mínimos de segurança para o transporte não remunerado de carga; e

Considerando o que consta do processo nº 80000.022300/2009-25, resolve:

CAPÍTULO I

DAS DISPOSIÇÕES GERAIS

Art. 1º Os veículos tipo motocicleta ou motoneta, quando autorizados pelo poder concedente para transporte remunerado de cargas (motofrete) e de passageiros (mototáxi), deverão ser registrados pelo Órgão Executivo de Trânsito do Estado e do Distrito Federal na categoria de aluguel, atendendo ao disposto no artigo 135 do CTB e legislação complementar.

Art. 2º Para efeito do registro de que trata o artigo anterior, os veículos deverão ter:

I – dispositivo de proteção para pernas e motor em caso de tombamento do veículo, fixado em sua estrutura, conforme Anexo IV, obedecidas as especificações do fabricante do veículo no tocante à instalação;

II – dispositivo aparador de linha, fixado no *guidon* do veículo, conforme Anexo IV; e

III – dispositivo de fixação permanente ou removível, devendo, em qualquer hipótese, ser alterado o registro do veículo para a espécie passageiro ou carga, conforme o caso, vedado o uso do mesmo veículo para ambas as atividades.

Art. 3º Os pontos de fixação para instalação dos equipamentos, bem como a capacidade máxima admissível de carga, por modelo de veículo serão comunicados ao DENATRAN, pelos fabricantes, na ocasião da obtenção do Certificado de Adequação à Legislação de Trânsito (CAT), para os novos modelos, e mediante complementação de informações do registro marca/modelo/versão, para a frota em circulação.

§ 1º As informações do *caput* serão disponibilizadas no manual do proprietário ou boletim técnico distribuído nas revendas dos veículos e nos sítios eletrônicos dos fabricantes, em texto de fácil compreensão e sempre que possível auxiliado por ilustrações.

§ 2º As informações do parágrafo anterior serão disponibilizados no prazo de 270 (duzentos e setenta) dias a contar da data de publicação desta Resolução para os veículos lançados no mercado nos últimos 5 (cinco) anos e em 365 (trezentos e sessenta e cinco) dias, também contados da publicação desta Resolução, passarão a constar do manual do proprietário, para os veículos novos nacionais ou importados.

▶ § 2º com a redação dada pela Res. do CONTRAN nº 378, de 6-4-2011.

§ 3º A capacidade máxima de tração deverá constar no Certificado de Registro (CRV) e no Certificado de Registro e Licenciamento do Veículo (CRLV).

Art. 4º Os veículos de que trata o art. 1º deverão submeter-se à inspeção semestral para verificação dos equipamentos obrigatórios e de segurança.

Art. 5º Para o exercício das atividades previstas nesta Resolução, o condutor deverá:

I – ter, no mínimo, vinte e um anos de idade;
II – possuir habilitação na categoria "A", por pelo menos dois anos, na forma do artigo 147 do CTB;
III – ser aprovado em curso especializado, na forma regulamentada pelo CONTRAN; e
IV – estar vestido com colete de segurança dotado de dispositivos retrorrefletivos, nos termos do Anexo III desta Resolução.

Parágrafo único. Para o exercício da atividade de mototáxi o condutor deverá atender aos requisitos previstos no art. 329 do CTB.

Art. 6º Na condução dos veículos de transporte remunerado de que trata esta Resolução, o condutor e o passageiro deverão utilizar capacete motociclístico, com viseira ou óculos de proteção, nos termos da Resolução nº 203, de 29 de setembro de 2006, dotado de dispositivos retrorrefletivos, conforme Anexo II desta Resolução.

▶ Res. do CONTRAN nº 203, de 29-9-2006, disciplina o uso de capacete para condutor e passageiro de motocicleta, motoneta, ciclomotor, triciclo motorizado e quadriciclo motorizado.

Capítulo II
DO TRANSPORTE DE PASSAGEIROS (MOTOTÁXI)

Art. 7º Além dos equipamentos obrigatórios para motocicletas e motonetas e dos previstos no art. 2º desta Resolução, serão exigidas para os veículos destinados aos serviços de mototáxi alças metálicas, traseira e lateral, destinadas a apoio do passageiro.

Capítulo III
DO TRANSPORTE DE CARGAS (MOTOFRETE)

Art. 8º As motocicletas e motonetas destinadas ao transporte remunerado de mercadorias – motofrete – somente poderão circular nas vias com autorização emitida pelo órgão executivo de trânsito do Estado e do Distrito Federal.

Art. 9º Os dispositivos de transporte de cargas em motocicleta e motoneta poderão ser do tipo fechado (baú) ou aberto (grelha), alforjes, bolsas ou caixas laterais, desde que atendidas as dimensões máximas fixadas nesta Resolução e as especificações do fabricante do veículo no tocante à instalação e ao peso máximo admissível.

§ 1º Os alforjes, as bolsas ou caixas laterais devem atender aos seguintes limites máximos externos:

I – largura: não poderá exceder as dimensões máximas dos veículos, medida entre a extremidade do *guidon* ou alavancas de freio à embreagem, a que for maior, conforme especificação do fabricante do veículo;
II – comprimento: não poderá exceder a extremidade traseira do veículo; e
III – altura: não superior à altura do assento em seu limite superior.

§ 2º O equipamento fechado (baú) deve atender aos seguintes limites máximos externos:

I – largura: 60 (sessenta) cm, desde que não exceda a distância entre as extremidades internas dos espelhos retrovisores;
II – comprimento: não poderá exceder a extremidade traseira do veículo; e
III – altura: não poderá exceder a 70 (setenta) cm de sua base central, medida a partir do assento do veículo.

§ 3º O equipamento aberto (grelha) deve atender aos seguintes limites máximos externos:

I – largura: 60 (sessenta) cm, desde que não exceda a distância entre as extremidades internas dos espelhos retrovisores;
II – comprimento: não poderá exceder a extremidade traseira do veículo; e
III – altura: a carga acomodada no dispositivo não poderá exceder a 40 (quarenta) cm de sua base central, medida a partir do assento do veículo.

§ 4º No caso do equipamento tipo aberto (grelha), as dimensões da carga a ser transportada não podem extrapolar a largura e comprimento da grelha.

§ 5º Nos casos de montagem combinada dos dois tipos de equipamento, a caixa fechada (baú) não pode exceder as dimensões de largura e comprimento da grelha, admitida a altura do conjunto em até 70 cm da base do assento do veículo.

§ 6º Os dispositivos de transporte, assim como as cargas, não poderão comprometer a eficiência dos espelhos retrovisores.

Art. 10. As caixas especialmente projetadas para a acomodação de capacetes não estão sujeitas às prescrições desta Resolução, podendo exceder a extremidade traseira do veículo em até 15 cm.

Art. 11. O equipamento do tipo fechado (baú) deve conter faixas retrorrefletivas conforme especificação no Anexo I desta Resolução, de maneira a favorecer a visualização do veículo durante sua utilização diurna e noturna.

Art. 12. É proibido o transporte de combustíveis inflamáveis ou tóxicos, e de galões nos veículos de que trata a Lei nº 12.009, de 29 de julho de 2009, com exceção de botijões de gás com capacidade máxima de 13 kg e de galões contendo água mineral, com capacidade máxima de 20 litros, desde que com auxílio de *sidecar*.

▶ Lei nº 12.009, de 29-7-2009, regulamenta o exercício das atividades dos profissionais em transporte de passageiros, "mototaxista", em entrega de mercadorias e em serviço comunitário de rua, e "motoboy", com o uso de motocicleta.

Art. 13. O transporte de carga em *sidecar* ou semirreboques deverá obedecer aos limites estabelecidos pelos fabricantes ou importadores dos veículos homologados pelo DENATRAN, não podendo a altura da carga exceder o limite superior do assento da motocicleta e mais de 40 (quarenta) cm.

Parágrafo único. É vedado o uso simultâneo de *sidecar* e semirreboque.

Art. 14. Aplicam-se as disposições deste capítulo ao transporte de carga não remunerado, com exceção do art. 8º.

CAPÍTULO IV

DAS DISPOSIÇÕES FINAIS

Art. 15. O descumprimento das prescrições desta Resolução, sem prejuízo da responsabilidade solidária de outros intervenientes nos contratos de prestação de serviços instituída pelos artigos 6º e 7º da Lei nº 12.009, de 29 de julho de 2009, e das sanções impostas pelo Poder Concedente em regulamentação própria, sujeitará o infrator às penalidades e medidas administrativas previstas nos seguintes artigos do Código de Trânsito Brasileiro, conforme o caso: art. 230, V, IX, X e XII; art. 231, IV, V, VIII, X; art. 232; e art. 244, I, II, VIII e IX.

Art. 16. Os Municípios que regulamentarem a prestação de serviços de mototáxi ou motofrete deverão fazê-lo em legislação própria, atendendo, no mínimo, ao disposto nesta Resolução, podendo estabelecer normas complementares, conforme as peculiaridades locais, garantindo condições técnicas e requisitos de segurança, higiene e conforto dos usuários dos serviços, na forma do disposto no art. 107 do CTB.

Art. 17. Esta Resolução entra em vigor na data de sua publicação, produzindo efeitos no prazo de trezentos e sessenta e cinco dias contados da data de sua publicação, quando ficará revogada a Resolução CONTRAN nº 219, de 11 de janeiro de 2007.

Alfredo Peres da Silva
Presidente

ANEXO I
DISPOSITIVOS RETRORREFLETIVOS DE SEGURANÇA PARA BAÚ DE MOTOCICLETAS

1 – Localização

O baú deve contribuir para a sinalização do usuário durante o dia como a noite, em todas as direções, através de elementos retrorrefletivos, aplicados na parte externa do casco, conforme diagramação:

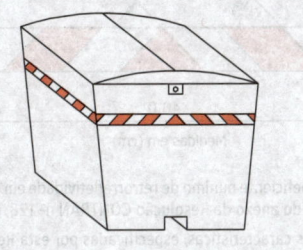

2 – Retrorrefletivo

a) Dimensões

O elemento no baú deve ter uma área total que assegure a completa sinalização das laterais e na traseira.

O formato e as dimensões mínimas do dispositivo de segurança refletivo deverão seguir o seguinte padrão:

Medidas em (cm)

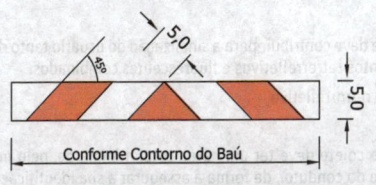

Conforme Contorno do Baú

b) Os limites de cor (diurna) e o coeficiente mínimo de retrorrefletividade em candelas por Lux por metro quadrado devem atender às especificações do anexo da Resolução CONTRAN nº 128, de 6 de agosto de 2001.

c) O retrorrefletor deverá ter suas características, especificadas por esta Resolução, atestada por uma entidade reconhecida pelo DENATRAN e deverá exibir em sua construção uma marca de segurança comprobatória desse laudo com a gravação das palavras APROVADO DENATRAN, com 3 mm (três milímetros) de altura e 50 mm (cinquenta milímetros) de comprimento em cada segmento da cor branca do retrorrefletor, incorporada na construção da película, não podendo ser impressa superficialmente.

ANEXO II
DISPOSITIVOS RETRORREFLETIVOS DE SEGURANÇA PARA CAPACETES

1 – Localização:

O capacete deve contribuir para a sinalização do usuário durante o dia como a noite, em todas as direções, através de elementos retrorrefletivos, aplicados na parte externa do casco, conforme diagramação:

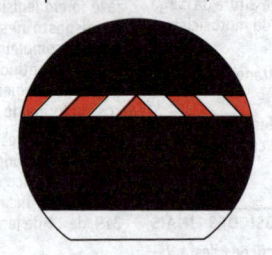

2 – Retrorrefletivo

a) Dimensões

O elemento retrorrefletivo no capacete deve ter uma área total de, pelo menos, 0,014 m², assegurando a sinalização em cada uma das laterais e na traseira.

O formato e as dimensões mínimas do dispositivo de segurança refletivo deverão seguir o seguinte padrão:

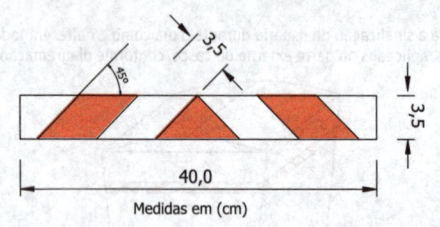

Medidas em (cm)

b) Os limites de cor (diurna) e o coeficiente mínimo de retrorrefletividade em candelas por Lux por metro quadrado devem atender às especificações do anexo da Resolução CONTRAN nº 128, de 6 de agosto de 2001.

c) O retrorrefletor deverá ter suas características, especificadas por esta Resolução, atestada por uma entidade reconhecida pelo DENATRAN e deverá exibir em sua construção uma marca de segurança comprobatória desse laudo com a gravação das palavras APROVADO DENATRAN, com 3 mm (três milímetros) de altura e 35 mm (trinta e cinco milímetros) de comprimento em cada segmento da cor branca do retrorrefletor, incorporada na construção da película, não podendo ser impressa superficialmente.

ANEXO III
DISPOSITIVOS RETROREFLETIVOS DE SEGURANÇA PARA COLETE

1 – Objetivo

O colete é de uso obrigatório e deve contribuir para a sinalização do usuário tanto de dia quanto à noite, em todas as direções, através de elementos retrorrefletivos e fluorescentes combinados.

2 – Característica do material retrorrefletivo

a) Dimensões

O elemento retrorrefletivo no colete deve ter uma área total mínima de, pelo menos, 0,13 m², assegurando a completa sinalização do corpo do condutor, de forma a assegurar a sua identificação.

O formato e as dimensões mínimas do dispositivo de segurança refletivo deverão seguir o padrão apresentado na figura 1, sendo que a parte amarela representa o refletivo enquanto a parte branca representa o tecido de sustentação do colete:

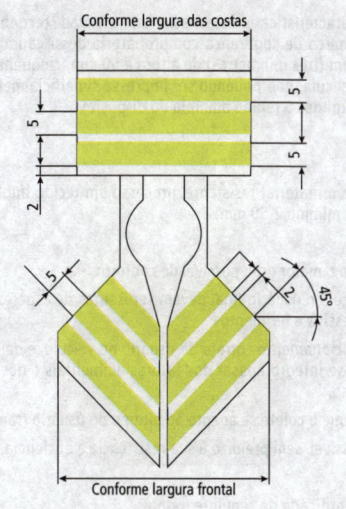

Ilustração 1 – formato padrão e dimensões mínimas do dispositivo refletivo

b) Cor do Material Retrorrefletivo de Desempenho Combinado

	1		2		3		4	
	x	y	x	y	x	y	x	y
Amarela Esverdeado Fluorescente	0.387	0.610	0.356	0.494	0.398	0.452	0.460	0.540

Tabela 1 – Cor do material retrorrefletivo – Coordenadas de cromaticidade.

A cor amarelo-esverdeado fluorescente proporciona excepcional brilho diurno, especialmente durante o entardecer e amanhecer.

A cor deve ser medida de acordo com os procedimentos definidos na ASTM E 1164 (revisão 2002, *Standard practice for obtaining spectrophotometric data for object-color evaluation*) com iluminação policromática D65 e geometria 45º/0º (ou 0º/45º) e observador normal CIE 2º. A amostra deve ter um substrato preto com refletância menor que 0,04.

O fator de luminância mínimo da película refletiva fluorescente amarelo-esverdeado utilizada na confecção do colete deverá atender às especificações da tabela abaixo:

	Fator mínimo de Luminância (mín.)
Amarelo-esverdeado Fluorescente	0,70

Tabela 2 – Cor do material retrorrefletivo – Fator mínimo de luminância.

c) Especificação do coeficiente mínimo de retrorrefletividade em candelas por lux por metro quadrado.

Os coeficientes de retrorrefletividade não deverão ser inferiores aos valores mínimos especificados, e devem ser determinados de acordo com o procedimento de ensaio definido nas ASTM E 808 e ASTM E 809.

Ângulo de Observação	Ângulo de Entrada			
	5°	20°	30°	40°
0,2° (12')	330	290	180	65
0,33° (20')	250	200	170	60
1° 25	25	15	12	10
1° 30'	10	7	5	4

Tabela 3 – Coeficiente de retrorreflexão mínimo em cd/(lx.m²)

O retrorrefletor deverá ter suas características atestadas por uma entidade reconhecida pelo DENATRAN e deverá exibir em sua construção uma marca de segurança comprobatória desse laudo com a gravação das palavras APROVADO DENATRAN, com 3 mm (três milímetros) de altura e 50 mm (cinquenta milímetros) de comprimento, incorporada na construção da película, não podendo ser impressa superficialmente, podendo ser utilizadas até duas linhas, que deverão ser integradas à região amarela do dispositivo.

3 – Características do colete

a) Estrutura

O colete deverá ser fabricado com material resistente, processo em tecido dublado com material combinado, perfazendo uma espessura de no mínimo 2,50 mm.

b) Ergonometria

O colete deve fornecer ao usuário o maior grau possível de conforto.

As partes do colete em contato com o usuário final devem ser isentas de asperezas, bordas afiadas e projeções que possam causar irritação excessiva e ferimentos.

O colete não deve impedir o posicionamento correto do usuário no veículo, e deve manter-se ajustado ao corpo durante o uso, devendo manter-se íntegro apesar dos fatores ambientais e dos movimentos e posturas que o usuário pode adotar durante o uso.

Devem ser previstos meios para que o colete se adapte ao biotipo do usuário (tamanhos).

O colete deve ser o mais leve possível, sem prejuízo à sua resistência e eficiência.

c) Etiquetagem

Cada peça do colete deve ser identificada da seguinte forma:

– marca no próprio produto ou através de etiquetas fixadas ao produto, podendo ser utilizada uma ou mais etiquetas;

– as etiquetas devem ser fixadas de forma visível e legível. Deve-se utilizar algarismos maiores que 2 mm, recomenda-se que sejam algarismos pretos sobre fundo branco;

– a marca ou as etiquetas devem ser indeléveis e resistentes ao processo de limpeza;

– devem ser fornecidas, no mínimo, as seguintes informações: identificação têxtil (material); tamanho do colete (P, M, G, GG, EG); CNPJ, telefone do fabricante e identificação do registro do INMETRO.

d) Instruções para utilização

O Colete de alta visibilidade deve ser fornecido ao usuário com manual de utilização contendo no mínimo as seguintes informações: garantia do fabricante, instrução para ajustes de como vestir, instrução para uso correto, instrução para limitações de uso, instrução para armazenar e instrução para conservação e limpeza.

4 – Aprovação do colete

Os fabricantes de coletes devem obter, para os seus produtos, registro no Instituto Nacional de Metrologia, Normalização e Qualidade – INMETRO que estabelecerá os requisitos para sua concessão.

ANEXO IV
DISPOSITIVOS DE PROTEÇÃO DE MOTOR E PERNAS E APARADOR DE LINHA

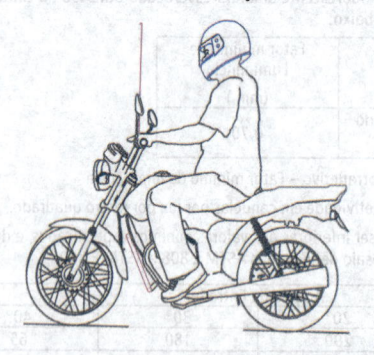

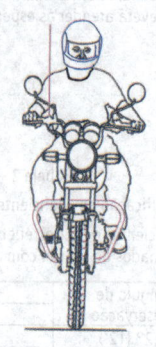

Ilustração 2 – protetor de motor e pernas e aparador de linha

1. Características Técnicas do Dispositivo de Proteção de Motor e Pernas

a) Objetivo: Proteção das pernas do condutor e passageiro em caso de tombamento do veículo, excluídos os veículos homologados pelo DENATRAN com dispositivos de proteção para esta função;

b) Características Construtivas: Peça única, construído em aço tubular de seção redonda resistente e com acabamento superficial resistente à corrosão, o dispositivo deve ser construído sem arestas e com formas arredondas, limitada sua largura à largura do *guidon*;

c) Localização: Deve ser fixado na estrutura do veículo, obedecidas as especificações do fabricante do veículo no tocante à instalação, e não deve interferir no curso do para-lama dianteiro;

2. Características Técnicas do Dispositivo Aparador de Linha.

d) Objetivo: Proteção do tórax, pescoço e braços do condutor e passageiro;

e) Características construtivas: Construído em aço de seção redonda resistente com acabamento superficial resistente a corrosão, deve prover sistema de corte da linha em sua extremidade superior;

f) Localização: fixado na extremidade do *guidon* (próximo à manopla) do veículo, no mínimo em um dos lados;

g) Utilização: A altura do dispositivo deve ser regulada com a altura da parte superior da cabeça do condutor na posição sentado sobre o veículo.

RESOLUÇÃO DO CONTRAN Nº 357, DE 2 DE AGOSTO DE 2010

Estabelece diretrizes para a elaboração do Regimento Interno das Juntas Administrativas de Recursos de Infrações – JARI.

▶ Publicada no *DOU* de 5-8-2010.
▶ Arts. 7º, VII, e 16, parágrafo único, do CTB.

O Conselho Nacional de Trânsito – CONTRAN, no uso da competência que lhe confere o inciso VI do art. 12, da Lei nº 9.503, de 23 de setembro de 1997, que institui o Código de Trânsito Brasileiro, e à vista do disposto no Decreto nº 4.711, de 29 de maio de 2003, que dispõe sobre a coordenação do Sistema Nacional de Trânsito – STN;

Considerando a necessidade de adequar a composição das Juntas Administrativas de Recursos e Infrações – JARI;

Considerando a instauração dos Processos Administrativos nºˢ 80001.016472/2006-15, 80001.008506/2006-90 e 80000.014867/2009-28, resolve:

Art. 1º Estabelecer diretrizes para a elaboração do Regimento Interno das Juntas Administrativas de Recursos de Infrações – JARI, constantes do Anexo desta Resolução.

Art. 2º Fica revogada a Resolução CONTRAN nº 233, de 30 de março de 2007.

Art. 3º Esta Resolução entra em vigor na data de sua publicação.

Alfredo Peres da Silva
Presidente

ANEXO

Diretrizes para a Elaboração do Regimento Interno das Juntas Administrativas de Recursos de Infrações – JARI

1. Introdução

1.1. De acordo com a competência que lhe atribui o inciso VI do art. 12 da Lei nº 9.503, de 23 de setembro de 1997, o Conselho Nacional de Trânsito – CONTRAN estabelece as diretrizes para a elaboração do Regimento Interno das Juntas Administrativas de Recursos de Infrações – JARI.

2. Da Natureza e Finalidade das JARI

2.1. As JARI são órgãos colegiados, componentes do Sistema Nacional de Trânsito, responsáveis pelo julgamento dos recursos interpostos contra penalidades aplicadas pelos órgãos e entidades executivos de trânsito ou rodoviários.

2.2. Haverá, junto a cada órgão ou entidade executivo de trânsito ou rodoviário, uma quantidade de JARI necessária para julgar, dentro do prazo legal, os recursos interpostos.

2.3. Sempre que funcionar mais de uma JARI junto ao órgão ou entidade executivo de trânsito ou rodoviário, deverá ser nomeado um coordenador.

2.4. As JARI funcionarão junto:

2.4.a. aos órgãos e entidades executivos rodoviários da União e à Polícia Rodoviária Federal;

2.4.b. aos órgãos e entidades executivos de trânsito ou rodoviários dos Estados e do Distrito Federal;

2.4.c. aos órgãos e entidades executivos de trânsito ou rodoviários dos Municípios.

3. Da Competência das JARI

3.1. Compete às JARI:

3.1.a. julgar os recursos interpostos pelos infratores;

3.1.b. solicitar aos órgãos e entidades executivos de trânsito e executivos rodoviários informações complementares relativas aos recursos objetivando uma melhor análise da situação recorrida;

3.1.c. encaminhar aos órgãos e entidades executivos de trânsito e executivos rodoviários informações sobre problemas observados nas autuações, apontados em recursos e que se repitam sistematicamente.

4. Da Composição das JARI

4.1. A JARI, órgão colegiado, terá, no mínimo, três integrantes, obedecendo-se aos seguintes critérios para a sua composição:

4.1.a. um integrante com conhecimento na área de trânsito com, no mínimo, nível médio de escolaridade;

4.1.a.1. excepcionalmente, na impossibilidade de se compor o colegiado por comprovado desinteresse do integrante estabelecido no item 4.1.a, ou quando indicado, injustificadamente, não comparecer à sessão de julgamento, deverá ser observado o disposto no item 7.3, e substituído por um servidor público habilitado integrante de órgão ou entidade componente do Sistema Nacional de Trânsito, que poderá compor o Colegiado pelo tempo restante do mandato; Ministério das Cidades.

4.1.a.2. representante servidor do órgão ou entidade que impôs a penalidade;

4.1.b. representante de entidade representativa da sociedade ligada à área de trânsito;

4.1.b.1. excepcionalmente, na impossibilidade de se compor o colegiado por inexistência de entidades representativas da sociedade ligada à área de trânsito ou por comprovado desinteresse dessas entidades na indicação de representante, ou quando indicado, injustificadamente, não comparece à sessão de julgamento deverá ser observado o disposto no item 7.3, e substituído por um servidor público habilitado integrante de órgão ou entidade componente do Sistema Nacional de Trânsito, que poderá compor o Colegiado pelo tempo restante do mandato;

4.1.b.2. o presidente poderá ser qualquer um dos integrantes do colegiado, a critério da autoridade competente para designá-los;

4.1.b.3. é facultada a suplência;

4.1.c. é vedado ao integrante das JARI compor o Conselho Estadual de Trânsito – CETRAN ou o Conselho de Trânsito do Distrito Federal – CONTRANDIFE.

5. Dos Impedimentos

5.1. O Regimento Interno das JARI poderá prever impedimentos para aqueles que pretendam integrá-las, dentre outros, os relacionados:

5.1.a. à idoneidade;

5.1.b. estar cumprindo ou ter cumprido penalidade da suspensão do direito de dirigir, cassação da habilitação ou proibição de obter o documento de habilitação, até 12 (doze) meses do fim do prazo da penalidade;

5.1.c. ao julgamento do recurso, quando tiver lavrado o Auto de Infração.

6. Da Nomeação dos Integrantes das JARI

6.1. A nomeação dos integrantes das JARI que funcionam junto aos órgãos e entidades executivos rodoviários da União e junto à Polícia Rodoviária Federal será efetuada pelo Secretário Executivo do Ministério ao qual o órgão ou entidade estiver subordinado, facultada a delegação.

6.2. A nomeação dos integrantes das JARI que funcionam junto aos órgãos e entidades executivos de trânsito ou rodoviários estaduais e municipais será feita pelo respectivo chefe do Poder Executivo, facultada a delegação.

7. Do Mandato dos membros das JARI

7.1. O mandato será, no mínimo, de um ano e, no máximo, de dois anos.

7.2. O Regimento Interno poderá prever a recondução dos integrantes da JARI por períodos sucessivos.

7.3. Perderá o mandato e será substituído o membro que, durante o mandato, tiver:

7.3.a. três faltas injustificadas em três reuniões consecutivas;

7.3.b. quatro faltas injustificadas em quatro reuniões intercaladas.

8. Dos deveres das JARI

8.1. O funcionamento das JARI obedecerá ao seu Regimento Interno.

8.2. A JARI poderá abrir a sessão e deliberar com a maioria simples de seus integrantes, respeitada, obrigatoriamente, a presença do presidente ou seu suplente.

8.3. As decisões das JARI deverão ser fundamentadas e aprovadas por maioria simples de votos dando-se a devida publicidade.

9. Dos deveres dos Órgãos e Entidades de Trânsito

9.1. O Regimento Interno deverá ser encaminhado para conhecimento e cadastro:

9.1.a. ao DENATRAN, em se tratando de órgãos ou entidades executivos rodoviários da União e da Polícia Rodoviária Federal;

9.1.b. aos respectivos CETRAN, em se tratando de órgãos ou entidades executivos de trânsito ou rodoviários estaduais e municipais ou ao CONTRANDIFE, se do Distrito Federal.

9.2. Caberá ao órgão ou entidade junto ao qual funcione as JARI prestar apoio técnico, administrativo e financeiro de forma a garantir seu pleno funcionamento.

RESOLUÇÃO DO CONTRAN Nº 360, DE 29 DE SETEMBRO DE 2010

Dispõe sobre a habilitação do candidato ou condutor estrangeiro para direção de veículos em território nacional.

▶ Publicada no DOU de 1º-10-2010.
▶ Art. 142 do CTB.

O Conselho Nacional de Trânsito – CONTRAN, no uso das atribuições que lhe são conferidas pelo art. 12, incisos I e X, da Lei nº 9.503, de 23 de setembro de 1997, que instituiu o Código de Trânsito Brasileiro e, conforme o Decreto nº 4.711, de 29 de maio de 2003, que dispõe sobre a coordenação do Sistema Nacional de Trânsito e,

Considerando o inteiro teor dos Processos de nºˢ 80001.006572/2006-25, 80001.003434/2006-94, 80001.035593/2008-10 e 80000.028410/2009-09;

Considerando a necessidade de uma melhor uniformização operacional acerca do condutor estrangeiro; e,

Considerando a necessidade de compatibilizar as normas de direito internacional de com as diretrizes da legislação de trânsito brasileira em vigor, resolve:

Art. 1º O condutor de veículo automotor, oriundo de país estrangeiro e nele habilitado, desde que penalmente imputável no Brasil, poderá dirigir no Território Nacional quando amparado por convenções ou acordos internacionais, ratificados e aprovados pela República Federativa do Brasil e, igualmente, pela adoção do princípio da reciprocidade, no prazo máximo de 180 (cento e oitenta) dias, respeitada a validade da habilitação de origem.

§ 1º O prazo a que se refere o *caput* deste artigo iniciar-se-á a partir da data de entrada no âmbito territorial brasileiro.

§ 2º O órgão máximo executivo de trânsito da União informará aos demais órgãos ou entidades do Sistema Nacional de Trânsito a que países se aplica o disposto neste artigo.

§ 3º O condutor de que trata o *caput* deste artigo deverá portar a carteira de habilitação estrangeira, dentro do prazo de validade, acompanhada do seu documento de identificação.

§ 4º O condutor estrangeiro, após o prazo de 180 (cento e oitenta) dias de estada regular no Brasil, pretendendo continuar a dirigir veículo automotor no âmbito territorial brasileiro, deverá submeter-se aos Exames de aptidão Física e Mental e Avaliação Psicológica, nos termos do artigo 147 do CTB, respeitada a sua categoria, com vistas à obtenção da Carteira Nacional de Habilitação.

§ 5º Na hipótese de mudança de categoria deverá ser obedecido o estabelecido no artigo 146 do Código de Trânsito Brasileiro.

§ 6º O disposto nos parágrafos anteriores não terá caráter de obrigatoriedade aos diplomatas ou cônsules de carreira e àqueles a eles equiparados.

Art. 2º O condutor de veículo automotor, oriundo de país estrangeiro e nele habilitado, em estada regular, desde que penalmente imputável no Brasil, detentor de habilitação não reconhecida pelo Governo brasileiro, poderá dirigir no Território Nacional mediante a troca da sua habilitação de origem pela equivalente nacional junto ao órgão ou entidade executiva de trânsito dos Estados ou do Distrito Federal e ser aprovado nos Exames de Aptidão Física e Mental, Avaliação Psicológica e de Direção Veicular, respeitada a sua categoria, com vistas à obtenção da Carteira Nacional de Habilitação.

Art. 3º Ao cidadão brasileiro habilitado no exterior serão aplicadas as regras estabelecidas nos artigos 1º ou 2º, respectivamente, comprovando que mantinha residência normal naquele País por um período não inferior a 6 (seis) meses quando do momento da expedição da habilitação.

Art. 4º O estrangeiro não habilitado, com estada regular no Brasil, pretendendo habilitar-se para conduzir veículo automotor no Território Nacional, deverá satisfazer todas as exigências previstas na legislação de trânsito brasileira em vigor.

Art. 5º Quando o condutor habilitado em país estrangeiro cometer infração de trânsito, cuja penalidade implique na proibição do direito de dirigir, a autoridade de trânsito competente tomará as seguintes providências com base no artigo 42 da Convenção sobre Trânsito Viário, celebrada em Viena e promulgada pelo Decreto nº 86.714, de 10 de dezembro de 1981:

I – recolher e reter o documento de habilitação, até que expire o prazo da suspensão do direito de usá-la, ou até que o condutor saia do território nacional, se a saída ocorrer antes de expirar o prazo;

II – comunicar à autoridade que expediu ou em cujo nome foi expedido o documento de habilitação, a suspensão do direito de usá-la, solicitando que notifique ao interessado da decisão tomada;

III – indicar no documento de habilitação, que o mesmo não é válido no território nacional, quando se tratar de documento de habilitação com validade internacional.

Parágrafo único. Quando se tratar de missão diplomática, consular ou a elas equiparadas, as medidas cabíveis deverão ser tomadas pelo Ministério das Relações Exteriores.

Art. 6º O condutor com Habilitação Internacional para Dirigir, expedida no Brasil, que cometer infração de trânsito cuja penalidade implique na suspensão ou cassação do direito de dirigir, terá o recolhimento e apreensão desta, juntamente com o documento de habilitação nacional, ou pelo órgão ou entidade executivo de trânsito do Estado ou do Distrito Federal.

Parágrafo único. A Carteira Internacional expedida pelo órgão ou entidade executiva de trânsito do Estado ou do Distrito Federal não poderá substituir a CNH.

Art. 7º Ficam revogadas as Resoluções nº 193/2006 e nº 345/2010 – CONTRAN e os artigos 29, 30, 31 e 32 da Resolução nº 168/2004 e as disposições em contrário.

Art. 8º Esta Resolução entra em vigor na data de sua publicação.

Alfredo Peres da Silva
Presidente do Conselho

RESOLUÇÃO DO CONTRAN Nº 363, DE 28 DE OUTUBRO DE 2010

Dispõe sobre padronização dos procedimentos administrativos na lavratura de auto de infração, na expedição de notificação de autuação e de notificação de penalidade de multa e de advertência, por infração de responsabilidade de proprietário e de condutor de veículo e da identificação de condutor infrator, e dá outras providências.

▶ Publicada no *DOU* de 26-11-2010.

O Conselho Nacional de Trânsito – CONTRAN usando da competência que lhe confere o artigo 12 inciso I Lei nº 9.503, de 23 de setembro de 1997, que instituiu o Código de Trânsito Brasileiro – CTB e, conforme o Decreto nº 4.711, de 29 de maio de 2003, que trata da coordenação do Sistema Nacional de Trânsito – SNT;

Considerando a necessidade de adoção de normas complementares que padronizem os procedimentos administrativos utilizados pelos órgãos e entidades de trânsito integrados ao SNT;

Considerando a necessidade de aperfeiçoar os procedimentos relativos à lavratura de auto de infração, expedição de notificação de autuação, identificação de condutor infrator e aplicação de penalidades de advertência por escrito e de multa, pelo cometimento de infrações de responsabilidade de proprietário ou de condutor de veiculo, com vistas a garantir maior eficácia, segurança e transparência aos atos administrativos;

Considerando o constante no Processo nº 80001.002866/2003-35, resolve:

I – DAS DISPOSIÇÕES PRELIMINARES

Art. 1º Estabelecer os procedimentos administrativos para expedição da notificação de autuação, indicação de condutor infrator e aplicação das penalidades de advertência por escrito e de multa, pelo cometimento de infrações de responsabilidade de proprietário ou de condutor de veículo registrado em território nacional.

Art. 2º Constatada a infração pela autoridade de trânsito ou por seu agente, ou ainda comprovada sua ocorrência por aparelho eletrônico ou por equipamento audiovisual, reações químicas ou qualquer outro meio tecnologicamente disponível, previamente regulamentado pelo CONTRAN, será lavrado o Auto de Infração que deverá conter os dados mínimos definidos no art. 280 do CTB e em regulamentação específica.

§ 1º O Auto de Infração de que trata o *caput* deste artigo será lavrado pela autoridade de trânsito ou por seu agente:

I – por anotação em documento próprio;
II – por registro em talão eletrônico isolado ou acoplado a equipamento de detecção de infração regulamentado pelo CONTRAN, atendido procedimento definido pelo órgão máximo executivo de trânsito da União; ou
III – por registro em sistema eletrônico de processamento de dados quando a infração for comprovada por equipamento de detecção provido de registrador de imagem, regulamentado pelo CONTRAN.

§ 2º O órgão ou entidade de trânsito não necessita imprimir o Auto de Infração elaborado nas formas previstas nos incisos II e III do parágrafo anterior para início do processo administrativo previsto no Capítulo XVIII do CTB, porém, quando impresso, será dispensada a assinatura da Autoridade ou de seu agente.

§ 3º O registro de infração, referido no inciso III do § 1º deste artigo, será referendado por autoridade de trânsito, ou seu agente, identificado pela lavratura do auto de infração.

§ 4º Sempre que possível o condutor será identificado no momento da lavratura do auto de infração.

§ 5º O auto de infração valerá como notificação da autuação quando for assinado pelo condutor e este for o proprietário do veículo.

II – DA NOTIFICAÇÃO DA AUTUAÇÃO

Art. 3º À exceção do disposto no § 5º do artigo anterior, após a verificação da regularidade e da consistência do Auto de Infração, a autoridade de trânsito expedirá, no prazo máximo de 30 (trinta) dias contados da data do cometimento da infração, a Notificação da Autuação dirigida ao proprietário do veículo, na qual deverão constar os dados mínimos definidos no art. 280 do CTB e em regulamentação específica.

§ 1º Quando utilizada a remessa postal, a expedição se caracterizará pela entrega da Notificação da Autuação pelo órgão ou entidade de trânsito à empresa responsável por seu envio.

§ 2º A não expedição da Notificação da Autuação no prazo previsto no *caput* deste artigo ensejará o arquivamento do auto de infração.

§ 3º Da Notificação da Autuação constará a data do término do prazo para a apresentação da Defesa da Autuação pelo proprietário do veículo ou pelo condutor infrator devidamente identificado, que não será inferior a 15 (quinze) dias, contados a partir da data da Notificação da Autuação ou publicação por edital, observado o disposto no art. 13 desta Resolução.

§ 4º A autoridade de trânsito poderá socorrer-se de meios tecnológicos para verificação da regularidade e da consistência do auto de infração.

§ 5º Os dados do condutor identificado no auto de infração deverão constar na Notificação da Autuação, observada a regulamentação específica.

III – DA IDENTIFICAÇÃO DO CONDUTOR INFRATOR

Art. 4º Sendo a infração de responsabilidade do condutor, e este não for identificado no ato do cometimento da infração, a Notificação da Autuação deverá ser acompanhada do Formulário de

Identificação do Condutor Infrator, que deverá conter, no mínimo:

I – identificação do órgão ou entidade de trânsito responsável pela autuação;
II – campos para o preenchimento da identificação do condutor infrator: nome e números de registro dos documentos de habilitação, identificação e CPF;
III – campo para a assinatura do proprietário do veículo;
IV – campo para assinatura do condutor infrator;
V – placa do veículo e número do Auto de Infração;
VI – data do término do prazo para a identificação do condutor infrator e interposição de defesa da autuação;
VII – esclarecimento das consequências da não identificação do condutor infrator, nos termos dos §§ 7º e 8º do art. 257 do CTB;
VIII – instrução para que o Formulário de Identificação do Condutor Infrator seja acompanhado de cópia reprográfica legível do documento de habilitação do condutor infrator e do documento de identificação do proprietário do veículo ou seu representante legal, o qual, neste caso, deverá juntar documento que comprove a representação;
IX – esclarecimento de que a indicação do condutor infrator somente será acatada e produzirá efeitos legais se o formulário de identificação do condutor estiver corretamente preenchido, sem rasuras, com assinaturas originais do condutor e do proprietário do veículo, ambas com firma reconhecida por autenticidade, e acompanhado de cópia reprográfica legível dos documentos relacionados no inciso anterior;
X – endereço para entrega do Formulário de Identificação do Condutor Infrator;
XI – esclarecimento sobre a responsabilidade nas esferas penal, cível e administrativa, pela veracidade das informações e dos documentos fornecidos.

§ 1º Na impossibilidade da coleta da assinatura do condutor infrator, além dos documentos previstos nos incisos deste artigo, deverá ser anexado ao Formulário de Identificação do Condutor Infrator:

I – ofício do representante legal do Órgão ou Entidade identificando o condutor infrator, acompanhado de cópia de documento que comprove a condução do veículo no momento do cometimento da infração, para veículo registrado em nome de Órgãos ou Entidades da Administração Pública direta ou indireta da União, dos Estados, do Distrito Federal ou dos Municípios;

II – cópia, autenticada em cartório, ou pelo órgão de trânsito responsável pela autuação, de documento onde conste cláusula de responsabilidade por infrações cometidas pelo condutor e comprove a posse do veículo pelo condutor no momento do cometimento da infração, para veículos registrados em nome das demais pessoas jurídicas.

§ 2º No caso de identificação de condutor infrator em que a situação se enquadre nas condutas previstas nos incisos do art. 162 do CTB, serão lavrados, sem prejuízo das demais sanções administrativas e criminais previstas no CTB, os respectivos autos de infração:

I – ao proprietário do veículo, por infração ao art. 163 do CTB; e

II – ao condutor indicado pela infração cometida de acordo com as condutas previstas nos incisos do art. 162 do CTB.

§ 3º Ocorrendo a situação prevista no parágrafo anterior, o prazo para expedição da notificação da autuação de que trata o inciso II, parágrafo único, do art. 281 do CTB, será contado a partir da data do protocolo do Formulário de Identificação do Condutor Infrator junto ao órgão autuador.

§ 4º Em se tratando de condutor estrangeiro, além do atendimento às demais disposições deste artigo, deverão ser apresentadas cópias dos documentos previstos em legislação específica.

§ 5º Não acatada a indicação do condutor infrator, a Autoridade de Trânsito aplicará a penalidade, expedindo notificação na forma do art. 282 do CTB.

§ 6º O Formulário de Identificação do Condutor Infrator poderá ser substituído por outro documento, desde que contenha as informações mínimas exigidas neste artigo.

§ 7º Fica dispensado o reconhecimento de firma, de que trata o inciso IX deste artigo, do condutor e do proprietário que comparecerem ao órgão de trânsito autuador para assinatura, perante servidor do órgão, do Formulário de Identificação do Condutor Infrator preenchido.

§ 8º Os órgãos de trânsito deverão adaptar seu sistema de informática para possibilitar o acompanhamento e averiguações das informações de reincidência de indicação de condutor infrator, articulando-se, para este fim, com outros órgãos da Administração Pública.

§ 9º Constatada irregularidade na indicação de condutor infrator, capaz de configurar ilícito penal, a Autoridade de Trânsito deverá comunicar o fato à autoridade competente.

IV – DA RESPONSABILIDADE DO PROPRIETÁRIO

Art. 5º Não havendo a identificação do condutor infrator até o término do prazo fixado na Notificação da Autuação ou se a identificação for feita em desacordo com o estabelecido no artigo anterior, o proprietário do veículo será considerado responsável pela infração cometida, respeitado o disposto no § 2º do artigo anterior.

Art. 6º Ocorrendo a hipótese prevista no artigo anterior e sendo o proprietário do veículo pessoa jurídica, será imposta multa, nos termos do § 8º do art. 257 do CTB, expedindo-se a notificação desta ao proprietário do veículo, nos termos de regulamentação específica.

Art. 7º Para fins de cumprimento desta Resolução, no caso de veículo objeto de penhor ou de contrato de arrendamento mercantil, comodato, aluguel ou arrendamento não vinculado a financiamento, o possuidor, regularmente constituído e devidamente registrado no órgão executivo de trânsito do Estado ou do Distrito Federal, nos termos de regulamentação específica, equipara-se ao proprietário do veículo.

Parágrafo único. As notificações de que trata esta Resolução somente deverão ser enviadas ao possuidor previsto neste artigo no caso de contrato com vigência igual ou superior a 60 (sessenta) dias.

V – DA DEFESA DA AUTUAÇÃO

Art. 8º Interposta a Defesa da Autuação, nos termos do § 3º do Art. 3º desta Resolução, caberá à autoridade competente apreciá-la, inclusive quanto ao mérito.

§ 1º Acolhida a Defesa da Autuação, o Auto de Infração será cancelado, seu registro será arquivado e a autoridade de trânsito comunicará o fato ao proprietário do veículo.

§ 2º Não sendo interposta Defesa da Autuação no prazo previsto ou não acolhida, a autoridade de trânsito aplicará a penalidade correspondente, nos termos desta Resolução.

Art. 9º Interposta Defesa da Autuação por apenas um dos interessados antes da data do término do prazo constante na Notificação da Autuação, deverá ser aguardado o encerramento do referido prazo para seu julgamento.

Parágrafo único. Havendo interposição de Defesa da Autuação tanto pelo proprietário quanto pelo condutor infrator, os requerimentos deverão ser analisados em conjunto.

VI – DA PENALIDADE DE ADVERTÊNCIA POR ESCRITO

Art. 10. Em se tratando de infrações de natureza leve ou média, a autoridade de trânsito, nos termos do art. 267 do CTB poderá, de ofício ou por solicitação do interessado, aplicar a Penalidade de Advertência por Escrito, na qual deverão constar os dados mínimos definidos no art. 280 do CTB e em regulamentação específica.

§ 1º Até a data do término do prazo para a apresentação da Defesa da Autuação, o proprietário do veículo, ou o condutor infrator, poderá solicitar à autoridade de trânsito a aplicação da Penalidade de Advertência por Escrito de que trata o caput deste artigo.

§ 2º Não cabe recurso à Junta Administrativa de Recursos de Infrações – JARI da decisão da autoridade quanto à aplicação ou não da Penalidade de Advertência por Escrito com base no parágrafo anterior.

§ 3º Para fins de análise da reincidência de que trata o *caput* do art. 267 do CTB, deverá ser considerada apenas a infração referente à qual foi encerrada a instância administrativa de julgamento de infrações e penalidades.

§ 4º A aplicação da Penalidade de Advertência por Escrito deverá ser registrada no prontuário do infrator depois de encerrada a instância administrativa de julgamento de infrações e penalidades.

§ 5º Para fins de cumprimento do disposto neste artigo, o órgão máximo executivo de trânsito da União deverá disponibilizar transação específica para registro da Penalidade de Advertência por Escrito no Registro Nacional de Carteira de Habilitação – RENACH e Registro Nacional de Veículos Automotores – RENAVAM, bem como, acesso ao prontuário dos condutores e veículos para consulta dos órgãos do SNT.

§ 6º A Notificação da Penalidade de Advertência por Escrito deverá ser enviada ao infrator.

§ 7º A aplicação da Penalidade de Advertência por Escrito não implicará em registro de pontuação no prontuário do infrator.

§ 8º Caso a Autoridade de Trânsito não entenda como medida mais educativa a aplicação da Penalidade de Advertência por Escrito, aplicará a Penalidade de Multa.

VII – DA PENALIDADE DE MULTA

Art. 11. A Notificação da Penalidade de Multa deverá ser enviada ao proprietário do veículo, responsável pelo seu pagamento, como estabelece o § 3º do art. 282 do CTB, e deverá conter:

I – os dados mínimos definidos no art. 280 do CTB e em regulamentação específica;
II – a comunicação do não acolhimento da Defesa da Autuação ou da solicitação de aplicação da Penalidade de Advertência por Escrito;
III – o valor da multa e a informação quanto ao desconto previsto no *caput* do art. 284 do CTB;
IV – data do término para apresentação de recurso, que será a mesma data para pagamento da multa, conforme §§ 4º e 5º do art. 282 do CTB;
V – campo para a autenticação eletrônica regulamentado pelo órgão máximo executivo de trânsito da União; e
VI – instruções para apresentação de recurso, nos termos dos arts. 286 e 287 do CTB.

Art. 12. Até a data de vencimento expressa na Notificação da Penalidade de Multa ou enquanto permanecer o efeito suspensivo decorrente de recurso interposto na JARI, não incidirá qualquer restrição, inclusive para fins de licenciamento e transferência, nos arquivos do órgão ou entidade executivo de trânsito responsável pelo registro do veículo.

§ 1º No caso de transferência de propriedade de veículo, já tendo sido expedida a Notificação da Autuação, os órgãos autuadores deverão possibilitar ao proprietário à data do cometimento da infração a atualização de seu endereço.

§ 2º Caso o proprietário não providencie a atualização do endereço prevista no parágrafo anterior, aplicar-se-á o disposto no § 1º do art. 282 do CTB.

VIII – DA NOTIFICAÇÃO POR EDITAL

Art. 13. Esgotadas as tentativas para notificar o infrator ou o proprietário do veículo por meio postal ou pessoal, as notificações de que trata esta Resolução serão realizadas por edital publicado em diário oficial, na forma da lei, respeitado o disposto no §1º do art. 282 do CTB.

§ 1º Os editais de que trata o *caput* deste artigo, de acordo com sua natureza, deverão conter, no mínimo, as seguintes informações:

I – Edital da Notificação da Autuação:

a) cabeçalho com identificação do órgão autuador e do tipo de notificação;
b) instruções e prazo para interposição de defesa;
c) lista com a placa do veículo, nº do auto de infração, data da infração e código da infração com desdobramento.

II – Edital da Notificação da Penalidade de Advertência por Escrito:

a) cabeçalho com identificação do órgão autuador e do tipo de notificação;
b) instruções e prazo para interposição de recurso;
c) lista com a placa do veículo, nº do auto de infração, data da infração, código da infração com desdobramento e nº de registro do documento de habilitação do infrator.

III – Edital da Notificação da Penalidade de Multa:

a) cabeçalho com identificação do órgão autuador e do tipo de notificação;
b) instruções e prazo para interposição de recurso e pagamento;
c) lista com a placa do veículo, nº do auto de infração, data da infração, código da infração com desdobramento e valor da multa.

§ 2º É facultado ao órgão autuador disponibilizar as informações das publicações em seu sítio na Internet.

§ 3º As publicações de que trata este artigo serão válidas para todos os efeitos, não isentando o órgão de trânsito de disponibilizar as informações das notificações, quando solicitado.

IX – DOS RECURSOS ADMINISTRATIVOS

Art. 14. Aplicadas as penalidades de que trata esta Resolução, caberá recurso em primeira instância na forma dos art. 285, 286 e 287 do CTB, que serão julgados pelas JARI que funcionam junto ao órgão de trânsito que aplicou a penalidade, respeitado o disposto no § 2º do art. 10 desta Resolução.

Art. 15. Das decisões da JARI caberá recurso em segunda instância na forma dos art. 288 e 289 do CTB.

Art. 16. O recorrente deverá ser informado das decisões dos recursos de que tratam os arts. 14 e 15 desta Resolução.

Parágrafo único. No caso de deferimento do recurso de que trata o art. 14 desta Resolução, o recorrente deverá ser informado se a autoridade recorrer da decisão.

Art. 17. Somente depois de esgotados os recursos, as penalidades aplicadas poderão ser cadastradas no RENACH.

X – DAS DISPOSIÇÕES GERAIS

Art. 18. Nos casos dos veículos registrados em nome de missões diplomáticas, repartições consulares de carreira ou representações de organismos internacionais e de seus integrantes, as notificações de que trata esta Resolução, respeitado o disposto no § 6º do art. 10, deverão ser enviadas ao endereço constante no registro do veículo junto ao órgão executivo de trânsito do Estado ou Distrito Federal e comunicadas ao Ministério das Relações Exteriores para as providências cabíveis.

Art. 19. A contagem dos prazos para apresentação de condutor e interposição da defesa da autuação e dos recursos de que trata esta Resolução será em dias consecutivos, excluindo-se o dia da notificação, seja por remessa postal ou publicação por edital, e incluindo-se o dia do vencimento.

Parágrafo Único. Considera-se prorrogado o prazo até o primeiro dia útil se o vencimento cair em feriado, sábado, domingo, em dia que não houver expediente ou este for encerrado antes da hora normal.

Art. 20. No caso de falha nas notificações previstas nesta Resolução, a autoridade de trânsito poderá refazer o ato, respeitado os prazos legais, quando então será exigível a penalidade aplicada.

Art. 21. As notificações de que trata esta Resolução deverão ser encaminhadas ao proprietário do veículo, respeitado o disposto no § 6º do art. 10 desta Resolução.

Art. 22. Os procedimentos para apresentação de defesa de autuação e recursos, previstos nesta Resolução, atenderão ao disposto em regulamentação específica.

Art. 23. O órgão máximo executivo de trânsito da União definirá as informações mínimas que devem constar no auto de infração lavrado com base no § 2º do art. 4º desta Resolução.

Art. 24. Aplica-se o disposto nesta Resolução, no que couber, às autuações em que a responsabilidade pelas infrações não sejam do proprietário ou condutor do veículo, até que os procedimentos sejam definidos por regulamentação específica.

Art. 25. Os órgãos e entidades do Sistema Nacional de Trânsito deverão adequar seus procedimentos até a data de entrada em vigor desta Resolução.

Art. 26. *Esta Resolução entrará em vigor em 1º de julho de 2012, quando ficará revogada a Resolução nº 149/2003 do CONTRAN.*

▶ Artigo com a redação dada pela Del. do CONTRAN nº 115, de 28-9-2011.

Alfredo Peres da Silva
Presidente

LEI Nº 12.436, DE 6 DE JULHO DE 2011

Veda o emprego de práticas que estimulem o aumento de velocidade por motociclistas profissionais.

▶ Publicada no *DOU* de 7-7-2011.
▶ Lei nº 12.009, de 29-7-2009, regulamenta o exercício das atividades dos profissionais em transporte de passageiros, "mototaxista", em entrega de mercadorias e em serviço comunitário de rua, e "motoboy", com o uso de motocicleta.

Art. 1º É vedado às empresas e pessoas físicas empregadoras ou tomadoras de serviços prestados por motociclistas estabelecer práticas que estimulem o aumento de velocidade, tais como:

I – oferecer prêmios por cumprimento de metas por números de entregas ou prestação de serviço;

II – prometer dispensa de pagamento ao consumidor, no caso de fornecimento de produto ou prestação de serviço fora do prazo ofertado para a sua entrega ou realização;

III – estabelecer competição entre motociclistas, com o objetivo de elevar o número de entregas ou de prestação de serviço.

Art. 2º Pela infração de qualquer dispositivo desta Lei, ao empregador ou ao tomador de serviço será imposta a multa de R$ 300,00 (trezentos reais) a R$ 3.000,00 (três mil reais).

Parágrafo único. A penalidade será sempre aplicada no grau máximo:

I – se ficar apurado o emprego de artifício ou simulação para fraudar a aplicação dos dispositivos desta Lei;
II – nos casos de reincidência.

Art. 3º Esta Lei entra em vigor na data de sua publicação.

Brasília, 6 de julho de 2011;
190º da Independência e
123º da República.

Dilma Rousseff

RESOLUÇÃO DO CONTRAN Nº 390, DE 11 DE AGOSTO DE 2011

Dispõe sobre a padronização dos procedimentos administrativos na lavratura de auto de infração, na expedição de notificação de autuação e de notificação de penalidades por infrações de responsabilidade de pessoas físicas ou jurídicas, sem a utilização de veículos, expressamente mencionadas no Código de Trânsito Brasileiro – CTB, e dá outras providências.

▶ Publicada no *DOU* de 15-8-2011.

O Conselho Nacional de Trânsito – CONTRAN, no uso das atribuições que lhe são conferidas pelo art. 12, da Lei nº 9.503, de 23 de setembro de 1997, que instituiu o Código de Trânsito Brasileiro – CTB, e conforme o Decreto nº 4.711, de 29 de maio de 2003, que trata da Coordenação do Sistema Nacional de Trânsito – SNT;

Considerando a necessidade de adoção de normas complementares para uniformizar os procedimentos administrativos referentes às infrações de responsabilidade de pessoas físicas e jurídicas expressamente mencionadas no CTB sem a utilização de veículos; e

Considerando o contido no processo nº 80001.013187/2007-15, resolve:

I – DAS DISPOSIÇÕES PRELIMINARES

Art. 1º Regulamentar o processo de autuação, notificação e aplicação da penalidade de multa referente às infrações de responsabilidade de pessoas físicas ou jurídicas expressamente mencionadas no CTB nos casos previstos nos artigos 93, 94, 95 *caput* e §§ 1º e 2º, 174, parágrafo único, primeira parte, 221, parágrafo único, 243, 245, 246, 330 *caput* e § 5º, do CTB.

Art. 2º Constatada a infração pela autoridade de trânsito ou por seu agente, ou ainda comprovada sua ocorrência por aparelho eletrônico, equipamento audiovisual ou qualquer outro meio tecnologicamente disponível, previamente regulamentado pelo CONTRAN, será lavrado o Auto de Infração na forma definida nesta Resolução.

§ 1º O auto de infração de que trata o *caput* deste artigo será lavrado pela autoridade de trânsito ou por seu agente:

I – por anotação em documento próprio;
II – por registro em talão eletrônico, atendido o procedimento definido pelo órgão máximo executivo de trânsito da União; ou
III – por registro em sistema eletrônico de processamento de dados quando a infração for comprovada por equipamento de detecção provido de registrador de imagem, regulamentado pelo CONTRAN.

§ 2º O órgão ou entidade de trânsito não necessita imprimir o Auto de Infração elaborado na forma prevista no inciso II do parágrafo anterior para início do processo administrativo previsto no Capítulo XVIII do CTB, porém, quando impresso, será dispensada a assinatura da Autoridade ou de seu agente.

§ 3º O registro da infração, referido no inciso III do § 1º deste artigo, será referendado por autoridade de trânsito, ou seu agente, que será identificado no auto de infração.

§ 4º O infrator será sempre identificado no ato da autuação ou mediante diligência complementar, conforme Anexo II.

Art. 3º O Auto de Infração previsto no artigo anterior deverá ser composto, no mínimo, pelos blocos de campos estabelecidos no Anexo I desta Resolução, os quais são de preenchimento obrigatório.

§ 1º O detalhamento das informações para preenchimento do Auto de Infração é o constante do Anexo II desta Resolução.

§ 2º Os órgãos e entidades de trânsito implementarão o modelo de Auto de Infração, no âmbito de suas respectivas competências e circunscrição, observado o disposto nesta Resolução.

§ 3º O número mínimo de caracteres de cada campo e os códigos que serão utilizados no auto de infração de que trata esta Resolução atenderá à regulamentação do órgão máximo executivo de trânsito da União.

II – DA NOTIFICAÇÃO DA AUTUAÇÃO

Art. 4º À exceção do disposto no artigo 5º desta Resolução, após a verificação da regularidade e da consistência do Auto de Infração, a autoridade de trânsito expedirá, no prazo máximo de 30 (trinta) dias contados da data da constatação da infração, a Notificação da Autuação dirigida ao infrator, na qual deverão constar:

I – os dados do auto de infração, conforme anexo I desta Resolução;
II – a data de sua emissão; e
III – data do término do prazo para a apresentação da defesa da autuação, não inferior a 15 (quinze) dias, contados da data da notificação da autuação ou publicação por edital.

§ 1º Quando utilizada a remessa postal, a expedição se caracterizará pela entrega da notificação da autuação pelo órgão ou entidade de trânsito à empresa responsável por seu envio.

§ 2º A não expedição da notificação da autuação no prazo previsto no *caput* deste artigo ensejará o arquivamento do auto de infração.

§ 3º Poderá ser apresentada Defesa da Autuação pelo infrator devidamente identificado até a data constante na Notificação da Autuação, conforme inciso III deste artigo.

§ 4º A autoridade de trânsito poderá socorrer-se de meios tecnológicos para verificação da regularidade e da consistência do auto de infração.

Art. 5º O auto de infração valerá como Notificação da Autuação quando for assinado pelo infrator.

Parágrafo único. Para que a Notificação da Autuação se dê na forma do *caput* deste artigo, o Auto de Infração deverá conter o prazo para apresentação de Defesa da Autuação, não inferior a 15 (quinze) dias.

III – DA DEFESA DA AUTUAÇÃO

Art. 6º Interposta a defesa da autuação, nos termos do § 3º do art. 4º desta Resolução, caberá à autoridade competente apreciá-la, inclusive quanto ao mérito.

§ 1º Acolhida a Defesa da Autuação, o Auto de Infração será cancelado, seu registro será arquivado e a autoridade de trânsito comunicará o fato ao infrator.

§ 2º Não sendo interposta Defesa da Autuação no prazo previsto ou não acolhida, a autoridade de trânsito aplicará a penalidade de multa, nos termos desta Resolução.

IV – DA PENALIDADE DE MULTA

Art. 7º A Notificação da Penalidade de Multa deverá ser enviada ao infrator, responsável pelo seu pagamento, e deverá conter:

I – os dados do Auto de Infração;
II – a data de sua emissão;
III – a comunicação do não acolhimento da Defesa da Autuação;
IV – o valor da multa e a informação quanto ao desconto previsto no *caput* do art. 284 do CTB;
V – data do término para apresentação de recurso, que será a mesma data para pagamento da multa, conforme §§ 4º e 5º do art. 282 do CTB;
VI – campo para a autenticação eletrônica regulamentado pelo órgão máximo executivo de trânsito da União; e
VII – instruções para apresentação de recurso, nos termos dos arts. 286 e 287 do CTB.

V – DA NOTIFICAÇÃO POR EDITAL

Art. 8º Esgotadas as tentativas para notificar o infrator meio postal ou pessoal, as notificações de que trata esta Resolução serão realizadas por edital publicado em diário oficial, na forma da lei.

§ 1º Os editais de que trata o *caput* deste artigo, de acordo com sua natureza, deverão conter, no mínimo, as seguintes informações:

I – Edital da Notificação da Autuação:
a) cabeçalho com identificação do órgão autuador e do tipo de notificação;
b) instruções e prazo para interposição de defesa;
c) lista com o nº do auto de infração, data da infração, código da infração com desdobramento e o nº do CPF/CNPJ do infrator.

II – Edital da Notificação da Penalidade de Multa:
a) cabeçalho com identificação do órgão autuador e do tipo de notificação;
b) instruções e prazo para interposição de recurso e pagamento;
c) lista com o nº do auto de infração, data da infração, código da infração com desdobramento, nº do CPF/CNPJ do infrator e valor da multa.

§ 2º É facultado ao órgão autuador disponibilizar as informações das publicações em seu sítio na Internet.

§ 3º As publicações de que trata este artigo serão válidas para todos os efeitos, não isentando o órgão de trânsito de disponibilizar as informações das notificações, quando solicitado.

VI – DOS RECURSOS ADMINISTRATIVOS

Art. 9º Aplicada a penalidade de multa, caberá recurso em primeira instância na forma dos arts. 285, 286 e 287 do CTB, que serão julgados pelas JARI que funcionam junto ao órgão de trânsito que aplicou a penalidade.

Art. 10. Das decisões da JARI caberá recurso em segunda instância na forma dos arts. 288 e 289 do CTB.

Art. 11. O recorrente deverá ser informado das decisões dos recursos de que tratam os arts. 9º e 10 desta Resolução.

Parágrafo único. No caso de deferimento do recurso de que trata o art. 9º desta Resolução, o recorrente deverá ser informado se a autoridade recorrer da decisão.

VII – DAS DISPOSIÇÕES GERAIS

Art. 12. A contagem dos prazos para interposição da defesa da autuação e dos recursos de que trata esta Resolução será em dias consecutivos, excluindo-se o dia da notificação ou publicação por meio de edital, e incluindo-se o dia do vencimento.

Parágrafo único. Considera-se prorrogado o prazo até o primeiro dia útil se o vencimento cair em feriado, sábado, domingo, em dia que não houver expediente ou este for encerrado antes da hora normal.

Art. 13. No caso de falha nas notificações previstas nesta Resolução, a autoridade de trânsito poderá refazer o ato, respeitados os prazos legais, quando não será exigível a penalidade de multa aplicada.

Art. 14. Os órgãos autuadores deverão possibilitar, ao infrator, a atualização de seu endereço.

Parágrafo único. Caso o infrator não providencie a atualização do endereço prevista no parágrafo anterior, aplicar-se-á o disposto no § 1º do art. 282 do CTB.

Art. 15. Os procedimentos para apresentação de defesa de autuação e recursos, previstos nesta Resolução, atenderão ao disposto em regulamentação específica.

Art. 16. Os órgãos e entidades do Sistema Nacional de Trânsito deverão adequar seus procedimentos até a data de entrada em vigor desta Resolução.

Art. 17. Esta Resolução entrará em vigor após decorridos 180 (cento e oitenta) dias de sua publicação oficial, quando ficará revogada a Resolução nº 248/2007, do CONTRAN.

Orlando Moreira da Silva
Presidente

ANEXO I

Definição dos blocos e campos mínimos que deverão compor o Auto de Infração:

I. BLOCO 1 – IDENTIFICAÇÃO DA AUTUAÇÃO

CAMPO 1 – "CÓDIGO DO ÓRGÃO AUTUADOR" (preenchimento obrigatório)

CAMPO 2 – "IDENTIFICAÇÃO DO AUTO DE INFRAÇÃO" (preenchimento obrigatório)

II. BLOCO 2 – IDENTIFICAÇÃO DO INFRATOR

CAMPO 1 – "NOME OU RAZÃO SOCIAL" (preenchimento obrigatório no ato ou em diligência posterior)

CAMPO 2 – "CPF OU CNPJ" (se houver)

CAMPO 3 – "ENDEREÇO DO INFRATOR" (sempre que possível)

CAMPO 4 – "ASSINATURA DO INFRATOR" (sempre que possível)

III. BLOCO 3 – IDENTIFICAÇÃO DO LOCAL, DATA E HORA DE COMETIMENTO DA INFRAÇÃO

CAMPO 1 – "LOCAL DA INFRAÇÃO" (preenchimento obrigatório)

CAMPO 2 – "DATA" (preenchimento obrigatório)

CAMPO 3 – "HORA" (preenchimento obrigatório)

IV. BLOCO 4 – IDENTIFICAÇÃO DA INFRAÇÃO

CAMPO 1 – "CÓDIGO DA INFRAÇÃO" (preenchimento obrigatório)

CAMPO 2 – "TIPIFICAÇÃO RESUMIDA DA INFRAÇÃO" (preenchimento obrigatório)

CAMPO 3 – "OBSERVAÇÕES" (campo destinado ao detalhamento da infração de preenchimento obrigatório)

V. BLOCO 5 – IDENTIFICAÇÃO DO AGENTE DE TRÂNSITO

CAMPO 1 – "NÚMERO DE IDENTIFICAÇÃO DO AGENTE DE TRÂNSITO" (preenchimento obrigatório)

CAMPO 2 – "ASSINATURA DO AGENTE DE TRÂNSITO" (preenchimento obrigatório)

ANEXO II

Amparo legal CTB	Tipificação	Infrator	Penalidade / Medida administrativa	Competência
95 caput	Iniciar obra que perturbe ou interrompa a circulação ou a segurança de veículos e pedestres sem permissão	Responsável pela execução da Obra (proprietário ou executor)	Multa entre R$ 53,20 (50 UFIR) e R$ 319,20 (350 UFIR), a critério da autoridade de trânsito, conforme o impacto na segurança e na fluidez no trânsito, segundo critérios estabelecidos pela Autoridade de Trânsito com circunscrição sobre a via	Municipal e Rodoviário
	Iniciar evento que perturbe ou interrompa a circulação ou a segurança de veículos e pedestres sem permissão	Promotor do Evento		
95 * § 1º	Não sinalizar a execução ou manutenção da obra	Responsável pela execução da Obra (proprietário ou executor)	Multa entre R$ 53,20 (50 UFIR) e R$ 319,20 (350 UFIR), a critério da autoridade de trânsito, conforme o impacto na segurança e na fluidez no trânsito, segundo critérios estabelecidos pela Autoridade de Trânsito com circunscrição sobre a via	Municipal e Rodoviário
	Não sinalizar a execução ou manutenção do evento	Promotor do Evento		
95 * § 2º	Não avisar comunidade com 48 horas de antecedência a interdição da via, indicando caminho alternativo	Servidor Público do órgão com circunscrição sobre a via, responsável por avisosem a antecedência estabelecida ou pela sua inexistência	Multa diária de 50% do dia de vencimento ou remuneração devida enquanto permanecer a irregularidade	Municipal e Rodoviário
93 c/c 95 *§4º	Aprovar projeto edificação que possa transformar-se em pólo atrativo trânsito sem a anuência do órgão ou entidade de trânsito	Servidor Público responsável pela aprovação no órgão competente	Multa diária de 50% do dia de vencimento ou remuneração devida enquanto permanecer a irregularidade	Municipal e Rodoviário
	Aprovar projeto edificação que possa transformar-se em polo atrativo trânsito sem área de estacionamento e indicação de vias de acesso	Servidor Público responsável pela aprovação no órgão competente		

Amparo legal CTB	Tipificação	Infrator	Penalidade / Medida administrativa	Competência
94	Não sinalizar devida e imediatamente obstáculo à livre circulação e segurança de veículos e pedestres, na pista ou na calçada	Servidor Público do órgão com circunscrição sobre a via, que constatou a existência do obstáculo e não o sinalizou	Multa diária de 50% do dia de vencimento ou remuneração devida enquanto permanecer a irregularidade	Municipal e Rodoviário
94 * § Único	Utilizar ondulação transversal ou sonorizador fora do padrão e critério estabelecidos pelo Contran	Servidor Público do órgão responsável pela aprovação da implantação ou pela construção de ondulações transversais não especiais ou fora dos padrões e critérios estabelecidos pelo CONTRAN	Multa diária de 50% do dia de vencimento ou remuneração devida enquanto permanecer a irregularidade	Municipal e Rodoviário
174	Promover, na via, competição esportiva, eventos organizados, exibição e demonstração de perícia em manobra de veículo, sem permissão da autoridade de trânsito com circunscrição sobre a via	Promotor do Evento	Multa de natureza gravíssima (cinco vezes)	Municipal e Rodoviário
221 * § Único	Confeccionar, distribuir ou colocar, em veículo próprio ou de terceiros, placas deidentificação não autorizadas pela regulamentação do Contran	Fabricante, distribuidor e/ou instalador das placas irregulares	Multa de natureza média	Estadual
243	Deixar a empresa seguradora de comunicar ao órgão executivo de trânsito competente a ocorrência de perda total do veículo ede lhe devolver as respectivas placas e documentos	Seguradora	Multa de natureza grave Medida administrativa: recolhimento das placas e dos documentos	Estadual
245	Utilizar a via para depósito de mercadorias, materiais ou equipamentos, semautorização do órgão ou entidade de trânsito com circunscrição sobre a via	Pessoa jurídica ou física proprietária do estabelecimento ou do imóvel, conforme ocaso	Multa de natureza grave Medida administrativa: remoção damercadoria ou do material	Municipal e Rodoviário
246	Deixar de sinalizar qualquer obstáculo à livre circulação, à segurança de veículo e pedestres, tantono leito da via terrestre como na calçada, ou obstacularizar a via indevidamente	Pessoa jurídica ou física responsável pela obstrução	Multa de natureza gravíssima agravada em até cinco vezes, a critério da autoridade de trânsito, conforme o risco à segurança Sinalização de emergência, às expensas do responsável	Municipal e Rodoviário

Amparo legal CTB	Tipificação	Infrator	Penalidade / Medida administrativa	Competência
330	Não executar a escrituração livro registro entrada/saída e de uso placa de experiência	Empresa proprietária do estabelecimento	Multa de natureza gravíssima	Estadual
	Atrasar a escrituração de livro de registro de entrada e saída e de uso placa de experiência			
	Fraudar a escrituração livro registro entrada/saída e de uso placa de experiência			
	Recusar a exibição do livro registro entrada/saída e de uso placa de experiência			

RESOLUÇÃO DO CONTRAN Nº 396, DE 13 DE DEZEMBRO DE 2011

Dispõe sobre requisitos técnicos mínimos para a fiscalização da velocidade de veículos automotores, reboques e semirreboques, conforme o Código de Trânsito Brasileiro.

▶ Publicada no *DOU* de 22-12-2011.

O Conselho Nacional de Trânsito – CONTRAN, no uso das atribuições que lhe são conferidas pelo art. 12, da Lei nº 9.503, de 23 de setembro de 1997, que instituiu o Código de Trânsito Brasileiro – CTB, e conforme o Decreto nº 4.711, de 29 de maio de 2003, que trata da Coordenação do Sistema Nacional de Trânsito – SNT; e

Considerando a necessidade de padronização dos procedimentos referente à fiscalização eletrônica da velocidade;

Considerando que onde não houver sinalização regulamentar de velocidade, os limites máximos devem obedecer ao disposto no art. 61 do CTB;

Considerando a importância da fiscalização de velocidade como instrumento para redução de acidentes e de sua gravidade; e

Considerando o contido no processo nº 80001.020255/2007-01, resolve:

Art. 1º A medição das velocidades desenvolvidas pelos veículos automotores, elétricos, reboques e semirreboques nas vias públicas deve ser efetuada por meio de instrumento ou equipamento que registre ou indique a velocidade medida, com ou sem dispositivo registrador de imagem dos seguintes tipos:

I – Fixo: medidor de velocidade com registro de imagens instalado em local definido e em caráter permanente;

II – Estático: medidor de velocidade com registro de imagens instalado em veículo parado ou em suporte apropriado;

III – Móvel: medidor de velocidade instalado em veículo em movimento, procedendo a medição ao longo da via;

IV – Portátil: medidor de velocidade direcionado manualmente para o veículo alvo.

§ 1º Para fins desta Resolução, serão adotadas as seguintes definições:

a) medidor de velocidade: instrumento ou equipamento destinado à medição de velocidade de veículos;

b) controlador eletrônico de velocidade: medidor de velocidade destinado a fiscalizar o limite máximo regulamentado para a via ou trecho por meio de sinalização (placa R-19) ou, na sua ausência, pelos limites definidos no art. 61 do CTB;

c) redutor eletrônico de velocidade (barreira ou lombada eletrônica): medidor de velocidade, do tipo fixo, com dispositivo registrador de imagem, destinado a fiscalizar a redução pontual de velocidade em trechos considerados críticos, cujo limite é diferenciado do limite máximo regulamentado para a via ou trecho em um ponto específico indicado por meio de sinalização (placa R-19).

§ 2º Quando for utilizado redutor eletrônico de velocidade, o equipamento deverá ser dotado de dispositivo (*display*) que mostre aos condutores a velocidade medida.

Art. 2º O medidor de velocidade dotado de dispositivo registrador de imagem deve permitir a identificação do veículo e, no mínimo:

I – Registrar:

a) Placa do veículo;
b) Velocidade medida do veículo em km/h;
c) Data e hora da infração;
d) Contagem volumétrica de tráfego.

II – Conter:

a) Velocidade regulamentada para o local da via em km/h;
b) Local da infração identificado de forma descritiva ou codificado;
c) Identificação do instrumento ou equipamento utilizado, mediante numeração estabelecida pelo órgão ou entidade de trânsito com circunscrição sobre a via;
d) Data da verificação de que trata o inciso III do artigo 3º.

Parágrafo único. No caso de medidor de velocidade do tipo fixo, a autoridade de trânsito deve dar publicidade à relação de códigos de que trata a alínea *b* e à numeração de que trata a alínea *c*, ambas do inciso II, podendo, para tanto, utilizar-se de seu sítio na internet.

Art. 3º O medidor de velocidade de veículos deve observar os seguintes requisitos:

I – ter seu modelo aprovado pelo Instituto Nacional de Metrologia, Qualidade e Tecnologia – INMETRO, atendendo à legislação metrológica em vigor e aos requisitos estabelecidos nesta Resolução;
II – ser aprovado na verificação metrológica pelo INMETRO ou entidade por ele delegada;
III – ser verificado pelo INMETRO ou entidade por ele delegada, obrigatoriamente com periodicidade máxima de 12 (doze) meses e, eventualmente, conforme determina a legislação metrológica em vigência.

Art. 4º Cabe à autoridade de trânsito com circunscrição sobre a via determinar a localização, a sinalização, a instalação e a operação dos medidores de velocidade do tipo fixo.

§ 1º Não é obrigatória a presença da autoridade de trânsito ou de seu agente, no local da infração, quando utilizado o medidor de velocidade com dispositivo registrador de imagem que atenda ao disposto nos arts. 2º e 3º.

§ 2º Para determinar a necessidade da instalação de medidor de velocidade do tipo fixo, deve ser realizado estudo técnico que contemple, no mínimo, as variáveis do modelo constante no item A do Anexo I, que venham a comprovar a necessidade de controle ou redução do limite de velocidade no local, garantindo a visibilidade do equipamento.

§ 3º Para medir a eficácia dos medidores de velocidade do tipo fixo ou sempre que ocorrerem alterações nas variáveis constantes no estudo técnico, deve ser realizado novo estudo técnico que contemple, no mínimo, o modelo constante no item B do Anexo I, com periodicidade máxima de 12 (doze) meses.

§ 4º Sempre que os estudos técnicos do modelo constante no item B do Anexo I constatarem o elevado índice de acidentes ou não comprovarem sua redução significativa recomenda-se, além da fiscalização eletrônica, a adoção de outros procedimentos de engenharia no local.

§ 5º Caso os estudos de que tratam o § 4º comprovem a necessidade de remanejamento do equipamento, deverá ser realizado um novo estudo técnico do modelo constante no item A do Anexo I.

§ 6º Os estudos técnicos referidos nos §§ 2º, 3º, 4º e 5º devem:

I – estar disponíveis ao público na sede do órgão ou entidade de trânsito com circunscrição sobre a via;
II – ser encaminhados às Juntas Administrativas de Recursos de Infrações – JARI dos respectivos órgãos ou entidades.
III – ser encaminhados ao órgão máximo executivo de trânsito da União e aos Conselhos Estaduais de Trânsito – CETRAN ou ao Conselho de Trânsito do Distrito Federal – CONTRADIFE, quando por eles solicitados.

§ 7º Quando em determinado trecho da via houver instalado medidor de velocidade do tipo fixo, os equipamentos dos tipos estático, portátil e móvel, somente poderão ser utilizados a uma distância mínima daquele equipamento de:

I – quinhentos metros em vias urbanas e trechos de vias rurais com características de via urbana;
II – dois quilômetros em vias rurais e vias de trânsito rápido.

Art. 5º A notificação da autuação/penalidade deve conter, além do disposto no CTB e na legislação complementar, expressas em km/h:

I – a velocidade medida pelo instrumento ou equipamento medidor de velocidade;
II – a velocidade considerada para efeito da aplicação da penalidade; e
III – a velocidade regulamentada para a via.

§ 1º Para configuração das infrações previstas no art. 218 do CTB, a velocidade considerada para efeito da aplicação da penalidade será o resultado da subtração da velocidade medida pelo instrumento ou equipamento pelo erro máximo admitido previsto na legislação metrológica em vigor, conforme tabela de valores referenciais de velocidade e tabela para enquadramento infracional constantes do Anexo II.

§ 2º Para configuração da infração prevista no art. 219 do CTB, a velocidade considerada para efeito da aplicação da penalidade será o resultado da soma da velocidade medida pelo instrumento ou equipamento com o erro máximo admitido previsto na legislação metrológica em vigor, conforme tabela de valores referenciais de velocidade constante do Anexo III.

§ 3º A informação de que trata o inciso III, no caso da infração prevista no art. 219 do CTB, é a velocidade mínima que o veículo pode transitar na via (cinquenta por cento da velocidade máxima estabelecida).

Art. 6º A fiscalização de velocidade deve ocorrer em vias com sinalização de regulamentação de velocidade máxima permitida (placa R-19), observadas as disposições contidas no Manual Brasileiro de Sinalização de Trânsito – Volume 1, de forma a garantir a segurança viária e informar aos condutores dos veículos a velocidade máxima permitida para o local.

§ 1º A fiscalização de velocidade com medidor do tipo móvel só pode ocorrer em vias rurais e vias urbanas de trânsito rápido sinalizadas com a placa R-19 conforme legislação em vigor e onde não ocorra variação de velocidade em trechos menores que 5 (cinco) km.

§ 2º No caso de fiscalização de velocidade com medidor dos tipos portátil e móvel sem registrador de imagens, o agente de trânsito deverá consignar no campo "observações" do auto de infração a informação do local de instalação da placa R-19, exceto na situação prevista no art. 7º.

§ 3º Para a fiscalização de velocidade com medidor dos tipos fixo, estático ou portátil deve ser observada, entre a placa R-19 e o medidor, uma distância compreendida no intervalo estabelecido na tabela constante do Anexo IV, facultada a repetição da placa em distâncias menores.

§ 4º Para a fiscalização de velocidade em local/trecho sinalizado com placa R-19, em vias em que ocorra o acesso de veículos por outra via pública que impossibilite, no trecho compreendido entre o acesso e o medidor, o cumprimento do disposto no *caput*, deve ser acrescida, nesse trecho, outra placa R-19, assegurando ao condutor o conhecimento acerca do limite de velocidade fiscalizado.

§ 5º Em locais/trechos onde houver a necessidade de redução de velocidade pontual e temporária por obras ou eventos, desde que devidamente sinalizados com placa R-19, respeitadas as distâncias constantes do Anexo IV, poderão ser utilizados medidores de velocidade do tipo portátil ou estático.

§ 6º Para cumprimento do disposto no § 5º, o agente de trânsito deverá produzir relatório descritivo da obra ou evento com a indicação da sinalização utilizada, o qual deverá ser arquivado junto ao órgão de trânsito responsável pela fiscalização, à disposição das JARI, CETRAN, CONTRADIFE e CONTRAN.

§ 7º É vedada a utilização de placa R-19 que não seja fixa, exceto nos casos previstos nos §§ 5º e 6º.

Art. 7º Em trechos de estradas e rodovias onde não houver placa R-19 poderá ser realizada a fiscalização com medidores de velocidade dos tipos móvel, estático ou portátil, desde que observados os limites de velocidade estabelecidos no § 1º do art. 61 do CTB.

§ 1º Ocorrendo a fiscalização na forma prevista no *caput*, quando utilizado o medidor do tipo portátil ou móvel, a ausência da sinalização deverá ser informada no campo "observações" do auto de infração.

§ 2º Para cumprimento do disposto no *caput*, a operação do equipamento deverá estar visível aos condutores.

Art. 8º Quando o local ou trecho da via possuir velocidade máxima permitida por tipo de veículo, a placa R-19 deverá estar acompanhada da informação complementar, na forma do Anexo V.

§ 1º Para fins de cumprimento do estabelecido no *caput*, os tipos de veículos registrados e licenciados devem estar classificados conforme as duas denominações descritas a seguir:

I – "VEÍCULOS LEVES" correspondendo a ciclomotor, motoneta, motocicleta, triciclo, quadriciclo, automóvel, utilitário, caminhonete e camioneta, com peso bruto total – PBT inferior ou igual a 3.500 kg.

II – "VEÍCULOS PESADOS" correspondendo a ônibus, micro-ônibus, caminhão, caminhão-trator, trator de rodas, trator misto, chassi-plataforma, motor-casa, reboque ou semirreboque e suas combinações.

§ 2º "VEÍCULO LEVE" tracionando outro veículo equipara-se a "VEÍCULO PESADO" para fins de fiscalização.

Art. 9º São exemplos de sinalização vertical para atendimento do art. 8º, as placas constantes do Anexo V.

Parágrafo único. Poderá ser utilizada sinalização horizontal complementar reforçando a sinalização vertical.

Art. 10. Os órgãos e entidades de trânsito com circunscrição sobre a via têm o prazo de 180 (cento e oitenta) dias, a partir da data de publicação desta Resolução, para adequar seus procedimentos às disposições contidas no § 3º do art. 1º e no § 6º do art. 4º.

Parágrafo único. As exigências contidas na alínea *d* do inciso I e alínea *d* do inciso II do art. 2º aplicam-se aos equipamentos novos implantados a partir de 1º de janeiro de 2013.

Art. 11. As disposições desta Resolução não se aplicam à fiscalização das condutas tipificadas como infração no art. 220 do CTB.

Art. 12. Ficam revogados o art. 3º e o Anexo II da Resolução CONTRAN nº 202/2006 e as Resoluções CONTRAN nºs 146/2003, 214/2006 e 340/2010.

Art. 13. Esta Resolução entra em vigor na data de sua publicação.

Júlio Ferraz Arcoverde
Presidente do Conselho

ANEXO I

A – ESTUDO TÉCNICO: INSTALAÇÃO DE INSTRUMENTOS OU EQUIPAMENTOS MEDIDORES DE VELOCIDADE DO TIPO FIXO

1 – IDENTIFICAÇÃO DO ÓRGÃO DE TRÂNSITO

- Razão social:
- Estado/Município:

2 – LOCALIZAÇÃO DA INSTALAÇÃO

- Local:
  _____ pista principal _____ pista lateral
- Sentido do fluxo fiscalizado:
- Faixa(s) de trânsito (circulação) fiscalizada(s) (numeração da esquerda para direita):

3 – EQUIPAMENTO

- Tipo:
  ☐ aparelho controlador eletrônico de velocidade   ☐ aparelho redutor eletrônico de velocidade
  Data de início da operação no local: _____/_____/_____

4 – CARACTERÍSTICAS DO LOCAL/TRECHO DA VIA

- Classificação viária (art. 60 do CTB): _____
- Nº de pistas: _____
- Nº de faixas de trânsito (circulação) no sentido fiscalizado: _____
- Geometria:
  ☐ Aclive   ☐ Declive   ☐ Plano   ☐ Curva
- Trecho urbano: ☐ Sim   ☐ Não
- Fluxo veicular na pista fiscalizada (VMD): _____
- Trânsito de pedestre: ☐ Sim   ☐ ao longo da Via   ☐ Transversal a via
  ☐ Não
- Trânsito de ciclista: ☐ Sim   ☐ ao longo da Via   ☐ Transversal a via
  ☐ Não

5 – VELOCIDADE

5.1 – Em trecho da via com velocidade inferior à regulamentada no trecho anterior:

    5.1.1 – Velocidade no trecho anterior ao local fiscalizado (km/h):

        Velocidade regulamentada: _____

        Velocidade Praticada (85 percentil): _____

    5.1.2 – Velocidade no local fiscalizado (km/h):

        Velocidade regulamentada: _____ Data: ____/____/____

5.2 – Em trecho da via com velocidade igual à regulamentada no trecho anterior:

    Velocidade regulamentada: _____

    Velocidade Praticada antes do início da fiscalização: _____ Data: ____/____/____

6 – Nº DE ACIDENTES NO LOCAL (para esta definição, considerar-se-á um trecho máximo de quinhentos metros antes e quinhentos metros depois do local).

- Até 12 meses antes do início da fiscalização (interstício de 06 meses): _____

7 – POTENCIAL DE RISCO NO LOCAL

- Descrição dos fatores de risco:

_____
_____
_____

- Histórico descritivo das medidas de engenharia adotadas antes da instalação do equipamento:

_____
_____
_____

- Outras informações julgadas necessárias:

_____
_____
_____
_____

8 – PROJETO OU CROQUI DO LOCAL

(Deve conter indicação do posicionamento do equipamento e da sinalização)

9 – RESPONSÁVEL PELA ELABORAÇÃO DO ESTUDO TÉCNICO

- Nome: _____
- CREA nº: _____
- Assinatura: _____
- Data: ____/____/____

10 – RESPONSÁVEL TÉCNICO DO ÓRGÃO DE TRÂNSITO PERANTE O CREA

- Nome: _____
- CREA n°: _____
- Assinatura: _____
- Data: _____/_____/_____

B – ESTUDO TÉCNICO: MONITORAMENTO DA EFICÁCIA DOS INSTRUMENTOS OU EQUIPAMENTOS MEDIDORES DE VELOCIDADE DO TIPO FIXO

1 – IDENTIFICAÇÃO DO ÓRGÃO DE TRÂNSITO

- Razão social:
- Estado/Município:

2 – LOCALIZAÇÃO DA INSTALAÇÃO

- Local:
- Sentido do fluxo fiscalizado:
- Faixa(s) de trânsito (circulação) fiscalizada(s) (numeração da esquerda para direita):

3 – EQUIPAMENTO

- Tipo:
    - ☐ aparelho controlador eletrônico de velocidade   ☐ aparelho redutor eletrônico de velocidade
- Data de início da operação no local/trecho: _____/_____/_____

4 – CARACTERÍSTICAS DO LOCAL

- Classificação viária (art. 60 do CTB): _____
- N° de pistas: _____
- N° de faixas de trânsito (circulação) no sentido fiscalizado: _____
- Geometria
    - ☐ Aclive   ☐ Declive   ☐ Plano   ☐ Curva
- Trecho urbano: ☐ Sim   ☐ Não
- Fluxo veicular na pista fiscalizada (VMD): _____ (interstício de 12 meses).
- Trânsito de pedestre: ☐ Sim   ☐ ao longo da Via   ☐ Transversal a via
    - ☐ Não
- Trânsito de ciclista: ☐ Sim   ☐ ao longo da Via   ☐ Transversal a via
    - ☐ Não

5 – VELOCIDADE

5.1 – Em trecho da via com velocidade inferior à regulamentada no trecho anterior:

5.1.1 – Velocidade no trecho anterior ao local fiscalizado (km/h):

Velocidade regulamentada: _____

Velocidade Praticada (85 percentil): _____

5.1.2 – Velocidade no local fiscalizado (km/h):

Velocidade regulamentada: _____ Data: _____/_____/_____

Velocidade monitorada até 12 meses depois: _____ Data: _____/_____/_____

5.2 – Em trecho da via com velocidade igual à regulamentada no trecho anterior:

Velocidade regulamentada: _____

Velocidade praticada (85 percentil) antes do início da fiscalização: _____

Velocidade monitorada até 12 meses depois: _____ Data: _____/_____/_____

6 – N° DE ACIDENTES NO TRECHO DA VIA (para esta definição, considerar-se-á um trecho máximo de quinhentos metros antes e quinhentos metros depois do local)

Antes e depois o início da fiscalização, por 06 meses de igual período:

- Antes do início da operação do equipamento (dados do estudo técnico do tipo A): _____
- Após início da operação do equipamento: _____

Resolução do CONTRAN nº 396/2011

7 – AVALIAÇÃO DOS INSTRUMENTOS OU EQUIPAMENTOS MEDIDORES DE VELOCIDADE E MEDIDAS DE ENGENHARIA ADOTADAS

- Descrição dos fatores de risco:

_____
_____
_____
_____

- Histórico descritivo das medidas de engenharia adotadas antes e após a instalação do equipamento:

_____
_____
_____
_____

- Outras informações julgadas necessárias:

_____
_____
_____
_____

8 – PROJETO OU CROQUI DO LOCAL

(Deve conter indicação do posicionamento do equipamento e da sinalização)

9 – RESPONSÁVEL PELA ELABORAÇÃO DO ESTUDO TÉCNICO

- Nome: _____
- CREA nº: _____
- Assinatura: _____
- Data: ____/____/____

10 – RESPONSÁVEL TÉCNICO DO ÓRGÃO DE TRÂNSITO PERANTE O CREA

- Nome: _____
- CREA nº: _____
- Assinatura: _____
- Data: ____/____/____

ANEXO II
TABELA DE VALORES REFERENCIAIS DE VELOCIDADE PARA INFRAÇÕES DO ART. 218 DO CTB

VM (Km/h)	VC (Km/h)	VM (Km/h)	VC (Km/h)	VM (Km/h)	VC (Km/h)	VM (Km/h)	VC (Km/h)
27	20	69	62	111	103	153	142
28	21	70	63	112	104	154	143
29	22	71	64	113	105	155	144
30	23	72	65	114	106	156	145
31	24	73	66	115	107	157	146
32	25	74	67	116	108	158	147
33	26	75	68	117	109	159	148
34	27	76	69	118	110	160	149
35	28	77	70	119	111	161	150
36	29	78	71	120	112	162	151
37	30	79	72	121	113	163	152
38	31	80	73	122	113	164	153
39	32	81	74	123	114	165	153
40	33	82	75	124	115	166	154

VM (Km/h)	VC (Km/h)	VM (Km/h)	VC (Km/h)	VM (Km/h)	VC (Km/h)	VM (Km/h)	VC (Km/h)
41	34	83	76	125	116	167	155
42	35	84	77	126	117	168	156
43	36	85	78	127	118	169	157
44	37	86	79	128	119	170	158
45	38	87	80	129	120	171	159
46	39	88	81	130	121	172	160
47	40	89	82	131	122	173	161
48	41	90	83	132	123	174	162
49	42	91	84	133	124	175	163
50	43	92	85	134	125	176	164
51	44	93	86	135	126	177	165
52	45	94	87	136	126	178	166
53	46	95	88	137	127	179	166
54	47	96	89	138	128	180	167
55	48	97	90	139	129	181	168
56	49	98	91	140	130	182	169
57	50	99	92	141	131	183	170
58	51	100	93	142	132	184	171
59	52	101	94	143	133	185	172
60	53	102	95	144	134	186	173
61	54	103	96	145	135	187	174
62	55	104	97	146	136	188	175
63	56	105	98	147	137	189	176
64	57	106	99	148	138	190	177
65	58	107	100	149	139	191	178
66	59	108	100	150	140	192	179
67	60	109	101	151	140	193	179
68	61	110	102	152	141	194	180

Observações:

1. VM – VELOCIDADE MEDIDA (km/h) VC – VELOCIDADE CONSIDERADA (km/h)
2. Para velocidades medidas superiores aos indicados na tabela, considerar o erro máximo admissível de 7%, com arredondamento matemático para se calcular a velocidade considerada.
3. Para enquadramento infracional, deverá ser observada a tabela abaixo:

Tabela para enquadramento infracional

Limite Regulamentado (Km/h)	218 I – infração média	218 II – infração grave	218 III – infração gravíssima
20	21 ≤ VC ≤ 24	25 ≤ VC ≤ 30	VC ≥ 31
30	31 ≤ VC ≤ 36	37 ≤ VC ≤ 45	VC ≥ 46
40	41 ≤ VC ≤ 48	49 ≤ VC ≤ 60	VC ≥ 61
50	51 ≤ VC ≤ 60	61 ≤ VC ≤ 75	VC ≥ 76
60	61 ≤ VC ≤ 72	73 ≤ VC ≤ 90	VC ≥ 91
70	71 ≤ VC ≤ 84	85 ≤ VC ≤ 105	VC ≥ 106
80	81 ≤ VC ≤ 96	97 ≤ VC ≤ 120	VC ≥ 121
90	91 ≤ VC ≤ 108	109 ≤ VC ≤ 135	VC ≥ 136
100	101 ≤ VC ≤ 120	121 ≤ VC ≤ 150	VC ≥ 151
110	111 ≤ VC ≤ 132	133 ≤ VC ≤ 165	VC ≥ 166
120	121 ≤ VC ≤ 144	145 ≤ VC ≤ 180	VC ≥ 181

Obs.: VC – VELOCIDADE CONSIDERADA (Km/h)

ANEXO III
TABELA DE VALORES REFERENCIAIS DE VELOCIDADE PARA INFRAÇÃO DO ART. 219 DO CTB

VM (Km/h)	VC (Km/h)	VM (Km/h)	VC (Km/h)	VM (Km/h)	VC (Km/h)	VM (Km/h)	VC (Km/h)
10	17	23	30	36	43	49	56
11	18	24	31	37	44	50	57
12	19	25	32	38	45	51	58
13	20	26	33	39	46	52	59
14	21	27	34	40	47	53	60
15	22	28	35	41	48	54	61
16	23	29	36	42	49	55	62
17	24	30	37	43	50	56	63
18	25	31	38	44	51	57	64
19	26	32	39	45	52	58	65
20	27	33	40	46	53	59	66
21	28	34	41	47	54	60	67
22	29	35	42	48	55		

Observação:
1. VM – VELOCIDADE MEDIDA (km/h) VC – VELOCIDADE CONSIDERADA (km/h)

ANEXO IV

Velocidade Regulamentada (Km/h)	Intervalo de Distância (metros)	
	Via Urbana	Via Rural
V ≥ 80	400 a 500	1000 a 2000
V < 80	100 a 300	300 a 1000

ANEXO V
EXEMPLOS DE SINALIZAÇÃO VERTICAL ESPECÍFICA PARA LIMITE DE VELOCIDADE MÁXIMA POR TIPO DE VEÍCULO NO MESMO TRECHO DA VIA

[Placas de sinalização:]
- 90 km/h VEÍCULOS LEVES
- 70 km/h VEÍCULOS PESADOS
- 80 km/h VEÍCULOS LEVES
- 60 km/h VEÍCULOS PESADOS

- 90 km/h VEÍCULOS LEVES
- 60 km/h VEÍCULOS PESADOS
- 110 km/h VEÍCULOS LEVES
- 90 km/h VEÍCULOS PESADOS
- 100 km/h VEÍCULOS LEVES
- 80 km/h VEÍCULOS PESADOS

Observações:
1. As placas ilustradas são exemplos para atendimento ao disposto nesta Resolução, podendo ser estabelecidos outros limites de velocidades, devidamente justificados por estudos técnicos.
2. A diagramação das placas deve seguir o disposto no Volume I – Sinalização Vertical de Regulamentação do Manual Brasileiro de Sinalização de Trânsito, aprovado pela Resolução do CONTRAN nº 180/2005.

REGIMENTO INTERNO DO CONSELHO NACIONAL DE TRÂNSITO – CONTRAN

▶ Publicado no *DOU* de 26-1-1998.

Capítulo I

DA NATUREZA, COMPOSIÇÃO E ORGANIZAÇÃO

Art. 1º O Conselho Nacional de Trânsito – CONTRAN, com sede no Distrito Federal, é o órgão máximo normativo e consultivo do Sistema Nacional de Trânsito, instituído pela Lei nº 9.503, de 23 de setembro de 1997.

Art. 2º O CONTRAN, conforme Decreto nº 2.327, de 23 de setembro de 1997 e Lei nº 9.602, de 21 de janeiro de 1998, é composto pelos seguintes membros:

I – Ministro de Estado da Justiça, na qualidade de Presidente;
II – Ministro de Estado dos Transportes;
III – Ministro de Estado da Ciência e Tecnologia;
IV – Ministro de Estado do Exército;
V – Ministro de Estado da Educação e do Desporto, e
VI – Ministro de Estado do Meio Ambiente, dos Recursos Hídricos e da Amazônia Legal;
VII – Ministro de Estado da Saúde.

Parágrafo único. Os Secretários Executivos dos Ministérios Civis de que trata este artigo e o Secretário-Geral do Ministério do Exército, são suplentes de seus respectivos Ministros.

Art. 3º Junto ao CONTRAN, funcionará o Comitê Executivo, integrado pelos Secretários Executivos dos Ministérios Civis, a que se refere o artigo anterior e pelo Secretário-Geral do Ministério do Exército, sob a coordenação do representante do Ministério da Justiça.

§ 1º Os Secretários designarão seus respectivos suplentes.

§ 2º O suplente do representante do Ministério da Justiça será o Diretor do Departamento Nacional de Trânsito – DENATRAN.

Art. 4º Vinculadas ao CONTRAN, funcionarão as Câmaras Temáticas, formadas por especialistas representantes de órgãos e entidades executivos da União, Estados, Distrito Federal e Municípios integrantes do Sistema Nacional de Trânsito, em igual número, e representantes dos diversos segmentos da sociedade relacionados com o trânsito.

Capítulo II

DA COMPETÊNCIA E DAS ATRIBUIÇÕES

Seção I

DO CONSELHO

Art. 5º Compete ao CONTRAN:

I – estabelecer as normas regulamentares referidas no Código de Trânsito Brasileiro e as diretrizes da Política Nacional de Trânsito;
II – integrar os órgãos do Sistema Nacional de Trânsito;
III – criar Câmaras Temáticas;
IV – estabelecer seu regimento interno e as diretrizes para o funcionamento dos Conselhos Estaduais de Trânsito e do Conselho de Trânsito do Distrito Federal;
V – estabelecer as diretrizes de regimento das Juntas Administrativas de Recurso de Infrações;
VI – zelar pela uniformidade e cumprimento das normas contidas no Código de Trânsito Brasileiro e nas Resoluções complementares;
VII – estabelecer e normatizar os procedimentos para a imposição, a arrecadação e a compensação das multas por infrações cometidas em Unidades da Federação;
VIII – responder às consultas que lhe forem formuladas, relativas à aplicação da legislação de trânsito;
IX – normatizar os procedimentos sobre a aprendizagem, habilitação, expedição de documentos de condutores, e registro e licenciamento de veículos;
X – aprovar, complementar ou alterar os dispositivos de sinalização e os dispositivos e equipamentos de trânsito;
XI – apreciar os recursos interpostos contra as decisões das instâncias inferiores, na forma do Código de Trânsito Brasileiro;
XII – avocar, para análise e soluções, processos sobre conflitos de competência ou circunscrição, ou, quando necessário, unificar as decisões administrativas;
XIII – dirimir conflitos sobre circunscrição e competência de trânsito no âmbito da União, dos Estados e do Distrito Federal;
XIV – aprovar as normas e requisitos de segurança veicular mediante aprovação de proposta do órgão máximo executivo de trânsito da União.

Seção II

DO PRESIDENTE

Art. 6º São atribuições do Presidente do CONTRAN:

I – convocar as reuniões ordinárias e extraordinárias, abrir as reuniões e dirigir os trabalhos, observadas as disposições deste Regimento;
II – propor a pauta dos assuntos a serem discutidos em cada reunião;
III – aprovar a inclusão de assuntos extrapauta, quando revestidos de caráter de urgência e relevância;
IV – conceder vistas a assuntos constantes da pauta ou extrapauta, durante as reuniões do Conselho;
V – baixar atos administrativos de caráter normativo;
VI – representar o CONTRAN nos atos que se fizerem necessários;
VII – assinar as atas das reuniões, as decisões e as resoluções do Colegiado;
VIII – convidar para participar das reuniões do Conselho, sem direito a voto, outras autoridades, assim como representantes de entidades públicas ou privadas;
IX – deliberar, ad referendum do Colegiado, nos casos de urgência e de relevante interesse público;
X – determinar a instauração de inquéritos administrativos;
XI – convocar reuniões extraordinárias do Comitê Executivo e das Câmaras Temáticas, por iniciativa própria ou por solicitação dos demais membros do CONTRAN;
XII – ratificar os nomes dos membros das Câmaras Temáticas após sua aprovação pelo Conselho.

Seção III
DOS CONSELHEIROS

Art. 7º São atribuições dos Conselheiros:

I – participar das reuniões e deliberar sobre as matérias tratadas;
II – solicitar vistas de assunto constante da pauta ou apresentado extrapauta;
III – aprovar a pauta das reuniões proposta pelo Presidente;
IV – apresentar proposições para a melhoria do trânsito;
V – propor e requerer esclarecimentos que lhes forem úteis à melhor apreciação das matérias;
VI – abster-se na votação de qualquer assunto.

Seção IV
DO COMITÊ EXECUTIVO

Art. 8º Compete ao Comitê Executivo:

I – examinar, previamente, as propostas de resoluções e de diretrizes da Política Nacional de Trânsito a serem submetidas ao CONTRAN;
II – relatar os processos em plenário e auxiliar o CONTRAN no desempenho de suas competências legais;
III – constituir subcomissões encarregadas de examinar recursos interpostos contra decisões de instâncias inferiores ao CONTRAN, bem assim de processos sobre conflitos de competência e circunscrição entre órgãos de trânsito.

Seção V
DAS CÂMARAS TEMÁTICAS

Art. 9º Compete às Câmaras Temáticas, estudar, oferecer sugestões e embasamento técnico sobre assuntos específicos para decisões e deliberações do CONTRAN, através do Comitê Executivo, e suas atividades obedecerão regimento próprio aprovado pelo CONTRAN.

Seção VI
DOS SERVIÇOS DE SECRETARIA EXECUTIVA

Art. 10. A Secretaria Executiva do CONTRAN será exercida e assegurada pelo órgão máximo executivo de trânsito da União.

Art. 11. Os serviços de Secretaria Executiva são:

I – organizar a pauta das reuniões do Colegiado, em conformidade com este Regimento;
II – comunicar aos Conselheiros a data, a hora e o local das reuniões ordinárias ou a convocação para as reuniões extraordinárias;
III – enviar aos Conselheiros e demais participantes das reuniões, imediatamente após a sua definição, a pauta de cada reunião e cópia dos assuntos nela incluídos, conferindo-lhe tratamento confidencial;
IV – prover os serviços de secretaria nas reuniões do Conselho, elaborando inclusive as respectivas atas;
V – manter arquivo e ementário de assuntos de interesse do CONTRAN, bem como das decisões adotadas em suas reuniões;
VI – prover os serviços de secretaria e de apoio administrativo ao Comitê Executivo e às Câmaras Temáticas;

VII – encaminhar às Câmaras Temáticas e mesmo ao Comitê Executivo, minutas de propostas à serem posteriormente submetidas à decisão do CONTRAN;
VIII – encaminhar ao Presidente do CONTRAN os expedientes recebidos, devidamente instruídos;
IX – encaminhar aos conselheiros cópia das atas e das resoluções baixadas pelo CONTRAN, após publicação no *Diário Oficial da União*;
X – encaminhar às Câmaras Temáticas os assuntos que lhes forem destinados;
XI – responder aos interessados sobre as deliberações e decisões do Colegiado.

Capítulo III
DO FUNCIONAMENTO

Seção I
DAS REUNIÕES

Art. 12. O CONTRAN reunir-se-á ordinariamente a cada 3 (três) meses e extraordinariamente por convocação do seu Presidente ou decisão de 1/3 (um terço) dos membros do Conselho.

Art. 13. A data, a hora e o local de cada reunião serão determinados pelo Presidente do Conselho.

Art. 14. A ordem dos trabalhos nas reuniões do CONTRAN é a seguinte:

I – abertura da reunião;
II – apreciação e aprovação da ata da reunião anterior;
III – assuntos de ordem geral;
IV – discussão e votação dos assuntos incluídos em pauta;
V – discussão e votação dos assuntos extrapauta.

Art. 15. As reuniões serão registradas em atas, assinadas pelo Presidente e pelo Secretário Executivo do CONTRAN, e publicadas no *Diário Oficial da União*.

Seção II
DAS VOTAÇÕES E DECISÕES

Art. 16. As decisões do CONTRAN serão tomadas por maioria simples de votos.

Art. 17. O Presidente do CONTRAN terá direito ao voto nominal e de qualidade.

Art. 18. Os atos do CONTRAN, poderão ser revistos, em qualquer tempo, por indicação do Presidente ou de qualquer Conselheiro, desde que o pedido de revisão seja deferido pelo Plenário por maioria de votos dos Conselheiros presentes.

Art. 19. As decisões de natureza normativa serão divulgadas mediante resoluções assinadas pelo Presidente do CONTRAN.

Capítulo IV
DAS DISPOSIÇÕES FINAIS

Art. 20. O presente Regimento Interno poderá ser alterado, mediante proposta de 1/3 (um terço) do Conselho, submetida à apreciação deste Colegiado e aprovada por uma maioria de, no mínimo, 2/3 (dois terços).

Art. 21. Para todos os efeitos, considera-se o Departamento Nacional de Trânsito da Secretaria Executiva do

Ministério da Justiça como órgão máximo executivo de trânsito da União.

Art. 22. Os órgãos e entidades integrantes do Sistema Nacional de Trânsito proporcionarão aos membros do CONTRAN, em serviço, todas as facilidades para o cumprimento de sua missão, fornecendo-lhes as informações que solicitarem, permitindo-lhes inspecionar a execução de quaisquer serviços e deverão atender prontamente suas requisições.

Art. 23. Os serviços prestados ao CONTRAN serão considerados, para todos os efeitos, como de interesse público e relevante valor social.

Art. 24. Os casos omissos e as dúvidas surgidas na aplicação do presente Regimento Interno serão solucionados pelo Presidente, ouvido o Colegiado.

Art. 25. O Comitê Executivo se regerá pelas disposições deste Regimento no que couber.

Súmulas

SÚMULAS VINCULANTES DO SUPREMO TRIBUNAL FEDERAL

1. Ofende a garantia constitucional do ato jurídico perfeito a decisão que, sem ponderar as circunstâncias do caso concreto, desconsidera a validade e a eficácia de acordo constante de termo de adesão instituído pela Lei Complementar nº 110/2001.

- Publicada no *DOU* de 6-6-2007.
- Art. 5º, XXXVI, da CF.
- LC nº 110, de 29-6-2001, institui contribuições sociais, autoriza créditos de complementos de atualização monetária em contas vinculadas do FGTS.

2. É inconstitucional a lei ou ato normativo estadual ou distrital que disponha sobre sistemas de consórcios e sorteios, inclusive bingos e loterias.

- Publicada no *DOU* de 6-6-2007.
- Art. 22, XX, da CF.

3. Nos processos perante o Tribunal de Contas da União asseguram-se o contraditório e a ampla defesa quando da decisão puder resultar anulação ou revogação de ato administrativo que beneficie o interessado, excetuada a apreciação da legalidade do ato de concessão inicial de aposentadoria, reforma e pensão.

- Publicada no *DOU* de 6-6-2007.
- Arts. 5º, LIV, LV, e 71, III, da CF.
- Art. 2º da Lei nº 9.784, de 29-1-1999 (Lei do Processo Administrativo Federal).

4. Salvo nos casos previstos na Constituição, o salário mínimo não pode ser usado como indexador de base de cálculo de vantagem de servidor público ou de empregado, nem ser substituído por decisão judicial.

- Publicada no *DOU* de 9-5-2008.
- Arts. 7º, XXIII, 39, *caput*, § 1º, 42, § 1º, e 142, X, da CF.

5. A falta de defesa técnica por advogado no processo administrativo disciplinar não ofende a Constituição.

- Publicada no *DOU* de 16-5-2008.
- Art. 5º, LV, da CF.

6. Não viola a Constituição o estabelecimento de remuneração inferior ao salário mínimo para as praças prestadoras de serviço militar inicial.

- Publicada no *DOU* de 16-5-2008.
- Arts. 1º, III, 7º, IV, e 142, § 3º, VIII, da CF.

7. A norma do § 3º do artigo 192 da Constituição, revogada pela Emenda Constitucional nº 40/2003, que limitava a taxa de juros reais a 12% ao ano, tinha sua aplicação condicionada à edição de lei complementar.

- Publicada no *DOU* de 20-6-2008.
- Art. 591 do CC.
- MP nº 2.172-32, de 23-8-2001, que até o encerramento desta edição não havia sido convertida em lei, estabelece a nulidade das disposições contratuais que mencionam e inverte, nas hipóteses que prevê, o ônus da prova nas ações intentadas para sua declaração.

8. São inconstitucionais o parágrafo único do artigo 5º do Decreto-Lei nº 1.569/1977 e os artigos 45 e 46 da Lei nº 8.212/1991, que tratam de prescrição e decadência de crédito tributário.

- Publicada no *DOU* de 20-6-2008.
- Art. 146, III, *b*, da CF.
- Arts. 173 e 174 do CTN.
- Art. 2º, § 3º, da Lei nº 6.830, de 22-9-1980 (Lei das Execuções Fiscais).
- Art. 348 do Dec. nº 3.048, de 6-5-1999 (Regulamento da Previdência Social).

9. O disposto no artigo 127 da Lei nº 7.210/1984 (Lei de Execução Penal) foi recebido pela ordem constitucional vigente, e não se lhe aplica o limite temporal previsto no *caput* do artigo 58.

- Publicada no *DOU* de 20-6-2008 e republicada no *DOU* de 27-6-2008.
- Art. 5º, XXXVI, da CF.

10. Viola a cláusula de reserva de plenário (CF, artigo 97) a decisão de órgão fracionário de Tribunal que, embora não declare expressamente a inconstitucionalidade de lei ou ato normativo do poder público, afasta sua incidência, no todo ou em parte.

- Publicada no *DOU* de 27-6-2008.
- Art. 97 da CF.

11. Só é lícito o uso de algemas em casos de resistência e de fundado receio de fuga ou de perigo à integridade física própria ou alheia, por parte do preso ou de terceiros, justificada a excepcionalidade por escrito, sob pena de responsabilidade disciplinar, civil e penal do agente ou da autoridade e de nulidade da prisão ou do ato processual a que se refere, sem prejuízo da responsabilidade civil do Estado.

- Publicada no *DOU* de 22-8-2008.
- Art. 5º, XLIX, da CF.
- Arts. 23, III, 329 a 331 e 352 do CP.
- Arts. 284 e 292 do CPP.
- Arts. 42, 177, 180, 298 a 301 do CPM.
- Arts. 234 e 242 do CPPM.
- Arts. 3º, *i*, e 4º, *b*, da Lei nº 4.898, de 9-12-1965 (Lei do Abuso de Autoridade).
- Art. 40 da LEP.

12. A cobrança de taxa de matrícula nas universidades públicas viola o disposto no art. 206, IV, da Constituição Federal.

- Publicada no *DOU* de 22-8-2008.

13. A nomeação de cônjuge, companheiro ou parente em linha reta, colateral ou por afinidade, até o terceiro grau, inclusive, da autoridade nomeante ou de servidor da mesma pessoa jurídica investido em cargo de direção, chefia ou assessoramento, para o exercício de cargo em comissão ou de confiança ou, ainda, de função gratificada na administração pública direta e indireta em qualquer dos Poderes da União, dos Estados, do Distrito Federal e dos Municípios, compreendido o ajuste mediante designações recíprocas, viola a Constituição Federal.

- Publicada no *DOU* de 29-8-2008.
- Art. 37, *caput*, da CF.
- Dec. nº 7.203, de 4-6-2010, dispõe sobre a vedação do nepotismo no âmbito da administração pública federal.

14. É direito do defensor, no interesse do representado, ter acesso amplo aos elementos de prova que, já

documentados em procedimento investigatório realizado por órgão com competência de polícia judiciária, digam respeito ao exercício do direito de defesa.
▶ Publicada no *DOU* de 9-2-2009.
▶ Art. 5º, XXXIII, LIV e LV, da CF.
▶ Art. 9º do CPP.
▶ Arts. 6º, parágrafo único, e 7º, XIII e XIV, da Lei nº 8.906, de 4-7-1994 (Estatuto da Advocacia e da OAB).

15. O cálculo de gratificações e outras vantagens do servidor público não incide sobre o abono utilizado para se atingir o salário mínimo.
▶ Publicada no *DOU* de 1º-7-2009.
▶ Art. 7º, IV, da CF.

16. Os artigos 7º, IV, e 39, § 3º (redação da EC nº 19/1998), da Constituição, referem-se ao total da remuneração percebida pelo servidor público.
▶ Publicada no *DOU* de 1º-7-2009.

17. Durante o período previsto no § 1º do artigo 100 da Constituição, não incidem juros de mora sobre os precatórios que nele sejam pagos.
▶ Publicada no *DOU* de 10-11-2009.
▶ Refere-se ao art. 100, § 5º, com a redação dada pela EC nº 62, de 9-12-2009.

18. A dissolução da sociedade ou do vínculo conjugal, no curso do mandato, não afasta a inelegibilidade prevista no § 7º do artigo 14 da Constituição Federal.
▶ Publicada no *DOU* de 10-11-2009.

19. A taxa cobrada exclusivamente em razão dos serviços públicos de coleta, remoção e tratamento ou destinação de lixo ou resíduos provenientes de imóveis, não viola o artigo 145, II, da Constituição Federal.
▶ Publicada no *DOU* de 10-11-2009.

20. A Gratificação de Desempenho de Atividade Técnico-Administrativa – GDATA, instituída pela Lei nº 10.404/2002, deve ser deferida aos inativos nos valores correspondentes a 37,5 (trinta e sete vírgula cinco) pontos no período de fevereiro a maio de 2002 e, nos termos do artigo 5º, parágrafo único, da Lei nº 10.404/2002, no período de junho de 2002 até a conclusão dos efeitos do último ciclo de avaliação a que se refere o artigo 1º da Medida Provisória nº 198/2004, a partir da qual passa a ser de 60 (sessenta) pontos.
▶ Publicada no *DOU* de 10-11-2009.
▶ Art. 40, § 8º, da CF.

21. É inconstitucional a exigência de depósito ou arrolamento prévios de dinheiro ou bens para admissibilidade de recurso administrativo.
▶ Publicada no *DOU* de 10-11-2009.
▶ Art. 5º, XXXIV, a, e LV, da CF.
▶ Art. 33, § 2º, do Dec. nº 70.235, de 6-3-1972 (Lei do Processo Administrativo Fiscal).

22. A Justiça do Trabalho é competente para processar e julgar as ações de indenização por danos morais e patrimoniais decorrentes de acidente de trabalho propostas por empregado contra empregador, inclusive aquelas que ainda não possuíam sentença de mérito em primeiro grau quando da promulgação da Emenda Constitucional nº 45/2004.
▶ Publicada no *DOU* de 11-12-2009.
▶ Arts. 7º, XXVIII, 109, I, e 114 da CF.

▶ Súm. nº 235 do STF.

23. A Justiça do Trabalho é competente para processar e julgar ação possessória ajuizada em decorrência do exercício do direito de greve pelos trabalhadores da iniciativa privada.
▶ Publicada no *DOU* de 11-12-2009.
▶ Art. 114, II, da CF.

24. Não se tipifica crime material contra a ordem tributária, previsto no art. 1º, incisos I a IV, da Lei nº 8.137/1990, antes do lançamento definitivo do tributo.
▶ Publicada no *DOU* de 11-12-2009.
▶ Art. 5º, LV, da CF.
▶ Art. 142, *caput*, do CTN.
▶ Lei nº 8.137, de 27-12-1990 (Lei dos Crimes Contra a Ordem Tributária, Econômica e Contra as Relações de Consumo).
▶ Art. 83 da Lei nº 9.430, de 27-12-1996, que dispõe sobre a legislação tributária federal, as contribuições para a seguridade social e o processo administrativo de consulta.
▶ Art. 9º, § 2º, da Lei nº 10.684, de 30-5-2003, que dispõe sobre parcelamento de débitos junto à Secretaria da Receita Federal, à Procuradoria-Geral da Fazenda Nacional e ao Instituto Nacional do Seguro Social.

25. É ilícita a prisão civil de depositário infiel, qualquer que seja a modalidade do depósito.
▶ Publicada no *DOU* de 23-12-2009.
▶ Art. 5º, § 2º, da CF.
▶ Art. 7º, 7, do Pacto de São José da Costa Rica.
▶ Súmulas nºs 304, 305 e 419 do STJ.

26. Para efeito de progressão de regime no cumprimento de pena por crime hediondo, ou equiparado, o juízo da execução observará a inconstitucionalidade do art. 2º da Lei nº 8.072, de 25 de julho de 1990, sem prejuízo de avaliar se o condenado preenche, ou não, os requisitos objetivos e subjetivos do benefício, podendo determinar, para tal fim, de modo fundamentado, a realização de exame criminológico.
▶ Publicada no *DOU* de 23-12-2009.
▶ Art. 5º, XLVI e XLVII, da CF.
▶ Arts. 33, § 3º, e 59 do CP.
▶ Art. 66, III, *b*, da LEP.
▶ Lei nº 8.072, de 25-7-1990 (Lei dos Crimes Hediondos).
▶ Súmulas nºs 439 e 471 do STJ.

27. Compete à Justiça estadual julgar causas entre consumidor e concessionária de serviço público de telefonia, quando a ANATEL não seja litisconsorte passiva necessária, assistente, nem opoente.
▶ Publicada no *DOU* de 23-12-2009.
▶ Arts. 98, I, e 109, I, da CF.

28. É inconstitucional a exigência de depósito prévio como requisito de admissibilidade de ação judicial na qual se pretenda discutir a exigibilidade de crédito tributário.
▶ Publicada no *DOU* de 17-2-2010.
▶ Art. 5º, XXXV, da CF.
▶ Súm. nº 112 do STJ.

29. É constitucional a adoção, no cálculo do valor de taxa, de um ou mais elementos da base de cálculo

própria de determinado imposto, desde que não haja integral identidade entre uma base e outra.
- Publicada no *DOU* de 17-2-2010.
- Art. 145, § 2º, da CF.

30. ....
- O STF decidiu suspender a publicação da Súmula Vinculante nº 30, em razão de questão de ordem levantada pelo Ministro José Antonio Dias Toffoli, em 4-2-2010.

31. É inconstitucional a incidência do Imposto sobre Serviços de Qualquer Natureza – ISS sobre operações de locação de bens móveis.
- Publicada no *DOU* de 17-2-2010.
- Art. 156, III, da CF.
- LC nº 116, de 31-4-2003 (Lei do ISS).

32. O ICMS não incide sobre alienação de salvados de sinistro pelas seguradoras.
- Publicada no *DOU* de 24-2-2011.
- Art. 153, V, da CF.
- Art. 3º, IX, da LC nº 87, de 13-9-1996 (Lei Kandir – ICMS).
- Art. 73 do Dec.-lei nº 73, de 21-11-1966, que dispõe sobre o Sistema Nacional de Seguros Privados, e regula as operações de seguros e resseguros.

SÚMULAS DO SUPREMO TRIBUNAL FEDERAL

492. A empresa locadora de veículos responde, civil e solidariamente com o locatário, pelos danos por este causados a terceiros, no uso do carro locado.

720. O art. 309 do Código de Trânsito Brasileiro, que reclama decorra do fato perigo de dano, derrogou o art. 32 da Lei das Contravenções Penais no tocante à direção sem habilitação em vias terrestres.

SÚMULAS DO SUPERIOR TRIBUNAL DE JUSTIÇA

127. É ilegal condicionar a renovação da licença de veículo ao pagamento de multa, da qual o infrator não foi notificado.

246. O valor do seguro obrigatório deve ser deduzido da indenização judicialmente fixada.
- Súmulas nºs 257 e 426 do STJ.

257. A falta de pagamento do prêmio do seguro obrigatório de Danos Pessoais causados por Veículos Automotores de Vias Terrestres (DPVAT) não é motivo para a recusa do pagamento da indenização.
- Arts. 5º e 7º da Lei nº 6.194, de 19-12-1974 (Lei do Seguro Obrigatório).
- Súmulas nºs 246 e 426 do STJ.

312. No processo administrativo para imposição de multa de trânsito, são necessárias as notificações da autuação e da aplicação da pena decorrente da infração.
- Art. 5º, LV, da CF.
- Arts. 280, 281 e 282 do CTB.

402. O contrato de seguro por danos pessoais compreende os danos morais, salvo cláusula expressa de exclusão.

405. A ação de cobrança de seguro obrigatório (DPVAT) prescreve em três anos.
- Art. 206, § 3º, IX, do CC.
- Art. 8º da Lei nº 6.194, de 19-12-1974 (Lei do Seguro Obrigatório).

426. Os juros de mora na indenização do seguro DPVAT fluem a partir da citação.
- Arts. 405, 757 e 772 do CC.
- Art. 219 do CPC.
- Lei nº 6.194, de 19-12-1974 (Lei do Seguro Obrigatório).
- Súmulas nºs 246 e 257 do STJ.

434. O pagamento da multa por infração de trânsito não inibe a discussão judicial do débito.
- Arts. 286, § 2º, e 288 do CTB.

465. Ressalvada a hipótese de efetivo agravamento do risco, a seguradora não se exime do dever de indenizar em razão da transferência do veículo sem a sua prévia comunicação.
- Arts. 757 e 785, § 1º, do CC.

470. O Ministério Público não tem legitimidade para pleitear, em ação civil pública, a indenização decorrente do DPVAT em benefício do segurado.
- Lei nº 6.194, de 19-12-1974, dispõe sobre Seguro Obrigatório de Danos Pessoais causados por veículos automotores de via terrestre, ou por sua carga, a pessoas transportadas ou não.

Índice por Assuntos da Legislação Complementar do Código de Trânsito Brasileiro

A

ACIDENTES
- comportamento: art. 31 da Convenção promulgada pelo Dec. nº 86.714/1981

AGENTES REGULADORES
- ordens dadas: art. 6º da Convenção promulgada pelo Dec. nº 86.714/1981

ÁLCOOL
- condutor de veículo automotor; inibição ao consumidor de: Lei nº 11.705/2008
- margem de tolerância de: Dec. nº 6.488/2008

AUTO DE INFRAÇÃO
- campos de informações: Port. do DENATRAN nº 59/2007
- órgão competente: Res. do CONTRAN nº 217/2006
- padronização: Res. do CONTRAN nº 390/2011

AUTORIDADE DE TRÂNSITO
- procedimentos a serem adotados; constatação do consumo de álcool, substância entorpecente, tóxica ou de efeito análogo: Res. do CONTRAN nº 206/2006

B

BEBIDAS ALCOÓLICAS
- condutor de veículo automotor; inibição do uso dede: Lei nº 11.705/2008
- margem de tolerância de álcool: Dec. nº 6.488/2008

BICICLETAS
- equipamentos de segurança: Res. do CONTRAN nº 46/1998

C

CÂMARA INTERMINISTERIAL
- implantação e funcionamento da: Dec. nº 4.710/2003

CARGA
- de veículos: art. 30 da Convenção promulgada pelo Dec. nº 86.714/1981

CARTEIRA NACIONAL DE HABILITAÇÃO – CNH
- apreensão; uniformização do procedimento administrativo: Res. do CONTRAN nº 182/2005

CICLISTAS
- regras especiais: art. 27 da Convenção promulgada pelo Dec. nº 86.714/1981

CICLOMOTORES
- capacete de segurança: Res. do CONTRAN nº 203/2006
- circulação internacional; condições: art. 44 da Convenção promulgada pelo Dec. nº 86.714/1981
- condutores; regras especiais: art. 27 da Convenção promulgada pelo Dec. nº 86.714/1981

CINTOS DE SEGURANÇA
- proibição de dispositivos que modifiquem o funcionamento de: Res. do CONTRAN nº 278/2008

CIRCULAÇÃO EM FILAS
- art. 11 da Convenção promulgada pelo Dec. nº 86.714/1981

CIRCULAÇÃO INTERNACIONAL
- ciclomotores; condições: art. 44 da Convenção promulgada pelo Dec. nº 86.714/1981
- marcas de identificação de automotores e reboques: art. 38 da Convenção promulgada pelo Dec. nº 86.714/1981
- obrigação de admitir; exceções: anexo 1 da Convenção promulgada pelo Dec. nº 86.714/1981
- signo distintivo dos automotores e reboques: art. 37 da Convenção promulgada pelo Dec. nº 86.714/1981

CONDUTORES
- art. 8º da Convenção promulgada pelo Dec. nº 86.714/1981
- de veículos automotores e elétricos; formação; normas e procedimentos: Res. do CONTRAN nº 168/2004
- estrangeiro; direção de veículos em território nacional: Res. do CONTRAN nº 360/2010
- pedestres; comportamento: art. 21 da Convenção promulgada pelo Dec. nº 86.714/1981

CONTRATO
- comodato; aluguel ou arrendamento; não vinculado ao financiamento do veículo: Res. do CONTRAN nº 339/2010

CONSELHO DE TRÂNSITO DO DISTRITO FEDERAL
- regimento interno: Res. do CONTRAN nº 244/2007

CONSELHO NACIONAL DE TRÂNSITO
- regimento interno

CONSELHOS ESTADUAIS DE TRÂNSITO
- regimento interno: Res. do CONTRAN nº 244/2007

CORTEJOS
- regras especiais: art. 26 da Convenção promulgada pelo Dec. nº 86.714/1981

D

DEFICIENTE FÍSICO
- estacionamento; vagas destinadas: Res. do CONTRAN nº 304/2008

DIREITO DE DIRIGIR
- suspensão; uniformização do procedimento administrativo: Res. do CONTRAN nº 182/2005

DISTÂNCIA ENTRE VEÍCULOS
- art. 13 da Convenção promulgada pelo Dec. nº 86.714/1981

DOCUMENTOS
- de porte obrigatório: Res. do CONTRAN nº 205/2006
- para interpor recurso: Res. do CONTRAN nº 299/2008

DPVAT
- Seguro Obrigatório de Danos Pessoais: Lei nº 6.194/1974

DROGAS E ÁLCOOL
- dirigir sob a influência do álcool; penalidades: Lei nº 11.705/2008
- margem de tolerância de álcool: Dec. nº 6.488/2008
- medidores; uso: Res. do CONTRAN nº 206/2006
- procedimentos a serem adotados: Res. do CONTRAN nº 206/2006
- vítimas fatais; obrigatoriedade: art. 3º da Res. do CONTRAN nº 206/2006

E

EQUIPAMENTOS DE USO OBRIGATÓRIO
- encosto de cabeça nos assentos: Res. do CONTRAN nº 44/1998
- frota de veículos em circulação; instalação de: Res. do CONTRAN nº 14 e 43/1998

ESTACIONAMENTO
- art. 23 da Convenção promulgada pelo Dec. nº 86.714/1981
- vagas destinadas aos deficientes físicos: Res. do CONTRAN nº 304/2008
- vagas destinadas aos idosos: Res. do CONTRAN nº 303/2008

ESTRADAS
- e vias similares: art. 25 da Convenção promulgada pelo Dec. nº 86.714/1981

ESTRANGEIRO
- condutor; direção de veículos: Res. do CONTRAN nº 360/2010

F

FISCALIZAÇÃO
- sistemas não metrológicos: Res. do CONTRAN nº 165/2004
- velocidade; caminhões e reboques; requisitos técnicos: Res. do CONTRAN nº 396/2011

FREIOS
- Cap. I do Anexo 5 da Convenção promulgada pelo Dec. nº 86.714/1981

H

HABILITAÇÃO
- estrangeiro; direção de veículos em território nacional: Res. do CONTRAN nº 360/2010
- suspensão da validade: art. 42 da Convenção promulgada pelo Dec. nº 86.714/1981
- validade: art. 41 da Convenção promulgada pelo Dec. nº 86.714/1981

I

IDOSOS
- estacionamento; vagas destinadas: Res. do CONTRAN nº 303/2008

ILHOTAS
- na estrada: art. 22 da Convenção promulgada pelo Dec. nº 86.714/1981

ILUMINAÇÃO
- emprego; normas: art. 33 da Convenção promulgada pelo Dec. nº 86.714/1981
- luzes: Dec. nº 86.714/1981
- regras gerais: art. 32 da Convenção promulgada pelo Dec. nº 86.714/1981
- sistema de; requisitos: Res. do CONTRAN nº 227/2007

INFRAÇÃO
- aplicação da penalidade: arts. 9º a 11 da Res. do CONTRAN nº 149/2003 e arts. 10 a 12 da Res. do CONTRAN nº 363/2010
- auto de; campos de informações: Port. do DENATRAN nº 59/2007
- identificação de condutor infrator; formulário: arts. 5º e 6º da Res. do CONTRAN nº 149/2003 e art. 4º da Res. do CONTRAN nº 363/2010
- julgamento da autuação: arts. 9º a 11 da Res. do CONTRAN nº 149/2003
- notificação da autuação: arts. 3º e 4º da Res. do CONTRAN nº 149/2003 e art. 3ª da Res. do CONTRAN nº 363/2010
- pessoa jurídica; não identificação de condutor infrator: Res. do CONTRAN nº 151/2003
- pessoa jurídica; unificação de procedimento para imposição de penalidade: Res. do CONTRAN nº 151/2003
- recurso administrativo contra penalidade: art. 12 da Res. do CONTRAN nº 149/2003 e arts. 14 a 17 da Res. do CONTRAN nº 363/2010
- responsabilidade de pessoas físicas ou jurídicas sem a utilização de veículos: Res. do CONTRAN nº 390/2011
- responsabilidade do proprietário: arts. 7º e 8º da Res. do CONTRAN nº 149/2003 e arts. 5º a 7º da Res. do CONTRAN nº 363/2010
- uniformização do procedimento administrativo: Res. do CONTRAN nº 149/2003

INTERSECÇÕES
- art. 18 da Convenção promulgada pelo Dec. nº 86.714/1981

INVÁLIDOS
- regras especiais: art. 26 da Convenção promulgada pelo Dec. nº 86.714/1981

J

JUNTAS ADMINISTRATIVAS DE RECURSOS DE INFRAÇÕES – JARI
- diretrizes; Regimento Interno: Res. do CONTRAN nº 357/2010

L

LEI DE INTRODUÇÃO ÀS NORMAS DO DIREITO BRASILEIRO
- Dec.-lei nº 4.657/1942

LICENCIAMENTO
- renovação; calendário: Res. do CONTRAN nº 110/2000

LEI SECA
- Lei nº 11.705/2008

M

MANOBRAS
- normas gerais: art. 14 da Convenção promulgada pelo Dec. nº 86.714/1981

MATRÍCULA
- número: art. 36 da Convenção promulgada pelo Dec. nº 86.714/1981
- regras gerais: art. 35 da Convenção promulgada pelo Dec. nº 86.714/1981
- signo distintivo: art. 37 da Convenção promulgada pelo Dec. nº 86.714/1981

MOTOCICLETAS
- capacete de segurança: Res. do CONTRAN nº 203/2006
- condutores; regras especiais: art. 27 da Convenção promulgada pelo Dec. nº 86.714/1981

MOTOCICLISTAS
- profissionais; práticas que desestimulam o aumento de velocidade: Lei nº 12.436/2011

MOTONETAS
- capacete de segurança: Res. do CONTRAN nº 203/2006

MOTOTAXI
- requisitos de segurança; transporte remunerado; passageiros e cargas: Res. do CONTRAN nº 356/2010

MUDANÇA DE DIREÇÃO
- art. 16 da Convenção promulgada pelo Dec. nº 86.714/1981

MULTAS
- responsabilidade pelo pagamento: Res. do CONTRAN nº 108/1999

P

PARA-BRISAS
- exigências sobre as condições de segurança dos: Res. do CONTRAN nº 216/2006

PARADA
- art. 23 da Convenção promulgada pelo Dec. nº 86.714/1981

PASSAGEM DE NÍVEL
- art. 19 da Convenção promulgada pelo Dec. nº 86.714/1981

PEDESTRES
- art. 20 da Convenção promulgada pelo Dec. nº 86.714/1981
- condutores; comportamento: art. 21 da Convenção promulgada pelo Dec. nº 86.714/1981

PENALIDADES
- cassação da Carteira Nacional de Habilitação; uniformização do procedimento administrativo: Res. do CONTRAN nº 182/2005
- notificação de; responsabilidade de pessoas físicas ou jurídicas sem a utilização de veículos: Res. do CONTRAN nº 390/2011
- suspensão do direito de dirigir; uniformização do procedimento administrativo: Res. do CONTRAN nº 182/2005

PISTAS
- Dec. nº 86.714/1981
- de rolamento; posição sobre: art. 10 da Convenção promulgada pelo Dec. nº 86.714/1981

PLACAS DE IDENTIFICAÇÃO
- procedimento para registro de: Res. do CONTRAN nº 286/2008
- sistema; criação: Res. do CONTRAN nº 231/2007

PORTAS
- abertura: art. 24 da Convenção promulgada pelo Dec. nº 86.714/1981

PORTE OBRIGATÓRIO
- de documento: Res. do CONTRAN nº 205/2006

PREFERÊNCIA
- obrigação de: art. 18 da Convenção promulgada pelo Dec. nº 86.714/1981

Q

QUADRICICLOS
- capacete de segurança: Res. do CONTRAN nº 203/2006

R

REBANHOS
- art. 9º da Convenção promulgada pelo Dec. nº 86.714/1981

REBOQUE
- circulação internacional; exceções à obrigação de admitir: Dec. nº 86.714/1981
- condições técnicas: anexo 5 da Convenção promulgada pelo Dec. nº 86.714/1981
- marcas de identificação: art. 38 da Convenção promulgada pelo Dec. nº 86.714/1981
- matrícula: art. 35 da Convenção promulgada pelo Dec. nº 86.714/1981
- número de matrícula em circulação internacional: art. 36 da Convenção promulgada pelo Dec. nº 86.714/1981
- signo distintivo; circulação internacional: art. 37 da Convenção promulgada pelo Dec. nº 86.714/1981

RECURSO
- documentos necessários para interpor: Res. do CONTRAN nº 299/2008

REDUÇÃO DE MARCHA
- art. 17 da Convenção promulgada pelo Dec. nº 86.714/1981

REFLETORES
- dispositivos: Cap. II do anexo 5 da Convenção promulgada pelo Dec. nº 86.714/1981

REGIMENTO INTERNO
- Conselho Nacional de Trânsito

REGIMENTO INTERNO DAS CÂMARAS TEMÁTICAS
- Res. do CONTRAN nº 218/2006
- competência e atribuições: art. 7º do Anexo da Res. do CONTRAN nº 218/2006
- competência do secretário executivo: art. 8º do Anexo da Res. do CONTRAN nº 218/2006
- competência do coordenador: art. 9º do Anexo da Res. do CONTRAN nº 218/2006
- membros integrantes: art. 10 do Anexo da Res. do CONTRAN nº 218/2006
- natureza, composição e organização: arts. 1º a 6º do Anexo da Res. do CONTRAN nº 218/2006
- pedido de vistas e relatoria: arts. 15 e 16 do Anexo da Res. do CONTRAN nº 218/2006
- reuniões: arts. 11 a 14 do Anexo da Res. do CONTRAN nº 218/2006
- votações e decisões: arts. 17 a 19 do Anexo da Res. do CONTRAN nº 218/2006

REGISTRO NACIONAL DE INFRAÇÕES DE TRÂNSITO – RENAINF
- bases da organização e funcionamento: Res. do CONTRAN nº 155/2004

RENAEST
- organização e funcionamento do: Res. do CONTRAN nº 208/2006

S

SEGURO OBRIGATÓRIO DE DANOS PESSOAIS
- disposições; veículos automotores de via terrestre: Lei nº 6.194/1974

SENTIDO OPOSTO
- passagem ao lado: art. 12 da Convenção promulgada pelo Dec. nº 86.714/1981

SINALIZAÇÃO
- acústica: art. 28 da Convenção promulgada pelo Dec. nº 86.714/1981
- acústica; exceções: art. 34 da Convenção promulgada pelo Dec. nº 86.714/1981
- advertência; veículos em situação de emergência: Res. do CONTRAN nº 36/1998
- ótica: art. 28 da Convenção promulgada pelo Dec. nº 86.714/1981
- ótica; exceções: art. 34 da Convenção promulgada pelo Dec. nº 86.714/1981
- sistema de; requisitos: Res. do CONTRAN nº 227/2007
- uso de luzes intermitentes: Res. do CONTRAN nº 268/2008

SISTEMA DE PLACAS DE IDENTIFICAÇÃO DE VEÍCULOS
- criação: Res. do CONTRAN nº 231/2007

SISTEMA NACIONAL DE TRÂNSITO
- disposições: Dec. nº 4.711/2003
- funcionamento: Res. do CONTRAN nº 142/2003

T

TRÂNSITO VIÁRIO
- convenção: Dec. nº 86.714/1981

TRANSPORTE
- menores de 10 anos: Res. do CONTRAN nº 277/2008

TRANSPORTE COLETIVO
- normas especiais: art. 15 da Convenção promulgada pelo Dec. nº 86.714/1981

TRICICLOS
- capacete de segurança: Res. do CONTRAN nº 203/2006
- cabine fechada; dispensa do uso de capacete: Res. do CONTRAN nº 129/2001

U

ULTRAPASSAGEM
- art. 11 da Convenção promulgada pelo Dec. nº 86.714/1981

V

VEÍCULOS
- apreensão: Res. do CONTRAN nº 53/1998
- automotores de via terrestre; Seguro Obrigatório de Danos Pessoais: Lei nº 6.194/1974
- automotores e elétricos; normas e procedimentos para a formação de condutores: Res. do CONTRAN nº 168/2004
- circulação internacional; exceções à obrigação de admitir: anexo 1 da Convenção promulgada pelo Dec. nº 86.714/1981
- condições técnicas: anexo 5 da Convenção promulgada pelo Dec. nº 86.714/1981
- engate: Res. do CONTRAN nº 197/2006
- frota em circulação; equipamentos obrigatórios; instalação: Res. do CONTRAN nº 14/1998
- habilitação para dirigir: Dec. nº 86.714/1981
- identificação; critérios: Res. do CONTRAN nº 24/1998
- iluminação e sinalização de: Res. do CONTRAN nº 227/2007
- marcas de identificação: art. 38 da Convenção promulgada pelo Dec. nº 86.714/1981
- novos; trânsito antes do registro e licenciamento: Res. do CONTRAN nº 4/1998
- número de matrícula em circulação internacional: art. 36 da Convenção promulgada pelo Dec. nº 86.714/1981
- peso: Res. do CONTRAN nº 258/2007
- recolhimento aos depósitos: Res. do CONTRAN nº 53/1998

- signo distintivo; circulação internacional: art. 37 da Convenção promulgada pelo Dec. nº 86.714/1981
- sinalização de advertência: Res. do CONTRAN nº 36/1998
- situação de emergência; sinalização: Res. do CONTRAN nº 36/1998
- sobre trilhos: art. 29 da Convenção promulgada pelo Dec. nº 86.714/1981

VELOCIDADE
- entre veículos: art. 13 da Convenção promulgada pelo Dec. nº 86.714/1981